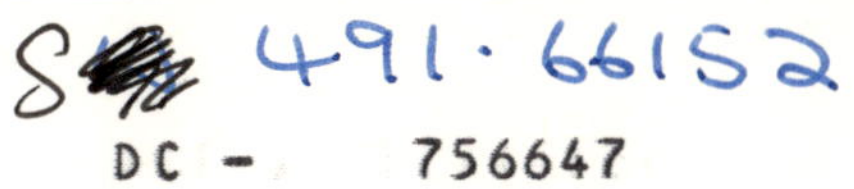

Y TREIGLADAU A'U CYSTRAWEN

Y TREIGLADAU A'U CYSTRAWEN

gan

T. J. MORGAN

Cyhoeddwyd ar ran Bwrdd Gwybodau Celtaidd Prifysgol Cymru

CAERDYDD
GWASG PRIFYSGOL CYMRU
1952

Argraffiad cyntaf, 1952
Adargraffwyd, 1989

ISBN 0-7083-0158-4

Argraffwyd gan Wasg John Penry, Abertawe

RHAGAIR

Yr Athro W. J. Gruffydd a awgrymodd wrthyf gyntaf fod angen llyfr ar y treigladau, a hynny'n ôl tua'r flwyddyn 1933. Credaf mai llyfryn ar y rheolau a oedd ganddo yn ei feddwl, rhywbeth ar gynllun Llyfr yr Orgraff ond ei fod yn trafod ac yn egluro rheolau treiglo. Er nad dyna'r fath lyfr yw hwn, y mae olion y syniad cysefin hwn i'w gweld yn amlwg ynddo, a dyna'r rheswm pam y mae'r llyfr yn anelu at ddau beth ar yr un pryd, sef mentro trafod rhai o'r problemau mwyaf astrus mewn cystrawen, a cheisio egluro a diffinio rheolau cyffredin mewn arddull a weddai i lawlyfr ar ramadeg. A'r cof yma, fy mod yn dysgu dosbarth o ddisgyblion, sy'n cyfrif pam yr wyf yn ailadrodd rhai pwyntiau, peth na wnawn pe bai'r llyfr ar gyfer ysgolheigion yn unig.

O tua 1933 ymlaen, dechreuais gasglu defnyddiau a chwplawyd fersiwn cyntaf y llyfr erbyn 1940. Bu raid anghofio'r cwbl amdano wedyn hyd 1945. Erbyn hynny yr oedd gennyf ddefnyddiau ychwanegol, ac yr oedd fy marn wedi newid ar lawer o bethau, a phenderfynais ail-lunio'r cwbl ; a gallaf ddweud i ddarnau helaeth gael eu llunio drachefn cyn imi benderfynu cyflwyno'r llawysgrif i'w chyhoeddi ; a phe bai modd imi lunio'r llyfr o'r newydd, byddai'n bur wahanol i'r llyfr fel y saif yn awr. Gyda phwnc fel hwn, y mae pob llyfr a ddarllenir yn golygu ychwanegu enghreifftiau newydd, neu'n peri i ddyn sylwi ar ryw bwynt o gystrawen na sylwyd arno o'r blaen ; a gellid mynd ymlaen yn ddiddiwedd i ddarllen a chasglu defnyddiau, a gohirio'r gwaith o ysgrifennu rhag ofn fod rhyw bethau ar ôl, heb eu trafod. Dyna pam y bu raid imi benderfynu rywbryd yn ystod fy ngwaith beidio â chasglu rhagor o ddefnyddiau, a'm cyfyngu fy hun i'r hyn a oedd yn y gronfa yn barod. Y mae amryw destunau wedi eu cyhoeddi'n ddiweddar y dylwn fod wedi tynnu adnoddau ohonynt ; ond pe bawn, fe fyddai'r llyfr ar y gweill o hyd. Gobeithio er hynny fod y testunau a ddefnyddiais yn cynrychioli hanes yr iaith yn deg, o'r cyfnod boreaf hyd heddiw.

Fe ddengys y mynych gyfeiriadau trwy gydol y llyfr imi ddefnyddio llawer iawn ar ddau lyfr John Morris-Jones, a llyfr Lewis a Pedersen. Benthycais eu dyfyniadau'n bur aml, a hyd y gellais, rhoddais gyfeiriadau llyfryddol newydd pan oedd eisiau, e.e. y mae dyfyniadau *A Welsh Grammar* a *Welsh Syntax* o weithiau Tudur Aled yn rhoi cyfeiriadau llawysgrifol ; newidais y rhain hyd y gellais a rhoi'r cyfeiriad sy'n briodol i argraffiad T. Gwynn Jones. Defnyddiais lawer iawn hefyd ar *Eirfa* Lloyd-Jones, a rhaid imi ddiolch mewn modd arbennig i'r Athro Lloyd-Jones am atebion caredig i'm holiadau ac am roddi ' benthyg ' enghreifftiau o'i gasgliad helaeth. Fe welir fy mod heb gyfeirio llawer iawn at bethau o waith ysgolheigion tramor, megis Baudis, ac yr wyf yn ei enwi ef gan fod ei weithiau'n trafod y treigladau. A bod yn onest, a heb unrhyw fwriad gwawdlyd, ni allaf ddweud imi elwa llawer o astudio gwaith Baudis, ac nid wyf yn un o'r rheini sy'n meddwl fod nodi awdurdodau estronol yr olwg arnynt yn ychwanegu at werth llyfr, a bod eisiau dyfynnu o waith estron rywbeth sy'n gwbl hysbys yn barod. Y mae'n iawn imi ddweud hefyd nad yw'r llyfr hwn yn trafod y treigladau yn 'ieithegol'; nid wyf yn mentro trafod tarddiad y treigladau, a ffurfiau damcaniaethol geiriau yng nghyfnod y famiaith. Cystrawen yw fy niddordeb i, nid ieitheg, ac nid wyf yn mentro tu allan i'r cyfnod hanesyddol. Byddai'n iawn fy marnu am beidio â defnyddio'r ieithoedd Celtaidd eraill i fwy graddau nag y gwneuthum. Un rheswm am beidio oedd nad oedd gennyf ddigon o feistrolaeth ar y rheini i'w defnyddio'n rhwydd a diogel. Nid yw'n beth anodd iawn trafod geiriau iaith arall i bwrpas ieitheg, oblegid peth cymharol hawdd yw dysgu geiriau a gellir eu trafod yn weddol lwyddiannus â gwybodaeth 'allanol' o'r iaith, ond rhaid wrth gynefindra llwyr a gwybodaeth 'fewnol' i drafod cystrawennau iaith. I bwrpas ieitheg, digon gwybod iaith; rhaid 'adnabod' iaith i fanwl ddadansoddi ei chystrawennau yn y modd y ceisir ei wneuthur yma. Ac y mae rheswm da arall: y mae'r llyfr yn ddigon mawr fel y mae; byddai'n afresymol faith pe bai astudiaeth gymharol o'r ieithoedd Celtaidd eraill wedi ei chwyddo'n rhagor o faint. Ond gobeithio y bydd y gwaith hwn yn ddigon da i fod yn sylfaen i astudiaeth gymharol gan rywrai eraill yn y dyfodol agos.

Bu meddwl uwchben cynllun y mynegai yn gryn boen imi, a cheisio penderfynu pa mor fanwl y dylai fod. Gweld yr oeddwn i y byddai'n afresymol pe bawn yn nodi pob un enghraifft o sôn am bwynt neu beth, heb ystyried pa mor bwysig fyddai'r sôn hwnnw. Dengys hyd y mynegai na cheisiais fy arbed fy hun, ond ffolineb, yn fy nhyb i, fyddai nodi pob tudalen lle byddai sôn am y fannod, neu'r berfenw, neu'r goddrych, oni fyddai rhywbeth gwell na chrybwyll achlysurol atynt, a phenderfynais gyfyngu'r cyfeiriadau at y mannau hynny lle y câi'r darllenydd ryw gymaint o ymdriniaeth. Ond er fy mod wedi bwriadol hepgor cyfeiriadau eilradd a dibwys, trefnais mewn llawer achos fod yr un peth neu bwynt yn cael ei enwi mewn mwy nag un ffordd, rhag ofn i ddarllenydd chwilio am rywbeth o dan un enw, a'r cyfeiriadau at y peth wedi eu dosbarthu o dan enw arall.

Cefais gynhorthwy a chefnogaeth fawr gan amryw gyfeillion a hyfryd-wch yw cydnabod hynny yma. Darllenodd yr Athro W. J. Gruffydd fersiwn cyntaf y llyfr a chefais lawer awgrym gwerthfawr ganddo. Dar-llenodd yr Athro Idris Foster ddau fersiwn, nid heb adael mynych awgrym ar ymylon y tudalennau. Y mae'n anodd cyfleu maint fy nyled i'r Athro G. J. Williams. Darllenodd fy ngwaith yn fanwl; buom wrthi am oriau yn trafod amrywiaeth o bwyntiau ; cefais esiamplau ac awgrymiadau gwerthfawr ganddo, ac yn fwy na hynny, cefais ei gefnogaeth selog. Miss Nesta Owen, gynt o Lyfrgell Salesbury, Coleg Caerdydd, a wnaeth y rhan fwyaf o'r llyfryddiaeth. Y mae arnaf ofn y byddai'r mynegai wedi fy llethu'n lân onibai am yr help a gefais gan fy ngwraig. Ni allai neb ddeall yn llawn beth a feddyliwn wrth gyfeirio at amynedd a charedigrwydd yr argraffwyr, heb iddo weld cyflwr y llawysgrif a aeth i'w dwylo. Mawr yw fy niolch hefyd i Fwrdd Gwasg y Brifysgol am dderbyn y llyfr i'w gyhoeddi, ac i'r Bwrdd Gwybodau Celtaidd am gytuno mor rhwydd i rannu'r gost. Hawdd iawn i rywrai gredu mai peth ffurfiol yw'r diolch a roir i swyddog y cyhoeddwyr gan awduron yn eu rhageiriau. Fe allaf i ddweud, yn rhinwedd fy swydd ac o'm profiad personol, nad cydnabod ffurfiol sy'n ddyledus i Dr. Elwyn Davies. Bu'r llyfr hwn o dan ei arolygiaeth fanwl ef, ac nid ychydig y gwelliannau a ddeilliodd o'i ofal a'i lwyredd.

25 Hydref, 1951. T. J. MORGAN.

CYNNWYS

PENNOD I

AR ÔL Y FANNOD

§1 YR ENW BENYWAIDD UNIGOL

(i) Treiglir yr enw ben. un. yn feddal ar ôl y fannod ac eithrio'r enw sy'n dechrau ag *ll* a *rh* : *y gath, i'r berth, y delyn, y wefus, y frân, y ddafad, y fam.* Mewn geiriau tebyg i *yr ardd* diflanna'r *g* gan adael llafariad ar y dechrau a pheri bod y fannod o'i blaen yn cadw ei ffurf lawn.

Camresymiad yw tybio mai amcan yr *r* yn ffurf y fannod yw llenwi'r bwlch rhwng dwy lafariad, hynny yw, mai rhywbeth a ychwanegir ydyw o flaen llafariad ; y gwir yw, mai rhywbeth a gollwyd o flaen cytsain yw'r *r* ac a gadwyd o flaen llafariad (ac ar ôl llafariad drwy gywasgiad, e.e. *i'r dyn*, etc.), gan mai ffurf gynnar y fannod oedd *yr* (*ir* yn orgraff Hen Gym.) o flaen cytsain a llafariad yn ddiwahaniaeth.

(ii) Unigol yw enwau torfol yn eu ffurf unigol ac felly treiglant hwythau'n feddal os ben. fyddant (a dyna ydynt gan mwyaf) : *y bobl, y dyrfa, y genfaint, y giwed, y fintai, y fyddin.* Ceir nodiad ar gystrawen arbennig yr enw *pobl, pobloedd* isod §3 (i) nodiad. At y ffurf luos. ar enw, fel rheol, yr ychwanegir y terfyniadau bachigol ; yn yr esiampl ganlynol ceir *-os* wrth enw torfol ben. un. ac erys yn fen. un. o ran cystrawen fel y dengys tr. yr enw, a thr. yr ans. : *y werinos ddisylwedd*, Mant Priodas 62 ; cyferb. *y gwerinos*, ML 1.68 ; 1.121 ; 1.159 ; 1.198 ; 1.265 ; 1.269* (Cymh. hefyd : *y ceiniocach*, ib 1.370 ; yma y mae ystyr luos. i'r ffurf fachigol er nad at y ffurf luos. yr ychwanegwyd y terfyniad bachigol).

(iii) *Eithriad* ll *a* rh.

Eithriad i'r rheol gyntaf yw fod enwau ben. un. yn dechrau â'r ddwy gytsain hyn yn cadw'r gysefin : *y llaw, y llong, y llewes* ; *y rhaw, y rhwyd.* Ymdrinir isod §10, nod. â'r rheswm am yr eithriadau hyn ; a gw. §4(ii), §5(ii) am y rheol ynghylch *ll* a *rh* mewn ans. (a saif o flaen enw ben. un., neu a gynrychiola enw ben. un.) ar ôl y fannod.

Fe glywir pethau fel *y leuad* ar lafar gwlad weithiau ; cymh. hefyd : *I garu'r* **l***inos* **l***anaf*, HB 281, lle y dengys y ' gynghanedd ' fod tr. wedi ei fwriadu, gw. Nodiadau t 177 ; *pwy kyn* **l***aned ar* **l***eian*, CRhC 52 (a diau mai *â'r* a olygir) ; *y law asswy*, Gomer, Gweithiau 83 ; *y lyngyren ene o Dynyrardd*, Daniel Owen, EH 170 ; *y lafnes forwyn*, ib 189. Y mae'r esiamplau diweddaraf hyn yn cynrychioli'r ' llygriad ' sydd ar lafar

*Cymh. *'r gwerin gwirion*, GMLl. 1.180.

gwlad yn y cyfnod diweddar, a dylid sylwi mai o benillion 'gwerinol' y dyfynnwyd y ddwy enghraifft gyntaf; ond gellir awgrymu mai dewis anwybyddu calediad yr eithriad er mwyn 'cynghanedd' yw'r gwir reswm amdanynt.

Ansicrwydd y glust ynghylch y sain *rh* sy'n cyfrif am ysgrifennu *y relyw* mor aml yn ML; e.e. 1.147; 1.149; 1.164; *a'r relyw*, 1.191; eithr *y rhelyw*, 1.190.

Sonnir ychydig yn yr adran nesaf am eiriau benthyg, ac yn llawnach yn §176, ond nodwn yn syml yma fod rhai geiriau'n dechrau ag *l* yn dueddol i gadw *l* yn gysefin er bod y geiriau wedi magu *ll* yn y Gymraeg, e.e. *y lofft*, *y lwyn* (lluosog, *y lwynau*, 'loins'), gw. §176 (vi).

(iv) Y mae rhai enwau benthyg yn yr iaith na threiglant bob amser ar ôl y fannod er bod eu cenedl yn fen.: **y poni** . . . *a hithau* . . . *Poni gochddu*, DJW, St. Tir Glas 65; (cymh. *poni fach bert*, Hen Wynebau 63); **y talent**, Math. xxv.28, er bod *y dalent* yn gyffredin bellach, yn yr ystyr ffigurol.

Er bod ymdriniaeth lawnach a chyffredinol â Geiriau Benthyg yn §170 (iii), §176, mantais efallai fydd sôn am rai pethau yma. Y mae **gini** yn fen. yn y rhan fwyaf o'r tafodieithoedd ond heb dreiglo byth ar ôl y fannod, nac mewn cysylltiadau eraill, megis ar ôl y rhifol *dwy*—neu *dau* lle y mae'n enw gwr.: e.e. *y ddau gini aur*, ML 2.275. Y mae **bws** neu **bys** a **trên** yn fen. mewn rhai tafodieithoedd ond heb eu treiglo ar ôl y fannod er cael eu treiglo ar ôl *dwy*, dyweder. Trinir yr enw **dror** yn wahanol i'r rhain yn Arfon, e.e. *y dror*, Laura Jones 16; *dwy dror wag*, ib 15. Y mae rhyw amharodrwydd i dreiglo enwau benthyg pan fyddant yn newydd, yr un fath â'r amharodrwydd i dreiglo enwau lleoedd dieithr ar ôl ardd. fel *i* neu *o*, rhag ofn i'r ffurf dreigledig fod yn fwy dieithr byth ac yn gamarweiniol. Fe all y tafodieithoedd amrywio yn eu tuedd i dreiglo enwau benthyg; y mae'r De, gallwn feddwl, yn barotach na'r Gogledd; ond y mae cadw *g* heb dreiglo mewn geiriau fel *gini* a *gêm* yn gyffredinol; cyferb. **yr eol**, BSK 32; 35; **yn y geol**, ib 35 (=S. 'gaol'); ac ymhellach:

> *Carchardy o'r cwrw chwerwdost,*
> **A'r eol ddu** *a'r wâl ddig*, IGE[1] XXVIII.5.

[Yn IGE[2] xxv.5 dewiswyd y darlleniad: *A'r wâl ddu yn oerwelw ddig*].

Newidiodd rhai enwau benthyg eu cytsain gysefin wrth fynd gam ymhellach fel petai: oherwydd peidio â threiglo enw ben. un. ar ôl y fannod cymerwyd y gytsain a ddilynai'r fannod fel petai'n gytsain dreigledig (a chaniatáu mai *g*, *b*, *d* fyddai'r gytsain) a phan fyddid heb y fannod 'adferwyd' ffurf a ddylai fod yn gysefin i'r gytsain honno: e.e. *bottle* > *botel*, *y botel*, a hynny'n rhoi *potel*; *basket* > *basged*, *y basged*, felly *pasged* yn gysefin; *planced* < *blanket*. Mewn rhai mannau cedwir *basged* yn gysefin a threiglir ar ôl y fannod, *y fasged*; oherwydd hyn y mae'n bosibl cael dwy ffurf gysefin a dwy ffurf dreigledig i gyfateb iddynt. Ac nid rhaid tybio fod yr iaith lafar yn gyson, yn dewis y naill o'r ddwy ffurf gysefin ac yn cadw ati ; weithiau ceir y ddwy ffurf gysefin a'r ddwy ffurf dreigledig yn yr un dafodiaith, *pasged / y basged* ; *basged / y fasged* ; gw. §176 (ii) am *tas / y das* ; *das / y ddas*. [Ni chlywais ond yr un ffurf gysefin i *potel / y botel*, a dynwared y priod-ddull S. "bottle of hay" sy'n cyfrif am : *ar fottel o wair*, John Thomas, Caniadau Sion (1788) 20].

Ceir esiampl wrthwyneb i hyn yn hanes y gair S. *croft* ar ôl ei fenthyca. Gan mai ben. oedd yn y Gym. treiglai ar ôl y fannod, *y grofft* ; yna tybiwyd mai *grofft* oedd y ffurf gysefin, e.e. *A'r garreg rudd ar gwr grofft*, IGE[2] 26.6 ; wedyn cafwyd *y rofft*, a hyd yn oed *yr offt* ; gw. PKM 241, EEW 177, 220, ac isod §176 (iv).

(v) *Enwau Priod*

Er nad arferir y fannod o flaen enwau priod fel rheol, fe all enwau rhai personau gael eu harfer fel enwau cyffredin, e.e. 'Dalilah' am ferch gyfrwys ; disgwylid tr. ar ôl y fannod pes arferid fel enw cyffredin. Sylwer hefyd sut y ceir dwy ferch a'r un enw a bod eisiau'r fannod weithiau mewn cysylltiadau sy'n gwahaniaethu rhwng y ddwy : *Mair Magdalen* **a'r Fair arall,** Math. xxviii.1. Troad o'r gystrawen *Y Wyry Fair* sy'n esbonio'r fannod yn y canlynol : *Ar ei hynt* **i'r Fair Wyry** *hon*, IGE[2] 94.10; cymh. hefyd : *yng nghroth* **y Fair**, Edmund Williams, Rhai Hymnau Duwiol (1742) 8 ; a cheir y canlynol gan Wil Ifan mewn englyn i dair merch : *y dlos Fair* : *y Fartha fwynair* : *a'r brydferth 'Fanwy*, Plant y Babell 102.

Cystal sôn yma hefyd am esiamplau o'r fannod o flaen enwau priod gwrywaidd. Gw. WS 11-12 am nifer o enghreifftiau a sylwer yn arbennig ar yr enwau bachigol neu anwes, *y Bedo, y Guto, y Gutyn** etc. ; a chymh. ymhellach : *Nid yfô yw*'r **Guto** *gynt*, GGl xxxvii.54 ; *Hela*'r **Dei** *mae'r helwyr da*, ib lxxi.11 ; a digwydd y canlynol mewn darn o esboniad ar flaen Rhif 166 yn TA : "*Yna y canodd* **y Tudur** . . ."†

Pan arferir enw rhyw ŵr enwog fel enw cyffredin a'r fannod o'i flaen, ceidw'r gysefin : *Od wyd glaf*, **y Mordaf** *mau*, GGl xliv.7. Ceir y fannod

*Drwy ryw ddatblygiad rhyfedd daethpwyd i arfer enwau priod yn enwau ar fwydydd a diodydd. Ceir *Gutyn* am 'gwrw' ; e.e. cân "Y Gityn" (Y Ddiod) yn CRhC 187-8 ; cymh. *Cadwalad* am 'uwd,' e.e. RWM 2/1038, BM 29/3613. Ai peth cyfryw â hyn yw *Siencyn* sydd ar lafar gwlad yn y De am fara wedi'i dostio mewn te ?

†Hawdd iawn profi nad y fannod yw'r ffurf neu'r sain honno a glywir yn : *heb y Pwyll*, WM 4 ; *heb yr Arthur*, ib 386, oblegid, fel y dywed WG 376 fe'i ceir o flaen rhagenwau, e.e. *heb yr ynteu*, ib 386 ; *heb yr wynt*, ib 185. Nid oes yma fwriad i drin y ferf *hebu*, (*h*)*ebr* a'i tharddiad (gw. WG 377-8 ; L & P 394) ; ond un peth a ymddengys yn bur sicr yw fod y sain *y* ac *yr* yn perthyn i'r ferf. Sonnir yma am y peth am ei fod mor debyg o ran golwg a sain i'r fannod o flaen enwau priod ; sylwer ar y ddwy enghraifft a ddyfynnwyd. Fe allai'r "y" hon ddod o flaen enw priod ben., ond heb beri tr., wrth gwrs, gan nad y fannod yw : **Heb y Gwen,** *dan len loywlwys* / "*Mawr yw dy glwyf, ddeunwyf ddwys*", IGE[2] 139.17.

hefyd o flaen cyfenwau weithiau, heb beri tr. os gŵr a olygir; Richard Cyffin, Deon Bangor a olygir yn y canlynol:

Mi a'i caiff am **y Cyffin,** GGl LXXII.36.

*Marthin yw'***r Cyffin** *i'r côr,* ib XCIV.6.

Cofier hefyd am englyn Williams Parry, "Y Tom gwylaidd twymgalon" etc. Fel rheol pan arferir y fannod o flaen enw neu gyfenw, a rhagenw dangosol ar ei ôl, e.e. 'y Tomos hwnnw,' 'y Davies hwnnw,' y peth a olygir yw 'y dyn hwnnw sydd a'r enw Tomos,' ac ar y cyfan y mae awgrym o ddiffyg parch yn y gystrawen. Enghraifft o'r fath yw: **Y Coben** *ddiffeth hwnnw,* LlHFf 13 (= Richard Cobden).

Ymdrinir isod, Nod. (ii) ar ddiwedd Pennod VI, â'r cystrawennau anarferol a geir yn ML—yn llythyrau William Morris yn bennaf—pan gyfeirir at enwau personau a lleoedd.

(vi) *Enwau Lleoedd Dieithr*

Ni fwriedir sôn yma am enwau lleoedd fel "Y Fron" neu "Y Pant" etc., oblegid o ran cystrawen, enwau cyffredin yw'r enwau lleoedd hyn; mae sôn yn §171 (ii) am enwau Cymraeg o'r fath, ac am anghywirdeb peidio ag arfer y fannod o'u blaen, megis "Gelli" yn lle "Y Gelli".

Yn y Cywyddau ceir ambell enghraifft o osod y fannod o flaen enwau lleoedd dieithr neu dramor, ac oherwydd eu trin fel enwau ben., ceir tr.:

Gelyn fuost **i'r Galais,**
O gael y dref golau drais.
Grasus dy hynt **i'r Gresi,**
Gras teg i gan Grist i ti, IGE² 8.6-9*.

Gw. nodiad hefyd yn DN 150 mewn perthynas â'r llinell: *Ne wrth* **y Galais** *er nerth(v) gelyn,* II.46.

Er mai ben. yw enwau gwledydd sylwer nad oes dr. i *Grig,* hen ffurf ar *Groeg,* yn y canlynol: **i'r Grig,** *i'r Affrig yr aeth,* GGl LXX.27.† Yr ydym yn ddigon cyfarwydd â'r ymadrodd "Y Ganaan wlad", heb sôn am enghreifftiau o'r peth yn ffigurol, megis "Y Ganaan nefol"; dyma enghraifft o'r enw lle ei hun (yn ffigurol yn y cyd-destun) a'r fannod o'i flaen: *Ag wyneb* **tua'r Ganaan,** JM-J, Caniadau 69.

*Cam-brint yw *Crist* yr argraffiad hwn; *Grist* sydd yn IGE¹ v.38.

†Efallai mai'r gwir reswm am beidio â threiglo yw'r amharodrwydd i dreiglo enw dieithr, yn enwedig enw lle'n dechrau ag *g*, rhag ofn i'r ffurf dreigledig fod yn gamarweiniol. Y mae tuedd debyg wrth sôn am yr iaith fel "Y Groeg", sydd heb y treiglad a ddisgwylid; ac nid peth newydd yw hyn, cymh. *a dynnwyd o'r Lladin* **a'r Groeg,** GrP 130.

Ni ddylid arfer y fannod o flaen enwau afonydd, yn ôl priod-ddull y Gymraeg, ond fe'i rhoir weithiau ar batrwm y Saesneg, e.e. *gydag ochr yr Alun*, Daniel Owen, RL 270 ; *Ar lannau y Towy*, Elfed, Caniadau 31-2 ; ac weithiau ceir tr. m. i'r enw oblegid teimlo fod i'r enw priod yr un genedl ag sydd i'r enw cyffredin 'afon' ; esiamplau nodedig yw'r enwau gwneuthur, *Y Ferswy*, ac *Y Gamwy** ; ond er bod enwau afonydd yn fen. eu cystrawen, fel y dengys "Taf Fechan" neu "Cleddy Wen", ni threiglir enw afon fel *Taf* neu *Towy* pan gamarferir y fannod o'i flaen ; ac ni threiglir ychwaith pan roir y fannod o flaen enwau afonydd dieithr neu dramor, *Y Tafwys* (enw 'gwneud'), *y Missouri*, *y Congo*. Ffurf wreiddiol *y Fyrnwy* yw *Efyrnwy*, a chamrannu'r *E* a'i troes yn 'fannod' ; cymh. *Ewenni*, *Y Wenni* ; gw. EANC 143. Dynwared patrwm y priod-ddull Groeg sy'n cyfrif am *yr Iorddonen*, gw. WS 9.

§2 Yr Enw Gwrywaidd Unigol

(i) Ceidw'r enw gwr. un. y gysefin : *y ci*, *y tŷ*, *y mab* etc.

Cenedl yn anwadalu

Ni fwriedir ymdrin yn llawn yma â phwnc cenedl enwau ; am hynny gw. WG 222-9, yn enwedig §142 lle dosberthir amryw enghreifftiau o enwau sy'n anwadalu o ran eu cenedl, o ardal i ardal, neu o gyfnod i gyfnod, neu yn ôl eu hystyr. Yn y nodiadau hyn ceisir awgrymu rhai rhesymau pam y newidir cenedl rhai enwau, a rhoi drych mewn rhai dyfyniadau o'r duedd i newid ar waith. Cynhwysir rhai enghreifftiau o enwau'n dechrau â llaf., er nad ydynt am hynny o reswm yn addas i'w cynnwys yn y bennod hon, ond gan mai cenedl yr enw unigol sy'n penderfynu a ddylai fod tr. neu beidio i'r ans. ar ei ôl, yr un cystal fydd ymdrin â'r ddwy agwedd ar yr un pwnc gyda'i gilydd yma.

(*a*) Os gwelir enghraifft o enw gwr. un. yn treiglo'n feddal ar ôl y fannod, neu o enw ben. un. yn cadw'r gysefin (heblaw *ll* a *rh*) yn wahanol i'r hyn a ddisgwylir, gall fod yn wall, wrth reswm ; ond y peth tebycaf yw fod yr enw'n wahanol ei genedl yn nhafodiaith neu yn nhyb yr awdur, neu yng nghyfnod ysgrifennu'r testun : e.e. *y dafarn* (llenyddol a Gogledd), *y tafarn* (De) ; *y cwpan* (llen. a De), *y gwpan* (Gogledd) ; *y freuddwyd* (De), *y breuddwyd* (Gogledd) ; *y dinas* (gwr. mewn Cym. Can, ac mewn enwau lleoedd o hyd, fel yn *y Dinas* yn y Rhondda, *Craig y Dinas*, etc.) ; *y berson* (Cym. Can).† Ac er bod awgrym yma o wahaniaeth rhwng De a Gogledd, dylid sylweddoli nad yw pob esiampl yn dilyn rhaniad pendant rhwng Gogledd a De, a bod y genedl nas disgwylir yn gyfyngedig i ranbarth yn unig o'r De weithiau, neu i ranbarth yn unig o'r Gogledd. Y mae *llygad*, *tafod*, *tywydd* yn fen. weithiau yn y Gogledd, ond mewn rhai

*Fe geid y tr. hwn hefyd mewn enwau afonydd brodorol ar ôl y fannod ddianghenraid : *y Gefni*, Hwfa Môn, G.Barddonol 222 ; *'r Gonwy*, Telyn Tudno, 218 ; *'r Ddyfrdwy*, Dewi Havhesp, Oriau'r Awen (1898) 72.

†Wele un enghraifft gynnar ohono'n wrywaidd : *Nawd undawt trindawt* **y tri pherson,** RP 1160 ; MA 270b.

rhannau'n unig ; a cheir pethau tebyg yn y De, e.e. y mae *angladd* ac *organ* yn fen. yn Nwyrain Morgannwg.

(*b*) Testun da i ddangos yr enw *dinas* yn newid ei genedl a'r rheswm am y newid yw FfBO. Mewn nodiad yn yr eirfa, t 84, dywedir fod *dinas* yn wr. 29 o weithiau, ac yn fen. saith o weithiau. Ymddengys mai'r rheswm dros y newid oedd fod yr enw'n graddol golli'r hen ystyr o ' caer, amddiffynfa ' ac yn dod i olygu ' tref fawr neu le mawr ' ; a phan ddelai achos i sôn am ' ddinas ' a olygai le, tueddid i gyfeirio ati fel ' hon, honno ' ; e.e. *Yn y dinas hwnnw . . . y dinas a elwit A . . .*, **yr honn** *a oed frwythlawn . . . yn* **honno,** FfBO 1 ; cymh. ymhellach : *eithyr Lukyrn ehun, y dinas* **k***adarnaf . . . ny allwys y* **g***affel . . . yd eistedwys yn y* **ch***ylch petwar mis*, YCM² 4.* Y mae'n bosibl mai olion yr hen arfer sy'n esbonio'r gystrawen gymysg yn emynau Pantycelyn lle ceir cystrawennau'r ddwy genedl ynghyd yn yr un enghraifft : *i'r ddinas gwell*, Hymnau (1811) 26 ; cymh. hefyd : *am ddinas gwell*, ib 136.

Rheswm tebyg sy'n cyfrif am newid cenedl **nant**. Awgryma Fisher, *Allwydd Paradwys* IX fod *nant*, pan olyga ' valley,' yn wr., a'i fod yn fen. pan olyga ' brook.' Y peth tebycaf yw fod *nant* ar y dechrau yn wr. yn y ddwy ystyr ac mai'n gymharol ddiweddar y troes yn fen. yn ystyr ' afon fach,' a hynny oblegid cenedl yr enw ' afon ' ; cymh. **a'r nant hwnnw** *a gyrch i'r mor*, FfBO 45 ; *Gan ystlys y mynyd hwnnw y mae* **nant mawr,** *yn* **yr hwnn** *y mae amylder o adar dyfyrlynneu*, ib 50 ; cymh. hefyd yr enwau lleoedd *Nantgarw* ac *y Garnant* (= garwnant) a *Nanmor*.

(*c*) Er mai enw gwr. yw **darn** gan mwyaf, y mae'n rhyfedd mor aml yw'r enghreifftiau ohono'n fen. ; fe'i ceir yn y Gogledd a'r De ; ac fe'i ceir yn gynnar ac yn gymharol ddiweddar. Ceir nifer o esiamplau yn *Geirfa* Lloyd-Jones ; dyma rai o'r esiamplau a gesglais i : *A dorrai'r dorth yn* **dair darn**, GGl XXXVI.20 ; *y d[d]arn*, DByrr 66 ; *(t)air darn . . . y d[d]arn gyntaf*, ib 212 ; *a'r d[d]wy d[d]arn aral[l]*, ib 239 ; *un ddarn*, DCr² 50b ; *yn ddevddarn*, CRhC 103 (amrywiad Cardiff 6 = *yn ddwyddarn*) ; *'r ddarn losgedig*, ML 1.149 ; *y ddarn deisen*, LGO 92 ; *y ddarn* (o farddoniaeth), ib 103 ; (cyferb. *y darn a yrrasoch*, ib 119 ; *y ddau ddarn aur*, ib 149) ; *a rodiais ddarn fawr o'r dref*, ib 152 ; (*y darn a hanner eurog*, ib 160) ; *Mae'r ddarn o'r llythyr*, Joshua Thomas, HB 451 ; *Darn fechan wedi thynnu ma's*, DJ o Gaeo, Hymnau (1775) 42.

Y mae'n anodd cyfrif am yr anwadalwch yma. Y mae'n bosibl mai cenedl *rhan* a droes *darn* yn fen. Sylwer hefyd fod yr enw cyfystyr *dryll* yn fen. mewn rhai mannau ym Morgannwg pan olyga ' gun(piece).'

(*ch*) Y mae rhai enwau sy'n newid eu cenedl yn ôl y newid yn eu hystyr er na ddylid disgwyl cysondeb perffaith yn hyn o beth ; os gwr. yn yr ystyr wreiddiol lythrennol, fe'u troir, er mwyn dangos y gwahaniaeth, yn fen. yn yr ystyr ffigurol, a *vice-versa* : *y goes* ac *y*

*Enghraifft ddiweddarach o'r un anwadalu : *yr holl dinas . . . o'i hamgylch . . . y dinas* (yn digwydd bedair gwaith yn olynol) . . . *ynghanol y dref*, DCr¹ 52a. Yng nghopi Llywelyn Siôn fe'i cedwir yn wrywaidd yn yr enghreifftiau hyn (sef 35a, *oi amgylch*), ac esiampl ddiddorol yn un o'i destunau ef yw hon : *Y Syttai vawr a elwid Ninif . . . y dinas*, DP 198b.

coes (morthwyl, sosban, etc.) ; *y fawd* (' thumb '), *y bawd* (' gas-cock,' ' water-cock ' yn Arfon). Gellir awgrymu mai'r angen i gael cenedl wahaniaethol at yr ystyr ffigurol sy'n esbonio cenedl fen. *to* = ' cenhedlaeth ' (yn y De yn bennaf). Dyfynna CD 88 y ddwy enghraifft ganlynol (a noder yr ans. lluosog) : *y do ieuainc*, LGC 176 ; *y to iefainc*, TA ; (ni ddigwyddodd imi daro ar yr enghraifft hon yng ngwaith TA, eithr cymh. *Ti sydd o'r to sydd heddiw*, TA 40.68 ; ac ymhellach : *Lled yw'r do no'r lludw a'r dail*, GGl LVI.70, nod. 343 = ' cenhedlaeth, teulu ' ; *pwy a ennillo or do yssyt*, LlH 6, MA 141[b]).

Yn *Dyfroedd Bethesda* (At y Darllenydd) sonia T.W. amdano ei hun fel awdur â'r geiriau "y llaw gwael hwn", a diau mai ystyr drosiadol ' llaw ' sy'n cyfrif ei fod yn wr. ; cymh. sut yr arferir "hen law" ar lafar gwlad am ' waggish fellow '—*hen law doniol.* Disgwylir tr. i enw genidol ar ôl enw ben. fel *llaw* [gw. §46 (1) am esiamplau o'r gystrawen] a gellir awgrymu mai ystyr ffigurol *llaw* (=' cynhorthwy') sy'n cyfrif am gadw'r gysefin yn y canlynol : *Llaw Gwatcyn, y llew gwaetgael*, GGl IV.8.

(*d*) Fel rheol ceidw enwau am bersonau a chreaduriaid yr un genedl hyd yn oed pan ddynodant berson neu greadur o'r ' rhyw ' arall : *y plentyn*, *y baban*, boed fab neu ferch : *y gennad*, boed ŵr neu wraig ; sylwais fod yr enw *ffrynd* yn fen. droeon yn ML er mai gŵr a olygid, e.e. *Ffrynd fawr*, ML 1.92 ; 2.187 ; 2.189.

Er hynny digwydd rhai enwau sy'n newid eu cenedl yn unol â'r newid mewn rhyw, e.e. *y cyfyrder* neu *y gyfyrder* ; *y perthynas* neu *y berthynas* ; *y cymar* neu *y gymar* ; cymh. *ath gymmar wenwynic*, B IV.331 ; *cymmar wastadol*, Wms, Hymnau (1811) 922; *y peth* neu *y beth* (am ferch, er enghraifft). Dyna yw patrwm cystrawen yr enw *llo* yn y De, *y llo gwryw* neu *y llo fenyw* ; ond erys yn enw gwr. yn y Gogledd fel y dengys cysefin yr ans. sy'n dynodi rhyw, h.y. *llo banw*.

Y mae enwau fel *colomen* ac *eryr* yn cadw'r un genedl yn sefydlog, oblegid er ychwanegu'r ansoddeiriau rhywiol atynt, erys *colomen wryw* yn enw ben. ac *eryr benyw* yn enw gwr. fel y dengys y treigladau. Yn ôl y priod-ddull diweddar enw ben. sefydlog yw *cath*, oblegid pryd na fydd angen gwahaniaethu rhwng ' cath ' a ' gwrcath,' ' y gath ' y gelwir y gwrcath ; eithr yn ChO 10, 14, ceir **y cath** gan mai ' gwrcath ' a olygir, gw. nod. 52 ; cymh. hefyd **cath gwryw**, Havod 16.84 ; eithr y mae'r cyfansoddair rhywiog *mabcath* yn fen. yn unol â chenedl yr ail elfen er bod yr ystyr yn wryw, e.e. **y fapath** (sic) CRhC 151 (amrywiadau—**y fabkath** etc.).*

Enw ben. yw *bronfraith* ac y mae ' cyfansoddiad ' yr enw yn fen. Ceir *y bronfraith* fwy nag unwaith yn CRhC 95, a gellid awgrymu mai ' ansoddair ' yw yn cynrychioli ' Y Ceiliog Bronfraith,' ond nid yw hynny'n egluro'r treigladau a welir yn y gwir ans. : *myn dyw r* **b***ron-fraith* **b***erffeithia*, 96 ; *y* **b***ronfraith* **b***ert ei* **a***el*, 97 (amrywiadau ar odre'r tudalen = *y* **f***ronfraith* **b***erffaith*). Cymh. ymhellach : *Ar brenfrig a rôi*'**r bronfraith,** DGG xxxv.2 (Y Ceiliog Bronfraith). Gw. *Geirfa* Lloyd-Jones hefyd o dan *edn*, sy'n enw gwr., "oherwydd ei

*O'r ffurf *gwrcath* cafwyd *cwrcath*, e.e. **ir kwrcath**, CRhC 148 ; ac o'r ffurf hon cafwyd y ffurf dafodieithol *cwrcyn*. Gw. y nodiad godre perthynol i Nodiadau §8 isod, lle sonnir am *morcath*.

ddefnyddio am eos a mwyalch y ceir tr. m. ar ei ôl yn *yr edn geinlas gu*, Pen. 49, 5.28 ; *edn fergoes fach*, 44.27".

(*dd*) Haedda'r enw **dyn** nodiad arbennig. Os golygir ' gŵr ' ceir *y dyn* bob amser, ond wrth sôn am wraig gellid arfer *y dyn* neu *y ddyn*. Nid oes modd gwybod sut yr arferid *dyn* (= ' gwraig ') ar lafar gwlad gynt, ond gellid disgwyl i gystrawen y cyd-destun fod yn gyson â pha un bynnag o'r ddwy ffurf a ddewisid, *y dyn* gyda chystrawen wrywaidd ac *y ddyn* gyda chystrawen fenywaidd. Ond ceir enghreifftiau yn y cywyddau nad ydynt yn ' gyson ' â chenedl yr enw, ac y mae'n amlwg fod y beirdd yn cymryd mantais ar ba gystrawen bynnag a fyddai orau i bwrpas y gynghanedd.

Dyma rai enghreifftiau o arfer *dyn* yn fen. : *Grudd y ddyn lanaf o gred*, DGG xxx.28; *Doe gwelais ddyn lednais lân*, ib. ii. 1 ; *Yn ddyn glaerwen ysblennydd*, ib II.3 ; *Caru dyn lygeitu lwyd*, ib III.1 ; *A chreulon, ddyn wych rylathr*, ib XX.36 ; *Ddynfain deg, ddwyn f'enaid i*, ib XXIX.65 ; *Dynfain dlos, dan fanadl ir*, ib XLV.8 ; wele ychydig enghreifftiau o'r *Canu Rhydd Cynnar* : *ddyn wych feinael*, 26 ; *dyn ganaid*, ib 27 ; *dyn wen*, ib 28. Enghraifft o gadw'r ans. heb dreiglo : *Dy drwyn ar* **ddyn mwyn** *y mae*, DGG XXI.22 ; enghraifft o anghysondeb yn y gystrawen : *Lle mae'***r dyn** *a'i* **ll***iw mor deg*, ib XXIX.17 ; dyfynnir y canlynol er bod rhywbeth o'i le ar y gynghanedd : *Ai gwaeth i ddyn* **g***wiw ei* **th***aid*, ib III.31 ; fe ellid esgusodi'r enghraifft hon oblegid, gan fod *gwiw* yn dyfod yn union ar ôl yr orffwysfa, nid oes raid arfer y ffurf dreigledig, h.y. yr oedd hawl i arfer y gysefin, gw. §19 (i) nodiad godre ; ond ni ellir ' esgusodi ' anghysondeb y ddau ans. yn y canlynol : *Yn ddyn* **mwyn dda** *iawn ei moes*, ib XVII.48.

(*e*) Diddorol sylwi hefyd sut y camdriniwyd y gair **ymgeledd** sy'n enw gwr. yn ei iawn ystyr : *yr amgeled mwyaf*, YCM[2] 13 ; *ymgeledd cymmwys*, Gen. II.18, 20. Ond fel y gwyddys, sôn am greu Efa sydd yn y cyd-destun yn Llyfr Genesis : "Nid da bod y dyn ei hunan ; gwnaf iddo ymgeledd cymmwys iddo", a hyn a'i gwnaeth yn briod-ddull llenyddol yn golygu ' gwraig,' a arferir yn gyffredin iawn yn y cofiannau am wraig y ' gwrthrych ' ; ac nid anodd gweld pam y trowyd y peth yn fenywaidd yn yr ystyr arbennig yma ; cymh. *gwnaf ymgeledd gymmwys iddo*, Wms, DNupt 14 (fel petai'n dyfynnu'r adnod ar y pryd ; enghraifft hefyd yn John Thomas, Rhad Ras 92), eithr ceir *ymgeledd cymmwys* yn Mant Priodas 32 ; hefyd ML 1.265. Disgwylir i **priod** fel enw ddilyn enwau fel *perthynas* yn (ch) uchod : cymh. esiamplau o'r enw yn fen. : *ei briod bur*, Wms, Hymnau (1811) 874 ; *I'w briod wiw ber ewig*, Thos. Morris, Llinell i'r Byd (1791) 9.

Wrth geisio arfer cyfieithiad o'r priod-ddull Saesneg "better half" gan olygu ' gwraig,' defnyddia Daniel Owen *hanner oreu* er bod *hanner* yn enw gwr. yn ei iawn swydd ; e.e. Y Dreflan 92 ; 167. Ceir yr un math o ' ffigur ymadrodd ' yn Ll. Rhen Ffarmwr, ond cedwir yr enw yn wr. : *hi ydi'r haner gore o hono fo*, 48.

Am mai am ferched y meddylir y troes *rhyw* yn enw ben. yn yr ymadrodd *y rhyw deg*, sy'n gyfieithiad slafaidd neu gellweirus o ' fair sex.'

Gallwn gynnwys yr enw **awdurdod** yma hefyd. Enw ben. yw yn wreiddiol fel enw haniaethol : *rhoddaf yr a. hon*, Luc IV.6 ; hefyd

Act. VIII.19. Y mae esiamplau'n digwydd o'r enw haniaethol yn wr., e.e. *y wraig ag a. mawr i ddenu ei gŵr*, Mant Priodas 68 ; *yr a. gwladaidd*, Joshua Thomas, HB 33 ; ond y peth a wnaeth enw gwr. ohono bron yn ddieithriad yn y cyfnod diweddar fu arfer y gair, yr un fath â'r S. 'authority,' am ddyn sy'n hyddysg iawn mewn rhyw bwnc ac sydd a hawl i draethu arno. Gwelir enghreifftiau hefyd o arfer *athrylith* yn wr. pan olygir 'dyn athrylithgar,' er mai ben. yw *athrylith* haniaethol fel rheol.

(*f*) Nodir enghreifftiau isod §8 (iii) o gyfansoddeiriau nad ydynt yn cadw cenedl yr elfen sy'n enw yn eu cyfansoddiad. Enghraifft ddiweddar yw *y bleidlais* er bod 'llais' yn wr. ; y mae tuedd i *delfryd* fynd yn fen. er bod 'bryd' yn wr. ; ac i *uchelgais*, er bod *cais* yn wr. Gellir awgrymu mai dylanwad yr enwau ben. 'y blaid' ac 'y ddelw' sy'n cyfrif am hyn yn y ddwy enghraifft gyntaf, ond gwell rhesymau yw'r duedd i droi enwau haniaethol yn fen. (e.e. *y ddawn* = 'talent,' er mai enw gwr. yw *dawn* = 'rhodd' fynychaf ; a chymh. *arddull* yn fen. er bod *dull* yn wr.) a'r duedd i roi cenedl wahanol i enw pan roir ystyr ffigurol iddo.* Enw gwr. yw *braint* yn wreiddiol, gw. *Geirfa* ; ond ben. yw yn awr fel rheol ; gan mai gwr. yw yn wreiddiol, disgwylir i gyfansoddair fel *rhagorfraint* fod yn wr. ; o leiaf, ni ddylid synnu os ceir enghreifftiau megis : *y rhagorbhraint hwnnw*, B v.30.

(*ff*) Enw ben. yw **munud** yn y De, ond gwr. yw fel rheol yn y Gogledd. Er hynny y mae fel petai'n fen. yn Arfon mewn rhai cysylltiadau, gan dreiglo ar ôl y fannod, yn fwyaf neilltuol pan olyga rywbeth fel 'instant,' gw. Fynes-Clinton 385-6. Cymh. hefyd : *Y Funud cynta'*, D.J. o Gaeo, Hymnau (1775) 130.

Nodir yr enw **man** yn WG §142 (ii) ; gwr. yw pan olyga 'spot' neu 'speck,' megis *man gwan, man geni* ; ond ben. fynychaf pan olyga 'lle' megis yn Math. XXVIII.6 ; er hynny gwr. yw yn Jer. VIII.3. Dyma enghreifftiau i ddangos yr ansicrwydd : *ymhob vn* **or d[d]av fann** . . . *yn* **y fan gyntaf**, DByrr 242 ; *y fann fryntaf*, DCr[1] 29[a] = *y vann bryntaf*, ib[2] 22[a]. Noder hefyd y ddau briod-ddull : *yn y man*, 'by and by' ; *yn y fan*, 'immediately.' Yn yr un paragraff yn WG sonnir am yr enw **math**, sy'n enw gwr. ac eto'n ymddangos yn fen. yn y gystrawen, *y fath beth* ; ymdrinir â'r gystrawen hon yn §§35-37 isod, ac ymdrinir yn yr un bennod â phriod-ddulliau *y gynifer, y gymaint, y gyffelyb*, etc.

(*g*) Dyma rai esiamplau ychwanegol at y rhai sy'n weddol hysbys y digwyddodd imi daro arnynt, o enwau'n dwyn cenedl yn wahanol i'r un a ddisgwylir ; neu ddyfyniadau a ddengys anwadalwch cenedl : **testyn** yn fen. yn DByrr 301, 327 ; **y weithred,** B II.224 (Elis Gruffydd), **y gweithred cyntaf,** MCr 16[b] ; *ar galon galetach nar* **careg** *neyr cwareley*, ib 77[b] ;† *yr addewid ar* **bendith,** ib 94[b] [enw ben. yw fel

*Enghraifft eithriadol hollol o'r syniad fod enwau haniaethol yn fen. yw Charles Edwards, ac o newid cenedl enw yn unol â'r dyb hon, gw. rhagymadrodd yr Athro G. J. Williams i HFf LXXIV-LXXV ; rhoir rhai esiamplau hefyd ohono'n troi enwau ben. yn wrywaidd. Nid yw hyn yn cynrychioli'r duedd sydd gennyf yn fy meddwl, sef y duedd i droi enwau haniaethol yn fen. ; mympwy Charles Edwards ei hun sy'n gyfrifol am ei fynych enghreifftiau ef.

†Dangosir nad gwall mo hyn gan enghraifft arall o destun yn perthyn i'r un ysgol : *dyro ddiolch i dduw . . . ag nid ir prenn* **ner karreg**, DP 190[a]. Ceir *y mynwent* hefyd yn y testun hwn, sef 254[b] (ddwywaith).

rheol, a dyna a roir yn *Geirfa* ; eithr cymh. **fendith gwan,** GGl XLIII.40 ; *yr oedd* **bendith mawr** *wedi bod ar eu llafur,* Y Dreflan 39 ; llw a glywais yn gyffredin ar lafar gwlad yw "O'r bendith mawr !"] ; **'r Fettel oreu,** GB 5 ; **y fettel g'letta,** Dafydd William, Gorfoledd (1798) 2 [dyry Bodvan g. a b.] ; **Hanfod bur,** GB 41 [Bodvan = g. yn unig] ; **aberth fwyn**, Jenkin Jones, Hymnau (1768) 43 ; **A. fawr,** Morgan Rhys, Golwg o ben Nebo 27 ; **yr a. fawr dragwyddol,** ib 93 ; **a. mawr,** ib 115 ; *wrth* **yr alw** *cwyd y meirw,* Rhys Dafydd, Ffarwel Babel (1776) 9 [dylanwad ' yr alwad '] ; *Gwrendy'r meirw ar* **yr alw,** M. Rhys, op. cit. 104 ; *at Dduw*'**r trugaredd**, Timothy Thomas, Moliant i Dduw (1764) 68 ; hefyd Harri Sion, Hymnau (1798) 39 ; [llw cyffredin ar lafar, "O'r trugaredd !"] ; **yr iechyd hon,** Timothy Thomas, op. cit. [= ' iechydwriaeth '] ; *Yno â'm* **hanadl wan** *ddiweddaf,* Mnd. Rowland Pugh gan Thos. Price, Talgarth (1810) 8 ; *fy* **anadl ddiweddaf**, Ioan (= John) Thomas, Rhad Ras (1810) 10 ; **anadl wan,** Gomer, Gweithiau LI ; [dyry Bodvan g. a b. ; ymddengys i mi mai'r ystyr ' anadliad ' sy'n fen. yn yr enghreifftiau hyn, a gallaf ddweud imi glywed *anadl* yn fen. yn fy nhafodiaith fy hun am ' anadliad,' e.e. gwraig a dolur y galon arni "yn ffaelu tynnu'r anal fawr" = ' deep breath '] ; **y tawlod,** J.T., Rhad Ras 29 ; *I chwareu*'**r dant** *teilwng yw'r Oen,* J.T., Caniadau Sion (1788) 20 ; **aelod bwdwr,** Dafydd William, Diferion, (1777) 4, [cymh. **Aelod fawr** *ar wlad Feirion,* GGl LVII.33 ; yma y mae'n drosiadol ei ystyr, ac erys yn wr. pan olygir aelod o'r corff, *Mawr yw cael pedwar aelawd,* ib LXVII.47 ; fel enw gwr. y rhoir ef yn *Geirfa*] ; *bwy'th* **Gymmorth gref,** D.J. o Gaeo, H (1775) 46 ; **yr ychedydd lon,** ib 119 ; *Fath* **Ynnill wael a honno,** ib 160 ; **a'th synwyr ddoeth**, ib 177, [cyferb. *a phob Synwyr glan,* ib 197 ; eithr cymh. **synnwyr frau,** TA 114.14 ; **synwyr fydol,** DCr[1] 44[b] ; ib[2] 31[a]] ; **Y Gyfammod helaeth hon,** ib 177 ; **anobaith gref**, ib 204 ; **y faen**, Daniel Owen, EH 226 ; 227 [am wythïen yn cynnwys mwyn].*

§3 Yr Enw Lluosog

(i) Ceidw enwau lluosog y gysefin ar ôl y fannod : *y dynion, y merched, y cerrig* etc.

Pobl, pobloedd, poblach.

Ceir eithriad i'r rheol uchod yn *y bobloedd* a ddigwydd droeon yn y Beibl, e.e. Deut. IV.6 ; Sech. XII.2 ; er mai *y pobloedd* a ddisgwylir yn ôl y rheol, a hynny a geir mewn Cym. Can., e.e. LlA 134 ; YCM[2] 2 ; B II.272 (Englynion yr Eryr ; tri o'r testunau amrywiad yn rhoi *y bobloedd*) ; cymh. hefyd *y bobloedd hynny,* MCr 23[a].† Gan fod ystyr luos. i'r enw torfol ben. un. *y bobl,* a bod yr enw yn cael ei arfer mor gyffredin fel lluosog, a chan mai'r gysefin sydd i enw lluos. ar ôl y fannod, teimlwyd fod *b* yn gysefin nes bod y *b* yn aros yn sefydlog.

*Awgrymwyd wrthyf nad *maen* yn fenywaidd mo'r gair hwn, ond mai'r S. *vein* yw ; a bod *y faen* yn ddigon cyffredin ymhlith chwarelwyr Arfon.

†Er gwaethaf y gynghanedd fe fynnodd y copïwr roi'r ffurf dreigledig yn y canlynol : *Modd pablaf medd y bobloedd,* MA 329[b] ; *p* sydd yn RP 1378.

Prawf o hyn yw treiglo'r *b* yn *f* mewn rhai tafodieithoedd, nes cael ' llawer o fobol ' etc. ; gw. PKM 241.

Nid *b* yr enw yn unig a aeth yn sefydlog ond aeth ffurf feddal yr ans. ar ôl *y bobl* yn sefydlog hefyd, h.y. yr *f* yn *y bobl fawr* etc., gan fod ffurf feddal yr ans. yn aros ar ôl ffurf luos. yr enw : **yr holl bobloedd fawrion**, Ps. LXXXIX.50 ; **o bobloedd dlodion,** ML 1.53 ; cyferb. *Nid i son am* **bobloedd pellennig**, DPO² 16 (= ffurf luos. ar *pobl* yn ei ystyr ' unigol ' = llwyth) ; *Fel y darlleno* **Pobloedd pell,** D.J. o Gaeo, H (1775) 95 ; hefyd 111 ; **a'r Bobloedd pell,** ib 226.

Dengys enghreifftiau fel y canlynol sut y cymysgir cystrawen unigol a chystrawen luosog wrth arfer *pobl* : **ar ysgymunyeit bobyl honno**, RBB 119 (terfyniad lluos. i'r ans. a rh. dangosol un.) ; **pobl feilchion,** Es. XXIV.4 (terfyniad lluos. i'r ans. a'r tr. i'w briodoli i'r enw ben. un. sydd o'i flaen). Yr ystyr luos. sy'n cyfrif hefyd pam y ceidw'r ans. y gysefin yn yr ymadrodd : **y cyffredin bobl**, 2 Macc. IV.40 ; LlHyff 19 ; DFf 118 ; Hom 2.77 (cyferb. **y gyffredin bobl,** Hom 2.148). Yn yr ymadrodd **y werin bobl** (enghraifft yn DPO² 12) gellir esbonio'r tr. trwy ddweud fod *gwerin* ei hun yn enw ben.

Dyma enghreifftiau o'r ffurf fachigol *poblach*, a gwelir ei bod yn debyg i *pobloedd*, yn treiglo ar ôl y fannod, a'r ans. sy'n dilyn yn treiglo hefyd : **y boblach,** ML 1.259; 2.199; 2.285; *a rhyw* **boblach ddieithr,** ib 1.20 ; **poblach dlodion,** Ll. Rhen Ffarmwr 51 ; *ychydig* **boblach dlodion,** Daniel Owen, RL 61 ; **y boblach druain dlodion,** GT 68.

Eithriad prin iawn yw peth fel *y ddau bobl*, Joshua Thomas, HB 396, 432. Cymh. hefyd yr enghraifft a ddyfynnwyd uchod, *y werinos ddisylwedd*, Mant Priodas, 62.

Haedda'r enw **pebyll** nodiad hefyd. Enw gwr. un. yw yn wreiddiol, gw. WG 197, lluos. *pebylleu*. Salesbury yn ei Destament Newydd, y mae'n debyg, a ddyfeisiodd *pabell*, ar batrwm *castell* / *cestyll*, a chael *pabell* i fod yn ffurf unigol a wnaeth *pebyll* yn lluosog. Ond rhaid tybio fod modd i *pebyll* fod yn fen. un. i gyfrif am y tr. yn *Cilybebyll*, os gellir pwyso'n bendant ar ffurf yr enw lle hwn—dyna'r ffurf sydd yn P 147, RWM 1.919, a dyna'r ffurf sy'n aros.

§4 ANSODDAIR O FLAEN ENW

(i) Pan roir ans. gradd-gysefin o flaen enw gwneir cyfansoddair ohonynt, o safbwynt gramadegol. Fe all y cyfansoddair fod yn glwm a'i acennu fel un gair cyfan gydag un brif acen ynddo, *hènwr*, *Hèngoed*, *Hèndref*, *melỳnwallt* etc. ; neu'n llac, gydag aceniad i bob elfen fel pe baent ar wahân, *hen ŵr*, *hen goed* etc. ; gw. isod PENNOD II, CYFANSODDEIRIAU.

Os daw'r ans. o flaen enw ben. un., bydded yr aceniad yn glwm neu'n llac, ceir tr. m. ar ôl y fannod i gytsain yr ans. ; neu mewn geiriau eraill, y mae'r cyfansoddair sy'n enw ben. un. yn treiglo ar ôl y fannod.

Clwm : *y wirffydd* ; *y briffordd*.

Llac : *y wir ffydd* ; *y brif heol* ; *y lan gatholic ffydd*, RBB 100 ; *or druan ormessawl geithiwet honno*, ib 120 ; *y gerfiedic a'r dawdd ddelw*, Nahum I.14 ; *y sywr ar ddiogel ffordd*, MCr 29a. Yr enw yn enw priod ben. : *o'r dywyll*

Aipht, Wms. H. (1811) 26 ; *y dlos Fair . . . a'r brydferth 'Fanwy*, Wil Ifan, Plant y Babell 102 ; [cyferb. enghreifftiau o gadw'r gysefin o flaen enw priod gwr. : *a'r duwiol Jones*, Evan Dafydd, Galarnadau Sion (1808) 16 ; *y dihafal Shoni Brechfa*, D. J. Williams, Hen Wynebau 62].

Ceir rhai enghreifftiau o beidio â threiglo yn y testunau safonol. Cyfeiriwyd yn §3 (i) at *y cyffredin bobl* ; ymdrinir isod â chystrawen arbennig *cyfryw*, megis *y cyfryw wraig* ; a diau mai'r patrwm hwn sy'n cyfrif am *y cyffelyb gosp*, Hom 2.72 (*y gosp*, ib 2.76). Heblaw'r rhain, cymh. : *y gogoneddus drindod*, YmDd 5 (*o'r drindod ogoneddus*, ib 6) ; *y tragwyddol drindod*, ib 17 ; *y bendigedig drindod*, MCr 106b ; gellir awgrymu mai ystyr luos. *trindod* sy'n cyfrif am yr eithriadau hyn, neu'r ymdeimlad fod yr enw yr un fath â'r rhifol *tri* ; cymh. ymhellach : *y gwir gatholig ac apostolaidd ffydd*, MCr 129a-b.

Ymadrodd a glywir weithiau o'r pulpud yw "achub y pentywyn **o'r gyneuedig dân**" ; a golyga hyn fod *tân* yn fen. Tarddell y priod-ddull yw'r ymadrodd yn Amos IV.11, ac yno "o'r gynneu dân" yw'r gystrawen ; estyniad anghywir o hyn yw'r ymadrodd "o'r gyneuedig dân", a'r amrywiadau eraill. Enw. ben. yw *cynnau, y gynnau*, e.e. WM 55 (PKM 43, nod. 205, lle dyfynnir : *ef a welei yno* **kynneu uawr** *o dan*, WM 129b). Ystyr *cynnau* yw ' blaze,' a phan fydd yr enw *tân* ar ei ôl a'r ymadrodd yn amhendant ceir "cynnau o dan", ' blaze of fire,' fel sydd yn yr enghraifft a ddyfynnwyd ; os try *cynnau* yn bendant ceir "y gynnau dân" wrth hepgor *o*, gw. §26 (i) ; a chymh. :

Ynnill a wnaeth Carnwennan
Egin dur **o'r gynnau dân**, GGl LXXX.65-6.

Amrywiadau ar yr ymadrodd yw'r canlynol : **o'r gynnedd dân**, Mnd Peter Williams gan Ioan ap Gwilym (= J.W. S. Tathan, 1796) 6 , *Llu mawr o ben tewynion a ddaeth o'r* **gynnudd dân,** John Thomas; Caniadau Sion (1788) 89 ; *Fel sofl sych i'r* **gynnudd dân**, ib 104, **y danllwyth dân,** ib 193. Ceir **o'r gynneu Dân** gan D.J. o Gaeo, H 206 ; hefyd : **Sy'n diffodd Cynnydd Cynneu Dân,** ib 59.

(ii) **ll** *a* **rh** *yn treiglo.*

Nid yw *ll* a *rh* yn eithriadau i'r rheol hon, fod cytsain ans. a leolir o flaen enw ben. un. yn treiglo ar ôl y fannod. Nid oes amlder o esiamplau cynnar i'w cael i brofi'r pwynt, er bod digon at y rheol nesaf sy'n gyffelyb iawn, ynglŷn ag arfer ans. *yn lle* enw.

Dyry WS 35 **y lom aelwyd,** a'r dyfyniad : **I'r lwydlong** *wyllt erlidlanw*, DG XCIX (= DGG LIV.24). Ymhlith yr enghreifftiau isod ceir esiamplau o'r ans. gradd-eithaf ac nid yw'r gystrawen yn wahanol oblegid hynny : **y ledyf tipton,** GrP 21.6-7 ; **I'r lesol** *ddaear laswawr*, Dafydd Ionawr, C. y Drindod III.172 ; **y lydan adeiladaeth,** ib III.203 ; *Trwy***'r lawen ddinas,** ib III.1464 ; **y liwgar ddaear,** ib III.2315 ; **y lidiog** *ddaear* *lydan,* ib v.459 ; **y lwyr-chwyrn** *farwol archoll,* ib VI.364 ; **y lawen dref,** ib VI.378 ; **y liwgar nef,** ib C. y Diluw 28 ; **Y leiaf radd** *o oleu'r dydd,* Wms. H. (1811) 471 ; *Y mae'***r leiaf radd** *o heddwch,* ib 713 ; **Y leiaf darn** *o Lyfr Duw,* TW, Dyfroedd Bethesda 14 [gw. §2, Nod. (b) a ddengys fod *darn* yn fen.]

Enghreifftiau diweddar : **y lydan nen,** Elfed, Caniadau 148 ; **i'r lwydlas nefoedd,** TGJ, Caniadau 55 ; **o'r lwydwelw awyr,** TGJ, Manion 41 ; **y lariaidd wawr,** Eifion Wyn, TMM 82.

Ofer chwilio yn nhestunau safonol y cyfnod canol am esiamplau digamsyniol o dreiglo *rh* gan nad yw'r orgraff yn dangos y gwahaniaeth rhwng *rh* ac *r* : fe fyddai hon yn esiampl mewn orgraff a wahaniaethai rhwng *rh* ac *r* : *or rac dywededic seren uchot,* RBB 174. Dyma ychydig enghreifftiau o destunau Cym. Diw. : **a'r rinweddol bendefiges,** Elis Lewis, Ystyriaethau Drexelius (dyf. yn Hanes Llen. Thomas Parry, 190) ; **Y rydaer Ddraig** *ruadwy,* D. Ionawr, C. y Drindod I.588 ; VIII.711 ; **I'r ryfedd ddaear,** ib XI.2170 ; **y radlawn ferch,** ib IV.73 ; **I'r ryfedd deml,** ib VI.231.

Awgrymir isod §5 (ii), wrth drin yr ans. a arferir yn lle enw, pam y mae *ll* a *rh* yn treiglo yn y cysylltiadau hyn. Dyma ychydig esiamplau lle cedwir y gysefin : *y gyd* **ar lludedic** *ysgwydd daudy,* B II.116 (W. Salesbury = 'dau di') ; **I'r rhinweddolaf,** *a'r Ardderchocaf Dywysoges,* Elizabeth, HFf 199 ; *'r llwythog groes,* Wms. H. (1811) 719 ; 823 ; *y rhithiol fun,* Wil Ifan, Unwaith Eto 11.

(iii) Ni ddigwydd y tr. i *ll* a *rh* mewn enwau tebyg i *y llawforwyn,* Es. XXIV.2 ; Esther Apoc. XV.7 ; *a'r llaw-ffon,* Esec. XXIX.9 ; *y rhwyf-long,* Es. XXX.26 ; *Aeron rhylon y rhewloer,* DGG XL.50. Yn un peth, enwau yw'r elfen gyntaf yn y cyfansoddeiriau hyn, nid ansoddeiriau ; a heblaw hynny, gellir dweud am yr enghreifftiau o dreiglo, megis *y lom aelwyd* (llac), *y lwydlong* (clwm), mai trefn normal ac arferol y geiriau yw 'yr aelwyd lom,' 'y llong lwyd' ; a theimlir fod yr ans. wedi ei leoli o fwriad o flaen yr enw yng nghystrawen 'y lom aelwyd.' Nid ffurf annormal 'y forwyn law' yw 'y llawforwyn,' ond cyfansoddair sefydlog ei batrwm.

Sylwer hefyd ar y canlynol : **y llwydnos brudd,** Elfed, Caniadau 147 ; **y llwydnos,** TGJ, Caniadau 45. Nid troad o 'nos lwyd' yw *llwydnos.* Cyfansoddair afryw yw, yn debyg i *hwyrnos* a *gwyllnos,* (cymh. *i'r gwyllnos du,* WJG, Ynys yr Hud, 60), ac nid 'nos hwyr' a 'nos wyll' a olygant, ond 'hwyr y nos' a 'gwyll y nos,' a'r ystyr yw 'oriau hwyr y nos' neu 'gyflwr gwyll y nos,' a chyplysiad fel sydd yn *boregwaith* a *noswaith* o enw + enw genidol a wnaeth gyfansoddeiriau o *hwyrnos, gwyllnos, llwydnos,* ac efallai mai cywirach fyddai trin *llwydnos* fel enw gwr. ; gw. ymhellach §42 (ii).

§5 Ansoddair yn Lle Enw

(i) Pan ddefnyddir ans. yn lle enw ben. un. (h.y. yr enw a ddylai ddod o flaen yr ans. heb ei arfer ond yn ddealledig), treigla'n feddal ar ôl y fannod : *y fwyn, yr orau, y lân, y feinir* ; cymh. : *Pan fyddo i ŵr ddwy wragedd . . . a phlanta o'***r gu a'r gas** *feibion iddo . . . (m)ab* **y gu** *. . .mab* **y gâs,** Deut. xxi.15-16 ; *prenn pinus mawr o achaws y pinwyden vechan . . . a cheing* **o'r uawr** *yn llesteiraw ar* **y vechan** *dyfu,* SD 100.2 ; *nid myfi yw* **y front filainig ofer fesifflyd ddrygonys dwyllodrys,** MCr 29a ; [*mesifflyd* < S. ' mischief '].

Enghraifft ddiddorol o hepgor yr enw gwr. yw : **Y Gweddi Cyffredin diweddaf,** ML 2.306 ; golyga ' yr argraffiad blaenorol o'r Llyfr Gweddi,' ac y mae *Gweddi* felly yn gwasanaethu fel ans. ; petai'n enw, fe dreiglai ar ôl y fannod. "Y Llyfr Gweddi Gyffredin" yw'r ymadrodd yn llawn, ond yn y cyd-destun hwn parwyd i'r ans. ' cyffredin ' gadw'r gysefin. (Y mae syniad yn bod mai "Y Llyfr Gweddi Cyffredin" sy'n briodol oblegid tybio mai'r ' llyfr ' sy'n ' gyffredin,' ac nid y gweddïau. Ond y weddi neu'r gweddïau sy'n ' gyffredin.' Nid y gam-dyb sy'n esbonio'r enghraifft a ddyfynnwyd uchod, ond y cyd-destun anarferol ; cymh. ymhellach : *ceisio gan y Societi yna brintio* **rhai Gweddi Gyffredin,** ML 1.159).

(ii) **ll** *a* **rh** *yn treiglo*

Yn y cysylltiadau hyn y mae *ll* a *rh* yn treiglo yr un fath â'r cytseiniaid eraill : *y lusg* (= cynghanedd) ; *y lwyd* (= buwch) ; cymh. : *y gadeu . . . yn* **y leihaf** *onadunt . . . ar* **y vlaenhaf,** *kat gwyr Freinc,* YCM² 96 ; **a'r lemhaf,** ib 102.29 ; *Vo gyfodla dipthong afrywiog* **a'r lafarawg** *ola ynddi ei hun,* GrP 209 [cymh. t 211 : *heb un llafarawg* ochr yn ochr â *heb un lafarawg,* = ' llythyren lafarawg ' t 212 ; gw. isod §52 (iii) am y rheol ynghylch treiglo ar ôl *un*] : *y golledic a geisiaf, a'r darfedic a ddychwelaf, a'r friwedic a rwymaf,* **a'r lesc** *a gryfhaaf, eithr dinistriaf y fras a'r gref,* Ezec. xxxiv.16 (= defaid y praidd, yn ffigurol) : *y ddinas aml ei phobl . . . pa fodd y mae* **y luosog,** Gal. Jer. i.1 ; **y lem,** DByrr 62 ; 63 (= yr acen lem) ; *ychydig y gawsant y ffordd gul, ac a adawsant* **y lydan,** HFf 174-5 ; *y wermod wen* **a'r lwyd,** Daniel Owen, GT 9.

Enghreifftiau o dreiglo *rh* : **y rowiog,** DByrr 28 (= y ddyphddong r) ; *ni chydodla'r* **rowiog,** ib 29 ; *Tafl allan fab y gaethferch, canys ni chaiff ef etifeddu gida mab y wraig rŷdd. Mab* **y rydd** *yma iw Christ,* GMLl 2.36 (cyfeiriad at Galatiaid iv) ; *trin yr Enaid yw'r hwsmonaeth fuddiolaf ôll* ; *felly* **y rwystrusaf** *ôll ydyw,* RBS, Rhagymadrodd 3.

Fe geir ambell enghraifft o gadw cysefin "y llusg" am y gynghanedd : *O'r groes i mae'r draws yn tyfv* ; *o'r unodl i mae'***r llusg** *yn tyfv,* GrP 185. Fe arferir y termau ' y groes ' etc. mor gyffredin heb gofio mai ansoddeiriau ydynt yn cynrychioli enw, ' y gynghanedd groes,' etc., fel mai peth naturiol yw eu trin fel enwau benywaidd. Os yw *Y Gymraeg* yn cynrychioli *yr iaith Gymraeg* (er bod hynny'n amheus iawn), fe ddylai ' yr iaith Ladin ' roi ' y Ladin ' ; wele enghraifft o arfer yr enw ' iaith ' gydag enw'r iaith : *A brodyr . . . Llwydion a ŵyr Lladin iaith,* DGG XIX.6 ; a chymh. enghraifft o dreiglo *ll* ar ôl y fannod : *Y Ladin berffaith loywdeg,* IGE[2] 239.29—er y byddai'n well gennyf gyfrif am ' y Ladin ' fel lled-gymreigiad o'r Saesneg ' Latin.' Fel enwau yr edrychwn ar y geiriau ' Cymraeg,' ' Groeg,' ' Lladin ' bellach, a thrinir hwy fel enwau ben. cyffredin ; eithr gw. y nodiad wrth §1 (vi) ynghylch y duedd i gadw ' y Groeg ' heb dreiglo. Sylwer hefyd fod *Cymraeg,* ac enwau ieithoedd eraill o ran hynny, yn troi'n wryw. pan dry'n enw diriaethol, h.y. ' y mae ganddo Gymraeg glân ' ; cyferb. esiamplau o gadw enw'r iaith yn fen. pryd y dylai fod yn wryw. : *yn siarad Cymraeg dda a Saesoneg resymol,* ML 1.52 ; *Cymraeg loyw lan yn lle'r Lladin budr yna,* ib 2.342 (noder fod *budr* heb dreiglo).

(iii) *Priod-ddulliau ' dyn o'r gorau,' ' gwraig o'r orau,' etc.*

Bwriedir i esiamplau'r pennawd gynrychioli'r gystrawen honno hefyd a geir mewn ymadroddion fel ' cig ar y cochaf,' ' gyda'r gwaethaf,' ' rhedeg am y cyntaf.' Nid hawdd diffinio gwir arwyddocâd yr ans. yn yr ymadroddion hyn a gwell gadael y gystrawen yn ddiesboniad a'i galw'n ' idiom.' A barnu wrth yr enghreifftiau a gasglwyd fe geid tr. m. i'r ans. ar ôl y fannod pan fyddai'r enw yn y cyd-destun yn enw ben. un. : **ystafel(l) or deccaf,** DCr[1]23*a* ; ib[2] 19*a* ; **y farfoleth or greulonaf,** ib[1] 45b ; ib[2] 31a ; **yn gath or ore,** CRhC 148 ; **at weddw lan or fwyna,** ib 381 ; **am kalon oedd or dryma,** ib 435 ; (ġ)**ardd o'r orau,** LGO 167 ;

'Am y dduaf', *medd y forfran,*
'Am y wynaf', *medd y wylan* ;
Yna craig y mor ateba,
'Am y ddua, am y wyna' ; Ceiriog, Alawon Cymreig 106
(Yn Cyf. 1 o Gweithiau Ceiriog).

Enghraifft o dreiglo *ll* : *ar lun* **cerdd o'r lawna,** *cŷd,* ALMA 16 (Michael Prichard).

Y gysefin a geir pan fydd enw'r cyd-destun yn enw gwr. neu'n enw lluosog : *gwely o'r goreu,* DCr[1] 23a ; ib[2] 19a ; *ambell un or gweddeiddia,* ML 1.169 (golygir ' ambell Wyddel ') ; *Cymdeithion o'r dihira,* ib 1.177 ; *Gŵr o'r mwynaf yw,* ib 1.94 ; LGO 30 ; eto 50 ; *mae genyf ddiolch o'r mwyaf,* LGO 18 ; *camgyfri o'r mwyaf oedd hynny,* ib 79 ; *mesur o'r culaf,* ib 123 ; *gwnaf fi, dy Ior, Di'n landdyn o'r cyfiawnaf,* Jenkin Jones, Hymnau (1768) 36 ; *Yn glwyf o'r dwfna,* Sion Llewelyn (1791) 34 ; *Pechadur o'r gwaelaf ei ryw,* John Thomas, Caniadau Sion (1788) 21 ; *Bwyta manna o'r danteithia,* ib 260 ; *a gelynion o'r creulona,* ib 273.

Ond y mae'n ddigon tebyg fod y gystrawen ddi-dreiglad wedi mynd yn sefydlog beth bynnag fyddai cenedl yr enw yn y cyd-destun. Ar lafar gwlad ceir "o'r gorau" am ŵr ac am wraig yn ddiwahaniaeth. Nid diogel dyfynnu'r canlynol fel esiampl oblegid fe all yr enw fod yn wrywaidd : *fe wna fywoliaeth o'r gorau,* ML 1.341 ; eithr cymh. y canlynol : **ryw farn o'r trymma',** Can. Sion 256 ; **hin o'r garwa,** ib 257 ; **ac iddo ferch o'r glanaf**, Dafydd William, Diferion (1770) 20.

Anodd dweud yn bendant a ddylid cadw'r hen arfer o dreiglo'r ans. yn y priod-ddulliau hyn, i gyfateb i'r enw ben. sydd yn y cyd-destun. Dyma enghraifft ddiweddar o dreiglo, a'r ans. yn dechrau â *rh* : *braich o gnawd* **gyda'r ryfeddaf** *y bu saint yn pwyso arni erioed,* John Roberts, Meth. Galfinaidd Cymru, 27.

Y mae ambell gyd-destun heb enw o gwbl ynddo, ac yn y cysylltiadau hynny fe geidw'r ans. y gysefin heb amheuaeth : *yn ymryson am y druttaf a'r calettaf,* LGO 93.

(iv) *Nodiadau Amrywiol*

(*a*) Y mae'r ansoddeiriau cyfansawdd a ddyfynnwyd yn (i) uchod, *y feinir*, *y feinwen*, wedi dod, wrth eu mynych arfer yn lle enwau, yn gyfartal ag enwau yn golygu 'merch lân olygus.' Gydag enwau llysau y digwydd hyn amlaf lle y mae'r enw ben. *llys*, fel sydd yn y cyfansoddeiriau *y greulys, y waedlys,* yn ddealledig, gan adael ans. gwreiddiol ar ôl y fannod a hwnnw'n treiglo, e.e. *y benlas, y bengaled, y droetrudd,* etc.

(*b*) Am fod enw ben. un. am afiechyd, megis 'twymyn,' wedi ei hepgor o ymadrodd megis 'y dwymyn frech,' aeth 'y frech' a 'brech' yn enw ben. un. i bob pwrpas, e.e. *y frech* ('vaccination'), *y frech goch, y f. wen, brech yr ieir* ; cymh. Henry Lewis, DIG 49. Credaf fod rhyw duedd i droi enwau afiechyd yn fen., e.e. **y bendro,** er mai gwr. yw 'tro' ; ac enghraifft arall yw: **y ddiffyg anadl,** ML 2.306. Ni ddylid pwyso ar yr enghraifft ganlynol os William Morris biau'r llythyr gan fod treigladau W.M. mor fympwyol [gw. Nod. (ii) ar ddiwedd PENNOD VI] : *i'r Gontrowliwr iw fwytta rhag* **y Beswch a'r Crygni,** ALMA 83.

(*c*) Fel rheol treiglir yr ans. ar ôl enw priod gwr. un., megis yn *Iolo Goch, Llywelyn Ddu* etc., gw. isod §48. Fe ddigwydd weithiau i'r enw priod ei hun gael ei hepgor nes bod yr ans. yn dilyn y fannod ; os cynrychioli enw gwr. un. y bydd, ceidw'r gysefin, e.e. **Y Cryg** = Gruffudd Gryg, Ifor Williams, DGG Rhagymadrodd xx ; mae hyn yr un fath â phe rhoid "y telynor" yn lle "Siôn Delynor". Cymh. ymhellach : **Y Du** *hydr o'r Deheudir,* GGl LXXXII.1 (= Harri Ddu) ; *seruen wyn,* B IV.114 (4), *seruenwyn,* ib ib (11) = enw dyn : *kyuarchaf ym brawt* **y gwynn,** ib ib 9 ;* *Bartimaeus* **ddall,** Marc x.46 ; **y dall,** ib ib 49 ; 51 ; *Cilmyn Droetu,* ML 1.275 ; *C. Droe'tu,* ib 279 ; **y troedtu,** ib ib ; **y Bras** *o'r Esgair,* ib 1.297 (= LM) ; **Y Du** *o Hirgaer,* LGO 110 (= G.O. ei hun, sef Gronwy Ddu).

*Gw. ymhellach §42 (iv).

Soniwyd yn §4 (i) am osod yr ans. o flaen enw priod gwr.; dengys y canlynol beth a ddigwydd: **Dafydd fwynaidd,** Thos Dyer, Mnd. Dd. Rees o Lanfynydd (1818) 4; **y duwiol Dafydd,** ib 6. 7.

(*ch*) Os bydd enw ben. wedi ei darddu o'r ans. a arferir yn lle enw + ans., trwy ychwanegu terf. ben. fel *-en,* treigla ar ôl y fannod, a chedwir y tr. sydd i *ll* hefyd yn yr enw tardd., e.e. *y gochen,* (am ferch a gwallt coch), **y lwyden** (am gwningen); cymh. â hyn ac â'r hyn a ddywedwyd yn (*a*) am enwau llysau: **y liwiog las** (= llysewyn, gw. geiriaduron D ac R).

(*d*) *Y Deau* (*y De*); *ar y ddeau*

Yr un gair yn y lle cyntaf yw *dehau* yn golygu ' south ' a ' right-hand side.' Wrth wynebu'r haul yn ' dwyrain,' neu'n codi, y mae'r De ar y llaw dde, a'r Gogledd ar ochr y llaw 'gledd' neu aswy. At ystyr ' South ' ceir *y De(h)au, y De,* ac am ' right ' ceir *y dde(h)au, y dde*: *ar y llaw asswy . . . ar y ddehau . . . ar y llaw ddehau . . . ar yr asswy,* Gen. XIII.2; *tu ar gogledd, a'r dehau a'r dwyrain,* ib ib 14. Awgryma'r dyfyniad hwn y rheswm am dreiglo "y ddehau," sef bod ' llaw ' yn ddealledig.

Y mae tuedd ar lafar gwlad i gadw'r tr. yn sefydlog at yr ystyr ' right-hand side ' hyd yn oed ar ôl enw gwr.; clywir "llygad dde" yn ddigon cyffredin (heblaw mewn mannau lle y mae ' llygad ' yn fen.), a ' clust dde ' (lle y mae ' clust ' yn wr. fel ym Morgannwg); cyferb. enghreifftiau o'r testunau safonol: *llygad dehau,* I Sam. XI.2; Zech. XI.17; GMLl 2.115. Y mae enwau ar rannau ' deuol ' y corff yn dueddol iawn i newid cenedl [h.y. *clust, troed, braich,* etc., gw. §21 (iii) nod.], ond nid hynny sy'n cyfrif am anwadalwch y canlynol: *fy nglin deau,* ML 2.297; *am glin* **ddeau,** 2.298; cymh. *y ffer ar glin,* 2.299. Enghraifft yw'r ail ddyfyniad o'r duedd i gadw'r tr. sefydlog i *ddeau* pan olyga ' right-hand side ' hyd yn oed ar ôl enw gwrywaidd.

§6 ENW DEUOL AR ÔL Y FANNOD

(i) Gwyddys fod y rhifol *dau, dwy* yn treiglo ar ôl y fannod, peth na ddigwydd i'r rhifolion eraill (enwau ben. yw *mil,* a *miliwn*), hyd yn oed y rhifolion sy'n cynnwys *deu-* mewn cyfansoddair clwm; cyferb. *y deuddeg, y ddau ar bymtheg.* Heblaw rhif unigol a rhif lluosog, yr oedd i'r enw rif deuol hefyd yn y Frythoneg; ac os yw'r Hen Wyddeleg yn awgrym ynghylch ansawdd y Frythoneg yn hyn o beth, gallwn gasglu fod i'r enw yn y rhif deuol ac i'r fannod a'i flaen derfyniadau amrywiol yn y gwahanol gyflyrau a chenhedlau, a'r rheini'n bur aml yn wahanol i'r unigol a'r lluosog. Etifeddodd y Gymraeg rai o effeithiau'r rhif deuol cyntefig, sef y tr. a geir mewn Cym. Can. i'r ans. ar ôl enw gwr. yn dilyn *dau*; a'r tr. ar ôl y fannod ddeuol. Cofier nad un gystrawen oedd y rhif deuol: gallai'r ffurfiau a geid gydag enw diryw yn y famiaith fod yn wahanol i'r ffurfiau a arferid gydag enw gwr., ac odid nad y gwahaniaethau hyn sy'n cyfrif pam y ceir y gysefin weithiau ar ôl y fannod, *y dau, y deu-* ; a'r gysefin weithiau ar ôl y rhifol, *y deutu, deutroed*, etc. ; gw. isod §53.

(ii) Gallai'r enw fod yn ddeuol heb gael y rhifol *dau, dwy* o'i flaen ; e.e. pethau sy'n barau wrth natur ; ond bach iawn o'r parau hyn sydd wedi aros yn ddeuol eu rhif yn Gymraeg heb fod y rhifol o'u blaen. Os defnyddir y rhifol ceir *dau* + enw un. ; heb y rhifol, ceir ffurf luosog (deuol yn y lle cyntaf) a thr. i'r ffurf luos. hon ar ôl y fannod, e.e. *gefell, yr efeilliaid*, gw. OIG mynegai.*

Y mae'n bosibl fod ôl y tr. hwn yn aros yn **Yr Eifl,** deuol o *gafl*, enw ar ddau fynydd sydd fel dwy big neu ' afl,' gw. LWP 151 ; ac Ifor Williams, Enwau Lleoedd, 24-5. Y mae rhai'n tybied fod y tr. hwn i'w weld hefyd mewn enwau fel *Y Gyrn Goch* ; byddai ' cyrn ' yn bâr naturiol a gallai hen gystrawen y rhif deuol aros mewn enw lle er diflannu o'r iaith lafar.† Ond nid hynny a rydd Syr Ifor Williams, Enwau Lleoedd 15-16 ; ymwrthyd ef â'r syniad mai rhif deuol ' corn ' yw *y gyrn*.

*Nid yn aml y trewir ar enghraifft o'r ffurfiad cysefin ; dyma esiampl : *a'r Gwragedd yn dwyn Gyfeilliaid*, GB 258.

†Bu achos gan y Bedyddwyr, neu o leiaf fan cyfarfod, yn *y Gyrn* yn Sir Faesyfed ; gw. Joshua Thomas, HB 106 ; 133. Anodd deall yn iawn, gan fod y testun dan orchudd o symbolau, beth yw *y gyrn yn y dwyrein*, B IX.113 (Proffwydoliaeth yr Eryr).

Pennod II

MEWN CYFANSODDEIRIAU RHYWIOG

§7 Cyfansoddeiriau Rhywiog ac Afryw

(i) Rhoir amlinelliad yn gyntaf o'r gwahaniaeth sydd rhwng cyfansoddair rhywiog a chyfansoddair afryw o ran cyfansoddiad neu wneuthuriad ; ac yna ceir dosbarthiad cyffredinol o'r gwahanol fathau o gyfansoddair rhywiog. Y drefn normal yn y frawddeg Gymraeg yw fod yr ans. yn dilyn yr enw a ddisgrifia. Wrth ddywedyd hyn, yr ans. fel rhywogaeth o air a olygir, ac ni ddylid meddwl am esiamplau sengl o ansoddeiriau a ddaw bron yn ddieithriad o flaen yr enw : e.e. daw *hen* bron bob tro o flaen yr enw, a *prif* o'i flaen yn ddieithriad. Y mae'r mwyafrif mawr, fel dosbarth yn gyffredinol, yn dilyn yr enw. Pan newidir y drefn a gosod yr ans. o flaen yr enw, y mae'r ans. + enw yn gwneuthur cyfansoddair, ac achsoir tr. m. i gytsain ddechreuol yr enw neu'r ail elfen yn y cyfansoddair.

Fe all y cyfansoddiad fod yn glwm a'r cyfansoddair yn cael ei acennu fel un gair gydag un brif acen, sef ar y goben yn rheolaidd, beth bynnag fydd y sillaf honno yn ei safle wreiddiol (h.y. yn y gair yn anghyfansawdd) : e.e. *melỳslais*, er bod y sillaf *-ys* yn ddiacen yn ' llais melys,' a'r sain *y* yn colli'r sain eglur gan droi'n dywyll yn y goben. Neu fe all y cyfansoddiad fod yn llac a'r un aceniad yn cael ei roi i'r ddwy elfen ag a fyddai iddynt pe baent yn ddau air ar wahân yn eu trefn normal, e.e. *mèlys llàis*. Rhoir y ddau air ynghyd pan fyddant yn glwm ; a chedwir hwy ar wahân pan fydd yr aceniad yn llac ; ond yn glwm neu'n llac, y mae trefnu'r geiriau'n ans. + enw yn gwneuthur cyfansoddair ohonynt.

Wrth ddisgrifio'r esiampl yma, ans. + enw, nid gosod rheol i lawr yr ydys. Nid peth unffurf, a heb ddatblygu amrywiadau lawer, yw'r cyfansoddair rhywiog. Awgrymu yr ydys fod hon yn enghraifft a bod y newid a welir ynddi ar drefn normal y geiriau yn agwedd nodedig yn ei chyfansoddiad. Y mae'r newid yma'n fath o batrwm.

(ii) Yn y Cyfansoddair Afryw ceir dau air, neu fwy, wedi mynd yn un gan gadw'r un drefn ag sydd iddynt mewn gosodiad normal, a'r peth a wnaeth gyfansoddair ohonynt fu, nid patrwm, ond eu mynych arfer gyda'i gilydd nes magu sain newydd neu aceniad newydd neu ystyr newydd yn wahanol beth i'r ystyr gynhenid, a'u cyplysu'n un : e.e. *y bont bren* > *y bompren* ; *gwèlltglas* ; *gŵrda* ; *gwrèigdda* ; *hèulwen* ; *hìndda*. Yn y rhain y mae'r aceniad yn profi fod y ddwy elfen wedi eu cyplysu'n un, a phrawf arall yw'r gwyriad *ai* > *ei* ; *au* > *eu* yn *gwreigdda* a *heulwen*. Heblaw hynny y mae i rai o'r esiamplau hyn ystyron sy'n wahanol i'r ystyr a ddynoda'r ddau air ar wahân : *heulwen* yn wahanol i ' haul wen ' (neu ' gwyn ') ; a *gwrda* yn wahanol i ' gŵr da.' Yr achlysur o gael eu harfer yn gyfochrog yn dra mynych a fwriodd ddwy elfen y cyfansoddeiriau hyn ynghyd ; gellid dweud amdanynt ' iddi ddigwydd i'r enghreifftiau hyn gael eu troi'n gyfansoddeiriau.' Ar y llaw arall fe allwn i neu rywun arall ddyfeisio'r math rhywiog yn ôl y galw am fod ' system ' yn bod at eu llunio ; y mae ymdeimlad â phatrwm yn eu gwneuthuriad. Amgylchiadau'r mynych arfer, nid patrwm, a wnaeth y cyfansoddeiriau afryw.

Gellir cael cyfansoddair afryw heb acennu fel cyfansoddair clwm, a heb ddim i gyplysu'r ddwy elfen ynghyd yn un gair ond yr ystyr newydd, sy'n ' uned ' megis, ac yn wahanol i'r hyn a gyfleir gan ystyron y ddau air ar wahân : e.e. *tād-cū, mām-gū,* yn acennu'n gyfartal ; ond er nad ydynt yn gyfansawdd o ran aceniad, y mae *tad-cu* yn wahanol i *tad cu,* ac y mae'n ' uned ' fel gair, yn hollol fel y mae ' taid ' yn uned. [Ynglŷn â'r modd y datblygodd *tad-cu, mam-gu,* gw. isod §42 (iv)]. A dyma sy'n bwysig : y treiglad a geir yn y cyfansoddair afryw yw'r tr. (neu'r diffyg tr.) a ddigwyddo fod yn yr ' ail ' elfen neu air cyn cyplysu'r ddau air ynghyd. A chymryd y mathau a roed uchod, ceir cysefin yr ans. ar ôl enw gwr. un., *gwrda, tad-cu* ; a cheir tr. m. ar ôl enw ben. un., *gwreigdda, mam-gu.*

Dosberthir y Cyfansoddeiriau Afryw yn llawnach ym MHENNOD V

§8 PATRYMAU'R CYFANSODDEIRIAU RHYWIOG

(i) (*a*) **Ansoddair + enw** a roddwyd uchod yn batrwm o wneuthuriad cyfansoddair rhywiog, *melŷslais, henwr, hen ŵr.* Os cymherir y rhain â'r esiamplau o gyfansoddair afryw lle ceir enw + ans. megis *gwrda, hindda,* gwelir gwahaniaeth go bwysig, sef mai'r ail elfen yn y cyfansoddair rhywiog sydd (fel rheol) yn penderfynu beth yw natur neu rywogaeth y gair cyfansawdd : enw yw *gŵr,* ac enw yw *henwr.* Yn y cyfansoddair afryw yr elfen gyntaf fel rheol sy'n penderfynu beth yw natur neu rywogaeth y cyfansoddair ; enw + ans. > enw, megis *gwrda.*

(*b*) Amrywiad ar y patrwm cyntaf yw cael **enw (swydd ans.) + enw > enw** : *ysgolfeistr, hafddydd, llawforwyn, llaethferch.*

(*c*) Amrywiad arall yw **ans. + ans. > ans.** : *hirfelyn, cochddu, gwynlas, glaswyn.* Fel rheol y mae'r elfen gyntaf mewn cyfansoddair rhywiog yn disgrifio'r ail ond nid addas dywedyd hynny ond pan fo'r cyfansoddair yn enw. Yn y dosbarth yma ansoddair yw sy'n gyfuniad ' cyfartal ' o ansoddau'r ddwy elfen, h.y. y mae ' gwallt hirfelyn ' yn hir ac yn felyn. Dyna pam y mae modd newid trefn yr elfennau yn rhai o'r cyfansoddeiriau hyn, e.e. *gwynlas, glaswyn* ; *glasddu, dulas* ; *gwynllwyd, llwydwyn* ; *gwyrddlas, glaswyrdd* ; *cochddu, dugoch.*

(*ch*) Os yw'r cyfuniad, ' ans. + enw ' yn rhoi enw—a dyna a ddigwydd fynychaf mewn cyfuniad megis *melynwallt*—yr unig ffordd arall o gysylltu'r ddau air a chael ans. yw *gwalltfelyn,* sef **enw + ans. > ans.** Hyn efallai sy'n cyfrif pam y ceir dosbarth helaeth o gyfansoddeiriau rhywiog wedi eu llunio ar yr un drefn ag sydd i'r geiriau'n anghyfansawdd. Beth bynnag fo cenedl yr enw sy'n elfen gyntaf yn y cyfansoddair hwn, y mae treiglad i'r ail elfen, e.e. *penwyn, bolfras, cefngrwm,* lle y mae'r ' enw ' yn wr. (Yn y cyfansoddair afryw o'r un drefn ac elfennau, dibynna'r tr. ar genedl yr enw, sef y gysefin ar ôl enw gwr., *gwrda,* a thr. m. ar ôl enw ben., *gwreigdda*). Dylid dweud wrth gwrs nad disgrifio ' pen ' y mae'r ans. ' gwyn ' ond bod yr ans. cyfansawdd yn disgrifio enw arall, megis ' dyn penwyn.' Ac fe ellid dadlau fod yma newid ar drefn arferol y geiriau anghyfansawdd drwy ddal mai iawn drefn y geiriau fyddai ' dyn gwyn ei ben.' Sut bynnag, y ffaith mai disgrifio enw arall yw swydd ' penwyn ' etc. a bair fod iddo ffurf fen. os ben. fydd yr enw arall, nes rhoi ' penwen ' ; h.y. nid yw cenedl wr. *pen* yn cadw *-wyn* yn wr., cymh. *Y ferch dawel* **wallt felen** / *Eurwyd y baich ar dy ben,* DGG XXIII.1 ; *Mair Fadlen* **walld felen** *fv,* DN IV.54 ; cenedl *merch* sy'n penderfynu ffurf yr ans. *gwalltfelyn.*

(*d*) Y mae amrywiad ar y math a gafwyd ddiwethaf, sef **ans. + enw > ans.,** e.e. *gwaglaw, hirgoes, hirben.* Gellir awgrymu mai datblygiad ydynt o ddosbarth (*ch*) ond ar linellau dosbarth (*c*). Os gellir newid y drefn yn *gwynlas, glaswyn* etc., gellir newid *llaw-wag* (sydd ar lafar gwlad) yn *gwaglaw* ; sylwer hefyd ' rhaw goes-hir ' ar lafar gwlad, a chymh. y ffurfiau *breichir, breichvras* yn CA 225. Esiamplau pellach o'r gwneuthuriad hwn yw *twymgalon* (cyferb. *calongaled*), *ysgafndroed* ; ond ychydig ydynt wrth y nifer mawr sydd o'r math a roddwyd yn (*ch*). Y peth nodedig am y rhain yw hyn, nad yr ail elfen sy'n penderfynu natur y cyfansoddair.

Nodiadau

Er bod rhyw ymgais uchod i ddangos fod rheol neu gysondeb yng ngwneuthuriad y cyfansoddeiriau rhywiog yn gyffredinol, effaith y patrymau amrywiadol sydd yn (*c*) a (*d*), yn enwedig yn iaith y beirdd, fu rhoi cynsail i lunio esiamplau pellach sy'n anghyson nes bod cyfundrefn y cyfansoddeiriau'n ymddangos yn ddibatrwm ; e.e. nid oes dim i rwystro bardd rhag arfer *melynwallt* yn ansoddeiriol, heblaw *gwalltfelyn,* gan fod dau batrwm i'w cael. Peth arall i'w gofio yw fod llawer ansoddair yn cael ei arfer fel enw, ac er mai ans. o ran patrwm yw cyfansoddiad y teip sydd yn (*ch*) uchod, ceir esiamplau o'r ansoddeiriau hyn yn troi'n enwau ac yn peidio â bod yn ansoddeiriau, e.e. *bronfraith, gylfinir,* ac yn arbennig, enwau blodau megis *y bengaled.*

Ynglŷn â'r tr. a ddisgwylir i ail elfen y cyfansoddair rhywiog, sylwer fod y gysefin sydd yn y canlynol wedi ei newid yn feddal yn yr ail argraffiad : *Gwyntrwyn cyfladdgrwn gwantrew,* IGE[1] 1.24 ; *A deintws mwyntlws a min,* ib ib 25 ; *a bron afaltwf a braich,* ib ib 30. Pan welir enghreifftiau megis : *post peistew,* IGE[2] 7.9 ; *Pwy a ostwng*

Powystir, ib 31.13 ; *Cas Duw im oedd, cawsty mur*, ib 74.13 ;* dylid sylweddoli mai ansicrwydd ynghylch gwir sain y cyfuniadau *sd*, *sb*, *sg*, sy'n gyfrifol am ysgrifennu'r gysefin, ac fe ddengys cynghanedd ac orgraff yr enghraifft ddiwethaf beth yw'r wir sain ; gw. isod §15 (v) nodiad godre. Gellir awgrymu diwygiad yn y canlynol er bod y cyfansoddair rhywiog yn llac : *Nid un* **fara traul,** *nid un fort rydd*, TA 3.95, a darllen : *fara draul / ford rydd* ; cymh. : *Tŷ'r wraig windraul trugeindrws*, ib 39.57 ; *dyn gwindraul*, ib 64.60 ; *af i'r faendref Rufeindraul*, ib 65.1 Sylwer hefyd ar : *a'r ddwy Ystrad urddastraul*, ib 100.30 (y sain yma yw *-sdr.*).

(ii) *Estyniadau*

(*a*) Yn y patrymau a roddwyd uchod ni cheir ond teipiau syml a chynnar o gyfuno enw + ans., neu ans. + ans. i wneuthur enwau ac ansoddeiriau cyfansawdd. Wedi cael y cyfansoddeiriau symlaf hyn, digon hawdd tarddu geiriau a ffurfiau newydd ohonynt, e.e. cael enw haniaethol o'r ans., e.e. *calongaledwch*, *penwynni* etc. ; a berfau tardd fel *gwynlasu*, *mingamu* ; *a be(n)gleda*, PA 34. Ceir o'r rhain batrwm newydd —yn yr ystyr fod y cyfansoddair yn ferf ; cymh. ymhellach : *os tydi a foreu-godi*, Job VIII.5. Y cyfansoddair cysefin er hynny sydd wedi penderfynu trefn yr elfennau yn y tarddeiriau a ddaeth ohono, a'r treigladau a all fod yn eu gwneuthuriad ; h.y. *penwyn* sydd wedi penderfynu trefn a threiglad *penwynni* ; *mingam* drefn a thr. *mingamu*.

(*b*) Peth arall a dyfodd o'r patrymau hyn oedd y syniad o newid trefn geiriau, yn enwedig o'r cyfansoddair llac ; oblegid er mai'r un gwneuthuriad sydd i *henwr* a *hen ŵr* o un safbwynt, nid yw *hen ŵr* neu *cadarn ŵr* o safbwynt arall ond *gŵr hen*, *gŵr cadarn* wedi eu trawsleoli. Enghraifft ddiddorol i ddangos fod 'cyfanrwydd' y cyfansoddair wedi ei lwyr golli o'r meddwl (a golygir wrth 'gyfanrwydd' mai *un* gair yw cyfansoddair cywir er bod dwy elfen ynddo neu fwy) yw'r canlynol : *Gwynvydedic hagen Vargret*, B IX.332, 333 ; yma rhoir y gair *hagen* rhwng dwy elfen y cyfansoddair fel petaent yn ddau air. A phrawf pellach fod y beirdd yn edrych ar y cyfansoddair llac fel dau air ar wahân yw llinellau fel y canlynol : *Rhwng / y tair teilwng / talaith*, IGE² 9.7 ; *Mal Ieuan*, **wallt melyn,** *iach, Fendigaid* . . . TA 83.71. Disgwylir *teilwng dalaith* a *gwallt-felyn*, ond am fod gorffwysfa gynganeddol rhwng deuair y cyfansoddair llac, neu'r ddwy elfen, fe allwyd cadw'r ail air neu ail elfen heb dreiglo yn ôl y rheol, am fod hynny'n fantais i'r gynghanedd. Pe na byddid yn trin y cyfansoddair llac fel dau air ni ellid fod wedi gwneuthur hyn oblegid ni allai'r orffwysfa

*Yn yr un cywydd, 75.2, digwydd yr enw cyfansawdd *morcath*. Cyfansoddair rhywiog yw hwn, yn ddiamau, o ran patrwm, ond y mae cael *morcath*, ac nid *morgath*, wedi bod yn dipyn o broblem i mi. Ond credaf o'r diwedd fod un peth yn rhoi esboniad boddhaol : er mai patrwm cyfansoddair rhywiog sydd i'r enw, y mae sŵn y cyfansoddair afryw *gwrcath* wedi dylanwadu mor gryf nes ei gadw heb dr. i'r elfen *-cath* ar ôl *-r*.

ddisgyn ar ganol gair. Rhywbeth a dyfodd o'r syniad hwn am newid trefn yw'r cnwd mawr iawn o gyfansoddeiriau a ddyfeisiodd y beirdd ; bron na ellir dweud fod elfen o'u harddull wedi deillio o'r syniad hwn, gan fod newid trefn geiriau (a hynny'n gwneuthur cyfansoddeiriau ohonynt, yn ramadegol) yn un o hanfodion eu crefft. Os gellid newid trefn enw ac ans. nes cael ans. + enw, gellid hefyd newid trefn normal dau air neu dri mewn cystrawen arall ; e.e. *Bro Tywi*, trefn normal enw + enw genidol, yn cael eu newid yn *Tywi fro*, LGC 152 ; *tiredd bro Lloegr*, sef, enw + enw gen. + enw gen. yn rhoi *Lloigr vro diredd*, DN XIV.72 ; cymh. ymhellach : *Nudd ac Iestus Nedd gastell*, GGl XCII.14 = 'Castell-nedd.' Y gystrawen hon o drawsleoli'r genidol a ddaeth yn batrwm i aml briod-ddulliau'r emynwyr yn ddiweddarach, *daear lawr*, *uffern dân* etc., gw. isod §11 (iv).

Cymerwn enghraifft neu ddwy eto : *Fal egin afaleugoed*, TA 113.8 = 'egin coed afalau,' esiampl o drawsleoli enw genidol lluosog. Os troir 'porthi brain' yn 'brein-borthi,' dilyn yr un cynllun o drawsleoli yr ydys ag uchod, sef newid trefn 'enw + genidol,' gan mai genidol yw 'gwrthrych' y berfenw. Ond o gael y berfenw cyfansawdd, gellir arfer ffurfiau berfol arno : *ae ureich a ureinborthei*, LlH 194 ; ac ymddengys yn awr yn drawsleoliad o ferf + gwrthrych ; cymh. ymhellach : *ny lawer leueir*, ib 211 ; *Pan osgort wesgerir*, ib 103, MA 188a. Ni fwriedir ymdrin yma â'r amryw fathau o gyfansoddeiriau sydd yn arddull astrus y beirdd cynnar. Yr ydwyf wedi cyffwrdd â'r mater drwy roi ychydig esiamplau i ddangos sut y tyfodd y syniad am newid trefn allan o batrymau syml y cyfansoddair rhywiog, a sut y troes y syniad yn gystrawen 'newid-trefn' neu drawsleoli ; enghraifft nodedig o hyn yw cystrawennau'r rhagenwau meddianedig *mau*, *tau* etc., gw. §67. Ond gwelir fod y tr. yn aros i gytsain yr ail elfen gan mai etifeddion y cyfansoddair rhywiog syml yw'r cystrawennau hyn o drawsleoli.

(iii) *Cenedl enw cyfansawdd*

Mewn enw cyfansawdd o'r math rhywiog cenedl yr ail elfen a ddylai benderfynu cenedl y cyfansoddair : *ysgoldy*, gwr. yr un fath â *tŷ* ; *y brifysgol*, *y Faerdref*, *y llyfrgell*, ben. yn unol â chenedl yr ail elfen. Fe all cenedl yr enw cyfansawdd fod yn wahanol neu'n ansicr, ac y mae'n bosibl mai un o'r rhesymau am y newid cenedl sy'n digwydd weithiau yw mai ystyr ffigurol yr enw anghyfansawdd a geir yn yr enw cyfansawdd, e.e. *llais*, gwr. a *pleidlais*, ben. ; *cais* ac *uchelgais* ; gw. §2 (i) Nodiadau (*e*). Cymh. ymhellach : *lle*, gwr., *safle*, ben. ; *y frawdle* ; *yr eisteddle bennaf*, 2 Esdr. II.23 ; gw. PKM nod. 102-3 ar genedl *lle* yn anwadalu.

Fe all enwau sy'n eiriau llenyddol yn bennaf, ac yn enwau haniaethol, fod yn ansicr eu cenedl, ac yn wahanol i genedl yr ail elfen ynddynt ; e.e. y mae *delfryd* yn aml iawn yn fen. er mai *delw* (b) + *bryd* (g) yw'r elfennau ynddo ; a defnyddir *awyrgylch* yn fen. yn aml. Wrth gwrs fe ellid dweud fod yr enw sy'n ail elfen yn ffigurol ei ystyr, ac awgrymu fod hynny'n ddigon o reswm. Ond y mae esiamplau ar lafar gwlad o'r anghysondeb hwn rhwng cenedl y cyfansoddair a chenedl yr ail elfen yn anghyfansawdd, ac anodd iawn yw cyfrif am bob esiampl ; e.e. pam *y weirglodd* er mai gwr. yw *clawdd*—a *gwair* o ran hynny ? Awgrymwyd wrthyf mai dylanwad enwau ben. megis *ffridd* a *cors* sy'n esbonio'r peth. Sylwer fod *y geiniogwerth* ac *y ddimeiwerth* yn fen. er bod *gwerth* yn wr. ; ' y geiniog ' ac ' y ddimai ' a ddywedid amlaf a byddai'r duedd naturiol i dreiglo'r enwau hyn yn ddigon i drechu'r ymdeimlad mai *gwerth* a ddylai benderfynu'r genedl ; cymh. *Y ddimeuwerth fawr*, Daniel Owen, RL 48 ;

Anodd i arglwydd yna
Ddwyn un geiniogwerth o'i dda, IGE² 238.18.

Fe fu *Croglith* yn wr., e.e. *Duw Gwener y Kroglith*, GrP 222 ; tebyg yn DP 190b ; *Pregeth ar ddy' gwener y croglith*, Hom 3.43-55. Credaf mai hen enw gwr. yn golygu ' gŵyl ' yw *llith* yma, yn cyfateb i Gwydd. *lith*, ac nad *llith* (b) ' lesson ' mohono ; collwyd *llith* (g) fel enw anghyfansawdd, ac oblegid dylanwad *llith* (b) a'r tr. yn *Y Grog* yn yr ymadrodd "Gŵyl y Grog", newidiodd *Croglith* yn fen. yn y cyfnod diweddar.* Rhoir *crocbren* yn g. a b. yn Bodvan ; *y crocbren* a ddisgwylid yn unol â chenedl *pren*, ond dichon fod y tr. yn *Y Grog* wedi lledu i'r cyfansoddair. Yr un peth a ddigwyddodd efallai i *Croesbren* (g. a b. yn Bodvan).

Ni ellir dosbarthu'r holl eithriadau posibl a diben pennaf y nodiad hwn yw crybwyll y brif egwyddor sy'n penderfynu cenedl enwau cyfansawdd (rhywiog) ac awgrymu drwy sôn am eithriadau fod yn rhaid ymglywed ag arfer yr iaith lenyddol a'r iaith lafar rhag i'r rheol fod yn drais ar yr hyn sy'n arferedig a chydnabyddedig.

§9 Eithriadau i Reol Treiglo mewn Cyfansoddeiriau Rhywiog

(i) *Calediad* **s** + **dd** > **sd**

Gall ddigwydd i gytsain ddiweddol yr elfen gyntaf wrth gyffwrdd â chytsain ddechreuol yr ail elfen beri iddi newid yn ôl i'w ffurf gysefin : *glastwr* neu *glasdwr*, cyfansoddair o *glas* (= ' llaeth ') + *dŵr*, yn rhoi

*Gw. nod. I.W. yn B v.6-7 ar *litolaidou*, Ox 1.39b, yn glosio *natales*, gair a all olygu ' dyddiau pen blwydd neu wyliau.' Cymherir yr elfen *lit-* â'r enw Gw. *lith* ' gŵyl, dydd gŵyl,' ac os cytrasau yw'r enw Cym. a'r enw Gw., dylem gael *llid-* yn y Gymraeg, ac nid *llith*. Rhaid tybio felly mai benthyciad yw'r enw Cymraeg o'r Wyddeleg, fel y mae yn *Croglith* ; a gwell credu hynny na thybio mai *llith* ' lesson ' sydd ynddo, gan fod yr ystyr ' gŵyl ' a'r genedl wr. mor gryf o blaid *llith* sy'n wrywaidd.

glasddwr yn y lle cyntaf a'r *sdd* yn rhoi *sd* [fel sydd yn *nos da*, gw. §20 (i)] nes bod *dŵr* fel pe heb dreiglo.*

Nid rhaid i *sdd* droi'n *sd* yn beiriannol a di-eithriad pa le bynnag y digwydd. Mewn rhai cyfansoddeiriau, yn enwedig y rhai a wneir 'ar y pryd' fel petai, erys *sdd* heb galedu; sail y calediad yw fod y cyfuniad *sdd* yn mynych ddigwydd mewn rhai cyfansoddeiriau a chystrawennau. Wrth gwrs, fe allai'r beirdd wedyn ddefnyddio'r esiamplau cydnabyddedig yn gynsail fel y gallent arfer calediad hefyd pryd y byddai'r cyfuniad-*sdd*-yn achlysurol. Cymh. *dewistyn*, MA 198a, LlH 319; *Yr byt ys* **tristyt treisddwyn** *damwein dreic*, LlH 80; amlwg mai *treisdwyn* yw'r iawn ddarlleniad; *treisdwyn* / *tristyt*, RP 1288; dyry G *treisdwyn* o dan *dwyn*; ac o dan *dur*, dyry *aesdur*, *glasdur*, *gwarsdur*, *llawesdur*, *peisdur*, gan ddarllen *sd* ac nid *sdd*; a cheir y calediad hefyd yn *treisdic*, LlH 242; cymh. hefyd: *A'm* **dewisdyn** *du ystwyth*, IGE[2] 60-30;

> *Na allo neb, winllan wŷdd,*
> *D'ystaenio*, **dewis deunydd**, TA 57.31-2.

Ceir *peisdur* hefyd yn TA 1.21.

Esiamplau o gadw *sdd* heb galedu: *dewis-ddyn*, DG 261; diweddar: *casddyn duw*, MCr 66a; *fy nghas-ddyn*, Ps. LV.12; *basddwr*, Moelni, T.H.P.-W.

(ii) *Calediad* **d + d > t, d + dd > t, g + g > c, b + b > p**

Gwyddys fod y calediad hwn yn gweithredu yng nghyfundrefn y gynghanedd a bydd dyfynnu esiamplau'n ddigon i ddangos sut y digwydd mewn cyfansoddeiriau, h.y. *gwastad-dir* > *gwastatir*.

Cymh. *coety*; *y Goetref*; *ytir*, TA 4.136; GGl CXII.61 (= yd-dir); *coetir*, TA 4.135 (*koedtir*, CRhC 247, mater o orgraff yw'r gwahaniaeth); *Nid wtres mewn diowtref*, GGl CXXII.55; *a rodi bwyttal idaw*, WM 499 (< RM); enghraifft o hyn hefyd yw *llety* gan mai *lled* + *dy* yw (lled = 'hanner, rhannol').† Cedwir y meddaliad mewn ffurfiadau diweddar megis *cyd-ddyrchafu*, *hud-ddenu*, eithr cyferb. *llygaid tynnu*, ML 1.132; *ei lygad tynu*, ib 1.178; *ei lygatynu*, ib 1.261.

Esiampl dda o'r ail yw *Caled* + *ddŵr* yn rhoi *Caletwr*, *Cletwr*, mewn enwau ar afonydd a nentydd, gw. EANC 55. O dan *du* dyry G y ffurfiau *llwyttu* (< *llwyd-δu*) *llygeittu*, *troettu*; gw. WG 186 hefyd; a chymh.

*Ar bwnc ysgrifennu *glastwr* yn lle *glasdwr* gw. §15 (v) nodiad godre, ac ar arferiad y beirdd o drin cyfuniad o *s* + *dd* yn gyffredinol gw. CD 230 §412, a'r nodiad godre t 208.

†Er bod yr elfennau ar wahân, cyfansoddeiriau rhywiog yw *yr gwaelawt ty* ac *ar gwarthaf dy* yn WM 458-9. Awgrymaf mai llygriad o *gwaelawty* yw *glowty*, yr enw a geir yn Sir Benfro a rhannau o Forgannwg am feudy.

Caru dyn lygeitu lwyd, DGG III.1 ; *Gwen lygeitu*, Hen Benillion (T.H.P-W.) t 122, 491 ; *lygeitu*, CRhC 355 ; *gwen lygevtv*, ib 447 ; eithr cyferb. *'Ngwen lygad-ddu*, HB t 82 ; *gwen lygaid ddv*, CRhC 27 ; cymh. ymhellach : *Lletya wan llwytu ei wedd*, IGE² 141.26 (argr. cyntaf, *llwyd-du*) ; *Llewpart aur, lle parod dawn*, ib 17.24 (= *t*, < parod ddawn) ; ac y mae'r canlynol yn ddiddorol : *Cilmyn Droetu*, ML 1.275 ; *C. Droe'tu*, ib 1.279 ; *y troedtu*, ib ; gw. yr eirfa i GGl a TA hefyd am enghreifftiau o *caterwen* (< *cad-δerwen*).*

Y mae'r cyfuniadau eraill yn llai cyffredin eithr cymh. *wynepryd* ; *bywiocryf*, TA 51.40 ; *bywiocledd*, GGl CXV.65 (cynghanedd â *bwcled*, gw. WG 182) ; (*g*)*orwacclot*, B VIII.139. Cymh. hefyd : *Gwell drycsaer na* **drycof**, B IV.9 (305) : os ' drwg + gof,' i gyferbynnu â saer, disgwylid *drygof* (*dryg-of*) ; eithr os ' cof drwg ' a olygir, disgwylir *drycof*. Ni wn i pam y mae saer drwg yn well na gof drwg, ac nid oes fawr o bwynt yn y ddihareb os hynny yw ; ond y mae rhyw bwynt os ' cof drwg ' a olygir. Ymddengys i mi fod yma air amwys a bwriad i gellwair.

(iii) Fe all **nt** o flaen **g** roi **nc** nes bod yr ail elfen fel pe heb dreiglo : *difancoll* < **difant-goll* ; *deincryd*, < **deint-gryd*, gw. OIG 56 ; cymh. *deingkrydu*, CRhC 359.

(iv) *Calediad* ch + dd > chd

Efallai y dylid rhoi mwy o sylw i'r calediad hwn nag a roir yn gyffredin. Enghraifft ohono yw'r gair *hychdwn*, WM 92 (R *hychtwn*), o *hych*-neu *hwch* + *ddwn*, gw. nod. PKM 268. Cymh. hefyd *dibechdoeth*, LlH 107, mewn rhan o'r llsgr. sy'n arfer *dd* yn gyson am *dd*

O dan *dur* dyry G *awchδur*, ac o dan *dwyn* dyry *trychδwyn* (er darllen calediad yn *treisdwyn*). Argreffir y canlynol heb galediad : *Tudur, arf awchddur wychddoeth*, IGE² 12.10 ; ond y mae esiamplau digamsyniol o *archdiagon* : *Iôn archdiagon degach*, ib 24.27 ; *Iôn, archdiagon deugor* ib 52.18. Credaf y dylem fod yn barotach i weld y calediad hwn. Y mae'n amlwg fod y beirdd yn gwybod amdano ac yn elwa arno, oblegid fe'i ceir ganddynt yn *dd* y gwrthrych ar ôl berf yn diweddu ag *-ch* (a'r ffurfiad yn un a ddylai beri tr.), e.e. *Ofnwch Duw o fewn ўch dydd*, TA 80.72 ; gw. isod §71 (viii) a hefyd ragymadrodd T.G.J. LXXXV-VI, lle trafodir esiamplau megis *Arch degoes, archdiagon* (er mai *ddegoes, archddiagon* sydd yn y testun, 62.66), *Gwyrych dug, archdiagon*, ib 29.28 ; a gellid ychwanegu *Archdiagon, arhowch degoes*, ib 30.67.

(v) *Calediad* ndd > nd

Dyry CD 231 y llinell : *A'r* **lleian du** *i'r llwyn dail*, DG 20, yn enghraifft o'r calediad hwn. Fe geir achos yn nes ymlaen i sôn am enwau priod

*Ynglŷn â *cardotyn*, y mae'n bur debyg mai'r calediad yn y berfenw *cardota* sy'n esbonio'r *t* ; ond ceir *cardotdhyn* ochr yn ochr â *cardottyn, cerdottyn* yn DCr[1] 19[b] a 20*a* ; ni roir y ffurf arbennig hon yn DCr[2] 17[a].

megis *Ieuan* **Du** [§48 (viii)] ac am gystrawennau eraill lle ceir y calediad hwn ; ac enghraifft ohono mewn enw lle yw'r ffurf *Llandwyn*, yn lle *Llanddwyn*, gw. W.J.G. Ynys yr Hud, nodiadau 95 ; cyferb. *Blaenor llawenddor Llanddwyn*, GGl XCVIII.28, sy'n cynnwys enghraifft o beidio â chaledu mewn cyfansoddair. Sylwais hefyd fod G o dan *dur* yn rhoi *Kaenδur*, *llavynδur*, *Llychlynδur*, heb ddarllen calediad.

Enghraifft ohono yw *dyfndwys*, CRhC 81. Sylwer eto : er mai *iawndda* yw ffurf arferol y cyfansoddair hwn yn y testunau, e.e. DByrr 32, 82 ; *y flwyddyn Jawndda*, CRhC 210 ; *yn iowndda i ysmoneth*, ib 74 [a gw. enghreifftiau eraill §13 (iii)], y ffurf a glywais i ar lafar gwlad yn Nwyrain Morgannwg oedd *iownda*. Gellir cymharu â hyn y ffurf *cyndeiriog* a ddigwydd yn aml, aml yn emynau Pantycelyn ; cymh. hefyd *cindrogrwydd*, MCr 52a, a'r ffurf *cyndrwg* ar lafar gwlad y De (er mai o *nδr* y cafwyd y calediad hwn). Wele enghreifftiau diweddar o beidio â chaledu : *gland*[*d*[*yn* . . . *anland*[*d*]*yn*, DByrr, 115 ; ceir (*g*)*landdyn* hefyd yn Jenkin Jones, Hymnau (1768) 38.

Nodiadau

(*a*) Yn y llyfrau printiedig cynnar gwelir esiamplau o'r calediadau a roir yn (ii) uchod, nid yn unig mewn ffurfiau sefydlog fel *gwastatir*, ond mewn cysylltiadau lle y mae'r cyfansoddair (neu'r trawsleoliad ans. + enw) yn achlysurol ; h.y. os rhoddid yr ans. *drwg* o flaen enw fel *cyfeillach*, fe fyddid mor dueddol â pheidio i ysgrifennu *drwg cyfeillach*, a hynny am fod yr awdur yn ysgrifennu yn ôl sain y glust yn hytrach nag yn ôl rheol gramadeg. Esiamplau : *drwg cyfeillach*, PA 48 ; *drug-campeu*, DFf 104 ; *o ddryg-campeu*, ib 153 ; hefyd DByrr 2 ; *hyfryd-tegwch*, DFf 180 ; *ddrwg cystudd*, YmDd 275 ; *ddrwg camwedd*, ib 275.

Afraid dweud nad hynny yw'r arfer ddiweddar neu gyfoes. Os daw *d* + *d* etc. at ei gilydd yn achlysurol mewn cyfansoddair llac, neu drwy leoli ans. o flaen enw, cedwir ffurf dreigledig yr ail elfen wrth ysgrifennu, beth bynnag fo gwerth *d* + *d*, etc. mewn cynghanedd h.y. *teg gaeau*, *llwyd diroedd*, etc.

Nid oes angen eglurhad manwl ychwaith i ddangos pam nad oes calediad mewn gair fel *ceiniogwerth* yn debyg i'r un sydd yn *bywiocledd*. Y pwynt yn syml yw fod yr *g* yn *gwerth* yn diflannu drwy dreiglad, ac nid oes felly gyfuniad o *g* + *g* i roi calediad. Yn yr modd mewn gair megis *llwydrew* ; er bod *d* + *rh* yn rhoi *tr*, y mae'r *rh* wedi treiglo'n *r* yn y cyfansoddair, heb adael *h* i beri calediad ; cymh. *llwyd-rew*, Job XXXVIII.29.

§10 CALEDIAD **n + r, n + l, r + r, r + l**

(i) Yr eithriadau pwysicaf i reol treiglo mewn cyfansoddeiriau rhywiog yw'r ffurfiau lle y daw *n* neu *r* o flaen *l* neu *r* (cytseiniaid treigledig yr ail elfen, yn cynrychioli *ll* ac *rh* yn wreiddiol) nes eu troi'n ôl i'w ffurfiau cysefin. Dyma esiamplau cyffredin a rhai dyfyniadau : *gwinllan*, *gwynllwyd*, *tanllwyth*, *henllan*, *brenhinllys*, *hirllaes*, *perllan*, *angenrheidiol*, *penrhyn* (WG 181) ; *safnrhwth*, Es. IX.12 ; *cronnrhaff*, Ar Pros 5.15 (cyferb. *gronloer*, ib 59.3).

Yn y cywyddwyr ceir esiamplau ddigon o'r calediad mewn cyfansoddeiriau sy'n ' achlysurol,' a cheir digon hefyd o beidio â chaledu. Gallai'r beirdd gyfiawnhau'r ddau beth, er eu bod yn anghyson â'i gilydd. Er bod cyfansoddair fel *elorllwyth* yn achlysurol, gellid arfer y calediad am ei fod yn seiliedig ar y calediad a geid mewn cyfansoddair sefydlog a oedd yn debyg o ran cyfansoddiad. Gellid amddiffyn peidio â chaledu drwy ddweud fod tr. i'w ddisgwyl yn ôl y rheol i ail elfen cyfansoddair, ac nad oedd raid caledu ond mewn cyfansoddair sefydlog ; h.y. nid oedd mynych arfer yn cael cyfle i beri calediad mewn cyfansoddair achlysurol. Gan hynny fe ddefnyddient galediad os byddai hynny'n fantais i'r gynghanedd ; ond fe gadwent y tr. os hynny a fyddai orau. (Fe ddyellir, wrth gwrs, na allent gadw'r meddaliad mewn cyfansoddair sefydlog, yn acennu'n glwm ; h.y. ni allent ddweud ' gwinlan '). Os byddai raid i'r cyfansoddair gynganeddu â chyfansoddair arall megis *curlaw*, neu â geiriau benthyg megis *gerlont* a *Stanlai*, cadwent *rl*, *nl*, etc. heb galediad (er bod esiamplau isod o droi *Stanlai* yn *Stanllai* yn unol â'r calediad). Pan na bo'r cyfuniad *r* + *l* (neu *rll*) yn rhan o'r gynghanedd, ceir anwadalwch ; ceir y calediad weithiau, a thro arall y ffurf feddal. Y mae'r copïwyr—neu'r golygyddion diweddar—yn anwadalu hefyd ynghylch dangos y calediad mewn cyfansoddair megis *buanrhudd* : cyferb. *Buanrhudd, ffyrf ei benrhwym*, IGE² 53.10 ; *Cenglynrhwym bob congl unrhyw*, ib 37.3 ; *Hwnnw yw, iawnrhyw anrheg*, ib 71.13 ; *Drwy unrhyw lythr, dro iawnrodd*, ib 171.13; *Byw fireinryw fu'r anrheg*, ib ib 12 ; *Dibrinrodd, da barwnryw*, GGl LVII.16 ; (enghraifft heb *h* yn bosibl yn y cytseiniaid sy'n ateb : *Gorau unwraig arianrodd*, ib CIV.33.).

Y mae'r *h* yn ddigon eglur o dan yr acen yn y cyfuniad *nrh*, megis *angenrheidiol* ; ond y mae'n llai eglur ar ôl yr acen, yn *anghenraid*, er bod enghreifftiau o *anghenrhaid* i'w cael ; gw. OIG 62-3. Diddorol cymharu'r enghreifftiau a ganlyn o droi'r terfyniad haniaethol *-rwydd* yn *-rhwydd* : *bodlonrhwydd*, LlHyff 111 ; *o gyndynrhwydd*, HDdD 76, ac enghraifft fwy diddorol yw *cynrhwg*, ML 1.234, sef *cynddrwg* yn colli'r *dd* ar lafar ac yn rhoi *nrh*. A sylwer mai *Tirionrhwydd y tair anrheg* sydd yn IGE¹ v.69, yn unol â'r calediad a ddisgwylid, ond bod yr *h* wedi ei dileu yn IGE² 9.5 ; cymh. hefyd : *Dau ŵr unrhyw dirionrwydd*, GGl LVII.4.

Enghreifftiau o'r calediad : *Adwyth daearllwyth dorllwyd*, DGG LXXXV.30 ; *Carnlleidr, medd mab aillt cernllwyd*, ib LXVI.16 ; *Oerllith loer, arall i'th le*, ib LXXIV.56 ; *Dwg unllong i deg iawnllwybr*, ib LXXIV.65 ; *Ar geinllun aer ugeinllef*, ib LXXX.67 ; *I lawrLlan Faes elorllwyth*, IGE² 20.31 ; *Ydiw eurlliw diweirllwyth*, ib 47.20 ; *Prydlyfr offerenllyfr ffydd*, ib 85.4.

Y mae'n ddiau fod math o galediad **ll** + **l** > **ll** yn y canlynol, os darllenir yn naturiol : *Cwcyll-lwyd edn cu call-lais*, DGG XLVI.12 ; gw. §40 (i) isod am enghraifft debyg : *a'i holl llwybrau*, 2 Esdr. XVI.32.

Rhoir enghreifftiau nesaf o beidio â chaledu, yn unol â'r rhesymau a roddwyd yn y nodiad uchod. Ychydig o esiamplau sydd, medd CD 231, a rhoir *eurlais*, DG 80, *irlwyn*, RGE, ond y mae mwy nag y byddai dyn yn ei gasglu oddi wrth hynny : *Y don ewynlon wenlas,* DGG LXXVI.1 ; *Gan lwyrlid, gwn alarloes,* ib LXXX.65 ; *Wrls gwyn ar eurlewys gwin,* IGE² 4.22 ; *Fal herwlong dan flew hirlaes,* TA 103.50 ; *I fwyarliw neu forlo,* ib 112.46 ; *Dwyn nac irlwyn na gerlont,* GGl LXVIII.30 ; *Estynlwyth Ystanlai wych,* ib XX.33 ; (cymh. *iownlwyth Ystanlai,* TA 5.19 ; ymhellach : *Awstin lân, Ystanlai wyd,* ib 29.12 ; *Llew* **Stanllai,** *llys dy henllwyth,* ib 20.29 ; rhoddir *hen lwyd* yn yr amrywiadau : *Carw* **Stanllai***'n dwyn Crist henllwyd,* ib 30.11).

Nid yw'r gynghanedd yn penderfynu drosom a ddylai fod calediad yn y canlynol : *Teml daearlwyth, garddlwyth gwyrdd,* DGG XLII.20.

(ii) Er na weithredir y calediadau uchod yn awr mewn cyfansoddeiriau, fel petaent yn rheol (gan mai *hen lo, hen law, hen raw* a ddefnyddiem yn awr), ni ddylid synnu os gwelir y calediad mewn cyfansoddair achlysurol sy'n acennu'n llac, yn iaith y beirdd, y rhai a wyddai am reol seinegol y calediad ac a elwai arni pan oedd angen, e.e. *A rhawn llaes fal yr* **hen llew,** DE 7 ; *I'w rhoi yn lle yr* **hen llys,** GGl XLI.66. Cyfeiria WS 34 at *yr hen llew,* Job IV.11 (1620) a newidiwyd mewn argraffiadau diweddarach ; ond noder hefyd mai *hen lew* sydd yn Job XXVIII.8 (1620).

(iii) *Y terfyniad* -lyd, -llyd

Gallwn drin yma y terfyniad *-lyd* a galedir yn *-llyd* pan roir ef wrth fôn sy'n diweddu ag *n* neu *r* : *pesychlyd, llychlyd, myglyd, rhydlyd* ; cymh. *tanllyd, oerllyd, barddonllyd, gwanllyd, chwerthinllyd, chweinllyd, stwrllyd.*

Digwydd rhai enghreifftiau diweddar o fonau'n diweddu ag *m* yn peri i *-lyd* galedu, e.e. *trymllyd,* W. J. Gruffydd (y soned ' Ofn ') ; ac ar lafar gwlad ceir *seimllyd,* er mai *seimlyd* yn unig a rydd WG 257 ; cymh. *fflamllyd,* 2 Esdr. XIII.10 ; Elfed, Caniadau 125. Lledodd y terf. *-llyd* nes dod ar ôl *w* mewn geiriau megis *drewllyd,* Hom 1.2, 158 ; GB 110 ; a *rhewllyd,* Elfed, Caniadau 70, 215 (dwy ffurf sy'n gyffredin ar lafar gwlad yn y De, eithr cyferb. *r(h)ewlyd,* GB 278 ; ac enghraifft gynnar : *Rhewlyd a'i fryd ar y fron,* IGE¹ LXXVIII.30) ; a lledodd yn y De hyd yn oed ar ôl gair fel *ffrae,* oblegid *ffraellyd* a ddywedir, ac nid ' ffraelyd.'

Nodiadau

Yr enghreifftiau yn (i) uchod a ddengys orau pam y mae *ll* a *rh* yn eithriadau i reolau treiglo mewn cysylltiadau eraill oblegid yr ydys yn gweld yn y rhain ddyfod $n + l$ etc. at ei gilydd ac yn troi'n *nll,* etc. Yr un newid seinegol sy'n cyfrif pam y mae *ll* a *rh* yn eithriadau ar ôl *yn* traethiadol [gw. §94 (ii)], y geiryn cymharu *cyn* (§152) a *mor* (§152). A pheth tebyg sy'n esbonio'r eithriadau i reol treiglo enwau ben. un. ar ôl y fannod.

Ffurf y fannod yn yr Hen Gymraeg oedd *yr* (*ir* yn orgraff y testunau eu hunain) ac fe'i defnyddid o flaen llafariad a chytsain fel ei gilydd. Felly nid peth a ychwanegir o flaen llafariad yw'r *r,* ond peth a gollwyd o flaen cytsain. Yn yr enghreifftiau uchod ni chafwyd un a ddangosai $r + r > rh$, ac nid hawdd taro ar un, ond ceir esiampl mewn cysylltiadau eraill a drinir yn ddiweddarach, sef y treiglo a'r caledu a geir ar ôl *caer*, enw ben. un. a bair dr. i'r enw genidol ar ei ôl mewn enwau sefydlog, e.e. *Caerfyrddin, Caergybi* ; ond yn *Caerlleon* a *Caer Rhun* caledir *l* ac *r* yr enw treigledig yn ôl i'w ffurf gysefin. Yng ngolau'r enghreifftiau hyn gellir deall y glediad sydd yn : *yr law* > *yr llaw* > *y llaw* ; *yr raw* > *yr rhaw* > *y rhaw*.

Os gwelir *nl, rl, nr* yn aros mewn cyfansoddair heb fynd yn *nll* etc., gellir casglu fod cytsain arall yn arfer dyfod rhwng *n* + *l* etc., neu mai cyfansoddair diweddar yw, neu fod safle ddiacen heb roi cyfle i'r *h* ddod i'r golwg yn y cyfuniad *nr(h)*. Dengys y canlynol ffurf wreiddiol *Harlech* a *corlan* : *Uwch Harddlech mwy no chorddlan*, GGl XLVIII.24. Y mae'r enw *cynlais* yn cynnwys *cyn-* (stem *ci*) + *glais* : ffurf dreigledig *g* ar y dechrau oedd *ch* leisiol a gynrychiolir gan yr arwydd ʒ yn y gramadegau, ac arhosodd y sain ʒ yn ddigon hir i rwystro *nl* rhag mynd yn *nll*.* Yn *derlwyn* (os *derw* + *llwyn* yw) rhwystrodd yr *w̯* i'r *rl* galedu ; disgwyliem i *marw* + *llyn* roi *marlyn, merlyn*, ond *merllyn* a gafwyd ; cymh. *mêrllyn*, HDdD 194.†

Enghreifftiau o eiriau diweddar diweddar eu cyfansoddiad yw *darlith* a *darlun*, a chredaf fod yr enw *tirlun* wedi ei ddefnyddio am ' landscape ' ; enghraifft a gyfansoddwyd yn ddiweddar iawn, yn unol â rheol y llediad, yw *darlledu*, ar batrwm *darllen*. Esiampl o safle ddiacen heb roi cyfle i'r *h* ddod i'r golwg yw *angenrheidiol, anghènraid*, ac yn yr ail o'r ffurfiau hyn y mae cryfder yr *h* o dan yr acen yn mynd â nerth yr *h* arall yn llwyr.

Gwelir hefyd yng ngolau'r cyd-destun hwn pam yr erys *yn loyw, yn raddol* heb galedu, a *mor lân* a *cyn lased* ; a pham yr erys enwau ben. un. sy'n dechrau ag *gl, gr* heb galedu'r *l* neu'r *r* ar ôl y fannod, *y lan, y radd*. Eithriad, ac anghywirdeb hefyd, yw *yn rhamadeg[w]r*, DByrr 10.

§11 AMRYW FATHAU O GYFANSODDEIRIAU RHYWIOG

(i) *Ansoddair lluosog + enw (llac)*

Yn y cyfansoddair rhywiog cyntefig ei wneuthuriad ni allai ffurf luosog yr ans. ddod o flaen yr enw. Mewn gwirionedd, nid unigol na lluosog yw'r ans. sy'n elfen gyntaf yn y cyfansoddair rheolaidd ei batrwm, ond stem yr ans. Anodd bod yn bendant iawn, ond gallwn fod yn sicr mai stem yr ans. a ddefnyddid mewn cyfansoddair clwm, beth bynnag am y cyfansoddair a acennai'n llac. Ond wedi i batrwm syml y cyfansoddair ' ans. + enw ' fagu'r syniad o newid trefn normal enw ac ans., teimlid, yn

*Y mae olion yr *g* dreigledig yn yr hen farddoniaeth : *rutglan*, LlH 172 ; 274 ; *a rutglan yn rutlanw amgant*, ib 276 ; *rutlann*, ib 279 ; a rhyw rith o'r ʒ yw'r *y* yn *poploet anylan*, BB 25.4-5 (= an + glan).

†Os yw **(er)llynedd** yn cynrychioli'r gair *blynedd*—ac y mae'n bur debyg ei fod—(gw. WG 437), y mae'n enghraifft o galedu'r *l* dros ben y *b* (neu ryw ffurf ar y gytsain *b*) ; a pha esboniad bynnag a roir i'r elfen *er* (cyferb. Llyd. *warlene*), y mae'n ymddangos fod *r(-)l* wedi rhoi *rll*. Eto i gyd, y mae gwahaniaeth mawr rhwng geiriau megis *Harlech* ac *erllynedd* ; ni ddiflannodd yr **g** yn *Harddlech* hyd yn gymharol ddiweddar yn hanes yr iaith, ond fe ddiflannodd y *b* o *er(b)lynedd* yn ôl ymhell yng nghyfnod y Gelteg neu'r Frythoneg.

enwedig yn y cyfansoddair llac, mai ansoddair cyffredin yn ei ffurf gysefin oedd y 'stem ansoddeiriol,' ond ei fod wedi ei leoli o flaen yr enw yn hytrach nag ar ei ôl, ac felly nad oedd fawr o wahaniaeth rhwng *dyn dall* a *dall ddyn*, (oddieithr bod tr. a threfn wahanol). Ac ar y patrwm hwn gellid troi *dynion deillion* a chael *deillion ddynion*; cymh. *arbe(n)igion ddoniau*, PA 14; *ar fawrion bethau Duw*, HFf 331; *deillion blant Adda*, GMLl 1.123; *y ffyddlonyeit Gristnogio(n)*, PA 50; *eraill bendefigion*, Hom 1.138. Gwelir, wrth gwrs, fod tr. m. i'r enw yn y math yma o gyfansoddair rhywiog.

(ii) *Ansoddair + ansoddair + enw (llac)*

Gall rhes o ddau neu dri neu bedwar o ansoddeiriau ddilyn yr enw heb gysylltair rhyngddynt ac nid rhaid iddynt fod yn gyfansawdd. Dengys y gysefin pan roir hwynt ar ôl enw gŵr nad ydynt yn gyfansawdd, e.e. 'dyn tlawd dolurus.' Os rhoir y ddau ans. (neu'r gyfres ansoddeiriau) o flaen yr enw, y mae'r 'ans. + ans. + enw' yn un gair cyfansawdd (o ran patrwm) a threiglir cytsain yr ail ans. a chytsain yr enw, e.e. 'tlawd ddolurus ddyn'; cymh. *y lan gatholic fyd*, RBB 100; *or druan ormessawl geithiwet*, ib 120; *union-bur ddilygredig athrawiaeth*, YmDd v; *o'th fawr ryfeddol drugareddau*, RBS 44; *trwy'r cyfryw goeg dwyllodrus obaith*, ib 179; *A'u ceinciog gnotiog freichiau*, W.J.G., Ywen Llanddeiniolen; *Lle chwyth atgofus dangnefeddus wynt*, R.W.P., Gadael Tir; cyferb. enghreifftiau o fethu treiglo'r ail 'ans.': *y galluog bywiol Dduw*, Hom. 2.75; *ystyrio hefyd . . . fendigedig diddanus stat y bywyd nefol*, ib 1.135.

Er dywedyd yma fod modd gosod rhes o ansoddeiriau ar ôl enw, heb fod y rhes i gyd yn troi'n gyfansoddair, fe ellid cael cyfansoddair ansoddeiriol ar ddechrau neu yng nghanol y rhes, ond ni fyddai'r un cyfansoddair hwnnw yn troi'r gyfres yn gyfansawdd: *haf hirfelyn tesog*; *gwr melyngoch mawr*, WM 45.

(iii) '*Yn*' + *ansoddair + ansoddair*

Pan roid dau ans. ar ôl *yn* traethiadol heb gysylltair rhyngddynt, byddai cyfosod y ddau ans. yn y traethiad yn gwneuthur cyfansoddair ohonynt a cheid tr. m. i'r ail ans. o achos hynny: *y gwledychwys ynteu* . . . **yn llwydannus garedic** *gan y gyuoeth*, WM 37; **yn hyfryt lawen,** ib 136 (R 208); **yn hyfryt gyttun,** ib 144 (R 214); **yn vvyd garedic,** P 7.642; **yn vrdasseid vrenhineid,** ib 647; **yn garedic vonedigeid,** ib ib; **yn llawen orawenus,** SD 53-4; **yn hard wedus gyweir,** RBB 197; **yn ryd dagneuedus,** YCM² 48; *ymlad* **yn drut vonhedigeid,** ib 59; **yn ryd dagneuedus . . . yn ryd dragwydawl,** ib 113; **yn ddisymmwth ddiattrec,** Es. xxix.5; **yn ddiffuant gyhoeddus,** YmDd 315; **yn gwbl ddedwydd, fendigedig,** PA 8.

Yn rhai o'r enghreifftiau uchod y mae swydd adferfol i'r ail ans., fel sydd yn yr esiampl ' yn ryd dragwydawl ' ; h.y. ' eternally free ' a olygir, nid cyfuniad o ' eternal + free ' ; dynodi gradd neu faint yr ans. cyntaf yw amcan yr ail ; cymh. ymhellach : *yn lân ddigymmysc,* RBS 76, 283 ; *yn bur ddihalog,* ib 77 ; *sy'n bur ddigymmysg,* GB 19.

Ond fe ddyellir swyddogaeth yr ail ans. orau yn y math yma o gystrawen wrth sylwi ar briod-ddulliau tebyg i ' yn fawr ddychrynllyd,' ' yn ddiniwed ofnadwy,' lle collir gwir ystyr ' dychrynllyd ' ac ' ofnadwy ' yn gyfan gwbl ; eu hunig waith yw cyfleu gradd eithafol o ansawdd yr ans. cyntaf, ac ni fyddai'r gair S. ' very ' yn gam â'u hystyr fel cyfieithiad. Fe ymdrinir yn llawnach â'r priod-ddull yn §16 (i) (*c*) ar ôl trafod yr ans. dwbl. Y mae problem debyg yn codi yn y ddau briod-ddull, sef bod tr. m. ar y dechrau i'r ail ' ans.' yn ' yn fawr ddychrynllyd ' ac yn ' yn fynych fynych,' ond bod tafodieithoedd y De wedi dod i arfer y gysefin.

(iv) *Enw genidol gyntaf—' daear lawr'*

Ymdriniwyd uchod §8 (ii) (*b*) â rhai o ganlyniadau'r syniad o drawsleoli geiriau cystrawen, a dyfynnwyd enghreifftiau megis trawsleoli'r gystrawen enidol, ' Bro Tywi ' yn *Tywi fro,* LGC 150. Y mae'r gystrawen hon yn un o ddyfeisiau cyffredin yr hen feirdd, ac arhosodd yn y canu rhydd cynnar, e.e. *i Vffern bant angymwys,* CRhC 278. Cafodd Williams a'r emynwyr eraill afael ynddi a gwnaethant ddefnydd mawr ohoni. Dyma rai esiamplau heb eisiau cyfeiriadau llyfryddol : *Caersalem dref, Calfaria fryn, bore wawr, daear lawr, uffern dân, angau loes.**

Dyma esiamplau llai cyfarwydd : *Fe welir* **Seion Dduw,**† Morgan Rhys, Golwg etc. 113 (2) ; *Gwell oedd gan Ddeifes ddiras / Gyfeillach* **Syddas ryw,** DW, Diferion, 19 ; **uffern lu,** DW, Gorfoledd, 17 ; *a'm cod i'r lan o'r* **cystudd bair,** ib 51 ; **uffern lawr,** DJ o Gaeo, H (1775) 149 ; **uffern byrth,** ib 169 ; **Sinai fryn,** ib 173 ; **ar ddaear glawr,** Timothy Thomas, Moliant i Dduw 53, 88 ; **Eden ardd,** Harri Sion, Hymnau (1798) 4 ; hefyd J. Lewis o Lantrisant, Hymnau (1808) 10 ; **Eden gwdwm,** Hymnau a Phennillion, Hopkin Bevan, John Thomas ac eraill (1837) 2 ; **genedigaeth ddydd,** ib 3 ; **angeu ddyrnod,** ib 4‡.

Noder mai'r ail elfen yn y ' cyfansoddeiriau ' hyn a ddylai benderfynu'r genedl ; h.y. os troir ' gwawr (y) bore ' yn ' bore wawr,' yr enw ben.

*Cymh. yr ymadrodd normal, a hynny cyn i'r gair *gloes* golli'r *g* : *Minnau o'r gloes angau sydd,* IGE[2] 332.15 ; enghraifft ar ôl colli'r *g* : *y loes angeu,* DCr[1] 22[a], 41[a] ; gw. § 177 (ii).

†Awgrymwyd wrthyf y posibilrwydd o ddeall yma y gystrawen ' enw ben. + enw priod genidol,' yr un fath ag ' eglwys Dduw,' ond gwell gennyf gredu mai trawsleoliad yw o ' Duw Seion.'

‡Fel amrywiad ar yr arddull hon o drawsleoli dau air y dylid esbonio'r canlynol : **Talent ddeg** *a roddwyd iddo,* Wms, Mnd Daniel Rowlands (argr. 1791) 4. Troad geiriol o ' deg talent ' yw hyn, nid arfer *deg* yn abladol, oblegid ' Talentau ddeg . . .' fyddai hynny.

gwawr sy'n penderfynu'r genedl, e.e. *y foreu wawr,* Williams, H. (1811) 430.

Amrywiad ar y patrwm ' Tywi fro ' yw'r gystrawen drawsleoli a ganlyn :

Tegau dwf *yn tagu dyn* ! DGG XIII.35 ;

Arian a gwin, **Urien ged,** IGE² 201.1 ;

Olwen dwf *o lin Dafydd,* GGl LVII.20 ;

Urien gathl, *eirian goethlef,* ib XCI.4.

Cyflea'r gair *twf* yr ystyr ' tyfiant i ffurf neu siâp,' a golyga ' ffurf (brydferth),' h.y. math o gymhariaeth sydd yma, ' rhywun a chorff tebyg i Degau,' ond bod y gymhariaeth wedi ei throi'n gyfansoddair rhywiog wrth newid trefn y geiriau ; cymh. esiampl o'r gair *twf* mewn cyfansoddair clwm : *A bron* **afaldwf** *a braich,* IGE² 4.6.

§12 RHAGDDODIAD + STEM

(i) Rhoir dosbarthiad cyflawn yn WG 263-9 o'r rhagddodiaid a arferir gyda stemiau cynhenid i gyfansoddi geiriau. Mater o seineg a geirdarddu yw hyn yn bennaf, yn hytrach na chystrawen, ac ni roir yma ond ychydig nodiadau.

Y mae rhai rhagddodiaid sydd yn arddodiaid a arferir yn eu swydd arferol yn y frawddeg, megis *rhag,* *(g)wrth* ; y mae eraill nas ceir yn annibynnol o gwbl megis *gor, dad, dar, all.* Er nad yw *rhag* fel ardd. yn peri tr. m., fe wna hynny fel rhagddodiad, e.e. *rhagflaenu, rhagweled, rhagfynegi* etc. Cyfansoddiadau diweddar yw'r rhain* ; a diweddar hefyd yw ffurfiau megis *rhyng-wladol* etc. (er nad oes dr. ar ôl *rhwng* fel ardd.).

(ii) Dyma nifer o fân bwyntiau i'r unig bwrpas o ddangos fod treiglad a chalediad yn bosibl ar ôl y rhagddodiaid, ac anghysondebau. Gwelir tr. ar ôl *ad-* a *dad-* mewn geiriau megis *adflas, adladd, dadeni, dadlwytho,* ond ceir calediad yn *datod* (< *dad-ddod-*), *datrys* (< *dad-ddyrys-*), *atal* (< *ad-ddal*). Anwybyddu'r calediad sy'n cyfrif am y ffurf 'dadrys,' er nad yw geirfa OIG yn anghymeradwyo'r ffurf. Er bod tr. ar ôl *dar—* yn *darostwng,* ceir y gysefin yn *darpar, darmerth* lle ceir yr un rhagdd. i bob golwg, a'r pwynt yw fod yn rhaid olrhain pob un o'r ffurfiau hyn ar ei phen ei hun.†

Ceir tr. llaes ar ôl *gor-*, *gwar-* yn *gorffen, gwarchadw,* (> *gwarchod*), a thr. m. mewn gair fel *gorfod.* Geiriau diweddar yw *gorlenwi, gorlwytho* (heb

*Digwydd *raculaenu* yn WM 39.

†Gair cyffredin mewn rhai mannau yn y De yw *darladd* (' to give one a hiding, to tire oneself by hard work,') ond ffurf ydyw ar y gair *darnladd,* gw. §13 (iii).

weithredu'r calediad), *gorbwyso*, *gorgyffwrdd* (ac nid *gorph-* a *gorch-*); cyferb. y ffurf ddiweddar *gordoi*, er mai'r un elfennau sydd yn y ffurf *gortho*; a chymh. *gorchest* < *gor* + *qu(a)estio*, gw. B VIII.16.

Yng nghyfnod cyfieithu'r Beibl camrennir *gorchuddio* a gwneir *gorch-* yn rhagddodiad a rhoir stem *cuddio* yn ôl yn llawn er mai'r *c* wrth dreiglo a roes yr *ch* ar ôl *r*, a cheir *gorchguddio* gyda thr. m., e.e. Ps. LXV.13; DFf 69. Wrth gamrannu *gwarchadw* cafwyd *gwarch-* yn rhagddoddiad i ddynodi rhyw ystyr fel 'amddiffynnol,' a hyn a roes *gwarchdwr*, *gwarchglawdd* y Beibl, gw. nodiad Ifor Williams yn DFf 239.

Ymgais i roi gwedd o gywirdeb i *gorch-* yw'r duedd ddiweddarach i'w droi'n *goruwch*, e.e. *Wedi goruwch-guddio'r llawr*, Williams, Mnd. Daniel Rowlands (argr. 1791) 4. Dyna'r ffurf a geir amlaf yng ngweithiau Pantycelyn.

(iii) Erbyn Cym. Diw. troes (*i*) *mewn* yn ardd. o ran swydd ac ystyr er mai ardd. + enw yw yn y lle cyntaf (gw. isod §149); a chan fod modd troi'r ardd. cyffredin yn rhagddodiad gwnaethpwyd yr un peth â *mewn* yn y cyfansoddeiriau diweddar: *mewnwelediad*, *mewnblyg*, *mewnforio*, gyda thr. m. i gytsain stem y cyfansoddiad er nad oes dim tr. ar ôl (*i*) *mewn* ei hunan. Cymh. y geiriau cyfansawdd: *ac ni thufewnol ddenwyd*, M. Priodas 20; *a thu-fewnol drigias yr Yspryd Glân*, ib 30. Y mae'n debyg mai fel enghraifft o galediad y dylid trin y ffurf: *'r fewnllef*, Gwili, Caniadau, 76 (cyferb. *ryw fewnlef*, ib 54).

(iv) Pair *an-* (gydag ystyr negyddol neu wrthwyneb) dr. trwynol i *c*, *p*, *t*, *d*: *anhrefn*, *amhur*, *anghyflawn*, *annioddefol*; (noder *athrugar* = 'anhrugarog,' lle y mae *ntr* > *thr*). Ceir tr. m. i *m*, *b*, *g*: *anfodd*, *anfynych*, *anfri*, *anochel*, *anfrawdol*, *anweddus*, *anrasol*. Pan ddefnyddir *an-* o flaen *ll* a *rh* ceir y gysefin: *anllygredig*; *anllywodraeth*, DFf 69; *anrhesymol*, ib 80; *Anrhaid tyno yn rhiw tanad*, GGl x.82 (= 'afraid'). Lluniwyd y ffurf amrywiadol *af-* mewn cyfuniadau cytseiniol arbennig (gw. WG 264, er y carwn i awgrymu'n betrus mai o gydweddiad â'r pâr *cyn-* a *cyf-* y lluniwyd *af-*, yn amrywiad ar *an-*) ac ymledodd o flaen *l*(*l*), *r*(*h*), (*g*)*l*, e.e. *afrwydd*, *aflafar*, *afresymol*, *aflan*; cyferb. â'r ffurf *aflan* yr hen ffurf a welir yn *poploet anylan*, BB 25.4-5 (< *an-glan*, olion *g* dreigledig yw'r *y*, gw. HGCr 138); cyferb. hefyd *gland(d)yn*, *anland(d)yn*, DByrr 115 [t 187: *An-* yn peri tr. tr. = 'cyrchfa *fy*,' ond *af-* o flaen *l*(*l*), *r*(*h*), *aflawenyd*(*d*), *afrwy*(*d*)*d-deb*].

(v) *cym*, *cyn*, *cy*, *cyf*, *cyd*

O flaen *c*, *p*, *t*, *b*, defnyddir *cyn-*, *cym-* gyda thr. trwynol: *cymhleth*, *cynghrair*, *cymrawd*, *Cymro*, *cynnhebyg*, *cynnhwf*. Ceir *cyf-* o flaen *ll*, *rh*, a thr. m.: *cyflawn*, *cyflo*, *cyfrif*, *cyfres*. Ffurf arall yw *cyd-* a geir yn *ynghyd*, ac a welir yn *cytûn*; ac i gyfleu ystyr 'ynghyd,' *cyd* a arferir fwyaf yn awr, gyda thr. m. i bob cytsain : *cyd-fyw, cyd-fagu, cydlawenhau, cyd-ddisgybl.*

Cyferb. â'r ffurf *cyf-* a roir o flaen *ll* a *rh* y rhagddoddiad *cyn-* a berthyn i *cynt, cynnar,* ac a rydd ystyr ' cynnar, o'r blaen ' i'r cyfansoddiad, fel yn y gair *cynddail* = ' dail ifainc, cynnar.' Erys y rhagddodiad hwn yn *cyn-* gan beri tr. m. i bob cytsain ac eithrio *ll, rh* : *cynfyd, cynfrodorion cyndadau, cynllun* ; [noder : *A'r cynbyd d'wllwg heibio,* Jenkin Jones, Hymnau (1768) 22, enghraifft o gadw'r gysefin ar ôl *cyn-* fel rhagddodiad am mai'r gysefin sy'n dilyn *cyn* fel ardd.].

§13 Enghreifftiau o Gyfansoddeiriau Arferedig

(i) Y mae nifer o ansoddeiriau a leolir o flaen yr enw bron yn ddieithriad, megis *prif, hen, ambell, gau, cryn* : mewn geiriau eraill y mae'r ans. + y gair sy'n dilyn yn gyfansoddair rhywiog. Fe all rhai ohonynt ddyfod ar ôl yr enw yn y drefn normal, megis *hen* a *gau* ; a cheir esiamplau o arfer *ambell* yn y modd hwnnw ; gw. CA 227 lle y dyfynnir amryw enghreifftiau o arfer *ambell* ar ôl yr enw, a hefyd fel dibeniad ac yn draethiadol ; cymh. hefyd *mor ymbell,* Madruddyn, Rhagair = ' rare ' ; *am fod pregethwyr mor ambell ynddi,* Hom, Rhag. Weithiau ceir ystyr wahanol i'r ans. wrth ei roi o flaen yr enw, e.e. *unig* ; ac y mae tipyn o wahaniaeth rhwng *pur* ar ôl yr enw ac o flaen ans. ; ac er mwyn cyfleu'r gwahanol ystyron rhaid arfer y gystrawen normal at un a chystrawen y cyfansoddair at y llall.

(ii) Y mae **pur** [gw. §153 (iv)] yn rhinwedd y gytsain *r* yn tueddu i droi *l* ac *r* i'w ffurfiau cysefin a gwelir *pur llawn, pur rhwydd* yn gyffredin heddiw ; e.e. *yn bur llwyddiannus,* W.J.G., Y Tro Olaf 205.*

Ar y llaw arall nid yw **cryn** yn peri calediad yn *cryn lawer, cryn lawenydd,* er ei fod yn yr hen gyfansoddair *crynllwdn* (gw. PKM 267-8 ; a chymh. *a phan dyfont yn gryn-ddynion,* HFf 381 ; *crynddyn,* ML 1.102 ; 103). Y mae'n bosibl hefyd y gwelir yn y canlynol enghraifft o **holl** yn caledu *l* : *a'i holl llwybrau,* 2 Esdr. xvi.32, cyferb. *holl lyssoed,* WM 6 ; ond dichon mai gyda'r cystrawennau genidol y dylid trin *holl.*

(iii) Y mae **iawndda** yn enghraifft dda o gyfansoddair trawsleoli, sy'n acennu'n glwm, ac o galediad yn y ffurf leol *iawnda.*

' Da iawn ' wedi ei droi o chwith yw *iawndda,* gyda thr. m. i'r ail elfen, a diau mai hwn yw'r gair a ddylid ei ddarllen yn : *tauawt lawn da,* WM 84

*Y mae'n werth cyfeirio at y modd y defnyddid *pur* + ans. yn glwm : *A phenn y goes asseu yr march yn* **purgoch.** *Ar vreich deheu idaw . . . yn* **purwyn** *. . . a chwnsallt ymdanaw ef ac ymdan y march deu hanner gwynn a* **phurdu,** RM 158. A sylwer nad ' rather ' yw grym yr elfen *pur-*, ond ' pure ' ; cyfieithiad Gwyn Jones—Thomas Jones yw "pure red, pure white, pure black", t 151. Y mae'r ' dirywiad ' ystyr o ' very ' i ' rather ' i'w weld hefyd yn *iawndda,* sydd yn (iii) ; sylwer ei fod yn llai ei werth na *da* yn yr enghraifft o Hom 3.182 ; ac ' alright ' yn hytrach na ' very good ' yw *iownda* yn nhafodiaith Dwyrain Morgannwg ; a chymh. *reit dda* ar y llinellau hyn.

(R 61 *llawnda,* sy'n ymgais i gywiro'r gwall treiglo yn *tauawt lawn*) ; cymh. ymhellach : *y mae arnaw penn iawnda,* WM 397, (R 254) = ' iawnδa ' ; *y kerryc a vu amdiffyn iawnda yr brytanyeit,* RBB 140 ; *nid yw na da nac iawndda,* Hom 3.182 ; *mi a welaf yn iownd(d)a,* DByrr 32 ; *mi a grephais yn ownd(d)a* [sic], ib 82 ; y ddwy elfen yn llac : *Hi wnaeth flwyddyn iawn dda,* ML 1.135 ; *yn iawn dda,* ib 2.120 ; 129. Cymh. **iawn iach** : sylwer ar y ddau destun : *Ny wn a wyt* **iach iawn** *etwa,* WM 440 (= P 4) ; *Ny wnn i a wyt ti* **iawn iach** *etwa,* WM t 220 (= P 6).

Y mae'r gair wedi aros yn nhafodieithoedd Gwent a Bro Morgannwg ond yn y ffurf *iownda,* fel y soniwyd o'r blaen, ffurf sy'n esiampl o'r calediad sydd yn *bendith,* WG 160, a gw. §9 (v) uchod. Awgrymais yn B IX.126 wrth drin *iawndda* mai hwn oedd patrwm y gystrawen ddiweddar **reit dda** ; ac yn y cyswllt hwn sylwer yn arbennig ar y gystrawen lac *iawn dda* yn ML, gan mai priod-ddull y Gogledd yw.*

Cyfansoddair o *pur* + *iawn* yw **purion**, gw. WG 263 (a chymh. *piwr iawn* tafodiaith Morgannwg sydd yn golygu nid yn unig ' very kind ' am haelioni dyn, ond ' quite well ' am gyflwr iechyd). Am ryw reswm, sy'n ddirgelwch i mi, ni cheir tr. ar ôl *purion* : e.e. *O burion parch ryw brenn per* WLl XXVI.35 ; *yn cael purion gwaith,* ML 1.73 ; *mewn purion trefn,* ib 1.265 ; *yn burion bachgen,* ib 1.303 ; *mae gennym ddigon o burion llenllieiniau,* LGO 58-9. Y mae **union** yn peri tr. pan ddaw o flaen yr enw : *nid oes ond union le i'r hadau,* ML 2.28. Yr unig awgrym y gallaf ei gynnig yw fod yr iaith, efallai, yn ceisio gwahaniaethu rhwng ' pur-iawn ' yn llythrennol a ' pur-iawn ' = *purion,* h.y. rhwng ' pur iawn drefn ' a ' purion trefn.'

(iv) Mewn cyfansoddair golyga **lled** rywbeth fel ' hanner, hanerog, rhannol,' a chyfetyb i'r Wydd. *leth.* O flaen ans. gweithreda fel math o adferf [gw. §153 (iii)], ond o ran cystrawen, iawn ei drin yn gyfryw â *pur, gweddol,* etc., sef ei fod yn gwneuthur cyfansoddair rhywiog. Gwelir yr ystyr ' hanerog, heb fod yn gyflawn ' yn gliriach mewn berfenwau cyfansawdd megis *lled gredu.* Enghraifft o galediad yn y cyfansoddiad yw *llety,*† gw. §9 (ii), a chymh. y ffurf *lletroi,* Gwili, Caniadau 94.

*Hyd y sylwais i, ceir tr. ar ôl *reit* yn nhafodieithoedd y Gogledd, ond nodais fod y gysefin mewn rhai mannau yn *Rhys Lewis.* Codais yr esiamplau a ganlyn : *yn reit clên,* 370 ; *reit fawr,* 399 ; *reit ddistaw,* 401 ; *reit caled,* 406 ; *reit parchus* 406 A oedd rhyw atgof mai gair Saesneg oedd yn peri bod rhyw duedd i beidio â threiglo ar ei ôl, fel petai rhyw ' faldod ' yn y gystrawen ?

†Cafwyd y berfenw *lletya* ar batrwm *bwyta, lloffa* etc., e.e. *lletua,* B VIII.117 ; defnyddid y ffurf *lletyfu* hefyd, e.e. *lletyvu,* Llst 52.81-2 (dyfyniad yn D Byrr XCIII) ; cymh. ymhellach : *ei groessawy a wnaeth ai leteuy yn llawen,* B VIII.120. Y mae'r esiampl ddiwethaf yn cadarnhau awgrym a gefais gan yr Athro G. J. Williams mai o gydweddiad â *cartrefu* y cafwyd *lletyfu, lletefu.* Ffurf arall yw *lletev,* B II.228 ; a chymrodedd o *lletya* a *lletyfu* yw *lletyfa,* ML 1.61 ; 165 ; ALMA 5 (Siôn Rhydderch). Ynglŷn ag ystyr wreiddiol *llety,* cefais awgrym gan yr Athro Idris Foster nad rhan o'r tŷ a olygid efallai, ond bod y lletywr yn byw ynddo am ran o'i amser ; ac ymhellach mai'r tŷ nad oedd yn ' hendref ' neu'n gartref sefydlog a olygid.

Y mae **darn** a olyga rywbeth tebyg i ‘ hanner, hanerog ’ o flaen berfenw yn gwneuthur cyfansoddair rhywiog, gyda thr. m. ar ei ôl, e.e. *darn-ladd, darnguddio* ; fe all y berfenwau cyfansawdd hyn gael ffurfiau berfol, *darnguddiodd, darnladdaf*. Byddai'n ddigon naturiol cael calediad *nl* > *nll* yn *darn-ladd,* ond dichon fod yr aceniad llac wedi cadw'r *l* heb galedu. Dyma'r gair a roes *darladd,* sy'n gyffredin ar lafar gwlad yn y De, gydag aceniad clwm.

Nid yr un gair â *darn* yw **daran, taran, tran** a olyga ‘ rather, fair-sized ’ ; gw. nodiad PKM 266 ar *daran ewyc,* lle ceir esiamplau fel: *ynt daran debyc, taranfrwd* etc., cymh. hefyd : *taran debic,* DByrr 175 ; 307 ; *yn tran dorri gorchmynion duw,* MCr 57a ; *yn daran helaeth,* LlHyff 71 ; *yn rhesymol ac yn daran dda,* ib 20. Arferir y gair o hyd mewn rhai mannau yn sir Benfro : dywedodd gwraig o Drefîn wrthyf un tro wrth sôn am fynd i Ffair Fathry pan oedd yn blentyn, ei bod ‘ daran fach ’ i fynd i'r ffair heb ei rhieni ; gw. Gloss. Dem. Dial. 97, *daran* = ‘ hytrach, rather, somewhat,’ “Mae'n daran llaith i fynd i rwmo” ; noder y calediad. Anodd gennyf gredu mai'r enw *taran* yw, ac ymddengys i mi mai gair benthyg o'r Wyddeleg yw. Os felly gellid deall pam y ceir ansicrwydd ynglŷn â'r ffurf gysefin a'r anwadalu rhwng *t* a *d*, a pham nad yw'r gair yn ‘ gyflawn aelod ’ o'r iaith lenyddol ; a chymh. *dalán,* ‘ a great bulk,’ O'Reilly (er i mi gael rhybudd gan Dr. D. A. Binchy na ellid dibynnu'n llwyr ar O'Reilly)

(v) Nid yw **hanner** o flaen enw yn gwneuthur cyfansoddair rhywiog ; enw yn y cyflwr genidol, a heb dr. m., a ddylai ei ddilyn. Lle byddo *hanner* + enw genidol yn cyfleu syniad newydd gan roi ‘ uned ’ newydd neu ystyr wahaniaethol i ystyr lythrennol y ddau air, megis *hanner coron, h. canrif, h. awr,* fe ellir, ar bwys yr ystyr, eu cyfrif yn gyfansoddeiriau afryw o ryw fath ; cymh. yr enghreifftiau lle y mae'r aceniad clwm yn brawf o'r cyfansoddi er ei fod yn ‘ afryw ’ : *Nercwys* (Sir y Fflint, < *hanner* + *cwys*),* *nerob, hanerob* (< *hanner hob,* gw. OIG mynegai) ; enghraifft dda hefyd yw *nerco,* un o eiriau'r Gogledd am rywun gwallgof neu wirion (esiamplau yn Daniel Owen, RL 276, GT 133), sef llygriad o *hanèrcof,* cymh. *un han(n)er cof yw hi meddant i mi,* ALMA 126 (W. Morris). Y mae'n bwysig nodi un peth, fod ‘ cyfansoddeiriau ’ fel *h. coron,* yn cadw cenedl yr enw cyntaf (er bod *canrif, coron, awr* yn fen.), yr un fath â *tudalen* a geidw genedl *tu,* gw. isod §42 (i).

O flaen berfenw ni phair *hanner* dreiglad gan na wna gyfansoddair rhywiog, e.e. *hanner lladd.* Pan roir rh. blaen gyda'r berfenw hwn daw rhwng *hanner* a *lladd,* sef ‘hanner ei ladd ef,’ nid ‘ei hanner lladd’ (neu

*Mewn nodiad ar y llinell : *O nerth gwys yn i wrthgarn,* TA 87.58 (amrywiadau : *o nerth cwys* ; *gwys* ;) awgryma'r golygydd mai ‘ nerth cwys ’ yw tarddiad ‘ Nercwys.’ Ymhlith y nodiadau wrth odre rhestr plwyfi, P 147 yn RWM 1.915 rhoir *Nerthgwys* [*Nercoys* / *Hannerkwys*].

'ei hanner ladd '), a dengys hyn nad yw'n gyfansoddair rhywiog.* Ond fe geir esiamplau o roi tr. ar ôl *hanner* ac ni allaf benderfynu a ydynt yn cynrychioli'r arfer leol naturiol neu a ddylid eu priodoli i'r gam-dyb fod *hanner* yn gwneuthur cyfansoddair rhywiog. Ceir amlder o esiamplau gan Bantycelyn : *yn gorfod hanner wadu Crist*, DNupt 69 ; *I hanner lanw'm henaid cu*, Hymnau (1811) 183 ; *Ag all hanner lanw 'mryd*, ib 452. Y mae'n gyffredin yn Daniel Owen hefyd : *fy haner fygu*, RL 17 ; *wedi haner dori'u c'lone*, ib 374 ; ac y mae'n bur gyffredin yn nofelau T. Rowland Hughes, e.e. *a hanner-daflu'r trydydd*, O Law i Law, 29 ; a chlywais awgrymu fod tuedd i arfer y tr. hwn ar lafar gwlad yn y Gogledd.

Gan fod modd arfer *hanner* o flaen berfenw, ceisir ei gadw yn y safle hon pan arferir ffurfiau berfol ; h.y. os *hanner lladd*, cadw *hanner* + *lladdodd* yn gyfan, heb eu gwahanu ; a'r cam nesaf fyddai arfer rh. mewnol gwrthrychol o flaen y 'ferf gyfansawdd,' h.y. 'fe'i hanner + lladdodd.' Fe ddylai hynny wneuthur cyfansoddair rhywiog o'r geiriau, gyda thr. m., ac er nad yw'n fy nharo i fel cystrawen gywir, naturiol o gwbl, awgrymaf mai arfer *hanner* + *berf* a ddechreuodd y duedd i wneuthur cyfansoddair rhywiog o *hanner* + berfenw hefyd (a chaniatáu ei bod ar arfer yn naturiol) ; cymh. *hanner-orweddai*, T.R.H., Yr Ogof 30 ; 241.

Pan ddaw *hanner* o flaen ans., megis yn y priod-ddull, 'heb deimlo'n hanner da,' ni cheir tr., ac ni chlywais neb erioed yn gosod tr. yma, cymh. *heb fyw yn hanner da*, DCr[2] 105[b] ; *nes bod hanner meddw a chwbl feddw*, MCr 45[b] ; eithr cyferb. *hanner-dosturiol*, Yr Ogof 66 ; *yn hanner-dywyll*, ib 161—esiamplau yr wyf yn tueddu i'w priodoli i'r gam-dyb. Sylwer hefyd ar *hanner cystal* etc ; defnyddio *hanner* fel adferf i raddoli'r ans., yn debyg i *agos cymaint, bron cynddrwg*. Os yw'n bosibl rhoi'r rhifolion o flaen y ffurfiau cyfartal a chymharol (*dau cymaint, pedwar cymaint, dau mwy*, etc.), hawdd rhoi *hanner* yn yr un safle a swydd gan fod ystyr rhifol iddo.

*Odid nad ar batrwm *hanner* + berfenw y newidiodd *newydd* + berf ei gystrawen erbyn C. Diweddar. Yn wreiddiol ymffurfiai *newydd* yn gyfansoddair rhywiog gyda'r berfenw, gan beri tr. m., e.e. *newydd ladd, newydd eni, newydd gladdu* ; weithiau ceid aceniad clwm, e.e. *newyddlif* = 'recently sharpened.' Pan roid rh. blaen o flaen y berfenw, o flaen *newydd ladd* y deuai gan mai un gair cyfansawdd a chyfan oedd, e.e. *y mae wedi ei newydd ladd.* Ond erbyn C. Diw. gwahanwyd *newydd* oddi wrth y berfenw, yr un fath â *hanner* ; a dyma'r rheswm : gan fod *newydd* yn y gystrawen hon yn dynodi amser o'i ran ei hunan (h.y. amser perffaith neu orffennol sydd ychydig o flaen y presennol) gallwyd hepgor *wedi* nes cael : *y mae ef newydd ladd y gwair* ; troer 'gwair' yn rhagenw a gwelir nad oes fodd cynnwys y rh. blaen ond rhwng *newydd* a'r berfenw : *y mae ef newydd ei ladd.* Y ddiwethaf yma yw'r gystrawen a arferir amlaf heddiw (er bod *wedi newydd* etc. ar arfer o hyd), ac y mae esiamplau o'r gystrawen ddiweddar yn digwydd mor bell yn ôl â'r ddeunawfed ganrif, o leiaf : *Dyma fi . . . newydd fwytta afalau*, ML 1.459 ; *ai wraig . . . newydd farw*, ib 1.464. Y mae enghreifftiau o'r gystrawen gysefin yn R. S. Rogers, Camre'r Gymraeg 74-5, ac yno cymeradwyir ei chadw yn ei phurdeb.

Yng Ngwynedd defnyddir *newydd* yn swydd *wedi*, os cyfleu gorffennol ychydig o flaen y presennol sydd eisiau : *newydd iddo fynd*, etc.

§14 'UN' MEWN CYFANSODDEIRIAU

(i) Defnyddir *un* yn fynych fel ans. o flaen yr enw, i gyfleu'r ystyr 'tebyg, yr un fath, cytûn,' a gall beri tr. m. i enw gwr. ac i enw lluos. yn ogystal ag i enw ben. Y mae hyn yn wahanol i'r rhifol *un*, na phair dr. ond i'r enw ben. un. Y mae'n fwy diogel arfer 'similar, same kind' na'r gair 'same' i brofi ai ans. ai rhifol yw *un* o flaen enw ; e.e. 'y mae e'r un drwyn â'i dad' ; yma fe ellid arfer 'same' neu 'similar' ; ond yn : 'y mae e'n byw yn yr un tŷ â'i fodryb,' nid 'similar' yw'r ystyr, a rhifol yw *un* yma ; y mae dau drwyn yn y frawddeg gyntaf, ond un tŷ sydd yn yr ail. Ond nid yw hynny'n ddigon o wahaniaeth a gwell prawf fyddai rhoi '*un* + enw' ar ôl y geiryn traethiadol *yn* : fe ellid dweud 'yn un drwyn' (yn glwm neu'n llac), ond ni ellid dweud 'yn un tŷ.'

(ii) Y syniad am yr un un yn y naill, ac am ddau sy'n gyfryw yn y llall, sy'n esbonio'r gwahanol dreigladau yn y canlynol : **yr un gerdet** *a dechreuyssei* . . . **yr un march** *ar un wisc amdanei*, WM 14-5 ; h.y. yr un math o gerdded a olygir ; ac yr ydwyf bron yn sicr mai "yr un gerddediad" a ddywedem yn awr am hyn. Yn y canlynol : *o vrodyr* **vn vam vn dad,** DCr² 113ª, yr un tad o ran person a olygir, eithr y mae safle 'un fam un dad' yn union ar ôl 'brodyr' yn arwydd mai ansoddeiriol yw eu swydd ; hefyd fe allent fod yn glwm eu haceniad, 'unfam undad,' ac fe ellid eu rhoi ar ôl y geiryn *yn* ; cymh. **Mae'n un wallt,** DN XXIX.19 ; *ag un wallt*, ib ib 22 ; *Nid vn daidiav'n iav, ŵr nod . . . Nid vn* [*ddwy g*]*ravank . . . Nid vn waew-ddarnav, nid vn ddyrnod*, ib III.55-60.

(iii) Estyniad o'r defnydd traethiadol yw'r gystrawen ddiweddar sy'n arfer y fannod yn lle'r geiryn *yn* (er na all y fannod gael ei harfer yn y traethiad fel rheol) ; ac yn lle "Mae hi'n un wallt . . .", cafwyd "Mae hi'r un wallt . . ." ; cymh. *Nid yw pob peth a blethir* / **O'r un waed** *â'r awen wir*, Caledfryn ; *'Rwyf fi*'**r un feddwl** *ag yntef*, LGO 96.

Fe geir y gystrawen hon ynghyd â'r treiglad mewn dau gyd-destun yn fwyaf arbennig, sef priod-ddulliau cymharu aelodau o'r un teulu â'i gilydd, a phriod-ddulliau 'achyddol' ; e.e. "yr un ben â'i fam" ; "yr un lygaid â'i chwaer" ; "yr un bethau â'i dad" (cyffredin iawn yn fy nhafodiaith fy hun) ; ac olion y gystrawen 'unfam undad' yw'r math a ganlyn "plant yr un dad" ; "mae' nhw o'r un deulu". Fe ledodd y duedd i dreiglo i gysylltiadau eraill, a dwy enghraifft sy'n hollol naturiol i mi yw, "yr un bris", "yr un bwysau" ;* ond amheuaf a ddylid treiglo yn y canlynol : *ni ddisgwylir ganddynt yr un ddoniau*, Seren T.G. 20 ; *yn gyfreithlon i'w etifeddion ef gael yr un freintiau*, ib 24.†

*Fe ddywedwn hefyd : 'yr un drwch,' 'yr un led,' ac awgrymaf mai cystrawennau *yr un faint* ac *yr un fath* yw'r patrwm a ddilynwyd ; gw. §33 (iii) a §35 (viii).

†Gellir awgrymu mai *un dwyll* yw'r darlleniad yn y canlynol :
Os brad yn Salsbri ydoedd
Un twyll â chastell Gwent oedd, GGl LVI.6.

(iv) Dyfynnwyd enghreifftiau uchod oddi ar lafar gwlad o dreiglo *ll* ar ôl *un* ansoddeiriol (gydag aceniad llac i'r cyfansoddair) ; wele enghreifftiau pellach o dreiglo *ll*, ac o dreiglo *rh* : *Na vit* **un lyssenw** *a luciffer*, RP 1060.12 ; *ple mae'r Pyscodyn sy'***r un lwnc** *ag ef*, BC 62 ; [*mae*] *i mi fachgen* **o'r un lun** *a minna*, ML 1.244 ; peth tebyg yn 1.350 ; 1.416 ; *Ai crwyn yn Baentiedig Satan* **'r un lun,** CRhC 386 (= ' yr un lun â Satan ') ; *ond rhagen(w) pa berson bynnag fo, a fyd(d)* **un rif,** *a pherson ai ferf bob amser*, DByrr 87.

(v) Mewn rhai cyfansoddeiriau golyga *un* ' united,' a dyry ystyr y rhagddodiad S. (Lladin) *com-*. Ymddengys i mi mai cyfansoddeiriau clwm eu haceniad fyddai'r rhain ar y dechrau ; oblegid hynny, er bod tr. m. i gytsain yr ail elfen, fe wnâi'r aceniad clwm i *n* galedu *l*. Dyma rai esiamplau : *Ae deir grofd yn llwydaw* **yn un dwf**, WM 73 ; *a dywedassant* **yn vn eir,** FfBO 36 ; **un air**, 2 Cron. XVIII.12 ; enghraifft o'r calediad : *nit oedynt* **unllef,** WM 1 ; cymh. hefyd, ' canu'n unllais.'

Yn y cyfansoddair **unben,** golyga *un* ' chief ' ; ceir esiamplau yn yr Wydd. o roi *aon, aen* mewn cyfansoddair gyda'r un arwyddocâd.

(vi) Defnyddid *un* gynt gydag ystyr ' unig ' o flaen enw ; cymh. ' one and only ' ; ac yn yr ystyr hon, rhifol fyddai ; cymh. **un mab,** CA 20 ; **un maban,** ib 255, gw. nod. 68 ; *gwreic wedw gwedy marw* **y hun mab,** LlA 114 ; *gogonyant* **un mab duw,** ib 162 ; **un mab meir**, BSK 33 ; *canys* **vn verch** *vyf vi* (*y'm tat*], B IX. 329 ; *pan ddioddefoedd ef yddy* **vn mab** *farw*, MCr 66[a] ; **i vn mab,** DCr² 60[b].

Dengys ' un mab ' ac ' un ferch ' gystrawen y rhifol *un* yn y rhain. Y mae'r ans. *unig* wedi disodli *un* yn y cysylltiadau hyn ; ac fel ans. o flaen enw, pair *unig* dr. i'r enw gwr. a ben. a lluos. Ond ym Morgannwg nid yw *unig* yn peri i'r enw gwr. dreiglo a diau mai olion cystrawen ' un mab ' yw ' unig mab.' Gall mai twyll orgraffyddol yw : *y unig ganedig fab*, MCr 82[b], ond y mae'n gyson ag arfer y sir lle y sgrifennwyd y testun.

(vii) Nid yw acennu'r rhifol *un* + enw fel un gair yn gwneuthur cyfansoddair rhywiog o'r gair ; treiglir yn ôl rheolau treiglo y rhifol, yr un fath â phetai *un* a'r enw yn llac neu'n ddau air ar wahân : *ùnpeth, ùnman, ùntroed, ùntu, ùntro, ùndyn*, lle cedwir cysefin yr enw gwr. un. ; *ùnwaith ùnfan*, lle ceir tr. m. i'r enw ben. un. Fe ellir cyfrif fod y rhain yn gyfansoddeiriau afryw yn rhinwedd yr aceniad clwm.

§15 'AIL' MEWN CYFANSODDEIRIAU

(i) Trinir *ail* bellach, ar lafar gwlad ac yn yr iaith lenyddol, nid fel trefnol ond fel ans. o flaen enw. Trefnol yw, wrth gwrs, a gwyddys mai

Yn ei nodiadau t 350 ar *Dyffryn Aur* (= S. *Dore*) awgryma I.W. ei bod yn bosibl mai *-t* y ffurf *dyffrynt* yw'r *D*, a dywed mai sain *-nt* oedd *-nd* yng nghyfnod Guto'r Glyn ; cymh. *Ei moliant yw siwgr candi*, ib LXXVII.9. Awgrymaf mai *-nt* a llafariad yn dilyn sy'n rhoi *n-d-*, fel y mae'r gair *post* yn rhoi *poss-doffis* os bydd llafariad yn dilyn *-st* ; eithr yn ôl CD 218-19 twyll-ymresymiad ar ran y beirdd sy'n gyfrifol am linellau o fath : *Braich i Went a Brychandir* ; beth bynnag am hynny, dyna'r gyfatebiaeth gytseiniol y bwriadwyd ei darllen yma.

rheol y trefnolion yw hyn, sef bod yr enw gwr. un. yn cadw'r gysefin ar ôl ei drefnol, a bod yr enw ben. yn treiglo'n feddal, e.e. *y trydydd gŵr, y drydedd wraig.* Yn gyson â hyn, dyna yw cystrawen wreiddiol *ail,* a hynny a welir yn y testunau cynnar ; nid rhaid mynd yn ôl ymhellach na CDC i gael esiamplau : *yn yr* **ail mis,** *ar yr* **ail dydd** *ar bymtheg o'r mis,* Gen. VII.11 ; **ail Llyfr** *y Brenhinoedd* ; *yn yr* **ail llyfr,** MCr 101*b* ; **yr ail mater,** ib 106*b* ; **ail modd,** HFf 187 ; **ail Person,** YmDd 5 ; 7 ; **yr ail dyfodiad,** ib 68 ; [ni ellir bod yn sicr pa genedl sydd i'r enw yn : *ail marwolaeth,* ib 182].

Dewisodd Morris-Jones gadw'r hen reol yn nhestun CD, e.e. **ail curiad,** 276.

Ond hyd yn oed yng nghyfnod CDC y mae esiamplau o dreiglo'r enw gwr. ac nid oes amheuaeth nad trefnol yw *ail* ynddynt : **yr ail fodd,** YmDd 80 ; **yr ail beth,** ib 253 ; **yr ail dro,** BC 130. Ceir enghreifftiau gan Edward James o ddilyn rheol y Beibl ochr yn ochr â'r arfer ddiweddar: **yr ail Cyngor,** Hom 2.70 ; **yr ail Gyngor,** ib 2.109, 116. Ceir anwadalwch tebyg yn ML : *yr ail boreu-bryd,* 1.251 ; *yr ail mab,* 1.252 ; *ei hail ŵr,* 1.254 ; *yr ail frawd,* 2.59.

(ii) Dylai *ail* beri tr. m. i'r enw ben. a dyna a wna heb fod eisiau dyfynnu, serch bod **ail llaw** (ansoddeiriol) yn Arfon, e.e. W.J.G., Y Tro Olaf, 170 ; a chefais gadarnhad yr awdur fod yr enghraifft yn iawn ac nad cam-brint mohoni ;* cymh. hefyd : **A'r ail llaw,** *arail lluoedd,* TA 81.37. Awgryma'r eithriad hwn fod *l* weithiau'n peri calediad i *l* ac *r* ; cymh. ymhellach : *y llech gyntaf . . .* **yr ail llech,** Hom 3.266 ; **'r ail llith,** ML 2.58 (er bod tr. yn y canlynol lle ceir enw gwr. : *yr ail lythyr,* ib 2.161). Ceir mynych enghraifft o gysefin *rh* yn nhestunau CDC : **ail rhan(n)** sydd ym Meibl 1620 o hyd ac o hyd ('o Lyfr Samuel,' er enghraifft) : gw. esiamplau hefyd yn HDdD 73, 110, 135, 162 (= **yr ail rhan fawr**) ; **yr ail rhinwedd,** ib 171. Yn Ex. XXVIII.17-20 ceir : *y rhes gyntaf . . . a'r* **ail rhes** ; *a'r drydedd* **rhes** . . . *y bedwaredd* **rhes** ; digwydd yr un geiriau yn Ex. XXXIX.10-13 ond bod *a'r bedwaredd res* yno. Y mae'n bur debyg mai cael y gysefin ar ôl *ail* a barodd ei chadw hefyd ar ôl y trefnolion eraill yn ei ymyl. Tystiolaeth fod *l* yn peri i *r* galedu yw orgraff y ffurfiau canlynol : *bugeilrhes,* LlHyff 86 ; *annigonolrhwydd,* ib 96 ; *digonolrhwydd,* HDdD 11 ; RBS 132 ; *at debygolrhwydd,* RBS 242 ; *gwamalrhwydd,* ML 1.430. Os oedd ateb *rh* drwy *rh* yn orfodol yn y gynghanedd, byddai'r canlynol yn enghraifft o'r calediad : *A'r ail rhan, ar ôl eu rhaid,* IGE[1] XXXV.9 (newidiwyd yn *ail ran* yn IGE[2] 95.9).

(iii) Y trefnol *ail* a ddefnyddiwyd pan ddaeth angen gair neu elfen eiriol i gyfleu'r ystyr sydd yn Saes. *re-* ; ac yn y swydd hon, fel ans. neu

*Nodais enghraifft arall yn Morris-Jones, Caniadau 187.

elfen gyntaf mewn cyfansoddair, buasem yn disgwyl i *ail* beri tr. m. o'r cychwyn, yn enwedig o flaen berfau a berfenwau lle y collid ystyr y trefnol bron yn gyfan gwbl. Ond y mae digon o esiamplau o gadw cysefin berfau a berfenwau, a golyga hynny (os oes i'r peth unrhyw arwyddocâd o gwbl) fod y berfau a'r berfenwau'n cael eu trin fel petaent yn enwau gwr. Esiamplau: *Nis* **ail tarawaf** *ef*, I Sam. XXVI.8; (a newidiwyd yn *ail-darawaf* mewn argraffiadau diweddarach); **ail cofwyf,** HFf 199; *yr* **ail dychwel** *enaid pob rhyw ddyn,* YmDd 65; cysefin berfenwau: *ail gwerthu,* ThM 68; *ailgosod,* HFf 194; *ailgoresgyn,* ib 196; *yn ail rhoddi y ddwy lech,* Deut. x, Cynhwysiad [a allai fod yn enghraifft o'r 'salediad' sydd yn (ii) uchod].

Dengys y gyntaf o'r enghreifftiau canlynol mor anodd oedd para i ystyried *ail* yn drefnol rheolaidd yn y cysylltiadau hyn, a bod yn rhaid ei drin fel elfen o gyfansoddair, gyda thr. m. ar ei ôl: **nac ofer ail draetha,** Eccl. VII.14; cymh. enghreifftiau pellach o dreiglo'r ferf: **aildraethir,** Hom 2.34; **a ailgododd,** DFf 168; *fal yr* **ail droes** *yr eryr . . . felly yr* **ail droi** *dithau,* MCr 76a; enghreifftiau o dreiglo mewn berfenwau: **ailgyfodi,** Hom 1.37; *yn cael* **ail dderbyn** *llun delw Duw,* YmDd 94; **i ail dderbyn,** BC 134; *yr wyf fi yn* **ail droi** *atati,* MCr 94a.

Fe welir wrth rai o'r dyfyniadau hyn fod *ail* yn colli ystyr trefnol ynddynt ac yn golygu weithiau 'yn ôl, drachefn,' heb syniad o 'gyntaf ac ail,' e.e. *i'w hail-osod* **fel yr oedd o'r blaen,** 1 Macc. xv.3; ac yn yr enghraifft uchod, *yr ail dychwel enaid,* YmDd 65, nid dychwelyd yr ail waith a olygir fel pe bai 'dychwelyd cyntaf' cyn hynny, ond 'mynd yn ôl.' Nid oes fawr o ystyr trefnol yn aros yn y priod-ddull *ailfoelud* (= 'relapse'); ac er nad yw'n rhesymegol, fe ellid dweud, 'ailganu'r pennill deirgwaith,' oblegid syniad o 'drosodd a throsodd' a fynegir, nid trefn. A sylwer mai ans. yn hytrach na threfnol yw *trydydd* (gyda thr. m. ar ei ôl) yn yr ymadrodd, 'ail a thrydydd ganu.'*

Yn y cysylltiadau hyn, efallai, y dechreuodd *ail* beri tr. i enwau gwr.; os 'ailganu,' byddai tuedd gref wedyn i ddweud 'ail ganiad'; os 'aildroi,' teimlid y dylid dweud 'ail dro' hefyd. Dengys yr enghreifftiau yn (i) uchod fod yr arfer wedi dechrau yng nghyfnod CDC o leiaf. Daeth yn gyffredinol erbyn heddiw, a'r ffasiwn o adfer hen gywirdeb sy'n cyfrif am yr esiamplau diweddar o gadw cysefin yr enw gwr. a'r enw lluosog. Un peth arall a helpodd y duedd i dreiglo'r enw gwr. a lluos. ac a wnaeth i *ail* fod yn wahanol i'r trefnolion eraill: y mae'r trefnolion eraill, *trydydd* (*trydedd*), *pedwerydd* (*pedwaredd*) yn dechrau â chytsain; y maent yn dangos gwahaniaeth treiglad eu hunain ar ôl y fannod, *y trydydd, y drydedd,*

*Diddorol cymharu'r gair sydd gan Gruffydd Robert (o'i ddyfais ei hun, hyd y gwn i) am sillaf y goben: *nes i bod yn* **aild(d)iwaetha,** DByrr 31. Trefn a fynega 'ail' yn y gair hwn, sef y sillaf sy'n 'ail o'r diwedd,' eithr sylwer fod tr. yn dilyn. At yr enghreifftiau uchod o dreiglo'r berfenw gellir ychwanegu: *ail-fwytta,* DCr[1] 8a—ddwywaith; *ailgnoi,* ib ib; ond noder anwadalwch y canlynol: *ail pardwn* / *ail bardwn,* ib 44a; *ail draeturieid,* ib 44a; *ail traytur,* ib 44b.

ac fe geidw'r gwahaniaeth hwn y gwahaniaeth sydd hefyd yn nhreiglad yr enw sy'n dilyn. Gan mai'r un ffurf sydd i *ail* yn wryw. ac yn fen., a heb allu dangos treiglad ei hunan, nid oes ynddo ddim i ddangos pa wahaniaeth a ddylai fod rhwng enw gwr. ac enw ben. ar ei ôl.

(iv) Fe all *ail* fod yn enw yn golygu 'rhywun cyfartal (â),' ac enw genidol sy'n dilyn ; ni ddisgwylir tr. i'r enw genidol yn y gystrawen hon : *Gwyn fy myd! ail gwiwnef Mair*, DGG XXII.24 ; *Ail Dafydd Broffwyd wyd, wr*, Gr Llwyd ap Ddd ab Einion, Y Flod. Newydd, 65. Ond y mae tr. ar ôl *ail* mewn rhai enghreifftiau a hynny i enw gwr. : *ail Bryderi*, RP 1271 ; MA 322b ; a chymh.

O lwyrbarch, ail Lywarch lân, IGE² 168.7.

Caru'dd wyf caruaidd wen
O'r Ddôl, ail ddeurudd Elen, ib 330.14.

Ail Fadawg, haelaf ydwyd, GGl LXXIII.15.

Yma'n y byd, mwy, ni bydd
Ail Dudur Aled wawdydd, TA t 727 ; Mnd gan Gr. ap I. ap Lln. Fychan.

Heblaw hyn, sylwer fod *ail* yn golygu 'etifedd' weithiau, megis yn yr enw *Dylan eil Ton* ; gw. nodiad ar *Eil Taran*, PKM 213, ac wrth gwrs, genidol yw'r enw priod sy'n dilyn. Cedwir y gysefin ym mhob un o'r esiamplau a ddyfynnir yn PKM 213 ; ond cymh. : *ail Fredudd*, TA 64.5 (= 'mab, etifedd'). Nid yw'r tr. hwn heb bethau tebyg ; gw. yr enghreifftiau isod o dreiglo ar ôl *ŵyr* (gwryw), *nai, mab, plant*, §46 (ii).

Yng nghywydd Ieuan Gethin, Y Flod. Newydd 120 ceir : *Yr ail gwyrth o eiriol gwawd* ; trefnol yw *ail* yma ond nid esiampl o gadw cysefin enw ben. yw gan mai enw. gwr. oedd *gwyrth*, e.e. YCM² 173.11 ; eithr y mae darlleniad arall (amrywiad B) sy'n rhoi *ail gwaith* lle'r ymddengys mai *gwaith* ben. a olygir ; y mae posibilrwydd deall *gwaith* gwr., ond y darlleniad cyntaf sydd debycaf o fod yn iawn ac mai 'ail gwyrth' sy'n gywir.

(v) '*y naill*' + *enw*

Amrywiad ar y gair *ail* yw *y naill*, gw. WG 304-5. Yn wahanol i'r trefnol y mae tr. ar ei ôl o'r dechrau i'r enw gwr. yn ogystal ag i'r enw ben. : *ar naill law pwyll*, WM 19 ; tebyg yn 127 ; *y naill ddydd*, YmDd 239 ; *o'r naill Lys*, BC 16*

*Amrywiad yw *arall* hefyd ond ar ôl yr enw y lleolir ef ; cymh. enghraifft o newid ei drefn : *gwell no neb o arall genedlaeth o'r holl vyt*, FfBO 49.

Yn WG 300 dywedir fod yr *ll* yn achosi calediad i'r cytseiniaid *g, b, d*, a dyfynnir *y neill parth*, WM 5, a *neilltu* yn esiamplau o Gym. Can. ; cymh. hefyd *y neill peth*, WM 162 ; ac awgrymir fod dylanwad y cytseiniaid eraill sy'n cyson gadw tr. m. ar ôl *y naill* wedi peri i'r tr. ddod yn ôl i eiriau *c, p, t*. Y peth tebycaf yw nad yw'r esiamplau tybiedig hyn o galediad yn ddim ond enghraifft o'r ffordd y bydd *ll* + *gbd* yn twyllo'r glust ac yn ymddangos fel *llc, llp, llt*, yn enwedig pan ddisgyn yr acen ar *naill, neill* mewn cyfansoddair clwm. Y mae *gwallgof* yn cael ei sgrifennu'n *gwallcof* weithiau, ond dengys cynghanedd y beirdd fod hyd yn oed y ffurfiau hynny a gynrychiolir gan *llt*, etc. yn ein horgraff, yn *lld*, etc. mewn gwirionedd, gw. CD 208 a chymh. : *Dy wa***lld** *aur i dwyllo* **d***yn*, DGG XXIII.12 Odid nad twyll clyw sy'n cyfrif hefyd am ysgrifennu *neilltu, neilltuo, ymneilltuaeth*.

Dyma rai enghreifftiau i ddangos ansicrwydd y glust yn y ffyrdd y cynrychiolir *lld, sd*, etc. : *tywalldaf*, Es. XLIV.3 (ddwywaith) ; *o'r naill-du*, 2 Macc. IV.33 ; *o'r nailltu*, ib ib 34 ; *nailldu o*, ib XV.20 ; *o'r naill du*, PA 8 ; *holldes . . . holldi*, YCM[2] 70 ; *ys trwc a dyghetuen*, ib 107 ; *trysdan ag esylld*, B V.116 ; *ylltau*, MCr 17[a].

Dyna'r rheswm pam na chynhwyswyd uchod ymhlith y Calediadau §9 esiamplau tebyg i *llystad, rhostir*, etc. ; gw. OIG mynegai ; ac esiamplau o *llt* tebyg i'r llinell : *A malltan wybr maint malltarw*, IGE[2] 281.2. Mater o orgraff yw hyn yn bennaf, ond fe ellir clywed y gwahaniaeth seinyddol yn y geiriau *post* a *post offis* (' poss-doffis ').†

§16 Dyblu Ansoddeiriau

(i) *Y Radd Gysefin*

(*a*) Nid yw ailadrodd yr un ans. ar ôl enw yn gwneuthur cyfansoddair ohonynt ; nid oes mwy o reswm dros dreiglo'r ail ans. yn ' dyn tal tal ' neu ' tŷ mawr mawr ' nag sydd dros dreiglo'r ail ans. yn ' tŷ mawr coch.' Enghraifft o ailadrodd ans. ar ôl enw lluos. yw : "Mae 'nghariad i'n

†Bernais y byddai'n ddiddorol codi'r esiamplau canlynol o Gymraeg Morris Prichard, tad y Morrisiaid, gan fod ei orgraff yn cynrychioli'r sain a glywai ei glust : *fy* **mresd i,** ALMA 191-2 ; *y bydd gwilidd gin* **grisdion,** ib 192 ; *i saythy* **gasd** *oydd gin i gymydog fo*, ib ib ; *bob* **posd,** ib 193.

Codais y dyfyniadau hyn hefyd i ddangos yr ansicrwydd sain yma : *Callestrfin* **holltrin hylltrem,** IGE[2] 56-8 ; **hylldrem,** IGE[1] CXIV.73 (= **hylltrem,** argr[2] 329.9) ; *Crist ni dderbyn o'r* **crastan,** IGE[2] 254.25 ; *Crwst am wŷdd y* **croesdy** *mau*, GGl XCVIII.44 ; *O groestir Swydd Gaer wastad*, ib CIV.35 ; (a sylwer nad yw *-sg* + *g*, etc. yn rhoi calediad : *Ymysg gwyr y maes a gad*, IGE[2] 129.2 ; *Ymysg gwŷr ymysgaroedd*, ib 113.25 ; felly nid oes gwir galediad pan geir cyfuniad megis *gwyllt* + *dir*, cymh. **Buellt dir** *ni bu well dyn*, GGl I.8).

Ynglŷn â'r ' calediad ' mewn ffurfiau fel *popty*, gw. OIG 51-2, a chymh.

Esgopty iso i gapten, GGl XXIX.43 ;

Gwisgodd, â phlwm y gwisgir,
Cap dy hus escopty hir, ib XCV.14.

Dengys yr ail o'r dyfyniadau na ellir bod yn sicr fod yr ail gytsain yn y cyfuniad hwn yn gwir galedu, er ei bod yn ddeintiol (oni ddarllenir *ty* am *dy*). Y mae gofynion cymeriad a chynghanedd yn dangos hefyd mai *Gap* yw darlleniad cywir y gair cyntaf.

Fenws . . . A'i dannedd mân, mân". Wrth reswm, os ben. fydd yr enw fe geir tr. i'r ail ans. fel sydd i'r cyntaf: "Gafr wen, wen, wen", etc.

(*b*) Ac nid yw ailadrodd yr ans. sy'n ddibeniad mewn Brawddeg Enwol ei phatrwm yn gwneuthur cyfansoddair ohonynt, h.y. os ailadroddir "glas" yn y frawddeg 'Glas yw'r wybren", ni cheir cyfansoddair na thr., eithr "Glas, glas yw'r wybren". Enghreifftiau o'r fath yw'r ddwy esiampl a ddyfynnir yn WG 254: *Da da fu o grud hyd fedd,* WLl 40; *Drwg, drwg, medd y prynwr,* Diar. xx.14; cymh. yr emynau o fath: *Mawr, mawr, Yw'r gras eglurwyd i ni'n awr . . . Byw, byw Yw'r Iesu'm ffrind a'm Prynwr gwiw,* Grawnsypiau Canaan t 175-6.

Ar y llaw arall os yw bardd yn dewis gwneuthur cyfansoddair o ailadrodd yr un ans. fe all wneuthur hynny yn y dibeniad neu ar ôl enw; os gellir newid 'gwallt hir melyn' yn 'gwallt hirfelyn' gan wneuthur cyfansoddair rhywiog o'r ddau ans. annibynnol, gellir troi 'gwallt mân mân' yn "gwallt manfan"; enghraifft o ddewis gwneuthur cyfansoddair yw'r ddwy a ddyfynnir yn WG 254, lle ceir tr., a'r naill yn llac a'r llall yn glwm:—

Da fu i ddechrau gorau gwedd
A **da dda** *hyd i ddiwedd,* WLl 62.

Pellbell *ar draws pob hyllberth,*
Po bellaf, gwaethaf yw'r gwerth, GGl XXXI.45.

(*c*) Os ailadroddir ans. cysefin yn y traethiad, ceir tr. m. i'r ail (ac i'r trydydd os bydd trydydd); e.e. 'Diolch yn fawr, **f**awr, **f**awr,' 'ymhell, **b**ell,' etc. Nid y dyblu sy'n cyfrif am y tr. ond fod cyfosod y ddau ans. yn y traethiad heb gysylltair rhyngddynt yn eu troi'n gyfansoddair; gw. uchod §11 (iii).

Ond nid hyn yw'r arfer yn iaith lafar y De, ac yn amlach na pheidio fe geidw'r ail ans. y gysefin.

Bûm yn byw yn gynnil, **c***ynnil,*
Aeth y ddafad un yn ddwyfil;
Bûm yn byw yn afrad, afrad,
Aeth y ddwyfil yn un ddafad. [oddi ar lafar gwlad].

Dyna a glywir amlaf yn y De, 'yn fynych, mynych,' 'yn glir, clir,' etc.; a cheir enghreifftiau o hyn yn emynau'r De: *Yn fynych,* **m***ynych, Iesu cu,* Williams (1811) 164, eto 284; *A wna i mi'n ddiddig,* **d***iddig / Dreulio'm dyddiau oll i ma's,* ib 607; *Yn foreu,* **b***oreu aeth i'r winllan,* Evan Dafydd, Galarnadau Seion (1808) 2; *Rhaid trafaelu yn galed,* **c***aled,* D.W., Diferion (1777) 2. Y mae tafodiaith y De yn dilyn arfer debyg wrth beidio â gwneuthur cyfansoddair o'r ddau ans. (amrywiol) a ddaw ar ôl *yn* traethiadol, yn wahanol i'r rheol yn §11 (iii) uchod. Gwelir hyn yn fwy eglur yng nghystrawen 'yn fawr **d**ychrynllyd,' 'yn dda **d**igynnig,' 'yn anghyfleus **t**ost,' 'yn llwm

truenus ' ; fe geid tr. m. yn y cysylltiadau hyn neu mewn ymadroddion cyfatebol yn y Gogledd ; cyferb. ' yn dda **g**ynddeiriog ' ; a sylwer sut y cedwir cysefin yn ail ans. neu enw ansoddeiriol yn y prioddulliau canlynol (er mai'r ffurf dreigledig a geid yn y Gogledd) : ' yn feddw **c**aib, yn feddw post, yn feddw twll, yn feddw mawr.'* Cyferb. *yn feddw felldigedig*, ML 1.364 ; *yn erwin dost*, ib 1.132 ; *yn ddistaw deg*, ib 1.84 ; *yn iach ddianaf*, ib 1.121 ; *yn araf dêg dêg*, ib 2.332 ; *yn ddiwall ddiangen*, LGO 22.

Nid cyfuniad o ddwy ansawdd a gyfleir gan y ddau ans. (bydded gyfansawdd neu beidio). Swydd yr ail ans. yw cyfleu eithafedd yr ans. cyntaf, h.y. nid ' terrible and big,' ond ' terribly big ' neu ' very very big ' yw ' yn fawr dychrynllyd ' ; amrywiad yw ' dychrynllyd o fawr ' o ran ystyr. Dichon mai'r ymdeimlad fod yr ail ans., er nas defnyddir yn ei ystyr gynhenid neu arferol, yn gweithredu yn y gystrawen hon yn ei swyddogaeth arbennig ei hun, ac nid fel elfen yn ymgolli mewn cyfansoddair, sy'n cyfrif am ei gadw heb dreiglo. Neu fe all mai estyniad yw o gysylltiadau fel ' dyn mawr, dychrynllyd ' lle y mae'r ddau ans. yn annibynnol yn dilyn yr enw.

Dyma esiamplau o destunau a ysgrifennwyd yn y De : yn *ffol* **kydavael,** DCr[2] 129[b] ; *a ddesgrifir yn llyfr Job yn ofnadwy* **digyffelyb,** Williams, DNupt 41 ; *Y rhai fu gynt yn gyndyn* **cas**, Hymnau (1811) 38 ; *yn ddirgel* **cudd** *yn gorwedd*, D.W. Diferion (1777) 22 ; *Lliw nos, pan oedd hi'n dywyll* **du**, D.J. o Gaeo, Hymnau (1775) 39 ; *Sy'n llwythog a Blinderog* **trist**, ib 74 ; *'rwy'n wahanglwyfus* **glân**, Dyfr. Bethesda 7 ; *'Rwy'n wahanglwyfaidd* **glân,** ib 74 ; *yn fân* **rhyfeddol,** GB 204 ; *yn barod* **rhyfedd,** Joshua Thomas, HB 290 ; *yn wir* **diamheuol**, ib 376.

(ii) *Y Radd Gymharol*

Y mae dyblu'r radd gymharol yn ddigon cyffredin ond ni ddaw'r ffurf ddybledig yn safle normal yr ans., yn union ar ôl yr enw ; ar ôl *yn* traethiadol y digwydd fel rheol, e.e. *Yn lanach,* **l***anach beunydd* ; neu yn y traethiad heb arfer y geiryn *yn* (er y gellid arfer *yn* heb anafu'r gystrawen na'r ystyr) : *A Dafydd oedd yn myned* **gryfach gryfach**, *ond tŷ Saul oedd yn myned* **wannach wannach,** 2 Sam. III.1 ; *ac yn llydan y danaw, pedrogyl* ; *a* **meinach veinach** *y uynyd*, YCM[2] 5.25 (disgrifiad o faen) ;

> *Mae'm holl gariadau yn y byd,*
> **Ddieithrach, ddieithrach** *im' o hyd,* W. Hymnau (1811) 884.
>
> *Ai* **wanach wanach** *wyf yn mynd*, ib 254.

Ond fel y dywedwyd gynnau am ailadrodd ans. cysefin yn y dibeniad, heb droi'n gyfansoddair, y mae'r un peth yn wir am y radd gymharol,

*Efallai mai yn y dosbarth hwn y dylid rhoi'r priod-ddull ' y mae'n dda calon gennyf ' ; hefyd ' yn dwym tân.' Sylwais fod *bach* yn cadw'r gysefin yn y Gogledd yn y priod-ddulliau hyn, ' yn ddistaw bach,' ' yn ara' bach ' ; ond bod tr. yn y De, ' yn ddistaw fach,' ' yn slow fach.'

h.y. *Glanach, glanach wyt bob dydd* ; cymh. *A llawenach* **llawenach** *vuwyt wrthaw yntef yn llys yr iarlles*, P 7.619 (heb fod yn WM nac R).

Pan ddyblid ans. cymharol unsill, *gwell, gwaeth, mwy, llai*, rhoid iddynt aceniad clwm fel rheol, *gwèll-well, mẁyfwy*, etc., er mai llac ydynt yn ein siarad yn awr, cymh. : **Fwyfwy,** *fal y brif afon / Fo'i urddas ef a'r ddau Siôn*, GGl cxiv.57-8 ; *pan êl o'n hen* **wellwell** *fydd*, CRhC 187. Os bydd yr ans. o fwy nag un sillaf rhaid i aceniad y cyfansoddair fod yn llac wrth natur gan fod y ddwy acen sydd mewn gair o bedair sillaf, ar y goben a'r gyntaf, yn disgyn yn yr un mannau ag mewn dau air deusill ar wahân : *crỳfach grỳfach*, etc.

(iii) *Dyblu enw = adferf*

Digon fydd rhoddi enghreifftiau o ddyblu enw gan wneuthur cyfansoddair clwm, i'w arfer yn swydd adferf : *bèn-ben, fìn-fin, gèfn-gefn, dàl-dal, drẁyn-drwyn* ; gw. WS 28 am y gystrawen a dyfyniadau. Y mae tr. i'r ail elfen gan mai cyfansoddair yw'r ddau air, ac erys y tr. ar y dechrau'n sefydlog gan mai enw yn swydd adferf yw'r cyfansoddair, gw. isod §95 (iii).

§17 Graddau Cymhariaeth yr Ansoddair gyda'r Enw

(i) Da fydd cofio nad ffurf gysefin yr ans. a roid o flaen yr enw yn y cyfansoddair rhywiog er nad oes dim gwahaniaeth i'n golwg ni rhwng ffurf yr ans. o flaen yr enw a ffurf yr ans. ar ôl yr enw, rhwng *hen ddyn, dewr ddyn*, a *dyn hen, dyn dewr* ; cysefin o ran ei olwg bresennol yw'r ans. o flaen yr enw, ond nid hynny yw, yn hanesyddol. Yn y famiaith Gelteg stem yr ans. a roid o flaen yr enw i wneuthur cyfansoddair, neu stem yr enw os enw fyddai elfen gyntaf y cyfansoddair, heb ddim terfyniad i ddangos cyflwr na rhif ; dim ond llafariad fel *-o* wrth y stem i'w fachu wrth yr ail elfen. Y mae awgrym o'r gwahaniaeth yn y Saesneg o hyd rhwng ffurf gysefin yr ans. a'i stem at gyfansoddi, *English* (*Anglo-*), *French* (*Franco-*) ; a gwelir yr *-o* yn gyffredin iawn mewn cyfansoddeiriau benthyg o'r Roeg, *philosophy, bibliography*, etc. Yr un *-o* sydd yn yr enw Brythoneg *Vindo-maglos*. Yr *-o* hon sy'n peri fod cytsain yr ail elfen yn cael ei chwmpasu gan ddwy lafariad neu gan lafariad a chytsain lafarog, a dyna yw achlysur y treiglad meddal.

Fe ddigwydd fod y ffurfiau a etifeddwyd gan y Gymraeg o'r stem gyfansoddol a'r radd gysefin yr un fath yn amlach na pheidio ; ond y gwahaniaeth yn ffurf y stem gyfansoddol a ffurf yr ans. cysefin yn yr iaith gyntefig sy'n esbonio pam y mae tr. i'r enw ar ôl *hen* a pham nad oes dim tr. i'r ail ans. a leolir ar ôl enw gwr. un., e.e. *hen* **ddyn**, ond heb dr. i'r ail ans. yn y gystrawen *dyn hen* **musgrell**, er bod ' musgrell ' yn dilyn ' hen ' fel y mae ' ddyn ' yn dilyn ' hen.' Yn yr ail esiampl y mae'r ans.

hen wedi ei etifeddu o'i ffurf gysefin fel ans. normal; yn *hen ddyn* daeth *hen* o'r stem a ddefnyddid gynt mewn cyfansoddair rhywiog.*

(ii) Gan hynny y mae rhoi gradd gyfartal neu gymharol yr ans. o flaen enw yn golygu nad 'stem' gyfansoddol yr ans. sydd o'i flaen, wrth reswm. Y mae'r ffaith fod terfyniadau arbennig i'r graddau cymhariaeth (*-ed, -ach, -af*) yn ddigon i ddangos nad ffurfiau mohonynt a etifeddwyd o'r stem gyfansoddol. Gwir inni gael esiamplau uchod yn §11 (i) o roi ffurf luosog yr ans. o flaen yr enw, gyda thr. m., ac ni allai'r ffurf luosog chwaith gynrychioli'r stem gyfansoddol. Ond erbyn y cyfnod Cymraeg pryd y daeth yn bosibl rhoi ffurf luosog yr ans. o flaen yr enw, nid mater o roi stem ans. + enw at ei gilydd oedd, i wneuthur cyfansoddair, ond newid trefn normal yr enw a'i ans.; hynny oedd y rheol a barai'r tr., sef gosod o flaen yr enw yr ans. a ddylai ddod ar ei ôl. Yr arfer hon a gynhyrchodd y patrwm i gystrawennau trawsleoli o amryw fathau, fel y ceisiwyd dangos yn §8 (ii) (*b*). Oddi yma y daeth y syniad o newid trefn, ynghyd â'r ymdeimlad fod yn rhaid treiglo cytsain yr ail air yn y gystrawen newid-trefn.† Ond nid yw rhoi gradd gyfartal a gradd gymharol yr ans. o flaen yr enw yn newid ar drefn normal y geiriau canys dyna yw eu safle yn amlach na pheidio; ac yn y safle honno ni pharant dr. i'r enw: *cyn daled* **g***ŵr, cyn laned* **g***wraig, cystal* **g***ŵr, cystal* **g***wraig*; *glanach* **g***ŵr, talach* **g***wraig, gwell* **g***ŵr*, etc.

(iii) '*mwy*,' '*llai*' + *treiglad meddal*

Ychydig enghreifftiau sydd ond y maent yn rhai dilys a phendant, o gael tr. m. i'r enw sy'n dilyn *mwy, llai* yn ddigyfrwng: *A medylyaw a oruc bot yn* **llei boen** *idaw mynet ar groen y dinawet*, RM 146 (>W 203); *kanys* **mwy les** *a debygei y vot oe garcharu noc oe lad*, RBB 48-9; *kanys* **mwy boen** *yw koffau kyuoeth gwedy coller no* . . . **Mwy boen** *yw genyf i yr awr honn goffav* . . . ib 67; *kanys* **llei gollet** *yw vyg colli i no cholli niuer mawr ygyt a mi* YCM² 121 (nod. t 200 = P 5 a 9, **llei o drwc**); enghraifft o gyplysu'r ddeuair yn gyfansawdd: *A gwisgo rhudd*, **mwyfudd** *merch*, DGG XVI.5.

*Byddai'n gywirach pe rhoid y ffurf glwm *henddyn* yma, nid y ffurf lac, oblegid, er ein bod yma'n cyfeirio at iaith na wyddom fawr amdani ond drwy ddamcaniaeth, y mae'n anodd credu fod y stem gyfansoddol yn cael ei defnyddio'n llac o flaen enw, fel petai'r stem yn air ar wahân.

†Enghraifft nodedig i ddangos nad oedd ymdeimlad yn aros fod y 'cyfansoddair' ans. + enw yn un gair cyfan yw esiampl sy'n gosod adferf rhyngddynt, peth a olyga fod yr un gair cyfan yn cael ei hollti (o ystyried ans. + enw yn gyfansoddair): *Gwynvydedic* **hagen** *Vargret*, B IX.332, 333. Testun sâl iawn ei Gymraeg yw'r cyfieithiad hwn, a hyn efallai yw'r rheswm am lunio'r gystrawen ddibriod-ddull hon, sef fod eisiau lleoli 'hagen' ar ôl gair cyntaf neu uned gyntaf y frawddeg, a chan nad ystyrid yr ans. + enw yn un gair cyfan, eithr mai dau air oeddynt, rhoddwyd 'hagen' ar ôl elfen gyntaf y cyfansoddair, nid ar ôl gair cyntaf y gosodiad. Yn ddiweddarach fe ddechreuodd Pantycelyn arfer o leoli anniben a mympwyol; a phethau fel 'Constant fawr inople' oedd patrwm Morgan Rhys pan luniodd: *Ni glywn am ddaear* **flin** *grynfau*, G. Nebo, argr. Elfed, 113.

Y mae'n bosibl fod yr enghreifftiau hyn yn cynrychioli ymgais yr iaith i wahaniaethu rhwng amryw ystyron *mwy* a *llai*. O flaen enw haniaethol ac o flaen enw sy'n cynnwys ' maintioli ' fel ' glo, dŵr,' etc., y mae *mwy* a *llai* yn wahanol eu swyddogaeth i'w swyddogaeth o flaen enw diriaethol ' sengl.' Bu raid i'r Saesneg ddyfeisio gwahanol ffurfiau cymharol i *big* a *small*, sef *bigger man*, *smaller man*, ond *more pain*, *less pain*, *more water*, etc.; cymh. Fowler, *Modern English Usage* o dan *less* (3): "The modern tendency is to so restrict *less* that it means not *smaller*, but *a smaller amount of*, is the comparative rather of *a little* than of *little*, and is consequently applied only to things that are measured by amount and not by size or quality or number, nouns with *much* and *little*, not *great* and *small* . . . *less butter*, *courage*, but *a smaller army*, *table*"; eto o dan *more*: "it retains only the latter sense, *a larger amount of*."

Awgryma hyn un o ystyron gwahaniaethol *mwy* a *llai*, sef eu bod o flaen enwau diriaethol di-luosog (sy'n cynnwys ' maintioli ') fel ' glo, dŵr, ymenyn ' yn gyfartal ag enwau nes bod yr enw sy'n dilyn yn y cyflwr genidol; erbyn Cym. Diw. y mae'r ardd. *o* wedi tyfu rhwng *mwy*, *llai* a'r enw genidol i ddynodi'r berthynas enidol-gyfrannol. Gellir dangos yr ystyr wahaniaethol mewn ffordd arall drwy gymharu ' dyn bach, llyfr mawr ' ac ' ychydig (o) lo,' llawer o ddŵr,' etc.; (nid ' glo bach '); os troir y gystrawen gysefin i'r gystrawen gymharol, try ' dyn bach, llyfr mawr ' yn ' mwy dyn, llai dyn na'i dad (o ran taldra), mwy llyfr, llai llyfr na'r gyfrol arall ' (o ran trwch); ond trosiad o ' ychydig (o) lo, llawer o ddŵr ' i gystrawen y gymharol yw ' mwy o lo, llai o ddŵr,' etc.

' Mae'n fwy dyn na'i dad ' yw priod-ddull y Gogledd o hyd am ' y dyn diriaethol ' sy'n fesuradwy (' He is a taller man than his father ') ond ' Mae'n fwy o ddyn na'i dad ' a ddywedid pan olygid ' He has more manhood '; ac yma y priodoleddau a gysylltir yn ein meddwl â ' dynoliaeth dda ' a olygir; enw haniaethol yw ' dyn ' (= ' dynoliaeth ') ac y mae'n anfesuradwy, heb syniad o droedfeddi. Dyma esiamplau eraill a gafwyd i nodi'r gwahaniaeth hwn: ' Mae Jane yn fwy dynes na'i mam,' ond ' Mae Jane yn fwy *o* gath na'i mam,' (ac ystyr ' cath ' yw'r ansawdd a gysylltir â'r gath—brathog, cyfrwys, etc.); ' Mae Wil yn fwy *o* dwyllwr na'i frawd,' ' Mae'r canwr hwn yn fwy *o* leisiwr na'r llall '; a phriodoleddau haniaethol anfesuradwy yw ansawdd y ddau lais a gradd y twyll.* Dyma un esiampl arall i ddangos y gwahaniaeth: *y corff yn myned yn fwy corff ac yn fwy o gorff*, John Roberts, Methodistiaeth Galfinaidd Cymru 56, a olyga fod y Methodistiaid yn mynd ar gynnydd o ran aelodau ac yn fwy cyfundrefnol, yn fwy ' corporate.'

Yn y De y mae'r gwahaniaethu yma rhwng cystrawen ' mwy dyn, mwy corff ' a ' mwy o ddyn, mwy o gorff ' wedi ei golli, ac y mae'r ardd. *o* yn cael ei arfer bob amser rhwng *mwy*, *llai* a'r enw; ceir peth tebyg i hyn yn hanes cystrawennau eraill fel *gormod*, *cymaint*, etc., gw. §§32, 33. Yn y dyfyniadau a roddwyd ar y dechrau dengys yr

*Ni allwn i fy hunan feddwl am esiamplau tebyg i'r rhain gan mai priod-ddull y De yw fy mhriod-ddull naturiol; a chan yr Athro W. J. Gruffydd y cefais yr esiamplau hyn.

amrywiad *llei gollet* = *llei o drwc* i gystrawen y treiglo ddiflannu wrth iddi gymryd yr ardd. *o* ; ac i ddiweddaru'r esiamplau eraill fe roem yr arddodiad ynddynt oll, ' mwy o les, llai o golled,' etc. Y mae'n anodd cyfrif am y treiglad ond fe ellir awgrymu fod yma gais i gael cystrawen wahaniaethol at ystyr wahaniaethol. Enwau fel ' poen, lles, colled ' sydd yn y cysylltiadau, enwau haniaethol nad oes modd eu mesur na'u troi'n lluosog ; (enwau diriaethol ydynt pan ellir eu troi'n lluosog) ; felly nid maint y ' poen ' a'r ' lles ' a'r ' golled ' a gyfleir ond eu gradd.*

Y mae'n anodd dadansoddi pob enghraifft o *mwy, llai* + enw yn y testunau i roi prawf ar y gwahaniaethau a awgrymwyd uchod. Cysefin yr enw sy'n dilyn *mwy, llai* yn uniongyrchol yn yr enghreifftiau normal : *llai* **p***orthiant . . . a mwy* **ll***awnder*, RBS 70 ; *yn fwy* **d***ylyed*, MCr 91[b] ; *yn bechod . . . a llawer mwy* **p***echod i roddi eu meibion* . . . Williams, DNupt 65 ; *yn fwy* **p***echod . . . yn fwy* **p***oenau iddynt*, ib 73 ; *Daw mwy* **t***rallodion a rhai gwaeth Na neb trallodion fu*, Dyfr. Bethesda 45.

Cymharer enghreifftiau o arfer *o* â rhai o'i hepgor : *a mwy* **Ll***esâd i'th Gymmydog*, RBS 87 ; *a chanddo lai* **c***yfleusdra*, ib 150 ; *lawer mwy* **o** *ddaioni*, ib 128. Y mae un enghraifft ddiddorol gan Ellis Wynne, sef o arfer *o* ar ôl *mwy* yn y cymal cyntaf, ei hepgor yn yr ail a rhoi tr. m. i'r enw haniaethol : *naill ai llawer mwy* **o** *boen, neu lawer mwy* **l***awenydd*, ib 109.

Yr unig destunau lle ceir amlder o esiamplau o dreiglo ar ôl *mwy, llai* yw rhai Morgannwg : *mwy* **b***arch*, Hom 2.305 ; *vwy* **d***ravael*, DCr[2] 88[b] ; *mwy* **b***oen*, ib 92[a] (cyferb. *yn vwy* **p***oen*, ib ib).† Y mae treigladau eithriadol eraill mewn Cym. Can. y gwelir esiamplau ohonynt yn nhestunau Morgannwg, megis rhoi tr. ar ôl *cymaint* a *gormod*, peth y mae cynsail iddo yn rhai o'r hen destunau. Anodd credu fod yr hen dreigladau wedi para'n fyw ar lafar ; ymddengys yn hytrach mai effaith rhyw ddysgeidiaeth leol ydyw, ac am mai ffrwyth dysgu rhywbeth nad oedd yn gynefin ar lafar yw'r treiglad eithriadol hwn, ceir esiamplau hefyd o gamarfer y ddysg : *diogelach* **o***baith*, Hom 1.49 ; *gwell* **a***fael*, ib 3.153 ; *ny allai ddrygwyllys well* **w***assanaeth*, MCr 11[a] ; a luniwyd ar y gam-dyb fod ans. o bob math yn peri tr. pan ddaw o flaen enw.

Diddorol hefyd yw cael enghreifftiau o roi dau ans. cymharol o flaen yr enw heb gysylltair rhyngddynt ; yr enw yn cadw'r gysefin ond yr ail ans. o'r ddau'n treiglo fel petaent yn gyfansoddair : *ni all fyth fod ffieiddiach* **f***ryntach dirmyg*, HDdD 101. Awgrymir mai'r

*Noder yr enghraifft ddiweddar o droi ' llai parch ' yn gyfansoddair afryw drwy acennu'n glwm : *(l)leiparch*, Gwili, Caniadau 143.

†Cefais gyfle ar ôl ysgrifennu'r adrannau hyn i gymharu dau destun y DCr, ac wrth gymharu gwelir fod Llywelyn Siôn yn newid bron pob esiampl o *mwy* + cysefin ac yn rhoi treiglad ; gwna beth tebyg i'r enw haniaethol a ddaw ar ôl *cymaint, gormodd, rhagor*, a sylwer ei fod yn newid y gystrawen er mwyn arfer enw haniaethol. Rhoir y testun printiedig yn gyntaf a'r dyfyniadau o'r llawysgrif mewn cromfachau : *yn vwy doluryus*, 24[b] (*yn vwy ddolur*, 20[a]) ; *mwy creulondeb*, 31[b] (*mwy groelondeb*, 23[b]) ; *yn vwy dolur*, 35[a] (*yn vwy ddolur*, 25[b]) ; *yn fwy prophidiol*, 37[a] (*yn vwy broffid*, 26[b]) ; *can mil mwy lhewenydh*, 58[a] (*mwy lawenydd*, 38[a]). Dyma enghraifft ddiddorol o'r newid : *Ny al(l) parch fod mwy na hyn*, 70[b] (*Ny all mwy barch vod na hynn*, 45[a]). Gadawyd *can mwy cariad*, 23[a], 23[b] heb eu newid yn 19[a], 19[b]. Gellid dyfynnu amryw esiamplau o dreiglo o DP, e.e. *mwy bechod*, 234[a] ; *yn vwy bechod*, 242[a].

rheswm dros dreiglo'r enw yn yr enghreifftiau a ganlyn yw fod ynddynt 'sangiad tybiedig' oblegid teimlo fod yr ail ans. yn peri sangiad rhwng yr ans. cyntaf a'r enw : *mae ganthaw well, a diogelach obaith*, PA 227 ; *rhag yr amlach a'r tostach flinderau hynny*, RBS 127.

(iv) Y mae'n bosibl cael cystrawen 'newid-trefn' yn y ferf a'r ans. traethiadol sy'n dilyn fel y ceisiwyd dangos yn §8 (ii) (*b*) uchod, 'Ni cheidw yn hir' yn rhoi *ny hir geidw*, LlH 137 ; ac 'ni chyrch yn hwyr' yn rhoi *ny hwyr gyrch*, ib ib. Y mae'r ddyfais hon yn gyffredin heddiw, y ddyfais sy'n troi 'credu'n ddiniwed fod . . .' yn 'diniwed gredu,' gw. isod §18 (i).

Y mae esiamplau o roi'r ans. cymharol yn y safle hon, ac er nad yw'r ffurf gymharol yn peri tr. yn ei chystrawen normal, fe bair dr. m. yn y lleoliad hwn am fod 'newid trefn' yn y gystrawen : *ny waeth wnelut*, CA 629 (nod. t 228 a gw. nod. hefyd ar *Ny mat wanpwyt*, 617 sy'n enghraifft o'r radd gysefin) ; dyna hefyd yw : *ny mwy gysgogit wit uab peithan*, ib 387. Gw. nod. hefyd yn PKM 294 ar *nys mwy tawd* ; a chymh. yr enghr. hon o destun rhyddiaith : *y dywawt ynteu na* **well wedei** *y neb y neges honno*, YCM² 118 ; hefyd 134.

(v) '*Amgen*' + *enw*

Math o ffurf gymharol yw *amgen* ; dengys arfer *no, na* ar ei hôl mai hynny yw o ran cystrawen, a'r ffordd y troes yn *amgenach* o ran ffurf. Ceir tr. m. i'r enw ar ôl *amgen* mewn Cym. Can. : *Amgen urys gerdet . . . nor dyd gynt*, WM 15 ; *amgen ledyr no hwnnw*, ib 67 ; *nid amgen byngkeu nor rei hynn*, Havod 16.17 ; *a. ganhorthwy*, YCM² 74 ; *yn a. le*, Bviii.138 ; *a. lywenyd*, ib ii.222 ; *a. veithrin*, ib iii.170 ; *a. varwolaeth*, ib iv.193 ; *mewn a. vodd*, ib iv.196 ; *nyt amgen weledigaeth a honno*, ib ix.336.* Fel y gellid disgwyl denodd y ffurf *amgen* derfyniad rheolaidd y radd gymharol ati nes cael *amgenach* (WG 250) ; ac ar ôl i *amgenach* ddod yn ffurf arferedig, cystrawen lenyddol oedd *amgen* ; a chan nad oedd arfer lafar-gwlad yn dywedyd sut y dylid ei harfer gwnaethpwyd ei chystrawen yn unol â chystrawen ffurf arferol y radd gymharol, sef cadw cysefin yr enw ar ei hôl, peth sy'n wahanol i'r hen arfer gynhenid : *ni chafodd un brenin amgen dechreuad i'w enedigaeth*, Doeth. Sol. viii.5 ; *amgen cyneddf nag sydd i'r tân*, GMLl 2.78 ; *nid oes iddo ddim amgen mesur*, RBS 207 ; *ni cheisiaf amgen tŷst*, LGO 103 ; *amgen meddyginiaeth nog . . .* ib 143 ; *Yn gofyn amgen Mawl i Dduw*, DJ o Gaeo, Hymnau (1775) 39 (cyferb. *amgen Glod*, ib 167) ; *amgen dysg a mwy ohoni*, Thomas Parry, Hanes Ll. G. 288 ; *amgen bro*, TGJ, Manion 17.

Y gwrthwyneb i hyn yw arfer *amgenach* a chadw'r tr. a ddilynai *amgen* : *nat reit amgenach eiriau*, Oll Synnwyr Penn., dyf. yn DByrr cxiii.

*Ystyr *nid amgen* yn yr enghr. o Havod 16 yw *cyfryw* eithr cedwir cystrawen *amgen* ynddi ; yn hon dilynir cystrawen *cyfryw*, sef arfer *a* (*â*) cyfartalu, ac nid *na* (*no*).

(vi) *Y Radd Eithaf*

(*a*) Yn *Priod-ddulliau'r Gymraeg* t 46 rhoir y rheol na ddylid treiglo'r enw ar ôl y graddau cymhariaeth gan gynnwys y radd eithaf ; yna dyfynnir lliaws o esiamplau o dreiglo yng ngweithiau awduron diweddar, e.e. *Mae holl dyneraf* l*iwiau'r rhos*, J.M.-J. Y mae'n wir mai'r rheol arferol yw na ddylid treiglo'r enw ar ôl y radd eithaf yn ei hystyr normal, ac nid oes eisiau dyfynnu llawer o enghreifftiau, e.e. *Gorau* C*ymro, Cymro oddi cartref*. Y mae'r hyn a ddywedwyd am y radd gyfartal a'r radd gymharol yn wir hefyd am y radd eithaf, sef na allai'r ffurf eithaf fod wedi ei hetifeddu o'r stem ansoddeiriol a arferid i wneuthur cyfansoddair rhywiog ; ac eto y mae ugeiniau o esiamplau yn y testunau safonol o dreiglo'r enw.

(*b*) Dichon nad oes dim cysondeb perffaith yn yr holl enghreifftiau lle digwydd tr. ond yn y rhan fwyaf y mae i'r radd eithaf ystyr heblaw ystyr o gymhariaeth ; yn lle golygu fod yr enw yn meddu'r ansawdd i uwch graddau na phawb eraill, ond ei fod yn ei meddu i radd uchel iawn, heb ymdeimlad o gymhariaeth o gwbl, e.e. *fy anwylaf dad*, na all olygu ei fod yn anwylach na phob un o'i dadau eraill, ond yn syml, ei fod yn ' annwyl iawn, iawn.' Felly estyniad yw rhoi'r radd eithaf o flaen yr enw ar gystrawen rhoi'r radd gysefin o'i flaen, h.y. amrywiad yw ' fy anwylaf dad ' ar ' fy annwyl (iawn) dad.' Cyfleu gradd uchel iawn, heb ymdeimlad o gymhariaeth yn y cyd-destun, yw grym y radd eithaf mewn teitlau o fath ' Parchedicaf Dad,' ' Most Reverend,' ' Most Excellent,' etc. ; dyna'r ystyr lle byddir yn treiglo, gw. WS 47 ; cymh. yr enghreifftiau cymysg a ganlyn : *Trugarockaf* **g***wr o'r byt yw yr amherawdyr*, SD 93 ; *kyntaf* **p***eth a wnaeth*, ib 553 ; *o varn y gorucha*f **v***rawdwr . . . Sef oed hwnnw, Duw goruchaf*, ib 1130-1 ; *Oliuer, y ffyddlonaf* **g***etymeith*, YCM² 136 ; *O gyssegredickaf* **v***ydin ymladwyr Crist*, ib 25 ; *ual yd wyt drugarockaf* **m***adeuwr pob pechawt*, ib 159 ; *Vchaf* **g***eli*, RP 1325, MA 300b ; *Minnau, heb ochel gelyn, A welaf* **dd***ifeiaf* **dd***yn*, DGG vi.25-6 ; *a'th werthfawrockaf* **w***aed*, RBS 48 ; sylwer ar yr enghraifft hon : *reeni e mab gan uwyhaf* **d***ristit a oedynt yn keissyaw eu mab*, B ix.145 : nid ystyr arferol ' gan mwyaf ', ond ' with the greatest of sorrow, with very great sorrow ' ; cymh. §147 (v).

(*c*) Y mae esiamplau o'r radd eithaf mewn cyfansoddeiriau rhywiog gydag aceniad clwm a thr. m. i'r ail elfen, *goreufardd, goreuferch* (WS 47). Ond gan mai cystrawen arferol y radd eithaf yw cadw cysefin yr enw gellir disgwyl esiamplau o gyfansoddeiriau afryw sy'n gyplysiadau o ddau air y drefn normal, h.y. *hynaf gŵr* yn rhoi *hynàfgwr, gorau gŵr* > *goreugwr* ; cymh. *Goris clust* **goreuwas** *clod*, DGG xiii.28 ; **Oreugwas** *duthiwr eigiawn*, ib xxix.11 ; *Cefais* **hynafwraig** *gyfiawn*, ib xxxviii.27 ; *Dau* **oreuwalch,** *dwy riain*, GGl lvii.56 ; *Robert a gaiff* **goreubarch**, ib xvi.37. Gellir disgwyl i'r beirdd fanteisio ar y dewis o arfer ffurf a thr. ynddi neu ffurf heb dreiglad gan fod cynsail i'r ddwy yn y ddwy gystrawen a ddisgrifiwyd uchod.

Os estyniad yw ' Fy anwylaf dad ' ar ' Fy annwyl dad,' yr estyniad ar ' sanctaidd wasanaethu ' fyddai : *a sancteiddiaf wasnaethu*, PA 73, a geidw'r tr. gan mai cyfansoddair ' newid-trefn ' yw, ar gynllun ' hir geidw ' ; gw. uchod (iv).

(*ch*) Enghreifftiau o gyfansoddeiriau a ddyfeisiwyd yn y cyfnod diweddar yw geiriau tebyg i *mwyafrif, lleiafrif*, a'r gair *eithafbwynt* hefyd. Ffurf radd-eithaf yw *eithaf* wedi ei llunio o arddodiad yn wreiddiol (tebyg i *ractaf, gwarthaf*) : fe'i defnyddir fel ' adferf ' yn graddoli ans., heb beri tr., *eithaf* **g***wan, eithaf* **t***ost* ; ac yn y rhan fwyaf o'r tafodieithoedd ni phair dr. pan ddaw o flaen enw, *eitha* **t***afell, eitha* **d***yn*, etc. Ym Morgannwg lle defnyddir *eitha* yn gyffredin iawn fe bair dr. i'r enw, *eitha* **g***ot*, ' a good hiding,' *eitha* **d***afell o fara*, ' good-size ', *eithd* **dd***yn*, ' quite a man ' ; ond nis ceir yn y priod-ddull ' heb fod yn eitha peth,' am wendid synhwyrau.

(vii) *Ffurfiau Cymhariaeth Cwmpasog + Enw*

Dyma'n syml gyfansoddiad y ffurfiau cwmpasog : *mor* + ans. cysefin = cyfartal ; *mwy* + cysefin ; *mwyaf* + cysefin, at y graddau cymharol ac eithaf. Achosa *mor* dr. m. i'r ffurf gysefin ei hun ac eithrio *ll* a *rh*, gw. §10, Nod. a §152 (i) ; ond ceidw'r ans. cysefin ei gytsain gysefin ar ôl *mwy* a *mwyaf* : *mor* **dd***ymunol, mor llawen, mor rhwydd, mwy* **d***ymunol, mwyaf* **d***ymunol.*

Os digwydd i ffurf gwmpasog ar y radd gyfartal neu'r gymharol neu'r eithaf gael ei lleoli o flaen yr enw, golyga hynny fod ffurf gysefin yr ans. *fel ffurf* yn dod o flaen yr enw ; ac er bod y ffurf gysefin yn ei phriod swydd ei hun yn peri tr. i'r enw, fel rhan o ffurf gradd arall ni phair dr. : *dymunol* **f***achgen, mor ddymunol* **b***achgen, mwy d.* **b***achgen, mwyaf d.* **b***achgen.* Heb ymholi o gwbl beth oedd ffurf y gair *dymunol* yn y famiaith gyntefig yng nghyd-destun y ffurfiad cwmpasog, a'i pherthynas â'r stem, diogel yw tybio fod y gystrawen ' mwy dymunol bachgen,' etc. wedi dilyn patrwm cystrawen ' talach bachgen ' etc. Pe bai tr. i'r enw yn y cysylltiadau hyn, gwnâi hynny gyfansoddair ' dymunol-fachgen,' a pheth disynnwyr fyddai rhoi *mor* o flaen yr ' enw ' hwn. Nid hynny a olygir, gan mai rhan o'r ans. cyfartal (neu gymharol, etc.) yw'r gair ' dymunol.' Enghreifftiau : *y byddai hi mor naturiol* **m***an* (*darll. mam*) *ac y buasai hi merch yn y gyfraith garedig*, Hom 2.67 ; *mor garedig* **m***am yn y gyfraith . . . mor garedig* **m***erch . . . mor naturiol* **m***am i'w mab ei hun*, ib 2.68 ; *mor odidawg* **g***wyr*, ib 3.190 ; *mor ffiaidd* **p***echod* ; (ddwywaith) ib 3.264 ; *mwy dialeddus* **c***osbedigaeth, trymach dolur, mwy ofnadwy* **rh***yfeloedd*, PA 13 ; *ugeinwaith fwy dialeddus* **c***ospedigaeth*, ib 100 ; *er ei fod mor agos* **c***ymmydog i Mr. J. O.*, Joshua Thomas, HB 90 ; *er nad oedd ef mor ddoniol* *pregethwr*, ib 346. Y mae'n bosibl mai cael dau ans. yn dibynnu ar *mwy* nes bod yr ystyr 'gymharol' yn angof erbyn cyrraedd yr ail sy'n cyfrif am y tr. yn y ddwy enghraifft a ganlyn: *fwy dirmygus a gofidus* **b***oenau*, YmDd 394; *i fwy cymdeithgar a chyd-ffurfiol* **g***yfeillach*, Mant Priodas 34.

§18 Nodiadau Pellach ar 'Ansoddair + Enw'

(1) *Yn distaw ganu*

Cyfeiriwyd eisoes at newid trefn y ferf a'r ans. traethiadol, *canu'n ddistaw* yn rhoi *distaw ganu*; gwna hyn gyfansoddair o'r ddau air a golyga hynny mai un gair yw'r cyfuniad; felly y mae tr. m. i'r ail elfen. Fel ans., fe fyddai *distaw* yn treiglo'n feddal ar ôl y geiryn traethiadol *yn*, ac oherwydd credu mai ans. yw o hyd er ei leoli o flaen berfenw, fe geidw rhai y tr. i *distaw* ar ôl *yn* yn y cyfansoddair *distaw ganu*, peth sy'n wall cyffredin yn llyfrau'r ddeunawfed ganrif a'r bedwaredd ganrif ar bymtheg. Ond gan mai 'un gair' yn hanesyddol yw'r cyfansoddair dylid trin y berfenw *distaw ganu* yn ôl yr un rheolau ag y trinir *canu* a chadw'r gysefin ar ôl y geiryn *yn*, e.e. *yn* **g***rymus gerdded, yn* **m***yfyrdodol grwydro.*

Dyma rai esiamplau o'r gystrawen wallus: *Sydd yn* **dd***istaw fynd a'r enaid*, W. Hymnau (1811) 288; *Sydd yn* **g***yson dynnu 'mryd*, ib 273; *Hwnnw yn* **f***uan ddiangc arnaf*, ib 277; *Yn* **o***fidus dreulio'ch oes*, John Thomas, Caniadau Sion (1788) 143.

(ii) '*Cas gŵr*' (*na charo'r wlad a'i maco*)

Ymdrinir yn llawnach yn §101 a'r adrannau sy'n dilyn, â'r cystrawennau a gynrychiolir gan ddeuair y pennawd, sef 'Cas gŵr . . .' Sonnir amdani yma am ei bod yn esiampl o gael yr ans. wedi ei leoli o flaen yr enw, a heb dreiglad i'r enw. Gwyddys mai Brawddeg Enwol Bur yw hon o ran ei chyfansoddiad. Y mae brawddegau o'r fath i'w cael o hyd, ac mewn un cysylltiad yn arbennig, sef cystrawen yr ans. + berfenw, megis, '**Da gweld** cynifer yn bresennol.' Gelwir yr ans. yn y gystrawen hon yn ddibeniad, ac weithiau fe'i gelwir yn draethiad. Y mae'r ffaith fod modd inni osod ffurf ferfol i mewn i'r frawddeg (e.e. '**Da yw gweld** *cynifer* . . .') yn arwydd nad trawsleoliad o enw + ans. (neu gyfansoddair) yw cystrawen megis, 'Cas gŵr . . .', 'Da gweld . . .' Gelwir y ferf honno y daethpwyd i'w defnyddio yn y Frawddeg Enwol (gan droi'r gystrawen yn Frawddeg Enwol Amhur) yn *Copula*, neu *Cyplad*. Wele ddwy frawddeg ddiddorol i gynrychioli'r ddau fath o Frawddeg Enwol: *Canys* **agos dydd,** *ie* **agos dydd** *yr Arglwydd*, Ezec. XXX.3; *Canys* **agos yw dydd** *yr Arglwydd*, Zeph. I.7.

PENNOD III

YR ANSODDAIR AR ÔL YR ENW

§19 ENWAU CYFFREDIN

(i) Ar ôl enw gwr. un. ceidw'r ans. ei gytsain gysefin : *bachgen da, ci du, tŷ prydferth,* etc. Os bydd rhes o ansoddeiriau ar ôl yr enw gwr. un. cedwir cysefin pob un os na fydd rhyw ddau ohonynt yn gyfansoddair clwm lle penderfynir tr. yr ail o'r ddau gan reolau cyfansoddeiriau ; os daw ans. arall ar ôl y cyfansoddair cedwir ei gytsain gysefin : *dyn da caredig llawen* ; *gwallt hir melyn llaes* ; *gwallt hirfelyn llaes.*

Ar ôl enw ben. un. treiglir yr ans. yn feddal, *gwraig* **l***ân, merch* **b***rydferth,* etc. ; ac os bydd rhes o ansoddeiriau yn dilyn yn union yn ôl ei gilydd treigla pob un ohonynt : *gwraig* **l***ân* **g***aredig* **dd***oeth.** Noder yr esiampl ganlynol lle ceir cysylltair rhwng yr ans. cyntaf a'r ail, y trydydd yn dilyn heb gysylltair ac yn treiglo am ei fod yn dilyn ans. ben. : *i farwolaeth greulon a gwaradwyddus, gyhoedd a phoenus,* RBS 285-6.

Os yw'r ans. yn disgrifio dau enw, y naill yn wr. un. a'r llall yn fen. un., a chysylltair fel *a* neu *neu* rhyngddynt, yr un a ddaw'n olaf ohonynt yn union o flaen yr ans. a benderfyna'r tr. : *mam a thad gofalus, tad a mam* **o***falus, gŵr a gwraig* **dd***oeth* (WS 19) ; cymh. *Gwraig neu wr* **c***aredig,* RBS 276 ; *i wr da a gwraig dda . . . i wr a gwraig* **dd***rwg,* DP 200[b] ; *y tad ar vam* **g***nawdol,* ib 259[b] ; *Y gŵr a'r wraig* **o***rau erioed,* WLl 195. Y mae hyn yn awgrym arwyddocaol iawn mai'r lleoliad sy'n rheoli'r treiglad yn y lle cyntaf, mai cael ei leoli ar ôl enw ben. sy'n penderfynu'r tr. er disgrifio enw gwr. ac enw ben.

Mewn rhai cystrawennau gall ddigwydd i'r enw a'r ans. gael eu gwahanu a bod enw heb fod o'r un rhif a chenedl â'r enw cyntaf yn union o flaen yr ans., e.e. *mab-yng-nghyfraith* + ans. ; yma fe gadwai'r ans. y gysefin i gytuno â *mab* gan fod *mab-yng-nghyfraith* yn gyfansoddair afryw ac yn uned o ran ystyr. Enghraifft eithriadol ac eto'n cadarnhau'r pwynt hwn yw'r canlynol : *ac fry ar Graig yr Oesoedd* **gref**, DJ o Gaeo, Hymnau (1775) 147. Enghraifft ddiddorol arall, sef perthyn o'r ans. i'r enw lluosog yn y ' cyfansoddair afryw genidol ' : *lawer o wyr o grefydh* **buchedhol,** DCr[1] 4[b] ; ib[2] 9[a].

Ymddengys fel petai rhywbeth tebyg i hyn yn codi pan arferir enw genidol yn ansoddeiriol, e.e. *melin wynt, gardd flodau, siop lyfrau* ; er bod *gwynt* yn wr. un., a *blodau, llyfrau* yn lluos., fe dreigla ans. ar ôl *melin*

*Nodwn eto fod modd i ans. a ddaw'n union ar ôl yr orffwysfa gadw'r gysefin er dilyn enw ben. ; yn yr enghraifft a ganlyn y mae'r enw nid yn unig yn fen. ond yn y rhif deuol hefyd, ond ceidw'r ans. y gysefin er hynny : *A dwy ddelw* **da** *i addoli,* DGG XIX.29 ; cymh. ymhellach : *Mae'r* **dyrfa mawr** *ar derfyn,* GGl XXVI.7.

wynt, gardd flodau, siop lyfrau, i gytuno â *melin, gardd, siop.* Byddai'r ans. yn ail ans. mewn gwirionedd gan fod y tr. i *gwynt,* etc. yn dangos mai ansoddeiriol yw ; am gystrawennau o fath *melin wynt,* gw. §25(iii), §27 (i) isod, ac ar fater y tr. ar ôl *Nos Lun,* etc., gw. §43 (iii).

(ii) *Bach*

Ceidw *bach* y gysefin ar ôl enw ben. un. mewn rhannau o Wynedd : *geneth* **b***ach, Eglwys-***b***ach* (cyferb. *E.-fach* yng Ngheredigion). Y mae esiamplau o hyn yn y cywyddau : *Na merch* **b***ach, na gwrach, na gwraig,* DGG XV.6 (amrywiadau BCE = **v***ach*) ; *No'r seren gron,* **b***urwen* **b***ach,* ib XLVIII.22 (lle dengys y gynghanedd mai *bach* yw'r darlleniad) ;* cymh. hefyd : *Gobeithia i dduw meinir* **b***ach,* CRhC 6 ; *awr* **b***ach,* ib 12 ; *a'r gareg las* **b***ach,* ML 2.178 ; *gwraig fechan* **b***ach,* ib 2.288.

Ceidw *bach* y gysefin hefyd ar ôl enwau priod, a chan fod yr arfer hon yn gyffredinol rhaid ystyried fod yma ddwy gystrawen, y gystrawen sy'n gyffredinol a'r un a berthyn i'r ardaloedd na pharant i *bach* dreiglo o gwbl. Ymdrinir isod yn §48 â phwnc rhoi ans. ar ôl enwau priod, ond nodwn yma fod yr ans. fel rheol yn treiglo ar ôl enw gwr. un. ac ar ôl enw ben., e.e. *Iolo Goch, Mair Fendigaid.* Y mae *bach* yn eithriad i hyn : yn y De a'r Gogledd cedwir y gysefin ar ôl enwau priod. gwr., e.e. *Wil Bach, Ifor Bach,* etc. ; ar ôl enw priod. ben. fe geir tr. i *bach* (*Mari fach,* etc.) ond yn y rhannau hynny o Wynedd sy'n cadw *bach* heb dreiglo o gwbl ar ôl enw.†

Sut bynnag y peth sy'n nodedig am *bach* yw ei fod yn cadw'r gysefin yn gyffredinol ar ôl enwau priod gwr. Fe awgrymir isod wrth ymdrin â phwnc y tr. ar ôl enwau priod mai'r ans. sy'n gwahaniaethu rhwng dau a'r un enw sy'n treiglo yn y lle cyntaf, a'r rheswm pam na threiglir *bach* yw mai ans. disgrifiadol 'normal' yw o'r dechrau. Y mae esiamplau o gael yr ans. *mawr* heb dreiglo, rhai cynnar a rhai diweddar, yn cadarnhau'r awgrym hwn, sef ei fod yn cadw'r gysefin fel ans. 'normal' ac yn treiglo fel ans. gwahaniaethu ; ond fe gollodd *mawr* yr arbenigrwydd yma bron yn gyfan gwbl. Felly y mae cystrawen yr enwau priod yn gosod arbenigrwydd ar *bach,* ei fod yn wahanol i ansoddeiriau eraill wrth gadw'r gysefin ac awgrymaf mai o'r cysylltiadau hyn y lledodd yr arfer yng Ngwynedd i gadw *bach* heb dreiglo ar ôl pob math o enw ; cymh. esiamplau o

*Nid yw'r dyfyniad hwn yn enghraifft hollol ddiogel gan fod *bach* yn dilyn yr orffwysfa a hawl gan y bardd oblegid hynny i gadw'r gysefin os yw hynny'n ateb ei ddiben ; gw. y nodiad godre wrth (i) uchod.

†Wrth geisio dynwared priod-ddulliau'r De yn eu harddull gellweirus gwna'r Morysiaid i *bach* dreiglo ar ôl enw pers. gwr. a phair Gronwy iddo dreiglo ar ôl enw cyffredin gwr. ; *Sion fach,* ML 2.70 ; 2.77 ; *i Lywelan fach,* ib 2.170, *a Llywelyn fach,* ib 2.204 (yr un plentyn) ; *Sion Owen fach,* ALMA 194 (WM) ; *Ond och fi wr* **fach** ! *pa fodd imi ddyall eu hiaith hwy,* LGO 43. Dengys y cyd-destun fod Gronwy'n ceisio gwatwar yma, ond y mae'n amlwg ei fod yn meddwl fod hawl i dreiglo *bach,* fel ansoddeiriau eraill, ar ôl enw priod gwr., oblegid gwna hynny yn ei *Gywydd y Gwahawdd* :

Dod i'th Fint, na fydd grintach,
Wyliau am fis, **Wilym fach** ; GrO 1.181 (argr. 1876).

enwau ffermydd sy'n wryw. fel enwau cyffredin: *Y Garth Fawr a*'r *Garth Fach* (Plwyf Llansamled), *Cynordy Fawr*, *Cynordy Fach* (Plwyf Llangyfelach); yma y mae *bach* yn treiglo am mai ans. 'gwahaniaethu' yw; cyferb. *'r Pen Bryn* **F***awr a'r Pen Bryn Bach*, Pedrog, Stori 'Mywyd 16, *mawr* yn treiglo fel ans. 'gwahaniaethu,' *bach* yn cadw'r gysefin yn unol â'i reol arbennig ei hun yng Ngwynedd.

Heblaw'r ans. *bach* arferir *bychan*, *bechan* yn gyffredin yn y Gogledd (a gellir nodi ei fod yn treiglo'n rheolaidd) ond prin yr arferir ef yn y De. Gan fod *bach* (heb dreiglo) wedi magu rhyw ymdeimlad o 'anwyldeb' mewn cysylltiadau fel 'Wil bach,' 'geneth bach,' 'cath bach,' etc., daeth yn bosibl ei neilltuo bron yn gyfan gwbl i gysylltiadau 'anwyldeb' a gadael i *bychan* ddynodi 'diffyg maint'; cymh. *little* a *small* yn Saesneg. Ond ni allai hyn ddigwydd yn y De gan fod yn rhaid i *bach* gyfleu 'diffyg maint' ac 'anwyldeb.'*

(iii) *Merch dair blwydd oed*

Ans. yw *blwydd* a threiglir ef ar ôl enw ben. un. Hefyd y mae *dwy flwydd, tair blwydd,* etc. yn fath o ansoddair (ac yn gyfansoddair afryw yn y ffurf sy'n acennu'n glwm, *dwýflwydd,* etc.); pan ddaw'r rhifol (+ *blwydd*) yn union ar ôl yr enw ben. un. ceir tr.: *Anner* **d***air blwydd, a gafr* **d***air blwydd a hwrdd tair blwydd,* Gen. xv.9; *Yn ferch* **dd***eng mlwydd a phedwar-ugain,* ib XVII.17. Byddwn yn hepgor *blwydd* yn fynych, yn enwedig gyda'r rhifolion cyfansawdd: beth bynnag fe dreiglir y rhifol a ddaw'n union ar ôl enw ben. un. pan olyga '—blwydd oed,' e.e. *merch* **dd***wy ar hugain.* Sylwer ar idiomau fel 'oedfa ddeg'; a chymh.: *i nôl sgram at "de ddeg"*, Kate Roberts, Ffair Gaeaf 49.

(iv) *Merch led ddymunol*

Gan fod cymaint o esgeuluso ar y tr. a gynrychiolir yn y pennawd, mantais fydd ei nodi yma. Pan ddaw geirynnau fel *lled, gweddol, digon, llawn, pur* o flaen ans. ac ar ôl enw ben. un., treiglir y geiryn sy'n union ar ôl yr enw ben. oherwydd ei leoliad, ac am mai cyfansoddair fel rheol yw'r geiryn + ans. normal gan wneuthur ans. cyfansawdd, e.e. *eglwys* **w***eddol fawr, telyneg* **b***ur dda, sefyllfa* **dd***igon peryglus*; *dyma iti Reol* **dd***igon amlwg,* RBS 145. Mynych yr esiamplau diweddar o beidio â threiglo yn y gystrawen hon a hynny efallai oblegid tybio mai'r ans. 'swyddogol' yn unig, 'fawr,' 'dda,' 'peryglus,' etc., a ddylai ddwyn treiglad ac nad oes dim perthynas rhwng *lled*, etc. a'r enw; cymh. *yn farn lled gyffredinol,* WGJ, Hen Atgofion 153.

Y mae un geiryn, sef *go,* y mae bron wedi dod yn rheol i beidio â'i dreiglo ar ôl enw ben., e.e. *rhaff go hir*; *yn ddwy golofn* **go** *gul,* B IV. 190; cyferb. *gwreic* **o hen**, WM 146; gw. isod §170 (i) lle trinir y gair fel enghraifft o wrthsefyll treiglad.

*Ymdrinir ag ansoddeiriau eraill fel *braf* yn §170 yn nosbarth y geiriau sy'n gwrthsefyll treiglad.

Ceir peth tebyg pan ddaw ffurfiad cwmpasog graddau cymharol ac eithaf yr ans. ar ôl yr enw ben., *mwy dymunol, mwyaf dymunol,* sef tuedd i gadw cysefin *mwy* a *mwyaf.* Un rheswm am hyn yw dylanwad *mor ddymunol* y radd gyfartal, gan fod *mor* yn cadw cysefin sefydlog, a'r rheswm arall yw'r duedd a ddatblygodd gan ddechrau yng nghyfnod Cym. Can. i gadw *mwy* heb dreiglo, gw. § 165 ; dyma esiamplau o'r gysefin : *yn y ffordd* **m***wya rhyfedd ag allech feddwl,* W. DNupt 16 ; *y rhan* **m***wya anwyl o hono,* ib 28 ; *dyna'r ffordd* **m***wya diogel,* ML 1.132 ; *het mwy disglair,* Wil Ifan, Plant y Babell, 99.

(v) *Yr Enw Lluosog*

Ar ôl enw lluosog ceidw'r ans. y gysefin : *gwŷr doeth, gwragedd caredig,* etc. ; os ceir rhes o ansoddeiriau, deil yr un rheolau treiglo ag a roddwyd yn (i) uchod ynglŷn â'r enw gwr. un. Cyfeiriwyd yn §1 (ii) at enwau torfol a all gael ystyr luosog er mai unigol ydynt o ran ffurf; byddai'r enw yn treiglo ar ôl y ffurf unigol, *mintai gref,* etc. Ymdriniwyd hefyd yn §3 (i) Nod. â'r enw *pobl* a chystrawen anarferol *yr holl bobloedd fawrion,* Ps. LXXXIV.50 ; Noder hefyd : *y werinos* **dd***isylwedd,* Mant Priodas 62.

(vi) *Ansoddeiriau heb dreiglo*

Yn gyntaf y mae dau neu dri o ansoddeiriau sydd wedi magu ystyr wahaniaethol neu arwyddocâd neilltuol yn eu ffurf dreigledig nes bod yn rhaid cadw'r ans. heb dreiglo mewn cysylltiadau lle y dylai dreiglo yn ôl rheol, er mwyn cyfleu'r ystyr wreiddiol. **Cynt** a **pellach** yw'r ddwy esiampl fwyaf nodedig, dau ans. cymharol sydd wedi magu tr. sefydlog fel adferfau amser ac sy'n cadw'r treiglad ym mhob safle at yr ystyr a fagwyd yn swydd adferf ; i osgoi cyfleu'r ystyr adferfol, rhaid cadw'r ans. heb dreiglo os am gyfleu'r ystyr wreiddiol.

Yn WG 435 rhoir *gynt* ' former(ly),' *cynt* ' previous(ly) ' ; cyfeiria *gynt* at gyfnod pell yn ôl, ' ago, ages back,' heb ddynodi perthynas â diweddarach cyfnod ; fel adferf y magwyd yr ystyr hon a chanlyniad magu'r ystyr wahaniaethol a'r tr. sefydlog yw fod modd rhoi *gynt* yn safle ans. ar ôl enw gwr. ac enw lluos., e.e. *yr hen amser gynt, yr oesoedd gynt.* Dyma enghreifftiau a ddengys roi *gynt* ar ôl enw lluos. fel ans., a'r ystyr ' former, of former times ' : *hi a ŵyr* **y pethau gynt,** *ac a ddychymyg. . . y pethau a fyddant,* Doeth. Sol. VIII.8 ; *ond cofiaf er eu mwyn gyfammod* **y rhai gynt,** *y rhai a ddygais allan o dir yr Aifft,* Lev. XXVI.45.

Oherwydd yr ystyr ddiwygiedig neilltuol hon ni fyddir yn treiglo *cynt* a olyga ' earlier, previous(ly),' mewn perthynas â chyfnod diweddarach, h.y. ' y noson honno a'r noson cynt ' ; ' yr wythnos cynt.'

Ymddengys nad hynny yw'r arfer yn nhestun WM ; yno ceir *gynt* lle y disgwyliem ni *cynt* : **y dyd gynt,** 162 ; *Ar un diwygyat a wnaeth y vorwyn* *yr deu hynny ac* **yr un gynt,** 156 ; *Amgen urys gerdet nit oed genthi hi nor* **dyd gynt,** 15 ; cymh. hefyd enghraifft o dreiglo *cyn(n)* = 'before,' ar ôl enw ben. pan arferid ef fel ans. cymharol : *e nos gyn(n) no hen(n)e,* B IX.338.

Gan fod y ffurf dreigledig *bellach* wedi ei neilltuo i wasanaethu fel adferf, y mae cystrawen fel *modfedd pellach* yn ddigon cyffredin a chyfreithlon mewn Cym. Diw. ; am yr adferf *bellach* gw. §98 (iii).

Nid wyf yn meddwl fod neb am dreiglo *bondigrybwyll* os digwydd ei fod fel ans. yn dilyn enw ben. un. ; ei darddiad arbennig sy'n cyfrif am hynny ; gw. §41 (ii).

Fe ymdrinir isod yn §170(iii) a §176 â'r gwahanol ffyrdd y treiglir Geiriau Benthyg ond fe nodwn yn fyr yma fod tuedd i gadw ans. heb ei dreiglo mewn safleoedd lle y dylid treiglo. Y rheswm am hyn yw fod ysgrifenwyr heb allu penderfynu'n iawn sut y dylent drin gair y gwyddant nad gair Cymraeg mohono, a'r posibilrwydd i dreiglo ddieithrio gair sydd eisoes yn ddieithr. Oherwydd cadw cysefin y ffurf wreiddiol mewn safle lle disgwylid tr., fe ddigwyddodd i rai geiriau gael cytsain gysefin newydd ; dyna sut y cafwyd yn y Gogledd y ffurf gysefin *tamp* o'r ans. *damp,* am mai 'damp' a glywid ar ôl enw ben. fel 'noson damp' ; yn y De, *damp* yw'r ffurf gysefin, felly 'noson ddamp.' Yr esiampl fwyaf nodedig o ans. benthyg yn peidio â threiglo yw *braf, noson braf, wythnos braf,* etc. Y Gogledd biau'r gair ; pan fenthyca'r Deheuwr y gair oddi ar y Gogleddwr, gwna iddo dreiglo'n rheolaidd, oherwydd ei anwybodaeth, a'i barodrwydd i drin geiriau benthyg yr un fath â geiriau brodorol.

(vii) *Ansoddeiriau'n cadw treiglad sefydlog*

Y mae amrywiol resymau i gyfrif am fagu treiglad sefydlog ac fe ymdrinir â'r gwahanol fathau yn y bennod ar y TREIGLADAU SEFYDLOG. Enghraifft o ans. yn cadw cytsain dreigledig, hyd yn oed ar ôl enw gwr. un. ac enw lluos. yw **truan, druan,** e.e. *i foddi dynion* **d***ruain,* GMLl 1.204 ; *y marchog* **d***ruan,* BC 99 ; gw. isod §173*. Gair tebyg i **gynt** [gw. (vi) am esiamplau ohono gyda thr. sefydlog] yw **gynnau,** yn magu tr. mewn swydd adferfol ac yna'n cael ei leoli ar ôl enw fel ans., heb newid i'r gytsain dreigledig yn unol â chenedl yn enw : *pwy y marchawc gynneu,* WM 209 ; *y gwr gynneu,* ib ib ; *y dyn gynneu,* ib 251 ; gw. isod §98 (v).

Gair arall a gafodd ystyr wahaniaethol fel adferf yw'r enw *cartref,* gan roi *gartref* am 'at home.' Yn 'bara cartref,' etc. defnyddir yr enw fel ans., ond estyniad o'r ffurf adferfol yw'r 'ansoddeiriau' yn y canlynol : *un Bradwr gartrefol,* DPO² 35 ; cymh. *bradwr gartref,* ib ib ; gw. §98 (ii) a

*Yr ydwyf yn ansicr ai fel ansoddair y dylid trin *druan* a'i dreiglad sefydlog, oblegid y mae'n bosibl mai enw yw (h.y. ansoddair yn lle enw, ac oblegid hynny'n gyfartal ag enw) ; ac os enw yw, byddai'n gywirach trafod y dyfyniadau hyn fel esiamplau o gyfosod yr enw *druan* wrth enw arall. Un peth yn erbyn hynny, ac o blaid tybio mai ans. yw, yw'r ffurf luosog *druain,* nid *drueiniaid.*

§179 (i). Sylwer hefyd sut y tyfodd **bob-dydd** i fod yn ansoddeiriol, ' pethau bob-dydd,' etc. ; a chymharer â hyn hanes y gair **beunydd** : y ffurf gysefin gynhenid yw *peunydd* (WM 156, 189), *a pheunyd*, ib 26 ; oblegid arfer *beunydd* yn adferfol gyda thr. yn gyson, aeth y tr. yn sefydlog; yna tarddwyd ans. newydd ohono, *beunyddiol*, sy'n ffurf gysefin newydd a dreiglir ar ôl enw ben. un. : *ran feunyddiol*, 2 Bren. xxv.30 ; gw. §98 (iv).

§20 CALEDIADAU—ENW BENYWAIDD + ANSODDAIR

(i) **s + dd > sd**

Gall cytsain ddiweddol yr enw ben. newid cytsain dreigledig yr ans. yn ôl i'w ffurf gysefin. Digwydd hyn pan arferir y ddeuair, enw + ans., yn gyffredin gan fod cyson gyffyrddiad y ddwy gytsain yn effeithio ar ei gilydd. Enghraifft nodedig yw **nos da** a rhoddir **wythnos diwethaf** yn WS 68 fel enghraifft o'r un calediad. Y mae rhai ardaloedd er hynny lle yr erys y gytsain dreigledig, *wythnos* **dd***iwethaf* (cymh. *yr wythnos ddiwaethaf* YmDd 118). Ysgrifennir y ddwy ffurf mewn Cym. Diw., pawb yn ôl ei ardal, efallai ; a rhai efallai yn rhoi ffurf dreigledig o barch i ' reol.'*

Y mae'n amheus a ydyw *ewyllys da* yn enghraifft gan fod yr enw yn wrywaidd yn bur aml, e.e. *ewyllys perffaith*, DFf 197, gw. nod. 265 ; *yr wllys . . . i gynildeb . . . y alw ef*, MCr 102[a] ; *wyllys pur*, CRhC 32 ; Harri Sion, Hymnau (1798) 7 ; DJ o Gaeo, Hymnau (1775) 184 ; *gwylio'r gwllys mawr*, Timothy Thomas, Moliant i Dduw (1764) 103 ; *yr ewyllys da hwn*, 2 Macc. xi.19. Dyry Bodvan ddwy genedl i'r enw ac awgrymaf ei fod yn wr. ar y dechrau yn yr ystyr wreiddiol, sef y gynneddf ddynol, a bod y genedl fen. wedi datblygu at yr ystyr ffigurol, sef y weithred gyfreithiol.

(ii) Nid yw'r calediad hwn yn rheol sefydlog sy'n gweithio'n beiriannol pa bryd bynnag y cyfarfyddo *s* ac *dd*, ac os daw *dd* yn achlysurol ar ôl enw ben. yn diweddu ag *s*, nid yw'r *dd* o angenrheidrwydd yn caledu, h.y. *nos ddistaw, pais ddu* fyddai'n briodol mewn cystrawen achlysurol. Ond fe fyddai'r newid cytseiniol yn hysbys i feirdd y cyfnodau cynnar ac ymadroddion fel *nos da* yn gynsail iddynt i arfer y calediad mewn cystrawen achlysurol : dyfynna CD 230-1 yr enghraifft a ganlyn : *Da yw rhwym y bais* **d***ur hon*, LGC 158, gan gymharu : *Bais* **dd***ur a bysedd eryr*, DN 21 er mwyn dangos fod rhyddid gan y beirdd i ddewis y naill ffordd neu'r llall (oddieithr mewn ymadroddion sefydlog fel ' nos **d**a ') ; cymh. ymhellach : *nos* **d***u*, IGE² 253.16 ; TA 75.8 ; 86.72 ; *iarlles* **d***yledog*, TA 11.44 ; *Nos* **dd***iofn nes ei ddyfod*, GGl viii.22 ; *a chwys dofn*, TA 92.57. Y mae'n bosibl mai olion yr hen addysg farddol a welir mewn esiamplau diweddar-

*Ceir *w. ddiwaethaf* yn ML 1.58, ond *yr w. diwaethaf* yn 1.201 ; cymh. hefyd : *yr wsnos dwaetha*, Ffair Gaeaf 68 ; *yr wsnos ddiwaetha*, Ll Rhen Ffarmwr, 13.

ach fel y canlynol : *nôs du*, Diar. VII.9 ; *yr oes diweddaf*, HFf 252 ; cyferb. *fy nghyfnos* **dd***ymunol*, Es. XXI.4* Sylwer nad yw'r calediad yn digwydd yn y priod-ddulliau enw + genidol, *Eglwys Dduw, Teyrnas Dduw*, gw. isod §45 (i).

(iii) **d + d > t, g + g > c, b + b > p**

Gallai *d* ddiweddol mewn enw ben. droi *d* dreigledig yr ans. yn ôl i'r ffurf gysefin, (*t* +) *t*, etc. ; ac os gwelir yn rhai o'r llyfrau printiedig cynnar bethau fel ' gwraig call,' nid camsyniadau mohonynt ond bod yr ysgrifennwr wedi rhoi'r ddeuair ' gwraig + gall ' yn ôl sain y glust yn hytrach nag yn ôl rheol gramadeg, a'r hyn a glywai fyddai ' gwraic-call.' Felly dewisodd ysgrifennu ffurf normal ' gwraig ' ond dilynodd ei glust yn y ffurf ' call ' ; cymh. yr enw lle : *Y Garreg* **C***och*, ac ymhellach : *'r wraig* **c***enedlic* PA 174 ; *addysc* **c***ymreig*, DFf [VIII] ;† *y weithred* **t***rugarog honno*, Hom 3.86 ; *y garreg* **c***yntaf*, RBS 93 ; *gwraig* **c***aredig*, ib 110 ; (*g*)*wraic* **c***adarn*, B III.168.

Ac os ben. yw *rhod* mewn Cym. Can., yr un fath â Chym. Diw., ceir enghraifft o galediad *d* + *dd* > *t* yn : **Rhod dwr,** *lle bo rhaid dewredd*, TA 117.67.

(iv) **n + dd > d**

Rhoddwyd enghreifftiau o'r calediad hwn uchod yn digwydd mewn cyfansoddeiriau rhywiog, gw. §9 (v). Fe ddigwydd ambell enghraifft yn y beirdd yng nghystrawen enw ben. + ans., cymh. *A'r lleian* **d***u i'r llwyn dail*, DG 20 ; gw. CD 231. A noder nad yw'r ffurf ' hin dda ' a droes yn gyfansoddair afryw, ' hìndda ' yn cynnwys y calediad. [Diau mai enw gwr. yw *drycin* yn y canlynol, ac nid unrhyw galediad sy'n cyfrif am gadw cysefin yr ans. : *dryccin* **d***u*, Jenkin Jones, Hymnau (1768) 12].

§21 Yr Ansoddair ar ôl y Rhif Deuol

(i) Cyfeiriwyd uchod yn §6 at olion prin y rhif deuol yng nghystrawen yr enw ar ôl y fannod. Mewn Cym. Can. (a cheir esiamplau hefyd yn nhestunau CDC) fe dreiglid yr ans. yn gyson ar ôl ffurf unigol yr enw gwr., yn ogystal ag ar ôl enw ben., pan fyddai'r enw yn y rhif deuol, wrth ddod ar ôl y rhifol *dau*, ac weithiau heb eisiau'r rhifol os byddai'r enw yn ddeuol o ran ei natur. Fe welir yn y dyfyniadau fod terfyniad lluos. i'r ans. weithiau, ar ôl enw un. ei ffurf ond deuol ei natur yn y cyd-destun.

*Dyfynnir nifer o esiamplau o'r calediad yn nodiadau DN t 150 mewn perthynas â'r darlleniad *Ynys ddinam / ynys dinam*, XIII.19. Sylwer hefyd sut y gall William Morris fod yn ' naturiol ' wrth ysgrifennu : *am bais ddu*, ML 2.330 ; ac yn llenyddol a chellweirus wrth roi : *September* 28, 1757, *yn y Nos Du*, ib 2.22. Gw. isod §48(viii) am enghraifftiau o galedu *ddu* ar ôl enwau personol fel *Rhys a Gwladus*.

†Gan nad yw *sg* + *g* yn rhoi gwir galediad, fel y dangosir yn y nodiad wrth §15(v) uchod, nid oes yma chwaith wir galediad ; eithr anodd iawn i'r glust benderfynu rhwng sain *sc* ac *sg*.

(*a*) Enghreifftiau : ar ôl **dau** (**dwy**) :—*deu wydel* **u***onllwm*, WM 56 ; *deu* **u***ilgi* **u***ronwynyon* **u***rychyon*, ib 228a ; *deufan* **g***ochyon*, RM 211 ; *y deu sant* **b***enhaf*, LlA 113 ; *dau heboc* **v***onhedic*, FfBO 52 ; (sylwer yn arbennig ar ffurf luos. yr enw yn y canlynol : *dwy* **vorynyon** **v***onhedic ereill*, YCM[2] 55).

> *Dau geiliog serchog eu sôn,*
> **F***irain* **f***rithlwyd* **f***ronfreithion*, DGG IX.19-20.

dau oen **f***lwyddiaid*, Ex. XXIX.38 ; *y ddau dywysog* **g***yntaf ar ddêc a deugain*, 2 Bren. I.14 ; *y ddau gnap* **g***oronoc*, 2 Cron. IV.12, 13 ; *y ddeuddyn* **b***resennol*, Ll Gweddi, Trefn Priodas ; *M. L. a H. Z.*, *deu-wr* **r***agorawl iawn*, DFf 77 ; *ddau fai* **f***awrion*, Hom 2.231 ; *dau deulu* **f***renhinol*, HFf 197 ; *y d(d)au deulu* **g***yntaf*, DByrr 39 ; *y ddau erfyn* **b***eryclaf*, HDdD 66 ; *y ddau air* **g***anlynol*, Joshua Thomas, HB XXXII ; *dau wr* **r***agorol . . . y ddau wr* **g***yntaf*, ib 27 ; *y ddau weinidog* **b***archedig*, ib 334 ; *y ddau-ddyn* **g***ynta' wna'd*, W (1811) 924 ; *y ddeyrydd* **w***nion*, CRhC 2 (*y grydd glana*, ib ib) ; *dav lygad* **l***onn* **l***eision* **l***oiw*, ib 28 ; *dy ddeufraich* **b***ur* **w***nion*, ib 43 ; *ai ddau lygad* **l***as chwerthinoc*, ib 53 ; (cyferb. *a dau* **lygaid dd***uon* **d**anbaid, ib 133) ; *dau droed* **l***ydain*, ib 133.

Pan fyddai'r ffurf luos. *blynedd* yn ddeuol ei hystyr, ceid tr. i'r ans. ar ei hôl : *dwy flynedd* **l***awn*, Gen. XLI.1 (gw. isod §56 (ii) Nodiad ynglŷn â *blynedd* yn enw unigol).* Yn Gr Pen 30.3 ceir *tri phenill* **v***yrrion* ; eithriad yw hyn a diau mai dylanwad y llinell gyntaf, *deu penill vyryon*, sy'n cyfrif am y camdreiglo ; cymh. *tri gweis* **m***oelgethinyon*, WM 152 (R 220).

(*b*) Enghreifftiau heb y rhifol **dau, dwy** : *golygon* **o***rwyllt*, WM 54 (= ' dau lygad,' gw. nod. PKM 202)

> *Dwyn hefyd—deunaw hafoedd—*
> *Golygon* **dd***uon ydd oedd*, GGr (DGG LXXII.18).

> *Dail ffion* **g***rynion eu gwraidd,*
> *Dwy ogfaenen deg fwynaidd*, DG 16.†

(ii) Awgrymir gan y camsyniad uchod yn Gr Pen, *tri phenill vyrryon*, fod y copïwr wedi syrthio i fagl wrth roi tr. i'r ans. ar batrwm *deu penill vyryon*, ac mai cystrawen ' lenyddol ' oedd tr. y rhif deuol yn ei amser ef ; h.y. pe bai'n gystrawen fyw ar lafar gwlad ni themtid ef i'r fagl. Er bod enghreifftiau o dreiglo yn nhestunau'r 18fed ganrif, y mae digon o esiamplau mewn testunau hŷn o anwybyddu'r treiglad : *dau oen* **p***erffaith-gwbl*, Lev. XIV.10 ; *dau oen* **f***lwyddiaid* **b***erffaith-gwbl*, Num. XXVIII.3 (yr un geiriau yn adn. 9 heb y treigladau) ; *ar ddau wr* **c***yfiawnach*, 1 Bren. II.32 ;

*Dilyn y gystrawen ddeuol yn wallus sy'n cyfrif am y canlynol : *y tair blynedd* **ddiwethaf**, Gomer, Gweithiau, XXXV.

†Awgryma'r cyd-destun mai ystyr ddeuol sydd i ' dail.'

dau d(d)yn **m***ud*, DByrr 83 ; *y ddau offrwm gorchymynedig*, YmDd 236 ; *am ddau gosp* **c***yhoeddus*, Hom 1.96 ; *dau lygad* **ll***on* **ll***awen*, CRhC 69.

Dylid cofio, wrth gwrs, na fyddai cystrawen y treiglad yn diflannu'n llwyr dros nos, fel petai ; a bu cyfnod hir pryd yr arferid yr hen gystrawen a'r newydd, a drych o'r newid graddol a welir yn yr enghreifftiau uchod o destunau CDC.

(iii) Nid rhaid dywedyd na cheir cystrawen y treiglad yn awr, os na fydd llenor yn dewis ei harfer i heneiddio ei arddull. Ond gellir bod yn sicr fod olion yn aros ar lafar gwlad yn y cysylltiadau hynny lle ceir patrwm ' sefydlog,' e.e. ansoddair lliw ar ôl ' dau lygad.' Clywir yn aml ' dau lygad **l**as ' neu ' dau lygad **dd**u ' wrth sôn am liw llygaid plentyn.

Dyna'r math o gyd-destun a wna'r enw yn wir ' ddeuol,' oblegid ni olygir ' two eyes ' fel pe byddid yn rhifo, ond ' pair,' neu ' eyes ' yn syml, yn hollol fel y mae ' deudroed ' mewn Cym. Can. yn golygu ' feet ' yn hytrach na ' two feet.' Wrth wahaniaethu fel hyn, golygir nad oes unrhyw syniad o rifo yn ' deudroed ' a ' dau lygad las,' mwy nag sydd yn ' dwylo.' Olion y rhif deuol yw'r arfer yn y Gymraeg o ddywedyd *dau* + enw am bâr pryd y gallai'r ffurf luosog gyfleu'r un ystyr yn rhesymegol, e.e. ' 'chlywais i erioed mo'r fath beth â'm dwy glust' (neu ' â'm dau clust ') ; ' dau droed blaen ' (neu ' dwy troed flaen '), nid ' traed blaen.'

Gellir awgrymu hefyd mai tr. yr ans. ar ôl enw deuol a barodd i enwau ar rannau o'r corff, sy'n barau, anwadalu yn eu cenedl ar lafar gwlad ; fe fyddai ' dau droed **f**awr ' a'r tr. i'r ans. ar ôl yr enw un. yn creu'r syniad fod ' troed ' yn enw ben. er gwaethaf y rhifol gwr. *dau*, ac wedi i dreiglad rheolaidd y rhif deuol fynd yn llai rheolaidd, byddai'n fath o ' gywiriad ' ar ' dau droed fawr ' i ddweud ' dwy droed fawr.' Dyma rai o'r enwau, sy'n barau, sy'n anwadalu fel hyn o ardal i ardal, ac o gyfnod i gyfnod : *braich, grudd, troed* (gw. WG 229 am y tri) ; *llygad* (ben. mewn rhai rhannai o Wynedd) ; *clust* (gwr. mewn rhannau o Forgannwg)* ; *glin* (enw gwr. *pen glin* ond *y ben lin* yn y De) ; *penelin* (ben. yn y De) ; *sawdl* (gwr. a ben. yn Bodvan. gwr. yn Fynes-Clynton 499) ; *gwadn* (gwr. yn Bodvan, gwr. a ben, yn Fynes-Clinton 169) ; *gar* (gwr. a ben. yn Bodvan).

Y mae *dwylo, dwylaw* yn enw ' lluosog ' a cheidw'r ans. y gysefin ar ei ôl er bod *llaw* yn enw ben. un., ac er bod ystyr ddeuol i'r ffurf yn wreiddiol, e.e. *dwy law* **w***nnion*, CRhC 28. Os byddir yn ' rhifo ' ac yn gwahaniaethu rhwng ' un llaw ' a ' dwy law ' (llac) ceir tr. ar ôl ' dwy law ' am fod ' llaw ' yn enw ben. un. Gw. ymhellach §53 lle y rhoir treigladau'r rhifol *dau / dwy* yn llawnach : er bod *dwy* yn treiglo, cedwir y gysefin yn ' y dwylo ' ; ar y llaw arall ceir tr. yn ' y ddwy law.'

*Yn GB 101-9 ceir aml enghraifft o *clust* yn wr., ond mewn dyfyniad o'r Beibl ar t 104 y mae'n fen.

§22 RHIFOL + ENW BENYWAIDD + ANSODDAIR

(i) Yn yr enghraifft a ddyfynnwyd yn §21 (i), *deu uilgi uronwynyon urychyon,* y mae ffurf luos. i'r ans. er mai unigol o ran ffurf yw'r enw deuol. Dengys hyn nad unigol oedd y ffurf ' unigol ' hon ar ôl *dau,* yn arddull Cym. Can. Yn y dyfyniadau eraill, *dwy vorynyon vonhedic ereill* ; *a dau lygaid ddüon danbaid,* ceir nid yn unig ffurfiau lluos. i'r ans. ond hefyd i'r enwau deuol ; cymh. hefyd *deu ychen,* RM 121.

Heddiw ceir ffurf unigol yr enw ar ôl pob rhifol pur (gydag ychydig eithriadau fel *tridiau, blynedd,* eithr gw. CA 86 lle rhoir *blynedd* yn unigol = ' un flwyddyn ') ; ac yn awr, trinir yr enw ar ôl rhifol fel enw unigol (ac eithrio fod ffurf luos. y rh. dangosol ar ei ôl, e.e. *y tair merch hyn.**). Ond ceir digon o esiamplau mewn Cym. Can.—ac olion mewn CDC—. o arfer ffurf luos. ar ôl rhifolion : *pump gwraged . . . ar pump wraged hynny,* WM 60 ; *tair gwragedd,* Gen. VII.13 ; *tair merched,* Job I.2 (a newidiwyd yn ' tair o ferched ' mewn argraffiadau diweddar). Ceir ffurf luos. *gŵr* mewn cyfansoddeiriau arbennig o deip *seithwyr* ; ceir ffurfiau lluos. i'w harfer yn lle'r ffurfiau cyffredin, ar ôl rhifolion, megis *gweis* a *meib* ; a cheir yn iaith y beirdd esiamplau tebyg i *wyth ugeinmeirdd,* TA 1.65. Byddai'n deg casglu mai'r gystrawen gynharaf oedd arfer y lluosog ar ôl rhifolion, ac mai olion y gystrawen gysefin a welir mewn Cym. Can.

Credaf fod yr esboniad sydd yn WG 194 ar ddatblygiad y gystrawen ' unigol ' yn cael ei dderbyn yn gyffredinol, sef bod ffurfiad deuol rhai enwau yn y Frythoneg wedi rhoi ffurf yn y Gymraeg a oedd yn gyfryw â'r ffurf unigol ; ac er bod enwau eraill yn gyfryw â'r lluosog yn y Gymraeg, fod cystrawen y rhai ' unigol ' eu ffurf wedi ymledu, nid yn unig ar ôl *dau* a *dwy,* ond ar ôl y rhifolion eraill yn ogystal.

(ii) Pan arferid ffurf luos. enw ben. ar ôl rhifol, cedwid cysefin yr ans. ar ei ôl, e.e. *pump gwraged* **beichawc,** WM 60. Pan fyddai'r ffurf yn unigol ar ôl y rhifol, trinid honno hefyd fel petai'n lluos., h.y. cadwai'r ans. y gysefin ar ôl yr enw ben., unigol ei ffurf, a ddilynai rifol uwch na *dwy* ; (ceid ffurf luos. i'r ans. weithiau). Dyry WS 68 y tair enghraifft a ganlyn : *Pedeir meillonen* **gwynnyon** *a dyuei yn y hol,* WM 476 (R 117) ;

> *Llawen, os adwen, ydym,*
> *Llyma bedair gwreigdda* **grym,** LGC 398.

> *Elen, rhoed, o liw'n rhydeg,*
> *Ar lun y tair Elen* **teg,** (= TA 45.16-7, t 186).

Cymh. hefyd : *y pedeir gwyl* **pennaduryaf,** YCM² 39 ; *y pedeir rinwedd* **bydol,** MCr 118b ; *o'r saith gelfyd(d)yd* **breiniol** . . . *y g. honno,* DByrr 209 ;

*Gwelir enghreifftiau weithiau o'r ffurf unigol, h.y. ' y tair merch hon ' ; ond cystrawen sy'n ffrwyth ymresymiad yw hynny ; e.e. *Mae'r d(d)au henw hwnnw id(d)i hi,* DByrr 28, er bod *y d(d)wy golofn eraill* ar t 9.

Y tair coron **cywair cain**, IGE² 9.2 ; *Un o'r tair morwyn*, **mwyn mawr**, ib 20.11.* Cedwir hyn ym Meibl 1620 ond ochr yn ochr â'r esiamplau o'r gysefin y mae eraill o dreiglo, a diddorol nodi fod ffurf luos. i'r ans. yn rhai ohonynt ; sylwyd hefyd fod yr hen arfer wedi cael aros heb ei diwygio mewn argraffiadau diweddar : *y saith muwch* **tewon cyntaf**, Gen. XLI.20 ; *saith dwysen* **llawn** *a theg*, ib ib 22 ; (argr. 1920—*saith dywysen, llawn a theg*, sy'n ymgais i gyfiawnhau cadw'r gysefin drwy ddyfais atalnodi) ; *y saith muwch* **culion**, *saith dwysen* **gwâg**, ib ib 27 (argr. 1920, *wag*) ; cyferb. *y saith dwysen* **dda**, ib ib 24 ; *a'r saith dwysen* **dêg**, ib ib 26.

(iii) Fel yr awgrymwyd yn barod, gan mai ffurf un. yr enw a ddaw ar ôl y rhifol yn awr, fel enw un. y trinir ef (ac eithrio rhoi ffurf luos. y rh. dangosol ar ei ôl), a cheir tr. m. i'r ans. ar ôl rhifol + enw ben. un., *tair merch* **lân**, etc. Ond erys yr hen arfer o beidio â threiglo ar ôl rhifol + enw ben. a wna gyfansoddair afryw, e.e. *teirllath* **da**, *canpunt* **llawn**. Yn wahanol i'r rhain eto trinir *wythnos* fel enw ben. un. cyffredin, *wythnos* **wleb** ; ychydig iawn o gof sy'n aros yn ' wythnos ' fod y rhifol ' wyth ' yn ei gyfansoddiad. Sylwer ar y llaw arall mai enw gwr. yw *pythefnos* ; nid anodd gweld y rheswm : gan nad yw'r rhifol ' pymtheg ' yn treiglo ar ôl y fannod, gwnaeth cytsain gysefin *y pythefnos* enw gwr. ohono.

§23 Rhifol + Ansoddair

(i) Mantais fydd sôn yma am y pwynt hwn yn hytrach na'i adael tan y bennod ar y Rhifolion. Digwydd yn fynych i'r enw gael ei hepgor ar ôl rhifol nes peri i'r ans., sy'n disgrifio'r enw dealledig, ddyfod yn union ar ôl y rhifol. A ddylai'r ans. dderbyn y tr. a ddigwyddai i'r enw dealledig neu gadw'r gytsain sydd iddo pan ddaw ar ôl yr enw ? Wrth hepgor yr enw o'r canlynol, ' tri bachgen cryf, tair merch gref, tair merch lân ' a'i ' tri cryf, tair gref, tair lân ' a ddylid ei arfer, neu ynteu ' tri chryf, tair cref, tair glân ' ?

Dyma esiampl neu ddwy o lyfrau diweddar i ddangos fod tuedd i gadw'r gytsain a ddylai fod i'r ans. pe bai'n dilyn yr enw ben. : *y tair* **bwysicaf**, Gwili, Arweiniad i'r T.N. 191 (sôn am lawysgrifau) ; *o'r pedair engraipht . . . y dair* **flaenaf**, Elfed, Traethawd ar ' Geiriog,' 33. Fe glywir hyn weithiau ar lafar gwlad yn y De, ond nid hyn yw'r hen reol a roir yn WS 72, sef yw hynny, pan fo'r rhifol (ac eithrio *un* a *dau*, *dwy*) yn cynrychioli rhifol + enw, dylai'r ans. ar ei ôl gadw'r gysefin, *tri* **da**, ' three good men,' *tair* **da**, ' tnree good women.'

(ii) Os gellir hepgor yr enw ar ôl y rhifol a gadael i'r rhifol gynrychioli rhifol + enw, y mae'r rhifol yn fath o ' uned,' ac y mae'r ans. sy'n dilyn

*Pe bai raid, fe ellid esbonio'r gysefin yma ac yn yr enghraifft o LGC fel esiamplau o gadw cysefin y gair a ddaw yn union ar ôl yr orffwysfa ; ond y mae hynny'n ddianghenraid. Ymdrinir isod â'r ansoddeiriau genidol *mau, tau, eiddo*, etc., ond gallwn ddyfynnu'r esiampl hon yma am mai yng ngolau'r adran hon y gwelir pam y ceidw'r ans. genidol y gysefin ynddi : *Llaw'r gyfraith i'r teiriaith* **tau**, TA 48.65.

yn disgrifio'r rhifol ; mewn geiriau eraill ' enw ' yw'r rhifol yn y cysylltiadau hyn, a'r ans. sy'n disgrifio'r ' enw,' nid y rhifol sy'n rhifo'r ans. Ar y llaw arall fe all yr ans. gynrychioli enw, a swydd y rhifol o flaen yr ans. hwnnw fydd rhifo ' unedau ' yr ans. ; dyna'r gwahaniaeth rhwng *y tri cyntaf* (' the first three ') ac *y tri* **ch***yntaf* (' the three first ') ; cymh. hefyd *y tri cryf* a *Tri* **Ch***ryfion Byd*. Anodd, serch hynny, yw cadw'r ddwy gystrawen ar wahân ac nid rhyfedd fod ysgrifenwyr yn methu gwahaniaethu neu'n dewis peidio â gwahaniaethu rhwng ' y tri cyntaf ' a'r ' tri chyntaf.' fel y dengys y dyfyniadau a ganlyn : *ar tri* **c***arnaflawc*, BT 48.11 ; *y tri* **c***yntaf*, 1 Cron. XXI.25 ; 2 Sam. XXIII.19, 23 ; *y tri* **c***edyrn*, 1 Cron. XI.12, 19, 21 ; 2 Sam. XXIII.9, 22 ; (cyferb. *y tri* **ch***edyrn*, 2 Sam. XXIII.16, 17 ; ac yn argr. 1920 ceir *y tri* **ch***edyrn* ac *y tri* **ch***yntaf* ym mhob un o'r enghreifftiau hyn ; cymh. *y tri* **ch***yntaf*, W. J. Gruffydd, Y Tro Olaf, 170) ; *a phob tri o'r rhain pa un bynnag ai'r tri* **c***yntaf, ai'r tri olaf, ai'r tri* **c***anol*, LlHyff 37 (ar ôl enwi naw o bechodau) ; *Yr oedd y tri* **c***anlynol o Scotland*, Joshua Thomas, HB XXV ; *yr hwn a ragorodd ar y tri* **c***yntaf*, ib XXIX ; cymh. enghr. o'r ans. yn cynrychioli enw, ac yn derbyn ei dreiglo fel enw : *Tri* **th***eg heirdd*, TA IV.27. Enghreifftiau ar ôl **tair** : *dowch yma y Gracys . . . tair* **d***oetha*, CRhC 37 (= "The Three Graces") ; *y tair* **k***yntaf a elwir helva Gyffredin*, B VI.301, 304 ; *y tair* **t***romlefn*, DByrr 37 ; *y tair* **t***awd* (darll. *tawdd*), ib ib.

(iii) Ar ôl **un**, a **dau**, **dwy** y mae'n wahanol. Y mae'r ans. yn treiglo ar ôl *un* pan fo'n rhifol sy'n cynrychioli enw ben. : *un da yw ef, un dda yw hi* ; *tair carreg, un fawr a dwy fach*. Treiglir yr ans. ar ôl *dau* a *dwy*, *y ddau dal, y ddwy dal*.

> *Dau* **dd***a a wnaeth Duw ddïell,*
> *A Duw ni wnaeth dynion well*, GGl LVII.25-6.

(iv) Pan fy**dd** rhifol yn cynrychioli swm crwn o arian, fel *chwech* a *chweugain* y mae'n gyfartal ag enw unigol a dibynna tr. yr ans. ar genedl yr enw. Y mae *chwech* yn wr. yn y Gogledd, *chuech gwyn* ; ond yn fen. yn y De, *dwy whech am swllt, whech las*. Y mae *chweugain* yn wr. yn y Gogledd, ond yn fen. yn y De gan amlaf.

Os digwydd i'r ans. ddod o flaen yr enw, fe dreigla ar ôl y rhifol yn ôl rheolau treiglo'r enw, gan mai enw yw'r cyfansoddair rhywiog ' ans. + enw,' h.y. ' tri chadarn ŵr ' ; cymh. : *saith* **b***rif rwystrau*, YmDd 125 ; *Rhwng y tair* **t***eilwng talaith*, IGE² 9.7.

§24 Enw + Ansoddair Mewn Cymal Negyddol

(i) Yr oedd yn rheol mewn Cym. Can.—a cheir rhai esiamplau mewn testunau cymharol ddiweddar—i'r ans. cymharol dreiglo pan ddelai ar ôl enw mewn gosodiad negyddol, beth bynnag fyddai cenedl a rhif yr enw. Fe'i ceir hefyd mewn gofyniad y disgwylir ateb negyddol iddo. Y mae amlder o enghreifftiau cymharol ddiweddar, ac nid diogel casglu mai awydd i efelychu hen arddull sy'n cyfrif amdanynt; yn wir, y mae enghreifftiau o'r tr. hwn i'w clywed o hyd ar lafar gwlad.*

Cymh. *na welsynt eiryoet llongeu* **g***yweirach eu hansawd,* WM 39; *Ny wẹleis ansyberwyt* **u***wy ar wr,* ib 2; *Pa beth* **dd***iscleiriach na'r haul,* Eccl. XVII.31; *ag nad oes neb dim* **w***irach,* DFf 40; *nid oes dim* **w***ell,* PA 88; YmDd 367-8; *nid oes neb* **l***ewach,* BC 143; [cyferb. *Nis gwyddwn i ddim* **g***well,* ib 93 = 'no better,' nid 'nothing better'];

> *Oedd or gred arr ddaiar gronn*
> *Wr* **g***owirach ir gorron,* WLl XXVIII.29-30.
>
> *Ni bu i'r maes neb* **r***ymusach,* ib VIII.56.
>
> *Ni wn awr anian uriell*
> *Y tai un perchen ty* **w***ell,* ib XIX.32.

[Cyferb.: *Ysgwïer gwych, oes gŵr gwell,* IGE[2] 28.11].

Awgrymwyd fod y tr. yn fyw ar lafar gwlad; y peth a wneir yn gyffredin, yn enwedig pan roir y gystrawen ar bapur, yw gwthio *yn* neu *sy'n* o flaen yr ans., e.e. 'nid oes dim sy'n well,' 'nid oes neb yn well'; ac y mae hyn yn cadarnhau'r esboniad a gynigir yn nes ymlaen, mai 'ansoddair dibeniad' neu draethiadol yw'r ans. cymharol sy'n treiglo ar ôl yr enw mewn gosodiad negyddol, gw. §127 (ii—iii). Yn yr un adran ymdrinir â'r tr. a geir yn y priod-ddull cyffredin *beth well*?

*Tystiolaeth dda o hyn yw'r enghraifft ganlynol o enau Thomas Bartley: *Does dim byd* **well** *i fochyn.* Rhys Lewis 204. Yn y canlynol y gair *anaml* sy'n negyddu'r frawddeg: *anaml y gwelsoch i wr fwy,* ML 2.18.

Pennod IV

TREIGLADAU'R CYSTRAWENNAU GENIDOL

§25 Y Genidol Normal

(i) Nid oes dim tr. i'r enw genidol a ddaw'n achlysurol ar ôl enw arall, na gwr. un. na ben. un. na lluos. fo'r enw cyntaf : *ceffyl* **m***ilwr y brenin* ; *gwraig* **m***ilwr y brenin*, *milwyr* **b***renin Lloegr*.

Ni fwriedir sôn yma ond am enwau cyffredin ; ymdrinir â chystrawen enwau priod isod, Pennod VI.

(ii) Mantais i'r ymdriniaeth fydd dadansoddi'n gryno gystrawennau'r cyflwr genidol.

(*a*) Y ddau enw'n bendant, yn golygu hepgor y fannod o flaen y cyntaf : *mab y brenin* ; rhoi rh. dangosol wrth yr enw cyntaf : *y mab hwn i'r brenin.*

(*b*) Y cyntaf yn amhendant a chadw'r ail yn bendant : *mab i'r brenin.*

(*c*) Yr enw genidol yn amhendant : (*y*) *mab brenin* ; rhoi rh. dangosol wrth yr enw cyntaf : *y mab brenin hwn.*

(iii) Dylid deall nad oes ffiniau pendant yn gwahaniaethu'r cystrawennau hyn oddi wrth ei gilydd ac un peth y ceisir ei ddangos yma yw'r proses o groesi'n ddiarwybod o'r naill berthynas i'r llall. Pan fydd yr enw genidol yn amhendant, ac yn enwedig pan ddaw enw meddianedig pendant o'i flaen, fel sydd yn *y mab brenin hwn*, y mae tuedd i anghofio'r *peth* a ddynoda'r enw genidol gan na ellir ei ddirnad, ac i feddwl yn unig am y priodoleddau a ddynoda mewn perthynas â'r enw cyntaf ; hynny yw, yn ' y mab b. hwn,' ni feddylir ' mab pwy ' yw, ond ' pa fath fab ' yw, mab eneiniog, aml ei freiniau, etc. Yn yr un modd yn ' mab gweithiwr ' neu ' tŷ gweithiwr,' dynodi pa fath fab neu dŷ yw swyddogaeth 'gweithiwr,' e.e. "Mae'r Cyngor Lleol yn sôn am godi rhestr o dai gweithwyr". Gwelir hefyd fod yr enw cyntaf yn gallu bod yn amhendant er bod enw genidol yn ei ddilyn wrth y ffordd y rhoir *mewn* o'i flaen, ac nid *yn*, e.e. "ei eni a'i fagu mewn tŷ gweithiwr".

Wedi dileu'r syniad o'r *peth* a gynrychiolir gan yr enw genidol amhendant, daw'n fath o ans. i ddynodi priodoleddau ac ansoddau ; ac yn y swydd hon fe'i trinir fel ans. a hwnnw'n treiglo'n feddal ar ôl enw ben. un. Fe all hyn ddigwydd i enw priod, sy'n bendant wrth natur, wrth gwrs ; dynodi ansawdd yw swydd ' Cymru ' yn yr ymadrodd ' ymenyn Cymru,' ac nid rhyfedd felly fod yr enw genidol yn treiglo yn ' gwlanen Gymru,' a sylwer mai'r ans. ' Cymreig ' a arferir mewn rhai mannau yn yr ymadroddion hyn.

Nid yw pob enw amhendant a gaiff ei leoli'n achlysurol ar ôl enw meddianedig yn troi'n ansoddeiriol o angenrheidrwydd, ac ni ǫlygir fod yn rhaid ei dreiglo os daw ar ôl enw ben. un., e.e. 'gwraig gweinidog,' 'merch brenin'; ni cheid tr. mewn cyfuniad achlysurol fel y rhain. Byddai'n rhyw fath o brawf cynnig rhoi'r fannod o flaen 'gwraig' i weld a ellid troi 'gweinidog' yn 'ans.' i ddisgrifio teip o wraig a chael 'y wraig weinidog'; mewn geiriau eraill, a ydym yn synio amdani o gwbl fel teip, sy'n wahanol i deipiau eraill. Dyma linellau'r datblygiad sy'n troi'r enw genidol amhendant yn 'ans.' i ddynodi teip : *ysgol y merched* > *ysgol merched* > *yr ysgol ferched* > *ysgol ferched*; dyna arwyddocâd yr enw amhendant yn y canlynol: (*y*) *dref farchnad*; *siop lyfrau*; *y ddinas wagedd*, Es. XXIV.10.

Enghraifft ddiddorol a ddengys droi'r enw amhendant yn 'ans.' (gyda thr. m. ar ôl enw ben.) yw'r enw *dyn* yn y dyfyniadau canlynol: *dros bechodau holl rywiogaeth* **dd***yn*, DFf 49; *gelynion rhywiogaeth* **dd***yn oeddynt*, ib 76, = 'human race, mankind,' gw. nod. 231, lle cyfeirir at yr enghraifft yn t 1.12 *holl rywiogaeth* **d***yn*, sydd heb dr., ac y dywedir fod *rhywiogaeth* yma yn wr.; nid oes raid credu hynny (er y gall fod yn wr., cymh. *bedwar rhywogaeth*, Jer. xv.3); y peth sy'n cyfrif am y gysefin yw'r amharodrwydd i dreiglo'r enw genidol ansoddeiriol nes cynefino digon â'r ymadrodd a theimlo ei fod yn cyfleu teip (sylwer fod yr enghraifft ar ddechrau'r testun). Cymh. eto *ogof* **l***adron*, DFf 201, nod. 247, 'ladron' yn ans., a chyfeirir yno at *yn ogof* **l***adron*, Math. XXI.13 (sydd wedi ei droi i'r gysefin mewn argr. diweddar); ac yn DFf 138.25 ei hun ceir *ogof* **ll***adron* a ddengys eto yr amharodrwydd i dreiglo mewn ymadrodd nad yw'n gyfarwydd. Esiamplau pellach o *dyn* yn ansoddeiriol yw'r canlynol: *ac a'i gwna ar ôl* **delw ddyn**, Es. XLIV.13; *cyfraith* **dd***yn*, RBS 144; *a lygrassant heppil* **cenedl ddyn**, B VIII.14; *am ddileu holl* **genedl ddyn** *yn gwbwl*, ib ib; *pan ddaroedd i* **genedl ddyn** *amylhav*, ib 115.*

§26 Y Genidol Cyfrannol

(i) Gall yr un peth ddigwydd yng nghystrawen y Genidol Cyfrannol lle y defnyddir yr ardd. *o* i ddangos mai rhan yw'r enw meddianedig o'r enw genidol sy'n gyfanswm o'r 'rhannau,' e.e. 'darn o'r mynydd,' 'aelod o'r Senedd,' y 'mynydd' yn gyfanswm o 'ddarnau,' y 'Senedd' yn gyfanswm o 'aelodau'; cyferbynier 'pen y mynydd,' lle y mae 'pen' yn rhan o'r 'mynydd' ond yn rhan neilltuol wahaniaethol, a'r 'mynydd' heb fod yn gyfanswm o 'bennau.'

Os bydd yr enw meddianedig yn bendant gellir rhoi'r fannod o'i flaen a chadw'r un gystrawen, 'y darn o'r mynydd, y darn hwn o'r mynydd,' Ond pan wneir yr enw cyntaf yn bendant gyda bannod o'i flaen, a'r enw

*Cymh. enghraifft ddiddorol iawn o hyn eto: **rhan(n) dhyn** *ynghrist*, DCr[1] 57[b] (= *rhan dyn*, ib[2] 38[a]). Enghraifft o gadw'r gysefin, yn wahanol i'r ddwy o B VIII.14: *angav dros genedl dyn*, DP 248[b].

genidol yn amhendant, byddir yn hepgor yr ardd. *o* (er bod esiamplau lawer yn y cyfnod diweddar o gadw'r *o*) ac yn rhoi'r enw genidol yn union ar ôl yr enw yn ansoddieirol ei swydd, e.e. *y darn mynydd, yr aelod senedd.*

Os ben. fydd yr enw meddianedig try'r genidol ansoddeiriol yn feddal, e.e. *rhan o'r tir, rhan o dir, y rhan dir,* a gyplyswyd yn gyfansoddair afryw, *rhandir,* gan gadw cenedl fen. *rhan,* fel y ceidw *tudalen* genedl wr. *tu* ; e.e. *y rhandir hon,* 2 Bren. IX.26.*

(ii) Digwydd hyn amlaf i gystrawennau fel *llwyth o lo* lle y mae'r enw meddianedig yn rhan o swm neu o ddefnydd amhendant. Os troir yr enw meddianedig yn bendant, collir yr ardd. *o* yn yr hen briod-ddull cynhenid a daw'r genidol i ddynodi, nid y swm y mae'r enw cyntaf yn rhan ohono, ond natur yr enw cyntaf, h.y. *y llwyth glo.* Os ben. fydd yr enw cyntaf, treiglir yr enw genidol fel ans. : *ystenaid o ddŵr, yr ystenaid ddŵr* ; *llwy o bren, y llwy bren,* > *llwy bren* ; cymh. *y gerwyneit lut,* SD 285. Yn yr hen arddull fe allai'r tr. hwn ddigwydd ar ôl enw gwr. deuol : *edrych ar y dafneu* o *waet yr hwyat . . . yn gynhebyc . . .* **yr deu dafyn waet,** WM 143.

§27 Patrymau i'r Enw Genidol Ansoddeiriol

(i) Dyma rai esiamplau cyffredin o'r cystrawennau a luniwyd uchod :

(*a*) enw ben. + enw genidol un., *y felin wynt, y ddannoedd waed, llwy gawl, ysgol gân, carreg filltir, carreg fedd, lamp golier.*

(*b*) enw ben. + berfenw : *ysgol ganu, fforch godi, gwaell weu, buddai gorddi, hosan garu.*

(*c*) enw ben. + enw defnydd neu swm : *ystên bridd,*† *y llwyaid ddŵr, y botelaid laeth, y botelaid foddion, pib glai.*

(*ch*) enw ben. + enw genidol lluosog : *arddangosfa lyfrau, siop lyfrau, gardd flodau, gwal gerrig.*‡

(*d*) enw ben. + enw genidol priod : *Eglwys Rufain, Eglwys Loegr, Llywodraeth Loegr, gwlanen Gymru,* (cyferb. *ymenyn Cymru*), gw. §47 (i), ac ynglŷn â'r tr. ar ôl enw gwr. fel yn *Tyddewi,* gw. §46 (iii).

(ii) Os bydd eisiau rhoi ans. i ddisgrifio ansawdd yr enw sydd yn yr ymadroddion hyn, h.y. ansawdd ' gwlanen ' yn ' gwlanen Gymru,' daw ar

*Er fy mod yn credu mai yn y ffordd hon y lluniwyd yr enw *rhandir,* ac mai cenedl *rhan* sy'n esbonio cenedl fen. y cyfansoddair (afryw), ni ddylid anghofio'r posibilrwydd fod *tir* yn fen. ar un adeg, gan mai diryw oedd yn wreiddiol ; gw. Cy 28.271, nodiad ar *amtanndi* y Surexit, sydd i bob golwg yn golygu ' amdani,' ac yn cyfeirio at y rhagflaenydd *tir.*

†Pan droir ymadrodd fel hyn yn lluos. erys enw'r defnydd yn unigol yn y De, e.e. *llestri pridd* ; cyferb. *i ddelwau prennau,* DP 195b ; *a'r llestri priddion,* ML 2.7. Wrth gwrs pan dry ' tŷ gweithiwr ' yn lluos. y mae ' gweithiwr ' yn lluosogi hefyd yn ôl yr ystyr ; cymh. *ir gwragedd tefyrn,* ML 2.76.

‡Sylwer ar *grisiau geryg,* Daniel Owen, RL 394 ; ni ddisgwylir tr. ar ôl ffurf luos. a rhaid mai o gydweddiad y cafwyd y treiglad.

ôl y genidol ansoddeiriol sy'n diffinio'r teip neu'r natur ; mewn geiriau eraill, yr ' ans.' sy'n disgrifio'r teip a ddaw nesaf at yr enw, yn Gymraeg ac yn Saesneg : *gwlanen Gymru dda, y Blaid Lafur Annibynnol* ; cymh. *Independent Labour Party.*

Fe ddigwydd yn aml yn y cystrawennau hyn fod yr enw ansoddeiriol yn enw gwr. neu'n enw lluosog, ac wrth ddod yn nesaf at yr enw cyntaf sy'n fen., pair fod bwlch rhwng yr enw ben. a'r ans. ' ansawdd,' neu mewn geiriau eraill, fod yr ans. ' ansawdd ' yn dilyn yn sgil enw gwr. neu luos. ; ni rwystra hynny i'r ans. dreiglo, e.e. *melin wynt ragorol, gardd flodau ogoneddus.* Nid oes eisiau olrhain treiglad yn ail ' ans.' a holi beth fyddai ffurf gyntefig *wynt, flodau,* etc. er mwyn priodoli'r tr. i *rhagorol* a *gogoneddus* i ffurf y terfyniadau cyntefig ; y mae cydweddiad yn ddigon o ' achos ' i'r tr., sef cydweddiad â phatrwm enw ben. + dau ans. cyffredin, h.y. patrwm *gardd flodau ogoneddus* fyddai *gardd fawr ogoneddus.*

§28 LLAWN

(i) Yn yr ymadrodd *dyn llawn tân* y mae'n ddigon amlwg nad yw *llawn tân* yn gwneuthur cyfansoddair ' ans. + enw,' oblegid i *dyn* y perthyn *llawn* fel ans., ac yn sicr nid newid ar drefn ' tân llawn ' yw. Beth yw perthynas *tân* â *llawn* ? Fel y mae, enw amhendant yw *tân* ; os rhoir enw genidol pendant ar ei ôl, yr hyn a dry *tân* hefyd yn bendant, y duedd, os nad y rheol, yw i *llawn tân* droi yn *llawn o dân yr Efengyl.* Os rhoir y fannod o flaen *tân* ei hun, y rheol yw fod yn rhaid arfer yr ardd. *o*, *llawn o'r tân*, cymh. *Hitheu bellach yn llawn o'r Ysbryt Glan*, B IX.326 ; byddai'n amhosibl bod heb yr ardd. *o* yma. Dengys hyn mai genidol cyfrannol yw perthynas *tân* a *llawn*, heb yr ardd. *o* a chydag *o*. Rhoddwyd digon o brofion nad oes yma gyfansoddair rhywiog, ac ni ellir disgwyl tr. i *tân* oblegid hynny.*

(ii) Fel yr awgrymwyd, os bydd y fannod o flaen yr enw genidol cyfrannol, rhaid arfer yr ardd. *o* rhwng *llawn* a'r enw ; pryd na fydd yn enw pendant, gellir hepgor *o* neu ei arfer ; (ymddengys mai'r gystrawen sy'n hepgor *o* yw'r gynharaf ac mai estyniad ar gystrawen yr enw pendant yw cadw'r ardd. o flaen enw amhendant) ; cymh. *llawn plu*, Esec. XVII.3 ; *llawn gwenwyn marwol*, Iago III.8 ; *llawn ffydd*, Act. VI.8 ; *llawn* **o** *dân, llawn* **o** *ffydd*, Act. VI.5.

*Diddorol fydd cyferbynnu'r ddau gyfansoddair canlynol sy'n cynnwys *llawn* yn elfen gyntaf :—

Llawndai *gwin a pherllandir*, GGl LXIX.22.
Llawngwrid *y'n gwŷl uwch llwyngraig*, ib LXXVIII.59.

Enghraifft yw'r gyntaf o *newid trefn* yn fwriadol, oblegid y drefn normal yw ' Tai llawn gwin ' ; y mae'r cyfansoddair hwn felly yn rhywiog a phriodol yw cael tr. m. i gytsain yr ail elfen. Ond cyplysiad sydd yn yr ail o'r ddau air ' llawn gwrid ' yn eu trefn gysefin ; dengys yr aceniad fod y ddau wedi mynd yn gyfansawdd, ond cyfansoddiad afryw yw cyplysu heb newid y drefn normal.

(iii) Nid oes dim tr. yn yr ymadrodd cyffredin *llawn digon*, er bod esiamplau mewn rhai testunau o arfer treiglad, e.e. *mae rhai'n . . . yn llawn* **dd***igon, i beri*, HDdD 10 ; *sydd lawn* **dd***igon*, ib 16 ; eto LGO 44. Mae'n ddigon tebyg mai camsyniadau yw'r esiamplau hyn, naill ai drwy gymysgu *llawn digon* a *hen ddigon* (sylwer fod *hen bryd* a *llawn bryd* yn treiglo yr un fath â'i gilydd) neu oherwydd credu fod *llawn* + *digon* yn ans. o flaen enw.

Fel y dengys *llawn bryd* a *llawn dwf* fe all *llawn* fod yn ans. cyffredin o flaen enw ; ni allai'r rhain byth droi'n 'llawn o dwf' etc. Fe all *llawn ddigon* fod yn dr. cywir os newid yw ar drefn *digon llawn*, sy'n debyg o ran cystrawen i *dynion lawer* yn lle *llawer o ddynion*, h.y. *ddigon*, *lawer* wedi eu treiglo am eu bod yn y cyflwr abladol neu'n adferfol, gw. §96 (vi). Dyfynnwyd digon yn yr esiampl gyntaf o HDdD i ddangos nad hynny yw yno, ond mai *llawn digon* a olygir.

(iv) Cystrawen gyffredin yw arfer *llawn* o flaen yr ans. cymharol *gwell*, er nad yw *llawn gwell* yn swnio'n naturiol i bob clust, (gw. Wright *Dial. Dict.* o dan *full* am esiamplau o arfer *full* mewn dull tebyg yn y tafodieithoedd Saesneg). Y mae *llawn cystal*, *llawn cynddrwg* yn ddigon cyfarwydd (a heb dr. ar ôl *llawn*) ac efallai mai estyniad o'r gystrawen hon yw'r arfer o roi *llawn* o flaen *gwell*, (heb dr.), os nad dynwarediad o'r gystrawen Saesneg yw. Er mai *llawn cymaint* yw'r priod-ddull naturiol, sylwer ar yr enghraifft a ganlyn : *Gwn fod dy hen drugaredd* / **lawn gymmaint** *ag o'r bla'n*, Morgan Rhys, Golwg o ben Nebo (argr. Elfed) 90. Y rheswm am hyn, efallai, yw'r duedd i gadw tr. geiriau 'adferfol' yn sefydlog, h.y. tueddid i dreiglo yn 'y mae dy drugaredd gymaint ag o'r blaen,' ac fe gedwid y ffurf dreigledig hon hyd yn oed pan roid "llawn" o'i blaen.

(v) Try *llawn* yn 'enw' pan roir y terfyniad *—aid* wrtho nes rhoi *llonaid, llond*. Fe all y 'peth' sy'n llawn fod yn bendant neu'n amhendant ar ei ôl, h.y. 'llond tŷ' neu 'llond y tŷ' yn ôl yr ystyr. Ceidw'r enw amhendant y gysefin, *llonaid tŷ o blant, llond bwced, llond piser* ; daw'r 'cynnwys' ar ôl yr ardd. *o*, e.e. *llond llwy o ddŵr, a'i llond o ddŵr* ; *llond cae o waith, a'i lond o waith.*

§29 Rhai, Dim, Peth

(i) Enghraifft yw *llawn tân* o stad gynnar yn natblygiad cystrawen y cyflwr genidol cyfrannol, heb arfer yr ardd. *o*. Nid anghywirdeb yw'r duedd i arfer *o* ynddi, megis *llawn o dân*, ond datblygiad naturiol i gyfleu'r berthynas 'gyfrannol,' ac y mae'r ardd. yn anhepgor o flaen bannod + enw.

Ceir yr un gystrawen yn aros gyda *rhai* : o flaen enw amhendant fe'i harferir heb *o*, a heb dr., *rhai dynion* ; o flaen enw pendant rhaid wrth yr ardd. **o**, *rhai o'r dynion, rhai o ddynion y pentref.*

(ii) Cystrawen **dim** a **peth** yw hepgor yr ardd. *o* o flaen enw genidol amhendant, e.e. *ni chefais ddim dŵr yno, cefais beth dŵr* ; ac arfer *o* o flaen enw pendant, *ni chefais ddim o ddŵr y ffynnon, ddim o'r dŵr, mo'r dŵr, mohono* ; *yfais beth o'r dŵr.*

O flaen enwau pendant felly y dylid arfer *mo* (< *ddim o*) yn ôl y rheol ac anghywirdeb fyddai 'ni chefais mo ddŵr,' 'ni welais mo ddyn yno,' gan mai 'ni chefais ddim dŵr' fyddai'r gystrawen yn llawn. (Y mae rhai enwau, sy'n fath o gyfansoddeiriau afryw, sy'n bendant o ran eu ffurfiant gan mai enw + enw genidol pendant ydynt yn ôl eu cyfansoddiad, a all ddod ar ôl *dim* heb arfer yr ardd. *o*, ond er hynny amhendant ydynt o ran ystyr, e.e. 'ceiliog y rhedyn' ; er gwaethaf rheol y cyflwr genidol rhaid rhoi'r fannod o flaen 'ceiliog' i'w droi'n bendant, e.e. *neu'r ceiliog y rhedyn*, RBS 94 ; eto, 'bwtsias y gog,' 'llygad y dydd,' 'clychau'r haf' ; enghraifft o'r gystrawen fyddai 'clawdd heb ddim bwtsias y gog arno.') Ond peth naturiol yw i gystrawen *mo* fynd yn 'sefydlog' ac i *mo* gael ei arfer mewn gosodiad negyddol yn beiriannol a hynny'n aml heb angen amdano yn y gystrawen. Dyma un o effeithiau hynny : wrth roi 'dim' i mewn i'r gosodiad 'ni allaf i gredu' ceir 'ni allaf i ddim credu,' gan mai enw amhendant di-fannod yw'r berfenw ; eithr oherwydd bod arfer *mo* mor gyffredin fe'i rhoid o flaen y berfenw, a chan fod eisiau enw pendant ar ôl *mo*, fe roid y fannod o flaen y berfenw, e.e. *nid allai pobl* **mor byw** *wrth ystlys ei gilidd*, HFf 273 ; *na elli di* **mor gwir edifarhau** . . . *ni elli di* **mor bod** *yn gadwedig*, YmDd 389 ; cymh. enghraifft o rag. mewnol yn safle'r fannod, *heb feddwl* **moi fod** *ef ar y dibin*, GMLl 1.116. Ceir esiamplau lawer, heb eisiau dyfynnu, o *mor* o flaen berfenw yn llythyrau William Morris, a pheth arall, sef . . . *mor llawer* yn lle . . . 'ddim llawer,' cystrawen a rydd y fannod o flaen yr enw abladol 'lawer.' Cadarnhad yw hyn i'r 'rheol' fod eisiau enw pendant ar ôl *dim o*, sef fod y duedd hon mor gryf nes gorfodi rhoi'r fannod o flaen y berfenw a gair fel 'llawer.'*

Ar y llaw arall fe geir esiamplau hwnt ac yma o roi *dim o* neu *mo* o flaen enwau amhendant : *heb ddim* **o** *heid yndaw*, Havod 16.33 ; *nid gwiw ceissio ysplygu yn eglur* **mo** *donyd(d)iaeth*, DByrr 210 ; *Ni feiddiei Angel o râdd îs wrthddywedyd* **mo** *Gythrael o râdd uwch*, RBS 144 ; *Nis ofnant byth* **mo ddwr** *na thân*, Williams (1811) 31 ; *nid peth bywyd cyffredin na synnwyr cyffredin* **mo** *gelfyddyd*, Parry-Williams, Synfyfyrion 11.†

(iii) Afraid dywedyd nad oes tr. i'r enw amhendant a ddaw'n union ar ôl *dim, peth* ; ac ni cheir tr. ychwaith pan leolir hwy o flaen yr ans. cyfartal neu'r ans. cymharol, *nid yw ef ddim cynddrwg, nid yw ddim gwell,*

*Wele ychydig ddyfyniadau i ddangos hyn : *na thal y gwaith* **mor llawer,** ML 1.236 ; *nad oedd modd i hynny* **mo'r bod,** LGO 86 ; *nad oes* **mor digon** *o le.* ib 89 ; *Nid oes gennif* **mor llawer** *i ddwedyd,* ALMA 33 (L.M.).

†Yn emynau Williams ac eraill ceir mynych enghraifft o arfer *o* yn lle *mo* er mai *dim* (y mae'r *-m-* yn weddill ohono) sy'n peri arfer *o* o gwbl, e.e. *Heb deimlo fyth* **o'i** *ddiwedd,* W. Hymnau (1811) 861 ; *Gwledd i barhau, nad oes* **o'i** *hail,* ib 880 ; *Ni newid byth* **o** *gariad Duw,* John Thomas, Caniadau Sion (1788) 14 ; *Ni cha'i mwyach wel'd* **o** *honi,* ib 250 ; *Ni threulir byth* **o'r** *fath Tref-tad,* DJ o Gaeo, Hymnau (1775) 17.

mae ef beth gwell, etc. ; cymh. : *fod arnaf* **beth bai**, ML 1.82 ; *ei bod yn* **beth cywreiniach**, LGO 93. Pan roir enwau eraill megis *tamaid, gronyn, yfflyn,* etc. yn yr un safle o flaen ans. cymharol yr un gystrawen a geir, sef cadw'r gysefin : *nid yw damaid callach, 'ddim yfflyn llai, 'ddim gronyn mwy,* etc. ; cymh. : *Heb* **ronyn bai** *ar Wynedd,* TA 41.20 ; *nid yw . . . yn gwneuthur i ni* **ronyn lles** *na chysur,* YmDd 328 ; enghreifftiau anarferol yw'r rhain o dreiglo : *ni bydd gennit ti* **ronyn lai**, Llanover E 1.48b (Ll. Siôn) ; *i* **ronyn well** *bywoliaeth,* Williams, DNupt 46 ; *Ac nid oes ynw'i* **ronyn rym,** W., Hymnau (1811) 643 ; *'dw'i* **ronyn waeth**, ib 914 ; cyferb. *Un gronyn gobaith,* ib 675.

§30 NEMOR, FAWR

(i) Am gyfansoddiad a chystrawen **nemor**, gw. WG 313-4 ; arferir yr ardd. *o* o flaen enw pendant : *ny weleiste eto nemawr* **o** *boenau uffern,* LlA 154 ; o flaen enw amhendant hepgor *o* a thr. m. i'r enw : *gan nad oes* **nemor air** *yn yr holl draethawd hwn yn ddieithr,* AllPar, Llythyr Annerch ; *cyn pen* **n. dd***yddiau,* T.W., Dyfroedd Bethesda, 49. Ond fel sy'n gyffredin yn y cystrawennau genidol hyn erys yr ardd. *o* o flaen enwau amhendant hefyd : *ni byddai nemmawr* **o** *Bysgodyn a ddiengai rhagddo,* GB 175 ; *Nis gallai Ddŷn, na n.* **o** *Greadur fyw,* ib 249 ; *nid oes gan ŵr honno n.* **o** *waith ond ei charu,* W. DNupt 43.

Arferir *nemor* hefyd o flaen ans. cymharol heb dr., *nemor* **g***well,* cymh. **n. llai**, W. Hymnau (1811) 310.

Ceisir dangos yn hanes *fawr* ei fod o flaen enwau amhendant yn peri tr. m. ar y dechrau ond iddo ddod yn ddiweddarach i gymryd y gysefin. Y mae'n bosibl i'r un newid ddigwydd yn hanes *nemor* gan fod esiamplau o gadw'r gysefin ar ei ôl, neu fod yr esiamplau hyn wedi eu llunio ar batrwm cystrawen ddiweddar *fawr,* e.e. *heb* **ynemawr gohir**, Bv.217 ; *heb* **nemawr cyfarwyddyd**, Gomer, Gweithiau, XLI ; **n***id yw o* **n. pwys**, ib XLIX.

(ii) Anfynych, os o gwbl, y gwelir **fawr** yn nhestunau safonol Cym. Can., ond erbyn CDC daeth *mawr* mewn gosodiad negyddol yn enw i ddynodi maint a gradd, ac oherwydd mai mewn gosodiadau negyddol yn unig yr arferid *mawr,* fe ddaeth o'r diwedd, hyd yn oed heb ddim o'i flaen i'w negyddu neu i negyddu'r gosodiad, i ddynodi absenoldeb maint a gradd ; ac am ei fod yn mynych dreiglo yng nghysylltiadau'r gosodiad negyddol (' nid oes fawr,' ' heb fawr,' etc.) arhosodd yn y ffurf dreigledig pryd bynnag y dynodai absenoldeb maint a gradd, hyd yn oed heb ddim i achosi'r tr. o'i flaen, e.e. ' cyn pen fawr o amser,' etc. ; gw. §172 isod, TREIGLADAU SEFYDLOG.

(iii) Ond ans. yw *mawr* neu *fawr* ar y dechrau ac yn yr esiamplau hynny a ddigwydd cyn cwpláu'r proses o newid yr ans. yn ' enw ' tebyg i *dim* a *llawer*, naturiol disgwyl i *fawr* beri tr. pan leolir ef o flaen yr enw : *nid oes j mi* **vawr lywenyd** *er bod yn i lyvodraeth ef*, B II.222-3 ; *lle ni chawsant* **fawr ddaiar**, Math. XIII.5, (Marc IV.5, *ni chafodd*) ; *nid oes gantho* **fawr duedd** *na meddwl ar i weddi*, PA 80 ; *ni ddylai fod* **fawr ġyfrif** *am eu colledigaeth*, Hom 2.132 ; *nid yw hyn*, (*sic*) *yn haeddu* **fawr ġlod**, ib 3.176 ; *nid oes* **fawr ġyssur** *ynddo*, GMLl 1.48 ; *nid oes chwaith* **fawr lyfrau** *Cymreig ynghymru*, ib 1.261 ; *nid rhaid* **fawr oleufynaġ**, HDdD (A5) ; *heb* **fawr Obaith**, GB 211 ; *na fuaswn yn gwneud* **fawr barch** *i'm henw fy hun*, W. DNupt 37 ; *na cheir* **fawr ddaioni** *o honaw bellach*, ML 1.57 ; (tebyg yn 1.101 ; 1.190).

O flaen ans. cymharol : *ni byddai* **fawr waeth** *gennym*, Hom 2.88 ; *nid yw* **fawr lai** *ei flinder*, HDdD 159 ; eto 247.

Bu rhyw newid arwyddocâd yn y gystrawen hon, sef o olygu 'great happiness' i 'much happiness' nes bod 'fawr' yn troi'n 'enw' a'r enw a'i dilynai yn enw genidol. A'r newid hwn a barodd y newid yn y treiglo. Y mae digon o esiamplau i ddangos fod cadw'r gysefin wedi dechrau yng nghyfnod testunau cyntaf CDC, a thebyg mai parhad 'llenyddol' o hen gystrawen yw rhai o'r esiamplau uchod, sef ffrwyth y rheol y dylid cael tr. m. pan roir ans. o flaen enw ; y mae hyn yn sicr o fod yn wir am yr enghreifftiau o dreiglo'r ans. cymharol oblegid y mae'r cystrawennau hyn wedi eu llunio yn unol ag ystyr newydd *fawr*, a'i swyddogaeth fel 'enw' tebyg i *llawer* a *dim*.

(iv) Dyma enghreifftiau gweddol gynnar o'r gystrawen ddiweddar sy'n cadw'r gysefin : *nid oes* **fawr mwy** *i'w scrifenu*, ThM 82 ; *heb* **vawr pris** *am deni*, DCr[2] 169[b] ; *val na bydd arno* **vawr pwys**, ib 146[a] ; *na chaiff* **vawr diolch**, ib 131*a* ; *heb* **vawr ġwaed**, ib 173[a] ; (cyferb. *heb* **vawr ġig**, ib 173[a]).

Cysefin yr ans. cymharol a ddaw ar ôl *fawr* hefyd yn ôl y priod-ddull diweddar, e.e. 'nid yw fawr ġwell . . . fawr callach' ; cymh. *na byddem* **fawr ġwell** *na hanner marw*, GB 110 (tebyg 152).

Prawf pellach a ddengys mai 'enw' yw *fawr* yw'r ffordd y tyfodd yr ardd. rhyngddo a'r enw pendant, 'nid oes fawr o'r bechgyn yn awyddus i gynnig.' Ac fel y digwydd yn aml yn hanes y cystrawennau genidol hyn fe erys yr ardd. hefyd o flaen yr enw amhendant, e.e. ''does fawr *o* ddŵr yn yr afon,' ''dyw e fawr *o* beth.'

§31 Ychydig

(i) Enw yw **ychydiġ**, ac er tebyced yw i ans. mewn ambell gyd-destun, credaf mai iawn ei gyfrif yn enw ym mhob un o'i gystrawennau. Perthynas enidol sydd rhwng *ychydig* a'r enw sydd yn ei ddilyn, ac er yn gynnar arferir yr ardd. *o* rhyngddynt, pa un a fydd yr enw yn bendant neu'n amhendant ; ceir esiamplau hefyd o hepgor *o* o flaen enw amhendant :

ychydic **or** *lludw*, Havod 16.8 ; *y.* **o** *emenyn*, ib 82 ; *y.* **o** *win*, ib 83 ; *echydic* **o** *dewissogyon*, RBB 8 ; *lle y mae bychydic* **o** *Gristynogyon*, FfBO 34 ; *er nad yw hi ond o* **ychydic faint**, AllPar, Llythyr Annerch.

Afraid dywedyd fod tr. m. i'r enw amhendant a ddaw'n union ar ôl *ychydig*.

(ii) Os troir *ychydig* yn bendant a'r fannod o'i flaen, rhaid hepgor *o* a thry ' ychydig o'r lludw ' yn ' yr ychydig ludw,' fel y try ' llwyth o lo, llwyth o'r glo, ystenaid o ddŵr ' yn ' y llwyth glo, yr ystenaid ddŵr ' ; ond dylid sylwi nad yw ' ludw ' yn troi'n ansoddeiriol. Beth bynnag, pan ddaw'r enw yn union ar ôl *ychydig* ceir tr. m., ac y mae tuedd i edrych ar hyn fel prawf mai cystrawen ' ans. + enw ' ydyw, ond nid oes mwy o reswm dros dybio fod *ychydig* yn ans. (er mwyn cyfrif am y tr. i'r enw) nag sydd dros feddwl mai ans. yw *cyfryw* yn yr un safle ; *y cyfryw ddyn, y cyfryw wraig*, gw. §36 isod.

(iii) Fel enw annibynnol, enw gwr. yw *ychydig*, cymh. *i'r ychydig hwnnw*, RBS 125 ; noder hefyd ' ychydig **b**ach.' Esiampl yw cystrawen ' yr ychydig ludw,' etc. o dreiglo'r enw genidol ar ôl enw gwr., peth sy'n gyffredin yn y cystrawennau genidol arbennig hyn. O flaen ans. cymharol ceir ' ychydig mwy ' neu ' ychydig yn fwy ' ; nid cyfansoddair ond cystrawen debyg i ' llawer llai ' neu ' llawer yn llai.' Efallai mai effaith credu mai ans. o flaen enw ac ans. yw *ychydig* yw'r enghraifft ganlynol o dreiglo : *ychydig* **b***raffach nar kyntaf*, DCr² 130b.

§32 Gormod

(i) Y mae *gormod* o ran ei gystrawen enidol, a heb gyfrif y treigladau, yn debyg i *llawn* ac *ychydig*, sef y gellir hepgor *o* o flaen enw amhendant ond bod angen *o* o flaen yr enw pendant, ' gormod glaw, g. o'r glaw ' ; yn ddiweddarach daethpwyd i arfer *o* o flaen yr enw amhendant hefyd, ' g. o law.'

Fel rheol ceidw'r enw genidol amhendant y gysefin pan ddaw'n union ar ôl *gormod(d)* : *g.* **g***wlybwr*, B II.12 ; *na cheis gantunt o.* **g***weith*, ib II.14 ; *yn berrwi o ormoddion* **k***yvoyth*, ib II.217 ; *g.* **ll***yfr vyddai*, ib IV.206 ; *g.* **g***law*, 2 Esdr. VIII.43 ; *g.* **p***oen*, DFf 60 ; *g.* **ll***wyth*, ib 123 ; *o dilin ormod* **c***wmpni*, CRhC 4 ; *am ormod* **d***ifrifwch*, ib 334 ; (enghraifft o arfer *o* : *gormodd* **o** *wlybwr yn y tir*, B VI.48).

(ii) Ond y mae esiamplau o dreiglo mewn Cym. Can., ac yn enwedig yn nhestunau CDC a berthyn i Forgannwg a Gwent er nad yw'r arfer wedi ei chyfyngu i'r rhannau hyn : *trwy ormod* **o***rthrymder*, Havod 16.39 ; (cyferb. *trwy o.* **c***ryt*, ib 92) ; *heb o.* **f***linder*, Hom 2.77 ; *chwant a gormodd* **g***ariad*, DCr² 67a ; *i ormod* **w***res*, ib 84a ; *gormodd* **dd***illad*, ib 87a ; *g.* **b***leser*, ib 90a ; *g.* **b***enyd*, ib 90b ; *os cymerir gormodd* **b***leser ynthynt*, ib 121a ;

g. **d***ryst,* ib 125[a] ; *Rhowch ych gormoddion* **g***yfoeth y mysc y tylodion,* MCr 93[a] ; *amlder o foethey a gormodd* **f***edddod,* ib 100[b] ; (cyferb. *gormoddion* **o** *dda bydol,* ib 133*a* ; *fo wnai ormodd* **o** *ddrygoni,* ib 92[a]) ; *mewn Gormod* **w***egi,* CRhC 213 (gwaith Deheuwr wrth eirfa'r gerdd) ; *fe fydde Ormodd* **d***rwbwl,* ib 216 ; (*g*)*ormod* **d***rachwant,* ib 265 (Llanelwy, Fflint) , *Gormodd* **v***el tew a lewas,* Ieuan Gethin, C. i'r Bydafau (dyf. yn Hist. Vale of Neath, 476) ; *Gormodd* **f***radwyr hyn sydd chwith Medd rhai sy'n plith yn yr ynys,* C. Llên Cymru 2.10 (T. Jones, Llanfair Mynwy).

(iii) Y mae'n bosibl mai effaith y gam-dyb yw'r rhain, mai ans. yw *gormod* o flaen enw, ond fe welir fod y tr. yn digwydd mewn testun cynnar ac y mae'n debycach fod y duedd i dreiglo i'w phriodoli i'r ymgais i wahaniaethu rhwng y ddwy agwedd sydd ar gystrawen *gormod* + enw, sef yr agwedd ddiriaethol a olyga ' too much,' a'r agwedd haniaethol pan gyflea 'excessive.' Gydag enwau diriaethol fel 'llyfr' cyflea *gormod* ystyr o ' faint a rhif ' ; collir yr ystyr hon wrth sôn am enwau haniaethol, a *gradd* yr ansawdd yn yr enw haniaethol a fynegir, yr ystyr a fynegir gan y rhagddodiad *gor-* neu'r ans. *gormodol.* Dichon nad yw pob enghraifft yn cytuno â hyn ond awgrymir mai'r gwahaniaethu yma a fu'n achos i'r treiglo ddechrau ; .' gor-gariad ' yw *gormod gariad,* ' gwres gormodol ' yw *gormod wres* ; cymh. yr esiamplau canlynol o roi *gormodd* o flaen berfenw, fel rhagddodiad cyfysytr â *gor-* : *ni ddylid* **gormodd ofalu** *am y fath ddynion,* Hom 1.36 ; (cyfansoddair rhywiog drwy newid trefn ' gofalu gormod ') ; *a'u* **gormodd beintio**, ib 2.77.

§33 Maint, Cymaint

(i) Rhoir sylw arbennig yma i *maint* a *cymaint,* nid yn unig er mwyn olrhain a cheisio deall cystrawennau y ddeuair eu hunain, ond am mai'r treiglad a geir yn *y gymaint* (ac *y gynifer*) yw tarddell y tueddiadau hynny i dreiglo geiriau sy'n debyg o ran arwyddocâd megis *y gyfryw* (er mai *y cyfryw* yw'r gystrawen wreiddiol), *y gyffelyb* a geiriau tebyg, *y fath* er mai enw gwr. yw *math, y mil blynyddoedd* er mai enw ben. yw *mil* ; ac ymhellach am mai cystrawennau *maint* yw patrwm y gystrawen ddiweddar *y fath beth,* etc.

Yr awgrym a gynigir yma yw fod yr enw gwr. *maint* (' amount, size ') yn magu swyddogaeth newydd (= ' such ') a'i fod gyda threigl amser yn troi'n fen. ar gyfer y swyddogaeth wahanol yma. Cyfeiriwyd uchod yn §2 (i) nodiad (*c*) at enwau sy'n magu ystyron ffigurol ac yn cymryd cenedl newydd fel help i ddangos hynny, sef y genedl sy'n wrthwyneb i'r un gynhenid : ' *coes* morthwyl ' yn wryw., *to* = ' cenhedlaeth ' yn fen. ; ond da fydd cofio na ellir disgwyl i'r enghreifftiau cynharaf oll o *coes* (ffigurol) fod yn wrywaidd ; byddai raid aros beth cyn y deuid i wahaniaethu rhwng cystrawen yr ystyr gynhenid a chystrawen yr ystyr ffigurol drwy gael cenedl wahanol ar eu cyfer. Gan hynny, hyd nes bod yr arfer o wahaniaethu'n sefydlog, ceid esiamplau o *coes* (ben.) yn golygu ' handle '; y mae *to* = ' cenhedlaeth ' yn parhau'n wrywaidd yn y Gogledd o hyd. Drych yw hyn o'r amrywiaeth a'r anwadalwch sy'n bosibl yng nghystrawennau *maint*.

(ii) Dengys y testunau cynharaf mai enw gwryw. yw *maint* a dyna yw o hyd, e.e. *ar meint* **m***wyhaf*, WM 500 (< RM); gw. amlder o enghreifftiau yn CA 71 a B x.212-4, a ddengys mai gwryw. ydyw.* Ac yn y gystrawen gynhenid sy'n arfer *maint* + enw gen. nid oes dr. i *maint* ar ôl y fannod nac i'r enw genidol: *Ac o hynny y bu* **y meint goruot** *a uu y wyr ynys y kedyrn* WM 56 (PK 44); *a gwedy ryussu* (darll. *ryyssu*) *or dinewyt* **y meint gwellt** *a oed uch eu penneu*, WM 203 (< RM 557, t 146) ; **y meint gwyr** *a oed idaw*, RBB 46 ; *A llawenhau a orugant hwynteu* **or meint gwyrtheu hwnnw** *y gan Duw*, YCM[2] 13 ; *a beris daly* **y m. Cristinogyon** *a oed yn y dinas hwnnw*, FfBO 37 ; **y m. kyfoeth**, Bown 4236 ; *a'n swper ni oed yn ragori mewn moethyster ar* **y m. trwydded** *ag a welais i er joed*, MCr 56[a] ; **ar maint gairav** *da a gweddiav a ddywad ef er ioed*, DP 238[b] ; **y maint aur** *a ddylyei yr iddew yddo ef*, ib ib ; gw. enghreifftiau o'r gystrawen yn yr hen farddoniaeth wedi eu dyfynnu yn y nodiad yn CA 71.

(iii) Yr ystyr uchod yw ' the amount of,' h.y. ' the amount of straw,' ' what (amount of) success there was ' ; neu ' yr holl.' Ond bu raid i *maint* gyfleu ystyron ' such ' ac ' as much as ' ac ' insofar as ' ac weithiau teimlir mai ' cymaint ' fyddai'r aralleiriad diweddar. Oblegid hyn yr ydys yn tueddu i feddwl weithiau mai'r tr. a welir yng nghystrawen *y gymaint* sy'n batrwm i'r tr. yn *y faint* ac a droes *maint* yn enw ben., neu'n hytrach, a barodd anwadalwch yng nghenedl yr enw ; ond fe fyddai'r

*Ceir nodiad yn B x.297-8 gan yr Athro Henry Lewis ar genedl *maint*, mewn perthynas â'r hyn a draethais yn B x.212-14. Dyfynnir esiamplau sy'n groes i'r cynnig a wneuthum i wahaniaethu rhwng *maint* heb dr., a *maint* sy'n treiglo ar ôl y fannod—a dylwn ddywedyd fy mod yn yr adrannau hyn wedi ymwrthod â llawer o'r hyn a ddywedais yn B x.207-33 am y cystrawenau genidol a ddosberthir yma. Awgryma'r Athro Lewis mai enw ben. oedd *maint* yn wreiddiol, a dadl gref o blaid hynny yw fod *meit* HWydd, a *ment* Llyd. yn fen., heblaw'r ffaith fod amryw esiamplau o *maint* yn fen.—ceir digon o esiamplau yn (iii) a (iv) isod ; ac awgrymir ymhellach mai eisiau cyfrif sydd pam y troes *maint* ben. yn wrywaidd, nid pam y troes *maint* gwr. yn fenywaidd. Nid oeddwn heb roi ystyriaeth i hynny pan euthum ynghyd â'r mater gyntaf, ond derbyniais y dystiolaeth yn CA 71 o blaid credu mai gwr. oedd i ddechrau ; a'm tuedd o hyd yw meddwl mai gwr. oedd yn wreiddiol, gan fod yr enghreifftiau cynnar, fel yn CA 71, a'r rhan fwyaf o'r enghreifftiau diweddarach, yn wryw. ; ac mai newid i fod yn fen. (weithiau) fu ei hanes. Teimlo yr wyf fod y cystrawennau eraill, sydd bron bod yn gyfystyr, yn dangos datblygiad tebyg—*cynifer, cyfryw, cyffelyb*, ac yn enwedig, *y math* / *y fath* ; ac y mae'r gyfatebiaeth rhwng *y faint* ac *y fath* mor drawiadol. Dyfynnir esiamplau isod o'r enw *math* yn fen., e.e. *dwy fath ar ferf*, DByrr 145 ; *y fath hon*(*no*), Hom 1.44 ; GMLl 1.163 ; ML 1.103, er mai gwr. yw, a diogel casglu, yr wyf yn meddwl, mai effaith y gystrawen ' y fath beth,' etc., yw'r duedd i droi'r enw *math* yn fen. y tu allan i'r gystrawen arbennig. Yn yr un modd ceir anwadalwch mawr yng nghenedl *maint*, a cheir esiamplau ohono'n fen. y tuallan i'r cysylltiadau hynny a'i troes yn fen.

swyddi arbennig hyn yn ddigon o reswm dros droi i'r genedl fen. Erys *maint* yn enw gwr. ar y cyfan, ac ar wahân i gyd-destun ' such,' e.e. *e mejnt,* LlDW 31.8 (cyferb. *en e ueynt vueahaf,* ib 37.35) ; *Wfft* **or maint** *sydd ynddo ; saith droedfedd . . . o uchder,* ML 1.310, (cyferb. *y llanc dirieitta* **or faint** *Ynghymru,* ib 1.138) ; *chwi gewch wybod* **y maint** *a fynnoch,* LGO 198. A cheir esiamplau sicr o *maint* (= ' inasmuch ') yn aros yn wryw. ac esiamplau o frawddegau tebyg sy'n ei drin yn fen. : *eissoes yn* **y maint** *y pechais drwc wyf,* B v.104 ; *a gwnewch da* **y maint** *a alloch,* ib III.89 ; cyferb. : *yd wyf i yth dyscu di* **yn y veint** *y gallaf,* ib VIII.372.

Dyma gyfres o ddyfyniadau o *maint* benywaidd ; sylwer fod yr ans. eithaf *mwyaf* ar ôl *maint* yn rhoi ystyr ' cymaint, as much ' ; heblaw hyn fe geir yn yr enghreifftiau ryw un o'r ystyron a rydd NED i ' such ' : *talet . . . e cogwyll ac jhaguedhy* en **e ueynt vueahaf** *a deleho* LlDW 37.35 ; *ac yn* **y veint vwyhaf** *y dechreuho ysprydawl vryt caffel blas ar wybot idi ehun . . . yn* **y veint honno** *y / y tremycca knawdawl velyster,* LlA 150 ; *a sef oed hynny* **y veint** *y bei y gyuoeth ae Iechyt,* RBB 65 ; *ni a lafurywn yn* **y veint** *y gallom yn hamddiffyn,* ib 84 ; *kel yn* **y veint vwyaf** *y gellych cared dy gar,* B II.35 ; **ar veint** *y sorres peder abostol am kenne ef a dangossir ene diwed,* ib IX.339 ; cymh. hefyd : *Pa faint* **fwy**, Hom 3.229, 230. Noder hefyd fod tr. yn y gystrawen *yr un faint.*

(iv) ' *Y faint + enw gendiol*

Os cystrawen debyg i ' yr ystenaid ddŵr honno ' yw patrwm cystrawen *maint* ben. + enw genidol, disgwylir i *maint* dreiglo ar ôl y fannod, i'r enw genidol dreiglo ar ôl *y faint,* ac mai cenedl *y faint* a benderfyna genedl y rhagenw dangosol. Dyna yw patrwm yr esiamplau isod (a gellir mentro darllen y tr. os yw'r orgraff weithiau'n methu ei ddangos) ; a'r cyfansoddiad sydd yn yr esiampl a ddyfynnwyd o *maint* gwr. : *or meint gwyrtheu hwnnw,* YCM² 13, lle y mae *meint* gwr. yn penderfynu cenedl y rh. dangosol. Dyma esiamplau o'r gystrawen fenywaidd : **y veynt wyr** *Ieueingk a wely di yma,* RBB 132 ; *Llawenhau a wnant y llogeu* **or veint achwanec honn,** ib 150 ; **y ueint tymestyl honno**, ib 149 ; **y veint druan honno**, ib 150 ; **y ueint urat honno**, ib 156 ; **y veint perigyl honno**, ib 160 ; **y ueint gynulleitua honno**, ib 163 ; **y v. ladua,** ib 173 ; **y v. rat honno**, ib 185 ; **ar v. nifer honno**, ib 187 ; **y v. uudugolyaetheu**, ib 199 ; **y v. wudugolyaeth honno**, MA 501a ; **y v. vonhedigeidrwyd honno** *a ryvedawd Chyarlymaen yn vawr,* B v.210. Cymh. hefyd : **pa veint berigyl,** ChO 20.

Gwelir yn yr esiamplau uchod mor debyg yw effaith neu ymdeimlad cystrawen *y faint* i gystrawen *y fath,* ond y mae'n werth nodi'r gwahaniaeth canlynol, sef mai cenedl a rhif yr enw genidol yng nghystrawen *math* (a *cyfryw*) sy'n penderfynu ffurf y rhagenw dangosol, e.e. ' y cyfryw ŵr hwnnw, y c. wraig honno, y c. wŷr hynny,' a daw'r rheswm am hyn i'r amlwg yn yr amrywiad ar y gystrawen, ' y c. ŵr â hwnnw, y c. wraig â honno, y c. wŷr â'r rhai hynny ' ; hynny yw, cystrawen yr ans. cyfartal sydd i *cyfryw*, *math*, ac enghraifft o lunio cystrawen *maint* ar yr un patrwm yw'r canlynol : **or veint drycdamwein hwnnw,** B x.27.*

(v) ' *cymaint* ' *ar ôl y fannod*

Pan roir y fannod o flaen *cymaint* ceir tr. m. mewn Cym. Can. (Ymddengys weithiau mai'r gystrawen wreiddiol yw hyn : defnyddio *y gymaint* pryd na fydd enw genidol yn dilyn ; ac *y maint* os bydd enw genidol). Dyma rai enghreifftiau o *cymaint* yn treiglo ar ôl y fannod : *dywedaf wrthyt . . . na dywedeis ys blwydyn* **y gymeint** *yn y kyfryw le a hwnn,* WM 10 (PK 7) ; **y gymeint** *a wypwyf i mi ae dywedaf,* ib 492 ; **y g.** *ohonof i a gaffer a geffir drwy ymlad,* ib 493 ; am enghreifftiau eraill gw. *Geirfa* Lloyd-Jones o dan *kymeint.*

Ceir tr. hefyd pan ddigwydd y fannod o flaen *cymaint arall* : *Na ellynghaf . . .* yr **y g. arall**, WM 78 (PK 63) ; **y g. arall** *o uwyt a llyn,* ib 134 ; am enghreifftiau pellach gw. B x.213 ; ac wele enghraifft ddiddorol iawn o ddefnyddio *cyhyd* yn yr un modd : *Oet galanas yu pytheunos . . . y gymhenv y tal* **ar gyhyt arall** *wrth gymhell y tal,* LlDW 76.21. Ni olyga hyn fod *cymaint* yn enw ben. oblegid ffurfiau gwr. y rhifolion a'r trefnolion a roir o'i flaen : *ar* **deu** *k.*, Havod 16.26 ; *ar g. arall . . . ar* **trydyd** *k.*, ib 84 ; *eu* **deu** *k.*, WM 84, 189 ; *no* **thri** *ch.*, ib 229 ; *y gelhusswn i dywedyd* **dri chymaint,** DCr[1], At y Cymry, t 4 ; *y* **pedwar** *c. o iawn,* HFf 338 (= Luc XIX.8, *ei dalu ar ei bedwerydd*). Cymh. enghreifftiau o *yr un gymaint,* yn debyg i *yr un faint* : *yr vn gymaint o benyd am anudon,* DP 243b ; *i dauth ef drychefn i erchi kardod ag i kavas yr vn gymaint,* ib 265a.

Nid yn aml y gwelir enghreifftiau o *cymaint* a'r fannod o'i flaen mewn Cym. Diw., ond a barnu wrth yr enghreifftiau a ganlyn fe gollwyd yr hen arfer o dreiglo : *y cymmainr* (*sic*) *arall,* YmDd 89 ; *y c. hyn . . . o amryfusedd,* DFf 103 ; *y cymeint,* DCr[1] 63b—ddwywaith (heb y fannod yn ib[2] 41a).

(vi) ' *cymaint* ' + *enw genidol*

Y mae modd i enw genidol ddod yn union ar ôl *cymaint,* sef pan fydd *cymaint* + enw yn amhendant. Yn aml iawn arferir yr ardd. *o* : *a ch. o iawnder a oruc ef,* RBB 176 ; *k. o lawenyd a gymerth,* ib 183. Os hepgorir yr ardd. ni ddisgwylir tr. i'r enw gan nad oes dim tr. i'r enw ar ôl yr ans. cyfartal : *o gymaint llu,* DFf 71 ; *c. twrwf,* ib 72 ; *yn gymaint cna,* ML 1.293.

Ond y mae esiamplau o dreiglo : *wrth uot yn gymeint* **gywilyd** *i ti,* WM 406. Anodd dweud a oes a wnelo'r ffaith fod yr ymadrodd yma ar ôl *yn*

*Ychwanegir y canlynol i ddangos ystyr a chystrawen yr ans. cyfartal : **A'r maint hyn,** *meddyn' i mi, / Bwn sorr, oedd o ben seiri,* GGl CI.49-50 (= ' cymaint â hyn ').

traethiadol, a sylwer nad cystrawen cymharu dau beth sydd yma ond cyfleu ystyr ' y fath gywilydd.' Yn nhestunau'r De (rhai Morgannwg yn bennaf), ceir mynych esiamplau o dreiglo : fe all fod mai esiamplau ydynt o'r hen gystrawen sydd yn WM 406 yn goroesi, neu fod rhyw ddysgeidiaeth leol yn traethu hen ' reol,' neu fod y llenorion yn camdybio mai'r un yw'r rheol ar ôl ffurfiau cyfartal fel *cymaint* ag ar ôl ans. cysefin—sylwer fod enghreifftiau o dreiglo ar ôl *cyd* = ' cyhyd ' ymhlith y dyfyniadau : *i wneuthur cymmaint* ***g****yfrif*, Hom 2.269 ; *mae arnynt g.* ***g****ywilydd*, ib 3.231 ; *yn i garu ef mor anwyl ag mewn cymaint* ***g****ymeriad*, MCr 113^{b} ; *o g.* ***g****ythreuliaid*, DCr^{2} 71^{a} ; *k.* **e***lyniaeth*, ib 73^{b} ; *rhydd arno g.* ***g****osbedigaeth*, ib 74^{a}, 91^{a} ; *k.* **dd***wst*, ib 118^{b} ; *yn kael k.* **b***leser, a chyd* **b***leser*, ib 121^{b} ; (cyferb. *k.* **o** *ddig*, ib 73^{b} ; *k.* **d***olur*, ib 81^{a} ; *k. poen*, ib 104^{a})* ; *fod o gymmaint* **dd***efnydd ag a allwyf*, Timothy Thomas, Moliant i Dduw (1764) III ; *Y gwnaf â'm mawr-fraint gymmaint* ***g****am*, Harri Sion, Hymnau (1798) 5 ; *Sy'n byw dan gymmaint* **d***rallod*, ib 21.

§34 Cynifer

(i) Er na cheir *cymaint* + enw yn bendant, fe all *cynifer* gael ei arfer felly, a dengys y dyfyniadau fod tr. i *cynifer* ei hun ar ôl y fannod. Nid yw hyn yn profi mai enw ben. yw, oblegid cysefin yr enw genidol sy'n dilyn, a disgwyliem dr. pe bai'n enw ben. Enw gwr. yw *nifer* mewn Cym. Can., *y niuer hwnnw*, YCM^{2} 24, a chan ei fod yn anwadalu mewn Cym. Diw., rhesymol tybio fod a wnelo treiglo *cynifer* ar ôl y fannod â'r newid cenedl neu'r ansicrwydd yma.

Dyma rai dyfyniadau : *Ar* ***g****nyuer* **p***egor . . . Ar* ***g****nyuer edeinawc*, BB 18 ; *ar* ***g****ynifer* ***g****waed*, LlH 279 ; *y* **g.** **c***ollet . . . ar* **g.** **c***ar . . . ar* **g.** **d***rwc*, WM 60. (PK 47) ; *y g.* **c***ollet a sarhaet*, ib t 100 (< RM 199) ; *y gen.* **ll***iw*, ib 223 ; *y gen.* ***g****weith*, B vii.371 ; am esiamplau pellach, gw. B x.217.

(ii) Ond gan fod tr. yn *y gynifer*, peth digon naturiol fyddai i'r dyb godi mai enw ben. oedd ac y dylai'r enw genidol gael ei dreiglo. Dyma rai esiamplau o hynny o destunau cymharol ddiweddar : *Y gyfniuer* **w***ys . . . y gyfnuuer* ***g****amlwrw*, Llst 116.30-9 ; "*Medhyliaid ydh wyf i . . . vod ymhenlhinyn y ci gynnifer* ***g****ymal ag yn asgwrn ei gefn*." B iii.275 (cyferb. *craphu . . . gynnifer* **c***ymal a vydh yn ei chwttws*, ib ib 276) ; *ai dri maib ai gynnifer ferched yn y gyfraith*, B viii.114.

Enghreifftiau eraill o'r tr. o'r llyfrau printiedig cynnar : *c.* **l***e*, Hom 3.228 ; *g.* **b***ynciau*, Gr Robert, Rhag. i *A. Gristnogawl* Morris Clynnog.

Ond cadw cysefin yr enw genidol sydd amlaf : *cynnifer* ***g****waith*, DFf 96 ;

*Wrth gymharu y DCr printiedig a fersiwn Llywelyn Siôn gwelir amryw enghreifftiau o newid y gystrawen nes cael *cymaint + treiglad*. Wele ddwy esiampl i gynrychioli'r amrywiaeth yma : *g. o dhiystyrwch*, DCr^{1} 29^{b} (*g. ddiystyrwch*, ib^{2} 22^{b}) ; *c. cariad*, 45^{b} (*k. gariad*, 31^{b}). Yr unig enghraifft o dreiglo yn DCr^{1} yw *c. oleuni*, 59^{b} (ib^{2} 39^{a}.) Ceir amryw esiamplau o dreiglo hefyd yn DP, e.e. *mewn kymaint vraint*, 251^{b}.

c. **p***en c. synnwyr*, Bas Dor (Rhag.) 11-12 ; *g.* **ll***eoedd*, ThM 60 ; *c.* **g***wialen*, W. Hymnau (1811) 892.

Anfynych iawn y ceir esiamplau diweddar o'r hen gystrawen, y fannod + *c.* + enw genidol ; yn y safle hon y mae *math* (+ nifer) neu *sut* wedi disodli *cynifer* ei hun, yn debyg iawn i'r enghraifft a ddyfynnwyd o RBB 187, *ar veint nifer honno.* Yn y ddwy enghraifft a ganlyn o gael y fannod o flaen *cynifer*, cedwir y gysefin : *neu'r* **c***ynifer a dderbyniodd athrawiaeth*, DFf 65 ; *Nid oes . . . mor* **c***ynnifer o odfeydd i dwyllo*, HDdD 238.

§35 Rhyw a Math

(i) Enw yw *rhyw* yn wreiddiol a pherthynas enidol sydd rhyngddo a'r enw ar ei ôl : gwryw. yw o ran cenedl a phair dr. i'r enw genidol a ddaw'n union ar ei ôl.

Ystyr gywir : *a menegi yr aderyn* **y ryw wr** *oed y brawt*, WM 48 (PK 38) yw ' the kind of man her brother was.' ' Math, rhywogaeth, teip,' dyna ystyron ' rhyw ' fel enw : *Tri ryw gywyd yssyd . . . Deu ryw gywyd deu eir yssyd*, RG 1134 (= GrPen 12.25-6), ' there are three kinds of cywyddau . . . there are two kinds of c.d.', WG 202. Sylwer hefyd sut y defnyddir **pa gyfryw** : *Py gyfryw wr yw awch tat chwi pan allo lleassu pawb velly*, WM 152, ' what manner of man is your father,' WG 292. Cymh. hefyd sut y defnyddir *pa rywogaeth* + enw genidol : *pa rywogaeth bobl sydd ffordd yma*, ML 1.233 ; a chedwir ystyr ' species ' yn y ffurf luos. yn y canlynol : *oddeutu i drugain o* **riwiau cregyn** *a ffosilod*, etc., ib 1.387 ; cymh. *yn lhawn o amhal rhyfogaetheu pyscod*, DCr[1] 48[b] (= *aml rhywogaethav o bysgod*, ib[2] 33[a]). Ceir ambell enghraifft yn y cywyddau o arfer *rhyw* a genidol normal ' perchenogaeth ' ar ei ôl, heb dr. i'r enw genidol, e.e.

> *Rhyw'ch mam, y rhai ucha ym Môn,*
> *A rhyw Lloegr a'i holl eigion*, TA 20.19-20.

Erbyn Cym. Diw. y mae *rhyw* wedi ymwacáu o'i ystyr wreiddiol fel enw ac wedi dod yn air i gyfleu amhendantrwydd neu ddiffyg manwl-gywirdeb, e.e. ' rhyw feddwl yr oeddwn i,' a gyflea ' nid gwir feddwl ond rhywbeth tebyg i feddwl a heb fod yn siŵr iawn ' ; dyna'r lliw a rydd *rhyw* i eiriau erbyn hyn.

(ii) Fel y dangosir eto yn §36 (iii) gall *cyfryw* gymryd y geirynnau *â, ag* (Cym. Can. *a, ac*) ar ei ôl, gan ei fod yn ans. cyfartal tebyg i *cymaint* ; ond fe ellir eu hepgor o flaen rhagenw dangosol neu gymal perthynol : *y kyfryw vwyt ac a oed ganthaw*, SG 200 ; *yn y k. le a hwnn*, WM 10 ; *y k. dyn a hwnn*, ib 123 ; cyferb. : *y k. varchawc yd oed ef yn y ol*, ib 138 ; *y k. dyn hwnn*, RM 198 ; *yr k. wr hwnnw*, RBB 65.

Arferir *y rhyw* yn lle *y cyfryw* yn y cysylltiadau hyn (a chystrawennau fel *y maint*, etc. yw'r patrwm i'r priod-ddull yma yn ôl WG 303-4) : *Ny bu eiryoet y ryw lewenyd* **ac** *a wnaethpwyt*, SG 144 ; *y ryw bryf* **a** *hwnnw*,

WM 77 ; *ac or rhyw ddeunydd diddelw* **a** *hwnnw,* B IX.119 ; *wedi y del y rhyw ddynion* **ar** *rhai hynny y oleuni,* ib ib 119 ; heb arfer *a* : *y ryw bryf hwnnw,* RM 54 (cyfetyb i WM 77 uchod) ; *y ryw gyflauan honno,* WM t 288 ; *Ni vwyteynt y ryw vwyt hwnnw yr mil o vorkeu eur,* YCM² 111 ; *am chware taplys neu y ryw betheu hynny,* B VII.376 ; *ny weleis eiryoet y ryw dinas hwnnw,* FfBO 47.

Fe ellir deall oddi wrth y dyfyniadau hyn pam y mae cenedl a rhif y rh. dangosol yn cael eu penderfynu gan yr ail enw, sef yr enw genidol, yn wahanol i gystrawen ' y darn tir hwn, y rhan dir hon ' ; cymh. enghreifftiau o arfer *rhywogaeth* ar yr un patrwm : *ir rywogaeth vaen hwnnw,* B VIII.298 ; *ir rywogaeth garec a honno,* ib ib 300. Yn rhai o'r esiamplau uchod gellir dirnad ystyr o ' rhywogaeth ' yn y gair ' rhyw,' yn y cyd-destun lle ceir enwau ' adnabyddedig ' neu *precise* fel ' pryf,' ' deunydd ' ; ond o flaen enwau fel ' llawenydd,' ' cyflafan,' cyflea *rhyw* + enw radd amhendant o'r ansawdd sy'n ddealledig yn y cyd-destun ; cymh. ymhellach : *ef a anuones y egylyon attei y rei a rodassant* **y ryw lewenyd** *hyt nat oed un dyn yn y byt a allei dywedut y llywenyd hwnnw,* BSK 35.

Fel y ceir anwadalwch yng nghenedl yr enwau a drafodir yn yr adran hon fe'i ceir hefyd ynglŷn â chenedl *rhyw.* Heblaw'r ymadrodd ystrydebol diweddar ' y rhyw deg,' cymh. *o'r rhyw frenhinol,* Timothy Thomas, Moliant i Dduw (1764) 63 ; *o'r werthfawr ryw,* John Thomas, Caniadau Sion (1788) 114 ; *'r fendigaid ryw,* Hymnau a Phennillion Hopkin Bevan, John Thomas ac eraill (1837) 8.

(iii) Gwyddys mai enw yn golygu ' stamp ' yw *math* yn wreiddiol, ac mai amrywiad yw ar *bath,* o'r Ll. *batto* ; cymh. *i bob bath ar d(d)yn.* DByrr 2 ; *bob bath ar adfyd,* PA 1 ; *pob bath ar ddyn,* CRhC 280 (amrywiad, *bob kyfriw ddyn*). Gan fod y stamp wedi ei fathu ar bethau, naturiol fod yr ardd. *ar* yn y gystrawen gysefin ; a chan fod y ' math ' neu'r bathiad yn ffordd o ddynodi ac o adnabod pethau, daeth i olygu'r rhywogaeth y perthynai'r pethau iddi ; collwyd y syniad am y bathiad a disodlwyd yr ardd. *ar* gan yr ardd. *o,* sef yr arddodiad a ddilyna enwau fel ' dosbarth,' etc.* Cyferb. : *Tri math ar arglwydd ysydd . . . Saith math o varchoc urddoliaeth ysydd, . . . Tri rhyw ysgwier ysydd,* GrP 202 (testun y ' Graduelys ').

(iv) Dyma, yn fyr, y tri pheth sydd wedi llunio cystrawen *math* : (*a*) tarddiad *math* sy'n penderfynu fod eisiau'r ardd. *ar* neu *o* rhyngddo a'r enw dilynol mewn rhai cysylltiadau ; (*b*) disodli'r enwau *rhyw* a *cyfryw* fel enw yn golygu ' rhywogaeth ' a dilyn yr un llinellau â hwy yn natblygiad ei ystyron ; (*c*) cymryd patrwm *maint ac y faint* o ran treigladau. Y ddau beth olaf hyn a roes i *math* gystrawen yr ans. cyfartal,

*Cymh. *crefydd o'r stamp oreu,* Daniel Owen, RL 212, a sylwer sut y magodd y gair Saes. *brand* ystyr ' rhywogaeth ' neu ' sort.'

' y fath beth â hyn,' etc., ac a barodd fod *math* yn treiglo ar ôl y fannod a bod yr enw yn treiglo ar ei ôl.

(v) Oblegid (*a*) y mae *math* yn edrych yn debyg i enwau torfol neu faintioli fel *llwyth* a *cenfaint* pan fydd yn amhendant, ' llwyth o lo, cenfaint o foch,' sef yn hyn, ' math o ddyn, o bysgod,' etc. ; er hynny, ni cheir ' y math dyn, y math pysgod ' ar batrwm ' y llwyth glo,' er mai enw gwr. yw *math*, a'r rheswm yw mai *rhyw* a *maint* yw patrymau *math* pan fydd yn bendant, ' y rhyw ddyn, y faint laddfa,' ac anodd osgoi'r casgliad fod *math* yn newid ei genedl.

Dangosir y cysylltiad sydd rhwng *rhyw* a *math* yn y modd yr arferir *rhyw* mewn CDC yn lle *math* gyda'r ardd. *ar* neu *o* ar ei ôl, ac yn yr ansicrwydd parthed cenedl *rhyw*, ansicrwydd sy'n codi'n bennaf o'r tr. ym mhriod-ddull *y fath** : *na wnelid vn rhyw* **o** *witsgrafft*, DP 222[b] ; *deu ryw* **o** *ffydd*, Hom 1.45 ; *y rhywiau eraill* **ar** *grefydd*, ib 1.75 (cyferb. *ryw fathau* **o** *ofergoel*, ib ib ib) ; *y rhyw uchaf* **ar** *addoliad*, ib 2.111 ; *ar* **dair** *rhyw o weddi, o'r rhai y mae* **dwy'***n neulltuol . . . o'r rhyw* **hon** *o weddi*, ib 2.267. Cymysgiad o'r ddau air cyfystyr yw'r gystrawen yn y canlynol : *pa* **ryw fath** *rai*, AG 36 ; *pa* **ryw fath o** *ddynion a ddylem ni fod*, RBS 50 ; *yn gwybod . . . pa* **fath ryw** *ddynion a ddylent hwy fod*, W. DNupt 25.

(vi) Fel yr awgrymwyd, etifeddodd *math* gystrawen ' gyfartal ' *rhyw* a *cyfryw* ; cymh. y dyfyniadau canlynol : *Ny bu eiryoet* **y ryw** *lewenyd* **ac** *a wnaethpwyt*, SG 144 ; *yn addaw iddo ei hun y cai weled* **y fath** *amlwg ddinistr ar ei elynion*, **ac** *a barai i'r cyfiawn lawenychu*, Ps. LXIV, Cynhwysiad. Yn (ii) uchod dyfynnwyd esiamplau ochr yn ochr â'i gilydd o *rhyw* yn arfer *â, ag* mewn cystrawen ' gyfartal ' ac eraill yn hepgor *â, ag* ; fe allai *y fath* hepgor y geiryn ar y dechrau : *dryg enwey . . . Nero . . . herod pilat . . . ar fath rei hyny*, MCr 41[b] ; *anlladrwydd trachwant medddod ar fath rhai hynny*, ib 44[b] ; *ny bysit ti ny fath drieni hyny*, ib 70[a] ; *yn y fath bechod hwnw*, ib 92[a] ; *y fath bobl hyny*, ib 84[b] ; *y fath rodd yrddedig honno*, ib 94[b] ; *y fath wr hyny*, ib 95[a] ; *y fath roddion hynny*, ib 131[a].

(vii) Wrth ddilyn yr un llinellau â *rhyw* a'i ddisodli y cafodd *math* a'i gystrawen ' gyfartal ' yr agwedd honno o gyfleu gradd o'r ansawdd ond heb ei ddiffinio am ei bod yn ymhlyg ac yn ddealledig yn y cyd-destun, fel sydd yn y canlynol : *y ryw lewenyd hyt nat oed un dyn yn y byt a allei dywedut y llywenyd hwnnw*, BSK 35 ; *cyfryw falchder oedd ynddo*, 2 Macc. v.21 ; gellid aralleirio drwy arfer ' y fath lawenydd ! ', ' y fath falchder ! '. A dyma effaith magu'r arwyddocâd hwn : yn y gystrawen ' y fath dŷ â hwn,' cyfeirio yr ydys at ryw haniaeth ynglŷn â'r tŷ, ei natur neu ei ansawdd, nid at y tŷ fel peth diriaethol ; rhyw wychder neu olwg dlodaidd neu rywbeth yn ei arddull ; ac am fod *y fath* wedi magu'r ystyr haniaethol

*Rhoddwyd esiamplau yn (ii) uchod o *rhyw* yn fenywaidd.

neu seicolegol hon, clywyd angen cystrawen a gadwai ystyr briod *math*, sef ' teip, rhywogaeth ' ; a dyna'r rheswm y ceisiwyd gwahaniaethu rhwng ' y fath dŷ â hwn ' ac ' y math hwn o dŷ ' ; cymh. *o'r math hwn o ganu*, W. J. Gruffydd, Tr Cymm 1937 t 269 ; *i'r math personol hwn o ganu*, ib t 270.

(viii) Ond er tebyced cystrawen *rhyw* a *math* ni all *math* gymryd arno bob priod-ddull a berthyn i *rhyw* am fod iddo hynodion cystrawennol cyn ymdebygu â *rhyw* ; e.e. lle ceir *Tri ryw gywyd yssyd*, GrP 12.25-6, ni ellir disgwyl ' Tri math gywydd ' gan mai *math ar* neu *o* yw cystrawen gysefin *math* fel enw yn golygu ' rhywogaeth ' ; cymh. *Dau vath sydd ar dipthongiaid*, ib 208.* Eithr gellir nodi pwynt neu ddau eto lle disodlodd *math* yr enw *rhyw*, sef *pa fath* yn lle *pa ryw* (*pary*, *par*) : *un fath* yn lle *unrhyw* : ar lafar ceir ' fath le ? ' a'r rhagenw gofynnol yn ddealledig, fel y ceir ' sut le ' heb y rh. gofynnol. Pan fo *un* yn rhifol o flaen *math* (a dylai fod yn bosibl profi ai rhifol ydyw drwy gynnig rhoi *dau*, *tri*, etc. yn ei le) *un math* heb dreiglad sy'n iawn, gan mai enw gwr. yw *math* : *yr un math yma ar Drugaredd*, HDdD 80. Ond fel y dangosir isod cododd ansicrwydd mawr parthed cenedl *math* a cheir esiamplau o dreiglo ar ôl y rhifol : *eisie i'r Cymru (d)dychmygu un fath ar elfen i wasneuthu tros bob ûn*, DByrr 15. Os bydd cymhariaeth yn yr ystyr, a chystrawen gyfystyr â ' cyffelyb, unrhyw,' ceir tr. ar ôl *un*, ac er mai cystrawen a ddisodlodd *unrhyw* yw *yr un fath* digwydd esiamplau o gyfuno'r ddwy gystrawen : *trwy'r unrhyw fath ymddygiad*, YmDd 196 ; ond (*yr*) *un fath* a geir amlaf ; *Yr un fath bethau a ddigwydd i'r drwg ac i'r da*, Preg. IX, Cynhwysiad : *Mai'r un fath yw diwedd y duwiol a'r annuwiol*, Doeth. Sol. VII, Cynhwysiad ; *un fath ddyfodiad i fywyd sydd i bawb, ac un fath fynediad allan*, ib ib 6 ; *yr un fath beth ag ydoedd yr amser hwnnw*, DFf 76 ; *yr un fath gennad*, ib 140 ; *yr un fath ymdrin*, HFf 220 ; *ynghylch yr un fath foddion*, ib 231 ; *a'r un fath gam-ystyriaeth*, ib 269. Er mwyn cymharu dyfynnir un esiampl o *unrhyw* o hen destun : *ar unryw ymadrawd gantunt ac a dothoed gan y marchawc cyntaf*, RM 200.

(ix) Dywedwyd digon i ddangos tebygrwydd *maint* a *math*, ac fel y ceir ' y faint, y faint fwyaf, y faint berygl,' ceir ' y fath, y fath gyflawnaf, y fath berygl,' etc. Yn y bôn yr un cymhelliad sydd dros newid cenedl ag mewn enw gwr. fel *to* sy'n troi'n fen. yn y De pan olyga ' cenhedlaeth,' h.y., magu ystyr ffigurol neu haniaethol a gwahaniaethu rhwng y ddwy ystyr drwy gael dwy genedl. Ond yn hyn y mae *math* yn wahanol, sef nad yw'r ymraniad rhwng yr ystyr wreiddiol a'r ystyr eilradd yn glir a phendant ac ni chyrhaeddwyd stad y gallai awduron fod yn sicr yn eu meddwl mai fel enw gwr. cyffredin y dylid ei drin mewn un cyd-destun ac fel enw ben. cyffredin y dylid ei drin mewn cyd-destun arall. Y cwbl

*Er hynny y mae esiamplau ar ddiwedd y paragraff o *un fath* + enw genidol heb *ar* nac *o*.

y gellir ei ddywedyd yw fod anwadalwch mawr ynglŷn â chenedl *math* a threiglad yr ans. ar ei ôl, ac mai'r ystyr haniaethol a phatrwm *y maint* ac *y faint* yw achos yr ansicrwydd ; cymh. **Dau** *vath sydd ar dipthongiaid*, GrP 208 ; *mae* **dwy** *fath ar ferf gynhorthwyawl*, DByrr 145 ; *dwy vath ar gynghaned* (*sic*) *sain*, ib 226 ; *y fath hon*(*no*), Hom 1.44 ; GMLl 1.163 ; ML 1.103 ; *o'r fath gyflownaf*, DFf 70 ; *y fath ymma*, Job XIV.3 ; *Clywais lawer o'r fath hyn*, ib XVI.2 ; **Dau** *fath sydd yn pechu . . . a'r trydydd . . .* Eccl. XXIII.16 ; *ei bod hi o'r fath ddoethaf*, RBS 145 ; *o* **bedwar** *math*, HDdD 6 ; *o'r fath yma*, ib ib ; *yr ail math*, ib 7 ; *y fath gyntaf o'r rhain*, ib 27 ; *un o'r fath waelaf*, LGO 87 ; *y fath hyn o fenyw*, W. DNupt 56.

(x) Geiriau benthyg o'r Saesneg *suit* yw *sut* neu *sud* (*shwd, shwt* ar lafar gwlad mewn rhai mannau) a'r S. *fashion* yw **ffasiwn** (*'siwn* ar lafar). Enwau ydynt a'u priod ystyr eu hunain ganddynt, ond am fod yr ystyr 'shape, form' yn hanfod ynddynt,* hawdd oedd iddynt ddod yn enwau i ddynodi rhywogaeth ac yna ddilyn datblygiad tebyg i *rhyw* a *math* o ran ystyr a chystrawen, e.e. 'y ryw bryf a hwn,' 'y fath bryf â hwn,' 'sut bryf â hwn,' 'ffasiwn bryf,' etc.; *unrhyw, un fath, unsut, pa ryw,* (*pa*) *fath,* (*pa*) *sut,* cymh. *y mae'n gyfraithlon i bob dyn chwennych gwybod hynny ond nid mewn* **siwt ffordd hynny,** DP 220b ;† *edrych ar Grist o frig y pren,* **pa ŵr ei sut** *ydoedd,* LlHyff, At y Darllenudd ; *O'r un sytt a ffon Accyles,* CRhC 15. Y cwbl y mae angen ei ddywedyd yma yw fod treiglad i'r enw sy'n dilyn *sut* a *ffasiwn* yn y cystrawennau hynny sydd ar ddelw hen gystrawennau *rhyw* ; ac y mae'r dyfyniad diwethaf, *o'r un sytt a ffon A.*, yn ddigon i ddangos sut y cafwyd *ishta*, sy'n gystrawen gyffredin ar lafar gwlad ym Morgannwg.

§36 Cyfryw

(i) Sonnir yn gyntaf am y gystrawen a ymddengys yn gystrawen gynhenid. Pan roir *cyfryw* o flaen enw, pair iddo dreiglo ond nid yw *c.* + enw yn gwneuthur cyfansoddair rhywiog, gan nad yw *c* ei hun yn treiglo ar ôl y fannod pan ddaw o flaen enw ben. ; cyplysiad ydyw o enw + enw genidol, yr un fath â *maint* + enw, *cynifer* + enw, gw. WS 141, WG 303. Gan hynny nid yw cenedl yr ail enw yn penderfynu beth yw tr. *cyfryw* ei hun. Dyma enghreifftiau a ddengys beth yw'r gystrawen gysefin a'i bod wedi parhau hyd y cyfnod diweddar : cadw cysefin *cyfryw* ar ôl y fannod pan ddaw enw ben. ar ei ôl :— *y* **k.** *dreth a honno,* YCM² 140 ; *y* **c.** *farn,* Deut. XVII, Cynhwysiad ; *y* **c.** *ffordd,* DFf 92 ; *y* **c.** *gynnulleidfa,* ib 47 ; *y* **c.** *addysc dduwiol,* YmDd 344 ; *y* **c.** *fychedd,* ThM 5 ; *y* **c.** *fam honno,* ib 20 ; *y* **c.** *dymer,* HFf 313 ; *y* **c.** *ffordd,* RBS 100 ; *y* **c.** *fywioliaeth,*

*'Form, body' yw ystyr yr enw sy'n hanfod yn y gair 'such.'

†Yn y testun hwn, sy'n gyfieithiad o'r Saesneg, defnyddir yr enw *maner* lle disgwylid *math* neu *rhyw* : *dav vaner o vraiddwydon,* 222a ; *i mae dav vaner o weddiav,* 229a. Diddorol sylwi ar y treiglad yn yr enghraifft hon : *mor beriglys yw yr ail vaner lw,* 238b.

ib 144 ; *y* **c.** *bregeth*, ML 1.16 ; *y* **c.** *fenyw wirion*, ib 1.355 ; *y* **k.** *ferch a hon*, CRhC 49 ; *y* **c.** *hwyl*, W. DNupt (Rhag.) ; *y* **c.** *swydd*, DJ o Gaeo, Hy (1775) 17 ; *y* **c.** *Gangen fyw*, ib 221 ; *i'r* **c.** *wlad*, Rhys Dafydd, Ffarwel Babel, etc. (1776) 5. Y gysefin hefyd pan ddaw o flaen enw gwr. ac enw lluos. : *y* **k.** *varchawc*, WM 138 (R 209) ; *y* **k.** *dyn*, ib 458 (R 105) ; *o'r* **k.** *wassanaeth hwnnw*, YCM² 97 ; *a'r* **k.** *liw arnaw*, ib 176 ; *y* **k.** *orchyl* (*sic*) *a hwnw*, B II.213 ; *yn y* **k.** *fodd*, ib VIII.112 ; *y* **c.** *ddyn*, Eccl. XXIII.19 ; *y* **c.** *gyflwr*, HFf 312 ; *y* **c.** *wr*, DByrr 103 ; *y* **c.** *fessur a hwnn*, ib 308 : *or* **k.** *wynneu hynny*, DB. A 42 ; *y* **k.** *dynyon hynny*, B II.20 ; *or* **k.** *bethe*, ib IV.203 ; *y* **k.** *anifeilyeit*, FfBO 49 ; *y* **c.** *eiriau*, DByrr 210.

Dyna yw prif linellau cystrawen *cyfryw* + enw. Y mae enghreifftiau gweddol gynnar o dreiglo *cyfryw* a chawn sôn amdanynt yn y man ; nid yr un rheswm sy'n cyfrif am y treigladau cynnar ag am yr esiamplau modern a welir weithiau o dreiglo. Erbyn heddiw cystrawen lenyddol yw *cyfryw* a chan nad oes dim priod-ddull llafar i gadarnhau neu i anghymeradwyo dull ei dreiglo, naturiol i rai dybio mai ans. cyffredin yw o flaen enw ac y dylai dreiglo o flaen enw ben., a'r gam-dyb naturiol yma sy'n cyfrif am yr enghreifftiau modern o dreiglo, e.e. *y gyfryw wybodaeth*, Ambrose Bebb, Machlud y Mynachlogydd 38. Ar y llaw arall y mae ysgrifenwyr eraill, a ŵyr am y rheol gyntaf, sy'n dewis cadw'r hen arfer, e.e. *y cyfryw sillaf*, Ifor Williams, CA 73 nodiadau.

(ii) Dengys amlder o enghreifftiau cynnar na fyddai *cyfryw* yn treiglo ar ôl y fannod pryd na cheid enw genidol yn dilyn, ac nid yw'n debyg fod dim byd tebyg i ' y gymaint ' yn hanes *cyfryw* ar y dechrau. Y mae enghreifftiau i'w cael o *y gyfryw* ac o *y gyfryw ddyn* ond yr esiamplau a ddyfynnwyd yn (i) sy'n cynrychioli cystrawen gynhenid *cyfryw* + enw a'r canlynol sy'n cynrychioli cystrawen *cyfryw* heb enw genidol :—*ar* **k***yfryw nys gwna*, RP 1272.14 ; *y* **k.** *a ovynny ti*, WM 119 (= R 195) ; *lawer o'r* **k** ; LlA 49 ; *ac na wney byth y* **k.**, SD 958 ; *y* **k.**, RBB 107 ; *yn erbyn y* **c.** *nid oes ddeddf*, Gal. v.23 ; *i'r* **c.**, PA XVI ; *y* **c.** *yw chwantau*, HFf 353 ; gw. enghreifftiau eraill yn B x.227.

(iii) Peth digon naturiol i *cyfryw* gael ei effeithio gan gystrawennau fel *cymaint* a *cynifer* sy'n debyg iddo o ran cyfansoddiad ac ystyr, a meddalu ar ôl y fannod. Heblaw hyn gallem ddisgwyl i'r tueddiadau a barodd i *maint* a *math* gael cystrawennau fel ' y fath beth,' etc. gael effaith debyg ar *cyfryw*. Gan fod tuedd ynom i ddeall yr *y* fel rhagenw blaen, ac nid fel y fannod, ni ddyfynnir isod ond esiamplau y gellir bod yn sicr mai'r fannod sydd ynddynt. Wrth reswm fe all y rh. blaen ddod yn y safle hon, e.e. *y chyfryw*, RP 1318.28 ; *eu kyfryw*, RM 94.16 ; *y llong . . . y chyvryw*, B IX.225 ; gan hynny iawn cofio y dichon i rai enghreifftiau o ' y gyfryw ' gynrychioli ' ei g.' Ond y mae'n bur sicr mai'r fannod sydd yn y canlynol : *kymeu a welei a diffwys a cherric uchel a thir agarw amdyfrwys na rywelsei eiryoet* **y ġyfryw**, WM 180 (= P 16 t 90b *e gyfryu*) ; *na weleis eirmoet ac nas kigleu bwyt na llyn ny welwn yno* **y ġ.**, ib 227 ; *ef a glywei lef vwch i benn ar kanveu tekaf a digrivaf or byd. A govyn a wnaeth yw archiagon a glywai ef* **y ġyfryw**, B IV.308 ; *y gyniver anrec oed yno neu y gyniuer amryw drythyllwch a oed yno. y gyniuer peth . . . Ny welsit eiryoet yn lle arall* **y ġyfryw**, B V.212.

Esiamplau o dreiglo ar ôl y fannod gydag enw genidol yn dilyn, hyd yn oed enw gwr. neu luos. :—*ny welaf ym byw* **y ġyfryw ġar**, RP 1207.18, MA 294b ; *Canu corn . . . Pa beth yw* **y ġyfryw ġorn**, IGE² 12.4 ; *Carnbutein oedh hei a ymdhug* **y ġyfryw vab** *a thydi*, B III.279 ; *yn* **y ġ. bynciai** (*sic*) *hyn*, ib III.281 ; **y ġ. bynciae** *hynny*, ib ib ib ; *am* **y ġ. dhrwġ dhefod** *a honn*, ib ib ib. Yn DByrr cadw *cyfryw* heb dreiglo yw'r arfer drwy'r testun a dyfynnwyd esiamplau uchod ohono, e.e. *y cyfryw eiriau*, t 210 ; cyferb. **y ġ.** *eiriau technennig*, ib ib.

(iv) '*cyfryw*' + *rhagenw dangosol*

Fel yr awgrymwyd eisoes nid oes a wnelo cenedl yr enw cyntaf â chenedl y rhagenw dang. yn y gystrawen enidol arbennig hon. Yn *y kyfryw dyn hwnn*, RM 198 cenedl 'dyn' sy'n penderfynu cenedl y rh. dangosol ; cymh. ymhellach : *y k. wynneu hynny*, DB. A 42 ; *y c. fam honno*, ThM 20. Gwelir y rheswm am hyn yn yr amrywiad ar y gystrawen, *y k. dyn a hwnn*, WM 123 ; a gwir ystyr y gystrawen yw 'y. c. ddyn â('r dyn) hwn ; y c. fam â('r fam) honno, y c. wyntoedd â('r gwyntoedd) hynny.'

Hyd yn oed pryd na fydd enw genidol yn y cyd-destun ac y ceir y rh. dangosol yn union ar ôl *cyfryw*, penderfynir cenedl y rh. dangosol gan yr enw sy'n ddealledig : *Ac yn da ganthunt dyuot* **y kyfryw hwnnw** *y vynet y chwedyl arall dros gof*, WM 132 ; *Ac ny tal e tat dros e mab e* **ke(u)ryu hunu**, LlDW 126.9 ; *ony bwyteir y letus yn eu blaen neu y porpiwn. neu* **y k. hynny** *yn eu hardymheru*, Havod 16.76. Gan hynny os gwelir esiampl megis 'y gyfryw hwnnw' y mae'n bosibl cysoni'r tr. â'r rhagenw gwryw., sef fod *cyfryw* yn treiglo ar ôl y fannod fel yn (iii) uchod a'r rh. dangosol yn wr. am mai enw gwr. sy'n ddealledig : *sef yw lletuegin un a dofher o wydlwdyn mal beleu neu lwynawc neu* **y ġyfryw hwnnw**, AL 2.48.

(v) *Amryw, Amryfal*

Cystrawen enidol yn wreiddiol yw *amryw* + enw, os yw'r ardd. *o* yn brawf o hynny, o flaen enw pendant, e.e. 'amryw o'r dynion gorau,' etc. Pair dr. i'r enw a ddaw'n union ar ei ôl : *amryw ulawt*, WM 54. Cymh. hefyd sut yr arferir *nebryw* : *dau gymar o bob ehediaid ar kyffelib o bob nebryw fwystviledd*, B VIII.114 ; *ni fynnai neb ryw drythyllwch*, B IX.122. Ceir y tr. hefyd ar ôl *amryfal*, sy'n debycach i ans. gan fod iddo ffurf luos.

a thr. ar ôl honno : *amrauael liw odidawc*, WM 223 ; *amryvaelon genedloed*, RBB 40.

§37 Cyfystyron â 'Cyfryw'

(i) *Cyffelyb*

Y mae rhai esiamplau o eiriau fel *cyffelyb* na ellir deall eu treigladau eithriadol ond ar linellau cystrawennau *cyfryw*. Wele enghreifftiau yn gyntaf o gadw cysefin *cyffelyb* ar ôl y fannod pan ddigwydd o flaen enw ben. : *y cyffelyb addewid*, Hom 1.92 (cyferb. *yr a. honno*, ib ib 96) ; *yr hon, neu'r cyffelyb weddi fer*, Ed. Samuel, Duwiolswyddau Dirgel, t 3 ; *o'r cyffelyb Hanes*, Joshua Thomas, HB 414 (' Hanes ' yn fen. yn y testun) ; (a dichon mai ben. yw'r enw yn y canlynol : *fo ddarfu am bicklio ar cyffelyb hyswiaeth*, ML 1.155).

Disgwylir y gysefin o flaen enwau gwr. a lluos. : *a'r cyphelyp wr a thi*, B III.274 ; *y kyffelyb gylla hwnnw*, Havod 16.44 ; *neu'r cyffelyb ddiffrwythbeth*, LGO 125 ; *or kyffelyb vwydeu*, Havod 16.43.

A dyma enghreifftiau o gadw cysefin *cyffelyb* ar ôl y fannod pryd na fydd enw yn dilyn : *Pan vo kas gennyt ti yn hen weithretoed dynyon jeueingk pan vych ieuanc mogel rac* **y kyffelyb**, B II.20 ; *Na chapla na geir na gweithret arall ual na wattwaro ereill ditheu am* **y kyffelyb** *amser arall*, ib ib 25 ; (cymh. *mogel rac y kyffelybedigyon*, ib ib 25) ; *dau gymar o bob ehediaid* **ar kyffelib** *o bob nebryw fwystviledd*, ib VIII.114 ; *wneuthur* **y cyffelyb**, PA XV ; *y pethau hyn* **a'r c.**, GB IV ; *yn gydnabyddus a'r Warburton* **a'r c.**, ML 1.155 ; **a'r c. . . . a'r c. . . .** *i'r fath bethau*, LGO 94.

(ii) Gwelir fod y dyfyniadau uchod wedi eu trefnu ar yr un llinellau ag y trefnwyd cystrawen gynhenid *cyfryw*. Dyma enghreifftiau yn awr o effaith y cydweddiad â chystrawen *y gymaint*, etc. : (*a*) treiglo ar ôl y fannod heb enw yn dilyn : **y gyffelyb**, RM 165 (= *y gyfryw*, WM 227) ; *Pa wed y gallwn i rodi nawd ytti wedy y gyniver collet a sarhaet rywnaethost titheu yni. Dy holl golledeu . . . mi ae hennillaf itt . . . ac ny wnaf* **y gyffelyb** *o hyn allan*, RM 99 (> W. t 100) ; *dyro idaw yn gyntaf kymeint a ffaen o eli y yfet . . .* **ar gyffelyb** *y nos honno*, Havod 16.40 ; *y neb a ymwnel ar y eir yn getymdeith ytt ac na bo ffydlawn o gallon a gweithret. gwna ditheu* **y gyffelyb** *idaw ynteu*, B II.21 ; *Pan dhatcanai'r brenhin hynn* **a'r gyphelyb**, ib III.283 ; fe all yr esiampl ddiweddar a ganlyn fod yn barhad o'r gystrawen hon neu'n enghraifft o arfer *cyffelyb* fel gair llenyddol a rhoi iddo gystrawen *math* : *yn ei alw yn felinydd neu dôwr neu ryw beth* **o'r gyffelyb**, Joshua Thomas, HB 90 ; (*b*) treiglo ar ôl y fannod, o flaen enw gwr. : *a dot ygyt ac ef vlonec a gwin gwyn(n)* **or gyffelyb vessur**, Havod 16.31 ; **y gyffelyb varchawc,** Bown 4047 ; (*vair*) *karyad dy vab yr hwnn a roddes ytt* **y gyffelyb orvcheldeb hwnn**, P 67 XXXIX.100-1.

Ceir *ar kyffelyb honno* yn SG 251.14 ; cyfeiria'r rh. dangosol at ' y darian werdd,' ac felly ceir yma gystrawen debyg i ' y cyfryw (fam) honno,' a chedwir cysefin *cyffelyb* yn ôl y gystrawen gynhenid.

(iii) Gwelir mai *cyfryw* yw patrwm y cyfystyron **cyhafal** a **cyfeulun** yn y canlynol : *na wna'r gyhaual dhrwg cyd cephi,* B III.173 ; *a mynegi or gyhaval amryfedd ddamwain a ddyuetpwyd yn y blaen,* ib V.11 ; (*damwain* yn enw gwr. fel rheol mewn Cym. Can.) ; o flaen enw ben. : *y gyhaval dhoethineb honn,* ib III.273 ; *Gochel ddrwg gan nebun, ag na wna'r gyfevlun,* ib VI.322.

§38 Mil

(i) Enw ben. yw *mil* ac nid rhifol pur, gw. WS 4 ; a ben. yw *mile* Gwydd ; a chymh. *Mil fawr yn ymleferydd,* DGG XLVII.34 ; ac fel enw ben. cyffredin treiglir ef ar ôl y fannod. Yn yr enghreifftiau cynharaf cystrawen enw ben. cyffredin sydd iddo : os rhoir enw genidol ar ei ôl a'r clymiad ' mil ' + enw yn bendant, treiglir *mil* ar ôl y fannod a threiglir yr enw genidol, e.e. *Marwnat y vil veib,* BT 3.24. Hyd yn oed pan fyddai'r enwau'n amhendant gellid hepgor yr ardd. *o* a dengys yr esiamplau fod yr enw genidol yn treiglo : *Dwy vil veib o plant llia,* BT 4.24 ; ac enghraifft gyffredin iawn yw *mil fanieri,* MA 145b, LlH 14, 68 ; cymh. hefyd : *gwr heird e uilueird,* LlH 70 ; *ar uil urein,* ib 83 ; *mil veirtyon,* ib 96 ; *milueirt milueirch* ib 111 ; *mil wyr,* ib 91 ; *mil uyrt,* ib 170 ; *mil gelanedd,* DN XIV.66 ; *mil gyfranneu,* ib ib 67 ; *Duw Gwyl Vil Veib,* YCM² 43 (gw. nod. t 186 lle dyfynnir enghreifftiau eraill) ; *y klywei bawb llef mil vilioed o egylyon,* B III.85 ; *a mil uilioed o eneidieu glan,* ib ib 86 ; cymh. hefyd enw'r llysewyn ' y filddail.'

Parhad o gystrawen ' mil fanieri ' yw'r enghreifftiau mynych o ' milfiloedd,' sef peidio ag arfer yr ardd. *o* a rhoi tr. i'r enw ar ôl *mil* : *a mil filioedd o fradeu,* PA 173 ; *a haeddasont fil filioed(d) o weithiau, mwy dialeddus cospedigaeth,* ib 13 ; *a lawr â ni fil filiwn o filltiroedd,* BC 88 ; *a mil fyrddiwn o bôb rhyw deganau,* ib 106 ; *bydd di fil fyrddiwn,* Gen. XXIV.60 ; *mil vilioedd o angylion,* DCr² 50b ; *a mil vylioedd o raddev,* ib 87a ; *drwy fil foddion,* ThM 67 ; *a mil fyrddiwn o fwyndcrau,* RBS 189 ; cymh. *gwelwn fyrdd fyrddiwn,* BC 56.

(ii) Fel y digwyddodd i gystrawennau genidol eraill datblygodd cystrawen *mil* i gael yr ardd. *o* o flaen enw amhendant ; fe'i gwelir ar ôl ' filioedd ' yn rhai o'r enghreifftiau uchod ; a chymh. *mil o Freinc,* YCM² 45.* Y mae'r cyfnewid arall yn fwy anodd ei esbonio, sef troi *mil* (pendant) yn wryw. ei gystrawen pan ddelai enw genidol (lluosog) ar ei ôl, a chadw cysefin *mil* ar ôl y fannod a chysefin yr enw gen., e.e. *y mil blynyddoedd* ; *y mil pynnau,* DCr² 175b ; *y mil milltiroedd,* W.J.G., Ynys

*Cymh. enghraifft o gadw'r ardd. *o* hyd yn oed pan fo'r enw *mil* yn bendant : *y porthes y pym mil o ddynyon,* B IX.225.

yr Hud 5 ; cymh. hefyd : *y dwyfil punnau,* ML 1.284. Ymddengys i mi mai'r ' anghysondeb ' yng nghystrawennau *maint* a *cymaint* yw'r patrwm sy'n cyfrif am yr ' anghysondeb ' yng nghystrawen *mil* ; er mai enw gwr. yw *maint* ceir cystrawen fen. iddo mewn rhai cysylltiadau, yn enwedig os bydd enw genidol yn dilyn ; a cheir ' y gymaint ' er mai rhifol gwr. a roir o flaen *cymaint* ; felly er mai enw ben. yw *mil* rhoddwyd cystrawen enw gwryw. iddo mewn cysylltiadau cyfatebol.

Wele enghreifftiau o gystrawen cadw'r gysefin : *Er moliant i'r mil miloedd,* IGE[1] x.36 (gw. nod. 331, amrywiad, *ir vil vilioedd**) ; y *bydd mil miliwn o gyrph,* YmDd 131 ; *ynghyd â mil miliwn o angylion,* ib 364 ; *mil myrddiwn o Ddiawl êl a mi,* BC 118 ; [cymh. hefyd : *at fyrddiwn miloedd Israel,* Num. x.36 ; *myrddiwn* yn enw gwr. : e.e. *dri myrddiwn,* B III.97 ; *Mil o filoedd, myrdd myrddiynau,* W. Hymnau (1811) 274].

(iii) Canlyniad y datblygiad newydd hwn yw ansicrwydd sut y dylid treiglo *mil* ar ôl *un* ac ar ôl y fannod (heb enw genidol), peth sy'n cyfateb i'r ansicrwydd parthed cenedl *math,* §35 (ix). Yn yr enghreifftiau cyntaf treiglir *mil* ar ôl *un* pan fydd *un* yn ffigur anghyfansawdd a phan fydd yn rhan o rifol cyfansawdd : *Ac unfil, wi o'r genfaint,* IGE[2] 101.30 ; *vn vil ar bymthec a thrugeinmil,* RBB 39 ; *vn vil ar ddec,* ib 118 ; 2 Macc. XI.11 ; *un fil a thriugain o ddracmonau,* Ezra II.69. Esiamplau o gadw'r gysefin : *un mil tri ugain a thrychant,* Num. I.23 ; *un mil a deugain,*ib I.41 (cyferb. *bedair mil,* 27 ; *dwy fil,* 31) ; *un mil a thrugain,* ib XXXI.34 ; *yr un mil ar hugain a chwechant o filldyroedd . . . tair mil,* GMLl. 1.226 ; *un mil ar ddeg ar hugain,* B III.97 ; *un mil ar ddeg o forynnyon,* DCr[1]. At y Cymry, t 4 ; *un mîl a chwechant a deg,* CRhC 203.

Arfer y fannod heb *un* wrth sôn am ' fil ' sy'n ffigur crwn, ac mewn rhifol cyfansawdd : *y mil a'r can sicl arian,* Barn. XVII.2, 3 ; *o'r mil,* ib XX.10 ; *i dywysog y mil,* 1 Sam. XVII.8 ; *i fil o'i dywysogion . . . yngŵydd y mil,* Dan. 8.1 ; *or mil,* DCr[1] 43[a] ; cymh. hefyd : *Pedwar mil a deugain,* Sion Llewelyn (1791) 14.

§39 Sawl

(i) Bellach nid oes dim tr. yn dilyn *sawl.* Fe'i defnyddir gyda'r rhagenw gofynnol, *pa sawl peth* ; a hefyd gydag ystyr ' llawer,' e.e. *sawl peth, sawl gwaith,* heb dr. o gwbl. Yr unig gysylltiadau lle rhoir y fannod o flaen *sawl* yn awr yw pryd yr arferir ef fel rhagenw o flaen cymal perthynol, fel y defnyddid *y neb* gynt, ac yma ni all enw ddilyn ; e.e. ' y sawl a gododd a gollodd ei le.'

(ii) Er na cheir y fannod byth o flaen *sawl* + enw mewn Cym. Diw. y mae'n gystrawen gyffredin mewn Cym. Can. a cheir tr. m. i'r enw bob amser. Ystyr ' y sawl ' (+ enw) yw ' rhifedi ' ac fe'i defnyddir weithiau,

*Dewiswyd y darlleniad hwn yn IGE[2] 22.6.

heb enw, fel enw cyffredin yn golygu ' llawer, rhifedi mawr ' ond tueddir dyn weithiau i gredu mai camarfer ar hen gystrawen sydd yn yr enghreifftiau hynny, e.e. *Ac y ffusteis y sawl ohonunt hwy*, YCM² 46, (= ' llawer un '); *Ny allei neb hagen rif ar y sawl oed onadunt. yd oedynt cant yn erbyn un*, ib 97 (= ' rhifedi mawr ') ; *yn dangos . . . a'r sawl un o wyr anrydeddys a fysai hi ny llywodraethy*, MCr 15b (= ' nifer mawr '). Dengys yr ail ddyfyniad y berthynas enidol sydd rhwng *y sawl* a'r enw, ac fe'i gwelir wrth gyfosod y brawddegau canlynol: *ny ellit dwyn bwyt* **yr sawl vilyoed** *yssyd yma, ac o achaws hynny y mae* **y sawl velineu (hynn)**, WM 162 (R 229) : *gwelet* **y sawl** *a welei* **o velineu**, ib 161.

Dyma rai enghreifftiau i ddangos sut y treiglir yr enw genidol : *y sawl* v*renhined hynny*, WM 179 (= P 16 t 90a) ; *y s.* v*orynyon*, ib 155 ; *y s.* v*arwbren a thwympath*, ib 472 ; *y s.* v*orynion racko*, SG 33 ; *y s.* v*ilyoed o dynyon*, RBB 26 ; *y ssawl* v*lwynyded hynny*, ib 44 ; *y s.* v*il o vlwynyded*. ib 50 ; *y ssawl* v*rath a gweli*, ib 61 ; *y s.* v*onhedigyon a dylyedogyon*, ib 176 ; *o'r s.* **b***aladyr unyawn*, YCM² 80 ; *y s.* w*yrda yssyd yn Ffreinc . . . y s.* **b***erigleu hynny*, ib 123 ; *Ony chlywaist y s.* o*gan a wnaethant*, B III.283 ; *y s.* w*yrda urddasol oedd yno*, ib IV.194 ; *y s.* **b***obl hynny*, ib IV.201 ; *y s.* **g***ynulleidva honno a gredassant i Grist*, ib IV.201 ; (enghraifft gymharol ddiweddar yw'r ddiwethaf ac nid yw'n swnio'n gwbl gyson â'r hen brioddull).

(iii) Yn y dyfyniad a ganlyn cedwir cysefin yr enw ar ôl *y sawl*, a'r ystyr yw ' the same number, as much ' : *a dot* **y sawl pwys** *o vel gyt ac ef* **ar sawl galwyn** *o dwfyr*, Havod 16.34.

Nid yn aml y gwelir *pa sawl* gofynnol yn yr hen destunau ; cadw cysefin yr enw genidol a ddisgwylid, fel sydd mewn Cym. Diw., e.e. *ef a wybyd pa sawl* m*illtir, neu pa s.* **g***wrhyt, neu pa s.* t*roetued*, YCM² 168 ; *ef a wybyt pa s.* m*aen a uo yndaw* . . ., ib 169 (cyferb. *a duc y s. vein*, ib 170) ; *a phy s. gweith*, B VII.375 (ddwywaith).

Ceir tr. m. ar ôl *pa sawl* gofynnol yn y canlynol : *pa s.* d*ywyssawc*, RBB 14 ; *Ba s. gelvydhyd a wyr gwreic ? Y s. gynnedhfae da ysydh arnei*, B III.279, gw. nodiad Henry Lewis ar ddechrau'r testun, sef fod enghreifftiau o'r hen dr. ar ôl *y sawl* yn y testun, ac esiampl o dreiglo lle nas disgwylid ar ôl *pa sawl*. Tystiolaeth Havod 16, sy'n destun y gellir dibynnu arno, yw fod y tr. ar ôl *y sawl* wedi ei golli erbyn y bymthegfed ganrif ; byddai'n ddiogel casglu mai camarfer yr hen gystrawen o dreiglo ar ôl *y sawl* sy'n gyfrifol am yr esiamplau o dreiglo ar ôl y gystrawen newydd *pa sawl*.

Y mae un peth yng nghystrawen *y sawl* (ii)—ac y mae'r un peth yn wir am gystrawen *holl*—a ddengys nad ansoddeiriau mohonynt. Rhaid ailadrodd y fannod o flaen pob enw pendant, *y tad a'r fam a'r plentyn*, nid ' y tad a mam a phlentyn.' Os bydd eisiau lleoli ans. fel *hen* o flaen ' y tad a'r fam ' rhaid ailadrodd *hen* gan na wna ' yr hen dad a mam ' y tro, ac nid yw ' yr hen dad a'r fam ' yn gosod *hen* wrth *fam*. Ond fel y gwelir oddi wrth enghreifftiau fel *y ssawl vrath a gweli*, RBB 61, *y s. varwbren a thwympath*, WM 472, y mae *gweli* a *marwbren* heb y fannod hefyd, oblegid i *sawl* y perthyn y fannod ; rhywbeth tebyg i ' y siop fwyd a dillad ' sydd yma. Fe ellir ailadrodd *y sawl* o flaen pob enw mewn cyfres o enwau : *y s. avonoed ar s. ynyssed ar s. gerric ar s. nythot eryrot*, RBB 193 ; gellir ailadrodd *holl* a chael ' yr holl dadau a'r holl famau,' ond nid oes raid ; y mae ' yr holl dadau a mamau ' yn berffaith gywir, ac y mae esiamplau'n digwydd o beidio ag arfer cysylltair rhwng enwau'r gyfres : *i'r holl bobloedd, cenhedloedd ac ieithoedd*, Dan. VII.14.

§40 Amryw Eiriau Genidol eu Cystrawen

(i) *Holl*

Cystrawen enidol eto yw (*yr*) *holl* + enw, fel y ceisiwyd dangos yn y nodiad diwethaf, yn hytrach na chystrawen ans. o flaen enw (h.y. cyfansoddair rhywiog). Afraid dyfynnu enghreifftiau i ddangos fod tr. m. yn dilyn *holl* ; gw. y dyfyniad ar ddiwedd y nodiad uchod. Wrth gwrs, grym ans. sydd i'r gair mewn cyfansoddeiriau fel *hollwybodol, hollgyfoethog, hollalluog*, etc.

Y mae esiamplau'n digwydd yn y beirdd ac yn y testunau rhyddiaith o galediad ar ôl *holl* gan fod *ll* + *dd* yn rhoi *-lld-*, e.e. *Lle duodd yr holl* **d***aear*, LGC 446 (dyf. yn CD 231) ; *holl* **d***awn, holl* **D***eau*, dyf. o TA yn rhagymadrodd y golygydd, TA LXXXV-VI, sef 76.26 ; 42.64 ; (hefyd : *holl* **d***aear*, TA 7.102) ; *holl Deheudir*, DN VI.37 ; *holl Deheubarth*, ib XXIV.22 (gw. nod. 181) ; *Dwyn yr holl dynion i'r rhwyd*, GGl LIII.2 ; *Iarll Dwywent a'r holl Deau*, ib LIII.8 ; cymh. hefyd : *yr holl* **d***inas*, B IV.200 (testun rhyddiaith sy'n arfer *dd* yn gyson) ; ac y mae'n ddigon tebyg fod y calediad wedi ei fwriadu yn y canlynol : *holl dinas*, DCr[1] 52[a] (*holl ddinas*, ib[2] 35[a]) ; *holl* **d***oethineb*, ML 1.195. Ymddengys fel petai *holl* yn caledu *l* yn y canlynol : *a'i holl* **ll***wybrau*, 2 Esdr. XVI.22 (cyferb. *holl lyssoed*, WM 6).

(ii) *Cwbl**

Mewn CDC y gwelir y fannod gyntaf o flaen yr enw *cwbl*. Pan ddelai enw pendant ar ei ôl, arferid yr ardd. *o* : *Ef a doy am dy benn cwbyl or govut*, WM 80 ; *kaeawd kwbyl o drysseu . . . y neuad*, SG 5 ; *yn ôl cwbl o gyfraith Moses*, 2 Bren. XXIII.25.

Deuai'r enw amhendant yn union ar ôl *cwbl* yn ei hen gystrawen gan dreiglo'n feddal : *cwbyl* **w***aradwyd a geueis*, WM 42 ; *cwbyl* **w***eithret, cwbyl sarhaet*, AL 1.526 (' the complete act, the full fine,' WG 309) ; *cwbl* **dd***iwydrwydd*, 2 Pedr 1.5. Fe allai *cwbl* ddod ar ôl yr enw hefyd fel ans. cyffredin : *kanny bu weithret cwbyl*, AL 1.526.

*Gan mai *yn gyfan gwbl* yw'r priod-ddull sy'n gyfarwydd inni bellach, diddorol gweld y drefn arall : *yn gwbl gyfan*, GB 215.

(iii) *Odid*

Enw yn wreiddiol yw *odid* yn golygu ' rarity, rare thing.' Dengys y dyfyniad canlynol sut yr arferir yr ardd. *o* rhyngddo ac enw pendant: *ac odid or rei hynny ysyd yn gristonogyon*, LlA 165; cymh. *Odit o vab dyn arall y par*, BT 76.16 (? ystyr). O flaen enw amhendant hepgorir yr ardd. ac ymddengys *odid* fel ans.: dengys y canlynol fod tr. i'r enw amhendant: *Odid* **f***ab a blan i gariad*, CRhC 2; *ac odid* **d***yfu peiswyn heb yd*, DFf 55; *odid* **w***lad nac amser na wnaeth Duw rai trosseddwyr echryslon yn ddychan*, HFf 224; cymh. hefyd: *odid ddim.*

(iv) *Lliaws*

Dyfynna WG 311 enghreifftiau cynnar o *lliaws* yn union o flaen enw, gyda thr. i'r enw: *Lliaws guryaw*, RP 1216, ' much suffering ';

Ni fyn cariad i wadu
Na'i ddangos i lios lu, DG 69.

Ond ni ddangosir treiglad yn y gyfres enghreifftiau hyn: *lliaws twr . . . lliaws toryf . . . lliaws bard . . . lliaws cledyf . . . lliaws llwyd . . . lliaws coch*, LlH 27-8, MA 148b-149a.

Dengys *lliaws o flynyddoedd*, Job XXXII.7 mai perthynas enidol sydd rhwng *lliaws* a'r enw ar ei ôl. Yma y mae'r ardd. *o* wedi tyfu o flaen enw amhendant, fel y digwyddodd yng nghystrawen *llawn, gormod*, etc., o flaen enw amhendant; cyferb. *lliaws dy dosturiaethau*, Ps. LI.1; sy'n hepgor yr ardd *o* hyd yn oed o flaen enw pendant; eithr ni ddisgwylir yr ardd. *o* oblegid yn y cyd-destun hwn genidol normal yw perthynas y ddau enw, nid genidol cyfrannol.

(v) Yn yr enghreifftiau a ganlyn defnyddir *cenedl* i olygu ' math, rhywogaeth, species '; ni fyddai'n annaturiol i *cenedl* gymryd arno gystrawen *rhyw* a *math* ond y peth eithriadol yw fod tr. ar ôl y lluosog: *Pob* **ryw** *aniueil . . . A phob* **genedyl bryf**, RP 1368 (*a phob cenedl*, MA 356b); *llynneu ac avonoed kyvlawn o amryvaelon* **genedloed bysgawt**, RBB 40.

Yn y canlynol defnyddir *nebun* lle yr arferem ni *rhyw*, ac er mai *neb* + *un* yw cyfansoddiad y gair, gwneir iddo gymryd ffurf dreigledig enw gwr. ar ei ôl: *Eithyr mihangel a ymddangossai i* **nebun wr** *oedd yn trigiaw ger llaw*, B V.12; *yr hwn a laddodd* **nebun wr** *ieuanc*, ib VIII.112.

Yn y canlynol treiglir enw gwr. ar ôl *neb*: *na fwytaev* (darll. *fwytaei*) *mor gwaed na gellwng gwaed* **neb ddyn** *i golli*, B VIII.45; cymh. *ni fynnai* **neb ryw** *drythyllwch*, ib IX.122 (testun sy'n gwahaniaethu rhwng *rh* ac *r*).

Wrth fwrw golwg dros y cystrawennau genidol arbennig yma fe sylwir mor aml y digwydd fod enw, sy'n cymryd yr ardd. *o* o flaen enw pendant (ac amhendant), yn peri tr. m. i'r enw amhendant pan fyddir yn hepgor *o* ; fe'm tueddir i gredu mai rhyw ' reol ' a wnaed ar sail sylwadaeth o'r fath yw'r rheswm fod testunau Morgannwg mor dueddol i dreiglo'r enw ar ôl *gormod(d)*, *cymaint*, *mwy*, etc. ; h.y. os yw ' ychydig o bethau ' yn rhoi ' ychydig bethau ' wrth hepgor yr ardd., dylai ' gormodd o bethau ' roi ' gormodd bethau ' ; dylai ' mwy o bethau ' roi ' mwy bethau.' Ymddengys i mi mai rhywbeth felly sydd yn yr esiamplau canlynol o dreiglo'r enw genidol ar ôl *amlder* a *rhagor* : *i hamlder* **b***echodey*, MCr 83[b] ; *er mwyn dangos ragor wybodaeth*, ib 112[a] ; *ti a gav rhagor gymeriad gan dduw*, DP 271[a].

Pennod V

NODIADAU AR GYFANSODDEIRIAU AFRYW

§41 Gwneuthuriad Cyfansoddeiriau Afryw

(i) Dangoswyd yn §7 (ii) uchod sut y cyplysir dau air, neu dri weithiau, yn eu trefn normal yn y frawddeg ac y trinir hwy fel un gair cyfansawdd, fel y dengys yr aceniad, neu'r ystyr ddiwygiedig sy'n wahanol i ystyr y ddau air ar wahân, neu'r gwyriad i'r llafariaid a'r deuseiniaid yn *heulwen* a *gwreigdda*. Y mae *heulwen* yn cynrychioli bron pob peth y gellir ei ddweud am gyfansoddair afryw : bu *haul* yn enw ben. ar un adeg* : y mae *haul* + *wen*, ar ôl eu cyplysu, yn acennu'n glwm nes bod y ddeusain *au* yn gwyro'n *eu*, ac y mae ystyr y cyfuniad yn wahanol i ystyr y ddau air ar wahân ; y ddau beth arall sydd i'w dweud yw fod enw + ans. yn rhoi enw, yn wahanol i'r math rhywiog lle y mae enw + ans. fel rheol yn rhoi ans., a bod y treiglad sy'n digwydd yn yr ymadrodd normal ' haul wen ' yn aros yn y cyfansoddair *heulwen*.

(ii) Ni ellir dosbarthu a disgrifio pob math o gyfansoddair afryw yma gan fod gwneuthur a gwneuthuriad cyfansoddair afryw yn beth di-system a di-ddal. Y mae pob math o gyplysiad yn bosibl : enw + ans. > enw, *gwrda, gwreigdda, gwelltglas* ; enw + enw genidol, *hanner-coron, tudalen, boncyff, cil-dwrn* ; rhifol + enw, *unwaith, dwywaith*, etc., *unpryd* (> *ympryd*, cymh. *eu humpryt*, B III.85, 86, a ffurfiau berfol yn tarddu, *vnprydio*, B IV.206 ; *vmprydia*, ib III.174) ; trefnol + enw, *eilwaith* ; geiryn + berfenw, *tra-arglwyddiaethu, tra-rhagori* ; a sylwer ar gyfuniadau fel *pendramwnwgl, pendràphen, pen-y-gamp* (> *penigamp*) ; *bondigrybwyll* (< *na bo ond ei grybwyll*), *di-droi-n ôl, di-ben-draw*, etc. ; ac ymddengys nad cyfansoddair rhywiog o *cip* + (*g*)*olwg* yw *cipolwg*, ond cywasgiad o *cip o olwg* ; e.e. *Ni wn i a ges i* **gip o olwg** *ar* . . . ML 2.92 ; *Ni chefais gymaint a* **chip golwg** *ar briodas na choronedigaeth y brenhin*, ib 2.401.

(iii) Peth arall, yr ydys wedi cyfeirio ato'n rhannol eisoes, sef nad oes dim rheol treiglo'n codi o'r ffaith fod y geiriau'n cyplysu'n gyfansoddair afryw ; mewn geiriau eraill, os oes treiglad o gwbl, y mae'n bod eisoes yn yr ail neu'r trydydd gair cyn cyplysu'n gyfansoddair, *gwraig dda* cyn

*Ceir llu o enghreifftiau yn iaith emynwyr y 18fed ganrif : *Fel haul . . . A'i gwres a'i goleuni*, W. Hymnau (1811) 191 ; *'R haul wrol*, ib 227 ; *yr haul ddysglaerwen*, ib 229 ; *A welodd haul erioed wrth redeg Ei thro diderfyn yn y ne'*, ib 257 ; *yr haul fawr*, DNupt 22 ; *haul gu*, Benj. Francis, Cywydd ar ddechrau H. B. Joshua Thomas (1778) ; *y boethlyd haul*, John Thomas, Caniadau S. (1788) 115 ; *haul dragwyddol*, DW, Gorfoledd (1798) 25. Y mae lle i gredu mai chwiw lenyddol sy'n cyfrif am hyn ; oblegid cyferb. y canlynol : *y siriol Haul . . . mae ef* . . . DJ o Gaeo, Hymnau (1775) 46. Wrth gwrs, fe fu *haul* yn fenywaidd, yn sicr ddigon : *Yr haul olau a'r lleuad*, GGl LXX.13.

troi'n *gwreigdda* ; *un waith* cyn cyplysu'n *unwaith* ; a chan mai *gŵr da* yw'r gystrawen normal nid oes dim tr. ar ôl cyplysu'n *gwrda.**

Er nad yw'r tr. yn codi'n uniongyrchol o'r cyplysiad, y mae ambell esiampl o galediad yn codi ohono, megis *oed dydd* > *oetydd*, berfenw *oetyddia*, HG 151, cymh. *Am oed dydd a mi nid da*, DGG VII.47, amrywiad godre'r td. *am oettydd* (y darlleniad cyntaf sy'n iawn i bwrpas yr aceniad) ; (*y*) *dydd hwn* > *dwthwn* ; eto i gyd nid yw'r calediad yn y ddwy enghraifft hyn yn peri adfer y gytsain gysefin gan roi math o eithriad i reol, ac i ymdriniaeth ar seineg, yn hytrach nag i gystrawen, y perthyn ffurfiau fel *oetyddia* a *dwthwn*.

§42 Patrymau i Gyfansoddeiriau Afryw

(i) Gan ei bod yn anodd ymdrin â chyfansoddeiriau afryw yn ôl trefn a dosbarth, y cwbl a wneir yma yw nodi rhai pwyntiau ynglŷn â'r patrymau mwyaf cyffredin. Perthynas enw + enw genidol (> enw) sydd yn y mathau a ganlyn : *hanner-coron, hanner-awr, tudalen, boncyff, gwrcath, y wawrddydd, diwedydd.* Yn §26 (i) uchod dangoswyd ffurfiad *rhandir*, sef ' rhan o dir ' (genidol cyfrannol) > ' y rhan dir ' (enw cyntaf yn bendant a'r ail yn amhendant) > *y rhandir hon*, 2 Bren. IX.26 ; felly cenedl yr enw cyntaf sy'n penderfynu cenedl y cyfansoddair yn y math yma fel rheol ; cymh. *y randir a rad duw erni*, BB 44.14-5 ; [eithr gw. y nodiad wrth §26 (i)]. Ar y llaw arall cyfansoddair rhywiog yw *rhanbarth*, nid cyplysiad o ' rhan y parth ' neu ' rhan o barth ' ; yma y mae *rhan* yn ansoddeiriol a chenedl wryw. *parth* yw cenedl y cyfansoddair.† Yn *tudalen* (= ' (one) side of sheet '] cenedl *tu* yw cenedl y cyfansoddair, ond o dybied mai cyfansoddair rhywiog yw'r gair, ac oherwydd arfer *dalen* yn fynych yn lle *tudalen*, trinir y gair yn fynych fel petai'n fenywaidd.

Ceir ansicrwydd hefyd mewn enwau fel *hanner-coron, h.-awr, h.-canrif* ; sef credu mai ben. ydynt am mai ben. yw'r ail elfen, eithr cenedl *hanner* sy'n penderfynu ; gw. §13 (v) uchod ynglŷn ag arfer *hanner* mewn cyfansoddeiriau afryw megis *Nercwys*, (= ' hanercwys '), a sut y camarferir ef o flaen berfau.

(ii) Yn y proses a droes *rhan o'r tir* yn *y rhandir* gwelir y fannod yn cael ei symud oddi wrth yr ail elfen, yr enw genidol, a'i rhoi o flaen y gyntaf. Enghraifft dda o hyn yw *y wawrddydd* < *gwawr y dydd* ; fe nodir mai enw yw'r cyplysiad ac mai enw yw ' gwawr ' ynddo, nid ans., h.y. ' the dawn of day ' yw'r ystyr, nid ' the dawning day,' a chenedl fen. *gwawr* yw cenedl

*Yn y canlynol y mae dau ans. fel petaent wedi cyplysu : *Iôr o Wigmor enwògmawr*, IGE[2] 47.31 ; estyniad barddol yw hyn o ryw gynsail o gyfansoddair afryw arferedig ; gellir awgrymu fod cynsail yn yr enw *Dyfnwal Moelmud*, sydd ar y dechrau yn *D. Moel Mud*, gw. §48 Nod. Ceir cynsail o fath arall yn y cyplysiad *Nant-mawr* > *Nanmor* ; a chymh. : *O Vaesmor wyd fesmawr iawn / Ac o Wynedd ac Einiawn*, WLl XXXVII.19.

†Cymh. *parth* = ' tu ' yn fen., *or dwy barth*, RM 134.

y cyfansoddair. Ymddengys fod ymadroddion am amserau'r dydd yn fwy tueddol i gyplysu'n gyfansawdd nag unrhyw fath arall o ymadrodd ; cymh. *A diwed y dyd*, WM 140 = *a diwedyd*, R 211 ; *birr diuedit*, BB 89.8 ; *y pasce diwedit*, ib 88.14 ; *Tri diwedyd kat*, BT 31.8 ; yma ceir enghraifft o *dd* + *d* > *d*, yr un fath â *rhydd-did* > *rhydid*, gw. WG 222, yn wahanol i'r calediad *d* + *dd* = *t* yn y cyfansoddair rhywiog *caletwr*, *llygeitu*, gw. §9 (ii).

Yr enghreifftiau mwyaf cyffredin o gyplysu termau am adegau amser yw *noswaith*, *boregwaith*, *dyddgwaith*, *prynhawngwaith*, *treiglgwaith*. Nid hawdd inni amgyffred yn awr am *nosuaith* fel dau air, yn llac ac ar wahân, ac amlwg fod y cyplysu'n gynnar iawn, ond rhaid mai perthynas enidol sydd rhwng y ddau air ac mai'r ystyr wreiddiol yw ' nos y waith, the night of the occasion ' ; yna *nos* yn cael y fannod a *gwaith* yn troi'n amhendant, tebyg i *y wawrddydd*, a hynny'n rhoi *y noswaith*, *y dyddgwaith*,* etc. Yna wedi hir arfer â chael y ddeuair ynghyd nid aethpwyd yn ôl at y ffurfiad llac anghyfansawdd pan fyddai *noswaith* yn amhendant.

Yn yr esiamplau hyn gwelir fod yr ail elfen (genidol) yn treiglo ar ôl enw ben. ac yn cadw'r gysefin ar ôl enw gwr. ; eithriad i'r arfer hon yw *treftad* sy'n enw + enw genidol,† gw. OIG 12, WG 59, cymh. *o dref y dat*, RBB 73 ; cedwir y ffurfiad di-dreiglad yn y tarddair *treftadaeth*.

Cyffyrddwyd â phwnc cenedl cyfansoddeiriau megis *llwydnos*, *hwyrnos*, *gwyllnos*, yn §4 (iii), ac awgrymwyd mai cyplysiadau oeddynt o'r teip ' hwyr y nos ' a bod *yr hwyrnos* oblegid hynny yn cadw cenedl wr. *hwyr*, e.e. *hwyrnos distaw*, Wil Ifan, Dail Iorwg 67 ; *i'r gwyllnos du*, W.J.G., Ynys yr Hud, 60. Enghraifft sy'n dangos y cyplysiad yn glir yw ' minnos ' ; yng nghyfansoddiad y gair hwn gwelir y gystrawen enidol, ' min y nos ' > *y min nos*, a chenedl wr. *min* yn cadw'r cyfansoddair yn wr., cymh. *Un min nos tawel, tawel*, Cyfansoddiadau Eisteddfod 1947, 34.

(iii) Dyry OIG 12, WG 59 y ffurfiau *tadmaeth*, *chwaerfaeth*, *mamaeth* (< *mamfaeth*), *brawdmaeth* yn gyfansoddeiriau afryw o deip enw + ans. tebyg i *gwrda*, *gwreigdda* ; felly cedwir y gysefin ar ôl *tad*, *brawd*, a cheir tr. ar ôl *chwaer*, *mam* ; collwyd yr *f* yn *mamfaeth*, fel yn *Rhiw(f)abon*, etc., WG 179, ond argreffir *mammaeth* yn aml yn llyfrau CDC ; ni raid tybio serch hynny fod yr ail *m* yn cynrychioli *m* gysefin —*maeth* ; yr *m* yn *mam*

*Diau mai o gydweddiad â *noswaith* y cafwyd y ffurf *dyddwaith* sydd gan Oronwy Owen ar ddechrau *C. y Farn* i gynganeddu â *diddawr*.

†Sylwer fod yr enw'n cadw'r gysefin ar ôl y fannod yn y canlynol : *Mae'r tyrau teg ? Mae'r* **tref tad,** IGE² 290.19 ; *Tri wyd dy hun* **i'r tre tad,** GGl XII.62 ; ymddengys felly mai gwr. yw *tref* yma, ac mai hyn sy'n cyfrif am gysefin *-tad*. Ceir y treiglad yn *Trefdraeth* ac y mae'n ddigon tebyg mai'r un gystrawen sydd ynddo, sef colli'r fannod o "tref y traeth" ; e.e.

Edling o hen genhedlaeth
Yw ef o ben **Tref y Traeth,** IGE² 32.30.

Y mae'r enw gwr. *cartref* yn rhyw awgrymu y gallai *tref* fod yn wryw. Holais yr Athro J. Lloyd-Jones a oedd ganddo esiamplau o *treftad* yn wr. heblaw'r ddwy a ddyfynnwyd. Anfonodd amryw esiamplau ataf a allai fod yn wr. ond nid oedd ganddo'r un yn ei gasgliad y gallai deimlo'n sicr mai gwr. oedd.

sy'n ddwbl, ac y mae'r ddwy *m* yn *mammaeth* yr un fath â *mammau*, etc. ; mater o orgraff yw, e.e. *mammaeth*, RBS 120, *mammeu*, ib 22.

Eithr sylwer ar y ffurf *brawduaeth*, LlH 169, MA 183b ; WM 27, Bown 1485, 1550, 1627, TA 10.54 ; *brawdfaeth brudfardd*, IGE[2] 12.30 ; sy'n fath o gyfansoddair rhywiog a barnu wrth y treiglad, ond mae'n debycach mai dylanwad *chwaerfaeth* sy'n cyfrif am y treiglad ; cymh. *ei frawd maeth*, 2 Macc. IX.29 ; ac ymhellach : *mab maeth Crist*, YCM[2] 2.

(iv) Ymddengys y geiriau *tad-cu*, *mam-gu* yn gyfansoddeiriau afryw ar batrwm enw + ans., gyda thr. ar ôl yr enw ben. a'r gysefin ar ôl enw gwr., ond cymh. y cystrawennau canlynol : *ar lyn* (= *lun*) *y* **dad y cy** *bel vab memrwth*, MCr 20b ; *noe y* **dad y cy**, ib 24a ; **hen dad y cy**, ib 25b ; *tad yr halogrwydd* **tad y cy** *y glothineb*, ib 47a ; *ei daid, neu ei dad y cu*, Joshua Thomas, HB 42-3 ; eto 121, 148 ; *Yn well nâ'ch tad y cu*, Sion Llewelyn (1791) 26 ; *fy nhad y cu*, Ioan Thomas (= John), Rhad Ras (1810) 7.

Cymh. ymhellach : *ym brawt y ku*, RP 1203.11, MA 247b ; *Vy mab i y cu*, B II.17 (= *fili karissime*) ; hefyd ar t 18, ac yno mewn ' amrywiad ' ceir *vy mab ku*. Awgrymwyd wrthyf mai math o lafariad epenthetig yw'r *y* ond credaf fod gormod o dystiolaeth yn y testunau y dyfynnwyd ohonynt mai ' tad y cu ' yw'r ffurfiad gwreiddiol. Y mae'r dyfyniad o B II yn awgrymu mai cystrawen gyfarchiadol yw yn wreiddiol, gyda'r fannod a geir o flaen enwau cyffredin yn y cyflwr cyfarchiadol [' y cyfaill,' ' y plant bychain,' etc., gw. §155 (ii) isod] o flaen yr ans. *cu* yn lle bod o flaen yr enw cyffredin ; cymh. **Merch y dec** *heb ef y bwy y credy di*, BSK 33 ; a cheir esiampl hynod ddiddorol o hyn yn B IV.114 : ceir yr enw *seruen wyn* neu *seruenwyn*, ar ddyn, ac wrth annerch hwnnw ceir : *kyuarchaf* **ym brawt y gwynn**, llinell 9.

(v) Y mae'r enwau cyfansawdd afryw hyn gan mwyaf yn ffurfio lluosog fel uned, ac nid fel petaent yn ddau air ar wahân, sef *nosweithiau*, *rhandiroedd*, *boncyffion* (er bod *nos*, *rhan*, *bôn* yn ' lluosogi '). Nid oes ffurf luosog i *tu* ar wahân i *deutu*, a lluos. y cyfansoddair yw *tudalennau*. Lluosog *hanner-coron* yw *hanner-coronau*. Y mae'r cyfansoddair enw + ans. yn ffurfio lluos. ' rheolaidd,' e.e. *gwyrda*, *gwragedd-da* ; ond y mae'r ddwy ffordd o luosogi yn ffurfiadau *-maeth*, e.e. *a thatmaetheu*, WM 37 ; *yn Dad-maethod*, RBS 289 ; *y urodyr maeth*, WM 48.

(vi) Dosbarth cyffredin iawn o gyfansoddair afryw yw'r rhai sydd â *pen* yn enw cyntaf ac enw genidol yn cyplysu wrtho : *pèntref*, *pèncerdd*, *pèntan*, *Pèntir*, *Pènmon*. Dengys yr aceniad fod y rhain yn gyfansawdd ; peth arall, er mwyn cael ffurf luosog rhoir terfyniad lluos. wrth yr ail elfen heb luosogi *pen* o gwbl, *pentrefi*, *penceirddiaid*, *pentanau* ; ac yn bennaf peth, y mae ystyr i'r cyfuniad sy'n wahanol i'r ddau air ar wahân. Y mae aceniad *pen* + enw genidol unsill yn llac weithiau, *penllád*, *penrhâith*, *Penárth*. Aceniad llac sydd yn *pen-teulu*, *y pen-pobydd*, etc., gan fod yr enw genidol yn ddeusill, ond yn rhinwedd yr ystyr wahaniaethol sydd i'r ddau air ynghyd, gellir cyfrif yr esiamplau hyn yn gyfansoddeiriau. Wrth ' luosogi ' y rhain gall y ddwy elfen gael eu ffurf luos. arferol, e.e. *pennau teuluoedd* (WS 34), cyferb. *Dyledswydd Pen-teuluoedd*, RBS 149 ; neu luosogi *pen* yn unig, e.e. *eu pennau cenedl*, 1 Esdr. v.4, sef lluosog ' pen-cenedl ' ; neu luosogi'r enw genidol a chadw *pen* yn unigol fel sydd yn yr enghraifft o RBS 149 ; cymh. hefyd : *y pen pobyddion, y pencampwyr*: yma nid oes syniad am ' bennau.'

Cymh. hefyd *pen-glin* (Gogledd) *pen-lin* (De), *ym pen(n) y glinyeu*, Havod 16.39 ; ymddengys mai cywasgiad o ' pen y lin ' yw ffurf y De. Y berfenw yn y De a'r Gogledd yw *penlinio*, ac ni wn sut i esbonio hyn heblaw awgrymu fod berfenwau megis *pendrymu, pengrymu* (sy'n rhywiog o ran cyfansoddiad, a heb gynnwys yr un ' pen ') yn batrwm i'r treiglad. Mae *pen blwydd* ar fynd yn gyfansawdd gan mai ' ei ben-blwydd ' a ddywed llawer er mai' pen ei flwydd ' yw'r hen briod-ddull, a hwnnw'n aros mewn rhai ardaloedd o hyd.

Fe all *pen* fod yn ansoddeiriol o flaen enw arall nes gwneuthur cyfansoddair rhywiog, e.e. *pendro* [yn fen. er mai gwr. yw *tro*, a hynny efallai am mai enw dolur yw, gw. §5 (iv) (*b*)] ; *penbleth*. Dylid cadw ar wahân hefyd y cyfansoddeiriau rhywiog a ddisgrifiwyd yn §8 (i) (*c*), *penwyn, penboeth, pengrych*, sef enw + ans. > ans.

(vii) Fel y dywedwyd ar ddechrau §8 (ii) (*a*) am darddu enwau a berfau o ffurfiau fel *penwyn* > *penwynni, gwynlas* > *gwynlasu*, etc., gellir tarddu geiriau newydd o'r cyfansoddair afryw yn fynych ; fe ddyellir fod tr. y geiriau hyn wedi ei benderfynu yng ngwneuthuriad y cyfansoddair cyntaf cyn llunio'r tarddair. Enghreifftiau o darddeiriau yw *penceirddiaidd* (ans.), *gwrcatha* (berfenw), *pentrefol* (ans.), *treftadaeth* (enw haniaethol), *didreftadu* (berfenw) ; cymh. hefyd y gair a atgyfodwyd yn ddiweddar fel term am fath o drefn economaidd, *perchentyaeth*, sy'n digwydd yn DN xii.17, nod. 146 ; WLl xviii.93 ; TA 8.68.*

*Sylwer fod ymadrodd sangiadol yn dyfod rhwng *perchen* a *tŷ* yn y canlynol

Gorau **perchen,** *a'r wen wiw,*
Ty *o Adda hyd heddiw.* DN i.2-4.

PENNOD VI

ENWAU PRIOD

§43 ENWAU PRIOD GENIDOL

(i) *Enw benywaidd + enw priod genidol*

Ni threiglir yr enw genidol amhendant a ddaw'n achlysurol ar ôl enw ben. un., *merch brenin, gwraig pregethwr* ; na'r enw pendant ychwaith, *merch brenin y wlad.* Mewn Cym. Can. byddai'r enw priod a ddelai'n gyson ar ôl enw ben. un. yn treiglo, e.e. mewn enw achyddol pan roid enw'r tad ar ôl 'ferch' yn enw llawn y ferch, *Branwen ferch* **Lyr**, *Cicfa ferch* **Wyn** *Gohoyw* ; cymh. â'r rhain esiamplau lle ceir 'fab,' 'ab,' 'ap,' *Bendigeidfran fab Llyr, Gwawl fab Clud, Dafydd ap Gwilym,* etc. Golygir wrth 'yn gyson' nad yn achlysurol y daeth yr enw ben. a'r enw priod at ei gilydd yma, gan mai teitlau sefydlog eu patrwm a'u cystrawen oeddynt.

Nid yw'r ffordd hon o enwi'n cael ei harfer mwyach ac eithrio mewn ffugenwau eisteddfodol ac enwau barddol, a chan nad yw'r enw genidol cyffredin yn treiglo ar ôl enw ben. un., y rheol pryd yr arferir yr hen deitlau yw peidio â threiglo, e.e. *B. ferch Llyr* yn enw ar ddrama ddiweddar ac yn destun y bryddest yng Nghaernarfon 1906 ; ac os gellir dibynnu ar y testun dengys y canlynol pa mor gynnar y dechreuwyd colli'r treiglad : *A'i lliw fel Branwen ferch Llyr,* DGG XI.14.

(ii) '*Gŵyl*' + *enw priod*

Cedwir y gystrawen mewn enwau swyddogol sefydlog o hyd ac un esiampl nodedig o hyn yw'r tr. ar ôl *gŵyl* i enw sant, e.e. *Gŵyl Ddewi, G. Badrig, G. Fair, G. Fihangel.* Wele rai dyfyniadau, ac fe welir yn eu plith rai esiamplau o'r cyfansoddeiriau afryw, *noswyl a dygwyl* : *Gŵyl* **G***edwyn,* TA 35.27 ; *Gŵyl* **W***yddelan,* ib 54.28 ; *dygwyl* **W***ynnog,* ib 88.51 ; *noswyl* **G***ybi,* CRhC 152 ; *noswyl* **G***urig,* ib 154 ; *gwyl* **w***enfrewi,* ib 353 ; *Digwyl* **b***eder,* ib ib ; *digwyl* **d***omas,* ib ib ; hefyd LGO 81, 83 ; *er gwyl* **F***air,* ML 1.61 ; *ers gwyl* **F***ihangel diwaetha,* ib 1.64 ; 1.158 ; 1.195 ; *o'r noswyl Fihangel,* ib 1.383 ; *Hen Wyl* **F***arc,* ib 1.228 ; *o Wyl***f***ihangel i Wyl***f***air,* Joshua Thomas, HB 321. Cymh. hefyd : *Duw Gwyl Vil Veib,* YCM² 43 (gw. nod. t 186) eithr ceir *g. y vil veibion* yn y ddau galendr, Llst 181, RWM 2.770, Llst 117, RWM 2.571 ; ceir y fannod hefyd yn KLlB 12. Tueddir i gadw'r gysefin mewn enw sy'n gymharol newydd neu ddieithr : *o wyl Martin,* B II.15 ; *G. Marthin,* Llst 181, RWM 2.770 ; *G. boniffas,* ib, ac yn Llst 117, RWM 2.571. Ceir *g. barnabas* yn Llst 117, ond *G. varnas ebostol* yn Llst 181.

Gŵyl Ddewi, Gŵyl Dewi

Nid ceisio dyfarnu yr ydys pa un o'r rhain sy'n gywir. Yr unig beth sydd yn WS 37 yw '*Gŵyl Dewi* for *Gŵyl Ddewi*.' Yn y calendr sydd yn Havod 8, RWM 2.311 ceir treiglad i enw'r sant ym mhob enghraifft lle bo'r gystain yn dreigladwy, ac eithrio *G. derfel* (a noder *G. trisaint* hefyd) ac yn eu plith ceir *G. ddewi* ; hynny hefyd sydd yn Llst 40, RWM 2.499, ac yn y ddau galendr yn Llst 117 a Llst 181 (ac yn y rhain ceir esiamplau eraill o gadw *dd* heb galedu, megis *g. ddyrnoc, g. dderuel, g, ddwynwen*). Esiamplau pellach o'r ffurf dreigledig : CRhC 152 (tri amrywiad yn rhoi'r treiglad), ML 1.179 ; 277 ; 2.179 ; LGO 46, 94, 95, 100, 129 ; Almanac *Y Cyfaill Ufudd*, (1771) Mawrth 1 ; ond sylwais ar ddwy enghraifft heb dreiglad yn ML, sef 2.173, 2.187 ; a cheir dwy enghraifft mewn dyfyniadau o waith Rhosier Smyth a rydd yr Athro G. J. Williams yn DByrr LXV.

Gwelais gynnig i esbonio *Gŵyl Dewi* (yng ngholofnau gohebiaeth y Wasg) trwy sôn am galediad *ldd* yn *ld*, a dyfynnu *boddlon, bodlon* yn enghraifft o'r calediad ; ond ni thâl hynny gan nad *ddl* ydyw, ond *ldd*. Ond fe rydd WG 160 *ldd* > *ld* > *lld, lldd* > *lld* i gyfrif am *melldith, melltith* ; cymh. hefyd Henry Lewis, *Elfen Ladin* 24. Nid wyf am ddweud fod y calediad cynnar a welir yn natblygiad *melltith* yn ddigonol i esbonio peth sydd mor ddiweddar ac ansicr â *Gŵyl Dewi*, ond dengys fod y calediad yn bosibl. O weld cynifer o enghreifftiau diweddar o'r ffurf ddi-galediad, fe'm temtir i awgrymu mai'r prif reswm am arfer *Gŵyl Dewi* bellach yw fod enw'r ŵyl wedi ei golli o eirfa gyffredin y Cymry ymneilltuol, ac yna wrth atgyfodi'r ŵyl ar gyfer dathlu cenedlaethol yn hytrach nag fel gŵyl eglwysig, fod y gystrawen wedi ei llunio yn unol â'r rheol fod enw genidol (meddiannol) yn cadw'r gysefin.

(iii) *Nos*, (*Nos Lun*)

Y mae'r gwahaniaeth rhwng *dydd Llun* a *nos Lun* yn eglur ddangos y rheol yr ydys yn ei thraethu yn yr adran hon. Y mae'n werth nodi mai cyfuniad ' enw ben. + enw priod genidol ' yw *Nos Lun*, etc., ac nad cyfansoddair mohono. Er hynny ni roir ans. rhwng yr enw meddianedig a'r enw genidol, fel yn ' mab Dafydd,' ' mab annwyl Dafydd,' a rhaid fod cyswllt agos rhwng ' nos ' a ' Llun ' wrth na ellir rhoi ans. rhyngddynt. Yr un modd ni ellir rhoi ans. rhwng ' Llan- ' ac enw'r nawddsant, e.e. *Llangyfelach lon*, ac nid ' Llan lon Gyfelach ' (neu ' Cyfelach '), oblegid y mae'r enw ' Llangyfelach ' yn golygu rhywbeth gwahanol i lan y sant ; (sylwer ar yr esiamplau celfyddydol cynnar hyn o wneuthur bwlch rhwng yr enw cyffredin a'r enw priod genidol drwy roi ans. ar ôl yr enw cyffredin, a gwelir fod yr enw priod genidol yn treiglo ar ôl enw meddianedig ben. + ans. : *yg caer* **uawr** *uyrtin . . . yg caeroet aber* **tyner** *teiui yn seint* **cloduan** *cler . . . yn llysseit aber* **hydyruer** *hotni . . . yn rutlann* **deguann** *deiui*, LlH 278-9). Pan roir ans. wrth yr ymadrodd *Nos Lun*, etc., nid cenedl ' nos ' sy'n penderfynu a oes tr. neu beidio, ond yr enw genidol, e.e. *Nos Lun* **d***iwethaf, nos Lun* **c***yntaf y mis* ; ffrwyth ymresymiad yw'r canlynol : *Bum nos Sadwrn* **dd***iwetha' yn y Duwmares*, ML 1-171 ; *Nos*

Fawrth wlawog, ib 2.170 ; *y nos Wener honno,* Daniel Owen, RL 351 ; *y nos Lun honno,* ib 379 ; *y nos Lun ganlynol,* GT 175 ; *y nos Iau gyntaf,* E. Tegla Davies, Y Sanhedrin, 10 ; dyma'r gystrawen naturiol gywir : *Nos Wener diweddaf,* ML 2.247 ; *Nos Sul diweddaf,* ib 2.306 ; *bob nos Lun cynta o'r mis,* Daniel Owen, EH, 128 ; *y nos Saboth cyntaf,* ib 131 ; *y nos Sabboth hwnnw,* ib 132 ; *y nos Lun cyntaf yn y mis,* W. J. Gruffydd, H. Atgofion, 38.* Yn yr un modd cedwir cysefin yr ans. ar ôl *gŵyl* + enw priod er bod ' gŵyl ' yn fen., e.e. *ers gwyl Fihangel* **d***iwetha',* ML 1.64 ; *wyl Ddewi* **d***iwaethaf,* LGO 100. Ni raid dweud mai cysefin yr ans. sydd yn dilyn *dydd Llun,* etc., e.e. *ddydd Sadwrn* **d***iwaethaf,* ML 1.134. A pheth arall, er mai tarddiad ' benywaidd ' sydd i rai o'r enwau priod, os defnyddir yr enw priod yn unig, ni threigla ar ôl y fannod, e.e. *y* **G***wener y bu gynnal,* GGl xviii.65 ; *y* **G***wener* **d***iwethaf,* LGO 100. Pan roir rhifol o flaen *nos Lun,* etc., benywaidd fydd gan mai'r ' nos ' a rifir, e.e. *dwy nos Lun* ; felly gellir dywedyd ' tair nos Lun **d**ilynol.'

§44 Enw Benywaidd + Enw Priod Mewn Enwau Lleoedd

(Yr ydys yn petruso cyn dyfynnu rhai enwau lleoedd, nac fel enghraifft o reol nac fel eithriad, ac yn ymgadw rhag rhai yn gyfan gwbl, gan fod cymaint o ansicrwydd ynghylch y ffurf gywir, ac y mae'n bosibl mai llygriadau fydd rhai o'r esiamplau a ddyfynnir).

(i) *Llan*

Gan mai enw ben. yw, treiglir yr enw priod genidol ar ei ôl : *Llanbadarn, Llandaf, Llanbedr, Llanfair, Llanddewi.* Eithriadau cyffredin yw'r enwau hynny lle ceir calediad *n* + *l*, *n* + *r* (gw. §10 uchod) : *Llanllyfni, Llanlluan* (EANC 79), *Llanllieni, Llanrhystud, Llanrhuddlad.*

Y mae rhai esiamplau o dreiglo enwau cyffredin, e.e. *Llanfynydd* (P 147, RWM 1.918), *Llangwm* (op. cit. 914, 919). Y gysefin sydd yn *Llan-bryn-Mair* (op. cit. 915), a sylwer sut y ceidw *bryn* y gysefin yn yr enwau canlynol ar frwydrau : *gueith uadon . . . Gueith brynn dygannhwy . . . gueith uon . . . gueith uangor,* LlH 84-5. Ceir cysefin y rhifolion yn *Llantrisant* (Morg.), *Llantrisaint* (Môn a Mynwy), *Llanpumpsaint* ; a cheir tr. yn *Llanddeusant* (Caerfyrddin a Môn) ; ond os edrychir rhestr plwyfi P 147 gwelir fod y fannod yn eisiau yn y ffurfiau diweddar, e.e. *ll. y trissaint y misgyn,* etc., (a chymh. *ll. y pedwar saint,* yn Llŷn ; *ll. y nawsaint* ym Môn, gw. P 147 ; *naw* neu *nawdd* ?).

Ceir *Llanmihangel* ym Mro Morgannwg, a *Llan-maes,* ond ceir y ffurfiau treigledig yn P 147, a sylwer ar nodiad G.J.W. yn TLlM 81, mai *Llanfihangel* sydd gan y beirdd, ac mai hynny a glywodd gan Gymry'r Fro.

*Yn nofelau T. Rowland Hughes y gwelais i fwyaf o enghreifftiau o gystrawen y treiglo ; gw. *O Law i Law* 43, 63, 64, 101, 104, a cheir amryw esiamplau yn y lleill.

Y tebyg yw i'r enwau hyn gael eu hail-lunio pan seisnigwyd y Fro gyntaf, neu'n hytrach pan ailgymreigiwyd y Fro ar ôl hynny, ac na fuwyd yn gwbl gywir wrth ailgymreigio'r enwau. Cymh. hefyd: *llann vaes,* LlH 200; RP 1350, MA 332b.

Pryd na fydd tr. i gytsain yr enw a ymddengys yn enw priod, dylid holi weithiau ai *llan* yw'r elfen gyntaf yn y ffurf gynhenid. Yn *Llancarfan, Llantarnam, nant* oedd yr elfen gyntaf ar y dechrau, ac enw gwr. oedd *nant,* gw. §2 [(i) nodiad (*b*)], ac felly *Nant* (*y*) *Carfan, N. Teyrnon* oedd yr hen ffurfiau; a *Nant Hodni* neu *Hoddni* yw *Llanthony,* a dengys hynny o b'le y cafwyd *-th-*, er mai *t* yw'r sain; am y ffurfiau hyn gw. PKM 146, ac EANC mynegai.

Ynglŷn â *Llantrithyd* neu *-triddyd* (Bro Morgannwg), hawdd iawn tybio, fel y gwneuthum i gyntaf ar ôl gweld *ll. triðid* yn P 147 a *Llanrhiryd* ar fap yr Athro William Rees, mai esiampl ydoedd o'r datblygiad *nr* > *ntr* a welir yn *ewinrhew* > (*g*)*windrew*; ond tynnodd yr Athro G. J. Williams fy sylw at P 178, RWM 1.992, lle ceir *Ll. triddid* ar flaen pwt o grynodeb, ac yna: *anantririd,* a honno, mae'n ddiau, yw'r ffurf wreiddiol.

Enw nant hefyd yw [*Llan*]*bradach,* ac yn EANC 3-4 awgrymir mai o'r ffurf dreigledig (*G*)*lanbradach* y lluniwyd *llan-*; enwir enghreifftiau eraill yng nghwrs y llyfr. Sonnir isod yn §171 (iii) am enwau lleoedd yn treiglo mor fynych ar ôl *i* ac *o*, etc., nes bod y ffurf dreigledig yn troi'n 'swydd-ogol,' e.e. *Gorseinon, Waunarlwydd.* Y mae ffurfiau treigledig o'r fath yn bur gyffredin yn y De, a diau mai *Lanbradach, Lancaeach* (EANC, 4, 6) a ddywedai Cymry'r ardaloedd hyn, a digon naturiol fyddai cam-gasglu mai *Llan-* oedd y gysefin.

(ii) *Caer*

Y mae *Caerfyrddin, Caergybi, Caerdyf* (neu *Caerdydd*) yn esiamplau o'r tr. ar ôl yr enw ben. *caer.* Esiamplau o'rślalediad arferol yw *Caerlleon* a *Caer Rhun.*

Rhoddir dosbarthiad cyflawn iawn o enwau *caer-* yn G 95-6, a rhyfyg fyddai ceisio aildrafod y pwnc yn y fan hon. Mentraf nodi un neu ddau o bethau. Ceir nifer o enghreifftiau, mewn enwau ar leoedd tuallan i Gymru, heb galedu *l*, e.e. **Caerludd**: *y gelwit hi kaerlud. ac or diwed kaer lundein,* WM 192; *Caer Ludd,* FN 96; IGE² 20-27, a cheir esiamplau eraill yn G; cymh. eto: *a Chaer Lundain,* IGE² 263.23; **Caer Lyr**, e.e. RBB 64, a dengys y gynghanedd y ffurf ddi-galediad yn bendant: *Gorau â'i law i Gaer Lyr,* GGl LXXXIII.38; eithr cymh. *hyd gaer llyr a hyd gaerlleon,* LlH 96, a cheir esiamplau eraill yn G; enghraifft arall yw **Caer Liwelydd**, e.e. *a chaer liwelyd,* BT 69.12; a dyry G enghreifftiau pellach o hyn ac o ddangos lalediad.

I geisio cyfrif am y ffurfiau hyn sydd heb y calediad a ddisgwylid, gallwn nodi'n gyntaf mai enwau ar leoedd heb fod yng Nghymru ydynt, ac na fyddai'r Cymry'n eu harfer yn naturiol wrth siarad. Ffurfiau oeddynt a gafwyd o'r croniclau, ac y mae'n amheus a ddefnyddiwyd *Caerludd* erioed ond yn y croniclau a'r storïau a seiliwyd arnynt. Ond gan fod y beirdd yn gwybod am galediad *r* + *l*, dewisent weithredu'r calediad, eithr heb ymwrthod â'r hawl i arfer y ffurf ddi-galediad os oedd hynny'n fantais i'r gynghanedd.

Ni ddangosir calediad *r* + *r* ychwaith yn *Caer Rufain*, IGE² 265.23 ; ond y mae'n ddigon tebyg fod tr. yn : *Cer bron Caer Bablon cwr bobl*, ib 8.33, os dyellir *Pablon* fel y gysefin ; gw. enghr. yn G o dan *Babilon*.

(iii) Y mae digon o esiamplau o **tref** yn peri tr. i'r enw priod : *Tregaron, Trewalchmai, Treforis*. Diweddar yw *Tremeirchion* oblegid *Din M.* yw'r hen ffurf, WS 38 : *kwm dymeirchion*, P 147, RWM 1.194 ; ac esiamplau diweddar eraill yw *Tremadog, Trethomas, Trecynon*. Soniwyd yn §2 [i, nod. (*a*)] am *dinas*, mai gwr. oedd yn wreiddiol, yn golygu ' amddiffynfa ' ; y gysefin a ddisgwylir felly mewn enwau fel *D. Mawddwy, D Brân*.

Enghreifftiau pellach o'r un patrwm a'r un tr. yw *Hendre Wladus, Hendre Forgan* ; *Pont Ruffudd, Pont Wilym* ; *Ynys Bir, Ynys Forgan* ; *Maenor Bir* ; *o faenol d(d)ewi*, DByrr 4 ; *Hafod Ruffudd* ; *Bod Feilir, Bodorgan* (< *Forgan*), *Boduan* (< *Fuan*, gw. ZCP xx.138) ; *Rhiwabon* (< *Fabon*) ; *Neuadd Wilym* ; *Rhyd Wilym* ; *Eglwys Fair* ; *Gwlad Gamber, Gwlad Gadell, Melin Fran, Gwaun Forgan* ; gw. enghreifftiau yn WS 38 ; a gw. (i) uchod am esiamplau o dreiglo ar ôl *gwaith* = ' brwydr ' mewn enwau brwydrau.

Ceir enghreifftiau o'r tr. ac enghreifftiau o'r gysefin ar ôl *ystrad*, e.e. *Ystrad gynlais, Y. fellte* ; *Y. Meurig, Y. Marchell* ; gall fod mai enw ben. ydoedd yn ardaloedd y lleoedd sy'n cynnwys treiglad, a'i fod yn wr. yn yr ardaloedd eraill (cymh. *Ystrad mawr*, LlH 54) ; ar y llaw arall gall *ystrad* fod yn enw gwr. yn y ddwy gystrawen gan fod esiamplau i'w cael o dreiglo enw priod ar ôl enw gwr.

(iv) *Enw gwrywaidd + enw priod (treiglad)*

Dyma rai esiamplau : *Tyddyn Fadog, Tyddyn Ronw, Cae Fadog, Cae Ddafydd, Bryn Ronw, Tŷ Ddewi*, gw. WS 39, a gw. isod §46 (iii) am esiamplau eraill o dreiglo ar ôl *tŷ* ; cymh. hefyd : *Llety Domos* (Plwyf Llangyfelach).

Golyga prinder cymharol yr enghreifftiau mai cadw'r gysefin yw'r rheol ar ôl enw gwr., e.e. *Mynydd Mechell, Abertawe*, etc., gw. WS 38 am enghreifftiau ; ac anodd olrhain achos y tr. yn yr enghreifftiau uchod ac ni ellir yma olrhain hanes yr enwau hyn yn fanwl. Fe ddichon fod enw ben. yn gyntaf a'i ddisodli gan enw gwr. a bod y gystrawen yn cadw'r tr. ; neu fe ddichon mai dylanwad enwau eraill yn y gymdogaeth yw a'r rheini'n cynnwys tr. yn gynhenid. Ni allaf beidio ag awgrymu mai'r rheswm am y treiglad yw hyn : ped olrheinid hanes yr esiamplau hyn o dreiglo, fe geid fod dau lety neu ddau gae, etc., ac mai wrth wahaniaethu rhyngddynt y lluniwyd cystrawen y treiglad yn ' Llety Domos,' etc., fel y treiglir ans. gwahaniaethol ar ôl enw gŵr ; gw. §48.

§45 Ymadroddion Arferedig Cyffredin (' *bendith Dduw* ')

(i) Ceir y tr. hwn hefyd mewn ymadroddion arferedig sefydlog sydd ar batrwm ' enw ben. + enw priod genidol ' heb fod yn enwau lleoedd o gwbl, e.e. *bendith Dduw,* llaw Dduw, llaw Fair, efengyl Grist, delw Fair* (Havod 16.101) *delw Grist, delw Gadfan, delw Gybi* (DGG xxxvii.37), *buchedd Gybi* ; gw. WS 38 ; *ysgol Grist,* enw llysewyn.

Enwau priod yw'r enwau genidol hyn oll ac eithrio *Duw* er bod *Duw* yn nes at fod yn enw priod oblegid ei ystyr nag at fod yn enw cyffredin ; gw. §48(iv) isod lle ceir esiamplau o dreiglo'r ans. ar ôl *Duw* ; heblaw hynny y mae treiglo *Crist* a *Mair* yn batrwm i dreiglo *Duw*. Arferid yr ymadroddion i fesur helaeth yn yr hen gyfnod, fel llwon neu briod-ddulliau cyfarch ac eidduno, ond nid rhaid tybio fod pob un yn ymadrodd ' set,' eithr fod patrwm i'r gystrawen, hynny yw, gan fod ' delw Grist ' a ' delw Fair ' yn gyffredin, byddai ' delw ' yn peri tr. i enw sant hefyd a ddelai'n llai mynych ar ei ôl†

Yn y ddwy enghraifft, *Teyrnas Dduw* ac *Eglwys Dduw,* erys *sdd* heb galedu'n *sd* er eu bod yn gyffredin iawn ac nid hawdd cyfrif am hyn os nad ' cysegredigrwydd ' yr ymadroddion a'u cadwodd yn eu ffurf wreiddiol ; eithr cymh. *Eglwys Duw yn ei glôs da,* GGl cvi.44 ; ynglŷn â'r calediad hwn gw. §9(i) a §20(i-ii).

(ii) Collwyd y rhan fwyaf o'r priod-ddulliau uchod gyda dyfodiad a ffyniant y grefydd brotestannaidd, ac eithrio'r ddau ddiwethaf a *bendith Dduw.* Mewn ystyr ffigurol y defnyddid ' llaw Dduw,' etc., mewn eidduniadau a ddymunai fod ' llaw ' neu ofal Duw dros wrthrych yr eidduniad (ac arlliw catholig yr ymadroddion a barodd eu colli) :

Llaw Fair rhag colli f'eryr,
A llaw Dduw rhag lladd i wŷr, DN xxiv.69-70.

Dan law Fair a Deinioel fo, GGl lxxxv.57.

*Ceir math o galediad *th* + *dd* > *th* yma a hynny a roes *Bendith Huw,* ML 2.283 ; *Melldith Huw,* ib 2.326 ; esiampl o hyn mewn cynghanedd : *A'th dda yn, a thai annedd,* GGl xxx.17.

†Yn y canlynol ceir esiampl o dreiglo *Mair* ar ôl y rhifol *tair* sy'n cynrychioli *tair* + enw ben. ' :—

Teir llythyren *wenn windut an duc ynghyvyrgoll collet*
a **their veir** *o vawr garyat an duc nef on dygyn ovit ;*
Teir veir *oleugreir a vawrlygrawd hyt o lythyr*
A their o nef . . . an gwaredawd, RP 1329.

Y syniad yw fod y tair llythyren ' Eva ' wedi dyfod â distryw ar y byd, a bod yr un llythrennau, ' Ave ' (sef ' teir Veir ') wedi dyfod â gwaredigaeth.

Ceir *llaw Dduw* yn ddigon cyffredin yn rhai o destunau pros CDC, a hynny gydag ystyr y gellid ei chyfrif yn ' llythrennol ' wrth hen ystyr yr eidduniadau catholig : *oddiar law* **Dd***uw*, Hom 1.43 (cyferb. *ar law* **D***uw*, ib 1.42) ; *ni ddiengi rhag llaw* **Dd***uw*, 2 Macc. VII.31 ; *i delywchwi obrwy ar law* **dd***uw*, DP 271a ; *yn dyfod o law* **Dd***uw*, LlHyff 106 ; enghraifft o'r gysefin : *a gawsom ar law* **D***uw*, DCr[1] 22a, ib[2] 18b. Gellir dyfynnu amryw esiamplau o'r un gystrawen : *at drugaredd* **Dd***uw'n Tad*, DFf 48 ; *teml* **Dd***uw*, ib 46, 50 ;* *drwy gyfraith* **Dd***uw*, ib 59, 134 ; *arch* **Dd***uw*, ib 168 ; *stori* **Dd***aniel*, PA 84 ; cymh. hefyd : *oblegid nid ydynt, yn ebrwydd, yn* **bobl Dduw,** *yr holl rai a elwir yn* **bobl Duw,** DFf 92 lle y mae ' Duw ' yn ansoddeiriol yn yr enghraifft gyntaf ac yn feddiannol yn yr ail. Eto, dyma esiampl o roi ans. rhwng yr enw ben. a'r enw genidol heb rwystro'r tr. : *ar* **galon drigarog dduw,** PA 181 ; estyniad pellach yw'r canlynol : *Mae nawr yn eiste' ar* **law dde' Dduw,** Timothy Thomas, Moliant i Dduw (1764) 48. A dyma enghraifft o'r ymadrodd heb dr., o'r bedwaredd ganrif ar bymtheg : *gwelwn* **law Duw** *yn fy nwyn*, Daniel Owen, RL 394.

Gellir amau a fyddid yn treiglo mor gyffredin ar lafar yng nghyfnod y testunau hyn a gellir casglu mai treigladau ' llenyddol ' yw llawer o'r esiamplau, a wnaethpwyd ar sail gwybodaeth o'r hen arddull ac o ramadeg ysgolion y beirdd.

§46 Enw Priod Genidol Mewn Cystrawen Achlysurol

(i) Fel y dywedwyd gynnau, mewn ymadroddion arferedig sefydlog y digwydd y tr. hwn i enw priod ar ôl enw ben., a thebyg mai ymadroddion sefydlog o ran eu patrwm yw'r canlynol gan mai teitlau swyddogol ydynt ar hanesion neu rannau pendant mewn straeon : *yspydawt* **v***ranwen*, WM 59 ; *yspydawt* **u***ran*, ib 61 ; cymh. y canlynol â'i gilydd : *o beth o vuched* **V***euno*, LlA 118 ; *Hystoria o vuched* **B***euno*, ib 1 ; a ' theitl ' ar frwydr yw teip *gweith* **u***adon*, WM 209 (< R 561), gw. § 44(i).

Ond ymddengys mai achlysurol yw'r canlynol : *llaw* **W***enhwyvar*, WM 122 ; *sarhaet* **W***enhwyfar*, ib 122 ; *lluest* **W***alchmei*, ib 144 ; a bernir yn WS 38 mai olion yr hen arfer ydynt o dreiglo enw priod yn rheolaidd pan ddigwyddai iddo ddod ar ôl enw ben. Y mae'n bosibl ar y llaw arall mai esiamplau ydynt a luniwyd ar y patrwm a oedd mor hysbys i ysgrifenwyr y cyfnod canol : os ' llaw Fair,' dylid cael ' llaw Wenhwyfar,' ac os hynny dylid treiglo hefyd yn ' sarhaet Wenhwyfar.'

O destunau rhyddiaith y dyfynnwyd yr enghreifftiau hyn a dyma

*Cyferb. *A theimlo crog a theml Crist*, IGE[2] 8.25. Nid wyf yn teimlo'n rhy sicr ynglŷn â *Nawdd Dduw*, a chredaf fod *Nawdd Duw* weithiau yn well darlleniad, e.e. *Nawdd Dduw i'r neuadd a'i wŷr*, TA 42.40 (amrywiad : *duw ar y neuaddaid*) ; ond rhaid darllen tr. yn y canlynol, heblaw ein bod yn diwygio llawer : *Nawdd Dduw, tost na wyddiad dyn*, ib t 748, Mnd gan Siôn ap Hywel ; *Nawdd Dduw a Mair, un dydd mwy*, DGG LXXV.76.

eraill i ddangos amled y digwydd y tr. mewn cystrawen achlysurol: *y bendeuigaeth* **G***rist*, YCM² 28; *yn llaw* **W***enwlwyd*, ib 177; *(c)yfraith* **V***oesen*, B III.282; *kyfreith* **V***ahumet*, FfBO 37; *a baryf* **B***edyr Ebostol*, Bv. 208; ac yma y dylid lleoli rhai o'r enghreifftiau sydd ar ddiwedd §45(ii).

Y mae iaith y beirdd yn llawn o enghreifftiau o'r hen gystrawen neu o'r hen batrwm: *hutlath* **V***athonwy*, BT 28.36; *nith* **F***air*, DG 290; *Hil Fredudd*, DGG LXXVIII.14; *gwawr* **F***organ*, LGC 8; *tarian* **F***organ*, ib 9; *hil* **G***aradog*, ib 59; *gwledd* **R***ys*, DN I.12; *seler* **R***ys*, ib I.36; *swydd* **Dd***afydd*, TA 74.67; *llys* **Dd***afydd*, ib 3.58.

Gwelir fod *s-dd* yn aros heb galedu yn yr enghraifft ddiwethaf ond y mae calediad yn y canlynol: **Llys Dafydd** *a fydd yn fau / Llys Bedr, lliaws abadau*, GGl CXII.2-3; ac ymddengys mai'r calediad *r* + *r* > *r-rh* sydd yn y canlynol: **Gwenlloer Rhys,** *gannwyll y Rhiw*, ib XXI.22. Gallwn ystyried fod y canlynol yn enghraifft o galediad *n* + *l* > *nll*: *A phen llewod,* **ffon Llywarch,** TA 56.46, cymh. *ffon Feuno*, ib 28.49.

(ii) *Ar ôl enw gwrywaidd*

Yn §44(iv) rhoddwyd enghreifftiau o dreiglo enw priod genidol ar ôl enw gwr. un. mewn enwau lleoedd. Dyfynna WS 39 a CD 230 esiamplau o'r cywyddau o dreiglad tebyg ar ôl enwau gwr. megis *ŵyr*, *nai*; e.e. **ŵyr Ddafydd,** GutO G204; **ŵyr Foreiddig,** LGC 18.36; **ŵyr Faredudd,** ib 73; **nai Ddafydd,** ib 210; **nai Beredur,** TA;* cymh. ymhellach enghraifft ar ôl *gwaed* (= mewn ystyr achyddol): **gwaed Gynfarch,** LGC 9; y mae'r un enghraifft arall yn cynnwys enw nad yw'n cyfleu perthynas deuluol:

> **Gŵn Faredudd** *gann frodiad*
> *A gŵn du Morgan ei dad*, ib 114.

Dyma enghreifftiau pellach; yn gyntaf ar ôl *ŵyr*:

> *Fur loywlyfr,* **ŵyr Lywelyn,** GGl VIII.14;
> *Er dim faddau* **ŵyr Domas,** ib IX.39;
> **Ŵyr Dudur** *o waed Idwal*, ib LXXX.4.

Enghreifftiau ar ôl *mab* (er bod CD 230 yn dweud na ddigwydd y tr. byth ar ôl *mab*):

> *O baud yma* **fab Domas,** ib XII.14;

*Ni ddigwyddodd imi daro ar *nai beredur* yn nhestun TGJ o TA ond ceir amryw esiamplau eraill o'r gystrawen hon. Benywaidd yw *ŵyr* yn *ŵyr Wilym*, 76.12, ond gwryw. yw yn y canlynol: *Ŵyr Gadrawd, a'r gwayw godrwm*, 36.10; *Ŵyr Fredudd*, 54.4; 119.9; *Ŵyr Garadawg*, 95.10; *Gruffudd ŵyr Ruffudd ar wŷr*, 110.9 (cyferb. enghraifft o'r gysefin: *ŵyr Madog*, 102.57). Sylwer yn arbennig ar yr enghraifft hon o dreiglo ar ôl *plant*: *Plant Fredudd hyd Fôr Rudd fry*, 113.3.

Dyro iddo, Duw rwyddael,
Fywyd hir i **fab Fawd** *hael,* ib LXXV.50.
Ap Gollwyn (*Oes neb gallach ?*), ib LXXXV.16.

Prin y mae angen llawer o ddyfyniadau i ddangos mai'r gystrawen normal yw cadw'r gysefin ar ôl enw gwr., e.e. **Mab Tomas** *a urddaswyd,* ib XLVII.7 ; *Galw dy stad,* **nai Gwladus** *Du,* ib XXVIII.38 ; **Gorŵyr Madog,** *gôr Meudeingl,* IGE² 31.19.

Mentraf awgrymu mai cystrawen a ddatblygwyd yn ' llenyddol ' yw'r gystrawen amheus hon yng ngwaith cywyddwyr yr ail gyfnod, megis LGC a GGl, drwy dynnu casgliad anghywir oddi wrth gynseiliau cywir. Credaf mai'r enw *ŵyr* yw achos a dechreuad y gam-dyb, a'r estyniadau llenyddol a ddeilliodd o hynny. Er nad yw'r dyfyniadau uchod yn cynnwys yr holl esiamplau sydd i'w cael, y maent efallai'n cynrychioli cyfartaledd yr amryw enwau sy'n digwydd yn y gystrawen amheus, ac os ydynt yn iawn gynrychioli'r cyfartaledd, gwelir mai'r enw *ŵyr* sy'n digwydd amlaf. Gan fod *ŵyr* yn golygu *wyres* hefyd, byddai tr. i'r enw priod gen. ar ôl *ŵyr* = ' grand-daughter.' Awgrymaf mai hynny a arferwyd yn gynsail ac mai trosglwyddo'r treiglad o gystrawen *ŵyr* benywaidd i gystrawen *ŵyr* gwrywaidd a roes gychwyn i'r arfer a ddangosir gan y dyfyniadau uchod. Ac os gellid treiglo enw priod gen. ar ôl *ŵyr*, pam na ellid treiglo hefyd ar ôl *nai* a *mab*, a geiriau gwr. eraill, pan fyddai angen hynny, a chadw'r gysefin yn unol â chynseiliau eraill, os hynny a fyddai orau ? Rhoddai hyn gyfle i'r cynganeddwr i ddewis yr un a fynnai o ddwy ffordd o dreiglo. A sylwer ar yr enghraifft o dreiglo ar ôl *-wŷr* = ' gwŷr ' : *Gennyd i wŷr Forgannwg,* IGE² 145.18. Fe ellid tadogi hyn ar gopïwr, ond a oes awgrym yma o b'le daeth y treiglad ?

(iii) *Ar ôl ' tŷ '*

Soniwyd yn §44(iv) am y tr. i'r enw priod ar ôl enw gwr. *tŷ* mewn enw lle fel *Tŷ Ddewi* (neu *Tyddewi*). Y mae'n bosibl mai math o enw lle yw *Tŷ Dduw,** ond nid yw dywedyd hynny'n ddigon i gyfrif am yr aml enghreifftiau eraill o dreiglo enwau priod a chyffredin : *ty gustenhin,* WM 477 ; *a thy gorineus,* RBB 146 ; *tŷ Wenlliant,* FN 68.68 ; *o dŷ Ronwy . . . i dŷ Rys . . . Dŷ Wilym,* IGE² 17.18-23 ; *Difiau'r aeth i dŷ Fair Wen,* GGl LXVIII.13 ; a sylwer ar yr enghraifft hon o dreiglo'r ans. sydd o flaen yr enw priod : *Tŷ wir Grist,* TA t 739, Mnd gan L. Morgannwg ; cymh. ymhellach : *i dŷ Ddafydd,* 1 Sam. XIX.11 ; 2 Sam. III.6 (cysefin mewn argr. diweddar) ; *yn hŷ Ddafydd Maenan,* CRhC 166, 172. Ni ellir ymddiried gormod yn ffurfiau William Morris gan fod ei arddull mor fympwyol eithr cymh. : *Ty Wridyn,* ML 1.90 ; *a thŷ Domos Pyrs,* ib 1.189.

*Ceir *Ty Duw* mewn dyfyniad o waith Gut. Owain yn DN rhag. XXXII ; cymh. hefyd : *A thŷ Duw o'i thu deau,* TA 65.98.

Esiamplau o dreiglo'r enw cyffredin: *ty uab eillt,* WM 106; *ty wrach,* SD 43 (nod. 93-4); *ty vwrgeis,* ib 1090; *na allei vyned i dy began,* B IV.200 (= 'pagan'), cyferb. *i dy gwr or dinas,* ib ib.

Estyniad o'r gystrawen yw peri tr. ar ôl *tŷ* i'r ans. meddiannol, i gydfynd â'r tr. i'r enw cyffredin genidol:

O daw y fun i **dŷ fau**
I **dŷ fun** *y dof innau,* DGG XLIII.31-2.

Ceir esiamplau o dr. ar ôl y ffurf luosog: *o dai Domas,* DN VIII.17; *Tai Gynfelyn,* GGl x.75; *Tai Ferned,* TA 17.44; enghraifft o dr. enw cyffredin: *Ger tai feibion, Lleon llu, Phylip* . . . IGE² 77.3.

Dywedir yn y nodiad ar *ty wrach* yn SD 93-4 mai'r rheswm am y tr. yw fod *tŷ* a'r enw a'i dilyn yn ffurfio cyfansoddair, a bod tr. o'r herwydd i'r ail elfen. Ond cystrawen enw + enw genidol ydyw, a'r ddau air yn eu trefn normal. Awgrymir y posibilrwydd hefyd fod *tŷ* yn fen.; cymh.: *ty hayarn* . . . *pan wnaethpwyt yn* **wenn** *yn eu kylch,* WM 45 (R 31, *yn wynnyas*); *yny uyd y ty yn* **burwen,** ib 47, (R 33); gw. hefyd WS 39. Fe ellid dadlau mai olion hen orgraff sydd yma, a arferai *e* am *y*, er ei bod yn anodd credu hynny o weld fod dwy enghraifft. Ac ni ellid priodoli'r tr. i genedl fen. *tŷ* gan fod y tr. hefyd ar ôl y ffurf luosog *tai,* os yw'r enghreifftiau hyn yn 'naturiol,' oblegid rhyw deimlo yr wyf mai estyniadau celfyddydol yw'r rhain, wedi eu seilio ar gynsail megis *Tyddewi.* Cyfeiriwyd yn §44(iv) at esiamplau o dreiglo'r enw priod, mewn enwau lleoedd, ar ôl enwau gwr. megis *cae, tyddyn, llety,* ond nid yw'r rheini'n help i ddyall pam y ceir y tr. Meddyliais y gellid cymharu *tŷ* + enw (treiglad meddal) ag enwau megis *Machynlleth, Mechain, Mathafarn,* lle'r ymddengys fod tr. llaes i'r enw genidol ar ôl yr elfen *ma*—, ond ni fentrwn ddywedyd fod ffurf gynnar i'r enw *tŷ* a ddylai beri treiglad meddal i'r enw genidol a'i dilynai. Yr ydwyf am adael y mater, ond gwnaf un awgrym petrus, sef y posibilrwydd fod yr iaith wedi ceisio gwahaniaethu rhwng y genidol meddiannol a'r genidol 'disgrifiadol' wrth arfer treiglad yn yr ail. Wrth arfer cystrawen enidol yn enw ar le megis *Tyddewi, Llety Domos,* y mae'r 'tŷ' neu'r 'llety' yn peidio â bod yn eiddo i Ddewi neu i 'Domos,' yn enwedig ymhen ysbaid hir ar ôl eu claddu. Tybed a fu angen dywedyd *Llety Domos,* yn hytrach na 'Llety Tomos,' rhag cyfleu fod y lle *ar y pryd* yn eiddo i rywun o'r enw 'Tomos'? Os rhyw wahaniaethu o'r fath yw'r rheswm dros y tr., cymh. §48(ii) lle yr awgrymir mai hynny sydd tu ôl i gystrawen treiglo ans. ar ôl enwau priod, ac yn arbennig y gwahaniaethu a welir yn *Powys Wenwynwyn* a *Powys Fadog.*

(iv) *Ar ôl enwau gwrywaidd eraill*

Y mae esiamplau yn nhestunau rhyddiaith Cym. Diw. o gael tr. ar ôl enwau gwr. un. eraill, i'r enw genidol *Duw* yn bennaf; gwelir fod y canlynol ar yr un patrwm a hawdd canfod mai estyniadau o gystrawen yr enw ben. ydynt: *gwir wasanaeth* **Dd***uw,* DFf 46 [? ben.]; *i dylwyth* **Dd***uw,* ib 52;

help **Dd***uw*, PA 69 ; (gall *help* fod yn enw ben., *help ddâ*, RBS 108, 175 ; cyferb. *help Duw*, 2 Macc. VII.23). Eithriadau yw'r rhain, wrth reswm, oblegid hyd yn oed mewn ymadroddion ar yr un patrwm y gellir credu amdanynt eu bod yn briod-ddulliau arferedig, y gysefin a geir fel y disgwylir : *gair Duw*, DFf 47 ; *cariad Duw*, PA 191. Disgwylir treiglad yn y cyfnod cynnar ar ôl enw gwr. sy'n ddeuol : *deurut uadawc*, LlH 24, MA 147b.

§47 AMRYW GYSTRAWENNAU ' ENW BENYWAIDD + ENW PRIOD '

(i) *Enw priod ansoddeiriol* (' *Eglwys Loegr* ')

Yn §27(i)(*d*) rhoddwyd ychydig enghreifftiau o'r enw priod genidol yn troi'n ansoddeiriol, gyda thr. m. ar ôl enw ben. Mewn cystrawen fel ' Eglwys Loegr ' collir y syniad i bwy y perthyn yr ' eglwys ' a golyga ' Loegr ' pa fath eglwys yw o ran ei chredo a'i ffurflywodraeth, ac nid amhriodol sôn am ' Eglwys Loegr ' yn Awstralia, fel y gellid sôn am wlanen Gymru'n dod o ffatrïoedd yn Lloegr. Fe allai ' cyfraith Loegr ' gael arwyddocâd tebyg ond gellir amau a yw ' Llywodraeth Loegr ' yn iawn, cystrawen a ddefnyddir yn aml ym mhapurau politicaidd y cyfnod diweddar, gan mai genidol meddiant yw perthynas ' Lloegr ' â'i llywodraeth, yr un fath â ' Prifysgol Cymru,' ac nid enw genidol ansoddeiriol mohono. Cymh. ymhellach : *Eglwys* **R***ufain*, *E.* **R***oeg* (sylwer : *y schism a'r ymryson a fu rhwng yr Eglwys* **ddwyrain** *a'r eglwys* **orllewin,** Hom 2.59) ; *ffair* **L***anbedr*, *ffair* **B***entraeth*, *ffair* **F***angor*,* *ffordd* **G***aergybi*, *Stryd* **F***angor*, *ffordd* **F***aesincla*, gw. WS 41, 164 ; enghraifft o'r gysefin ar ôl enw gwr. yw *ymenyn Cymru*.†

(ii) *Enw cyffredin rhywogaeth + enw priod*

Yn y cyflwr genidol y mae'r enw priod pan roir o'i flaen yr enw cyffredin ar rywogaeth yr enw priod, ' plwyf ' o flaen enw'r plwyf, ' tref ' o flaen enw'r dref. Yn y gystrawen gynnar ceir y gysefin ar ôl enw cyffredin gwr. fel *plwyf*, *cwmwd*, a thr. m. ar ôl enw ben. fel *tref*, *afon*, *gwlad*, *sir* : *plwyf Llangwm*, *cwmwd Talebolion*, *tir Môn* ; cymh. : *tref* **G***aerllion*, LGC 97 ; *tref* **Dd***inbych*, *Sir* **F***organnwg*, *Afon* **G***onwy* ; *gwlad* **F***ôn*, DG 44 ; *Afon* **Dd***yfrdwy* ; *Ynys* **F***ôn*, RBB 259 ; ML 1.138, 155 ; *Gwlad* **W***ynedd*, DG 523 ; *gwlad* **R***oeg*, LGO 165 ; *Bro* **W***ent*, LGC 122 ; *Bro* **W***yr*, ib ib ; *Bro Glwyd*, TA 23.54 ; *bro Drefor*, ib 81.10 ; *bro Wynedd*, ib 109.83 ; *ym*

*Dichon mai gyda'r ' gwyliau ' y dylid rhoi'r canlynol : *Ffair Fathew*, ML 1.429; *Ffair Farc*, ib 2.199.

†"In the nineteenth century there was a tendency to substitute for this the possessive construction, but it is better preserved in the dialects, where English influence has not dulled the instinct for mutation, than in the written language, which is largely dominated by the idea that every genitive must be a possessive," WS 41.

mro **W***ynedd,* YmDd XIII ; *gwlad* **G***ymbru,* PA XIX ; *yn-rhef* **R***ufain,* DFf 71, 198 ; *trwy genawl gwlat* **G***attai,* FfBO 50 (cyferb. *yngwlat Cattai,* ib ib) ; *y dayar* **G***aerussalem,* B v.206 ; *yn nhref* **G***aerfyrddin,* Joshua Thomas, HB 411.

Y duedd yn awr yw rhoi'r gysefin ar ôl *tref, afon, dinas,* os arferir hwy o flaen yr enw priod (ond sylwer fod *sir* yn parhau i gymryd tr. ar ei ôl), e.e. "Afon Conwy'n llifo'n felyn" a argreffir yn *Y Flodeugerdd Gymraeg* t 50 ac yn *Hen Benillion* 426 [cyferb. *fferi Gonwy,* ib 430, sy'n enghraifft o gystrawen §44(iii)] ; "Yn ymyl tre Caerdydd" sydd yn *Ynys yr Hud,* t 58 ; a'r gwir yw mai'r gysefin a glywir amlaf yn awr ar ôl y tri enw cyffredin a nodwyd, er bod ambell ardal yn cadw'r gytsain feddal ar ôl *afon.* Gydag enw afon dieithr, cadw'r gysefin a fyddai ddoethaf rhag ofn i dreiglo'r enw ei ddieithrio'n ormodol, e.e. *yr afon Tiberis,* HFf 62 (ac y mae arfer y fannod yma'n profi nad cyflwr genidol yw'r enw priod, oblegid ni cheid y fannod o flaen ' afon ' pe bai enw genidol pendant yn dilyn ; math o gyfosodiad sydd yma).

Eithriad i'r rheol uchod ar yr olwg gyntaf yw ysgrifennu *Ynys Prydain,* a ddigwydd yn RM 304 ochr yn ochr ag *Y. Brydain* ; cymh. *ynys golcos,* RBB 2, 3 ; *y. colcos,* ib 2 ; fe all hyn fod yn enghraifft arall o dwyllo'r glust, tebyg i *yspryd* yn lle *ysbryd* ; enghraifft debyg yw ysgrifennu *Ynystawe* yn lle *Ynysdawe* ; cymh. *Dued yw Ynys Dywi,* GGl XI.49 ; ond erbyn heddiw y mae tuedd bendant i roi'r gysefin ar ôl *Ynys* lle ceir y math yma o gyflwr genidol, ac y mae "Ynys Môn" yn ddigon cyffredin bellach.

(iii) *Bro Morgannwg*

Y mae angen nodiad i esbonio'r gwahaniaeth rhwng yr esiamplau uchod megis *Bro Went* a phennawd y paragraff yma a geidw'r gysefin. Y mae gwahaniaeth ystyr i gyfrif am y gwahaniaeth yn y treiglo oblegid yn *Bro Went,* ' Gwent ' ei hun yw'r fro a olygir, eithr rhan neilltuol o Forgannwg yw ' Bro M.', ac y mae ' Bro ' yn dwyn yr un berthynas â ' Morgannwg ' ag y mae ' prif dref ' yn ' prif dref Morgannwg.'*

Felly lle ceir cyflwr genidol sy'n dynodi perthynas meddiant ceir y gysefin ar ôl enwau gwr. a ben., e.e. *aber* (gwr) a *glan* (ben.) a geidw'r gysefin ar eu holau, *Aberteifi, Glan Conwy.* Dyfynna WS eithriadau yn iaith y beirdd lle ceir tr. ; y maent yn eithriadau i'r gystrawen arferol ddiweddar ond yn gytûn â'r esiamplau a roddwyd yn §45-46 o dreiglo enwau priod genidol ar ôl enw ben., hyd yn oed lle byddo'r ymadrodd yn achlysurol : *siep Lundein,* DG 199 ; *lleuad Wynedd,* ib 186 ; (DGG XXXII. 18) ; *gem Gymry,* ib 374 ; *aelwyd Geri,* LGC 175 ; cymh. *fferi Gonwy,* Hen Benillion 430.

*Ceir esiampl o dreiglo gan Ddafydd Benwyn : *Briwfawr gŵyn Bro Forgannwg,* dyfyniad yn TLlM 93 ; ond ni ddylid dibynnu gormod ar ffurfiau DB, medd yr Athro G. J. Williams wrthyf.

(iv) *Enw rhywogaeth + enw person*

Y mae cystrawen debyg i (ii) uchod gydag enwau personau, sef yr enw person yn cadw'r gysefin ar ôl enw rhywogaeth sy'n wryw., a'r enw person ben. yn treiglo, e.e. *y brenin Dafydd, y wyry Fair, y Forwyn Fair.*

Dyry WS 36 esiamplau o enwau gwr. yn treiglo ar ôl enwau gwr. megis *abad, athro, tad,* pan ddônt fel teitlau o flaen yr enw person : **yr athro Vlegywryt,** AL 1.388, MS.L ; cymh. hefyd : *Cyntaf fu'r* **athro Ddafydd,** GGl CVI.5 ; **Y Brawd Fadawg,** MA 273b, RP 1151. Enghreifftiau o dreiglo ar ôl y teitlau *abad, pab, tad* :

> *Och fyned o'i wych faenol*
> **Abad Rys,** *a'm bod ar ôl* ! GGl XI.11-12.
>
> *Pawb a ddyfyd,* **Pab Ddafydd,** TA XVI.106.
>
> *O'r tud yr wyf* i'r **tad Rys,** GGl IX.2.
>
> **Tad Riffri,** *ddifri ddofreth,* ib v.43.

Y mae digon o esiamplau o dreiglo ar ôl *Arglwydd* : **yr arglwydd Varthin,** B IV.310 ; **yr arglwydd Rys,** ib v.206 ; *A gwledd dwym* **Arglwydd Domas,** GGl XXIV.62 ; **Arglwydd Ddafydd,** ib CXI.33 ; CXIV.20 ; XCVI.5 ; CXVII.6 ; CXXIV.45 ; **yr arglwydd lywelyn,** CRhC 246. Y mae'n ddigon tebyg y dylid darllen tr. yn y canlynol : **Arglwydd Rhys,** *eurgledd yw'r ail,* GGl XXVIII.46.

Esbonia WS y tr. ar ôl *Arglwydd* yn *Arglwydd Rys,* etc. drwy gymryd y ddeuair fel cyfansoddair rhywiog, yr un fath ag *Arglwydd frenin, arglwydd Dduw* (cymh. **A. urenhin,** B v.217 ; **y creawdr Dduw,** ib IX.120), a dyry esiampl lle dengys yr aceniad fod y ddeuair yn glwm : *Arglwýddrys eryr gloèwddrem,* RP 1302 ; cymh. enghraifft arall : *Arglwydd-Rys, eryr gwleddrym,* GGl VII.1 ; a gallwn gymharu hon hefyd : *Dàgrau am urddedìg-Rys,* ib XI.71. Enghraifft o'r gystrawen ddiweddar yw : *yr arglwyddes gwaelder,* MCr 46a (enw damhegol) ; mater o gyfosod teitl ac enw yw'r gystrawen ddiweddar, a phatrwm Saesneg sydd i'r gystrawen gan mai o Loegr y daw'r teitlau ; cymh. : *Mynn ddifa dy Arglwydd Bechod oddifewn,* GMLl 1.262. Cedwir y gysefin ar ôl *Syr, Mastr* neu *Meistr,* a *Sain* : *Syr Bened,* GGl XXX.9 ; XXXII.59 ; *Syr Galâth . . . Syr Gei . . . Syr Gei o Warwig . . . Syr Gawain . . . Syr Rhys . . . Syr Bwn . . . ,* TA VII.117-21 ; (cyferb. yr enghraifft a ganlyn o dreiglo'r enw cyffredin *marchog* ar ôl *syr,* mewn ystyr swyddogol : *Syr farchog,* MCr 95a ; 97b ; 98a ; 121a) ; *Mastr Dafydd,* GGl XL.7 ; *Meistr Dafydd,* ib ib 43 ; *y mastr llwyd o Gemmais,* CRhC 144 ; *Sain Beuno neu Sain Bened,* TA IX.92 ; *Sain Grigor, Sain Tomas, Sain Pawl,* GGl XXIV.31-4.

(v) *Owain Gwynedd*

Pan roir enw lle ar ôl enw dyn i ddangos o b'le'r henfydd ceir y gysefin, e.e. *Dewi Mynyw, Tudur Penllyn, Iolo Morganwg, Ossian Gwent,* etc. ; cedwir y gysefin hefyd ar ôl enw gwraig, *Gweirful Mechain.*

§48 Yr Ansoddair ar ôl Enw Priod

(i) Dengys yr adrannau uchod fod treigladau yng nghystrawen enwau priod a theitlau nas ceir i enwau cyffredin mewn cystrawennau cyffelyb. Ceir yr un arbenigrwydd pan osodir ans. ar ôl enw priod ar ddyn neu ar le neu ffarm ; treiglir yr ans. er mai gwrywaidd fyddai'r enw priod ar ŵr, wrth reswm ; ac er mai gwrywaidd fyddai'r enw cyffredin sydd wedi ei droi'n enw priod ar le neu ffarm. Heblaw'r ans., y mae gosod enw cyffredin, y mae'r enw priod yn esiampl arbennig ohono, ar ôl yr enw priod yn peri tr. i'r enw cyffredin.

Dyma ychydig esiamplau'n gyntaf ar ôl enw gŵr : *Iolo Goch, Hywel Dda, Dafydd Ddu, Llywelyn Fawr, Dafydd Benwyn, Owain Lawgoch,* **Siôn lygad y geiniog,** BC 19 (ans. cyfansawdd afryw) ; *Siôn gloff,* ML 1.79 ; *Dyma Rogers wyllt newydd ddwad drosodd,* ib 1.81; *Dic Siencyn fawr,* ib 1.133 ; *Cilmyn Droetu,* ib 1.275 ; *i Mr Ellis fwyn,* LGO 178 ; *Twm feddw,* Daniel Owen, RL 153 ; cymh. esiamplau lleol : *Dai dawel* ; *Sei dal,* (= Esaiah) ; *John Davies fawr.* Fe ddisgwylir tr. ar ôl enw gwraig : *Mair Fendigaid* ; cymh. enghreifftiau lleol : *Jane dost* ; *Rachel fawr.*

(ii) Y mae amryw enghreifftiau o beidio â threiglo'r ans., ac y mae digon ohonynt i gyfiawnhau dywedyd nad rheol yn gymaint â thuedd gyffredin iawn yw'r arfer o dreiglo'r ansoddair. Gan hynny y mae angen esboniad i gyfrif am y peth sy'n duedd, fel y gellir dyall ar yr un pryd pam y ceir tr. a pham y ceir cynifer o esiamplau heb dreiglad.

Un enghraifft o ans. yn cadw'r gysefin yw **bach** [gw. §19(ii)], e.e. *Wil bach, Ifor Bach,* etc. Treiglir ef yn y De ar ôl enw merch, *Mari fach,* etc. ; ond yn y Gogledd ceidw'r gysefin. Yn llythyrau William Morris y mae esiamplau o bethau fel *Siôn fach* (sef ei nai, John Owen), e.e. yn ML 1.136, ond credaf mai enghraifft yw hyn o fympwy WM, yn arfer priod-ddull y De (megis 'priodws' ac 'o bouty') ac wrth ddynwared a chellwair, yn mynd yn rhy bell. Gw. y nodiad wrth §19(ii) ynglŷn â'r esiamplau yn Goronwy Owen o dreiglo *bach* ar ôl enw priod gwryw., a hyd yn oed, wrth geisio gwawdio priod-ddull y De, ar ôl yr enw 'gŵr' : *"Och fi, wr fach !"* LGO 43.

(iii) Y mae **bychan** yn treiglo, e.e. *Mair mam Iaco fychan,* Marc xv.40, sy'n enghraifft dda o'r pwynt yr ydys am ei ddangos yn yr adran hon, mai swyddogaeth yr ans. a roir (gyda thr.) wrth enw priod yw gwahaniaethu rhwng dau o'r un enw. Y ffurf dreigledig hon ar ôl enw priod a barodd i

Fychan a *Vaughan* ddatblygu'n gyfenwau. Wele enghraifft o gadw'r tr. hyd yn oed ar ôl y fannod pan olyga enw'r teulu : *Tu'r* **Fychan,** *torf o achoedd,* TA 20.27.

Hyn hefyd yw tarddiad y cyfenwau *Gough* (*Goch*), *Bengough* (*Bengoch*), *Wyn*(*ne*). Y mae *Gwyn* yn ' gyfenw ' heb dr. yn *Siôn ap Hywel Gwyn,* e.e. TLlM 56, 60-1, 77 ; y mae'n bosibl mai rhyw ' gywiriad ' i'r ffurf dreigledig sy'n gyfrifol am hyn, ond y mae'n werth ei nodi fod *Gwyn* yn amlach na *Wyn* ym Morgannwg fel cyfenw. Ar y llaw arall, sylwer fod *Benwyn* yn dangos treiglad. Ceir cyfeiriad at lwyth *Hywel Felyn* yn TLlM 314, ond cyfeiriodd yr Athro G. J. Williams fy sylw at y ffurf *Howel Melyn* yn Clark 206, ac enwir *John Melyn* yno hefyd. Efallai mai adffurfiadau swyddogol yw'r rhain, ond nid yw'r gysefin o angenrheidrwydd yn anghywir. Yng nghân J.M.-J. ceir *Seiriol Wyn a Chybi felyn,* Caniadau 20.*

(iv) Y mae esiamplau hen a diweddar o **mawr** yn cadw'r gysefin, e.e. *Rhodri Mawr* (cyferb. *Rhodri Mawr a Merfyn Frych,* ML 1.278) *Owein mawr,* BT 39.26 ; *Dewi mawr myniw,* LlH 203 ; *Morgan Mowr,* D.J.W., St. Tir Glas 84 ; gw. enghreifftiau pellach yn y nodiad isod. Clywais gan aelodau o'm dosbarthiadau yn y Coleg, o sir Gaerfyrddin a sir Aberteifi, am esiamplau lleol o gadw *mawr* heb dreiglo. Cefais gyfle i ofyn i Elfed ynghylch yr enw *Twm Gwyllt* a enwir ganddo yn ei *Caniadau* 106, mewn cân dafodieithol, a rhoes sicrwydd i mi mai ans. oedd *gwyllt* i ddisgrifio natur y cymeriad, a heblaw hynny na cheid tr. i *mowr* ychwaith yn ei dafodiaith pan roid ef wrth enw priod. Cefais esiampl o *Twm Wyllt* gan aelod o'm dosbarthiadau, o ddwyrain yr un sir ; a chymh. *Rogers wyllt* yn (i) uchod.

(v) Ansoddair arall a geidw'r gysefin yw **llwyd,** e.e. *Dafydd Llwyd* ; *Gruffudd Llwyd* ; *Morfudd Llwyd,* DG 167 ; *Gwen Llwyd,* TA 56.20 ; *Morgan Llwyd o Wynedd.* Ond credaf fod rheswm arbennig i gyfrif am gadw *llwyd* fel cyfenw heb dr. Y mae dwy ystyr bendant iawn i'r ans. *llwyd* sef ' grey-coloured ' a ' holy ' ; defnyddir yr ans. gyda threiglad at yr ail ystyr, a chedwir ef heb dreiglo ar gyfer yr ystyr gyntaf, ac ni cheir eithriad rhag cyfleu ystyr anaddas.

Dyma esiamplau o'r treiglad : *Gwrthefyr lwyd,* DN xv.26† ; *Beuno lwyd o Ben y Lan,* GGl xv.11 ; *Elisau lwyd,* ib XCIX.25 ; *Diwyl hon, myn Dewi Lwyd,* IGE² 3.20‡ ; *O Dduw lân i Ddewi lwyd,* ib 242.14. Diddorol sylwi fod yr ans. cyfansawdd *Mynglwyd,* sy'n cynnwys *llwyd* = ' lliw,' yn treiglo, e.e. y bardd *Iorwerth Fynglwyd,* a cheir tr. yn yr ans. cyfansawdd *llwydwyn* : *Ieuan lwydwyn i Wladus,* GGl LXXVII.46 ; *i Wladus lwydwen,*

*Cymh. hefyd *Syr Deio Felyn,* gw. ALMA 2, mynegai.

†Cam-brint yw XIX.26 y nodiad at t 178.

‡Gwell darllen llythyren fach rhag cyfleu mai cyfenw yw yma ; rhoir *Llwyd* yn yr argr. cyntaf, peth a rydd gynghanedd wallus, a diau mai bai'r cysodydd oedd cadw L fawr yr ail argraffiad.

ib LXXVII.2. Nid oes berygl i'r ffurfiau cyfansawdd hyn gam-gyfleu'r ystyr arall, ac nid oes rheswm, oblegid hynny beth bynnag, dros beidio â threiglo. Ond rhaid i *llwyd* ' grey ' gadw'r gysefin hyd yn oed ar ôl trychiad : *Gruffudd llawn awenydd Llwyd,* IGE[2] 157.4.

(vi) Yn yr enwau *Ieuan Tew, Gwilym Tew,* gwelir fod yr ans. *tew* yn cadw'r gysefin, a gallwn gyfeirio at esiamplau lleol tebyg mewn llysenwau, megis ' Dafydd tew.' Ond fe'i treiglir mewn rhai ardaloedd, e.e. y *William Dew* hwnnw o Lannerch-y-medd y sonnir amdano gan Robert Roberts, t 168-9,* ac y mae'r cyfenw *Dew* i'w gael yn y Gogledd o hyd.

(vii) Dyfynnir yn nesaf esiamplau amrywiol o iaith emynwyr y Diwygiad, rhai o dreiglo'r ans. ac eraill o gadw'r gysefin : **Jones barchedig,** Coffad. am y Parch. David Jones, Llanganna, John Miles (1810) 3 ; **Dafydd fwynaidd,** Mnd Dd. Rees o Lanfynydd, Thos. Dyer (1818) 4 ; **am Williams mwyn,** Mnd Wm Wms, Ebeneʒer, Benj. Francis (1799) 2 ; **Rowlands gwiw,** cyfaill Duw, Mnd Dl. Rowlands, WW (argr. 1791) 3 ; **Whitfield wiwlan,** ib 4 ; **Harries fywiog,** ib 5 ; **'Tai Williams fywiog,** Ychydig Hanes neu Goffadwriaeth . . . gan Hopkin Bevan, Llangyfelach (1838) Mnd i Gruffydd Morgan, 13 ; **William Thomas ddiwyd enwog,** Mnd WT y ' Pile ' (marw Awst 1811) gan Daniel Daniel y Constant, 1 ; gyda'r fannod o flaen yr enw cyffredin, peth sy'n tueddu i'w droi'n enw cyffredin : *Mi glywn* y **Wiliams mawr**'*n dywedyd,* Sion Llewelyn (1791) 6.

(viii) *Calediadau*

Rhoddwyd esiamplau yn (i) o dreiglo *du* ; cymh. ymhellach : *Herwydd hyn,* **Harri Ddu** hael, GGl LXXV.18 ; ond ceir calediad ar ôl yr enwau ' Rhys ' a ' Gwladus ' : **Rhys Du,** DN VI.16 (gw. nod. 150) ; *Galw dy stâd, nai* **Gwladus Du,** GGl XXVIII.38 ; *A* **Gwladus Du** *galw dy stil,* ib LIX.12.

Y mae enwau'r beirdd *Ieuan Du'r Bilwg* a *Deio ap Ieuan Du* yn dangos y calediad $n + dd > nd$; ac y mae rhyw fath o galediad i *dd* ar ôl *th* : *Ierwerth Ddu a rôi wrth wyth,* GGl XXXVI.21.

Ymddengys i mi fod dau reswm gwahanol dros osod ans. ar ôl enw priod. Yn gyntaf, i fod yn ddisgrifiad syml, heb unrhyw arwyddocâd arbennig ond i fod yn ddisgrifiad o nodwedd briodol. Yn ail, i wahaniaethu rhwng dau berson sy'n dwyn yr un enw ; a phan arferir yr ans. yn y ffordd hon, y mae rhyw fath o gyfosodiad wrth yr enw ; a hwn, mi gredaf, sy'n treiglo yn y lle cyntaf, sef yr ans. gwahaniaethol. Gan mai'r gystrawen wahaniaethol a ddefnyddid amlaf, ymledodd y tr. a ddigwyddai ynddi hi nes bod yr ans. disgrifiadol yn

**The Life and Opinions of R.R.* ; dyma'r cyd-destun lle y sonnir am William Dew : ". . . ' I don't know who has a better right to the name, for he is as fat a man as any in Bangor . . . look about for the fattest man in the place, and you'll see William Dew, . . . there was an elephantine man right before me, a very man-mountain."

treiglo hefyd, yn amlach na pheidio. Ond er cryfed fu dylanwad yr ans. gwahaniaethol, arhosodd digon o esiamplau o'r gystrawen ddidreiglad ; ac nid ' eithriadau i reol ' mohonynt, ond olion hen gystrawen yr ans. normal, heb dreiglad.

Credaf mai'r angen i wahaniaethu rhwng dau Lywelyn enwog sy'n cyfrif am arfer yr ans. treigledig yn *Llywelyn Fawr*. Gallwn brofi mai hynny sydd tu ôl i'r enghreifftiau lleol sy'n hysbys i mi : e.e. yr oedd dau ' David Griffiths ' yn byw yn ymyl ei gilydd a bu raid gwahaniaethu rhyngddynt rywfodd a galwyd un ohonynt yn "Dai dawel." Yn yr un pentref yr oedd dau gefnder o'r enw ' Esaiah Jones,' a'n ffordd ni o wahaniaethu rhyngddynt oedd galw un ohonynt yn "Sei dal." Fe sonnir maes o law am yr ansoddeiriau a osodir wrth enwau ffermydd, sef ' Uchaf,' ' Isaf,' neu ' Fawr,' ' Fach ' ; ac os bydd tair a'r un enw, ' Ganol ' fydd yr ans. ar ei chyfer hi, gan amlaf. Y mae'r rhain yn esiamplau da i ddangos pwrpas yr ans. gwahaniaethol. Credaf fod llawer o oleuni yn y darn a ganlyn o un o lythyrau William Morris : "Mae Wil Peters hên (oblegid fod iddo fab yn briod er's talm a elwir Wil Peters ieuanc, a chan hwnnw fab mae'n debyg a elwir Wil Peters ieuaf) mae ô meddaf gyn ynfytted . . ." ML 1.245. Ac enghraifft dda o'r gystrawen wahaniaethu yw enwau megis *Powys Wenwynwyn* a *Powys Fadog*.

Ond fel yr awgrymwyd yn barod, gellir arfer ans. yn ddisgrifiadol a hynny'n unig reswm dros ei arfer. Y mae pob dyn o gorff bach yn ' Wil bach ' neu ' Joe bach,' nid er mwyn gwahaniaethu rhyngddo a rhyw ' Wil ' neu ' Joe ' arall, ond fel disgrifiad sy'n ateb y dyn. (A chan fod *bach* yn cyfleu rhyw anwyldeb neu gydymdeimlad fe'i gosodir ar ôl enw dyn heb fod yn fach o gorff). A hynny sydd yn *mawr* rhai o'r enghreifftiau cynnar a diweddar, megis *Rhodri Mawr, Alexander Mawr, Morgan Mowr*. A chredaf mai dyna'r modd yr arferir *tew* (heb dr.), heb rithyn o wahaniaethu, ond am ei fod yn ddisgrifiad sy'n briodol ynddo ei hun.

Gellir dangos hyn mewn modd arbennig wrth ddefnyddio enwau personau *unique* (yn llythrennol). Yn *Iesu Grist*, ceir tr. i *Crist* am fod eisiau gwahaniaethu oddi wrth ' Iesu ' arall ; ond wedi i *Iesu* ddyfod yn enw ar Un yn unig yng ngwledydd Cred, nid oedd angen gwahaniaethu mwyach ; a phan roir ans. disgrifiadol pur wrth yr enw, ceidw'r gysefin : *Iesu da* (*mawr, tyner, tirion, cu, croeshoeliedig*) ; cyferb. enghraifft o dreiglo, fel petai wrth reol bendant : *O Iesu fendigedig*, RBS 48, 287, 296, 297 ; a chan fod esiamplau yn y beirdd o'r dewis rhwng *Duw gwyn* a *Duw wyn* [gw. (x) isod], naturiol disgwyl iddynt arfer y dewis hwn ar ôl *Iesu* a *Crist* : *Crist wyn yn croesi d'wyneb*, TA 14.20 ; *Iesu wyn*, ib t 747, Mnd gan Siôn ap Hywel. Yr oedd gan Oronwy felly ryw gynsail dros gystrawen y tr. yn y llinell honno ar ddiwedd ' C. y Farn ' : *Crist fyg a fo'r meddyg mau.* Enghraifft dda iawn yw'r ganlynol i ddangos y pwynt nad oedd angen treiglo pryd nad oeddid yn gwahaniaethu drwy gyfrwng yr ans. : *a roddaist gorff i* **Adda di-enaid**, 2 Esdr. III.5 ; (cyferb. yr enw priod *Adda Fras*). Felly nid rhaid meddwl mai camsyniadau yw'r esiamplau a roed uchod megis *Rowlands gwiw*, ac eraill a gadw'r gysefin ; yn hytrach, olion hen gystrawen yr ans. ' normal ' ydynt, a ddefnyddid heb fwriad i wahaniaethu.

Felly os eir yn ôl yn ddigon pell cyn bod dylanwad yr ans. gwahaniaethol a'i dreiglad yn lledu, dylid cael llai o'r duedd i dreiglo'r ans. disgrifiadol neu 'normal.' Un o brofion Syr Ifor Williams ynglŷn â chynharwch testun BA yw fod yr ans. yn cadw'r gysefin ar ôl enwau priod, gw. CA LXXIX-LXXX. *Mynyddawg Mwynfawr* a ddigwydd bob tro, a phrofir gan y gyseinedd mai *Dyfnwal Brych* (nid 'Frych') yw'r darlleniad cysefin. Fel enghreifftiau o'r gystrawen gynnar dyfynnir *Rhodri Mawr, Coel Godebawg, Beli Mawr fab Mynogan* (cyferb. *Beli* **uawr** *vab Manogan*, WM 191); *Alexander Mawr*, BT 52, [hefyd: Havod 16.14; Cardiff 5.155; GGl XLVII.60; P 172.212 (= *alisawndyr mawr*); P 204.269; Llst 88.1; cyferb. **A. fawr**, BC 10]; *Guorthigirn Guortheneu*, Nennius 49, (= Gwrtheyrn Gorthenau, 'tenau iawn'); *Patern pessrut*, Cy IX.170 (= Padarn Peisrudd); *dumngual moilmut*, ib 174 [= *dyfynwal moel mut*, RBB 70, a dylid nodi mai dau ans. anghyfansawdd yw 'moel, mud'; *moelfud* fyddai'r cyfansoddair, a dangosir mai dau ans. ar wahân ydynt gan y llinellau: *Megaist ofn mil megis Dyfnwal Moel Mvd*, DN XXIII.9; *Lles fab Coel, Dyfnwal Moel Mud*, GGl LIX.52]. Dyfynnir esiamplau eraill gan I.W.; ceir rhai eraill yn (iv) uchod, ac enghraifft dda arall yw: *Glewlwyd gafaelfawr*, WM 457; BB 94.2.

Byddai'n ofynnol bod yn gyfoeswr â'r enghraifft i wybod yn fanwl gywir beth yw'r esiamplau cynnar o dreiglo, h.y. i benderfynu ai enghraifft yw o'r ans. gwahaniaethol neu ynteu'r ans. normal yn derbyn ei ddylanwadu gan gystrawen y llall, e.e. beth yw yn *gereint vawr*, BT 72.5. Sut bynnag, gwelir esiampl uchod o *Beli Mawr* yn troi'n *Beli uawr*. Daliodd *Alexander Mawr* heb dr. am hir iawn, ond fe fyn Ellis Wynne ei dreiglo; (noder mai ef biau'r enghraifft o dreiglo ar ôl *Iesu*). Cymh. eto: *auel wiryon*, BT 54.1; hefyd: *afael wiryon*, LlH 265; *abel wirion*, MCr 17[b]; ai 'Abel, yr un gwirion o'r ddau' a olygir, neu ynteu a ddylem weld yma y duedd honno i dreiglo yn ymledu; cymh. ymhellach: *Gwalchmei fab gwyar dafod avr*, B v.123; *Haman gythreulig greulon*, DFf 116; *'r hen Adda gnykus*, PA 149; *Dafydd ddaionus dduwiol*, Hom 3.257; *Gronwy Ddu ddiclon*, LGO 162; gwelir fod rhai o'r dyfyniadau hyn yn dangos tr. i'r ail ansoddair; ac yn y gyntaf, y mae'r ans. cyfansawdd 'dafod aur' yn perthyn i enw'r mab 'Gwalchmai,' nid i'w dad.

(ix) Os defnyddir enw priod fel enw cyffredin am fath arbennig o ddyn sy'n dwyn nodwedd y gŵr a enwogodd yr enw priod, e.e. 'Samswn' am ddyn cryf, ni cheir treiglad i'r ans. gan fod yr enw priod cystal â bod yn enw cyffredin: *pob mordecai* **c***ywir*, YmDd 67; *Ein Jacob* **m***awr, plediodd â'm Duw*, Williams (1811) 243; *Y Moses* **m***awr o'r Aipht fe'm dwg*, ib 244; *Efe yw Gideon* **m***awr ei rym*, ib 245; *Efe yw Samson* **c***adarn* **c***ry'*, ib 245 [cyferb. *na syflyd mwy na Samson* **w***an*, Timothy Thomas, Moliant i Dduw (1764) 48; yma y mae'n enw priod]; *Ein Samson* **g***alluog ni ydyw*, M. Rhys, Golwg o ben Nebo, argr. Elfed 55.*

*Er bod yr ansoddair dangosol yn troi enw priod yn enw cyffredin, ni olygir iddo gael yr effaith honno yn y canlynol, a phriodol treiglo'r ans.: **Y Coben ddiffeth hwnnw**, Ll Rhen Ffarmwr 13 (= Cobden). a chyferb. â'r enghraifft o *Y moses mawr* yr eng-

Y mae'r gwrthwyneb i hyn yn yr enghraifft ganlynol, lle troir enw cyffredin yn gyfartal ag enw priod, gan beri tr. i'r ans. ar ei ôl : *Fy Rhosyn Saron* **wych**, Williams (1811) 92.

Ynglŷn â threiglo *truan* ar ôl enw priod, gw. §173.

(x) '*Duw*' + *ansoddair*

Gwelwyd uchod yn §45(1) enghraifft o drin *Duw* fel enw priod, *llaw Dduw*, etc. Enw cyffredin yw gan amlaf heb dr. yn dilyn : e.e. *Duw mawr, Duw da, Duw goruchaf* ; *Duw gwyn*, DGG III.4 ; TA 72.31 ; 84.1 ; 115.2 ; CRhC 279 ; 342 ; 347 ; *Duw teg*, IGE² 41.1 ; *A'm gwegil at Dduw gwiwgoeth*, DGG xv.20.

Ond hawdd synio sut y gallai *Duw* fynd yn gyfartal ag enw priod ac nid prin yr esiamplau o dreiglo ar ei ôl. Disgwyliem i *llwyd* dreiglo gan mai'r ffurf dreigledig sy'n dangos y gwahaniaeth ar ôl enw priod rhwng ystyron lliw a chysegredigrwydd : *Duw lwyd*, DGG LVII.59, TA 90.27 (*un Duw lwyd*, ib 132.16), CRhC 341 ; ac wrth gymryd hyn yn batrwm—heblaw'r duedd i drin yr enw fel enw priod—gallai'r beirdd lunio esiamplau pellach : *Duw wyn*, GrGr (dyf. yn WS 43) ; CRhC 339 ; *Duw lân*, IGE² 242.14 ; *Duw oruchel*, TA 2.12 ; *Duw wirfyw*, ib 10.41 ; *Duw oruchaf*, ib 83.1 ; *Duw drigarog*, CRhC 67. Gw. ymhellach WS 43, a chymh. esiamplau o destunau rhyddiaith : *O duw dec*, B IV.204, 306 ; *O Dduw drugaroc*, RBS 290 (cyferb. *O Dduw Tragwyddol*, ib 261).

Gwelir isod §50(ii) fod dwy gystrawen i gyfosod enw cyffredin wrth *Duw*, sef *Duw Tad*, cystrawen yr enw cyffredin ; a *Duw Dad*, cystrawen yr enw priod.

Cymh. hefyd : *Satan wan*, Williams (1811) 150 ; *hil Satan benlas*, ML 2.259 ; *Satan falch*, Gwili, Caniadau 88.

§49 YR ANSODDAIR AR ÔL ENW LLE (AC AFON A LLYSEWYN)

(i) Nid yw gosod ans. wrth enw lle yn beth cyffredin iawn ond yr ydys am awgrymu yma eto mai'r ans. gwahaniaethol a ddefnyddid amlaf megis *Bangor fawr yn Arfon*, am fod 'Bangor' arall, sef *B. is-coed* ; a chymh. *Llandeilo fawr* a *Llandeilo fach* ; ac enghreifftiau o enwau fel *Llundain fach* ar leoedd bach anghysbell ; *Asia Leiaf* ; *Prydain Fechan* (= 'Llydaw,' Bodvan). Pan ddefnyddid ans. disgrifiadol yn achlysurol cedwid yr arfer

hraifft : *Moesen fawr yma sy'n fyw*, TA 49.1. Nid enw cyffredin yw yma ; pwynt y llinell yw mai'r un yw'r gŵr a folir â Moses y Beibl.

Ni ellir disgwyl cysondeb yn y gystrawen hon. Yn y dyfyniad canlynol y mae'r enwau personol yn gydradd â'r enw 'ceccryn,' ac felly'n enwau cyffredin, ond treiglir yr ans. ar eu hôl fel petaent yn enwau priod : *rhyw geccryn anghrefyddol . . . neu ryw Gain genfigennus neu Ismael watworus, neu Esau afreolus, neu Suddas gybyddus*, LlHyff, At y Darllenudd.

o dreiglo'r ans., e.e. *y Bala dirion deg, Llangyfelach lon* ; *Ym Mangor wen, myn y groes*, GGl CXI.15 ; *gocheled fangor front i gwg*, CRhC 177.

Ansoddeiriau gwahaniaethol sydd wrth enwau ffermydd, ' uchaf, isaf, fawr, fach (Gogledd = ' bach '), ganol ' : *Cynordy Fawr, C. Fach, C. Genol* ; *Nantymilwr Fawr, Nantymilwr Fach* (Plwyf Llangyfelach ; *Y Garth a'r Garth Fach* (Plwyf Llansamled) ; *Ty-hen Fawr, Ty-hen Fach* (Plwyf Llanrhystud), *Pen-uwch Fawr, Pen-uwch Fach* (ger Pen-uwch), *Tynbeili Fawr, T. fach* (Llanrhystud) ; ceidw *bach* y gysefin yng Ngwynedd : *'r Pen Bryn Fawr a'r Ben Bryn Bach*, Pedrog, Stori 'Mywyd, 16 ; cymh. hefyd *Twrgwyn Mawr, T. Bach* (ger Pen-uwch).

(ii) Yr esboniad arferol yw fod yr enwau cyffredin *tref, gwlad, llan, ffarm*, yn enwau ben. a diau fod a wnelo hyn lawer â'r gystrawen. Un gwahaniaeth rhwng cystrawen enw dyn + ans. ac enw lle + ans. yw fod yr ans. o flaen enw gŵr, neu yn lle enw gŵr, yn cadw'r gysefin ar ôl y fannod : *Llywelyn Ddu o Fon* = *Y Du o Fôn* ; *Bartimaeus ddall*, Marc x.46 = *y dall*, ib 49, 51 ; *seruen wyn*, B IV.114 (4, 11) = *y gwynn*, (9) ; *y mae'r gwir Joseph*, Harri Sion, Hymnau (1798) 15 ; *y duwiol Dafydd*, Thos. Dyer, Mnd Dd. Rees o Lanfynydd (1818) 6, 7 (cyferb. *Dafydd fwynaidd*, ib 4) ; *a'r duwiol Jones*, Evan Dafydd, Galarnadau Seion (1808) 16 ; ond o flaen enw lle neu wlad fe dreiglai'r ans. fel petai'r enw lle yn enw ben. cyffredin, e.e. *o'r dywyll Aipht*, Williams (1811) 26. Sicrach prawf o genedl enw gwlad yw ffurf fen. yr ans., gw. yr enghreifftiau o ' Bangor wen ' a ' Bangor front ' yn (i) uchod a chymh. *Cymru wen* ; eithr *Seiriol Wyn a Chybi Felyn*, Morris-Jones, Caniadau 20.

Y mae hyn yn ddigonol i esbonio'r tr. ar ôl enwau lleoedd y gellir dywedyd mai ben. yw'r enw ynddynt, ond wrth dderbyn fod treiglad i'r ans. gwahaniaethol beth bynnag fo cenedl yr enw priod, gellir cyfrif hefyd am y tr. ar ôl enwau lleoedd sy'n wrywaidd fel enwau cyffredin, megis *cynordy, pen(y)bryn*, heb fod eisiau tybio fod ' ffarm ' yn ddealledig. Dyry Bodvan ddau enw *garth*, sef enw ben. = ' hill, promontory, mountain, ridge,' ac enw sy'n wr. a ben. = ' garth, garden, close, enclosure ' ; sonnir am ddau enw hefyd yn WG 138, 151 ; ac yn CA 259-60. Cymh. *y garth mawr draw . . . ay loski*, WM 479, sy'n dangos enw gwr. yn sicr ; anodd dweud ai ' hill ' neu ' enclosure ' sydd yma, gan fod y ddwy ystyr yn bosibl ; ' thicket ' sydd yng nghyfieithiad Gwyn Jones a Thomas Jones. Yr ystyr ' ridge, mountain,' yn sicr, sydd yn yr enw Gwaelod-y-garth, a cheir yno ' Y Garth fawr ' a'r ' Garth fach ' am y ddau fynydd. Ffermydd yw ' Y Garth fawr ' a'r ' G. fach ' ym mhlwyf Llansamled. Y peth sy'n ddyrysbwnc yw na cheir ' yr arth,' a gellir awgrymu mai dau enw gwr. ydynt, ond bod y treiglad a ddigwydd i'r ans. ar ôl yr enwau pan ddefnyddir hwy'n enwau lleoedd wedi magu'r syniad eu bod yn fenywaidd. Rhoir amryw enghreifftiau o *Y Garth*, ac yn eu plith *Garth Bach*, yn ELlSG 111—112, ac yno ni sonnir ond am yr ystyr ' gardd.' Sylwer eto :

mae'n ymddangos mai enw gwr. yw *Bala* fel enw cyffredin gan nad yw'n treiglo ar ôl y fannod, a *b* yw'r gysefin (gw. ELlSG 96) ond cystrawen fen. sydd yn ' y Bala dirion deg ' ; ceir peth tebyg yn (iv) a (v) isod.

(iii) Wrth gwrs fe geir esiamplau ddigon o enwau lleoedd sydd ag ans. yn rhan gynhenid o'r enw ei hun, heb fod yn ychwanegiad achlysurol nac i bwrpas gwahaniaethu, a dibynna tr. hwnnw ar genedl a rhif yr enw cyffredin o'i flaen : *Tir-bach, Tŷ-coch, Tircenol, Morfa Mawr, Llwyn-du, y Mynydd Du* ; *y Graig Ddu, yr Allt-wen, y Waun-fawr, y Waun-wen, y Wern-ddu* ; *Tafarnau Bach, Perthi Llwydion.* Er hynny fe all fod enghreifftiau o dreiglo'r ans. sy'n rhan gynhenid o'r enw priod, ar ôl enw cyffredin gwr., os yw'r canlynol yn gwir gynrychioli'r ffurfiau iawn : *Brŷnddu* (Môn), *Pen-wyllt* (Brycheiniog).

(iv) Enwau cyffredin gwr. yw *gogledd, deau, gorllewin, dwyrain,* fel y dengys y gysefin ar ôl y fannod, ond peth digon naturiol fyddai i'r enwau hyn gael eu hystyried ar adegau yn enwau priod oherwydd eu harfer o hyd ac o hyd am ardal neu wlad yn hytrach na chyfeiriad ardal neu wlad ; e.e. y mae ' y Gogledd ' yn fath o enw priod ar ran o Gymru : yn yr un modd y mae ' Y Dwyrain ' yn nhermau daearyddiaeth y Beibl yn golygu ' gwlad yn y dwyrain ' ac felly'n gyfartal ag enw priod. Y syniad hwn sy'n cyfrif am yr esiamplau mynych yn iaith yr hen emynwyr o dreiglo'r ans. ar ôl ' Dwyrain,' etc. : *Dwyrain* **b***ell,* Williams (1811) 101, 200, 493, 596 ; *i ddwyrain* **b***ell,* ib 472 (heb y fannod) ; *Gorllewin* **b***ell,* ib 202 ; *o'r gorllewin* **b***ell,* ib 801, 836 ; *y dwyrain* **f***aith,* ib 493, 538 ; Morgan Rhys, Golwg o ben Nebo (argr. Elfed) 113 ; *i'r Gorllewin* **f***aith,* Morgan Jones, Tre-lech, y Dydd yn Gwawrio (1798) 48 ; *y gogledd faith,* Thos. Dyer, Mnd Dd. Rees o Lanfynydd (1818) 3, 7 ; T. Price, Llangammarch, Mnd Dl. Rowlands, 8 ; Daniel Daniel y Constant, Mnd William Thomas y ' Pile ' (1811) 3 ; *o'r dwyrain* **l***uosog,* Williams (1811) 506 ; *i'r dwyrain* **f***awr,* Morgan Rhys, Golwg, 92 ; Thos. Dafydd, Ychydig eiriau o Hymnau (heb ddyddiad, eithr 1779) 1 ; cymh. hefyd : *Dwyrain* **b***ell,* W. J. Gruffydd, Ynys yr Hud, etc., 42 ; cyferb. *y Gorllewin* **d***i-Gymraeg,* ib 26.

(v) Ben. yw enwau afonydd, yn cymryd ffurf fen. yr ans. ar eu hôl, e.e. *Dyfi wendal,* DLl (WG 225), *Taf fechan* ; y mae'r genedl fen. yn ddigon o reswm felly dros y tr. Sylwer sut y gall enw cyffredin gwr. fynd yn enw ar afon drwy drosiad a chael ei drin fel enw ben., e.e. *Aber-***dau***-gleddyf,* ac eto *Cleddy* **wen,** *Cleddy* **Ddu,** gw. EANC mynegai ; a chymh. : *o ddwy gleddau,* Tr Cymm 1917—18, 58.6, amrywiad ar *deu-* (dyfynnir yn *Geirfa* J.Ll.-J.).

(vi) *Enwau llysau + ansoddair*

Os enw gwr. yw enw'r llysewyn ceidw'r ans. gwahaniaethol a'r ans. disgrifiadol y gysefin ar ei ôl : *Banadl pigog,* Cardiff 58.36b ; *Berwr y Dwr*

Melyn, ib 37b ; *Berwr gwyllt*, ib ib ; *Cyngaf mawr*, ib 40a ; *Cacamwcci lleiaf*, ib 40a ; *Alan bychan*, Llst 143 D.5 ; *Alan mawr*, ib ib.

Ond ben. yw'r rhan fwyaf o enwau llysau, yn enwedig y rhai hynny sy'n gyfansawdd o *-lys* fel *y glaerllys*, *y greulys*, *y waetlys*, a'r enwau metafforaidd ac ansoddeiriol fel *y fabgoll* neu'r *fapcoll*, *y bengaled*, *y benlas* ; ar ôl y math yma treiglir yr ans. gwahaniaethol a'r ans. disgrifiadol : *yr hock vendigeit*, Havod 16.2b ; *y greulys vawr*, ib ib ; *y wermot wen*, ib 3a ; *y glaerllys vechan*, ib 2b ; *y gy(n)glen(n)yd vawr*, ib ib ; *y waetlys vecha(n)*, ib 2b ; *y waetlys wenn*, ib 5b ; Cardiff 5.6 ; *y waetlys dhu*, Cardiff 5.6 ; *Y Greulys fenyw*, Cardiff 28.2a ; *Y Ganwreidd lwyt*, ib ib ; *Y Greulys fendigeit*, ib 2b ; *Y Greulys wâr*, ib ib ; *Y Ganwreid Bengoch*, ib 2b ; *Y Ganwreid felen*, ib ib ; *y Fflamgoed fechan*, Cardiff 58.50b ; *y fywfyth leiaf*, ib 50a.

§50 Yr Enw Priod + Enw Cyffredin—Cyfosodiad

(i) Pan roir ar ôl enw priod enw cyffredin amhendant y mae person yr enw priod yn enghraifft ohono ceir tr. i'r enw cyffredin : *Dafydd frenin*, *Ioan Fedyddiwr*, *Dafydd Broffwyd*, *Ieuan Fardd*, *Ifan Of*, *Morgan Wacrwr* (lleol, = ' gogrwr, gwneuthurwr gograu ') ; ben. : *Mair Forwyn*.

Tueddwyd fwyfwy yn y cyfnod diweddar i droi'r enw cyfosod hwn yn bendant, e.e. *Lewis y Bardd*, *Twm y Gof* (enghreifftiau lleol) ; *yr hen Forgan y Gof gynt*, ML 1.352 ; cymh. *Deicws of*, TA 115.4.

Gall ans. ddyfod ar ôl yr enw cyffredin a cheidw'r gysefin os gwr. yw'r enw : *Cynddelw Brydydd Mawr* (cyferb. *C. brydyt* **u***awr*, LlH 88) ; *Iolo Fardd Glas* ; *s Stephan Ferthyr Cyntaf*, AllPar, Calendr Awst 3 a Rhagfyr 26.

(ii) Y mae modd i enw cyffredin pendant ddod ar ôl yr enw priod, heb y fannod, trwy gael enw genidol pendant ar ei ôl ; ceir tr. mewn rhai esiamplau, a'r gysefin mewn esiamplau eraill : *Arawn* **u***renhin annwn*, WM 83 (cymh. *Hafgan* **u***renhin o annwuyn*, ib 3) ; *Jona* **u***renhin freinc*, ib 461 ; *Maximista* **v***orwyn Vartha*, B iv.330 ; *s Elizabeth* **F***renhines Portugal*, All Par, Calendr Gorff. 4 ; enghraifft ddiweddar : *Wil* **B***rydydd y Coed*.

Enghreifftiau o gadw'r gysefin : *Pwyll* **P***endefig Dyfed* ; *Paul* **g***was Duw*, Tit. 1.1 ; *Rolant* **t***ywyssawc lluoedd . . . Gaifer* **b***renhin Burdegal*, YCM[1] 10 (= [2]150.3-4, .22). Dyfynnir y rhain o WS 43 lle y dywedir amdanynt : "When it is an adventitious addition, inserted as it were parenthetically by way of explanation, it is generally not mutated" ; hynny yw, pryd na fydd yn beth arferedig neu'n glynu'n weddol sefydlog ym môn yr enw priod ; ac os ychwanegiad achlysurol fydd, gall yr enw amhendant hefyd gadw'r gysefin :

> *Aeth Dafydd*, **g***wawdydd, drwy gôr*,
> *I nefoedd o flaen Ifor*, LGC 176.

Y mae hyn yn wir am enghraifft fel *Paul gwas Duw*, sef mai ychwanegiad achlysurol yw'r enw cyffredin, ond y mae digonedd o esiamplau o gadw'r gysefin lle ceir patrwm sefydlog (er nad yw'r enghreifftiau ynddynt eu hunain yn hysbys iawn) : *Amraphel brenhin Sinar, Arioch brenhin Elasar, C. brenhin Elam, a Thidal brenhin y cenhedloedd,* Gen. XIV.1. Gellir awgrymu mai'r rheswm dros gael y gysefin, neu'n hytrach fod yr hen duedd i dreiglo wedi ei cholli yn y cyfnod diweddar yw fod y berthynas rhwng yr enw priod a'r enw cyffredin yn llacio pan fydd enw genidol yn dilyn.

(iii) '*Mab*,' '*merch*' *pendant ar ôl enw priod*

Pan gyfosodir *mab, merch* + enw tad neu fam wrth enw personol i wneuthur enw llawn i'r mab neu i'r ferch, treiglir *mab, merch* yn yr hen destunau : *Pryderi fab Pwyll, Branwen ferch Lyr* (neu *Llyr*). Collwyd *f* yn y ddwy ffurf gan roi *ap, ab* ac *ach*.

Ceir yr un tr. pan gyfosodir *mab* + enw pendant ar ôl *nai*, a *merch* ar ôl *nith, brawd* ar ôl *ewythr*, yn yr hen briod-ddull 'nai fab chwaer,' etc., a cheir y tr. hefyd i *meibion* ar ôl *neiaint* : *Cradawc . . . y nei* **uab** *y geuynderw oed,* WM 58 (PK 46) ; *dy nith* **uerch** *dy chwaer,* ib 93 (PK 77) ; *a nei* **uab** *chwaer,* YCM[2] 119 ; *ai ewythr* **vrawd** *i dad,* B IV.203 ; *y nyeint* **ueibon** *y chwaer,* WM 82 (PK 67) ; gydag ymadrodd yn gwahanu *nai* a *mab* : *Nei y arthur* **uab** *y chwaer ay geuynderw oed,* ib 471.2. Cymh. y rhain o Feibl 1620 : *Lot nai* **fab** *brawd Abram,* Gen. XIV.12 ; *gwraig ei ewythr* **frawd** *ei dad,* Lev. XX.20 ; cyferb.: *os dy frawd,* **mab** *dy fam,* Deut. XIII.6.

Anaml, os o gwbl, y ceir y tr. hwn yn awr pan arferir yr hen drefn o enwi ar lafar gwlad, megis 'John mab Marged,' 'Hannah merch Beti,' etc. Ym Meibl 1620 y mae esiamplau o dreiglo ac o beidio â threiglo, ac awgryma hyn fod y tr. wedi diflannu o iaith arferedig y cyfnod gan na fyddai'r cyfieithwyr yn debyg o oddef camdreiglad. Ceir *fab* + yn ddieithriad yn yr ach yn Luc III ; eithr dyma gynrychiolaeth deg o esiamplau sengl hwnt ac yma yn y testun : *Joseph* **mab** *Dafydd,* Math. I.20 ; *Iaco* [**fab**] *Zebedaeus,* ib IV.21 ; *Iaco* [**mâb**] *Z.*, ib X.2 ; *Iaco* [**mâb**] *A.*, ib X.3 ; *Iesu Grist* **fâb** *Duw,* Marc I.1 ; *Iaco* **fab** *Z.*, ib I.19 ; *Lefi* **fab** *A.*, ib II.14.

Dengys y canlynol gadw'r gysefin yn *mam* a *merch* : *Mair* **mam** *Iaco fychan,* Marc XV.40 ; *Mair* [**mam**] *Iose,* ib XV.47 ; *Anna brophwydes,* **merch** *Phanuel,* Luc II.36. Dyfynnir y canlynol o'r calendr ar ddechrau *Allwydd Paradwys* 1670 : *s Joseph* **Tadmaeth** *ein Harglwydd Iesu,* Mawrth 19 ; *s Joachim* **Tad** *Mair fen.*, Mawrth 20 ; *s Ann* **mam** *Fair fen.*, Gorff. 26. Teimlir mai esbonio perthynas yw amcan y cyfosod yma, nid bod yn rhan sefydlog o gyfenw fel petai.

§51 Cyfosod Dau Enw Cyffredin

(i) Priodol ymdrin yma ag amryw gystrawennau cyfosod dau enw cyffredin, yn sgil yr adran ar gyfosod enw cyffredin wrth enw priod, oblegid y gystrawen sydd i'w thrafod yn awr yw'r un a esyd enw cyffredin fel ' gŵr ' yn safle'r enw priod yn ' Ieuan Fardd,' etc.

Pan fydd y ddau enw'n amhendant y gystrawen arferol yw defnyddio'r ardd. *o* rhwng y ddau : *cawr o ddyn, Pechadur o ddyn,* LlA 15 ; gw. enghreifftiau eraill yn WS 177-9, Davies, *Ant. Ling. Brit* (ail argr.) 155, Richards (1753) 55 : *Gwr o saer, Benyw o olchyddes* ; cymh. Saes. *a rogue of a lawyer.* Yn y gystrawen hon y mae'r enw cyntaf fel rheol yn amhendant ; ond fel y dywed WS 179, nid oes raid iddo fod a gallwn ddywedyd *y bachgen o Gymro,* sy'n cadw'r ardd. *o,* yn wahanol i'r gystrawen enidol *pwys o gaws* > *y pwys caws.*

(ii) *Duw Tad, Duw Dad*

Y mae rhai enghreifftiau o gyfosod y ddau enw cyffredin ochr yn ochr heb arfer yr ardd. *o* o gwbl ; dyna, y mae'n debyg, yw *Duw Tad,* cymh. Saes. *God the Father.* Esiamplau yn gyntaf o'r ymadrodd heb dr. i *Tad* : *Och, Dduw Tad, o chuddiwyd hi,* DG 15 ; *i Dduw Tad,* IGE² 150.2 ; *Duw Tad a'm rhoddes yn dywyssawc yma,* B III.174 ; *Fel y gallai Dduw Tad . . . egluro,* YmDd 7 ; *nid yw kariad duw tad yndo ddim,* DCr² 110a ; hefyd 60a ; *Hollalluoc Dduw Tâd ac Arglwydd,* RBS 136 ; *a Godidowgrwydd Duw Tad,* ib 40 ; *o arglwydd dduw tad a gwnaethwr pob dim,* MCr 69a ; ceir enghreifftiau hefyd yn CRhC 208, 223, 332, 393 ; a chymh. *duw dofydd,* ib 431.

Ceir *Duw Dad* yn ddigon cyffredin hefyd ac ymddengys mai'r peth sy'n cyfrif am y ddwy gystrawen yw fod yr enw *Duw* yn anwadalu rhwng bod yn enw cyffredin ac yn enw priod ; y mae *Duw Tad* heb dr. yn cyfateb i *Duw mawr,* etc., a *Duw Dad* i'r enghreifftiau hynny o dreiglo'r ans. fel ar ôl enw priod, *Duw lwyd, Duw fwyn,* etc., gw. §48(x). Dyma rai dyfyniadau : *I dŷ dail o waith Duw Dad,* DGG XLIII.12 ; *Duw Dad,* IGE² 65.8 ; *Nini a gredwn y Duw Dat a'r mab,* YCM² 18 ; *kanys Duw Dat yw ef,* ib 39 ; *ny anet Duw Dat y gan neb . . . y ganet Adaf heb uam o Duw Dat,* ib 30 ; hefyd 31, 32 ; *O Dduw Dat Hollgyuoethawc,* ib 105 ; *(d)duw dad,* MCr 3a ; *yn credy mewn vn duw dad,* ib 129b ; hefyd 93b, 108b ; *i Dduw dâd,* C. Llên Cymru 2.7 (Thomas Jones, Llanfair, Sir Fynwy).*

Sylwer hefyd ar y canlynol : *myn Duw lywydd,* IGE² 144.11 ; *Dioddefaint Duw Ddofydd,* ib 97.18.

*Cymharer yr enghraifft hon o arfer y fannod o flaen y ddau enw yn y cyfosodiad : **Lle mae'r Duw'r Tad,** GMLl 1.101 (yn digwydd yn y rhan honno o'r gân a gymerwyd o argr. 1738).

(iii) *Twyllwr bradwr*

Ymddengys imi mai'r un gystrawen gynnar sydd yn y teip *twyllwr bradwr*, sef cyfosod dau enw cyffredin cydradd gyda'i gilydd, heb fod y naill yn ansoddeiriol at ddisgrifio'r llall. Am ryw reswm, mewn cyd-destun o roi anair y digwydd y gystrawen hon fwyaf, er bod rhai esiamplau na pherthynant i'r fath gyd-destun ; ond gan mai amrywiadau ar *twyllwr bradwr* yw'r rhan fwyaf, credaf ei bod yn werth sylwi ar rai cystrawennau sydd ar lafar gwlad, a arferir yng nghyd-destun rhoi anair. Yn gyntaf ceir un sy'n gymysg o gystrawen yr ardd. *o* ac o gystrawen hepgor *o* : *diawl o ddyn, cythraul o ddyn, cythraul o fenyw, satan o fenyw,* etc. : pan dry *dyn* etc. yn bendant ceir *y dyn diawl, y fenyw gythraul,* etc., sy'n debyg i'r gystrawen *hyfryd o beth* > *y peth hyfryd, da o beth* > *(y) peth da.* Trefn arall ar yr un geiriau yw *dyn a'r diawl, menyw a'r cythraul,* lle ceir *a* ar lafar gwlad y De heb fod mor ddiacen â'r *o* yn *diawl o ddyn,* etc. Ai ' man **and** the Devil (combined) ' yw gwir arwyddocâd y gystrawen hon ?

Y dyfyniadau cyntaf fydd y rheini sy'n amrywiadau ar y priod-ddull *twyllwr bradwr* ; nid arferir *o* yn y gystrawen hyd yn oed pan fydd y ddau enw yn amhendant : *"Twyllwr bradwr," heb ef,* YCM^2 192 ; *kanys bwyt y dayogeu porthmyn yw hwnnw,* ib 111 ; *y dwyllwr aghywir bradwr,* WM 250 (ans. rhwng y ddau enw) ; *ae alw yn dwyllwr bradwr,* ib 255 (yn y traethiad) ; *chwiwgwn lladron defaid ydyw plant Alis erioed,* ML 1.355 ; cymh. enghraifft lle y mae'r enwau neu'r person yn fenywaidd : *Oi a* **achenoges butain,** WM 169. Ar ôl y fannod : *y tayogeu lladron,* WM 68 (PK 54) ; *yr ymelldigedic dwyllwr bradwr gan hamo,* RBB 94 (noder arfer *gan* o flaen yr enw priod) ; *y twyllwyr bratwyr hynny,* ib 119 ; *y diangwn y gan y diawl gelyn a chuhudwr,* B VII.372 (sylwer nad oes dim bannod o flaen *cuhudwr*) ; *y Gwyddel offeiriad meddw,* ML 2.331 ; *y blaidd twyllwr,* John Thomas, Caniadau Sion (1788) 265.

Amlwg nad ans. yw'r ail i ddisgrifio'r cyntaf gan fod yr enwau'n newid safle â'i gilydd : *y bratwyr twyllwyr,* RBB 140 ; *y gwrthwynebedigyon bratwyr twyllwyr lladron,* ib 162 (y tri enw wedi eu cyfosod). Dyfynnwyd enghraifft eisoes o roi'r ans. rhyngddynt ; dyma enghraifft o'r gystrawen mewn cyfarchiad a'r ail enw yn cadw'r gysefin : *Dywedwch dwyllwyr bratwyr kelwydawc,* RBB 143 ; mae hyn yn wahanol i gystrawen cyfarch dau enw annibynnol sy'n dilyn yn ôl ei gilydd, lle y treiglir y ddau enw ar ôl berf sy'n cyfarch fel "Dywedwch," gw. isod §159(i).

Dyma rai enghreifftiau eraill heb berthyn i gyd-destun anair : (1) gwr. un. : **y bravdvr pennadur,** B IX.332 (digwydd ' y pennyadur ' ar ôl hyn fel enw annibynnol) ; (2) ben. un. : **y vorwyn santes,** ib ib 331 ; **yr ymperodres vrenhines ac arglwyddes,** GrPen 199 ; **Yr Ymerodres Frenhines,** ML 1.487 ; **y lafnes forwyn** yna, Daniel Owen, EH 189 ; (3) lluosog : *Deuryw grefyddwyr yssydd, nid amgen, preladiaid . . . a dar-*

ostyngedigyon . . . **Preladiaid krevyddwyr** *a volir* . . . Gr Pen 132.9-13 ; **y brodyr pregethwyr,** B v.102 ; 110 ; *A* **brodyr pregethwyr** *prudd,* IGE[2] 18.14 ; **a'r keisseit poenwyr,** B IX.332 ; **y planhigion plantos** ML 2.330.

Ni threiglir yr ail (a'r trydydd) enw yn y cystrawennau cyfosod hyn ond pan roir dau enw ben. ynghyd. Dyma ddwy enghraifft o dreiglo'r ail enw gwr. :

Deilwr, **brawd bregethwr** *bron,* DGG XXXIV.14.

Gweithydd fúm ar gywydd gŵr,
Ac weithian **brawd bregethwr,** GGl LXXXII.58.

Amheuaf gywirdeb y ddwy enghraifft hyn. Nid cystrawen gyfansoddeiriol sydd yn y rhain ; pe bai felly, fe ddisgwylid tr. hyd yn oed yn y cyd-destun lluosog. Nid yw'r *br* / *br* yn rhan o'r gynghanedd yn y dyfyniadau hyn, ond gellir awgrymu mai'r awydd i gael cyfatebiaeth br / br, er ei bod yn ddianghenraid, a barodd i'r copiwyr arfer y treiglad. Cymh. hefyd : *gwae chwi* **Scrifenyddion a Phariseaid ragrithwŷr,** Math. XXIII.13 ; dichon mai'r ansicrwydd a ddylid treiglo *rh* sy'n cyfrif am yr enghraifft hon.*

Nodiad (*i*)

Y mae cael priod-ddull cyfosod yr ardd. *gan* ynghlwm wrth enghreifftiau o *twyllwr bradwr,* fel sydd yn RBB 94 uchod, yn cadarnhau'r farn mai cystrawen gyfosod yw *twyllwr bradwr,* etc. "A curious idiom" yw disgrifiad WS 177 o gystrawen gyfosod *gan* : "a proper or specific name instead of being put in apposition to a definite descriptive noun is joined to it by the preposition *gan* : *Yr anudonawl gan Vedrawt,* RBB 230 ; *y bradwr gan Iddawc,* JDR 117 ; *y gelyn gan anffortun,* BC 284 ; *yr athro gan Siôn y Cent,* Iolo MSS 288 ; *yr enllibiwr atgas gan Lauder,* Gr O 165" (= LGO 12) ; gellir ychwanegu'r rhain : *a'r pennau-byliaid gan yr Hwyntwyr barbaraidd acw,* LGO 48 ; *y genawes gan yr awen,* ib 52 ; *yr Ysgottyn brwnt hwnw gan Douglas,* ib 72 ; *y trueiniaid llymion gan Bysgodwyr Nefyn,* ib 94.

Priod-ddull a berthyn i'r Gogledd ydyw, gw. Davies, *Ant. Ling. Brit.* (ail argr.) 155, Richards (1753) 54. Temtir dyn i feddwl mai cystrawen yw a berthyn i gyd-destun anair fel *twyllwr bradwr* oddi wrth yr enghreifftiau uchod (oblegid gellid yn hawdd anwybyddu'r enghraifft o Iolo MSS fel cais ar ran Deheuwr i arfer priod-ddull dieithr iddo), ond fe'm sicrheir fod y gystrawen mewn cysylltiadau mwy normal, e.e. 'yr hen ŵr gan ei dad' lle byddai 'yr hen ŵr ei dad' yn y De, e.e. *hen ŵr ei dadcu,* D.J.W., St. Tir Coch 5 ; *hen wraig eu mam,* ib 6 ; ac y mae esiamplau Davies yn amrywiol iawn : *y sant gan Bedr,*

*Er bod arddull William Morris yn llawn o fympwyon y mae'n bosibl fod sail i'w arfer o roi *truan* o flaen enw heb beri tr. a gellir awgrymu mai cystrawen gyfosod yw, h.y. *truan* (yn gweithredu fel enw), felly, 'truan o ŵr' > 'truan gŵr' ; e.e. *pob camwri ag ef,* **druan gwr,** ML 1.64 ; **Druan gwr** *o'r Barri,* ib 1.260 ; *wrth ei gefn,* **druan gwr,** ib 1.323. Gan fod *truan* yn ans. hefyd, ni ddylid synnu os ceir enghraifft o beri tr., e.e. *a minnau* **druan fab,** ib 2.135.

y milwr gan Arthur, *y lleidr gan Barabbas*, *yr alarch gan Syr Wiliam*. Y peth tebycaf yw fod cysylltiadau rhoi anair yn well achlysur i'r gystrawen, ond nad yw wedi ei chyfyngu i'r cyd-destun hwn.*

Nodiad (*ii*): *Enwau Personol yn ML ac LGO*

Cyfeiriwyd yn §1(v) uchod at rai esiamplau o arfer y fannod o flaen enwau personol (WS 10); ond nid oedd achos i sôn am dreiglo ac eithrio pan fyddai'r enw personol yn enw ar ferch. Rhywfodd neu ei gilydd tyfodd priod-ddulliau rhyfedd yn Llythyrau'r Morrisiaid wrth drafod enwau priod ar bersonau, yn eu ffurfiau cynefin ac yn eu ffurfiau amrywiadol a llysenwol cellweirus, sef tuedd i arfer y fannod a pheri i'r enw priod gwryw. dreiglo, a hyn yn ei dro yn troi'r gystrawen yn fenywaidd (e.e. ansoddair dangosol ben. wrth enw dyn); ac y mae enghreifftiau anarferol eraill o dreiglo. Ymddengys mai un o fympwyon arddull gellweirus William Morris ydyw hyn oll i ddechrau ac mai ei ddilyn ef y mae Lewis a Goronwy Owen lle ceir esiamplau ganddynt, gan nad ydynt hwy'n arfer y peth ar y dechrau nac yn gyson ar ôl iddynt ddechrau. Gellid meddwl weithiau mai cystrawen wawdlyd ei bwriad ydyw ond y mae rhai o'r ' esiamplau ' yn ffrindiau calon i W.M., e.e. Pennant a Mr. Ellis, Offeiriad Caergybi. Meddyliwyd ar y cychwyn mai ' estyniad ' oedd o'r tr. a ddigwydd ar ôl enw priod i'r ans. ac i'r enw cyffredin cyfosod, h.y. fod" Dafydd Fychan" yn sail i ' y Fychan,' (ac esiamplau o'r fath yn sail i bob math o enw), a "Dafydd berson" i "y Berson," etc.; ond ni all hyn fod yn esboniad oblegid pan arferir ans. yn lle enw gŵr, ceidw'r gysefin ac adferir y gysefin mewn ffurfiau fel ' y Bychan '; a cheidw'r enw cyfosod gwr. y gysefin ar ôl y fannod, e.e. *y Mynglwyd*, ML 1.247 (hefyd LGO 96) (am ' Rhisiart Fynglwyd '), *y Brâs o'r Esgair*, 1.297; *y Du o Allt Fadawg*, LGO 145 (= L.M.); *y Bychan o'r dollfa*, ML 1.303 (= Mr. Vaughan); *Cilmyn Droetu*, 1.275, 279; *y troetu*, 279; gelwir Goronwy Owen ' y Du o Fôn,' LGO 177, neu ' o'r Hirgaer,' LGO 110, a William Wynne ' y Gwynn,' e.e. LGO 88; eto cymh. *Elisa Gowper*, LGO 127; *Sion Edwart y Cowper*, ML 1.198.

Mae'n anodd olrhain y ffasiwn hon yn ramadegol a rhaid mai mympwy W.M. yw'r unig achos. Ac ystyried mor chwannog ydyw i dreiglo enwau priod, diddorol yw cymharu'r geiriau a ganlyn o un o lythyrau W.M. at ei frawd R.M. ynghylch gwaith R.M. yn adfer ffurfiau cysefin enwau priod yn yr argraffiad o'r Beibl a olygodd dros yr S.P.C.K.: "He (Ellis, Offeiriad Caergybi) owns his mistake . . . and is not a little pleased at your resolution of not changing the initials of proper names," ML 1.155 (23 July, 1750).

Dyma gyfran o'r cannoedd enghreifftiau sydd yn y llythyrau:

(i) Y fannod + enw bedydd neu gyfenw gyda thr. i'r enw: *y Geynton*, 1.101, 116 (= Keynton), *gwaith y Garte*, 1.116, 127 (Carte yr

*Nodais amryw enghreifftiau o'r gystrawen yng ngwaith Daniel Owen, a hyd y sylwais, cyd-destun anair sydd iddynt i gyd: *a'r born idiot gan Jones*, RL 343; *y dyn brwnt gynoch chwi*, EH 73; *y baboon gan Enoc*, ib 76; *y dyn drwg gynoch chwi*, ib 169, 170; *yr hen gwdsach gan Farged hono*, ib 308. Ond dyma ddwy enghraifft ddilys i'r gwrthwyneb i anair: *y Prif Gristion gan y Fentley o Nerpwl*, ML 2.348 (W.M.) (cyferb. enghraifft yn hepgor *gan*: *y brif Gristion Bentley*, ib 2.351); *yr eneth brydferth gan Angharad*, ib 2.389 (L.M.). Dyma enghraifft dda o'r gystrawen: *Y gelyn brych ganddo fo'r angau*, ib 2.348 (W.M.).

hanesydd), *y Baynter*, 1.125 (= Paynter) ; *y Gobed Lewis*, 1.133 ; *ir Domas Risiart yna*, 1.180 (= Richards Llangrallo) ; *y Dwm Bifan dwrnai . . . yn gydnabyddus a Thomas*, 1.204 ; *Roedd iddaw'r Bowel fab ordderch*, 1.216 ; *y Fodfel*, 1.251 (= Bodfel) ; *ir Bowys*, 1.253 (= Iarll Powys) ; *Druan gwr o'r Barri yntau*, 1.260 ; eto 327 (cyferb. *gyrru yr Parry . . . y Parry*, LGO 175 ; eto 197 ; sef William Parry o'r Mint) ; *ir Belam ar Belammes*, ML 1.229 (= Henry Pelham a'i wraig) ; *y Bennant*, 1.307, 341 ; *mo'r Brosser*, LGO 156 (*Mr. Prosser*, 158, *a'r Prosser*, 159).

Sylwer sut y try'r ansoddair dangosol yn fen. yn rhai o'r canlynol er mai am ŵr yr ydys yn sôn : *y Fason hwnnw*, ML 1.192 ; *y Fason honno*, 1.205 ; *mai gwr Duw oedd y Fwclai hono, tebycach ei fuchedd*, 1.206 ; *Aeth y Forgant hwnnw i bant*, 1.221 ; *y Downsend front honno*, 1.345 (dengys 349 a 353 mai dyn o'r enw Townsend a olygir) ; cymh. hefyd : *a daccw'r Bennant* **hithau**, 2.300.

(ii) Y fannod + ffurf dardd neu amrywiadol ar enw priod : *y* **F***oesen*, 1.91 (= Moses Williams ; *nid gwr onest oedd Moesen*, 1.80 ; *ar ol Moesen or Deheu*, 1.136) ; *ymadawse ar* **G***orbedyn*, 1.120 ; 122 (= Corbett).

(iii) Y fannod o flaen ' teitl ' : *Aie mae'r* **G***ownsler yn o law helaeth*, 1.116 ; eto 1.149 ; (cyferb. *y* **C***ownslor B.*, 1.188) ; *Daccw'r* **G***olhector Dyfi*, 1.194 ; *o lyfr y* **B***erson*, 1.127 (= Mr. Ellis, Offeiriad Caergybi) ; *Dyma'r Berson Ellis . . . Cadd y Berson*, 1.134 ; eto 136 ; *efo rhai'r Bersonyn*, 1.135 ; *dyma'r* **b***erson Bellis*, 1.198 ; *y Berson ap Wmphre*, LGO 176 (cyferb. *mae'r* **P***erson Humphreys*, ib 198) ; *y* **g***efnder Sal*, ML 1.228 (= Salesbury ; cyferb. *ir cefnder Risiart*, 1.189 ; *dyma'r cefnder Gobed*, 1.247 ; enghreifftiau tebyg yn 1.249, 252 ; cymh. hefyd : *y car Morys*, 1.249 ; *y brawd Pennant*, 1.324) ; *lle mae'r* **G***ardynal . . . y* **C***ardynal*, 1.205 ; *y* **Dd***octor Bifan, Siaplan*, 1.301 (cyferb. *Sion ab y* **D***octor Evans*, 1.303) ; *y lle y gyrrasai'r* **G***appelwr fi . . . ar y* **C***apelwr*, LGO 11).

(iv) Enw lle = enw person yn byw yno : *a ddywaid y* **B***rysaddfed*, 1.229 (cyferb. *y* **B***angor yna*, LGO 41 = Esgob B.).

(v) Enw lle : *pan ddaeth Llewelyn i'r* **B***enrhynmawr*, 1.142 ; *a ddaeth yma o'r* **B***lymwth*, 2.351.

Cymh. ymhellach : *gwaith* **D***omos Jones y sywedydd . . . Hen ddynan oedd Tomas yntau*, 1.198 ; *y Rhisiart* **F***orys*, 1.333 ; enghreifftiau yw'r rhain a ddengys mai peth hollol fympwyol a diesboniad oedd y ffasiwn dreiglo hon.

Dyma ychydig esiamplau pellach o ALMA a gyhoeddwyd ar ôl ysgrifennu'r nodiadau uchod : *i'r Gontrowliwr iw fwytta rhag y Beswch ar Crygni*, 83 ; *yn enwr Corbedyn rhag na fedrai Baynter . . . yr oedd y Gorbedyn . . .* 235 ; *y codai'r Bainter oi wely . . . y Gorbedyn . . . dyma'r Painter*, 237 (Edward Hughes).

Y mae'r modd y defnyddia Goronwy ac Edward Hughes y treiglad rhyfedd hwn wrth ohebu â WM, a heb gadw'n gyson ato, yn profi nad oedd yn briod-ddull naturiol iddynt, ond mai dilyn ystumiau cystrawennol W.M. yr oeddynt.

Pennod VII

Y RHIFOLION

§52 Ar ôl 'Un'

(i) Ynglŷn ag arfer *un* fel ans. neu'n ansoddeiriol mewn cyfansoddair, gw. §14. Ar ôl y rhifol *un* ceidw'r enw gwr. y gysefin, *un dyn, un tŷ*, etc. ; a threiglir enw ben. ac eithrio enwau'n dechrau ag *ll* a *rh* : *un wraig, un gath, un fam* ; eithr *un llaw, un llong, un rhaw, un rhwyd.* Y mae tuedd ar lafar gwlad i arfer ffurf dreigledig *ll* ; mae'r canlynol yn esiamplau o hynny, er mai 'unrhyw' yw ystyr *un* ynddynt : *'Chaiff pleser . . . Un loches ddirgel,* Williams (1811) 673 ; *Nid oes un lef wylofus,* Williams, Mnd Dl. Rowlands (argr. 1791) 3. Fe all rhai enwau benthyg gadw'r gysefin er eu bod yn fen. : *un talent,* 2 Macc. VIII.11 ; Math. XXV.24 ; (*ac i arall ddwy,* 15 . . . *ddwy eraill,* 17 . . . *dwy dalent,* 22) ; *ddwy dalent . . un talent,* MCr 91a ; *un moment,* B IX.123 ; Doeth Sol. XVIII.12 ; cymh. *yn vn voment* (llsgr *vomeit*), *sef yr oed hynny, deugeinvet ran awr,* YCM² 136. Enwau benthyg ben. yn dechrau ag *g* yw'r dosbarth mwyaf nodedig am gadw'r gysefin : *un gêm, un gini,* etc.

(ii) Pan fydd ans. o flaen enw gwr. un., ceidw'r gysefin : *un prif ynad* ; treiglir ans. o flaen enw ben. : *un brif heol* ; ac ni ddisgwyliem i *ll* a *rh* fod yn eithriadau, *un lawen floedd, un ryfeddol floedd* ; cymh. y dyfyniadau yn y paragraff nesaf.

(iii) Pan fydd ans. yn cynrychioli enw gwr., ceidw'r gysefin : *un da, un call* ; eithr ceir tr. m. mewn ans. yn cynrychioli enw ben. heb eithrio *ll* a *rh* : *un dda, un gall, un lawen, un rwydd* ; cymh. *dwy sillaf dalgron* **vn led[yf]**, GrPen 39.15 ; hefyd 90.42 ; 145 ; 152 ; *Dav vath sydd ar ddiphthongiaid* **vn rywiog** *ac un afrywiog,* ib 208 (mewn testun lle dynodir *rh* gan *rr* yn gyson) ; **un rowiog**, DByrr 29. Yn nhestunau GrPen defnyddir *llafarawg* fel enw = 'llafariad' ; weithiau fel ans., *llethyren lafarawg,* 212 ; gan hynny ceir ansicrwydd ynglŷn â threiglo : *Vo gyvodla dipthong afrywiog* **a'r lafarawg** *ola ynddi ei hun,* 209 ; *heb* **un llafarawg** . . *heb* **un lafarawg**, 211.

(iv) Pan acennir y rhifol *un* + enw fel petaent yn un gair, gwneir cyfansoddair afryw o'r ddeuair a cheir yr un tr. yn y cyfansoddair ag sydd i'r enw pan fo ar wahân mewn aceniad llac, *un waith* ac *unwaith* ; *un dyn* ac *undyn.* Y mae hynny'n wahanol i *un* ansoddeiriol a bair dr. i enw gwr. ac i enw lluos. beth bynnag fo'r aceniad, llac neu glwm, gw. §14 am enghreifftiau ; gw. hefyd yr enghreifftiau o dreiglo ar ôl **nebun** yn §40(v).

(v) ' *Un* ' *mewn rhifolion cyfansawdd*

Yr un treigladau'n gyffredinol sydd ar ôl *un* mewn rhifol cyfansawdd ag sydd ar ôl *un* sengl : *un tŷ ar ddeg, un geiniog ar ddeg, un bunt ar bymtheg* ; cymh. *un* **d***roetued ar bymthec a hanner*, B II.11 ; VI.47 ; *un* **d***ernas ar ddeg*, DCr² 117a.

Ym Meibl 1620 a rhai testunau eraill ceir esiamplau o gadw cysefin *mil* ar ôl *un* ' cyfansawdd ' er mai *vn vil ar bymthec a thrugeinmil*, RBB 39 ; *vn vil ar dec*, ib 118 ; TA 129.8 ; 139.2 yw'r hen gystrawen, yr hyn a ddisgwylir i enw ben., cymh. hefyd *un fil ar ddêg*, 2 Macc. XI.11 Awgrymwyd yn §38 sut y daeth ansicrwydd parthed treiglo *mil* ar ôl y fannod. a'r un achos a barodd ansicrwydd ar ôl *un* ; gw. dyfyniadau yn §38(iii)

Erbyn cyfnod y Beibl enw ben. yw *dinas*, gw. §2(i) nod. (*b*) am enghreifftiau a ddengys sut a pha bryd y newidiodd yr enw ei genedl. Ar ôl *un* sengl fe'i treiglir fel enw ben. cyffredin, e.e. Amos IV.7, 8 ; ond ar ôl *un* ' cyfansawdd ' ceidw'r gysefin : *un dinas ar bymthec*, Jos. XV.41 (*dwyddinas*, 60) ; eto yn XIX.22. Y mae'n bosibl mai atgof sydd yma o hen genedl *dinas*, yn enwedig pan olygai ' caer, amddiffynfa.'

Yr eithriadau pwysicaf i'r rheol gyffredinol yw'r geiriau hynny sy'n cymryd tr. tr. ar ôl rhai rhifolion megis *saith, wyth, naw*, etc., sef *blynedd, blwydd, diwrnod*, etc., gw. §56. Y mae *blwyddyn* yn cymryd tr. m. ar ôl *un* sengl ; ceir enghreifftiau o *un flwyddyn* yn 2 Cron. XXII.2 ; 2 Br. VIII.26 ; LGO 178 ; ond tr. tr. sy'n dilyn *un* ' cyfansawdd ' : *un mlwydd ar bymtheg*, 2 Cron. XXVI.1 ; *un mlynedd ar bymtheg*, ib XXVII.1 ; 2 Br. XII.10 ; ML 1.232 ; 2.397 ; cymh. hefyd : *un niwrnod ar ddeg*, ib 1.284 ; er hynny ceir y ffurf *blwyddyn* gyda thr. m., yn lle *blynedd* gyda thr. tr. yn y canlynol : *vn vlwydyn ar bymthec a chant*, RBB 102 ; ac arwydd o'r ansicrwydd o achos y ddwy reol yw'r canlynol : *ys un flynedd ar ddec*, Joshua Thomas, HB 351 ; *un mlynedd ar hugain*, ib 390.

§53 Dau, Dwy

(i) Gw. yn gyntaf §6, Enw Deuol ar ôl y Fannod, a §21 Yr Ansoddair ar ôl y Rhif Deuol. Dyma fraslun i gychwyn o gystrawen *dau, dwy* : ar ôl y ddwy ffurf ceir tr. m., a threiglir y ddau rifol ar ôl y fannod : *y ddau* (*dŷ*), *y ddwy* (*ferch*) ; ac fel y nodwyd o'r blaen, treiglid yr ans. mewn Cym. Can. ar ôl yr enw er mai gwr. un. fyddai o ran ei ffurf, a'r ans. ei hun yn lluos. ei ffurf : *deu wydel uonllwm*, WM 56 ; *deu uilgi uronwynyon urychyon*, ib 228a ; ceir ambell enghraifft hefyd o hyn ar ôl enw sy'n lluos. ei ffurf : *dwy vorynyon vonhedic ereill*, YCM² 55.

(ii) Ceir dosbarth helaeth iawn o gyfansoddeiriau afryw *dau, dwy* + enw, yn acennu'n glwm fel y dengys y gwyriad *deu-* ; a cheir tr. m. fel y disgwylir, e.e. *deuddyn, dwyfron*. Yn y rhain y mae'r cyfansoddair afryw ei hun yn treiglo ar ôl y fannod, *y ddeuddyn, y ddwyfron* ; cymh. eto enghreifftiau gwr.: *deuddydd, deufis, deuliw, deulin*; ben.: *dwybig, dwyen, dwyblaid, dwyffroen.*

Ceir rhestr faith o ffurfiau tebyg yn *Geirfa* Lloyd-Jones; diau mai olion yr hen arfer o synio am bâr fel 'rhif' gwahaniaethol, heb fod yn unigol nac yn lluosog, yw'n tuedd i sôn am 'ddwy ffroen' (neu 'ddwyffroen),' 'dwy goes,' 'dau droed,' pryd y gallai'r ffurf luos. *ffroenau, coesau, traed,* etc. gyfleu'r ystyr yn rhesymegol. Er nad yw hyn yn wir am bob esiampl, gyda phethau sy'n gwneuthur pâr wrth natur y ceir yr aceniad cyfansawdd fel rheol; ac y mae rhai o'r ffurfiau hyn yn rhoi uned newydd, megis *dwyfron* = 'chest,' lluos. *dwyfronnau*; *dwyen* am y 'genau' neu 'jaw'; ac y mae ambell un wedi troi'n stem i darddu geiriau newydd, e.e. *dwyfronneg.*

(iii) Y mae rhai geiriau a geidw'r gysefin ar ôl *dau*, gydag aceniad llac neu glwm, a'r rhifol ei hun heb dreiglo ar ôl y fannod: *y dau cant,* Num. XVI.35; *o'r deucant,* IGE[2] 36.18; *y dau cymaint,* Dat. XVIII.6 (gw. isod §58 GWEITHOLION). Gellir cyfrif y ffurf *y deucant, y dau cant* (heb dr. ar ôl y fannod) gyda'r rhifolion cyfansawdd clwm, *y deuddeg, y deunaw, y deugain,* a rhaid dosbarthu'r rhain ar wahân i'r rhifol anghyfansawdd. Pan dreiglir *cant* ei hun ar ôl *dau* y mae'r rhifol ei hun yn treiglo ar ôl y fannod, a'r ystyr yw 'two (separate) hundreds'; mewn gwirionedd enw fyddai *cant* yn y gystrawen honno, yn golygu 'cant o lo,' neu 'byddin o gant o ddynion,' etc. Noder y ffurf gyfansawdd *deucannwr,* gw. enghreifftiau yn *Geirfa* Lloyd-Jones.

(iv) Yn wahanol wedyn i *y dau cant, y deucant,* y mae dosbarth bach o enghreifftiau o *dau* + enw (llac) neu *deu* + enw (clwm) heb dr. i'r enw er bod y rhifol ei hun yn treiglo ar ôl y fannod; y rhai sydd wedi aros hyd ein cyfnod ni yw *y ddau pen, y ddeupen*; *y ddau tu, y ddeutu*; *dau parth,* 2 Bren. II.9; *deuparth,* WM 457. Y mae'n bosibl mai hen ffurfiau diryw oedd y rhain yn y Frythoneg (WS 65) a'u bod yn cadw'r gysefin ar ôl y fannod yn y lle cyntaf, yn debyg i *y deucant,* ond nid hawdd taro ar olion hynny yn y cyfnod hanesyddol; eithr cymh. *a'r Dytwm* / **A'r deutu'n** *farchogion,* TA 5.6. At yr enghreifftiau sydd yn *Geirfa,* dyma rai esiamplau diweddar: *o'i dau tu,* Ex. XXXII.15; *a deu-pen y ddwy gadwyn,* ib XXXIX.18 (cyferb. *ar ddau ben y ddwyfronnec,* ib ib 19); *o'r ddau tu,* Num. XXII.24; *y ddeuparth,* Deut. XXI.17; *o'r ddautu,* Barn. V.30; *o'r ddeutu,* 1 Bren. X.20; Phil. 1.23; *y ddaupen yn plygu,* YmDd 30; *'r ddeutu,* ib 167; BC 141.

O'r ffurf *deupen* cafwyd ans. tardd *deupeiniog* mewn Cym. Can.; am yr affeithiad, cymh. *mawrweirth(i)og,* lle gwelir stem yr enw yn y famiaith, *-o* neu *-a* yn troi'n *-i̯o, -i̯a* yn stem yr ans.; gw. Thurneysen 210 am beth tebyg yn yr H. Wydd.; cymh. yr enghraifft *deupeinawc,* WM 452; *wedy talu yr eglwys pob peth yn deupeinawc,* YCM[2] 175 ('doubly, twiceover ') ; *a ffon a chwyd dav peiniog*, CRhC 421 ; *esmwythdra daupenniog*, PA 150. Ceir esiamplau gan Lloyd-Jones hefyd o *deuparthawc*.

Fel y sylwir isod am *dwylo* y mae *deupen* a *deutu* ar un olwg yn gyfartal â lluosog oblegid lle ceir achos i arfer *deupen* a *deutu*, dim ond ' dau ben ' a ' dau du ' sydd, a dyna'r cwbl, sef ' y pen hwn a'r pen arall.' Felly os byddir yn cyfrif y pennau lle y mae mwy na dau, ceid cystrawen a threiglo normal, *un pen, dau ben, tri phen*, etc. ; cymh. yr hen ' wheddel ' fod ' dau ben gwedder yn well nag un.' Nid yw *deuparth* yn ' lluosog ' ond gellid edrych arno fel uned newydd tebyg i ' hanner, traean, chwarter,' etc., ac y mae hynny'n peri bod gwahaniaeth rhwng *deuparth* a'r ffurfiau normal sy'n cynnwys tr. ar ôl *dau*.

(v) Heblaw'r ffurfiau uchod noda *Geirfa* nifer o esiamplau o *deupeth* ochr yn ochr â *deubeth*, ac y mae'n bosibl y gwelir arfer *deupeth* yn y cyfnod diweddar, eithr o gydweddiad â'r ffurfiau uchod yn hytrach nag fel parhad o hen briod-ddull.

Ceir *deucorn* hefyd yn LlDW 96.5, TA 22.31 ; [cymh. hefyd : *wrth ddau corn yr ych*, John L. Thomas (Ieuan Ddu), Y Caniedydd Cymreig (1845) 117 ; *Doed lloer y ddeddf, a'i deu-corn main*, Jenkin Jones, Hymnau (1768) 23 ;] heblaw *deugorn*, LGC 374.27 ; Gwyneddon 3.104[2]. Enghraifft dda o bâr yw ' dau gorn,' cymh. *y Gyrn* uchod §6(ii). Gyda'r rhain ceir *deutrew* (sef taro ' untrew ' ddwywaith) a *deutrebl* ; cymh. hefyd : *yn y deu cwr ereill*, YCM[2] 53.*

(vi) Enw gwr. yw *troed* yn y Gogledd ac mewn Cym. Can. Er bod ffurf luos. i'r enw, pan sonnir am draed yr un dyn, y priod-ddull arferol yw ' deudroed,' yn fath o gyfansoddair afryw, e.e. *deudroet*, WM 24 (PK16), heb olygu ' his two feet ' ond ' his feet.' Er mor anwadal yw'r hen orgraff y mae amlder yr enghreifftiau yn ddigon o reswm dros gredu fod *deutroed* yn cael ei arfer hefyd, heb dr., e.e. BT 11.26-7 ; ChO 17 ; YCM[2] 56 ; gw. eraill yn *Geirfa*.

Yn y De newidiodd *troed* ei genedl, peth sy'n weddol gyffredin gydag enwau sy'n barau, gw. uchod §21(iii) ; fe'i treiglir ar ôl *dwy* yn hollol reolaidd. Ond pan olygir ' pâr ' ceir y gysefin yn fynych iawn a cheir esiampl mor gynnar â'r Hen Gwndidau : *a phan ddelo'r ysgrin goed, ai* **dwy-troed** *ir un hoson*, 118 (' rhoi dyn yn ei arch ' yw'r ystyr yma) ;† cymh. enghraifft a ddengys pa mor gynnar y troes yr enw yn fen. ym Morgannwg : *un droed*, MCr 61[a] ; cymh. ymhellach : *canys dwy troed sydd ganddo, ac nid pedair*, Williams, DNupt 7 ; *Gwnaeth ddwy troed i dramwy*'n

*Er bod esiamplau fel hyn i'w cael nid oes sail i *ddau meib*, ML 2.261 ; mympwy W.M. sy'n gyfrifol am hyn.

†Cymh. *pan ddel y ddevdroed ir vn hosan*, CRhC 289 (ymddiddan rhwng Mair Fadlen a'r Creiriwr) ; *pen fo'r ddwygoes yn ogyd / ag yn vn hosan hefyd*, ib 292 ; *pen el gwngnawd yn bridd hynawd / Ar ddevdroed lan mewn hosan*, ib 319.

rhy drymion, H. Siôn, Hymnau (1798) 26 ; *dwy troed flaen*, D. J. Williams, St. Tir Glas 52 ; a chyferb. *vyn wydroed*, Llst 6.lxxxv.40.

Ni all *dwylo* fod yn batrwm, a'r unig enghraifft hysbys mewn hen destunau o gadw'r gysefin yw **dwyclun** a geir ochr yn ochr â *dwyglun* yn *Geirfa* : *yny uyd y balaf trwy bleth y dwyclun*, RM 190.4 (> W 258) ; at hon gellir ychwanegu : *a pheth uchel dan y dwyclun*, Havod 16.70 ; cyferb. *y dwy glun oed yn llydan*, WM 166. Fe allai hyn fod yn batrwm ond y peth tebycaf yw fod *dwy-* wedi disodli *deu-* yn *deutroet* gan gadw'r gysefin ar ei ôl ; yna fod y cyfansoddair clwm wedi mynd yn llac yn y cyfnod diweddar a'r gysefin yn aros o hyd.

Wedi hyn efallai y cafwyd **dwy coes** (llac) o gydweddiad, ffurf a arferir i sôn am y pâr ; cyferb. *y dwygoes*, WM 204 ; *vyn dwygoes*, ChO 3, a llawer eraill yn *Geirfa*. Y mae *clust* wedi parhau'n wr. mewn mannau o'r De a cheir *dou clust* yn bur gyffredin, fel pâr eto ; dim ond *deuglust* a nodir yn G., e.e. WM 506, RBB 54.

(vii) Y mae *dwylaw*, *dwylo* yn wahanol eto ; ceidw'r gysefin ar ôl y fannod a threiglir yr enw. Y gwir yw fod *dwylo* yn gwasanaethu fel lluos. a golyga fwy na ' dwy law ' fel rheol, er y gall fod yn bâr wrth reswm. Os byddir am wahaniaethu rhwng ' un ' a ' dwy ' cedwir y rhifol a'r enw ar wahân, yn llac, a cheir tr. ar ôl y fannod, e.e. ' iwsa'r ddwy law i'w godi ' ; cymh. hefyd : *a'r ddwy ddwylo*, Micah VI.3, a gw. WS 68 lle dyfynnir enghraifft debyg o TA.*

§54 Y RHIFOLION O ' TRI ' HYD ' DEG '

(i) *Tri*, *Tair*

Tr. llaes i *cpt* ar ôl tri ; cysefin y rhai eraill, *tri chae, tri dyn*. Ceir esiamplau o gyfansoddeiriau afryw yn acennu'n glwm : *trithro, tripheth*. Digwydd hen gyfansoddair o *tri* + ffurf luos. *gŵyr* a ddengys dr. m., *trywyr* : mae'n debyg fod yn y Gymraeg ar y dechrau gyfansoddeiriau o'r rhifolion (o *un* hyd *deg*, gydag ychydig eraill fel *cant*) yn cyfateb i'r cyfansoddeiriau Gwyddeleg *oinur, dias, triar, cethrar, coícer*, etc., sy'n cynnwys (ar wahân i'r ail) y rhifol + ffurf ar *fer*, sydd wedi ei ddieithrio drwy dreiglad a thrwy newid i ansawdd y llafariad ; olion y dosbarth yma yw *ungwr, deuwr, trywyr, pymwyr, seithwyr*, etc. Adffurfiad o'r ffurf glwm yw'r ffurf lac *tri wyr*, e.e. *y tri wyr hyn*, Joshua Thomas, HB 352. Noder hefyd y ffurf *tridiau*.

Ar ôl *tair* cedwir y gysefin. Ar ôl y fannod cedwir cysefin *tri* a *tair*

*Nid hawdd dywedyd yn bendant pa un a ddylai *dau* dreiglo ar ôl *un* pan olygir ' the same two (as before).' A barnu wrth y glust yn unig, ceidw *dau* y gysefin, ond ceir tr. i *dwy*, h.y. ' yr un dau ag o'r blaen,' ' yr un ddwy ag o'r blaen ' ; felly y gwahaniaeth rhwng *un* gwr. ac *un* ben. sy'n penderfynu'r treigladau ; cymh. priod-ddull y Gogledd, "fyddaf i'r un dau funud," e.e. Rhys Lewis 397, *fyddwn ni run dau fynyd*.

ond y mae tuedd yn ddiweddar i dreiglo *tair* ar lafar gwlad mewn rhai mannau ; gwneir yr un peth i *pedair*, a diau mai'r rheswm yw'r ymdeimlad fod eisiau treiglo ffurfiau ben. ar ôl y fannod ; ac oblegid rhyw gamresymu gwneir i'r enw ben. dreiglo ar ôl *tair*, e.e. *y Dair Delyneg*, Cyfansoddiadau Eisteddfod Lerpwl 1929, Cynnwys a t 35 ; Llanelli 1930, Cynnwys a t 71 ; *o'r pedair engraipht . . . y dair flaenaf*, Elfed, Traethawd ar ' Geiriog ' 33 ; cyferb. *y tair cân*, ib 68 * ; cymh. hefyd : *y Dair M-*, Wil Ifan, Plant y Babell, 102. Ynglŷn â threiglo'r ans. sy'n cynrychioli enw ar ôl *tri* a'r rhifolion eraill, a threiglo'r ans. ar ôl rhifolion sy'n cynrychioli enw, gw. §23, *y tri cyntaf, y tri chyntaf*.

(ii) *Pedwar, Pedair*

Cysefin yr enw ar ôl y ddwy ffurf, a chysefin y ddau rifol ar ôl y fannod ; noder yr hyn a ddywedwyd yn (i) ynglŷn â threiglo *tair, pedair* ar ôl y fannod. Gellir amau darlleniad : *Amlach o'r bedeirach dau*, TA 19.9 (? *o'th*).

(iii) *Pum*

Cysefin yr enw, a chysefin y rhifol ar ôl y fannod. Ynglŷn â'r tr. tr. i *blynedd*, etc. gw. §56 isod ; ac ynglŷn â'r tr. m. i eiriau'n dechrau ag *gw-* gw. §55(ii) isod.

(iv) *Chwe*

Tr. llaes i *cpt* ; cysefin y gweddill. Ffurfiau ' annibynnol ' yw *pump, chwech*, hynny yw, heb fod enw yn eu dilyn yn uniongyrchol ; ond ar lafar defnyddir y rhain yn gyffredin o flaen enwau ; ac ar ôl *chwech* ceir y gysefin bob amser ; cymh. *chwech tyyrn . . . chwech eryr*, LlH 70 ; *whech milltir*, YCM² 17 ; B II.11. Y mae tuedd yn yr iaith lenyddol i arfer *pump*, ac yn enwedig *chwech*, o flaen llafariad fel sydd yn *chwech eryr* ; cymh. hefyd *chwech wythnos*, LGO 80 ; gw. WS 64 a'r cyfeiriad ar t 120 at *pump afal* TA (= 46.56 yn argr. TGJ).

(v) *Saith*

Parai dr. m. mewn Cym. Can. a chadwyd y tr. hyd yn ddiweddar. Y gysefin a ddaw yn naturiol yn awr ar ôl *saith*, ond pery llawer i arfer y tr. wrth ysgrifennu, ac oherwydd y duedd lenyddol, i'w arfer wrth siarad yn gyhoeddus.

Enghreifftiau o dreiglo : *saith gywydd*, DGG I.59 ; *Saith gwrs a welais i'th gog*, GGl XX.26 ; *Saith gamp* (*sywaeth*) *a gwympwyd*, ib XXIV.13 ; *Rhifer Saith Ddoethon Rhufain*, ib XLIII.21 ; *s. brif rwystrau . . . y s. gythraul*,

*Cymh. ymhellach : *y dair ceiniog yn y bunt*, ML 2.114 ; *talu'r deirpunt . . . fe wna'r teirpunt heddwch*, ib 2.338. A olygir yma fod *tair* + *enw* yn swm cyfan ac felly'n treiglo fel enw ben. cyffredin ?

YmDd 125 ; *y s. ganhwyllbren*, ib 210 ; *s. fryn*, BC 16 (er bod esiamplau isod o'r tr. tr. i eiriau'n dechrau â *b* ; ac er bod esiamplau o'r gysefin mewn testunau cynharach na BC, e.e. *Saith brenhin*, Jos. x, Cynhwysiad).

Rhoir esiamplau isod §64(ii) o ‘ galedu ’ *b* ac *g* ar ôl y rhagenw mewnol *'th* ; a dichon mai calediad sy'n cyfrif am *seith creadur*, BB 23.10 (cyferb. *s. lauanad* yn y llinell flaenorol). Y mae rhai o'r esiamplau a ddyfynnwyd uchod wedi eu codi o fwriad i ddangos nad oedd raid cyfrif fod calediad ar ôl *saith* i *g* ; ond byddai'r duedd at galedu yn help i'r arfer newydd o gadw'r gysefin. A dengys y gynghanedd fod yn rhaid darllen y gysefin yn y canlynol : *Saethwyd yma'r* **saith dinas**, GGl LXXXIII.11 (darll. *yna*) ; esiamplau eraill o'r gysefin : *y s. celfyddyd*, MCr 6b ; *y s. trwmped*, DCr² 87b.

Nid yw enwau'n dechrau ag *m* yn treiglo : *Seith marchawc*, WM 50 ; *s. meibion*, Hom 1.96 ; *s. merchedd* (*sic*), MCr 96b ; *seithmil*, BC 118 ; eithr cymh. enghraifft o dreiglo *m* : *Saeth fain dros y saith fynydd*, DGG LXXXVI. 48 (os iawn deall ‘ saith ’ fel rhifol yma).

Ynglŷn â'r tr. tr., *saith mlynedd*, etc., gw. §56. Nodwyd gynnau fod *seithwyr* yn digwydd yn gyffredin mewn Cym. Can. ; ac ymdrinir isod §55(ii) â'r tr. arbennig i eiriau'n dechrau ag *gw-*.

(vi) *Wyth*

Ceir tr. m. ar ôl **wyth** yn wreiddiol, ac er mai'r gysefin sy'n fwyaf naturiol yn awr, dewis rhai yw treiglo o hyd yn yr iaith lenyddol. Enghreifftiau o dreiglo : *Wythliw sêr*, DGG III.8 ; *Wyth liosydd, wyth ddigrifwch . . . Wyth win . . . Wyth goron . . . Wyth ganmorc*, TA 1.60-65.

A chyda golwg ar y tr. tr. a geir ar ôl rhai o'r rhifolion hyn, cymh. *Wyth frwydr*, GGl LVI.28 ; *wyth frenin*, ib LIX.24. Ynglŷn â'r tr. trwynol i *blynedd*, etc. gw. §56.

Ar ôl **naw** ceir y gysefin ; ynglŷn â'r tr. tr. gw. §56, ac ynglŷn â'r tr. i eiriau'n dechrau ag *gw-* gw. §55(ii).

(vii) *Deg*

Cysefin ar ei ôl. O flaen *m* try'n *deng* e.e. *deng mis*, a cheir *deng* hefyd o flaen llafariad weithiau, e.e. *deng ewin*, D. J. Williams, St. Tir Glas 110 ; *Deng hwythnos*, Dan. x.24 ; [ynglŷn ag ychwanegu *h* gw. §55(iii)] er mai *deg* a geir fel rheol heddiw ac yn iaith y beirdd : *deg erw*, MA 218a 47 ; *deg enw*, LGC 119 ; *deg annerch*, DG 118 ; *deg ewin*, ID XXXVII.36 ; XXXIX.53 ; *Deg afal*, GGl CXV.27. Sonnir yn §56 am y tr. tr. ar ôl *de(n)g*, ac yn §55(ii) am y tr. i eiriau'n dechrau ag *gw-*. Dyry *Geirfa* hefyd nifer o ffurfiau lle y mae *deg* yn caledu'n *dec-* megis *deckant, deckantref, decllys, decswllt*.

§55 Rheolau Treiglo Eraill

(i) *Rhifolion Cyfansawdd*

Yn y rhai llac [*un*, (*dau*, *tri*, etc.) *ar ddeg* (*hugain*)] pair y rhifol bychan yr un tr. ag a bair fel rhifol anghyfansawdd. Un eithriad pwysig yw fod *un* + yn cymryd tr. tr. *blynedd*, etc., gw. §56 ; am enghreifftiau o gadw cysefin *dinas*, ac o *un mil* + ac *un fil* + gw. uchod §38(iii).

Ar ôl y rhifolion cyfansawdd clwm *deuddeg*, *pymtheg*, *deunaw* ceir y gysefin ;* try *deuddeg*, *pymtheg* yn *deuddeng*, etc. o flaen *m* ac weithiau o flaen llafariad, *deuddeng mis* ; *deuddeng migwrn*, TA cxvi.49 ; *deuddeng harglwydd*, DN xxxvii.40 ; *deuddeng hascell*, 2 Esdr. xi.1 ; *y deuddeng haden*, ib ib 22 ; *deuddeng Abad*, T. Gwynn Jones, Y Flod. Gym. 119 ; ynglŷn ag ychwanegu *h* gw. isod (iii). Ceidw'r tair ffurf hyn y gysefin ar ôl y fannod ond pan fo *deunaw* yn enw yn golygu 'swllt-a-chwech' fe dreigla yn y tafodieithoedd hynny lle y mae'n enw ben.

(ii) *Rhifol* + gw-

Gall rhifol + *gwaith* (ben) acennu ar wahân neu fel cyfansoddair afryw clwm, *ùn wàith*, *ùnwaith*, etc. Fe fu geiriau'n dechrau ag *gw-* yn treiglo mewn ffordd eithriadol ar ôl rhai o'r rhifolion a cheir olion hynny'n aros yn y ffordd y trinir *gwaith*. Ar ôl *un*, *dwy*, *tair*, *pedair*, *chwe*, fe'i trinir fel enw ben. rheolaidd, ond gyda'r rhifolion hynny a all beri tr. tr. i enwau fel *blynedd*, fe fyddai'r *-n* a fu yn eu bôn ac a bair y tr. tr. yn troi *g* yn *ng*, neu fel hyn yntau, byddai'r cyfuniad *-n-g*(*w*) yn rhoi *ngw-* nes cael *dengwaith* ; os rhennir y ffurf hon yn ddwy elfen ceir *deng* + *waith* fel petai'n dr. m. er mai tr. tr. yw yn y lle cyntaf, a'r tr. m. 'ymddangosiadol' hwn sydd yn *pum waith*, *naw-waith* (ochr yn ochr â *naw gwaith*, WS 66), *ugeinwaith*, *canwaith*, etc. Gall *seithwaith*, *wythwaith* fod yn enghreifftiau o'r tr. m. gwreiddiol sydd ar ôl *saith*, *wyth*, neu o'r tr. m. 'ymddangosiadol' hwn yn lledu. Dyma'r rhestr a roir yn WS 66 : *unwaith*, *dwywaith*, *teirgwaith*, *pedair gwaith*, **pum waith,** *chwe gwaith*, **seithwaith, wythwaith, naw-waith** (*naw-gwaith*), **dengwaith,** *unwaith ar ddeg*, **deuddeng waith, pymthengwaith, deunawwaith, ugeinwaith** (*ugain gwaith*), **deugeinwaith, canwaith,** *milwaith*.

Nid *gwaith* yn unig a drinid felly ; byddai'r un ddeddf yn gweithio yn y lle cyntaf wrth bob gair yn dechrau ag *gw-* a cheir aml enghraifft yn yr hen destunau o dreiglo *gw-* ar ôl y rhifolion hynny a bair y tr. tr. i *blynedd*, etc., sef *pum*, *naw*, *deg*, *deuddeg*, *deunaw*, *ugain*, *deugain*, etc., *can* : *pum wayw*, TA 74.22 ; GGl xiv.63 ; *pum wregys*, GGl ib 62 ; (*pum gwregys*, TA 23.92) ; *pumwyr*, GGl ib 62 ; *Pym weli*, LlH 34 ; *a'r pump wraged*,

*Ceir math o galediad yn *deuddecci*, GGl lxxi.16, ond calediad i gytsain ddiweddol y rhifol sydd yma, nid i gytsain dreigledig ; cymh. *deuddecainc*, TA 22.50.

WM 60 (PK 48 ; cyferb. *pump gwragedd,* ib ib) ; *naw-wŷr,* GGl LXIII.2 (cyferb. *Mae'r nawgwlad ym Mryn Eglwys,* TA 46.89) ; *deunaweis,* RM 205.19 (*deunaw weis,* W 133.19) ; *ugein wraged,* RBB 63 ; *ugeinwyr,* YCM² 9 ; *trugein wyr a phetwar can wr,* RBB 190 ; *y gan wr o'e uarchogyon,* B v.216 ; *chweugeinwyr,* YCM² 39 ; cymh. hefyd : *Deigeinwyr,* PA 166 ; a gw. nifer mawr o esiamplau yn *Geirfa* o deip *dengwawr, deuddengwragedd, canwlad,* etc.

Disgwylid peth tebyg gyda phob enw yn dechrau ag *g-*, nid gydag *gw-* yn unig. Er nad yw'r tr. ' ymddangosiadol ' wedi lledu mewn geiriau'n dechrau ag *g* yn unig, y mae esiamplau o hen *-n* y bôn yn cyfuno i roi *-ng-* ; esiampl nodedig yw **dengair** * ; gw. *Geirfa* am esiamplau eraill megis *dengradd, dengrot.* Gellir awgrymu mai estyniad o *deng-radd,* y rhaniad sy'n rhoi'r tr. ' ymddangosiadol,' sy'n cyfrif am *nawradd,* RP 1331, *nowradd,* TA x.29 ; (cyferb. *nawgrad,* BB 42) er bod WG 168 yn ei esbonio fel datblygiad yn hanes *naw* ei hunan. Disgwylid peth tebyg i *dengradd* mewn geiriau'n dechrau ag *gl* ; cymh. **Deg glain** *gwych ar hyd clun gŵr,* GGl xcv.26 ; **Deng nglain** *yw'r rhain,* ib ib 30.

(iii) *Ychwanegu* h-

Dyfynnwyd yn (i) a (ii) esiamplau o ychwanegu *h* ar ôl rhai o'r rhifolion sy'n gallu peri tr. tr. (i *blynedd,* etc.), ac nid o flaen llafariad yn unig ond o flaen *gw-* dreigledig hefyd. Ar ôl *pum, ugain, can* y disgwylid hyn yn rhinwedd yr hen *-mp, -nt* yn y ffurfiau cynnar, oblegid rhoesai *-mp* > *-mh,* ac *-nt* > *-nh,* fel y rhoes *cymaint un* = *cymain hun* ; a hon yw'r *h* a drosglwyddir o flaen llafariad yr enw. Gan fod y rhifolion sy'n peri tr. tr. yn ddosbarth yn tueddu i ddylanwadu ar ei gilydd, lledodd tr. yr *h-* i ffurfiau fel *de(n)g a deudde(n)g,* ac effaith y rhain efallai sy'n cyfrif am roi *h* o flaen *gw-* dreigledig. Cymh. *Canhwyllau cwyr can* **h***allawr,* DGG XL.77 ; *pum* **h***eryr,* GGl (dyfynnir yn WS 64, er mai *Pum eryr* a argreffir yn GGl XIV.63, a *Pum arf* a argreffir yn ib 61 nid ' harf ' ; cymh. hefyd : *Pwmpa annerch pump einioes,* ib CXI.63 ; *Pwy fal y pump afal pêr,* TA 46.56) ; *ugain* **h***annerch,* BBr LlHir II.99 ; *ugain* **h***wryd,* DN XXV.43 ; *deuddeng* **h***arwydd,* ib XXXVII.40 ; *Cynheiliaid deucan haelwyd,* IGE² 15.22 ; *wyth ugain haelwyd,* TA 5.26 ; *can* **h***wr,* WM 136 ; *Deng* **h***wythnos,* Dan. x.24 ; *deuddeng* **h***ascell,* 2 Esdr. XI.1 ; *y deuddeng* **h***aden,* ib ib 22. O *cannwr* neu *can(h)wr* y tarddwyd *canhwriad.*

Ynglŷn â'r *h-* a ychwanegir ar ôl *ar* gw. §147(iii).

*Enghraifft o'r math yma yw *dengwyl,* GGl xx.17 ; wrth rannu ffurfiad o'r fath yn llac ceid *deng ŵyl,* a dyna batrwm pethau fel *Deng hwythnos,* Dan x.24. Gellid cyfrif am *deng ewin* fel hyn [§54(vii)] os tybiwn mai *gewin* (nid *ewin*) yw'r ffurf gysefin, gw. §177(iii). Diau mai tipyn o rodres ar ran Lewis Morris sy'n cyfrif am : *o drigiain ngalwyn,* ALMA 33.

§56 Y Treiglad Trwynol ar ôl ‘ Pum,’ ‘ Saith,’ etc.

(i) Ar ôl *pum, saith, wyth, naw, deg, deuddeg, pymtheg, deunaw, ugain, deugain,* etc., *can,* a'r rhifolion cyfansawdd llac sy'n cynnwys *un, pum, saith wyth, naw, deg, deuddeg, pymtheg, deunaw,* ceir tr. tr. i *blynedd, blwydd, diwrnod* ; ac weithiau i *dyn* ar ôl *pum, saith, wyth, naw, deg.* Try *deg, deuddeg,* etc. yn *deng,* etc.

Collwyd y tr. tr. i *dyn* bron yn gyfan gwbl erbyn y cyfnod diweddar a rhodres yn unig fyddai ei arfer bellach, ar wahân i alwadau'r gynghanedd. Gw. WS 66-7 am enghreifftiau o *seithnyn, wythnyn, nawnyn,* a chymh. ymhellach : **pum-nŷn,** Gen. XLVII.2 ; CRhC 347 ; **saith nŷn,** Gen. XLVI.25 ; **wyth nyn,** TA VII.16 ; Hom 1.168 ; 3.62 ; **nawnyn,** GGl LXIII. 23 ; **deng̃nyn,** LGC 198.35 ; **kanyn,** DN X.19. Arwydd mai tr. ‘ llenyddol ’ yw yn y cyfnod diweddar yw'r modd y camarferir ef yn y canlynol : **chwe-nyn,** ML 1.304 ; **y trinyn** *rheini,* ib 2.409.

(ii) Y geiriau a geidw'r tr. tr. yw *blynedd* a *blwydd,* ac i raddau llai, *diwrnod* a *diau,* y ffurf luos. arbennig i *dydd* ar ôl rhifolion. Collwyd y tr. i *diwrnod* bron yn gyfan gwbl ar lafar, ac er bod y tr. yn para mwy neu lai yn yr iaith lenyddol, y mae digon o esiamplau cynnar o beidio â threiglo yn cyfiawnhau ei anwybyddu erbyn hyn. Mae'n arwyddocaol fod Rowland Vaughan yn gwneuthur i'r gair gymryd tr. m. ar ôl *saith.**

Yn yr esiamplau isod fe welir fod Beibl 1620 yn dueddol i droi'r *d* yn *nh* yn y tr. hwn : [*naw nos a naw diwarnawt,* WM 470 ; *naw dieu* ib 471 ; *dec diwarnawt,* Havod 16.1 ; *naw diwarnawt,* ib 40] ; *naw nieu,* ib 61 ; [*wyth diwarnawt,* ib 84] ; *seith niwarnawt,* ib 83 ; [*dec diwarnawt ar ugeint,* FfBO 39] ; *dec niwarnawt,* ib 55 ; [*pymthec diwarnawt,* ib 42] ; *ddeugain nhiwrnod a deugain nhos,* Gen. VII.12 ; *deng nhiwrnod,* ib VIII.3 ; Dan. I.15 ; [*ddec diwrnod,* Dan. I.12 ; *dêg diwrnod,* YmDd 395 ; Dyfr. Bethesda 67 ; *saith ddiwrnod,* YmDd 223 ; *deugain diwrnod,* Hom 1.168 ; *wyth diwrnod,* GMLl 2.109 ; *ddaigain diwarnod,* DCr² 56b ; eto DP 198b ; *pump diwarnod,* ib 119b ; *pum diwrnod,* RBS 179 ; LGO 152 ; *naw diwrnod,* ib 82] *un niwrnod ar ddeg,* ML 1.284 [*un diwarnod ar ddeg,* MCr 56b, 57à] ; *pymthengnydd,* Enoc Huws 257 (yn digwydd mewn pennill a ddyfynnir).

Ar ôl *un* anghyfansawdd, cysefin *diwrnod* sy'n iawn : *un diwrnod,* 1 Esdr. IX.11.

Y mae llawer i'w ddywedyd dros golli'r tr. i *diwrnod* ar ôl *pum, deg,* etc. gan ei fod wedi diflannu o'r iaith lafar, a hynny ers canrifoedd fel y tystia'r enghreifftiau a ddyfynnwyd uchod. Gwallau llenyddol yw ‘ pedwar niwrnod ’ a ‘ pedair mlynedd ’ nad oes dim i'w cyfiawnhau ;

*Yn yr un modd y mae esiamplau fel *saith Flwydd oed,* GB 101 yn awgrymu fod y tr. m. ar ôl *saith* wedi diflannu ar lafar gwlad, oblegid dim ond gwybodaeth o reol lenyddol yn cael ei ffordd yn erbyn arfer y glust a allai gyfrif am roi'r tr. m. yma lle dylai'r tr. trwynol fod.

fe glywir 'chwe(ch) mlynedd' weithiau ond llygriad tafodieithol yw; cymh.: *chwe mlwydd,* Daniel Owen, RL 12, 30; *chwech mlwydd,* Gomer, Gweithiau XLIII; *pedwar niwrnod,* ib XLVI, *p. diwrnod,* ib XLIX.

Nodiad

Ffurf luos. i'w harfer ar ôl rhifolion yw *blynedd* a dyna'r unig ffurf luos. ar ôl rhifolion sy'n aros mewn Cym. Diw.; lluos. normal *blwyddyn* yw *blynyddoedd.* Yn ôl WG 205 *blynedd* oedd y ffurf luos. a etifeddwyd o'r Gelteg ond lluniwyd lluos. newydd yn y cyfnod Cymraeg drwy ychwanegu'r terfyniad *-edd* at yr unigol, sef *blwydyned,* WM 37; trwy drawsosod cafwyd *blwynyded,* LlA 105 ac o hyn y cafwyd *blynyddedd* a'r amrywiad *blynyddoedd.* Collwyd yr *dd* yn *blynyddedd* ar lafar gwlad ac adffurfiad llenyddol o *blynydde* yw *blynyddau.* Ond ceir nodiad yn CA 86 ar *blynedd* yn nhestun Aneirin yn golygu 'un flwyddyn' a cheir profion eraill a ddengys y gall *blynedd* fod yn unigol; cymh. *ar un blyned,* BT 59.7; hefyd, *naw blwydyn,* ib 23.18.

Dylid nodi hefyd mai ans. yw *blwydd* yn golygu 'year old'; lluos. 'blwyddiaid'; anghywirdeb o fath llenyddol iawn yw arfer *blwyddi* fel enw lluos. i *blwyddyn,* WG 238. Gwall copïo yw *y seith ulwydyn,* WM 453, darllener *seithuet.* Yn bur aml ceir trefn newydd ar leoli *blwydd* mewn rhifolion cyfansawdd, yn enwedig gyda + *hugain, deugain,* etc.; yn lle rhoi *blwydd* ar ôl y rhifol bychan, fel sydd yn *ddeng mlwydd a phedwar ugain,* Gen. XVII.17, y mae tuedd yn ddiweddar i roi'r rhifol cyfansawdd yn gyfan a *blwydd* wedyn, e.e. 'saith a deugain mlwydd oed, pump a phedwar ugain mlwydd oed.' Cymh. *un a'r hugeinwaith,* YmDd 227; am ryw reswm y mae Rowland Vaughan yn ansicr parthed rhifolion a threfnolion a cheir enghreifftiau fel *y degfed ar hugain flwyddyn,* 226; *y seithfed fis,* 226, yn weddol gyffredin ganddo.

(iii) Gellid disgwyl y tr. tr. gydag enwau eraill yn y cyfnodau cynnar a pho bellaf yr eir yn ôl y mae'r enghreifftiau yn amlhau. Gwybodaeth y cyfieithydd a'r golygyddion o ramadeg y cyfnodau cynnar sy'n cyfrif am enghreifftiau Beibl 1620: *saith muwch,* Gen. XLI.20, 27; *ddeuddeng mhustach,* Num. XXIX.17; *ugain nhinas,* 1 Bren. IX.11; (eithr os treiglo *b* yn drwynol cyferb. *saith fugail,* Micah. V.5).

Dyry WS 65 gysefin *bys* ar ôl *pum,* yn llac ac yn glwm, e.e. **Pumbys,** GGl XIV.59 (yn ymyl **Pum mroder,** 57); *Bwmbart i ŵr a'i* **bumbys,** ib LXXXI.4; cyferb. **pum mŷs,** TA 74.26; cymh. hefyd: *drwy* **bûman** *byd,* CRhC 57 (? pum ban). Gw. enghreifftiau hefyd yn *Geirfa* o dan *deg,* t 307-8: **dengmrath** (e.e. **Deng mrenin,** DN XIII.23; cyferb. **wyth frenin,** GGl LIX.25); **dengneint, dengnieu**; o dan *deuddeg,* t 319, e.e. **deuddengnydd**; a noder y ffurfiau **canmu, trychanmu,** WM 455; ac enghreifftiau eraill o dan *cant* yn G 108; enghraifft o'r tr. tr. ar ôl *ugain*: **wyth ugeinmeirdd,** TA 1.65. Yn B III.83 ceir **saith niawl** yn y ddau destun, P 191 a P 14, ond **s. diawl** yn P 3. Arddull fympwyol, ffug-hynafol William Morris sy'n gyfrifol am: *Dyma ichwi* **bedwarn narn,** ML 2.195.

Er mai *deng mil* a ddisgwylir fel rhifol ceir *y ddecfilfed ran*, 2 Esdr. VII.68 fel cyfansoddair rhywiog, a diau mai fel cyfansoddair rhywiog y dylid ystyried *canvrynn*, MA 178b 26, RP 1167.32 (G 108).

(iv) Ymdriniwyd â *mil* yn hanesyddol yn §38 uchod. Erbyn heddiw y mae llai o'r ansicrwydd a welir ym Meibl 1620. Enw ben. yw yn treiglo *y fil*, *un fil*, fel enw annibynnol. Os rhoir enw ar ei ôl, y ffurf luos. a arferir : yn amhendant, *mil o flynyddoedd* ; pendant, *y mil blynyddoedd*. Os yw *mil* yn rhan o rifol cymysg ac yn digwydd ar ôl *un*, ceir tr., e.e. wrth enwi blwyddyn neu gyhoeddi emyn, *un fil*, *saith cant*, etc. ; ond fe glywir *un mil* + yn ddigon aml, e.e. **Un mil** *wyth cant a naw*, Thos. Price, Talgarth, Mnd Rowland Pugh (1810) 1 ; ac y mae'n ddigon tebyg mai parhad ydyw o gystrawen Beibl 1620 fel y dangoswyd hi uchod. Noder hefyd y ffurfiad cyfansawdd *milkannvet rann*, LlA 92.

§57 Y Trefnolion

(i) Ffurf radd-eithaf yw trefnol *un*, sef **cyntaf.** Fe'i lleolir ar ôl yr enw fynychaf ac fe'i trinir fel ans. normal. Os digwydd ei arfer o flaen yr enw ni ddylai beri tr. gan na all gael yr ystyr honno sydd i'r radd eithaf pryd y pair dr., gw. §17(vi), a chymh. *kyntaf peth a wnaeth ef*, SD 553. Gwelir oddi wrth yr enghraifft hon nad oedd eisiau'r fannod o flaen y radd eithaf gan ei bod yn bendant yn rhinwedd ei hystyr.

(ii) Safle normal y trefnolion iawn yw dod o flaen yr enw. Pair y trefnol i'r enw ben. dreiglo (ac yn *trydedd*, *pedwaredd* ceir ffurfiau ben. gwahaniaethol) a threiglir y trefnol ben. ei hun ar ôl y fannod ; ceidw'r enw gwr. y gysefin ar ôl y trefnol a cheidw'r trefnol y gysefin ar ôl y fannod : *y trydydd gŵr*, *y drydedd ferch* ; *y pedwerydd tŷ ar ddeg*, *y bedwaredd ferch ar hugain* ; *y ganfed Salm*.

Trefnol *un* mewn rhifolion cyfansawdd yw **unfed** ; ar ei ôl ceir y treiglad-au normal, yr enw gwr. heb dreiglo, a th. m. i'r enw ben. : *yr unfed dydd ar ddeg*, *yr unfed bennod ar bymtheg*.

Pan ddefnyddir y trefnol heb enw'n dilyn, ceidw'r gysefin ar ôl y fannod os enw gwr. sy'n ddealledig, a cheir tr. m. os enw ben. sy'n ddealledig : *y trydydd* (h.y. *gŵr*), *y drydedd* (h.y. *ferch*).

Wrth gyfeirio at y dydd o'r mis y digwydd hyn amlaf a chan nad arferir yr enw ' dydd ' ei hunan wrth enwi'r dydd o'r mis, nid ydys yn teimlo'n sicr pa genedl sydd i'r trefnol, ac y mae tuedd, yn enwedig yn y De, i arfer tr. fel petai'n fen., ' y bymthegfed,' ' y drydedd ar hugain ' ; cymh. *Mis Awst y* **dd***auddegfed*, Mnd Dafydd Jones, Llangan, gan Morgan Jones, Cymmar (sic) 4 ; *eich llythyr o'r* **dd***egfed*, LGO 150. Os ' dydd ' sy'n ddealledig, dylid cadw'r gysefin, e.e. *y decfed dydd o'r mis*, Esec. XX.1 ; *y pedwerydd dydd ar ddec o'r mîs cyntaf*, 1 Esdr. VII.10 ; hepgor *dydd* :

y trydydd ar hugain o'r mis Adar, ib ib 5; *Mai y Deunawfed*, ML 1.290, (tebyg eto yn 1.386; 2.256, ond tr. yn **y ddeunawfed,** 2,131); *er y pummed o Fai diweddaf*, LGO 11; *Ebrill y trydydd-ar-hugain*, ib 177*. Y mae'n ddiddorol sylwi mai trefnol yn cynnwys *deu-* yw'r enghraifft o dreiglo yn ML, oblegid fe awgrymir yn (iii) isod mai'r treiglad rheolaidd mewn trefnolion megis *y ddeufed ar hugain* yw dechrau'r duedd i dreiglo'r trefnolion hyd yn oed pan gyfeiriant at enw gwrywaidd.

Gallwn gynnwys yma hefyd yr esiamplau hynny o dreiglo'r trefnol a roir wrth enw'r brenin, e.e. *Carolus* **y bumed**, DByrr, Anerchiad(d). Ymddengys imi mai estyniad sydd yma [wrth ddilyn patrwm y Saesneg, h.y. 'Charles the Fifth,' er bod patrwm Cymraeg hefyd, gan fod cystrawen fel *Ieuan Fardd* yn gallu troi yn *Ieuan y Bardd*, gw. §50(i)] o gystrawen cyfosod yr ans. wrth enw priod, h.y. mai 'Carolus bumed' fyddai'r gystrawen wreiddiol. Sylwer ar y nodiad sydd ar ddiwedd cywydd yn IGE[1] t 255: **Harri bedwerydd** (John Jones, Gellilyfdy) = **H. y pedwerydd** (D. Jones, Llanfair D.C.). Collir y treiglad mewn calediad yn: *Edwart Trydydd llewpart llwyd*, IGE[2] 7.4; ond fe ddangosir y tr. yma lle golyga'r trefnol 'y pumed mab': **Rhys bumed,** *rhoes heb omedd*, GGl XIV.25 (I Feibion Lln. ab Hwlcyn).

Mewn rhai testunau gwelir effaith y dyb mai ans. o flaen enw yw'r trefnol ac y dylai beri tr. i'r enw gwr. a ben.; gwelir hyn yn Rowland Vaughan, sy'n treiglo weithiau yn ôl y gam-dyb ac yn cadw'r gysefin dro arall yn ôl ei glust: *y pedwerydd* **o***rchymyn*, YmDd 217; *y p.* **g***orchymyn*, ib 223; *y seithfed* **f***is*, ib 226; *y seithfed* **d***ydd*, ib 227. Prawf fod Ellis Wynne yn hoff o ddarllen R.V., fel y dywed ei hun, yw ei fod yn dynwared ei wall: *y pedwerydd orchymyn*, RBS 200. Dyma un esiampl o'r calediad a allai ddigwydd, sef *-fed* + *d-* > *t*: *deudecvettyd*, B IX.334; ceir casgliad mawr yn G. o dan *dydd* o ffurfiau megis *chwechettyδ*, *chwechuettyδ*, *decuettyδ*, etc.; cymh. enghraifft ddiweddar a'r enw yn fenywaidd: *'r nawfed ton*, Gwili, Caniadau 24.

(iii) Ymdriniwyd yn §15 â hanes *ail*. Trefnol rheolaidd yw yn y lle cyntaf, yn peri tr. i'r enw ben. ond heb beri tr. i'r enw gwr.: *ail mab*, B I.155; *yr ail brenin*, MCr 23b; *yr ail twr*, ib 50b; *Ionawr, yr ail dydd*, LGO 86; (wele enghraifft o gadw cysefin enw ben.: *eil bydin y S.*, YCM[2] 22). Er yn gynnar dechreuodd *ail* beri tr. i'r enw gwr. a diau mai'r rheswm am hynny yw dylanwad *ail* fel ans. mewn cyfansoddair rhywiog megis *ail ganu* (er mai 'ailcanu' fyddai'r gystrawen wreiddiol, gw. esiamplau uchod); sylwer ar yr esiamplau anghyson a ganlyn: *yr ail b[w]nc*, DByrr 16; *tri ph[w]nc . . . yr ail b[w]nc*, ib 214; *y braich cyntaf . . . yr ail*

*Trewais ar yr enghraifft ganlynol ar ôl ysgrifennu'r adrannau hyn: *priodas John Morfol a shiwan shion y fy y bydw[aredd] o fis gorffennaf*, ? 1602; Havod 8, RWM 2. 311.

braich, ib 227. Erbyn heddiw yr arfer bron ym mhob man yw treiglo'r enw gwr. a ben. ar ôl *ail,* eithr cyferb. *ail curiad,* J.M.-J., CD 276.

Dyfynnwyd yn §15(ii) ambell enghraifft o gadw *ll* a *rh* ar ôl *ail* mewn enwau ben. a gwr., a'r esboniad oedd fod *l* yn caledu *l* ac *r* yr un fath ag *n,* cymh. *digonolrhwydd,* RBS 132 ; HDdD 11 ; *at debygolrhwydd,* RBS 242. Erys *ail-llaw* mewn rhannau o Wynedd o hyd ; cyferb. esiamplau heb y calediad : *dair rhes . . . yr ail res,* DByrr 18 ; *yr ail rann,* ib 93 ; *yr ail ry[w]iogaeth,* ib 115 (enw gwr. yn y testun).

Ail neu *eilfed* yw ffurf y trefnol mewn trefnol cyfansawdd. Disgwylid i *ail* beri'r un treigladau a datblygu ar yr un llinellau ag *ail* anghyfansawdd. Disgwylid i *eilfed* fod yn debyg i *pumed, seithfed,* etc., sef cadw cysefin yr enw gwr. a pheri tr. m. i'r enw ben. Ymddengys y ffurfiad **y ddeufed ar bymtheg** yn ddieithr i ni, ac ni sonnir amdano yn WG 259 er bod esiamplau cynnar yn digwydd heb sôn am enghreifftiau mynych y Beibl ; (y Beibl mae'n debyg yw ffynhonnell yr esiamplau a welir yn llyfrau'r ganrif ddiwethaf, nid diffyg idiom yr awduron, fel y gellid tybio ar yr olwg gyntaf). Cymh. *y deuuet dyd ar bymthec o vawrth. Sef yw hwn(n)w duw gwyl badric,* Havod 16.67 ; hefyd yn MM 70, 72, 74. Ni ddengys yr orgraff a oes yma dr. ar ôl y fannod ac o flaen enw gwr. ; disgwyliem y gysefin o flaen enw gwr. ond y mae enghreifftiau'r Beibl yn treiglo'r trefnol, fel y byddai'r rhifol *dau* yn treiglo, er mai at enw gwr. y cyfeiria : yn 1 Cron. XXIV ceir ' Trefn Meibion Aaron,' gyda rhestr o drefnolion gwrywaidd : *y ddeufed ar bymthec i Hezir,* 15 ; *y ddeufed ar hugain i Gamul,* 17 ; gw. hefyd XXV.24, 29. Byddem yn disgwyl tr. yn *y ddwyfed* : *y ddwyfed flwyddyn ar bymthec,* 1 Br. XX.51 ; 2 Br. XIII.10 ; XXX.27.

Sylwer sut y lleolir yr enw ar ddiwedd y trefnol cyfansawdd yn y canlynol ; cedwir cysefin *dydd* yn yr ail enghraifft ond treiglir *tad* yn yr olaf : *y ddaued ar bumtheg Emerodr o Rufain,* ThM 61 ; *y ddeufed ar hugiain dydd or lleuad,* B III.104 ; *Ieuan bab y deufet ar ugeint daat yr arglwyd,* ib V.112. Y mae orgraff y ddwy enghraifft gyntaf yn cadarnhau esiamplau'r Beibl, fod tr. ar ôl y fannod er mai at enw gwr. y cyfeiria *deufed.* Os bu'r gystrawen hon yn gyffredin ar lafar gwlad ceir ynddi awgrym am ddechreuad y duedd i dreiglo'r trefnol sy'n enwi'r dydd o'r mis, gw. (ii) uchod.

§58 Y GWEITHOLION

(i) I gyfleu i ba fesur y mae rhywbeth yn rhagori, neu i gyfleu mesur y rhagoriaeth, ein cystrawen ddiweddar yw rhifol + *gwaith* + gradd gymharol neu gyfartal, e.e. *dwywaith cymaint* neu *cymaint ddwywaith* ; *teirgwaith trymach* neu *trymach deirgwaith* ; e.e. *a chymmaint ddwywaith a Mhennydd Ych,* GB 92. I gyfateb i'r rhifol *un* ceir y priod-ddull **cymaint arall,** sydd ar arfer o hyd. Dangoswyd yn §33(v) fod tr. m. i *cymaint* ar ôl y fannod mewn Cym. Can. : *ar gymeint arall,* Havod 16.27, 84.

Anfynych, os o gwbl, y clywir y fannod o flaen y gystrawen yn awr, ond a barnu oddi wrth y canlynol ni ddylid treiglo : *y cymmainr arall*, YmDd 89 (darll. t) ; *mor cymmaint*, RBS 220 (= mo'r).

(ii) *Dau cymaint, etc.*

Y gwahaniaeth rhwng ystyr *cymaint arall* a *dau cymaint* yw fod y cyntaf yn cyfleu 1 + 1, a'r ail 2 x 1. Ystyr *Ar trydyd kymeint*, Havod 16.84 yw 1 + 1 (' y gymaint arall ') + 1. Diddorol cymharu'r canlynol hefyd : *ymroddodd Zaccheus i wneuthur* **y pedwar cymaint** *o iawn, ag y wnaethai o gam â neb*, HFf 338 = *ei dalu* **ar ei bedwerydd,** Luc XIX.8 ; **ddau cymmeint** *o arian*, Gen. XLIII.12 = *a chymerasant arian* **yn ddwbl,** ib 15.

Dengys y mwyafrif mawr o'r enghreifftiau nad oes dim tr. i *cymaint* : *eu dau k.*, WM 84 (PK 69) ; *ar dau k. o vel*, Havod 16.26 ; *dau c. ac a gasclant beunydd*, Ex. XVI.5, eto 22 ; *yn ddau c. a'r hyn sydd*, Job XI.6 ; *a haeddai ddau c. o drugaredd*, YmDd 439 ; *yn ddau c.*, Williams, DNupt 61. Gwelir ambell esiampl o dreiglo mewn testunau fel DCr² sy'n nodedig am dreigladau anarferol : *rhoes ddau gymaint o goed*, DCr² 131a ; *heb ddau gymmaint o draul ag a fyddeu arferol*, Jac Glanygors, T. y Dydd, Rhagymadrodd. Digon tebyg mai ymgais sydd yma i gysoni'r treiglo ar ôl *dau*, a hynny sy'n cyfrif am y treiglo, nid datblygiad naturiol.*

Yn wahanol i *cymaint* y mae *cyhyd* yn cadw'r gysefin yn DCr² : *ve gaiff weled i wyneb yn hir*, **yn ddav kyd** *ag i bytho*, 99b.

Anodd dod o hyd i enghreifftiau sydd a'r fannod ar y dechrau a benderfynai a ddylid treiglo *dau* ar ei hôl. Un enghraifft a rydd *Geirfa* 316 : *kynnelw o dewi y deu kymeint*, LlH 197 (= 79a, = RP 1186.16-7) ; darlleniad G. yw *y ddeu-*, i gael cyfatebiaeth ag *o δewi* ; *a dewi* yw darlleniad MA 194a. Y gysefin sydd yn yr enghreifftiau diweddarach a ganlyn : **y dau cymaint,** Dat. XVIII.6 ; **y dau c.** *a'r a allai neb eu cyfrif*, DPO² 33 ; **y dau c.** *o leoedd*, Joshua Thomas, HB (1778) 266 ; *yn agos* **y dau cymmaint,** ib 362. Gellir ymddiried i enghreifftiau fel y rhain a'u derbyn fel tystiolaeth dros *y dau* heb dreiglad ; pe bai'r gystrawen yn un lenyddol yn unig i'r awduron, heb fod eu clust yn eu harwain, gallem ddisgwyl iddynt lunio'r gystrawen ar ddelw cystrawen normal y rhifol *dau* sy'n treiglo ar ôl y fannod.

Fel y ceisiwyd dangos yn §33(v) nid yw *cymaint* yn troi'n fen., er gwaethaf y tr. sydd yn *y gymaint arall*, a dengys y rhifolion *dau, pedwar*, a'r trefnol *trydydd* mai gwr. yw'r gystrawen ; (y peth tebycaf yw mai cystrawen ddiryw ydyw'n wreiddiol). Cystrawen ans. cyfartal sy'n dilyn *dau cymaint*, sef arfer *â, ag*, fel y dengys amryw o'r dyfyniadau sydd uchod ; ond hawdd deall sut y gallai droi'n gystrawen ans. cymharol gan fod

*Cymh. enghraifft o dreiglo *cystal* : *Mae'n Eifionydd, dedwydd dâl, / Gastell y sy* **ddau gystal,** IGE² 249.24 ; wrth gwrs, nid oes dim yn erbyn y darlleniad *castell / cystal.*

syniad o ' mwy ' neu ' ragoriaeth ' yn hanfod yn y cysylltiadau : oblegid hyn rhoir *nag* weithiau yn lle *ag* : *o ddau c. ei faintioli* **nag** *yw yn awr,* DPO[2] IV ; *o leiaf pedwar c. na'i Llu hwy,* ib 50.

Dyma ychydig enghreifftiau pellach o arfer rhifolion neu drefnolion heblaw *dau* : *hoffach oed genhyf no* **thri chymeint,** WM 229 ; *y gelhasswn i dywedyd* **dri chymaint,** DCr[1], At y Cymry, 4 ; (cymh. **ar trydydd k.,** Havod 16.84) ; **y deu-can cymaint,** DFf 81 ; **y cant cymmaint** *o ofn . . .* **nag** *y bydd . . .* Williams, DNupt 24 ; **y cant c.,** ib 61.

(iii) ' *Dau* ' + *gradd gymharol*

Ceir esiamplau o dreiglo ac o gadw'r gysefin ar ôl *dau.* Dyfynna WG 259 *deuwell,* RP 1271, DGG XXV.8, a *dau lanach,* CC 60. Ceir aml enghraifft o *deuwell* yn *Geirfa* 317 (ceir esiampl ddiweddar yn Hen Benillion 439, t 111 ac yn CRhC 93, 426, 437, eithr *yn ddeugwell,* ib 74) ; ceir *deuwerth* yn G. hefyd a dyna'r unig esiamplau yno o radd gymharol ar ôl *dau* ; ychwaneger *Deufwy,* GGl VII.27 ; ib LXII.54 ; ib LXXXV.9 ; hefyd : *deuwell,* ib LXXXIV.57.

Cymh. yr esiamplau hyn o destunau diweddarach o gadw'r gysefin : *yn ddau mwy nâ chwi,* Math. XXIII.15 ; *yn ddau mwy,* PA 132 ; hefyd CRhC 16 ; 447 ; *yn ddau mileiniach,* BC 110 ; *Dau mwyneiddiach,* Hen Benillion, 444, t 112 ; *dav gwaeth,* CRhC 435.

Gellir awgrymu'n betrus fod modd cysoni'r enghreifftiau hyn drwy dybio mai ffurf ddiryw'r rhifol *dau* sydd ynddynt yn wreiddiol ; byddai *-n* ym môn y ffurf honno, gw. Thurneysen, Handbuch 231 ac L & P 114, 187 ynglŷn â ffurfiad a threiglad *dá* yr H. Wydd., sef peri'r tr. a gyfetyb i'r tr. tr. yn y cyflwr enwol, y gwrthrychol a'r genidol ; felly ' dau mwy ' a ddisgwylid o'r ffurf ddiryw wreiddiol, cymh. *saith mwy* yn (iv) isod ; wedyn gellid cyfrif am *deuwell* fel tr. normal ar ôl *dau* neu ar linellau §55(ii) uchod ; ac enghraifft o dr. normal ar ôl *dau* fyddai *deufwy.*

Dyma rai esiamplau cynnar o'r priod-ddull a ddefnyddir heddiw : **mwy dwyweith** *oed y wreic noc ef,* WM 46 (PK 35) ; **mwy teir gweith,** RBB 56. Y tebyg yw mai ' mwy ddwywaith,' ' mwy deirgwaith ' yw'r darlleniad priodol.

(iv) *Rhifolion eraill* + *ansoddair cymharol a chyfartal*

Dyma enghreifftiau pellach i ddangos sut yr arferir rhifolion gyda'r ans. cymharol neu gyda'r ffurf *cymaint* i weithredu fel gweitholion. Y mae'r treigladau ar ôl y rhifolion yn gyson ar y cyfan â'r rhai a ddosbarthwyd yn §§54-56.

(*a*) **saith mwy,** cymh. §54(v) a §56 : *ychwanegaf eich cospi chwi saith mwy,* Lev. XXVI.18 ; eto Es. XXX.26 ; Eccl. XL.8 ; *saith mwy pla,* PA 91.

Cyferb. *saith fwy,* CRhC 346, a luniwyd yn unol â'r dyb fod treiglad meddal yn iawn ar ôl *saith* ; hefyd *nawfwy,* IGE[2] 260.3, a gafwyd, efallai, trwy gydweddiad â *nawell.* Y mae *canmwy* yn weddol gyffredin ; cymh. *yn gant mwy gelyn,* DCr[2] 73[b]. Defnyddir *seithwaith* + ans. cymharol hefyd : *am dwymno'r ffwrn seithwaith mwy,* Dan. III.9 ; tebyg yn DFf 129 ; cyferb. *ugeinwaith fwy dialeddus,* PA 100.

(*b*) Treiglad meddal ar ôl *saith* : *yn s. gymmaint,* Eccl. xx.12 ; *y s. gymmaint,* ib xxxv.2 ; *s. oleuach,* DCr[1] 51[a] (ib[2] 34[b]) ; 59[a] (39[a]), [ond ceir *s. goleuach* hefyd yn ib[1] 59[a]] ; *yn s. vryttach,* ib[2] 84[a] ; *yn s. dduach,* BC 48 ; 108 ; *s. boethach,* W., Hymnau (1811) 232. Cyferb. enghreifftiau o'r gysefin : *s. tlottach,* DNupt 14 ; *s. pellach,* BC 110 ; ceir hyn efallai am fod i'r ffurf dreigledig *bellach* ystyr adferfol arbennig, neu am fod *b* yn tueddu i galedu ar ôl *th.*

(*c*) Treiglo *gw-* : cymh. *yn s. wynnach,* BC 84 ; *wythwell,* TA 121.3 ; *nawell,* RP 1206, MA 293[b] ; IGE[2] 206.31 ; *can waeth,* ML 1.354. Cyferb. *saith gwaeth,* DNupt 14 ; *cant gwell,* ib 24 ; 28. Cymh. hefyd *Pumwaith gwell,* TA 14.8.

(*ch*) Esiamplau amrywiol : *y pum cymmaint,* GB 237 ; *kant koekach,* DCr[2] 61[a] ; *can goleuach,* Williams (1811) 256 ; *yn fil lluosogach,* Deut. I.11 [gw. §38 a §56 (iv)] ; *mil pellach,* W (1811) 192 [gw. y sylwadau yn (*b*) uchod].

§59 Y Cyfranolion

(i) I gyfleu ystyr ' bob yn ddau,' etc. yr hen gystrawen oedd arfer **bob** yn union o flaen y rhifol gyda thr. m. i'r rhifol, *bob ddau, bob dri,* etc. :

> *A'i blant a ddeuant* **bob ddau,** IGE[2] 38.21 ;
>
> *Ydd oeddynt hwy* **bob ddeuddeg,** ib 26.14 (nod. argr.[1] 332).
>
> **Bob un** *fal arian byw bydd*
> **Bob ddau,** *boglynnau glennydd,*
> **Bob dri,** *uchel y gwelais,*
> **Bob bedwar,** *llafar yw'r llais,* ib 105.13-16.

Yn nodiadau IGE[1] 332 dyfynnir : *pob gwlat* **pob ddwywlat** *pawb a ddalyan,* P 67.27 ; cymh. hefyd : *Gwin y bid hi y vedwen yn diffrin gwy. A sirth y chageu* **pop un pop dvy,** BB 47.1-2 (darllener ' bob un, bob ddwy ') ; *Guascaru a oruc llu arthur* **bob un bob deu,** WM 494 (R 132) ; **bob dri,** DN VI.45 ; **bob ddwy,** ib XXVII.17. Ni ddengys y testunau rhyddiaith y tr. fel rheol ond fe'i gwelir yn y canlynol : *ei kyfri* **bob ddau,** GrPen 210.*

*Rhaid darllen y gysefin yn y canlynol : *A'i feibion dewrion bob dau,* IGE[2] 132.29.

Yr ystyr yn yr esiamplau hyn yw ' singly, in twos, in threes,' neu ' one at a time, two at a time,' etc. Enghraifft sy'n haeddu sylw arbennig gan fod ynddi ystyr neilltuol yw honno lle disgrifir llosgi'r tŷ haearn yn ' Branwen ' : *a gwr* **a phob dwy uegin,** WM 47 (PK 36 ; = ' and [every] man with two pairs of bellows each,' neu'n syml, ' a phob o ddwy, pob i ddwy ') ; y mae'n bur debyg mai ' a phob ddwy ' fyddai'r darlleniad cywir.

(ii) Y mae'r ans. rhifol *pob* yn ei ystyr arferol (*pob* + enw) yn cymryd y gysefin ar ei ôl ; ceir esiamplau o dreiglo hwnt ac yma : *a fob gyfryw dlws,* WM 12 [PK 8, nod. 119 lle cyfeirir at *pob ua,* BT 40.4, a all fod yn enghraifft, os ' gwa ' yw'r ffurf gysefin, o dreiglo *g* pryd na ddylid oherwydd methu gwybod ai *g* neu ʒ a gynrychiolai *g* yr hen gopi, gw. isod §71(v)] ; cyferb. *a phob kyfryw dotrefyn ereill,* YCM[2] 6 ; *ympob kyfryw arueu,* ib 15. Enghraifft arall o dreiglo yw : *prif fyrd o pob gaer hyt y gilyd,* WM 188 ; yn P 16.94b, testun sy'n nodi treigladau'n fwy rheolaidd na P4, ceir *pob caer.* Ond cadw'r gysefin yw'r rheol, heb fod angen dyfynnu rhagor, a hynny a geir mewn Cym. Diw.

Gan mai'r ystyr ddiwethaf yma i *pob* a arferid amlaf, nid hawdd oedd cadw'r gwahaniaeth ystyr a olygai treiglo a pheidio â threiglo ; yr oedd raid diwygio'r gystrawen rywfodd i ddynodi'r ystyr yn gliriach, a'r un a arferid leiaf a ddiwygiwyd, sef *bob* + rhifol treigledig (a dylid sylwi fod modd cael *pob* normal o flaen rhifol heb dreiglad, e.e. ' dyna'r siarad sydd rhwng pob dau '). Ond yn bwysicach na hynny, cynhwysid yn yr un gystrawen ddwy agwedd yr oedd angen gwahaniaethu rhyngddynt, sef ' two each ' fel sydd yn WM 47, ac ' in twos, two at a time,' fel sydd yn rhai o'r dyfyniadau eraill..

Ar bwys y rheswm cyntaf gallem ddywedyd fod *i* ac *o* ac *yn* wedi tyfu rhwng *bob* a'r rhifol i ' gyfrif ' am y treiglad, er mwyn cadw'r gwahaniaeth yn glir rhwng *pob* heb dr. a *pob* + tr. ; ond y mae *i* wedi tyfu ar ôl *ambell* a *llawer* ar lafar gwlad heb fod eisiau gwahaniaethu rhwng cystrawen normal a chystrawen arall. Ymddengys i mi mai'r rheswm am dyfu *i* ac *o* ac *yn* yw fod eisiau gwahaniaethu rhwng y ddwy ystyr sydd i *bob* + tr., h.y. rhwng *bob o ddau* (neu *bob i ddau*) a *bob yn ddau* ; cymh. *eu danfon hwynt* **bob yn ddau a dau,** Marc vi.7. Teimlir fod rhywbeth tafodieithol yn ' bob o ddau ' a ' bob i ddau ' ac yn ddiweddar y dechreuwyd eu harfer yn yr iaith lenyddol (cymh. **bob o lythyr,** Joshua Thomas, HB 271) ; y priod-ddull ' dau bob un ' yw'r gystrawen fwyaf llenyddol at yr ystyr hon, gw. WG 260. Cymh. *hwy a gawsant bôb un geiniog,* Math. xx.9 ; ar lafar gwlad y De ceid ' bob-o geiniog ' neu ' bob-i geiniog ' ; cymh. hefyd : *pawb ay ddarn pob y ddyrnawd,* Sils ap Siôn, dyfyniad yn TLlM 89 ; *gan bob i ferlyn,* W.J.G., Hen Atgofion 86 (mewn dyfyniad).

Pennod VIII

AR ÔL Y RHAGENWAU

§60 Cyfosod Enw wrth Ragenw

(i) *Rhagenw personol* + *enw*

Pan gyfosodir yr enw a ' gynhwysir ' yn y rhagenw personol yn union wrth fôn y rh. pers., yn ei ffurf annibynnol syml (*mi*, *ti*, etc.) neu'r ffurf ddybledig (*myfi*, *etc.*) neu'r ffurf gysylltiol (*minnau*, *etc.*) ceir tr. m. i'r enw. Os daw ans. o flaen yr enw, treiglir cytsain yr ans. gan mai enw cyfansawdd yw'r ans. + enw.

Mi veilyr brydyt beryerin y bedyr, LlH 8 ; *Myfi bechadur truan*, YmDd 73 ; *a minnau greadur truan*, ib 263 ; *fyfi bryfedyn gwaelaf*, All Par 21 ; *a ninneu Gristnogion*, HDdD 30 ; *Minneu feger ga's ryddhad*, Morgan Rhys, G. Nebo 115.

a dechreu a wnaeth ef uanawydan, WM 65 ; *ynteu uendigeiduran*, ib 52 ; *ynteu wydyon*, ib 84, 98, 108 ; *Enteu uath*, ib 89 ; *ynteu gei*, ib 132, 141 ; cyferb. enghreifftiau o fethu nodi'r tr. : *ynteu pwyll*, ib 12, 18 ; cymh. hefyd : *nhwythau druein yn meirw*, DFf 140.

Yn yr ail berson, un. a lluos., y mae fel petai cyfarchiad yn hanfod yn y gystrawen a byddai hynny ar un olwg yn achos tr., ond fel y ceir gweled eto, nid yw cyfarchiad yn achosi tr. o angenrheidrwydd, gw. §157 ; a chan mai peth achlysurol yw'r cyfarchiad yn y gystrawen hon, mwy priodol yw dosbarthu'r gystrawen a'r ail berson ynddi gyda'r esiamplau o'r personau eraill, fel cystrawen gyfosod. *O dydy glotuorussaf Athro*, LlA 3 ; *ti fendigedic yr Arglwydd*, Gen. xxiv.31 ; *ti fab y brenin*, 2 Sam. xiii.4 ; *tydi ddyn*, Ps. lv.13 ; *tydi ddiogyn*, Diar. vi.6 ; *a thithau leuad*, Jos. x.12 ; *titheu Dduw*, Ps. lv.23 ; *O dydi fudr ac aflan fyd*, PA 115 ; *chwi wrthryfelwyr*, Num. xx.10 ; *chwi watwarwyr*, Diar. i.22 ; *a chwithau gerric cenllysc*, Esec. xiii.11 ; *Chwi rai glan o bryd a gwedd*, BC 79 ; *o chwi rai deillion*, GMLl 1.255. Cymh. hefyd : *Oh tydi ddayar, ddayar, ddayar*, Hom 1.15, (gyda'r cyfeiriad Ier. 14, h.y. ym Meibl 1588, a ddylai fod yn Jer. xxii.29), B 1620, *O ddaiar, ddaiar, ddaiar*.

Y mae digon o esiamplau yn y Beibl o gadw'r gysefin ar ôl *ti*, *chwi*, etc., ac fel y ceir gweled isod wrth drin y cyfarchiad, ceir treiglo a pheidio â threiglo mewn cysylltiadau sy'n unrhyw hollol ; cymh. *â chwi meibion S.*, 2 Sam. xvi.16 ; *chwi meibion Israel*, Es. xxvii.12 ; *chwi meibion Jacob ei etholedigion*, Ps. cv.6 ; (*chwi feibion Canaan*, Judeth v.3) ; *i'th erbyn di merch Babilon*, Jer. l.42 ; *i'ch erbyn chwi, plant Israel*, Amos iii.1. Y mae'n bosibl fod yma ymgais i wahaniaethu rhwng cyfosod yr enw wrth *chwi*, etc., a chyfarch yr enw ar ôl *chwi*, etc., a bod y cyfieithwyr am gadw'r gysefin yn yr ail gysylltiad ; gwelir fod coma yn nodi bwlch yn Amos III.1, ac awgryma hynny mai ' cyfarchiad ' yw ac nid cyfosodiad ; ac os cyfarchiad a fwriedir, y mae digon o gynsail gan y cyfieithwyr dros gadw'r gysefin mewn enw a gyferchir ; gw. §157.

(ii) *Arddodiad personol + enw*

Ceir. tr. hefyd pan gyfosodir yr enw wrth ffurf bersonol yr ardd. sy'n cyfeirio at yr enw : *arno(m), wir bechadurieit,* PA 106 ; *trugarhâ wrthif bechadur truan,* YmDd 311.

Ni ddylid cymysgu'r achos treiglo a geir yma â'r tr. a ddigwydd pan ddaw ffurf bersonol ardd. (neu ardd. + enw) o flaen enw, heb fod person yr ardd. yn cyfeirio o gwbl at yr enw sy'n dilyn, e.e. ' da gennyf glywed,' ' rhoi iddo bunt ' ; yma ystyrir mai'r sangiad a achosir gan yr ardd. personol yw achos y tr., oblegid ' da clywed,' ' rhoi punt ' yw'r gystrawen normal, heb y sangiad ; fe ddosberthir y mathau hyn gyda'r SANGIADAU. Er hynny y mae rheswm dros sôn am hyn yn y fan hon : er sôn am ' sangiad ' fel achos treiglad, mae'n ddigon tebyg mai dyfod ar ôl ffurf bersonol yr ardd. yw achos cyntaf y treiglad, : os yw ' pechadur ' yn treiglo oherwydd ei gyfosod ar ôl *imi,* yr un safle, er nad yr un cyflwr, sydd i ' punt ' yn *rhoi imi bunt* ; a dylai *punt* dreiglo yr un fath â *pechadur.* A byddai hynny wedyn yn batrwm i dreiglo yn *rhoi i'r dyn bunt.*

§61 RHAGENWAU BLAEN A RHAGENWAU MEWNOL

(i) Diffinir yn gyntaf y mathau o ragenwau personol a all ddod o flaen yr enw a'r ferf a pheri gwahanol dreigladau iddynt ; methu gwahaniaethu rhwng yr amryw fathau sy'n peri fod tr. a berthyn i un yn cael ei gamarfer ar ôl math arall.

(*a*) Rhagenwau Blaen Genidol : *fy, dy, ei, ei* ; *ein, eich, eu.*

(*b*) Rhagenwau Mewnol Genidol : *'m, 'th, 'i, 'i ('w)* ; *'n, 'ch, 'u ('i) ('w).*

(*c*) Rhagenwau Mewnol Gwrthrychol : *'m, 'th, 'i, 'i ('s)* ; *'n, 'ch, 'u ('i) ('s).*

Nodiadau.

(i) Odid na fydd nodiad ar rai o'r ffurfiau uchod yn fuddiol i'r rhai sy'n anghyfarwydd â hen destunau gan fod perygl i orgraff hen destun beri dryswch a chamddarlleniadau. Hen ffurfiau cywir *ei, ein, eich* yw *y* ac *i, yn, an* ; *ych, awch* ; y mae'r iaith lafar yn cynrychioli'r seiniau hanesyddol gywir yn well na'r iaith lenyddol ysgrifenedig. Yn *Nhestament* Salesbury y dechreuwyd arfer y ffurfiau diweddar. Y mae *eu* yn hen ac yn gywir ond aeth yn *y* ac *i* yn gynnar a cheir digon o esiamplau mewn Cym. Can. o arfer *y* ac *i* yn lle *eu,* ac *i* yw'r sain a glywir ar lafar yn ' eu tad.'* Ond yn y

*Camgasgliad oddi wrth y gwahaniaeth hwn rhwng y ffurf lafar *i* a'r ffurf lenyddol *ei* neu *eu* a droes *i gyd* yn *ei gyd* neu *eu gyd,* e.e. *Fy Ffryns eu gyd,* Williams (1811) 240 ; *ei gyd,* ib 234. Sylwais fod *ei gyd* yn digwydd hefyd yn LlHyff 17 ; 55.

rh. m. 3ydd lluos. y ffurf wreiddiol yw *a'i*, yr un fath â'r unigol, a hynny a arferir yn y lluos. ym Meibl 1620 a thestunau eraill : **eu** *lliv* **a'i** *henwev*, B IV.191 ; *i'r pethau a ellid* **i** *traethu* **ai** *manegi*, D Byrr 193. Dyfais i wahaniaethu rhwng un. a lluos., ar batrwm y rh. blaen, yw arfer *a'i* i'r un. ac *a'u* i'r lluos.

(ii) Hefyd y mae'r ffurf a gynrychiolir gan *i'w* bellach yn *yw*, *wy*, *oe* mewn gwahanol destunau cynnar, a phan welir *y* lle disgwylid *i'w*, y darlleniad cywir yw $y + y$, sef yr ardd. *i* a'r rh. bl. *i* ; o'r $y + y$ y magwyd y ffurf ar *i'w* a glywir yn y De, sef *i-δ-i* (sy'n *idd ei* gan Pughe a'i ddisgyblion) : *corff a fai yn myned yddy gladdu*, MCr 43*a* ; ar dwf a chynharwch *i-δ-i* gw. SD 34-7, Beirniad VI.125-6, a gw. nodiad Mr. Thomas Jones hefyd yn B VIII.17 ar arfer *yw y* mewn hen destunau ac *iw i*, *iw ei* yng ngweithiau Pantycelyn, ffurf a fyddai'n gynsail i "Yn debyg *iw eu* Harglwydd / Yn dod i'r lan o'r bedd." Gellir ychwanegu'r amrywiad *iddiw*, e.e. *a'n Hintrest iddiw Angau*, DJ o Gaeo, Hymnau (1775) 216. Gallwn nodi yn y cysylltiad hwn fod *yw* yn cael ei arfer am *eu* yn *Buchedd S. Martin*, B IV.190, etc. Y mae ffurf hefyd y gellir ei chymharu ag *wy*, *yw*, sef *nwy*, *nyw*, sy'n gyplysiad o'r negydd perthynol a'r rh. m. gwrthrychol, 'who not + it,' gw. WG 278-9.

(iii) Er mwyn dangos mai rhagenwau genidol yw (*a*) a (*b*) uchod : *tad y bachgen*, troi *bachgen* yn rhagenw ac os myfi yw'r bachgen, dywedaf *fy nhad* ; os trydydd person yw, dywedaf *ei dad*. Gellir arfer rh. ôl ategol, *fy nhad i*, *ei dad ef*, a gellir ei hepgor, ond ni ellir hepgor y rh. blaen ; [dangosir isod §90(ii) yr un cysylltiad lle gellir hepgor y rh. blaen ac arfer y rh. ôl ategol yn ei le, sef o flaen berfenw mewn 'cymal berfenwol,' *a chael o uendigeiduran* **hi** *yn y neill law*, WM 55, yn lle *a'i chael* ; *a bwrw o hono ef* **hwynt**, Job VIII.4, yn lle *a'u bwrw*, gw. B IX.203-4]. Ystyr y term 'blaen' yw fod y rhagenw yn dyfod o flaen yr enw ; y mae rh. mewnol yn dyfod o'i flaen yn ogystal, e.e. 'fy mam a'*m* tad,' eithr am ei fod 'i mewn' rhwng cysylltair neu eiryn a'r enw, fe'i gelwir yn *infixed* neu'n fewnol.

Wrth drin cystrawen y rh. genidol yn anad un man arall y mae angen pwysleisio mai enw yw'r berfenw, ac mai genidol o'r herwydd yw cyflwr yr enw a ddaw ar ei ôl : *gan weled y bachgen*, *wrth godi'r garreg*, *taflu'r prennau*, etc. Pan droer yr enwau hyn yn rhagenwau trônt yn rh. blaen genidol, *ei weled*, *ei chodi*, *eu taflu* ; rhaid arfer y rh. blaen (ar wahân i'r un cysylltiad a nodwyd uchod) neu'r rh. mewnol, h.y. *a'i weled*, *o'i chodi*, etc. Gyda berf gellir arfer rh. ôl gwrthrychol **yn lle** rh. mewnol (+ rh. ôl ategol) : *fe'i codais* (*ef*) neu *codais ef* ; '*i* yw'r gwir wrthrych yn y cyntaf ac *ef* yn ei ategu ; ond yn yr ail *ef* yw'r gwrthrych. Gan mai enw yw'r berfenw, rhaid wrth y rh. blaen ac y mae 'codi ef' mor anghywir â 'tad ef.' Nid oes neb yn troseddu yn hyn o beth ond y mae'n bosibl arfer cystrawen berfenw bron yn gyfystyr â chystrawen berf, *gwelaf y bachgen* ac *yr wyf yn gweled y b.* ; *gwelais y b.* ; ac *yr wyf wedi gweled y b.* ; gwrthrych yw *bachgen* ar ôl *gwelaf* a *gwelais*, a chan fod gramadeg Saesneg yn dysgu mai gwrthrych yw'r enw yn *I am playing the game* yn ogystal ag yn *I play the game*, tybir mai gwrthrych yw *bachgen* ar ôl *yr wyf yn gweled*, *wedi gweled* ; eithr os sonnir am 'wrthrych' y berfenw dylai fod mewn nodau dyfynnu ; y peth a olygir yw mai gwrthrych fyddai pe bai'r berfenw yn ferf. Try'r rh. blaen yn rh. mewnol ar ôl *a* (cysylltair), *â* (cysylltair), *gyda, tua, efo* (sy'n cynnwys yr un *a*),* *i, o, na* (cysylltair cymhariaeth, *no* gynt) *na* (negydd).† Ar ôl yr ardd. *i* ffurf y 3ydd pers. un. a lluos. yw *iw* (*wy, yw, oe, y,* mewn Cym. Can.). Nid yw'r rhagenw yn newid ei gyflwr wrth droi'n rh. mewnol ar ôl y geiriau uchod ; erys yn y cyflwr genidol ; ond er hynny y mae rhai o'r treigladau a ddilyn y rh. m. gen. yn wahanol i dreigladau'r rh. blaen, fel y dangosir isod.

(iv) Bu cryn dipyn o gamarfer ar y rh. m. genidol. Yn yr iaith lenyddol bur, ni ddylid eu harfer ond ar ôl y geirynnau a restrwyd uchod. Collwyd y ffurfiau mewnol arbennig hyn ar lafar gwlad, megis *'m* ac *'th* ac arferir y rhai blaen yn eu lle, e.e. ' gyda dy dad,' ' gyda 'nhad ' (< ' gyda fy nhad ').‡ Ar ôl colli golwg ar yr iawn arfer yn yr iaith lafar aethpwyd i'w gorarfer wrth eu hadfer i'r iaith lenyddol a'u rhoi ar ôl pob gair a ddiweddai â llafariad, e.e. *codi'm llef, caru'th wlad,* etc.§ Y ddwy demtasiwn sy'n arwain at gamarfer y rh. mewnol yn lle'r rh. blaen yw fod *'m* ac *'th* yn arbed sillaf mewn llinell o gân, e.e. *Congcro'm pechod, maddeu mai,* Williams (1811) 582, lle ceir y gwall llenyddol *'m* a'r llygriad tafodieithol o hepgor *fy* yn yr un llinell ; ac esiampl nodedig o ' arbed sillaf ' yw fod Pantycelyn yn arfer *'th* ar ôl yr ardd. *ar* : **Ar'th** *ddelw di yn llawn* (1811) 329 ; a'r ymdeimlad fod y rh. mewnol yn fwy clasurol na'r rh. blaen. Canlyniad yr ail reswm yma yw'r esiamplau rhyfedd o gyfuno rh. blaen a'r rh. mewnol (heb arbed sillaf yn y farddoniaeth o gwbl) : *yw* **fy'm** *hatteb,* Williams (1811) 529 ; *Er cymmaint oedd* **fy'm** *camwedd cas,* B. Francis, Hymnau Harri Sion (1798) 129.

(v) Nid yw ' cywasgu ' y rh. blaen *ei* yn *'i* ar ôl terfyniad llafarog yn ei droi'n rh. mewnol, e.e. *codi'i ben, bwyta'i fwyd.* Os sillgolli yw'r amcan, sef darllen *codi'i ben* yn dair sillaf yn lle'n bedair, wrth fwrw'r

*Tarddiad *(h)efo* yw *ef a* a hynny sy'n cyfrif pam y ceir tr. llaes ar ei ôl yn wreiddiol, gw. §129(iii). Yn yr hen destunau ceir y rhagenwau eraill + *a* yn cyfleu ystyr *efo* neu *gyda*, yn ôl y person sydd yn y cyd-destun, megis *mi a, ti a,* etc. Cyd-destun y 3ydd un. gwr. *ef a* a ddigwyddai amlaf a disodlodd y ' personau ' eraill gan droi'n ' gysylltair ' heb gof am y person yn ei gyfansoddiad. Dengys y dyfyniadau canlynol ym mha gyd-destun y cymhwyswyd *mi a, ef a* (> *efo*) i olygu ' gyda ' : *y minnau* **ui am** *annwyl,* RP 1265 (*mi am,* MA 320[a]) ; *Ac o hynny allan y kytwledychy di,* **ti a'm mam,** *ygyt a mivi,* SD 1109—10 ; *dy varn di,* **ti a'th** *wyrda,* ib 1023-4 ; *y gwelei y vot yndaw beunoeth* **ef a'r** *wreic vwyhaf a garei,* ib 779-80 ; *ef a doeth . . .* **ef a'i** *orderch at y brenhin,* ib 876-7 ; *ac val yr oeddwn i* **mia** *ffolineb yn gwnaethyr yn llawen,* MCr 12[b] (' ffolineb ' yn gymeriad damhegol) ; *yno i syrthiais* **fi am** *march yn y gors,* ib 59[b].

†Fel y dangosir eto, y mae cyfatebiaeth rhwng *ni* rhagferfol a'r geiryn *neu* rhagferfol a arferir mewn cystrawen gadarnhaol, i gyfateb i *ni* mewn cystrawen negyddol. Golyga hyn fod *neu* (geiryn) yn gallu cynnwys rh. mewnol *gwrthrychol,* e.e. **neuth ganlyn,** LlH 108[b] ; **neuth gyuarch,** ib 113[a] ; ond er mai yr un gair yw hwn o ran tarddiad â *neu* (cysylltair = ' or ') ni olyga fod *neu* (cysylltair) yn gallu cynnwys rh. mewnol *genidol* ; a dengys y canlynol mai'r rh. blaen sy'n ei ddilyn : **Neu f'ellyll** *yn y falleg,* GGl XXXVIII.36. Enghreifftiau go gynnar o arfer rh. m. yw : *neuth dafod,* DCr[1] 14[a] ; (ib[2] 13[b]) *neu'th fam,* YmDd 394.

‡Ceir esiamplau gan feirdd y cywyddau o sillgolli neu hepgor *fy* gan adael dim ond ei ôl yn nhreiglad trwynol yr enw (mewn cystrawen lle dylai *fy* fod, wrth reswm, nid lle dylai *'m* fod), gw. WG 274-5.

§Un o'r profion sy'n dangos mai ffugiadau Iolo Morganwg ei hun yw'r cywyddau a dadoga ar DG yw'r aml enghraifft o arfer y rh. m. genidol *'m* ac *'th* mewn mannau amhriodol, gw. *Cywyddau'r Ychwanegiad,* Mynegai o dan *mae'm, mae'th, yw'm, yw'th.*

ddwy *i* yn un, y mae hynny o'r gorau ; ond ar wahân i hynny nid oes dim diben i'r ' cywasgu ' tybiedig gan mai *i* yw sain gywir y rhagenw a ysgrifennir yn *ei*, ac *i* a ddylid ei ddarllen. Fe geir hyn yn gyffredin, mae'n wir, ond arfer collnod yn ddianghenraid yw ysgrifennu *codi'i ben* yn lle *codi ei* (= *codi i*). Yn *colli'ch tad* y mae sillaf wedi ei cholli ; yn *gyda'i dad* rh. m. genidol yw'r *'i* ; ond ni ellir dywedyd am *codi'i ben, bwyta'i fwyd* fod sillgoll na rh. m. ynddynt ac anodd gweld faint o arbed yw rhoi *'i* yn lle *ei*. Sut bynnag nid yw'r ' sillgolli ' tybiedig yn peri dim gwahaniaeth i'r treigladau gan mai'r un sain a ddaw ar ôl y rh. blaen *ei* (g) *ei* (b), *eu* ag ar ôl y rh. m. *'i* ac *u*.

(ii) A. *Rhagenwau Blaen Genidol*

			h *o flaen llafariad*
1	Un.	**fy** Trwynol—**nhad, nghadw** ;	—**fy afal, fy ateb (f'ateb)**
2	,,	**dy** M—**dad, gadw** ;	—**dy afal, dy ateb (d'ateb)**
3	,,	**ei** M—**dad, gadw** ;	—**ei afal, ei ateb**
3	,,	**ei** Ll cpt—**thad, chadw** ;	—**h, ei hafal, ei hateb.**
1	Llu.	**ein** Cys.—**tad, cadw** ;	**h, ein hafal ein hateb**
2	,,	**eich** Cys.—**tad, cadw** ;	—**eich afal, eich ateb**
3	,,	**eu** Cys.—**tad, cadw** ;	**h, eu hafal, eu hateb**

B. *Rhagenwau Mewnol Genidol*

			h *o flaen llafariad*
1	Un.	**'m** C—**a'm tad, a'm cadw** ;	**h, a'm hafal, i'm hanfon**
2	,,	**'th** M—**i'th dad, o'th gadw** ;	—**a'th afal, gyda'th anfon**
3	,,	**'i, i'w** M—**i'w dad, a'i gadw** ;	—**o'i afal, na'i anfon**
3	,,	**'i, i'w** Ll—**na'i thad, i'w chadw** ;	**h, i'w hafal, o'i hanfon**
1	Llu.	**'n** C—**i'n tad, i'n cadw** ;	**h, o'n hafal, gyda'n hanfon**
2	,,	**'ch** C—**i'ch tad, gyda'ch cadw** ;	—**i'ch afal, tua'ch ardal**
3	,,	**'u ('i) i'w** C—**o'u tad, gyda'u cadw**	**h, a'u hafal, i'w hanfon i'w cadw**

§62 Rhagenwau Mewnol Gwrthrychol

(i) Dywedwyd eisoes ym mha ystyr y dylid deall y term ' mewnol,' sef am fod y rhagenw yn cael ei leoli oddi mewn i eiryn ac enw, neu yma, oddi mewn i eiryn a berf.

Nodiadau

(i) Dyma'r geirynnau a all gynnwys y rh. m. gwrthrychol : **a,** y rh. perthynol, *y dyn* **a'm** *gwelodd, yr hwn* **a'i** *gwnaeth.* Arferid *a* hefyd yn y cyfnodau cynnar (y rh. perth. wedi ei wacáu o'i ystyr) pryd na fyddai unrhyw eiryn arall a allai gynnwys rh. m. yn digwydd bod yn y gystrawen, h.y. yn niffyg geiryn cynnwys arall, defnyddid *a*, heb swyddogaeth rh. perth., ac un gwahaniaeth rhwng *a*, rh. perth. cysefin, ac *a*, y geiryn cynnwys, yw mai *a'i* yw'r 3ydd pers. yng nghystrawen y cyntaf ac mai *a's* yw cystrawen yr ail (cymh. *neu's*, y ddyfais arall a ddefnyddid pryd na fyddai geiryn cynnwys achlysurol yn y gystrawen): *A'th kivarchaw*, BB 98 (= *A'th gyfvarchaf*, RP 578), 'I greet thee'; *A's kynnull gwenyn*, BT 40, "Bees gather it"; WG 429.

Dylid sylwi ar y gwahaniaeth rhwng *a* rh. perth. ac *a* cysylltair = 'and,' sef na all *a* cysylltair gymryd rh. m. gwrthrychol ar ei ôl, e.e. nid yw'n iawn dywedyd 'Gwelais y gŵr a'm derbyniodd i'w dŷ a'm lletyodd'; rhaid cael 'ac a'm lletyodd.'

(ii) Y geiryn perthynol traws **y**, *lle y'm ganed*, *pryd y'th gafwyd*. Y mae *y*- yn yr hen destunau sy'n debyg iawn i'r *a* yn *A's kynnull gwenyn*, BT 40, yn cael ei arfer fel manyn neu eiryn cynnwys pryd na fydd geiryn arall yn y cysylltiadau a all gynnwys rh. m. Fel y dangosir isod §138 nid cysylltair rhagferfol yw *pei*, *pe* o'r dechrau cyntaf, ond y ferf *bei*, *bai*, 3ydd un. Gorff. Dib. *bod*, wedi ei chymhwyso i fod yn gysylltair; ni allai ar y cyntaf gynnwys rh. m. fel y gallai cysyllteiriau eraill fel *o*, ac arferid manyn arall gydag ef i gynnwys y rh. m.; dyna yw'r canlynol: *pei* **ys** *gwypwn ny down yma*, WM 42; *bei* **as** *caffwn oll*, ib 75; *pei* **as** *mynhut*, ib 142; a *pe*(*i*) *ys* neu *pe*(*i*) *as* wedi ei gywasgu a roes y gystrawen ddiweddar *pes*.

(iii) Geirynnau eraill yw'r negyddeiriau **ni, na,** a'r geiryn a ddefnyddir mewn cystrawen gadarnhaol (ar ddelw *ni* mewn cystrawen negyddol), **neu**: *ni'm gwelodd*, *pryd na'th welsant*, *nis cawsant*, *onis gweli*; *neu'm duc i Elffin*, BB 67, ('E. brought me'), *neus rodes . . . yg gwyd gwyrda*, WM 20 ('he gave it in the presence of gentlemen'). Geiryn arall a berthyn i'r dosbarth hwn yw **ry**, e.e. *rym gelwir*, BT 36.

Cysyllteiriau rhagferfol eraill a all gynnwys rh. m. yw **pan, tra, yny** (> *oni*, *hyd oni*) ac **o.** Gall *'s* ar ôl *o* fod yn un o ddau beth, y rh. m. gwrthrychol, *os myn*, LGC 187, 'if he desires it,' neu'n ffurf ar y ferf *bod* fel cyplad, h.y. 'if it is,' gw. WG 444; yr ail sydd wedi ymledu nes disodli'r ffurfiau cynnar *o* ac *od*.

(iv) Wrth arfer *pan* a rh. gwrthrychol rhyngddo a'r ferf, *pan y'm gwelodd*, a geir, a gellid casglu mai'r *y* hon sy'n cynnal y rh. m., a chredu ar gam mai'r geiryn perthynol *y* ydyw. Mewn gwirionedd nid oes dim geiryn perth. traws *y* yn dilyn *pan*, a phan na fydd rh. m. i'w gynnwys, daw'r ferf yn union ar ôl y cysylltair. Gan mai llafariad yw rh. m. y 3ydd person un. a lluos., *'i* (ac *'u*) gallai'r *i* ddod yn ddidramgwydd rhwng *pan* a'r ferf: *rhain pan i temptier*, *pan i dener*, *ne pan i llithier*, PA 54. Yn y personau eraill ceir cytseiniaid, *'m*, *'th*, *'n*, *'ch*, ac nid oedd yn bosibl rhoi'r rhain ar ôl *pan* heb i sain lafarog dyfu rhyngddynt a chafwyd *pan ym gweler*, etc.; geilw WG 279 y ffurfiau *ym*, *yth*, *yn*, *ych*, a dyfodd felly yn 'syllabic accus.-forms.' Ysgrifennir *pan ym*—yn *pan y'm* fel petai'r *y* yn eiryn perth. traws ond nid hynny mohoni ac nid yw'n bod ar wahân i'r *'m*, etc.; heb *m* ceir *pan weler*, yn wahanol i gystrawen *pryd y'm gwelir*, *pryd y gwelir* lle y mae eisiau *y*, ar wahân i'r rh. m., gan mai enw yw *pryd* ac nid cysylltair rhagferfol. Yn yr enghraifft a ddyfynnwyd o PA 54 sydd wedi ei hysgrifennu yn ôl sain y glust, gwelir nad *y'i* neu *y'u* a arferir, ond *i* yn syml. Bellach, er mwyn cysondeb ymddangosiadol yn yr holl bersonau, arferir *y* o flaen llafariad y 3ydd pers., un. a lluos., *pan y'i, pan y'u*, ar batrwm *pan y'm* ; gw. L & P 206. Prawf fod iawn gynrychioli'r rh. m. 3ydd pers. wedi peri trafferth yw cael esiamplau tebyg i *pan eu gwelodd*, Esec. XXIII.16.

(ii) C. *Rhagenwau Mewnol Gwrthrychol—Treigladau*

				h *o flaen llafariad*
1	Un.	**'m**	**C—fe'm clywodd**	**h—ac a'm hanfonodd**
2	,,	**'th**	**M—fe'th gofiodd**	**—fe'th arbedwyd**
3	,,	**'i**	**C—ac a'i torrodd**	**h—fe'i hystyrient ef**
3	,,	**'i**	**C—fe'i cariodd**	**h—fe'i hystyrient hi**
		's	**C—pes cofient**	
1	Ll.	**'n**	**C—ni'n gwelodd**	**h—pe'n henillid ni**
2	,,	**'ch**	**C—ac a'ch prynodd**	**—fel y'ch anghofier**
3	,,	**'u, 'i**	**C—fe'u plygodd**	**h—fe'u hysgrifennwyd**
		's	**C onis credai**	

§63 YCHWANEGU **h***

(i) Y mae mwy o newid ac ansicrwydd yn hanes ychwanegu'r *h* nag yn y treigladau cytseiniol. Y mae'r rheini, ar y cyfan, wedi para'n ddigyfnewid o gyfnod y testunau cynharaf, eithr y mae mwy o gyfle i ddylanwadau cydweddiad gyda'r *h*, a'r tebyg yw mai ymledu a wnaeth yr *h* gan mai i'r 3ydd un. ben. yn unig y perthyn yn wreiddiol, a golygir wrth hynny, yn ôl tystiolaeth ieitheg gymharol, gw. L & P 121. Y mae'r rh. blaen genidol (A) a'r rh. m. genidol (B) yr un fath ond yn y person cyntaf un., cymh. *fy afal* ac *a'm hafal.* Yn y testunau cynnar y mae digon o esiamplau o beidio ag arfer *h* ar ôl *'m* genidol i awgrymu mai o gydweddiad y cafwyd yr *h* : *am ansawd*, WM 4 ; *o'm ansawd*, ib 43 ; *o'm achaws i*, ib 57 ; ib 416 (P 6.IV t 208 *om hachaws*) ; *am arueu*, ib 417 (P 6.IV t 209 *am h.*) ; cyferb. *om hanwod*, ib 18, 20 ; *am harueu*, ib 150 ; *ym herbyn*, ib 158 ; *am heneit*, ib 508 ; *am harglwyd*, ib 485.

Erys yr ansicrwydd ym Meibl 1620 a thestunau eraill CDC : *i'm enw*, Lev. XIX.12 ; 1 Br. IX.7 (cyferb. *i'm henw i*, 1 Br. VIII.18 ; fe allai *henw* fod yn ffurf gysefin i Ogleddwr, gw. WG 187, cymh. *Lliw'r lili a henwi hud*, DGG XXIII.27) ; *i'm arennau*, Job XIX.27 ; *o'm anwyldra . . . a'm anianol ofal*, Bas Dor (Rh) 5 ; *o'm adroddiad*, ib (Rh) 10 ; [cyferb. *a'm hamcan*, ib (Rh) 10] ; gw. WG 279-80 am enghreifftiau pellach yn y beirdd ; fe geir *h* gan amlaf ac afraid dyfynnu enghreifftiau.

*Ni all tr. nac *h* gamu dros ben gair sydd fel petai yn ei ffordd ; iawn rhoi *h* ar ôl *eu*, *eu harwain*, ond os try ' arwain ' yn gyfansoddair drwy roi *mynych* o'i flaen y mae ' mynych arwain ' yn un gair cyfan, ac ni ellir ei hollti i roi *h* o flaen y llafariad. Sonnir am hyn am fod enghraifft ddiddorol o'r ' trosgamu ' yma gan Morys Kyffin : *gan eu cwbl harwain*, DFf 26.

(ii) Nid yn fynych y gwelir *ei* ben. heb *h* yn dilyn ; ceir ambell enghraifft: *ei anghyfannedd leoedd hi,* Eccl. IX.7 ; diau mai agosrwydd *h* arall yw'r rheswm am golli'r gyntaf yma.

(iii) Y mae'r ansicrwydd ynghylch ychwanegu *h* ar ôl *ein, 'n* (genidol) yn aros hyd yn oed yn nhestunau CDC. Enghreifftiau o Gym. Can. : *yn harglwyd ni,* LlA 165 ; *yn arderchogrwyd ni,* ib 168 ; esiamplau o beidio ag arfer *h* yn y cywyddau : *Ein eurchwaer, ac yn erchi,* IGE² 72.20 ; *Balchder yw ein arfer ni,* ib 97.7 ; *Pum archoll i'n arfoll ni,* ib 98.13, *i'n oes* ib 113.13 ; *Yno'n aml yn ein ymlid,* ib 192.6 ; esiamplau CDC : *ein hedifeirwch, ein eneidiau,* YmDd 13 ; *ein Eneidiau,* HDdD 89 ; *ein hoes,* ib 97 ; *ein achubwr,* B Dor 6 ; *ein eneidiau,* Hom 1.4 ; *ein ewyllys,* PA 45.

Er dyfynnu cymaint o enghreifftiau heb *h,* y mae'n ddigon tebyg pe cesglid yr holl enghreifftiau mai arfer *h* fyddai rheol normal Cym. Can., ac yn enwedig yn nhestunau CDC. Ynglŷn â'r enghraifft : *yn anniuer ninheu,* WM 65 (PKM nod. 232) nid iawn, efallai, ddisgwyl *h* o flaen yr *a* neu'r *y* brosthetig mewn geiriau fel *yniuer, yneuadd,* gan nad yw'n llafariad ond rhyw sain aneglur o glywir o flaen *n.*

(iv) Ni cheir esiamplau yn y testunau safonol byth o roi *h* ar ôl *eich, 'ch,* ond fe'i ceir yn y ddeunawfed ganrif a'r bedwaredd ar bymtheg ac anwybodaeth o ramadeg a chamgydweddiad sydd wrth wraidd y duedd i arfer *h* : *trwy'ch hysprydoedd,* DNupt 27 ; *eich hyspryd,* ib 63 ; *eich heneidiau* M. Priodas 30 ; *eich hargyhoeddi,* Gomer, Gweithiau 84 ; *o'ch hamgylch,* ib 86 ; *eich hoes,* ib 86 (cyferb. *eich adgofio,* ib 87).

(v) Anaml iawn y gwelir esiampl o beidio â rhoi *h* ar ôl *eu, 'u* (*'i* lluos.) genidol ; enghraifft eithriadol yw *eu aruedyt,* WM 413 (P 6.IV t 207 *eu h-*) ; arfer *h* yw'r rheol : *ar y hardelw* wy, WM 36 ; *yn eu herbyn,* ib 98. Ceir ambell enghraifft o hepgor mewn testunau sy'n nodedig am eu hansicrwydd ynghylch treiglo *rh* ac ychwanegu *h* fel yr "Homilïau," e.e. *eu argraphu . . . a'u harfer,* 1.11.

(vi) Yn nosbarth y rh. m. gwrthrychol gwelir wrth daflen C mai'r unig bersonau na cheir *h* ar eu holau (gan anwybyddu'r *'s*) yw'r ail berson un. a lluosog. Gellir dyfynnu enghreifftiau o destunau safonol o gael ac o beidio â chael *h* ar ôl *'m* gwrthrychol : *am etteil,* WM 2 (R *am hetteil*) ; *am harweiniodd,* Gen. XXIV.48 ; *a'm anfonodd,* 2 Sam. XXIII.13 ; 2 Br. v.22 ; *a'm hamgylchodd,* Job XIX.6 ; *ni'm attebir,* ib ib 7 ; *a'm hanghofiasant,* ib ib 14 ; *ac am ordriwn fy hun,* PA 93.

(vii) Y person a rydd fwyaf o drafferth yw'r 3 un. gwr. Yn A a B uchod y mae gwahaniaeth rhwng y gwr. a'r ben., sef gwr. heb *h,* a ben. ag *h* ; ac y mae tuedd naturiol i edrych ar y gwahaniaeth fel offeryn i wahaniaethu rhwng dwy genedl y 3ydd pers. un. Y mae hynny'n iawn am A a B, ond effaith meddwl am y gwahaniaeth cyfleus hwn yw peri i'r un peth gael ei wneuthur yn C a pheidio â rhoi *h* ar ôl y 3ydd pers. un. gwr. Dywed WG 279 fod *h* yn dilyn y 3ydd un. gwr. o'r dechrau heb awgrym fod ansicrwydd tebyg i'r ansicrwydd ar ôl *'m* yn B ac C. Y mae enghraifft gynnar o beidio ag arfer *h* : *Caswallawn . . . Ninheu ay arhown,* WM 63 ; mae'n debyg mai agosrwydd *h* i mewn yn y ferf sy'n cyfrif am ei cholli yma ; yn RM 45 ceir *ae harhown* ; cymh. hefyd : *a agores y creu . . . ygyt ag y hegyr,* WM 107.

Mewn CDC y mae amryw esiamplau o golli'r *h* a thebyg mai effaith cystrawen A a B sy'n cyfrif am yr ansicrwydd : *ai hattebasant ef,* 1 Sam. XVII.30 ; *a'i attebodd ef,* 1 Cron. XXI.26 ; Math. XIV.28 ; HFf 235 ; *ai harwain ef,* Job xviii.14 ; *a'i harwenodd* (*sic*) *ef,* DFf 161 ; *a'i enfyn ef,* PA 35 ; *a'i ysbeiliod(d) ef* ib 122 ; *a'i yspeiliasai,* HFf 319. Caiff yr un enghraifft nesaf gynrychioli'r amlder a berthyn i'r ddeunawfed ganrif a'r bedwaredd ar bymtheg : *Fe'i addysgwyd,* John Roberts (S. Lleyn) Maen o Goffadwriaeth (1804) 6 ; cymh. hefyd : *Fe'i ystyriai ei hun,* D. M. Lloyd, Erthyglau Emrys ap Iwan, XII. Dyma un enghraifft o ychwanegu *h* ar ôl *nwy,* y ffurf sy'n gyplysiad o'r negydd perthynol + rh. m. gwrth rychol : *ir nep nwy hatnappo,* BB 8.1-2.

(viii) **h** *o flaen i- gytsain*

Y mae ansicrwydd ym meddwl llawer parthed rhoi'r *h* o flaen gair yn dechrau ag *i-* gytsain megis *iechyd.* Y mae esiamplau i'w cael ar y ddwy ochr ond y duedd ddiweddar yw cyfrif fod y geiriau hyn, tebyg i *iechyd,* yr un fath â geiriau'n dechrau â llafariad am fod *i* + llafariad yn ddeusain ac am hynny y dylid cael *h* o'i blaen. Cymh. y canlynol : *ein iau ni, ein hiau ni,* 2 Cron. x.4, 10 ; *eu hiechyd,* Gen. XL.27 ; *eyn hiechydwriaeth,* DFf 49 ; *ein hiechyd,* YmDd 203 ; *eu hiawn Berch'nogion,* BC 21 ; *ein iechydwriaeth,* YmDd 209 ; *ein Iachawdwr,* ib 231.*

Gellid dyfynnu esiamplau o Gym. Can. i gynrychioli'r un ansicrwydd.

(ix) *Ei mham, eu mham*

Yn rhai o'r tafodieithoedd, yn enwedig yng Ngwynedd ac yn Nyfed, troir *m* gysefin yn *mh* ar ôl y rhagenwau hynny a barai ychwanegu *h* o flaen llafariad, megis *ei mham hi.* Ar yr olwg gyntaf gellid meddwl mai estyniad yw hyn o'r tr. tr., sef troi *m* yn *mh* fel y try *p* yn *mh* : *fy mhadell,* felly *fy mham* ; *fy nhegan,* felly *fy nheges,* etc. Ond ceir *mham,* etc. ar ôl y rhagenwau na pharant dr. trwynol, *ei* (*b*), *eu, ein* ; ac ymddengys mai math o ' ychwanegu *h* ' yw'r duedd hon ; ac er nad ychwanegir *h* ar ôl *fy,* byddai'n hawdd iawn i olion *fy* ar lafar gwlad, sef (*f*)*y nhad,* neu *'nhad,*

*Bernais fod dyfynnu'r enghraifft ganlynol yn ateb un diben arbennig : *o'r un rhyw am* **hun** *i,* ML 1.276 ; sef nad yw dieithrio gair a'i droi'n debyg i air arall yn rheswm dros beidio ag ychwanegu *h.*

ymgymysgu â chystrawen y rh. mewnol, *(f)y nhad a'm hewyrth* (> *yn had a'm hewyrth*, cymh. *Mae' mhenaid gwan*, H. Sion, Hymnau [1798] 103) a hynny'n batrwm i *(f)y nhad a 'mham.*

Yn nhafodieithoedd y Gogledd y clywir yr *h* hon fwyaf ond yng ngweithiau deheuwyr y ceir hi amlaf, peth sy'n codi, efallai, o ystyried "llygriadau" y Gogledd yn glasurol gan ddeheuwr : *a'u mheddyliau*, M. Priodas 23 ; *a'u mhynegi*, ib 26 ; *eu mhammau*, ib 35 ; *eu mherched . . . i'w mheibion*, ib 36 (fel petai'n ddyfyniad o Barnwyr III.6) ; *a'i nhefol gaingc*, Williams (1811) 77 ; *A'i mhaglau*, ib 194 (= 'y ddraig') ; *yn eu nherth*, ib 234 ; *Lloegr wedi cael ei mheddiannu*, Gomer, Gweithiau 70 ; *yn eu nhatur*, ib 27.

§64 Y Treigladau Cytseiniol Uchod

(i) *Fy*

Gellir dywedyd am y treigladau cytseiniol a gynrychiolir yn A, B, C uchod na fu odid ddim newid ynddynt o gyfnod y testunau cynnar hyd y cyfnod diweddar, o ran yr iaith lenyddol, ac un rheswm am hynny yw fod safonau llenyddol cynnar wedi goroesi a throi'n rheolau ; ar y llaw arall fe fu cyfnewidiadau a dirywiadau yng nghystrawennau'r iaith lafar fel y dangosir maes o law. (Fe ddeil Syr Ifor Williams yn ei ymdriniaeth ar ddechrau *Canu Aneirin* fod profion yn nhestun *Y Gododdin* a ddengys fod rhannau o leiaf wedi eu llunio cyn bod y treiglad, o safbwynt ei sain, wedi ei gwpláu ; yn wyneb hyn golygir wrth "destunau cynnar" y rheini yr ydys yn bur hyderus yn eu cylch, fod eu cystrawen yn ddrych o gyfnod yn hanes yr iaith pryd yr oedd y treiglad, o safbwynt ei sain, wedi ei gwpláu).

Yn WG 171-2 maentumir fod *fy* (*my*) yn cymryd cysefin *c p t* yn yr Hen Gym. a thr. tr. *g b d*, ac mai dilyn patrwm *g b d* a barodd fod tr. tr. i *c p t* mewn Cym. Can. Enghraifft o'r gwahaniaeth hwn yn aros yw treigladau *naw*, a bair dr. tr. yn *naw mlynedd, naw niwrnod*, ac a geidw'r gysefin yn *naw pwys, naw tŷ*, etc.

Dyma'r ddadl yn syml : pan fydd yr *-n* sy'n peri'r tr. tr. yn aros yn y Gymraeg (yr ardd. *yn* yw'r enghraifft) y mae tr. i *c p t* o'r dechrau fel sydd i *g b d* ; eithr ar ôl y geiriau a ddiosgodd yr *-n* gyntefig yn y Gymraeg, ni cheir tr. tr. ar y dechrau ond i *g b d* ; fe geidw *c p t* y gysefin, a dyma wahaniaeth rhwng *c p t* ac *g b d* a gedwir yn rhannol ar ôl y rhifolion *pum, saith*, etc. Trwy ddilyn patrwm *g b d* y daeth *c p t* i gymryd y tr. tr. ar ôl *fy*.

(ii) '*Caledu*' **gbd** *ar ôl* **'th**

Dyry WG 183 enghreifftiau o galedu *th* + δ yn *th* yn y testunau cynnar : *athiwed*, LlA 157, (= 'a'th ddiwedd') ; *Athelw athwylaw ar llet*, RP 1220 (= 'ath ddelw a'th ddwylaw') ; ac ar t 185 rhoir esiamplau o *th* yn caledu *b* ac *g* : *seith pechawt*, LlA 143 ; (yn lle 's. bechawt,' gw. §54 (v) am enghreifftiau eraill ar ôl *saith*) ; *a'th caledrwydd,* RBS 74 ; y dyfyniad olaf sy'n cynrychioli pwynt y paragraff hwn.

Yr ydys yn petruso cyn dywedyd fod yma galediad gwirioneddol a thueddir i feddwl mai 'twyll y glust' sy'n cyfrif am roi'r gysefin, fel sydd yn §15 (v) nod. godre. Gall *gweithdy* swnio fel *gweithty* i'n clust yn aml, ac mewn testunau a ysgrifennwyd yn ôl sain y glust yn hytrach nag yn ôl rheolau ymwybodol, naturiol disgwyl esiamplau o *gweithty* ochr yn ochr â *gweithdy.* Fe allai enghraifft sengl o *'th* + cysefin ymddangos yn "wallus" mewn llyfr diweddar, ac oblegid hynny fe roir esiamplau o'r treiglo rheolaidd o'r llyfrau diweddar hyn, heblaw'r enghreifftiau o'r 'calediad,' i ddangos nad anghywirdeb ar ran yr awduron yw arfer y gysefin weithiau ; cymh. : **ath k***edimteith,* BB 20.3 ; **oth t***remint trwyted,* ib 23 ; *ryphrynom ni an lloc* **yth t***y di vab meir,* BT 8.19-20 (= 'may we purchase our place in Thy house') ; **rith c***ar riallu,* ib 65.2 ; *mi* **ath k***ynhalyaf,* WM 37 (cyferb. **ath g***etymdeithas,* ib 144) ; **o'th c***allon* . . . **ath w***eithret,* YCM[2] 23 ; **ath t***ir* . . . **oth t***ir,* B II.9 ; **a'th t***eguch* **a'th t***yner ieuegtit,* ib IX.327 ; **ath t***rawodh,* DCr[1] 29a (*ath drawodd,* ib[2] 22a-22b) ; **a'th c***yhudda* . . . **a'th c***of,* YmDd 42 ; **ith c***enedlwyd,* ib 89 ; **oth t***ragwyddol boenedigaethu* (sic), ib III ; **a'th t***eulu,* ib 196 ; **moth c***ynghori di,* ib 245 (cyferb. **moth dd***ychrynu di,* ib 245) ; **ith c***ynnal di* . . . **ath dd***igio di* HFf 224 ; **a'th t***rafferthion,* HDdD 94 ; *a'th* **T***afod,* ib 108 (cyferb. **i'th g***yhuddo* . . . **a'th G***ydwybod,* ib 95) ; **i'th c***ynnal.* RBS 3 ; **mo'th c***ylla* **na'th dd***ealltwriaeth,* ib 60 ; **i'th c***ymmwyso,* ib 92 ; **ath k***eisiodd,* CRhC 5 ; **oth c***ariad,* ib 17.

Ni sylwais ar enghraifft foddhaol yn y cywyddwyr lle y dangosai'r gynghanedd fod yn rhaid darllen calediad. Dyma enghreifftiau a ddengys y gwrthwyneb, sef fod yn rhaid darllen treiglad :

> *Aeth y gwŷdd i'th gywyddau,* GGl XLII.41 ;
> *Fyned o'th gwrt, fendith gwan,* ib XLIII.40 ;
> *Fo'th gâr Cymru faith i gyd,* ib XCVII.21.

Ceir enghraifft ddigamsyniol o galedu *b* yng nghynghanedd Morgan Llwyd :

> *pren cam, ith brynnu y caid*
> *llaweroedd a llaw euraid,* GMLl 1.38.

O weld esiamplau tebyg i'r 'calediadau' uchod y tybiodd Goronwy Owen fod ganddo ddigon o gynsail i gyfiawnhau cadw'r gysefin ar ôl *'th* os dymunai hynny, ac y mae ganddo esiamplau o gadw ffurf gysefin cytseiniaid heblaw'r rhai sy'n 'caledu.' Rhaid cyfrif y canlynol yn wallau : *Mwnai 'mhob cwr* **o'th m***ynwes,* argr. 1876, t 199 ; *Dawnol fydd pawb* **o'th d***ynion,* ib 200 ; (cyferb. *Gwiwddestl* **y'th g***ynnysgaeddwyd,* ib

197 ; *Dilys* **y'th f***elys foler*, ib 200 ; **a'th l***eygion*, ib ib), enghraifft o iawn arfer y ' calediad ' yw : **i'th T***afod ti*, LGO 3.

(iii) Y mae'n wir nas ceir yn aml ond y mae ambell esiampl a ddengys gymysgu rhagenwau mewnol y ddau ddosbarth B ac C, yn y 3ydd pers. un. gwr. a ben., sef rhoi tr. m. ar ôl y rh. m. gwr. gwrthrychol, a th. llaes ar ôl y 3ydd ben., fel sydd yn y dosbarth genidol, e.e. *Fel ei thraddodwyd y'i chyhoeddir*, Beirdd Uwchaled, Rhagair 15.

(iv) Ffurfiau a gedwir yn yr iaith lenyddol yn unig yw'r rh. m. genidol *'m, 'th* (ar ôl *a, i, o*, etc.). Yn yr iaith lafar y mae'r rhain wedi eu disodli gan y rhagenwau blaen, *fy, dy*, e.e. ' gyda fy nhad,' ' o dy flaen,' etc. Gan fod *fy* yn colli'r *f* gan adael *'y*, (' y nhad ' ; ceir hyn mor gynnar â'r **WM** : *am ym pen*, 46, gw. nod. PKM 183, RM *am vym pen*), a chan fod y llafariad *'y* ei hun yn diflannu weithiau, ni cheir dim o'r rhagenw *fy* yn aros ond ei ôl yn y tr. tr., e.e. ' mae 'nhad yn gofyn,' etc. ; a hyn wedi ei drosglwyddo i'r gystrawen lle byddai'r rh. mewnol yn yr iaith lenyddol sy'n rhoi ' a 'nhad, gyda 'nhad, etc.*

Am enghreifftiau cynnar yn y cywyddau o golli *fy* heb ddim ond y tr. tr. a'r cyd-destun i ddangos ystyr *fy*, gw. WG 274-5 : *Ar ben yr hwylbren mae 'nhroed*, HD ; *Oerach yw 'myd er ych mwyn*, TA (WG 45) ; *Oerach yw 'mronn donn ar d'ôl*, WLl 135 (WG 239).† Cymh. *Mawr yw'n nyall*, B VI.322. Ellis Wynne sydd hoffaf o hepgor *fy* o'r holl ysgrifenwyr rhyddiaith safonol, e.e. *wedi nghlwyfo*, RBS 35 ; *gofio mhechodau*, ib 46. Afraid hollol yw dyfynnu esiamplau o beth sydd mor gyffredin a hysbys yn arddull Pantycelyn a'r emynwyr eraill.

Hefyd gellir profi fod y rh. blaen wedi dechrau disodli'r rh. m. mor gynnar â dechrau'r ail ganrif ar bymtheg oblegid ceir esiamplau ddigon yn *B. Doron*, Robert Holland, 1604 : *a' mod yn dhiblant*, (Rh) 2 ; *ang-weddi*, (Rh) 2 ; *a mod i yn caru*, (Rh) 8 ; *fyng-waed ang-hrennydh* (Rh) 14 (= ' a'm carennydd ') ; *a'm mowyd, ang-horon*, (Rh) 15 ; cymh. hefyd : *o mlaen (h)i*, Llanover E 1.47b (llaw ddiweddar wedi gwthio'r *h* i mewn) ; *a fy ngwaith*, DPO² At y Darllenydd (i).

*Lle delai ar ôl llafariad neu *w* y mae'r *'y* yn diflannu hefyd, e.e. ' tŷ 'nhad,' ' llaw 'nhad ' ; erys *'y* ar ôl cytseiniaid fel rheol ; ond am fod hepgor *'y* yn arbed sillaf y mae Pantycelyn yn ei cholli hyd yn oed ar ôl gair fel *yn*, e.e. **yn nenu** *oddiwrth fy Mhriod cu*, W (1811) 222.

†Nid oes unrhyw werth testunol i'r enghraifft gyntaf yn WG 275 : *O dewr fu 'nydd darfu'n awr*, DG 529, gan mai dyfyniad yw o ' Gywyddau'r Ychwanegiad,' gw. G. J. Williams, 36-7. Prawf a ddengys nad cywydd dilys ydyw hwn yw'r gwall cystrawen ' O dewr,' lle dylid cael ' Os dewr.' Fe fyddai DG yn gwahaniaethu rhwng *o* ac *os*, *o* o flaen berf ac *os* o flaen unrhyw air heblaw berf = "if it is." Erbyn y cyfnod diweddar y mae *os* wedi disodli *o* yn gyfan gwbl ar lafar, ac i raddau helaeth yn yr iaith lenyddol, nes bod *os* o flaen berf yn gystrawen ddigon naturiol ; ond parheir i ddarllen esiamplau sy'n arfer *o* + berf, lle byddai *os* ar lafar gwlad, a hyn sy'n creu'r argraff y gellir arfer *o* yn lle *os* yn ddiwahaniaeth, fel petai *o* yn ffurf gynnar ar *os*. Y mae'n wir y gellir arfer *o* yn lle *os* llafar-gwlad yn y cysylltiadau lle y disodlwyd *o* gan *os*, oblegid yno byddai *o* yn gynhenid gywir ; ond ni ellir arfer *o* lle byddai *os* yn gynhenid ; a dyna sydd yn y llinell ffugiedig hon.

(v) Pan fo eisiau rhoi rhywbeth fel 'rhifo fy nyddiau' yn bedair sillaf yn lle'n bump, mewn llinell o farddoniaeth, dyweder, yr hyn a wneir gan rai yw arfer y rh. m. yn lle'r rh. blaen, peth a rydd bedair sillaf, a hefyd ryw sŵn clasurol i'r geiriau 'rhifo'm dyddiau.' Y mae enghreifftiau o'r fath ym mhob tudalen o weithiau Pantycelyn, gyda'r amryw ddyfeisiau eraill a ddefnyddiai ef at sillgolli a chywasgu, a diau ei fod yn ystyried fod *fy* ac *'m*, *dy* ac *'th*, yn gystrawennau a allai ffeirio â'i gilydd. Fel y gwyddys, ni ellir arfer y rh. m. ond ar ôl rhai geiriau arbennig ; gan hynny y mae 'rhifo'm' yn wallus fel gramadeg, ac yn fwy o anghywirdeb na 'gyda fy' gan fod 'gyda fy' yn 'gywir' o safbwynt yr iaith lafar ers tair canrif o leiaf. Yr unig ffordd i gadw'r geiriau'n bedair sillaf yw sillgolli *fy* a chadw'r tr. tr. fel olion *fy* ac fel arwydd ohono, sef 'rhifo 'nyddiau.' Y mae'r ffordd hon yn gywirach yn ôl datblygiad yr iaith lafar er ei bod yn colli ffug urddas y ffordd wallus. Y mae datblygiad yr iaith fyw yn rhoi rhyw drwydded i'r sillgolli, ond nid oes unrhyw drwydded, nac yn yr iaith lenyddol nac ar lafar, i'r llall. Dengys dyfyniadau'r nodiad diwethaf fod y beirdd clasurol yn arfer y sillgolliad hwn yn ddigon didaro a heb golli dim urddas.

(vi) **'Fy,' 'Dy'** *yn rhagenwau mewnol gwrthrychol.*

Datblygiad pellach ar lafar gwlad yw arfer *fy* a *dy* yn lle'r rh. m. gwrthrychol *'m* ac *'th*. Dyma fyddai cwrs y datblygiad neu'r llygriad hwn : os yn lle *a'm ceffyl* y gellid dywedyd *a fy ngheffyl* a hynny'n rhoi *a 'ngheffyl*, neu os yn lle *a'm cario* y cafwyd *a fy nghario* > *a 'nghario*, felly hefyd y ceir yn lle *y dyn a'm cariodd i* > *y dyn a 'nghariodd i* ; ac os rhoir *fy* yn lle'r sillgolliad ceir 'y dyn a fy nghariodd i.' Yn yr un modd, os yw *a'th gario* yn rhoi *a dy gario*, y mae hyn yn batrwm i *y gŵr a'th gariodd* i roi *y gŵr a dy gariodd*, peth sy'n gystrawen fyw ar lafar gwlad, e.e. "Mi dy ladda' di," etc. Cymh. (1) *O pwy bleser ! pwy ddifyrrwch* **A 'nigrifa** *yn y byd*, Williams (1811) 256 ; *Nid i'r ddaear yma* **nganwyd,** ib 423 ; *Do* **fe ngharodd,** *ac* **fe nghofiod(d)**, ib 465 ; *Does* **a nigona i** *tra fwy byw*, ib 674 ; *Trugaredd Duw* **ngwaredodd,** M. Rhys, G. Nebo 64 ; (2) *Gwaed* **fy heddychodd i** *â'r Tad*, W (1811) 72 ; *Hyn* **fy ngyrra'i** *am iachad*, ib 592 ; *Does* **fy lleinw,** ib 789 ; *Y Duw* **fy nerthodd i** *erioed*, Sion Llewelyn (1791) 18 ; *Trugaredd* **a fy nghofiodd** . . . *Trugaredd* **a fy nghynnal,** Dafydd William, Gorfoledd (1798) 11 ; *Dyma gariad* **a fy nghynnal,** ib 14 ; *Fry ni welaf ond* **fy ngharo,** M. Rhys, GN 64 ; (3) Sylwer yn rhai o'r dyfyniadau canlynol fod Pantycelyn yn arfer rhyw gystrawen 'law-fer' : golyga *dy* nid yn unig *a'th*, ond cynrychiola hefyd 'yr hwn a'th' : *Sawl* **dy gaffo,** W (1811) 413 ; *Nef y nefoedd* / **Dy ryfedda** *fyth heb drai*, 423 ; **Dy gaffo** *ddiystyra ogoniant y llawr*, ib 436 ; *y sawl* **dy gâr,** ib 445 ; *Nid oes ofn i'r sawl* **dy garo, I dy garo** *nid oes gwae*, ib 487 ; *Hwy* **dy fradychodd,** *annwyl Oen*, ib 743 ; *cai, di gai yr hyn* **dy**

wna *di yn gysurus*, DNupt 61 ; *Mewn i blith dy hen gyfeillion* / **A dy glywodd** *ar y llawr,* John Lewis o Lantrisant, Hymnau (1808) 15.

Ychwaneger yr enghreifftiau hyn : *Ai y papyr newydd* **a dy ddysgodd** *i faeddu hen wr,* Daniel Owen, RL 64 ; (*sydd* **i dy lywodraethu,** ib ib ; **i fy nghynnal,** ib 65 ; genidol) ; **mi 'ngwelodd i,** LlHFf 17.

(vii) Gwyddys nad oes unrhyw newid o osod *fy* o flaen llafariad er y gall cywasgiad beri colli'r *y* nes rhoi *f'afal, f'ewythr*. Yn rhai o dafodieithoedd y De ffurf *fy* o flaen llafariad yw *'n*, h.y. *n'afal i*, eithr ceir *m'* yn Nwyrain Morgannwg a Gwent, *m'afal i*. Nid yr *-n* a fu ym môn y rhagenw *fy, my* ydyw, sef yr *-n* sy'n achos i'r tr. tr., oblegid diflannodd honno'n gynnar iawn (WG 171) ac nid oes dim o'i hôl fel *-n* (ar wahân i'w heffaith yn y tr. tr.) yn nhestunau'r iaith, hyd yn oed yn nhestunau Gwent a Morgannwg. Ffurf Dwyrain Morgannwg a Gwent yw'r *'m*, e.e. *ar m'enaid i, wrth ym ochor i*, etc. ; ac ar sail yr esiamplau hyn yn unig, naturiol fyddai mentro ar awgrym mai olion yw'r *m'* o'r *my* a erys yn nhestunau Cym. Can. yn y gystrawen *my hun* yn bennaf, WG 275. Ond ni roddai hyn esboniad ar *n'* y rhannau eraill, nac am y ffurf *ym*, ac ymddengys imi mai'r unig ffordd i gyfrif am *n'*, *m'* ac *yn, ym* yw tybio mai adffurfiadau ydynt o dreiglo *t, d* a *p, b*, e.e. *'nhafod, 'nafad* : *'mhen, 'mysedd*, sef fod *n* ac *m* yn y ffurfiau hyn yn arwyddocáu'r *fy* dealledig a bod un dafodiaith wedi llunio *'nafal i* ar batrwm *'nafad i*, (cymh. yr enghraifft a ddyfynnwyd yn (iv) uchod, **Mawr yw'n nyall,** B VI.322, lle trinir *n* fel rhagenw ar wahân i'r *n* yn yr enw *nyall*) ; a bod tafodiaith arall wedi llunio *m'afal i* ar batrwm *'mysedd i* ; ceid *yn* ac *ym* o gysylltiadau tebyg i *wrth 'y nannedd, wrth 'y mysedd.*

Hawdd i ŵr o Went gymysgu cystrawen yr *m* dafodieithol a chystrawen y rh. mewnol *m*, a hynny a geir yn y canlynol fel y dengys ychwanegiad yr *h* : *Mae mhenaid gwan*, Harri Sion, Hymnau (1798) 103. Yr *m* a geid yng Nghroes-y-parc (ger Caerdydd), nid yr *n* a geid yn Llandeilo Fach, sydd gan Ddafydd William yn y llinell : *Mewn myfyrdod* **wrtho'm hun**, Diferion 13. Cymh. hefyd, o'r llyfr rhyfeddaf ei dreigladau o bob llyfr : *wedi* **fym** *sicrhau*, Madruddyn 119 ; dyfynnir esiamplau tebyg yn §61 (1) Nodiad 4 o iaith yr emynwyr.

(viii) Peth arall am dreigladau'r iaith lafar yw fod ffurf gysefin y ferf i'w chlywed weithiau ar ôl y geirynnau *fe, mi, chi* etc., a ddylai beri tr. fel geirynnau rhagferfol. Er na chlywir rh. m. rhwng y geiryn a'r ferf gellir casglu fod rhagenw yno wrth y diffyg treiglad, neu fod rh. m. yn ddealledig, e.e. *fe cafodd e yn y dre* ; *fe prynodd nhw* ; *mi cewch hi gan eich mam* ; '*Pwy gynnodd y tân yma ?*' '*Eich tad cynnodd e.*' Fel y dengys y rhagenwau ôl cynrychiola'r rhain : *fe'i cafodd ef, fe'u prynodd hwy, mi a'i cewch hi* ; *a'i cyneuodd ef.*

Y mae cystrawennau o'r fath yn gyffredin yn iaith emynwyr y ddeunawfed ganrif na hidient fawr am gaboli llenyddol ac a achubai gyfle naturiol fel hyn i sillgolli yn eu llinellau, ond y mae esiamplau mewn testunau rhyddiaith mor gynnar â'r unfed ganrif ar bymtheg : *fo gwnaeth noe ef yn frenin*, MCr 24a ; *ag fe toroedd ef yn xxiv o ddarney*, ib 25a ; *ve gorchfygoedd i elynion ef*, ib 125b ; *fo gwrthododd düw ef*, ib 126a ; *fe gwnaeth hi yn briod gynnes iddo*, Williams, DNupt 53 ; *Mi cara'n fwy pan gwelw'i ei wedd*, W (1811) 131 ; *Mi lleddais ef, mi mwrddrais uwchben y cwppan gwin*, Theomemphus (ail argr.) 12 ; *Mi welais genny ffrynd a hoffais, Ac mi carais megis brawd*, Dafydd William, Diferion, 14 ; *Ffarwel iddo, mi gadawaf*, ib 16 ; *A mi'n y bŷd mi molaf ef, Mi folaf Dduw pan elwy i'r nêf*, Jenkin Jones, Hymnau (1768) 15 ; *Mi credaf, ac a'i caraf ef*, Timothy Thomas, Moliant i Dduw (1764) 11 ; *boreu wawr . . . Mi gwela'n dod o bell*, Thomas William, D. Bethesda 31.

(ix) '*Pan*' + *cytsain gysefin*

Soniwyd yn §62, nod. (4) ynghylch cynnwys rh. m. rhwng *pan* a'r ferf. Yn yr iaith lenyddol a'r hen destunau safonol y mae *pan* bob amser yn peri tr. m. i'r ferf a ddaw'n union ar ei ôl ; yr unig eithriad yw'r hyn a nodir yn CA 75 mewn nodiad ar *pan llithywyt*, sef fod *pan* yn cymryd cysefin *ll* yn y testunau cynharaf, e.e. *pan llanwy*, BT 9 (cyferb. *pan losco mynyded*, ib 11.1 ; *pan lewych aryant*, ib 20-21 ; *pan lefeir*, ib 35.3 ; *pan leferit*, ib 54-5) ; *pan* **ll***as*, MA 205b ; *pan* **ll***at*, pan **ll**ochir, ib 188a. Calediad *n* + *l* > *nll* yw hyn, a phe bai'r orgraff yn ei ddangos diau y ceid calediad *r* > *rh* hefyd yn yr un cyfnod. Sut bynnag, erbyn Cym. Can. y mae *ll* yn treiglo'n rheolaidd, gw. yr enghreifftiau a ddyfynnwyd mewn cromfachau a chymh. *pan litiei*, RBB 79.

Yn rhai o siroedd y De y mae *pan* yn cymryd y gysefin yn amlach na'r tr. m. ; cymh. nodiad yn DN 181 ar *pan dwetto*, XXIV.37 lle ceir cyfeiriad at gystrawen y De er mwyn awgrymu rhyw esboniad ar yr afreoleidd-dra yn DN. [Fe all hyn fod yn enghraifft o galedu *n* + *dd* > *nd*, fel sydd yn *iawndda* > *iawnda*, *iownda*, gw. §13 (iii), peth a gynrychiolir orau gan ddatblygiad *bendith*]. Ceir esiamplau pendant mor gynnar â'r *Homilïau* o leiaf : *pan danfono Duw ef*, 1.125 ; *pan galwer ni*, 3.229 ; a digon tebyg mai hynny fyddai cystrawen naturiol y MCr ond fod y cyfieithydd wedi arfer *pan y* i ' gyfiawnhau ' y gysefin : *pan y dygodd gras duw fi*, MCr 73b ; *pan i del ef o gariad*, ib 77a ; *a phan ỳ clywais fy nghydwybod yn dwedyd felly*, ib 79b (Cyferb. *pan orchmynoedd ef i elias ddyfod*, ib 77b).

Ceir amlder o esiamplau ym Mhantycelyn, gw. y ' Tabl ' i'r llinellau cyntaf yn argr. 1811 o'i emynau ; a dyma ychydig esiamplau o iaith Dafydd William : *pan bo i'n meddwl*, Diferion, 9 (= ' pan bwyf i ') ; *pan del*, 14 ; *pan clywais*, 15 ; *pan darfyddo*, 17 (cyferb. *pan gaffo*, *pan ddarfyddo*, ib 15).

Ond ni ellir dywedyd fod y gysefin ar ôl *pan* yn beth cwbl reolaidd a dieithriad yn iaith lafar y De. Y mae esiamplau o'r tr. m. i'w clywed yn ddigon aml hefyd ac y mae'r dyfyniadau o Ddafydd William yn cynrychioli'r ddwy ffordd ; cymh. enghreifftiau o dreiglo hefyd o'r *Homilïau* : *pan fu farw*, 1.185 ; *pan genhedloch feibion*, 2.27 ; a *phan orchmynner ini droi*, 3.229. Y mae'n anodd cyfrif pam y newidiwyd y tr. ar ôl *pan* (a'r cysylltair *tra* sy'n gymar iddo) ond yr esboniad a ymddengys debycaf ar newid nad yw'n newid trwyadl yw fod rh. m. yn ddealledig mor fynych nes bod y gysefin yn ymddangos yn briodol ar ôl *pan* ; y mae'r ddwy enghraifft uchod o'r *Homilïau* a'r gyntaf o'r *Marchog Crwydrad* yn esiamplau o hyn : *pan* (i) *danfono Duw ef* ; *pan* (*yn*) *galwer ni* ; *pan* (*ym*) *dygodd gras Duw fi* : ar ôl colli'r rh. m. anghofir mai'r rh. m. a geidw'r gysefin yn y ferf a deuir i deimlo mai'r gysefin sy'n briodol ar ôl *pan*, heb fod eisiau rh. m. dealledig yn rheswm dros y peth.

§65 YN EI GAEL > YN GAEL ; WEDI EI GAEL > WEDI GAEL

(i) Y mae dau beth yn yr iaith lafar mewn perthynas â'r rh. blaen y mae eisiau eu hiawn ddeall er mwyn eu cymhwyso a'u diwygio yn yr iaith lenyddol. Troi'r enw sy'n ' wrthrych ' (genidol) i'r berfenw yn y canlynol yn rh. personol : *y mae ef wedi cael swllt* : enw gwr. un. yw *swllt*, ceir felly *y mae ef wedi ei gael*, gyda thr. m. ar ôl y rh. blaen gwr. un. *ei* ; os *ceiniog* fydd yr enw, ceir : *y mae ef wedi ei chael*, gyda thr. llaes ar ôl *ei* ben. un. Gan mai *i* yw priod sain *ei*, y peth a ddywedir yw *wedi i*, sy'n cywasgu'n *wedi'i* (dwy sillaf) ac y mae'r rh. blaen *i* fel pe'n diflannu ac yn rhoi *wedi*. Digwydd yr un peth yng nghystrawen gwmpasog y Pres. Mynegol, *yn* + berfenw : *y mae ef yn cael swllt* (*ceiniog*) > *yn ei gael* (*yn ei chael*).

Yn y math yma o frawddeg, sef prif frawddeg, y mae'n arferol wrth siarad inni roi'r rh. ôl priodol ar ôl y berfenw i ategu'r rh. blaen : *y mae ef wedi ei gael* **e** (neu **o**) ; *y mae ef wedi ei chael* **hi** ; os lluos . fydd y rh, blaen, *y mae ef wedi eu cael* **nhw.** Y mae arfer y rh. ôl ategol hwn, *e*(*o*), *hi*, *nhw*, yn cadw'r ymwybod beth yw rhif a chenedl y rh. blaen, ac er mai *wedi i*, neu *wedi* drwy gywasgiad, ac *yn i*, yw sain *wedi ei*, *wedi eu*, *yn ei*, *yn eu*, heb ddim yn y sain i wahaniaethu rhwng tri pherson y 3ydd person, y mae'r ffaith fod *e*(*o*), *hi*, *nhw* yn dilyn y berfenw yn ddigon i wahaniaethu rhwng y tair *i* (neu'r tair *i* sy'n ddealledig) ac i beri fod y tr. priodol yn dilyn pob *i* ar lafar gwlad.

(ii) Ond mewn cymalau perthynol ni fyddwn yn arfer y rh. ôl ategol, yn ôl ein priod-ddull naturiol a chynhenid, e.e. *mae e'n meddwl gwario'r swllt mae e wedi ei gael* (= *wedi i gael* > *wedi gael*) ; ni roir *e* neu *o* byth ar ôl *gael* yn y cysylltiad hwn. A chan mai *i* yw *ei* (gwr. a ben.) ac *eu*, y peth a ddigwydd ar lafar gwlad yn y math hwn o frawddeg, lle na roir rh. ôl ategol, yw colli pob cof am wahaniaethu rhwng rhif a chenedl y tair *i*, a chael *wedi gael*, *yn gael*, yn ddiwahaniaeth, beth bynnag fydd rhif a chenedl yr *i* sy'n ddealledig rhwng *wedi* neu *yn* a'r berfenw, e.e. *gwario'r bunt mae e wedi gael, gwario'r ceiniogau mae e'n gael*, etc.

Yn y math hwn o frawddeg y mae tr. m. y rh. blaen gwr. un. yn aros heb amrywic, yn sefydledig, a'r rheswm am hynny yw fod cymalau a rhagflaenydd gwr. un. yn fwy cyffredin na chymalau sydd a rhagflaenyddion ben. un. a lluosog, a'r ' mwyafrif ' sy'n creu'r patrwm. Dyma un diwygiad felly sy'n angenrheidiol wrth drosi cystrawen llafar-gwlad i fod yn unol â rheol gramadeg yr iaith lenyddol, sef penderfynu pa ragenw blaen sy'n ddealledig rhwng *yn* neu *wedi* a'r berfenw, ei arfer (h.y. peidio â'i adael yn ddealledig) a rhoi'r tr. priodol ar ei ôl.

(iii) Y mae esiamplau gweddol gynnar o ysgrifennu *wedi i* (*gwedy y*) gyda'r ddwy *i* wedi eu cywasgu nes bod y rh. blaen yn ddealledig : *pwy oedd* **gwedy gladdu** *yno*, B IV.196 ; *yr oedd ef* **gwedy ossod** *rwng gobaith a chariad*, ib IV.306 ; *y trysor . . .* **gwedy golli**, ib IV.308 ; (*g*)*own . . .* **gwedy froydo** *a gwaith nydwydd*, MCr 27a ; *ne ry*(*w*) *beth* (**w**)**edy gyfleu** *al*(*l*)*an oi d*(*d*)*yledus le*, DByrr, Annerch 9 ; cymh. hefyd : *O gweli ddyn ag ael ddu / Ac wyneb* **gwedi gannu**, DGG XXIX.29.

Nid rhaid aros yn hir yng nghyfnod CDC cyn dod ar draws esiamplau o gamdreiglo oblegid gadael y rh. blaen yn ddealledig. Yn *Y Drych Cristionogawl*[2] (testun sy'n bwriadol gymysgu priod-ddull y Gogledd a'r De gyda'r canlyniad fod rhai enwau'n dueddol iawn i newid eu cenedl) ceir aml enghraifft o hepgor y rh. blaen ac o gamdreiglo o achos hynny, lle byddai rh. blaen ben. un. neu luosog ; cymh. : *a phe bai'r tom* **wedy olchi,** 50b ; *a phe bai'r pechod brwnt* **wedy dynnv,** ib ib ; *i'r tan . . . sydd* **wedy baratoi,** ib 78a ; rh. blaen ben. yn ddealledig : *y golled yr ydym* **yny gael,** ib 54a ; (cyferb. *yw'r kolled*, ib ib) ; lluosog : *y pethau ir oedd* **yny garu** *vwya*, ib 104b (er bod y rh. blaen wedi ei sgrifennu yma).

Cymh. hefyd : *fod pob darn o'u crefydd nhwy'n hen anianol,* **wedi wneuthyr** *yn gymeradwy*, DFf 131, (' crefydd,' y mae'n debyg, sy'n rhagflaenydd) ; *y mae gennym* **wedi ossod** *o'n blaen* **i'w ddilyn, athrawiaeth** *yr yspryd glân*, ib 172 (cymh. *yr a. honno*, ib XI ; am fod y rhagflaenydd wedi ei leoli yn ddiweddarach na'i ragenw yma, ni cheir rhybudd o genedl a rhif yr enw, ac yn rhesymegol dylid cael ' wedi ei gosod i'w dilyn) ; *y fuchedd sanctaidd yr oedd yr apostol* **yn ei arwain,** HFf 368 (= ' yn ei harwain ') ; *y mae'r gair* **wedi golli,** DPO² 22 (cyferb. *wedi ei golli*, ib ib).

Ond nid yn aml y ceir esiamplau o'r tr. ' sefydledig ' sathredig yn rhyddiaith yr awduron safonol ; eithr yn iaith emynwyr y ddeunawfed ganrif sydd mor dafodieithol ei hansawdd, ceir digonedd* ; (ac yn Llythyrau'r

*Y mae'r rhan fwyaf o arferion yr emynwyr o sillgolli a chywasgu yn seiliedig ar arddull iaith llafar gwlad ond y mae eraill na ellir eu cyfiawnhau yn y ffordd hon. Hawdd i'r rh. blaen ddiflannu ar ôl *wedi*, ond ni ddiflannai *i'w* ar ôl *wedi*, ac yn sicr ni ddiflannai ffurf y De *iddi*, eithr cymh. : **Wedi ras** *ein gwneud yn rhydd*, T.W., Dyfroedd Bethesda, 57.

Morysiaid hefyd), ac mewn awduron tebyg i Gomer yn y ganrif ddiwethaf y mae'r gystrawen sathredig yn normal. Cymh. : *yr holl nwydau hyn ag y'ch chwi* **yn alw** *yn llyffaint*, Williams, DNupt 6 ; *Y Goron Aur o Barch a Bri / Mae'r Eglwys mewn Llawenydd llon /* **Yn osod** *ar Ben Salomon*, D.J. o Gaeo, Hymnau (1775) 40 ; *Derbyn y Deyrnged y'm* **yn ddwyn,** ib 40 ; *neu rywbeth arall na fyddid* **yn werthu** *ond yn anaml*, Gomer, Gweithiau, LV ; *yr hwn oedd* **yn deimlo,** ib 34 ; *â'r garreg ag oeddynt* **wedi godi** i'w lle, ib 78 (= ' wedi ei chodi ').

(iv) Ceisir dangos yn awr sut y mae'r tr. ' sefydledig,' sy'n cynrychioli rh. blaen dealledig yn y lle cyntaf, yn lledu i gymalau perthynol o fathau eraill fel petai'r treiglad i'r berfenw ar ôl *yn* (ac weithiau mewn cysylltiadau eraill) yn ffordd ' normal ' o gyfeirio at ragflaenydd, h.y. gan fod y rh. blaen yn cael ei hepgor o flaen berfenw y cymal perthynol traws, y tr. sefydledig, a fagodd y berfenw, yw'r arwydd sy'n cyfeirio at y rhagflaenydd. Yn y brif frawddeg : *y mae ef yn meddwl codi tŷ*, y mae *codi* yn ' wrthrych ' genidol i'r berfenw cyntaf, sef *meddwl* ; a *tŷ* yn ' wrthrych ' genidol i'r berfenw *codi* ; felly os troir *tŷ* yn rhagenw, daw'r rh. blaen o flaen *codi* : *y mae ef yn meddwl ei godi* ; a chan ein bod yn arfer y rh. ôl ategol mewn prif frawddegau, cedwir purdeb rhesymegol y gystrawen : *y mae'n meddwl ei godi fe heb fod yn hir.*

Ond os defnyddir y gosodiad hwn yn swydd cymal perthynol traws i ddisgrifio *tŷ*, byddir yn hepgor y rh. ôl ategol ; a chan mor gadarn yw'r duedd i feddalu'r berfenw yn y cymal perthynol ar lafar gwlad, wrth adael y rh. blaen yn ddealledig, ceir tr. i'r ddau ferfenw, yn lle treiglo un yn unig, sef yr un y dylai fod rhagenw o'i flaen yn wreiddiol : *bu'n gweld cyfreithiwr ynglŷn â'r tŷ* **mae'n feddwl godi.**

Dyma rai dyfyniadau a godwyd o amrywiol destunau cymharol ddiweddar a ddengys dreiglad sefydledig y berfenw ar ôl *yn* mewn cymal perth. traws. Yn y cyntaf o ryddiaith Morgan Llwyd ceir brawddeg o deip ' yn meddwl ei godi ' uchod, ond rhoir y rh. blaen o flaen y berfenw cyntaf, yn lle o flaen yr ail, a gwneir i'r ddau ferfenw dreiglo : *Pa beth y mae hi* **yn ei geisio ddwedyd** *wrthyt*, GMLl. 1.130 ; cymh. ymhellach : *wrth bod* (darll. *bob*) *Hanes ag wyfi* **wedi allu ei gasglu,** Joshua Thomas, HB 434 ; *Rhan gyd â'r moch* **mae'n ddeisyf gael,** D.J. o Gaeo, Hymnau (1775) 71 ; *Mor lleied Rhan o'th air bob tro /* **Wy'n allu gadw** *yn fy Ngho*, ib 199 ; *Harddaf lle'r* **wy'n allu 'nabod,** Hen Benillion, 73 ; *Teilwng o bob anrhydedd* **a ellir roddi** *mewn dyn*, Gomer, Gweithiau, LV ;* *pa beth y mae'r dyn* **yn geisio ddywedyd,** ib 26 ; *dynion y rhai ydych* **yn fwriadu eu tramgwyddo,** ib 54.

Yn B IX.214 ceisiais ddangos sut y tyfodd y gystrawen rangymeriadol a gynrychiolir gan y canlynol : *fel un* **wedi i win ei orchfygu,** Jer. XXII.9 ; cymh. enghreifftiau o sillgolli'r ardd. *i* : *ar dolur* **wedy Dduw** *ei bwyntio*, DCr[1]17[b] (ib[2] 16[a]) ; *o rodhion* **wedy Dduw** *eu rhoi*, ib[1] 20[b] (ib[2] 17[b]).

*Wrth adfer brawddegau fel hon i'w ffurf lenyddol, nid oes raid arfer *y* yn lle *a* er bod y cymal yn gymal perthynol traws ; gellir cadw *a* o flaen y berfau *gallu* a *dylu*, h.y. ' anrhydedd a ddylid ei roddi,' ' a allai ei roddi,' etc.

§66 Ei Gilydd, Eich Gilydd, Ein Gilydd

(i) Yng nghystrawen *ei gilydd* ceir *g* ar ôl y rh. blaen *ei*, yr hwn a bair dr. m. ; felly ffurf gysefin y gair fyddai *cilydd* ; os *cilydd* yw'r ffurf gysefin pam nas ceir ar ôl *eich*, *ein*, dau ragenw blaen a gymer y gysefin ar eu holau ? Y mae'n ddigon gwir mai *cilydd* yw'r ffurf gysefin wreiddiol, a digwydd yn y farddoniaeth gynnar fel enw, yn ei briod ystyr, sef ' companion, mate,' e.e. *rac Davyt* **awch kilyt** *kilywch*, Prydydd y Moch, MA 200a (' before D. your comrade stand aside ') ; *Duw y cheli vu* **y chilyd,** Bleddynt Du, RP 1251 (' God her Lord was her companion '). Ceir y gysefin ar ôl *awch* (' eich ') a thr. llaes ar ôl *y* ben. ; a dengys y gynghanedd *kilyt—kilywch*, *cheli—chilyd*, fod yr orgraff yn iawn gynrychioli'r treiglad-au.

Er hynny, yn y gystrawen bresennol sydd i *gilydd*, yr un ffurf a geir ar ôl *ein*, *eich* ag ar ôl *ei*. Rhyfedd hefyd fod y rhagenwau *ein*, *eich* yn lluosog, a bod y rhagenw yn unigol yn y 3ydd pers., er mai *eu gilydd* a arferid yn gyson yn y ganrif ddiwethaf. Y mae rhywbeth ' lluosog ' yn hanfod yn y gystrawen gan fod yn rhaid cael mwy nag ' un ' cyn y gellir arfer y gystrawen o gwbl.

(ii) Fel enw annibynnol y mae *cilydd* wedi diflannu'n gyfan gwbl o'r iaith, a bu diflannu o'r enw annibynnol yn help i'r gystrawen i ddatblygu neu i lygru i'r hyn yw yn awr. Pan ddefnyddid ef i gyfleu'r ystyr sydd yng nghystrawen *ei gilydd*, er mai lluosog o angenrheidrwydd fyddai'r ' rhif ' yn y cysylltiadau (berf luosog neu arddodiad lluosog), ac er y gallai'r ' person ' fod yn gyntaf lluosog neu'n ail lluosog, fe fyddai'r cwbl yn cael ei droi'n 3ydd person unigol gwryw. drwy gael *pawb* neu *pob un* o flaen *cilydd* ; y rh. blaen (neu fewnol) i gyfateb i *pob un*, *pawb* fyddai *ei*, *'i* (*y*, *'i*, *'e*), sef y 3ydd un. gwr. Hynny a barai'r tr. *ei gilydd* ac awgrym fod y gystrawen yn hynafol yw fod y gystrawen gyfatebol yn yr Hen Wyddeleg wedi ei llunio â'r un geiriau, sef *cách a chéle*. Cymh. *ac y tagnovedwyd* **pawb** *o nadunt* **ae gilyd,** WM 451 ; *Llawen vu* **pob un** *wrth* **y gilid** *o honunt*, ib 9.

Yn iach weithian dan y dydd
Y gwelom **bawb i gilydd,** ST (dyfynnir yn WG 305).

Y cam nesaf oedd hepgor *pawb*, *pob un*, ond heb ddiwygio dim ar y rh. blaen, e.e. *Ni a ddylem garu i gilydd*, AG 25 ; a hyd yn oed ym Meibl 1620 cedwir y gystrawen heb ddiwygio'r rhagenw neu ei ' gyfaddasu ' at y person sy'n briodol i'r cysylltiadau : *Byddwch yn un-fryd â'i gilydd*, Rhuf. XII.16 ; *Anwylyd carwn ei gilydd*, 1 Ioan IV.7.

Fel hyn y bu'r gystrawen am beth amser ond rhaid fod siaradwyr yr iaith, ar ôl colli *pawb*, *pob un*, o'r gystrawen, yn araf ymglywed â'r anghysondeb yn y cystrawennau hyn, fod yr ystyr yn berson cyntaf lluos. neu ail lluos., fel sydd yn y berfau ' Byddwch ' a ' carwn,' a'r rhagenw a ddylai gyfeirio at yr un person yn drydydd unigol. Felly fe ddiwygiwyd y gystrawen i gael y ddau ' berson ' yn gyson â'i gilydd, gan roi *ein, eich* yn lle *ei* (*i*), ond heb newid treiglad *gilydd* o gwbl i ateb *ein* ac *eich* gan fod yr enw cynhenid wedi hen ddiflannu a'r ffurf dreigledig *gilydd* bellach yn sefydledig ; nid ' sefydledig ' yn unig, ond dyna'r unig ffurf hysbys ar y gair. Ni ellid disgwyl adfer ' cilydd ' gan na wyddid am y ffurf. Gellir dweud am y gystrawen fod ei datblygiad hyd yma yn beth hollol naturiol, datblygiad yn yr iaith lafar ei hun.*

(iii) Gyda'r 3ydd person dylid cofio mai'r un yw sain y rh. blaen unigol a lluosog, oblegid yr oedd yr hen *eu* lluos. wedi troi'n *y, i,* yn gynnar iawn, a gwyddys mai *y, i* yw ffurf hanesyddol gywir *ei*. Felly, o ran yr iaith lafar, nid oedd galw am unrhyw ddiwygio yn y 3ydd person, gan mai *i gilydd* oedd y sain, sut bynnag y cynrychiolai'r llenorion yr *i* wrth ysgrifennu ac argraffu. Ond digon naturiol oedd i'r llenorion ddechrau arfer *eu* gan fod yr ystyr yn ymddangos yn lluosog a chan fod rhagenwau lluosog i'r ddau berson arall. A gwnaethpwyd hynny heb newid treiglad *gilydd* ar ôl *eu*, gan fod *gilydd* yn sefydledig ei ffurf a chan nad oedd neb a wyddai mai *cilydd* oedd yr enw yn gynhenid ; (ond gwybod neu beidio, ni byddai dim wedi mennu ar arfer yr iaith lafar a gadwai *gilydd* ar ôl *ein* ac *eich*).

Yr oedd rhyw fath o gysondeb felly drwy arfer *eu*, cymh. *heb vn yn deall* **eu gilydd,** B VIII.116 ; *y ddau cystal* **a'u gilydd,** RBS 19 ; ac yn HFf ac ym Mhantycelyn y mae esiamplau o frawddegau sy'n debyg i'r rhai yn (ii) ar ôl colli *pob un*, lle y mae'r ' cysylltiadau ' yn gyntaf lluosog neu'n ail lluosog a chystrawen *gilydd* yn parhau i fod yn drydydd person, a ffurf luosog y rh. blaen a ddefnyddir ; (cymh. hefyd yr hyn a roir yn y nodiad cyntaf ar odre'r tudalen) : *yr ydym ni yn coffau eu gilydd,* HFf 36 ; *nid wyf yn cofio* **in'** *dreulio awr . . . gyd* **a'u gilydd,** DNupt 22 ; a dyma esiampl o'r ' hen ' a'r ' newydd ' ochr yn ochr : *yr ŷm yn helpu* **ein gilydd,** *yn tosturio wrth* **ein** *gilydd, yn maddeu, ac yn cuddio gwendidau* **eu gilydd,** *yn amddiffyn* **eu gilydd,** ib 24. Erbyn y bedwaredd ganrif ar bymtheg *eu gilydd* oedd yn ' safonol.'†

(iv) Un o ganlyniadau'r ysgolheictod a'r safoni diweddar fu'r newid a wrthododd *eu gilydd* gan adfer *ei gilydd.* Gwnaethpwyd hyn ar bwys y ddadl mai hynny oedd yr hen gystrawen cyn ei llygru a bod cael y ffurf *gilydd* ar ôl *eu* yn anghywir gan mai ' eu cilydd ' fyddai'r iawn dreiglad.

*Credaf imi glywed y gystrawen heb ei ' chyfaddasu ' ar lafar gwlad yng Nghaerfyrddin a Phenfro, e.e. ' Rhaid **inni** sgrifennu at **i** gilydd ' ; ' Gwell i **chi** helpu **i** gilydd,' etc. Sylwais ar enghraifft ddiddorol yng ngwaith Wil Ifan :

Dyma fi a'r hen barc **gyda'i gilydd,**
*A'***n** *praidd o atgofion lu.* Unwaith Eto 23.

†Dyma beth diddorol, yn ALMA 154. Ar ddiwedd llythyr Richard Morris at William Jones (Mai 1745) ynghylch ei fersiwn o'r Beibl, ceir y nodiad hwn, "yn llaw rhywun arall" (a chasglaf mai W.J. a'i hysgrifennodd) : ' English—Love one another : Welsh in the present editions *Cerwch eu gilydd,* it ought to be *Cerwch eich gilydd.*'

Gellid dadlau hefyd na ddywedodd neb **eu** *gilydd* erioed wrth lefaru'n naturiol (gan olygu ei sain briodol i'r rhagenw *eu*), a phetai dynion yn cynanu *ei gilydd* gan roi'r sain hanesyddol gywir i *ei*, byddai hynny'n iawn gynrychioli'r sain a fu i'r gystrawen o'r dechrau cyntaf. Ymddengys i mi mai ffrwyth rhesymeg yw hyn oll, ac ymchwil academaidd, ac mai annoethineb oedd gadael i'r ymchwil ymyrryd â chystrawennau arferedig yr iaith. Un peth yw olrhain tarddiad cystrawen yn hanesyddol ; peth arall yw cymeradwyo arfer mewn Cym. Diw. gystrawen a fu'n gywir ond na ellir ei chael yn ôl i'r iaith ond yn rhyw hanner cywir ar y gorau. Nid oes neb am adfer ' pob un (e)i gilydd ' a dyna fyddai'r gystrawen hanesyddol gywir, sy'n cyfiawnhau'r rhagenw blaen 3ydd unigol. Yr oedd yn bosibl ailddiwygio a ' phuro ' y gystrawen yn y 3ydd person gan mai'r un sain ar lafar gwlad sydd i *ei* (*gilydd*) ac *eu* (*gilydd*), ond mater o orgraff yn unig yw'r diwygiad, mwy neu lai. Y mae dadlau fod *gilydd* yn dangos ' treiglad anghywir ' ar ôl *eu* yn bur ddi-bwynt a di-weld, gan fod yr un peth yn wir am *ein* ac *eich* ; ac yma ni allwyd ' cywiro ' gan fod y rhagenwau hyn yn yr iaith lafar, heb ddim amwysedd, a'r ffurf sefydledig *gilydd* yn dilyn *ein*, *eich* heb falio dim am y ffurf gysefin gynhenid ' cilydd.'

Bellach gan fod *ei gilydd* wedi ei dysgu a'i harfer am genhedlaeth gyfan, rhaid ei derbyn a pharhau i'w harfer. Fe benderfyna'r iaith lafar beth sy'n iawn i'r person cyntaf lluosog a'r ail.*

§67 Y Rhagenwau Meddianedig

(i) Hen ffurfiau'r rhagenwau hynny sy'n *eiddof*, *eiddot*, *eiddo*, etc. yn awr oedd *mau*, *tau*, *eiddo*, *eiddi*, *einym*, *einwch*, *eiddunt*. Erbyn Cym. Diw. ail-luniwyd y rhediad drwyddo ar sail y trydydd person. O ran yr iaith lafar, ffurfiau meirwon yw'r rhagenwau hyn, fel rhagenwau ; fe'u cedwir yn yr iaith lenyddol, ac weithiau troir yn ôl yn y farddoniaeth gaeth ddiweddar i arfer yr hen ffurfiau *mau*, *tau* ; fel addurn yn unig y byddai'n briodol arfer y ffurfiau coll hyn bellach.

(ii) Cyfetyb y rhagenwau hyn i'r *Absolute Possessives* yn Saesneg, *mine*, *thine*, etc., ac y mae'r gystrawen sydd iddynt yn bur debyg yn y ddwy iaith. Y mae *mau*, *tau*, etc. yn wahanol (yn y lle cyntaf) i *fy*, *dy*, etc. : swydd *fy* yw cynrychioli'r enw genidol, e.e. *cap y bachgen* : os myfi yw'r ' bachgen ' ceir *fy nghap* ; os trydydd pers. yw, *ei gap* ; ar y llaw arall swydd *mau*, *tau*, *eiddo*, etc. yw cynrychioli'r enw meddianedig *cap* ynghyd â'r enw genidol. Os na fydd dim yn y cysylltiadau i rwystro hynny, y

*Diddorol cymharu ag *eu gilydd* lle ceir ' treiglad ' sy'n anghyson â'r rh. blaen *eu* y ffurfiau *ei gyd*, *eu gyd* (yn lle *i gyd*) a arferir yn aml gan ysgrifenwyr fel Pantycelyn ; ond fe ddylid cofio mai amryfusedd yn yr iaith lenyddol yn unig yw arfer *ei* ac *eu* o gwbl yn y cyd-destun hwn yn lle *i gyd*. Y dyb mai rh. blaen *y* neu *i* (=*ei*) oedd yr *i* yn *i gyd* a droes y peth yn *ei gyd*, a'r ymdeimlad fod y gystrawen yn lluosog mewn cyd-destun fel ' y maent i gyd ' a roes *eu gyd*, a hynny heb beri dim gwahaniaeth i'r tr. ar ôl *ei* ac *eu* ; cymh. Williams (1811) *Fy ffryns eu gyd*, 240 ; *ei gyd*, 234.

mae'r rhagenw yn bendant, gyda'r fannod o'i flaen : *y mau, y tau, yr eiddo,* etc. ; cymh. *y edrych pa uedwl yw* **yr eidunt,** WM 39 = ' pa feddwl yw eu meddwl hwy.'

Ond ar ôl *yn* traethiadol ni ellir rhoi enw na rhagenw pendant (a siarad yn gyffredinol), hynny yw, ni ellir dywedyd ' mae hwn yn fy nghap ' ; rhaid cael y gystrawen amhendant ' yn gap i mi,' neu ' mae'r cap hwn (yn) eiddof i.' Trefniant diweddar ar y Frawddeg ' Enwol ' yw'r frawddeg ddiwethaf yma, a'r hen drefn fyddai ' Eiddof i (yw) y cap hwn.' Rhodder yr hen ffurf ar *eiddof i* a cheir ' mau y cap hwn,' ac yn lle *mau yw* . . . arferer *ys mau* . . . er mwyn cyrraedd y gystrawen gyntefig, e.e. *ys meu y gwyled, ys meu y llared, ys meu y delideu ae gorefrasseu*, BT 63.13-14 (= ' Mine is their courtesy, Mine is their bounteousness, Mine are their feasts and their luxuries,' J.M.-J., Taliesin 182) ; am esiamplau tebyg gw. CA 1317, 1376, nod. t 358 (= ' sydd eiddof, sydd imi ').

Troer y dyfyniad a roed uchod o WM 39 yn gymal perthynol nes cael *ysydd,* ni ellir dywedyd ' sôn am y meddwl ysydd yr eiddynt ' ; rhaid hepgor y fannod yma, gan fod *eiddynt* yn draethiad neu'n ddibeniad heb *yn* ; cymh. enghraifft draethiadol ar ôl *malpei* : *Yr hwn a vo da gennyt ti malpei* **teu** *vei, gwna arnaw*, RM 127 (= ' as if it were thine ').

(iii) Ymddengys i mi mai hynny oedd dwy gystrawen gynhenid y ffurfiau hyn, bod yn ' rhagenwau absoliwt ' yn cynrychioli'r enw meddianedig ynghyd â'r genidol, a sefyll yn y traethiad (neu'r dibeniad). Ond aethpwyd i arfer y ffurfiau *mau, tau,* etc. gan y cywyddwyr fel amrywiadau addurniadol ar y rhagenwau *fy, dy* ; a hynny mewn dwy ffordd : (1) *yr + enw + mau* yn lle *fy + enw, Danvonwn* **o'r memrwn mav** / *Lwyth eryr o lythyrrav*, DN XXVII.35-6 ; *Ac na thewy* **ny tŷ tau,** DGG III.7 ; (2) *mau, tau* fel rhagenwau blaen yn safle *fy, dy,* e.e. **mau bwyll,** DG XLIX (= DGG XIII.13, *Amau bwyll*) ; **mau ddioddef,** ib ib (= DGG XIII.44) **Tau ddawn,** DGG VII.42 ; **Tau olwg,** IGE² 26.17.

Os (1) yw'r gynharaf o'r ddwy gystrawen hyn, yna y mae (2) yn gwneuthur cyfansoddair, sef newid ar drefn normal y geiriau, ar batrwm rhoi ans. o flaen yr enw ; gw. WS 87.

(iv) Awgrymir yn awr sut y cafodd y rhagenwau meddianedig y cystrawennau newydd yma sy'n debyg i gystrawennau ansoddair cyffredin. Yn *Tauawt iawnda yw* **y teu di,** WM 84,* y mae *y teu di* yn cynrychioli ' dy dafod di ' ; gair arall sy'n ' cynrychioli ' yw ansoddair, sef ans. ar ôl y fannod i gynrychioli enw pendant, e.e. *y cadarn* yn lle *y gŵr cadarn* ; *y lân* yn lle *y ferch lân*, etc. Yn hyn o beth y mae *y cadarn* ac *y teu* yn debyg iawn i'w gilydd ; cynrychiolant enw pendant ill dau. Os gellir rhoi'r ' gwir enw ' yn ôl yn *y cadarn* a chael *y gŵr cadarn*, gellir rhoi'r 'gwir enw' yn ôl hefyd yn *y teu* nes cael *y tafawt teu.*

*Y testun yw *tauawt lawn da*, R. *llawnda* ; gw. nodiad yn B IX.126 lle yr awgrymais ddiwygio'r testun a darllen *iawnda* (= ' iawndda, da iawn, reit dda ').

Datblygiad pellach yn hanes yr ansoddair cyffredin yng nghelfyddyd y beirdd yw ei arfer yn lle enw amhendant, nes cael *cadarn* yn lle *gwr cadarn* ; *mwyn* yn lle *merch fwyn.* Ond y mae'r gystrawen hon yn brinnach lawer : e.e. gellir sôn yn ddigon naturiol am *y tlawd,* eithr nid naturiol na hawdd dywedyd ' mae tlawd wrth y drws.' Yn unol â hyn, y mae'r esiamplau o roi *mau, tau,* ar ôl enw amhendant yn brin, gw. WG 282 ; a'r rheswm yw mai drwy'r gystrawen i ' gynrychioli ' enw pendant y daeth yn arfer i roi *mau, tau* ar ôl yr enw o gwbl. Sut bynnag, os oedd yn bosibl troi *gŵr cadarn* yn *cadarn ŵr,* yr oedd yn bosibl troi *tafawt teu* yn *teu dafawt* hefyd. Y mae'n ddiogel casglu mai effaith ymresymiadau neu arbrofion y beirdd yw'r cystrawennau hyn, ac nid datblygiadau ar lafar. Yn iaith y cywyddwyr yr arferir hwynt amlaf ac y mae'n debyg mai adlewych yn unig o arddull y beirdd yw fod rhai esiamplau yn y testunau rhyddiaith.

(v) Nid rhaid manylu i ddangos fod *eiddo* yn enw bellach yn golygu ' meddiant.' Y mae esiamplau o'r rhagenwau eraill yn golygu'r un peth, yn enwedig o *meu* ; ac nid hawdd penderfynu bob amser ai fel rhagenw neu ynteu fel enw cyffredin y dylid trin *meu*, e.e. *Ae* **meu y minneu** *dy verch di weithon.* **Meu** *heb ynteu,* RM 142, ' Is thy daughter property to me now ? Property (h.y. ' Yes ') ; *vy merch inneu a geffy yn veu itt,* ib 125 ; *yn veu idaw e hun,* ib 207 ; *y'n meu ny hun,* YCM[2]60. Y mae'r ffaith fod *mau* yma gydag *itt, idaw, ny hun* yn arwydd mai enw yw, ac nid rhagenw yn golygu '*fy* meddiant.'

(vi) Gellir dosbarthu'r treigladau'n ôl yr amlinelliad a roddwyd uchod, (*a*) sut y trinir *mau, tau* ar ôl y fannod pan fo'n cynrychioli enw, (yn debyg i ans. yn cynrychioli enw) ; (*b*) treiglo yn y traethiad ; (*c*) fel ' ans.' yn y teip *y memrwn mau* ; (*d*) yr enw ar ôl *mau, tau,* etc. Pan fydd *mau, tau* ar ôl y fannod yn cynrychioli enw gwr. un., cadwant y gysefin : *Tauawt iawnda yw* **y teu di,** WM 84 ; **y teu ditheu,** YCM[2] 58 (= march) ; *vy eneit inhev a gollir val* **y tev ditheu,** B IX.329 ; *neb un mor wedus cledyf ar y ystlys* **ar meu i,** dyfyniad yn Strachan, IEW, t 41. Yn yr enghraifft a ganlyn ni cheir enw y gellir synio amdano'n wr. neu fen., ac y mae *y meu* felly yn haniaethol : *Mi a vynnaf dy vot ti yn arglwyd arnaf i ac ar* **y meu,** SG 268 ; rhoir y cwpled canlynol yn WS 88 (heb y cyfeiriadau) fel enghraifft o'r un peth :

Un afael ŷm, un ofeg ;
*Mi biau'***r tau,** *mab Iôr teg* (' I own thine ').

Cyferbynnir â hyn (yn WS 88) enghraifft lle cynrychiolir enw dealledig :

*Gwin a roit ym gwyn o'***r tau** ;
Glaw gwyn o'm golwg innau, TA (= argr. T.G.J., 72.35-6)

Pan gynrychiolir enw ben. ceir treiglad :

*Cathl lân a diddan yw'***r dau** ;
Cethlydd, awenydd winau, DG XCV (= DGG XXXII.33-4).

Cymh. ymhellach : *ygkyfamrysson kerdeu. oed gwell y synhwyr* **nor veu** BT 36.2-3 (yn cynrychioli ' cerdd,' nid ' synnwyr ' sy'n enw gwr. yn yr hen destunau fel yn awr, gw. esiamplau yn y nodiad ar y gair yn CA 243-4) ;* *Pan varnher y kadeireu. Arbenhic vdun* **y veu,** ib ib 7-8 ; *a thi a wybyddy mae gwag vocsach yw* **y deu di,** B v.214 ; *nid oes breswyl is* **nor deu di** *ond uphern,* ib IX.122 ; *em kemellir e wediaw trugared yessu grist* **ar deu ditheu,** ib ib 147.

Y mae rhai enghreifftiau yn y testunau rhyddiaith sy'n methu dangos y tr. a ddisgwylir, peth nad yw'n anghyffredin o gwbl i'r rhai sy'n gyfarwydd â'r hen destunau. Dyfynnir yn Strachan IEW 41 : *ath gedymdeithas yssyd adolwyn gennyf y gaffael. Keffy, myn vyg cret, a dyro titheu* **y teu** (dyfyniad a gyfetyb i WM 144 sydd heb ' y gaffael '). Sylwer ar yr enghraifft arall yn Strachan o beidio â dangos y tr. i *teu* ar ôl *dy* : *pa vedwl yw dy teu ti* (= WM 448 *pa vedwl yw dy teu di* = P 6.IV.224 *Py vedwl yw y teu di*). Nid yw methu dangos y tr. yn profi mai'r gysefin yw'r darlleniad cywir.

Pan fydd yr enw a gynrychiolir yn lluosog ceidw'r rhagenw y gysefin ar ôl y fannod : *hen esgyrn yw* **y teu di,** B v.214.

(vii) Y mae treiglo *mau, tau* yn y traethiad neu'r dibeniad yn dibynnu ar natur y traethiad ei hun, a thrinir *mau, tau* yr un fath â geiriau eraill. Cedwir y gysefin yn yr enghraifft a ddyfynnwyd uchod *malpei teu vei,* RM 127, yn hollol fel y cedwid cysefin enw fel ' dyn ' neu ' meddiant.' Treiglir ar ôl *yn* ac *ysy(dd)* fel y treiglid enwau ac ansoddeiriau cyffredin : *hynny sydd fau,* DG XXIII ; *sydd dau di,* ib CVI ;

Y sy heddiw o swyddau
Sy wiw eu dwyn ysy dau, IF (dyfyniad yn WS 87).

Y ferch a welir **yn fau**
A gŵr Esyllt dan groesau, DG LXXXIX (= DGG IV.37).

Ar y llaw arall, cedwir y gysefin ar ôl *bo* gan mai'r gysefin sydd yn y dibeniad yn dilyn *bo* bob amser yn yr hen destunau : *a thitheu ny bo* **teu** *dy benn,* WM 456 (' may not thy head be thine ').

(viii) Pan leolid *mau, tau* ar ôl yr enw fel ans., fe'u trinid fel ans. cyffredin, sef y gysefin ar ôl enw gwr., a thr. m. ar ôl enw ben., a'r gysefin ar ôl enw lluosog.

*Ceir enghreifftiau o *synnwyr* ben., gw. §2, Nodiad (*ff*).

Cymh. *dy ymadrawd teu di*, RBB 67 ; *duw dwc ni atat y mawr dad meu*, LlH 33 ;

Nid cymin ar y min mau
Blys gwin a blas ei genau, DGG XII.25-6.

Ar ôl enw lluos. amhendant : *O benillion mwynion mau*, DG CXIV ; gyda rh. mewnol yn lle'r fannod o flaen yr enw : *y'th wyndut teu*, GMD, RP 1202 ; ar ôl *y rhai* : *o'r rei teu ditheu*, YCM² 11.

Esiamplau i ddangos y tr. ar ôl enw ben. : *y daith dau*, RD (dyfyniad yn WS 86) ; *o'th law dau*, TA (WS 86) ; *A ffyrdd i Fôn, a'r ffordd fau*, DGG XL.83 ; *y gyd ar lludedic yscwydd dau dy*, B II.116 (W. Salesbury) ; *Yna pan dorro'r Galon fau*, D.J. o Gaeo, Hymnau (1775) 14.

Enghraifft ddiddorol yw'r ganlynol o dreiglo ar ôl *tŷ* ar batrwm y tr. yn *Tŷ Ddewi*, etc., gw. §46 (iii).

O daw y fun i **dŷ fau,**
I **dŷ fun** *y dof innau*, DGG XLIII.31-2.

Cyferb. *Ac na thewy ny* **ty tau,** ib III.7.

(ix) Pan leolir y ffurfiau *mau, tau* neu ryw un o'r ffurfiau personol eraill o flaen yr enw, achosir tr. m. i'r enw am fod y lleoliad hwn yn gwneuthur cyfansoddair rhywiog o'r 'ans.' a'r enw. Yr un gystrawen a geir â phan roir ans. cyffredin o flaen enw a phrawf o hynny yw fod y rh. ansoddeiriol ei hun yn cadw'r gysefin ar ôl y fannod pan ddaw o flaen enw gwr., ac yn treiglo o flaen enw ben. : *O'r deau at y fau fun*, DGG XXXIII.4 ; *Fy esgus yw'r fau wisg sydd*, ib XLI.9 ; cyferb. *y mau gnawd*, ib VII.20.

Dengys yr enghreifftiau a ddyfynnwyd y tr. i'r enw ei hun ; cymh. ymhellach :

Y mae eiry—nid mau oroen—
I'm crys rhwng 'y mhais a'm croen, DG LV.

Na phan [yd] oeddem, gem gu,
Einym gur, *yn ymgaru*, ib CXVII.

mau bwyll, ib XLIX (= DGG XIII.13 *Amau bwyll*) ; *mau ddioddef*, ib ib (= DGG XIII.44) ; *tau ddyn*, ib LIII ; *mau boen dwfn*, ib LXIII ; *mau lym lid*, ib CXIV ; *mau ofid*, ib ib ; *mau glwyf*, DGG VII.21 ; *mau wâl*, ib VII.13 ; *Tau ddawn*, ib ib 42 ; *mau blethiad mawl*, ib IX.14 ; *mau gyni*, ib XIX.7 ; *mau wewyr dwys*, ib XXII.10 ; *mau drydar sôn*, ib XL.7 ; *mau ddarpar*, IGE² 39.7 ; *tau olwg*, ib 26.17.

§68 RHAGENWAU PERTHYNOL

(i) Y mae *a* yn gwasanaethu fel rh. perth. i'r cyflwr enwol ac i'r cyflwr gwrthrychol : (*a*) *Gwelais y dyn* **a** *gododd y tŷ* ; (*b*) *Gwelais y tŷ* **a** *gododd y dyn* ; (*c*) *Syrthiodd y tŷ* **a** *gododd y dyn*. Nid cyflwr ei ragflaenydd sy'n penderfynu cyflwr y rh. perth. ond ei swydd yn ei gymal ei hun ; y mae *dyn* yn wrthrych yn (*a*) ond y mae *a* sy'n ei gynrychioli yn oddrych yn ei gymal ei hun, oblegid, pe bai'r cymal perthynol yn brif osodiad, ceid *cododd y dyn y tŷ*. Yn (*b*) y mae *tŷ* yn wrthrych yn y brif frawddeg, a gwrthrych hefyd yw'r *a* sy'n ei gynrychioli yn y cymal perthynol ; a phe bai (*c*) yn darllen fel hyn, ' syrthiodd mur y tŷ a gododd y dyn,' byddai *tŷ* yn gyflwr genidol a'i gynrychiolydd yn y cymal perth. yn wrthrych ; ac yn ' gwelais fab y dyn a gododd y tŷ,' y mae *y dyn* yn gyflwr genidol a'r *a* yn oddrych.*

(ii) Y mae tr. m. bob amser i'r ferf a ddaw'n uniongyrchol ar ôl y rh. perth. *a*, goddr. a gwrthr. Y mae hyn mor gyffredin fel mai afraid yw dyfynnu esiamplau.

Yn WG 287 fe ddywedir nad oes dim tr. yn dilyn *a* gwrthr. yn wreiddiol, a dyfynnir *Betev ae gulich y glaw*, BB 63 [= Beddau a(e) gwlych y glaw, ' Graves which the rain wets.'] Ffurf Hen Gym. y rh. perth. yw *ai*, *hai*, ac awgrymir mai olion y ffurf hon yw *ae* y Llyfr Du, a ddigwydd dair gwaith ar yr un tudalen heb dreiglad. Gan mai *a* + rh. mewnol yw *ae* fel rheol (mewn Cym. Can.) y duedd gyntaf fyddai deall pob *ai*, *ae* fel *a'i*, a dyma a wna Strachan, IEW 36, i'r enghreifftiau cynnar o *ai* y gellir bod yn weddol sicr mai rh. perth. yn unig sydd ynddynt, heb ragenw mewnol o gwbl ; ac fel *a'e* y deallodd Morris-Jones enghreifftiau'r Llyfr Du ar y cyntaf, gw. WS 92. Y mae hyn hefyd yn erbyn darllen *ae* fel *a'e* : os dadansoddwn yr elfennau sydd yn y frawddeg, gwelwn mai'r un person yw'r *a* a'r *'e* (a bwrw yn awr mai rh. m. yw), hynny yw, y mae'r *a* yn wrthrych i *gwlych*, a'r rh. m. yn wrthrych iddi, = ' the graves **which** the rain wets **them**.' Ni cheir dim tebyg i hyn yn y testunau rhyddiaith, sef cael rh. m. i gynrychioli'r un person ag a gynrychiolir gan y rh. perthynol ei hun, ac nid cywir yr hen ddehongliad mai *a'e* (rh. perth. + rh. m.) sydd yma. Ar y llaw arall y mae'n bosibl fod esiamplau yn y beirdd o roi rh. m. ar ôl rh. perth. *goddrychol*, i achub y blaen ar wrthrych enwol : *A duw* **ae** *mynnwys* **myniw** *y dewi*, LlH 204 ; *Crehyr* **a'i** *hegyr* **hoywgŵys**, IGE² 80.14 ; lle y mae'r *'e*, *'i*, yn achub y blaen ar *myniw*, *hoywgwys*.

*Gan nad oes dim modd gwahaniaethu rhwng *a* goddr. ac *a* gwrthr., gellir llunio brawddegau amwys iawn. Enghraifft ddiddorol o hyn yw'r ddadl a fu yn *Seren Gomer* (Ebrill 1814 ac ymlaen) rhwng gohebwyr a'r golygydd (= ' Llewelyn ') parthed ystyr y gosodiad ' Y ci a laddodd y ddafad,' a'r golygydd ei hun yn methu'n lân â gweld fod modd i'r frawddeg hon olygu dau beth, fod y ddafad wedi lladd y ci, a bod y ci wedi lladd y ddafad ; gw. Joseph Harris (Gomer), *Gweithiau*, 15—18. Cofia'r ysgrifennwr am gwestiwn yn cael ei ofyn i'r plant lleiaf yn yr ysgol, ' Sawl torth a ddododd dy fam yn y ffwrn ? ' a rhesymeg y doethion yn twyllo'r gwirion mai'r fam a ddodwyd yn y ffwrn gan hyn a hyn o dorthau.

Efallai mai petruso oblegid amwysedd *a*, ynghyd ag effaith arddodiad yn y cymal nes gwneuthur iddo edrych yn gymal perth. traws, a bair i rai ysgrifenwyr diweddar roi *y* yn lle *a* : *mewn traddodiad* **y ceid ef** *yn Ewrob fil neu ragor o flynyddoedd cyn Crist*, I. C. Peate, Crefftwr yng Nghymru, 29 ; (= a geid yn E.) ; *ar lwy gam . . .* **y gwneir hi** *o hyd gyda chymaint camp*, ib 34 (= a wneir) ; *crefft* **y ceid hi** *trwy Gymru . . . ac a arhosodd mewn cryn rym*, ib 67 (= a geid).

Y mae'n weddol sicr fod Morris-Jones yn iawn yn tybio mai rh. perth. yn unig yw *ae* y dyfyniad o BB 63, ac nad *a'e* yw ; ond gellir amau'r gosodiad nad oes dim tr. yn dilyn, os yw wedi ei seilio ar y dyfyniad, oblegid fe all *g* mewn testun fel BB gynrychioli *g* dreigledig, sef ʒ ; ac yn WG 289, wrth sôn am *Pa gur yv y porthaur*, BB 94 dywedir fod *pa gur* yn cynrychioli pa ʒ*wr*.

(iii) ' *A* ' *yn lle* ' *Y* '

Sonnir yn y paragraff nesaf am roi *y* yn lle *a* ; mater o orgraff fydd hynny ; yma mater o gystrawen yw. Ceir digon o esiamplau yn y testunau cynnar, ac mor ddiweddar â'r Beibl, o arfer y rh. perth. *a* lle byddid yn awr yn arfer *y*, sef ar ddechrau cymal perth. sy'n dynodi perthynas enidol â'r rhagflaenydd : *Ol* . . . **a** *ducpwyd moch* **y** *dat*, WM 469 (' **whose** father's pigs were stolen '), gw. WG 285 ; yr un *a* sydd yma â'r *a* goddrychol a gwrthrychol, gyda thr. m. yn dilyn ; cymh. *Gwr* **a** *aeth yny gnawt gaethrawt gethron*, RP 1236, MA 288b, (' into whose flesh nails went ') ;

Dyn **a** *dyf, dan* **i** *dafawd,*
Egin gwŷdd, o eigion gwawd, TA 70.59-60 (= DE t 139).

Y mae'r gystrawen hon wedi newid bellach, ' y ducpwyd,' ' y tyf,' ond y mae rhai enghreifftiau yn aros yn y Beibl : *a'r gŵr* **a** *agorwyd* **ei** *lygaid a ddywedodd*, Num. XXIV.3 ; gw. Richards, *Cystrawen y Frawddeg*, tt 86-7 am enghreifftiau eraill o'r math hwn. Bellach mewn un cysylltiad yn unig yr ystyrir ei bod yn iawn inni arfer *a* lle bydd y berthynas â'r rhagflaenydd yn enidol, sef cymal perth. sy'n cynnwys y berfau cynorthwyol neu ' prolative,' *dylu, gallu, dichon*, etc., berfau y mae'n ofynnol cael berfenw arall i'w dilyn i gyfannu'r ystyr, e.e. *y peth* **a** *ddylid* **ei** *wneuthur, y peth* **a** *ellid ei wneuthur* ; cymh. WS 91. Erbyn heddiw yr ydym wedi cynefino cymaint â phatrwm pethau fel ' y peth y gwyddom ei wneuthur,' ' y bwriadwyd ei wneuthur,' etc., nes bod rhoi *y* gyda *dylu* a *gallu*, etc., yn weddol gyffredin ac yn gymeradwy. Y mae ambell esiampl o *a* (yn lle *y*) pan ddynodir y berthynas â'r rhagflaenydd drwy arddodiad, ond eithriadau prin ydynt ; dyfynnir rhai yn L & P 242 megis : *y gwayw* **a** *dywawt y vorwyn du* **amdanaw,** WM 167.22.

(iv) ' *Y* ' *yn lle* ' *A* '

Mewn rhai testunau cynnar gwelir *y* yn cael ei arfer yn lle *a* fel rh. perth., goddr. a gwrthr., ond dengys y tr. m. mai *a* a olygir. Gan fod *a* yn ddiacen, fel y dengys ei sillgolli yn bur fynych, tueddai i fynd yn ansicr a thywyll ei sain, ac nid rhyfedd fod esiamplau o *y* yn lle *a* yn y cyfnodau pan fyddai'r glust yn llunio'r dull o ysgrifennu yn fwy na'r llygad. Ceir cyfeiriad yn WS 93 at sillgolli'r *a*, a'i bod, pan gedwir hi, yn troi'n *y* yng Ngwynedd, *peth y glywis i*, etc. ;* ac mewn nodiad godre sonnir am

*Cymh. : *o law cennad* **y ddaeth** *oddiwrth Huw ab Ynyr*, ALMA 2 (= Siôn Rhydderch).

esiamplau cynnar o arfer *y* yn lle *a* ; gw. L & P 244 hefyd ; ac yn *Delw y Byd,* tt 126-7 dyfynnir amryw enghreifftiau o'r llawysgrifau: *or kaffei veddic* **y** *gyuanhei y ascwrn ac* **a** *rwymei y gymaleu,* WM 141.25 ; cymh. hefyd B VI.44 : "Gan fod *a* o flaen yr acen yn aml yn fyngus rhoir *y* amdani yma weithiau : *ef y ddyly,* 19b ; *y vo,* 20a ; *ac y roed,* 20b ; *ac y allo,* 21b."

Dyma ychydig esiamplau o'r llyfrau printiedig cynnar : *y peth y ddengys,* YLlH t cyntaf ; *y ddangosase y brenin Edward,* Hom. Rhag. II ; *y orchymynnodd y frenhines eu printio,* ib ib (genidol) ; *petheu sy, y fu, ac y fydd,* RBS 176. Yn HFf fe'i ceir yn fynych fynych, ac er bod 'cynsail' i arfer *y,* diau mai rhyw chwiw yn Charles Edwards ei hunan sy'n gyfrifol am y fynych arfer ; gw. Rhagymadrodd, LXXV. Yn Bas Dor, ar y llaw arall, arferir *a* heb dr. yn lle *y* : *i chwi wybod a phwy* **a d***echreuech* ; *i'ch gwerin wybod* **a m***edrwch daro,* t 25 (nid y rh. gofynnol, ond = *y*) ; cymh. hefyd : *Felly* **a d***yle,* CRhC 12 (= y dylai) ; *Fo alle* **a c***ewch,* ib 12 (= y cewch) ; *Ond rwy yn ofni yn fynghalon / **a d**igie nhad yn greylon,* ib 20.

(v) *Sillgolli'r 'a'*

Gan fod yr *a* yn ddiacen, tueddir i'w sillgolli wrth siarad, ond y mae olion y rhagenw yn aros yn y tr. sydd i'r ferf, e.e. *y dyn* **gododd** *y tŷ,* etc.; a byddir yn hepgor yr *a* yn bur gyffredin mewn barddoniaeth lle byddo'n gyfleus i'w gael o'r ffordd, e.e. *Ein henaid lluddedig gaiff orffwys* ; gw. WG 285 am enghreifftiau o hyn yn y beirdd : *Y ddraig coch 'ddyry cychwyn* D.I.D. ; *Y gŵr llên 'gar holl Wynedd,* Gut. O.

Nodiadau

(i) Sonnir isod yn §134 (iii) am y cystrawennau cynnar hynny o leoli goddrych neu wrthrych o flaen y ferf, heb arfer *a* o gwbl nac arwydd fod tr. i gytsain y ferf fel petai *a* yn ddealledig, e.e. *Deil cwydit,* CLlH VI.13 t 24 (nod. 166) ; *callon klywaf yn llosgi,* LlH 29. Awgrymir yn §134 (iii) nod., ynglŷn â'r enghraifft : **Duw gwyddiad** *mai da gweddai,* DGG XLIX.1, fod rh. perth. + rh. mewnol, *a'i,* wedi ei sillgolli, a rhoir enghreifftiau. o *Duw a'i gwyddiad,* ac esiamplau tebyg.

(ii) Ni cheisir trafod yma sut y tyfodd y frawddeg annormal sydd mor nodweddiadol o Gym. Can., y gystrawen sy'n berthynol o ran trefniant ond yn normal a di-bwyslais fel gosodiad, a gynrychiolir gan *Gwyr a aeth Gattraeth,* a olyga "Aeth gwŷr (i) Gatraeth.'

Eisiau sôn sydd yma am y defnydd a wneir o'r gystrawen hon i bwrpas mydryddiaeth. Os bydd yn ofynnol newid y gosodiad "Gwylia maen segur y fangre" er mwyn cael trefniant arall i'r acenion, gellir cael (heblaw'r cyfansoddair llac 'segur faen'): "Segur faen a wylia'r fangre" ; neu ffurf gwmpasog y ferf: "Segur faen sy'n gwylio'r fangre." Dyna ddwy gystrawen sy'n berthynol o ran eu cyfansoddiad, er nad amcan "a wylia'r fangre," na "sy'n gwylio'r fangre" yw diffinio'r "segur faen." Os bydd eisiau hepgor y rh. perth. *a* i bwrpas mydryddiaeth, fe ellir yn hawdd, ond nid yw hynny'n newid cystrawen y cymal perthynol (o ran ei wneuthuriad), e.e. "Dy alwad **glywir** hanner dydd," R.W.P., Y Gylfinir. (Cymh. enghraifft negyddol: Ni ddaw cwsg i'm hamrant heno > **Cwsg ni ddaw,** J. M.-J. ; Ac *ni chelit ti* dy rin rhagof gynt > **A thi ni chelit** *rhagof gynt dy rin,* W.J.G., Ymbil ar Hydref).

Esiampl o arfer y gystrawen rith-berthynol a sillgolli yw'r canlynol:

Adar mân y mynydd uchel,
Godant yn yr awel iach.

Diddorol yw cymharu â'r aml enghraifft sydd o'r gystrawen a'r ddyfais hon yr enghreifftiau sydd yn emynau Dafydd Jones o Gaeo o newid trefn ond heb newid y gystrawen i gael gwneuthuriad perthynol: *Cyflawni'r Fainc* **caiff** *Brenin rhad,* Hymnau (1775) 41 ; *O'n cylch ei nefol Drwsiad* **dyd,** ib 41 ; *Y clwyfus* **cafodd** *ei iachau,* ib 64 ; *Pob un ei swydd* **cyflawnodd,** ib 69 ; *Dysgwch genn'i, Gorphwysdra* **cewch,** ib 74 ; enghraifft o'r gystrawen negyddol a'r gystrawen gadarnhaol ynghyd: *Y Gorsen ysig byth* **ni thyr**, *Y Gwan* **fe'u gyr** *yn gryfach,* ib 73. Y mae'r gytsain gysefin, ac yn arbennig, defnyddio'r geiryn rhagferfol *fe,* yn arwyddion sicr mai newid trefniant geiriau'r gosodiad normal sydd yma gan osgoi gwneuthuriad y cymal rhith-berthynol ; cymh. ymhellach: *Yna'i Gyfiawnder* **f'eglurha,** ib 68.

(iii) Fe hepgorir yr *a* perthynol mewn rhyddiaith weithiau ; fe wneir hynny'n bur gyson gan O. M. Edwards, er enghraifft, gyda'r bwriad, efallai, i'r iaith lenyddol ymdebygu fwyfwy i'r iaith lafar. Y duedd ar hyn o bryd yw cadw'r *a,* er bod mynych enghraifft yn digwydd o'i hepgor o flaen *oedd* ; ond oherwydd y duedd hon i gadw *a,* fe'i rhoir weithiau o flaen *oedd,* pryd na ddylid, ac o flaen *fu, fydd, fuasai, fo,* etc., sef y ffurfiau sy'n cyfateb i *yw* mewn gosodiad cadarnhaol yn y Presennol Mynegol. Y mae *yw* yn faen prawf i benderfynu, os bydd amheuaeth, pa bryd y dylid ysgrifennu *oedd* (ac nid *a oedd*), *fu* (ac nid *a fu*) etc.

Swyddogaeth *yw* mewn gosodiad cadarnhaol megis *Mawr yw Diana* yw gwasanaethu fel cyplad i'r Frawddeg 'Enwol,' rhwng y dibeniad a'r goddrych, gw. §18 (ii) a §101 (iii)-(viii). Swyddogaeth *y mae* mewn gosodiad megis *y mae'r dyn yn y tŷ* yw dynodi 'bodolaeth' neu bresenoldeb y goddrych, ac i negyddu hyn ceir *nid yw'r dyn yn y tŷ,* neu, gyda goddrych amhendant, *nid oes neb yn y tŷ.* Os gosodiadau ar batrwm *Mawr yw Diana* sydd i'w hysgrifennu yn yr amserau eraill, ceir *Mawr oedd D., mawr fu, mawr fydd, pa mor fawr bynnag fo,* heb ragenw perth. o gwbl, er bod treiglad i'r ferf yn y safle hon.

Ond fe ddaethpwyd i gyfleu'r gosodiad *Mawr yw Diana* drwy gyfrwng arall [gw. §102 (vi)], sef, *Y mae Diana yn fawr,* a math o gyplad yw *y mae* yma. Dangosir y gwahaniaeth rhwng dwy swydd *y mae* yn (1) *Y mae'r dyn yn y tŷ,* a (2) *y mae Diana yn fawr,* gan y ffaith fod modd troi (2) yn ôl i'r drefn a'r gystrawen *mawr yw,* ac na ellir troi (1) o gwbl i gael *yw* yn lle *y mae,* gan mai *yn y tŷ y mae'r dyn ynddo* a geid. Os try'r ddau osodiad, (1) a (2) yn gymalau perthynol neu i drefn rith-berthynol [gw. (ii) uchod], ceir (1[a]) : *y dyn* **sydd** *yn y tŷ,* (2[a]) : *Diana* **sydd** *fawr* ; ac i gyfateb i *sydd* yn yr amserau eraill, ceir (1[a]) : *y dyn* **a oedd** *yn y tŷ,* (**a fu, a fydd**) ; (2[a]) : *Diana* **a oedd** *fawr,* (**a fu** *fawr*), etc.

Os cedwir y drefn berthynol neu rith-berthynol hon, ni ellir byth gael *yw* yn y gosodiad cadarnhaol Pres. Myn. ; ni ellir yn (2) chwaethach yn (i), h.y. ni ellir dywedyd "Diana yw mawr," neu "fawr." Felly dyma'r allwedd : pan geir *sydd* yn y Pres. Myn., (bydded ffurf berthynol i *y mae* bodolaeth, neu'n rhith-berthynol i *y mae* cyplad) y mae'n iawn arfer *a oedd, a fu,* etc. ;* os *yw* sydd yn y Pres. Myn., a'r gosodiad yn gadarnhaol, dylid arfer *oedd, fu, fydd,* etc., heb *a,* yn yr amserau eraill. Enghraifft adnabyddus o arfer *a* heb ei eisiau yw : *Mawr* **a fydd** *Ef ryw ddydd,* etc. ; cymh. L & P 144(6). Dyma enghraifft gynnar, os gellir dibynnu ar y testun : *Llawen* **a fu** *lu ei wlad,* Gr. Gr., DGG LXXVII.31.

(iv) Nid oes ond un ffurf gydnabyddedig i'r rh. perth. *a* yn yr iaith lenyddol, i'w harfer o flaen cytsain a llafariad. Er bod yr *a* yn diflannu'n amlach na pheidio o flaen cytsain a llafariad ar lafar gwlad, y mae rhai cysylltiadau, pryd y byddir yn rhoi pwyslais ar ' ffaith ' y ferf, lle y mae *ag* yn cael ei arfer ar lafar fel rh. perthynol, e.e. ' those who *did* go there ' = *y rhai* **ag** *aeth yno.* Datblygodd *ag* fel amrywiad ar *a*, rh. perth., ar batrwm y cysylltair *a, ac,* a'r ardd. *â, ag.* Gellir dyfynnu esiamplau o destunau fel *MCr* a *Hom* ohono : *a phob un* **ag** *oedd yndi,* MCr 59b ; *yr oedd llawer* **ac** *oedd,* Hom 1.50 ; cymh. *Am iddo ddwyn y pen* **ag** *oedd / A'r felltith arno gyd,* Dyfr. Bethesda, t 34 ; a gw. Lewis Edwards, *Traethodau Llenyddol,* t 517 lle yr amddiffynna L.E. arfer *ag* fel rh. perth. ar y tir ei fod yn arferedig mewn llyfrau ac ar lafar. Yr unig destun Cym. Can. y gwelais i ynddo esiamplau o arfer *ac* yn lle *a* yw P7 (wedi ei argraffu yn WM) a digwydd yno'n weddol gyson o flaen rh. mewnol gan roi *ac eu* [rh. blaen], cystrawen a ddisgwylid gyda'r cysylltair *a, ac* yn yr hen arddull : *Avang llynn* **ac eu** *llad vnweith beunnyd,* P 7.638 ; *a phered(ur)* **ac eu** *hatwaenat wynt oll,* ib 631 ; *a hwnnw* **ac eu** *lladei beunyd,* ib 639. Y mae'n bur debyg mai rhith hynafiaeth sy'n cyfrif am y camsyniad yma. Y mae'n amlwg fod hen gystrawen y cysylltair, *ac eu,* wedi troi'n *a'u* erbyn cyfnod y testun hwn ; wrth geisio dynwared yr hen arddull gynnar, rhoddwyd *ac eu* yn lle pob math o *a'u,* hyd yn oed yn lle'r rh. perth. + rh. mewnol, ac y mae tystiolaeth testunau cynharach yn dangos fod (1) *ac eu* (cysylltair + rh. blaen) ac (2) *a'u* (rh. perth. + rh. m.) yn gystrawennau gwahanol hollol. Daethant yn debyg wrth i (1) gymryd ffurf (2), *ac eu* yn troi'n *a'u* ; am eu bod yn debyg yn hyn mentrwyd troi (2) i ffurf (1), sef troi *a'u* yn *ac eu.*

(vi) *Y Geiryn Perthynol Traws*

Y geiryn *y* a olygir, sy'n *y* o flaen cytsain, heb beri tr. ; *yr* o flaen llafariad ; afraid dyfynnu esiamplau. Ceir *y* weithiau mewn Cym. Can. fel geiryn rhagferfol fel y byddir yn arfer *fe* (*a*) neu *mi* (*a*) yn awr, ond heb dr. yn dilyn : *y kymereis inheu wyntwy arnaf,* WM 46 (gw. nod. PKM 182) ; *y buant vlwydyn gyt a mi,* ib ib. Yn yr un testun ceir *e* weithiau : *E doeth*

*Nid dweud fod yn *rhaid* arfer *a* yr ydys, eithr mai yn y cysylltiadau hyn y mae'n briodol ; mater o ddewis yw arfer neu hepgor. Ond er na ellir condemnio'r duedd i hepgor *a* fel rhyw anghywirdeb mawr, fe ellir condemnio'r gwrthwyneb, sef arfer *a* pryd na ddylid yn ôl gramadeg.

im . . . y gan wr . . . ib 45 ; *E dodeis inheu,* ib 46 ; ond mater o orgraff yw hynny, nid ffurf ar *Fe* ; olion yr orgraff ydyw a arferid yng nghynsail testun WM (= P4), lle cynrychiolid *y* gan *e*.

Yn y testunau cynharaf defnyddir **yt, [yd], ydd** fel geirynnau perthynol traws ; ceir *yd* ac *ydd* o flaen llafariad, ac *yd* o flaen cytsain gyda thr. m. : *Tec* **yd gan** *ir adaren,* BB 107 [' (it is) sweetly that the bird sings '] ; *yn Aber Cuawc* **yt ganant** *gogeu,* RP 1034, CLlH 23 ; *o honot ti* **yt gaffo** *ef,* WM 453. Fe'i ceir hefyd fel geiryn rhagferfol tebyg i *y* uchod, neu *fe* (*a*) ein harddull ddiweddar ni : *Yd wele*(*i*)*se Gwendoleu,* BB 53, (' I have seen G.'). Dyma'r ffurfiau sydd wedi aros o flaen ffurfiau Pres. Myn. ac Amh. Myn. y ferf *bod, yd-yw, yd-oedd* ; ac er mai'r un geiryn yn y bôn yw *y*(*r*) ac *yd*, byddwn yn ei arfer ddwywaith wrth gael *yr ydwyf, yr ydoedd* ; ac mewn rhai tafodieithoedd ceir *mi* ato, *mi 'rydwyf,* etc.

(vii) *yr hwn, yr hon*

Iawn, neu o leiaf, nid anghywir yw arfer *yr hwn,* etc. gyda'r rh. perth. *a* neu'r geiryn *y* ar ddechrau cymal perthynol cydradd. Golygir wrth gymal perth. cydradd (*cor-relative*) gymal sydd wedi ei lunio ar wedd cymal perth. isradd a'i gysylltu wrth ragflaenydd, ond heb fod yn isradd o ran swyddogaeth i ddisgrifio'r rhagflaenydd hwnnw ; traetha rywbeth newydd am berson y rhagflaenydd. Gall y prif osodiad a'r cymal cydradd fod yn ddau osodiad annibynnol, ond sonnir am oddrych (neu am wrthrych) yr ail osodiad yn y gosodiad cyntaf, ac yn hytrach na llunio brawddeg annibynnol newydd, cyplysir yr ail wrth y cyntaf drwy arfer *yr hwn,* etc., i drosglwyddo enw'r gosodiad cyntaf, heb ei ailadrodd, i wasanaethu eto yn yr ail ; h.y. dyfais ydyw i wneuthur yr enw yn y gosodad cyntaf yn rhagflaenydd yn hytrach nag ailadrodd yr un enw yn yr ail, e.e. *cyfarfu â* **milwr** *ar ganol y maes* ; *gofynnodd* **y milwr** *iddo pa hawl a oedd ganddo . . .* = **yr hwn a** *ofynnodd iddo,* etc. Gan fod y rh. perth. *a* yn dilyn *yr hwn,* etc. a'r ferf yn dilyn yr *a* nid oes angen ymboeni ynghylch pa dr. sy'n dilyn *yr hwn,* etc. Ond yn Saesneg weithiau fe roir yr enw sy'n rhagflaenydd yn y gosodiad cyntaf eilwaith ar ôl *which,* yn enwedig lle byddo mwy nag un enw a pherygl i *which* neu *who* ar ei ben ei hun gyfeirio at unrhyw un ohonynt yn ddiwahaniaeth, e.e. ". . . which soldier asked him." Wrth gyfieithu o'r Saesneg fe geisir gwyro'r Gymraeg weithiau i gyfateb i'r gwreiddiol i'r dim a chanlyniad hynny yw rhoi *yr hwn,* etc. yn union o flaen yr enw. Nid yw'n Gymraeg da ond pa bryd bynnag yr arferir y gystrawen letchwith hon ceir tr. m. yn ddieithriad i'r enw : *yn yr hwn bethey,* MCr 23a ; *yr hyn bechoday,* ib 53a ; *yr hwn ddau beth,* ib 54b ; *yr hwn dext,* Hom 2.5 ; *yr hon ddameg,* ib 2.5 ; *rhwnn beth* PA 69 ; *yr hwn gorph,* GMLl 2.67 ; *at yr hwn orchwyl,* Daniel Owen, RL 153 ; *i ganu dernyn rhagorol . . . ond yr hwn ddernyn . . .* EH 130 ;

yn yr hon grediniaeth, ib 180. Enghraifft o ddefnyddio *y rhain* o flaen enw lluosog : *y rhain eiriau,* ALMA 19. Fe ellid dal mai enghraifft yw'r gystrawen hon o ' newid trefn normal ' ; lle arferol y rhagenw dangosol yw dod ar ôl yr enw, ond yma fe wneir iddo ddyfod o'i flaen.

Nodiad

Y mae *ni, na* yn rhagenwau perthynol heblaw bod yn eirynnau negyddol ; fe'u trafodir isod gyda'r geirynnau negyddol yn gyffredinol, §131 ; yn yr un modd y mae swyddogaeth berthynol i'r geiryn perffeithio *ry,* gw. §133.

§69 Y Rhagenwau Gofynnol

(i) *Pa*

Dyma'r unig ragenw gofynnol a ddaw'n union o flaen yr enw yn yr iaith lenyddol ; achosa dr. m., *pa le, pa fodd,* etc. Ynglŷn â hepgor *pa* a'i ôl yn aros yn y treiglad, *fath le ? beth ?* etc., gw. isod §180. Ni ddaw **pwy** normal o flaen yr enw, ond ar lafar gwlad yn y De collwyd *pa* a rhoir ei waith i *pwy,* ac yn y swydd a'r safle honno daw tr. m. ar ôl *pwy* : *a phwy bobloedd,* MCr 16a ; *a phwy le,* 19a ; *pwy fodd . . . pa fodd,* ib 22a ; *pwy dristyd,* ib 65a ; *Pwy ddyn na phecha,* D Bethesda 28 ; *pwy ddull,* ib ib. Yng nghystrawen *pa bynnag* safle arferol yr enw yw dyfod rhwng *pa* a *bynnag* ond y mae esiamplau i'w cael o osod yr enw ar ôl *pa bynnag* a'i dreiglo yno : *Bwy bynna radd,* Williams, Hymnau (1811) 189 ; *Pa bynna' radd,* ib 235 ; cymh. hefyd *Bynnag beth,* ib 294.

Ynglŷn â chadw cysefin *cyn, cyhyd* ar ôl *pa,* gw. Gwrthsefyll Treiglo §166 (ii), §167 (i-ii).

(ii) ' *Pa* ' + *berf*

Yn y farddoniaeth a'r testunau rhyddiaith cynnar defnyddir *pa, py,* gydag ystyr ' pa beth,' yn union o flaen y ferf heb ddim rhagenw perth. : *pa roteiste oth olud,* BB 20 (= ' pa beth a roddaist ti ') ; dengys yr enghreifftiau (ond lle y mae'r hen orgraff yn methu gwahaniaethu) fod tr. m. i'r ferf : *gofynnant yr saesson* **py geissyassant,** BT 16.25 ; *Tant telyn* **py gwyn.** *coc* **py gwyn py gan.** **py geidw** *y didan,* ib 21.12-13 ; **py gynheil** *magwyr dayar yn bresswyl,* ib 28.3-4 ; **Pa wnaf,** RP 1045 ; **Pa darvu,** WM 58 ; *ny wydyat or byd* **pa wnai,** ib 423.

Golyga *py* ' paham ' weithiau : **Py liuy di,** WM 454 (' paham yr wyt ti'n lliwio neu'n llifo, gwrido ? ') ; *Duw reen* **py bereist** *lyvwr,* RP 1032 (' Lord God, why hast thou made a coward ? ' WG 290). Y mae'n bosibl mai hynny yw'r ystyr yn *Tant telyn py gwyn,* etc. a roddwyd uchod.

(iii) Dilynir **pwy** normal gan gymal perthynol fel rheol, ac eithrio pan ddaw ffurfiau *bod* yn swydd cyplad ar ei ôl, ' pwy yw hwn ? ' ' pwy oedd ef ? ' etc. Ond yn y farddoniaeth gynharaf y mae llawer o esiamplau o roi'r ferf yn union ar ôl *pwy*, gw. WG 289, L & P 226 ; e.e. **Pwy guant** *cath paluc*, BB 96, ' who wounded P's cat ? ' ; *eneit* **pwy gwynawr pwy gwelas ef pwy gwyr,** BT 28.4-5 ; awgryma *gwynawr* fod tr. yma ac y dylid darllen *g* dreigledig yn yr enghreifftiau eraill. Yn yr un testunau y mae digon o esiamplau o arfer rh. perth. : *kawc pwy ae dylifas,* BT 21.19 ; *pwy a bregethas,* ib 21.20 ; *pwy ae swynas yn llaw trahael,* ib 67.10.

(iv) Fe all *pwy* olygu ' pa beth yw ' yn y testunau cynnar : *dayar,* **pwy** *y llet neu* **pwy** *y thewhet,* BT 20.23-4, ' what is its breadth or what is its thickness ' ; **pwy** *enw yr teir kaer,* ib 35.7 ; cymh. *pwy eu henw wy,* WM 83, (PKM 68, nod. 254) ; *Pwy dy enw,* DG 365 ; gw. WG 289. Pan ddaw'r enw treigladwy'n union ar ôl y *pwy* hwn ni threiglir ef gan mai brawddeg enwol yw'r gystrawen, *pwy* yn ddibeniad a'r enw yn oddrych : **pwy meint** *eu dylyet,* BT 16.25-6 ; cyfetyb i ' mawr (yw) eu dyled.'

Ymddengys fod y cyplad wedi ei gynnwys yng nghyfansoddiad y *pwy* hwn, gw. WG 289 ; felly y mae rhoi *yw* etc. yn y gystrawen yn ' ddianghenraid,' e.e. **Pwy** *ystyr* **yw** *gennyt ti kelu,* WM 454. Sut bynnag, yn y gystrawen hon ymddengys fel pe bai *pwy* normal o flaen enw, ac allan o'r gystrawen y tyfodd y gystrawen lle ceir *pwy* o flaen enw yn lle *pa,* yn yr enghreifftiau cynnar a ddyfynna WG 289, *pwy wr, pwy ryw fyd.* Ond er hynny anodd meddwl mai parhad o hyn yw'r gystrawen sydd ar lafar gwlad y De ac a roddwyd yn (1) uchod, lle ceir *pwy* yn lle *pa* o flaen enw bob amser. Ymddengys imi mai colli'r ffurf *pa* sy'n cyfrif am arfer y De a rhoi gwaith y ddau ragenw i'r un.

(v) ' *Pan* ' *gofynnol*

Y mae enghreifftiau mewn Cym. Can. o arfer *pan* gydag ystyr ' o ba le.' Ymddengys mai'r un gair yn y bôn yw â'r cysylltair amser ; cymh. *when* a *whence* yn Saesneg. Wrth ateb y gofyniad ailadroddir *pan* o flaen y ferf fel rheol : **Pan doy** *di, yr yscolheic* . . . **Pan doaf** *arglwyd o loygyr,* WM 76. Hon yw'r ferf a ddigwydd fel rheol yn y cysylltiad hwn ac ni ddengys yr orgraff a ddylid treiglo ai peidio ; er hynny fe fyddir yn treiglo bob amser wrth ddarllen y testunau.

(vi) ' *Pet* ' (= *pa sawl*)

Yn y farddoniaeth gynnar yn unig y ceir y rhagenw hwn ; dengys yr enghraifft a ganlyn fod tr. m. yn dilyn : **pet wynt.** *pet ffreu. pet avon,* BT 20, ' how many winds, how many streams, how many rivers ' ; gw. WG 290, L & P 230.

(vii) *Pyr*

Ymdrinir â'r rhagenw hwn yn WG 290 ac yn L & P 228-9. Ymddengys mai cyfansawdd yw *pyr* o *pa* + *er*, neu'n hytrach o *py* + *yr* oblegid dyna'r ffurfiau a geir amlaf yn y testunau cynnar ar y rhagenw a'r ardd. Yr ystyr yw ' what for ' > ' for what ' ; a'r un math o gyfansoddiad sydd iddo ag sydd i *pa-h-am, py-h-ar, py att,* gw. L & P 228. Priodol i'r geiryn perth. *y* neu'r negydd perth. traws ddilyn : **pyr y** *kyverchy dy,* WM 486, 'why dost thou accost (me)?'; **pyr nam** *dywedyd,* BT 27, 'why dost thou not tell me.' 'Why' yw'r unig ystyr a rydd WG 290 ac am darddiad eir yn ôl i chwilio am berthynas â'r Llad. *cur,* WG 294 ; eithr y mae'r esboniad *py + yr,* yn ymyl y ffurfiau eraill, yn fwy tebygol lawer.

Gan mai'r gysefin sy'n dilyn yr ardd. *yr, er,* disgwyliem mai'r gysefin a ddilynai *pyr,* eithr o'r ychydig esiamplau sydd i'w cael o'r gair dengys rhai dr. m. ar ei ôl, ac oblegid hyn dadleua L & P fod dau ffurfiad neu gyfansoddiad, sef *py yr* a *py ry,* ac mai'r ail sy'n peri'r tr. m. Ni ellir casglu yn bendant oddi wrth yr enghreifftiau canlynol a ddylid darllen tr. ai peidio : **pir dęuthoste,** BB 23 ('why hast thou come,' WG 290) ; *Guae ti di hewid* **pir doduid** *im byd,* ib 19.5-6 ; *cassaau-e mor* **pyr toei** *wanec carrec camhur,* ib 100.9. Dyma'r esiamplau a ddyfynna L & P o ddangos tr. m. : **pyr ddywetwn** *parabyl,* LlH 308.3 ; 'why should I say a word,' (= MA 206a **pyr dywettwn**) ; **pir puyllut-te** *hun,* BB 49.12, 'why shouldst thou think of sleep' sydd ag amrywiad o P3 yn B IV.122.15-16, **byr bwylly** *di nun* ; ond y mae darlleniadau'r fersiwn yma mor llwgr fel mai prin yw ei werth testunol—sylwer fod *nun* am *hun* ; *adar dyuyr* am *andaude* ; ac y mae'n fwy na thebyg fod y copïwr yn meddwl mai rhyw ffurf o *byrbwyll* yr oedd yn ei chopïo. At yr enghraifft ddiogel o dreiglo gellir ychwanegu hon : *O voli peir deon* **pyr dawaf,** LlH 106 (MA 189b) ; yma y mae'r gyfatebiaeth gynganeddol yn cadarnhau darllen tr. fel sydd yn y copi ; ac am yr ystyr cymh. *Ny theweis oe moli mal drud,* ib 123.

Mewn nodiad yn L & P 229 sonnir am wahaniaeth arall rhwng y ddwy ffurf *pyr,* sef bod geiryn *y* + berf ar ôl y gyntaf, *py + yr,* ond bod y ferf yn union ar ôl y llall, *py + ry* ; a'r enghraifft a roir o'r gystrawen gyntaf yw *pyr y kyuerchy dy,* WM 486, sy'n destun rhyddiaith ; ac o'r ail, *gvae vi pir imteith genhide in kyueith,* BB 22.10 ('woe is me that I have sojourned with thee as companion'), sy'n enghraifft o'r farddoniaeth gynnar, fel yr holl enghreifftiau uchod. Os yw'r geiryn *y* yn faen prawf i wahaniaethu rhwng y ddwy ffurf *pyr,* golyga hyn mai dim ond yr enghraifft o WM sy'n *py + yr,* ac mai *py + ry* yw'r enghreifftiau eraill. (Hwyrach mai'r gwahaniaeth rhwng rhyddiaith a barddoniaeth sy'n cyfrif am hyn ac nid y gwahaniaeth cynhenid rhwng *er* a *ry*). Mewn nodiad yn HGCr 127-8 ar y llinell, *Guae ti di hewid pir doduid im byd,* BB 19.5-6, dywedir mai'r ystyr yw 'that thou hast come,' '**am** iti ddyfod' (a golyga hyn ddarllen *doδwyt = dothwyt,* yn groes i orgraff arferol y testun er nad yw honno'n gyson â hi ei hun, wrth reswm ; ond 'ddarfod dy *ddodi* yn y byd' yw'r aralleiriad a roir ar ddiwedd yr un nodiad, yr hyn a olyga ddarllen *dodwyd*). Maentumir mai cysylltair yw *pyr* yma tebyg i'r Saes. *that,* Llad. *quod,* Ffr. *que,* ac aralleirir BB 100.9, *pyr toei,* etc., '**am** fod y don yn cuddio carreg (fedd ?) arwr.' Ymddengys i mi fod arfer *am* i aralleirio—ac y mae'n hollol addas—yn awgrym sicr nad i *that* y cyfetyb *pyr* ond i *for*, *because*, neu'n syml ' o achos ' ; a'r ardd. sy'n cyfateb i *for* o ran ystyr a datblygiad yw'r ardd. *yr*, *er*, sef *ir* y *Computus* ac *ar* H. Wydd. Gellir awgrymu hefyd mai arddodiaid tebyg i *er* sydd yn y cyfansoddiadau eraill, *paham*, *py att*, etc., a bod y cysyllteiriau hyn yn rhoi ystyr i'r cyfansoddiad, eithr nid yw *ry* yn cyfrannu ystyr fel *am*. Y mae lle i gredu felly mai *py* + *yr* sydd yn yr enghreifftiau hyn oll a bod yr ystyr yn gyson â'r hyn a wyddom am ystyr *er*, ' what *for*, for what, why ; for, because, since, the reason why.' Ond nid yw *er* yn cyfrif am y treiglad yn ôl y ffordd gyffredin o'i arfer fel arddodiad.

(viii) '*Cw*,' '*Cwd*' (= *b'le*, *i b'le*, *o b'le*)

Yn y testunau cynharaf yn unig y digwydd ; newidiwyd yr unig enghraifft sydd o *kwt* yn y Llyfr Gwyn yn *ble mae* yn y Llyfr Coch : *kwt ynt plant y gwr*, WM 453 (= R 101 *ble mae*). Dengys y canlynol fod tr. llaes i *c p t* ar ôl *cw* (er bod un enghraifft heb ddangos unrhyw dr.) : *A thrydit ryuet yw merwerit mor.* **Cv threia.** *cud echwit . . . redegauc duwyr . . . Cu da* (= cud a) *cvd ymda. Cv treigil.* **Cv threwna,** BB 88.

Y mae ffurfiau'r ferf *bod* yn meddalu ar ôl *cwd* : *pa hid a . . . nev* **cud vit,** ib 88 ; *A wdosti* **cud uyd** *nos yn arhos dyd*, BT 28.1 ; [noder fod *mae* (heb y geiryn *y* o'i flaen) yn cadw'r gysefin ar ôl *cw* ; wrth gwrs, nid yw (*y*) *mae* yn treiglo byth : **Cw mae** *eu herw pan seilyassant* **cu mae** *eu kenetloed*, ib 17.1]. Ymddengys fod y cytseiniaid eraill, h.y. ar wahân i *c.p.t.* yn treiglo'n feddal ar ôl *cwd*, fel petai'n fath o gywasgiad o *cw -yd* ; *gogyfarch ty prydein / kwd gygein hyn*, BT 42, ' ple mae hyn i'w gael,' nod. I.W. yn CA 119 ; ac os yw awgrym Syr Ifor Williams yn iawn, sef darllen *kwd* yn CA 152, *gwledic gwd gyfgein*, dengys hon eto dr. m. Y mae Morris-Jones yn darllen tr. m. i *d* yn y canlynol : *Neu nos cwt dyuyd, kwd dirgel rac dyd*, BT 41, ' or night, whence it comes, whither it recedes before day.' Gw. *Geirfa* Lloyd-Jones hefyd, lle yr awgrymir fod enghraifft o *cw* yn peri tr. m., drwy ddarllen *kwδ aw* yn *kw δaw*, etc.

PENNOD IX

TREIGLADAU'R GODDRYCH A'R GWRTHRYCH

§70 PATRYMAU'R FRAWDDEG NORMAL

(i) Hyd yn hyn soniwyd yn bennaf am y treigladau a ddigwydd i'r enw ar wahân i'w swydd a'i safle yn y frawddeg gyfan—ar ôl ei fannod ei hun, yn ei berthynas ag enw arall (sef, y cystrawennau genidol), ar ôl rhagenwau blaen, a mewnol a gofynnol, etc. Y mae act o gyfansoddi neu gystrawennu yn y pethau hyn, bid sicr, ond o deip syml, a ddaw i weithrediad ar wahân i gynnwys y frawddeg yn ei chyfanrwydd. Y rhain a ddylai ddod yn gyntaf oblegid penderfyna'r achosion hyn dreigladau'r enw a'r ansoddair enwol ar wahân i'w swydd a'u cyflwr yn y frawddeg. Beth bynnag fyddo cyflwr enw yn y frawddeg, bydded oddrych neu wrthrych neu abladol, y mae'r treigladau a gafwyd eisoes yn gweithredu gan mwyaf heb gyfrif o gwbl o'r cyflwr hwnnw ; treigla'r ans. ar ôl enw ben. un. sy'n oddrych neu'n wrthrych neu dan reolaeth arddodiad ; yr un effaith a gaiff rhagenw blaen ar enw sy'n oddrych ag ar enw sy'n wrthrych.

(ii) A sôn am yr iaith fel y mae heddiw, y mae enw sy'n wrthrych berf anghyflawn yn treiglo'n feddal pan ddaw'n union ar ôl y ferf, am ei fod, yn ôl ein dealltwriaeth ni, yn wrthrych. Ychydig iawn o brawf sy'n eisiau i ddangos nad ' y cyflwr gwrthrychol ' sy'n peri'r tr. ; os bydd y fannod o flaen yr enw, honno sy'n penderfynu a fydd tr. i'r enw gwrthrychol ; os rhoir *ail* enw yn wrthrych, yn union ar ôl y gwrthrych cyntaf, fe geidw'r ail wrthrych y gysefin, e.e. "gallaf **g**anu, **d**awnsio, **rh**edeg." Y mae awgrym i'w weld eisoes yn y gwahaniaeth sydd rhwng y ddau wrthrych hyn, fod a wnelo lleoliad â'r treiglad.* Y casgliad syml yw mai'r lleoliad, sef dyfod ar ôl y ferf, yw achlysur y treiglad.

*Gellir dyfynnu ambell enghraifft ddamweiniol o dreiglo'r enw gwrthrychol pryd na ddylid a'r tr. i w briodoli i dyb yr awdur fod y ' cyflwr gwrthrychol ' yn achlysur i dreiglo enw, h.y. bod y tr. yn *arwydd* o'r cyflwr gwrthrychol ', fel petai'n gyfartal â therfyniad ; cymh. *o goddefi dlodi*, **glefyd,** *ne ryw wrthwyneb arall*, PA 13. Sylwer hefyd sut y mae Theophilus Evans, er ei fod yn arfer *ddim* ar ôl *ni* + berf, yn dueddol i roi tr. i'r ' gwrthrych ' sy'n dilyn *ddim*, fel petai heb arfer *ddim* o gwbl, heb wybod mai *ddim* yw'r gwir wrthrych ac mai enw genidol yw'r ' gwrthrych ' tybiedig ar ôl *dim* : *ni allent hwy ddim farnu*, DPO[2] Rhag 4[a] ; *ni chai ef ddim farw*, ib 5[a]. Digon tebyg mai gweld esiamplau fel y rhain a barodd i Joshua Thomas a Phantycelyn arfer yr un camdreiglad : *ni allasem ni ddim wybod*, HBed 2 ; N*is gallaf ddim fynegu p'odd*, W. Hymnau (1811) 331. Y mae'n bosibl wrth gwrs mai cystrawen *byth*, sy'n bur debyg i *dim* fel gair yn dilyn berf negyddol, yw achos y camdreiglo yn yr enghreifftiau hyn, oblegid pe bai *byth* yn lle *ddim*, byddai'n iawn treiglo'r berfenwau hyn i gyd. Gw. hefyd DByrr 51 lle traethir fod y tr. m. yn dangos y gwahaniaeth rhwng cyflwr ' henwedigawl ' a chyflwr ' achusiad,' ' e drawod(d) gwr,' *homo percussit* ; ' e drawod(d) wr,' *percussit hominem.*

(iii) Golyga 'lleoliad' yn yr ystyr hon fod disgwyl i'r goddrych dreiglo yn yr un modd os bydd yn yr un safle, yn union ar ôl y ferf. A'r gwir yw fod y goddrych yn treiglo mewn Cym. Can.; treigla ar ôl y 3ydd un. Amh. *-ai*, a'r Gorberff. *-asai*, ac ar ôl ffurfiau fel *gwybu*, *dyfu*, ac ar ôl *cigleu* [gw. isod §§81, 82 (iii) ac (viii)]. Os dadleuir gan gychwyn gyda'r goddrych, a pharhau i faentumio mai lleoliad sy'n penderfynu'r treiglad, rhaid gofyn hyn: os yw'r goddrych yn cadw'r gysefin ar ôl y ffurfiau nas enwyd yn barod, megis y 3ydd un. P. Myn. *câr*, y 3ydd un. P. Dib. *caro*, y 3ydd un. Gorff. Myn. *lladdodd*, *cafas*, *cymerth*, fe ddylai'r gwrthrych yn yr un modd gadw'r gysefin ar eu hôl. Y mae hynny'n wir hefyd. Mewn Cym. Can. cadwai'r gwrthrych ei gysefin pan ddelai'n union ar ôl y ffurfiau berfol a enwyd. Ar y dechrau felly y mae cystrawen y goddrych yn profi beth oedd cystrawen y gwrthrych yn union ar ôl y ferf. (Fe ddeuir yn y man i sôn am yr esiamplau sy'n wahanol i'r 'rheolau' hyn, hynny yw, o gadw goddrych heb dreiglo ar ôl berfau fel *lladdai*, ac o dreiglo'r gwrthrych ar ôl *lladdodd*, neu *cafas*).

(iv) Os lleoliad yw gwir achlysur y treiglo yn y lle cyntaf (neu beidio â threiglo), y mae'n bwysig trin pob ffurfiad berfol ar ei ben ei hun. Y mae perygl inni gael ein temtio wrth arfer y term 'berf' i anghofio mai haniaeth yw 'berf,' ac i feddwl amdani fel petai mor syml ac anghymhleth â'r fannod, nes colli golwg ar y ffaith fod 'berf' yn cynrychioli ugeiniau o wahanol ferfau a bod chwech o leiaf o wahanol ffurfiau personol yn yr amryw amserau a moddau a bod amrywiaeth anghyffredin yn bosibl ym mhatrymau'r hyn a ymddengys yn syml iawn yn y fformula 'berf + gwrthrych.'

Nid yr un patrwm sydd i 'torraf + pren' a 'tyr + pren' gan fod yma ddau berson gwahanol a ffurf allanol y berfau'n annhebyg. Yr un person sydd yn 'tyr + pren' a 'torrai + pren' ond y mae'r amserau'n wahanol a'r ffurfiau allanol yn annhebyg. Yr un person a'r un amser sydd yn 'torrodd + pren' a 'darganfu + pren' ond y mae cyfansoddiad neu darddiad y ddwy ferf yn wahanol. Er mwyn bod yn berffaith glir, gwell diffinio'r termau: gellir ystyried mai'r un patrwm sydd i 'gwerthaf + ceffyl' a 'torraf + pren' oblegid er bod yma ddwy ferf wahanol, fel geiriau, y maent o'r un *ffurfiad*. Ond y mae'n rhaid ystyried pob ffurfiad arall yn batrwm gwahanol i hwn ac yn wahanol i'w gilydd (i bwrpas olrhain treigladau), h.y. 'gwerthais + ceffyl' neu 'gwerthai' neu 'gwertho' neu 'gwerthodd.' Dylid edrych ar bob ffurfiad berfol + enw (goddrych neu wrthrych) fel patrymau gwahanol a gwahaniaethol.

(v) Y mae cystrawen arall sy'n berffaith normal, 'berf + goddrych enwol + gwrthrych enwol'—*tyr y dyn + pren*; *torrai'r dyn + pren*; *fel y torro'r dyn + pren*; *torrodd y dyn + pren*, etc. O safbwynt lleoliad, nid oes a wnelo natur y ffurfiad berfol â threiglad y gwrthrych 'pren' oblegid ni ddaw'r gwrthrych yn union yn sgil y ferf. Os lleoliad sy'n mynd i benderfynu yma a fydd ' pren ' yn treiglo neu beidio, ar ansawdd yr enw sy'n oddrych y dibynna hynny, neu'r enw sy'n blaenori'r gwrthrych, ac y mae amrywiaeth diderfyn yn bosibl yn y gair hwn, h.y. *y dyn, y dynion, y dyn mwyaf, dyn y tyddyn* : y mae degau ar ddegau o wahanol fathau o oddrych yn bosibl o flaen y gwrthrych *pren.* Nid ceisio awgrymu yr ydys yma pa effaith a gâi'r amryw fathau o oddrych ar y gwrthrych a ddilynai'n union, i beri iddo dreiglo neu i gadw'r gysefin ; y cwbl y ceisir ei ddangos yw fod y frawddeg normal ' berf + goddrych enwol + gwrthrych enwol ' yn batrwm gwahanol i ' berf + gwrthrych ' ; a bod ' berf + go. + gw.' yn cynnwys cannoedd o is-batrymau yn ôl natur y goddrych enwol.

(vi) Cystrawen arall ddigon normal yw ' berf + rh. ôl (ategol neu gysylltiol) + gwrthrych '—*torrodd ef* (*neu yntau*) + *pren.* Nid oes cymaint o amrywiadau'n bosibl yma gan fod nifer penodol o ragenwau ôl a ddichon flaenori'r gwrthrych.

Dyna dri math o frawddeg normal : (*a*) Ffurfiad berfol + enw (goddrych neu wrthrych) yn union ar ôl y ferf, ac yma, pa enw bynnag o'r ddau a ddilyno'r ferf, fe'i treiglir ar ôl rhai ffurfiadau megis *torrai, clybu, cigleu* ; ac fe geidw'r gysefin ar ôl eraill megis *tyr, torro, torrodd, torres, cymerth, dug, gwnaeth* : (*b*) Ffurfiad berfol + goddrych enwol + gwrthrych enwol, ac yma penderfynir a fydd tr. i'r goddrych neu beidio gan y ffurfiad berfol fel yn (*a*), eithr am y gwrthrych, y cwbl a ddywedir yma yw nad oes a wnelo'r ffurfiad berfol â'r cwestiwn a ddylid treiglo neu beidio : (*c*) Ffurfiad berfol + rhagenw ôl + gwrthrych, heb fod a wnelo'r ffurfiad berfol â'r cwestiwn a ddylai'r gwrthrych dreiglo.

Erbyn Cym. Diw. y mae'r goddrych yn cadw'r gysefin yn (*a*) yn rheolaidd a golyga hynny iddo golli'r tr. a achosid iddo gynt gan rai ffurfiadau berfol. Y mae'r gwrthrych yn treiglo yn (*a*), (*b*) ac (*c*). Heb gyfrif (*b*) ac (*c*) am y tro, golyga hyn fod y gwrthrych wedi newid ei gystrawen ar ôl y ffurfiadau nad achosent iddo dreiglo ar y dechrau, nes ei fod yn treiglo'n gyffredinol. Wrth chwilio am esboniad, yr ydwyf o'r farn nad digon dywedyd fod y gwahaniaeth treiglo wedi ei lunio i fod yn ddyfais i wahaniaethu rhwng y ddau gyflwr.* Ymddengys i mi fod hynny'n rhy drefnus a syml, yn enwedig yn wyneb yr holl anhrefn a chymhlethdod ac anghysondebau sydd i'w gweld yn nhestunau Cym. Can. ; a chredaf fod eisiau chwilio am ddylanwadau sy'n llai ' deallol ' a heb gymaint o ymwybyddiaeth ramadegol ynddynt ; rhaid chwilio am broses arafach a mwy achlysurol.

§71 PROBLEMAU TESTUNOL

(i) Wrth sôn am Gym. Can. ni ellir disgwyl i'r iaith ei hun, chwaethach yr orgraff, fod yn llonydd a sefydlog. Ar hyd y cyfnod a gynrychiolir

*e.e. ' It arose to distinguish the subject from the object,' WG 317.

gan y testunau yr oedd yr iaith ei hun yn newid ac fe all testun cynnar gynnwys cystrawen na pharai dreiglad ar y dechrau, a thestun diweddarach o dair canrif gynnwys yr un gystrawen a honno erbyn hynny yn peri treiglad. Nid cwbl ddi-bwynt yw dweud fod ysbaid o bedair canrif rhwng y ddeuddegfed ganrif a'r unfed ar bymtheg, a bod iaith yn gallu newid llawer yn y cyfnod hwnnw ; y mae cymaint o fwlch rhwng 1100 a 1500 ag sydd rhwng 1500 a 1900. Y mae rhai testunau sy'n perthyn o ran eu defnyddiau i gyfnod Hen Gymraeg ond bod y copïau sydd gennym yn perthyn i gyfnod Cym. Can. Fe all copi ffyddlon o destun cynnar gadw hen gystrawen ; ac fe all copïwr arall o'r un cyfnod ddewis diweddaru diwyg hynafol yr iaith yn unol â phriod-ddull ei gyfnod ei hun, neu ddiweddaru'n unig lle byddai'r hen arddull yn annealladwy ; y mae testun y *Myvyrian* o weithiau'r Gogynfeirdd yn llawn o ddiweddaru. Fe all ddigwydd i un ardal newid treiglad a bod ardaloedd eraill yn glynu wrth yr hen ffordd, fel y mae *pan* yn iaith rhai rhannau o'r De yn cadw'r gysefin er cyfnod CDC a rhanbarthau eraill yn cadw'r hen arfer o dreiglo'n gyson ar ei ôl. Dichon i bethau tebyg ddigwydd mewn Cym. Can. a bod drych o'r gwahaniaethau lleol a chyfnodol hyn yn iaith y testunau.

(ii) Nid yw'r orgraff yn sefydlog nac yn help ychwaith i benderfynu mewn llawer achos a ddylid darllen tr. ai peidio. Ni ddangosir y gwahaniaeth rhwng *rh* ac *r*, nac ychwaith rhwng *d* ac *dd* gan amlaf. Ond y diffyg pennaf yw fod y copiwyr yn dewis peidio â dynodi'r treiglad hyd yn oed lle y gallent. Yng nghyfnod cynharaf ysgrifennu Cymraeg rhoir ffurf gysefin geiriau'n ddieithriad bron : gormod camp yn y dechrau cyntaf oedd dyfeisio ac arfer dwy neu dair ffordd annormal heblaw'r ffordd normal o ysgrifennu'r un gair. Ond hyd yn oed wedi cyrraedd cyfnod pryd y mae ffyrdd i'w cael i ddangos ffurfiau treigledig yn gywir, y mae'r copiwyr yn dewis peidio ac ysgrifennu'r ffurfiau treigledig ; a rhwng dewis peidio, a mympwy ac anghofrwydd, nid hawdd penderfynu bob amser a ddylid darllen treiglad. Dyma esiamplau o'r anwadalwch yma : *Enteu* **m***ath* . . . *Enteu* **u***ath*, WM 89 ; *a glywei* **ll***ef* . . . *a welei* **l***annerch* . . . *a welei* **c***arw*, ib 1 ; *ual y llathrei* **w***ynnet y cwn y llathrei* **c***ochet eu clusteu*, ib 2; *ual y llunyei* **u***anawydan y gueith y gwniei* **p***ryderi*, ib 68.

(iii) Y mae angen egwyddorion felly i benderfynu i ba raddau y dylid diwygio orgraff testunau fel y Llyfr Gwyn a'r Llyfr Coch ac eraill, os ein hamcan yw darllen Cym. Can. fel yr oedd ar y pryd, ac nid darllen Cym. Diw. Gellir bod yn *weddol* sicr o un peth : lle ceir treiglad wedi ei nodi gellir casglu'n weddol hyderus (ar wahân i ambell wall copïo) mai hynny oedd y gystrawen a fwriadai'r copïwr, ac wrth yr enghraifft honno gellir mentro diwygio'r enghreifftiau eraill yn y testun hwnnw na ddynodant dr.—yr enghreifftiau sydd, wrth gwrs, o'r un natur yn hollol. *Y mae ffurf dreigledig yn arwydd fod treiglad i fod yn y darlleniad ond nid yw peidio â nodi treiglad yn arwydd na ddylid treiglo* ; *ac y mae'n fwy tebygol i'r copïwr roi'r gysefin lle dylid treiglo nag iddo ysgrifennu treiglad lle ni ddylai treiglad fod.* Y mae digon o esiamplau o'r peth cyntaf, peidio â dynodi tr. lle dylai tr. fod ; copïo gwallus sy'n gyfrifol am yr enghreifftiau prin o'r ail beth, dangos treiglad lle dylai'r ffurf gysefin fod.

Gallwn fentro diwygio'n darlleniad o'r testun i'r graddau hyn o leiaf : y mae *Enteu uath*, WM 89 ; *ynteu wydyon*, ib 84, 98, 108 yn profi fod treiglad yn y cysylltiad hwn (ac y mae Cym. Diw. yn cadarnhau hyn), felly, darllener treiglad yn y canlynol : *Enteu math*, ib 89 ; *ynteu pwyll*, ib 12, 18. Yn yr un modd y mae amlder o enghreifftiau fel *a welei lannerch, llathrei wynnet* yn profi fod treiglad ar ôl y ffurfiad berfol hwn, i'r goddrych ac i'r gwrthrych ; mae esiamplau ddigon mewn testunau cynharach a rhai diweddarach ; gan hynny, darllener treiglad yn y canlynol : *a glywei llef* ; *a welei carw* ; *llathrei cochet*.

(iv) Y mae esiamplau fel y rhai uchod yn magu tuedd naturiol i 'ddiwygio' pob enghraifft o'r gysefin lle byddai treiglad mewn Cym. Diw., fel petai'n esiampl o 'fethu dynodi'r treiglad,' a heb ystyried y gallai rheol y treiglad fod yn wahanol mewn Cym. Can. a bod yr orgraff yn iawn gynrychioli'r gystrawen a fwriedid, neu'r gystrawen a ystyrid yn gywir gan y copïwr. Cymerwn y ffurfiad *gwnaeth* fel enghraifft i ddechrau. Y mae esiamplau yn iaith y beirdd o gadw cysefin y gwrthrych ar ei ôl : *Y ferch a wnaeth* **gwaew** *dan f'ais*, DGG XXXVI.1 ; a dengys yr enghraifft hon ac eraill mai cystrawen gynhenid y ffurfiad hwn oedd cadw cysefin y gwrthrych, oblegid, fel yr awgrymir eto, nid arferai bardd reol treiglo wahanol i briod-ddull ei gyfnod ei hun ond lle byddai cynsail i hynny. Y mae'r ffaith hefyd fod y goddrych yn cadw'r gysefin ar ôl y ffurfiad *gwnaeth* yn ddigon o awgrym fod y gwrthrych yn ei chadw hefyd yn wreiddiol. Ceir rhai enghreifftiau sicr yn y testunau rhyddiaith a ddengys dreiglad i'r gwrthrych, e.e. y mae pedair yn nhestun y *Penityas* (a phedair o'r gysefin). Y mae hyn ynddo ei hun yn arwydd go ddiogel fod yr arfer o dreiglo'r gwrthrych ar ôl y ffurfiad hwn wedi dechrau ar lafar gwlad o leiaf, erbyn amser sgrifennu'r *Penityas*. Ond ai iawn diwygio'r holl enghreifftiau eraill (yn y testun hwn a thestunau cyfoes) a darllen treiglad, neu barhau i ddarllen y gysefin a chydnabod mai hynny yw'r rheol lenyddol ? Y mae golygydd *Chwedleu Odo* yn darllen y gysefin yn yr enghraifft *a wnaeth gwled*, 8 (nod. t 44) ; ac wedi cyfrif yr 'ystadegau' a ganlyn y mae'n anodd gwrthod yr argraff mai'r 'rheol lenyddol' oedd cadw'r gysefin : yn YCM² un enghraifft sydd o *gwnaeth* + gwrthrych, a honno heb dr. ; FfBO, un—heb dr. ; BSK, tair—heb dr. ; MCr, pump—heb dr.

Cymerwn enghraifft arall o ChO, sef *a gymerth gwer*, 6 ; a ddylid darllen tr. yma ? Ceir enghraifft mor gynnar â'r PK o dreiglo'r gwrthrych : *a gymerth gynghor*, WM 53—awgrym fod treiglo'r gwrthrych ar ôl y ffurfiad hwn wedi dechrau ; *a gymyrth kymyrth* sydd yn P 6, WM t 279, y testun cynharaf oll, gwall copïo am *a g. kynghor*, a hynny, heb dreiglad sydd yn RM 37. Felly bob pen i destun P4 yn WM y mae copïau a geidw'r gysefin. Yn YCM[2] ceir un enghraifft o dreiglo, dwy heb dr.; *Cynghorau Catwn*, un—heb dr.; rhyfyg felly fyddai diwygio'r darlleniad o'r enghraifftiau na ddangosant dreiglad ar sail yr ychydig enghreifftiau o dreiglo; ymddengys mai'r rheol lenyddol oedd cadw'r gysefin ac fel petai ambell enghraifft o arddull yr iaith lafar yn llithro i mewn i'r iaith lenyddol.

Gwyddom fod y gwrthrych yn cadw'r gysefin ar ôl y 3ydd un. P. Dib. -(*h*)*o* Dyfynnir dwy enghraifft yma o DN, y naill yn cynnwys treiglad a'r llall yn cadw'r gysefin, ac y mae'r enghraifft o dreiglo yn brawf fod yr arfer o dreiglo wedi dechrau yn yr iaith lafar, oblegid heb hynny o awdurdod ni allai'r bardd arfer y treiglad: cymh. *A ro* **budd** *i wyr heb wall*, XXIV.59; *Gwedi caffo* **goed** *cyffion*, XXV.61. Yn WM ceir saith o enghreifftiau o'r ffurfiad hwn + gwrthrych; ceir treiglad yn y canlynol: *na chaffo* **wreic**, 100 (a adferwyd yn *gwreic* yn R 73); *nit adnappo* **uot** *y mab* . . . 36; *or a dylyo* **uot** *yn wr* . . . 401 (ac nid cwbl deg dyfynnu'r gair *bod* gan ei fod yn aml iawn yn treiglo lle byddai gwrthrych arall yn cadw'r gysefin): yn yr esiamplau eraill y gysefin a geir: *kyt caffo* **c***lot*, 410; *pan dycco* **b***eich*, 465; *nyt ergyttyo* **k***erth*, 456; *kynyd a digonho* **k***ynydyaeth*, 483.*

Yn Havod 16 (y rhan feddyginiaethol) sy'n destun da am ddangos treigladau y mae 16 o enghreifftiau, pob un yn cadw'r gysefin. Dyma'r ffigurau am y testunau eraill y rhifwyd eu henghreifftiau bob un: YCM[2], treiglo = 0, heb dr. = 9; YCM[2] (atodiad) tr. = 2, heb dr. = 1; Penityas, tr. = 0, heb = 4; Hwsmonaeth (B II) tr. = 0, heb dr. = 2; Cyng. Catwn, tr. = 0, heb dr. = 3; FfBO, tr. = 0, heb dr. = 1; BSK, tr. = 0 heb = 1; MCr, tr. = 0, heb dr. = 8.

Y mae lle i amau'r enghraifft gynnar o dreiglo yn WM 100, *na chaffo wreic*, gw. (v) isod, ond y mae eraill sy'n cynnwys tr. ac awgryma'r rhain fod y tr. ar lafar erbyn y bymthegfed ganrif o leiaf.† Eto i gyd y mae gweld cysondeb y testunau a fyn gadw'r gysefin mewn cynifer o enghreifftiau, yn enwedig Havod 16, yn ddigon i'n pwyllo rhag mynnu darllen treiglad ar sail y lleiafrif bach sy'n dangos treiglad. Y mae cysondeb y testunau yn peidio â threiglo'r gwrthrych ar ôl y ffurfiad hwn, a llawer o batrymau tebyg y sonnir amdanynt eto, er bod tystiolaeth fod yr arfer o

*Dylid egluro beth yn hollol a olygir wrth ystadegau o destun WM; yn gyntaf nid ydys yn cyfrif y rhannau hynny o destun RM sydd wedi eu hargraffu yng nghyfrol WM; y peth arall yw nad yw'r ffigurau'n cynnwys ond yr esiamplau hynny y gellir dywedyd yn bendant amdanynt eu bod naill ai'n dangos tr. neu heb ei ddangos (pryd y gellid pe bai eisiau), h.y. ni sonnir am eiriau'n dechrau â *d* nac *r*. Hefyd yr ydys heb gyfrif ffurfiau'r ferf *bod* mewn perthynas â'r goddrych am fod cystrawen *bod* yn arbennig iddi ei hun.

†Dengys y gynghanedd fod tr. yn y canlynol: *I ddyn a chwenycho* **dda,** IGE[2] 199.2; *Ac yno tra fynno* **fedd,** ib 313.9; a bod y gysefin yn y canlynol: *O gwbl a allo* **gwybod,** ib 25.27.

dreiglo wedi dechrau ar lafar, yn tystio fod iaith lenyddol i destunau rhyddiaith y cyfnod canol, a'i safonau a'i rheolau wedi eu seilio ar arfer cyfnod cynharach na'r adeg y dechreuodd y gwrthrych dreiglo ar ôl y ffurfiadau hyn. Y mae'n ddiogel casglu na fyddai'r beirdd yn arfer camdreiglad, a bod yr enghreifftiau o dreiglo'r gwrthrych fel y rhai a ddyfynnwyd o IGE a DN yn seiliedig ar arfer gyfoes ; os felly, parhad llenyddol yw'r esiamplau o gadw'r gysefin mewn testun megis MCr (chwarter olaf yr unfed ganrif ar bymtheg) o gystrawen a oedd wedi diflannu oddi ar lafar gwlad ers canrif neu ddwy. Yn wir, safonau gramadegol iaith y beirdd yw safon y testunau rhyddiaith i raddau helaeth.

(v) Peth eithriadol yw'r treiglad *na chaffo wreic* mewn testun mor gynnar ag WM, ond y mae'n ddiddorol iawn mai gair yn dechrau ag *g* sy'n eithriad i'r hyn a ddisgwylir. Gwelir fod RM 73 yn adfer yr *g* ac y mae'r adferiad hwn fel cywiriad. Fe fyddai copïwr yn y ddeuddegfed ganrif yn sylweddoli fod *g* yn y cynseiliau cynnar yr oedd ef yn bwriadu eu copïo yn gallu cynrychioli *g* gysefin ac *g* dreigledig, sef ʒ, sain a ddiflanasai erbyn ei gyfnod ei hun. Byddai copïwr a'i fryd ar ddiweddaru rhywfaint ar orgraff hynafol ei gynsail yn cael ei boeni gan *g* yn anad un llythyren arall a naturiol i ansicrwydd godi yn ei feddwl ; weithiau, pan fyddai'n siŵr mai *g* dreigledig oedd *g* ei gynsail, fe'i dileai gan nad oedd y sain yn bod mwyach ; felly tua dechrau'r PK dileodd *g* yn *llathrei wynnet* ond dilynodd ei gynsail yn *llathrei cochet*, WM 2 ; anwadalodd wrth gopïo *Enteu math . . . Enteu uath*, 89 ; dilynodd ei gynsail yn *ynteu pwyll*, 12, 18 ; ond gofalodd ddileu'r *g* yn *ynteu wydyon*, 84, 98, 108. Yng nghynsail y copi yma o'r PK yr oedd *e* yn cynrychioli *y*, ac un o dasgau'r copïwr oedd newid *e* yn *y* (pan gynrychiolai *y*) ; a gwnaeth hynny ar y cyfan, ond gadawodd ambell enghraifft o *e* (= *y*) heb ei newid ; ond yn fwy na hynny, newidiodd ambell *e* (= *e*) pryd na ddylai, e.e. *wyd y kyffy*, WM 3 (= wed y keffy) ; *wynt*, ib 30 (= Went), gw. nod. PKM 101. Awgrymaf fod peth tebyg yn y dulliau o drin *g*. Er bod awydd i ddileu *g* (= ʒ), yn fwy felly na'r awydd i ddynodi treiglad cytseiniaid eraill, y mae esiamplau o *g* dreigledig yn aros, e.e. *mi a welwn gwr*, ib 45 ; ond oherwydd yr ysfa i ddileu'r *g* dreigledig fe'i dilewyd weithiau pryd na ddylid, e.e. *a chyuarch uell im*, ib 46, yn lle *guell* (ib 39) fel y disgwylid. Y mae'n bosibl mai enghraifft o ddileu *g* pryd na ddylid yw *na chaffo wr*, 100 ; ond y mae'n debyg er hynny fod y treiglad wedi dechrau ar lafar gwlad. Hyd yn oed os oedd y tr. wedi dechrau, rhyw ' lygriad diweddar ' fyddai ysgrifennu'r tr. yn yr iaith lenyddol, a barnu wrth yr ' ystadegau ' a gafwyd eisoes. Wrth fwrw golwg dros gasgliad helaeth sydd yn fy meddiant o ddyfyniadau'n cynnwys ffurfiau'r Modd Dibynnol, sylwyd ar un enghraifft o dreiglo ar ôl ffurfiad -(*h*)*o* yn LlDW 65, sef *keny chafo* **wr**.

Ar wahân i un enghraifft o'r gair *bod*, nid oes ond un enghraifft yn WM o dreiglo'r gwrthrych ar ôl y 3ydd un. P. Myn. yn ei ffurfiad ' cysylltiol,' (h.y. y ffurfiad cyffredin, stem yn unig), ac enw'n dechrau ag *g* yw : *ef a geiff* **w***erth y rei hynn*, 96. Nid *g* yw'r unig lythyren sy'n dangos treiglad pryd nas disgwylir ond y mae'n nodedig fod *g* mor aml, ac yn unig eithriad mewn rhai cysylltiadau. Mewn copïau o destun cynnar iawn gellir gweld y copïwr yn ei ansicrwydd yn dileu'r *g* pryd y dylid ei chadw. Nid oedd copïwr Llyfr Aneirin yn siŵr o gystrawen ffurfiadau berfol megis *seinnyessit, delyessit,* ; mewn un man cadwodd *g* yn y gwrthrych: *ervessit* **g***win gwydyr lestri llawn*, CA 1144 ; ac fel y dangosir isod, y gysefin a ddylai ddilyn y ffurfiad hwn ; ond mewn man arall dileodd *g* y gwrthrych, gan fod y ffurfiad yn ddieithr iddo : *heessit* **w***aywawr y glyw*, ib 302.

(vi) Heblaw'r esiamplau a gafwyd gynnau o'r gwrthrych ar ôl y ffurfiad -(*h*)*o*, gellir dyfynnu pethau tebyg ar ôl ffurfiadau'r 3ydd un. P. Myn. : y ffurfiad *dyry*, e.e. *Y ddraig* coch *'ddyry* **cychwyn**, DID G177 ; gyferb. *Y dyry* **farn** *aed i'r fainc*, IGE[2] 117.4 ; *A ddyry* **gwymp** *i'r ddraig wen*, DN XIII.60. Dyna enghreifftiau o'r gysefin ac enghreifftiau o dreiglo'r gwrthrych, ond pe cyfrifid pob esiampl yng ngweithiau bardd fel DN gwelid mai cadw cysefin y gwrthrych ar ôl amryw ffurfiadau'r 3ydd un. P. Myn. oedd y rheol : y ffurfiad cryno 'cysylltiol' : *A dry* **gwr** *yn drvgarog*, DN IV.62 (nod. 131) ; *A wna* **ll***if o vewn y* **ll***ynn*, ib X.27 ; (cyferb. *Ni chynig un o chân* **gyrn,** ib XVIII.37) ; ffurfiad y terfyniad *-a* : *Un* **m***ab a lawenhâ* **mil,** ib XV.15. Cedwir cysefin y gwrthrych bron yn ddieithriad ar ôl 3ydd un. Gorff. Myn. ffurfiad *-as* (*-es, -is, -wys*), *A roes* **b***rath i'r assau* **b***ron*, DN XXXIV.24 ; (cyferb. *La Her a roes* **law** *i hwn*, GGl III.17) ; a hynny sydd amlaf ar ôl ffurfiad *-odd, -awdd* : *Peilat a bwyntiodd* **L***ladin*, DN XXXV.7, eithr cyferb. enghreifftiau o dreiglo : *A aillawdd* **w***arrau llv o ddewrion*, ib XX.44 ; *Carodd* **osod** *cerdd Iesu*, DGG LXXX.6 ; *Blaidd oedd fo a blaenodd* **fil,** IGE[2] 11.6 ; *Llywiodd* **Wynedd** *llaw ddinag*, ib 13.3. Y mae'n werth sylwi nad galwadau'r gynghanedd sy'n cyfrif am gadw'r gysefin, nac yn y llinell, *Y ferch a wnaeth* **g***waew dan f'ais*, DGG, nac yn yr enghraifft . . . *a bwyntiodd Lladin* ; pe byddid yn treiglo ni niweidiai'r gynghanedd ; felly, i'r copïwyr a wnaeth y fersiynau hyn, cadw'r gysefin oedd yn normal ; peri i'r gwrthrych yma dreiglo er mwyn y gynghanedd a fyddai'n annormal ; (cyferb. enghraifft o dreiglo ar ôl *gwnaeth* : *Cystennin a wnaeth* **drin** *draw*, IGE[2] 126.5).

(vii) Yn un o'r testunau diweddar ar gelfyddyd barddoniaeth a gyhoeddwyd yn *Gramadegau'r Penceirddiaid*—testun heb fod yn gopi o ramadeg swyddogol y beirdd eu hunain ond yn waith o eiddo rhyw ŵr bonheddig a ymddiddorai yn y gelfyddyd gan geisio ei dehongli a diffinio ei nodweddion—ceir sôn am y ffigur ymadrodd *Adweddiad* : 'A. yw troiad llyth[y]ren o'r gyrchfa y'w gwreiddiol ei hun er mwyn kynghanedd, val :

Gwae rudd mab a garodd merch." GrPen 212.

Y peth a olyga yw hyn : a chaniatáu mai gwrthrych yw *merch* (gan fod modd deall *merch* yn oddrych, ' whom a maiden loved '), yr ydys yma'n cadw'r gysefin pryd y dylid treiglo, a gwneir hynny ' er mwyn cynghanedd.' I'r un a luniodd y diffiniad hwn, y rheol yw y dylid treiglo'r gwrthrych yma ; rhyw fath o ' eithriad barddonol ' yw cadw'r gysefin, ond yr ydys newydd ddangos, ac fe'i cadarnheir eto, mai ' rheol ' y cyfnod canol mewn barddoniaeth a rhyddiaith oedd cadw cysefin y gwrthrych ar ôl ffurfiad *-odd* ; a hynny oedd amlaf yn rhai o destunau cyfnod y diffiniad, gw. §82 (ii) isod. Dengys y diffiniad nad oedd yr awdur yn hyddysg yng nghyfrinion crefftol y beirdd ; dengys hefyd fod cystrawen cadw cysefin y gwrthrych ar ôl ffurf fel *carodd* wedi llwyr ddiflannu o'r iaith lafar ; pe na bai, ni châi awdur y diffiniad achos i ddweud mai eithriad ' er mwyn cynghanedd ' oedd peidio â threiglo.*

Prin y mae angen profi na fyddai'r beirdd yn torri rheol treiglo, ac na chaent ddywedyd ' gweled ferch ' yn lle ' gweled merch' er mwyn unrhyw gynghanedd. Sail ei ryddid i ddewis rhwng ' dyry cwymp ' neu ' dyry gwymp,' rhwng ' carodd merch ' neu ' carodd ferch ' yw fod y ddwy'n gywir yn ôl arfer cyfnodau gwahanol ; yn fyr, fod ' dyry cwymp ' yn hen gystrawen gywir, a bod ' dyry gwymp ' ar arfer yn y cyfnod diweddar. Ond ni ellir arfer cystrawen nad yw'n gywir yn ôl hen reol nac yn ôl arfer ddiweddar. Er bod modd i'r bardd gadw cysefin y gwrthrych neu ei dreiglo ar ôl y 3ydd un. P. M., neu roi treiglad i'r goddrych ar ôl y 3ydd un. Amh. Myn. neu gadw'r gysefin yn ôl yr arfer ddiweddar, ni all roi meddal y goddrych ar ôl y 3ydd P. M. gan nad yw hynny nac yn hen nac yn ddiweddar ; cymh. *Cerdd Dafod*, 228 : ' Camgymeriad a wneir (ond yn anfynych iawn) yn niwedd y cyfnod yw meddalu [y goddrych] ar ôl y presennol : dynwaredir yr amryfusedd gan Ronwy :

Mynaig **ddyn** / *mwy nag a ddaw*, EP 271.
E rydd **Grist** / *arwydd ei grog*, GrO 88.

Dyfynnir yr un enghraifft o GrO yn WS 192 a'r unig gynsail i'r afreoleidddra yw'r enghraifft amryfus :

Tra gweler y ser treigla **air** *Sion*, S. Tudur

*Cyfeiriwyd o'r blaen at DByrr 51 lle traethir fod y tr. m. yn dangos y gwahaniaeth rhwng cyflwr ' henwedigawl ' a chyflwr ' achusiad ' : ' e drawod(d) gwr, *homo percussit*, e drawod(d) wr, *percussit hominem*.' Y rheol felly yng ngolwg Gr. R. yw y dylid treiglo'r gwrthrych ; a chyda golwg ar hyn, cymh. tt 255-6 lle y mae Morus yn codi'r pwynt parthed arfer y beirdd o ddewis un o ddwy ffordd o dreiglo, e.e. ' Troilus gynt, rheoles gwyr, tros wyr ' ; eto, mewn cystrawen arall, ' Ysy gwed(d)us i gud(d)iaw' Ateb Gruffydd yw, "am y cyfryw bynciau ai cyphelib gwell yw i gochel noi harfer, gann nad oes resswm technennig, iw roi trostynt, nag awdurdod hen feird(d) iw diphryd ; ag nid yw gymradwy mewn iaith yn y byd mo'r mydr ni bo yntho ymadrod(d) gynghordiawl." Rhaid cofio wrth gwrs fod Gr. R. dan ddylanwad y dyb fod ' ystyr ' i'r treiglad fel sydd i derfyniad gwrthrychol enw Lladin (dyna'r ' rheswm technennig ') ; gallwn gytuno â'r cyngor hefyd i ochel dulliau treiglo sy'n anghytuno â phriod-ddull yr iaith fyw, ond os golyga nad oes awdurdod cynsail i gystrawen fel ' rheoles gwŷr,' y mae naill ai heb ddysgu manion crefft yr hen feirdd neu'n dewis osgoi anhawster y cwestiwn a ofynnir iddo.

[ac nid yw hon, mewn gwirionedd, yn wir gynsail gan nad yw *rhydd* a *treigla* o'r un ffurfiad ; gellid dyfynnu enghraifft arall o dreiglo'r goddrych ar ôl y ffurfiad olaf, e.e. *gossymdeitha uatholwch,* WM 52, ond y mae'n dra thebyg mai gwall copïo ydyw, gw. §78 (iii)].* Gellir cadw cysefin y gwrthrych ar ôl y 3ydd un. P. Dib. yn ôl yr hen arfer neu ei dreiglo yn ôl yr arfer ddiweddar, ond nid cywir treiglo'r goddrych ar ei ôl gan nad oes gynsail i hynny o gwbl ; cam-dyb a chamgydweddiad sy'n cyfrif am enghraifft fel hon yn Edward Samuel : *y gwnelo* **dd***yn y pechod yma,* HDdD 213.

(viii) Peth arall a rydd ' ddewis ' i'r beirdd yw eu bod yn manteisio ar ddeddfau calediad. Dyfynnir y darnau canlynol o'r rhagymadrodd i weithiau Tudur Aled i weld y rhyddid dewis ac i gynnig esboniad sy'n wahanol beth i esboniad y golygydd : "ceir ganddo . . . amryw anghysonderau sy'n ddyledus i awydd i gadw at y mympwyon a farnai'r cynghaneddwyr yn gywreindeb. Yn ei gyfnod ef, dichon fod rhai ffurfiau yn ansefydlog, ac mai am hynny y bydd yntau'n arfer dwy ffurf fel y galwo'r gynghanedd. Ceir ganddo :—

' Tudur oedd tad i roddion ' ; ' a egyr gwaed ' ; ' ofnwch Duw o fewn ўch dydd.'† Yn ' Arch degoes, archdiagon,'‡ a ' Gwyrych dug, archdiagon,'§ anodd gwybod pa un a fwriedai feddalu ai peidio, canys hyd yn oed os delir mai ' arch*d*iagon ' a ddywedid, a bod hynny'n profi mai ' arch *d*egoes ' a ' gwyrych *d*ug ' oedd y ffurfiau, ceir hefyd enghreifftiau o feddalu cytsain ar ôl cyffelyb derfyniadau, fel y dengys y gynghanedd. Er enghraifft : ' mynnwch *r*agor,' ' rhoech law,' ' pan fwriech wŷr,' ' cerwch wŷr,' ' treiwch wenwyn ' . . . Yn gyffredin ni feddelir *t* a *d* ar ôl *ll* neu *s* : ' holl dawn,' ' holl Deau,' ' tros dialwr,' ' a roes deall,' ' cwys dofn,' ' tros dau oror.' Dengys y dosbarthiad hwn fod y meddaliadau sydd heddyw'n rheol ddieithriad ar ôl berfau terfynol a ffurfiau'r modd gorchymyn, eisoes yn rheol yn yr iaith fyw yn oes Tudur. Efallai nad oeddis wedi llwyr beri i'r *t* a'r *d* feddalu fel y seiniau eraill ar ôl *ll* neu *s*. Pe dywedid mai rheol Tudur oedd bod sain dro, fel *ch*, yn caledu neu'n cadw *d* (' ofnwch Duw ') byddai raid esbonio wedyn pam na chaledai neu na chadwai *g* (' treiwch wenwyn '). Dengys hyn na ellir bob amser ddibynnu ar feirdd y gynghanedd am seiniau'r iaith fyw ar ryw adeg arbennig." TA LXXXV-VI.

*Sylwais ar ddwy enghraifft o dreiglo'r goddrych yn TA : *Nid â ŵyl heb a delych,* 67.31 ; *Ni wisg wanfardd ysgawnfeirch,* t 738, Mnd gan L. Morgannwg. Hawdd diwygio'r ail enghraifft i'w chael yn gywir. Camargraff yw tybio fod—*sg* + *g* yn rhoi calediad *sc*, a gellir darllen *gwanfardd* heb niweidio'r gynghanedd.

Amheuaf yr enghraifft gyntaf ond ni allaf awgrymu sut i'w diwygio. Sylwais ar enghraifft arall o'r cam-dreiglad hwn gan gyfoeswr i Oronwy : *Daw* **fradwyr** *iw difrodi,* ALMA 14 (yng nghywydd Hugh Hughes).

†= 80.72.

‡= 62.6, *Arch ddegoes, archddiagon* sydd yn y testun.

§= 29.28. Ychwaneger yr enghraifft hon : *Archdiagon, arhowch degoes,* 30.67.

Nid ' mympwy ' a ' chywreindeb ' sy'n cyfrif am gadw'r gysefin lle disgwylid treiglad (e.e. *egyr gwaed*) ; y rheol lenyddol oedd cadw'r gysefin yn y cysylltiadau hyn, a'r rhyddid i ddewis un o ddau ' gywirdeb ' o gyfnodau gwahanol sy'n cyfrif am yr anghysonderau. Pwysleisiwyd o'r blaen mor hanfodol yw trafod pob ffurfiad berfol + gwrthrych ar ei ben ei hun ar y dechrau ; yr oedd treiglad y gwrthrych ar ôl y ffurfiadau hynny, sydd o'r dechrau'n treiglo'r gwrthrych, wedi ei gwpláu yng nghyfnod boreaf y Gymraeg. Y ffurfiadau na pharent dreiglad o'r dechrau ac a newidiodd eu cystrawen erbyn y cyfnod diweddar sy'n dangos anwadalwch, ond nid am fod proses phonetig y treiglo heb ei lwyr orffen y ceir anwadalwch, ond am fod y beirdd yn dewis cystrawen hynafol weithiau, a chystrawen gyfoes dro arall. Ynglŷn â chadw ffurf gysefin *t* a *d* ar ôl *ll* ac *s*, mater o galediad yw hynny, neu galediad ymddangosiadol, oblegid nid hawdd i'r glust oedd penderfynu ai *g, b, d*, neu *c, p, t* a ddilynai *s* ac *ll*, cymh. CD 208 ; ac os ceir *sd* lle disgwylir *sdd*, calediad o deip *nos da* yw hynny, cymh. CD 230 a §15 (v) uchod ; ar y llaw arall fe allai ' a roes deall ' fod yn enghraifft o gadw cysefin y gwrthrych ar ôl y 3ydd un. G. Myn. Calediad hefyd yw ' Ofnwch Duw, etc., gan fod *ch* + *dd* yn rhoi *chd*, gw. §9 (iv) uchod. Yn ' treiwch wenwyn' ni ellid cael calediad ; yr oedd yr *g* wedi diflannu drwy dreiglad fel nad oedd yno i'w chaledu.

Enghreifftiau o galedu yw'r canlynol :

Ni wn dyn *ni ain i'w dai*, GGl LXX.61 [n + δ > nd, gw. §9 (v)].
Gwelais dawn *eglwys Deinioel*, ib XCIV.7 (sδ > sd).
Ni **rout dimai,** Syr Tomas, TA 24.40 (t + δ > t).
Bwrient dadl rhwng braint deudir, ib 48.81

a gellid darllen calediad yn y canlynol :

Ni throut ddur eithr at ddewrion, ib 67.5,

gan fod digon o esiamplau o galedu *dd* ar ôl *at*, gw. §146 (iii).*

§72 GWAHANIAETHU RHWNG GODDRYCH A GWRTHRYCH

(i) Buwyd yn hir iawn cyn gwahaniaethu drwy dreiglad rhwng y goddrych a'r gwrthrych, o'r cyfnod y collwyd terfyniadau'r Frythoneg hyd y cyfnod canol, a gwelwyd nad oes rheoleidd-dra yn y ddyfais wahaniaethu hon hyd yn oed yn niwedd y cyfnod canol. Y mae rhyw reswm dros gredu mai'r dyb a goleddai llenorion yr unfed ganrif ar bymtheg fod y treiglad yn arwydd o'r cyflwr gwrthrychol (a bod y gytsain gysefin felly'n arwydd o'r cyflwr enwol) a sicrhaodd gysondeb perffaith mewn

*Hawdd fyddai cyfiawnhau'r calediad yn y canlynol : **Tor rhwyg** *a brath tu rhag bron*, IGE[1] XVIII.125, sef *r* + *r* > *rh* ; *Tor rwyg* sydd yn ib[2] 48.25.

Cym. Diw., oblegid y mae'r testunau sy'n llai ' ysgolheigaidd ' yn yr un cyfnod yn parhau i arfer yr hen ddulliau cynhenid ac anghyson o dreiglo.

Ond y mae'n bur amlwg fod tueddiadau ar waith ymhell cyn hynny yn ymgyrraedd tuag at y rheol ddiweddar, yn peri i'r goddrych golli ei dreiglad ar ôl y ffurfiadau a arferai beri iddo dreiglo, ac i'r gwrthrych ennill treiglad ar ôl y ffurfiadau a arferai gadw ei gysefin. Y mae un o'r rhesymau tu ôl i'r tueddiadau hyn mor syml nes bod perygl iddo fynd yn ddisylw. *O'r chwe ffurf sydd ym mhob amser a modd ar y ferf nid yw'n bosibl cael y goddrych enwol ond ar ôl un ohonynt ; fe all y chwech gymryd gwrthrych enwol.* Ar ôl y 3ydd un. yn unig y daw goddrych enwol.* A siarad yn gyffredinol gellir dywedyd hyn : hyd yn oed os bydd y 3ydd un. yn peri i'r goddrych dreiglo (yr Amh. Myn., er enghraifft), *rhwng yr holl bersonau y mae chwe chynnig i'r gwrthrych dreiglo yn erbyn un i'r goddrych.*†

(ii) Yn gyffredinol eto, os bydd y 3ydd un. yn cadw cysefin y goddrych a'r gwrthrych (ffurfiad *tyr* neu *torro*, er enghraifft), golyga hyn fod pum person yn peri i'r gwrthrych dreiglo ac un yn cadw'r gysefin. A chyfrif fod y ffigurau a gafwyd yn barod yn gyfartaledd gweddol deg, y mae un ar ddeg o gynigion i dreiglo'r gwrthrych yn erbyn un o gadw'r gytsain gysefin. Y mae yma ryw gymhelliad felly dros wneuthur treiglad y gwrthrych yn sefydlog, sef cymhelliad i beri i'r eithriad gydymffurfio â'r mwyafrif. Ar y llaw arall nid yw'r ' un ' dros dreiglo'r goddrych yn gryfach na'r ' un ' sy'n cadw'r gysefin. Pe cyfrifid yr holl ffurfiadau berfol a bair i'r goddrych dreiglo a'u gosod yn erbyn y ffurfiadau a geidw'r gysefin, diau mai'r ail restr a fyddai fwyaf, ond ni fyddai mwyafrif yr ail restr yn effeithio fawr ar gyfartaledd y ffigurau ynglŷn â'r gwrthrych am fod y pum person arall mor gryf o blaid treiglo'r gwrthrych.

(iii) Sylwer fod 3ydd person yr Amherffaith Mynegol bron yn unffurf, yr un terfyniad *-ai* a ddigwydd ym mhob berf (gydag ambell eithriad fel

*Y mae digon o esiamplau yn y testunau cynharaf o arfer berf luosog (a heb ddylanwad cyfieithu i gyfrif am hynny) ond gan amlaf, ar drefn cymal perthynol, e.e.' *E kennadeu a aethant,* WM 44 ; nid yn fynych y ceir y drefn normal ' aethant y *k.*' Pan geir y drefn normal, a'r goddrych yn union ar ôl y 3ydd lluosog y mae'n treiglo, e.e. *Yn Aber Cuawc yt ganant gogeu,* CLlH 23.VI.5, nod. 162-3 ; cymh. *kwydyn gyuoedyon,* CA 171, a'r nod. yn CA 91 ar *emledyn aergwn,* 77 : yno dywedir, ' Yn rheolaidd treiglir y goddrych ' ; cymh. *Ban ganhont cogeu ar blaen guit guiw,* BB 33.5-6, sy'n sicr o fod yr enghraifft o fethu nodi'r tr. fel y mae *ar blaen* yn methu dangos y tr. Am y gystrawen gw. DIG 117-9, ZCP XVII.107-10. Haedda'r nod. yn CA 251 ar *a gryssyws* sylw arbennig : awgryma'r golygydd y dylid diwygio'r darlleniad yn *gryssyassant* i gael odl ; os yw hyn yn iawn dyna'r copïwr yn diwygio'r hen gystrawen yn unol ag arfer ei oes ei hun heb ystyried ei fod yn niweidio'r odl a'r mesur ; ac os felly, y mae pob enghraifft o gael berf luosog + goddrych enwol ar ôl cyfnod y copïwr hwn yn beth ' hynafiaethol,' olion sydd wedi goroesi o gopi cynharach gan mai'r gystrawen naturiol fyw i'r copïwr hwn yw'r unigol fel y tystia ei ddiwygiad i destun y *Gododdin.*

†Golyga hyn fod ffurfiau'r person cyntaf a'r ail, fel y 3ydd lluos., yn peri tr. i'r gwrthrych, ac ni welais dystiolaeth i beri imi amau hyn.

gwyddiad ac *adwaeniad*, ac fe barai'r rhain dreiglad i'r goddrych a'r gwrthrych yn wreiddiol, e.e. *ac ef a atwaenat* **w***alchmei*. *Ac nyt atwaenat* **w***alchmei ef*, WM 437-8 [= P 6.IV.219]). Yr un terfyniad sydd yn y Gorberffaith, *car-as-ai*, *gwnaeth-ai* ; ac ar wahân i'r ffurfiau sy'n gyfansawdd o stem gorff. + ffurfiau amherffaith *bod* megis *gwnathoedd*, gellir dywedyd fod 3ydd un. y Gorberffaith yn unffurf. Yr un terfyniad sydd i'r G. Dib., *rhetai*, *gwnelai*, etc. Felly y mae ffurf 3ydd un. y tri amser hyn yn unffurf, gydag ychydig bach o eithriadau, ac yn y pen-draw yr un terfyniad sydd iddynt oll.

Cymharer â hyn yr amrywiaeth cyfansoddiadau sydd i 3ydd person y Gorff. Myn. : (1) y terfyniadau *-as*, *-es*, *-is*, *-wys* ; (2) *-awdd* neu *-odd* ; (3) newid llafariad y stem, *dywawd*, *goddiwawdd* ; (4) *-t* preterit, *cant*, *cymerth* ; (5) stem Gorff. yn unig, *gwnaeth*,* *dug*, *gorug* ; (6) ffurfiau cyfansawdd *bod*, *darganfu* ; (7) ffurfiau cyfansawdd o fath *dothyw* ; (8) ffurf ad-ddybledig fel *cigleu*. Gellid ychwanegu ffurfiadau eithriadol iawn fel *prynessid*, LlH 10 (= prynodd, gw. CA 141, 142), *goreu*, etc., ond fe wna'r wyth a restrwyd y tro i'r ymdriniaeth yma. Y mae dau o'r ffurfiadau uchod yn peri treiglad i'r goddrych yn ogystal â'r gwrthrych ar y dechrau, sef teip *darganfu* a *cigleu*, e.e. *a phan gigleu* **g***ei*, WM 144 ; *Pan wybu* **g***ei* ib 495, gw. isod §82 (iii). Y mae'r chwe ffurfiad arall yn cadw cysefin y goddrych a'r gwrthrych ar y dechrau, a dylid sylwi mai'r chwech hyn sy'n digwydd amlaf.†

Ceir amrywiaeth tebyg i 3ydd person y P. Myn. : (1) *-id* yn y ffurfiad 'annibynnol,' *trengid*, *tyfid*, etc. ; (2) y ffurfiad cysylltiol, *câr*, *treinc*, *tyf* ; (3) ffurfiau eithriadol fel *daw*, *dwg*, *gŵyr*, *adwaen* (*edwyn*) ; (4) teip *cennyw* o 'canfod' ; (5) teip *dargenfydd* ; (6) berfau tardd, bonyn + *ha*, *gwastatâ*, *bwyta*. Fe ellid ychwanegu ambell ffurf anarferol at y rhain ond fe wna'r rhain y tro, a gallwn ddywedyd fod pob ffurfiad yn cadw cysefin y goddrych a'r gwrthrych ar y dechrau.‡

Ceir llai o ffurfiadau yn y P. Dib. : (1) -(*h*)*o* ; (2) y ffurfiad 'annibynnol' o deip *gettid*, *cedwit* ; (3) stem arbennig, *gwnêl*, *êl*, *dêl* ; (4) ffurfiadau cynnar ac eithriadol fel *duch*, *gwnech*, *gwares*. Ymddengys mai'r gysefin a ddilynai'r rhain i gyd yn wreiddiol.

Y mae 3ydd person un modd na soniwyd amdano, sef y modd Gorchmynnol *-ed* ; yr oedd hwnnw yn peri i'r goddrych dreiglo yn wreiddiol, ac i'r gwrthrych wrth reswm, gw. isod §79 (i).

O'r wyth ffurfiad a roddwyd uchod i'r G. Myn. y mae dau'n peri treiglad,

*Gw. nodiad wrth §82 (v).

†Y mae ambell eithriad sy'n rhoi treiglad i'r goddrych ar ôl y ffurfiau hyn ond tybiaf fod eu prinder yn arwydd mai gwallau copïo ydynt ; e.e. *y fford a gerdawd* **e***reint*, WM 433 [= P 6.IV.217 *a gerdawd ger*(*eint*)] ; mae'n bur debyg mai cael *ger-* yn y ferf a'r enw a barodd y camgopïo yma : *a fan welas* **u***ranwen y mab*, ib 55—odid nad meddwl cyn darllen y frawddeg ar ei hyd mai gwrthrych oedd 'branwen' a barodd i'r copïwr wrth ddiweddaru, roi treiglad gwallus yma.

‡Cymh. enghraifft o dreiglo'r goddrych : *gossymdeitha* **u***atholwch*, WM 52, sy'n wall copïo, mae'n debyg, gw. §78 (iii).

darganfu a *cigleu*. Er bod pob ffurfiad ar y dechrau'n peri treiglad neu'n cadw'r gysefin ar ei gyfrifoldeb ei hun, yn ôl ei darddiad gwahaniaethol, anodd yw i'r iaith gadw'r gwahaniaethau a all fod rhwng treigladau wyth o ffurfiadau'r un 3ydd pers. Beth bynnag yw eu tarddiadau, gwasanaethant yr un person ac amser a rhaid fod tynfa i wneuthur iddynt gytuno rywfodd i gael yr un effaith treiglo, fel dosbarth. Ceir enghraifft dda o'r duedd hon, yr amrywiaeth ffurfiadau'n dod i gytuno nes bod unffurfiaeth o ran treiglad, yn hanes y traethiad neu'r dibeniad ar ôl y cyplad: ffurfiau *bo*, (*byddo*), *bydd* yn wahanol i'r gweddill drwy gymryd y gysefin ar eu holau, ac yna'n dod i gydymffurfio â'r mwyafrif nes bod ffurfiau'r cyplad yn gyffredinol yn peri treiglad. Gellir disgwyl felly i ffurfiad *darganfu* a *cigleu* golli treiglad y goddrych ar eu holau nes bod 3ydd un. y G. Myn. yn gyffredinol yn cadw'r gysefin. (Gellid ar un olwg anwybyddu *cigleu* gan i'r ffurfiad ddiflannu). Os cafwyd rheoleidd-dra yng ngwahanol ffurfiadau rhyw un amser arbennig, fel y G. Myn., pam na ellid cael yr un rheoleidd-dra i bob ffurfiad 3ydd person? Y mae rhyw bymtheg o ffurfiadau o blaid cadw cysefin y goddrych, yn erbyn pedwar a barai dreiglad (*-ai* ac *asai* yr Amh. Myn., y G. Dib. a'r Gorberff.; *cadwed, darganfu, cigleu*). Neu gellid cyfrif 3ydd person pob amser fel uned, ac felly ceid y Pres. Myn., P. Dib. G. Myn. yn gyffredinol o blaid cadw'r gysefin yn erbyn *un* ffurfiad (i bob pwrpas) yr Amh. Myn., y G. Dib. a'r Gorberff. ac un y Gorchmynnol. Y mae'r mwyafrif ym mhob ffordd o blaid cadw cysefin y goddrych.

§73 Patrwm 'Berf + Goddrych + Gwrthrych'

(1) Yn ôl egwyddor 'lleoliad' byddai treiglad y gwrthrych yn y patrwm hwn o frawddeg yn dibynnu ar natur 'terfyniad' y goddrych, h.y. yn 'torrodd y mab + coeden,' terfyniad 'mab' yn y cyflwr enwol yn y famiaith a benderfynai'r treiglad. Yn safle'r enw 'mab' gallai pob math o enw ddyfod o flaen y gwrthrych—cyflwr enwol aml rediadau, gwryw, benyw, unigol, deuol, lluosog, ac aml fathau o'r rhain; gallai ansoddair ddod ar ôl y goddrych neu gyflwr genidol, a gellid amlhau'r amrywiaeth a'r cymhlethdod sy'n bosibl. Yn ôl yr egwyddor hon, byddai treiglad y gwrthrych yn fater o siawns, yn dibynnu ar natur un o blith cannoedd o eiriau a allai ddod ar antur o'i flaen.

Ni allai'r iaith byth oddef yr anhrefn a'r anwadalwch a ddeilliai o'r amrywiaeth diderfyn yn natur y gair a allai flaenori'r gwrthrych; peth hollol ddamweiniol a di-ddal fyddai natur y gair a allai flaenori'r gwrthrych, nid 'ffurfiadau'; ni ellid byth gael 'patrwm,' oblegid byddai pob brawddeg yn arbennig, ac felly ni allai egwyddor 'lleoliad' byth greu rheol eithr afreol. Gellir awgrymu nad oedd rheol i dreiglad y gwrthrych yn y math yma o frawddeg am gyfnod hir wedi colli'r terfyniadau, ac er nad oes modd profi'r peth, y mae'n ddigon posibl nad yr orgraff ddiffygiol sy'n cyfrif am anghysonderau testunau Cym. Can. ond ma i olion yr afreol ydynt. Dyma'r anghysonderau a olygir: *y kynhelis bendigeiduran* **u***ranwen*, WM 56; *ny eill neb* **u***ynet drwydi*, ib 52; *na welsei dyn* **w***enith tegach*, ib 73 (eto: **w***enith degach*, 74); *ny duc neb* **k***yrch waeth*, ib 42; *a phan welas y meichat* **ll***iw y dydd*, ib 107; *na welsei neb* **ll***edyr degach*, ib 96; *y peris arthur* **g***alw morgan tud attaw*, ib 406.

(ii) Y mae esiamplau i'w cael yn y farddoniaeth gynnar y gellir casglu oddi wrth y gyseinedd ynddynt nad oes treiglad i'r gwrthrych yn y safle hon. Nid yw'r gyseinedd yn profi'n ddigamsyniol, efallai, gan nad oedd cyseinedd yn 'orfodol' fel yr oedd cynghanedd yn ddiweddarach; ac y mae'n bosibl fod a fynno'r orffwysfa â'r arfer o gadw'r gysefin weithiau;* ond gellir bod yn weddol hyderus mai cysefin y gwrthrych sydd i'w darllen yn y canlynol: *pan dyn* **ll***oe* **ll***aeth*, BT 9.25 (cysefin y goddrych ar ôl y 3ydd P. Myn.); *As rodwy* **t***rindawd* **t***rugared*, ib 66.6-7 (cysefin y goddrych ar ôl y 3ydd P. Dib. a'r gyseinedd yn profi cysefin y gwrthrych); *Meccid* **ll***vwyr* **ll***auer kyghor*, BB 90.3-4; *gulichid* **ll***iw* **ll***aur trewit*, ib 91. 3-4; **k***irchid* **c***arw* **c***rum tal* **c***um* **c***lid*, ib 91.7;† *Ny chel* **g***rud* **k***ystud* **c***allon*, CLlH VI.28 t 26; cyferb. *Keissyet* **U***aelgwn* **u***aer arall*, ib IV.5 t 20 (Treiglad i'r goddrych ar ôl y 3ydd Gorchmynnol ac i'r gwrthrych). Y mae'n

*Golygir wrth hyn fod yr orffwysfa (ar ganol llinell neu ar ddiwedd llinell) yn rheswm dros beidio â threiglo'r gair sy'n dilyn yr orffwysfa er y disgwylid iddo dreiglo yn ôl rhediad naturiol y geiriau. Os *liaison* dau air arbennig sy'n peri bod y cyntaf yn achosi treiglad i'r ail, fe fyddai gorffwysfa a ddelai rhwng y ddau air yn difetha'r *liaison*, a hyn efallai yw'r rheswm fod geiriau'n dilyn yr orffwysfa yn gallu hepgor y treiglad a ddylai fod iddynt; (ni raid dweud eu bod yn treiglo os yw'r treiglad yn fantais i'r gynghanedd):—

> *Ni mynnut, ben ymwanwr,*
> **Bwyd** *y dydd ond bedw a dŵr*, DGG XXXIV.21-2.
>
> *Nid adwaeniad y dynion*
> **Gwreigdda** *'mhlith gwragedd, mal hon*, TA 53.19-20.
>
> *Caseg a wnâi* **caws** *gwyn well*, ib 144.4.
>
> *Dra cerddais, mofynnais* **mawl**,
> *Drwy Geri, gwlad ragorawl*, IGE² 76.21-2.

†Yn B XI.32 dywed yr Athro Henry Lewis fy mod yn anghywir wrth ddweud, yn B X.280, mai *cum* yw'r gwrthrych yn y frawddeg hon. Nid yw'r frawddeg yn un y mae ei hangen i gadarnhau damcaniaeth, a gellid ei hepgor a derbyn dehongliad H.L. Dywed H.L. mai *tal* yw'r gwrthrych, h.y. y mae'r carw yn cyrchu *pen* y cwm. Ni allaf gytuno ac mi rof fy rhesymau pam yr ydwyf i (ac eraill heblaw myfi) yn parhau i feddwl mai *cum* yw'r gwrthrych. Ymddengys i mi mai cyfansoddair yw *crum tal*, yn disgrifio'r carw yn cyrchu'r cwm clyd, â'i ben i lawr, "The stag with lowered head makes for the sheltered vale." Nid wyf yn sicr ei bod yn iawn sôn am 'ben' y cwm; sut bynnag, onid dod i lawr o'r ucheldir rhag y ddrycin y mae'r carw, ac i waelod y cwm, neu'n syml, i'r cwm, ac wrth gyrchu i lawr ac yn erbyn y gwynt, a'i dâl yn crymu? Ond y trydydd rheswm (ynghyd â'r cyntaf) sy'n peri imi lynu wrth y dyb mai cyfansoddair yw *crumtal*, ac mai *cwm* yw'r gwrthrych, sef credu fod bwriad yma i bob un o'r geiriau yn y llinell ddechrau â'r un gytsain, fel sydd yn : *mekid meibon meigen meirch mei*, BB 67.19-20. Wrth ddarllen *tal* yn air annibynnol, difethir y 'gyseinedd' sy'n rhedeg drwy'r llinell; ond os dyellir *crum tal* yn gyfansawdd (h.y. yn un gair), cedwir cyseinedd ar hyd y llinell.

anodd dywedyd ai dynwared yr hen gystrawen hon o gadw cysefin y gwrthrych neu ynteu effaith yr orffwysfa sy'n cyfrif am y gysefin mewn llinell fel hon (fe nodir fod hen ffurfiad y 3ydd un. 'annibynnol' i'r ferf):

k*edwit Duw* **k***eidwat Tywyn,* DN v.66.

Pa amrywiaeth bynnag a allai fod yn *achosion* treiglo'r gwrthrych yn y safle hon, neu gadw ei gysefin, dim ond dau beth a allai ddigwydd i'r gwrthrych ei hun, sef treiglo neu beidio â threiglo. Fe ddaeth y patrwm hwn i gael treiglad sefydlog i'r gwrthrych—ac fe awgrymir yn yr adran nesaf pa beth a barodd iddo gael treiglad sefydlog; ond wedi cyrraedd cyflwr felly, nid oes dim a wnelo ffurf arbennig y ferf â threiglo'r gwrthrych; nid oes dim gwahaniaeth rhwng 3ydd un. y P. Myn. (o bob ffurfiad) a'r Gorff. Myn. (o bob ffurfiad) a'r Amh. Myn., etc., gan mai'r un cysylltiadau sydd i'r gwrthrych ei hun yn: '*Dyry*'r gŵr lyfr, *Rhoes* y gŵr lyfr, *Rhoddai'r* gŵr lyfr.' Y mae unffurfiaeth yn y patrwm hwn a rheoleidd-dra yn y treiglad, yn wahanol i'r cysylltiadau di-oddrych, 'dyry *ll*ythyr, rhoes *ll*ythyr, rhoddai *l*ythyr.' Ond os yw'r gwrthrych yn treiglo yn y cyd-destun 'dyry'r gŵr lythyr,' ac yna hepgor y goddrych, fe fydd tuedd yn codi o'r cyd-destun cyntaf i gadw'r treiglad yn yr ail, nes cael 'dyry lythyr.'

§74 PATRWM 'BERF + RHAGENW + GWRTHRYCH'

(i) O bob achos, barnaf mai dylanwad y rhagenw yn y patrwm hwn yw'r pwysicaf oll yn y proses o fagu treiglad sefydlog i'r gwrthrych. Yn wahanol i batrwm yr adran ddiwethaf y mae nifer y rhagenwau a ddichon flaenori'r gwrthrych yn derfynol, *i, ti, ef, hi,* etc., *innau, tithau, yntau, hithau,* etc.

Cyn mynd at y gwrthrych ei hun nid di-bwynt fydd cofio fod y rh. personol yn peri treiglad i'r enw sydd mewn cyfosodiad ag ef, e.e. *a wnaeth* **ef u***anawydan,* WM 65; *sef a wnaeth* **ynteu w***ydyon,* ib 108; yma y mae'r 'goddrych cyfosod' yn treiglo ar ôl y rhagenw; heb y rhagenw, byddai'r goddrych yn cadw'r gysefin, e.e. *adnabot a wnaeth gwydyon arnaw,* ib 98.

(ii) Gallwn fod yn bur sicr na fyddai ffurfiad *-wys* y Gorff. Myn. yn peri treiglad i'r gwrthrych yn y testunau cynharaf, ac felly'n sicrach na fyddai'r goddrych yn treiglo ar ôl *-wys.* Yn y canlynol y mae rh. ôl *i* sy'n ategu'r rh. mewnol person cyntaf unigol wedi ei leoli rhwng ffurfiad *-wys* a'r goddrych a cheir treiglad i'r goddrych: *Am swynwys* **i v***ath* . . . *Am swynwys* **i w***ytyon* . . . *Am swynwys* **i w***ledic,* BT 25-6; cymh. enghraifft ddiweddarach o ddylanwad yr un rhagenw: *Val y'm gwares* **i Dh***uw,* B III.273. Eto gallwn fod yn sicr na fyddai'r ffurfiad *-ho* i'r 3ydd P. Dib. yn peri i'r gwrthrych dreiglo, ac felly'n fwy sicr na pharai i'r goddrych dreiglo. Yn y canlynol y mae'r rh. ôl *di*, sy'n ategu rh. mewnol, wedi ei leoli ar ôl y ffurfiad berfol hwn ac o flaen y goddrych enwol, ac y mae'r goddrych yn treiglo: *A*(*th uendicco*-**de**) **v***astad* . . . *A*(*th uendicco*-**de**) **v***uchet* . . . *A*(*th uendicco*-**de**) **v***ascul*, BB 35. Ymddengys imi'n gasgliad anocheladwy oddi wrth hyn mai'r rh. ôl sy'n achosi i'r goddrych dreiglo.*

Dyma enghraifft sengl eto sy'n cyfrannu at y dystiolaeth hon. Yn ei nodiad ar *dodes y vordwyt* yn CA 225 awgryma'r golygydd ddarllen *dodes mordwyt*, a dyfynna esiamplau fel 'gwrthodes gwrys gwyar' i brofi na threiglid gynt ar ôl y ffurfiad hwn i'r 3ydd un. G. Myn., [a chadarnheir hyn gan brofion a method yr ymdriniaeth yma, gw. §82 (i)]; eithr cyferb. *gossodes ef gledyf*, CA 1443, lle rhoir tr. ar ôl y rh. personol.

(iii) Heblaw cael enghreifftiau sengl fel y rhain ceisiwyd dod o hyd i ffordd a ddangosai fod berf + rh. personol yn peri i'r gwrthrych dreiglo'n rheolaidd. Y mae'r orgraff hynafol yn gryn rwystr gan fod y copiwyr mor chwannog i arfer y ffurfiau cysefin. Gallwn fentro diwygio mewn rhai cysylltiadau, e.e. *Gweleis i* **p***asc* . . . *Gweleis i* **d***eil* . . . *Gweleis i* **k***eig* . . . *Gweleis i* **l***yw katraeth*, BT 62.19-22; yma y mae'r un enghraifft o dreiglo, a'r hyn a wyddom o gyfeiriadau eraill, yn ddigon o warant dros ddiwygio'r enghreifftiau eraill a darllen treiglad ond fel y dangoswyd uchod, §71 (iv), nid yw un enghraifft o dreiglo'n sail bob amser dros ddiwygio'r mwyafrif mawr a geidw'r gysefin, h.y. nid oedd *na chaffo wreic*, WM 100 yn cyfiawnhau darllen treiglad yn yr enghreifftiau eraill.

*Yn ei nodiad yn B xi.30-2 ni dderbynia'r Athro Henry Lewis yr esboniad hwn. Yr oeddwn i wedi cyfeirio yn B x.280 at yr hyn a ddywedir yn L & P 140, sef bod y rhain yn esiamplau o dreiglo'r goddrych ar ôl y trydydd unigol P. Dib.-*ho*, gan ddweud nad cywir hynny, oblegid, ar ôl y rhagenw ategol y daw'r goddrych yn yr esiamplau hyn, nid ar ôl y ferf. Dadl yr Athro Lewis yw fod y rhagenwau di-acen hyn i'w hanwybyddu gan nad yw'r rhagenw yn cyfrif fel sillaf yn y mesur. Y mae'r pwynt na ddylid cyfrif y rhagenw ôl ategol yn sillaf yn y mesur yn ddigon hysbys yn y Gymraeg ac ym mydryddiaeth yr H. Wydd., ond nid yw peidio â'i gyfrif yn y mesur yn golygu nad yw yn y testun, ac yn ei esbonio i ffwrdd.

Rhodder yr esiamplau hyn yn erbyn cefndir ein gwybodaeth am y cystrawennau hyn yn gyffredinol, ni welaf pa gasgliad sy'n bosibl ond mai'r rhagenw ôl ategol yw achos y treiglad ynddynt. Dengys defnyddiau §71 (iv) a §80 (v) mai'r hen reol oedd cadw cysefin y gwrthrych ar ôl ffurfiad -*ho*, ac er bod esiamplau o dreiglo'r gwrthrych i'w cael mewn Cym. Can., mai cadw cysefin y gwrthrych oedd y rheol lenyddol; mewn testun bore, prin y disgwyliem felly gael enghraifft o dreiglo'r gwrthrych; y mae'n iawn dweud felly na ddisgwyliem i'r goddrych dreiglo ar ôl y ffurfiad hwn, a hyd y sylwais, ni cheir esiamplau. Ond dyma dair enghraifft o dreiglo, a chan fod y rhagenw ôl ategol ynddynt, rhwng y ferf a'r goddrych, y mae'n anodd osgoi'r casgliad mai'r rhagenw hwnnw yw achos y treiglad. Ac nid y rhain yw'r unig esiamplau a roddir gennyf o'r pwynt hwn; cystrawen debyg yw—*am swynwys* **i vath**, etc., BT 25-26; ar ôl berf fel *swynwys*, ni ddisgwyliem i'r gwrthrych dreiglo mewn testun cynnar, ac y mae mwy o reswm felly dros beidio â disgwyl i'r goddrych dreiglo. Gan fod y rhagenw ôl yn y testun, credaf ei bod yn deg casglu mai'r rhagenw yw achos y treiglad, er na ddylid ei gyfrif yn sillaf yn y mesur.

Nid yw dyfynnu esiamplau, o destun cynnar fel BB, a ddengys gysefin y goddrych lle ceir rhagenw ôl rhwng y ferf a'r goddrych, yn dirymu hyn o gwbl, oblegid nid oes dim sy'n fwy amlwg na'r hyn a ysgrifennais yn §71 (iii), bod ffurf dreigledig yn arwydd fod treiglad i fod yn y darlleniad, ond nad yw peidio â *nodi* treiglad yn arwydd na ddylid treiglo; a'i bod yn fwy tebygol i gopïwr roi'r gysefin lle dylid treiglo nag iddo ysgrifennu treiglad lle ni ddylai treiglad fod.

Er mor ddi-help yr orgraff ac ansicr unrhyw ystadegau, barnwyd fod modd dyfeisio rhyw 'egwyddor tebygolrwydd.' Dyma esiamplau o'r egwyddor hon wedi ei gosod wrth destun WM yn bennaf (ac eithrio'r rhannau o RM sydd wedi eu hargraffu yn WM, a heb gyfrif yr enghreifftiau hynny na ellir eu hiawn brisio am fod y goddrych neu'r gwrthrych yn dechrau ag *r* neu *d*). Yn gyntaf, gwrthrych y person cyntaf un. P. Myn. **-af** : y mae esiamplau o gadw'r gysefin, *a dygaf* **p***ob un*, WM 35 ; *a uynhaf* **m***edi*, ib 74, ond yn erbyn rhyw bump o'r fath, y mae naw neu ddeg o ysgrifennu'r treiglad, *a adawaf wyrda*, 26 ; *a uynhaf uedi*, 73, etc. Y mae esiamplau pendant o dreiglo mewn testun cynharach, e.e. *Caraw* **v***oli pedyr*, BB 77.1 ; gwyddom hefyd mai treiglo yw'r rheol gyffredinol yn ddiweddarach (y mae 6 enghraifft o dr. yn YCM², heb ddim un o'r gysefin ; 2 o'r tr. yn BSK, heb un o'r gysefin) ; felly nid rhaid petruso ynghylch yr enghreifftiau o ysgrifennu'r gysefin yn WM a gellir diwygio'r darlleniad.

(iv) Ar ôl y 3ydd un. Amh. Myn., Gorberff. a G. Dib. *-ai, -asai* : y mae rhyw 12 o esiamplau yn WM o ysgrifennu cysefin y gwrthrych ar ei ôl, a 4 neu 5 o gysefin y goddrych ; y mae 14 o leiaf yn dangos tr. i'r gwrthrych, a 7 o leiaf o nodi tr. y goddrych. Y mae esiamplau o dreiglo'r goddrych a'r gwrthrych yn y farddoniaeth gynnar : *Pwyllei* **W***allawc . . . Pwyllei* **V***ran . . . Pwyllei* **U***organt*, CLlH III.39-41, t 16-7 ; *a lyviasei* **l***uossit*, BB 66.11. Dyma ystadegau pellach o destunau diweddarach : YCM², gwrthr. yn dangos tr. = 18, heb dr. = 4 (y gair benthyg *palym* yw 2 o'r rhain) ; goddrych yn treiglo = 10, heb dr. = 1 ; Penityas, gwrthrych yn tr. = 1, heb = 0 ; goddrych yn tr. = 1, heb = 0 ; FfBO, gwrthrych yn tr. = 1, heb = 0 ; BSK, goddrych yn tr. = 2, heb = 0 ; MCr, gwrthrych yn tr. = 2, heb = 0 ; goddrych yn tr. = 2, heb = 0. Gwyddom hefyd fod enghreifftiau mynych o dreiglo'r goddrych mewn testunau diweddarach byth ac mai treiglo'r gwrthrych yw rheol gyffredinol Cym. Diw. ; felly byddai'n gwbl ddiogel diwygio pob enghraifft yn WM o ysgrifennu cysefin y goddrych a'r gwrthrych.

(v) I fynd yn ôl at y pwnc a adawyd, sef effaith y rh. ôl : *hyt nat edewis ef* **w***r byw*, WM 54 ; *y gwelei ef* **t***eulu*, ib 5. A sôn yn unig am y 3ydd un. *ef* a *hi*, y mae yn WM saith enghraifft o leiaf o nodi tr., a saith o nodi'r gysefin ; ar ôl *yntau, hithau*, tair o nodi'r tr., un o'r gysefin.

Dyma ffigurau'r testunau eraill : YCM², tr. = 5, heb = 2 ; Penityas, tr. = 2, heb = 3 ; FfBO, tr. = 1, heb = 0 ; BSK, tr. = 2, heb = 4 ; MCr, tr. = 6, heb = 0. Y mae'r cyfartaledd a ddengys dreiglad yn ddigon uchel (a'r ffeithiau eraill, sef fod testunau fel CA yn dangos y tr. ac mai treiglo yw rheol gyffredinol Cym. Diw.) i gyfiawnhau'r casgliad fod treiglad y gwrthrych yn beth rheolaidd yn y gystrawen hon.

Yr ydys yn mentro awgrymu mai'r patrwm yma o frawddeg a ddylanwadodd fwyaf i wneuthur treiglad y gwrthrych yn beth sefydlog a rheolaidd. Wrth feddwl am ffigurau'r patrwm arall 'berf + goddrych enwol

+ gwrthrych,' yr ydys yn lled-gredu nad oedd yr iaith erbyn cyfnod WM wedi llwyr gyffredinoli'r arfer o dreiglo'r gwrthrych yn y cysylltiadau hynny, canys y mae 12 enghraifft yn dangos tr. yn WM, ac 16 o ysgrifennu'r gysefin ; yn YCM^2, 10 o dr. ac 16 heb dr. ; YCM^2 (atodiad), 1 yn tr., heb = 0. Mewn testunau diweddarach y mae cyfartaledd yr enghreifftiau o nodi'r tr. yn cynyddu'n ddirfawr, ac ni ellir amau nad oedd y treiglad wedi ei lwyr gyffredinoli, e.e. FfBO, 8 yn tr., a 2 heb ddangos treiglad.

Stad yr iaith oedd hyn, am ryw gyfnod amhendant, anodd ei ddiffinio : (*a*) *dyry* **ll**_ythyr_, *rhoddai* **l**_ythyr_, *rhoddes* **ll**_ythyr_ ; yn (*b*) *dyry* (neu *rhoddai* neu *rhoddes*) + *y dyn* + *llythyr*, y mae ansicrwydd ; yn (*c*) *dyry ef* (neu *rhoddai ef* neu *rhoddes ef*) + *lythyr*, y mae'r gwrthrych yn treiglo'n rheolaidd. Y sicrwydd yn (*c*) a symudodd yr ansicrwydd yn (*b*). Cywir fyddai dywedyd hefyd fod y duedd i arfer rh. ôl fel sydd yn (*c*) wedi ennill ar yr hen arfer o'i hepgor ; fe geir (*c*) yn amlach lawer ar lafar nag yn yr iaith lenyddol am fod cymaint o duedd i hepgor rhagenwau ôl yn yr iaith lenyddol ac arfer patrwm (*a*) :* Beth bynnag am hynny, os yw'r gwrthrych yn treiglo yn *dyry ef lythyr*, fe gaiff y treiglad aros pan fyddir yn hepgor ' ef ' nes cael *dyry lythyr* hefyd.†

*Enghraifft ddiddorol o hyn yw fersiwn T. Gwynn Jones o *Enoc Huws* sy'n hepgor agos pob enghraifft yn y gwreiddiol o'r rhagenwau *efe* neu *hi* ar ôl berf.

†Ymhen hir amser ar ôl llunio'r adrannau hyn, darllenais destun DP, ac er ei fod yn destun diweddar, ymddengys i mi fod y ffordd o drin y gwrthrych ynddo bron yn gwbl gytûn â'r brif egwyddor a ddaw i'r golwg uchod, h.y. cedwir y gysefin ar ôl ffurfiadau megis *dyly*, *gwnêl* a'r terfyniad *-awdd* ; ond pa ffurfiad bynnag sydd i'r ferf, ceir treiglad os daw'r gwrthrych ar ôl goddrych enwol neu ragenwol. Dyma grynodeb o esiamplau'r testun : *Pob vn . . . a* **ddyly govaly** . . *ond mwy* **i dyly** *tadav a mamav* **ovaly,** 263a ; *krist . . . a* **iachawdd klaivon . . . i iachawdd** *krist* **wraig,** 253b ; *duw a* **orchmynawdd gorffywys . . .** *i* **harchawdd** *ef* **orffywys,** 253b ; **a wnel pechod,** 250a ; *pan* **wnel** *dyn* **lw,** 241b.
Anodd osgoi'r casgliad fod y cyfieithydd yn cadw at reol gystrawennol a ddysgid mewn rhyw ysgol farddol neu lenyddol.

Pennod X

GODDRYCH A GWRTHRYCH Y FERF (II)

(esiamplau o dreiglo ac ystadegau)*

§75 Ffurfiadau'r Person Cyntaf Unigol

(i) *Y terfyniad* -af

(i) *Ny llafaraf* **e**u, BT 43.7 ; *caraw* **v***oli pedyr*, BB 77.1 ; *kredaf* **g***rist*, LlH 10 ; [*ardwyreaf* **g***lew*, ib 14 ; darll. ȝ, cymh. *ardwyreaf* **d***eyrn*, ib 15) ; *caraf* **g***aerwys vun*, ib 17 ; *a adawaf* **w***yrda*, WM 26 ; Fel y dywedwyd yn §74 (iii) y mae naw neu ddeg o enghreifftiau yn WM sy'n dangos tr. yn erbyn rhyw bump o gadw'r gysefin, e.e. *a yrraf* **ll***edrith*, 472 ; y mae 6 yn YCM[2], yn tr. bob un ; 2 yn BSK, yn tr. bob un.

(ii) *Y terfyniad* -if

Gw. nod. yn CA 66 ar *gwneif*, llinell 11, a CLlH t 58 ar y ffurfiau *ath welif, ath gwynif*, 1.4 ; yn 1.5 ceir *Porthaf gnif kynn mudif lle*, ac yn ei nod. t 60, gwell gan y golygydd ddeall y ffurf *mudif* fel berf yn hytrach nag fel berfenw yn debyg i *molim* H. Gym. Yr ydym yn disgwyl treiglad ac y mae'r gysefin yma o blaid darllen *mudif* fel berfenw ; eithr cymh. *ef gwneif* **b***eirt byt yn llawen*, BT 63.22 ; ceir treiglad yn *kenif* **d***raethawd*, LlH 1, ond testun yw *Hendregadredd* sy'n llawn o ddiweddariadau ochr yn ochr ag enghreifftiau o gystrawen gynnar megis cadw *g* dreigledig (= ȝ).

(iii) *Gwn*

mi a wnn **g***ynghor*, WM 28, 168, 429 (=P6. iv. 215), 445, (=P6. iv. 223).

(iv) *Adwen*

Nid hawdd gwahaniaethu bob amser yn y testunau cynharaf lle y mae'r cyd-destun yn dywyll ai person cyntaf ai 3ydd yw'r ferf. Yn yr enghreifftiau sy'n ddigon dealladwy y mae treiglad yn dilyn y person cyntaf a'r gysefin yn dilyn y 3ydd, a dylai hynny helpu rhywfaint ar y gorchwyl o wahaniaethu. Cymh. *atwen* **l***eueryd kyni*, CLlH 1.48, t 8 ; *atwen* **o***valon keny*, CA 536 ; *Da y hatwen* **d***eyrn*, RP 1416.7 (p. cyntaf, gw. *Geirfa*) ; *mi a atwen* **u***euyl lle y bo*, ib 1028.14 ; *Mi a adwen* **l***iain bwyt*,

*Dylid egluro nad ydys yn dyfynnu pob esiampl sydd a *bod* yn safle gwrthrych nac yn eu cyfrif yn yr ystadegau gan fod eu cystrawen mor arbennig ac yn haeddu ymdriniaeth ar wahân.

B III.174 (= *a adwaen lien*, ib VI.322) ; *Adwen* **f***rawd i'r Dean fry*, GGl CXI.19. Credaf mai p. cyntaf yw'r enghreifftiau nesaf ac mai *g* = ȝ sydd yn y llinell gyntaf, a bod yr ail linell yn methu dangos y treiglad : *adwen* **g***wellt didrif pan dyf dieu / adwen* **b***alch caen coed cadyr y ulodeu*, LlH 21. Fe allai'r canlynol fod yn enghraifft o galedu : *Adwen* **ll***yw*, MA 282b.

(v) *Y terfyniad* -(**h**)**wyf**

Na chaffwyf **w***reic*, WM 454 ; *hyt pan gaffwyf* **u***erch*, ib ib ; [*tra allwyf* **k***ynnal*, ib 37 ; *yny welwyf* **p***ryderi*, ib 80 ; *kyn mynhwyf* **m***eirw meib gwyden*, BT 63.22-3, gwrthrych ?] ; *kaffwy* **f***un kaffo finav*, DE 16.

(vi) *Y terfyniadau* -**wn**, -**aswn**

Mi a dygwn **w***raged*, WM 32 ; *a gadwn* **g***ywirdeb*, ib 71 ; *y mynnwn* **v***ynet*, ib 230 ; *y gallwn* **v***ynet*, ib 253 ; *Caffwn* **w***eisson*, ib 429 (= P 6.IV. 215) ; *a wydwn* **w***reica da*, ib 453 ; [*a welwn gwr*, ib 45, 225 ; *gwelwn* **b***wyt*, ib 123 (= P 14 t 287) ; *y gwelwn* **m***orwyn*, ib 183 ; *y gwelwn* **k***aer*, ib 225]. Un enghraifft bob un sydd yn YCM², FfBO, MCr, a'r tair yn treiglo. Enghraifft o'r gysefin ar ôl yr orffwysfa : *Cu fagwn* **m***ilgwn a meirch*, IGE² 231.34.

(vii) *Y terfyniad* -**ais**

neu vi a weleis **w***r yn buarthaw*, BT 62.7-8 ; *gweleis* **w***yr goruawr*, ib 42.11 ; [*a torreis* **c***ant kaer . . . a rodeis* **c***ant llen . . . a ledeis* **c***ant pen*, ib 71] ; *digoneis* **g***eryt*, LlH 7 ; *kyuoryeis* **w***aet*, ib 18 ; *Gweleis* **d***oryf . . . Gweleis* **w***yr . . . Gweleis* **u***rad . . . Gweleis* **l***oegyr . . . Gweleis* **w***ehelyth . . . Gweleis* **g***ynt*, ib 27 (darll. ȝ*ynt*) ; *y keueis* **o***uut*, WM 108 ; *ni weleis gristyawn*, ib 149 ; *a geueis* **g***ystec*, P 14 t 286 ; *nyt edeweis* **v***ynet*, WM 472 ; [*a bereis* **k***yweiraw*, ib 105].*

Yn YCM², 2 o dr. ; Penityas, 3 o dr. ; FfBO, 3 o dr. ac 1 heb ; y mae MCr yn eithriadol yn hyn o beth ; y mae'n destun da iawn am ddynodi treigladau, ac er nad wyf yn siŵr a godwyd pob enghraifft, o'r rhai a godwyd y mae 10 yn cadw'r gysefin a 3 yn treiglo.†

(viii) *Y terfyniad* -**um**

keintum **g***ert y nest*, LlH 40 ; *o gwneuthum* **g***am*, WM 3 ; *a roessym* **dd***iolch*, MCr 71a ; 96b ; *A phan ddeuthum, gwybûm* **g***ed*, DGG LII.17.

*Diddorol sylwi mai gwrthrychau'n dechrau ag *g* sydd a'u treiglad wedi eu nodi amlaf yn BT ac WM.

†Gw. enghraifft ar ddiwedd §71 (viii) o galedu *dd* ar ôl *s* y terfyniad —*ais*. Gellid nodi ynglŷn â'r enghr. uchod o BT o gadw cysefin *c*, fod ynddynt y math o ' galediad ' sydd yn *croesty* yn lle *croesdy*, sef yr anhawster o benderfynu gwir sain *s* + *g* a'r duedd i feddwl mai *sc* yw.

Nodwn hefyd fod modd i wrthrych gadw'r gysefin os daw ar ôl yr orffwysfa : gw. y nodiad godre wrth §73 (ii).

(ix) *Ffurfiau eithriadol*

gweint v*eirch kanholic* [**gweint m***il mawrem*], BT 19 ; *sef y* **cennwyf d***al noethedh y gwr moel acw*, B III.277 (1af *canfod*, testun cymharol ddiweddar). Dengys y testunau cynnar fod treiglad ar ôl **cigleu** : *Meinoeth kiclev* **l***ew heid*, BB 97 ; *kigleu* **d***on drom*, CLlH VI.27 t 26 ; *a chigleu* **g***erd*, WM 232 ; [*nas kigleu* **b***wyt*, ib 227] ; *mi a g.* **g***lotuori*, YCM² 69 ; [*a g.* **g***orhofder*, B V.208, testun gwael am nodi treigladau].

(x) *Ar ôl y rhagenw personol, cyntaf unigol*

Y mae'r ystadegau am y rh. pers. hwn wedi eu cynnwys yng nghyfanswm ' y personau heblaw'r 3ydd unigol ' a roir yn nes ymlaen. Gan fod y testunau cynharaf oll, fel BB, mor chwannog i roi ffurf gysefin geiriau, nid teg ceisio mesur unrhyw gyfartaledd yma o enghreifftiau sy'n treiglo ac enghreifftiau heb dreiglo ; er hynny y mae digon i brofi'n bur sicr fod y gwrthrych yn treiglo'n rheolaidd. Dengys un enghraifft y copïwr wrth ei waith : *a thra elleis i* **kynnal gynal** *y kyuoeth*, WM 413 ; y ffurf heb dreiglad a oedd yn ei gynsail ; dymuniad y copïwr oedd diweddaru, ond drwy esgeulustod fe gopïodd ffurf yr hen gopi, a heb ddileu hwnnw fe roes hefyd ffurf ' ddiweddar ' yr un gair. Soniwyd uchod §74 (ii) am yr enghreifftiau hynny lle ceir y rh. ôl ategol *i* o flaen y goddrych, gan beri iddo dreiglo. Dyma rai esiamplau o'r gwrthrych : *eryueis i* **w***in*, CLlH I.46, t 48; *neus endeweis i* **g***oc*, ib VI.8 t 24 ; *ny lafaraf i* **d***eith*, BT 43.22 ; [*Gweleis i* **p***asc* . . . *Gweleis i* **d***eil* . . . *Gweleis i* **k***eig*] . . . *Gweleis i* **l***yw katraeth*, ib 62.19-22 ; [*Arduireaue* **t***ri*, BB 36.11-2 ; *A mi discoganafe* **g***uir heb gev*, ib 48.11 ; *discoganwe* **k***ad*, ib 49.3 ; *y gueleise* **m***eirch*, ib 71.12] *y gueleise* **g***iminad*, ib 72.4 (? cymyniad) ; *towissune* **l***v*, ib 92 ; *keueis i* **l***iaws awr*, LlH 8 ; *keriu i* **u***ordwys*, ib 24 ; *Porthwyf i* **b***oen*, ib 34 ; *endeweis y* **w***enyc*, ib 40 ; *ys kymeraf y* **g***ygor*, P 6, WM t 279 ; *ny chyuarchaf i* **w***ell*, WM 2 ; *ny wydwn i* **w***arch gynt*, ib 14 ; *ony cheissaf i* **w***aret*, ib 56 ; *ony dywedaf i* **e***u* . . . *Ony dywedaf i* **e***f*, ib 108 ; *a gaffaf i* **l***ety*, ib 161 ; [*y dieleis i* **g***uare broch*, ib 79 ; *ny wydwn i* **c***aethau ford*, ib 434, P 6.IV.217, *caethu*].

§76 Ffurfiadau'r Ail Berson Unigol

(i) *Y terfyniad* **-y** (**-i**)

yd adnabydy **u***oes y llys*, WM 5 ; *a elly* **g***yfnewit*, ib 85 ; *o gwely* **v***wyt* [*o gwely* **t***lws* . . . *o gwely* **g***wreic*, ib 119 = P 14, WM t 287, *o gwely bwyt*] *o gwely* **d***lws* . . . *o gwely* **w***reic* ; *a geffy* **l***ewenyd*, ib 158 ; *a wely* **v***archawc*, ib 230 ; *a wely* **g***aer*, ib 256 ; *y keffy* **g***ywilyd*, ib 433 [= P 6.IV.217] ; *o chlywy* **o***uut*, ib 435 ; *a geffy* **w***neuthur*, P 14 t 288 ; (*a elly* **t***reulaw*, WM 63 ; *a glywy* **t***wrwf*, ib 230 ; *a glywy* **t***uchan*, ib 230 ; *a geffy* **k***yuarws*, ib 459).

Havod 16, ceir 4 sy'n tr. ; YCM², 2 sy'n tr. ; C. Catwn, 7 sy'n tr. ; BSK, 1 sy'n tr. ; yn y pedwar testun hyn nid oes un sy'n cadw'r gysefin.

(ii) *Y terfyniad* -(**h**)**ych**

gwedy keffych **g***wbyl,* WM 130 ; *na wnelych* **g***am,* ib 140 ; *na mynnych* **w***reic,* ib 452 ; *na wnelhych* **w***aeth,* ib 479. Havod 16, 3 sy'n tr. ; YCM[2], 1 sy'n tr. ; Penityas, 1 sy'n tr. ; C. Catwn, 19 sy'n tr. ac 1 heb dr. ; Hwsmonaeth (B II.), 0 sy'n tr., 1 heb dr.

(iii) *Y terfyniad* **-ud, -ut, -it**

a phei mynhut **g***yuoeth,* WM 62 ; *a gaffut* **o***rderchat,* ib 155 ; [*na uedrut* **k***ymedroli,* ib 97] ; Havod 16, 2 sy'n tr., YCM[2], 2 sy'n tr.

(iv) *Y terfyniad* **-aist**

[*pan ledeist* **M***il du,* WM 457 ; *pan wereskynneist* **g***roec,* ib 458] ; *Dywedeist* **e***u,* Havod 16.101 ; *Y dringaist, neur geisiaist* **g***ed,* DGG XXXII.24 ; YCM[2], 3 sy'n tr. ; YCM[2] (atod.), 2 sy'n tr.

(v) *Y terfyniad* **-ost**

Mad yd ymdugost **w***aew,* LlH 277 ; *Gwneuthost* **g***estyll,* ib 206 ; *Gwyddost* **g***yfran ar lannerch,* DGG XXXIV.29 ; [*ti a wdost* **k***ennedyf yr auon,* WM 52 ; cymh. *ti a wdost heb ef* **k***ynedyf math,* ib 82] ; C. Catwn, 1 sy'n treiglo.

(vi) *Ar ôl* ' *di,*' ' *dithau* '

Y mae'r ffigurau yma wedi eu cynnwys yng nghyfanswm y ' personau heblaw'r 3ydd unigol.' Er gwaethaf yr orgraff y mae cyfartaledd digon uchel i ddangos mai iawn yw darllen treiglad : [*Ny phercheiste* **c***reirev . . . Nid endeweiste* **k***iwreu . . . Ny phercheiste* **k***iureith,* BB 22 ; *a gueleiste* **g***ureic,* ib 44.11) ; *a chyt kerych di* **v***ot,* WM 28 ; *a wney ditheu* **g***ynghor,* ib 62 ; *na weleisti gedymdeith,* ib 71 ; *a dywedeisti* **u***ot bwch arnunt,* ib 105 ; *a weleisti* **v***archawc,* ib 118 ; (hefyd P 14, WM t 286) ; *a chyt mynnych ti* **w***eled,* ib 419 ; (hefyd P 6.IV.210) , *ny elly di* **v***yned,* ib 439 ; *ni elly di* **g***ywiraw,* ib 443 ; [*a bery ti* **b***ot vym march,* ib 147 ; *ny rodut ti* **m***edyant,* ib 413 (P 6.IV.207, **v***edyant*) ; *a glywy di* **g***eireu,* ib 419 (hefyd P 6.IV.210) ; *ceissut ti* **c***olli o honof,* ib 434 ; (hefyd P 6.IV.217) *pan ledeisti* **t***eulu,* ib 457 ; *ny elly ditheu* **t***reis arnaw,* ib 480 (aml enghraifft)].

(vii) *Gorchmynnol*

(*a*) Heb ragenw ôl : *a choffa* **g***ywiraw,* WM 19 ; *llad* **g***lwm,* ib 22 ; *a chymer* **g***edernit,* ib 25 ; *keis* **u***eicheu,* ib 25 ; *a dechreu* **l***onydu,* ib 26 ; *kymmer* **w***reic,* ib 27 ; *hwde* **v***odrwy,* ib 168 ; [*gwna ty,* ib 52]. (*b*) gyda rhagenw ôl : *Andaude* **l***eis adar,* BB 56.9-10 ; *ac edrychuirde* **v***aranres mor,* ib 106 ; *dot titheu* **l***ef,* WM 22.

Moes orŵydd *grymus hiriell,*
Moes farch, *ac arch a fo gwell,* GGl XXII.75-6.

§77 Y Personau Lluosog

(i) *Person Cyntaf Lluosog*

Gan mai dim ond dau deip o derfyniad sydd, *-wn*, ac *-em*, *-om*, *-am*, *asom*, etc., nid oes eisiau manwl ddosbarthu : *Rotwn* v*wyd* . . . *Na chysbytwn* v*od*, LlH 37 ; *ni a gymerwn* g*ynghor*, WM 44, 85 ; *kyrchwn* l*oegyr a cheisswn* g*reft*, ib 65 ; *gwnawn* g*rydyaeth*, ib 67 ; *kyrchwn* l*oygyr*, ib 72 ; *ni chawn* w*elet*, ib 99 ; [*gwnawn* t*aryaneu*, ib 66 ; *ni a gyrchwn* k*edernit*, ib 86]. Y mae 1 enghr. o *-wn* yn FfBO, heb dr. ; YCM², 1 heb dr. ; y mae 1 yn FfBO o dr. ar ôl *cawssam*. Ar ôl y rh. ôl : *Eryuassam ny* v*edu ved y drefwen*, RP 1430 ; [*Pan gyrchassam ni* t*rwyded ar tir gwydno*, BT 38.19-20].

(ii) *Ail Berson Lluosog*

y gellwch u*ot yno*, WM 57 ; *dygwch* u*wyt*, ib 23 ; *kyrchwch* l*undein*, ib 57 ; *dygwch* u*esur*, ib 96 ; *Ellynghwch* w*as*, ib 101 ; *na wneloch* g*am*, ib 475 ; *o gwnaethauch* g*am*, ib 92 ; [*o rodwch* c*ret*, ib 475 ; *na yrrwch* g*eu*, ib 29].

Gw. uchod §71 (viii) am enghreifftiau o galedu *dd* ar ôl *-wch* ; a gw. *Darn o'r Ffestifal* 14, lle nodir enghraifft o'r gysefin yn y testun, *a dyngwch* m*oliant*, 137.

(iii) *Trydydd Person Lluosog*

Gw. nodiad godre wrth §72 (i) uchod a §83 isod lle ceir esiamplau i ddangos fod goddrych enwol y 3ydd lluosog yn treiglo ar ôl y ferf yn y testunau cynharaf ;* byddai'r gwrthrych felly'n sicr o dreiglo. Gan fod *-t* yn y terfyniad gallem ddisgwyl rhai enghreifftiau o galedu ac efallai fod hynny'n cyfrif am rai enghreifftiau o'r gysefin.

Cymh. : *yt gryssynt* w*ellt a gwyd*, BT 24.1 ; *y kehynt* u*ot ygyt*, WM 103 ; *ny wydyn* g*erdet*, ib 109 ; *a welynt* v*archawc*, ib 389 ; *nat yssynt* v*wyt*, ib 467 ; *a phan dechreuwynt* a*lw*, ib 389 ; *nyr welsynt* w*eith*, P 6, WM t 281 ; *y dechreussant* g*erdet*, WM 85 ; *a dodassant* l*iein* . . . [*ac a arlwyassant* b*wyt*,] ib 226 ; *a gyuarchassant* w*ell*, ib 388 ; *y dallyassant* l*etty*, ib 447 ; [*Pan glywhont* ll*ef*, ib 32 ; *yd arhoynt* p*ryderi*, ib 87 ; *y clywyn* k*yuarthua*, ib 91 ; *a glywynt* t*araw*, ib 99 ; *y gwelynt* g*wytheu*, ib 251 ; *a glywynt* t*wrwf*, ib 389 ; *a gatwant* g*wres*, ib 483].

FfBO, 4 o *-ant*, 3 yn tr., 1 heb (= calediad, efallai) ; YCM², 4 o *-ynt*, 3 yn tr., 1 heb ; 9 o *-assant*, 3 yn tr. a 6 heb† ; *-ont*, YCM-², 1 yn tr. ; Penityas, 1 yn tr., ac 1 heb ; Hwsmonaeth (B ɪɪ.) 1 yn tr., 1 heb ; FfBO, 1 yn tr.

*Cyfieithu slafaidd sy'n cyfrif am gystrawen luosog y canlynol : *Yn honno y maent llyssoed mawr* . . . *Yno y maent llawer o hen dynyon*, FfBO 3. Fe fyddai'r gysefin ar ôl *y mae*, ac fe'i cedwir ar ôl *y maent*.

†Dyma'r 'gwrthrychau' : *palym*, 1 ; *pump*, 22 ; *penneu*, 78 ; *gogonyant*, 147 ; *Tunot*, 149 ; *gwneuthur*, 175.

Gyda rhagenw ôl: *ny allyssant wy* **o***rfowys*, WM 60; *y kymeryssant wy* **g***anheat*, ib 85; [*ny ellynt wy* **t***remic uwy*, ib 41; *y kymeryssant wy* **b***lodeu*, ib 100].

§78 Y Trydydd Person Unigol P. Mynegol

[yr enw (goddrych a gwrthrych) yn union ar ôl y ferf]

(i) *Ffurfiad annibynnol, terfyniad* **-id**

Yr un terfyniad sydd yn ffurfiad annibynnol y 3ydd P. Dib., *gettid*, etc., a chan nad yw'n hawdd gwahaniaethu bob amser rhwng y mynegol a'r dibynnol yn yr hen osodiadau diarhebol, arbedir trafferth wrth roi'r cwbl yma. Dengys enghreifftiau fel a ganlyn berthynas y ffurfiad annibynnol *-id* â'r ffurfiad cysylltiol *-o* yn y 3ydd P. Dib.: *Duw a* **talho** *it ha* **rwydheyt** *duw ragot*, WM 161. Y mae perthynas y ddau ffurfiad yn y Modd Mynegol yn ddigon hysbys, *tyfid, ni thyf*, etc., fel nad oes raid aros i esbonio. Nid dyma'r lle ychwaith i geisio dangos sut y collwyd y gwahaniaeth cynhenid rhyngddynt fel y gallai awduron y cyfnod canol roi'r terfyniad *-id* wrth stem sydd yn 'gysylltiol' yn ei gyfansoddiad, e.e. *gwrthledit Duw*, LlA 26—h.y. y mae cyfansoddiad y ferf, *gwrth* + stem yn 'gysylltiol' fel nad priodol, yn ôl y patrwm cysefin, roi'r terf. *-id* wrth y stem. Yn yr un modd collwyd y gwahaniaeth cynhenid rhwng *dyry* a *rhydd*, fel y gallai beirdd y cyfnod canol roi 'a ddyry' yn lle 'a rydd,' y ffurf sy'n briodol, yn ôl y patrwm, ar ôl geirynnau fel *a*.

(*a*) Nid hawdd dod o hyd i esiamplau o'r gwrthrych yn union ar ôl y ferf ond gan mai cysefin y goddrych sy'n digwydd, gellir casglu mai cadw'r gysefin y byddai'r gwrthrych hefyd; byddai'r ffurfiad wedi diflannu cyn bod y duedd yn gyffredinol i roi treiglad i wrthrych berf yn ddiwahaniaeth.

Gwelir nad yw'r goddrych yn treiglo: *Trenghit* **g***olud*; *Tyfid* **m***aban*, gw. WG 323, a'r esiamplau a ddyfynnwyd yn §73 (ii) uchod; cymh. *gulichid* **ll***iw llaur trewit*, BB 91.3-4; *Chwerdit* **b***ryt wrth a garawr*, B III.14 (54); *dyckit* **p***ob amhwyll y ran*, ib ib (55); *Elit* **k***i y gell agoret*, ib IV.8 (250); *Elit* **b***ryt yn ol breudwyt*, ib (263); *Elit* **g***wreic yn ol y henllip*, ib (270) [cyferb. *Elit* **l***aw y gan droet*, ib t 9 (282)].

(*b*) Yn nesaf ceir esiamplau o'r ffurfiad hwn, 3ydd P. Dib., yn ddymuniadol, heb dreiglad i'r goddrych. Y mae'n debyg i'r 3ydd Gorchmynnol o ran ffurf a modd, a chan fod hwnnw'n peri treiglad yn wreiddiol, hwyrach mai dylanwad ffurfiad fel *eled* a barodd i *elit* gael treiglad ar ei ôl yn yr enghraifft ddiwethaf uchod.

Cymh. *elhid* **b***endith new a llaur*, BB 101.15-6; *kedwid* **d***uw* **d***ewrdoeth kyuoeth caduann*, LlH 42.2; *kedwit* **D***uw keidwat Tywyn*, DN v.66; *Gettid* **M***air* . . . , ib IX.35; *Cedwid* **M***air* . . . *enaid ei phrydydd*, IGE² 159.27-8; *Llwyddid* **D***uw'r lluyddiaid tau*, ib 199.16; *Cedwid* **C***rist*, . . . *Dynion rhag* *mynd yno*, ib 292.3-4 ; *Trosid* **D***uw* (*cun*) *tair aesawr / I'w blant . . . cynnal llysoedd . . . Trosid* **m***ab Mair, aur gair grym / Naf waladr nef i Wilym*, ib 316.1-6.

(*c*) Ymddengys imi'n bur sicr mai'r un terfyniad wedi ei roi at stem y gorffennol a roes y ffurfiadau gweithredol *treiglessyd, heessit, seinnyessit, delyessit*, etc., gw. CA tt 141-2. Ceir treiglad i'r gwrthrych mewn un enghraifft : *heessit* **w***aywawr y glyw*, CA 302 ; a'r gysefin mewn enghraifft arall : *ervessit* **g***win gwydyr lestri llawn*, ib 1144 (darll. *eryvessit*). Awgrymaf fod yr enghraifft o dreiglo i'w phriodoli i duedd y copïwr, na ddeallai beth yr oedd yn ei gopïo, i ddileu **g** y copi cynsail os ofnai mai ʒ oedd. Credaf mai gweithredol yw berfau'r dyfyniadau canlynol a gwelir fod y goddrych a'r gwrthrych heb dreiglo ynddynt : *prynessid* **m***ab duw* **m***ad gerennhyt*, LlH 10 ; *torressid* **g***ormes*, ib 3 ; *medressid* **m***awr ri* **m***awr rann gan deithi*, ib 26. Dangosir treiglad i'r gwrthrych yn : *llochessid* **v***eirtyon*, LlH 173, MA 163b, ond *beirdyon* yw darlleniad RP 1392.

(ii) *Y ffurfiad ' cysylltiol '*

Dyfynnwyd digon yn §71 (vi) i ddangos mor aml y cadwai'r beirdd y gysefin i'r gwrthrych ar ôl y ffurfiad hwn, e.e. *Yr eryr . . . A* **gâr mawl** *ac aur a main*, DGG XXVII.2. Nid addas dyfynnu esiamplau fel y canlynol gan fod y gwrthrych yn dyfod yn union ar ôl yr orffwysfa : *Coed a ludd* **cawad** *o law*, ib XXI.24. Ceir esiamplau o dreiglo hefyd, *Ni chynig un o* **chân gyrn,** DN XVIII.37 ; gw. eraill yn WS 193 , ac y mae rhai mor gynnar â'r Gogynfeirdd fel y dengys cynghanedd y canlynol : *duw ner ny* **gymer gam** *esgussawd*, LlH 37, (gw. §131 ynglŷn â'r tr. m. i'r ferf ar ôl *ny* perthynol) ; *Cof garw oe lwyr varw . . .* **a beir vilyoed** *heb oruoled*, RP 1334.37.

Y mae enghraifft neu ddwy o dreiglo yn WM : *ef a eill* **uot** *yn eduiar gennyf*, 8 ; *ef a geiff* **werth** *y rei hynn*, 96 ; a sylwer eto mai gair yn dechrau ag *g* yw'r ail enghraifft ; gw. §71 (v). Y mae'r enghreifftiau o dreiglo yn dangos fod y treiglad wedi dechrau ar ôl y ffurfiad hwn mor gynnar â'r drydedd ganrif ar ddeg ; ond y mae prinder cymharol yr enghreifftiau yn y testunau rhyddiaith yn rhyw awgrymu mai cadw'r gysefin oedd rheol lenyddol y cyfnod canol.

Dyma ychydig ddyfyniadau i gynrychioli'r farddoniaeth gynnar a thestun WM : *py gynheil* **m***agwyr dayar*, BT 28.3-4 ; *ny dyly* **k***adeir*, ib 35.5 ; *nyt wy dyweit* **g***eu llyfreu beda*, ib 36.18-9 ; *pwy gynheil* **m***on*, ib 69.5 ; *ef a geif* **m***arch iach*, WM 43 ; *a hwnnw a lad* **p***awb*, ib 152 ; *Gwr a wna* **t***reis*, ib 152 ; *ef a wyl* **p***awb*, ib 156 ; *ef a wyl* **g***wr gwynllwyt*, P 14, WM t 290 ; *a digawn* **b***ot*, WM 28.

Yn Havod 16 (rhannau meddyginiaethol, sy'n hynod dda am farcio treigladau) y mae 28 o enghreifftiau i gyd o'r ffurfiad ' cysylltiol ' + gwrthrych (heb gyfrif *d* ac *r*) ; dwy yn unig sy'n rhoi tr. ac yr wyf yn meddwl mai 'gwallau' ydynt: *or mynn* **w***iryoned,* 9 (a ddylai fod yn 'or mynny,' ymadrodd cyffredin yn y testun, e.e. *or mynny wybot,* t 26 ;) *ny chyll* **l***euuer y lygeit vyth,* 68, lle y mae amlder y llythyren *l* wedi achosi camgopïo. Yn YCM², tr. = 1, heb 14 ; Penityas, tr. = 2, heb = 5 ; C. Catwn, tr. = 1 (*eill les,* B II.34 ; amlder *l* ?), heb = 7 ; FfBO, tr. = 0, heb = 5 ; BSK, tr. = 0 ; heb = 1 ; MCr, tr. = 1 (*fo gayff* **f***endith . . . fo gayff* **m***elltith,* 76b), heb = 39.

Y syndod yw fod cymaint o enghreifftiau yn aros mewn CDC o gadw cysefin y gwrthrych : *a ddichon* **d***angos,* Dan. II.10 (cyferb. : *a ddichon wared,* ib III.30 ; *a ddichon* **dd***arostwng,* ib IV.37) ; *a ddichyn* **d***oedyd,* DFf 43 ; *na ddichon* **b***od y fath le,* ib 45 ; *a ddichyn* **c***ael ei gyfiawnhau,* ib 48 ; *Crist . . . a adrodd* **b***arn,* ib 73 ; *a ddichon* **b***od,* Hom 1.163 ; 1.169 ; *a wna* **ll***es,* ib 2.278 ; *a ddichon* **c***ael,* ib 3.3 ; *ni wna* **ll***es,* ib 3.126 ; *a ddichon* **b***odloni,* ib 3.156 ; *a all* **g***oddef,* ib 3.177 ; *ar all* **b***od,* DCr² 49b ; (cyferb. *ag all* **v***od,* ib 50a) ; *ve all* **d***anfon,* ib 61a ; *a all* **d***ioddef,* ib 68b ; *a gaiff* **k***odi,* ib 70a ; *a all* **d***eall,* ib 72b ; *na all* **kl***ywed,* ib 86b ; *i gall* **d***ioddef,* ib 87a, 90b ; (*na all* **dd***ioddef,* ib 90a) ; *a gaiff* **g***weled,* ib 99b ; *a vedr* **d***angos,* ib 104a ; *a ddwg* **ll***awer,* ib 105b ; *ny vedd* **k***ainog,* ib 116a ; *a wna* **ll***awer,* ib 118b ; *ve gaiff* **m***elystra,* ib 120a ; *pawb a wyr* **ll***ais,** ib 128a ; (gellid dyfynnu amryw enghreifftiau eraill o'r testun hwn).

Y mae'n arwyddocaol fod enghreifftiau hefyd mewn testunau 'tafodieithol' neu led-lenyddol fel penillion *Canu Rhydd Cynnar,* e.e. *y fyn* **T***rwsiad,* CRhC 210 ; *Rai a fyn* **ll***add a ffysto,* ib 211 ; *Na Roi achos y beir* **k***yffro,* ib 256. Y mae enghreifftiau hyd yn oed yn y ddeunawfed ganrif ac nid wyf yn siŵr mai 'gwallau' ydynt, e.e. *Pwy ddichon* **d***annod i ddyn,* Sion Llewelyn (1791) 19 ; a dyma rai o emynau Dafydd Jones o Gaeo, ond cyn eu dyfynnu, fe ellir dweud fod awgrym o ddynwared arddull gynharach ynddynt : y mae esiamplau o dreiglo yn ymyl, ac yn fwy na hynny, esiamplau o gadw cysefin y gwrthrych ar ôl y 3ydd Amh. Myn. *-ai* peth sy'n hanesyddol wallus ; cymh. *Pwy all* **g***wrth'nebu,* Hymnau (1775) 188 ; *all* **t***roi,* ib 196 ; *Pwy ddichon* **d***ringo iw Drigfan draw,* ib 200 ; [*Ond pwy a all* **dd***isgrifio*] . . . *Pwy ddichon* **g***odde'i Lewyrch,* ib 204 ; *Hwn all* **g***wahardd Pechodau'n gwlad,* ib 209 ; *Gwaith Bugail ofyn* **G***ofal dwys* / *Gwaith* **lanwei Calon** *Angel cry',* ib 210.

Gw. hefyd *Darn o'r Ffestifal,* t 14, lle noda'r golygydd dair enghraifft yn y testun o gadw'r gysefin ; gw. hefyd §71 (vii) uchod am esiamplau gwallus o dreiglo'r goddrych ar ôl y ffurfiad hwn.

(iii) *Y terfyniad* -a

Am darddiad y terfyniad hwn gw. WG 321 ac L & P 279, sef ychwanegu'r elfen *-ha* at enw etc. i gael stem berfol a chan mai stem yn unig

*Dichon na ddylid dyfynnu hon yma gan fod ffurfiad *gŵyr* yn eithriadol, gw. (v) isod.

fyddai'r 3ydd unigol, tueddai'r sillaf olaf, sef *-a*, i droi'n 'derfyniad.' Ceir un enghraifft a rydd dr. i'r goddrych ar ôl y ffurfiad hwn : *gossymdeitha* **u***atholwch*, WM 52 ; hynny hefyd sydd yn R 37, ac yn y darn cynharaf o'r PK, sef P 6, WM t 279. Ymddengys imi mai gwall copïo ydyw mewn fersiwn cynnar, wedi cael aros yn yr adysgrifau. Yn y testunau eraill cedwir cysefin y goddrych a'r gwrthrych, e.e. *Tri modd y gossymdeitha* **b***renin y deulu*, AL II.114, 604 ; *ac uelly y gnottaa* **M***ahumet*, YCM² 148 ; *mal y tystolaetha* **p***awl*, B vii.372.

Y Gwrthrych : yn Havod 16 y mae 6 o enghreifftiau + gwrthrych a'r gysefin a geir bob tro : *a dissycha* **g***ormodder*, 11 ; *a dissycha* **g***wlybwr*, 11 ; *a arwydockaa* **g***oruchelder deall*, 17 ; *ef a greitha* **p***ob brath*, 14 ; *a loewa* **ll***euuer y llygeit*, 87 ; *hynny a arwydoc[kaa]* **g***wewyr*, 94. Diddorol fydd cymharu testunau eraill sy'n cynnwys y darn y dyfynnir yr enghraifft H 16.17 ohono ; y mae'r pedair llsgr. yn dynodi treigladau'n gyson ac yn gwahaniaethu rhwng *d* ac *dd* : *a arwydocka* **d***ryganyan*, P 51.34 ; *a arwyddocka* **g***oruchelder*, ib 38 ; yr un peth yn P 204.271, 275 ; *a orddicka* **g***lewder*, Cardiff 5.160-1 ; *a arwyddocka* **dd***rwg anian*, Llst 88.3 ; gwelir mai yn y ddiweddaraf yn unig y mae treiglad.

Cymh. ymhellach : *yr hwnn a ardymhera* **c***allon*, LlA 148 ; *duw a gospa* **p***ob mab*, ib 30 ; *y tremycca* **k***nawdawl velyster*, ib 150 ; *a deruysga* **b***ryt*, B ii.23 ; a dreigla **g**lyngoet, ib ib 273 (11) ; [Englynion yr Eryr, amrywiadau, *a rodia* **g***lynnoed* ; *a dreigl* **g***lyn-goed*] ; *a ddymyna* **d***edwyddyd*, MCr 29b ; *a haloga* **g***wr*, ib 53b ; *a arwyddoca* **d***eg gorchymyn*, ib 57a ; *arwyddoca* **t***ori* ib ib ; *a gasa* **d***uw*, ib 66a. Ceir cysefin y gwrthrych yng nghystrawen y beirdd hefyd ac y mae hynny'n awgrym pur sicr mai hynny yw'r rheol gynhenid : *Un mab a lawenhâ* **m***il*, DN xv.15 ; *Gŵr a wella* **g***wŷr wellwell*, ib xxiv.63 (ar ôl yr orffwysfa).*

(iv) *Y terfyniad* -fydd

Nid rhaid dyfynnu llawer i ddangos na fyddai *bydd*, nac yn 'annibynnol' nac yn 'gysylltiol,' yn peri tr. i'r dibeniad neu'r traethiad : *yt uyd* **ll***auar gwyr ar llynn*, CLlH ii.5, t 9 ; *Ni bydd* **p***er llais aderyn*, DGG xii.11 ; *a uyd* **ll***awn dy got ti vyth*, WM 21, 24 ; *y byd* **k***alet iawn*, YCM² 69 ; ac ni threiglai goddrych *bydd* ('bodolaeth') : *y bit* **b***ore taer rac caer sallauc*, BB 55.4-5 ; *na byd* **p***ennaeth byth wedi*, RP 583.2-3 ; *eithr na byd* **ll***yueryd ganthaw*, WM 45.

Os iawn disgwyl i ferfau cyfansawdd *bod* fod yn gyson â hyn gallem ddisgwyl o leiaf i'r goddrych gadw'r gysefin ar ôl *-fydd* : *y kyuervyd* **g***wahanfford a thi*, WM 228 ; *o chyvervyd* **c***aledi a thi*, ib 436 (hefyd yn P 6.iv.228) ; *ny dygymyd* **k***ic y deueit*, Havod 16.12.

*Cyferb. *O* **bratha flaen** *fy nhafawd / Yna y gwaethyga gwawd*, IGE² 51.15-16. Credaf mai'r darlleniad gorau fyddai 'brathaf.'

Y mae'r rhan fwyaf o'r berfau hyn heb allu cymryd gwrthrych ac nid hawdd taro ar enghreifftiau o'r gwrthrych yn union ar ôl yr ychydig a all gymryd un ; disgwyliem i'r gwrthrych gadw'r gysefin yn wreiddiol ond dengys y ddwy enghraifft a ganlyn dr., ac y mae'r gyntaf yn weddol gynnar : *a wybyd* **lawer**, LlA 18 ; *vel na chanvydd* **geissio**, B II.208 (= Elis Gruffydd).

(v) *Ffurfiadau eithriadol*

Fel ffurfiadau eithriadol y dylid dosbarthu *gŵyr* ac *adwen* (= edwyn). Dengys enghraifft gymharol ddiweddar o gysefin y gwrthrych ar ôl *atwen* fod y ffurfiad hwn yn gyson â ffurfiadau eraill y 3ydd un. Pres. Myn. : *y bobyl a* **atwen gwyrtheu** *y mein*, FfBO 43.3, gw. Rhagymadrodd XXV.

Gellir dyfynnu esiamplau o gadw cysefin y goddrych ar ôl *gŵyr* (a hynny yn arwydd, efallai, mai cysefin y gwrthrych a ddilynai yn wreiddiol) : *Ac i'r Mab, modd y gŵyr Mair*, IGE² 150.4 ; *Gwyr Mair* . . . WLl 93.44 ; *Gwyr Duw wedi r gwrdaaeth*, ib 39.29. Ond fe geir esiamplau o dreiglo'r goddrych hefyd :

Ac **ni ŵyr Fair,** *loywair lud,*
Im wylaw deigr am olud, DGG LIX.33-4.

Heb fod yn rhan o'r gynghanedd, y mae'n wir, ond nid oes angen tybio mai gwall copïo ydyw ; y ffaith yw fod y ffurf feddal yn y testun ; cymh. ymhellach :

nvwrdduw *yr vn or ddwyais*
heb lun bob un ar y bais, ID t 2 ;

gw. nodiad godre : Amrywiad I—**ni wrdd dduw** *ym wybod or ddau*, etc. A ; **nvwrdduw** stands for **ni ŵyr Dduw**, cp. SGreal 39, *nywr duw* ; 46, *ny wyr duw*.

Cymh. enghraifft o'r gysefin o'r un testun : *dan fais* **ni wyr dyn** *i fod*, ID t 3. Sylwer ar yr enghreifftiau o'r tr. yn yr amrywiadau yn GGl t 201 : **Gwir dduw** *a gar addawo / ni thyr fyth a thro yw fo* ; **gwyr dduw** *y gair addawo / a aura fyth dewr yw fo*. Anodd dywedyd ai ' gwir i Dduw ' sydd yma, fel sydd ar lafar gwlad, a chymh. *Siŵr Dduw*. Ceir *wir Dduw* yn ebychiadol, fel petai'n amrywiad ar *Ni-ŵyr Dduw*, e.e. IGE² 147.10 ; 20. Ni wn beth yn hollol yw'r rheswm am y tr. yn *Ni ŵyr Dduw*, ond cynigiaf hyn, fod $r + d$ yn dueddol i roi *rdd*, e.e. *cerdinen / cerddinen* ; *cyfyrder / cyfyrdder*, ar lafar gwlad yn y De, cymh. *cyfyrderw* yn nhestun GGl LXXXI.69, ac amrywiad : *cyferdderw*.* Awgrymaf mai hynny a ddigwyddodd yn y llw *ni ŵyr Dduw*, a bod hynny yn batrwm i *ni ŵyr Fair*.

*Ceir enghreifftiau o *kyfyrderw* ac o *kyfyrðerw* yn G. Esiampl arall yw'r ffurf *syfrddanu* ; gw. enghraifft yn LlHyff, At y Darllenydd ; a ffurf ar hynny, mae'n debyg, yw'r gair *swrddanu* ar lafar gwlad yn y De.

Ychwaneger y canlynol o destun TA :

Ni ŵyr Dduw *un o'r ddwy ynys*
Nad oes ar ieirll nod Syr Rhys, 14.65-6 (amr. *wr dduw*) ;
Ni ŵyr Dduw *ond un o'r ddeuair,* 67.63 (*nuwr dduw* ; *nyw'r* ; *nawr*) ;
Tu **ni ŵyr Dduw** *y'm tynnai'r ddau,* 28.29.

Gwelir fod yn rhaid darllen *ni-ŵyr* yn unsill i gael saith sillaf. Cymh. enghraifft o'r un testun o gadw cysefin y goddrych :

Efô **ŵyr Duw** *fyrred oedd,* 83.48 (darll. *Ef a ŵyr*)
Beth a **ŵyr dyn** *byth ar d'ôl,* 72.52.

Cysefin y gwrthrych :

Gwael barch, a **ŵyr gwylio** *bun,* 134.8.

Treiglad i'r gwrthrych :

Gwledydd a **ŵyr glod** *i ddau,* 38.37.

Anodd gwybod wedyn ymhle y dylid dosbarthu ffurfiadau fel *cyferyw* a *deryw,* oblegid, er mai ' presennol ' ydynt o ran cyfansoddiad, fe'u harferir fel rheol i'r amser gorffennol neu berffaith. Cysefin y goddrych sy'n dilyn y ffurfiad hwn yn hollol fel y byddai cysefin y dibeniad ar ôl *yw* : *mor yw* **g***wann heno,* CLlH XI.58, t 40 ; *Mor yw* **g***wael gwelet,* RP 1053.17 ; *pan yw* **g***las kelyn,* BT 21 ; cymh. *deryw* **c***lot,* RP 1210.5-6 ; *deryw* **ll***yw,* ib 1240.36 ; *ae lyw kyueriw* **k***yfwyrein,* LlH 51 ; *o honn ny heniw* **b***eirt,* ib 181 ; *Deryw* **m***arw gŵr dewr mowrwych,* IGE[2] 59.2 ; *ny deryw* **k***anhiattau y mi wybot hynny,* B v.111. Disgwylid i'r gwrthrych gadw'r gysefin yn y farddoniaeth gynnar : *Gwr a gynneil y lloer yny llawnet / a genniw* **p***ob tra trwydi berued,* LlH 59.1-2 (= MA 256a 50), eithr cyferb. *goryw* **u***ilwriaeth,* LlH 135 ; *kennyw* **d***ewin nef kyn noe diwed,* RP 1231.25 (hefyd 1334.50 ; *Geirfa* yn darllen *δewin* i gael cynghanedd â *kyn noe δiweδ*).

Y mae ffurfiadau eraill i'r 3ydd P. Myn. a Dyfodol, e.e. ffurfiad sydd ag *-ydd* yn derfyniad, ac *-awd,* gw. L & P 280. Y mae'r enghreifftiau yn brin ac nid yn fynych y ceir esiampl gyda'r enw'n union ar ôl y ferf. Dengys yr enghreifftiau a ganlyn, a chaniatáu fod yr orgraff yn ' gywir,' fod y goddrych yn cadw'r gysefin ar ôl *-awd* : *gwasgarawt* **b***rythot brithwyr,* RP 581.39 (darll. *brython* ?) ; *Briuhawd* **ll***urugev rac llim waewaur,* BB 58.9-10 ; *caffawd* **b***eirt eu but,* LlH 104.

§79 TRYDYDD UNIGOL GORCHMYNNOL

(i) *Y Goddrych*

Dengys y testunau cynharaf fod treiglad i'r goddrych ar ôl ffurfiad *-ed* yn wreiddiol ; erys y treiglad yn rhai o destunau Cym. Can. ond y mae cyfartaledd yr esiamplau o ysgrifennu'r gysefin ac enghreifftiau digamsyniol yn y beirdd yn profi fod y treiglad wedi ei golli rywbryd yn ystod y cyfnod canol.

Cymh. *keissyet* U*aelgwn uaer arall*, CLlH IV.5, t 20 (nod. 149, *Maelgwn* mewn dau destun amrywiad, peth sy'n awgrym da iawn o'r hyn oedd yn gystrawen briodol i'r copiwyr diweddaraf); *rac dy uar . . . gwared* **dd***uw ni*, LlH 231*; *Gwnaed* **dd***uw y ddiwet ef*, ib 55; *aed* **g***arnet y ueirch*, ib 219; os hynny yw'r hen reol gellir mentro diwygio'r darlleniad yn y canlynol: *Na chisced* **m***ab din*, BB 70.5; *Creded* **p***awb y beir lluossyt*, LlH 81.

Dyfynna WS 192 bedair enghraifft o dreiglo o'r Cywyddau: *Cariad a dyf, creded* **w***en*, DG 100; *Ofned* **w***yr afon a dau*, Gut. 0, G 215; *Aed* **w***yr dy dad ar dy du*, TA (= argr. TGJ 80.23); *Pryned* **dd***yn, prin oedd ei ddydd . . . nef*, MR ,F6; cymh. ymhellach: *gwylied* **G***eli*, DGG XLI.67; *Taled* **b***awb, tal hyd y bo*, IGE² 36.2; *ir ywen doed* **w***en ir dydd*, DE 20; *Gwlad yr hud* **galwed wŷr** *hon*, GGl XI.54.† Esiamplau o'r gysefin: *Ysgared Gwen, dalcen dis, A'i chymar . . .* DGG IV.27; Aed **b***endithion beirddion byd*, ib XLII.41; *Gwnaed* **P***edroc . . .* DN VI.57; *Aed* **b***ric a blodav i bren*, ib X.57; *A phared* **C***rist, ffrydiau croes / I fab Emwnt fyw bumoes*, ib XVII.3. Y mae cynghanedd y ddwy esiampl ddiwethaf yn dangos mai cysefin y goddrych yw'r iawn ddarlleniad.

Ysgrifennir y gysefin yn y canlynol yn WM: *gwnaet* **p***ob un onaduut*, 132; *ymgyffelybet* **p***awb*, 155 (= *bawb*, yn R 223). Yn Havod 16 ceir esiamplau o dreiglo ac o'r gysefin a thystiolaeth yw hyn efallai fod anwadalu rhwng hen reol ac arfer newydd: *Gwybydet* **p***awb*, 41; *gwybydet* **b***awb*, 42, 43; *Dewisset* **b***renhin*, 49. Cymh. ymhellach: *Amadawet* **b***awp*, YCM² 143; *anrydedet* **b***awb hwnnw*, B II.28; *gwybydet* **b***awb*, B III.85; *gwnaet* **b***awb velly*, B II.34; *gogelet* **b***awb y einyoes*, B IV.118 (170); **Aet llew** *yg kynwryf kat*, B IV.3 (52, nod. t 12 **Aet lew** yn Davies a Myvyrian); *ac yna ymchwelet* **b***awb*, RC 33.192; esiamplau o'r gysefin: *Ymgatwet* **p***ob offeiryat*, B VII.375; *medret* **p***ob dyn dewi*, B II.28; *Deuet* **c***of*, B II.30; *edryched dyn ei ansawdd*, B IX.119; *Gogwydet* **p***awb . . . kyuodet* **p***awb*, FfBO 53; *trafaeled* **p***awb ymwrthod*, MCr 101a.

(ii) *Y Gwrthrych*

Naturiol disgwyl i'r gwrthrych dreiglo ac iddo gadw'r treiglad: *dalet* **g***ydymdeithas a mi*, WM 475; *darlleet* **g***yfreitheu dyfynwal*, RBB 60/73; *a throet* **g***yfyrsi . . . y(n)gkylch y benn*, Havod 16.9; *dodet* **b***eth or lludw*, ib 10; *golly(n)get* **w***aet*, ib 67. Calediad, efallai, ac nid yr orgraff ddiffygiol, sy'n cyfrif am y canlynol: *a llyngket* **t***ri gronyn*, ib 95.

*Dyfynnir yr enghraifft gan dybio fod *gwared* = *gwareded*.

†Sylwer ar yr enghraifft hon:

Gwneled, Fair, *a'i gwenwlad fydd,*
Roi paradwys i'r prydydd. TA 70.79-80.

Anodd gweld beth yn hollol yw *Fair*, ond os dilêwn y coma fe welir yn eglur mai *Mair* yw'r goddrych.

§80 Trydydd Unigol Presennol Dibynnol

(i) Cyfeiriwyd eisoes yn §78 (i) at y ffurfiad annibynnol *elit, gettid,* etc. Yn §71 (iv) rhoddwyd ystadegau am wrthrych y ffurfiad -(*h*)*o* a ddengys yn eglur mai cadw'r gysefin oedd rheol lenyddol y cyfnod canol. Soniwyd am yr enghreifftiau cynnar a ddengys dreiglad, *na chaffo* **w***reic,* WM 100 ; *keny chafo wr,* LlDW 65, a gellir cyfrif am y rhain fel esiamplau o ddileu *g* ar gam fel petai'n *g* dreigledig, neu'n syml fel esiamplau a ddengys fod y treiglad ar ôl y ffurfiad hwn wedi dechrau ar lafar.* Cymh. hefyd : *kaffo garyat,* MA 303b, RP 1231.21 (= ib 1334.51 *keffo* **g***aryat*), ac enghreifftiau fel : *Gwedi caffo* **g***oed cyffion,* DN xxv.61, a ddengys fod y treiglad ar arfer yn iaith y beirdd, er mai'r gysefin sydd amlaf. Gellid meddwl fod y rhyddid yma i ddewis rhwng treiglo neu gadw'r gysefin yn ôl y galw ar arfer hefyd mewn rhyddiaith, e.e. *Pawb a ddwyto* **g***weddie ag a gaffo* **g***orff Iesu Grist,* B iv.40, (= CRhC 300). Ond y peth sy'n synnu dyn fwyaf yw fod yr hen arfer yn parhau fel petai'n rheol mewn testunau diweddar a rhai ohonynt heb fod yn glasurol iawn ; e.e. nodir 14 o esiamplau o'r gysefin yn *Darn o'r Ffestifal,* rhagym. t 14, ac un a roir o'r tr. : *na chadarnhao gelwydd,* 149. Yr un fath yn y testun diweddar, MCr, sef wyth o gadw'r gysefin, heb un o'r treiglad.

Un enghraifft a welais ym Meibl 1620, *Duw a roddo* **g***ras i ti,* Gen. xliii.29 (wedi ei newid mewn argraffiadau diweddar), ac ar wahân i'r priod-ddull 'rhyngo bodd' a drinir eto ar ei ben ei hun, ceir y treiglad i'r gwrthrych yn gyson yn nhestun y Beibl. Cymh. hefyd : *yr offeiriad a gatwo* **g***ordderch,* DFf 68 [cyferb. *a roddo* **dd***iofryd,* ib 122] ; *yr hwn a arfero* **g***wirionedd . . . yr un arfero* **m***ynych dyngu . . . a dyngo* **ll***awer,* Hom 1.94 ; *a gaffo* **b***edydd,* DCr²55b ; *y sawl a dorro* **k***yfraith,* ib 64b [cyferb. *ag a sathro* **v***ab duw,* ib ib ; *pan glowo* **w***r,* DByrr, Rhagym(ch)]. Ceir aml enghraifft o'r gysefin yn Canu Rhydd Cynnar : *a fynno* **g***weled,* 114 ; *a fynno* **k***adw,* 115 ; *A fyno* **k***ael . . . a fyno* **k***adw,* 201 ; *ag na wypo* **g***wahaniaeth,* 207 ; *a garo* **k***elwydd,* ib 258 ; *a nelo* **ll***w oferedd,* ib 284. Ar ôl cyfnod y Beibl y mae'r treiglad yn safonol yn y llyfrau printiedig, e.e. *a wrthodo* **dd***a,* GMLl 1.229 ; *a fynno* **f***odloni,* ib 1.231. Soniwyd o'r blaen ar ddiwedd §71 (vi) am yr enghraifft wallus yn Edward Samuel o dreiglo'r goddrych : *er dirgeled y gwnelo* **dd***yn y Pechod ymma,* HDdD 213.

(ii) *Gwnêl*

Ceir un enghraifft yn WM 61, *a chyn gwnel gameu,* (= R 44) ; er bod treiglad yma, gellir bod yn siŵr mai cadw'r gysefin yw rheol lenyddol Cym. Can., e.e. *na wnel* **g***odineb,* Havod 16.1 ; *pan wnel* **g***wled,* FfBO 54.34 ; *a wnel* **g***uarth,* B iii.29 (70), [ceir tri amrywiad yn cadw'r gysefin

*Heblaw'r gwir wrthrychau hyn ceir hefyd : *nit adnappo* **u***ot,* WM 36 ; *or a dylyo* **u***ot,* 401, ond teimlir fod eisiau trin y gair *bod* ar wahân am ei fod yn 'treiglo' yn fynych pryd na cheid treiglad i enw cyffredin.

ond y mae'r fersiwn yn Salesbury yn rhoi tr.] ; y mae un yn Penityas, tair yn MCr, cadwant y gysefin oll ; cymh. esiamplau diweddar : *a wnêl* **b***arn,* Jer. v. 1 ; *ar a wnel* **b***rad,* Hom 1.148 [cyferb. *a wnel* **b***echod,* 1.157] ; *a wnel* **d***auoni,* DCr² 91a ; rhoir un enghraifft o dreiglo yn DFfest, Rhag 14, *na wnel* **o***dineb,* 149.

Enghraifft o'r goddrych ; *Gwnêl Duw i gynnal dy wŷr,* TA 16.39 ; cymh. hefyd : *Dêl cof, o daw ail cyfarth,* ib 12.62.

§81 Trydydd Unigol Amherffaith, Gorberffaith, Gorffennol Dibynnol

(i) *Y terfyniadau* -ai, -asai

Gw. §74 (iv) uchod am ystadegau a ddengys mai treiglo'r goddrych yw rheol Cym. Can. Dyma ychydig esiamplau : *Pwyllei* **W***allauc . . . Pwyllei* **V***ran . . . Pwyllei* **U***organt,* CLlH III.39-41, t 16-7 ; *Ny vynnei* **g***amhwr garu nebawd,* LlH 2.8 ; *y llathrei* **w***ynnet,* WM 2 ; *a debygei* **b***ob un,* ib 12 ; *pei gattei* **w***rthpwythi,* ib 16 ; *ny angassei* **u***endigeiduran,* ib 40 ; cyferb. ychydig esiamplau o fethu nodi'r tr. : *y llathrei* **c***ochet,* ib 2 ; *y trawei* **p***ob un,* ib 24 ; *ef a allei* **ll***awer mab colli,* ib 100.

Cadw'r gysefin yw rheol Beibl 1620 ond bod enghreifftiau hwnt ac yma o dreiglo, ac y mae hynny'n wir am lawer o destunau CDC : *Gwnâi* **ŵ***r . . . darostyngei* **g***ŵr,* Esec. XXII.11 (y ddau'n oddrych) : *Fel pe bwriai* **dd***yn hâd i'r ddaiar,* Marc IV.26, [cyferb. *gorchymynasai* **D***uw,* Gen. VII.16 ; *cychwynnei* **m***eibion,* Ex. XL.36] ; *Oh nas galle* **w***ybodaeth,* PA 28 ; *i galle* **dd***uw,* ib 59 ; *Pann dderchafai Foeses,* ib 179 ; *y medre* **dd***yn,* DFf 23 ; *pan safe* **dd***iffaethwch,* ib 99 ; *yr arferai* **Dd***uw,* YmDd 17, [cyferb. *a ddylei* **g***weinidogion,* ib 206 ; *ni allai* **g***waedd,* ib 382] ; *fe dybygai* **dd***ynion,* GMLl 1.179 ; [*fe ddyle* **rh***eolwyr,* ib 1.164] ; *mynnei* **L***oegr,* BC 49 ; *a phe syrthiase* **f***ynydd,* ib 49 ; *y gallai* **dd***yn,* Hom 1.32.

Naturiol disgwyl i'r gwrthrych dreiglo ac i hynny barhau'n ddigyfnewid : *a lyviasei* **l***uossit,* BB 66.11 ; *ny dodei* **l***ew ar ladron,* ib 68.17 ; *a welei* **l***annerch,* WM 1 ; *y guascassei* **b***enneu,* ib 54 ; *ny allei* **g***ylchu,* ib 82. Gellid dyfynnu deg o leiaf o enghreifftiau o WM. Gellid dyfynnu deuddeg o esiamplau i gyd o fethu dangos y tr. megis : *a glywei* **ll***ef,* WM 1 ; *a welei* **k***adw deueit,* ib 117 ; *a gywedei* **b***wyt,* P 14 (WM) 286.

Sylwer ar yr enghreffitiau yn CLlH III t 12-3 : *Penn Uryen llary llywyei* **ll***u* (8) . . . *llywyei* **ll***ys* (9), eithr yn (16) ceir : *Vy llaw* ; *llary ud llywyei* **w***lat.* Gwelir fod *g* wedi ei threiglo ac ar sail yr holl dystiolaeth sydd gellid diwygio'r darlleniad yn y lleill ; eithr yn ei nodiad ar t 117 cymer y golygydd y ddwy esiampl gyntaf yn enghreifftiau dilys o'r gysefin. Awgrymaf mai'r copïwr sydd ar fai yma, a dylanwad y dyb fod yn rhaid cael cyseinedd. Dylem gredu'n bur bendant fod y gwrthrych yn treiglo yn y cysylltiadau hyn, a gallem fentro diwygio hyd yn oed ar draul colli cyseinedd, os nad oes diwygiad yn bosibl a geidw gyseinedd.

(ii) *Y terfyniad* **-i**

Yn y farddoniaeth gynharaf digwydd esiamplau o'r terf. **-i** i'r person hwn, gw. WG 324. Dengys y ddwy a ganlyn fod y gwrthrych yn treiglo : *gogyuerchi* y*nhon*, CA 197 (nod. 127, cysefin = *gynhon* ' tribes ') ; *ef gelwi* **g***wn gogyhwc*, ib 1107 (= ' galwai gŵn ').

(iii) *Y terfyniad* **-iad**

Gw. WG 356, L & P 280 : yn y ddwy ffurf *gwyddiad* ac *adwaeniad* y ceir y terfyniad hwn. Y mae'r goddrych a'r gwrthrych yn treiglo ar ei ôl fel y dengys y canlynol—ac ar sail yr esiamplau o dreiglo gellir diwygio'r rhai na ddangosant dreiglad : *a wydyat* **l***ad a chledyf*, P 14 t 290 (= WM 127, *a wydat* **l***ad*, cyferb. *a wydat* **ll***ad*, ib 129) ; [*lle y gwydyat* **b***ot gwreic*, ib 94 ; *a gereint a edwaenad* **k***ei ac nyt ytwaynat* **k***ei ereint*, ib 437], *ac nyt atwaenat* **G***ei ef. a Gereint a atwaenat* **G***ei*, P 6.IV.219 ; *ac ef a atwaenat* **W***alchmei ac nyt atwaenat* **W***alchmei ef*, WM 437-8 (= hefyd, P 6.IV.219) : *Nid adwaeniad* **o***dineb*, DGG XVIII.21 ; [*a hynny a wydyat* **G***wenwlyd*, YCM² 140 ; *ny wydyat* **M***axen . . . dim*, BSK 35]. Gellid cyfrif am y gysefin yn y canlynol fel enghraifft o beidio â threiglo ar ôl yr orffwysfa : *Pwy a wyddiad cariad cêl*, IGE² 60.11 ; ond nid addas hynny i esbonio'r gysefin yn y nesaf : *Siacob a wyddiad pob peth*, GGl LXX.2.

(iv) *Ffurfiad* **-oedd**

Y mae'n bosibl yma gael 3ydd Amh. Myn. fel *cannoedd* o *canfod*, a 3ydd Gorberffaith fel *gwnathoedd*. Ni pharai ffurfiad digysylltair *oedd* y cyplad i'r dibeniad dreiglo ar y dechrau, e.e. *ac oed* **ll***essach* . . . WM 17 ; *Oed* **m***elynach y fenn* . . . ib 476 [gw. isod § 111 (i)] ; ond parai'r ffurfiad cysylltiol dreiglad : e.e. *nyt oed* **g***ynghor wann*, CA 644 ; *nyt oed* **u***wy no chynt*, WM 16. Ni ellir bod mor siŵr ynghylch *yd oed* ' bodolaeth ' gan fod amlder o esiamplau heb dreiglad, e.e. *yn y ty yd oed* **c***assec*, WM 30 ; er mai treiglo sydd amlaf efallai, e.e. *lle yd oed* **u***endigeiduran*, ib 43. A chaniatáu fod treiglad ar ôl *oedd* cysylltiol (fel cyplad neu ferf bodolaeth), a bod ffurfiau *bod* yn cadw eu hunaniaeth er mynd yn ' derfyniadau ' i ferfau eraill, disgwyliem ar y dechrau i'r berfau cyfansawdd ' cant + oedd ', ' gwnath + oedd ' beri treiglad hefyd. Y diffyg yw fod yr enghreifftiau yn brin ; a pheth arall, beth bynnag a brofir wrth olrhain tarddiad y ffurfiad, y mae'n ddigon posibl mai o gydweddiad â'r ffurfiad normal y llunnid y treigladau.

Ceir treiglad i'r gwrthrych yn y canlynol : *kanoed* **o***ludoed wyr elidyr*, LlH 327, (dyry *Geirfa* nod amheuaeth wrth yr enghraifft) ; *ef a wnaethoed* **o***fal tra messur*. YCM² 75. Ceir treiglad i'r goddrych yn yr esiampl hon : *y gwyrthiav a wnaethoedd* **v***arthin*, B IV.202 ; [cyferb. *y doethoedd* **k***ymaint o bobl*, ib ib 201 ; *lluruc a wnathoed* **B***utor Lurugyd*, YCM² 52—y ffurf gysefin yn ôl y mynegai].

Yn ôl rhesymeg, goddrych yw'r berfenw 'goddefol' (h.y. heb weithredydd) sy'n dilyn *daroedd* a *darfu*, e.e. 'darfu torri'r pren' = 'the cutting of the tree happened'; ceidw'r berfenw'r gysefin ar ôl *daroedd* yn y canlynol: *neur daroed* **t***yllu y luruc*, YCM² 83.5; *ar daroed* **g***ossot mein yndi*, ib 103; *ef a ddarvoydd* **t***orri y tryssordy*, B II.209; (er mwyn cymharu, *pan darfu* **w***neuthur y kyfreitheu*, WML 1.21).

§82 TRYDYDD UNIGOL GORFFENNOL MYNEGOL

(i) *Y terfyniadau* -as, -es, -is, -wys

Y mae profion ddigon i ddangos nad oedd dim treiglad ar ôl y ffurfiad hwn yn y testunau cynharaf, nac i'r gwrthrych nac i'r goddrych; gw. enghreifftiau uchod yn §71 (vi) o deip: *A roes* **b***rath i'r assau bron*, DN XXXIV.24. Dengys y ganlynol mai rheol lenyddol y cyfnod canol oedd cadw'r gysefin er bod yr arfer o dreiglo'r gwrthrych wedi dechrau: yn RP 1231.24 ceir enghraifft a ymddengys fel petai'n rhoi treiglad: *kauas ras urdas*; ceir copi arall o'r gân yn RP 1334.50, ac yno y mae'r llithrad wedi ei 'gywiro,' sef *kauas gras*; ond y mae'n weddol sicr mai'r gwir gywiriad fyddai 'kauas *ran* urdas,' a hawdd gweld sut y methwyd yn y copi cyntaf, sef copïo *ra*, ac yna copïo'r *s* a ddilynai *a* yn *kauas* neu *urdas*. Eithr y mae'r cynnig yn yr ail fersiwn i gywiro 'gwall treiglo' tybiedig y fersiwn cyntaf yn profi beth a ystyrid yn gywir.

Y mae digon o esiamplau yn WM i ddangos fod yr arfer o dreiglo'r gwrthrych wedi dechrau ar lafar; (fe'u rhoir isod). Y mae ystadegau'r testunau eraill yn profi mai cadw'r gysefin oedd y rheol lenyddol, a gellid tybied fod y testunau rhyddiaith wedi mabwysiadu safonau'r beirdd. Wrth y safon honno felly y mae testun cynnar fel PKM yn llai 'llenyddol' na'r testunau diweddarach; e.e. y mae pedair enghraifft o dreiglo yn PKM, yn erbyn saith a geidw'r gysefin; yn y rhannau eraill o WM, nid oes ond dwy enghraifft o dreiglo yn erbyn 14 o'r gysefin. Yn Havod 16 (rhannau meddyginiaethol), un enghraifft sydd a cheidw'r gysefin; y mae nifer mawr o enghreifftiau yn y *Gorchestion* ar y diwedd a chedwir y gysefin bob tro.*

Wrth drefnu'r ffigurau a ganlyn cadwyd y pedwar terfyniad ar wahân: **-as**, YCM², tr. = 1;† heb = 2; BSK, tr. =0; heb =1; MCr, tr. =0, heb = 2; **-es**, YCM², tr. = 0, heb = 9; Penityas, tr. = 0, heb = 2; FfBO, tr. = 0, heb = 2; BSK, tr = 0; heb = 1; MCr, tr. = 0, heb = 2; **-is**, YCM², tr. = 2, heb = 6; FfBO, tr. = 0, heb = 1; BSK, tr. = 0, heb = 1; **-wys**, YCM², tr. = 0, heb = 11; YCM² (Atodiad), tr. = 0, heb = 1. Dyna 41 o gadw'r gysefin yn erbyn 3 o dreiglo. Mae'n ddigon

*Ceir testun y *Gorchestion* yn B v.138.

†Dyma'r enghraifft, *a gafas Gorstinabyl*, 122.

tebyg y byddai copïwr proffesiynol yn cyfrif mai camsyniadau neu lithradau yw'r tair esiampl o dreiglo.

Dyma rai enghreifftiau o gysefin y gwrthrych : *a hudwys* **g***wreic*, BT 36.14 ; *a rithwys* **g***orwydat*, ib 36.6 ; *ef am rodes* **m***ed*, ib 43.14 ; *Py delis* **m***aes*, ib 67.10 ; *a gyrchws* **g***lyw flandrys . . . a lithws* **ll***wyd kwn ar fun fo . . . a borthes* **b***ranhes . . . a gymhellws* **t***reth*. LlH 13, Dyma'r saith yn y PK : *pan gauas* **ll***awen chwedyl*, WM 36 ; *y kynydwys* **t***rychantref*, 37 ; *a beris* **k***yweiraw*, 89 ; *a droes* **ll***en*, 93 ; *yny allwys* **m***archogaeth*, 97 ; a *lauurywys* **g***weith y gwayw*, 104 ; *a beris* **k***ynnullaw*, 105.

Dyma'r enghreifftiau yn WM o dreiglo : *Sef lle y cauas* **u***endigeiduran*, WM 49 (= R 34) ; *hi a gynsynwys* **u***wrw neit*, 55 (R 39, *a gyngytywys* **b***wrw*) : *y kyuanhedwys* **l***ys idaw*, 101 (= R 74) ; *ef a deffroes* **w***ydyon*, 107 (= R 78) ; *ban welas* **o***leuad y dyt*, 431 (= P 6.IV.216, *pan weles* **o***leuat*) ; *yd erchis* **g***ennat*, 440 ; gw. §71 (vi) am enghreifftiau o'r Cywyddau.

Erbyn cyrraedd y llyfrau printiedig y mae'r terfyniadau hyn wedi diflannu bron yn llwyr, ar wahân i ambell ffurf fel *rhoddes* ; ond fe geir drych o'r treigladau ar ôl y ffurfiadau hyn yn yr iaith fyw mewn dau destun sy'n llawer diweddarach eu harddull na'r cyffredin o destunau Cym. Can., sef *Buchedd S. Martin* (B IV) ac yng ngwaith Elis Gruffydd (B II) : *a weles* **w***r*, B IV.192 ; *a gavas* **l***awer*, 194 ; *a roes* **g***roes*, 196 ; *a roddes* **g***aniad*, 196 ; *a briodes* **w***reic*, B II.203 ; *a dorres* **w***ythenni*, 207 ; *a beirriodes* **v***orwyn*, 210, 222 ; *addewis* **d***ynghenhevedd*, 212 ; *a beris* **b***aratoi*, 213 ; *y gweles* **dd***inas*, 218 ; *eddewis* **w***nethur*, 223 ; *vo gavas* **dd***ayoni*, 227. Yn *Drych yr Ufudd-dod*, B IX.118—, treiglir y gwrthrych bron yn ddieithriad, ac un enghraifft yw : *a roes* **f***ywyd*, 119. Yn y dosbarthiad ar ddechrau *D. Ffestifal* codir dwy enghraifft o'r gysefin, *a roddes dwy*, 87 ; *a roddes* **p***eth*, 95 ; ac un o dreiglo, *a roddes* **g***ardode*, 103. Y mae ambell enghraifft yn CRhC o'r gysefin : *a gaffas* **k***red a bedydd*, 301 ; ond y peth sy'n fwy o syndod yw fod enghraifft yng ngwaith Dafydd Jones o Gaeo, e.e. *Brydain ga's* **m***ynych Gosp cyn hyn*, Hymnau (1775) 208 ; ac nid rhaid meddwl am hyn fel gwall, oblegid y mae'n gyson â'r enghreifftiau o gadw'r gysefin ar ôl y 3ydd Pres. Myn. yn Emynau D.J., gw. uchod §78 (ii).

Y mae rhyw ugain o enghreifftiau yn WM o'r ffurfiad hwn + goddrych ; ceir tr. yn yr un a ganlyn : *a fan welas* **u***ranwen y mab*, 55 ; y gysefin sydd yn R 39, a thebyg mai camddarlleniad y copïwr sy'n cyfrif am y tr. yn WM, sef meddwl ar yr olwg gyntaf mai gwrthrych oedd *branwen* ei gynsail a rhoi treiglad wrth geisio diweddaru, a methu cywiro'r camgopïo ar ôl cyrraedd *y mab*. Nid oes dim diben dyfynnu mwy na mwy o'r gysefin, ac ni roir yma ond un enghraifft bob un o'r pedwar terfyniad : *yd eistedwys* **p***awb*, WM 26 ; *y dechreuis* **g***wyr y wlat*, 27 ; *ny thorres* **t***onn adanaw*, 94 ; *a cheryd a gauas* **k***ei*, 126, 132.

(ii) *Y terfyniad* **-awdd, -odd** (**-oedd**)

Beth bynnag yw tarddiad y terfyniad hwn, fe'i trinir yma ar wahân i'r ffurfiad y tybir ei fod yn darddell i'r terfyniad yn gyffredinol, sef y ffurfiad gorffennol a gynrychiolir gan *goddiwawdd*; gw. WG 338.* Dengys enghraifft fel *Peilat a bwyntiodd Lladin*, DN xxxv.17, a'r hyn a olygir wrth y ffigur *Adweddiad* [Gr Pen 212, *Gwae rudd mab a garodd merch*, gw. uchod §71 (vii)] fod y beirdd yn gallu cadw cysefin y gwrthrych ar ôl y ffurfiad hwn; y mae amlder yr enghreifftiau diweddar a chyfartaledd uchel yr esiamplau o'r gysefin mewn testunau fel WM ac YCM yn arwydd go ddiogel mai cadw cysefin y gwrthrych oedd yn safonol. Rhyw wyth enghraifft sydd yn WM o *-awdd* + gwrthrych, a'r gysefin a ddigwydd ym mhob un, ond bod dwy o dreiglo mewn testunau amrywiad a argreffir yn WM. Yn y rhannau o *Kulhwch* o destun RM a argreffir yn WM ceir pum enghraifft gyda'i gilydd o *lladawd* + gwrthrych; yn y gyntaf ceir 'll. + ef + tr.'; mewn un arall, 'll. + ynteu + cys.'; yn y tair 'll. + gwrthrych' cedwir y gysefin.† Y mae'r ddwy enghraifft a argreffir yn WM sy'n dangos treiglad yn ddigon i brofi, er mai gwrthrychau'n dechrau ag *g* ydynt, fod y treiglad ar lafar erbyn cyfnod y ddwy lsgr. ac mai ceidwadaeth yr iaith lenyddol sy'n mynnu cadw'r gwrthrych heb dreiglo mewn testunau diweddarach. Os oedd y treiglad ar lafar, yr oedd hawl gan fardd i'w arfer pan oedd yn ateb ei ddiben i dreiglo, a chadw'r gysefin ar sail hen arfer os oedd hynny'n taro'n well. Y mae'r esiamplau o dreiglo a nodir ymhlith yr ystadegau ac ambell enghraifft fel: *a ssymudawd* **w***isc*, SD 864; *y godefawd* **l***awer o wendit*, Havod 16.43 yn bradychu beth mewn gwirionedd a oedd ar lafar; gw. §71 (vi) am enghreifftiau o'r Cywyddau o dreiglo.

Dyma rai esiamplau o'r gwrthrych yn WM: *a gyuarchawd* **g***well*, 159; *a uyryawd* **p***awb*, 163; *a ofynnawd* **k***yghor*, 164; *a ellygawd* **g***wyr*, 172; *a gyrchawd* **p**(*er*)*ed*(*ur*), 176; *y dewissawd* **g***wneuthur*, 187 (= **d. wneithur,** P 16 t 94a); *ny mynnawd* **g***wneuthur itaw waeth no hynny*, 437 (= P 6 IV.219 *ny mynnawd* **waeth**);‡ *Gwydawc . . . a ladawd* **k***ei*, 465.

Ystadegau: YCM², tr. =0, heb = 6; Penityas, tr. = 3, heb = 5; FfBO, tr. = 0; heb = 1; BSK, tr. = 0, heb = 3; MCr, tr. = 1, heb = 3, eithr yn MCr *-oedd* yw ffurf y terfyniad fel rheol, ac o'r 13 sydd yno, ceir tr. mewn 2. Yn y dosbarthiad ar ddechrau *D. Ffestifal*, testun arall sy'n arfer *-odd* ac *-oedd*, rhoir tair enghraifft o'r gysefin a phedair o dreiglo. Cymh. ymhellach: *hi ddechreuawdd* **g***wrthod*, DCr² 81a; *ve ddewisoedd*

*Fy rheswm dros gyfleu'r peth yn y ffordd hon yw fy mod yn amau'r esboniad hwn; dylwn ddywedyd nad oes gennyf ddim i'w gynnig yn ei le.

†Dyma'r testun: *y lladawd ef* **b***edwar*, WM 501; *y lladawd gwydre*, 501; *y lladawd llawer*, 502; *y lladawd ynteu madawc*, 502; *a ladawd llawer*, 504.

‡Y mae'n ddigon posibl fod camgopïo yma fel y gwelir wrth gymharu'r ddau destun.

m*orwyn dduwiol yn vam yddo,* ib 114b ; *ffydd a gauodd* **g***eneuau y llewod, ffydd a ddiffoddodd* **r***ym y tan,* Hom 1.47-8 ; *kryfa gwr a sugnodd* **d***wyfron,* CRhC 9.

Y Goddrych. Y mae deg o enghreifftiau yn WM o *-awdd* + goddrych ; dim ond yn y ganlynol y ceir treiglad : *y ford a gerdawd* **e***reint,* 433 ; a thebyg mai gwall copïo ydyw ; ceir y gysefin yn P 6.IV.217 ; P 6.III.284 ; RM 282 ; fe all mai cael *ger* ddwywaith yn y testun fu achos yr amryfusedd. Prin y mae angen dyfynnu enghreifftiau o gadw'r gysefin : *tra barhawd* **m***eirch dof,* WM 45 ; *y byryawd* **ll***ew ef,* 110 ; *yny dyuawd* **b***lew,* 250 ; *ot ymordiwedawd* **g***ereint ac ef,* 403-4 ; *y kychwynnawd* **g***ereint,* 411.

Rhyngu bodd

Tueddir i gadw hen ddulliau treiglo yn y priod-ddull hwn, sef cadw cysefin yr enw ar ôl 3ydd un. P. Myn., P. Dib. a G. Myn. Gwrthrych yw'r enw ar ôl y ferf, ' rhangaf fodd.' Mewn enghraifft fel *reingk bodd,* SG 277 ceir esiampl o gadw'r gysefin ar ôl y 3ydd P. Myn. (gw. WG 320) ; cyferb. *ac nac afranghet bod itt,* SG 192, er bod y goddrych a'r gwrthrych yn treiglo ar ôl y ffurfiad hwn ar y cyntaf.

Yn y Beibl defnyddir y ffurfiau *rhynga* a *rhyng,* a chyda'r rhain ffurfiau'r ferf *rhyglyddu* (gynt *rhaglyddu,* gw. OIG mynegai), oblegid cymysgu dwy ferf debyg. Nid yw'r Beibl yn gyson gan fod esiamplau a rydd dreiglad ac eraill a geidw'r gysefin ; *pa fodd y rhyng* **f***odd Duw,* D. Sol. IX, Cynhwysiad ; *Pa ebyrth a ryng* **b***odd Duw,* Eccl. XXXV, Cynhwysiad ; *a ryglydda* **f***odd,* ib XX.27 ; *a ryglydda* **b***odd,* XXXIX.18 ; *a rynga* **b***odd i'r brenin,* 1 Esdr. VI.21 ; *os rhynga* **b***odd,* ib VI.22 ; *y peth a ryngo* **b***odd iddi,* Tobit IV.3 ; *yr hyn a ryngo* **b***odd iddo,* Eccl. XIII.31 ; *a ryglyddo* **f***odd,* ib XX.28 ; *rhyngodd* **b***odd i'r Arglwydd,* 1 Sam. XII.22 ; *a ryngodd* **f***odd i Dduw,* D. Sol. IV.10 ; *a ryglyddodd* **f***odd,* Eccl. XLIV.16. Cymh. ymhellach : *ar a ryngo* **f***odd ir gorucha Dduw,* B III.103 ; *ny ryngws* **b***odd,* B IX.337 ; enw cyfansawdd afryw, heb dreiglad i'r ail elfen, *ner llys o rhaincboddiaeth bydol,* MCr 45a ; *rangkboddiaeth,* ib 62a.

(iii) *Y terfyniad* -**fu**, -**bu**

Fel yn hanes *oedd* ymddengys nad oedd ffurfiad annibynnol *bu* ' cyplad ' yn peri treiglad i'r dibeniad, e.e. *blwydyn bu* **ll***ewyn* **ll***awer kerdawr,* CA 93 ; *ar* **k***ethreu bu* **k***ythrudyedic,* RP 1217.2 ; *bu* **d***oeth mal y* **d***etholes,* LlH 161 ; *ual y bu* **ll***onyd ganthunt,* WM 16 ; ond ceir treiglad ar ôl ' cysylltiar + *bu,*' h.y. y ffurfiad cysylltiol : *ny bu* **v***ethyl ny bu* **v***ethyant. ny bu* **v***agawt meirch morgant,* RP 1392.19-20 ; *ny bu* **g***ystal dy wybot . . . ny bu* **g***ynhawsset gennyt treulaw dy da. ny bu* **w***ell dy dosparth eiroet,* WM 11 ; *yny uu* **g***wbyl idaw y dal,* ib 45 ; *Ar hwnn a uu* **g***arw,* ib 91. Yn ddiweddarach cymysgir y ddau ffurfiad a cheir treiglad ar ôl y ffurfiad annibynnol : *ac y bu* **l***awen yr amherawdyr,* WM 189 ; *y bu* **b***araut,* ib 104. Ar y dechrau yr un treigladau a ddigwydd i'r goddrych ar ôl *bu* ' bodolaeth ' : *Bu* **g***oscor a bu* **k***erd yn eil mehyn,* BT 43.1 ; *yn nefoed bu* **c***ryt pan ym crogyssit,* ib 12.16 ; ' cysylltair +

bu' : *Ny bu* **o***leuat*, ib 37.28 ; *Ry bu* **v***ran uab llyr . . . yg kamp*, RP 1171.16 ; yna'n ddiweddarach, ceir treiglad ar ôl y ffurfiad annibynnol : *Bu* **b***obl i ynys heb i blaenawr*, DN IX.40.

Os oedd ffurfiau *bod* yn cadw eu hunaniaeth yn y berfau cyfansawdd, (peth digon ansicr, i'm tyb i) disgwylid treiglad ar y dechrau i'r goddrych a'r gwrthrych ar ôl ffurfiad fel *darganfu*, oblegid byddai *bu* yn gysylltiol yn y cyfansoddair. Dyfynnir esiamplau o'r goddrych yn gyntaf ; mae'n rhyfedd mor hir y parhaodd y treiglad a'i fod yn aros mewn testunau nad ydynt geidwadol eu hiaith, megis *Buchedd S. Martin* a *Canu Rhydd Cynnar* ; rhoir esiamplau rhwng bachau petryal o fethu dynodi'r treiglad lle bernir fod treiglad i'w ddarllen, a rhoir ambell nodiad : *pan dyvu* **d***utvwlch dut nerthyd*, CA 119 ; *Pan dyfu* **ġ***atwallawn dros eigyawn iwerdon*, BT 73.9 ; *yn dyfu* **l***eturyt*, HGCr XXXI.11 ; *kyfarfu* **dd***reigieu*, LlH 83 ; *Gwybu* **b***awb*, ib 98 ; *darvu* **ġ***edymdeith*, ib 118 ; [*Dybu* **b***renhin lloegyr yn lluytawc*, ib 3 ; *pan dyfu* **p***en llu* **p***enllyn*, ib 307, sy'n enghraifft dda i ddangos fod eisiau diwygio'r darlleniad yn ddyblyg ; awgryma'r gynghanedd mai darllen y gysefin sy'n briodol, ond y gwir yw y dylai *penllyn* dreiglo fel ' gwrthrych cyrchu lle,' gw. isod §86 ; yn unol â hyn dylid darllen treiglad i'r goddrych] ; *pan darfu* **w***neuthur y kyfreitheu*, WML 1.21 ; [gw. uchod §81 (iv)] ; *hyny gyfaruu* **o***chelfford ac ef*, WM 170 ; *Pan wybu* **ġ***ei*, ib 495 (o destun RM) ; [*y dyvu* **G***lewlwyd yr neuad*, ib 457 ; *y kyuaruu* **ġ***wyr llydaw ac ef*, ib 503 (testun RM) ; *yr adnabu* **c***larel y hymadrawd*, YCM[2] 91 ; *a phan arganuu* **G***randon ef*, ib 153 ; enwau dieithr sydd yn y ddwy enghraifft olaf] ; *Pan wybu* **b***obyl y wlat*, FfBO 57 ; *a phan glybu* **b***awb yr ymdidan*, B v.103-4 ; *Ac ef a atnabu* **B***ilatus pan y gyrwyt yno*, ib IX.47 ; [*a phan adnabu* **ll***u Carnotum henne*, ib IX.337] : *pan wyby* **r***as duw*, MCr 73b ; *yny glybu* **V***arthin gael o ilar sant*, B IV.194 ; *jr ydynnebu* **b***awb j hanwired hi*, ib II.229 ; a dyma gysylltiad arall lle ceidw DCr[2] hen ddulliau treiglo : *kyvarfy* **dd***yn drwg ar brenin*, 58b ; *pan glyby* **w***yr y brenin hyn*, ib ib [cyferb. *pan ddarfy provi'r gwaith*, 120a] ; cymh. ymhellach : *pan ganffwu* **dd***uw nefol faint rhyfig y bobol*, CRhC 342.

Gallem ddisgwyl i'r ffurfiad hwn ddod gydag amser i gydymffurfio â'i ddosbarth yn gyffredinol, sef 3ydd G. Myn., a cholli'r treiglad i'r goddrych a hyd yn oed gymryd cysefin y gwrthrych trwy gydweddiad â'r ffurfiadau eraill. Dichon mai esiamplau iawn o gadw cysefin y goddrych yw rhai o'r dyfyniadau uchod mewn bachau petryal ; cymh. *ef a gyfaruu* **b***laen y gyllell ef a'i law*, SD 573 ; *Darfu* **p***en y dref a'u post*, TA 10.39.

Prin ar y cyfan yw'r enghreifftiau o'r gwrthrych am nad oes gwrthrych uniongyrchol ond i un neu ddwy o'r berfau hyn, megis ' canfod, arganfod, clybod.' Dengys y canlynol fod treiglad : *pan arganuu* **b***eredur*, WM 228 ; *a phan glybu* **ġ***edernid y gwenwyn*, B IV.194 ; *ef a ganvu* **b***ren*, ib II.207 ; *a ffan glybu* **dd***ywedyd*, ib II.226 ; *ef a arganuu* **A***rsi yn ffoi*, YCM[2] 100 ;

[*argannu* (*sic*) **t**ri *marchawc*, ib 21 ; *a arganvu* **C**lamados, ib 82 ; *yd arganuu* **m***orwyn ieuanc*, Havod 16.102 (rhan y bucheddau)].

(iv) *Y terfyniad* -t

Ceir y terfyniad hwn mewn berfau fel *cant, gwant, cymerth* neu *cymyrth, differth.* Pan ddigwydd y goddrych ar ôl *cant* yn y 'pwt awduriaeth' ar ddiwedd awdl neu gywydd, cysefin y goddrych a roir bob tro, e.e. *awdl uarwnad a gant* **b***letynt*, LlH 64 ; ac y mae'n ddigon tebyg mai cysefin y goddrych a'r gwrthrych a ddilynai'r ffurfiad hwn ar y dechrau.

Dyfyniadau'n gyntaf o'r ferf *cymerth,* yn cadw cysefin y goddrych : *tir rygymyrth* **c***rist o groes edwyn kethri*, LlH 11 ; *Trymuryt a gymerth* **m***ath yndaw*, WM 106 ; *y k.* **g***ronwy y llech*, ib 110 ; *a g.* **p***eredur*, ib 140. Y mae dwy enghraifft o'r ferf hon + gwrthrych yn WM ; y gysefin sydd yn un, *a g.* **b***wyt*, 153 ; ond ceir treiglad yn y llall, sy'n digwydd yn y PK : *a gymerth* **g***ynghor*, WM 53 ; [yn y testun cynharaf oll ceir : *a gymyrth* **k***ymyrth*, P 6, WM t 279, gwall amlwg am *kynghor*, a hyn a geir yn RM 37]. Ymhellach cymh. : *ban kymirth* **c***nawd*, BB 39-40 ; gw. §71(iv) uchod am yr enghraifft *a gymerth* **g***wer*, ChO 6, a'r ymdriniaeth yn ei chylch. Ceir dwy heb dr. yn YCM² ac un yn treiglo : *a gymyrth* **w***ayw*, 97 (enghraifft arall o dreiglo *g* pryd nas disgwylir) ; dwy yn FfBO heb dr. ; un yn C Catwn, sy'n treiglo. Y mae'r testun 'modernaidd' hwnnw, Buchedd S. Martin, yn cadw'r gysefin, *a gymerth* **ll***yfr*, B IV.201. (Nid yw'r canlynol yn profi dim : *a g.* **g***yvriw ffolineb*, B II.212, oblegid fe allai *cyfryw* dreiglo, heb y fannod, pan arferid ef yn ebychiadol, gydag ystyr 'y fath!'). Nodir tair enghraifft yn DFfest t 14, a cheir tr. i'r gwrthrych yn y tair, *a g. drafel*, 81 ; *a g. afel*, 140 ; *a g. bais*. 175.

Dyma enghreifftiau yn awr o gadw cysefin y goddrych ar ôl *cant*: *Mal pan gant* **m***oruran marwnad einyawn*, LlH 125. Y mae'r enghraifft a ganlyn yn eithriadol : efallai mai teitl cerdd yw'r geiriau olaf ynddi ; sut bynnag ymddengys fod treiglad i'r goddrych : *Ac e kant* **d***elyessin kikleu odures eu llaueneu*, LlDW 42.9. Gwelsom enghreifftiau o'r blaen o destun MA yn dangos treigladau diweddar a gellir awgrymu mai'r duedd i ddiweddaru sy'n gyfrifol am y treiglad yn y canlynol i'r gwrthrych : *I ganu moliant mal Aneirin gynt / Dydd y cant* **O***dodin*, D Benfras, MA 217a.

(v) *Stem gorffennol* ('*gwnaeth, dug,' etc.*)*

Y rheswm dros gynnwys y berfau hyn yn un dosbarth gyda'i gilydd yw eu bod yn debyg mewn un peth pwysig, sef fod y 3ydd un. yn fath o stem i gyfansoddi'r ffurfiau personol eraill ohono. Sonnir yn gyntaf am y tri ffurfiad *aeth, gwnaeth, daeth.* Cyfeiriwyd yn §71(iv) uchod at *a wnaeth*

*Byddai'n gywirach, efallai, pe rhoid y ffurfiadau hyn mewn dosbarthiadau eraill, yn ôl eu tarddiad, ond fe'u rhoir gyda'i gilydd am fod rhediad tebyg iddynt yn y Gorffennol Mynegol.

gwled, ChO 8 a'r nod. t 44 am gadw'r gysefin yn y gwrthrych ; a rhoddwyd tystiolaeth yno i ddangos mai rheol lenyddol Cym. Can. oedd cadw cysefin y gwrthrych er bod esiamplau i'w cael yn dangos treiglad, e.e. *Gwnaeth wled*, RP 1330. Yn LlH 127-8 ceir pum enghraifft o *gwnaeth* gyda'i gilydd + gwrthrych yn cadw'r gysefin, ac awgrymir nad diffyg yr orgraff sy'n cyfrif am y pump gan y ffaith fod ' kymysgei **g**reu ' yn dangos treiglad yn union ar eu hôl. Eto, yn LlH 55 ceir *Gwnaeth* **d***rallif gwyr uch trallug eluael* a ddengys beth oedd cystrawen naturiol y copïwr efallai ond bod eisiau adfer y ffurf gysefin i gyfateb i *trallug*. Felly byddai'n ddiogel darllen cysefin y gwrthrych yn y testunau cynharaf a phetruso cyn mynnu darllen treiglad yn y rhai diweddarach rhag ofn mai'r gysefin sydd wedi ei bwriadu ynddynt. Darllener cysefin yn y canlynol : *a wnaeth* **m***aurth a llun*, BB 38.1 ; *a wna(e)th* **t***uim ac oer*, ib 38.10. Nid oes un enghraifft o'r ffurfiad hwn + gwrthrych yn WM ond y mae digon wedi ei ddyfynnu i ddangos fod treiglad y gwrthrych wedi gwreiddio yn yr iaith lafar yn weddol gynnar ; cymh. ymhellach : *Ef a wnaeth* **w***in or dvuyr*, B IX.226 ; *ef a nnayth dwr*, ib II.209 (= ' tŵr ') ; *a nnaeth* **l***awer*, ib II.222 ; er hynny, nodir yn D Ffestifal t 14 fod dwy enghraifft o'r gysefin yn y testun, ac esiamplau pellach o'r hen gystrawen gynhenid yn aros yw : *ni wnaeth* **ll***es*, Hom 3.126 ; *a wnaeth* **m***wy o ddolur*, DCr[2] 58b ;* *a wnaeth* **p***ob peth*, ib 61a.

Gellir disgwyl i'r goddrych gadw'r gysefin : *ef a doeth* **m***ackwyeit*, WM 5 ; *yd aeth* **p***wyll*, ib 26 ; *y doeth* **g***wyr ynys iwerddon*, ib 54-5 ; *yny aeth* **g***uahard*, ib 90. Y mae **maeth** yn 3ydd Gorff. Myn. hefyd yn y farddoniaeth gynnar (= ' magodd,' gw. CA 166, CLlH 183, 220) a chysefin y goddrych yn dilyn : *Ny maeth* **m***am mab y heuelyt*, LlH 49.

Y berfau eraill yw **dug, amug, gorug,** a gellir bod yn bur sicr mai cadw cysefin y goddrych a'r gwrthrych oedd y gystrawen gyntaf; esiamplau o'r gwrthrych : *a dyduc* **m***och o deheu*, BT 36.4-5 ; *mal y duc* **k***wyuein llen a llyureu*, LlH 36 ; . . . *dagreu rwy / a dduc* **ll***iw vyg gruddyeu*, ib 78 ; *a duc* **t***reis tros erch a helet*, ib 92 ; *pan amuc* **t***egeigyl tec rysset*, ib 92 ; *Ac ef a dduc* **M***arthin yw ffordd*, B IV.194 ; *duw a oruc pawb*, ib II.27 ; *or duc* **g***wreic y dreis*, ib VIII.137. Dengys y gynghanedd gysefin yn y canlynol : *o ddic bechawt a duc* **b***eicheu*, RP 1257 ; ond dengys fod treiglad yn y nesaf : *duc* **u***oesen o dec* **u***essur caryat . . . ae lu or eifft*, ib 1220, MA 307a. Dyma eto enghraifft o dreiglo : *y goruc* **g***wnsli*, YCM[2] 166. Yn yr enghraifft *hut amuc ododin*, CA 712 (nod. 252) dealla'r golygydd fod ' Gododdin ' yn oddrych a bod yma dreiglad i'r goddrych ; eithr ychydig iawn o dystiolaeth sydd fod y ffurfiad hwn yn peri treiglad hyd yn oed i'r gwrthrych, chwaethach i'r goddrych, e.e. *pan amuc* **t***eyrn teiui aber*, LlH 116 ; *nyt emduc* **m***am*,

†Dylid dweud am enghreifftiau fel hyn lle ceir *mwy* a *cymaint* yn wrthrychau, fod y ddau air yn tueddu i wrthsefyll treiglo, e.e. *a ddangosaist* mwy *o garedigrwydd*, Ruth III.10 ; gw. isod §165.

CA 555, a'r mynych enghreifftiau o deip *a oruc pwyll*, WM 12; *a oruc pawb*, YCM² 151. Y peth tebycaf yw fod *amuc ododin* yn cynnwys math o galediad, h.y. *amuc gododin* > *amuccododin* > *amuc ododin*. Neu fe allai fod yma enghraifft o ddileu *g* ar gam, gw. §71(v). A diweddaru sy'n gyfrifol am y treiglad i'r gwrthrych yn y canlynol: *y gwr a oruc wrawl deyrnllin*, LlH 261.

(vi) *Stem gorffennol drwy newid llafariad*

Berfau fel **dywawd, gwarawd, goddiwawdd** a olygir yma. Cysefin y gwrthrych sy'n dilyn *dywawt* (*dywat, dywot*) yn WM: *a dywot geu*, 36; *ef a dywot parabyl*, 103; *y dywawt* **g***eireu*, 142, 166; hefyd y mae un enghraifft yn Penityas ac un yn BSK heb dreiglad. Mewn testun cymharol ddiweddar a heb fod yn 'glasurol' y digwydd yr enghraifft ganlynol o dreiglo: *y fo ddowod* **w***eddie*, B IV.39. Yn yr enghraifft a ganlyn, diau mai *ball* (= 'pla, haint, marwolaeth') yw'r gwrthrych ac nad ffurf ar *pall* mohono: *ef warawd* **b***all a gwall a gwawd*, LlH 45*; cymh. ymhellach: *a warawd* **p***ym oes byd o geithiwed uffern*, ib 211.

Enghreifftiau o gadw'r goddrych heb dreiglo: *y godiwawd* **g***wydyon hitheu*, WM 109; *y dyuot* **g***ronwy*, ib 110; *y dywawt* **g***walchmei*, ib 142; ac yn *Kulhwch* ceir aml enghraifft debyg i *Dywawt* **k***ei*, WM 470. Os ffurf debyg i'r rhain yw **amkawd** K ac O, gellir ei chynnwys yma; cysefin y goddrych a geir bob tro: *amkawd* **k***ei*, WM 488.

(vii) *Ethyw, dothyw, gwneddyw*

Berfau digon cyffredin yw'r rhain yn yr hen destunau ond ni cheir llawer o enghreifftiau o'r enw yn dilyn yn union, ac anodd iawn yw dod o hyd i enghreifftiau o'r gwrthrych ar ôl *gwneddyw*. Cysefin y goddrych sydd yn y canlynol: *dotyw dyrnawd*, LlH 2; *Gwr am dotiw* **g***wall oe* **g***olli o uyw*, ib 56; *neut ethyw* **ll***yw* **ll***afynrudd*, ib 79; *can ethyw* **ll***awr* **ll***yw*, ib 90; *neud etiw* **m***ilwr mal na ryuei*, ib 130; *Ethyw* **p***ensaer yr ieithoedd*, IGE² 39.25.

(viii) *Ffurfiadau eithriadol*

Am **delyessit** = 'daliodd' gw. §78(i)(c) uchod. Ffurf 3ydd un. G. Myn. yw **goreu** o *gwneuthur*, gw. WG 361, 365, 367; a CA 339 am y ffurf *guoreu* sydd yn *bubon a guoreu bar deo*, 1211; beth bynnag yw ystyr y llinell, awgryma'r nodiad y gall *bar* fod yn wrthrych heb dreiglad. Tystia'r gyseinedd nad oes dim treiglad yn y canlynol: *ef* **g***oreu* **g***wyrtheu wrth y* **g***ennad*, LlH 45; *a oreu* **c***adeu* **k***eredigyaw(n)*, ib 87, MA 151a; dengys y testun dreiglad i'r gwrthrych yn y canlynol: *a oreu* **v***wlch ar vann caereu*, CA 1313; *ef goreu* **v***wyt y ysgylvyon*, ib 803.

*Cyfeiria *Geirfa* Lloyd-Jones at yr enghraifft hon o dan *ball*.

Dengys y canlynol fod treiglad i'r goddrych ar ôl **cigleu** : *a phan gigleu* **g***ei*, WM 144 (R 214) ; *a phan g.* **B***ilatus y genadwri honno*, B IX.47, 48 ; *a phan g.* **w***as duw henne*, ib IX.337 ; a dyma esiampl o dreiglad i'r gwrthrych : *k.* **b***eleidyr*, LlH 157. Y mae llawer enghraifft heb ddangos treiglad ac fe all hynny fod o achos yr orgraff ddiffygiol, neu am fod y ffurfiad hwn wedi colli'r treiglad i'r goddrych wrth gydymffurfio â'r ffurfiadau eraill i'r 3ydd G. Myn. sydd gan mwyaf yn cadw'r gysefin ; e.e. *a phan g.* **k***aswallawn*, RBB 90.15 ; *megys y k.* **p***awb . . . yr ymadrawd*, MA 479b 28 ; *a phan g.* **m***eirch y C. y lleisseu hynny*, YCM² 34 ; *a phan g.* **T***urpin hynny*, ib 147 ; *a phan g.* **B***elligant hynny*, ib 156 ; *Pan g.* **p***orffir hynny*, BSK 36 ; *a phan g.* **p***awb hynny*, B III.88 ; enghraifft o'r gwrthrych : *A. . . . a gygleu* **c***lot*, MA 486a 32.

§83 Goddrych y Trydydd Lluosog

Soniwyd yn §72(i) nod. godre uchod am y gystrawen hon. Pan ddefnyddir berf luosog + goddrych enwol, y mae'r goddrych fel rheol yn dangos treiglad a gellir diwygio'r esiamplau o beidio â threiglo ar sail y rhai a ddengys dreiglad : *Yn Aber Cuawc yt ganant* **g***ogeu*, CLlH VI.5, t 33 ; [*Pan vryssyant* **k***etwyr y gat, i*b 17, t 25, nod. 167, ' darll. *getwyr* i gael cyseinedd â *gat* '] : *kwydyn* **g***yuoedyon*, CA 171 ; (nod. 123, awgrymir darllen treiglad yn *kwydynt kyuoet*, BT 68.13) ; gw. nod. hefyd yn HGCr 119 ar *ban ganhont cogeu*, V.5 ; t 131, *teint dud*, VI.25 = ' ydd eynt dud,' treiglad o *tud* yn ôl y golygydd ; t 227, *syrthyssant* **b***lant*, XXXI.32 ; t 253-4, *gwylynt* **w***yr*, XLIV.29 ; cymh. hefyd : *pan safhwynt* **g***alaned*, BT 18.16 ; *kenynt gerd***o***ryon* [*kryssynt katuaon*], ib 24.1-2 ; *Gwiscant* **v***eird kywrein kanhonyd*, ib 69.17 ; *knoynt* **v***rein uriwgic*, LlH 5 ; *crenynt* **w***raget*, ib ib ; *Ny wtant* **v***anveirt*, ib 6 ; [*Ban gwnelhont meirieu datlev . . . Ban diffon* **b***rodorion*, BB 60-4, 8].

Y mae esiamplau ddigon i'w cael yn y cyfieithiadau o ferf luosog + goddrych enwol ond trefn cymal perthynol sydd iddynt gan amlaf ; eithriad yw cael y math a ganlyn : *Yn honno y maent llyssoed mawr . . . Yno y maent llawer o hen dynyon*, FfBO 33 ; nid oes dim perthynas rhwng yr esiamplau hyn a'r hen gystrawen gynhenid, a chadwyd cysefin y goddrych yma am mai'r gysefin a ddilynai'r ffurf unigol gywir ' y mae.'

§84 Berf + Rhagenw ôl + Gwrthrych

(i) Ymdriniwyd yn §74 uchod â'r math yma o frawddeg, ac â'r math lle ceir ' berf + rh. ôl + goddrych,' e.e. *am swynwys i* **v***ath*, BT 25. Ceisiwyd profi fod treiglad rheolaidd i'r enw a ddilynai'r rh. ôl ac mai amlder y math yma o gystrawen oedd y pwysicaf o'r dylanwadau a wnaeth dreiglad y gwrthrych yn beth cyffredinol a sefydlog. Gellir dywedyd eto nad oes a wnelo ffurfiad y ferf ei hun â threiglad y gwrthrych yn y gystrawen hon ;

y rh. ôl sy'n blaenori'r enw gwrthrychol a'r rhagenw ar y dechrau a benderfynai'r treiglad. Felly, wrth drin esiamplau na ddangosant dreiglad, nid oes unrhyw ddiben dosbarthu yn ôl y ffurfiad berfol, h.y. nid oes angen trin enghreifftiau fel *a phan weles ef* caer, P 16.94a (Gorff. Myn.) ar wahân i *y gwelei ef* teulu, WM 5. Os diwygio yn y naill a darllen treiglad, rhaid diwygio'r llall, ac fe ellir mentro ar hynny ar sail yr enghreifftiau mynych a ddengys dreiglad yn yr orgraff.

(ii) Y mae rhyw saith o enghreifftiau yn WM o roi tr. i'r gwrthrych, a'r un nifer yn cadw'r gysefin,—digon o reswm dros ddarllen treiglad yn rheolaidd : *hyt nat edewis ef* wr *byw*, 54 (*gwr*, P 6, WM t 280) ; *ny wydyat ef* u*ot un keleuyn yno*, 74 ; (nid iawn cyfrif *bod* yn enghraifft reolaidd o dr.) ; *y kyrchws ef* o*rssed arberth*. 76 ; *y kymerth ef* w*ahawdd*, 102 ; *y delis ef* g*etymdeithas*, 151 ; *y kyuarchawd ef* w*ell*, 225 ; *ny wna ef* w*eith*, 480 ; [cyferb. *y gwelei ef teulu*, 5 ; *cany welas ef tygyaw*, 16 ; *y graessawawd hi p(er)ed(ur)*, 171 ; *a phan weles ef caer*, P 16.94a ; *y gallei ef caffel*, 256, 392].

Y mae'n nodedig fod pump o'r chwe enghraifft iawn o dreiglo yn WM yn eiriau'n dechrau ag *g*. Y mae'n bur amlwg mai un o gampau copïwr (neu gopïwyr) WM oedd diweddaru testun ei gynsail lle'r oedd *g* yn cynrychioli *g* dreigledig yr hen gyfnod (a newid *e* yn *y* hefyd, *ene* yn *yny*, gw. PKM 101). Nid oedd mor bwysig rhoi ffurf dreigledig y cytseiniaid eraill gan y byddai'r darllenydd yn abl i wneuthur hynny ei hun ; eithr dysgasai fod *g* yn gallu bod yn *g* neu'n ʒ mewn hen destun, a chan nad oedd ganddo ei ffyrdd ei hun i wahaniaethu rhyngddynt, dewisodd yr unig ffordd, sef dileu'r *g* = ʒ, a ddiflanasai erbyn ei amser ef.

Dyma ystadegau o destunau eraill : YCM², tr. = 5, heb = 2 ; Penityas, tr. = 2, heb = 3 ; FfBO, tr. = 1, heb = 0 ; BSK, tr. = 2, heb = 4 ; MCr, tr. = 6, heb = 0. Cesglais hefyd o'r testunau hyn yr enghreifftiau sydd o'r personau eraill, h.y. heb fod yn 3ydd unigol : YCM², tr. = 5, heb = 7 (dwy o'r gair *palym*) ; Penityas, tr. = 1, heb = 0 ; C Catwn, tr. = 2, heb = 0 ; FfBO, tr. = 4, heb = 0 ; BSK, tr. = 5, heb = 0 ; MCr, tr. = 3, heb = 0.

(iii) *Yntau, hithau*

Pedair enghraifft sydd yn WM, tair yn rhoi tr. : *o gwnaeth hitheu* g*am*, 30 ; *yd anuones ynteu* l*ythyr*, 188 ; *hyny ryd ynteu* u*reiuat*, 229 ; [*y kymerth ynteu* g*wrogaeth*, 414]. Cymh. yr esiamplau hyn o Havod 16 lle ceir ffurfiad berfol na pharai dreiglad ei hun : *or kymer gormod*, 42 ; *or kymer ynteu* v*wyd*, ib ib ; *ny cheiff ynteu* g*anmawl*, 48. Yn rhan y bucheddau ceir y ddwy a ganlyn : *y proues hitheu* v*ynet*, 104 ; *y prynawd hitheu* teir *torth*, 105. Y mae dwy enghraifft yn YCM² a threiglad yn y ddwy.

§85 Berf + Goddrych Enwol + Gwrthrych—Enghreifftiau

(i) Ymdriniwyd â'r patrwm hwn yn gyffredinol yn §73 uchod. Ceisiwyd dangos na allai'r brawddegau hyn ymrannu'n deipiau neu'n ' rheolau,' am y rheswm syml fod gormod ohonynt. Y mae natur y goddrych yn amrywio i'r fath raddau, a phob cof wedi ei golli am natur y terfyniad cyntefig fel nad oedd bosibl i'r iaith ymglywed â rheol neu â threfn yn y gystrawen hon o gwbl. Rhaid tybio fod yr iaith heb reol am gyfnod hir a benderfynai sut y dylid treiglo'r gwrthrych yn y cysylltiadau hyn.

Dyfynnwyd digon yn §73(ii) i ddangos y gwrthrych heb dr., megis : *gulichid* **ll***iw* **ll***aur trewit,* BB 91.3-4 ; **k***irchid* **c***arw* **c***rum tal* **c***um* **c***lid,* ib 91.7 ; a gellid dyfynnu rhagor : *yn yd wna* **t***on* **t***olo,* ib 63.8 ; *yny* **t***ereu* **t***onnau* **t***ir,* ib 63.13 ; *mekid* **m***eibon* **m***eigen* **m***eirch* **m***ei,* ib 67.19 ; *yny gvna* **t***avue* **t***oniar,* ib 68.11 ; *a peris* **ll***euver* **ll***euenit,* ib 88 ; *ennillawd* **ll***yw ystre* **ll***e i gilydd,* LlH 6 ; *prynessid* **m***ab duw* **m***ad gerennhyt,* ib 10 ; *Mal y duc kwyuein* **ll***en a llyureu,* ib 36 ; *Ny lleueis neb* **t***reis* **t***ros y ysgor, Ny chymwyll neb twyll* **t***yllu y dor,* ib 44 ; **k***edwid duw dewrdoeth* **k***yuoeth caduann,* ib 48 ; [cyferb. enghraifft a ddengys y tr. : *archaf arch y duw ardodeu nef, na dotto pedyr* **g***loeu,* ib 35].

Rhoir enghreifftiau isod o'r drefn ' berf + gwrthrych + goddrych,' heb dreiglad i'r goddrych yn safle gyffredin y gwrthrych. Y mae'n bosibl fod rhai o'r esiamplau uchod yn cadw'r gysefin am fod y gwrthrych yn dilyn yr orffwysfa.

(ii) Ni fwriedir sôn yma am esiamplau o'r gwrthrych ar ôl sangiad mewn testun fel WM ac ymgedwir at yr enghreifftiau sydd o'r frawddeg normal, ' berf + goddrych + gwrthrych.' Yn WM y mae 14 sy'n dangos fod treiglad i'r gwrthrych ac 16 na ddangosant dreiglad. Er ei bod yn bosibl fod hyn yn ddrych o'r cyfnod cynnar cynnar pryd na wyddid yn iawn sut y dylid treiglo yn y cysylltiadau hyn, fy nhuedd yw tybio fod y 14 enghraifft yn ddigon i ddangos fod treiglad y gwrthrych yn y safle yma'n gyffredinol erbyn cyfnod WM ac mai diffygion yr orgraff sy'n cyfrif fod 16 o enghreifftiau heb ddangos treiglad. Dyma'r esiamplau o dreiglo yn WM : *y kynhelis bendigeiduran* **u***ranwen,* 56 ; *hyt na mynnei yr un* **u***ot heb y gilid,* 64 ; *hyt na welsei dyn* **w***enith tegach,* 73, 74 ; *y dylyei hayarn* **u***ot,* 85 ; *ny dylyei neb* **u***ot yn borth,* 100 ; *y peris arthur* **v***edygon,* 141 ; *y lladawd p(er)ed(ur)* **w***yr yr iarll,* 173 ; *ny lafasswys dyn* **v***ynet,* 176 ; *y gwnaeth hwnnw* **l***ythyr,* 188 ; *a phan geissyei y llew* **v***ynet,* 254 ; *ny at yr arueu mawr ystronawl racco* **w***elet nay wyneb* . . . 390 ; *a geiff neb* **v***ynet,* 449 (= P 6.IV.225) ; a *ffan wyl y gwr gwynllwyt* **b***eredur,* P 14.t 290.

Dyma'r esiamplau sydd yn y PK o ysgrifennu'r gytsain gysefin : *y dechrewis y gwydyl* **k***ynneu tan,* WM 56 ; *y peris bendigeiduran* **ll***ad y benn,* 57 ; *na welsei neb* **ll***edyr degach,* 96 ; *ef a allei llawer mab* **c***olli y eneit,* 100 ; *a phan welas y meichat* **ll***iw y dyd,* 107.

Cyfrifwyd yr esiamplau mewn rhai testunau eraill: YCM², tr. = 10, heb, 16; YCM² (atod.), tr. = 1, heb = 0; Penityas, tr. = 1, heb = 3; Hwsmonaeth (B II), tr. = 0, heb = 2; C Catwn, tr. = 2, heb = 0; FfBO, tr. = 8, heb = 2; BSK, tr. = 4, heb = 2; MCr, tr. =7, heb = 0.

(iii) *Berf + gwrthrych + goddrych*

Y mae ambell enghraifft yn y farddoniaeth gynnar o leoli'r gwrthrych o flaen y goddrych, e.e. *Dygystud* **d***eurud* **d***agreu*, CLlH XI.26, t 36; gw. nod. t 204; dengys y gynghanedd fod y goddrych yn cadw'r gysefin yn hollol fel y mae'r gwrthrych yn cadw'r gysefin yn y llinellau a ddyfynnwyd yn (i) uchod. Y gysefin a ysgrifennir yn y canlynol: *Nyt wy dyweit geu* **ll***yfreu Beda*, BT 36.18-9, ('The books of Bede tell no lie,' WS 186); *keffid eu keinllith* **k***wn kunllwyd*, LlH 104 ('The dogs of C. get their tit-bit,' neu 'May they get'); cymh. hefyd: *dybyd gymry* **g***warth*, RP 582 ('shame will come to the Welsh,' tr. i *gymry* ar ôl berf yn dynodi 'cyrchu lle,' gw. y paragraff nesaf); enghraifft o dreiglo'r goddrych: *Er na wisg arfau* **wr** *nas gorfydd*, TA 4.104.

§86 Gwrthrychol 'Cyrchu Lle'

(i) Dosberthir yr esiamplau hyn yma am fod y gystrawen o dreiglo enw ar ôl berf a olyga gyrchu at le yn cael ei galw yn 'Accusative of Motion To, without a preposition,' gw. CA nod. 85. Dengys enghreifftiau beth yn hollol a olygir: *Gwyr a aeth* **o***dodin*, CA 64; *Gwyr a aeth* **g***atraeth*, ib 68, 74, etc.; *kei win a aeth* **v***on y dilein lleon*, BB 96.12-3; gw. nod. CA 84-5, L & P 139, Lloyd-Jones, ZCP 17.98 ymlaen.

Y mae'n amlwg nad cystrawen gwrthrych normal sydd i'r 'lle' oblegid y mae'r 'lle' yn treiglo ar ôl ffurfiadau berfol nad achosent i'r gwrthrych normal dreiglo, ac ar ôl y berfenw ei hun. Ni threiglai'r gwrthrych normal ar ôl *gwnaeth*, a ffurfiad tebyg yw *aeth* sydd a threiglad ar ei ôl yn y gystrawen hon. Ni ddisgwylid treiglad mewn testun cynnar yng ngwrthrych ffurfiad cyfansawdd *-bydd*, gw. §78(iv) uchod; ond yn *dybyd* **g***ymry gwarth*, RP 582 fe geir treiglad i'r enw lle gwrthrychol. Ceir treiglad hefyd ar ôl y berfenw: *yn mynet Gamlan*, Cymm. 7.129; a dengys hyn nad oedd a wnelai ffurfiad y ferf na'r berfenw ag achosi treiglad yr enw a ddilynai; treiglad sefydlog, *petrified*, yw, yn debyg i dreiglad yr enw abladol a arferir yn adferfol.

(ii) Nid oes brinder enghreifftiau; noder yn y canlynol arfer *o* pan olygir *o*, a bod *i* yn cael ei hepgor: *dywet an dyuot* **g***eri* [*Dos was* **o** *geri*] . . . *dywet y down arwystli . . . y down* **b***enwedic.* [*Dos* **o** *benwedic*] . . . *y down* **u***eiryonnyd . . . dywet an dyuot* **l***eyn . . . an dyuot* **u***on . . . an dyuot* **l***annerch . . . an dyuot* **u***aelawr*, etc., RP 1395-6.

Sylwer ar y nodiad yn CA t 86 ar *ket elwynt* **e** *lanneu e benydu*, 72, sef y gellir hepgor yr ardd. *i*. Os y copïwr neu efrydydd o destun Aneirin a wthiodd yr ardd. i mewn, tystia hynny mai dyna oedd yn gystrawen naturiol iddo ef, ac mai cystrawen hynafiaethol oedd yr un ddi-arddodiad erbyn dechrau'r cyfnod canol. Ceir rhai esiamplau yn y testunau rhydd-iaith ac iawn yw casglu oddi wrth y rhain fod cyfansoddiad yr hen ryddiaith yn ' gelfyddydol ' i raddau helaeth a'i bod wedi ei britho gan briod-ddulliau nas arferid o gwbl ar lafar gwlad.

(iii) Dyma rai enghreifftiau pellach : *Addaw* **myned,** *ged gydfach* / *Landdwyn er fy nwyn yn iach,* DGG XL.7-8 ; . . . *madws it* **ddyfod** / **Gymry** *lle rhyglyddy glod* IGE² 45. 17-18 ; *a mynet* **lys** *arthur,* P 7 t 614 (= *a mynet ragot* **y** *lys arthur,* WM 132 ; *a mynet ohonat* **y** *lys arthur* R 204) ; *a rodes y gret vynet* **lys** *arth(ur)* . . . *ar marchawc a aeth* **lys** *a,* ib ib (= *a dyfot racdaw* **y** *lys,* WM 132) ; *gan dy gret vynet* **lys** *a* . . . *nat af* **y** *lys a.* . . . *a aethant* **lys** *a,* P 14 t 289 ; *val yr oedd* . . . *yn* **myned Baris,** B IV.201 ; *en* **menet gaerusalem,** ib IX.340 ; sylwer yn arbennig ar y canlynol : *ac yd aeth y* **dreiglaw lys** *arthur,* WM 255 ; dyma enghraifft wedyn a ddyfynnir yn CA t 86, *wynt a* **doethant gaerusalem,** P 7 col. 53. Enghraifft ddiddorol yw hon : *pan dyfu pen llu penllyn,* LlH 307, lle dylid treiglo'r goddrych ar ôl y ffurfiad *dyfu* ; y darlleniad cywir felly yw **benllu Benllyn.**

§87 Goddrych a Gwrthrych y Ferf Ddealledig

(i) Dengys y ddwy enghraifft a ganlyn beth a olygir wrth y pennawd : *Wrth ddyfodiad y drygionus y* **daw diystyrwch,** *a chyd a gogan,* **gwaradwydd,** Diar. XVIII.3 : *Rhodd yn y dirgel a* **dyrr ddigofaint,** *a gobr yn y fynwes,* **lid cryf,** ib XXI.14.

Gwelir mai berf ail ran y dyfyniad cyntaf yw *daw* ; nid oes raid ei hailadrodd gan fod ei hystyr yn cael ei throsglwyddo o'r rhan gyntaf i'r ail ; goddrych yw *gwaradwydd,* ac er bod rhyw fath o sangiad tybiedig o'i flaen, yn union o flaen *gwaradwydd* y byddai'r ferf pes arferid, a cheidw'r goddrych y gysefin. Yn yr ail ddyfyniad y mae'r ferf *a dyrr* yn ddealledig o flaen **lid,** a chymer y gwrthrych y treiglad a gâi pe bai ar ôl y ferf ei hunan. Y mae cynllun arall yn y Beibl hefyd, sy'n newid trefn y ferf a'r goddrych pan geir achos i arfer cystrawen o fath hon ; yn lle ' dug un ddeg ar hugain,' neu ' un a ddug ddeg ar hugain,' fe'i rhoir fel hyn : *ac a ddug* **un ddeg ar hugain,** *ac* **un driugain,** *ac* **un gant,** Marc IV.8.

Cymh. ymhellach : *Rhai a gynigiai geiniogau,* / **Rhai dair** *a dimai er dau,* GGl XXII.75-6 (= T. Penllyn) ; *ac a gasclasant,* **rhai fwy,** *a* **rhai lai,** Ex. XVI.17 ; *pan dderbynio'r ddaear had, neu'r* **mor long,** *neu* **ryw lestr fwyd** *neu ddiod,* 2 Esdr. IX.3-4 ; *can's adfyd a ddwg wybodaeth, a* **gwybodaeth ddoethineb,** PA 64 ; *Fel hyn y cadwai'r Iddewon y seithfed dydd,* . . . *a* **ninnau Gristnogion Ddydd** *Sul,* HDdD 30 (= ' ac y cadwn ninnau Gristnogion ddydd Sul ' ; cymh. *Yno y bwytaant hwy kic dynyon breissyon,* **megys ninheu gig** *gwartheg a moch,* FfBO 41 = ' megis y bwytâwn ninnau gig ') ; *Ni ddichon pren da ddwyn ffrwythau drwg, na* **phren drwg ddwyn** *ffrwythau da*, Math. VII.18 ;

Yn yr enghreifftiau nesaf y mae gwrthrych y gosodiad cyntaf yn cadw'r gysefin ar ôl ffurfiadau berfol a arferai gadw'r gysefin ; y mae gwrthrych yr un ' ferf ddealledig ' yn treiglo yn yr ail osodiad : *Ac yna Clarel a* **dynnwys Melle,** *y gledyf, ac* **Otuel, Gwrceus,** *y gledyf ynteu*, YCM² 94 ; *dav lwyth a* **wna mwy, tri llwyth, vwy** *nag yntav*, DCr² 72b.

§88 Gwrthrych Ffurfiau Amhersonol y Ferf

(i) Y mae gwrthrych ffurf amhersonol yn cadw'r gysefin yn union ar ôl y ferf, e.e. *torrir pren, torrwyd pren*, etc. Nid oes raid penderfynu yma ai gwrthrych mewn gwirionedd yw *pren*, er bod lle i amau'r esboniad arferol a ddywed mai gwrthrych yw ; boed oddrych i ffurf oddefol neu wrthrych ffurf amhersonol, nid yw'r enw'n treiglo ar ôl y ffurfiau a elwir yn ' amhersonol,' *-ir, -er, -id, -wyd* (*-ed, -ad, -id*, gorffennol mynegol), *-esid* ; nac ar ôl yr hen ffurfiau *-itor*, etc., nac ar ôl ffurfiau eithriadol fel *llas* = ' lladdwyd,' e.e. *men yd las* **t***rahaearn*, LlH 4 ; *y llas* **ll***adua uawr*, WM 87 ; *y llas* **b***anw . . . y llas* **ll***wydawc*, RM (= W 503) ; A*c erioed ni* **las gŵr** *iach*, IGE² 215.18.

Ymddengys fel petai treiglad yn llinell gyntaf y canlynol :

> **Ni wys dir** *uchel nas edrychoch,*
> **Ni wys gwlad** *uchel nas gwledychoch*, TA v.83-4.

Y darlleniad mewn dwy lsgr. yw ' Nid oes dir isel nad ystyriasoch ' ; nid hawdd cysoni treiglad y llinell gyntaf, a chysefin yr ail, a diau fod eisiau diwygio'r darlleniad yn y gyntaf.

Nodiad. Y mae'r esboniad mai ffurfiau amhersonol yw'r rhain yn seiliedig ar y ddadl ganlynol : yn y cystrawennau *tyr bren* ac *fe'i tyr*, y mae *bren* yn wrthrych, a'r rh. m. yn wrthrychol ; os arferir cystrawennau ' amhersonol,' *torrir pren*, a throi *pren* yn rhagenw, ceir *fe'i torrir* ; felly, yr un *'i* sydd yma ag yn *fe'i tyr*, sef rh. m. gwrthrychol ; cyfetyb i'r enw yn *torrir pren* ; gan hynny, gwrthrych yw *pren*, ac nid goddrch cystrawen oddefol.

Yn yr Hen Wyddeleg y mae cystrawen sydd i raddau'n debyg i'r gystrawen Gymraeg, ond y mae ffurf yr enw Gwydd. yn dangos beth yw ei gyflwr, ai goddrych neu wrthrych neu enidol ydyw ; a dyma yw rheol y gystrawen : y mae dwy ffurf i'r ferf ' oddefol,' 3ydd unigol a 3ydd lluosog ; y mae'r ffaith fod ffurf luosog yn profi nad ffurfiau amhersonol mohonynt, oblegid ni ddefnyddir ffurf luosog ar ferf er mwyn iddi gytuno â gwrthrych a fyddo'n lluosog, ond â goddrych lluosog ; ac er nad oes gennym ni ddim ffurfiau lluosog yn awr, y mae enghreifftiau i'w cael yn yr hen destunau, e.e. *llesseint*, lluos. i *llas* ; *diconetent* (= digonedeint), *colledeint, gelwideint* ; gw. WG 338, CLlH 82, B III.260, CA 275-6.

Pan ddefnyddid enw gyda'r ffurfiau Gwyddeleg, ceid berf unigol os enw unigol, a berf luosog os enw lluosog, a'r ffurf enwol ar yr enw a ddefnyddid, nid y ffurf wrthrychol. Os defnyddid rhagenw, rhaid oedd ei droi'n rh. mewnol *a'i drin fel gwrthrych*, ond nid yw hynny'n profi mai gwrthrych yw'r enw. Y mae ffurf enwol yr enw yn arwydd mai goddrych yw, h.y. fel all yr *'i* fod yn wrthrych o ran cystrawen yn *fe'i torrir*, ond yn *torrir pren*, goddrych fyddai *pren* yn yr H. Wyddeleg.

Cyfetyb y gystrawen Wydd. i'r gystrawen Gymraeg, ond bod y Gymraeg heb ffurfiau lluosog. Ond nid oes eisiau ffurf luosog yn y Gymraeg gyda goddrych enwol lluos., gan mai'r 3ydd unigol a ddefnyddir gyda goddrych enwol. Perthyn ffurfiau lluosog fel *diconetent* i'r cyfnod cynnar cyn ymwrthod â berf luosog (+ goddrych lluosog) ; pan droes cystrawen fel *pan ganhont gogeu*, etc. yn *pan ganho cogeu*, diflannodd ffurfiau fel *diconetent* gan nad oedd dim diben iddynt mwyach. Yn ei nodiad yn CLlH 82 dywed y golygydd mai ffurfiau *goddefol* pur yw'r rhain, ac nid ffurfiau amhersonol, a'i reswm, y mae'n ddiau, yw nad yw'n bosibl 'lluosogi' ffurf amhersonol; (dywed WG 338 mai ffurfiad goddefol yw *llas* o ran tarddiad). Peth arall a ddengys mai ffurfiau goddefol yw'r ffurfiau 'amhersonol' o ran eu tarddiad yw fod modd arfer ffurf amhersonol berf anghyflawn fel *lladd* heb oddrych enwol a heb ragenw i fod yn 'wrthrych.' Dyma a olygir : gellir dywedyd *lladdodd* a chyfrif fod 'ef' dealledig yn hanfod yn ffurfiad y ferf ac mai'r ystyr yw '*he* killed' ; os gellir cael '*he* was killed' yn y ffurfiad *lladdwyd* yn unig, rhaid bod *ef* yn hanfod yn y ffurfiad ; (mewn geiriau eraill, nid 'one killed' yw'r ystyr) ; ac mewn Cym. Can. yr oedd yn bosibl gwneuthur hyn : *dewr a was* **ban llas** *yn llassar aruew*, LlH 70 ; a sylwer ar y gystrawen sydd ar ddiwedd storïau SDR : "*ony rody dy gret ar dihenydyaw y mab auory.*" "**Dihennydyir,** *myn uyg kret* !" *heb ef* ; y mae'r *ef* yn ddealledig yng nghyfansoddiad y ferf ; cymh. eto : *pan dycco beich na mawr na bychan uo.* **ny welir** *vyth na rac wyneb na thraegeuyn*, WM 465 ; *a fferis brenhin freinc. Ac am hynny* **y gelwir** *kaer paris*, ib ib ; gan nad oes yma rag. mewnol na rh. ôl rhaid tybio fod y person neu'r peth sy'n cael ei 'weld' neu ei 'alw' yn ffurfiad y ferf.

Ar y llaw arall y mae dadleuon dros dybio mai ffurfiau amhersonol yw'r rhain ac na allant fod yn oddefol, yn enwedig mewn Cym. Diw. Erbyn heddiw nid priodol dywedyd "Gwelwyd yn cerdded ar hyd y ffordd" ; rhaid cael "Gwelwyd ef" neu "Fe'i gwelwyd." Y mae ffurfiau 'amhersonol' i ferfau cyflawn, fel *deuir, aethpwyd*, etc. ; dim ond i ferfau anghyflawn, h.y. sydd â gwrthrych yn hanfod yn eu gweithred, y mae'n bosibl cael ffurfiau 'goddefol' pur ; mewn gair, ni all berfau di-wrthrych fod yn 'oddefol.' Ymddengys i mi mai hanes y gystrawen yw hyn : ar y dechrau y mae'n oddefol ac yn amhersonol ; yn gystrawen oddefol i'r 3ydd unigol a lluosog, ac yn amhersonol gyda rhagenw mewnol i'r personau eraill ; pan aeth yn amhosibl dywedyd 'Gwelir ar y stryd' pan olygir '*he* is seen,' rhaid bod cystrawen y 3ydd pers. yn 'amhersonol' hefyd.

(ii) Dyry L & P 139 ddwy enghraifft o dreiglo o *Hendregadredd* : *pan draethir* **d***raethawd*, 36 ; *ual yd las* **u***reichuras y urawd*, 177. Eithriadau prin ydynt fel y dywed L & P ac yr wyf yn meddwl y dylid eu 'hesbonio i ffwrdd ' ; dengys dyfyniadau (i) mai'r gysefin a ddisgwylid ar ôl *llas*, a gellir cymharu'r canlynol â'r enghraifft gyntaf : *treithitor* **t***raethawd*, ib 108. Onid hyn yw'r esboniad, fod y copïwr yn tybio fod cyseinedd mor anhepgor yn yr awdlau cynnar ag oedd cynghanedd yn ei oes ei hun, a'r argraff yma am reidrwydd cynghanedd yn cael treisio gramadeg ? Yn yr ail enghraifft y mae cynghanedd sain heb dreiglo *breich-* gan mai rhwng *-uras* a *urawd* y mae'r gyfatebiaeth ; a digon tebyg mai'r gysefin sy'n iawn yn y gyntaf ond bod y copïwr wedi mynnu treiglo i gael cyseinedd.*

Ceir rhai testunau CDC a rydd dr. yn bur gyson, ond rhyw chwilen ym mhennau'r awduron sy'n cyfrif am hyn, e.e. *dylid* **f***endithio*, HFf 107 ; *nad ellid* **w***neuthur*, ib 33 ; *oni ellid* **dd***ywedyd*, ib 165 (gw. Rhagymadrodd LXXV) ; *Nis gellid fedhwl*, BDor (Rhag.) 10 ; *y cynhwysir* **dh***echreuad*, ib 4 ; *pan rodheir* **f***arn*, ib 14. Yn PA y mae rhai esiamplau o dreiglo : *ni ddinistrir* **dd***im o honaw*, 88 ; *rhain ni honnwyd* **dd***im o honynt*, 166 ; (efallai fod *ddim* yn dreiglad sefydlog yma, yr un fath â *fawr*, gw. isod §172) ; cymh. *ni ffrinhauwyd* **d***im ar galon drigarog Dduw*, ib 181 ; cymh. ymhellach : *Pann dremyger, a phan ddistyrer* **w***r o anedigaeth*, ib 208 (argraff fod yma sangiad ?).

§89 'Gwrthrych' y Berfenw

(i) Nid yw 'gwrthrych' y berfenw yn treiglo o gwbl, yn union ar ôl y berfenw, ac nid gwrthrych ydyw, mewn gwirionedd ; gan mai enw yw'r berfenw, enw yn y cyflwr genidol sy'n ei ddilyn. Bernir fod eisiau dywedyd hyn oblegid pan ddefnyddir y ferf yn gwmpasog, *y mae'n canu*, *y mae wedi canu*, tuedda rhai dysgwyr i feddwl fod y gystrawen yn cyfateb i'r gystrawen gryno, *cân*, *canodd*, a chan mai gwrthrych yn treiglo'n feddal sy'n dilyn y ffurfiau cryno, meddylir mai gwrthrych hefyd sy'n dilyn berfenw'r gystrawen gwmpasog. Pe gallem ddadansoddi'r gystrawen gwmpasog, yr ystyr fyddai 'he is (engaged in the) singing **of** a song.' Ond y prawf symlaf i ddangos mai genidol yw 'gwrthrych' y berfenw yw ei droi'n rhagenw, nes cael rh. blaen : *y mae'n torri pren* > *y mae'n* **ei** *dorri*.

(ii) *Y Berfenw yn ddealledig*

Cafwyd enghreifftiau yn §87 o'r ferf yn ddealledig mewn ail osodiad ; y mae hynny'n bosibl am fod y ferf a olygir wedi ei rhoi eisoes. Golyga hyn nad yw'r ail osodiad yn ddim ond 'goddrych + gwrthrych,' a gwneir i wrthrych yr ail osodiad dreiglo ar batrwm y treiglad sydd i wrthrych y cyntaf.

*Y mae rhai darlleniadau eraill yn LlH sy'n amheus iawn a gellir cyfrif amdanynt fel enghreifftiau o 'gyseinedd dybiedig,' e.e. *Gwyn eu byd* **u***yneich* **u***ywn eglwysseu*, 34 (? *myneich y mywn*, neu, *uyneich o vywn*) ; *llwytid ym* **u***oli* **u***ilwyr neirthyad*, 45 (? *ym uoli milwyr*, treiglo 'gwrthrych' y berfenw ; ai **ym** (*u*)*oli* **m***ilwyr* yw'r iawn gynghanedd. Cyferb. enghraifft o ddiweddaru treiglad nes colli cyseinedd : *Gwnaeth* **d***rallif gwyar uch* **t***rallug eluael*, 55 (darll. *Gwnaeth* **t***rallif*).

Os ceir cystrawen gwmpasog, '*y mae* + *yn* + berfenw,' ac ail a thrydydd gosodiad gyda goddrych newydd ac ystyr y berfenw yn aros yn yr ail a'r trydydd gosodiad er nas arferir, ceir gosodiadau sy'n ddim ond "goddrych + 'gwrthrych' genidol." Y mae 'gwrthrych' genidol y gosodiad cyntaf yn cadw'r gysefin am ei fod ar ôl y berfenw ; beth sydd i'w wneuthur â'r 'gwrthrych' yn yr ail a'r trydydd gosodiad ? Fel rheol ceir treiglad am fod yr ail a'r trydydd yn bur debyg i gystrawen y ferf ddealledig, ond gellid cyfiawnhau'r enghreifftiau o gadw'r gysefin ar y tir mai 'gwrthrych' y berfenw sydd ynddynt.

Treiglo : *gan wybod fod gorthrymder yn peri* **dioddefgarwch,** *a dioddefgarwch,* **brofiad,** *a phrofiad,* **obaith,** Rhuf. v.3-4 (cymh. *gorthrymder a ddwg ddioddefgarwch, a dioddefgarwch* **brofiad,** *a ffrofiad* **obaith,** PA 108) ; *a chanfydded fod y byd yn gweled* **peth,** *a'r angelion* **lawer,** *a'r gydwybod* **fwy,** GMLl 1.233 ; *megis newynog yn chwennych* **bwyd,** *a sychedig* **ddiod,** HFf 314 ; *Ni ddylai ŵr Eglwysic gadw* **tafarn,** *nac Ustus* **letty** *cyffredin,* RBS 9 ; *y corff yn chwennych un peth, a'r enaid* **beth** *arall,* DCr² 70b ; *mae ymbell fistar tir yn troi deg punt yn ol i'r tynantied, a* **rhai bymtheg,** *a rhai ugien,* LlHFf 26.

Cysefin : *rhai ohonynt yn gwisgo dillad gwnion, eraill* **dillad** *duon,* DFf 59.

(iii) *Ansoddair Cyfartal ar ôl y Berfenw a'r Ferf Amhersonol*

Gwyddys am dreiglad sefydlog yr ans. cyfartal a ddefnyddir yn ebychiadol ar ddechrau gosodiad, *Laned wyt* ! ; *Gryfed oedd* ! etc. Hyd yn oed os daw'r ffurf gyfartal ebychiadol hon mewn safle lle na byddai treiglad i air normal, ceidw'r ans. ei dreiglad, ar ôl berfenw, dyweder, neu ffurf amhersonol, h.y. 'ystyried **dd**aed yw' ; 'ystyrier **dd**aed yw,' etc.

Ar ôl berf neu oddrych berf (safle i dreiglo gwrthrych normal) : *Mynech ystyria'r grasol* **ddaed** *yw Duw,* HFf 319 ; *mynych-feddwl* **fyrred** *yw dy einioes,* YmDd 156. Ar ôl berfenw : *a bair iddynt gofio* **fyrred** *yw'r oes hon, a* **gwanned** *yw eu sicrwydd,* YmDd v ; *tan synfyfyrio* **deced** *a hawddgared . . . oedd,* BC 5 ; *i ddangos* **lwyr gased . . .** *y pechod,* HDdD 136 ; *yddo gyddnabod* **vyrred** *yw parch bydol,* DCr² 98*b* ; (cyferb. *i ddangos* **byrred** *yw oes dyn,* ib ib ; ymgais i fod yn or-gywir yw peidio â threiglo). Ni ellir bod yn siŵr yn y canlynol ai *odidog* neu *godidog* yw ffurf gysefin yr ans. : *all ddirnad* **odidocced** *o beth yw Trefn,* RBS 143.

(iv) *Enwau Mesur ac Amser ar ôl y berfenw*

Amcan y sylwadau hyn yw gwahaniaethu rhwng swyddogaeth 'wrthrychol' neu 'led-wrthrychol' enwau'n dynodi mesur o bellter neu amser neu radd, a swyddogaeth abladol yr un enwau (neu ystyr adferfol rhai enwau). Mewn brawddeg fel *cerddais filltiroedd* neu *arhosais fis yno* y mae *milltiroedd* a *mis* cystal â bod yn wrthrychol (er nad yw'n hollol briodol dywedyd 'pa beth a arhosais?' na 'pa beth a gerddais?'; nac yn briodol troi'r gystrawen yn oddefol a dywedyd fod 'y mis yn cael ei aros,' a dyna'r ffyrdd i brofi ai gwrthrych y ferf yw 'milltiroedd' a 'mis'). Ond fe all yr un geiriau gael eu harfer yn y cyflwr abladol neu'n adferfol, gan ddynodi adeg neu leoliad neu fodd y weithred, h.y. *cerddais ar hyd y ffordd,* **f***illtiroedd o'r dref*; *cyfarfûm ag ef* **r***yw ddwy filltir o'r dref*; *arhosais yno fisoedd yr haf*; cymh. *prynais* **r***ywbeth,* [gwrthrych]; *ei weld* **rywbeth** *yn debyg i'w dad,* [abladol].

Os gwrthrychol yw cyflwr yr enw ar ôl berf (*cerddais* **f***illtiroedd, arhosais* **f***unud*), yn y cyflwr genidol y bydd yr enw hwnnw ar ôl berfenw, a hynny heb dreiglad, h.y. *bûm yn cerdded* **m***illtiroedd, yn aros* **m***unud, symud* **c***am, methu mynd* **c***am, cysgu* **t***air awr, croesi* **p***eth o'r ffordd, ystwytho* **rh***ywfaint ar y cymalau* (cyferb. *ystwytho'r cymalau rywfaint*); *y mae wedi gwella* **t***ipyn, gwella* **ll***awer, gwella* **c***ryn dipyn.*

Ond am fod y geiriau hyn yn y cyflwr abladol mor fynych, gyda thr. m., cyfyd ansicrwydd, a cheir esiamplau o dreiglo'r enw 'gwrthrychol' ar ôl y berfenw; fy nhuedd i fyddai arfer y ffurf gysefin yn yr esiamplau canlynol o dreiglo: *wedy ni fyned* **ddogon** *o ffordd,* MCr 44a; *cyn imi fyned* **dri** *cham,* ib 73a; *Ac nis gall angeu ddyfod* **gam** *yn mlaen,* Williams (1811) 913; *Heb allu mynd* **gam** *o'r fan,* Cerddi Crwys (1) 28; cyferb. *yr hwn ni all gerdded* **cam,** Doeth. Sol. XIII.18.

Y mae rhai o'r geiriau hyn wedi magu treiglad sefydlog mewn rhai ardaloedd; e.e. ceidw *dipyn* dreiglad sefydlog yn arddull rhai o ysgrifenwyr y Gogledd: e.e. *Treia ddal* **dipyn** *bach eto,* Daniel Owen, EH 38; (wedi ei newid yn *tipyn* yn argr. T.G.J.); sylwer ar yr anwadalwch yn y canlynol: *wedi sylwi* **dipyn** *ar bobl,* Gwen Tomos, 201; *chawse fo symud* **gam**, ib 210; *i aros* **tipyn** *efo Gwen,* ib 239.

Os cysefin ar ôl y berfenw, hynny a ddylai ddilyn ffurfiau amhersonol hefyd. Yn wir, y ffordd orau fyddai dywedyd fod y gysefin ar ôl y ffurfiau amhersonol yn dangos mai 'gwrthrychol' yw'r enw, ac y dylai oblegid hynny gadw'r gysefin ar ôl y berfenw; e.e. *os eir* **cam** *ymhellach*; *meddyliwyd* **tipyn** *ohono*; *arhoswyd* **mis** *yn y lle hwnnw*; *os cysgir* **tair** *awr*; *oedwyd* **munud** *neu ddwy,* etc.

Pennod XI

CYMALAU ISRADD GWRTHRYCHOL

§90 Yr Amryw Fathau o Gymalau

(i) Crynhoir yma'n gyntaf y gwahanol fathau o gymalau isradd gwrthrychol sydd yn arfer cystrawen ferfenwol (lle buasai cystrawen ferfol mewn prif osodiad neu mewn cymal isradd negyddol ar ôl *na*[*d*]) ac sy'n dechrau â berfenw. Nid rhaid sôn am gymalau negyddol oblegid, fel yr awgrymwyd eisoes, y mae'r cysylltair *na*(*d*) ar eu dechrau. Nid rhaid sôn ychwaith am gymalau cadarnhaol sydd, am ryw reswm neu ei gilydd, yn arfer berf, e.e. rhai sy'n ddyfodol yn eu perthynas â'r brif ferf ac yn arfer y geiryn *y* o flaen y ferf isradd.

(ii) Y mae tair ffordd i wneuthur cystrawen ferfenwol:

A—Lle ceid mewn prif osodiad y presennol mynegol neu'r amherffaith mynegol, sy'n cynnwys un weithred sengl ' ar-y-pryd,' *y mae* + *yn canu*, *yr oedd* + *yn cerdded*; i gyfateb i hyn ceir *bod* (yn lle ffurf bersonol ar *bod*) + *yn* + berfenw; daw'r ' goddrych ' neu'r **gweithredydd** ar ôl *bod* os enw fydd; os rhagenw, try'n rhagenw blaen: e.e. *y mae'r bachgen yn canu'r delyn*; *yr oedd y bachgen yn cerdded yn gloff*; ar ôl prif-ferf fel *dywed* neu *dywedodd*, ceir: *dywedodd fod y b. yn canu'r delyn*; . . . *fod y b. yn cerdded yn gloff*; *ei fod yn canu*, *ei fod yn cerdded.*

Berfau'n cynnwys ' gweithgarwch ' yw'r ddwy a ddyfynnwyd ond fe all berfau ' meddwl a synnwyr ' neu ferfau di-weithgarwch gael cystrawen ferfenwol debyg: *cofia'r hen ŵr am ei febyd* [neu'n gwmpasog, *y mae'r hen ŵr yn cofio*] *cofiai*: [neu'n gwmpasog, *yr oedd yn cofio*, etc.], yn troi yn y cymal isradd: *dywedodd fod yr hen ŵr yn cofio, etc.* Ar y llaw arall fe geidw'r berfau di-weithgarwch hyn gystrawen ferfol weithiau yn y cymal gwrthrychol, gw. Morgan, B ix.205, a *Cystrawen y Frawddeg*, t 139. Y mae berfau ' moddol ' fel *dylu* a *gallu*, etc., sy'n dynodi rheidrwydd, dyletswydd, caniatâd, posibilrwydd, etc., yn cadw cystrawen ferfol hefyd at yr ystyron arbennig hyn.

Yr un cynllun sydd at droi cystrawen gwmpasog yr Amser Perffaith yn gymal gwrthrychol, sef *y mae* + *wedi* + berfenw: try'r ffurfiau personol, *yr wyf*, *y mae*, *yr ydych*, etc. yn *bod*, gyda'r gweithredydd enwol yn ei ddilyn, neu gyda'r rh. blaen priodol, e.e. *eich bod wedi* + berfenw, *dywedodd fod y milwyr wedi croesi'r ffin*, etc.

B—Nid yw'r gystrawen sy'n cyfateb i'r Gorff. Myn. a'r Gorberffaith yn ' Orffennol ' o'i rhan ei hun; fe all fod yn ddi-amser neu'n haniaethol, a dyna yw yn y lle cyntaf, mewn gwirionedd. Ond i'n diben ni yma fe'i hystyriwn yn gystrawen orffennol oblegid gorffennol ydyw mewn cymal isradd gwrthrychol.

Dyma fraslun o'r gystrawen wreiddiol : (i) gyda berfau cyflawn (heb allu cymryd gwrthrych, wrth natur) rhoid y gweithredydd, sef yr un a fyddai'n oddrych i'r ferf, yn y cyflwr genidol ar ôl y berfenw neu'n rh. blaen : *dyfod y dyn, ei ddyfod* ; *marw'r brenin, ei farw.* (2) Gyda berfau anghyflawn (rhai sydd â goddrych a gwrthrych yn hanfod yn eu gweithred, wrth natur), rhoid y ' gwrthrych ' neu'r **goddefydd** yn y cyflwr genidol normal ar ôl y berfenw neu'n rh. blaen, a'r gweithredydd ar ôl yr ardd. genidol *o*, neu os rhagenw fyddai, mewn ffurf bersonol ar yr ardd. *o* ; e.e. *torrodd y dyn y goeden*, dyna'r weithred a'r ddau berson sy'n hanfod ynddi : *torri'r goeden o'r dyn, ei thorri ohono.*

Golyga'r gystrawen hon fod y ' person ' sy'n ' wrthrych ' yn dyfod o flaen y person sy'n ' oddrych ' ; ond am fod y gystrawen yn gyfartal â chymal berfol o ran arwyddocâd, daethpwyd i roi'r person sy'n ' oddrych ' yn gyntaf, sef, *torri o'r dyn y goeden, torri ohono'r goeden.* Wedi cyrraedd y drefn hon collwyd pob ymdeimlad mai genidol normal oedd *y goeden*, a phan droai *y goeden* yn rhagenw, nid arferid rh. blaen mwyach, sef **ei** *thorri o'r dyn*, ond byddai rh. ôl yn unig yn gwneuthur y tro, *torri o'r dyn* **hi,** *torri ohono* **hi.**

Heb weithredydd gyda'r berfenw anghyflawn, *torri'r goeden, ei thorri,* ni ellir dirnad y weithred ond fel un oddefol, gan nad oes yn y meddwl ond gweithred + yr un sy'n derbyn neu'n goddef y weithred.

Gydag amser collwyd y gwahaniaeth rhwng (1) a (2) a dodwyd gweithredydd berfenw cyflawn, fel yn (1), ar ôl yr ardd. *o* ar batrwm (2), *dyfod o'r dyn, dyfod ohono* ; ond cadwyd cystrawen gysefin berfenwau cyflawn yn ddi-lwgr mewn rhai testunau ac fe'i ceir yn gymharol ddiweddar, megis yn yr emyn, ' Er *ei fynd* i lawr i'r bedd,' (nid ' mynd ohono ').

Nid yw cystrawen A uchod wedi newid o gwbl, ond mewn rhai testunau fe roir y gweithredydd, a ddylai ddod yn union ar ôl *bod*, ar ôl yr ardd. *o*, ac y mae esiamplau mor gynnar â'r Brutiau o'r ystumiad hwn : *a dywedut* **ry vot ohonaw** *yn y llad . . . a gwelet ohonaw . . . a* **ryuot o honaw** *ef weitheu yny hymladeu*, RBB 12 ; cymh. hefyd : *a dangos . . . fod onaw ef yn amhwyllo*, DFf 22 ; gw. B IX.205-6.

C—Y mae'r drydedd ffordd i wneuthur cymal isradd gwrthrychol yn orffennol mynegol (neu orberffaith) o ran ei hamser. Cyfetyb yn y lle cyntaf i'r gystrawen ddiberson, ' *darfu* + *i* + gweithredydd + berfenw,' *darfu iddo fynd, darfu iddo dorri'r goeden.* Berf gyfansawdd yw *darfod*, yn cynnwys *bod*, ac yn union fel y newidir *yr wyf, yr wyt, y mae*, etc. yn *bod* yn y cymal gwrthrychol, newidir *darfu* yn *darfod.* Ond y mae hyn o wahaniaeth : y mae i'r berfau *y mae*, etc. ' oddrych,' yn dilyn *bod* neu'n rh. blaen ; eithr berf ddiberson yw *darfod* ac felly rhaid arfer y berfenw *darfod* heb ' oddrych ' na rh. blaen : ar ôl yr ardd. *i* y daw'r person neu'r peth sy'n cyflawni'r weithred os cystrawen ' weithredol ' yw ; ni ddefnyddir *i* + gweithredydd os cystrawen ' oddefol ' yw : *er darfod iddo fynd* ; *er darfod iddo dorri'r goeden* ; *er darfod torri'r goeden.*

Y mae *bod* weithiau'n fath o ferf ddi-berson pan ddaw o flaen y dibeniad mewn brawddeg enwol amhur, e.e. *y mae'n rhaid iddo fynd, bydd raid iddo fynd* : pan dry'r brawddegau hyn yn gymalau berfenwol rhaid i *bod* fod heb weithredydd na rhagenw blaen, *er bod yn rhaid iddo fynd* ; cymh. *er bod yn lled amlwg mai benthyg diweddar yw*, J.M.-J., CD 20 (y frawddeg gynhenid fyddai ' [y mae'n] amlwg . . . '). Tybir weithiau fod eisiau ' goddrych ' i *y mae'n rhaid, bu raid*, etc., ac arferir *hi* tebyg i *hi* y tywydd yn y gystrawen hon, *er ei bod yn rhaid*, etc. Nid oes eisiau gwrthod yr arfer hon, os datblygiad naturiol yw, ond nid oes rheswm dros dybio ei bod yn gywirach na'r hen gystrawen sy'n para'n fyw, heb help *hi* ac *ei* ; gw. isod §92(iv).

Gyda *darfod* a *bod*, fe all berf fel *gorfod* fod yn ddi-berson a cheir cystrawen ferfenwol debyg, sef *gorfod* ar ddechrau'r cymal, heb ' oddrych ' i fod yn rh. blaen nac i ddilyn y berfenw.

§91 Treiglad y Berfenwau ' Gwrthrychol '

(i) Felly fe all berfenw o amryw fathau ddod ar ddechrau cymal isradd gwrthrychol, ar ôl berf fel *dywedodd*, neu ar ôl berf amhersonol, *dywedir*, neu ar ôl berfenw, *yn dywedyd.* Dyma'r patrymau : (1) **bod** + **yn** (neu **wedi**) + **berfenw** ; (2) **berfenw** + **' gwrthrych '** (goddefol), neu **berfenw (cyflawn)** + **gweithredydd,** neu **berfenw (anghyflawn)** + gweithredydd + ' gwrthrych,' e.e. *torri'r pren, dyfod y dyn, torri o'r dyn y goeden* ; (3) **darfod** + **i** + **gweithredydd** + **berfenw** + **' gwrthrych,'** (gan hepgor *i* + *gweithredydd* os goddefol yw'r ystyr) ; **bod (diberson)** + **dibeniad** + **berfenw** ; **gorfod** + **i** + **gweithredydd** + **berfenw.**

(ii) Disgwylir i'r berfenw cyntaf (*bod, torri, darfod*) yn y cystrawennau hyn dreiglo ar ôl berf fel *dywedai, clywais*, etc., gan fod y cymal yn wrthrychol, a'r berfenw yn digwydd yn safle'r gwrthrych cyffredin ; disgwyliem dreiglad ar ôl sangiad hefyd, fel y byddai gwrthrych berf amhersonol fel *clywir* yn treiglo pe bai gair fel *yma* rhyngddi a'r gwrthrych. Ond y mae'n gwbl gamarweiniol a chroes i dystiolaeth y testunau safonol a phriodddull llafar gwlad inni drin y cymal gwrthrychol yn ôl yr un rheolau â'r gwrthrych cyffredin. Yn ôl y rhesymeg hon, disgwyliem i'r berfenw gadw'r gysefin ar ôl berf amhersonol a berfenw, a'r ofergoel hon mai gwrthrych cyffredin yw'r berfenw ar ddechrau cymal gwrthrychol sy'n cyfrif am gadw'r gysefin o gwbl yn ein llyfrau diweddar, a'r ysfa i fod yn gywir, neu'n hytrach, yn ddi-wall. Ond y mae'r treiglad sydd i'r berfenw ar ddechrau cymal gwrthrychol yn sefydlog, beth bynnag a fydd o'i flaen.

(iii) Y mae tystiolaeth llyfrau printiedig CDC yn profi’n weddol bendant fod y treiglad hwn yn sefydlog, heb wahaniaethu rhwng ‘ gwrthrych ’ berf a berfenw a ffurf amhersonol ; ac er mor chwannog yw testunau Cym. Can. i arfer ffurfiau cysefin y mae rhai enghreifftiau cynnar iawn yn profi fod y treiglad wedi dechrau ar lafar : *a menegi* **uot** *y crydyon wedy duunaw ar y lad,* WM 73 ; *a dywedud* **uot** *yn well y dylyei y uorwyn honno y llamysten,* ib 405 ; *a thybygu* **bot** *yn dyuot yny hol y iarll ay lu,* ib 431 = *o tebygu* **vot** *yr iarll ay lu yn dyuot,* Pen 6.IV.216 ; *am glybot* **bot** *gouut arnat,* WM 445 = *am glywet* **vot,** P 6.IV.223 ; *a chyt dywettit* **vot** *porthawr ar lys arthur,* RM 162*.

Ond er cynhared y treiglad, ac er mor bendant yw tystiolaeth testunau safonol CDC, ac er bod treiglo *bod* yn gyffredinol ar lafar gwlad, y mae’r ymwybod â ‘ gramadeg ’ yn y cyfnod diweddar a’r arswyd rhag torri rheolau wedi peri bod y cymal berfenwol yn cael ei drin yn ôl yr un deddfau â gwrthrychau cyffredin; ond y cymal sy’n dechrau â *bod* yw’r unig un a drinir yn y ffordd hon, ac wrth wneuthur *bod* yn gyson â gwrthrychau normal, achosir iddo fod yn wahanol i *darfod* a’r berfenw normal sydd ar ddechrau cymalau. Glŷn rhai o’n hysgrifenwyr gorau wrth y rheol dybiedig ynghylch treiglo *bod* fel gwrthrych cyffredin, a phe bai’r ‘ rheol ’ hon yn help i symlhau’r gwaith o ysgrifennu’r Gymraeg, nis gwrthwynebid yma fel rheol ymarferol ; ond gan fod yr iaith lafar yn cadw’r treiglad sefydlog, y mae mwy i’w ddywedyd dros dynnu’r iaith lenyddol a’r iaith lafar yn nes at ei gilydd, yn arbennig lle y bo’r iaith lafar yn ‘ gywir.’ Heblaw hyn, wrth wneuthur treiglad sefydlog *bod* yn beth safonol, ceid rheol gyson fod treiglad i’r berfenw ar ddechrau’r cymal gwrthrychol, sef *bod, darfod* a’r berfenw cyffredin. Dylid egluro nad er mwyn profi beth oedd yr *hen* reol y dyfynnir yr esiamplau uchod o WM, ond dangos fod yr arfer sy’n gyffredinol ar lafar yn y cyfnod diweddar ac yn gyffredin yn nhestunau CDC, eisoes wedi dechrau yn y bedwaredd ganrif ar ddeg, a dadlau fod chwe chanrif o arfer yn llawn digon i gyfreithloni’r treiglad.

(iv) Y mae angen rhybudd cyn mynd ymhellach rhag credu fod pob berfenw a ddaw ar ôl berf neu ferfenw arall yn gyfartal â chymal gwrthrychol, e.e. *y mae ef yn cynghori mynd yno* ; *wedi penderfynu cael y peth,* etc. Nid yw’r math yma’n gyfartal â chymal gwrthrychol a’r ffordd i brofi hynny yw eu troi’n negyddol : yr hyn a geir yw, nid *na* + berf fynegol, ond *na* + berf ddibynnol yn yr hen arddull (*nad elom, nad eler,* etc.), ac yn yr arddull ddiweddar : *yn cynghori* **peidio** *â mynd, penderfynu* **peidio** *â chael.*

Ni cheir cymal gwrthrychol, a bod yn fanwl gywir, ond ar ôl berfau’n golygu ‘ dywedyd, meddwl, credu,’ ond dylid gochel rhag meddwl am

*Cymh. B v t 195 (Henry Lewis, *Credo Athanasiws Sant*) : “Diddorol sylwi ar y treiglad meddal yn *adef uot,* t 198.20, 200.14, ac *eithyr vot,* t 202.18. Digwydd enghreifftiau cyffelyb yn aml yn y Llyfr Gwyn. Mae felly’n bur hen fel y gwelir.”

'dywedyd, meddwl, credu' yn rhy lythrennol. Mewn gosodiad fel 'yn gweld y dyn yn torri'r goeden,' nid yw 'dyn yn torri'r goeden' yn gymal (= 'see the man cutting'); troer y weithred yn oddefol wrth hepgor y gweithredydd, 'yn gweld torri'r goeden'; nid yw 'torri'r goeden' yn gymal ychwaith (= 'the tree being cut'). Ond bwrier fod dyn yn darllen ei bapur dyddiol ac yna'n dywedyd, 'Yr wyf yn gweld fod H. yn bwriadu dod i Gaerdydd,' neu 'yn gweld fod llifogydd mawr wedi dinistrio rhannau o America,' yma y mae cymalau gwrthrychol yn dilyn *gweld* oblegid 'deall, gweld yr hanes, gweld y wybodaeth' a olygir. Gellid rhoi *clywed* yn lle *gweld* a'r ystyr fyddai 'clywed yr hanes,' nid clywed drwy'r synnwyr. Os negyddir y cymalau hyn, ceir 'yn gweld nad yw H. yn bwriadu,' etc.; ond ni ellir negyddu'r 'cymalau' cyntaf uchod ond drwy ddywedyd 'heb weld' neu 'nid wyf yn gweld torri,' etc.

§92 Enghreifftiau o Gymalau Gwrthrychol

(Wrth restru'r dyfyniadau hyn nid rhaid dyfynnu dim i ddangos treiglad ar ôl berf weithredol,' oblegid y mae'r treiglad hwnnw heb amheuaeth yn ei gylch. Rhoir yn unig enghreifftiau o'r 'cymal' yn treiglo lle na byddai'r enw cyffredin yn treiglo).

(i) *'Fod' ei hunan, 'fod + yn' + berfenw, 'fod + wedi' + berfenw.*

yr hwn . . . a dybid **fod** *ganddo arfau ô aur,* 2 Macc. III.25; *wrth glywed* **fod** *Judas a'i lu yn nhueddau Samaria,* ib XV.1; *yn doedyd* **fod** *y fath le a'r purdan hwnnw,* DFf 45; *yn doedyd* **fod** *corph Naturiol Crist yn Swpper yr Arglwydd,* ib 59; *bwrier* **fod** *i wr ddau o feibion,* PA 37-8; *a eill d(d)oedyd* **fod** *gentho*, DByrr 52; *yn arwyd(d)hau* **fod** *yn gofyn,* ib 65; *i rybud(d)io* **fod** *y gair . . .* **a bod,** ib 66; *yr yspissir* **fod** *wedi scythru a thorri ymaith fogail,* ib 66; *Pa ham I dywedir* **vod** *Ir iwrch yn vn,* B VI.303; *a honni* **fod** *Duw ynghrist yn Dduw iddo,* YmDd 18; *y dichon un dŷn . . . ddeall* **fod** *holl yrfa a rhâd y byd, yn cael ei lywodraethu,* ib 229; *yn dyscu* **fod** *yn rhaid i ni addoli,* ib 231; *yn canfod* **fod** *y Barnwr mawr yn gweled,* GMLl 1.234; *sy'n credu* **fod** *yr Iesu wedi i eni . . . ag yn credu* **eni'r** *Iesu,* ib 2.43; *glywed* **fod** *yr eneth . . . mor sal,* ML 2.389; *gobeithio* **fod** *ych mam yn dipyn gwell* ALMA 6; *rwy'n deall* **fod** *fy nhyddyn yn syrthio,* ib 125.

(ii) *Berfenw cyffredin* (+ *gweithredydd*) (+ *goddefydd*)

Caf wybod **wneuthur** *o honot ti drugaredd â'm meistr,* Gen. XXIV.14; *wybod* **ddigio** *o'r gwŷr hyn yr Arglwydd,* Num. XVI.30; *gan dybied* **orchfygu** *o honaw ei elynion,* 2 Macc. V.2; *wrth hyn y deallwyd* **dreio/r** *dwfr,* B VIII.115; *y dywedir* **weled** *o hono ein harglwyd,* ib VIII.119; *gan ddamuno* **allu** *o honof wneuthyr rhyw les,* DFf [IX]; *yn doedyd* **gyssegru** *ono-fo drwy fendithio*, ib 60 ; *mae fe'n credu* **eni** *Christ o forwyn*, Hom 1.37* ; *Yr ydym ni yn darllen* **dalu** *o honynt hwy ill dau deyrnged*, ib 1.150 ; *yr ydys yn son* **fyned** *Petr ac Ioan*, ib 2.5 [2]; *y dywedir* **ddyfod** *o'r Iesu*, ib 2.7[3] ; *y dywedir* **gyfodi** *o honynt eu llafar ynghyd*, ib 2.275 ; *yn darllein* **ddyfod** *o'r Yspryd glân i lawr*, ib 3.107 ; *wrth ystyried* **wneuthur** *Petr o byscodwr gwirion yn Apostol galluog*, ib 3.110[4]; *yn credu* **greu** *o Dduw nyni*, HDdD 67 ; *yn credu* **brynu** *o Grist nyni*, ib 67 ; *yn credu* **farw** *o Grist*, ib 152[5] ; *roedd yn dywedyd* **yrru** *o hono'r fond efo'r Cynghorwr*, ML I.87 ; *'Rwyf yn cofio* **grybwyll** *o honof gynt wrthych*, LGO 79.

(iii) ' *Ddarfod* + *berfenw*

gan ddywedyd **ddarfod** *i Dduw wneuthur gwinllan deg*, Hom 1.107 ; *feddwl* **ddarfod** *twyllo ac anrheithio llawer enaid dyn*, DFf [x][6] ; *Ni a allwn wneuthur cyfri* **ddarfod** *i'n hachos ni . . . gael digon*, ib 13 ; *Pa ham nad ydynt yn dangos* **ddarfod** *i ni ymwrthod â Christ*, ib 21 ; *dan gadarn goelio . . . may efe sy'n cael maddeuant i ni o'n pechodau . . .* : **ddarfod** *iddo fo heddychy pob peth drwy waed ei Groes* : **ddarfod** *iddo fo gwplau a chyflowni pob peth*, ib 48 ; *yn doedyd* **ddarfod** *eu hordeinio*, ib 59[7] ; *wrth weled* **ddarfod** *i Dduw greu ein rhieni*, YmDd 66 ; *yn adrodd ei fod yn un o bechodau mwyaf Iereboam* : **ddarfod** *iddo orchymyn uchelwyl*, ib 232.

(iv) ' *Fod* ' *diberson o flaen y dibeniad*

yn tybied **fod** *yn erbyn rheswm i ddyn garu ei elynion*, Hom 1.84 ; *ein dyscu* **fod** *yn hoff gantho liw*, ib 1.92 ; *yn dyscu* **fod** *yn rhaid i ni addoli yr Arglwydd*, YmDd 231 ; *yn gweled* **vod** *yn ffolineb ymprydio*, DP 221b ; *tybied* **vod** *yn gyfreithlon i frenhinoedd wisco perl*, LlHyff 60.

(v) ' *orfod* ' *diberson*

Yr ordeiniwyd **orfod** *i bob Escob Bregethu'r Efengyl*, DFf 128 ; *i ddynion rwgnach* **orfod** *iddynt gyfrannu*, HDdD 48.

§93 Cymalau Berfenwol heb fod yn ' Wrthrychol ' (heb fod ar ôl Berfau a Berfenwau)

(i) Y mae rhai cymalau berfenwol, sydd wedi eu llunio ar yr un patrymau â'r mathau uchod, na ellir dywedyd eu bod yn wrthrychol ; dibynnant ar gysyllteiriau ac arddodiaid fel *oblegid*, *wrth*, *am*, etc. Y maent yn gyfartal â chymalau oherwydd os gadewir y cysylltair allan gellir troi'r gystrawen ferfenwol yn brif osodiad berfol, e.e. *am fy mod yn credu* = *credaf, yr wyf yn credu* ; *oherwydd anfon ohono* (neu, *iddo anfon*) = *anfonodd* ; a byddai negyddu'r cymal yn rhoi : *am nad wyf yn credu, oherwydd,*

*[1]Goddefol = *ganed* ; [2]Cystrawen gysefin berfenw y ferf gyflawn ; [3]berfenw cyflawn ar batrwm berfenw anghyflawn ; [4]Goddefol = *gwnaethpwyd* ; [5]berfenw cyflawn ar batrwm berfenw anghyflawn ; [6]cystrawen oddefol, heb allu dirnad pwy yw'r gweithredydd.

nid anfonodd (neu *oherwydd nad*). Ar ôl *am, wrth, gan,* bid sicr, fe dreigla'r berfenw ar ddechrau'r cymal yn union fel y disgwylir i enw cyffredin dreiglo ar ôl yr arddodiaid hyn. Ar y llaw arall, y mae rhai arddodiaid fel *er, rhag,* ac arddodiaid cyfansawdd fel *heblaw, oblegid, oherwydd,* na pharant dreiglad i'r enw cyffredin, ac oblegid hynny y mae mwy o amharodrwydd i dreiglo berfenw'r cymal berfenwol ar eu hôl, er bod tuedd ar yr un pryd i wneuthur treiglad y berfenw hwn yn beth sefydlog. Dengys yr esiamplau isod lawer o anwadalu ac nid hawdd gwybod pa beth i'w gymeradwyo mewn Cym. Diw. Awgrymaf mai'r peth gorau fyddai cadw cysefin y berfenw ar ôl arddodiaid fel *er* a *rhag* bob amser, a geiriau eraill na pharant dreiglad i'r enw cyffredin ; a threiglo lle bydd y cymal yn oddrych brawddeg enwol (y gystrawen a ddisgrifir yn y paragraff nesaf). Beth bynnag a argymhellir yma, fe ellir dyfynnu esiamplau bob amser sy'n groes i hynny.

(ii) *Cymal sy'n gyfartal â Goddrych Brawddeg Enwol*

Gall cymal berfenwol fod yn oddrych Brawddeg Enwol. Brawddeg enwol yw ' Gwir y gair ' ; a hon yn magu berf, ' Gwir yw'r gair ' ; *gwir* yn ddibeniad, *gair* yn oddrych. Os rhoir yr hyn a olyga ' gair ' yn ei le, rhywbeth fel ' y mae llawer yn dibrisio'r proffwyd,' try'r gosodiad yn ' Gwir (yw) + bod llawer yn dibrisio etc.' Os ystyr y ' gair ' yw ' anfonodd lawer un i'w ddiwedd,' ceir ' Gwir (yw) + anfon ohono ' (neu ' iddo anfon ')—y gystrawen sy'n gyfartal â'r Gorffennol Mynegol. Yma eto y mae'r treiglad i'r berfenw ar y dechrau yn beth sefydlog, a dengys enghreifftiau o'r testunau safonol mai ' Gwir yw **fod**,' neu ' Gwir **fod** . . . ' ; ' Gwir yw **ddanfon** ohono . . . ' sy'n naturiol ; er hynny y mae'r ysfa ddiweddar honno i beidio â bod yn anghywir yn peri i lawer gadw ffurf gysefin *bod* ; ond yn aml iawn y mae'r duedd naturiol i dreiglo *bod* yn drech na'r gofal am gywirdeb.

Wele enghreifftiau heb eu manwl ddosbarthu yn ôl eu hamser :

diau **bechu** *o honom yn erbyn ein brawd,* Gen. XLII.21 ; *pe byddei wir* **wneuthur** *o honof i yn amryfus,* Job XIX.4 ; *ond diau* **ddoedyd** *onyn-nhw hynny'n ddiarswyd,* DFf 105 ; *yr achos . . . yw* **glywed** *o honwyf,* ML I.95 ; *Gwir yw,* **ddarfod** *i ni ymadael â nhwy,* DFf 139 ; *nid rhyfedd* **ddarfod** *iddo gwympo,* ib 101 ; *yn arwydd ofnus* **ddarfod** *iddo ein rhoddi ni,* Hom 1.109 ; *diogel* **ddarfod** *ei* [= *i*] *Dduw ddallu,* YmDd 213 ; *fy ffydd ddisigl yw,* **ddarfod** *i ti farw,* ib 314 ; *a'r peth truanaf o'r cwbl yw* **orfod** *iddynt ymadel a'u plant,* HFf 110 ; *a dir yw* **fod** *yr ofn ysprydol yn fwy,* ib 303 ; *Gwir yw* **fod** *rhai . . . wedi taro,* GMLl 1.172 ; *Rhyfedd* **fod** *dynion yn medru,* HDdD 216 ; *Drwg* **fod** *eich golwg cynddrwg,* ML I.83-4 ; *Da* **ddarfod** *i'r Capten scapio,* ML 2.223 ; *Bu agos* **fod** *yn dda eich bôd felly,* ib 1.89 ; *ai gwir* **farw** *o'r Dwysoges,* ALMA 35. [Cymh. yr esiamplau canlynol a godwyd o *Cerdd Dafod* J.M.-J., i gynrychioli anwadalwch y cyfnod diweddar ynghylch treiglo *bod* yn y gystrawen hon ; y gysefin sydd amlaf yn CD ond ceir esiamplau hefyd o dreiglo : *Mae'n debyg* **bod** *anghenion y meddwl diweddar yn galw* . . ., t 21 ; *Y mae'n amlwg* **fod** *y cast* . . ., t 22 ; *Nid rhyfedd* **bod** *llawer* . . ., t 23 ; *Diameu* **fod** *Dewi'n ymollwng* . . . t 30 ; *Diau* **fod** *gan y bardd bob hawl*, t 31].

(iii) Y mae angen rhybudd yma eto, sef nad yw pob berfenw sy'n oddrych i frawddeg enwol yn gyfartal o angenrheidrwydd â chymal berfenwol, e.e. *Anhawdd* **cael** *gan ddrwg weithredwyr gyfaddef*, HFf 247 ; *nid rhyfedd* **clywed** *pregethwr cydwybodus yn gryddfan*, ib 293. Wrth gyfieithu'r holl esiamplau a roddwyd uchod, dyma a geid : ' it is certain *that* we have sinned,' ' if true that I have done wrong ' ; ond i gyfateb i'r enghreifftiau diwethaf hyn ceid *infinitive* y Saesneg, ' difficult to get,' ' not unusual to hear.' Beth, mewn gwirionedd, a olyga hynny ? Yn syml, y mae amser digwyddiadol pendant i'r enghreifftiau cyntaf, sy'n gyfartal â chymalau—presennol, gorffennol, perffaith,; eithr yn yr ail fath, y mae'r berfenw yn ddiamser, heb sôn am ddigwydd pendant ; nid enghraifft o'r weithred yn digwydd mohono, nac yn y presennol na'r gorffennol ; y mae'r berfenw yn haniaethol, yn *infinitive* ac nid yn *finite*. Mewn geiriau eraill, y mae ' diau bechu o honom ' yn sôn am weithred arbennig a ddigwyddodd, a golyga ' diau + pechasom ' ; y mae'r peth yn *finite*, a dyfais i gyfleu ' pechasom ' mewn cyd-destun newydd yw—*bechu o honom*. Nid cywir troi ' anhawdd cael ' yn *finite* ; nid ffordd arall mohono o gyfleu ' cawsom ' neu ' cafodd ' (dyna fyddai ' diau gael ohonom neu ohono '), ond y *syniad* ' cael gan ddrwg weithredwyr gyfaddef,' fel haniaeth, yn gyffredinol a diamser. Sylwer hefyd fod y geiriau dibeniad yn esiamplau'r dosbarth cyntaf—*gwir, diau, drwg*, etc.—yn golygu ' meddwl, credu,' gw. §91 (iv) uchod.

(iv) *Ar ôl cysyllteiriau* (*oblegid, eithr, ond, etc.*)

Y mae'r dadansoddiad uchod yn help i ddeall y duedd i dreiglo'r berfenw ar ddechrau ' cymal ' ar ôl cysyllteiriau na pharant dreiglad i'r enw cyffredin. Y mae tuedd, yn ddios, i dreiglo, neu'n hytrach, i gadw treiglad y berfenw yn sefydlog pryd y cynhwysa weithred ' ddigwyddiadol ' ac iddi amser pendant, e.e. *heblaw gosbi o honaw Ddiawl o'i blegyd*, HDdD 136 ; y mae hyn yn gyfartal â ' cosbodd,' sy'n enghraifft bendant neu *finite* o'r weithred, ac nid haniaeth.

Dengys yr esiamplau canlynol fod y berfenw yn cadw'r gysefin weithiau, yn unol â'r rheol mai cysefin yr enw cyffredin sy'n dilyn y cyfryw gysyllteiriau. Ochr yn ochr â'r rheini y mae esiamplau o dreiglo, am y rheswm a nodwyd. Gellir bod yn bendant ynglŷn â'r cysyllteiriau *a, na*, na ddylid treiglo'r berfenw ar eu hôl ac afraid dyfynnu mwy nag un enghraifft :

pan dybiodd nad ydoedd . . . **na bod** *yn rhydd mwyach fyned i'r allor*, 2 Macc. XIV.3.

Cymh. : **oblegid** : *megis oblegid* **darfod** *i'r ddau ymma anghytuno*, DFf 58 ; [*oblegid* **ddarfod** *i'r Ioannes hwnnw dderbyn Efengyl*, ib 70 ; *oblegid* **ddarfod** *i ni eu gadel nhwy*, ib 242] ; *oblegit* **bod** *gennyf feddwl*, 2 Macc. XIV.8.

oherwydd : *oherwydd* **bod** *y lle yn debyg i ddyfod i ddirmyg*, 2 Macc. III. 18 ; *oherwydd* **ddyfod** *ohonynt yn rhywyr i guro*, YmDd 123 ; *oherwydd* **greu** *a phrynu o honaw'r naill*, HDdD 125.

Cymh. ymhellach : *Nid meddwl Paul iw* . . . **Ond fod** *pechod mor rymmus yn y cnawd*, GMLl 2.32 ; *mae yn rhydd iddo fo ddictatio fal y fynno*, **onid fod** *yn rhydd i minnau*, LGO 79 ; *a diammeu ydyw* . . . **eithr darfod** *iddi gyfeiliorni yn waradwyddus*, DFf 139 ; [cyferb. y nod. uchod §91(iii) a ddyfynnir o B v.195 (Henry Lewis) a gyfeiria at enghraifft o **eithyr vot** yn hen destun CREDO ATHANASIWS] ; *Ag* **ar hyder allu** *onaw ef gael llawn rwysc awdurdod*, DFf 155 ; **O ni buasai bregethu** *o Ioan fedyddiwr* . . . **Oni bai glywed** *o'r N. bregeth Ionas*, YmDd 108 [gw. isod §122(vi)].

Ceir amlder o enghreifftiau yn llyfrau'r bedwaredd ganrif ar bymtheg (Daniel Owen, er enghraifft) o *er fod* a hyd yn oed *ac fod*, e.e. *ac fod pobpeth*, D.O., Rhys Lewis 346 ; *ac fod yn hysbys fod Hasan* . . ., J.M.-J., Caniadau, 180. Noder yr enghreifftiau a ganlyn lle y mae'r cymal berfenwol wedi ei gyfosod wrth wrthrych enwol, ond fel petai'n wrthrychol i'r brif ferf : *a meibion Israel a welsant wyneb Moses*, **fod** *croen wyneb Moses yn discleirio*, **Ex.** XXXIV.35 ; cyferb. y rhain ar ôl **sef** : *sef* **bod** *o honom yn ofalus i'w fodloni*, HDdD 7 ; *y peth hyn, sef* **fod** *dyn yn difetha ei enaid*, LlHyff 69.

Pennod XII

YR ENW A'R ANSODDAIR YN Y TRAETHIAD

§94 Traethiad y Geiryn 'yn'

(i) Ystyrir yn gyffredin mai'r ' traethiad ' yw'r rhan o'r frawddeg sy'n traethu rhywbeth am oddrych y frawddeg ; y frawddeg oll felly ar wahân i'r goddrych. Fe gyfyngir yr ystyr yma i'r rhannau hynny sy'n cyfannu synnwyr gweithred y ferf drwy ddiffinio ei hansawdd neu roi manylion ychwanegol amdani : e.e. *cerddodd* **yn gyflym,** diffinio ansawdd y cerdded ; *cerddodd i'r ysgol* **ddoe**, diffinio adeg y weithred ; *cerddodd* **ddwywaith** *i'r ysgol,* diffinio amlder y weithred.

Y mae arddodiaid + enwau yn cyflawni peth o'r gwaith hwn (*heb ei lyfr, ar hyd y stryd,* etc.), ond i'n pwrpas ni, fe ystyriwn yn draethiad pur yr enwau a'r ansoddeiriau a all gymryd y geiryn *yn* o'u blaen er bod modd ei hepgor weithiau. Ni ellir rhoi *yn* o flaen *ddoe, ddwywaith,* etc. ; gan hynny, gwell eu cyfrif yn enwau abladol a ddefnyddir yn adferfol, a'u trafod ar wahân i'r traethiad pur. Gellir hepgor *yn* o flaen yr ansoddair gradd-eithaf yn *a gyrhaeddodd (yn) gyntaf,* ond gellir ei arfer hefyd. hefyd. Hynny felly fydd y maen prawf, sef bod modd arfer y geiryn *yn* o'i flaen.

(ii) *Y geiryn 'yn'*

Ar ôl y geiryn *yn* arferir ans. neu enw amhendant ; cyfanswm o ansoddau yw'r enw amhendant yn y traethiad fel rheol, e.e. *tyfodd yn ŵr,* lle golyga ' yn ŵr ' ' yn dal ac yn henaidd ei ffyrdd, etc.,' sef meddiannu'r priodoleddau a gynrychiolir gan ein syniad cyffredinol beth yw ' gŵr.' Dyna pam y mae'n anodd, os nad yn amhosibl, arfer enw pendant yn y traethiad pur.

Ar ôl *yn* ceir tr. m. i bob cytsain ac eithrio *ll* a *rh* : *yn dal,* yn *gath, yn boeth, yn ddyfal, yn lluniaidd, yn rhyfeddol.* Calediad $n + l > nll$, $n + r > nrh$ sy'n cyfrif am yr eithriadau ; gw. §10.

Gellir dyfynnu esiamplau o beidio â chaledu *ll* a *rh* : *yn* **l***ystat,* YCM[2] 140.22 (gw. nod. 198 lle ceir esiamplau eraill o'r un testun o beidio â chaledu ar ôl geirynnau megis *mor, cyn* ; gw. §152 isod) ; *neu'n* **l***adron,* DFf 63 ; *yn* **l***ywodraethwr,* ib 168 ; *yn* **r***ybydhiwr,* BDor (Rh) 4 ; *yn* **l***estri,* AllPar 22 ; *yn* **L***ywodraethwr,* ib 23 ; *yn* **l***estr,* HFf 325. Nid datblygiad diweddar yw'r calediad ; esgeuluso'r calediad sy'n ddiweddar ; fe all rhai o'r enghreifftiau hyn godi o anghymreigrwydd yr awduron, neu o ryw chwiw a fyn wneuthur i *ll* a *rh* dreiglo yn ôl rheol. Er nad yw orgraff y testunau cynnar yn dangos y gwahaniaeth rhwng *rh* ac *r,* y mae'r *ll* ar ôl *yn* yn ddigamsyniol : *yn llwydannus*, WM 27 ; *yn llei*, ib 96 ; a cheir *yn llawen* ar bob tudalen bron o'r PK. Yn rhai o dafodieithoedd y De fe esgeulusir y calediad yn bur aml, ac enghreifftiau cynnar o'r ' dirywio ' hwn yw'r esiamplau o All Par sy'n ddrwg ei dreigladau'n gyffredinol.

(iii) ' *y* ' + *traethiad*

Ceir *y* yn bur gyffredin yn rheoli'r traethiad mewn testunau fel y PK, gyda thr. m. yn dilyn : *yn dyuot* **y ogyuuch**, WM 13 ; *am nath elwir* **y uorwyn**, *nith elwir bellach byth* **yn uorwyn**, ib 95. Dyfynnir aml enghraifft yn y nodiad ar *y ogyuuch* yn PKM 122 ; a chymh. WG 439, a Melville Richards, B VII.96-112*. Enghraifft ddiddorol yw hon : *i fyned* **i bell** *i hela*, DCr[1] 17[a] (ib[2] 15[b]) = ' ymhell ' neu ' yn bell,' gw. (v) ; a chymh. y rhain : *yn nesaf*, DCr[1] 32[a] = *i nesaf*, ib[2] 24[a] ; *yn nes*, ib[1] 50[b] = *i nes*, ib[2] 34[a].

(iv) ' *yn* ' + *berfenw*

Nid rhaid ymhelaethu i sôn mai cysefin y berfenw sy'n dilyn *yn* pan wna waith berfol, h.y. pan fo'n rhan o gystrawen gwmpasog y ferf neu'n rhangymeriad presennol, *y mae'r dyn yn cerdded, clywais y dyn yn canu.* Ond fe all y berfenw fel enw fod yn enghraifft arbennig o'r weithred, yn enw cyffredin gyda'r fannod o'i flaen ac ans. dangosol wrtho, e.e. *y canu hwn*, am waith neu berfformiad arbennig; ac yn yr ystyr 'enghraifft arbennig o'r weithred' fe dreigla'r berfenw ar ôl *yn*, fel enw cyffredin (ac eithrio *ll* a *rh*): *mae hwn yn ganu da, y mae hynny'n gerdded cyflym iawn;* cymh. *eu gosod hwy i fyny* **yn fagl** *i'r holl ddynion ac* **yn demptio** *Duw*, Hom 2.133.

Ymdriniwyd yn §65 uchod â'r gystrawen lafar lle ceir treiglad i'r berfenw ar ôl *yn* am fod rh. blaen yn ddealledig, a'r treiglad hwnnw yn feddal beth bynnag fo'r rhagenw sy'n ddealledig, neu wedi ei hepgor, e.e. *wele ddarn o dywarchen y bu Rachel* **yn balu'r** *bore hwnnw*, D. J. Williams, St. Tir Glas, 114.

*Nid hawdd penderfynu ai'r un gair ag *yn* ar y dechrau cyntaf yw'r *y* traethiadol, ai arddodiad arall ydyw, o darddiad gwahanol, sef un o'r ddau ardd. *i* mewn Cym. Diw. Yr ardd. a gyfetyb i *yn* mewn Gwydd. yw *i*, a dry'n *i n-* mewn rhai cysylltiadau, ac awgryma hynny'r posibilrwydd fod peth tebyg yn y Gymraeg, sef mai ffurfiau amrywiadol ar yr un ardd. yw *yn* / *y*, a chadarnheir hyn gan yr enghreifftiau sydd o *y* (*i*) yn golygu ' yn ' (e.e. ' Tangnefedd a fo *i*'ch plith chwi '), a'r enghreifftiau o arfer *y* yr un fath ag *yn* i reoli'r traethiad. Ar y llaw arall y mae tystiolaeth mai un o'r ddau ardd. *i* yw'r *y* traethiadol, yn deillio o *ðy* HGym (sy'n cynrychioli dau ardd. gwahanol yn y Gelteg, sef **do* = ' to,' a **de* = ' from, of '). Dengys yr Athro Henry Lewis yn B VII.279 fod cystrawen Gernyweg sy'n arfer *the* (= *ðy* Hen Gym) yn cyfateb, er nad yn hollol, i'r modd y defnyddir *y* yn draethiadol yn Gymraeg. Heblaw hyn, y mae'r ffurf arbennig ar y rh. mewnol a geir yn *wy, oe, yw* (= *i'w*) yn rhagdybio mai'r ardd. yn wreiddiol yw **do*, a cheir esiamplau o arfer *yw* yn lle *yn ei*, neu *yn eu*, o flaen enw cyffredin ac o flaen berfenw, ac os gellir pwyso ar hyn, golyga hyn fod *i* sy'n deillio o **do* yn gallu cyfleu ystyr ' yn ' ; cymh. *uffern, yny may kethern kayth* **yw karchar,** LlH 70, [= ' yn eu carchar,' a sylwer yn arbennig ar y ffurf ' yngharchar,' gw. (v)] ; *or meddwl* **yr wyt yw adrodd,** B II.215 ; *y kyvriw ac a welse* **yw gwsc,** ib 218 ; *y fydd* **ydhwyt ti yw phrecethu,** ib IV.330 ; cymh. ymhellach : *yn tybied i bod hi* **ym bwgwth** MCr 78[b] ; *fel pet vasem* **yw gweled** *garbron yn llyged*, DCr[1] 3[a]; *y mae Duw* **yth wrthod** *ti*, DP 235[a].

Nodwn yma eto, gan ein bod yn sôn am y gwahaniaeth rhwng treigladau'r berfenw a'r enw cyffredin a'r ans. ar ôl *yn*, fod lleoli ans. rhwng *yn* + berfenw yn rhoi berfenw cyfansawdd ; ac er mai meddal yr ans. ei hun a ddeuai ar ôl *yn*, cysefin y berfenw cyfansawdd (ans. + berfenw) sy'n iawn : *yn dirgel-ddisgwyl*, DFf 81 ; gw. uchod §18(1).

Heb yn wybod.

Priod-ddull digon cyffredin yw hwn yn y cyfnod diweddar, ac fel y gwelir, y mae ynddo dreiglad i'r berfenw ar ôl *yn*. Ymddengys i mi mai *yn* ymwthiol sydd yma ac mai *heb wybod* yw'r gystrawen gynhenid, e.e. *llad eu llettywyr heb wybot yr cawr*, WM 488. Ceir esiamplau o'r ddau beth yn Llythyrau'r Morrisiaid, a heblaw hyn enghreifltiau o **heb yn ddiolch** : cymh : *heb yn wybod*, ML 1.222 ; *heb wybod pa bryd*, ib 1.352 ; *heb wybod i'm Tad a'm Mam*, LGO 14 ; *heb yn ddiolch*, ML 1.195, 283, 298, 349, 350, 388.

(v) '*Ymhell*' ac '*yn bell*'

Treiglad trwynol sy'n dilyn yr ardd. *yn*, ond y mae esiamplau i'w cael o gyfuno'r geiryn traethiadol *yn* + ans. gyda thr. trwynol yn y cyfuniad er bod yr un ddwy elfen yn cynnwys tr. m. heb eu cyfuno : *ymhell, yn bell* ; *ynghynt, yn gynt* ; *ynghyntaf, yn gyntaf* ; *yngham* ; *ynghau** ; *ynghynn* ; *ynghudd* ; gw. WG 438.

Cymh. : *aessawr* **yn nellt** ; CA 1298 (nod. ar *dellt*, t 130 = 'yn ysgyrion) ; yr un gystrawen sydd yn yr ymadrodd *yn nyblyc*, WM 10 (PK 7, nod. 115-6), sef *yn* + ans., yn hytrach nag *yn* + enw fel y dywed y golygydd yn ei nodiad ; traethiad yw *yn nyblyc*, ac nid ardd. + enw, fel y dengys ei gyfieithiad, 'wrapped up,' a chan fod ffurfiau fel *ymhell, yn nal*, etc. i'w cael, nid oes rym i'w ddadl mai tr. m. a ddisgwylid pe bai *dyblyc* yn ans. ar ôl y geiryn *yn* ; *yd aeth kyledyr* **ygĝwyllt,** WM 494 (= 'yn wyllt,' 'went mad' ;) *am draylo y hamsere* **ynĝham,** MCr 41b ; tebyg yn DP 186b ; 221a ; *dyma Gwmbrys y Cyrtiau* **yn nal** *rhwng dau Ddiawl*, BC 128 (= 'yn rhwymedig,' 'wedi ei ddal,')† cymh. *or milwyr a mil* **yĝ harchar,** RP 1419.38-9 ; **ynĝhymysc,** BC 86 ; **ynĝhyntaf,** ML I.260, 398 ; **ynĝhroĝ** *y bo Goronwy*, ib 2.395.

*Ceir yr un treiglad yn y gystrawen sy'n rhoi'r ystyr wrthwyneb, **yn naclo,** yr ymadrodd sydd yn emynau Dafydd William yn golygu 'yn agored' neu 'ar agor,' o *datgloi* ; cymh. *Awn pawb ar frys tr'o porth* **yn naclo,** Diferion 8 ;

> *Mae rhynghom ryw agendor*
> **Ddiagor** *megis mur,*
> *Ni cheir hi byth* **yn naclo,**
> *Pe torrai'th galon ddur*, ib 23.

Ceir *yn ddatglo* yn TA 120.27, ac yn Elfed, Caniadau 92. Dyfynna G esiamplau diddorol hefyd o'r Cyfreithiau o *hyt yn ȣiogel*, a **h. eniokel,** etc. = 'yn niogel' ; gw. o dan *diogel*.

†Gan fod *yn nal* yma yn golygu 'wedi ei ddal,' 'captured,' diddorol sylwi ar yr enghraifft ganlynol o arfer *diddaly* yn ans. i olygu 'unrestricted, free,' **Diddaly** *bardd, a hardd yw hyn*, DGG LIV.59, 'unrestricted is the poet.'

Cymh. hefyd **cymhelled,** BC 135 ; RBS 4, 243 ; ML I.254 ; I.258 ; ALMA 2 ; a'r ffurf *cynna* = 'cystal,' gw. Geirfa. Yn y canlynol, enw yw *dyblygion* fel y dengys yr ystyr : *yn nyblygion eurwisc Rhagrith,* BC 145.

(vi) '*yn o dda,*' '*yn go dda*'

Dyfynnir yr enghraifft hon i gynrychioli'r amharodrwydd a welir weithiau i dreiglo *g* ar ddechrau geiriau unsill, rhag ofn i ddiflannu'r *g* ddieithrio gormod ar beth sy'n weddill o'r gair. Nid ar ôl *yn* yn unig y byddir yn gwrthod treiglo *g*, ac felly fe ohirir yr ymdriniaeth nes dod at yr adran, CADW'R GYSEFIN, gw. §§169—170. Fel y dangosir isod, *gau* yw'r gair a geidw'r gysefin fwyaf, er bod yr hen destunau yn ei dreiglo : *duw a wyr bot* **yn eu** *hynny arnaf,* WM 29 ; cyferb. *fy ngobeithion wedi troi allan* **yn gau,** D.O., Enoc Huws, 289. Clywir yn gyffredin heddiw gadw cysefin *go* ar ôl *yn* er bod digon o ardaloedd sy'n treiglo'n hollol reolaidd ; e.e. *yn go lew,* D.O., Rhys Lewis 411 ; cymh. *os bydd y pla* **yn o** *dywyll,* Lev. XIII.6 ; *yn o-ddiclon,* HFf 235 ; *yn o-deneuon,* ib 362 ; *sy'n odywyll,* RBS 25 ; *yn o law helaeth,* ML I.116 ; *yn o fuan,* ib I.398 ; *yn o fynych,* ib I.454. Yr un *go* sydd yn *gogyhyd, gogymaint, gogystal* ; eithr yn y ffurf *ogystal* y mae'r *g* wedi diflannu am mai yn y traethiad y defnyddir ef bron yn ddieithriad. Soniwyd uchod yn §19(vi) am rai ansoddeiriau, geiriau benthyg fel rheol, a geidw'r gysefin ar ôl enw ben. un., megis *braf* ; cedwir y ffurf gysefin hefyd ar ôl *yn* ; gw. ymhellach §170.

(vii) '*Yn*' + *dau ansoddair*

Gw. uchod §16(i)(c) lle rhoir esiamplau o ddau ans. ar ôl *yn,* heb ddim yn eu gwahanu, yn troi'n gyfansoddair rhywiog, e.e. *yn ddisymmwth* **dd***iattrec,* Es. XXIX.5 ; *yn gwbl* **dd***edwydd* **f***endigedig,* PA 8 ; eithr noder priod-ddulliau megis *yn feddw mawr,* a geidw gysefin yr ail ans. yn arddull y De, er bod treiglad cyson yn arddull y Gogledd, gw. §16(i).

§95 Y TRAETHIAD HEB 'YN'

(i) Dosberthir yma'r geiriau a'r ymadroddion traethiadol a arferir gan amlaf heb y geiryn *yn* o'u blaen. Y mae rhai a geidw'r gysefin fel y dangosir yn §99, ond y rhai a dreigla'n feddal a roir yma gyntaf. Nid anodd profi fod y rhain yn draethiadau pur oblegid fe ellir arfer *yn* o'u blaen heb niweidio'r ystyr, e.e. *a ganodd orau* neu *yn orau* ; ac os defnyddir ffurf gysefin yr ans. hwn rhaid dywedyd *yn dda* ; eto, *daeth yma gyntaf,* neu *yn gyntaf* ; ansoddair cysefin, *yn gynnar.*

(ii) *Ansoddair Gradd-Eithaf*

Cymh. : *y hymlit a wnaeth ual y gallei* **gyntaf** *o pedestric,* WM 13 ; *A llyma y peth lleiaf a gymeraf y gantaw . . . A hynny* **leiaf peth** *a gymeraf,* ib 110 (? 'as a minimum') ; *a gofyn itaw ae ef* **gyntaf** *bieiuu y llys,* ib

394; *nyt yr digriuwch hely* **bennaf** *yd helyei er amperauder*, WM t 90a; *Pan doeth y dyd* **ġyntaf** *kyuodi a oruc peredur*, WM 128; *Ef* **ġyntaf** *a uerthyrwyt*, YCM² 38; *a phwy* **oreu** *a dereu a chledyf*, ib 50; *darperwch at gyfleusdra a manteision eraill*, **oreu** *y galloch*, RBS 147; *ti elli . . . brynu* **rattaf** *a gwerthu* **ddruttaf**, ib 150.

[Gyda ffurfiau *bod*: *yn gystal ac y bu* **oreu**, WM 45; *ban uei* **uwyaf** *yd ymgerynt*, ib 38; gw. y bennod arbennig, §§101—128].

(iii) *Ansoddair Cymharol Dwbl*

Cymh.: *A Dafydd oedd yn myned* **ġryfach ġryfach,** *ond tŷ Saul oedd yn myned* **wannach wannach,** 2 Sam. III.1.

Mae'm holl gariadau yn y byd,
Ddieithrach ddieithrach *im o hyd,* Williams (1811) 884.

Yn yr enghraifft ddiwethaf y mae 'yn myned' fel petai'n ddealledig o flaen y traethiad.

Dyma rai enghreifftiau sy'n arfer y geiryn *yn*:

Ef â afon **yn fwyfwy**
Hyd y môr, ac nid â mwy, LGC 357;

myned **yn waeth-waeth** *beunydd,* ML I.130.

Am mai yn y traethiad, gyda threiglad, y digwydd y ffurfiau dwbl hyn fwyaf, magwyd tuedd i gadw'r treiglad yn sefydlog hyd yn oed ar ddechrau brawddeg ac ar ôl geiriau na ddylent beri treiglad: cymh. â'r dyf. o LGC 357:

Fwyfwy, *fal y brif afon,*
Fo'i urddas ef a'r ddau Siôn, GGl CXIV.57-8;

a chymh. eto: **wanach wanach** *wy bob awr*, CRhC 22; *pan êl o'n hen* **wellwell** *fydd*, ib 187; *heb obaith gwellad, ond* **waethwaeth,** PA 107; *Ai* **wanach wanach** *wyf yn mynd*, Williams (1811) 254.

Defnyddir y ffurfiau dwbl hyn, *mwyfwy, gwellwell*, etc., yn lle'r radd eithaf yng nghystrawen '*po gyntaf,*' yn enwedig os braich *po gyntaf* a ddaw gyntaf, h.y. yn lle *gorau po gyntaf*, ceir *po gyntaf . . . gwellwell.* Gan fod y gystrawen i'w chael yn gyffredin yng nghyfnod y cyfieithiadau o'r Saesneg tueddir i gasglu mai dylanwad y radd gymharol Saesneg sy'n cyfrif am gystrawen y Gymraeg, sef 'sooner the better,' etc.; ond y mae'n rhy gyffredin a chyson inni gredu hynny. Heblaw hynny y mae esiampl gynnar o'r gystrawen, e.e. *yd yt uo mwyhaf y kyuarws a rothom.* **Mwyuwy** *uyd yn gwrdaaeth ninheu*, WM 458; (am enghreifftiau o *yd yt vo, atvo* yn amrywiad ar *po*, gw. isod §151).

Dyma rai enghreifftiau o CDC ac fe geir esiamplau o'r treiglad sefydlog yn rhai ohonynt i'r ans. dwbl, yn debyg i'r rhai a nodwyd gynnau:

a ffwy fwyaf . . . **mwyfwy**, PA 155 ; *Pa nessa yr awn atti* . . . **mwyfwy** *y rhyfeddwn*, BC 45 ; *Pwy hwyaf i byddych* . . . **wellwell** *i dysci*, PA 62 ; *pwy fwya i curir*, **wellwell** *fydd*, ib 88 ; *Pwy fwya* . . . **fwyfwy** *y llwyddent* ib 122 ; *pa fwyaf y cedw(er hi) lawr*, **fwyfwy** *cyfyd*, DFf 207 ; *pa hwyaf y bôm* . . . **bellbell** *y byddwn ni*, YmDd 314.

(iv) *Enwau Dybledig*

Traethiadau yw'r enwau dybledig hynny o deip *lawlaw*, *gefngefn*, *daldal*, *finfin*, etc. Gwir nad hawdd rhoi'r geiryn *yn* o'u blaen ond fe ellid yn hawdd o flaen ans. sy'n gyfystyr, h.y. gellid aralleirio *daldal* drwy'r geiriau ' yn glòs at ei gilydd.' Oherwydd arfer y rhain yn gyson yn y traethiad y mae'r treiglad i'r elfen gyntaf yn sefydlog, pa safle bynnag sydd i'r ymadrodd yn y frawddeg ; gw. WS 28.

Cymh. : *Daldal ynghongl y deildy*, DGG XIII.21 ;
Lawlaw â mi lili môr, ib XXX.8.

At yr enghreifftiau sy'n weddol hysbys ychwaneger : *wallt-wallt*, Brutusiana 107b.

Fe geir y cyfansoddiadau hyn hefyd gydag arddodiad rhwng y ddwy elfen, *law-yn-llaw*, etc. ; gall y rhain acennu fel cyfansoddair clwm, *law-ýn-llaw*, *dal-ýn-nal*, gw. WG 62 ; neu'n llac, *láw-yn-lláw*, gw. OIG 13. Dyma rai esiamplau o gyfansoddeiriau afryw ar y patrwm hwn a'r elfen gyntaf yn cadw treiglad sefydlog : *blith-dráphlith* ; *dad-ì-dad** ; *lin-ó-lin* ; *wers dragwers* (' reciprocally '), *gylch ógylch*, (e.e. *Yr hwn* **gylch ogylch** *y mur* [*yssyd*] *deugein milltir*, FfBO 49) ; *ddwrn trádwrn* ; *law-drállaw*.

Cymh. ymhellach : *kyscu pob un* **lau heb lau** *gan uam y gilid*, WM 60 ; *A mynet a wnaethant* **la(w) yn llaw,** ib 144 ; *a dot prid ar y dom* **do dra tho,** B II.13 ; *a'i hattebasant ef* **air yngair,** 1 Sam. XVII.30 ; *mae'r mod(d) y doedir yrhain* **air yngair yn** *l(l)ading*, DByrr 167 ; hefyd 204 ; *deputation*, **air yn air** *a hwnnw sydd gennyf i*, ML I.276 ; hefyd I.288 ; 2.185, LGO 103 ; *ymddiddan ag ef* **enau yngenau,** Jer. XXXII.4 ; *a ymfyddinasant*, **fyddin yn erbyn byddin,** 1 Sam. XVII.21 ; *y dibennent y mater* **law i law,** 2 Macc. XV.17 ; *Colli brwydr neu yntau ei hennill* **Gledd ynghledd** *âg angeu glâs*, Williams (1811) 490 ; *Bu* **gledde ynghledde** *yno dro*, John Thomas, Caniadau Sion (2 argr. 1788) 12 ; *'Ry'm* **afael yng afael** *o hyd*, ib 22 ; *Fu gyd a'r Iesu* **gôl ynghôl**, ib 83.

*Clywais arfer *o-dad-i-dad* ym mro Morgannwg, gyda'r acen ar yr ardd. *i*, sef bod ' y teulu wedi byw yn y ffarm ers tri chant o flynyddoedd **odaditad,**' a chalediad i'r *d* o dan yr acen yn ôl arfer y dafodiaith. Ceir esiampl ddiddorol iawn o waith Iolo Morganwg yn TLlM 309 : "ei fod ef yn dyfod **Llinolin Dadidad** o Thomas Llywelyn o Regoes." Sylwer fod yr ardd. *o* yn y dyfyniad canlynol : *O dad i dad i Dudur*, WLl 37.17.

(v) *Ymadroddion o fath ' gorff ac enaid '*

Gwelir mai traethiad pur yw ymadrodd fel ' gorff ac enaid ' gan mai ' yn gyfan gwbl ' yw'r ystyr. Dengys yr enghraifft ganlynol y peth yn glir : *an gorchymyn ein hun* **'n gwbl, gorff ac enaid,** *iddaw ef,* PA 178. Y mae treiglad i'r gair cyntaf yn yr ymadrodd oherwydd y swyddogaeth draethiadol.

Yn y dyfyniadau canlynol gellid rhoi ' yn gyfan gwbl,' ' bawb,' ' oll,' etc. yn lle'r ymadroddion traethiadol : *Yr un ffunyt,* **benn a chorff ac aelodau,** ChO 22 ; *A dolur* **draed a dwylaw,** IGE[2] 73.1 ; *a'i tarawodd hwynt,* **glun a morddwyd,** Barn. xv.8 ; *a hwy a fwriasant goelbrennau,* **fychan a mawr,** 1 Cr. xxvi.13 ; *y byddant feirw yn y wlâd hon,* **fawr a bychan,** Jer. xvi.6 ; *sy'n dwyn a feddom,* **ddrwg a da,** BC 78 ; *Ym mhob caethiwed* **fach a mawr,** Dafydd William, Diferion t 16 ; *Dyfrha fi,* **wraidd a brig,** Gorfoledd, 53 ; *Dyfrha dy wan blanhigion / Fel cynhyddant* **frig a gwraidd,** ib 37.

Yn y nesaf y mae'r traethiad wedi ei wahanu oddi wrth y weithred, a dylid sylwi nad cyfosodiad sydd yn y frawddeg : *Pan gauer yn dy blith di . . . y rhai y mae'r Arglwydd dy Dduw yn eu rhoddi it,* **ŵr neu wraig** *a wnaeth ddrygioni yngolwg yr A.*, Deut. xvii.2 (= ' yn ŵr neu'n wraig ').

Y gwahaniaeth rhwng yr ymadroddion uchod a chyfosodiad normal yw fod y cyntaf yn draethiadol a'r cyfosodiad yn ansoddol neu'n enwol (' attributive ') ; diffinio'r enw yw gwaith y cyfosodiad ; diffinio sgôp y weithred yw swyddogaeth y traethiad ; cymh. esiamplau o gyfosodiad : *a charu pob dyn,* **drwg a da, câr a gelyn,** Hom 1.88 ; *Dyscwn ymma gan S. Paul,* **dewisol lestr Duw,** *fod . . .*, ib 1.140 ; *Dafydd ddaionus dduwiol,* **deiliad** *ffyddlon i Dduw,* ib 3.257. Dichon mai traethiad sydd yn y gyntaf o'r enghreifftiau hyn ac y dylai fod treiglad, ' ddrwg a da.'

(vi) *Ymadroddion o fath ' ddwylaw mwnwgl '*

Y mae rhai geiriau ac ymadroddion traethiadol eraill y gellir eu dosbarthu yma, tebyg i'r ymadrodd sy'n bennawd ;

> **Ddwylaw mwnwgl** *dan ddeiloed*
> *Ydd aeth i anghengaeth hoed,* DGG xiii.7-8.

Gw. nod. 177, ' myned ddwylaw mwnwgl, cofleidio,' h.y. cystal â dywedyd mai ' yn gofleidiol ' yw ystyr yr ymadrodd ; dyna sy'n cyfannu ystyr y ferf *myned* ; cymh. eto :

> *Ac er tor ar sor a'r som*
> **Ddwylaw mwnwgl** *ydd elom,* ib lxxix.61-2.

Fe welir fod treiglad sefydlog yn yr ymadrodd er dyfod o flaen y ferf, ac ar ddechrau'r gosodiad. Cymh. ymadrodd fel *myned gam a cham,* sy'n wahanol i gystrawen *symud cam, cerdded cam,* §89(iv) uchod, gan mai ' ansoddair traethiadol ' o ran ystyr neu swyddogaeth yw ' gam a cham,' yn golygu ' yn arafaidd ' ac yn diffinio natur y ' myned ' ei hun, ac nid cyfleu maint a hyd y ' myned.' Traethiadau tebyg yw *bendramwnwgl, din-dros-(ei)-ben, rhwymo rhywun draed a dwylo.* Ychydig, os dim, gwahaniaeth sydd rhwng y rhain â'r mathau a gafwyd uchod, *fin-fin, gorff ac enaid,* etc.

Nodiad. Ni sonnir yma am ymadroddion fel *led y pen* a *fesul tipyn* er tebyced ydynt i'r traethiadau uchod, oblegid, a barnu wrth yr enghreifftiau cynnar, *o led y pen* ac *o fesur* yw'r gystrawen wreiddiol ; gw. isod §100 ; ar y llaw arall fe welir enghreifftiau o *yn lled y pen* a ddengys mor debyg yw'r ymadrodd i draethiad pur.

(vii) *Traethiad ' galw enw '*

Gall *galw* fod yn ferf anghyflawn normal ei chystrawen pan na olyga ddim ond ' rhoi llais i dynnu sylw ' ; y mae'r gwrthrych cyffredin a'i dilyna yn hyn o ystyr yn ddigon i lenwi'r peth sy'n anghyflawn yn y ferf ei hun : e.e. ' gelwais y bachgen ataf ' ; ' galw'r plant i'r tŷ ' ; ' eglwys yn galw gweinidog.' Ond pan olyga ' rhoi enw ar beth,' y mae'r ' peth ' yn wrthrych normal, a'r ' enw ' a roir arno yn draethiad ; yr enw sy'n cyfannu'r ystyr ; ac fel y dengys yr enghreifftiau isod, gall y geiryn *yn* ddod o flaen yr ' enw,' er bod modd ei hepgor hefyd.

Gwelir y gwahaniaeth rhwng y peth a enwir, a'r enw a roir arno os rhoir yr enwau hyn bob un ar flaen y frawddeg, e.e. brawddeg normal ei threfn, *Gelwir y dref Caerdydd* : y peth a enwir gyntaf, *y dref* **a elwir** *Caerdydd* ; yr enw a roir arni gyntaf, *Caerdydd* **y gelwir** *y dref.* Pan ddaw'r ' peth ' yn gyntaf ceir cymal perthynol gwrthrychol (rh. perth. *a*) ; eithr cymal perth. traws sy'n dilyn yr enw traethiadol a leolir ar y dechrau ; cymh. *Moch* **y gelwir** *weithon,* WM 83.

Nid hawdd diffinio rheol ond ymddengys fod eisiau geiryn o flaen enw cyffredin, e.e. *am na'th elwir* **y uorwyn,** *ni'th elwir bellach byth* **yn uorwyn,** WM 95. Nid oes eisiau *yn* (o angenrheidrwydd) o flaen enwau priod neu o flaen enwau cyffredin sydd fel petai a nodau dyfynnu o'u cwmpas ; ac ymhellach, ar ôl ffurfiau amhersonol y ferf, a hyd yn oed ar ôl gwrthrych rhagenwol, nid oes tr. i'r ' enw ' : *a elwit* **gorssed** *arberth,* WM 12 ; *ac y gelwit* **pwyll** *penn annwuyn,* ib 12 ; *a elwir* **troet** *y llew,* Havod 16.22 ; *ual na'th alwer* **koll** *y gyfloc,* B II.35 ; *a Jerusalem a elwir* **dinas** *y gwirionedd,* Zech. VIII.3 ; *a elwid* **Dafydd,** 2 Esdr. III.23 ; *a elwir* **l(l)yfnion,** DByrr 34 ; *ac a'i gelwir* **crychion,** ib 34 ; ar ôl y berfenw : *a e(l)lir i galw* **crychion,** ib 34 ; ar ôl gwrthrych rhagenwol neu ragenw ôl ategol i wrthrych mewnol : *yr ydys yn i galw nhwy* **gwesteion,** ib 40 ; *gelwir hwy* **Llywodraethwyr,** RBS 139 ; eithr cyferb. : *y gelwit hi* **kaerlud.** *Ac or diwed* **kaer** *lundein . . . ac y gelwit hi* **lundein,** WM 192.

Y mae'n amlwg fod traethiad ‘ galw enw ’ yn wahanol i'r traethiad pur a driniwyd uchod, wrth y treiglad gwahanol, a'r ffaith fod modd cael enw pendant yn draethiad i ‘ alw enw ’ ; yn hyn y mae'n debycach i ddibeniad y Frawddeg Enwol, ac odid nad ‘ dibeniad ’ fyddai'r enw gorau arno, yn hollol fel y mae rhai gramadegau Saesneg yn ei alw yn ‘ complement ’ neu'n ‘ oblique complement.’

§96 Enwau Abladol neu Adferfol*

(i) Ymdrinir yn yr adran hon â'r geiriau abladol hynny sydd mewn unrhyw safle yn y frawddeg heblaw ar ei dechrau'n deg. Golygir wrth eiriau abladol yr enwau a'r rhagenwau a'r ansoddeiriau a'r ymadroddion enwol sy'n ychwanegu ‘ moddion diffinio ’ at y weithred a'i brawddeg drwy sôn am fodd a maint y weithred, a phethau fel amser, gwerth, amldra, hyd, cyfartaledd ; ac y sydd fel rheol yn treiglo yn rhan draethiadol y frawddeg. Ystyr y term ‘ abladol ’ yw cyflwr yr enw yn y swyddogaeth hon, peth a roddai derfyniad gwahaniaethol i'r enw yng nghyfnod cynnar yr iaith, neu'n hytrach, yn y famiaith. Dylid cofio nad oes fodd inni benderfynu bellach ai cyflwr abladol ai peidio oedd cyflwr yr enwau oll a gynhwysir yn awr oddi mewn i'r diffiniad a roddwyd gynnau. Sylwer hefyd fod esiamplau ymhlith y dyfyniadau isod o frawddegau sydd â'r ferf *bod* (‘ bodolaeth ’) ynddynt, gan nad oes dim gwahaniaeth rhwng y rhain a'r berfau cyffredin o ran yr enw abladol a'i gystrawen a'i dreiglad.

(ii) *Enwau Amser ac Amseriad*

Cymh. : *mi a wnaf oet ac ef* **ulwydyn** *y heno,* WM 21 ; *ual yd eistedyssant* **ulwydyn** *or nos honno,* ib 26 ; *gwylat a wnaethant wynteu* **dalym** *or nos,* ib 28 ; *y buant* **ulwydyn** *gyt a mi,* ib 46 ; *bot* **ulwydyn** *yn uut yn llys arthur yn cael dewis dy ymdidanwr,* ib 123 ; [*a reit oed vot* **blwydyn** *yn gwneuthur y par,* ib 104 ; orgraff heb ddangos tr. ?] ; *ae bot* **vlwydyn** *a hanner yn crwytraw moroed,* RBB 78 ; *Bwyta craf* **vis mei** . . . *da yw,* Havod 16.88 ; *megis hi vei yr heul awr hanner dyd* **vis mei,** YCM² 54† ; [*ti a vyddi lofrudd-ioc i gorph Crist ae waed* **dydd brawd,** B IX.120] ; *a ddatrenir i titheu* **ddydd brawd,** ib ib 122 ; *cofia dy was* **ddydd y Farn,** RBS 51 ; *Pe byddei ef fyw* **ddwyfil** *o flynyddoedd,* Preg VI.6 ; *a offrymmasant ebyrth* . . . **forau a hwyr,** 1 Esdr. V.50 ; *fal y maent hwy'n gwneuthur* **ddiwrnodau** *genol*

*Gw. *Welsh Syntax* 169

†Yn y canlynol : *y gychwynnu ar hynt dechreu* **vis Ebrill,** ib 65-6, disgwylir y gysefin gan mai genidol yw *mis* ar ôl *dechrau.* Enghraifft yw hyn efallai o'r duedd i gadw'r treiglad yn arhosol mewn enwau amseriad hyd yn oed pan fyddant yn y cyflwr genidol ; esiampl o'r un testun yw'r ganlynol, lle cedwir y gysefin er bod treiglad i'w ddisgwyl : *a thrannoeth y deuthant ar eu traet,* **gwawr dyd,** *yr ymlad,* ib 27.

wythnos, Hom 2.252,* *Darfu ir chwaer ddychrynnu* **Dduw Sul** *diwaetha*, ML I.63 ; *Mae yn fy mryd fyned y ffordd honno* **wiliau'r Sulgwyn,** ib I.68 ;

(iii) *Enwau Amlder, Modd, Gradd*

Cymh. : *Awstin sy* **weithie** *yn doedyd fod . . .* **weithie** *eraill nid yw ef yn gwadu*, DFf 45† ; *Ac y kychwynnasant y llu mawr hwnnw* **bob bydin yny chyweir,** WM 209 ; *Gwascaru a oruc llu Arthur* **bob un bob deu,** ib 394 ; *A daethant at Noah i'r Arch* **bob yn ddau,** Gen. VII.15 ; *a'i fysedd oeddynt* **bob yn chwech a chwech,** 1 Cron. xx.6 ; *hwy a gawsont* **bôb un geiniog,** Matt. xx.9‡ ; yma hefyd y dylid rhoi'r canlynol, ac nid gyda rhifolion y paragraff nesaf :

Y mae gwylanod y môr
A ddon' **fil** *i ddwyn f'elor*, DGG XIX.26.

Yr ystyr yma yw ' wrth y miloedd,' neu gyda'r geiryn traethiadol, ' yn filoedd.' Cymh. ymhellach : *ac nyt oed dillat ymdannunt* **werth** *pedeir ar hugeint o arian*, WM 260 ; [*mi a wnaf anglot itt* **guerth** *can carw*, ib 2 ; darll. tr.].

Prin y mae angen dyfynnu mwy na mwy o esiamplau o'r mathau a gafwyd uchod ; y maent i'w gweld ymhob testun yn ddigon cyffredin, a'r rheol ynghylch y treiglad yn ddigon hysbys—esiamplau fel . . . *rywsut rywsut*, . . . *flynyddoedd . . . dair gwaith yn y flwyddyn*, . . . *liw nos*, . . . *ganol dydd golau*, . . . *droeon*, etc.

(iv) *Rhifolion ac Enwau Maint a Mesur*

Yn y frawddeg ganlynol : *Gresyn na sobreiddia'r hurthgan* **dippyn,** ML I.77, ychwanegiad at ystyr neu ' sgôp ' gweithred y ferf yw *dippyn* ; ond ni ellir dywedyd hynny am y canlynol : *y naill mewn llestr* **dipyn** *mwy na'r llall*, HFf 342 ; ychwanegiad yw yma at yr ansoddair cymharol. Ond ychydig iawn o wahaniaeth sydd rhwng y ddwy gystrawen ; cymh. enghraifft a rydd y geiryn *yn* o flaen *tipyn* : *gobeithio fod ych mam* **yn 'dipyn gwell** *heddiw na dou*, ALMA 6. Y mae'r geiriau ' maint ' a ' mesur ' hynny a ddefnyddir gyda'r radd gymharol yn abladol i ddangos mesur y ' gwahaniaeth ' a gyflea'r ffurf gymharol, yn gallu symud o safle i safle yn y frawddeg : *gwneuthur rei ereill* **yn llei lawer** *noy throet*, WM 96 ; **Mwy** *oed ef* **lawer** *no hynny*, ib 229 ; *a* **mwy lawer a thegach** *oed honno*

*Genidol yw *genol wythnos* yma, a arferir yn ansoddeiriol, gyda threiglad sefydlog tebyg i *gynt* yn *yr amser gynt*, a *ddoe* yn *bara ddoe*, *bore ddoe* ; cymh. *Gweddieu Ganol Dydd*, RBS 43 ; eithr, *Gweddieu Boreuol*, ib 33 ; *G. Prydnhawnol*, ib 45 ; cyfieithiadau yw'r rhain o ' mid-week,' ' mid-day.'

†Y mae'r ail enghraifft yn esiampl o gadw'r treiglad hyd yn oed yng ngair cyntaf y gosodiad ; ond fe ellid cyfrif am *weithiau* fel un o'r geiriau hynny a gollodd *g* ddechreuol yn llwyr, h.y. *a gweithiau* > *ag weithiau* > *ac weithiau*, gw. §98(vii) ; a help pellach i'r duedd hon fyddai'r ffurf *weithon*, *weithian* < (*y*) *waith hon*.

‡Ynglŷn â'r treiglad ar ôl *bob*, a thwf y geiryn *yn* ar ei ôl, gw. uchod §59.

nor rei ereill oll, ib 180 = *a* **mwy a thegach** *oed honno* **lawer,** P 16 t 90b ; *Trymuryt a gymerth math yndaw. A* **mwy** *wydyon noc ynteu* **lawer,** WM 106.

Cymh. yr enghreifftiau canlynol a ddyfynnir yn WS 152, lle y sonnir fod *llawer* a *peth* yn abladol, (a) yn ' diffinio ' yr enw, (b) yn ' diffinio ' berf a berfenw :

Ar y Kreawdr y kriaf
Wylo'r nos **lawer** *a wnaf,* GGl (= GGl CXIX.55-6) ;

Dir yw in dario ennyd,
Ac aros **beth** *gwrs y byd,* DLl.

Sylwer eto WS 72 : ' A numeral or noun of quantity often stands in the ablative of measure after the noun which it limits . . . **arian ddigon** ; **archangylion saith** ; **gwiw beth** ;

A'm calon, er a soniant,
Sy'n sefyll ar gyllyll **gant,** DG 307 ;

Gwewyr **rif y syr** *ysydd*
Yn difa holl gorff Dafydd, GGr : DG 237* ;

Mae da, **weddill,** *i'm deuddwrn,*
Am na ain d'aur mewn un dwrn, TA (= TA 20.115-6).

Cymh. hefyd : *I'ch lle'r aud uwch eu llaw,* **ris,** ib 16.72.

Llwyddai yn well i eiddil
Borth tau na thafodau **fil,** GrO.

Cymh. hefyd : *gyrrv rwi anherchion* **gant,** CRhC 49.

Cymh. esiamplau o arfer *digon* yn yr un cyflwr : *M. ydoedd war, a dof* **ddigon,** PA 165 ; *yn lliniaidh* **dhigon,** BDor (Rh) 15.

(v) ' *Dim* ' yn abladol

Gw. WS 155 ; yno rhoir : *Ae argywed y'r rei da y llad ? Nac ef,* **ðim,** LlA 48 (' Is it a misfortune to the good to be killed ? Not at all '). Wrth gwrs, fe all *dim* fod yn oddrych neu'n wrthrych neu yn y cyflwr genidol, yn ôl ei leoliad a'i ystyr yn y cyd-destun, e.e. ' ni ddaw *dim* daioni ohono ' (goddrych) : ' ni welais *ddim* daioni ynddo ' (gwrthrych) ; ' heb weled *dim* daioni ' (genidol). Pan leolir ef ar ddiwedd ymadrodd neu gymal neu frawddeg, yn debyg i *oll,* a chydag ystyr debyg i *oll* neu *o gwbl,* y mae'n abladol a cheidw dreiglad sefydlog yn y swydd hon : e.e. *ni'th wadaf* **ddim,** Math. XXVI.35 ; *i fatterion na pherthyn iti* **ddim,** RBS 11 ; *ar na*

*Yn argr. 1789, sef DG, rhoir *rhif,* nid y ffurf dreigledig *rif.*

bo'n perthyn iti **ddim,** ib 102 ; *na chyfod ar dy Brisieu* **ddim,** ib 151 ; *nac oeda dy edifeirwch* **ddim,** ib 243.

Dyfynnwyd esiamplau yn (iv) uchod i ddangos *lawer* abladol yn newid safle ; ceir esiamplau tebyg o *dim* symudol : *nas gall . . . wneud dy farsiandiaeth di* **ddim gwell,** RBS 151 ; *ni all y rhannau . . . fod* **ddim llai** . . . *nac* . . . ib 218 ; *heb fod* **yn well ddim,** DCr[2] 87a.

§97 Yr Enw Abladol yn Air Cyntaf

(i) Credir yn gyffredin na ddylid treiglo'r enw abladol neu adferfol pan fydd yn air cyntaf yn y frawddeg ac ystyrir fod treiglo'r enw adferfol ar flaen y gosodiad yn wallus iawn. Pethau fel y canlynol a olygir : ' Flynyddoedd yn ôl . . . ' ;* ' Ddoe, cefais olwg am y tro cyntaf . . . ' ; ' Rywbryd yn ystod y ganrif cododd tuedd . . .' Y mae'r syniad hwn fod y treiglad yma'n wallus yn seiliedig ar arddull hen destunau cynnar a hen ddefodau gramadegol ; ac wrth geisio dangos nad yr un safonau sydd gennym bellach wrth lunio'n brawddegau y mae'r cyfle i gyfiawnhau'r duedd naturiol i dreiglo'r enw adferfol hyd yn oed ar ddechrau'r gosodiad.

(ii) Os seilir y rheol ddiweddar ar arfer yr hen destunau ni ellir cyfiawnhau treiglo'r gair abladol yn y safle flaen ; y gysefin, bron yn ddieithriad, sydd yn y testunau cynnar. Sylwer sut y trinir *liw nos, liw dydd* yn y Beibl. Ceir y gysefin ar ddechrau'r frawddeg a'r treiglad pryd na fydd ar y dechrau : **Lliw dydd** *y cyfarfyddant a thywyllwch,* Job v.14 ; *Yr wyf fi'n sefyll* **liw dydd,** Es. xxi.8 ; tebyg hefyd yn Job xxiv.16 ; **Lliw nos** *yn fy ngwely y ceisiais,* Can. iii.1 ; *A'i gân fydd gyda mi* **liw nos,** Ps. xlii.18 ; cymh. hefyd Barn. vi.27 ; 2 Bren. vii.12.

Ceir yr enghreifftiau hyn gydag eraill (**Doe . . .** ; eithr, . . . **ddoe**) yn WS 171, a'r rheol na ddylid treiglo ar ddechrau'r frawddeg. Y mae'r enghreifftiau a ddyfeisia J.M.-J. ei hun a'i gyfieithiad yn unol â'r hen arddull : *Dydd Llun y dof.* ' It is on Monday that I shall come ' ; *Mi ddof ddydd Llun,* ' I will come on Monday.' Dyma a olygaf wrth yr hen arddull : pan na fydd y frawddeg yn ' normal ' (h.y. heb ferf ar ei dechrau, ond rhyw air heblaw'r ferf yn y safle flaen), fe gysylltir y gair blaen â'r gweddill, pa un a fydd pwyslais arno neu beidio, drwy droi'r ' gweddill ' yn gymal perthynol, (cymal perthynol uniongyrch os ' goddrych ' neu os ' gwrthrych ' sydd ar y dechrau ; cymal traws os rhywbeth arall sydd yno), h.y. y mae pob gair yn y frawddeg normal yn glwm gan gystrawen wrth ei safle ei hun ; os crwydra o'i safle normal, rhaid ei glymu wrth y safle newydd gan gystrawen arall ; nid yw'n symudol yn y frawddeg normal. Y mae'r rheol hon yn dal o hyd ond mewn perthynas â geiriau adferfol : e.e. y frawddeg ' normal ' i Job v.14 yw ' Cyfarfyddant â thywyllwch **liw dydd,**' sef *cyfarfyddant* yn brif ferf a'i goddrych dealledig ynddi, a

*E.e. *Flynyddoedd cyn imi gofio, dioddefasai orthrwm dros ei egwyddor,* W. J. Gruffydd, Hen Atgofion 25.

liw dydd yn enw adferfol yn y traethiad. Yn ôl yr hen arddull o gyfansoddi, os rhoir *liw dydd* yn gyntaf, heb bwyslais o angenrheidrwydd, nid 'Lliw dydd, cyfarfyddant, etc.' a geir, ond '**y** cyfarfyddant.' Yn y gystrawen hon nid enw yn y traethiad yw '*Lliw dydd* (y cyfarfyddant)'; y prif osodiad yw *Lliw dydd* + cymal perthynol wrtho ; sylwer ar gyfieithiad llythrennol Morris-Jones : *Dydd Llun* y *dof*, '**it is** on Monday **that**...'; *Dydd Llun* yw'r prif osodiad o ran cystrawen, a chymal perthynol traws yw *y dof*; ac os cedwir y geiryn perthynol *y* ar ôl *Lliw dydd, Dydd Llun*, etc., iawn yw cadw'r gytsain gysefin. (Fersiwn arall ar y rheol fod yr enw adferfol yn cadw'r gysefin yn y safle flaen yw fod eisiau'r geiryn perthynol traws ar ei ôl; os dadleuir mai 'Dydd Llun . . .' sy'n gywir, rhaid derbyn y canlyniadau a gofalu fod y geiryn *y* o flaen y ferf). Nid oes a wnelo pwyslais ddim â phwnc y treiglo. Yn arddull gelfyddydol Cym. Can. y mae brawddegau dibwyslais wedi eu llunio'r un fath â brawddegau pwyslais, am fod pob gair yn y frawddeg yn rhwym gan gystrawen, heb allu symud o'i safle arferol os nad ymrwyma mewn safle newydd yn y frawddeg annormal.

(iii) Credaf fod y dyfyniadau a roddwyd uchod o'r Beibl yn cynrychioli hen arddull Cym. Can. a'r gystrawen glwm. Anfynych iawn y ceir gair neu ymadrodd adferfol yn y safle flaen heb fod cymal perthynol traws yn dilyn ; y mae ambell enghraifft fel hyn **Tranoeth** *ef a aeth y ymwelet a hi*, WM 164 ; ond o ran dim a wyddom ni fe all mai *drannoeth* yw'r iawn ddarlleniad, oblegid dengys yr enghreifftiau canlynol anwadalwch yr orgraff ynglŷn â'r gair hwn : *y bore trannoeth*, ib 149 ; *Ar bore drannoeth*, ib 228. Dyfynnwyd yn §95(v) esiampl o ymadrodd traethiadol ar y dechrau a'r gynghanedd yn profi fod treiglad ynddo :

> **Ddwylaw mwnwgl** *dan ddeiloed*
> *Ydd aeth i anghengaeth hoed*, DGG XIII.7-8.

A dylid nodi fod treiglad yma er gwaethaf y ffaith fod y geiryn perth. *ydd* + berf yn dilyn ac y mae hyn yn mynd ymhellach o blaid treiglo'r enw adferfol yn y safle flaen nag y mentrwyd mynd uchod.

Dyna awgrym o leiaf fod y duedd hon wedi dechrau. Erbyn Cym. Diw., y mae enwau adferfol yn llac ac yn symudol i raddau helaeth, ac os bydd awdur yn dewis troi 'Cyfarfyddant liw dydd' i gael *liw dydd* yn gyntaf, gwna hynny heb orfod rhoi '**y** cyfarfyddant' ar ei ôl ; ysgrifenna 'Liw dydd, cyfarfyddant.' A chan nad '**y** cyfarfyddant' sydd ganddo, nid prif osodiad yw *Liw dydd* ar ddechrau'r frawddeg, *ond yr un enw abladol yn hollol â phe delai ar ôl 'cyfarfyddant.'* Mewn geiriau eraill, os dewisir rhoi *Lliw dydd* yn ddi-dreiglad ar y dechrau, er mwyn bod yn gyson â hyn, dylid cael *y cyfarfyddant* i ddilyn, oblegid, yn ramadegol, cyflwr enwol, nid abladol, yw *Lliw dydd* yn ddi-dreiglad yn y safle flaen. Gan ein bod yn hepgor *y*, enw abladol yw *liw dydd* wedi symud ei le, a dylai gadw'r treiglad ar y dechrau a fagodd yn safle arferol yr enw abladol.

(iv) Rhoddir rhestr isod o eiriau sy'n cadw treiglad sefydlog am eu bod wedi eu hir arfer fel enwau abladol neu eiriau traethiadol, geiriau fel *bellach* a *beunydd*. Enghraifft o'r dosbarth hwn yw **ddoe** (e.e. '*Ddoe* mewn cyfarfod misol ar lith ariannol sych, etc.' Cynan. *Monastîr*) ond myn rhai arfer y ffurf gysefin *doe* yn ôl y rheol mai hynny sy'n iawn ar ddechrau'r gosodiad. Prawf fod y gair wedi magu treiglad sefydlog yw ei fod yn cadw treiglad yn y cyflwr genidol mewn ymadroddion fel *bore ddoe*, *bara ddoe*; a rhywbeth tebyg i *bore ddoe* yw'r enghraifft a ddyfynnwyd gynnau: *ar bore drannoeth*, WM 228; cymh. *Un a ddywad*, **ddoe** *bychan oedd gan A. gael tir yr holl fyd* . . . ; **ddoe y** *gallai A. bardyny* ; **doe** *roedd A. au dresor yny gistau*, DCr[2] 106a* Nid yw *naill ai* yn peri tr. i'r enw sy'n dilyn, eithr cymh.: *naill ai* **ddoe** *neu echdoe*, ML I.431 ; [cyferb. y gysefin ar ôl *na* : *gwell heddiw na* **dou,** ALMA 6 (Morris Prichard)] ; cymh. hefyd :

> **Ddoe** *yr oedd im wâdd ar ŵr,*
> *Heddiw mae fy ngwahoddwr*, GGl xxxv.17-18.

Fe ellid darllen y ffurf dreigledig yn y llinell :

> *Doe yn wan, heddiw'n wannach*, IGE[2] 257.15.

Fel enghraifft o'r enw adferfol symudol, cymerer y gair cyntaf yn soned *Y Llwynog* : '**Ganllath** o gopa'r mynydd . . . Llwybreiddiodd ei ryfeddod prin o'n blaen '—y brif ferf yn dod yn y chweched linell. Nid ' Canllath . . . *y* llwybreiddiodd ' fel petai pwyslais, ' It was a hundred yards away . . . that ' ; yr un pwyslais neu'r un diffyg pwyslais, a'r peth sydd bwysicaf, yr un swyddogaeth sydd i *Ganllath* ar y dechrau â phetai ar ôl y ferf, sef bod yn enw abladol. Ac y mae'r holl enghreifftiau a welir o ' Flynyddoedd yn ôl . . .,' ' Ganrif ynghynt . . .,' etc. yn eiriau abladol symudol, yn cadw'r treiglad a fagwyd yn y traethiad pa safle bynnag sydd iddynt yn nhrefn y frawddeg. Cymh.: **Ddant** *neu ddau'n îs, yr oedd cegin rôst helaeth iawn*, BC 103 ; **Gyferbyn** *a'r drws . . . yr oedd . . . ib* 106.

Afraid, efallai, ychwanegu hyn, sef, os daw cysylltair fel *a* o flaen gair abladol, y mae hynny'n dadwneuthur y treiglad, ac fe allai hynny ddigwydd ar ddechrau neu ar ddiwedd y frawddeg ; h.y. ni all '*F*lynyddoedd yn ôl . . .' nac ychwaith '. . . *f*lynyddoedd ar ôl hynny ' aros ar ôl ' a +.' Y mae rhai geiriau serch hynny a geidw'r treiglad hyd yn oed ar ôl *a*, megis *gartref*, *bellach*, *beunydd* ; ac nid yw'n hawdd dywedyd sut y dylid

*Enghraifft yw'r ganlynol a gadw'r gysefin ar ôl yr orffwysfa er bod tr. i'w ddisgwyl yn ôl arfer rhyddiaith : *Y ceiliog serchog ei sôn / Bronfraith ddilediaith loywdôn / Deg loywiaith,* **doe** *a glywais* . . . DGG xxxv.9-10. Dylid nodi un peth am *doe*, fod tafodiaith sir Benfro yn ei gadw heb dreiglad yn y ffurf *dwe*.

trin *liw nos* ar ôl *a* ; e.e. *a lliw nos y deuant i'th ladd di,* Neh VI.10 ; beth os daw ' lliw dydd ' a ' lliw nos ' yn y traethiad ? Oni fyddai tuedd gref i gadw'r treiglad yn y ddau ymadrodd er bod yr ail yn dilyn *a*, h.y. ' deuant **liw dydd a liw nos** ' ? Fe ellir cywiro'r canlynol eithr dengys y duedd hon yn effeithiol iawn : *Drachefn a drachefn,* Williams (1811) 105.

§98 Geiriau Traethiadol Sefydlog eu Treiglad

(i) Awgrymwyd fwy nag unwaith fod nifer o eiriau ac ymadroddion, oherwydd eu harfer yn gyson yn y traethiad neu yn swydd yr hen gyflwr abladol, wedi magu treiglad sefydlog—a rhai ohonynt heb allu cymryd eu ffurf gysefin ond mewn ystyr arall wahaniaethol—fel *gartref, bellach, gynt, gyferbyn, gynnau, weithiau, beunydd.*

(ii) *Gartref*

Am y gwahaniaeth rhyngddo ac *adref*, gw. SD nod. t 99, sef ' at home ' a ' homewards,' a dylid gochel rhag cymysgu *gartref* a'r cwtogiad *'g adre* < *tuag adref**. Gan mor sefydlog yw'r ffurf *gartref,* fe gedwir y ffurf dreigledig hyd yn oed ar ôl *a*, etc. ; a heb gadw'r *g* yn y cysylltiadau hynny ni ellir cyfleu'r ystyr arbennig, ' at home.' Yn Sir Gaerfyrddin a Sir Benfro aeth *gartref* yn ffurf gysefin a ellid ei threiglo'n *artref, artrefol*—ffurfiau y mae esiamplau ddigon ohonynt yn iaith Pantycelyn ac emynwyr eraill Sir Gaerfyrddin ; cymh. *i dy ei hir-artref,* Cofiant Gomer i'w Fab, LIX (Gweithiau Gomer) ; a gw. uchod §19(vii) ac isod §179(i) lle yr ymdrinir â'r gytsain gysefin anwadal.

(iii) *Bellach*

Soniwyd uchod yn §19(vi) am yr angen a deimlwyd fod eisiau gwahaniaethu rhwng *bellach* adferfol a'r ans. *pellach.* Felly y mae tuedd i beidio â threiglo'r ans. *pellach* hyd yn oed ar ôl enw ben., a thuedd i gadw *bellach* adferfol yn sefydlog ym mhob man, cymh. *a bellach,* WM 166 ; YCM² 64.†

*Yn rhesymegol y mae gosod *tuag* o flaen *adref* yn ddianghenraid gan fod ystyr *tua* yn y ffurf *adref* eisoes. Ymddengys fel cymysgedd o *tua thref* ac *adref.* Nid llygriad diweddar yw fel y dengys y llinell : *Teg edrych tuag adref.*

†Gan fod *bellach* adferfol yn arwyddocâu ' amser,' h.y., ' from now on, from a certain point of time on, henceforth,' arferwn *ymhellach* am bellter ; ond fe ellid arfer ' bellach ' am bellter : *Nis calyn merch anerchwedd, Na gŵr iach* **bellach** *y bedd,* IGE² 289.30 ; (' ymhellach na'r bedd ') ; *nac ewch* **bellach** *hynny,* WM 35 ; cymh. enghraifft o arfer y gair fel ans. cymharol gydag arwyddocâd ' amser ' ; *nyt oes oet bellach auory,* ib 135 (RM *noc auory*) ; cymh. ymhellach : *fyned bel(l)ach* hyn, DCr¹ 44ᵇ ; 67ᵇ; *cyn myned pelhach,* ib 38ᵃ ; (*ymhellach* sydd yn ib ²31ᵃ ; 27ᵃ). Sonia'r nodiad yn PKM 156 am y gystrawen gynnar a ddefnyddir heb *no, noc* ; a cheir esiamplau o hyn yn ML, er nad wyf yn sicr ai dynwared hen arddull sy'n gyfrifol amdanynt yno : *ni bu monwy'* **bellach** *Pentre Eirianallt,* 1.168.

(iv) *Beunydd*

Cyfansoddiad cynhenid y gair hwn yw ffurf draws ar *pob* + *dydd* ; a'r ffurf sy'n cyfateb i *nos* yw *beunoeth,* gw. WG 436. Felly yr hen ffurf gysefin fyddai *peunydd, peunoeth* ; a gellid disgwyl i'r rhain roi tr. llaes ar ôl *a.* Yn WM ceir esiamplau o'r hen gysefin ac o'r tr. llaes : **Peunyd** *pob hanher dyd y kymerei,* 189 ; *a hwnnw a ladei wy* **peunyd**, 156 ; *a hediw* **a pheunyd,** 26 ; cymh. **a pheunoeth,** SD 724.

Oherwydd eu harfer yn abladol o hyd ac o hyd daeth *beunydd, beunoeth* yn ffurfiau sefydlog a chollwyd yr hen gysefin. Erys *b* ar ôl *a* yn y priod-ddull ' byth a beunydd ' ; ac i wneuthur ans. fe'i lluniwyd o'r ffurf *beunydd* + *iol,* a dreigla'n *feunyddiol* ar ôl enw ben. neu ar ôl y geiryn *yn* ; gw. §19(vii).

(v) *Gynnau*

Cynneu* fyddai'r ffurf gysefin gynhenid os tarddair o *cynt* yw; gw. L & P 261 ; fel gair adferfol magodd dreigiad sefydlog, cymh. *kywira y geir a dywedesti* [= *eisti*] **gynheu, WM 153. Hyd y gwyddys, nid yw *cynneu* yn digwydd o gwbl, a phan fyddai achos i ddefnyddio'r adferf fel ansoddair, byddai raid arfer *gynneu* ar ôl enw gwr., e.e. *pwy y marchawc gynneu,* WM 209 ; *y gwr gynneu,* ib ib ; *y dyn gynheu,* ib 251 ; gw. §19(vii).

(vi) *Gynt*

Ceidw **gynt** y treiglad pan fo'n adferfol, ac yn *y dyd gynt,* WM 162 cedwir y ffurf dreigledig hyd yn oed pan fyddai'n ans. ar ôl enw gwr. Erbyn heddiw ceisiwyd gwahaniaethu rhwng *gynt* adferfol, a erys felly ym mhob safle, (e.e. **Gynt** *yd oed brenhin, Tiries oed y henw,* B IX.46) a *cynt* fel ans. cymharol a geidw'r gysefin hyd yn oed ar ôl enw ben. ; (enghraifft ddiddorol yw fod *y noson gynt* yn yr hen argraffiadau o *Enoc Huws,* e.e. t 83, a bod hyn wedi ei newid yn *cynt* yn argr. diwygiedig T.G.J.) ; gw. uchod §19(vi) hefyd. Fe all *gynt* adferfol gadw'r treiglad sefydlog a bod yn ansoddeiriol pan olyga ' ers llawer dydd,' e.e. *yr hen amser gynt* ; cymh. *Nid oedd yno fawr or hen boblach* **gynt** *yn fywion,* ML I.135.

Noder fod tr. llaes yn y priod-ddull ' na chynt na chwedyn,' cymh. *na chynt na gwedy,* YCM² 157.

(vii) *Weithiau*

Dyry OIG 31 *weithiau,* a WG 435, heb sôn o gwbl am ffurf gysefin gynhenid. Ceir digon o esiamplau o *Gweitheu* yn yr hen destunau, e.e. **Gweitheu** *ereill y byd o bennill hir . . . Ac yn y pennill hir* **gweitheu** *y byd yr awdyl gyntaf yn y seithuet sillaf . . .* **Gweitheu** *ereill y byd yr awdyl yn yr wythuet sillaf . . .* **Gweitheu** *ereill y byd yr awdyl yn y nawuet sillaf,* GrPen 9 ; *kanys* **gweitheu** *y darystyngei eidol . . .* **Gweitheu** *ereill y* *darystyngei heingyst*, RBB 162 ; *kanys* **gweitheu** *y byd pechawt* **gweitheu** *ni byd*, B VIII.137 ; **a gweithyev** *y begythei ef wynt* **a gweitheu** *ereill y gwahodei*, ib IX.47.

Y mae rheswm arall yn ymddangos yn rhai o'r dyfyniadau hyn dros gael *weithiau* treigledig, heblaw'r duedd i droi geiriau traethiadol yn sefydlog eu treiglad, sef bod *a gweithiau* wedi ymrannu yn *ag* neu *ac weithiau*, fel y troes *a gwedy* yn *ac wedy*, gw. §175(ii) isod ; h.y. *a gweithiau y byd o dri geir byrryon o seith sillaf*, GrPen 9.1-2, hynny'n troi'n ' ac weithiau,' e.e. **Ac weithiau** . . ., ib 126. Dyna yw'r esboniad tebycaf gan nad oes tuedd o gwbl i adfer yr *g* yn safle flaen y frawddeg. Enghreifftiau o'r ffurf ' dreigledig ' yn y safle flaen : *Weithiau y daw, draw draha, / Weithiau yn ddiau ydd â*, DGG LIX.17-18 ; *Weithie eraill nid yw ef yn gwadu*, DFf 45. Ar y llaw arall, iawn yw dywedyd fod y gair yn treiglo hefyd am ei fod yn draethiadol, e.e. *Ef a gadarnhawys*, **weith arall,** *o'e bregeth*, YCM[2] 38.

Ceir **waith** yn gyffredin ar lafar gwlad yn y De, yn golygu ' o achos '. Ymddengys mai **o waith** yw'r gystrawen wreiddiol ; cymh. yr *o* yn *o achos, oherwydd, oblegid* ; a thueddaf i feddwl mai *gwaith* gwryw. sydd yma, a bod ' by the work of ' (' by the action, by means ') yn rhoi'r ystyr ' as a result of,' a hynny wedyn yn rhoi'r ystyr ' because ' ; e.e.

Lle rhoed **o waith** *llaw a rhaw*
Llywelyn, lle i wylaw ; GGl v.7-8 (Mnd Lln ap y Moel) ;

h.y. ' by the action of hand and spade (in the grave) ' ; cymh. ymhellach : *y ladd ef* **o waith** *pechoda trymion*, HG 3 ; *yn troi ni'r plas anghiriol / i bu Addaf ve ai blant*, **o waith** *i trachwant bydol*, ib 133.16.

Enghreifftiau diweddarach, a rhai wedi colli'r *o* : **O waith** *colli un o'r milwyr*, Thos. Dyer, Mnd Ddd Rees o Lanfynydd (1818) 2 ; **Waith** *iddo gwrdd â phen ei daith*, ib ib ; *Galar sydd* . . . **O waith** *ei anfon ef i'r bedd*, Evan Dafydd, Galarnadau Seion (1808) 9 ; **O waith** / *Fy ngharu i dra-gwyddoldeb maith*, John Thomas, Caniadau Sion (1788) 13 ; *Pwy na wylai* **waith** *i'r angau / Ddiffodd cannwyll yn Llanganau*, John Miles, Coff-adwriaeth am y Parch. David Jones, Llanganna (1810 ? 1811 ?) 2.

Ond y mae'n bosibl mai *gwaith* ben. sydd yn y gystrawen *o waith*, a bod yma gyfansoddiad tebyg i *oraur* y COMPUTUS (= o achos) ; peth digon hysbys mewn cystrawen yw i air yn dynodi amser ddod i wasanaethu fel cysylltair achosol (drwy arfer y cyflwr genidol, ac efallai mai olion hynny yw'r ardd. *o*). Argreffir *Y Gwenith Gwyn* fel rheol (e.e. yn *Y Flodeugerdd Gymraeg*) heb roi ffurf dreigledig *gwaith* : "Gwaith rwy'n dy weld, y feinir fach" ; byddai *waith* yn cynrychioli'r dafodiaith yn well. Cymh. §182(iv).

Am y ffurfiad *weithon, weithian*, gw. §100(v).

(viii) *Gyferbyn, gyfarwyneb, gyfarystlys*

Dyfynnwyd gynnau enghraifft o *gyferbyn* ar ddechrau'r gosodiad : *Gyferbyn a'r drws . . . yr oedd . . .*, BC 106. Fe geidw'r geiriau hyn y ffurf dreigledig hyd yn oed os dônt ar ôl yr enw fel ansoddair : *y tŷ gyferbyn*, etc. Wele esiamplau o'r ymadroddion eraill : *yn y coet* **gyfarwyneb** *ac ef*, WM 157 ; *enys von* **gyvarwynep** *ac wynt*, P 16 t 93a (WM) ; *ac y gallei bedwar keirt kerdet* **gyfarystlys**, YCM² 74-5 ; *a cherdwn* **gyuarystlys** . . . *a cherdet* **gyuarystlys**, B v.219.

(ix) *Fry*

Hyd y gwyddys nid yw'r ' gysefin ' yn digwydd er mai ffurf draws ar yr enw *bre* yw hwn, gw. WG 163, 434 ; L & P 30. Dyma linellau a ddengys y ffurf yn sefydlog ym mhob safle :

Oriau hydr yr ehedydd
A dry **fry** *o'i dŷ bob dydd*,
. . . . . .
Fry *yr ai, iawngai angerdd*,
Ac fry *y ceny bob cerdd*, DGG XXXII.1-2 ; 13-14.

§99 GEIRIAU TRAETHIAD YN CADW'R GYSEFIN

(i) *Ansoddeiriau Cyfartal*

Y mae'r ffurfiadau cyfartal fel dosbarth, *cyhyd*, *cymaint*, *cystal*, *cyn newydded*, etc., yn tueddu i wrthsefyll dylanwadau treiglo. Hawdd dyfynnu esiamplau ohonynt yn treiglo ymron pob cysylltiad, ond os ymglywir ag arddull yr iaith lafar fe sylwir fod y ffurfiau cyfartal yn cadw'r gysefin lle byddai treiglad i air arall, a chadarnha hyn y mynych enghreifftiau a geir yn yr hen destunau o gadw'r gysefin. Un peth sy'n sicr, nad yw'r ffurfiau cyfartal yn treiglo agos cymaint, nac yn yr iaith lafar nac yn yr hen destunau, ag y gwneir iddynt yn yr iaith lenyddol ddiweddar. Gan eu bod yn gwrthsefyll treiglo mewn cysylltiadau eraill heblaw yn y traethiad, fe ymdrinir â'r ffurfiau hyn yn yr adran ar GWRTHSEFYLL TREIGLO, §§166-7.

Cynrychiolydd da o'r nodwedd hon yw'r ymadrodd *cymaint un*, oblegid pe rhoid *pob un* yn ei le yn yr enghreifftiau a ganlyn fe geid treiglad, ond y mae'r rhan fwyaf o'r enghreifftiau o *cymaint un* yn cadw'r gysefin. Gw. nodiad ar SD 398 ar t 96, "*Lleddir, myn vyg cret ! avory y bore . . . ac wynteu* **kymeint un**" ; dyfynnir yno sawl enghraifft o'r priod-ddull a phob un yn cadw'r gysefin : cymh. ymhellach : *Wyntwy* **cymain hun** *a'u tâl*, GGl XLVII.44 ; *chwithau hefyd* **cymmain un**, Eph. v.33 ; *saith o wŷr, a marw o honynt* **cymmain un** *yn yr ystafell briodas*, Tobit VI.13 ; *ac eu llad* **kymeint un**, YCM² 24 ; *a'r doythion* **kimin vn**, B II.211 ; *Sadler a ffelt maker* **cymint vn**, CRhC 187, [*a'r meddygon* **gymaint vn**, ib ib] : (*kodir esgyrn* **kymin hvn**, ib 318, cyflwr genidol yw yma, = ' esgyrn pob un ') ; *O rhown Hosanna* **cymmain un**, Jenkin Jones, Hymnau (1768) 39 ;

a dyma enghreifftiau pellach o dreiglo : *Nag ymwanhaent,* **ġymain hun,** TA 92.47 ; *I'n gwaredu* **ġymmain un,** HG 127 ; hefyd 128.

Dyma ychydig esiamplau o'r ffurfiadau cyfartal yn eu swyddogaeth normal, rhai'n cadw'r gysefin ac eraill yn dangos treiglad : *wedi eu bod yno* **cyhyd,** HFf 209 ; *er na ŵyr y gigfran* **cystal** *ar Eryr beth yw,* GMLl 1.167 ; *chwi welwch* **cyhyd** *y maent . . .* ML I.90 ; *ni buont erioed* **cyhyd** *oddiwrthyf or blaen,* ib I.308 ; *wedi gorwedd* **cyhyd** *mewn agennau,* YmDd 69 ; *iddynt hwy barhau* **cyhyd,** ib 381* ; [cyferb. *a gadwyd ag a fuont gymeradwy* **ġyhyd** *ag mor gyffredinol yn Eglwys Dduw,* DFf 53 ; *yn aros* **ġyhyd** *yn y llwch,* ib 120 ; *Crist yn ddiau, a ddoedodd,* **ġyhyd** *o'r blaen, am ei Eglwys ef,* ib 99] *nid yw'r bobl* **cynddrwġ** *ag ydyw'r offeiriaid,* ib 102 ; *Onid yw'r Eglwysydd newyddion ymma* **cynddrwġ** *a'r eglwysydd plwyfol gynt,* GMLl 1.229.

Anaml iawn y ceir esiampl o *cyn* + cyfartal yn treiglo : *Nid yw fy athrawiaeth i* **cyn newydded,** DFf 119 ; *symmud hwynt* **cyn belled,** ib 391 ; *a thynghedu* **cyn fynyched,** ib 383 ; *dy garu di* **cyn bured, cyn ġynnhesed,** HDdD 92 ; *ath wna di* **cyn waeled** *a'r ddaiar,* YmDd 120.

(ii) *mwy, mwyach*

Tuedda *mwy* hefyd i wrthsefyll dylanwadau treiglo a cheir enghreifftiau ohono'n cadw'r gysefin fel gwrthrych berf ; gw. esiamplau isod yn adran GWRTHSEFYLL TREIGLO §165. Fel adferf nid yw *mwy, mwyach* yn treiglo byth ; cymh. *nid ffydd ydyw hi yn awr,* **mwy naġ** *y mae gŵr marw yn ŵr,* Hom 1.41-2 ; *nis gall beidio â meddylied,* **mwy naġ** *y gall yr afon beidio â rhedeg,* HFf 300. Yn y dyfyniadau hyn ceir *mwy* + *nag,* sef cystrawen arferol yr ans. cymharol. Pan fydd *mwy* heb *na(g),* yn gyfystyr â *mwyach,* ceidw'r gysefin yr un modd : *nid ymddangosodd y wraig i mi* **mwy,** 2 Esdr. x.27 ; *ni's gweli* **mwy** *lun y wraig,* ib 42 ; *ac nid â dieithriaid trwyddi* **mwyach,** Joel III.17 ; *a syrthiodd ni chyfyd* **mwy,** Amos v.2.

Peth cymharol ddiweddar, mae'n debyg, yw'r priod-ddull ' mwy neu lai,' i gyfateb i'r Saesneg ' more or less.' Yn unol â'r wybodaeth fod geiriau traethiadol neu adferfol yn treiglo, gwneir i *mwy* dreiglo yn fynych mewn cysylltiadau tebyg i hyn, ' rhyw ddwy fil, fwy neu lai . . .' Y mae treiglo *mwy* fel hyn yn swnio'n annaturiol, a chan fod tuedd mor gref i *mwy* wrthsefyll treiglad, byddai'n well cadw cysefin ' mwy neu lai ' yn sefydlog.

Ymdrinir â **ġan mwyaf** isod ym mhennod yr ARDDODIAID, §147(v). Diddorol nodi fod *mwyaf* yn cadw'r gysefin ar ôl *gan* ; ymddengys hyn yn

*Gellid dadlau nad traethiad yw'r ans. cyfartal mewn enghreifftiau fel hon, eithr lled-wrthrych (i'r berfenw), tebyg i gystrawen *aros blwyddyn, symud cam,* etc., gw. §89(iv). Gan hynny, er bod testun YmDd yn cadw cysefin *cyhyd* fel traethiad, fe wna iddo dreiglo fel ' gwrthrych genidol ' ar ôl sangiad : *a rhoddi i mi* **ġyhyd** *o amser,* 141.

unol â natur *mwy, mwyach,* a geirynnau fel *mor, cyn,* sy'n gwrthod treiglo lle disgwylir i eiriau eraill dreiglo.

(iii) *Rhagor*

Pan ddefnyddir *rhagor* fel adferf gydag ystyr ' yn fwy na,' ceidw'r gysefin fel rheol : *ac a fuant annuwiol . . .,* **rhagor** *pob cenhedl a theyrnas,* 1 Esdr. I.24. Ond fel sy'n gyffredin gyda chystrawennau a geiriau'n dechrau â *rh,* y mae llawer o ansicrwydd, ac oblegid y dyb y dylai geiriau adferfol dreiglo, rhoir treiglad i *rhagor* yn bur aml : *yr adwaenir Cristianogaeth* **ragor** *Doethineb y byd,* RBS 82 ; *na'i law ddeheu* **ragor** *yr asswy,* ib 126 ; *yn y naill ddyn* **ragor** *y llall,* ib 239 ; cyferb. *y cyssylltid dynion a'u gilydd mewn Cymdeithas . . .* **rhagor** *gyrroedd o Anifeiliaid,* ib 142.

Y mae'n bosibl fod testunau fel RBS yn rhoi cynsail i Bantycelyn i wneuthur yr un peth, ond y mae lle i gredu fod Pantycelyn yn gweithredu ar sail y dyb fod geiriau adferfol yn treiglo'n rheolaidd ; cymh. *fel y cawsai gariad attaf* **ragor** *nâ neb arall . . . ac yn tynnu serch y rhain . . . o ddiben yn y diwedd,* **ragor** *i'w gwneud yn butteiniaid nag yn wragedd,* DNupt 18.

Defnyddir **goruwch** mewn safle debyg a chydag ystyr sy'n weddol agos i *mwy* a *rhagor* ; dengys y dyfyniad canlynol fod y ffurfiad hwn yn cadw'r gysefin : *rhag gosod o honof ogoniant dŷn* **goruwch** *gogoniant Duw,* Esther, Apoc. XIII.14 ; gw. isod §150(ii) am enghreifftiau o *goruwch, goris.*

(iv) *Byth, fyth*

Y mae *byth* yn anwadalu rhwng ' cysefin ' a ' threiglo.' Ni ellir rhifo'r holl esiamplau a ddigwydd yn y testunau safonol i weld pa beth sydd amlaf ond yr argraff ar fy meddwl i yw mai'r ffurf *byth* sydd amlaf. Bernir mai gair benthyg o'r H. Wyddeleg yw, gw. WG 435 ; a diau fod a fynno hynny â'r duedd i gadw'r gysefin. Dylid sylwi nad yw'r gair yn dangos treiglad ar ôl *am* a *tros,* e.e. *tros byth,* LGO 100 ; 103 (cyferb. *dros byth,* DCr[1] 49a = *dros vyth,* ib[2] 33b). Dyfynna WG 435 enghreifftiau o *a phyth,* RP 1028 ; hefyd LGC 264 ; (noda G enghraifft yn RP 1364.13 ; cymh. hefyd : *y gwr yssyd vyw a phyth a vyd vyw,* B IX.334 ; *a byth,* DCr[1] 59a = *a phyth,* ib[2] 38b), a chyfrifir am y ' tr. llaes ' fel camgydweddiad ag *a chynt.* Y mae hyn yn awgrymu hefyd fod **byth** yn cael ei ystyried yn ffurf dreigledig, gan mai hynny yw'r ffurf arferol yn y traethiad, a bod modd llunio cysefin newydd, sef *pyth.* Gellir ei gymharu hefyd â geiriau benthyg eraill, megis yr enw *Gilfathwy* yn *Math* ; ni threiglir *G* yr enw hwn byth ac erys lle dylai tr. m. fod ; ond fe geir esiamplau o dr. llaes ar ôl *a* fel petai *Cil—* yn gysefin ; (ynglŷn â threiglo geiriau benthyg gw. §169(iii) a §176 isod). Gellir cymharu parau fel *gyda, a chyda* hefyd.

Pan fyddir yn dyblu ac yn ' lluosogi ' i gael *byth bythoedd* neu *fyth fythoedd* (fy argraff yw mai'r ffurf gyntaf sy'n digwydd amlaf), yr un gytsain, hyd y sylwais, a geir ar ddechrau'r ddwy elfen, h.y. ni cheir ' byth fythoedd ' na ' fyth bythoedd.'

Dyfynnir esiamplau yma'n unig i ddangos yr anwadalu rhwng *byth* a *fyth* : *wrth na mynnaf i dydi* **byth,** SD 691-2 ; *Ni deruyd* **byth**, ib 700 ; *Na chredaf, dioer,* **byth,** ib 997 ; *ac a'i gwylltei* **byth** *y wrthaw ef,* ib 1058 ; *Na uynnaf, myn y gwr yssyd vch penn* ! *gwr* **vyth** *gwedy ef,* ib 628 ; cymh. ymhellach : *a bod yno* **fyth fythoedd,** BC 90 ; *dyma'ch croeso* **byth bythoedd**, ib 92. Ceir amryw esiamplau yn G, rhai o *byth* ac eraill o *vyth,* heb ymgais i wneuthur rheol a wahaniaetha rhyngddynt, am y rheswm syml nad oes dim rheol.

(v) *Llwrw*

Dyfynna WG 415-6 enghreifftiau o *llwrw* ei hun, yn adferfol a heb dreiglad, ac o *yn llwrw,* ac *ar llwrw.* Cyfeiria hefyd at "S. W. dial. *lwrw i ben,* ' headforemost '," ond amheuaf a geir y ffurf dreigledig yma o gwbl ar lafar gwlad ; *llwr' i ben,* a *llwr' i gefen* a glywir ar lafar. Dengys y geiryn *yn* a geir o flaen *llwrw* yn rhai o'r enghreifftiau fod yr ymadroddion yn draethiadol, a'r un grym sydd i'r rheini nad arferant y geiryn.

Enghreifftiau lle ceir y geiryn : *yn rydeg yn llwyr i ben y yffern,* MCr 7[a] ; *ac a hwpwyd yn llwyr i peney i yffern,* ib 16[b] ; heb y geiryn : *Gado'r stormydd* **llwyr** *ein cefnau,* John Thomas, Can. Sion (2 argr. 1788) 247.

§100 Gair yn Ddealledig o Flaen Enw Adferfol

(i) (*Y*) *pryd hynny* [*hwnnw*]

Y mae arfer ansoddair dangosol ar ôl enw yn golygu fod y fannod o flaen yr enw ; felly *y pryd hynny* yw ffurf lawn a chwbl gywir yr ymadrodd hwn ; e.e. *Y pryd hynny y tosturiais,* 2 Esdr. I.19 ; *a pha beth a wnaf i chwi y pryd hyn* ? ib II.5. Collir y fannod ar lafar gwlad ac oherwydd hynny, ac oherwydd caledіad *d* + *h*, y peth a glywir yw *pryt-ynny, pyrt-ynny* ; cymh. *y prytwn,* WM 102. Ni feddelir byth yn yr iaith lafar, er mai geiriau adferfol yw *pryd hyn, pryd hynny,* am fod y fannod yn ddealledig. (Dylid sylwi serch hynny nad yw bannod ddealledig o angenrheidrwydd yn rhwystr rhag treiglo gair fel pe na bai bannod ddealledig, e.e. y mae'r fannod yn ddealledig o flaen *tu allan* ond y mae tr. llaes ar ôl *a* ; ac amrywiad ar *a'r pryd hynny* yw *a phryd hynny*). Ond am fod rhyw syniad am dreiglo geiriau adferfol yn cael y trechaf ar briod-ddull naturiol y glust, daeth yn arfer i ysgrifennu *bryd hynny* ym mhob safle ond y safle flaen. Gan ei bod yn ddymunol cael yr iaith lenyddol a'r iaith lafar i gytuno hyd y gellir, rhaid argymell cystrawen yr iaith lafar yn hyn o beth gan mai hyhi sydd gywiraf yma. Cymh. : *megis y gwnaethom* **pryd hynny,** DByrr 84* ; *a chyn gymaint oedd fy ffwdan* **pryd hynny,** ML 2.85 ;

*Nid yw'r fannod ddealledig yn rhwystr rhag treiglo ar ôl ardd. *hyd,* e.e. *hyd bryd hynny,* ib 207. Fy hunan credaf y dylai'r fannod gael ei hadfer yma.

(gyda'r fannod : *beth a roesei* **y pryd hynny** *er cael* . . . DCr[1] 17[a] ; enghraifft debyg, ib 32[a] ; *ein bod ni oll* **y pryd hynny** *ynddo ef,* LlHyff 4 ; *er nas gwyddwn i ddim* **y pryd hynny,** LGO 77).

Yng ngweithiau'r emynwyr cynnar y ceir yr anwadalu mwyaf : *pryd hyn* ar ddechrau brawddeg : *Pryd hyn pwy help fy enaid gwan, I ddringo o'r anial fyd i'r lan,* Williams (1811) 79 ; *Pryd hynny caf* . . ., ib 125 ; eto 207 ; *Pryd hyn bydd braw ar blant y byd,* John Thomas, Can. Sion 17 ; ar ganol brawddeg : *Ni gofiwn y croesbren o newydd* **pryd hyn**, Williams (1811) 427 ; *Du wyf* **pryd hyn,** ib 228 ; *Fe dderfydd ein cystuddiau, /* **Pryd hyn,** *a'n temtasiynau,* ib 862 ; *Arch-angel gân* **pryd hynny** *ne's crynu'r ddaear ddu,* MR, G. Nebo (argr. Elfed) 41 ; *Y meirw y 'Nghrist a saif* **pryd hynny,** John Lewis o Lantrisant, Hymnau (1808) 21 ; enghreifftiau o dreiglo : *Fath* **bryd hynny** *fydd fy ngwedd,* Williams (1811) 297 ; *Ac eirch in godi bawb* **bryd hyn,** D.J. o Gaeo (1775) 96 ; *Ein Duw* **bryd hyn** *Tan yssol oedd,* ib 165 ; *A gaiff fy enaid i, O Dduw, / Fod gyd a'r saint,* **bryd hynny'n** *byw* ? Timothy Thomas, Moliant i Dduw (1764) 66.

Y mae'n iawn arfer tr. yn *bryd arall, dro arall,* yn draethiadol, oblegid fe ellir rhoi *arall* ar ôl *pryd* a *tro* heb fannod o flaen yr enw—os yw'r enw yn amhendant, wrth reswm.

(ii) *Fesul tipyn, etc.*

Y rheswm am gael treiglad i'r enw *mesur* yn yr ymadroddion adferfol a gynrychiolir gan y pennawd yw fod yr ardd. *o* yn ddealledig o'i flaen ; cymh. *A'r rhai hynn* **o fessur** *ychydig* . . . *a lygrassant heppil cenedl ddyn,* B VIII.114 ; *gan farnu* **o fesur** *ychydig ac ychydig,* D. Sol. XII.10 ; *a'r pyscod yn rhedeg* **o fesur** *mîl,* RBS 57 ; **o fesur** *ychydig,* ib 220.

(iii) *Led y pen*

Ymddengys mai'r un peth sy'n cyfrif am y treiglad yma eto, sef bod yr ardd. *o* yn ddealledig, ac nid am fod yr ymadrodd yn draethiadol : Cymh. *Mae pyrth y nef* **o led y pen,** Williams (1811) 379 ; *a phyrth y dre* **o led y pen,** Evan Dafydd, Galarnadau Seion (1808) 13. Enghraifft o hepgor yr ardd. : *Mae drws trugaredd* **led y pen,** MR G. Nebo (argr. Elfed) 119. Y peth a ddengys fod yr ymadrodd yn draethiadol, yn gyfartal ag ' yn llydan-agored,' yw fod y geiryn *yn* yn dueddol i ymwthio o'i flaen : *Agorodd ef* **yn lled y pen** / *Holl auraidd byrth y nefoedd wen,* Williams (1811) 162 ; *a'r pyrth* **yn lled y pen,** MR 91.

Byddai'r ffurfiad dybledig *led-led* yn help yma i golli'r ardd. *o*, mewn ymadrodd sy'n bur debyg o ran ystyr.

(iv) *Rhan fynychaf, man pellaf, fan bellaf*

Y mae arfer y radd eithaf ar ôl enw yn golygu fod y fannod o'i flaen, o angenrheidrwydd. Felly *y rhan fynychaf,* etc. yw'r ymadrodd yn llawn.

Collir y fannod wrth siarad ond ni ddylai hynny demtio neb i dreiglo'r enw pan ddefnyddir ef (+ gradd eithaf) yn draethiadol (mewn cyd-destun fel hyn, 'dyna ydynt, ran fynychaf'; 'rhyw filltir i ffwrdd, fan pellaf'). Y mae'n clust yn bur ansicr ynghylch *rh* a dylem lynu wrth yr ymresymiad yma fod y fannod yn ddealledig. Nid oes amheuaeth nad *man pellaf* a glywir ar lafar gwlad yn y De. Mewn rhai mannau y mae *man* yn fenywaidd yn yr ymadrodd traethiadol hwn: iawn disgwyl *fan bellaf* gan gynrychiolwyr y tafodieithoedd hynny; ond y rheswm am dreiglo wedyn yw, nid fod yr enw yn abladol, ond am mai enw ben. yw, ar ôl y fannod ddealledig.

(v) *Weithon, weithian*

Tarddiad y ffurfiau hyn yw *y waith hon,* wedi ei gywasgu a'i dorfynyglu, gw. WG 297. Yma eto y mae'r fannod yn ddealledig fel nad oes dichon mynd yn ôl at ffurf 'gysefin' fel 'gweithon'; cymh. *weithon gwreic wyf i,* WM 89.

(vi) *Tu allan, tu draw, etc.*

Noda WS 8 nifer o enwau sy'n bendant heb eisiau'r fannod o gwbl pan arferir hwy'n abladol i wneuthur adferf neu ymadrodd cyfartal ag arddodiad, e.e. *pryd (y), lle (y), man (y), modd (y), tu yma,* etc. Os ystyr hyn yw fod yr enwau heb fannod o gwbl, nac yn wirioneddol nac yn ddealledig, ymddengys yn amheus i mi, oblegid y mae'r fannod ddealledig yn dod i'r golwg ar ôl *dyna*; a hyd yn oed os na cheir y fannod ar ôl *dyna,* y mae'r ffaith mai'r gysefin a geir ar ei ôl yn profi fod y fannod yn ddealledig, h.y. *dyna'r pryd (y)*; *dyna lle (y)* = *dyna'r lle (y),* cymh. *gwlad Roeg, neu'r Aipht* **neu mann** *y mynnont,* LGO 165. Y mae'r fannod yn ddealledig o flaen *tu* hefyd mewn ymadroddion fel *tu draw, tu yma,* etc.; cymh. *a'e wyneb y tu a'r deheu,* YCM² 5; *y tu draw y Normandi,* ib 49; *y tu a'r dwyrein,* ib 59; *y tu a'r deheu,* FfBO 41; enghreifftiau o golli'r fannod: *a brathu eu meirch* **tu ac att** *y p.,* YCM² 70; *yr ieithoed(d) syd(d)* **tu draw** *i hynny,* DByrr 6; *a allei fod* **tuhwnt** *i hyn,* DCr¹ 30a; *iddynt gynnyddu* **tu hwnt** *i fesureu,* RBS 56*.

Y mae hynny'n ddigon i ddangos pam na cheir tr. m. i *tu* mewn ymadroddion a ymddengys yn adferfol. Er hyn, fe sylwir nad yw'r fannod ddealledig yn rhwystr i'r tr. llaes ar ôl *a,* h.y. *a thu allan, a thu draw,* etc.

(vii) *Modd bynnag*

Cynrychiola hyn y duedd i fod yn berffaith gywir ynghylch y rheol na ddylid treiglo enw neu ymadrodd adferfol ar ddechrau'r frawddeg; gw. enghraifft yn Kate Roberts, *Ffair Gaeaf,* 23. Ffrwyth ymresymiad ydyw, sef, os *fodd bynnag* yng nghanol neu ar ddiwedd gosodiad, rhaid

*Sylwer ar yr enghraifft hon: *myned yn rhy-bell,* **ac y** *tu hwnt i'ch dysceidiaeth,* LlHyff 20. Ai am fod 'a'r tu hwnt' yn swnio'n annaturiol y dewiswyd rhoi *ac* o flaen y fannod?

arfer y gysefin, *modd bynnag*, ar y dechrau. Ond ffurf lawn yr ymadrodd yw *pa fodd bynnag*, a phan gollir *pa*, ceir *fodd bynnag*, ar ddechrau'r frawddeg, ar ei chanol neu ar ei diwedd. Y mae adfer ' cysefin ' *fodd* mor afresymol â phe rhoid *gweithon* yn lle *weithon*, neu *gwn i ddim* am nad oes *ni* o flaen y ferf i beri iddi dreiglo.

Yn yr un modd collwyd *pa* yn *beth* ? a *beth bynnag*. Ceir esiamplau o *Peth bynnag* ac o *a pheth bynnag*, ochr yn ochr ag *a beth bynnag*, gw. isod §180 (i). Os adferwyd *p* o gwbl, diau mai effaith *p* y rh. gofynnol yw hynny, a'r *p* yn *pwy bynnag* ; ac efallai mai ymresymiad sy'n cyfrif am rai enghreifftiau, tebyg i'r ymresymiad a gynhyrchodd ' Modd bynnag.'

(viii) *Maes o law*

Y mae'n bur debyg mai (*i*) *maes* + *o law* yw cyfansoddiad llawn yr ymadrodd hwn. Nid *maes* fel enw cyffredin sydd ynddo, ond y gair hwnnw a luniwyd i fod yn ' arddodiad ' ar batrwm *i mewn*. Pan arferir *maes o law* yn adferfol, ni cheir treiglad byth oherwydd tarddiad arbennig yr ymadrodd.

Pennod XIII

Y FERF 'BOD' A'I CHYSTRAWENNAU

§101 Berf 'Bodolaeth' a Berf y Cyplad

(i) Y mae gan ffurfiau'r ferf *bod* ddwy swyddogaeth wahanol. Un swyddogaeth yw traethu bodolaeth y goddrych sydd iddynt, e.e. **y mae** *fy nhad yn Abertawe ar hyn o bryd*. Golyga *y mae* yn y frawddeg hon rywbeth fel 'trigo' neu 'aros' neu 'fyw' neu 'fod yn bresennol.' A dyma frawddegau a ddengys ffurfiau'r amserau eraill yn cyflawni'r un gwaith: **bydd** *yng Nghaerdydd yfory*; **yr oedd** *yng Nghaerfyrddin ddoe*; *a chyn cyrraedd yno,* **bu** *yn Abergwaun am wythnos gyfan*. Gellir ymglywed yn yr holl ffurfiau hyn, heb eisiau profion gramadegol manwl, fod ystyr 'bodolaeth' iddynt yn y cyd-destun, neu 'occupying space and time'; h.y. 'yn Abertawe y mae ef *yn bod* yn awr.' Ar lafar gwlad defnyddir y berfenw *bod* mewn cystrawen gwmpasog i gyfleu ystyr y ferf lenyddol neu athronyddol *bodoli*, e.e. 'B'le **mae e'n bod** 'nawr?' '**Mae** e tua Chaerdydd acw ers blynydde.'*

(ii) Pan arferir y ferf yn normal, heb bwyslais nac amlygrwydd neilltuol i unrhyw ran o'r gosodiad, y mae'r swyddogaeth hon i'r ferf *bod*, yr un fath â berfau eraill, yn gosod ei berf yn gyntaf. Os rhoir y goddrych yn gyntaf ceir cymal perthynol goddrychol ei berthynas a thry'r ferf *y mae* yn y gosodiad normal yn *(y)sydd*; try *bydd* yn *a fydd*; *bu* yn *a fu*, etc.: e.e. *fy nhad* (*nid fy mrawd*) **sydd** *yn Abertawe*; a'*m tad* **a fydd** *yng Nghaerdydd yfory*. Os rhyw ran arall o'r frawddeg a ddaw'n gyntaf, 'Abertawe' neu 'yfory,' ceir cymal perthynol traws: *Yn A.* **y mae** *ar hyn o bryd*; *yng Nghaerdydd* **y bydd** *yfory*; *echdoe* **yr oedd** *yng Nghaerfyrddin*; *wythnos* **y bu** *yn Abergwaun*.

Sylwer hefyd fod modd arfer ffurfiau amhersonol yn lle goddrych + ffurf weithredol: **yr ydys** *yn Abertawe heddiw*; **byddir** *yng Nghaerdydd yfory*; **yr oeddid** . . .; **buwyd** *wythnos*, etc.

(iii) Soniwyd droeon o'r blaen am Frawddegau Enwol. Yn eu ffurf gynharaf ceir *ansawdd* + *enw* ochr yn ochr â'i gilydd, a'r ffaith eu bod yn gyfochrog yn dynodi cyswllt rhyngddynt ym meddwl y llefarwr a'r gwrandawr, e.e. *llym* + *awel*; *llwm* + *bryn*; *anodd* + *caffael clyd*. Gellir cael cyswllt hefyd rhwng enw ac enw, e.e. *brawd mygu* + *tagu*. Y gair sy'n disgrifio orau beth yn hollol sy'n digwydd yn y brawddegau hyn yw'r

*Yn y cywydd a anfonodd Michael Prichard at Lewis Morris, ceir y gystrawen hon yn y llinellau: **na bu yn bod** *hynod hawl, / Gyrch astud mwy gorchestawl*; yn ymyl y ddalen ceir sylw L.M., 'q tautology'; ac ystyr hynny yw fod *na bu* yn ddigon i gyfleu'r ystyr; gw. ALMA 17.

gair Saesneg ‘ identify ’ ; awgrymaf arfer y term *cysylltáu*, canys brawddeg-au ydynt sy’n dynodi cyswllt rhwng priodoledd ac enw, neu enw ac enw wrth eu rhoi’n gyfochrog.

Gelwir y math yma o frawddeg yn Frawddeg Enwol ond dylid gochel rhag deall y term mewn ystyr negyddol, sef brawddegau *heb* ferf ynddynt. Ymddengys i mi fod Syr John Morris-Jones wedi ei demtio i ddeall y diffiniad mewn ystyr negyddol nes cynnwys pob math o frawddeg ddi-ferf yn ei ymdriniaeth ; ac wrth gwrs, gellir cael amrywiaeth mawr o frawddegau sy’n esiamplau o beidio ag arfer berf, heb ddim byd yn gyffredin iddynt ond eu bod heb ferf ; a diffiniad anfoddhaol iawn o frawddeg yw dywedyd eu bod *heb* rywbeth.* Rhaid wrth ddiffiniad cadarnhaol, neu o leiaf, rhaid amgyffred mewn ffordd gadarnhaol, ac o ddechrau gyda’r patrwm a ddisgrifiwyd uchod, sef ansawdd neu briodol-edd + enw wedi eu cysylltu, (a chyda hyn y dechreua Morris-Jones) rhaid ymgyfyngu i’r patrymau hynny a ddatblygodd o hwn. Ac os datblygasant o’r patrwm hwn, dylai fod yn bosibl olrhain y mathau datblygedig yn ôl i’r patrwm gwreiddiol.

Gelwir yr ansoddair ar ddechrau’r frawddeg yn y patrwm cyntaf, a’r enw a ddaw yn y safle honno, yn *ddibeniad* (‘ complement ’) ; y goddrych yw’r ail ran.

(iv) Daeth angen gwahaniaethau amser yn y gosodiadau hyn—er enghraifft, i ddynodi mai gosodiadau gorffennol oeddynt, neu ddyfodol ; a daeth angen rhoi ‘ modd ’ i’r gosodiad, sef rhyw un o’r aml ‘ foddau ’ a gynhwysir yn y Modd Gorchmynnol a’r Modd Dibynnol ; a chan mai’r ferf drwy ei therfyniadau a’i stemiau sy’n dynodi amser a modd gosodiad, bu raid cael berf i’r frawddeg enwol i gyflawni hyn o waith, a benthycwyd ‘ offer berfol ’ i wasanaethu yn y frawddeg enwol ddi-ferf neu bur. Pan ddaeth y ferf i mewn i gyfansoddiad y frawddeg, peidiodd â bod yn Frawddeg Enwol Bur, yn ystyr lythrennol y term ; ond rhaid cadw rhyw atgof am y patrwm cyntaf ; felly gelwir y math sy’n cynnwys berf yn ‘ Amhur.’ I arbed geiriau, gallwn ddangos hyn drwy osod nodau dyfynnu am y gair ‘ Enwol.’

Dylid esbonio hefyd pam y rhoddwyd yr enw *Copula* a *Cyplad* i’r ferf a ddaeth i wasanaethu yn y Frawddeg Enwol. Gwyddai’r hen ramadegwyr beth yn hollol oedd swyddogaeth y brawddegau hyn, sef dynodi cyswllt ansawdd ac enw, neu ‘ identity ’ dau enw ; a phriodolwyd y gwaith o gyplysu neu gysylltáu i’r ferf ; felly term i ddisgrifio hynny oedd ganddynt mewn golwg wrth ddewis y term ‘ Copula.’

(v) Y ffurfiau a fenthycwyd yn bennaf at y gwaith hwn oedd ffurfiau’r ferf *bod* am reswm digon syml mai hi oedd a lleiaf o weithred ynddi o bob

*Gw. CD 101-109.

berf gynhenid gan nad oes ynddi symudiad corfforol na phrofiad synhwyrol neu feddyliol. Nid oedd angen llawer o wacáu ar y ferf hon ar gyfer swyddogaeth y cyplad. Ond er bod ffurfiau *bod* wedi eu benthyca, ni olyga hynny eu bod yn peidio â dynodi bodolaeth. Yn y Gymraeg a'r Saesneg y mae ffurfiau *bod* a *be* yn cyflawni'r ddau waith. Yn yr Wyddeleg dangosir tuedd arall, sef benthyca a chymhwyso berf arall i ddynodi priod ystyron 'bodolaeth,' sef y ferf *at-tâa*, sy'n tarddu o stem yn dynodi 'sefyll'; a gwelir mor briodol yw hon at ystyron 'bodolaeth,' gan mai berf heb symudiad corfforol na phrofiad meddyliol ydyw 'sefyll'; ac y mae 'sefyll' mewn cae neu ystafell yn golygu rhywbeth tebyg i 'fod yn bresennol' mewn cae neu ystafell..

(vi) Gan mai'r un ffurfiau a ddefnyddir at y ddwy swyddogaeth nid hawdd gwahaniaethu rhwng eu cystrawennau bob amser. Dylid gochel rhag meddwl am ystyr haniaethol ac athronyddol i 'bodolaeth.' Os oes rhywbeth yn 'bod,' rhaid iddo fodoli mewn lle ac amser; felly y mae geiriau fel 'drwy'r dydd,' 'yn y cae,' 'am oriau,' 'ddoe,' a all ddod ar ôl 'Bu'r dyn . . .' yr un fath o ran perthynas â berf y gosodiad â phe bai'r gosodiad yn cynnwys berf gyffredin, 'rhedodd,' 'canodd,' etc. Nid dibeniad y cyplad yw 'yma am oriau,' etc., ond geiriau sy'n rhan o draethiad berf 'bodolaeth.' Y mae'r syniad o fodoli mewn lle yn magu'r ystyr o 'fod yn bresennol' yn y lle hwnnw: dyna un agwedd ar fodolaeth. Y mae'r syniad o fodoli mewn amser yn magu'r ystyr o 'ddigwydd'; a sylwer sut y mae 'take place,' sef bodoli mewn lle, wedi magu ystyr 'digwydd.' Gellir profi ystyr 'bodolaeth' wrth gynnig rhoi'r Saesneg 'there is,' 'there are,' etc. yn lle'r ferf Gymraeg ar ôl troi'r goddrych yn amhendant. Os troir y gystrawen *there is* + *goddrych amhendant* i'r gystrawen sy'n gweddu i oddrych pendant, yr un yw arwyddocâd y ferf ag o'r blaen, h.y. 'there is a man in the field' (amhendant) = 'the man is in the field.' Y mae *dyma*, *dyna* yn bur debyg i gystrawen *there*, gan mai eu swydd yw dynodi presenoldeb rhywbeth mewn lle ac amser, gydag arwydd â'r llaw neu â'r llais i dynnu sylw at y peth.

(vii) Gellid sôn hefyd am y gwahaniaeth yn yr hen destunau rhwng *ys* (cyplad) ac *yssit* ('bodolaeth,' e.e. **Yssit** *yn y boly hwnn amryw ulawt*, WM 54, PKM 43, nod. 204 = 'there is'); a rhwng *os* ac *ossit*, *os* yn cyfuno'r cysylltair *o* + cyplad, a'r llall yn cynnwys bodolaeth, 'if there be,' cymh. Strachan, IEW 101, 103. Ond gwell offeryn i wahaniaethu yw'r ffurf sy'n aros mewn Cym. Diw. i ddynodi bodolaeth gyda goddrych amhendant, sef **oes**. Yn yr H. Gym. y mae esiamplau o arfer *oes* gyda goddrych pendant: **ni hoes** *ir loc guac hinnith in pagina regulari*, B III.256 (Computus) = '**there is** no such empty space in the P.R.'; *hyt pan dywettych* **nat oes hi** *yny byt*, WM 470. Ar wahân i eithriadau prin y mae'r rheol ynglŷn ag arfer *oes* yn ddigon pendant, mai'r ferf ar gyfer goddrych amhendant ydyw. Rheol arall yw nad arferir *oes* (ar wahân i atebion) heb gael cysylltair fel *nid* (*od* neu *os* ; *a* gofynnol) o’i blaen. Y mae’n eglur mai holi am fodolaeth neu negyddu bodolaeth yw arwyddocâd *a oes* ? a *nid oes* ; e.e. ‘ nid oes duw ’ = ‘ there is no god, does not exist*. Ceir yma awgrym felly sut i brofi ai dynodi bodolaeth neu ynteu bod yn gyplad yw swyddogaeth un o ffurfiau *bod* : gellir troi’r gosodiad i’r pres. myn., cael goddrych amhendant a chynnig rhoi *nid oes* yn lle’r ferf wreiddiol, e.e. ‘ y gŵr a fu yma ddoe > bu gŵr yma ddoe > y mae gŵr yma heddiw > nid oes ŵr yma heddiw.’

(viii) Dylem gofio hefyd fod y duedd heb ddarfod i gymhwyso ffurfiau ‘ bodolaeth ’ i wasanaethu fel cyplad. Beth bynnag yw tarddiad *y mae* ni all fod dim amheuaeth nad dynodi bodolaeth mewn lle yw’r ystyr gynhenid, sef ‘ there is ’ ; y mae’r modd o arfer *mae* yn ofynnol yn cadarnhau hyn, e.e. *mae y mab* ? WM 29 ; gw. WG 349†. Yn wir, anfynych, os o gwbl, y ceir esiampl o *y mae* yn y farddoniaeth gynharaf ond i ddynodi bodolaeth goddrych mewn lle ac amser, e.e. **Myny mae** *meillon a gulith ar tirion*. **Myny mae** *kertortion in kyveir kysson*, BB 26.3-5 ; a chynrychiola’r rhain bob enghraifft o *y mae* yn y Llyfr Du.

Ond cymerwn frawddeg ‘ enwol ’ fel *digassawc yr adar* (‘hostile are the birds ’) ; fe all hon gael cyplad mewn dwy safle, **ys** *digassawc yr adar* neu *digassawc* **yw** *yr adar*. Bwrier mai’r peth sydd i’w draethu yw ‘ That is the reason ’ + y frawddeg ‘ enwol ’ yma : ni ellir ar ôl ‘ Dyna’r rheswm ’ roi ‘ ys digassawc, etc.’ oblegid ni all *ys* fod yn berthynol traws (‘ oblique relative ’), ac yn sicr ddigon, ni ellir cael ‘ Dyna’r rheswm + digassawc yw, etc.’ At y safle hon bu raid arfer *y mae*, yr unig ffurf yn y Pres. Myn. a all fod yn berthynol traws : *Ac o achaws hynny* **y mae digassawc yr adar** *yr tylluan*, WM 109 ; *am hynny* **y mae reit y titheu uot,** ib 396 ; (gw. Strachan, IEW 103) ; *Ac megys* **y mae da yr wyn ar mynneu** *yn ieuei(n)gk . . . Velly y(n)ggwrthwyneb y hynny* **y mae da kic llwdyn** *a aner o vam sech*, Havod 16.12 ; *Ar dir Gwent lle* **mae da’r gwin,** IGE[2] 173.24. Ceir peth tebyg pan dry’r frawddeg ‘ enwol ’ yn gymal gwrthrychol. Bwrier mai’r gosodiad gwreiddiol yw *hyn yw ei nawdd* ac yna fod eisiau rhoi’r gosodiad ar ôl ‘ eraill a ddywaid.’ Rhaid cael rhywbeth o flaen *hyn yw* i fod yn gysylltair ac ni wna *ys* mo’r tro yma ychwaith ; ni ellir

*Y mae un eithriad i hyn. Erbyn Cym. Diw. defnyddir *nid oes* yn lle *ni* neu *nid* i negyddu *rhaid* mewn Br. ‘ Enwol,’ h.y. *nid oes raid* . . . ; gw. isod §102(xi) a § 105(viii).

†Diddorol yw sylwi sut y daeth yn briod-ddull i roi *yna* ar ôl *y mae* (bodolaeth) pan fydd y goddrych yn amhendant ; er bod tuedd i osgoi hyn yn yr iaith lenyddol, gellir edrych arno fel rhan o ‘ offer ’ dynodi ‘ bodolaeth ’ ; e.e. ‘ y mae yna rywun wrth y drws ’ ; ‘ y mae yna rai sy’n credu . . .’ Arferir *yna* hefyd gyda’r ffurfiau 3ydd un. eraill, ‘ yr oedd yna . . .,’ etc. Ac nid dylanwad y gystrawen Saesneg sy’n cyfrif am arfer *yna*, oblegid fe’i ceir yn naturiol gan bobl heb lawer o Saesneg ; cymh. *Mae yma lawer o swn gin i chwayr fo*, ALMA 193 (Morris Prichard).

arfer ond *y mae* (a droes yn *mai* erbyn Cym. Diw.) : *ereill a deueyt e may hyn eu y nawd,* LlDW 9*.

§102 Cystrawennau'r Cyplad a Bod 'Bodolaeth'

(i) *Safleoedd y Cyplad*

Os rhwng yr ansawdd a'r goddrych y rhoir y cyplad, ceir *yw* yn y Pres. Myn., *llym yw'r awel, llwm yw'r bryn.* Ceir *oedd, fu, fydd, fuasai, fyddai, fo, fai* yn yr amserau a'r moddau eraill. Gwelir fod eisiau'r fannod yn aml o flaen y goddrych enwol yn y frawddeg enwol amhur a rydd y cyplad yn y safle ganol er nas arferir yn ffurf bur yr un gosodiad, a phrawf yw hyn fod patrwm y frawddeg enwol bur yn gynharach na chyfnod dyfeisio'r fannod.

Dylid sylwi hefyd fod y ffurfiau berfol a enwyd yn cael eu harfer heb ragenw perthynol o'u blaen ; a'u bod yn treiglo yn y safle ganol.

(ii) Ond y mae'n bosibl rhoi'r ffurfiau cyplad ar y dechrau, o flaen y dibeniad, e.e. *bu l(l)wm bryn* ; ac yr oedd rhai cysylltiadau lle yr oedd yn hanfodol gosod y cyplad o flaen y dibeniad. Y mae'n rhaid rhoi'r ferf yn union ar ôl rhai cysyllteiriau fel *pan, yny* (> [*hyd*]*oni*) ac *o*(*d*) am fod y cysyllteiriau hyn a'r ferf yn annatodadwy yn yr iaith yn wreiddiol, a'r cwlwm hwn rhwng y cysylltair a'r ferf a barai i'r ferf weithiau gael ffurf 'gysylltiol' arbennig, wahanol i'w ffurf 'annibynnol' neu 'ddigysylltair.' Felly, beth bynnag yw safle'r cyplad yn y gosodiad heb gysylltair, gan fod yn rhaid i'r cysylltair ddod yn gyntaf, rhaid i'r 'cyplad cysylltiol' ddyfod ar ei ôl, ac oherwydd hyn o flaen y dibeniad y mae'r unig safle bosibl i'r cyplad. Dyma a olygir : gall y gosodiad digysylltair gael y ddwy drefn, *llwm oedd y bryn, oedd llwm y bryn* ; o osod *pan* o flaen y gosodiad, yr oedd y drefn gyntaf yn amhosibl a rhaid arfer yr ail, *pan oedd l(l)wm y bryn.* Ceidw hyn y drefn gynhenid, dibeniad + goddrych. Dyna yw patrwm y math yma o frawddeg mewn Cym. Can., ac yn aml yn y Beibl : *dechreu gwaegau yr esgidyeu o waegeu eureit* **yny oed ouer a man gweith** *holl grydyon y dref,* WM 72 ; **pan oedd lawen calon** *y brenin gan win,* Esther I.10. Dangosir patrwm y frawddeg 'enwol' yn y print bras, cysylltair + cyplad + dibeniad + goddrych. Peth diweddarach yw llunio'r frawddeg hon nes bod y goddrych yn blaenu'r dibeniad, a'r dibeniad o ganlyniad yn safle'r traethiad normal (ar ôl *yn* neu hebddo), h.y. 'onid oedd gwaith y cryddion **yn ofer,**' 'pan oedd calon y brenin **yn llawen.**'

*Yn y De arferir *taw* yn lle *mai,* a ffurf yw hon a gyfetyb i 3ydd pers. un. pres. myn. *bod* 'bodolaeth' yr Wyddeleg, *at-táa.* Ffurf gytras y Gym. yw *taw* yn ôl L & P 323, ond tybiaf fy hun mai gair benthyg o'r Wyddeleg yw. Beth bynnag yw ei darddiad yn y Gymraeg, y mae'n enghraifft dda o gymhwyso ffurfiau 'bodolaeth' i wasanaethu fel cyplad.

(iii) Soniwyd eisoes am y ffurf *ys*, ffurf y cyplad yn y safle flaen yn y Pres. Myn., yn cyfateb i *yw* yn y safle ganol; dyna'r ffurf a welir yn *Ys truan o ddyn wyf fi*, Rhuf. VII.24; ac mewn cysylltiadau fel *canys, er ys* neu *ers*. Rhoddwyd esiamplau yn §101(viii) i ddangos *y mae* yn mynd i safle flaen *ys*, ac fe dâl ei roi eto. Meddylier fod eisiau rhoi *llym yw'r awel* ar ôl *lle y* i gyfleu 'the place in which the wind is keen.' Ni ellir cael '*lle y* + *llym yw'r awel*,' nac ychwaith '*lle y* + *ys llym yr awel*'; nid oes un o'r ddwy ffordd a all droi'r gosodiad gwreiddiol yn gymal perthynol traws, ac *y mae* yw'r unig ffurf 3ydd unigol sydd gan *bod* a all wneuthur hyn. A dyna'r cysylltiadau lle y dechreuwyd arfer *y mae* o flaen dibeniad y frawddeg 'enwol.' Dyma ddyfyniadau diddorol iawn o'r Llyfr Ffortun a ddengys y dulliau gwahanol o arfer ffurfiau'r cyplad: *yw* yn y gosodiad normal; *y mae* o flaen y dibeniad wedi troi'r gosodiad yn berthynol traws; *nid* yn negyddu'r dibeniad, a'r negydd yn troi'n *nad* mewn cymal gwrthrychol; ac os daw'r goddrych yn gyntaf, ceir *sydd* rhyngddo a'r cyplad: *Ymma* **i mae da** *i ddechreu Pob faeth ar farsiandiaeth*; *y dydd hwnnw* **y mae urddasol** *i wneuthur pob marsiandi*; *y dydd hwnn* **mae da** *i wnethur Priodas, a* **da i'w** *i brynu ac i werthu vd*; *i ollwng gwaed ar y gwithi* **nid da y** *dydd hwn. y dydd hwn* **sydd dda** *i gyfnewidio gwyr*, B III.105; *yn testiolaethu i chwi* **nad da** *y dydd hwnnw i wneuthur Priodas*, ib 106.

Dyma enghreifftiau pellach o'r ffordd hon o arfer *y mae*: *Ny bo didawl neb ohonaw* **mal y mae kyflawn** *y kyuer(c)heis i well i ti*, WM 459; *ac wrth hynny* **y mae iawn** *medylyaw meint* . . ., YCM² 22; *ual* **y mae amlwc** *yn yr yscrythur*, ib 37; *Ac am hynny* **y mae diogel** *gennym ni* **y** *uot ef yn gyfrannoc ar goroneu y merthyri*, ib 172; *Ac wrth hynny* . . . **y mae amluc** *mor gyveilornus ac enbyt kedymdeithas gwraged*, ib 178; *Heuyt o ossod yr eglwys ar glan dadeu* **y mae rwymedic** *dyn y gadw ac y anrydedu y dydyeu uchel*, B VIII.138; *val* **y mae blin** *y datkanu*, ib v.209; *val* **y mae gnawt** *drwy veddawt*, ib v.213; *Yn y Purdan lle* **y mae mwy** *y boen leiaf nor boen fwyaf yn y byd hwnn*, ib IX.123.

(iv) Pan fyddai'r frawddeg 'enwol' yn Amherffaith Mynegol (sôn yr ydys yn awr am y gosodiad gwreiddiol, nid am roi'r frawddeg yn isradd neu'n berthynol) rhoid *oedd*, nid *yd oedd* nac *yr oedd*, o flaen y dibeniad, yn debyg i *ys* yn y Pres. Myn.; neu fe roid *oedd* rhwng y dibeniad a'r goddrych. Y drefn gyntaf yw'r gynharaf, efallai; noder, er enghraifft, mor dueddol yw awdur *Kulhwch* i arfer hen gystrawennau a bod hon yn eu plith; a'r peth sy'n ddiddorol yw fod fersiwn RM yn diwygio'r arddull drwy arfer yr ail drefniant: **Oed melynach y fenn** *no blodeu y banadyl* . . . **Oed gwynnach y chnawd** *no distrych y donn*. **Oed gwynnach y falueu ae byssed . . . Oed kochach y deu rud** *nor fion*, WM 476 (= **melynach oed y phen . . . Gwynnach oed y chnawt . . . Tegach oed y dwylaw . . . Gwynnach oed y dwyuron . . . Cochach oed y deurud** . . ., RM 117). Cymh. ymhellach, sef yr ail drefniant yn WM: **Mwy oed**

ef *lawer no hynny*, WM 229 ; *rac* **salwen oed uynet** *y ymdaraw ac ef*, ib 497.

Ac fel y dywedwyd gynnau am y Pres. Myn., lle byddai cysylltair fel *ni(d)*, *pan*, *yny*, *o(d)* ar ddechrau'r gosodiad, nid oedd rhyddid i ddewis ; dim ond y trefniant cyntaf a oedd yn bosibl gan fod yn rhaid i'r cyplad ddilyn y cysylltair ; wedyn deuai'r dibeniad + goddrych yn y drefn gysefin : *Ac* **ot oed fawr ef** *mwy dwyweith oed y wreic noc ef*, WM 45-6 ; **nyt oed uawr y weilgi,** ib 50 ; **pan oed drymaf hun** *y gwr*, SD 324-5.

(v) Dyma esiamplau i ddangos yr un pethau ynglŷn â'r Gorffennol Mynegol, *bu* : o flaen y dibeniad : *Ac y* **bu dost** *gan wenhwyuar* **gwelet** *yr olwc a welei arnaw*, WM 404 ; rhwng y dibeniad a'r goddrych : *a* **dic uu wreic** *y melinyd wrth p(er)ed(ur)*, ib 162 ; *a* **llaweu uu wenhwyuar** *wrthi*, ib 439 (= P 6.IV.220) ; cysylltair fel *o(d)*, *pan*, *ni(d)* o flaen y gosodiad yn golygu fod y cyplad yn ei ddilyn, ac felly'n gorfod blaenu'r dibeniad, [a sylwer fod yr un peth yma ag yn yr enghreifftiau a ddyfynnwyd yn (iv) o WM 45-6, sef bod y cyplad yn dyfod rhwng y dibeniad a'r goddrych yn ail ran y frawddeg, y prif osodiad di-gysylltair] : *Ac* **or bu drwc trafferth** *y deu gynt*, **gwaeth uu drafferth** *y deu hynny*, WM 506.

(vi) Y mae'n briodol sôn yn awr am y newid a ddigwyddodd yn nhrefniant y frawddeg 'enwol.' Nid addas rhoi *y mae* ar y dechrau o flaen y dibeniad, 'y mae + llym yr awel' ; ond dangoswyd sut y bu raid arfer *y mae* pan droid y frawddeg yn berthynol traws, 'pryd y mae llym yr awel.' Ond prif swyddogaeth *y mae* yw dynodi bodolaeth, a'i chystrawen arferol yw '*y mae* + goddrych + geiriau traethiad,' e.e. 'y mae'r dyn yn y tŷ' ; gan hynny os yw *y mae* i fod yn gyplad hefyd, (h.y. os yw *y mae* yn cael aros o flaen y dibeniad 'pryd y mae llym yr awel' hyd yn oed pan fydd yn brif osodiad, heb y rh. perthynol traws *pryd*), rhaid newid trefniant y geiriau nes cael *y mae'r awel yn llym*. A dyna'r dibeniad wedi troi'n draethiad, ar ôl y geiryn *yn*, yn yr un drefn yn hollol ag mewn brawddeg ferfol gyffredin fel 'chwyth yr awel yn llym.'*

Ymledodd y newid hwn drwy'r gyfundrefn i gyd erbyn Cym. Diw. a throes brawddegau fel *nyt oed uawr y weilgi*, WM 50, *pan oed drymaf hun y gwr*, SD 324-5 i gael y siâp newydd, 'nid oedd y weilgi yn fawr,' 'pan oedd hun y gŵr drymaf.' Sylwer ar ddyfyniad olaf (v) : erbyn hyn ceir '**os bu trafferth** y ddau flaenorol **yn ddrwg, bu trafferth . . . yn waeth**' ; cymh. **y bu Duw dda** *wrth y byd wragedd*, Ex. I.20 (= 'Da fu Duw' neu 'Bu d(d)a Duw' yr hen drefniant). Gwelir y newid trefn yn

*Yr oedd cystrawen bur debyg gan *y mae* (bodolaeth) eisoes ; sef *y mae* + *yn*— traethiad ; e.e. *ac y mae y enw yn parawt*, WM 92 (= 'y mae ei enw yn bod, yn barod iddo) ; *mi a bereis y glwyt ar ennein ac y maent yn barawt*, ib 105 (= 'they exist, are to be found, in readiness').

fwy effeithiol yn y ffordd y troes *bu farw ef* (= cyp. + dib. + goddr.) yn 'bu ef farw'; e.e. *a ffan uu varw y harglwyd,* WM 251-2, yn newid erbyn Cym. Diw. yn : 'pan fu ei harglwydd farw ?

(vii) Peth arall a bair ddryswch yn y cystrawennau hyn yw trefniant annormal ac arddull 'gelfyddydol' testunau Cym. Can. ac arddull cyfieithiadau fel y Beibl. Cymerwn esiampl fel hyn : *Ac Abram* **oedd** *gyfoethog iawn o anifeiliaid,* Gen. XII.2. Nid cyplad yn y safle ganol yw *oedd* yma gan na ellid dywedyd 'A. yw cyfoethog.' Yr ydym yn ddigon cyfarwydd â'r arddull hon i wybod mai'r gystrawen yn y Presennol fyddai 'A. sydd gyfoethog,' a dyna'r unig gystrawen bosibl os yw *Abram* i fod ar y dechrau, gan mai'r drefn gynhenid fyddai 'Cyfoethog yw A.' Os *sydd* yn y Presennol, dylem gael *a oedd* yn yr Amherffaith, a'r gystrawen briodol yw 'A. a oedd gyfoethog iawn.'

Yma y mae'r frawddeg wedi ei llunio ar drefn brawddegau pwyslais. Os rhoir 'Abram (a) oedd gyfoethog iawn' ar ôl *dywedir,* dylem gael (a chyfansoddi'n beiriannol, yn ôl rheol) : 'Dywedir **mai Abram** a oedd gyfoethog iawn,' a theimlwn ar unwaith fod hynny'n camgyfleu'r meddwl wrth roi 'pwyslais gwahaniaethu' ar *Abram* heb eisiau. Gwyddom mai'r peth sy'n naturiol yw 'Dywedir fod A. yn gyfoethog iawn'; cynrychiola hynny, 'Yr oedd A. yn gyfoethog iawn,' neu 'y mae A. yn gyfoethog'; a gellir troi hynny'n ôl i drefn y frawddeg enwol gynhenid, 'Cyfoethog iawn oedd (neu yw) A.' Dangosir yr arddull gelfyddydol yn glir iawn gan yr adnodau canlynol : *Cyfrinach y brenin* **sydd** *weddus ei chelu, . . . ond gweithredoedd Duw* **sy** *ogoneddus eu cyhoeddi,* Tobit XII.7 ; *Mi a ddywedais mai* **da yw cadw** *cyfrinach brenin, a* **gogoneddus dangos** *gweithredoedd Duw ar gyhoedd,* ib ib II. Fel y dengys yr ail adnod, trefn naturiol y frawddeg gyntaf yw 'Gweddus yw celu cyfrinach . . . gogoneddus (yw) cyhoeddi gweithredoedd'; ac y mae ail ran yr ail adnod yn frawddeg enwol bur. Yn yr arddull gelfyddydol, rhoir yr enw genidol yn y safle flaen, sef *cyfrinach* a *gweithredoedd,* a rhaid ail-gystrawennu'r gosodiad ar batrwm tebyg i 'dyn gwyn ei ddwylo,' sef ail gyfeirio at *cyfrinach* a *gweithredoedd* yn y rhagenwau blaen, '*ei* chelu,' '*eu* cyhoeddi.'

(viii) Erbyn heddiw collasom, ar y cyfan, y math o frawddeg 'enwol' a luniwyd uchod, lle rhoir y cyplad o flaen 'dibeniad + enw cyffredin,' e.e. *bu l(l)ym awel** ; ond y mae un math o gyfansoddiad a geidw'r drefn hon o hyd, sef 'dibeniad + berfenw,' e.e. *bu raid* **mynd** ; *bu ryfedd gennyf* **ddeall** (a gwelir fod yma frawddeg 'enwol' wrth fod modd newid lleoliad y ferf heb wneuthur cam â'r gosodiad, e.e. *rhyfedd fu deall* > *rhyfedd yw deall.* Yn yr Amherffaith ceir *rhaid oedd ufuddhau,* neu (*yr*) *oedd raid ufuddhau* ; a gall *bydd* / *fydd* gymryd yr un safleoedd cyfatebol at y

*Cymh. enghraifft o'r hen drefniant, fel sydd yn (vi) : *Ar aelwyd f'ienctid,* **pan oedd gwyn fy myd,** W.J.G., Ynys yr Hud 43.

Dyfodol. Yn y Presennol, ceir *rhaid* (*yw*) *mynd** ; *rhyfedd* (*yw*) *deall.* Beth am ffurf i gyfateb i *yw* yn y safle flaen ?

Gwelsom uchod sut y daethpwyd i arfer *y mae* o flaen dibeniad, h.y. mewn cysylltiadau tebyg i hyn, *megys y mae da kic yr wyn,* etc. ; eto i gyd, nid addas cael 'y mae da cig yr ŵyn' yn brif osodiad annibynnol. Ond dyma gysylltiadau yn awr lle y daeth yn bosibl arfer *y mae* mewn prif frawddeg o flaen y dibeniad, sef pan fydd goddrych y frawddeg 'enwol' yn ferfenw, mewn brawddeg o fath (*y mae'n*) *rhyfedd deall.* Y mae'n ddigon tebyg mai rhywbeth cymharol ddiweddar yw hyn oblegid fe allai'r gosodiad yn y Presennol fod heb gyplad o gwbl† ; a pheth arall, *ys* fyddai'r hen ffurf briodol i'r safle hon, neu'r geiryn *neud,* fel y gwelir isod. Soniwyd am *ys* uchod, sef ffurf bresennol annibynnol neu ddigysylltair y cyplad o flaen y dibeniad, *ys truan o ddyn wyf fi,* Rhuf. VII.24. Ar ôl 'Dywedodd' ceir '**mai** truan o ddyn oedd ef.' Arferid cysylltair arall mewn Cym. Can., yn swydd *mai,* sef *panyw* ; a beth bynnag yw tarddiad yr elfen gyntaf, gwelir —*yw* yn ddigon eglur, fel ffurf i'w harfer (yn lle *ys*) yn glwm wrth gysylltair, yn hollol fel y ceir *nid yw* (yn lle *y mae*) yn glwm wrth *nid*‡.

(ix) Gohiriwn ymhellach ateb y cwestiwn a adawyd uchod er mwyn ystyried y gwahanol ffyrdd i negyddu brawddegau *bod* 'bodolaeth' a brawddegau'r cyplad.

(1) *Y mae,* 'bodolaeth' ; gyda goddrych pendant, *y mae'r dyn yn yr ystafell* > **nid yw'r dyn,** etc. ; gyda goddrych amhendant, **nid oes dyn,** etc.

(2) Y frawddeg enwol bur, *llwm bryn, rhaid mynd* : os iawn casglu oddi wrth yr Hen Wyddeleg, ymddengys mai *ni* yw negydd y frawddeg enwol bur yn wreiddiol, a *na* mewn atebion, a cheir olion hyn yn aros yn *ni raid,* (*ni*) *wiw,* (*ni*) *waeth,* etc., gw. isod §130. Yn y testunau ceir *nid* yn amlach o ddigon, a gellir awgrymu mai ffurf yw *nid* yn wreiddiol i'w harfer yn y frawddeg 'enwol' sydd a dau enw pendant ynddi, e.e. *Yr Arglwydd yw fy mugail.* Yma ni ellir dywedyd fod y naill o'r enwau pendant yn fwy o ddibeniad neu o oddrych na'r llall ; gellid newid y drefn heb ddifetha'r ystyr a chael 'Fy Mugail yw'r Arglwydd' ; ac os 'The Lord' yw'r goddrych, dengys hyn fod y goddrych yn dod yn gyntaf yn

*Dyfynnir enghreifftiau yn §182(iii) o arfer 'rhaid a + berfenw,' ac mewn nodiad godre rhoddir enghreifftiau o 'rhaid o + berfenw.'

†Dyma ddwy enghr. o TA o arfer (*y*) *mae* + *yn* + dibeniad ar ddechrau prif osodiad, a'r goddrych heb fod yn ferfenw : **Mae'n wag** *iawn Môn a Gwynedd,* 76.10 ; **Mae'n oer** *gwlad ymwanwr glew,* 81.2.

‡Dyna pam y mae rhai'n gwrthwynebu rhoi (*y*) *mae* ar ôl *pan* y cysylltair cyffredin. Gan fod *pan* yn wir gysylltair rhagferfol cynhenid, rhaid rhoi ffurf 'gysylltiol' arbennig y ferf ar ei ôl ; felly try *pan* + *y mae* yn *pan yw* ; h.y. ar dir rhesymeg y mae 'pan y mae' mor 'afresymol' â 'nid y mae' ; ond y mae hyn o wahaniaeth, rhesymeg neu beidio, y mae *pan mae* wedi datblygu'n naturiol ar lafar gwlad, gan fod y cwlwm rhwng y cysylltair cynhenid a'r ferf wedi llacio. Nid yw hyn yn poeni cymaint ar rai ardaloedd, lle y mae olion yr hen gystrawen *pan fo* heb ddiflannu,

Gymraeg. Yr ydys yn awgrymu mai o flaen enwau pendant y dechreuwyd arfer *nid*, (h.y. 'nid yr Arglwydd yw fy mugail') am fod modd cael *ni* o flaen enwau tebyg i *rhaid* [ac o flaen enwau cyffredin mewn priod-ddulliau fel 'brenin na frenin,' gw. isod §130(iv-v)] ac o flaen ansoddeiriau fel *gwaeth, gwiw, da*, etc., ond ei bod yn amhriodol gosod *ni* o flaen enwau pendant.

(3) *Y mae* fel cyplad; cafwyd pedair cystrawen wahanol, (*a*) *megys* **y mae** *da yr ŵyn*; (*b*) *dywedodd* **mai** *truan oedd*; (*c*) **y mae'n** *dda gennyf glywed*; (*ch*) **y mae** *Abram yn gyfoethog*. I negyddu'r ddwy gyntaf ceir *nad* (*megys nad, pryd nad*, etc); yn y drydedd gellir arfer *nid da*, etc., neu *nid yw(n) dda*; a cheir *nid yw* i'r olaf pa un a fydd y goddrych yn bendant ai peidio, e.e. *nid yw'r adnod yn ddigon i brofi'r pwnc*, neu, *nid yw adnod yn ddigon* (= unrhyw adnod).

(x) Yn sgil y gystrawen *nid* + dibeniad y mae orau crybwyll rhywbeth am y geiryn *neud*. Wrth drafod treigladau *ni* isod §§130-2 dangosir fod y geiryn *neu* yn peri'r un treigladau mewn cymalau cadarnhaol, a hynny, gyda llaw, yw unig ystyr y term "affirmative particle"; nid yw *neu* yn cadarnhau dim byd, ond ei fod yn digwydd mewn gosodiadau cadarnhaol lle ceir *ni* mewn rhai negyddol. Am fod cyfatebiaeth mor glòs rhwng *ni* a *neu*, cafwyd *neud* ar batrwm *nid* yng nghystrawen y frawddeg enwol; ac am fod *nid* o flaen y dibeniad mewn brawddeg enwol negyddol, dodwyd *neud* yn yr un safle flaen, sef yn safle *ys* (pan ddaethpwyd i arfer *ys* o gwbl), e.e. **neut** *teruynedic angheu y mi*, WM 8; golyga 'ys terfynedig,' neu 'terfynedig yw angau' ('death for me is consummated').

(xi) I ddychwelyd at y cwestiwn a adawyd yn (viii) a'r dull o arfer *y mae* fel cyplad o flaen dibeniad. Yn y teip *megys y mae da yr ŵyn* nid arferir y geiryn *yn*. Meddylier am *y mae* bodolaeth + traethiad ansoddeiriol, e.e. *Ac* **y maent yn lluossauc** *ac yn dyrchauael ym pob lle, ac yn cadarnhau y uann y bythont*, WM 47 (= 'they exist here in great numbers . . . and strengthen whatever place they happen to live in'), daw'r geiryn *yn* + ans. yn ddigon priodol ar ôl *y mae(nt)*; ac nid anodd i *y mae'n* ymledu i'r safle sydd o flaen y dibeniad, *y mae'n rhyfedd clywed . . . y mae'n rhaid mynd*, etc.; ac erbyn hyn teimlwn fod y geiryn *yn* yn anhepgor ar ôl *y mae* yn y cysylltiad hwn.

Sylwer ar y gwahaniaeth yn y ddwy adnod a ganlyn: *yn barod i roddi, lle* **mae rhaid,** 2 Esdr. VII.65; **y mae yn rhaid** *edrych am yr amser a fydd*, Esther, Apoc. XVI.8. Yn yr enghraifft gyntaf enw cyffredin yw *rhaid* yn golygu 'need,' a dynodi 'bodolaeth' yw arwyddocâd *mae*, 'where need exists, where there is need'; yn yr ail, *rhaid* dibeniad yw'r enw, yn golygu 'obligation' neu 'necessary,' a chyplad yw'r *y mae* o'i flaen. Y mae'r geiryn *yn* yn dangos y gwahaniaeth yma rhwng dwy gystrawen *rhaid*.

Y mae'n bwysig craffu ar y gwahaniaeth hwn rhwng y ddau *rhaid*. Y mae'n wir fod *rhaid* ' dibeniad ' yn debyg i ansoddair, ond am mai enw ydyw mewn gwirionedd, aethpwyd i'w negyddu fel enw cyffredin, yn hytrach nag fel dibeniad ; h.y. i negyddu *lle mae rhaid*, 2 Esdr. VII.65 ; priodol cael *lle nid oes raid* ; y ffordd gynnar o negyddu'r llall fyddai *ni raid edrych*, neu *nid rhaid edrych*, etc. ; ond lledodd dylanwad y ffordd gyntaf nes rhoi *nid oes raid edrych* ; a help i hyn ddatblygu, yn ddiau, fu tyfiant *nid oes dim* + *rhaid*, lle y mae *dim* yn enw cyffredin.

(xii) Lledodd y geiryn *yn* nes cael *bu'n rhaid*, *bydd yn rhaid*, etc. Yng ngoleuni'r ysgolheictod diweddar aethpwyd i gywiro peth a geid yn gyffredin yn y ganrif ddiwethaf, sef cadw cysefin y dibeniad ar ôl *bu* yn *bu rhaid* ; ac y mae'n ddigon tebyg i'r ' gwall ' yma godi o gredu mai enw cyffredin oedd *rhaid* yma, a'i fod yn oddrych i'r ferf *bu*, neu am mai *bu'n rhaid* a oedd ym meddwl yr ysgrifenwyr er mai *bu rhaid* a ysgrifennent. Oherwydd y sylw mawr a gafodd y ' cywiriad ' *bu raid* aethpwyd i orgywiro a pheri treiglad i *rhaid* ar ôl pob un o ffurfiau *bod* yn ddiwahaniaeth ; e.e. ceir *bydd raid* bob amser yn awr, cystrawen sy'n hanesyddol anghywir ; cymh. *bydd rhaid*, Hab. II. Cynnwys ; 2 Esdr. VI.16 ; VIII.58 [a gw. isod §108(ii)] ; a hyd yn oed *y mae raid* er mai *y mae'n rhaid*, neu *y mae rhaid* sy'n hanesyddol gywir [gw. (XI.)]. Y gwir yw, ni threiglai'r dibeniad ar ôl *bydd* nac ar ôl *bo*, *byddo*, fel y dangosir yn nes ymlaen ; ond nid dadlau yr ydys fod eisiau dod â'r manwl wahaniaethu yn ôl, rhwng *bu raid*, *bydd rhaid*, *bo rhaid*, oblegid y mae *bydd raid* yn ' ymarferol gywir ' bellach er nad yw'n hanesyddol gywir, a chan nad oes neb yn rhy sicr ynghylch treiglo *rh* yn ôl y glust, nid yw *bydd raid* yn swnio'n anghywir ; ac wrth dreiglo *rhaid* ar ôl *bu*, *oedd*, *bydd*, *buasai*, *byddo*, ceir rhywbeth tebyg i gysondeb ' rheol.' Ond dangoswyd un peth eisoes, y ceir sôn amdano ymhellach ar hyd y bennod, fod amryw ffurfiau'r cyplad yn peri treiglad neu'n cadw'r gysefin, bob un yn ôl ei chystrawen ei hun ar y dechrau, yn hollol fel y mae'r ffurfiadau berfol yn peri i'r enw ar eu holau (y goddrych neu'r gwrthrych) yn ôl eu natur eu hun.

(xiii) Wrth weld sut y tyfodd brawddegau fel *y mae'n anodd iawn credu*, *y mae'n ddyletswydd cydnabod*, etc., y mae modd gweld pam nad oes dim treiglad i *credu* a *cydnabod*. Dywedir ' pam nad oes dim treiglad ' fel pe byddid yn disgwyl treiglad yn ôl rhyw reol arall ; ond y gwir yw nad oes dim ' rheol arall ' ond rhyw reol dybiedig, yn codi o gamddeall cyfansoddiad y frawddeg a chredu fod sangiad rhwng y ferf a'i goddrych, *y mae* a *credu*. Y mae'n wir fod y geiriau ' yn anodd iawn,' ' yn ddyletswydd ' yn dyfod rhwng y ferf a'i goddrych, ond dyna yw eu safle briodol, ac nid yw'r geiriau'n sengi ar unrhyw drefn normal yma. Ymhell cyn cyfansoddi'r brawddegau hyn fel y maent, trefniant *anodd iawn* + *credu* yw *anodd iawn credu* (= *anodd iawn yw credu*) ; ond dyweder fod ' yn fynych iawn ’ ar ôl *yn anodd iawn,* neu ‘ weithiau ’ neu ‘ o dan yr amgylchiadau,’ byddai hynny’n sengi ar y cyswllt uniongyrchol, nid rhwng y ferf a’i goddrych, ond rhwng y dibeniad *anodd* a’r goddrych *credu,* h.y. ‘ y mae’n anodd iawn, weithiau, gredu, etc. ’ ; (a sylwer mai ar ôl *credu* y dylai *weithiau,* etc. gael ei leoli’n naturiol). Mewn gair, y mae *credu* yn cadw’r gytsain gysefin yn y frawddeg gyntaf uchod yn hollol fel y mae *bryn,* a *caffael* yn cadw’r gysefin yn y llinellau *llym awel, llwm bryn, anodd caffael clyd.*

(xiv) Cafwyd enghraifft yn (xii) i ddangos fod amrywiol ‘ dreigladau ’ i’r dibeniad ar ôl amryw ffurfiau *bod*—a rhag tybio mai ynglŷn â *rhaid* yn unig y digwyddai hyn gwell dewis esiampl arall a dywedyd mai *bu cadwedig* (neu *gadwedig*), *ni bu gadwedig, fel y byddo cadwedig, y bydd cadwedig* fyddai’r cystrawennau cyfatebol ar y dechrau. Nid oes raid i *byddaf, byddi, bydd* gael yr un treiglad ar eu holau ; mewn gwirionedd, fe fyddai treiglad ar ôl y ddwy gyntaf er mai’r gysefin a ddilynai *bydd.* Y mae’r un peth yn wir am *bwyf, bych, bo.* Anodd disgwyl i bob ffurfiad gadw ei dreiglad gwahaniaethol ar ei ôl heb ei effeithio gan y lleill ac y mae’n ddigon tebyg fod yr enghreifftiau o’r gysefin ar ôl *byddaf, byddi* i’w priodoli i ddylanwad cystrawen *bydd* a geidw gysefin y dibeniad o’r dechrau. Ond i’r cyfeiriad arall yr oedd y tueddiad cyffredinol, sef tuag at dreiglo’r dibeniad ar ôl pob ffurfiad. Cyn manylu ar hyn sylwn unwaith eto fod yn bosibl cael yr un ‘ ffurf ’ i wasanaethu mewn dau amser neu ddau fodd a bod yn ‘ bersonau ’ gwahanol a pheri treigladau gwahanol ; e.e. y mae *bydd* yn 3ydd un. Pres. Arferiadol a Dyfodol, a hefyd yn ail berson Gorchmynnol, a cheir tr. m. ar ôl y ffurf orchmynnol bob amser. Y mae’r ffurfiau gorchmynnol *byddwn, byddwch* yr un fath â’r ffurfiau mynegol ; y mae’r 3ydd lluos. *byddent* yn wahanol i’r Pres. Arferiadol, ond yr un fath â’r Amh. Arferiadol neu Ail Ddyfodol ; ond *-ant* yw terfyniad y 3ydd lluos. Gorchmynnol mewn rhai testunau, fel y Beibl.

Peth arall ; y mae modd i’r un ‘ ffurf,’ o ran person ac amser a modd, beri treigladau gwahanol. Y mae’r gwahaniaeth rhwng ffurfiad ‘ annibynnol ’ i ferf gyffredin, a’r ffurfiad ‘ cysylltiol ’ sy’n cyfateb, yn ddigon amlwg, h.y. rhwng *tyfid* a *ni thyf, pan dyf, oni thyf,* etc. ; amlwg eto yw’r gwahaniaeth rhwng *y mae, y maent* a *nid yw, onid ydynt, nid oes, a oes.* Y mae’r rhain yn ffurfiadau gwahanol ; eithr yn *bu, ni bu, pan fu* ; *oedd, yr oedd, nid oedd* ; (a dibeniad + *fu* + goddrych ; a dib. + *oedd* + go), nid oes unrhyw wahaniaeth gweladwy ond y mae’n bosibl fod gwahaniaethau ar y dechrau, yn enwedig o ran yr aceniad a gâi’r amryw ffurfiau ; a gallai’r gwahaniaethau hyn esgor ar wahaniaethau treiglo. Ond byddai’n anodd iawn cadw’r gwahaniaethau a naturiol i un math o gystrawen a threiglo ddylanwadu ar fath arall.

Erbyn heddiw byddai’n ddigon cywir inni ysgrifennu *bu dyn yma* ; *ni bu dyn yma* ; *da fu clywed,* yn unol ag arfer ddiweddar ; ond ped ysgrifennem *ni bu ddyn yma* gallem amddiffyn y treiglad drwy ddyfynnu hen esiamplau; mewn geiriau eraill, gall y ddwy ffordd o dreiglo gael eu cyfiawnhau ar sail arfer dau gyfnod gwahanol. Naturiol disgwyl i feirdd y cyfnod canol fanteisio ar y 'dewis' yma, yn ôl fel yr atebai orau iddynt ar y pryd. Dyma esiamplau o DNanmor o'r rhyddid dewis :

ni bv **w***raig well*, IV.48 ; *Ni bv* **g***lerwyr* yno . . . *Ni bv* **d***rai ossai* . . .*A fv* **c***aen eira a fai* **c***ynn oered ? A fv* **c***ŵyn ochain a fai* **c***ynn vched*, VII.9, 11, 26, 29 ; *a phan vu* **w***aith ar luoedd*, VIII.11 ; *Ni bv* **l***u hyd na bai* **l***ân*, X.17 ; *Ni bu* **g***wlad o'r hain na bai* **g***lod* Rys, XI.44 ; *Ni bu* **ŵ***r well yn y byd*, XII.58 ; *Ni bu* **w***ayw a chalon i neb a ochelud, Ni bu* **l***ewach, ni bu* **b***wlch y kilud, Ni bu* **k***awr a safai* . . . *Ni bu* **l***eifiev gloywon*, XXIII.13-17.

(xv) Heb ryw amgyffred o hanes amryw gystrawennau'r ferf *bod* ni ellid byth ddechrau ar y gwaith o ddosbarthu'r enghreifftiau. Heb safbwynt beirniadol a hanesyddol, ni all yr enghreifftiau fod yn ddim ond tryblith o anghysonderau. Ar sail y dadansoddiad hwn gallwn awgrymu'r cynllun bras a ganlyn i weld pa eiriau a ddichon ddilyn ffurfiau *bod*.

A. (1) Goddrych enwol yn union ar ôl y 3ydd un. 'digysylltair' : **y mae dyn** *yn yr ystafell* ; **yr oedd dyn** *yn cerdded* . . . ; **bu dyn** *yma gynnau* ; **bydd dyn** *yn gofyn weithiau* ;

(2) Goddrych enwol pendant yn union ar ôl cysylltair + 3ydd unigol : **nid yw tad** *y bachgen yma* ; **pan oedd tad** *y bachgen yma* ; **a fu tad** *y bachgen*, etc.

(3) Goddrych enwol amhendant ar ôl cysylltair + 3ydd unigol : **nid oes dŵr** *yn y tŷ* ; **nid oedd dŵr** *yno* ; **a fu dŵr** . . . ; **pan fo dŵr** . . .

B. (1) Y goddrych ar ôl y cyplad canolog : *Da* **yw Duw** *i bawb* ; *da* **fu clywed** . . ., etc.

(2) Y goddrych ar ôl *y mae* cyplad yn y trefniant **y mae Duw** *yn dda* ; **bu tad** *y bachgen yn garedig*, etc.

Y mae'n anodd gweld fod dim gwahaniaeth rhwng y math hwn a'r patrwm sydd yn A(1) uchod o ran perthynas berf a goddrych. Daw hyn i'r golwg yn y ffurfiad cysylltiol lle cedwir *nid yw* o flaen goddrych pendant a goddrych amhendant fel ei gilydd, h.y. **nid yw tad y bachgen** *hwn yn un caredig* ; **nid yw llyfr** *yn help i ddyn ar lwgu.*

C. (1) Y dibeniad ar ôl y cyplad blaen* : **ys truan** *yr olwg arno* ; **oedd truan** *edrych arno* ; **bydd marw** *pawb* ; **bu raid** *mynd.*

*Rhaid bod yn wyliadwrus yn trafod enghreifftiau o'r farddoniaeth oblegid fe all arfer y beirdd o newid trefniant geiriau yn ôl gofynion y mesur beri i'r cyplad blaen beidio â bod yn 'flaen' i bob golwg, e.e. **Poen bu dwys**, *pen bydysawd / Pan aeth a gwawr pennaeth gwawd*, DGG LXXI.2-4 (M. Benfras) ; lleoliad cystrawen 'rydd' y beirdd sydd yma, sef '*Bu dwys poen* pan aeth pen bydysawd a gwawr pennaeth gwawd,' (Intense was the anguish . . .).

(2) Y dibeniad ar ôl cysylltair + cyplad blaen: **pan fydd marw** *pawb*; **pan oedd drymaf** *hun y brenin*;

Pan droes *oedd* yn *yd oedd, yr oedd,* gellid cyfrif fod y cyplad yn ‘gysylltiol’ a bod **yr oedd drwm** *hun y brenin* yr un fath â *pan oedd drwm,* etc.

(3) Y dibeniad ar ôl *y mae* yn y teip *megys* **y mae da** *cig yr ŵyn.* Amrywiad sydd yma ar C(1) uchod.

(4) Y dibeniad ar ôl y ffurfiau personol, cyntaf unigol a lluosog, ail berson un. a lluosog, a'r trydydd lluosog: *wyf d(d)oeth, bûm d(d)oeth,* etc.

(5) Y dibeniad ar ôl y ffurf berthynol, *a fydd, a fo,* etc.; y mae'r teip hwn yr un fath â C(2) uchod gan fod y rh. perthynol yn peri bod y ferf yn ‘gysylltiol.’ Ond yn y presennol y mae ffurfiad arbennig, **yssi, yssydd.**

CH. Wedi i *y mae* ddyfod yn gyplad mewn prif osodiad a pheri i'r frawddeg ‘enwol’ newid ei siâp, daw'r dibeniad yn safle'r traethiad normal, a threfn y frawddeg yw—berf + goddrych + dibeniad traethiadol, e.e. *yr oedd hun y brenin* **yn drwm**; neu heb arfer y geiryn *yn*: *y bu Duw* **dda** *wrth y byd wragedd,* Ex. I.20. Yma ni cheisir gwahaniaethu rhwng beth a all fod yn draethiad normal i *bod* ‘bodolaeth’ neu'n ddibeniad traethiadol i'r frawddeg ‘enwol.’

D. (1) Rhaid cadw ar wahân hefyd yr enghreifftiau lle ceir rhagenw personol wrth fôn y ferf, nes bod y rhagenw yn dyfod yn union o flaen y dibeniad. Dichon fod gwahaniaeth rhwng *pan fydd parod* a *pan fu barod*; a chan mai safle'r rh. personol yn yr hen drefn gynhenid fyddai *pan fydd parod ef, pan fu barod ef,* y ffurfiad berfol ei hun a benderfynai a ddylai'r dibeniad dreiglo ai peidio. Wedi i'r trefniant newydd ddatblygu deuai'r rh. personol (neu'r enw ei hun o ran hynny) rhwng y ferf a'i dibeniad; ni fyddai dim gwahaniaeth cyfansoddiad felly rhwng: *pan fu ef (b)arod, pan fydd ef (b)arod*; *pan fu'r milwr (b)arod, pan fydd y milwr (b)arod.*

(2) Enghraifft ddiddorol iawn o'r newid trefniant yw: *bu farw ef, bu farw'r dyn* > *bu ef farw, bu'r dyn farw.* Os cymerwn ffurfiad arall ar y ferf, sef *bydd,* fe welir fod y newid trefniant yn golygu newid yn y treiglad, e.e. *bydd marw ef, bydd marw'r dyn* > *bydd ef farw, bydd y dyn farw.* A chaniatáu fod hyn yn wir am unrhyw ddibeniad cyffredin, gallwn wneuthur y casgliad canlynol, fod y ffurfiad berfol yn penderfynu'r treiglad yn y trefniant cyntaf; a bod treiglad i'r dibeniad yn yr ail drefniant am fod y dibeniad yn tueddu i fagu treiglad sefydlog.

Pennod XIV

ENGHREIFFTIAU O'R TREIGLADAU YNG NGHYSTRAWENNAU 'BOD'

§103 Presennol Mynegol—Trydydd Unigol

(i) '*Y mae*' (*bodolaeth*) + *goddrych enwol*

Y gytsain gysefin a geir yn ddeithriad : *Myny mae* **m***eillon a gulith ar tirion . . . Myny mae* **k***ertorion in kyveir kysson*, BB 26.3-8 ; *En eiwonit . . . y mae* **g***ur hyduf hir*, ib 69.45 ; *uffern . . . yn y may* **k***ethern kayth yw karchar*, LlH 70 ; *Mae* **g***win yma i gannwr*, GGl xxiv.15 ; *ac yno mae* **ll***awer o gleuytyeu*, Havod 16.46.

Y mae enghreifftiau o dr. m. ar ôl *mae* gofynnol (= 'p'le mae'). Yn SD 45 ceir : **Mae blant** *yr amherawdyr* ; gw. nodiad y golygydd lle y dywed mai 'mae plant' a ddisgwylid. Y mae esiamplau eraill o dreiglo i'w cael, ochr yn ochr â'r gysefin ; cymh. "*Mae* **d***ydi Rolant ?*", YCM[2] 99 ; *Mae* **f***aedd Ewropa ? Mae* **f***il ? . . . Mae* **G***wenhwyfar . . . Mae* **T***egfedd . . . Mae* **F***irain, eurfain wryd . . . Mae* **F***asil fab ? Mae* **F***oesen ? Mae* **B***rutus fab Sulus hen ? . . . Mae* **C***atw ddoeth ? Mae* **C***ytal ?* IGE[2] 270-271 (Siôn Cent). (Y mae Goronwy Owen yn ei gywydd ateb i Huw Huws yn dynwared y cywydd hwn, ond y gysefin sydd ganddo ef: *Mae* **G***walchmai . . . ? Mae* **C***aw ? Mae* **c***ant ?*).

Os gellir dibynnu ar yr orgraff, y peth a ddisgwylir, sef y gysefin, sydd yn y canlynol : *gouin yr haulur* **may breint** *de destion dy*, LlDW 54.26. Anodd iawn yw ceisio cyfrif am yr arfer o dreiglo ond temtir dyn i feddwl mai cystrawen farddol ydyw, yn seiliedig ar estyniad gwallus o gystrawen arall, a bod y chwiw farddol wedi lledu i destunau rhyddiaith.*

(ii) '*Yssit*' + *goddrych amhendant* ('*yssyd*,' '*yssyd*[*d*]')

Digwydd y ffurf hon yn y testunau cynharaf ac iawn yw casglu ei bod yn ddieithr i gopïwyr y cyfnod canol gan mor ansicr yw'r ffurf yn eu dwylo. Golyga 'there is' ; fe'i harferir o flaen goddrych amhendant a cheir tr. m. ar ei hôl ; gw. WG 350 ; L &P 321 ; G t 62. Cymh. : **yssit le**

*Gan fod y cysylltiadau lle ceir yr esiampl yn SD 45 mor debyg i ddechrau stori K. ac O., fe'm temtir i gyfrif am y treiglad fel arfer a seiliwyd ar wall copïo a allai godi yn nhestun K.O. Yn WM 453 ceir : *kwt ynt plant y gwr . . .* (R 101 *ble mae plant*) : y darlleniad fyddai *cwd ynt blant* ; gellid dychmygu rhyw gopïwr yn diweddaru o gopi tebyg i hyn ac yn arfer *mae* gofynnol yn lle *cwd ynt* ond yn gadael y ffurf *blant* heb ei diwygio.

Dyma un enghraifft o dreiglo goddrych *mae* cyffredin (heb fod yn ofynnol), ar yr olwg gyntaf : *Am loer tref* **mae alar** *trwm*, GGl lviii.22. Dengys geirfa *Welsh Leech Book* fod *galaru* yn cael ei arfer yn lle *alaru* ('nausea') ; y mae'n bosibl mai'r gwrthwyneb sydd yma ; a chofier mai peth digon cyffredin yw colli *g* ar y naill law, a'i hychwanegu ar y llaw arall, e.e. *gogof* > *ogof* ; *iâr* > *giâr* ; gw. §177.

idaw y gwynaw y neb yssyd yma, RM 131 (> W 492) ; *Ymynyd suawn* **yssit gaer** *garthawn*, RP 1054.10 ; **yssit gyuedach** *gan gyuedau*, ib 1191.30 ; **yssyd wr** *dylyedawc a lefeir hyn*, BT 13.19-20 (= yssit).

Cymh. hefyd : **yssydd Lanfawr** *dra gweilgi*, CLlH v.6, t 22 ; **ysydd Lanfawr** *dra Bannawg*, ib v.7, t 22 ; gw. nod. 154 lle yr awgrymir darllen *yssit*, ' y mae, there is,' gan nad perthynol yw. Y mae'r awgrym yn sicr o fod yn iawn, ond os cywir y diffiniad mai ffurf i'w harfer o flaen goddrych amhendant ydyw (a dengys y golygydd mai hynny sydd yn ei feddwl wrth gyfieithu drwy ' there is '), nid priodol wrth argraffu roi'r goddrych yn enw priod pendant na thrafod ' Llanfawr ' fel enw lle.†

(iii) (' *Nid*) *yw* ' + *goddrych pendant* (' *bodolaeth* ')

Ydiw, ytiw, yttiw yw'r ffurfiau cynnar, gw. G 61. Nid yn fynych y ceir enghreifftiau o oddrych yn union ar eu hôl gan fod eisiau hepgor y fannod yn gyntaf, h.y. ni all ond enw priod neu enw + enw genidol pendant achosi hynny. Dengys yr enghraifft a ganlyn mai'r gysefin a ddilynai : **a yttiw kei** *yn llys Arthur . . . yttiw*, WM 143.

Arferir *-ydyw, -yw* heddiw yn ddiwahaniaeth a chysefin y goddrych pendant sy'n dilyn bob tro.

(iv) (' *Nid*) *oes* ' + *goddrych amhendant*

Yn wreiddiol y mae tr. m. ar ôl *oes* ond y gysefin a arferir yn awr yn yr iaith lafar. Yn yr iaith lenyddol ddiweddar ceir esiamplau o dreiglo'r goddrych, ac o'r gysefin : y treiglo'n seiliedig ar awdurdod hen destunau, a'r gysefin yn cael ei chyfiawnhau gan arfer ddiweddarach, arfer a ddechreuodd o leiaf mor gynnar â'r bymthegfed ganrif. Nid oes unrhyw ymrafael ynghylch y ddwy ffordd o dreiglo gan fod enghreifftiau o'r ddwy gan bawb ; ac nid mympwy sy'n cyfrif am ddewis un yn hytrach na'r llall ; absenoldeb ' rheol ' ydyw, nes bod pob ysgrifennwr yn dewis y ddwy ar wahanol adegau.

Cymh. : *nyt oes* **bont** *arnei*, WM 52 ; *nyt oes* **g***ynghor*, ib 52 ; *Os oes* **o***fal tŷ a thylwyth iti*, YmDd 251 ; *nid oes* **wr** *o ddealltwriaeth ar wyneb y ddayar*, GMLl 2.91 ; esiamplau cynnar o'r gysefin : *nid oes* **mab** *i'n hoes*, DN IX.53 ; *Medd rhai, "Nid oes* **modd** *y rhawg,"* GGl I.17. Yn y Beibl y gysefin sydd amlaf : *a oes* **lle** *i letteua*, Gen. XXIV.14 ; *a oes* **g***wirionedd ynoch*, ib XLII.16 ; *nad oes* **Duw**, Deut. XXXII.39 ; (*nad oes* **Dd***uw*, 2 Bren. v.15) ; *nid oes* **g***waredudd*, Ps. LXX.11 ; (*nid oes* **b***rophwyd mwy*, ib LXXIV.9).

Diflannodd y treiglad yn yr iaith lafar yn unol â'r duedd gyffredinol i gadw cysefin y goddrych ar ôl y ferf ; a help i'r duedd yma fyddai'r ym-

†Y mae nodiad rhyfedd gan Strachan, IEW 101, lle dywed : "In poetry *yssit* is found also with a definite subject, e.g. *yssit imi teir kadeir*, ' I have three seats,' FB 154 ; *yssit ym argluyd*, ' I have a lord,' MA 176.[a] Rhaid fod Strachan yn arfer ' definite subject ' yma i olygu goddrych sy'n enw, yn hytrach na goddrych rhagenwol neu ddealledig.

adrodd *nid oes dim,* lle y rhoesai *-sdd-* galediad *-sd-*. Yn DFf ceir enghreifftiau o'r treiglad ac o'r gysefin, ac y mae'n debyg mai ' cywirdeb ' llenyddol a barodd droi'r *nid oes dim* naturiol yn ôl yn *nid oes ddim* ; cymh. *nid oes* **dd***im harddach,* DFf 61 ; *nad oes* **d***im groesawach,* ib 118 ; *nad oes* **dd***im bai ynthi,* ib 150-1. Ni fentrwn awgrymu fod un enghraifft yn ddigon ei dylanwad, sef *nid oes dim,* i beri i'r gystrawen yn gyffredinol gadw'r goddrych heb dreiglo onibai fod yr ymadrodd yn digwydd mor fynych. Nodwn hefyd fod *dim* yn cael ei arfer yn gyson o flaen y ' gwir oddrych ' wrth siarad (yr enw amhendant, wrth gwrs, gan mai *dim o* sydd o flaen enw pendant) nes bod y cysylltiad rhwng *oes* a chytsain yr enw a fuasai'n dilyn onibai am *dim* yn llacio, a'r treiglad wedyn yn mynd yn angof wrth fynd ati i ysgrifennu gan hepgor *dim.*

Gellir awgrymu hefyd mai'r arfer lenyddol o gadw treiglad y goddrych ar ôl *nid oes,* h.y. *nid oes lawer,* etc., sy'n cadw'n fyw hefyd y duedd sydd gan rai o dreiglo goddrych amhendant ar ôl *nid oedd, ni bu.*

Gw. isod §104(viii) am enghreifftiau o arfer *nid oes* i negyddu dibeniad y frawddeg ' enwol.'

§104 Y Frawddeg Enwol Bur

(i) Gan mai presennol, fel rheol, yw amser y frawddeg enwol bur (presennol ar-y-pryd neu ' gyffredinol,' gw. Richards, Cystr. y Frawddeg, t. 10) iawn lleoli ei threigladau a'i chystrawennau yma gyda'r Pres. Mynegol.

Dyfynnwyd digon o enghreifftiau poblogaidd eisoes a ddengys fod y goddrych yn cadw'r gytsain gysefin, *hardd* **p***ob newydd, cas* **g***ŵr (na charo'r wlad a'i maco)* ; *canys agos* **d***ydd, ïe agos* **d***ydd yr Arglwydd,* Esec. XXX.3 ; (cyferb. *canys agos* **yw** *dydd yr A.*, Zeph. I.7). Gwall copïo, mae'n debyg, sydd yn cyfrif am y canlynol : *Eil vam* **u***odryb,* B IV.8 (267) cyferb. t 15, *Eilfam* **m***odryb dda,* yn amrywiadau Davies **a**'r Myvyrian.*

Enghreifftiau o frawddegau enwol yw rhai o'r ' Gwynfydau ' ; ac yn *Gwyn eu byd y pur o galon,* y mae *Gwyn eu byd* yn ddibeniad. Dyma esiampl o'r gystrawen lle y mae cytsain y goddrych yn dilyn y dibeniad yn uniongyrchol : *Gwyn ei fyd* **gŵr** *y wraig dda,* Eccl. XXVI.1 ; heb dreiglad yn ôl y patrwm. Digwydd rhai esiamplau yn y Gogynfeirdd o dreiglo'r enw sy'n dilyn ' Gwyn-byd ' : *Gwyn eu byd* **u***yneich uywn eglwysseu,* LlH 34 (? darll. *o uywn* ; neu a ddylid diwygio'r ddau air sy'n cyseinio, *myneich mywn* ?) ; *Gwyn eu byt* **g***ymry gymriw werin,* ib 74. Un awgrym arall sy'n bosibl yw fod ' Gwyn fyd ' yma yn dymuno lwc, neu'n datgan y gwrthwyneb i ' Gwae,' oblegid defnyddir ' Gwyn fyd na ' yn gyffredin ar lafar mewn cyd-destun tebyg iawn i gyd-destun ' Gwae ' ; ac y mae treiglad ar ôl *Gwae* i'r enw derbyniol sy'n dilyn, e.e. *Gwae* **g***oron balchder,*

*Sylwer ar yr enghraifft hon o dreiglo : *Gwelwn yn dyfod ataf Fynach Llwyd / A* **mwyn weld** *eto un yn Ystrad Fflur,* T.G.J., Caniadau 114. Gorhoffter T.G.J. o arfer hen ddulliau treiglo sy'n gyfrifol am hyn a'r syniad fod ' mwyn weld ' yn cynrychioli ' mwyn oedd weld.'

Es. XXIX.5; *gwae* **dd***inas y gwaed*, Esec. XXIV.9; [gw. WG 450 ac isod §156(v)]; ai ' gwyn fyd **i** Gymru ' yw'r ystyr ?

(ii) *Goddrych + dibeniad*

Yn y farddoniaeth gynnar y mae esiamplau o newid trefn arferol y frawddeg enwol bur a rhoi'r goddrych yn gyntaf, e.e. **Hi hen**; *eleni y ganet*, CLlH I.14 t 10. Yn yr enghraifft: **Hi gyfa,** *diua y gwyr*, ib XI.76 t 43, gwelir fod y dibeniad yn treiglo yn y safle hon, gw. nod. t 226; diau fod y golygydd yn iawn wrth aralleirio ' cyfa yw hi,' ac wrth ddywedyd mai cystrawen o'r un patrwm â *Hi hen* sydd yma. Cymh. ymhellach: **Miwi wiv,** *wynteu y aghev*, BB 100 (' myfi fyw '); *a ffwy wyt tithau* . . . **Mi ereint** *uab erbin*, WM 399 (= ' Gereint wyf i ' = ' G. yw'r gŵr '). Anodd dywedyd beth sy'n cyfrif am y treiglad os nad ymdeimlad o newid trefn normal geiriau ydyw, neu fod y dibeniad wedi ei gyfosod wrth ragenw personol, gw. uchod §74(i).

Yr ydys yn betrus iawn ynglŷn ag esiamplau'r nodiad canlynol gan nad ydwyf yn rhy sicr fy mod yn iawn ddeall y testun. Fe geir cyplad yn rhai ohonynt, neu rywbeth tebyg i gyplad, ond bydd yn fwy hwylus eu lleoli yma fel enghreifftiau o osod y dibeniad ar ôl y goddrych, a chael treiglad yn y dibeniad. Y ' cyplad ' (os iawn yr enw) yw'r geiryn *neu* yn rhai o'r dyfyniadau hyn, wedi ei leoli ar y dechrau yn safle *ys*; gw. §102(x). Cofiwn unwaith eto nad yw'r copi bob amser yn iawn gynrychioli'r treiglad, a bod enghreifftiau o dreiglo (ar y cyfan) yn cyfiawnhau darllen treiglad hyd yn oed yn y dyfyniadau lle cedwir y gysefin yn y copi.

Awgrymaf mai brawddegau enwol ar y patrwm annormal yw'r canlynol: **Ti goreu** *rieu rut wisc ar lled / o gywan amws ar y ganued* **ti ureiscaf** *mab dyn o dir cred a wn*, Ll H 220; **Ef oreu** *rieu rygread /* **Ef ulawt** *kyfrieu.* **ef uleityad** *yn dygyn /* **ef kynnygyn** *kymynad / Ef ysgrud ef drud. ef drussyad /* **Ef ddoethaf ef doethawr** *ygnad /* **ef goreu** *a uu o uab tad*, ib 258; **Ef uawrllyw** *mawrllit mallolwch*, ib 259; **ti deyrn . . . Mi brydyt ti wron** *oreu eneidyawl*, ib 261; **Ef oreu** *rieu nyd ron y gynna*, ib 266; **ef uilwr** *ar uilwyr didres*, ib 267; **ef goreu** *un gwron ym pleid /* **ef mwyhaf** *y met adrotyeid / ef haelaf* **ef teccaf** *teleid*, ib 270; **mi lywarch titheu lywelyn,** ib 281.

Cymh. hefyd esiamplau o roi'r geiryn *yn* o flaen y dibeniad: **Ef yn uawr** *yn llawr yn llyryon angert* . . . **Ef yn wyl . . .** ib 266.

Gyda'r cyplad o flaen y goddrych: *Can ys mi myrtin guydi taliessin*, BB 6-7; (? ' Canys mi Fyrddin,' ' Myrddin wyf i '). Dyma'r dyfyniadau sy'n cynnwys *neu* o flaen y goddrych:

Neu **vi luossawc** *yn trydar* . . . *Neu vi a elwir gorlassar.* **Neu vi tywyssawc** *yn tywyll am rithwy*, BT 71-7—; *Neu* **vi oreu** *terenhyd*, ib 71.20. Y mae'r cyd-destun a'r testun yn anodd iawn, a'r cwbl a wneir yma yw awgrymu'r posibilrwydd o ddeall y cystrawennau hyn fel teip annormal o frawddeg enwol, h.y. ' Lluosog yn nhrydar wyf i '; os hynny yw'r ystyr, ' Lluosog mi ' yw'r drefn normal, a ' Mi luosog ' yw'r drefn annormal.

Gellir awgrymu hefyd mai ar y llinellau hyn y dylid cyfrif am y treiglad yn yr enghr. (sy'n cynnwys *ys*) a nodir yn GEIRFA 61-2 : *ys teu* (*ti*) **wlat** *nef*, BT 53.13 ; *ys meu* **lit**, RP 1417.13 ; *ys meu ganmawl*, ib 16 ; *kanys meu alar*, ib 18 ; (cyferb. *ys meu myfyryaw*, MA 237ᵇ 19) ; cymh. enghraifft heb *ys* : *Meu leuein am oliuer*, RP 1327, MA 302ᵇ. Ystyr *meu*, etc. yw ' fy nyletswydd ' (neu ' haeddiant, braint, hawl '), tebyg i *mine* yn ' Vengeance is mine.' Dangosir y drefn normal wrth aralleirio, ' Canmol yw fy nyletswydd,' ' Galar yw fy rhan,' ' Gwlad nef yw dy haeddiant,' ac ymddengys felly mai lleoli'r goddrych o flaen y dibeniad sy'n cyfrif am y treiglad i'r dibeniad. O sylwi ar natur yr enghreifftiau yn y paragraffau uchod y mae'n anodd osgoi'r casgliad mai gyda rhagenw personol yn oddrych y ceir y trawsleoliad hwn, ac mai lleoli'r rh. personol o flaen y dibeniad sy'n cyfrif am y treiglad.

§105 Y FRAWDDEG ENWOL AMHUR—TRYDYDD UNIGOL

(i) *Ys*

Y drefn arferol yw *ys* + dibeniad + goddrych. Fe all y beirdd amrywio'r drefn fel y dywedwyd pan ddyfynnwyd *Poen bu dwys, pen bydysawd / Pan aeth a gwawr pennaeth gwawd*, DGG LXXI.2-4 (M. Benfras) ; gw. §102(xv) nodiad godre ; (= ' bu dwys poen ') ; ceir peth tebyg gydag *ys*, e.e. *Dy leas ys mawr*, CLlH I.17 t 3. Y mae enghreifftiau o'r fath yn rhai pwysig iawn ; nid ' Poen fu dwys ' yw'r gystrawen ; nac ychwaith ' a fu d(d)wys ' ; felly amrywiad barddol ydyw ar ' Bu dwys poen.' Y ffurf i'w harfer ar ddechrau brawddeg ' enwol ' yw *ys*, yn y safle flaen ; nid gwir safle ganol sydd yma (' Mawr *yw* dy leas ' a rydd hynny ;) ac nid cystrawen berthynol sydd i'r cyplad (' Dy leas ysydd fawr ' fyddai hynny) ; amlwg felly mai amrywiad barddol sydd yma ar y trefniant normal, ' Ys mawr dy leas.'

Y gysefin sy'n dilyn *ys* bob amser : **Es cul** *y bet ac ys hir*, BB 65.1 ; **Ys trist** *Euyrdyl o'r drallawt heno*, CLlH III.31, t 15 ; **ys glut** *a beth yd ymdidanyssam ni* WM 10 ; **ys gohilion** *hwnn*, ib 475 (= ' gwehilion,' ' yr un sydd ar ôl yw hwn ') ; **ys truan** *o ddyn wyf fi*, Rhuf. VII.24.

Yr un ffurf *ys* sydd yn *canys*, *ys blwydyn*, WM 487 (' for a year past '), *ys gwers* (' for some time past '), *erys* > *ers* ; gw. L & P 321. Sylwer mai *es* a argreffir yn GGl, e.e. *Blinais* **es** *pedair blynedd*, XII.15. Ni cheir treiglad ar ôl y ffurfiau hyn er y gallai ddigwydd i *ys* + *cpt* roi'r argraff o -sg- etc., h.y. ' ys cryf ' yn cael ei ysgrifennu'n ' ysgryf.' Sylwer hefyd fod ' er ys llawer dydd ' yn troi'n ' slawer dydd ' ar lafar gwlad ; symlhad yw hynny o *sll*, tebyg i *Casllwchwr* yn troi'n ' Caslwchwr ' ; cymh. *ers llawer dydh*, DCr[1] 17ª = *es lawer dydd*, ib[2] 15ᵇ.*

*Sylwer ar gynghanedd y llinell : *Islaw'r don ers llawer dydd*, Ceinion Essyllt, 244.

(ii) *Neu(d)*

Awgrymwyd yn §102(x) sut y tyfodd *neud* yn eiryn i'w arfer o flaen dibeniad y frawddeg enwol, sef dilyn patrwm y geiryn negyddol *ni*, *nid*, a arferir i negyddu'r frawddeg enwol. Ymdrinir yn nes ymlaen â'r treigladau ar ôl y negyddeiriau, ac ar ôl *neu* rhagferfol, ond cystal fydd nodi yma mai'r gysefin sy'n dilyn *neud* pan ddaw yn safle *ys*, o flaen y dibeniad : *Neut rud rych* ; **neut crych** *egin*, CLlH II.7, t. 9.

Gan fod *ni* yn gallu negyddu'r frawddeg enwol, iawn holi a ddigwydd esiamplau o *neu*. Cafwyd **neu vi** uchod yn §104(ii) nodiad, sef o flaen rh. personol sy'n oddrych y frawddeg enwol, a dylid cysylltu'r gystrawen hon â'r teip *ys mi*, *ys ti*, etc. a nodir yn GEIRFA t 61b ; a chymh. ymhellach : **neu vi** *a weleis wr* . . . **neu vi** *erthycheis* . *neu vi gogwn ryfel*, BT 62.7-9 ; (ac aml enghraifft debyg yn BT 71). Enghraifft ddiddorol i'w chymharu â hyn oll yw'r ganlynol, o arfer *na* (= *ni* mewn atebiad) o flaen rh. personol a hwnnw'n treiglo : **Ay hyhi . . . na ui** *myn uyghyffes*, WM 416 (= P6. IV.208).

Anfynych y digwydd *neu* fel geiryn o flaen y dibeniad ; *neud* a ddigwydd amlaf. Y rheswm am hyn efallai yw fod *neu* yn gysylltair hefyd, yn golygu ' or ' ; ac i osgoi'r ystyr honno, bu raid ymwrthod â *neu* fel geiryn.

(iii) ' *-yw* '[1] + *dibeniad*

Safle arferol y ffurfiad hwn yw dyfod rhwng y dibeniad a'r goddrych, mewn gosodiad cadarnhaol ; ond fe all ddyfod o flaen y dibeniad os bydd cysylltair neu eiryn ar ddechrau'r gosodiad sy'n gofyn am gael ffurfiad ' cysylltiol ' y ferf ar ei ôl.

mor yw + dibeniad.

Ein cystrawen ddiweddar pan arferir *mor* o flaen brawddeg ' enwol ' yw cadw siâp y frawddeg wreiddiol a rhoi *mor* o flaen y dibeniad, e.e. ' Gwael yw ei gwedd ' > ' Mor wael yw ei gwedd ' ; yr hen drefn oedd rhoi *mor yw* o flaen y dibeniad a hepgor y cyplad o'r safle ganol, sef ' Mor yw gwael ei gwedd.'

Dyma rai esiamplau a ddengys mai cysefin y dibeniad a ddilynai *mor yw* : *Gwynn y byt, Freuer*, **mor yw gwann** *heno*, CLlH XI.58 t 40 (gw. nod. t 219 ar *mor yw diheint*, ib 57, a'r cyfeiriadau at yr un gystrawen gyda ffurfiau eraill *bod* yn XIII, t 51-2, *mor fu daffawd*, llin 25 ; *mor fu barawd*, 28 ; *mor wyf gnotaf*, 33 ; *mor oedd eiddun*, 64) ; **Mor yw gwael** *gwelet kynnwryf kynniret*, RP 1053.17 ; *Tri ac un kyuun* **mor yw kyuan,** ib 1233.28 ; **mor yw gwael** *eu goloi*, LlH 29. Y mae'r cyffyrddiadau cyseinedd yn rhai o'r enghreifftiau hyn yn profi mai'r gysefin a ddilynai *mor yw* ; gw. GEIRFA 60b.

pan yw + *dibeniad*

Yn yr un modd, os lleolid *pan* o flaen y frawddeg ' enwol ' ceid ' pan yw gwael eu gwedd ' ; a dengys yr enghreifftiau isod mai cysefin y dibeniad a ddilynai. Dylid nodi mai *pan* gofynnol sydd yn rhai o'r dyfyniadau. Cymh.: **pan yw gwrd** *echen* . . . **Pan yw gwyrd** *gweryt. Gweryd* **pan yw gwyrd,** BT 20.16, 19, 20; *Anadyl* **pan yw du, pan yw creu** *auu* . *buch* **pan yw bannawc** . . . *llaeth* **pan yw gwyn. pan yw glas** *kelyn.* **pan yw baruawt** *myn.* **pan yw keu** *efwr.* **pan yw medw** *colwyn.* **pan yw lledyf** *ordwyn.* **pan yw** *brith iyrchwyn*, ib 21.1-7; **pann yw tywyll** *nos.* **pan yw gwyrd** *llinos mor*, RP 1054.7-8; **yr pan yw tawel** *ryuel rwyfaw*, ib 1430.3.

Nid yw'n newid dim ar hanfod y gystrawen fod y goddrych weithiau'n dod yn gyntaf fel sydd yn *Gweryd pan yw gwyrd*; newid allanol neu farddol yw hyn fel sydd yn *Dy leas ys mawr*, gw (i) uchod. Gellir nodi'n fyr hefyd mai'r gysefin sy'n dilyn y cysylltair **pan yw** = **mai**: *a bit honneit* **pan yw bychydig** *a dal dedyf Duw*, YCM² 22.13-4.

(iv) '*yw*'¹ + *goddrych*

Hysbys mai cysefin y goddrych sy'n dilyn *yw* yn y patrwm 'dibeniad + *yw* + goddrych'; cymh. *Miui yw* **llwyt** *uab kilcoet*, WM 79; *a chymwys iawn* . . . *yw* **geirieu** *S.H.* . . . DFf 186; *mor llithrig yw* **llwybrau** *dyn*, GMLl 1.135.

(v) '*y mae* + *dibeniad*

Yn § 101(viii) a §102(iii) ceisiwyd dangos natur y frawddeg 'enwol' sy'n arfer *y mae* fel cyplad o flaen y dibeniad yn y testunau cynnar.* Dengys y dyfyniadau mai cysefin y dibeniad sy'n dilyn *y mae*: *yn y mae* **goreu** *y gwyr*, WM 119; *Llyma Basg y mae* **liwm** *bardd*, IGE² 18.3; *I dŷ'r mab lle mae* **da'r** *wledd*, TA 103.26.

Y cyplad *y mae* a droes yn gysylltair, sef **mai**; a naturiol ddigon yw cael y gysefin ar ei ôl: *a menegwch idaw* . . . **y mae brawt** *un uam a mi a wnaeth hynny*, WM 43.

Ceisiwyd egluro hanes *y mae* o flaen *rhaid* yn §102(xii). Mewn cysylltiadau o'r math a ddisgrifir ar ddechrau'r paragraff hwn, sef digwydd y frawddeg 'enwol' mewn cymal perthynol traws, deuai *y mae* fel cyplad o flaen *rhaid* (yn y Presennol, wrth reswm), e.e. *Am hynny* **y mae reit** *y titheu uot*, WM 396; *yna* **mae reit** *yr llowrud mynegy ydau*, LlDW 129.20. Er nad yw'r orgraff yn helpu dim gallwn fod yn berffaith sicr na fyddai treiglad i'r dibeniad yma. Os oes enghreifftiau diweddar o dreiglo, camgydweddiad llenyddol neu ramadegol â *bu raid* sy'n cyfrif amdanynt. Y gystrawen orau bellach fyddai *y mae'n rhaid.*

(vi) '*y mae*'² + *goddrych*

Yn §102(vi) dyfynnwyd ac ymresymwyd i ddangos sut y newidiwyd trefniant brawddegau 'enwol' nes bod—*y mae da cig llwdn* yn rhoi—*y*

*Am enghreifftiau pellach o'r gystrawen o gael *y mae* o flaen y dibeniad, gw. GML t 38, a rydd aml gyfeiriadau at *y mae* yn nhestun LlDW. Y mae'r rhan fwyaf ohonynt o'r teip: *Ena* **e mai jawn** *jr enat gouin yr hawlwr*, 54.26; dyfynnir rhai hefyd o'r teip: *yna mae reit.*

mae cig llwdn yn dda. Y mae'n hollol amlwg nad oes rhithyn o syniad am ‘ fodolaeth ’ cig llwdn yn y gosodiad hwn ; cyplad yw *y mae* yn y ddau osodiad, ond yn y patrwm diweddaraf lle ceir *yn dda* aeth y dibeniad i safle traethiad. Yn ddiweddarach ymdrinir â'r ansoddair *da* mewn gosodiadau a chwestiynau o deip, ‘ I beth mae e **da** ? ’ (‘ Beth yw e **da** ? mewn rhai tafodieithoedd) a dangosir mai ansoddair dibeniad yw gan yr atebion naturiol i'r cwestiwn hwn, ‘ **Da yw** at wella, etc. ’, neu ‘ **Y mae'n dda** at wella, etc.’ Dyma'r peth mewn dwy adnod, y gyntaf yn holi ac yn rhoi'r ans. ar ôl *yn*, a'r ateb yn rhoi *Da yw* : *i ba beth* **y mae** *calon, ac afu, a bustl y pyscodyn* **yn dda** ? . . . *Ac am y bustl,* **da yw** *i iro ag ef,* Tobit VI.7, 8.

Afraid dywedyd mai cysefin y goddrych sy'n dilyn *y mae* (cyplad) fel ym mhob man arall.

(vii) *Nid yw*

Wrth drin **-yw** yn (iii) uchod ni soniwyd am *nid yw* ochr yn ochr â *mor yw* a *pan yw* gan fod cyfansoddiad ac ‘ oedran ’ gwahanol i'r brawddegau sy'n arfer *pan yw, mor yw* ar y naill law, a *nid yw* ar y llaw arall. Y dull o negyddu a gyfetyb i gystrawen *pan yw glas kelyn* yw *nid glas kelyn.* Peth diweddarach yw arfer *nid yw* i negyddu'r frawddeg enwol, ac nid yw'n anodd gweld ym mha fodd y tyfodd. Yn yr amseroedd eraill, fe fyddai negydd + berf, sef *nid oedd, ni bu, ni bydd*, etc., o flaen y dibeniad ; ac o dipyn i beth, fe ddaethpwyd i lunio'r gystrawen bresennol ar yr un patrwm, *nid yw* + dibeniad ; ac efallai fod y treiglad i'r dibeniad ar ôl *nid oedd, ni bu* yn ddigon o reswm iddo dreiglo hefyd ar ôl *nid yw*, er bod rheswm arall yn cael ei gynnig isod. Y mae modd gweld rheswm newydd yma dros dwf *y mae* fel cyplad. Gan mai'r ffordd o droi *y mae* (bodolaeth) yn negyddol yw'r gystrawen *nid yw* (gyda goddrych pendant), y ffordd o droi *nid yw* (cyplad) yn gadarnhaol yw *y mae*, h.y. ‘ nid yw dda gennyf ’ > ‘ y mae ('n) dda gennyf ’ ; ‘ nid yw bechod fod y dyn yn dioddef ’ > ‘ y mae ('n) bechod etc.’

Fe sylwir fod gwahaniaeth rhwng cystrawen *y mae* a *nid yw.* Erbyn heddiw daeth yn hanfodol bron inni arfer *yn* ar ôl *y mae*, ond gellir hepgor y geiryn ar ôl *nid yw* ; a chredaf fod modd esbonio pam y mae *yn* yn hanfodol ar ôl *y mae* a bod modd ei hepgor ar ôl *nid yw.* Os cymerwn enghraifft fel ‘ Y mae'n bechod fod y dyn yn dioddef,’ sylwer mai enw cyffredin yw'r dibeniad ; pe dywedid ‘ y mae pechod fod . . .’, rhoddai hynny ystyr ‘ bodolaeth ’ ar unwaith i *y mae* a thrôi *pechod* yn oddrych ; felly i arbed hynny rhaid dywedyd ‘ y mae'n bechod . . .’ Nid oes perygl camddeall yn y gosodiad negyddol gan mai *nid oes* fyddai cystrawen ‘ bodolaeth ’ o flaen yr enw amhendant *pechod* ; felly gellir dywedyd ‘ nid yw bechod ’ heb beri amwysedd nac amheuaeth.

Gwahaniaeth mawr arall rhwng cystrawen ‘ *pan yw* glas kelyn ’ a *nid yw* + dibeniad yw fod treiglad i ddibeniad *nid yw*. Y mae'n ddigon tebyg mai treiglad y traethiad normal a barodd i ddibeniad *nid yw* gael treiglad [gw. §125(iv)] ; h.y. cystrawen ydyw a all arfer *yn* neu ei hepgor ; felly os gellir dywedyd ' a ddarllenodd *orau* ' neu ' *yn orau,*' gellir dywedyd ' nid yw'*n ddigon* ' neu ' nid yw ddigon.' Ychydig o ddyfyniadau sy'n eisiau i ddangos y treiglad hwn ; mewn cromfachau rhoir dyfyniadau sy'n cynrychioli'r patrwm cynharaf oll o negyddu'r frawddeg enwol bur : **Nid yw bryd** *casglu yr anifeiliaid,* Gen. XXIX.7 ; *ar ffordd* **nid yw dda,** Ps. XXXVI.4 ; *gan wybod* **nad yw ddyledog** *y ddyn gael dayoni gan dduw ony bydd ef diolchys am dano,* MCr 71a ; **nid ydy(w) gyfatteba(w)l** *i'r tam, ladin,* DByrr 190 ; **Nid yw bechod** . . . *er i fab hel puteinieid,* DFf 68 ; **Nid yw ddigon** *i ni wybod fod* . . . PA 110 ; **Nid yw dda** *gennyf i gweled nhwy,* GMLl 1.176 ; **nid yw dda** *dwedyd na gwneuthur dim,* ib 2.26 ; **Nid yw wiw** *ganddo farcio ar dduw,* RBS 99 ; (**nid gwiw** *ymryson,* ib 56 **ni wiw** *i chwi gynnyg,* BC 42).

Parthed goddrych *nid yw,* afraid esbonio mai'r gysefin a arferir bob amser : **nad yw prophwyd** *yn ddibris* . . ., Marc VI.4 ; *Oblegit* **nid yw Cynghorion** *doeth a Llyfreu dâ at glefyd presennol,* RBS, Rhag. 3.

(viii) ' *Nid oes* ' + *dibeniad*

Yn §102(xi) rhoddwyd awgrym fod *nid oes* yn negyddu'r dibeniad weithiau er mai ffurf at ddynodi ' bodolaeth ' yw *oes* ym mhob cysylltiad ond hwn, ac ymddengys imi mai cystrawen ddiweddar yw'r peth eithriadol yma. Enw yw *rhaid* sy'n ddibeniad yn y frawddeg enwol bur, *rhaid credu.* Ceir dwy ffordd i negyddu'r gosodiad hwn, *ni raid* + , a *nid rhaid* + . Os arferir *y mae* fel cyplad ceir *y mae'n rhaid credu* ; hyn wedi ei negyddu, *nid yw'n rhaid credu.* Un peth gwerth ei nodi am gystrawen *rhaid* yw mai berfenw neu gymal *mai* sy'n oddrych i'r frawddeg, e.e. ' rhaid mai hwn a'i parodd.'

Ond fe all *rhaid* olygu ' eisiau,' ac nid ' rheidrwydd ' ; a bod yn oddrych i'r ferf *bod* (' bodolaeth '), e.e. *yn barod i roddi, lle* **mae rhaid,** 2 Esdr. VII.68. Os troir hyn yn negyddol ceir, ' rhoi hefyd lle nad oes raid,' (= ' lle nad oes angen '), gan mai *oes* yw'r ffurf briodol gyda goddrych amhendant. Cymh. hefyd : *ag* **mae rhaid** *wrth amryw ordinhad,* DFf 132 (= ' y mae eisiau '). Felly pan ddisodlwyd yr hen ddull o negyddu *rhaid* fel dibeniad, sef *nid rhaid,* yr oedd ffordd arall i negyddu *rhaid* i'w chael yn barod, sef *nid oes raid.* Mewn gwirionedd y mae'r ffordd newydd hon yn newid cyfansoddiad y frawddeg gan fod *rhaid* yn awr yn oddrych yn hytrach na dibeniad ; h.y. ystyr *nid oes raid credu* yw *nid oes eisiau credu,* ' the need for believing no longer exists.'

Dyma bwynt arall sy'n haeddu sylw ynglŷn â'r frawddeg ' enwol ' ddiweddar, sef y duedd i droi'r ansoddair sy'n ddibeniad yn enw amhendant drwy roi *peth* o'i flaen, e.e. 'peth coch yw afal'; cymh. **Peth erchyll** *yw gwraig ysgeler*, Eccl. XXXVI, Cynnwys; ac esiampl dda o arfer *peth* yw 'peth od,' 'peth rhyfedd,' h.y. 'Peth od fod hwn a hwn heb ddod.' Gellid sôn hefyd wrth drin *nid oes raid* mai (*nid oe*)*s dim rhaid* yw'r gystrawen gyffredin ar lafar a bod a wnelo'r enw amhendant *dim* â thwf y gystrawen *nid oes* i negyddu'r frawddeg enwol. Os daw ymdeimlad mai enw amhendant yw '(peth) rhyfedd,' y ffordd i'w negyddu fydd 'Nid oes ryfedd,' neu 'Nid oes dim rhyfedd'; e.e. **Nid oes ryfedd,** *ebr Lucifer, eu bod mor atcas gan bawb ar y ddaiar*, BC 127. Y frawddeg enwol bur yw 'rhyfedd eu bod': wedi ei negyddu, 'nid rhyfedd eu bod,' neu 'nid yw rhyfedd,' (cystrawen a geir yn aml gan Emrys ap Iwan). I geisio cyfrif am 'nid oes ryfedd,' cynigir tri rheswm, sef dylanwad y dibeniad 'peth rhyfedd'; dylanwad yr enw *dim*; a phatrwm *nid oes raid*.*

Ymdrinir yn llawnach isod, §130(iii) â'r priod-ddull *ni wybod* a geir yn M.L., e.e., I.91; cymh. amrywiad: *nid oes wybod*, ib I.290.

(ix) *Y ffurf berthynol, 'yssi,' 'yssydd,' 'sydd,' 'sy'*

Y mae'n bosibl fod gwahaniaeth ar y dechrau cyntaf rhwng *yssi* ac *yssydd*; efallai mai ffurf berthynol y cyplad yw'r cyntaf, ac mai ffurf berthynol 'bodolaeth' yw'r ail. Y mae fel petai modd gwahaniaethu fel hyn rhwng *yssi* ac *yssydd* yn BB ond y mae'n anodd dosbarthu'r enghreifftiau yn y *Computus*, B III.256 ar y llinellau hyn; e.e. gellir bod yn bendant mai 'bodolaeth' yw ystyr *issi* yn llinell 5: *ir loc guac* **issi** *in triti urd* ('that empty space which is in the third row'); ac yn ei nodiad ar t 261 sonia'r golygydd am gynharwch colli'r *dd*. Dengys esiampl fel y llinellau canlynol nad oedd colli'r *dd* ar ddiwedd *yssydd* yn cyfrif dim i'r copïwr:

teir allawr gwyrthuawr gwyrtheu glywed **yssy**
*rwg mor a gor***wyt** *a gwrt lanwed*, LlH 42.

Dylai fod odl gyrch yma a'r darlleniad cywir yw *yssydd*. Dengys hyn mai ofer fyddai ceisio gwahaniaethu rhwng y ffurfiau amrywiol hyn yn yr hen destunau.

Wrth ddyfynnu enghreifftiau yma rhoir dyfyniadau na ddangosant dreiglad i'r dibeniad mewn bachau petryal; ac fel o'r blaen bernir y dylid darllen treiglad ar sail y dyfyniadau a'i dengys. Gan mai esiamplau o'r dibeniad sydd yn y rhain, golyga hynny mai cyplad yw'r ffurf berthynol.

Cymh. [*Arduireaue Dev . . . yssi* **tri** *heb ev*, BB 37.9; *Brenhin . . . yssi* **pen** *plant adaw. Yssi* **per** *gadair gadarnaw*, ib 41]; *y parchellan yssy*

*Ymhell ar ôl ysgrifennu hyn y trewais ar yr enghraifft hon sy'n lled-awgrymu sut y cafwyd 'nid oes ryfedd' ac yn cadarnhau un o'r rhesymau a gynigir yma: **nid oes rhyfeddhod** *i lawer fod yn . . .*, DCr[1] 37[a] (ib[2] 26[b]). Ac yn ddiweddarach trewais ar y canlynol, sy'n gryfach tystiolaeth: **Rhyfedd yw** *gennyf i fod y cyfryw . . .* **Nid oes mor rhyfeddod** *o hynny*, LlHyff 23.

wiv. *bitaud meu*, ib 56.6 (= fyw) ; *yssit rin yssyd* **uwy** *gwawr gwyr goronwy*, BT 28.25 ; *Kaer yssy* **gulwyd** *ny gwyd ny grin*, ib 67.7 ; *A gereis yr yn was yssy* **gas** *gennyf*, CLlH II.15, t 10 ; *koffau yessu yssy* **bwyllad** *ym bann*, LlH 45 ; *unllogawd yssyt herwyt heli . . . yssyt* **lann** *lawndec y mynegi*, ib 46.

Prin y mae angen dyfynnu esiamplau o destunau rhyddiaith, na hen na diweddar. Anodd cyfrif am yr un enghraifft ganlynol o'r gysefin ym Meibl 1620 : *a'r naill bobl* **sydd cryfach** *na'r llall*, Gen. xxv.23. Yn DByrr 255-6 cyfyd Morus y pwynt ynghylch arfer y beirdd o roi'r gysefin yn lle'r treiglad a ddisgwylid ; ymdriniwyd yn §71(vii) nod. godre, â'i enghraifft gyntaf, *Troilus gynt, rheoles g(w)yr* ; ei ail enghraifft yw : *Ysy g(w)ed(d)us i gud(d)ia(w)*. Y mae'n bosibl fod enghreifftiau i'w cael o gadw cysefin y dibeniad ar ôl *ysy(dd)* pan ddaw ar ôl gorffwysfa,* ond ni sylwais i fy hunan ar eithriadau tebyg i'r un a ddyfynna Morus.

§106 Y PERSON CYNTAF UNIGOL

(i) Ceisir cadw ar wahân yn y dosbarthiad isod yr hyn a alwyd yn 'ffurfiadau' gwahanol, h.y. *wyf* + dibeniad ; cysylltair + *wyf* + dibeniad ; *wyf* yn y safle ganol. Rhaid cyfaddef nad hawdd penderfynu pa eiriau y dylid eu cyfrif yn gysyllteiriau ond y mae GEIRFA Lloyd-Jones i'm tyb i, yn colli'r prif bwynt wrth roi 'cysylltiaid, adferfau neu eirynnau' gyda'i gilydd a chynnwys *ac wyf, kan wyf, hut wyf, mor wyf, nyt wyf, ot wyf* yn yr un adran. Dengys ei enghreifftiau nad yr un treigladau sy'n dilyn *kan wyf* a *mor wyf* ; ac y mae'r gwahaniaeth hwn yn y treiglo yn arwydd fod gwahaniaeth yng nghyfansoddiad y 'ffurfiadau' berfol. Prawf fod dau fath o gysylltair neu eiryn yw fod rhai'n troi'r ffurf 'annibynnol' ar y ferf yn 'gysylltiol,' ac eraill heb beri hyn ; e.e. y ffurf 'annibynnol' sydd ar ôl *ac*, ond y ffurf gysylltiol sy'n dilyn *ni, o, pan*, etc. ; ac enghraifft syml yw fod *can* o flaen *ys* yn cadw *ys*, a *mor, nyt, ot, pan* yn arfer *yw*.† Y mae *ac* hefyd yn cadw *ys*, e.e. *Es cul y bet* **ac ys** *hir*,

*Cymh. *a dail ysydd* **dulas** *iddi*, ID 14 ; trawsleoliad sydd yma = 'a dail dulas sydd iddi.'

†Cyfeiria GML 39 at un enghraifft o *kanyu* yn LlDW 134.22, **kanyu** *plas y creyryeu*, (am y fynwent, 'since it is the place of relics'). A barnu oddi wrth y llun y mae'r darlleniad yn gywir er bod y ffurf yn un eithriadol. Yr ydwyf am ddal ar y cyfle hwn i gyfeirio at nifer o esiamplau eithriadol o arfer y ffurf gysylltiol *ydiw* mewn safle lle y disgwylid y ffurfiad di-gysylltair *y mae*. Digwydd y ddwy gyntaf yn YCM[2], y gyntaf ar ôl *canys*, a'r llall ar ôl *kan*, a gallem gasglu oddi wrth y rhain mai pethau tebyg ydynt i *canyu*, sef trin *can* (a *canys* yn sgil hynny) fel cysylltair rhagferfol a droai ferf i'w ffurfiad cysylltiol ; dyma'r ddwy : *Anrydha y gwryanc o'r anryded llauuryus hwnnw*, **canys ydiw yn y damunaw**, YCM[2] 135 ; *kany allant dim*, **kan ydiw** *y dyrnodeu kyntaf* **yn adaw** *ywch y uudugolyaeth*, ib 147.

Y mae lle cryf i dybio fod testun YCM yn perthyn i 'ysgol ryddiaith' sir Forgannwg y mae testunau fel MCr yn barhad ohoni. Dyma gyfres o enghreifftiau o arfer *ydiw, ody, ydynt*, lle y disgwylid *y mae, y maent*, a sylwer eu bod oll mewn cymal perth. traws a'r ferf yn Bresennol Mynegol Cwmpasog, a bod *ag* fel rhag. perthynol yn rhai : *a phwy drallod* **ody** *y cariadur* **yny ddioddef**, MCr 63[a] ; *pwy drafel* **ody** *y*

BB 65.1. Awgrymaf felly y dylai'r dyfyniadau sydd yn G. o *ac wyf* + dibeniad (heb dr.), *kan wyf* + dibeniad (heb dr.) fynd i'r un adran ag *wyf* heb gysylltair.

(ii) '*Wyf*' + *dibeniad*

Yn y testunau cynharaf, cysefin y dibeniad sy'n dilyn bob amser ; gw. GEIRFA 60a ; cymh. *wyf gwion . . . wyf llwyr*, BT 3.3 ; *wyf bard*, ib 3.5 ; *wyf kerddyat . wyf keinyat claer*, ib 7.17-18 ; *wyf kell . . . wyf llogell kerd*, ib 8.1 ; *wyf bard ac wyf telynawr . . . wyf pibyd ac wyf crythawr*, ib 72.1-2 ; *Oef kas gan gwassauc*, BB 50.2 ; (*wyf cas gan waessawc*, B IV.124 [89]) ; *Wyf keuyngrwm, wyf trwm, wyf truan*, CLlH II.3, t 9 ; *wyf* **truan**, *wyf* **tri** *dyblic*, ib II.17, t 10 ; *wyf* **d***yleith ar gert . wyf dilut*, LlH 121 ; (cyfetyb i [*b*]*art dylaw*).

Ceir olion hyn yn y cywyddau, sef arfer *wyf* yn y safle flaen heb *yd* neu *yr* ; a'r dibeniad yn cadw'r gysefin :

Hywel ddifeth, hael ddefawd,
Meurig wych, **wyf maer** *eu gwawd*, IGE² 120.23-4.

(iii) *Geiryn* + '*wyf*' + *dibeniad*

Yn y gystrawen hon y mae treiglad i'r dibeniad ; cymh. *mor wyf wannglaf*, RP1244.30 ; *mor wyf drist drostaw*, ib 1417.26-7 ; *mor wyf gerd gein*, ib 1428.29 ; *mor wyf gwyn gyfrwyf*, ib ib 31 ; *mor wyf gyfrin*, ib ib 32 ; (gw. G 60a am gyfeiriadau at eraill).

Nyt wyf vynawc blin, CA 538 ; *Nyt wyf vard syn*, BT 7.19-20 ; *Mi nyt wyf lawen o lewenyt bryd*, LlH 49 ; *Nyd wyf vard dylaw . . . Nyd wyf dlawd* ib 121 ; *Myn Duw gwyn, mi nid wy' gall*, DGG III.4 ; *ponyt wyf gadarn*, B II.276 (33), Engl. yr Eryr ; **nac wyf ereint i,** WM 438 (= P 6.IV.219).

Neut wyf glot geinmyn, BT 54.24-5 ; 55.8-9 ; *Neut wyf Lywarch lauar pell*, CLlH II.10, t 10.

Disgwylir yr un treiglad ar ôl *pan wyf* ond gan nad oes enghraifft gynnar wrth law dyfynnir enghraifft gymharol ddiweddar yma : *canys pan wyf* **wan,** *yna yr wyf gadarn*, PA 110.

Yn yr unig enghraifft gynnar sydd gan G. o *ot wyf, anuodlawn* yw'r dibeniad, sef yn LlH 223 (= 88a).

dyn trachwantys **ynny ddioddef,** ib 63b ; *ar dyll hynny* **ydiw** *pobl dduwiol* **yny arfer,** ib 78a-b ; *na dim* **ag ydiw** *y bydolion* **yny braychaidio,** ib 97b ; *y llawenydd* **ydiw** *duw* **yny ddwyn** *yr corff*, ib 100b ; *y neb* **ydiw** *duw* **yn dioddef** *y profi*, ib 107a; *yr hwn* **ydiw** *ef yn unig* **yny annog,** ib 109b; *y pethe* **ydiw** *ef* **ny gasay** . . . *y pethe* **ydiw yny garu,** ib 114a ; *yr holl rai* **ag ydiw** *duw* **yny harwain,** ib 115b ; *o pwy lawenydd* . . . **ydynt** *hwy* **ny gael,** ib 124a.

Credaf fod olion cystrawen fel hon yn aros yn y dafodiaith o hyd, yn enwedig ar ôl *ag*, ac yn fwyaf arbennig os yw *ag* yn gweithredu fel rhag. perthynol. Nid oes gennyf esboniad boddhaol ar yr hynodrwydd hwn, ond fy nhuedd ar hyn o bryd yw meddwl mai o gysylltiadau'r cymal negyddol y cafwyd ef. Yn y cymal negyddol defnyddid *nag* (yn y dafodiaith), h.y. 'y llawenydd nag yw ef yn ei gael' ; hynny'n gadarnhaol : 'y llawenydd ag yw ef yn ei gael,' neu 'y ll. ody ef yn ei gael.'

(iv) ' *Hu(t)* ' ' *wyf* ' + *dibeniad*

Gair yn golygu ' so ' yw *hu* neu *hud* ; gw. nodiad Syr Ifor Williams yn B VIII.237-9 lle ceir lliaws o enghreifftiau, CLlH 131 ; a mynegai CA. Arferir *hu* o flaen berf yn dechrau â chytsain ; *hud* o flaen llafariad ac o flaen cytsain dreigl. Dyfynnir esiamplau o *hut wyf* + *dibeniad* yn nosbarthiad Lloyd-Jones. Nid hawdd penderfynu ai ' cysylltair ' rhagferfol yw yn ystyr y diffiniad a roed gynnau yn (i). Y mae'r gyfatebiaeth sydd rhwng *hu* a *hud* ar y naill law a *ni* a *nid, neu* a *neud* ar y llaw arall yn peri i ddyn gredu mai cysylltair yw, tebyg ei gystrawen i *ni, neu, pan,* etc. Ond yn ôl Lloyd-Jones y mae *hut wyf* fel rheol heb beri treiglad i'r dibeniad, er ei fod yn sôn am un enghraifft o dreiglo. Ymddengys felly oddi wrth y treigladau nad cysylltair tebyg i *ni, neu, pan* yw yn wreiddiol, ond iddo ymdebygu iddynt wedi i *hu* a *hud* ddilyn patrwm *neu* a *neud, ni* a *nid*. Peth arall i'w nodi yw hyn, nad yw *hu* o flaen berf gyffredin yn peri treiglad fel y mae'r geirynnau eraill ; pan ddaeth *hud* i beri treiglad, y geiryn *yt, yd* oedd y patrwm ; gw. y nod. yn B VIII.239.

Enghraifft o gadw cysefin y dibeniad : *hud wyf* **llofrud,** MA 143a (LlH 18) ; cyferb. enghreifftiau o dreiglo : *hud wyf* **uart** *y ueirt,* LlH 98 ; *Ny hu wyf* **lawen** *o lawer achaws,* RP 1391.39 [? *mi hud wyf* **berthyll,** BT 27.11]. Y mae'r enghraifft arall a ddosberthir gan G fel enghraifft o'r dibeniad heb dreiglo yn cynnwys dibeniad na all ddangos treiglad, *hud wyf yth eduryd,* MA 201b.13 ; LlH 265.

(v) *kan wyf* ; *mi wyf*

Fel y ceisiwyd dangos yn (1) uchod, nid yw *kan* yn eiryn rhagferfol ' cysylltiol ' a chysefin y dibeniad sy'n dilyn y gystrawen fel yn (ii) : *kann wyf bard,* B II.272 (i), Engl. yr Eryr.

Yn yr un modd nid yw gosod y rhagenw personol *mi* o flaen y cyplad *wyf* yn ei droi'n ' gysylltiol.' Os arferir y negydd *nyt* o flaen *mi wyf* rhwystrir *nyt* rhag troi'r cyplad yn gysylltiol gan y rh. personol sy'n union o flaen y ferf ; h.y. yn wahanol i *nyt wyf* sy'n gysylltiol, y mae *nyt mi wyf* yn ' annibynnol ' ; felly cysefin y dibeniad sy'n dilyn : **Nyt mi wyf kerd uut,** BT 31-2 ; **Nyt mi wyf kerdvas,** ib 32.3.

(vi) *Yttwyf, yd wyf, mitwyf*

Nid hawdd casglu oddi wrth y dyfyniadau a threigladau'r dibeniad a yw gosod yr elfen *yt, yd* o flaen *wyf* yn rhoi ' ffurfiad cysylltiol ' ai peidio. Disgwyliem i *yd* gael effaith debyg i *nid, od, pan,* etc. ac felly gael treiglad i'r dibeniad fel sydd yn y canlynol : *paham yd wyf* **drist** *i,* WM 183. Y mae'r dyfyniadau o *yd wyt* isod yn dangos cystrawen debyg i hyn, ond awgryma cyseinedd yr enghraifft nesaf mai'r gystrawen wreiddiol oedd cadw'r gysefin : **yt wyf pryderus** *ual pryderi,* LlH 41. Ond y mae esiamplau cynnar o *mi yttwyf* a *midwyf* heb beri treiglad (er bod un hefyd o dreiglo) : **mi ytwyf llew** *rac llu lluch vyg gortin,* LlH 16 ; **mitwyf taliessin,** BT 19.22 ; cyferb. **Midwyf vard** *moladwy,* ib 71.21 (yn digwydd yn yr un cyd-destun â'r teip, **wyf bard,** 71.1). Temtir dyn i gredu nad cywasgiad yw *midwyf* o *mi* + *ydwyf,* ond mai amrywiad yw ar *mi wyf* drwy fagu *d* o flaen llafariad ar batrwm *nid, neud.* Os yw'r awgrym yma'n iawn, gellir deall pam y ceir esiamplau o dreiglo a rhai o'r gysefin, h.y. ni ddylid treiglo ar ôl *mi wyf,* ond disgwylid treiglad ar ôl cystrawen ar batrwm *nid wyf.*

(vii) Erbyn cyfnod y cywyddwyr collwyd y gwahaniaeth i raddau rhwng y ddau batrwm, *wyf* + dibeniad (cysefin), a geiryn + *wyf* + dib. (treiglad), ac er bod esiamplau o'r gystrawen gyntaf [gw. (i) uchod] ceir enghreifftiau o'r gystrawen yn peri treiglad, e.e. **wyf ddulas** *i ddilyn,* DN IX.5 ; **wyf wyllt,** TA 8.85.

Erbyn Cym. Diw. diflannodd y gystrawen o arfer *wyf* 'annibynnol' yn y safle flaen, ac arferir *yr wyf,* ac y mae'r dibeniad sy'n dilyn yn treiglo : *canys pan wyf wann, yna* **yr wyf gadarn,** PA 110.

§107 Y PERSONAU ERAILL

(i) *Wyt*

Ni bydd eisiau cymaint o fanylwch wrth ddosbarthu os cadwn at y ddau deip o gystrawen a ddaeth i'r golwg yn yr adran ddiwethaf, a chofio mai tuedd ddigon naturiol fyddai i'r gwahaniaeth ddiflannu ac i'r patrwm cyntaf (yr un di-gysylltair) gymryd arno'r treiglad a berthyn i'r ail.

Rhoir enghreifftiau yn gyntaf o *wyt* + dibeniad, ac fel y disgwyliem, cedwir y gysefin : **wyt ri** *pob rinwed,* RP 1213.35 (= rh—rh) ; *kynheilwad prydein* **wyd priodawr** *clod / ac* **wyt clo** *byddinawr,* LlH 305 ; **wytt priawd** *tir prydein ae chlas /* **wytt prifwyr** *eryr,* ib 281 ; **wyt goreu** *o uab mam,* ib 190 ; **wyt cadarn** *ual dinas,* **wyt goreu** *un gwron,* ib 281 ; **wyt lluoessawc argletryd,** B II.277 (38), Engl. yr Eryr.

Nid yw *kan,* fel y gwelsom, yn troi'r ffurfiad yn gysylltiol, a chysefin y dibeniad a ddisgwyliwn ar ôl *kan wyt* : **Can vid priodaur . . . Can uid meidrad mawr, ca(n) uid kighoraur . . . Canuid bron proffuid,** BB 85.11-14 ; **Cann wyt kedymdeit(h)** RP 577.42-3 ; 579.17 ; **kan wyt tri . . . kan wyt deupen,** ib 1144.31-2 ; **kann wyt pen(n)af,** ib 1332.31 ; **kan wyt gwir** vrenhin, ib 1333.38 ; **kan wyt breinyocaf** ; [**kan wyt oruchaf** naf], ib ib 41-2.

Fe welir fod yr enghraifft ddiwethaf oll yn cynnwys treiglad [a sylwer mai *g* yw'r gytsain sydd yn yr eithriad, gw. uchod §71(v)] ; a cheir treiglad hefyd yn y canlynol : **kann wyt vleid,** ib 1313.9. Nid wyf yn meddwl fod hyn yn arwydd o gwbl fod *can* yn troi'n eiryn rhagferfol cysylltiol ; yn hytrach, enghraifft ydyw i ddangos fod *wyt* annibynnol yn ymdebygu â chystrawen *wyt* cysylltiol, sy'n peri treiglad i'r dibeniad o'r dechrau.

Dyma enghraifft ddiddorol iawn: **kanys wyt varwawl,** B II.22; ni all *kanys* fod yn gysylltiol ag *wyt*, ac eto y mae treiglad i'r dibeniad ar ôl *wyt* annibynnol erbyn y cyfnod canol. Wrth gwrs, disgwylir y ddwy gystrawen yn iaith y cywyddwyr, cystrawen y gysefin yn seiliedig ar arfer cyfnod cynnar, a'r treiglad yn unol â chyfnod y bardd ei hun: *Mae dy chwŷl?* **Wyd mad** *a chain*, DGG XXXVII.4; *Rys* **wyd vlodeuyn** *rros haf*, DN x.1; **Wyd garedig,** TA I.98.

Dyma ddyfyniadau a ddengys fod *wyt* cysylltiol yn peri treiglad i'r dibeniad: **mor wyt gywrennhin,** RP 1056.13; **neut wyt wr,** LlH 280; **nyt wyt bylgeint gyuot,** RP 1049.3-4; [**pan vid kyvarwit,** BB 92.5-6; ? cysefin, gw. Geirfa 60b; neu darllener tr.]; **a wyt uorwyn di . . . ot wyt uorwyn,** WM 93; **nyt wyt gystal** *ymdidanwr heno*, ib 44; **wrth nat wyt wr di** *y gerdet tir lloygyr yn unic*, ib 418 (= P 6.IV.209, heb *di*); **ond wyd ddoeth,** DN XXII.74, (= *onid* yn gysylltair). Ni allwyd penderfynu yn §106(vi) a oedd *yd* ar y dechrau yn eiryn cysylltiol o flaen ffurfiau'r cyplad, er bod lle i dybio ei fod. Sut bynnag fe geir treiglad ar ôl *yd wyt* erbyn Cym. Can., naill ai am mai hynny yw'r gystrawen o'r dechrau, neu am fod *wyt* annibynnol wedi magu'r treiglad: *Mal* **yd wyt Vrenhin** *a Llywyawdyr*, YCM² 59; *ual* **yd wyt drugarockaf** *madeuwr*, ib 159.

(ii) *Ym, ydym*

Enghreifftiau o dreiglad i'r dibeniad: **yd ym wyrda,** WM 458; *nat wrthyt ti* **yd ym drist** *ni*, ib 257. O'r enghreifftiau a nodir yn *Geirfa* 62b gallwn yma gyfeirio at un enghraifft a ymddengys yn esiampl o dreiglo'r dibeniad: **Nyt ym gyt** *am vud am vedu gwen*, RP 1429.7.

(iii) *Ywch, ydych*

Y mae'r un enghraifft sydd yn *Geirfa* 62b yn rhoi'r dibeniad heb dreiglad: **mal yr ywch llaw deheu,** BT 12.7.

(iv) *Ynt, ydynt*

Ceir tr. m. i'r dibeniad, a dylid cyfrif am yr eithriadau, yn ôl G 62b, fel clediadau; gwell tybio am rai mai esiamplau ydynt o fethu dangos y treiglad. Cymh.: [*a ynt parawt . . . nyt ynt parawt*, BT 60.13, 15; *hut ynt clydwr*, ib 45.8]; *cerddorion* **mor ynt geith,** MA 236a.33; [*nat ynt tra da*, RP 1381.41]; **nat ynt vyw,** ib 1393.31-2; **nad ynt fyw neud ynt feddeu,** MA 220b 22; *kertoryon* **neud ynt geith,** ib 157b 36 (= LlH 156); *neut ynt blennyd*, CA 1389 (nod. t 371); **yd ynt geith,** BT 65.16-7.

(v) *Y ffurfiau uchod yn 'berthynol'*

Yn y wir gystrawen berthynol, trydydd unigol yw rhif y ferf at bob person a all fod yn rhagflaenydd. Ond mewn cyfieithiadau ceisir cadw'r ferf yn y cymal perthynol i ateb rhif a pherson y rhagflaenydd, ac arferir *wyf, wyt, ydym,* etc. yn lle *sydd*; ac weithiau rhoir y rh. perthynol *a* o flaen y ffurfiau hyn. Pan geir y gystrawen anghymreig hon ceir treiglad i'r dibeniad yn hollol fel y byddai treiglad ar ôl *sydd* pes arferid.

Cymh.: *Gwyr y wlat honno* **ynt grefftwyr,** FfBO 46; *pawb or rei hynny* **a ynt gyfrannawc,** B VII.375; *a'r rhai* **a ydych feilchion,** D. Sol. VI.2; *mewn gwyr* **ynt ddyscedig,** GMLl 2.9; *dy dynni di,* **yr hwn wyt glaf,** YmDd 365; *os ni* **y rhai ydym ddewisol** *winllan Duw,* Hom I.108.

§108 Yr Amser Dyfodol ac Arferiadol (Y Trydydd Person Unigol)

(i) '*Bydd*' + *goddrych*

Yma gellir rhoi'r ffurfiadau cysylltiol a'r ffurfiau annibynnol ynghyd gan mai cytsain gysefin y goddrych sy'n dilyn fel rheol; ac ni cheisir gwahaniaethu'r teip lle y mae *bydd* (+ goddrych) yn cyfleu bodolaeth oddi wrth y teip diweddar lle y gall brawddeg 'enwol' fod ar y drefn *bydd* + goddrych + dibeniad.

Cymh.: **y bit bore** *taer. rac kaer sallauc,* BB 55.4-5; **na byd pennaeth** *byth wedi,* RP 583.2-3; **ny byd gwlatlwyd** *y danaw,* RP 580.38; *eithr* **na byd llyueryd** *ganthaw,* WM 45; **y bydd mil** *miliwn o gyrph,* YmDd 131; **os bydd gwr** *marw,* Job XIV.14 (cyplad); **os bydd dyn** *fodlon i farw iddo ei hunan,* GMLl 1.142 (cyplad).

Ymddengys fel petai enghraifft o dreiglo'r goddrych yn y dyfyniad canlynol: **hu byt bawb a dyly,** LlH 298 (MA 203b 22); ond y mae mor eithriadol fel mai teg yw casglu mai chwilen ym mhen y copïwr sy'n gyfrifol, sef y dyb fod yn rhaid cyseinio *b . . . b*. Rhoir y dyfyniad hwn yn GEIRFA fel enghraifft o dreiglo'r dibeniad, ond ni ellir cael synnwyr o'r frawddeg felly; y mae'n debycach lawer mai goddrych ydyw; gw. B VIII.238, cyfieithiad IW, 'so let everyone be whose right it is'; golyga'r cyfieithiad ddarllen *bid,* (3ydd Gorchmynnol); awgrymir yn betrus yma ddarllen "hu bydd i bawb a ddyly," ('so will each one have what he deserves').

Y mae T. Gwynn Jones yn ei farddoniaeth yn dueddol iawn i arfer hen ddulliau treiglo, ond nid oes lawer o sail i'r treiglad yn y canlynol: *Yno ni bydd lawenydd,* Manion 65.

(ii) '*Bydd*' + *dibeniad*

Nid oes angen gwahaniaethu rhwng y ffurfiad annibynnol a'r ffurfiad cysylltiol gan mai'r gysefin sy'n dilyn y ddwy gystrawen yn rheolaidd ar y dechrau. Cafwyd hyd i rai eithriadau at yr ychydig esiamplau sydd yn GEIRFA 63a o dreiglo'r dibeniad; a bydd raid sôn am enghreifftiau o'r cyfnod diweddar sy'n treiglo'r dibeniad, naill ai o gydweddiad â chystrawen ffurfiau eraill y ferf, neu am fod y dibeniad wedi magu treiglad sefydlog.

Dyma rai dyfyniadau a ddengys y gystrawen reolaidd : yt **uyd llauar** *gwyr ar llynn*, CLlH II.5, t 9 ; **mor vyd llwyd** *llonyd llaw dodwy*, RP 1176.3 ; **pan vyd gohoyw** *bryt*, BT 20.15 ; **Ni bydd pêr** *llais aderyn*, DGG XII.11 ; **ni byd byw** *ef o hwnnw*, WM 4 ; **a uyd llawn** *dy got ti uyth*, ib 21, 24 ; **or byd gwr** *mwyn*, ib 36 ; **ni byd byw** *hwy noc auory*, SD 205* ; **or byd petrus,** Havod 16.8 ; *diogel yw y* **byd marw,** ib 92*. *Velly* **y byd marw** . . . *y Cristonogyon a ymchoelo*, YCM² 19 ; **kany byd marw** *Duw byth*, ib 31 ; *a llawer pagan* **a vyd marw,** ib 64 ; **y byd kalet** *iawn*, ib 69 ; *a llyna beth* **a vyd prit** *y'r paganyeit*, ib 88 ; *Ef bellach* **a vyd brenhin** *yn Ffreinc*, ib 90 ; *ac ardebic yw arnaw* . . . **y byd gwr** *grymus*, ib 119 ; *Pwy* **a vyd perchennawc** *arnat ti bellach*, ib 157 ; *ac euo* **a vyd kuhudwr** *arnam ni*, B VII.372 ; **ny byd gwir** *y gyffes*, ib ib 372 ; *a myvi* **a vyd brenhin,** BSK 34 ; **y bydd rhaid** *i bob dyn ymddangos*, B IX.123.

Cedwir y gystrawen yn weddol gyson yn nhestunau CDC : *y doedir* **y bydd marw** *y Cantharus*, DFf 107 ; *ag* **y bydd diogel** *na adawo*, HDdD (A3) ; *fel* **y bydd rhaid** *i chwi*, ib 37 ; *oni* **bydd bodlon** *y gwr*, Deut. XXV.7 ; *os* **bydd bodlon** *gan y brenin*, Esther I.19 ; *f'a* **fydd gwaeth** *ein cyflwr*, HDdD (A.8.2) ; *f'a* **fydd llawen** *gennym gael yr Odfeydd*, ib 20.

Noder yr esiamplau hyn eto o'r ferf yn berthynol neu ar drefn berthynol heb y rh. perthynol *a* : *y fintai arall* **a fydd diangol,** Gen. XXXII.8 ; *a'th gelein* **a fydd bwyd** *i holl ehediaid y nefoedd*, Deut. XXVIII.26 ; *a'r dyn hwn* . . . **a fydd cadwedig,** GMLl 1.144 ; ac *ychydig* . . . **a fydd cadwedig,** YmDd 110 ; *ac wele'r corph* **a fydd glân,** HFf 39 ; **a fo diddig fydd dyscedig,** GMLl 1.210.

Dyma enghreifftiau o GEIRFA 63a o dreiglo'r dibeniad : *a seif* **byd lawen** *pan y gwelant*, RP 1051.2 ; (darlleniad amheus ?) ; *Rac kynghoruyn* **a vyd elyn** *y uedylyeu*, ib 1201.22-3 ; y mae'r gynghanedd fel petai'n cadarnhau'r darlleniad yma.

Cymh. ymhellach : **Ny bed (ur)ochawc** *a uo tra halauc*, B III.25 (28) ; **Ny byt lauen** *neb llauac*, ib ib (29). Dyfyniadau yw'r rhain o ddiarhebion yn LlDW a cheir y testun ei hun yn t 32. Y mae blot drwg iawn dros lythrennau cyntaf (*ur*)*ochawc*, a dyna pam y rhoir y llythrennau mewn cromfachau ; yn wyneb y dystiolaeth mai'r gysefin sy'n dilyn *ni bydd* yn y testunau cynnar, awgrymir yma ddarllen *brochawc*. Nid oes amheuaeth nad *lauen* sydd yn yr ail (a hyn a roes gynsail i'r golygydd i argraffu *urochawc* yn y gyntaf) ond gall *l* = *ll*, oblegid y mae'r testun yn orlawn o hynodion orgraffyddol ; y mae'r gyfatebiaeth rhwng *llauac* (= 'llaw-wag') a (*l*)*lawen* yn awgrym mai'r gysefin yw'r iawn ddarlleniad ; cymh. â hynny : **ny**

*Ymdrinir â chystrawen ddiweddar y ddau air *byw* a *marw* isod §126 ; ond cynhwysir dyfyniadau Cym. Can. yma gan nad oes unrhyw wahaniaeth rhyngddynt a'r dibeniad cyffredin ar y dechrau.

bit mysoclauc *mayn oy uynych kywyn,* Rhif 20 ; ac ymddengy y canlynol fel esiamplau o *l* = *ll* : *Lema decreu kefreythyeu,* LlDW 30.20 ; *a lena e tredit le,* ib 46.37.

Ceir esiamplau digamsyniol o dreiglo yn nhestunau CDC. Lle cedwir trefn gysefin y frawddeg ' enwol,' *bydd* + dibeniad + goddrych (h.y. y goddrych enwol ar y diwedd) tueddir i gadw'r dibeniad heb dreiglo, ac y mae eithriad fel y canlynol yn swnio'n wahanol i'r gystrawen arferol : **A bydd felys ei fyfyrdod** *am ei Dduw,* HFf 320. Pryd na cheir goddrych enwol ar ôl y dibeniad, fe all *ni bydd* + dibeniad gynrychioli yn y meddwl *ni bydd* (+ goddrych dealledig) + dibeniad, sef y drefn newydd a'r goddrych wedi ei hepgor, ac yma byddai tuedd gref i dreiglo'r dibeniad ar ôl *ni bydd* gan y byddai'n treiglo ar ôl y goddrych pes arferid : e.e. ' ni bydd cadwedig y gŵr ' ; tra cedwir y drefn hon, tueddir i gadw cysefin y dibeniad ; yn y drefn ddiweddar, ' ni bydd y gŵr gadwedig,' ceir treiglad i'r dibeniad yn y safle hon ac nid oes a wnelo'r ffurfiad ' ni bydd ' â'r treiglad ; wedyn os hepgorir y goddrych ceir ' ni bydd gadwedig.' Cyn dyfynnu esiamplau o'r treiglad gwell dyfynnu darn a ddengys y ddau drefniant gyda'i gilydd : **Os bydd y rhai hyn feirw fel y bydd marw pob dyn,** Num. XVI.29.

Digon naturiol yw cael esiamplau o'r ddwy ffordd o dreiglo yn nhestunau CDC yn y cysylltiadau a ddisgrifir yma : **ni bydd gymmeradwy,** Lev. XIX.7 ; **ni bydd cymeradwy,** ib XXII.20 ; *A Chanaan* **fydd was** *iddo ef,* Gen. IX.26 ; *A Chanaan* **fydd gwas** *iddo ef,* ib IX.27 ; *ac efe* **a fydd ddyn** *gwyllt,* ib XVI.12 ; *yr hwn* **a fydd was** *i mi,* ib XLIV.10 ; cymh. hefyd : *achos hen wyr* **a vydd gyvrwys,** B II.223.

Disgwylir i'r duedd i dreiglo gryfhau fel yr eir ymlaen, e.e. **a fydd drecha,** ML I.259 ; **y bydd wiw** *eich disgwyl,* ib I.293 ; oni ni ddylid synnu os ceir enghraifft o gadw'r gysefin mewn cystrawen sy'n cadw'r trefniant gwreiddiol, *bydd* + dibeniad + goddrych, e.e. *pryd hyn,* **bydd melus moli'r** *Tad,* Timothy Thomas, Moliant i Dduw, t 94.

Dyfynnwyd enghreifftiau o **bydd rhaid** uchod o B IX.123, HDdD 37, a hynny sy'n hanesyddol gywir. Ni bu unrhyw newid trefniant yn y math o frawddeg lle ceir *bydd* + *rhaid* i gyfrif am dreiglo *rhaid* ; ac nid yr ansicrwydd mawr parthed treiglo'r dibeniad ar ôl y ffurfiau dyfodol a dibynnol, a welir mewn CDC, sy'n cyfrif am ein harfer ddiweddar ni o ysgrifennu *bydd raid* ; y mae enghreifftiau o'r ansicrwydd i'w cael, e.e. **ni bydd raid** *iddo mo'i gwneuthur,* RBS 149. Y gwir reswm am ein harfer ddiweddar ni yw camgydweddiad â *bu raid,* gw. uchod §102(xii) ; a chystal cadw'r treiglad bellach gan fod hyn yn help i symlhau ein gramadeg.

(iii) *Bi*

Hen ffurf ddyfodol yw hon ; gw. WG 348, GEIRFA 63b. Ceir cysefin y goddrych a'r dibeniad ar ôl *bi,* a'r unig eithriad a noda G. yn y farddoniaeth gynnar yw'r canlynol : *Ac awch* **bi wynnyeith** *gwerth awch ynvyt areith,* BT 12.20 ; (goddrych yw *gwynnyeith* yma = 'dial,' gw. nod. CA 86, Beirniad IV.65-6 ; yr ystyr yw "bydd i chwi ddial, bydd dialedd arnoch'). Ymddengys imi mai'r rheswm am y treiglo eithriadol yw fod y copïwr, heb wybod yn sicr sut y dylid trin hen gystrawen, wedi dewis dileu *g* ei gynsail rhag ofn mai ʒ a olygai ; gw. uchod §71(v).

Cymh. : **a vi llann,** RP 582.33 (= 'a fydd eglwys ?') ; *ni bi ef* **a vi cas** *erof a thi,* CA 9-10, (nod. 66-7 ar y gystrawen a'r cyfieithiad, 'fe fydd cas rhyngof a thi ;) **yt vi brithret** *a lliaws gyniret,* BT 76.1 ; y goddrych a welir ar ôl berf 'bodolaeth' yn y dyfyniadau a roddwyd ; dyma'r un ferf yn gyplad, heb dreiglad i'r goddrych nac i'r dibeniad : *llawen* **vi brython,** B IV.124 (82) ; *Gwraged a ui ffraeth. Eillon* **a ui kaeth,** BT 29.6

(iv) *Atvydd, Atvi*

Rhannau o'r ferf *adfod* yw'r rhain a dyna'r modd y dosberthir hwy yn GEIRFA 46a ; ond y mae'n anodd gweld gwahaniaeth ystyr, yn bur fynych, rhwng *bod* ac *adfod,* ac ymddengys imi mai'r un swydd sydd i'r rhagddodiad *ad-* ag a welir yn y ferf Wyddeleg *at-táa* (= 'y mae,' *bod* 'bodolaeth'), a rhywbeth fel 'bod mewn amser > digwydd' yw'r iawn arwyddocâd.

Cysefin y goddrych sy'n dilyn *atvydd* : **Atuyd triganed . . . Atuyd cryn** *dygryn,* BT II.2, 3-4 ; **Atuyd kalaned** *gwein,* ib 30.19 ; **Atvyd mei** *ar venei* . . . **Atvyd mwy** *ar gonwy,* ib 31.3-4 ; (gw. GEIRFA am gyfeiriadau eraill) ; **atuyd gal** *pen a ffendro arnaw,* WM 479.

Cysefin y goddrych sy'n dilyn *atvi* hefyd : **At vi peleitral** *dyfal dillyd* . . . **Atvi pen** *gaflaw heb emennyd.* **Atui gwraged** *gwedw a meirch gweilyd,* BT 16.12-5.

(v) *Byddawt, Biawt*

Gw. GEIRFA 64a. Ar ôl *byddawt* cedwir cysefin y goddrych a'r dibeniad : **bydhawt kymry** *kynnull,* BT 78.7-8 ; **bydhawt penn** *seiron rac ffichit lewon,* RP 1054.29-30 ; **bydhawt griduan** *hyt beith,* ib 1222.20.

bydawt gwaeth *budelw no dirowyn,* RP 585.9 ; **bydawt dir** *dyuot,* ib 1051.24 ; **bythawt breu** *breyryon,* BT 76.10 ; **bithaud kyffredin** *vy darogan,* BB 6-7.

Cysefin y dibeniad sy'n dilyn *biawt* yn y canlynol : **biawt gwr** *ef a gwyr idaw,* RP 581.14 ; *y porchell a vo byw* **biawt meu,** B IV.126.170.

§109 PERSONAU ERAILL YR AMSER DYFODOL

(i) Ar ôl y personau eraill, y rhai y mae iddynt derfyniadau gwahaniaethol, ceir treiglad yn y dibeniad, er bod rhai enghreifftiau yn y testunau cynnar o fethu dynodi'r treiglad ; gw. GEIRFA 63a.

Cymh. : **bydaf varw** *amdanat,* RP 1211.40 ; **ni bydaf leuar** *inneu,* CLlH XI.101, t 46. **a byd lawen** *hyfryt* . . . **Na uydaf lawen,** WM 443 ; **mi a vydaf vynach . . . a vydaf gath,** ChO 23 ; *Ac y* **bydaf varw** *o dolur,* YCM² 69 ; eto 106, 163.

Armeithyd **na bydy(d) lwyt,** CLlH XI.14, t 34 (diwygiad y golygydd i gael odl fewnol) ; *ni a wdom* **na bydy gyuoet** *ti a rei o wyr y wlat honn,* WM 27 ; *a chanys* **bydy orderch** *dithau,* YCM² 64 ; **o bydy gyuoethawc,** B II.32 ; *paham y* **bydy lidiawc di,** B V.216 ; *ti* **a vyddi lofruddioc** *i gorph Crist ae waed,* ib IX.120 ; **y byddi farw,** ib ib 122 ; **y byddi rydd** *oddi wrth fy llw,* Gen. XXIV.14 ; *wrth dy gleddyf* **y byddi fyw,** ib XXVII.40 ; GMLl 2.95 ; **y byddi fodlon,** Ps. LI.19 ; **ni byddi gymeradwy,** HFf 375.

a vydwn gedymdeithon, YCM² 59-60 ; *Ac* **or bydwn gyhudwyr** *ni,* B VII.372 ;

bydant gysson, BT 73.2 ; **bydawnt lawen,** ib 78.5 ; **bynt waretawc,** MA 237a 45 (= LlH 63) ; *wynt* **a vydant gyfrannawc,** B VII.378 ; *y gwraged* **a vydant gyffredin,** FfBO 41.

(ii) Cynrychiolir treigladau *naturiol* yr iaith uchod a gwelir fod treiglad i'r dibeniad ar ôl y ffurfiau sydd a therfyniadau fel y mae'r gwrthrych yn treiglo ar ôl ffurfiadau tebyg. Y mae *bydd* (3ydd unigol) yn eithriad i reol y treiglo a chyfetyb cystrawen *bydd* i gystrawen y 3ydd unigol di-derfyniad na phair dreiglad i'r gwrthrych yn wreiddiol. Y peth a ddisgwylir yw i *bydd* gydymffurfio â ffurfiau eraill yr amser dyfodol, a chafwyd esiamplau yn §108(ii) i ddangos mai hynny a ddigwyddodd erbyn cyfnod CDC, a gellir credu mai hynny oedd yn naturiol yn yr iaith lafar. Ond magwyd tuedd arall yn yr iaith lenyddol—fy syniad i yw mai chwiw lenyddol sy'n gyfrifol am y peth er fy mod yn gorfod dibynnu ar dystiolaeth lenyddol hefyd i geisio penderfynu beth oedd priod-ddull yr iaith lafar—sef trosglwyddo cystrawen wreiddiol *bydd* (h.y. cysefin y dibeniad) i'r personau eraill. Os 'ni bydd bodlon' oedd yr hen reol er dywedyd 'ni bydd fodlon' ar lafar, rhaid mai 'ni byddi bodlon' oedd yr hen reol hefyd er mai 'ni byddi fodlon' efallai a ddywedid yn naturiol. Awgrymaf mai ymresymiad o'r fath sy'n cyfrif am gadw cysefin y dibeniad ar ôl y ffurfiau *byddaf, byddi,* etc. yn nhestunau CDC. Un peth sy'n cadarnhau'r dybiaeth mai chwiw lenyddol oedd hyn yw'r ffaith fod llenorion fel Ellis Wynne yn cadw'r gysefin ar ôl *bydd, byddwch* gorchmynnol, ac nid oes rithyn o dystiolaeth fod hynny'n rheol yn yr iaith ar unrhyw adeg. Y mae'n bur debyg mai dylanwad y ffurf ysgrifenedig *bydd* yw, gweld *bydd* ar bapur a meddwl fod pob *bydd* a phob person sy'n arfer y stem yn cadw cysefin y dibeniad. Dyma rai enghreifftiau o hyn : *o* **byddi da** *wrthit dy hun,* Ps. XLIX.18 ; *ni* **byddant byw** *hanner eu dyddiau,* ib LV.23 ; *os tydi a* **vyddy boddlon,** MCr 40a ; *ni* **byd(d)ant g(w)reid(d)a(w)l** *byth,* DByrr 47 ; *ac o* **byddi doeth,** HFf 369 ; *os* **byddant distaw,** BC 122 ; *ac a* **fyddwn gofalus,** HDdD 20 ; *y* **byddwn cyffelyb** *iddo,* Hom 1.51 ; *a*

fyddwn byw *yn annuwiol,* ib 1.109 ; *os* **byddwn call,** ib 2.38 ; *os* **byddwn cleifion . . .** *os* **byddwn trymion,** ib 3.156 ; *yno y* **byddi byw** *ac y* **byddi marw,** ib 3.58 ; *ti a* **fyddi doeth,** Eccl. VI.33 ; *os* **byddi marw** . . .*os* **byddi byw,** RBS 237.

§110 YR AMHERFFAITH MYNEGOL (TRYDYDD UNIGOL 'OEDD')

(i) '*Oedd*' *ac* '*yd oedd*'

Ymddengys bron yn sicr fod gwahaniaeth pendant rhwng ffurf 'fodolaeth' a'r cyplad yn yr hen destunau barddoniaeth. O flaen y frawddeg 'enwol' yn safle *ys,* defnyddir *oed* (mewn gosodiad cadarnhaol) heb y geiryn *yd,* a cheidw'r dibeniad y gysefin. O'r cannoedd enghreifftiau o'r gystrawen hon, *oed* + dibeniad + goddrych, dwy yn unig sydd yn GEIRFA o dreiglo'r dibeniad. Hefyd, ychydig enghreifftiau sydd "lle yr ymddengys yn debyg mai goddrych sydd yn dilyn *oed,*" medd Lloyd-Jones, GEIRFA 64a, a dyry dair enghraifft (heb dreiglad i'r goddrych). Ni fwriedir esbonio'r eithriadau hyn 'i ffwrdd' gan mai copïau o gopïau ydynt, ac mai ychydig ydynt mewn cymhariaeth ; a chan fod y testunau cynharaf yn gwahaniaethu o ran ffurfiad a threiglad rhwng *oed* ac *yd oed,* fe ddosberthir isod ar sail y gwahaniaeth.*

(ii) '*Yd oedd*' + *goddrych* (*bodolaeth*)

Y mae llawer iawn o enghreifftiau i'w cael a ddengys fod y goddrych yn treiglo. Y mae llawer hefyd na ddangosant dreiglad ac nid hawdd penderfynu ai diffyg yr orgraff yw'r rheswm neu ynteu fod tuedd er yn gynnar i gadw cysefin y goddrych yn union ar ôl y ferf ; rhoir esiamplau o'r gysefin rhwng bachau petryal.

Cymh. : *Ac* **it oet owud** *y lurv teint dud,* BB 20-1 (gw. HGCr 132 lle cyfieithir 'Ac yr oedd gofid yn y ffordd ar âi pobl ') ; *Ac* **yd oed vriger** *coch ac och ar dant,* BT 44.13 ; [cyferb. **Ad oet bryger** *coch,* etc., BB 46.5] ; [*yny* **doet perchen** *parchus gynrein,* LlH 52, MA 226a 33 ; *yn y ty* **yd oed cassec,** WM 30 ;] *lle* **yd oed uendigeiduran,** ib 43 ; *ual* **yd oed wydyon** . . . *yn y gwely,* ib 94 ; **yd oed gyniweir** . . . *yn y wlat,* ib 99 ; [**yd oed llynn** . . . **yd oed llys** . . . **yd oed gwr** *gwynllwyt,* ib 127] ; *yn* **yd oed ereint,** ib 399 ; [*yn* **yd oet gereint,** ib 437 = P 6.IV.219, **yd oed er(eint)** ; *pa le* **yd oed lletty** *y marchawc,* ib 427 = P 6.IV.214 **letty**] ; **yd oed widon** *yn ymordiwes ac ef,* ib 139 ; *yn* **yd oed wenhwyuar,**

*Dyma'r enghreifftiau lle yr ymddengys fod y goddrych yn dilyn *oed* (heb eiryn *yd*) a'r goddrych heb dreiglo : *Pan gyrchassam ni trwydet ar tir gwydno /* **Oed kelein** *ueinwen rwg grayan a gro,* BT 38.19-20 ; **Oedd clywed** *cleddyfeu finfin /* **Oedd clybod** *clwyf ym mhob elin,* MA 217b 41, 42. Gellir nodi fod y ddwy olaf yn digwydd yng nghanol naw neu ddeg o enghreifftiau o *oedd* + dibeniad. Fe allwn awgrymu diwygiadau i ddarlleniad yr enghraifft gyntaf hefyd ond gwell aros hyd nes ceir beirniadaeth destunol fanylach gan rywun cymhwysach na mi at y gwaith.

ib 404 ; [*yn* **yd oed gwen** . . . ib 407 = P 6.IV.204, **yd oed wenh** '] ; **yd oed wely** *arthur,* ib 408 (= P 6.IV.204) ; [*Myn***yd oed meichad** *yn cadw kenuein o uoch,* ib 452] ; *Ac nyt yn y kaerwyr* . . . **yd oed gedernit** *y dinas,* SD 416-8 ; **yd oed wrcath** *mawr* . . . *yn gorchadw,* ChO 22 ; [*yny taryan y lle* **yd oed llun** *llew,* YCM² 71] ; *ac yna* **yd oed Glarel** *yn y vrwydyr,* ib 85 ; *Llyna* **yd oed lewenyd** *mawr a thrablud,* ib 100 ; *lle* **yd oed Varsli,** ib 113, eto 155 ; *Yno* **yd oed Varsli** *yn eisted y mywn kadeir,* ib 124 ; *a* **thra yttoed Wenwlyd** *yn traethu* . . . **yd oed Varsli** *yn cussanu y wyneb,* ib 129 ; *Ac yn hynny* **yd oed Varsli** *yn kynnullaw y bopyl,* ib 138 ; *hyt y lle* **yd oed gorff** R., ib 164.

Ceir yr un peth mewn testunau sy'n nes at CDC a heb berthyn yn agos i draddodiad rhyddiaith y Pedair Cainc a'r Rhamantau ; esiamplau o dreiglo a rhai heb ddangos treiglad : *Yn A.* **yd oed vrenhin** *a gassai duw,* BSK 31 ; *yn y wlat honno* **yd oed vorwyn** *wyry,* ib 31 ; [**yd oed gwr** *a elwit cursates,* ib 37] : *kyn egluret* . . . *ac* **yr oed bawb** *yn ryuedu,* FfBO 38 ; *Yno* **yr oed tule** *ar weith clochdy,* ib 48 ; *Yn yr amser* **yddoedd Ddeacklesian** *yn ymerrodyr,* B II.202 ; **jr oydd geinkie** *o pren mawr yn argoyddi ar dyvyad y wynwydden,* ib ib 205 ; [**jr oydd pob** *tyrnas yn ovyni Ruvain,* ib ib 212] ; *ac ar yr auon* **yr oed bont,** ib III.84 (aml enghraifft yn y testun o dreiglo ar ôl *yr oed*).

(iii) *Cysylltair* + '*oedd*' + *goddrych*

Os yw *yd* o flaen *oedd* i'w gyfrif fel geiryn cysylltiol, dibwrpas hollol yw trafod cystrawen *nid oedd* + , *pan oedd* + ar wahân i gystrawen y paragraff diwethaf. Y mae'r goddrych yn dangos treiglad fel rheol ar ôl y ffurfiadau cysylltiol hyn a dyfynnir rhai esiamplau at y rhai sy'n digwydd ymhlith dyfyniadau (ii) : **Nyt oed vyt** *ny bei vy eissillyd,* BT 71.22 ; *hyt* **nat oed rym,** WM 41 ; **a oed gydymdeithon** *itaw,* ib 428 (= P 6.IV.214) : **nyt oed long** *y kynghanei ef yndi,* ib 51 ; *govyn* **a oed le** *y gallei ef caffel bwyt,* ib 256 ; *a ouynneisti* **a oed gerd** *ganthunt,* ib 487.

Fe nodir fod y goddrych yn amhendant yn yr esiamplau uchod. Cedwir y rhain ar wahân i'r teip lle y mae goddrych pendant am mai'r gystrawen hon a gadwodd y treiglad hwyaf mewn Cym. Diweddar. Y rheswm am ei gadw yw fod *nid oes* yn y presennol yn tueddu i gadw'r treiglad ac erys ymdeimlad fod *nid oedd* + goddrych amhendant yn ymddwyn yn debyg i *nid oes* ; cymh. *bod yn wir* **nad oedd Dduw** *gan y Cristnogyon,* DFf 63 ; **nad oedd fodd** *yn ei dyb ef,* ib 195 ; **nad oedd ddim ganddo,** ib 197. Erbyn y cyfnod hwn cysefin y goddrych oedd y gystrawen naturiol, e.e. **Nid oedd dinas** *a'r a heddychodd,* Jos. XI.19.

Er yn gynnar ceir esiamplau o'r ffurfiad *yttoed* ar ôl geirynnau cysylltiol ; sylwer ar y treiglad ar ôl y ferf : **tra yttoed vilwyr** *arthur yn ymlad,* WM 493 ; **Pan yttoed gei** *a bedwyr yn eisted,* ib 494.

§111. 'Oedd' y Cyplad

(i) '*Oedd*' + *dibeniad*

Nodwn yn gyntaf fod *oedd* yn cyfleu amser amherffaith (= 'was') a'r ail ddyfodol ('would be'), e.e. **Oed melynach** *y fenn no blodeu y banadyl,* WM 476 ; ('Yellower was her hair . . .') ; *ac* **oed llessach** *yr march pei ass archut yr meityn,* ib 17 ('Better would it be for your horse . . .').

Y mae nifer mawr o esiamplau yn y testunau cynnar o gael *oedd,* heb eiryn, wedi ei leoli o flaen y dibeniad ; eithriad prin yw peri i'r dibeniad dreiglo : **oed cam** *nas kymhwyllwn,* CA 75 ; **oeth bichan** *vi anuad,* BB 22-3 ; **oed llachar,** ib I.4-5 ; **oed maelgun,** ib I.8 ; **Oet llutedic** *guir guinet,* ib 46.6 ; **oet cletyw,** ib 85 ; **oet gur** . . . **oet trum** . . . **oet tost** . . . **oet diheit,** ib 96 ; **Oet beirt-car** *Bardclwm* ; **oet cadarn, oet llawar** *guyar,* **oet buelin** *blas,* ib 105-6 ; **oed mynych,** BT II.21-3 (deirgwaith) ; **oed gwr** *vy mab,* CLlH I.22, t 4 ; **Oed llary** *llaw aergre,* ib I.33, t 6 ; **Oed kynwaew** *vym par,* **oed kynwan,** ib II.3, t 9 ; **Oet trist** *maer* **oet klaer** *kletyf heb wein,* LlH 51 ; (gw. aml gyfeiriadau eraill yn Geirfa 64).

Ceidw K.O. yr hen gystrawen mewn rhyddiaith : **Oed melynach** . . . **Oed gwynnach** *y chnawd* . . . **Oed gwynnach** *y falfeu* . . . *No bronn alarch gwynn* **oed gwynnach** *y dwy vron.* **Oed kochach** *y deu rud* . . . WM 476 ; dyfynnwyd **oed llessach,** ib 17 uchod.

Noda Geirfa 64a ddwy enghraifft gynnar sy'n treiglo'r dibeniad. Gellir gwrthod y gyntaf, **oed luric teinim,** BA 34.22 = CA 1201, gan mai olion orgraff Hen Gym. yw'r *l* sengl. Yn y cymal sy'n blaenori'r dyfyniad ceir *oed gur luid* ac y mae'n amlwg fod *l* yma'n cynrychioli *ll* ; gw. nodiad CA 337. Yr ydwyf yn barnu hefyd fod Geirfa yn camddarllen yr enghraifft arall : **Oed uab na duw reen** . . . RP 1151.37 ; o flaen y llinell hon ceir : *Eissoes mae ef. dangos o nef a wnaeth gwyrtheu,* ac ymddengys yn weddol sicr mai rhediad y frawddeg yw : "dangos o nef a wnaeth gwyrtheu mae ef oed uab" ; ac os felly, dibeniad ar ôl y cyplad canolog yw *mab,* nid ar ôl cyplad blaen ; y trefniant barddol ar y geiriau sy'n peri i *oed* ymddangos yn gyplad blaen.

Ond y mae enghraifft o dreiglo hefyd yn K.O. [a rhag ofn i unrhyw amheuaeth godi, dylid dywedyd mai yn nhestun P4 y digwydd yr enghraifft, nid yn y rhannau o WM a 'fenthycwyd' oddi ar R.M. ; noder peth arall mai gair yn dechrau ag *g* sy'n treiglo, gw. §71(v)] : **Oed well** *genhyf noc ym gwlat bei oll yt vei val hynn,* WM 487. Erbyn cyfnod copïo'r testun hwn yr oedd *oedd* y safle flaen wedi troi'n *yd oedd* a rhoed y treiglad a berthynai i ddibeniad 'geiryn + *oedd*' i'r hen gystrawen wrth gopïo'r hen gystrawen. Dyma enghraifft a ddengys fod *oedd* y safle flaen wedi troi'n *yd oedd* erbyn amser P4 : *ac* **yd oed druan** *edrych ar yr ansawd yssyd arnaw,* WM 438.

(ii) *Cysylltair* + '*oedd*' + *dibeniad*

Yma eto y mae Geirfa 64a yn bwrw ynghyd gysyllteiriau fel *ac* a *kan* a geirynnau rhagferfol fel *nid, pan,* etc. Fel y dywedwyd uchod, §106(i), nid yw *ac, kan* yn 'gysylltiol' â'r ferf fel y mae'r lleill, ac arwydd o'r gwahaniaeth yw mai'r gysefin sy'n dilyn *ac oed, kan oed* (yn wreiddiol) ond bod y dibeniad yn treiglo ar ôl *nid oedd,* etc.

Cymh. : **kann oed kelwydawc,** RP 1362.31 ; **a chan oed mab** *brenhin teithiauc,* CA 1095 (sef testun B, = testun A, 1072, **a phan oed mab** *teyrn teithiawc* ; gw. nodiad 320, "Gwell yw B eto" ; a phawf ychwanegol mai B sydd orau yw mai 'pan oed uab' fyddai'r gystrawen pe bai *pan* yn iawn). Erys rhai esiamplau o'r dibeniad heb dreiglo hyd yn oed yn nhestunau pros y bymthegfed ganrif, ond gan fod y gwahaniaeth treiglo rhwng amryw ffurfiadau *wyf, wyt,* etc. yn ymdoddi'n un gystrawen o dreiglo [gw. uchod §106(vii)] naturiol i *oedd* a *kan oedd* ymdebygu â *pan oedd,* etc. ; cymh. : **kann oed kyfrin** *ef am ageu Rolant,* YCM[2] 158 ; **kan oedd ĝariadus** *gan dduw a dynion,* B IV.307.

Dyma rai esiamplau o gystrawen 'geiryn + oedd + dibeniad' o'r farddoniaeth gynnar ac o destunau rhyddiaith : **nyt oed ĝynĝhor wann,** CA 644 ; **nyt oed wael,** ib 1177 ; **nyt oed vas** *y gywydeit,* BT 67.20 ; **Nyt oed uwy** *noc et kysceit,* ib 67.24 ; **nyt oed lwyr degyn** *dyn riedon,* ib 73.8 ; **nyt oed uaĝaud** *meirch mechit,* BB 93.1-2 ; 108.6 ; **nyt oed leuawr** *vym broder,* RP 1048.34* ; [**nyt oed trwm** *tri urddassawc,* ib 1187.22, LlH 198] ; **ban oed druĝarawc,** ib 1367.29 ; **Nyt oed wr** *dwy awr dwy areith,* LlH 48. **Nyt oed uwy** *no chynt,* WM 16 ; *ac* **ot oed uawr ef,** ib 45-6 ; **nyt oed uawr** *y weilgi,* ib 50 ; **yny oed ĝwbyl** *o bryt,* ib 98 ; **hyny oed ĝynhamlet** *ar ser,* ib 229 ; **nyt oed ĝyfyĝ** *genhyf ymlad a thidi,* ib 258 ; **Nyt oed lei** *gofal gwenhwyuar,* ib 410 (= P 6.IV.205) ; **a oed wir** *hynny,* ib 440, (= P 6.IV.220) ; **pan oed drymaf** *hun y gwr,* SD 324-5 ; **nat oed waeth** *gantaw,* ib 94 ; **yny oed ĝyfoethoĝach,** ib 719-20 ; *ual* **nat oed ĝyfyawn,** ib 1118.

Dyma nifer o esiamplau o YCM[2] a rhoir *yd oed* ac *yr oed* yn eu plith fel cystrawen 'gysylltiol' : *ual* **yr oed ĝyfrwys** *ar y wassanaeth,* 60 ; *ual* **nad oed ulin** *digawn y gysdickaf onadunt,* 84 ; [**yny yttoed cant** *pan uei leihaf,* 84] ; *Llyna* **yd oed uawr** *y son a'r drydar . . . ac* **yr oed drymyon** *y dyrnodeu,* 107 ; [*megys* **yd oed penhaf** *ef,* 114 (= 'as he was chief') ;] *Ac* **nyt oed vwy** *no dwy villdir ywrth byrth yr Yspaen a gerdassynt,* **pan oed brynhawn,** 133 ; *ac* **nyt oed debic** *eu deu lu,* 150 ; **nyt oed lei** *eu hofyn yna,* 153 ; **a oed wir** *ar W.*, 164 ; *a* **phan oed wann** *Chyarlys,* 170.

Erys y drefn hon yn nhestun y Beibl : **Pan oedd lawen** *calon y brenin gan win,* Esther I.10.

(iii) '*Oedd,*' '*a oedd*' (*perthynol*)

Nid yw cystrawen berthynol *bod* yn cyfateb yn hollol yn y testunau cynnar i'r hyn a ystyriwn yn rheolaidd mewn Cym. Diw. Y mae dwy

*Yn CLlH XI.100 t 46 argreffir *lleuawr* heb nodiad i esbonio unrhyw ddiwygiad i'r testun a barnaf mai gwall argraffu yw.

gystrawen yn y dyfyniad canlynol sy'n wahanol i'n harfer ddiweddar: *A thrwy gynghor branwen* **uu** *hynny oll. ac rac llygru y wlat* **oed** *genti hitheu hynny,* WM 53 (P 6.1 WM t 280; R 37). Y mae'r ddau gymal yn berthynol traws o ran eu trefniant ac yn ôl y rheol ddiweddar disgwylid 'y bu' ac 'yr oedd.'*

Ceir llawer o esiamplau hefyd o arfer *oedd* mewn brawddeg enwol 'amhur' lle ceir y trefniant 'goddrych + cyplad + dibeniad,' ac nid *a oedd*; ond er bod modd dyfynnu esiamplau o *a oedd* ac o *oedd* (heb rag. perthynol) o'r un testun ac yn yr un math o frawddeg yn hollol, nid ydys yn mentro dywedyd fod *a* wedi ei 'hepgor.'

Cymh.: *ac un heit* **oed well** *pell mawr,* ... *Ac un [tref]* **oed well** *nog yd,* CLlH III.33, 34, t 16; *a ner* **oed wirdat,** RP 1198.6 (?); *Deunaw dawn* **oed uwy,** ib 1382.25; *gwr* **oed gyhafal** *dial dyar,* ib 1429.24; *gwr* **oed vleid** *llysseid,* ib ib 26; gw. cyfeiriadau eraill yn GEIRFA 65a.

Dyma ddyfyniadau o ryddiaith lle ceir dwy frawddeg gydradd a'r ddau drefniant yma gyda'i gilydd: **Da oed benn** *y gwayw a gloyw, a'r* **paladyr oed brenn** *lawrus,* YCM² 92. (Yn y presennol, ceid 'Da yw,' 'a'r paladyr sydd'). A dyma ddyfyniadau o'r PKM lle gwelir *oed* yn rhai ac *a oed* mewn eraill: *Pwyll* ... **a oed** *yn arglwyd ar seith cantref dyuet,* WM 1; *Bendigeiduran* ... **a oed** *urenhin coronawc ar yr ynys hon,* ib 38; *Math* ... **oed** *arglwyd ar wyned, a phryderi* ... **oed** *arglwyd ar* ..., ib 81. Fe welir fod treiglad i'r dibeniad yn y gystrawen hon; cymh. ymhellach: *ef* ... **oed benhaf** *ar naw penteulu,* WM 385; *Yr rei hynn* **oed gyfrwys** *a dysgedic,* YCM² 15; *y gyfrwy* **oed gristal,** ib 53; *Hwnnw gynt* **oed brif** *dinas,* FfBO 24.

Felly yn yr arddull a arferir yn y Beibl yn gyffredin, a ddisgrifiwyd yn §102 (vii) uchod, ceir aml enghraifft o'r trefniant hwn a rydd y dibeniad ar ôl *oedd*: *Ac Abram* **oedd gyfoethog** *iawn o anifeiliaid,* Gen. XII.2; *Abram* **oedd fâb** *pymtheng-mlwydd a thrugain,* ib XI.4; *Dyfodiad yr aflwydd yma* **oedd drwm** *a blin i'r bobl,* 2 Macc. XXVI.3; cymh. hefyd: *a hyn hefyd* **oedd ragrith,** GMLl 1.137.

(iv) *Dibeniad + 'oedd' + goddrych*

Yn y trefniant hwn, y mae *oedd* yn cyfateb i *yw* yr amser presennol yn y safle ganol; a phair dreiglad i'r goddrych yn wreiddiol: *A gwaeth heuyt* **oed odef** *cryt,* RP 1163.34; *Goreu* **oed uadeu,** ib 1236.35; *gleu* **oed glywet** *dy uarwnat,* ib 1357.40; [*a chymrif* **oed gwell** *no gwall rei,* ib 1146.35; enghraifft o'r gysefin yn ôl GEIRFA 65a, eithr darllener ʒ neu dreiglad; = LlH 9, *a chynnif* **oet well,**]; *Yn Aber teiuy tew* **oed urein** *uch benn,*

*Gallaf gynnig un awgrym i geisio esbonio rhan gyntaf y frawddeg a ddyfynnwyd. Defnyddid yr enw *cyngor* ar y dechrau yn bur debyg i'r enw *rhaid,* fel dibeniad mewn brawddeg 'enwol': e.e. **kyghor uu** *ganthunt y chyrchu,* WM 453. Ai hyn oedd cystrawen wreiddiol y dyfyniad, 'a chyngor Branwen fu hynny ...'?

LlH 52 ; *a chyn dristet* **oed bob** *dyn yno,* WM 257 ; *hygyrchaf lle yny gyuoeth* **oed gaerllion,** ib 385 ; *ac irat* **oed warandaw** *arnei,* ib 441 ; *Vch* **oed bob** *llef a diaspedei,* SD 581 ;

> **Teg oedd weled** *drwy redyn*
> *Tegau dwf yn tagu dyn,* DGG XIII.34-5.

a chan mil **oed lu** A., YCM² 22 ; *a marchawc da* **oed bob** *un onadunt,* ib 148 ;

Cedwir y treiglad hwn yn weddol gyffredin yn nhestunau CDC : *mai drwg* **oedd ferched** *Canaan yng-ngolwg Isaac,* Gen. XXVIII.8 ; *am chwant* **oedd vod** *yn foethys,* MCr 12b ; *ag enw'r yscolhaig* **oedd ddrwg** *rhiolaeth,* ib 12b ; *Ag nid hynny* **oedd feddwl** *Crist,* DFf 40 ; *ac mai hynny* **oedd feddwl** *ein Iachawdwr,* Hom 2.177 ; *Hwn* **oedd ddifyrrwch** *y Duw anfessurol,* GMLl 2.90 ; *gwaeth na'r boen* **oedd goegni** *a chwerwder,* BC 92 ; *nid seguryd* **oedd orphwystra** *Duw,* RBS 199.

Erys y duedd i dreiglo yn hwy, efallai, lle ceir berfenw yn oddrych : *canys dechreuad godineb ysprydawl* **oedd ddychmygu** *eulynnod, a'i caffaeliad hwy* **oedd lygredigaeth** *buchedd,* D. Sol. XIV.12 [yr ail gymal yn rhoi trefniant 'goddrych + oedd + dibeniad' fel sydd yn (iii) uchod ; cymh. hefyd Hom 2.29, dyfyniad o Feibl 1588, . . . **oedd ddychymmygu** *delwau*] ; *ac mai synnwyr* **oedd wybod** *rhodd pwy oedd hi,* D. Sol. VIII.21 ; *mai cymhessur* **oedd geissio** *diwygiad crefydd,* DFf 178 ; *gwaith an(n)iben* **oedd ddisgwyl** *Cymanfa-Gyngor,* ib 181 ; *Ewyllys Duw* **oedd fynny tanu** *Efengyl,* ib 203 ; *Mwyaf rhyfyg . . .* **oedd ddywedyd** *y gallai ddyn . . .,* Hom 1.32 ; *a hyfryd* **oedd weled** *eu rhinweddau,* HFf 125 ; *gwaith priod . . .* **oedd dreulio'n** *defosiwnau,* RBS 201.

Y rheol ddiweddar yw cadw cysefin y goddrych (er bod ambell enghraifft gelfyddydol o'r hen gystrawen i'w gweld) a dengys un enghraifft fod cadw'r gysefin wedi dechrau o leiaf erbyn cyfnod CDC : *Anhyfryd* **ydoedd byw** *ynddi heb yr Efengyl,* DFf 41.

(v) *Cysylltair + 'oedd' + goddrych + dibeniad*

Dyma'r drefn sy'n gyfarwydd mewn Cym. Diw. ond bod y dibeniad fynychaf yn dilyn y geiryn *yn* ac felly yn 'draethiad' i bob pwrpas ; mewn gair, y mae'r frawddeg, 'pan oedd lawen calon y brenin' wedi newid ei threfniant nes rhoi 'pan oedd calon y brenin yn llawen.' Ceir ambell enghraifft gynnar o gael y goddrych o flaen y dibeniad, ac yn dyfod o'r herwydd yn union ar ôl y cyplad blaen, e.e. **Pan oedd llif** *ceiryawc lliw coch,* MA 206b.5 ; LlH 308. Os gellir dibynnu ar yr orgraff, gwelir fod y goddrych yn cadw'r gysefin, a bod y dibeniad yn ei chadw hefyd yn y safle ôl.

(vi) *Ffurfiau heblaw'r trydydd Unigol*

Dyma rai esiamplau o gael y dibeniad ar ôl y ffurfiau amherffaith. Ffurfiad y cyplad yn y testunau cynnar ar ddechrau'r gosodiad yw *oeddwn* heb y geiryn *yd* ; a chedwir cysefin y dibeniad ar ôl *oeddwn*, fel y ceir y gysefin ar ôl *bûm* yn yr un safle, e.e. **Oetun tan** *llachar* . . . **Oetun prit** *daear* . . . **Oetun guint** *gouchaf* . . . **Oetun blodeu** *guit*, BB 23-4.

Erbyn Cym. Diw. cafwyd *yr oeddwn* at y safle flaen, ac yn unol â'r patrwm a welwyd droeon uchod, disgwyliwn dreiglad ar ôl *yr oeddwn*, *pan oeddwn*, etc. : **yr oeddwn glaf,** 2 Esdr. XIII.13 ; **pan oeddwn fachgen,** 1 Cor. XIII.11 ; **pan oeddwn felysaf** *yn vy hun ayraid*, MCr 12a.

Ni cheir ond un enghraifft o **oeddut** yn GEIRFA 64a, a'r ffurfiad yw *nyt oedud*, gyda thr. m. i'r dibeniad : **Nyd oedud uygwl** *vvgeil prydein*, LlH 85 (MA 150a 59).

Dyma ychydig ddyfyniadau o'r personau eraill : *naw brenhin* . . . **a oedynt wyr** *itaw*, WM 385 ; **yny oedynt gystal** *ac y buessynt oreu eiroet*, ib 446 ; [**yd oedynt cant** *yn erbyn un*, YCM² 97].

§112 Y GORFFENNOL MYNEGOL
(Y TRYDYDD UNIGOL 'BU' BODOLAETH)

(i) '*Bu*' + *goddrych*

Ymddengys nad oedd treiglad i'r goddrych ar y dechrau ar ôl y ffurfiad 'annibynnol.' Yr ydys yn petruso tipyn cyn dyfynnu rhai o'r enghreifftiau gan mor dywyll ac ansicr yw'r ystyr.

Cymh. : **bu trydar** *en aerure* . **bu tan** (*bu ehut e waewawr*] *bu huan*. **bu bwyt** *brein*. **bu bud** *e vran*, CA 279-8 ; [cyplad sydd yn y drydedd enghraifft ; gw. nodiad 146 lle cynigir yr ystyr, "there was tumult" ; ac os *bu* 'bodolaeth' sydd yma, ar wahân i'r trydydd cymal, yr ystyr yw, 'there was fire (gwreichion efallai, neu'r wawr yn torri), ready were his spears ; there was sun (h.y. cododd yr haul), there was food for ravens, there was profit for ravens '] ; **bu bwlch bu twlch** *tande* . . . **bu golut** *mynut* **bu lle,** ib 857,—859 (nod. 280, "os *bwlch* a *twlch* = 'breach,' there was a gap and a fiery break-through") ; **Bu goscor** *a* **bu kerd** *yn eil mehyn*, BT 43.1 ; *yn nefoed* **bu cryt** *pan ym crogyssit*, ib 12.16.

Yr un ffurfiad 'annibynnol' a geir pan arferir *kyn*, *kan* o flaen *bu*, h.y. ni throir y ferf yn 'gysylltiol' ; ac os enw goddrychol sy'n dilyn yn y dyfyniadau canlynol gwelir mai'r gysefin sydd ynddynt : *kyn* **bu clawr** *glas*, CA 176 ; *kyn* **bu lleith** *yn dorglwyt*, BT 69.23 ; *kyn*(*n*) **bu tra**(**n**)**g** *eu trossed*, RP 1397.25.

Dangosir yn y paragraff nesaf fod y ffurfiad 'cysylltiol' yn peri treiglad i'r goddrych ; sylwer felly mai'r gysefin sydd yn y canlynol ar ôl ffurfiad sydd yn ôl G 66a yn cynrychioli **lle yt vu** : *Or llynn du* **llet uu llit** *gyhydrec*, RP 1189.20 (= LlH 201, **lled vu**).

Hawdd yw codi enghreifftiau o ryddiaith Cym. Can. ac o'r cywyddau o dreiglo'r goddrych yn y gystrawen hon. Effaith y ffurfiad cysylltiol yw achos y treiglad, ac anodd iawn fyddai cadw ar wahân gystrawennau *bu*, *ni bu, pan fu,* etc., yn enwedig wedi i'r ffurfiad cadarnhaol *ef a fu* ddatblygu gan fod *ef a fu* yn gysylltiol yn rhinwedd y rh. perthynol. Anodd penderfynu er hynny a gadwyd ' *bu* + çysefin ' ar lafar. Os nad parhad o'r gystrawen wreiddiol, a gafwyd uchod, yw'n cystrawen ddiweddar ni, rhaid tybio mai'r proses cyffredinol o gadw cysefin y goddrych a adferodd y gystrawen wreiddiol.

Dyma esiamplau a ddengys dreiglo'r goddrych : **Bu uet** *eur gylchwy yn vodrwyawc,* LlH 3 ; *Ar Ddyfed yr addefynt / Y* **bu len** *gêl o'r blaen gynt,* DGG XLV.22 ; **Bu dwod** *dros bob daear,* DN VI.52 ; **Bu bobl** *i ynys heb i blaenawr,* ib IX.40 ; **y bu gas** *rwg arthur a hueil am yr archoll,* WM 464 (*cas* yn enw ?) ; *a chy aghywiret vyd dy wreic itti ac* **y bu wreic** *i sirif o Lesodonia,* SD 560 ; *ac yno* **y bu leuein** *a gorderi mawr gan bawb,* YCM² 23 ; *ac yna* **y bu ladua** *o'r S.,* ib 23 ; *a'r nos honno* **y bu wyr** *B. . . . yn eu gwylyat,* ib 88 ; *val* **y bu gwynuan** *y Dauyd am Saul,* ib 163 ; *fal y* **bu Grist,** MCr 131b.

Yn y llyfrau cynnar ceir anwadalwch mawr ac ni ellid gwell enghreifftiau na'r ddwy adnod a ganlyn : *a* **bu dawelwch** *mawr,* Math. VIII.26 ; *a* **bu tawelwch** *mawr,* Marc IV.39 ; Cymh. ymhellach : *ac fel hyn y* **bu ddiwedd** *Antiochus,* 2 Macc. x.9 ; *a* **bu dychryn** *Duw,* 1 Sam. XIV.15 ; *y* **bu cymmanfa** *yn ol y ddefod,* Neh. VIII.8 ; *y* **bu Dduw** *yn gorffen y Creadigaeth,* YmDd 207.

(ii) *Cysylltair* +' *bu* ' + *goddrych* (*bodolaeth*)

Tystia'r rhan fwyaf o'r enghreifftiau cynnar fod treiglad i'r goddrych ar y dechrau : **ni bu waret** *an gorwylam,* CA 1023 (?) ; **Ny bu oleuat,** BT 37.28 ; [**ny bu kyfergyryat**] **ny bu gynnwys,** ib 61.10 ; *Hyt tra bu* **ny bu dollglwyt,** CLlH XI.22, t 35 ; **pan vu gyuedach** *uorach vorvran,* RP 1433.25-6 ; **Pan uw gymry** *lu o gymrwynlid yn kymryd,* LlH 325 ; [**Tra fu Llywarch** *parch perchennogion elw,* MA 317b 36] : **Ry bu vran** *uab llyr . . . yg kamp,* RP 1171.16 ; **Ni ryfu gystal** *Gwstennin ac ef,* MA 217b 50 ; **Ni bu boen** *ar farwgroen fwy,* DGG VIII.28 ; *Buellt dir,* **ni bu well dyn,** GGl I.8.

ni bu uuscrellach gwr *ar y synnwyr,* WM 20 ; **ny bu oruot** *o hynny,* ib 56 ; **ni bu wreic** *delediwach no hi,* ib 62 ; **or bu wr** *itti eiroet . . . ac* **ony bu wr** *it,* ib 172 ; **ni bu lud** *ar y cledyf yny aeth trwydi,* YCM² 75 ; *Ac* **ny vu odric** *arnadunt namyn o vreid teruynu y salym,* ib 170 ; *govynnet* **or bu brouedigaeth** *arnaw,* B VII.374.

Yn §102(xiv) uchod dyfynnwyd nifer o esiamplau o'r gystrawen hon o DN ; y mae'r goddrych fel rheol yn treiglo ond ceir rhai a geidw'r gysefin, e.e. **Ni bu gwlad** *o'r rhain na bai glod Rys,* DN XI.44. Gallwn dybio felly fod y ffurfiad cysylltiol eisoes wedi dechrau cymryd cysefin y goddrych ond bod yr arfer lenyddol o dreiglo'n parhau. Erys y treiglad mewn CDC, ac un rheswm am ei gadw yw dylanwad y treiglad ar ôl *nid oes* : **ni bu ddim** *erioed mor annuwiol,* DFf 92 ; **ni bu farch** *lluddedig erioed chwan-*

noccach i ymadel ai bwnn, YmDd 35 ; **na bu wir ffydd** *wannach nag eiddilach . . . fel* **na bu waeth** *ymrysonau er pan iw dynion ar y ddayar,* GMLl 2.43 ; cyferb. *er* **na bu brenin** *cyffelyb iddo ef,* Neh. XIII.26.

§113 Y TRYDYDD UNIGOL 'BU' (CYPLAD)

(i) '*Bu*' + *dibeniad*

Yma eto, cysefin y dibeniad oedd yr arfer gyntaf yn ôl tystiolaeth y testunau cynharaf ; rhoir eithriadau rhwng bachau petryal yn y dosbarthiad cyntaf : **bu truan** *gyuatcan gyvlwyd,* CA 107 ; **bu tru** *a dynghetven anghen gywir a dyngwt y dutvwlch,* ib 136 ; **bu gwir** *mal y meud e gatlew,* ib 300 ; *divyeu* **bu diheu** *eu* **d***iuoet,* ib 835 ; **Bu gwrd** *y hwrd ygkateu,* BT 35.26 ; *ar kethreu* **bu kythrudyedic,** RP 1217.2* ; **bu trawsgolofyn** *kyuoeth,* LlH 75 (MA 254a 37) ; **bu doeth** *mal y detholes,* LlH 161 ; **bu llw cloduawr bu cloduan,** ib 174 ; *blwydyn* **bu llewyn ll***awer kerdawr,* CA 93 ; *rac bedin ododin* **bu gwasgarawc,** ib 394 ; *Duw gwener* **bu creu bu creulyt,** RP 1145.25 ; *creawdyr oth greu* **bu gwaetlyt,** ib 1178.15.

Erys y gystrawen yn iaith y cywyddau : **Bu gwir** *na bu'i debyg ef,* IGE[2] 53.1 ; a'r un gystrawen sydd yn y cwpled canlynol ond fod y geiriau wedi eu trefnu neu eu 'hanhrefnu' yn ôl y gynghanedd :

> **Poen bu dwys,** *pen bydysawd,*
> *Pan aeth a gwawr pennaeth gwawd,* DGG LXXI.2-4 (M. Benfras).

Cynrychiola hyn 'bu dwys poen pan aeth pen bydysawd, etc.'

Gyda'r enghreifftiau uchod gallwn roi *kyn bu, kan bu* + dibeniad, gan fod y ddau gysylltair hyn yn cadw'r ffurfiad yn 'annibynnol' : **kin bu tav** *y dan mein,* BB 68.5 ; **kyn bu llwyd** *yr un,* LlH 301 ; **kyn bu llawr** *y dy,* ib 302 ; **kan bu mab** *bu hywyd,* CLlH I.15, 16, 18, t 3-4 ('since he was a son of mine') ; [**Kann bu gabyl** *parabyl poerawc dulluan,* RP 1353.7, enghraifft o dreiglo ar ôl *bu* 'annibynnol' fel sydd isod].

Yn y testunau rhyddiaith y mae esiamplau o'r arfer gyntaf, e.e. *ual* **y bu llonyd** *ganthunt,* WM 16; *ac* **y bu trethawl** *idaw eu holl dayar,* YCM[2] 3. Yn unol â'r duedd a welwyd droeon eisoes daw *bu* annibynnol i beri treiglad i'r dibeniad, o gydweddiad, y mae'n debyg, â chystrawen *bu* cysylltiol. Cymh. *ac* **y bu lawen** *yr amherawdyr,* WM 189 ; **y bu barawt** ib 104 ; *ac* **y bu dost** *gan wenhwyuar gwelet yr olwc,* ib 404 ; *kystal yw . . . hediw ac* **y bu oreu** *eiryoet,* YCM[2] 147 ; *ac yna* **y bu gyuyng** *gan R. y ansawd,* ib 173 ; *ac* **y bu gynn iachet** *y le a chynn y vot yno,* B IX.226.

Esiamplau o CDC : **y bu fawr** *iawn eu ffrost nhwy,* DFf 116 ; *a* **bu ryfedd** *ddioddefgarwch C.S. y diacon,* HFf 136 ; **a bu gyfyng** *arno ef,* ib

*Enghraifft o drawsleoli safle'r dibeniad a'r goddrych heb effeithio'r gystrawen wreiddiol, h.y. 'bu kythrudyedic y kethreu'; gw. uchod y nodiad perthynol i §102(xv).

300; *a* **bu lawen** *iawn genni 'ngweled fy hun eto,* BC 77 ; **a bu ryfedd** *genni weled carcharlwyth arall,* ib 100 ; cyferb. enghraifft o gadw'r gysefin : *Moeswch weled pa un pwnc* **a fu gwiw** *genthynt ei ddiwygio,* DFf 160 (= y bu).

Yn ôl y datblygiad a welir uchod, *bu rhaid* fyddai'r gystrawen gyntaf ; wedyn ceid *bu raid.* Heblaw *bu* annibynnol, fe geid yn y gosodiad cadarnhaol y gystrawen gysylltiol *ef a fu* > *fe fu,* cymh. *Ef a uyt reit yt dyuod,* WM 437 (= P 6.IV.219). Sylwer eto ar y canlynol : **ac y bu uarw,** WM 37 ; y gystrawen wreiddiol fyddai *bu marw,* yn ôl tystiolaeth yr enghreifftiau cyntaf uchod, a dyfynna Strachan enghraifft o hynny yn IEW 105, ond ni rydd gyfeiriadau.

(ii) *Cysylltair* + '*bu*' + *dibeniad*

Yma y mae treiglad o'r dechrau :

[*ny bu clyt,* BB 68.14 (?)] ; **ny bu deith unic,** RP 1217.5-6 ; **ny bu uethyl ny bu uethyant ny bu uagawt** *meirch morgant,* ib 1392.19-20 ; **Ny bu warthlef** *kerd,* ib 1431.39 ; **ban fv oreuhaw,** BB 42.2 ; **Pan vu gleur** *hynteu yn norhamtwn dref,* RP 1363.20 ; **pan vu lew** *loegrwys uoloch,* LlH 308, MA 206b 4 ; **Rybu gamwedawc** *madawc,* RP 1171.20 ; **Tra uu uudugre** *uore dugrawr,* BT 67.3 ; **yny vu weryt** *y obennyt,* LlH 4 ; *mor rhyfedd rhac* **mor fu roddiad,** MA 222b 23.

Dyma enghreifftiau o'r un treiglad o'r testunau rhyddiaith : **ny bu gystal** *dy wybot . . .* **ny bu gynhawset** *gennyt treulaw dy da.* **ny bu well** *dy dosparth eiroet,* WM 11 ; **yny uu gwbyl** *idaw y dal,* ib 45 ; *ar hwnn* **a uu garw,** ib 91 ; **a ffan uu barawt** *y tan,* ib 255 ; **tra uu uyw,** ib 464 ; **na bu uedyannus** *dyn eiryoet arnei,* SD 817 ; *ac* **a uu gywir** *wrthaw vlwydyn,* ib 929 ; *Mahumet* **a uu genat** *Duw,* YCM² 18 ; *a dywawt . . .* **na bu barotach** *eiryoet,* ib 110 ; [**ac ny bu kyn** *lawenet eiryoet,* ib 111 ; cymh. ag enghreifftiau cyntaf y paragraff hwn, a gw. §§166, 167 isod, GWRTHSEFYLL TREIGLO] ; *a Rolant* **a uu gyghorwr** *y hynny heuyt,* ib 119 ; *ac* **or bu valch,** B VII.375 ; **or bu valch** *o voned y genedyl,* B VIII.134 ; **or bu lawen,** ib ib 135 ; *y hi* **a vu lawen,** B II.203 ; *y brenin* **a vu gysdal** *gantho j olwc arnaw,* ib II.219 ; **Na bu ddiescus** *y rhai a addolasant,* D. Sol. XIII, Cynnwys ; **e fu ryued(d) ia(w)n gen(n)yf,** DByrr (6) ; **e fu d(d)igrif** *ia(w)n gennyf pan welais,* ib 93.

(iii) '*Bu*' + *goddrych*

Wrth i'r frawddeg 'enwol' newid ei threfn, sef y newid a gynrychiolir gan 'bu farw'r dyn' > 'bu'r dyn farw,' daw'r goddrych erbyn Cym. Diw. i ddilyn y cyplad ; y mae rhai esiamplau o dreiglo'r goddrych, ac eraill o gadw'r gysefin ; y mae hyn yn debyg i'r peth a geir yn §112.

Cymh. : *pa achos* **na bu groth** *fy mam yn fedd i mi,* 2 Esdr. v.35 ; **fe fu weddi** *ostyngedig yn gymmeradwy bob amser,* Hom 2.232 **na bu wir**

ffydd *wannach*, GMLl 2.43 ; cysefin : **y bu Duw** *dda wrth y byd wragedd*, Ex. I.20 ; **Bu tŷ** *Laban well er Jacob*, HFf 378.

(iv) *Dibeniad + 'fu' + goddrych*

Dengys y testunau cynnar dreiglad i'r goddrych yn y gystrawen hon : *awar* **vu wychar** *y chywryssed*, RP 1145.3 ; *penn cret* **vu welet** *dy welieu*, ib 1178.7-8 ; *gwrthuyt* **uu gywyt** *y argywed*, ib 1181.32 ; *da* **vu geli** *ri*, ib 1367.32 ; *Gwr* **uu lywelyn** *ger terwyn taf*, LlH 58 ; gw. GEIRFA 66a am gyfeiriadau eraill.

Ceir **rybu, ryvu** yn y safle ganol hefyd : *Gwr* **rybu dd** *diveuyl blegyt*, MA 254a 5 (LlH 71, **ryvu dd'** = Ddafydd).

Cymh. ymhellach :

Dialedd mowredd wedi'r mawr—henfeistr
Doe **fu ddwyn** *unmeistr Dafydd Nanmawr*, DN IX.71-2.

a dic **uu wreic** *y melinyd*, WM 62 ; *a llawen* **uu wenhwyuar** *wrthi*, ib 439 (= P 6.IV.220) ; *ac or bu drwc trafferth y deu gynt. gwaeth* **uu drafferth** *y deu hynny*, ib 506 ; *a llawen* **uu Durpin** *archescop*, YCM² 149.

§114 FFURFIAU HEBLAW'R TRYDYDD UNIGOL

(i) *'Bûm' + dibeniad*

Cysefin y dibeniad sy'n dilyn *bum, buum* annibynnol :
bum glas *gleissat*, **bum ki . . . bum kyff . . . bum bwell . . . bum keilyawc . . . bum tarw . . . bum bwch . . . bum gronyn . . . bum llat . . . bum marw bum byw . . . bum tawt . . . bum cledyf** culurith . . . **bum geir . . . bum llyfyr . . . bum llugyrn** *lleufer* . . . **bum pont,** etc., BT 22-3 ; gw. GEIRFA 65b am aml gyfeiriadau yn BT.

Gyda'r ffurfiad annibynnol gellir cynnwys *kyn bum*, etc. : *kynn* **bum keinuaglawc,** *bum hy . . . kynn* **bum keinvaglawc, bum kyffes eiryawc,** CLlH II.1, 2, t 8-9 ; *kyn* **bum lleenawr,** BT 27.6.

(ii) *Cysylltair + 'bûm' + dibeniad*

Disgwylir treiglad yn ôl y patrwm a welwyd ynglŷn â *nid wyf*, etc. ; rhoir dyfyniadau na ddangosir treiglad ynddynt mewn bachau petryal : [*Rybum pwyllbrud*, RP 1249.14-5] ; **Ni rybum gerddennin,** MA 240b 27 ; **tra vum bwyll wastat,** B IV.124.105 (BB 50.16-7 **pwyll wastad**) ; *ac* **a vum valch,** B VIII.139 ; *O gyll ir*, **ni bum gall i,** DGG VIII.48.

Nid yw'r geiryn *y* fel rheol yn troi'r ffurfiad yn gysylltiol ac fe all yr enghraifft ganlynol o dreiglo'r dibeniad godi o'r duedd i beri i gystrawen y ffurfiad annibynnol ddilyn patrwm a threiglad y ffurfiad cysylltiol : *Amser* **y buum vras vwyt,** CLlH XI.98, t 46.

(iii) *Buost*

Dywed GEIRFA 65b mai arfer y farddoniaeth gynnar yw cadw cysefin y dibeniad ar ôl *buost*, e.e. **Buost mab** *arab arueu dras*, LlH 280 (MA 212b 9) ; *A gwedy hynny* **buost ġwas,** ib ib (MA 11) ; a dywedir mai eithriad yw'r enghraifft yn BA 26.14, **buost lew** *en dyd mit*, = CA 1333. Diweddaru, mae'n ddiau, sy'n cyfrif am y treiglad yma, a sylwer mai *g* yw'r gytsain yn yr eithriad. Disgwyliem i'r ffurfiad annibynnol fagu treiglad o gydweddiad â'r ffurfiad cysylltiol : **Can buost ormes,** WM 155 (a chaniatáu nad yw *can* yn troi'r ferf yn gysylltiol).

Disgwylir treiglad ar ôl y ffurfiad cysylltiol : [*och gindilic* **na buost ġureic,** BB 91.6 ; 108.14, darll. ʒ ?] ; **ny buost ġyn hyġaret** *gwas ditheu*, WM 11 ; **ny buost ġyvartal,** ib 435.

(iv) *Buant*

Nid hawdd taro ar enghreifftiau cynnar o'r person cyntaf lluosog a'r ail berson, gyda'r dibeniad yn dilyn ; ni cheir cymaint ag un enghraifft ymhlith cyfeiriadau G 66b.

Ymddengys nad oedd treiglad ar ôl y ffurfiad annibynnol *buant* : **buant ġwychawc** *gwede meddawt*, CA 1020 ; **Buant kyt** *ysgryt*, RP 1398.21 (LlH 167) ; **Buant brwysġyon** *breisc aruaeth*, **Buant briw** *ger eu brawd uaeth*, MA 281b, 29, 30 (LlH 332).

Ond y mae esiamplau o dreiglo hyd yn oed yn y testunau cynnar—effaith diweddaru, efallai : **buant ġytneit,** CA 353 ; **buant ġytvaeth,** ib 363 ; BT 73.26.

Yn ôl y patrwm a welwyd droeon uchod, disgwylir treiglad ar ôl 'cysylltair + *buant*' : *Gwarthec Edeirnyawn* **ny buant ġerdennin,** CLlH xi.73, 74, t 42 ; *neu leu a gwydyon* **a uuant ġeluydyon,** RP 1054. 16-7.

§115 Amherffaith Arferiadol neu Ail Ddyfodol ; a'r Gorberffaith

(i) *Byddai*

Gan mai'r un terfyniad sydd yn y ffurf hon ag yn y 3ydd un. amherffaith arferol, disgwylir yr un treiglad ar ei hôl. Dangoswyd yn §81 uchod fod goddrych a gwrthrych y 3ydd un. amherffaith yn treiglo ill dau yn wreiddiol ; felly ceir treiglad yng ngoddrych *byddai* : [*namyn y* **bydei plant** *idi*, WM 30 =] *namyn am na* **bydei blant,** RM 19 ; *Llyna y* **bydei vrwydyr,** YCM² 86.

Ymddengys oddi wrth rai o ddarlleniadau'r farddoniaeth gynnar nad oedd treiglad i'r dibeniad hyd yn oed ar ôl ffurfiad cysylltiol *byddai*, ond awgrymaf mai cywir fyddai darllen treiglad : **ny bitei ġur** *y breinhin*, BB 65.17 ? darll. ʒ) ; **yn yt uydei trwch** *ny bei trechaf*, LlH 224 (? darll. *drwch-drechaf*).

Y mae treiglad yn y testunau rhyddiaith ar ôl y ffurfiad annibynnol a'r cysylltiol : **na bydei launach** *no chynt*, WM 21, 23 ; **ny bydei vyw,** ib

81 ; y **bydei gwbyl** *o eur*, ib 85 ; *Pei aghel a brynei dyn* **ef a uydei was** *dyn idaw*, LlA 16 ; **hi a vydei wyry** *etwa*, RC 33.241 ; **y bydei wr** *dihenyd y mab ony bei amdiffin kymen arnaw*, SD 60 ; **ny bydei warant** *y luruc idaw am y eneit*, YCM² 88 ; *ac* **na bydei gyfurd** *yn llys byth*, ib 95 ; *ual* **na bydei vyw** *yneppell*, ib 104 ; **ef a vydei varw,** FfBO 56.

Erys cystrawen y treiglo mewn Cym. Diw. : *a* **phan fyddai farw** *y barn-wyr*, Barn. II.9 ; **ni bydde raid,** GMLl 1.167 ; ond fel y dangosir yn llawnach isod, (ii), §116(ii) §117(vi), tueddodd cystrawen y gytsain gysefin a berthyn yn wreiddiol i ddibeniad y ffurf *bydd* a *bo*, i ledu yn yr iaith lenyddol i gystrawen ffurfiau a luniwyd o'r un stem, a cheir esiamplau o gadw cysefin y dibeniad ar ôl *byddai* ; cymh. **bydda da** *gennyf gael llinell*, ML I.62 ; **byddai da** *iawn gennyf*, ib I.258 ; **Byddai dda** *gen fy nghalon*, ib I.344.

Y mae goddrych y frawddeg yn treiglo yn y patrwm ' dibeniad + cyplad + goddrych ' : *lludwy* **uedei gywlat,** BT 70.11.

(ii) *Personau heblaw'r trydydd unigol*

Ceir treiglad i'r dibeniad fel rheol : *y rwy* **vydut benn** *nyt ryuedawt*, RP 1301.43 ; *chwi* **a vydewch gyffelyb** *y duw*, SG 66 ; **y byddit bur,** Ps. LI.4. Y mae'r ddeuair, *byw* a *marw*, wedi magu priod-ddull arbennig erbyn Cym. Diw., ond credaf y gellir dyfynnu'r canlynol o Gym. Can. i ddangos y gystrawen reolaidd o dreiglo'r dibeniad : *a bei na rodwn nawd ytt*, **ti a vydut uarw,** YCM² 50 ; **or bydynt vyw** *yn gyhyt ac y gellynt*, ib 69 ; **y bydwn varw,** FfBO 56 (cyntaf unigol) ; [eithr sylwer ar yr enghraifft ganlynol o gadw'r gysefin : *na phallwn* . . . **tra vydwn byw,** YCM² 76 (cyntaf unigol)]. Y mae'n ddigon tebyg mai Gorff. Dibynnol yw amser y berfau yn y canlynol ond fe'u dyfynnir yma gan mai ffurf yr amherffaith arferiadol sydd iddynt ; dangosant dreiglad i'r dibeniad : *Val y* **bydynt gadarnach,** WM 40 ; **ban uydynt lidyawcaf,** ib 38. Soniwyd gynnau am gael esiamplau mewn CDC o gadw cysefin y dibeniad ar ôl ffurfiau a ddylai beri treiglad, a hynny'n codi o ddylanwad cystrawen *bydd* lle cedwir y gytsain gysefin yn y gystrawen wreiddiol. Gellir dyfynnu aml enghraifft o gadw cysefin *marw* ; dyma ddwy enghraifft ar ôl *byddai* : *ac* **na byddai marw** *drwy law dialudd y gwaed*, Jos. XX.9 ; **ni byddai marw,** HDdD (A.6.2) ; ond y mae modd dyfynnu esiamplau o eiriau dibeniad eraill, ac ar ôl ffurfiau'r personau eraill : *Bei cawn* . . . **mi fyddwn dedwydd** . . . *Ped fai* . . . **mi a fyddwn gwr** *gwych* . . . **mi fyddwn llonydd** . . . **mi a fyddwn bodlonach,** GMLl 1.116-7.

(iii) *Buasai*

Dengys y dyfyniadau canlynol y treiglad a ddisgwylir i'r dibeniad, gan mai'r un terfyniad sydd i'r gorberffaith ag i'r amherffaith : **buassei well** *itti,* WM 148 ; *ual* **na buassei gyn** *dristet eiryoet,* YCM[2] 96 ; *ac* **a vuassei varw** *y dat,* ib 104 ; *y weledigaeth* **y buassei varw** *Chyarlys,* ib 171 ; *oni bai . . .* **ni buasai gadwedig** *un cnawd oll,* Math. XXIV.22

Enghraifft ddiddorol o gadw cysefin y dibeniad ar ôl *na buaswn,* yn ddigon tebyg i'r dyfyniad ar ddiwedd (ii) uchod : *Och* **na baswn pell** *om gwlad,* CRhC 50.

§116 Y Modd Gorchmynnol

(i) *Yr Ail Berson Unigol 'bydd'*

Y mae'r dibeniad fel rheol yn treiglo ar ôl *bydd* ; ac ar ôl *na fydd* : **byd drugar** *ditheu,* RP 1177.25 ; **Byd gristawn** *dedyflawn,* ib 1238.27 ; **Bydd wrddrud** *aer ddylud ddilin,* MA 240b 38 ; [*Na vyd kam dystyd,* RP 1238.26] : **Na fydd leian** *y gwanwyn,* DGG III.15 ; **byd lawen** *di,* WM 83 ; 443 ; **na uyd drist,** SD 51 ; **na uyd gam wedawc** *wrth neb,* B II.10 ; **na fydd ry** *fanwl mewn pethau afraid,* Eccl. III.23 ; **Bydd fyw . . . bydd farw,** YmDd 114 ; **na fydd fyw** *i fwyta,* ib 191 ; **bydd debyg** *iddo mewn cariad,* GMLl 1.120 ; **bydd ddistaw,** ib 1.122 ; **bydd gall** o'r diwedd, ib 1.172 ; a **bydd ddiwyd,** HFf 371.

(ii) *Byddwch, Byddwn*

Y mae treiglad yn dilyn y ddwy ffurf hyn hefyd :
bytwn barawd, LlH 37 ; **byddwn rasol,** HFf 214 ; **a bydwch gedymdeithon** *chwitheu,* WM 37 ; **byddwch dyner** *garedic,* RBS 146.

Yma eto gwelir dylanwad cystrawen *bydd* mynegol a'r duedd i beri i ffurfiau'r stem yma gadw cysefin y dibeniad. Gan Ellis Wynne y ceir hyn fwyaf : **na fydd trwblus** *i ti dy hun . . .* **na fydd gwancus** *iddo,* RBS 60 **byddwch parod** *i'w gwasanaethu,* BC 118 ; cymh. hefyd : **na fyddwch dig,** CRhC 23 ; fe all hon fod yn enghraifft o galedu *ch* + *dd* > *chd,* gw. §71(viii).

§117 Y Trydydd Unigol 'Bid,' 'Boed,' 'Bydded'

(i) Ffurf orchmynnol yw *bid* fel rheol ond y mae rhai cysylltiadau, lle digwydd *bid,* mor brin o ymdeimlad gorchymyn fel mai naturiol ddigon yw casglu mai ffurf fynegol yw, yn golygu *y mae* neu *bydd* ; ac fel ffurf arferiadol y diffinir *bid* y cysylltiadau arbennig hyn yn WG 348 ; gw. hefyd Geirfa 63a a 68b. Credaf fy hun mai'r un ffurf yw *bid* gorchmynnol â'r *bid* a ymddengys yn fynegol arferiadol, gw. B VI.33-7 ; ni cheisir setlo'r pwnc yma'n awr a dosberthir dyfyniadau o'r ddau fath gyda'i gilydd er mwyn cyfleustra.

Y mae'r goddrych yn treiglo fel rheol ar ôl *bid* gorchmynnol : **Bid gymry** *ny gnaws yg gnawd feithrin bar,* MA 146b 24 (LlH 31) ; **Na vid elyn** *dy gedymeith,* ib 128a 12 ; **na uit lit** *gan lyw brenhined,* RP 1213.39 ;

cymh. enghreifftiau o destunau rhyddiaith: **bit gerwynet** *o dwfyr oer geyr dy law*, RM 197 (> WM t 99); *Ac yn y volyant ynteu* **bit bob** *tegwch yn marchogaeth*, YCM² 161.

A chymryd yr enghreifftiau a ymddengys yn fynegol arferiadol ar wahân, gellir dywedyd fod yr un rheol yn dal, sef treiglad i'r goddrych (yr eithriadau i'w hegluro drwy galediad yn ôl GEIRFA 63a): **bit uab** *llen yn chwannawc*, RP 1030.13; **bit wreic** *drwc ae mynych warth*, ib ib 32; [**bit trydar** *gan lew*, ib ib 33; calediad, yn ddiau].

(ii) '*Bid*' + *dibeniad*

Enghreifftiau yn gyntaf lle ceir ymdeimlad gorchmynnol: ceir treiglad i'r dibeniad fel rheol: **bit groyw** *y vrecci*, BT 41.7; **bit obeith** *byt*, RP 1229.12; **bit greir** *ym veir rac y var*, ib 1247.24-5; [**bit tecwin** *yn kyngor*, ib 1294.42, calediad; **bid pyrfeyth,** BB 79.12, llaw ddiweddar]; **Bid ged** *gynneuawd gynneuin kynrein*, **Bid wych** *y goglet uch gwlet uch gwin*, **Bid lew** *yn deheu yn ehag fin*, LlH 31 (MA 146b 20); **Bid lary bid lawch** *kertoryon*, **Bid lew** *a* **bid lyw** *dragon*, MA 234b 27-8; **na vit vrwyn** *dy vryt*, CLlH I.1 t 1; *Ym* **na uit ouid** *yggwenwynder*, MA 167a 32.

Enghreifftiau o destunau rhyddiaith: **bit uaed** *coet yleni* . . . **bit garnen** . . . [**bid bleidast**] . . . **bit uleid,** WM 92; [*a uo penn* **bit pont,** ib 52] = **bid bont,** P 6, WM t 279; **bit vrenhin** *yno*, RBB 125; **Bit uwy** *y bych yn deffro noc yn kyscu*, B II.19; *a* **bit barawt** *yn y erbyn*, ib ib 30; *a* **bit gyfrannawc** *ar y lewenyd*, B VII.373; *a* **bit velys** *yr ymadrawd*, ib ib 374; **na vit uwy** *na llei noc y bo grymuster*, B II.10.

Y mae rheswm da dros dynnu sylw at yr enghreifftiau hyn o dreiglo yn Ellis Wynne: **a bid lawen** *gennit*, RBS 88; **Bid wiw** *gennit gyscodi*, ib 280.

Yn y priod-ddull a gynrychiolir gan 'bid dda bid ddrwg' ceir treiglad hefyd: *bit dyn* **bit lwdyn,** Havod 16.23; **bid fab bid ferch,** B III.98; enghraifft o Gym. Diw.: **bid gyfion, bid anghyfion,** YmDd 161.

Dyfynnir yn nesaf esiamplau diweddar o gadw'r gytsain gysefin. Un rheswm am hyn efallai yw'r duedd a nodwyd o'r blaen i gadw'r gysefin ar ôl ffurfiadau'r stem *bydd*, a chawn weld isod fod *bo* a'r ffurfiau dibynnol eraill yn debyg yn hyn o beth; ond y rheswm mwyaf yw fod *bid* a *boed* yn amrywio â'i gilydd, ac mai cystrawen *boed* yw cadw'r gysefin. Cymh. *a* **bid diau** *gen(n)ych*, DByrr (ch); **na fid diystr,** ib (ff); **na fid blin** *gennit*, RBS 86; **bid mawr bid bychan,** ib 222; *Y man b'ost di,* **bid bryn** *neu fro*, Williams, Hymnau (1811) 106.

Dyma enghreifftiau yn awr lle yr ymddengys mai mynegol arferiadol yw *bid* ond a ymddengys i mi yn wedd ar y modd gorchmynnol, yn golygu 'is of necessity, by nature, is certain.' Treigla'r dibeniad fel rheol; ceir nifer o esiamplau yn yr englynion a elwir *Y Bitieu* yn RP 1030:

Bit goch *crib keilyawc*, RP 1030.1; **Bit lawen** *meichyeit wrth ucheneit* *gwynt*, 3 ; [**bit tawel** *yn deleit*, 3-4] : **Bit ǵuhudyat** *keissyat.* **bit ǵnifiat** *gwyd, a* **bid ǵynnwys** *dillat*, 5-6 ; **bit oǵelawc** *lleidyr*, 11 ; **Bit ǵrwm** *biw . . . a* **bit lwyd** *bleid*, 15 ; **bit ǵrwm** *bydar* [**bit trwm** *keu*] 17 ; **Bit wenn** *gwylan* . **bit vann** *tonn*, 29 ; **bit lwyt** *rew.* **bit lew** *callon*, 30 ; gw. cyfeiriadau eraill yn Geirfa 63a.

Dyfynna WG 348 enghraifft o'r cywyddau lle yr ymddengys *bid* yn amrywiad ar *bydd* (dyfodol) a'r dibeniad ynddo'n cadw'r gysefin :

> **Bid ǵwaeth** *gwybodau a gair*
> *Beirdd gwedi bardd y gadair*, GuO (m. DE) = DE t 141.

Cymh. hefyd :

> **Bid llawen** *gwen bod llwyn gwydd*, DGG xlv.39.

Nid hawdd cyfrif am y gysefin yma os nad yr ymdeimlad yw mai *bydd* yw'r ystyr, neu *boed* yn yr ail ddyfyniad.

(iii) '*Boed*' + *goddrych* ('*poet*')

Ffurf eidduniadol neu ddymuniadol yw *boed* yn fwyaf arbennig. Ceidw'r goddrych y gytsain gysefin fel rheol :

poet ǵwlat *nef an atlam*, RP 1396.19 ; **poed kanhorthwy** *duw ym dyhuted*, LlH 42 ; **Boed llewenyt boed lleuuer** / **Boed kyuadef** *nef ym ner*, ib 91.

A **phoet tan** . . . *a losco y uaryf*, YCM² 45 ; **poet Mahumet** *a'th ymelldicko*, ib 86.

(iv) '*Boed*' + *dibeniad*

Cysefin y dibeniad bron yn ddieithriad :

boet teu, BT 44.10 ; **B. ǵwir,** ib 75.11 ; **B. bendiǵeit** *yr anghysbell wrach*, CLlH iv.8, t 21 ; **B. llawen** *reen*, RP 1241.15 ; **b. meu** *vwrw beicheu*, ib 1269.8 ; **boed kyuoed** *dy rad ath wlad ath wawd*, LlH 16 ; **Poed ǵwir,** *bywyd hir i hwn*, IGE² 55.9 ; *gweddio* **poed ǵweddw** *fo pwy* / *gwraic un o gaer i gonwy*, DE 9.

Enghreifftiau pellach o destunau rhyddiaith : **boet kyflawn** *dy rat titheu* . . . **Poet ǵwir** *dyw unben*, WM 459 ; **boet kyfvlawn** *vych*, LlA 128 ; *a* **phoet ǵrymus** *ywch vot*, ib 117 ; **Poet pell** *ymmi kymryt bedyd*, YCM² 19 ; **Poet pell** *y wrthyf i*, ib 121, 136, 141 ; **a phoet ǵwir** *a phell hynny*, B ix.330 ; **poed ǵwir** *attolwg fyddo dy air*, 1 Bren. viii.26.

Enghraifft ddiweddar a ddengys dreiglad, yn unol â'r duedd i roi treiglad sefydlog i'r dibeniad ar ôl ffurfiau'r cyplad yn ddiwahaniaeth :

> **Boed wyw** *y llaw a'th drawodd . . .*
> **Boed ddiblant** *a'th ddiblantodd*, IGGeirionydd, Y Flod Gym, 118.

Os terfyniad y 3ydd Gorchmynnol -*ed* sydd yn y ffurf *boed*, fe ddisgwyliem dreiglad yn rhesymegol, gw. §79 ; ond rheswm da dros gael y gysefin, fel sydd yn y dyfyniadau cynnar uchod, yw'r ffaith mai ffurf amrywiol ar *bo* neu *po* yw *boed,* a chedwir cysefin y goddrych a'r dibeniad yn wreiddiol ar ôl *bo, po.* Eithr y mae'n fwy na thebyg nad *bo* + *ed* yw *boed,* fel y dengys yr amrywiad *cyd bwyd,* gw. PKM 228 ; h.y. er bod *ŵy* ac *oe* yn ffeirio â'i gilydd mewn rhai geiriau, ni cheid *ŵy* yn y cyfnod cynnar o *o* + *e.*

(v) *Cyd boed*

Fe ellid trafod y ffurfiad hwn gyda chystrawennau'r modd dibynnol, ond etyb yn well imi ei leoli yma ; ymdrinir â'r ffurfiad *cyd bo,* sy'n bur debyg, yn §118(i) isod.

Cytsain gysefin y dibeniad sy'n dilyn fel rheol : **kyt boet keuynderw** *ymi y gwr hwnnw,* WM 62 ; *kostawc.* **kyn boed brenhin** *bieuffo,* WML 34* ; **kyffoet marw** *heb gymun,* ib 64 (= Llst 116.12.19, **kyd boed**) ; **ket boet gwell** *a uo mwy,* LlDW 58 ; **kyt boet trahaus** *y neb* . . . LlA 100 ; **kyt boet bychan,** B II.23 ; **kyt boet blewawc,** ib II.24 ; **kyt boet gwriw** *troet,* ib II.191 ; **cyd boed byr,** IGE² 4.16 ; **kyt boet mawrweirthawc,** YCM² 130, 131 ; **a chyt boet llauuryus** ib 134 ; **kyd boed digon** *imi hynn o ymrysson ar byd,* B IV.306 ; **kyd boed brwysg** *a gwahan,* B V.123 ; **kyt boet mawr** (*y Tat*) *a'r Mab a'r Yspryt Glan,* B V.198 ; **ket boet buder** *a halauc vyg geneu,* B IX.147.

Y mae enghraifft o dreiglo yn MA 354a 18, **Cyt boet deg** *heddiw* ; 'gwallus, a diweddar efallai,' medd GEIRFA 67b, gan mai'r gysefin sydd yn yr enghreifftiau eraill yn y farddoniaeth gynnar.

Lle ceir esiamplau o'r goddrych ar ôl *cyd boed,* ceidw'r gysefin : **kyt boet pob** *un onaddunt yn berffeithgwbyl,* LlA 87 ; **kyt boet gossymdeith** *ytt yr awrhonn ny wdost pa hyt y para,* B II.24.

(vi) *Bydded*

Diweddar fel ffurfiad yw *bydded.* Y mae'n bur ansicr ei dreigladau mewn CDC ; un rheswm yw mai disodli *bid* a wnaeth ; rheswm arall yw fod perthynas â *boed* ; ac yn olaf, fod y stem *bydd-* yn ei gyfansoddiad a hynny'n tueddu i gadw cysefin y dibeniad.

Ceir cysefin y goddrych yn y canlynol : **na fydded cynnen** *attolwg rhyngof fi a thi,* Gen. XIII.8.

Ceir treiglad i'r dibeniad yn y canlynol : **Bydded fyw** *Ruben, ac* **na fydded farw,** Deut. XXXIII.6 ; **Na fydded gywilydd** *gennit gyfaddef,* Eccl. IV.26 ; **bydded farw'r** *farwolaeth,* Marc VII.10 ; *y sawl sydd frwnt* **bydded frwnt** *etto* . . . **bydded ddall** *fyth,* GMLl 1.121 ; *a* **bydded ddyn** *da, neu ddyn drwg,* Williams, DNupt 27.

Ond cysefin y dibeniad sydd yn y rhain : **na fydded caled** *gennit ei ollwng ef,* Deut. XV.18 ; **na fydded bychan** *o'th flaen di yr holl flinder*

*Nid 'even though a king own it,' ond 'even though the one who owns it be a king.'

Neh. IX.32 ; **Bydded digon** *dywedyd hyn am eu gwleddau*, 2 Macc. VII.42 ; **na fydded blin** *gan y ferch . . . ddyfod at fy Arglwydd*, Judeth XII.13 ; **bydded gwiw** *gennyt* . . . **bydded cymmeradwy** *gennyt*, Ed. Samuel, Duwiolswyddeu Dirgel, 13.

(vii) *Boent, Bwynt*

Arferir y ffurfiau dibynnol hyn mewn ystyr orchmynnol yn y farddoniaeth gynnar, ac yn ôl GEIRFA 69a ni threiglir y dibeniad ar eu hôl : **boent cyfeillion,** MA 222a ; **bwynt dinas** *yn corff ac yn heneit*, BT 5.15.

Y mae'r ddwy enghraifft arall a rydd GEIRFA o *bwyn*, sef RP 1040.18, 20, yn cael eu hamau yn CLlH, nodiad 127 (= III.28, 29, t 15), ac yno fe'u dehonglir fel ffurf ar *bo'n*.

§118 Y PRESENNOL DIBYNNOL
(Y TRYDYDD UNIGOL ' BO,' ' BYDDO ')

(i) Y rheol ar y dechrau yw cadw cysefin y goddrych a'r dibeniad ar ôl *bo* ym mhob cystrawen neu ffurfiad. Cyfeiria GEIRFA 67a at eithriad cynnar : *yg gyweithas nam nym bo vyned*, RP 1172 (LlH 256).

Ar wahân i'r gystrawen *po* (*bo*) + gradd eithaf, anfynych iawn y ceir y ffurf *bo* ar ddechrau gosodiad, yn safle ffurfiad annibynnol ; ac ymddengys i mi mai'r rheswm am hynny yw fod *bo* (os nad yw'n ' gysylltiol ' o ran tarddiad, peth nad ydys yn mentro ei drafod yma) yn cael ei thrin fel ffurf gysylltiol i bwrpas cystrawen, yr un fath â ffurfiau cyffredin 3ydd un. y Pres. Dib. a'r terfyniad -(*h*)*o* ; h.y. y mae'n rhaid cael geiryn cysylltiol o flaen *bo*, e.e. **Ny bo graessaw** *duw wrthyt*, WM 175 (goddrych yn dilyn) ; **Ny bo berthach** *byth y boch chwi no minheu*, ib 473 (dibeniad yn dilyn). Ni raid synnu am fod ambell esiampl gan feirdd y cywyddau o arfer *bo* ar y dechrau (gydag ystyr ddymuniadol) fel amrywiad ar *boed*, y ffurfiad annibynnol cywir, y mae'n debyg ; adffurfiadau yw'r rhain o'r gystrawen negyddol *Ni bo* ; a dangosir isod sut yr adffurfiwyd *cyd bo*, fel amrywiad ar *cyd boed*, drwy'r un proses. Dyma ddwy enghraifft o gael *bo* ar ddechrau'r gosodiad dymuniadol :

> **bo gwr** *y neb a garwy*
> *mor brydd dragywydd ag wy*, DE 70.
>
> **Bo byw** *yno i bob ynys*
> *Bedwar oed yr Abad Rys*, DN XXV.63.

Fe geir esiamplau o'r gystrawen *cyd bo* mewn testunau rhyddiaith, e.e. *a chyt bo gwaradwyd gennyt ti hynny*, WM 43. Gellid tybied felly mai ffurfiad annibynnol yw *bo* yma, gan nad yw *cyd* yn un o'r cysyllteiriau cynhenid a dry ferf i'w ffurf gysylltiol. Ond byddai casgliad o'r fath yn gamarweiniol oblegid y gwir ffurfiad annibynnol yw (*cyd*) *boed*. Diflannu a wnaeth *cyd boed* ac nid anodd gweld y rheswm am ei ddiflannu. Yn y ffurfiad negyddol ceid *cyn*(*n*)*y* + *bo**, ac yma y negydd *ny* sy'n gyfrifol am droi'r ferf i'w ffurf gysylltiol, *bo*. Adffurfiad o'r gystrawen negyddol yw *cyn bo* a *cyd bo*, a dyna a ddisodlodd y gystrawen gadarnhaol gyntaf, *cyd boed*. Gan mai rhywbeth a dyfodd allan o'r gystrawen 'gysylltiol' *cyn ny bo* yw'r gystrawen gadarnhaol *cyn bo* rhaid ei chyfrif hithau'n 'gysylltiol'; a chymysgiad o'r hen *cyd boed* a'r newydd *cyn bo* yw *cyd bo*.

Prawf arall, os oes eisiau, mai ffurfiad 'annibynnol' yw *boed* ac mai cymar 'cysylltiol' iddo yw *bo*, yw'r gystrawen a gynrychiolir gan: **poed** *heb ohir* **vo**, DE 29; yma ceir *poed* yn safle *ys*, a *vo* yn safle *yw*. Sylwer eto ar y 'dymuniad' hwn o *Kulhwch* lle ceir *boed* yn y cadarnhaol, ac *ny bo* yn y negyddol: **boet** *kyflawn dy rat* . . . **Ny bo** *didawl neb ohonaw*, WM 458-9.

(ii) '*Bo*' + *goddrych*

Nid oes angen manwl ddosbarthu ar ffurfiadau *bo* gan mai'r gysefin sy'n dilyn pob ffurfiad ar y dechrau; y cwbl a wneir yma yw cadw'r esiamplau o'r goddrych a'r esiamplau o'r dibeniad ar wahân. Dyma rai o'r goddrych ar ôl *bo*:
Ac **na bo guared** *bith y nortmandi*, BB 54.10; *mynyd* **vo truin** *yd uit trev*, ib 83.5; *kyt* **yt uo cat** *ym pob mann*, CLlH XI.65, t 41†; *a cheny* **bo tyr** *yr ryu dyn hunny*, LlDW 62; *a phan* **uo kysgu** *yn treissaw arnat*, RM 709; *tra* **uo blith** *genthi*, MM 36 (27); **Na bo gwlân** *i gan y gŵr*, GGl XXXIII.63.

Gan mai cadw cysefin y goddrych yn gyffredinol yw rheol y cyfnod diweddar, mwy neu lai, ni bu raid i'r gystrawen hon newid o gwbl. Ond y mae rhai enghreifftiau o dreiglo'n digwydd ac y mae'n ddigon tebyg mai syniadau mympwyol yr ysgrifenwyr neu'r copïwyr sy'n cyfrif amdanynt, y dyb honno fod treiglo'r goddrych yn rhoi naws hynafol i'r arddull; e.e. *tra* **bo ddafn** *o'i gwaed yngwythi ei meibion*, LGO 28.

> *Tra* **bo lanw,** *tra* **bo drai,**
> *Tra bo Eglwys Llandygâi,*
> *Tra* **bo ddŵr** *ar felin Coetmor*, Hen Benillion (T.H.P.W.), t 108.

Os edrychir yr esiamplau eraill o'r priod-ddull hwn sydd mor nodweddiadol o'r pennill telyn, fe welir mai eithriad sydd yma.

Dyma enghraifft o gael y goddrych ar ôl *fo* cyplad yn y safle ganol: *Felly ail* **fo Llywelyn,** ID 73.

*Gw. WG 447; ceid y ffurf negyddol i'r cysylltair ar y dechrau o *cy* + *ny*, ac ymddengys mai *cy* oedd ffurf wreiddiol y cysylltair cadarnhaol, e.e. *ke vei* (gw. nodiad CA 135, 149, 265, cyfystyr â *cet bei* yn yr un testun); o'r cyfansoddiad neg. *cyny*, wrth ei gamrannu'n *cyn-ny*, fe gafwyd *cyn* at y cadarnhaol yn amrywiad ar *cyd*.

†Yma ceir *kyt yt uo* yn lle *cyd boed* yn y gystrawen gadarnhaol, ond y geiryn *yt* sy'n troi'r ferf i'w ffurf gysylltiol.

(iii) '*Bo*' + *dibeniad*

y wr **ny bo mwy** *y gyuoeth no thi*, WM 159 ; **a uo gwell,** ib 53 (P 6.279 ; R37) ; ib 85 (R 62) ; LlA 6, 67 ; LlDW 54 ; Llst 116.74-5 ; 117 ; SG 88 ; **a uo mwy,** LlA 100 ; LlDW 52, 53, 58, 117 ; Llst 116.5, 11, 119 ; SG 7, 10, 47 ; **pan uo kyfrwys,** WML 34 ; **pan uo marw** *yr edlyg*, LlDW 4 ; **pan uo marw** *y corff*, LlA 36 ; **yny uo mawr,** ChO 21 ; **hyt pan uo blin,** WML 22 ; *yny wyper* **a uo byw,** WM 406 ; **a uo penn** *bit pont*, ib 52 ; **tra uo byw** *doethion Ruuein*, SD 701 ; *ual y gwybyder* . . . **a vo byw** *y dyn*, Havod 16.100 ; *Gwae gorff* **a fo geuog** *iawn*, IGE² 149.36.

O destunau CDC : **pan fyddo llawen** *calon Amnon*, 2 Sam. XIII.28 ; **pan fo rheittia,** GML I.189 ; **na bo rhaid,** ib 1.209 ; (hefyd yn B IX.121 ; DByrr 255) ; *nac edrych ar y gwin* **pan fyddo coch,** Dih. XXIII.31 ; (dyfyniad hefyd yn HFf 373) ; *i bawb oll* **a fo drwg** *ganthynt* . . . *eu holl bechodau*, Hom 1.113 ; **pan fo marw** *y mae yn diweddu*, YmDd 94; *yr hwn* **a fyddo trech** *nag ef*, Ps. XXXV.10 ; *peth* **a fyddo gwaeth,** YmDd 361 ; HFf 289 ; Ioan V.14 ; **a fo diddig** *fydd dysgedig*, GML. 1.210 ; *a'r* **a fo da** *ar eich lles*, BC 42.

Sylwer ar yr enghraifft uchod o *na bo rhaid*, sy'n unol â'r rheol gyffredinol a draethwyd uchod. Cafwyd y gystrawen dreiglo o gydweddiad â *bu raid*, a thrwy ddysgu 'rheol' yn ramadegol. Heblaw hynny, fe gododd tuedd i dreiglo'r dibeniad ym mhob cysylltiad a dyma ddyfyniadau a ddengys y duedd hon : *fel y* **byddo gymeradwy,** Lev. XXII.21 ; *yr hyn oll* **ni byddo fân-frith,** Gen. XXX.33 ; *gymaint ag* **a fyddo bossibl** *i gredur (sic) allu* . . . YmDd 88 (cyferb. *cyn belled ag y* **fyddo possibl** *i'r creaduriaid ymgyffred*, ib 85)*.

Ceir gweld isod §151 mai cysefin y radd eithaf a ddilynai *po* yn wreiddiol yn y cymal 'cyfartalu,' *po cyntaf*, etc. Sylwer hefyd ar arfer *bo* . . . *bo* yn lle *bid* . . . *bid* yn y canlynol : *a gostegu godineb a wna* **bo brwt bo amrwt**, Havod 16.64 [cymh. §117(ii) uchod].

§119 CYNTAF UNIGOL, 'BWYF,' 'BYDDWYF'

(i) Y mae esiamplau lawer yn y farddoniaeth gynnar o arfer *bwyf* ar ddechrau gosodiad yn annibynnol o ran ffurfiad a chydag ystyr ddymuniadol, 'may I be.' Dengys yr enghreifftiau fod y dibeniad yn cadw'r gysefin. Dywedwyd 'ar ddechrau gosodiad' er bod geiriau fel 'Duw' a 'Crist' o flaen *bwyf* yn rhai, ond y mae'r enwau hyn yn y cyflwr cyfarchiadol yn annibynnol ar gystrawen y frawddeg sy'n dilyn ac iawn dywedyd mai *bwyf* sydd ar ddechrau'r gosodiad neu'r dymuniad.

Cymh. **Bwyf gwas** *duw kynn nom gostegu*, RP 1143.25 ; **bwyf gwas** *duw kynn gwesti dayar*, ib 1182.18 (LlH 209) ; **bwyf karedic** *vry yny vro dewissic*, ib 1217.1 ; *crist keli* **bwyf keluyd** *a gwar*, ib 1419.4 (= LlH 271) ;

*Enghraifft o'r cywyddau os yw'r darlleniad yn gywir : *Ef* **a fo bennaf,** *fwyfwy beunydd*, TA 3.76.

bwyf gwas *duw gwesti dialar*, ib 1173.18; **bwyf trwydawl** *kynnadyl kyn noc ucher*, ib 1182.29 (LlH 209); **bwyf kynheilwawc,** LlH 4 (MA 141a 19); *duw gennyf gennyty* **bwyf kedymdeith,** ib 211; *Duw drindawd* **bwyf priawd** *prifiaith*, MA 226a 20; **Bwyf guas** *guinwydic gan guledic gorchortion*, BB 51.6-7.

Fel y disgwylir, yr un gystrawen sydd ar ôl *cyd* a *cyn* gan mai annibynnol yw'r ffurfiad o hyd:

kyt bwyf drwc *byd drugar ditheu*, RP 1177.25; **kyt bwyf digarat** *bwyf digerit*, LlH 327 (MA 280a 25); **Cyd bwyv bychan,** MA 69a 20; **kynn bwyf gwan** *esgus gwynnesgar*, RP 1173.17; **kynn bwyf guas** *grudlas gredyf anuon*, ib 1243.31. Yma golyga *kyn* 'before': **kynn bwyf gwr** *gweryt poet gwr gwaret*, RP 1183.40; (LlH 211). Cymh. hefyd: **kynn vwy marw,** YCM[2] 76 (?); cyferb. *gwedy* **bwyf varw,** ib 121, er nad yw *gwedy* yn gysylltair rhagferfol a bair ffurfiad cysylltiol.

Gwelsom fwy nag unwaith fod y ffurfiad annibynnol (heb dreiglad ar ei ôl) yn ymdebygu â'r ffurfiad cysylltiol erbyn cyfnod y cywyddau os byddai'r gystrawen gysylltiol o'r dechrau yn peri treiglad i'r dibeniad:

Hyt na chaffwyf, **bwyf befriaith,**
Durfing was, da er fy ngwaith, DGG LIX.37.

Cyfeiria GEIRFA 66b at un enghraifft o dreiglo ar ôl *cyn bwyf*: **Cyn bwyv wan** *ar lawr vy nghod*, MA 69b 8; (cafwyd profion aml fod y testun hwn yn cynnwys diweddiariadau lawer). Nid peth annisgwyliadwy yw fod y Cywyddwyr yn arfer y ddwy gystrawen, yr hen a'r ddiweddar:

Hefyd nid wyf, **cyd bwyf bardd,**
Bastynwr ffair, bost anardd, IGE[2] 119.21-2.

Cyd bwyf was *cyweithas coeth*, DGG XX.17.

(ii) *Cysylltair + 'bwyf'*

Ni cheir yma'r cysondeb a gafwyd ynglŷn ag *wyf / nid wyf, oedd / nid oedd*, etc.; lle ceir cysefin y dibeniad ar ôl y ffurfiad annibynnol a threiglad ar ôl y ffurfiad cysylltiol. Y mae enghreifftiau o dreiglo yn y farddoniaeth gynnar a hynny a geir fel rheol yn y testunau rhyddiaith; ac awgryma hyn mai'r un patrwm ag *wyf / nid wyf* sydd i *bwyf / ny bwyf* ar y dechrau. Ond y mae aml enghraifft o'r gysefin hefyd yn y canu cynnar; efallai mai dylanwad y 3ydd un. *bo* sy'n cyfrif am hyn. Dyma rai esiamplau o dreiglo yn gyntaf:

kynny bwyf gywreint, RP 1166.34; *eidunaf* **na bwyf gannmwlyd,** ib 1029.11; **na bwyf bwyll** *sarruc o bell sorri*, LlH 262 (MA 201a 5); **hyt na bwyf gyfrin,** B IV.123.75; **Ny bwyf lwyth** *diawc.* **ny bwyf lesc** *ofynnawc.* **ny bwyf weithredawc . . . Ny bwyf gyhudgar . . ny bwyf**

wr *aghall,* RP 1162.20-5 ; **ny bwyf ġoll** *gynnyd,* ib 1223.18 ; **tra vwyf vyw,** ib 1328.28 ; 1376.27 ; **hyt tra uwyf uyw,** BT 68.20 ; **yny uwyf ġynneuin,** LlH 6 (MA 141b 34) ; **tra vythwyf vyw,** RP 1378.38.

Cymh. ymhellach : **tra uwyf uyw,** WM 261, 396, 443 (= P 6.IV.22), SD 621 ; IGE² 17.28 ; 139.30 ; **pan vwyf varw,** SG 146 ; *val* **na bwyf uarw,** LlA 83.

Esiamplau o'r gysefin o'r farddoniaeth gynnar :

na bwyf trist, BT 56.12 ; **hyt na bwyf trist,** ib 68.21 ; **na buve trist,** BB 34.11-12 ; **na bwyf trist,** RP 1159.3 ; 1177.39 ; LlH 34 ; **tra vwyf traustwr** *vn amrant,* RP 1235.5-6 ; **hyny uwyf tauawt** *ar veirch prydein,* BT 43.20.

Erbyn cyfnod Cym. Diw. disgwyliwn i'r dibeniad dreiglo yn unol â'r duedd gyffredinol i gadw treiglad sefydlog ; ond gan fod y stem *bydd* a'r ffurfiau dibynnol sy'n perthyn yn agos i *bo* yn dueddol iawn i fagu cystrawen y gysefin yn y dibeniad nid yw'n rhyfedd fod rhai esiamplau diweddar o'r gysefin (ar wahân i'r geiriau *byw* a *marw* sy'n haeddu ystyriaeth ar wahân mewn Cym. Diw.), e.e. *y* **byddwyf cymmeradwy** *gennit,* RBS 135 ; *modd* **y byddwyf parod,** ib 259.

§120 AIL UNIGOL, 'BYCH,' 'BYDDYCH'

(i) Digwydd esiamplau cynnar o *bych* mewn ffurfiad annibynnol a chysefin y dibeniad fel rheol yn dilyn :

Trindawt dibechawt duw **bych diwahan** *a mi,* RP 1233.3 (? cysefin ; o leiaf, disgwyliem yma galediad *chδ* > *chd*) ; **bych ġwr** *het,* LlH 252 (MA 200b 42) ; **bych kydurawd** *a seint,* ib 271 (203b 12) ; *lle* **bych traġywyd,** RP 1233.21 ; (nid yw gair fel *lle* yn ymyrryd â'r ffurfiad annibynnol).

Esiampl o'r un gystrawen yng nghyfnod y cywyddau : *Trawsfab gwych* (*hir* **y bych byw** !), IGE² 176.3. Yr un gystrawen eto ar ôl *cyd bych* : **ked bych kydurawd** *a seint,* LlH 271 (MA 104b).; **kyt bych ġwell** *gwr noc ef,* B II.31 ; **kyt bych cadarn** *di,* ib ib 34 ; **Cyd bych mab** *ysgwïer,* GGl VI.6.

(ii) A barnu oddi wrth y mwyafrif o'r dyfyniadau iawn casglu fod treiglad ar ôl y ffurfiad cysylltiol :

tra vych uyw, WM 229, 271 ; **yny uych uarw** *o newyn,* SG 69 ; *ac* **na bych ġyuoethawc,** B II.21 ; *chwedleu* **ny bych vodlawn** *udunt,* SG 382 ; **pan vych lidiawc,** B II.21 ; **Pan vych vedyannus,** ib ib 33 ; **yny vych varw** *o agheu dybryt,* YCM² 125 ; *Or mynny* **na bych uedw . . . na bych ludedic,** MM 54 (56) ; *Or mynny* **na bych wennwynic,** ib 56 (59) ; cymh. hefyd : **Pan vych lariaiddiaf** *ar dy dafod,* DN VIII.25.

Gallwn ddisgwyl i *bych,* heb eiryn cysylltiol o'i flaen, fagu treiglad y ffurfiad cysylltiol : *ual* **y bych ġymeredus** *gan duw,* B II.18 ; *megis* **y bych ġaredic,** ib ib 32. Peth na ddisgwylir yw cael cystrawen y gysefin ar ôl y ffurfiad cysylltiol, e.e. **cyd na bych mawr,** DGG xxxiii.14 (argr. 1935, *cyn ni bych mawr*) ; ond os gellid dywedyd ' y bych caredig ' neu ' y bych garedig ' odid na theimlid fod modd gwneuthur peth tebyg ar ôl ' na bych.'

Enghraifft o gadw'r gysefin mewn CDC [gw. diwedd §119 (ii) uchod] : *fel* **na byddych brenin,** Hom 1.104.

Nodiad : Anodd penderfynu a oes treiglad o'r dechrau ar ôl *henffych.* O ran cyfansoddiad, ffurfiad cysylltiol ydyw yn gynhenid gan fod yr elfen *han-* yn gweithredu fel blaenddodiad sy'n gyfartal â chysylltair rhagferfol i bwrpas troi berf annibynnol i'w ffurf gysylltiol. Golygai dadl ' resymegol ' o'r fath mai *darfo* a ddylai fod yn unig ffurf i 3ydd un. Pres. Dib. *darfod* (> *darffo,* calediad o gydweddiad â *catwo,* etc.), ond dengys y ffurfiau *derffid,* etc. fod y terfyniad annibynnol *id* wedi ei ychwanegu at gyfansoddiad cysylltiol. Felly gall *henffych* gynrychioli ffurfiad cysylltiol neu gael ei ystyried yn ffurfiad annibynnol gan nad oes eiryn o'i flaen. Nid hawdd dywedyd ai oblegid methu dangos y treiglad y ceir ' gwell ' ; Cymh. : **hanpych gwell,** WM 185 (P 16 t 93b **hanbych well**) ; **henpych gwell,** ib 386, 458.

§121 Y Personau Lluosog

(i) *Bôm, Byddom*

Dyry Geirfa 67b un enghraifft o flaen y dibeniad, yn cadw'r gysefin : *kauas oe naf* **bom llawenaf** *bump llawenydd,* RP 1251.12 (deall y cymal ' bom llawenaf ' fel sangiad ?). Y gysefin, o ran orgraff o leiaf, sydd ar ôl *tra vom* y canlynol : **T(ra) vom kyd** *kerd(e)d* (?) BB 79.12 (llaw ddiweddar).

Dyma enghraifft o destun rhyddiaith a ddengys dreiglad ar ôl cysylltair + *bom* : **tra uom uyw,** WM 429 (P 6.iv.215).

Erbyn cyrraedd CDC y mae *byw* a *marw* i'w trin fel cystrawennau arbennig, ond diddorol yw sylwi ar yr anwadalu mawr yn y dull o dreiglo ar ôl *bôm, bythom,* peth sy'n nodweddiadol o'r holl ffurfiau dibynnol a'r stem *bydd-* : *fel y* **bôm fyw,** *ac* **na byddom feirw,** Gen. xlii.2 ; *fel* **y byddom byw** *ac* **na byddom feirw,** ib xliii.8 ; *fel* **y byddom byw,** Neh. v.2 ; **y bythom byw,** Hom 1.134.

Y mae Ellis Wynne mor dueddol â neb i gadw cysefin y dibeniad ar ôl y ffurfiau dibynnol : **pan fôm teccaf,** RBS 83.

(ii) *Boch, Byddoch*

Ni rydd Geirfa 67b yr un enghraifft o'r ail berson lluosog. Ceir treiglad i'r dibeniad yn yr enghreifftiau canlynol : **tra voch vyw,** SD 1109 ; RC 4.206 ; enghraifft o CDC : *fel* **y byddoch gadwedic,** Eccl. iii.1. Fel mater o ddiddordeb yma, noder sut y cedwir cysefin *byw* : *yr hyd y* **byddoch byw,** Hom 1.78.

(iii) *Bônt, Byddont, Bwynt*

Gan ddilyn llinellau'r dosbarthu a arferwyd uchod rhoir esiamplau o *kyd, kyn, kan + bônt* fel ffurfiad annibynnol, h.y. gyda'r esiamplau sydd heb gysylltair rhagferfol o gwbl. Dengys y dyfyniadau cynharaf nad oedd treiglad i'r dibeniad ar ôl y ffurfiad annibynnol: (gellir nodi hefyd fod modd i rai enghreifftiau fod yn galediadau ond dengys eraill nad rhaid tybio hynny): **kyn bwyn teu,** LlH 311 (MA 209a 26); **kent bwynt tremtadoġyon,** LlDW 62; **kyt bwynt karediġion ġennyt,** B II.19; **kyt boent kuon** gennyt, ib ib 29; **kynn boent tri wy,** B V.197; **kynn boent traġywydaul,** ib ib 198; **kynn bwynt paġanyneit,** YCM² 116; cymh. hefyd: *mal* **y bont kymheruedwyr** *yrot ti ae kenedyl wy,* RBB 128; *megys* **y boent ġoġonedus** *o welet y lleill,* LlA 34; *en* **y bwynt ġwrthladedic** *y hamerodryon,* MA 510a-b.

Ar ôl y ffurfiad cysylltiol ceir treiglad weithiau a'r gysefin dro arall; efallai mai'r hen fethiant i nodi treigladau sy'n gyfrifol am yr enghreifftiau o'r gysefin, yn enwedig mewn testun fel BB. Dengys y testunau rhydd-iaith cynharaf fod treiglad i'r dibeniad:

a phan uon ġorforyon, LlH 73 (cyferb. **a ffan vont ve corforion,** BB 55.4; **a fan vont coruoryon,** B IV.126.149); **na bwynt ġynt** *no rywynt,* LlH 260 (MA 200a 54); noder yr enghraifft hon o'r gysefin: **hyny uwynt marwaur,** BT 10.19.

Y mae dyfyniadau o'r testunau rhyddiaith yn dangos treiglad: **pa(n) uuoent uaru,** LlDW 121; **pan uwynt uedw,** LlA 134; **pan uont ġleifyon,** ChO 16; **neu wynteu a vont veirw,** FfBO 34.

Erbyn cyfnod y testunau rhyddiaith disgwyliwn i'r ffurfiad annibynnol hefyd beri treiglad: **ġwedy bont veirw,** LlA 50.

§122 Gorffennol Dibynnol

(Y Trydydd Unigol, 'Bei,' 'Bai,' 'Byddai')

(i) Yma eto rhaid dosbarthu'n fanwl a chystal dywedyd ar y dechrau na cheir cystrawen gyson ynglŷn â'r ffurf hon. Beth bynnag yw tarddiad *bei* a pha dreiglad bynnag a ddisgwylid o achos y tarddiad, naturiol fyddai i'r ffurf hon, yn rhinwedd y terfyniad, gydweddu â 3ydd un. yr Amh. Myn. a'r Gorff. Dibynnol, yn enwedig wrth fod y ffurf *byddai* yn fath o amrywiad ar *bai.* Ar y llaw arall disgwyliem i *bei* ddilyn patrymau rhai o ffurfiau eraill y ferf *bod,* ac mewn rhai cystrawennau ceir gwahaniaeth rhwng y ffurfiad annibynnol a'r ffurfiad cysylltiol. Amrywiad yw *pei* a arferir fel cyplad o flaen dibeniad lle y byddai *os* yn yr amser presennol, e.e. 'os gwir hynny' = 'pe gwir hynny' neu 'bei gwir hynny.' Yn y gystrawen hon, cedwir cysefin y dibeniad bob amser. Yr un *bei* a droes yn gysylltair at gymalau amodol y Gorff. Dib., 'pe clywhei,' 'pei gwelem,' a'r gysefin sydd yma eto. A'r un ffurf a droes yn eiryn yn y cymal cyfartalu, i gyfateb i *po*, e.e. ' pei gyntaf,' ac yn y gystrawen hon y mae'r esiamplau cynnar yn dangos treiglad.*

(ii) *' Pei ' + goddrych*

Dyma enghreifftiau cynnar yn gyntaf o ffurfiad annibynnol *bei* (bodolaeth), sef yn y gystrawen *cyt bei*, a goddrych yn dilyn. Yr ydys yn ddigon ansicr am ystyr rhai o'r dyfyniadau, ond os gellir mynd wrth amcan am yr ystyr a dibynnu ar yr orgraff, dangosant fod y goddrych yn cadw'r gysefin :

ket bei cann *wr en vn ty*, CA 535 (gw. nodiad CLlH 99) ; **ket bei kymun** *keui dayret*, ib 781 (= **cenei cimun** *idau ciui daeret*, ib 789) ;

Y mae enghraifft o gadw'r gysefin yn *Kulhwch* ; **kyt bei trychantref** *yndi*, WM 465 ac fe all hon iawn gynrychioli'r hen gystrawen. Dengys y canlynol dreiglad er bod y testun yn peri amheuaeth ynghylch y copïo fel y tystia'r darnau tebyg : **a chyt bei lawer** *idaw geyryd a dinassoed*, WM 192 (R 93, **a chyt bei lawer** *o geyryd a dinassoed idaw* ; a chymh. *a chyt bei idaw lawer o dinassoed*, RBB 69). Wrth gwrs, disgwyliem i'r ffurfiad annibynnol ymdebygu i'r cysylltiol erbyn cyfnod y testunau rhyddiaith, ac erbyn CDC ni ellir disgwyl unrhyw wahaniaethu rhwng y ffurfiadau, e.e. **a chyd bae bob** *gwlad*, PA xx ; *megys* **pe bai feistr** *yn rhoi siars*, YmDd 246. Treiglir yma yn unol â'r hen reol fod treiglad i oddrych y 3ydd un. Amh. Myn. a'r Gorff. Dib.

Anaml iawn y ceir enghraifft o *bei* yn rhoi gorchymyn mewn cylchamser gorffennol gan fod yr achlysur at hynny mor brin. Gellir cael enghraifft o beth tebyg mewn cymal isradd gwrthrychol, mewn cysylltiadau tebyg i'r canlynol : *y gwediwys . . .* **na bei law,** RBB51. Dyma un enghraifft o *bei* annibynnol mewn prif frawddeg yn cyfleu gorchymyn : *Ac wrth hynny or mynnei achel*, **bei dragywydawl** *dagnoued yrydunt ac enkilyei y llu yn gyntaf*, RBB 26. Fe all y treiglad yma godi o gydweddiad â *bid* (gw. §117) neu am fod 3ydd un. y Gorff. Dib. yn peri treiglad yn gyffredinol i'r goddrych.

(iii) *Cysylltair + ' bei ' + goddrych*

Y mae tystiolaeth y farddoniaeth fore yn ansicr. Y mae rhai enghreifftiau o gadw'r gysefin ond y mae'r mwyafrif yn dangos treiglad, a threiglo yw cystrawen arferol y cyfnod canol. Felly yr ydys yn mentro awgrymu mai treiglo yw'r briod gystrawen a bod yr enghreifftiau cynnar o'r gysefin yn Llyfr Aneirin i'w hesbonio yn ôl damcaniaeth golygydd *Canu Aneirin*, sef esiamplau o gadw'r gysefin er mwyn cyseinedd a bod hyn yn seiliedig ar y ffaith fod y proses o dreiglo cytsain i'w ffurf feddal heb gwpláu ar y pryd.

*Gan fod y ddwy ffurf, *bei* a *pei*, yn gallu bod yn ffurfiau cysefin, gellir cael ' a bei ' neu 'a phei' ar ôl *a* ; e.e. **a bei** *na rodwn nawd ytt*, YCM[2] 50 ; **a phei** *na bei gadarnhet hwnnw*, ib 95. Yn neialog nofelau Daniel Owen ceir aml enghraifft o ' a bydae . . .' ; ai'r ffurf *bei*, heb droi'n *pei*, sydd wedi goroesi ? Gw. §135 a §138.

Rhoir yr enghreifftiau o'r gysefin mewn bachau petryal :

[*ny chynhennit* **na bei llu** idaw **llawr,** CA 458 (nod. 185) ; *neus adrawd* . . . **na bei kynhawal kynheilweing,** ib 507 (nod. 198) ; = *nys adrawd* . . . **na bei cinaual cineilueit,** 518 ; cymh. hefyd 525 ; *neus adrawd* . . . **na bei mab** *keidyaw clot vn gwr trin,* ib 995 ; cymh. hefyd : **pan vei parabyl** *doeth a dywettit,* LlH 228 ; goddrych yn ôl GEIRFA 68a].

Enghreifftiau o dreiglo :

Myned i Fenai cyn **nim bai fais,** MA 121b 40 ; **o bei boeneu,** RP 1279. 1 ; **ony bei voryen** . . . *ny diengis,* CA 389-90 (nod. 171-2) ; **pan vei gyfluyt** *o wyr gwychawc,* LlH 2 ; **pan vei urwydyr** *eurgrwydyr,* ib 220.

Treiglo'r goddrych yw'r arfer yn ddiweddarach, er bod esiamplau, o ran orgraff o leiaf, o gadw'r gysefin :

ny wydyat . . . **ny bei lygoden** *am pob un,* WM 74 ; **O bei gares** *itt* . . . **o bei orderch** *ytt,* RM 173 ; **pan uei wynhywl** (= hwyl) *kerdet yndaw,* WM 463 ; [*namyn* **tra uei coet**] . . . **a thra uei uynyd,** ib 463 ; **pan uei dagneued** . . . *yrwg gwyr troea a gwyr groeg,* RBB 56 ; *y gwediwys Elias broffwyt* **na bei law,** ib 51 ; *hyt* **na bei geithiwet** *ar dyn o Freinc o'r dyd hwnnw allan,* YCM² 14.

Cymh. esiamplau pellach o'r Cywyddwyr :

Gwladaidd oedd gwledydd eddyw / O bai fyd *na bai ef fyw,* DGG LX.46 ; *er* **na bai wr** *yn y byd,* DE 22 ; *Ni bu gwlad o'r hain* **na bai glod** *Rys,* DN XI.44 ; *Nid oedd er yn gynevin / a bod ar ol* **o bai Drin,** ID 98*.

Enghraifft o'r goddrych ar ôl *fei* yn y safle ganol : *ual pei brawt idaw* **uei bob** *Cristawn,* YCM² 161.

(iv) '*Bei,*' '*Pei*' (*cyplad*) + *dibeniad*

Yn gyntaf ceir y teip a gynrychiolir gan *pei gwir hynny,* lle ceir ffurfiad annibynnol ar *bei* (*pei*) ; cysefin y dibeniad sy'n dilyn yn ddieithriad.†

Ny bydwn lawen **bei lleas** *uryen,* BT 59.14 ; **Bei gwreic** *Gyrthmwl bydei gwann hediw,* CLlH XI.76, t 43 (nod. 226) ; **bei tes** *nyt eres neut oer,* RP 1241.17 ; *Nyt mwy* **bei gwesti** *gwastat,* ib 1357.15 ; *Y glod lle nyt elei / Byll,* **pei pellach,** *parei,* CLlH I.41, t 7 ; *a byth nys beitei* **bei byw,** LlH 179.

Cymh. ymhellach enghreifftiau o destunau rhyddiaith : **pei gwir** *hynny,* WM 36 ; **pei byw** *Gereint,* ib 444 (= P 6.IV.222) ; **a phei tywyll** *y nos hi a vydei oleu gan y tan,* RM 182 ; *kymeint* . . . **a phei meibyon** *im beynt,* SG 11.

Yr un ffurfiad annibynnol yw cystrawen *cyd bei,* ac yn unol â'r enghreifftiau diwethaf ceir y gysefin : **ked bei teu** *wledic hyd wlad bor eurawc*

*Y mae esiamplau o'r goddrych ar ôl *oni bai* ac fe ymdrinir â hwy ar wahân yn (vi) isod.

†Ceir treiglad yn y canlynol : *Pob lluniaeth,* **pei bell** *hynny,* IGE¹ CIII.39 (= IGE² 294.9) ; eithr gw. CD 212 lle rhoir *Po(b)p lluniaeth,* **pei pell** *hynny,* fel enghraifft o galedu *b* o flaen *ll,* ac y dywedir fod y darlleniad uchod yn anghywir.

. . . **ked bei teu** *wledic wlad run,* LlH 180 ; *ac eua* **kyt bei ġouul** *a roes oe merchet uedel,* RP 1265.18 ; **kynn bei mab** *yn tat,* ib 1181.26. Ffurf amrywiadol yw *kyffei* ; gw. CA 130, nodiad ar *kyui* = *ceuei,* amrywiad cynnar ar *kyt bei* ; ceir y gysefin bob tro ; **Ceuei ġwin** *gwaet meirw meint a wanut,* CA 230 ; **kyffei bard** *pridit,* BB 87 ; *Alexander* **keffei llawer** *nifer y wyr,* BT 53.

Enghreifftiau o *cyd bei* o destunau rhyddiaith : *a* **chyt bei mawr** *eu niuer,* RM 180 ; **kyt bei ġwir** *dyn ef,* WML 42 ; *mwy no* **chyt bei mud,** SD 73 (= *mwy no* **ffette mvud,** B II.204) ; *megys* **kyt bei modryb** *idaw,* SG 47 ; *ual* **kyt bei brenhin** *vei bob un onadunt,* B V.209 ; *vegys* **ket bei byw,** B IX.340 ; cyferb. enghraifft o dreiglo : **a chyt bei lidiawc** *ef wrthi hi,* WM 430 (= P 4.278 ; P 6.IV.33).

Ffurfiad annibynnol hefyd yw *malpei,* etc. : *yr hwnn a uo da genhyt ti* **malpei teu** *uei, gwna arnaw,* WM 487 ; **ual bei brawd** *idaw,* RM 191 ; **ual pei brawt** *idaw uei bob Cristawn,* YCM² 161 ; **ual pei craswellt** *vei eu defnyd,* B V.214. (Ni raid dywedyd mai ' as if . . . were ' yw'r ystyr yma ; cyferb. **ual y bei lonydach** *y kysgei,* YCM² 127 = ' so that it might be easier that he should sleep ').

(v) *Cysylltair + ' bei ' + dibeniad*

Fel y dengys corff mawr yr enghreifftiau isod treiglid y dibeniad yn y gystrawen hon. Y mae ambell enghraifft o gadw'r gysefin : **cen nei bei ġuledic** *i tat,* CA 1217 (= cyn ni bai, nod. 340) ; *prytwyf* **ny bei marw** *mor em / deheuec guenabwy mab gwenn,* ib 495 (nod. 193, ' prytif . . . ni bi ' ?). Gellir awgrymu mai ȝ yw darlleniad yr enghraifft gyntaf, ac y mae'r gysefin yn yr ail enghraifft o blaid y diwygiad a awgryma'r golygydd. Amheuaf yr enghraifft nesaf ac awgrymaf ddarllen ' drwch . . . drechaf ' : *yn* **yt uydei trwch ny bei trechaf,** LlH 224 (MA 248ᵇ 9).

Dyma esiamplau a ddengys fod treiglad i'r dibeniad : *ny weleis . . . marchauc* **a vei waeth** *no od gwr,* CA 638 ; *ny wisguis . . . gur* **a uei well,** ib 1208 ; *nyt anghei oll* **ny vei oradein,** ib 1117 (nod. 324, goradein) ; *ny magwyt yn neuad* **a vei lewach** *noc ef. nac yng cat* **a vei wastadach,** ib 1120-1 ; *Geni iessu . . .* **a uei uuched** *y pop ried,* BT 46.17 ; *kynnedyf . . . awch gorssed* **na bei ġaeth,** RP 1398.40 ; *nym rotes* **a uei lei,** LlH 179 (MA 167ᵇ 6) ; **pan vei lawen vrein,** LlH 321.

Y mae *petai, pedfai* yn cynrychioli *pe yd fai,* ac felly er mai'r un ystyr a gyfleir gan ' pei gwir ' a ' petai wir,' y mae ffurfiad cysylltiol *petai* yn peri treiglad, e.e. **Betuei vyw,** RP 1277.15, cyferb. **pei byw** Gereint, WM 444, P 6.IV.222.

Enghreifftiau o'r testunau rhyddiaith : **ban uei uwyhaf** *yd ymgerynt,* WM 38 ; **a uei uwy,** WM 44 (R 30) ; 19, 426 ; RBB 18 ; **kynny bei urenhin** *ar iwerdon,* WM 55 ; **o bei well** *gennyt uy march,* ib 396 ; **hyny vei varw,** ib 160 ; *ydrych* **a uei uyw,** ib 442 (P 6.IV.22) ; **a phei na bei**

drech, RM 178 ; **a phan uei uarw** *ae escob ae abat,* RBB 397 ; *Pwy* **na bei well** *ganthaw gyvoeth bychan,* ib 125 ; *nyt oed* **ny bei gyflawn** *o garyat y vorwyn,* WM 182 ; **a uei well,** SD 624, 977 ; LlA 12, 65, 67 ; RBB 143 ; **a uei gystal,** RM 176, SD 624 ; **tra uei vyw,** SD 333 ; ChO 16 ; SG 80 ; RC 4.228 ; *Ny orucpwyt eiroet gweithret drwc* **ny bei uedwl** *da ar y dechreu,* LlA 98 ; *nat oed gygwn un ascwrn yn y gorff* **ny bei lawn** *oe charyat,* RC 4.218 ; *ac* **ony bei barawt** *yn yr oet,* ib ib 220 ; **pan uei dywyll** *y nos,* YCM² 55 ; . . . **ny bei vawr** *y volym,* ib 80 ; *yny ytioed cant* **pan uei leihaf,** ib 84 ; *a* **phei na bei gadarnhet** *hwnnw,* ib 95 ; **or bei uerch** *y urenhin,* ib 144 ; **pan uei vwyhaf** *y hangerd,* SG 182 ; **pan uei waethaf,** ib 302 ; *nyt wyf yn dywedut* **na bei glotuawr** *goruot arnaw,* ib 318 ; *hyt nat oed neb* . . . **ny bei well** *noc ef,* ib 335 ; cyferb. yr ychydig enghreifftiau hyn o destun HGrC : [**pan uei kyfyngaf** *arnaw,* 144 ; *ac* **ene bei teruynedic,** ib 112] ; *Ac* **ene bei** *wneithuredic,* ib 114.

Cymh. ychydig enghreifftiau o'r Cywyddau : *O nef ddoe am* **na fai dda,** IGE² 171.30 ; *Ba ddelw* **na bai dda** *Wiliam,* ID 61 ; *am* **na bai ddoeth,** ib 9 ; *Ni fynwn er fy einioes* / **Na bae wr** *hen neb ae rhoes,* ib 49.

Ni ellir dywedyd fod *pe bai* yn ' gysylltiol ' o ran ffurfiad gan nad yw *pe* yn un o'r geirynnau cysylltiol cynhenid ; ond os yw'n amrywiad ar *pe yd fai* > *petai,* hawdd y gellir dyall y duedd i dreiglo'r dibeniad ar ôl *pe bai,* e.e. **pe bae waeth** *ym pa beth wy,* DE 43. Ar y llaw arall gan fod *petai* yn gyfystyr weithiau â *cyd bai,* gallwn ddyall sut y ceir y gysefin ar ôl *petai,* e.e. *mwy no* **ffette mvud,** B II.204 = *mwy no chyt bei mud,* SD 73.

Erbyn CDC disgwylir treiglad i'r dibeniad yn ddiwahaniaeth beth bynnag yw'r ffurf sy'n ei flaenori ; ond cyfyd ansicrwydd neu anwadalwch oherwydd y duedd i ddynwared hen gystrawennau, ac oblegid hyn ceir esiamplau o gadw'r gysefin hyd yn oed pryd y dylid treiglo yn ôl hen reol ac yn ôl arfer ddiweddar, e.e. *ny adowssont hwy ddim yn ddilugredig ar* **a fae cyffelyb** *i Eglwys Dduw,* DFf 201. Ond fe geir treiglad fel rheol : **pe byddei wir** *wneuthur o honof i yn amryfus,* Job XIX.4 ; *fegis* **na bae raid** *i gristion amgen no'i gred,* DFf 49 ; *a ordeiniodd* **na bae rydd** *i neb ddyfod,* ib 124 ; **pette wir** *y rheol yma,* DByrr 187 ; **petteu raid,** HFf 252 ; **ped fae raid,** ib 270.

[Dyfynnir dwy enghraifft o *byw* a *marw* yma er mwyn dangos sut yr haeddant ystyriaeth ar wahân : *fel* **y byddei byw,** Neh. VI.11 ; **pan fai marw** *un o'i phlant,* RBS 125].

(vi) '*Ony bei*' + *cymal berfenwol*

Ymhlith yr esiamplau uchod ceir rhai a ddengys y ffurfiad *ony bei* yn peri treiglad i'r dibeniad cyffredin. Yn §93(iv) nodwyd esiampl neu ddwy o *onibai* yn fath o gysylltair yn golygu ' but for the fact that,' ac y mae ' ffaith ' yn golygu fod y cymal sy'n dilyn yn orffennol o ran amser. Ond cyn i *onibai* fagu'r ystyr wahaniaethol hon fe'i harferid i gyfleu amod cyflawni rhywbeth ; erbyn heddiw cyfleu'r achos ym mha fodd a phaham y cyflawnwyd rhywbeth yw prif swydd *onibai,* sef beth yn y gorffennol a fu'n gyfrifol am gyflwr a ddilynodd. Dyma rai esiamplau o arfer *ony bei* yn gynnar i gyfleu amod *cyn* cyflawni, heb amser o angenrheidrwydd, ac fe'u dyfynnir i ddangos fod y berfenw ar ddechrau'r cymal amodol yn treiglo : *Nys gwely* . . . **ony bei lad** *gormes yn y fforest racco ohonot,* WM 175-6 (nid ' but for the fact,' ond ' unless you kill ') ; *ny ellir vyth goruot ar y gwr* . . . **ony bei gael** *peth or kyvyrlit,* SG 307 ; *nat oes na dwfyr na than a allo eu medalhau* **ony bei allel** *o dan yr yspryt glan vynet yn eu callonneu,* ib 44.

Dyma enghraifft o'r amod mewn cylch-amser gorffennol yn troi'n ' rheswm ' sy'n esbonio sut y gallwyd cyflawni yn hytrach na chyfleu amod cyn cyflawni : *ny allei neb y gwelet* **onny bei wiscaw** *ohonaw ef gnawt dyn,* LlA 161-2.

§123 Personau Heblaw'r Trydydd Unigol

(i) Prin yw'r enghreifftiau wrth y nifer sydd o *bai.* Ar y cyfan gwelir patrwm tebyg i batrwm *bai,* sef cadw'r gysefin ar ôl ffurfiadau annibynnol a threiglo ar ôl ffurfiadau cysylltiol. Yn ddiweddarach disgwylir treiglad i'r dibeniad yn ddiwahaniaeth, er bod esiamplau yn groes i hyn, h.y. yn cadw'r gysefin.

(ii) *Bewn, Byddwn, Bythwn*

Cysefin ar ôl y ffurfiad annibynnol : *Gwnawn weithret gwr* **kyt bydwn gwas,** CLlH IV.4, t 20 (awgryma Geirfa 68a ddarllen *kyt bewn*) ; **kyt bythwn bard,** RP 1356.37 ; *a* **chyn bydwn llystat** *i ytti,* YCM[2] 119.

Ymddengys fel petai *pe byddwn* yn ffurfiad annibynnol hefyd : **be byddwn dewin,** MA 218a 2 ; *megys* **pe bydwn gelyn** *itt,* SD 1025 ; ond ceir treiglad yn yr enghreifftiau canlynol : **bei behwn urathedic,** WM 406 ; *Caru,* **cyd bawn ddu,** *ydd wyf,* IGE[2] 215.2

(iii) *Ail unigol ; Cyntaf ac ail lluosog*

Ceir y geiryn *cyn* + gradd gyfartal fel dibeniad yn y tair enghraifft gyntaf yma, a dylid egluro nad yw'r geiryn hwn yn brawf da o reolau treiglo gan fod ynddo duedd bendant i wrthsefyll treiglad (gw. isod §166) : cymh. **bettut kynn** *decket,* LlA 66 ; **bei bydut kynn** *uuanet,* ib 67 ; **Pan vyddut kyn** *anghywired,* B II.216 (y mae'r ' ffurfiad ' yn gysylltiol yma, ar ôl *pan*) ; *megys* **pettut mab** *idi,* SG 66. Enghraifft o dreiglo : **Pe bait fyw,** DGG LXXXVIII.54 ; ac o destunau diweddarach : *fel* **y byddit frenin** *arnynt,* Neh. VI.6 ; **pe i bait felys,** PA 115.

Yn y canlynol ceir treiglad ar ôl ffurfiad sy'n annibynnol ac ar ôl un cysylltiol er nad oes rheswm arbennig dros sôn am y gwahaniaeth hwn erbyn cyfnod y ddau destun : *gwedy y* **beym vedw,** RM 191 ; *val* **na beym lawen,** SG 119.

Gellid dadlau mai cysylltiol yw'r ffurfiad yn y canlynol er mai cysefin y dibeniad sy'n dilyn : *megis* **pet uydewch prud,** RC 33.191.

(iv) *Trydydd Lluosog*

Gwelwyd tuedd uchod i drin *cyd* + berf (gadarnhaol) fel ffurfiad annibynnol, a heb dreiglad i'r dibeniad ; cymh. *mwy no* **chyt bydynt cras ĝalaf,** YCM² 108 ; **kyt beynt trist,** SG 323. [Rhoir y canlynol fel esiampl o *kyt* + gan GEIRFA 68b : *Amryw uyd* **ke beynt urodoryon,** LlH 265, ond efallai mai darlleniad MA 201b 26 yw'r darlleniad gorau, sef *lle b.*].

Anodd penderfynu beth yw *pe byddynt* o ran ffurfiad ; ceir enghreifftiau o dreiglo ac eraill o'r gysefin : *megis* **pe bydynt meirw,** RC 33.188 ; *yn unwed a* **phe bydynt ĝwyr,** WM 175 ; cyferb. *yn unwed a* **phe beynt ĝynndrycholyon,** LlA 90.

Anodd eto yw penderfynu ffurfiad 'fal y byddynt' ; treiglo sydd yn yr enghreifftiau canlynol : **ual y bydynt ĝadarnach,** WM 40 ; **ual y bydynt ĝyfrannawc** *ar y coroneu,* YCM² 166.

Os oes reswm dros wahaniaethu yma rhwng 'annibynnol' a 'chysylltiol,' treiglo sydd ar ôl ffurfiad cysylltiol yr enghreifftiau nesaf : **ban uydynt lidiawcaf,** WM 38 ; *y gwraged* **a veynt wryawc,** FfBO 47. (Dyma enghreifftiau diweddar : *Oh* **na baent ddoethion,** Deut. XXXII.29 ; *fel* **na byddent feirw,** HFf 309). Ond yn rhyfedd iawn fe geir y gysefin yma : *ar betheu ereill* **a veint bychein,** Havod 16.108.

§124 AMRYWIOL FFURFIAU

(i) *Ffurfiau amhersonol*

Prin yw'r enghreifftiau i brofi'n iawn beth yw hanes y treiglo yma, a'r cwbl a wneir yw dyfynnu ychydig esiamplau ; cymh. **buwyt lawen,** Bown 3461 ; *yn annog* **na bydder ĝofalus** *am bethau bydol,* Math. VI. Cynhwysiad ; cyn dyfynnu'r nesaf rhoir rhybudd eto fod *byw* a *marw* yn eiriau dibeniad anghyffredin : **Os byddir byw** *ac iach,* ML I.261.

(ii) *Piau*

Gwyddys mai ffurf wedi ei chyfansoddi o'r rhagenw gofynnol + *bod* yw *piau* (*pioedd, pieufydd,* etc.), gw. WG 357-9. Wrth ddehongli *piau* fel 'to whom . . . belongs' (yn lle 'who owns') gwelir mai goddrych yw'r enw sy'n dilyn, nid gwrthrych. Ac ar ôl *piau* ceir y gysefin ; cymh. **Piau blaenio** *pobl Wynedd*? IGE² 200.2 ; **Pwy biau ĝwawd** *tafawd hardd,* GGl V.47 ; **Piau llu** *Rhos, pell y rhed*? ib LI.11 ; gw. WG 358 am ddwy enghraifft debyg o TA* ; cymh. ymhellach : *Brenhin y wlat honno* **bieu llawer** *o ynyssoed,* FfBO 42 ; *Mi* **piau cyngor,** Diar. VIII.14.

Mewn cystrawen ar y cynllun canlynol : *y castell fry* **a pieu Belial,**

*Dyma gyfeiriad yr ail enghraifft yn argr. T.G.J., sef 69.1 ; cymh. enghreifftiau eraill o'r un testun : *Bicariaeth biau coron,* 43.4 ; *Chwi biau parch o bob peth,* 63.49.

BC 10, fe fyddai 'Belial' yn dderbyniol yn ôl yr ystyr wreiddiol, h.y. 'a berthyn i B.', ond y mae'n amlwg fod y ferf yn ferf anghyflawn yn y cysylltiadau hyn a goddrych yw'r enw sy'n dilyn.

Dyfynna WG 357-8 ddwy enghraifft ddiddorol i ddangos sut y gellir cael dibeniad : *Hi a ovynnawd idaw* **pioed mab,** SG 12, 'she asked him to whom he was son' (whose son he was) ; **Piwyt ġwr di,** ib 222, 'to whom art man thou ?' (whose man art thou ?).

(iii) *Ar ôl ffurfiau 'hanfod'*

Os yw *hanfod* (yn rhinwedd bod yn gyfansawdd o *bod* a chael ei harfer mewn ystyr sy'n debyg i ystyr *bod* ei hunan) yn cadw cystrawen gynhenid ei chyfansoddiad, disgwylid treigladau ar ôl yr amryw ffurfiau a fyddai'n cyfateb i dreigladau'r 'ffurfiadau' arbennig yng nghystrawen *bod* ; er enghraifft, y mae treiglad ar ôl *nid wyt* ; felly dylai *hanwyt* beri treiglad ; y gysefin sydd ar ôl *ni bydd* ; y gysefin a ddisgwylid ar ôl *henbydd, henfydd.* Ymddengys fod rhyw gynllun o'r fath ar y dechrau, ar ôl ffurfiau *hanfod,* ond ceir anwadalu mawr yn union fel y mae personau ac amserau a ffurfiadau *bod* yn dylanwadu ar ei gilydd.

Am fod treiglad ar ôl *nid wyf* [gw. §106(iii)] disgwylir treiglad ar ôl *hanwyf* : **ny hanwyf well,** WM 399, 482 ; (cyferb. *anthuim cim mruinawc,* CA 442, nod. 180 '[h]andwyf cymrwynog,' orgraff HGym).

Fel y ceir treiglad ar ôl *yd ym* [gw. §107(ii)] disgwylir y treiglad a ganlyn : **Handym veirt** *heirtyon haelon hwylurys,* MA 247b 34 ; **ny hanym well** *no chynt yrot ti,* YCM² 84.

Disgwylir y gysefin ar ôl *henbyd,* fel sydd ar ôl *ni bydd* [gw. §108(i-ii)] : **ny henbyd ġwell ef,** WM 398 ; **hanbyd ġwaeth,** ib 479.

Disgwylir treiglad ar ôl *henbydy* yn wreiddiol fel sydd ar ôl *na bydy* [gw. §109(i)], ond gwelwyd mynych enghraifft o'r 3ydd un. a'r stem *bydd* yn peri i'r personau eraill newid eu rheol a chadw'r gysefin ; cymh. **ny henbydy well,** WM 97 ; **henbydy kyvoethoġach,** ib 430. [Awgryma'r gwahaniaeth sydd yn y ddwy enghraifft hyn nad oes a wnelo cyfansoddiad cysylltiol *hanfod* ddim â'r treigladau, ac y dylid trin *hanfod* fel berf 'annibynnol,' a gwahaniaethu'n unig rhwng *henbydy* (heb eiryn o flaen y ferf) a *ny henbydy* (lle ceir geiryn) ; h.y. dilyn yr un patrwm ag *wyt / nid wyt,* gw. §107[i-ii)].

Disgwylir treiglad ar ôl *hanbydei* fel sydd ar ôl *byddai, ni byddai* [gw. §122(v)] : **na hanbydei waeth,** WM 141.

Dangoswyd yn §118 fod *bo* yn ei holl ffurfiadau yn cadw cysefin y dibeniad ; cymh. *hyt* **na hanffo ġwaeth** *gwr bonhedic vyth o'th achaws,* YCM² 50.

Cymharer y canlynol â'r paragraffau cyfatebol uchod (§119 a §120) : **hanpwyf well, hanpych well,** LlH 87 ; **hanbych well,** ib 121 ; **hanpych ġwell,** WM 185 (P 16, t 93b **hanbych well**) ; **henpych ġwell,** WM 386, 458.

Enghraifft ar ôl y 3ydd un. Gorff. Dib. : **yr hanphei waeth,** YCM² 83.

Y ffurf a ddigwydd amlaf yw'r 3ydd unigol **handid.** Bernir mai pres. myn. ydyw yn ôl ystyr y cyd-destun lle y digwydd, gw. PKM 277. Yn WG 352 awgrymir y tarddiad *hand-fid* a golygir mai'r ffurf *bid* sydd yma, sef y 3ydd un. Gorchmynnol [a ystyrir hefyd yn fynegol arferiadol, gw. §117(i)]. Un peth yn erbyn y tarddiad hwn yw fod *bid* yn peri treiglad ar y dechrau i'r goddrych ac i'r dibeniad [§117(i)(ii)]. Y mae'n haws credu mai o gydweddiad y lluniwyd *handid,* ar batrwm y 3ydd un. annibynnol (mynegol neu orchmynnol) a'r terf. *-id* ; dangoswyd yn §78(i) nad yw'r terfyniad hwn yn peri treiglad. Beth bynnag yw'r tarddiad a'r dosbarthiad gwir, cysefin y dibeniad sy'n dilyn *handid* : cymh. **handid mwy** *vy llauuridet,* BB 33.7 ; **handit crwm** *mynyd,* **h. kyl** *coetdyd.* **h. kynt** *myr mawr,* BT 25.25-17 ; **handit llei** *y gwres,* ib 37.20-1 ; **handit ġwell** *itt,* RM 178.

§125 Y Dibeniad yn Dilyn y Goddrych (Enwol a Rhagenwol)

(i) Gwelwyd eisoes mai trefn gynhenid y frawddeg 'enwol' sy'n cyfrif pam na ddaw rhagenw personol rhwng y cyplad a'r dibeniad yn yr hen enghreifftiau. Y mae'r rhagenw ôl ategol, pan arferir ef, yn dod yn safle goddrych y frawddeg 'enwol,' sef 'cyplad + dibeniad + goddrych enwol (neu rag. pers.),' e.e. *kyt bei gwir dyn* **ef,** WML 42 ; *a wdom na bydy gyuoet* **ti,** WM 27. Ar ôl i'r frawddeg 'enwol' newid ei threfniant, sef 'pan oedd **lawen y brenin** gan win' > 'pan oedd **y brenin (yn l)lawen,'** ceir cystrawen newydd gan fod y goddrych enwol yn awr wedi ei leoli o flaen y dibeniad, a'r dibeniad yn safle'r traethiad cyffredin ; ac yn sgil y goddrych enwol, daw'r rh. personol i gael safle debyg, o flaen y dibeniad, h.y. 'pan oedd **ef (yn l)lawen,'**

(ii) I bwrpas yr ymdriniaeth yma dylem alw i gof fod y ffurfiad *pan oedd* yn un a barai dreiglad i'r dibeniad a'i dilynai, a bod *pan fydd* yn ffurfiad a ddilynid gan y gysefin. Yn y trefniant newydd ni ddylai fod dim gwahaniaeth rhwng 'pan oedd ef + dibeniad' a 'pan fydd ef + dibeniad,' gan fod y safle newydd sydd i 'ef' yn dileu effeithiau'r ffurfiadau berfol. Disgwylir i'r dibeniad dreiglo yn y safle hon gan ei fod yn debyg iawn i draethiad cyffredin (heb y geiryn *yn*), a hynny, y mae'n ddiau, sy'n cyfrif am yr arfer ddiweddar i dreiglo'r dibeniad yn ei safle draethiadol. Enghraifft ddiddorol i ddangos yr arfer ddiweddar yw'r ganlynol lle treiglir y dibeniad ar ôl y berfenw 'bod' : *gan eu bod* **wir,** GB 91*.

Eto i gyd y mae mynych enghreifftiau i'w cael yn nhestunau CDC o frawddegau yn ôl y trefniant diweddar sy'n cadw cystrawen dreiglo yr hen drefniant. Yr atgof am yr hen gystrawen, efallai, sy'n cyfrif am hyn,

*Cymh. *am ei bod* **ddu** *hi,* J.M.-J., Caniadau 68.

ac effaith darllen hen destunau, nes bod rheol hen gystrawen yn cael ei chymhwyso at gystrawen newydd, e.e. gwyddid mai'r gysefin oedd yn briodol yn ' pan fydd llawen ef ' ; hynny wedyn yn cyfiawnhau ' pan fydd ef llawen.' Er bod esiamplau o'r fath yn digwydd mewn testunau ' gwerinol,' megis penillion yn y mesurau rhyddion, tueddaf i gredu mai chwiw lenyddol sy'n cyfrif am hyn, a thystiolaeth dda o blaid y gred mai peth annaturiol oedd, (h.y. heb fod yn ddatblygiad naturiol ar lafar gwlad) yw arfer Ellis Wynne o gadw'r gysefin ar ôl *bydd* gorchmynnol + *di*, canys treiglo oedd y rheol gyntaf ar ôl *bydd* gorchmynnol, a threiglo yw'r rheol ddiweddar ar ôl *bydd di.*

(iii) Os yw'r dibeniad yn magu treiglad sefydlog yn y safle newydd, ' cyplad + goddrych (neu rag. pers.) + dibeniad,' fe dueddir i gadw treiglad y dibeniad yn sefydlog, hyd yn oed os hepgorir y goddrych enwol neu'r rh. personol, heb gyfrif yn awr beth yw natur y ferf sy'n *union o flaen y dibeniad.* Dyma a olygir : dyma'r trefniant diweddar : *pan fo nerth y corph* **leiaf,** HFf 246, ac yma y mae'r dibeniad yn treiglo yn y safle draethiadol. Yr hen drefniant fyddai *pan fo* **lleiaf** *nerth y corph*, ac yma cadwai'r dibeniad y gysefin am mai hynny oedd yn briodol ar ôl y ffurfiad *pan fo.* Ond yn y cyfnod diweddar deuir i gynefino â'r trefniant ac â'r treiglad sydd yn *pan fo nerth y corph leiaf*, ac os daw achlysur i hepgor y goddrych fe fydd yn naturiol cadw'r treiglad, *pan fo leiaf.* Felly fe gollai amryw ffurfiadau *bod* y gwahaniaethau treiglo a barent yn gynhenid, nes bod *pan fo leiaf, pan fydd leiaf, pan fu leiaf, pan oedd leiaf* (a chymryd pedwar ffurfiad yn unig i ystyriaeth yma) bob un yn cael ei ddilyn gan ddibeniad treigledig, er mai'r gysefin fyddai'r gystrawen wreiddiol ar ôl y ddau ffurfiad cyntaf.

(iv) Dangoswyd uchod §105(iii) fod *pan yw glas kelyn* yn iawn gynrychioli'r hen gystrawen, ac yma ni cheir treiglad ar ôl ffurfiad cysylltiol *-yw.* I negyddu *glas kelyn*, y gystrawen gynhenid oedd *nid glas kelyn.* Trefniant diweddar *glas kelyn* yw *y mae celyn yn las* : hyn wedi ei negyddu, *nid yw celyn yn las* ; hepgor y goddrych a cheir *nid yw yn las* neu *nid yw las.* Felly er mai'r un ffurfiad i bob golwg sydd i *pan yw glas* a *nid yw las*, ceir gwahaniaeth treiglo, ac am hyn o reswm—y ffurfiad ei hun sy'n penderfynu a ddylid treiglo yn y gystrawen gyntaf, ond y mae tuedd gyffredinol i roi treiglad sefydlog i'r dibeniad yng nghyfnod llunio'r gystrawen ddiweddar ; gw. §105(vii).

Dyfynnwyd enghreifftiau yn §105(vii) uchod o dreiglo ar ôl *nid yw*, e.e. **Nid yw bechod** ... *er i fab hel puteinieid*, DFf 68. Dyma enghraifft lle ceir treiglad ar ôl *nad yw* er bod y geiriau wedi eu lleoli yn nhrefniant cynhenid y frawddeg ' enwol ' : *yn dangos* **nad yw rwymedig Duw** *i roi cyfrif o'i ffordd i ddyn*, Job XXXIII, Cynhwysiad. Dyma eiriau a gosodiad tebyg yn y trefniant diweddar : *ag* **nad yw'r Pab rwymedig** *i sefyll*, DFf 52.

(v) Dyma esiamplau'n gyntaf o'r dibeniad yn treiglo ar ôl y goddrych enwol. Prin yw'r enghreifftiau o'r gystrawen hon, ar y cyfan, ac un rheswm am y prinder yw fod y geiryn *yn* wedi tyfu o flaen y dibeniad sydd yn y safle draethiadol.

Cymharer : *Ac ef a vu y lleidr* **wr** *da santaidd o hynny allan*, B IV.194 ; *e fyd(d)ai bob Cymro* **barod** *i'm studio*, DByrr (dd) ; *e fyd(d) hyn* (**w**)**ir** *ymhob messur*, ib 238* ; *y bu Duw* **dda** *wrth y byd wragedd*, Ex. I.20.; *nid yw fy ngalar* **debyg** *i alar y ddaiar*, 2 Esdr. x.12 ; *nad yw dyn* **well** *er bod iddo enw da ar y ddaiar*, GMLl I.135 ; *os bydd dyn* **fodlon** *i farw iddo ei hunan*, ib I.142 ; *Bu tŷ Laban* **well** *er Jacob*, HFf 378 ; *nid oedd fy ngherydd* **fychan,** CRhC 157 ; *bydd Ellis* **falch** *o fod yn Gymrodor*, ML I.400.

Rhoddir enghreifftiau yn nesaf o gadw cysefin y dibeniad yn y safle hon ac er nad yw'n wir am bob enghraifft,† fe welir mai rhyw ffurf ar y stem *bydd-* neu *bo* yw berf y cyd-destun a hynny sy'n ein harwain at y casgliad mai 'atgof' am y trefniant gwreiddiol sy'n esbonio'r hoffter o gadw cysefin y dibeniad.‡

Cymh. : *na bydd neb* **cadwedig,** MCr 107b ; *a feddyliodd y byddai Dduw* **bodlon** Hom I.104 ; *Vo vydd honn* **blwyddyn** *ryfedd*, CRhC 189 ; *Vo vydd honn* **blwyddyn** *ffyrnic*, ib 190.

Esiamplau yn awr o'r dibeniad yn treiglo ar ôl cyplad + rhagenw personol. Cymh. : *nyt wyf i* **gofyawdyr** *yr awr honn ar vwy*, B VII,373 ; *nid wyf i* **fodlon,** Deut. XXV.8 ; *ni bydd efe* **gymeradwy** *trosoch*, Lev. XXII.20, (cyferb. *ni bydd* **gymmeradwy,** ib XIX.7 ; *ni bydd* **cymmeradwy,** ib XXII.20) ; *ni bydd efe* **lân** *y saithfed dydd*, Num. XIX.12 ; *os wyt ti* **debig** *i Ghrist*, GMLl II.94 ; *pette fo* **lun** *Crist ei hunan*, DFf 122 ; *Nid y(w)* **hi** *lythyren d(d)im*, D Byrr 21 ; *o bydd hi* **lan** *i ffenprvd*, CRhC 96.

Enghreifftiau o gadw'r gysefin yn y safle hon.

Cymh. *pan uych ti* **gwahodwr,** B III.171 (Sol & Marcol.) ; *a chynn bei hi* **tec** *a channeit a bonhedic*, B IX.326 ; *ony bydd ef* **diolchys,** MCr 71a ; *megis y bwyf i* **gweddys,** ib 118b ; *o byddi di* **claf** ib 133a ; *pan font h(w)y* **g(w)reid(d)iol,** DByrr 38 ; *pan fo hi* **g(w)reid(d)iol,** ib 46-7 ; *bid ef* **g(w)r(w)y,** *bid ef* **bany(w),** ib 50 ; *tra fyddo efe* **plentyn,** Eccl. XXX.12 ; *pan fych di* **llawenaf,** GMLl I.244 ; *yn coelio . . . y bydd efe* **cadwedig** *trwy ei ffydd*, YmDd 100 ; *Bydd dithau* **cyfion** *wrthit dy hun*, RBS 90 ; *fel na bych ditheu* **diogel** *chwaith*, ib 137 ; *ni fyddi ti* **gwaeth** *er ymarfer*, ib 188 ; *ni bydd Efe* **dieuog,** HDdD 140 ; *mwy no phentwn i* **llo,** CRhC 152 (amrywiad, *ffetwn*) ; *O bydd he* (darll. *hi*) **towydd** *hyfryd*, ib

*Nid enw yw'r goddrych yma, wrth gwrs, ond gwell rhoi'r rhagenw dangosol gyda'r goddrych enwol na chyda'r rhagenwau ôl (ategol).

†Yr ydys am gyfeirio yma at yr esiamplau eraill hefyd lle y mae'r dibeniad yn dilyn y rhagenw personol.

‡Bernir nad yma y dylid cynnwys y ddwy enghraifft a ganlyn a'u tebyg : *nid yw'r bobl* **cynddrwg** *ag yw'r offeiriaid*, DFf 102 ; *nid yw fy athrawiaeth i* **cyn newydded,** ib 119. Fel y dangosir yn §166 y mae tuedd gref i gadw cysefin y geiryn *cyn* mewn cystrawen lle byddai dibeniad neu draethiad arall yn treiglo.

226 ; *fal pette fo* **gwr** *bonheddig*, ib 403 ; *Tan ei aden bydda'i* **diogel,** Williams (1811) 713.

Fe nodir fod enghreifftiau o *byw* a *marw* wedi eu hepgor o fwriad ; fe'u trinir ar eu pennau eu hunain yn §126. Ceisiwyd osgoi'r geiriau *da* a *gwell* hefyd, h.y. mewn cysylltiadau fel ' Beth yw ef da ? '. ' Beth wyt ti well ? ' ; gw. §127. Odid nad gyda'r rhain y dylid rhoi'r enghraifft sy'n cynnwys *gwaeth*, o RBS 188 ; a chymh. ymhellach : *Beth w'i* **gwaeth** *pe llyngcai'r moroedd, Beth w'i* **gwaeth** *pe deu gwaelodion*, Williams (1811) 447.

§126 ' Byw ' a ' Marw '—Geiriau Dibeniad

(i) Wrth geisio dangos uchod, §102 (vi), sut y newidiwyd trefniant y geiriau yn y frawddeg ' enwol,' cyfeiriwyd at y math lle ceir *byw* a *marw* yn ddibeniad, h.y. *bu fyw'r gŵr, bu farw'r gŵr*, yn troi yn *bu'r gŵr fyw, bu'r gŵr farw*, (a sôn yn unig yma am y trefniant, heb ofalu am fanylion y treiglo). Gwelir digon o enghreifftiau ymhlith y dyfyniadau o destunau cynnar a ddengys yn ddiamheuol fod *byw* a *marw* yn eiriau dibeniad cormal a bod y brawddegau sy'n eu cynnwys wedi eu llunio ar y patrymau cynhenid, naill ai ' dibeniad + cyplad + goddrych ' neu ' cyplad + dibeniad + goddrych.' Yr ail batrwm sydd fwyaf cyffredin, e.e. *ni bydd byw ef o hwnnw*, WM 14 ; *Velly y byd marw . . . y Cristonogyon a ymchoelo*, YCM² 19 ; *kany byd marw Duw byth*, ib 31. Y mae brawddegau ar y patrwm cyntaf yn brinnach, lle rhoir y cyplad yn y safle ganol, ond dyma rai : *a chanys ganet megis dyn, wrth hynny* **marw uu** *mal dyn*, ib 31 ; *a* **marw vyd R.** *gennyf ynheu yn diannot*, ib 56 ; *a* **byw vv** *dalym mawr o vlynyddoedd wedy hynny*, B IV.195. Sylwer yn arbennig nad ' marw a wnaeth,' etc. sydd yma. Hynny fyddai'r gystrawen pe bai'r gair *trengi* wedi ei arfer, h.y. ' trengi a wnaeth ' neu ' a wna ' ; a'r peth a ddangosir yma yw fod *byw* a *marw* yn eiriau dibeniad normal, ac nad berfenwau mohonynt yn y cystrawennau cynnar hyn.

Gan nad ydynt yn wahanol i eiriau dibeniad eraill yn y patrymau cynnar dyfynnwyd esiamplau yn yr amryw adrannau uchod heb ymgais i wahaniaethu mewn Cym. Can. rhwng *byw* a *marw* a mathau eraill o ddibeniad. Disgwyliwn i'r ddau air dreiglo neu gadw'r gysefin yn ôl yr un rheolau â dibeniadau eraill. Ond mewn Cym. Diw. y mae cystrawen *byw* a *marw* yn magu nodweddion arbennig, yn enwedig ar ar ôl i drefn y frawddeg ' enwol ' newid. Beth yw *byw* yn y priod-ddulliau hyn sy mor gyffredin ar lafar gwlad, "Odi e **byw** 'n awr ?" ; "Odi'ch tad **byw** 'nawr ?" Clywir pethau fel hyn hefyd : "Bu e **byw** ar ôl hynny yn y lle a'r lle." Ceir *bu byw* ac *a fu byw* hyd yn oed yn yr iaith lenyddol weithiau er mai *bu fyw, a fu fyw* sy'n ymddangos yn ' gywir.'

(ii) Y mae'r ddau air yn ferfenwau, yn enwau haniaethol, ac yn ansoddeiriau ; gw. WG 394-5. Fel berfenwau, y maent heb derfyniadau personol i wneuthur berfau (ar wahân i'r ffurfiau *bywiaf, marwodd,* etc. a geir mewn rhai tafodieithoedd) ; ond y mae'r ddwy ffordd o dreiglo ar ôl y geiryn *yn* yn dangos y ddwy swydd wahanol, *yn byw, yn marw* (yr un fath ag *yn caru*), ac *yn fyw, yn farw* (yr un fath ag *yn garedig*). Ansoddeiriau ydynt yn *gŵr marw, undyn byw.* Amlwg fod dwy swydd *marw* wedi eu cymysgu fwy nag unwaith oblegid ceir *yn meirw, wedi meirw* yn gyffredin yng nghyfnod CDC, sef ' lluosogi ' y berfenw yn null yr ansoddair. Er bod ' Bu fyw . . .' a ' Bu'n byw . . .' yn cyfleu'r un ' ffaith ' i bob pwrpas rhaid gwahaniaethu rhwng y ddwy gystrawen sydd yn y ddwy frawddeg. Berfenw sydd yn yr ail, yr un fath â ' Bu'n trigo yno ' ; ond ansoddair (yn hanesyddol) sydd yn y gyntaf. Methu gwahaniaethu rhwng y ddwy swydd a wnaeth i Silvan Evans (s.v. *byw*) gymryd *Ni byddai* **fyw** *o'm bodd fis,* DG 174, fel berfenw ; (gw. WG 395)*.

(iii) Tra cedwir trefniant cynhenid y frawddeg ' enwol ' y mae'n gymharol hawdd a diogel inni ddehongli *byw* a *marw* fel ansoddeiriau dibeniad cyffredin ; ond pan geir y drefn ddiweddar, ' bu'r gŵr fyw . . .', nid mor hawdd penderfynu ai ansoddair yw *byw* neu *fyw.* Naturiol iawn i'r gwahaniaeth rhwng *yn fyw* ac *yn byw* ddylanwadu ar y gystrawen ' bu'r gŵr fyw.' Y mae *yn fyw* yn ansoddair ar ôl *yn,* yn dynodi cyflwr neu ansawdd ; berfenw sydd yn *yn byw,* yn cyfleu ' gweithred ' o barhau yn y cyflwr hwnnw ; ac yn y cyd-destun ' bu'r gŵr fyw am dair blynedd ' y mae'r frawddeg yn cynnwys syniad o barhad dros gyfnod ; felly er mai ansoddair yn wreiddiol yw *fyw,* y mae'r gystrawen at ddynodi parhad, sef *yn byw,* yn sicr o ddylanwadu ar ' bu'r gŵr fyw ' nes rhoi ' bu'r gŵr byw.' Ac ymddengys i mi mai ystyr y gofyniad, "Odi'ch tad byw 'n awr ?" yw "A ydyw'ch tad yn parhau'n fyw ?" Y mae'n bosibl hefyd fod treigladau'r hen drefniant cynhenid yn goroesi yn y trefniant diweddar, fel y ceisiwyd dangos uchod yn §125(v). Y mae'n ddigon sicr fod *bu* ymhob ffurfiad yn peri treiglad i'r dibeniad yn y cyfnod canol (gw. §113) a'r gystrawen reolaidd oedd *bu fyw, a fu fyw* ; a dyna'r gystrawen ' gywir ' o hyd. Ond ar ôl ffurfiadau *bydd* cedwir y gysefin, *bydd byw, a fydd byw* ; a cheir hyn o hyd yn ein harddull ddiweddar. Fe allai'r gystrawen *fe fydd byw* ddylanwadu ar gystrawen *bu* nes cael *fe fu byw* ; ac os goroesa'r gysefin yn, *fe fydd ef byw,* fe allai hynny ledu i fannau eraill nes rhoi, *fe fu ef byw.*

(iv) Dyma fraslun o gystrawennau a threigladau *byw* a *marw* mewn dyfyniadau o Gym. Can. a CDC. Fe welir fod y treigladau, ar y cyfan, yn cyfateb yn y dyfyniadau cynharaf i dreigladau'r dibeniad normal fel y dosbarthwyd hwy uchod ; ond gyda'r dyfyniadau diweddar fe welir y

*Dyma enghraifft ddiddorol o *byw* fel berfenw : *ond* **byw mae** *hi,* LlHFf 45 ; cyferb. hon â'r dyfyniad uchod : *a* **byw vv** *dalym mawr o vlynyddoedd,* B IV.195 ; ffurf bresennol hon fyddai ' byw yw,' a golyga hynny mai ansoddair yw *byw.*

duedd i gadw cysefin *byw* yn cryfhau, nid yn unig lle byddai'r gysefin yn wreiddiol ond hefyd lle disgwylid treiglad yn flaenorol.

bu : *ac y bu uarw*, WM 37 ; *a ffan uu uarw y harglwyd*, SD 251-2 ; *tra uu uyw hi*, ib 259 ; *a thra uu uyw y bu diweir*, ib 998 ; *a Job a fu fyw wedi hyn gant* . . ., Job XLII.16 ; *a Noah a fu fyw* . . ., Gen. IX.28 ; *a bu farw yn y gwersyll*, 1 Sam. XIV.15 ; *pan fu farw C.*, Hom I.185 ; *a fu fyw*, ib I.62 ; *tra fu fyw*, YmDd 60. Yma gwelir y treiglad yn aros a rhywbeth diweddarach na CDC yw'r duedd i gadw'r gysefin ; dyma enghreifftiau o Gym. heddiw : *yno* **y bu byw,** Ifor Williams, nodiadau PKM 285 ; *y chwedlonwr* . . . **a fu byw** *cyn ein hoes ni*, I. C. Peate, Crefftwr yng Nghymru, 63.

buont : *hyd oni fuont fyw*, Hom 1.168 ; *tra fuont fyw yno*, YmDd 129 ; *a fuont feirw iddynt ei hunain*, GMLl 1.129.

bydd (3ydd unigol) : Cysefin y dibeniad ar y cyntaf, gw. §108(ii) : *ni byd byw ef o hwnnw*, WM 14 ; *ni byd byw hwy noc auory*, SD 205 ; *a uyd byw hwnn* . . . *neu a uyd marw ynteu*, FfBO 45 ; *fel y bydd marw pob dyn*, Num. XVI.29 ; *y doedir y bydd marw y C.*, DFf 107 ; *ni fydd marw fyth*, YmDd 397.

Enghraifft o dreiglo, [cymh. rhannau olaf §108(ii)] *y gwr yssyd vyw a phyth* **a vyd vyw**, B IX.334.

bydd (gorchmynnol) : *a byd vyw* . . . *a byd varw*, YCM² 19.

byddaf : dengys dyfyniadau §109(i) fod treiglad i'w ddisgwyl i'r dibeniad. Fe ellid esbonio'r enghraifft ganlynol o gadw cysefin *byw* fel enghraifft o gadw'r gysefin ar ôl yr orffwysfa : *danfona* **o bydda byw** / *at fwynen lattai fenyw*, HSI 38. Dyma'r peth a ddisgwylir ar y dechrau : *ac y bydaf varw o dolur*, YCM² 69 ; *mi a uydaf varw o lit*, ib 106 ; *Paham na bydaf varw ynneu*, ib 163. Enghraifft o'r duedd honno i gadw'r gysefin (ar ôl stem *bydd-*, neu'n unol â'r ymdeimlad fod y ffurf *byw* heb dreiglo yn cyfleu'r syniad o barhau i fyw) : *a byddaf byw'n well*, RBS 267.

byddi : dengys dyfyniadau §109(i) fod treiglad i'w ddisgwyl ar y dechrau ; cymh. *y byddi farw*, B IX.122 ; *y byddi fyw*, Gen. XXVII.40 ; GMLl 2.95.

Fel sydd ar ddiwedd y paragraff blaenorol ceir enghreifftiau o'r gysefin, yn yr *Homilïau* ac RBS (a hawdd fyddai dangos fod geirfa a chystrawen Ellis Wynne yn dilyn Edward James yn ei hynodion) : *y byddi byw ac ni byddi marw*, Hom 3.58 ; *y byddi marw dy hun*, RBS 126 ; *os byddi marw* . . . *os byddi byw*, ib 237.

byddwn (cyntaf lluosog) : gw. §109(i) lle gwelir mai treiglad a ddisgwylir, eithr cyferb. : *a fyddwn byw yn annuwiol*, Hom 1.109.

byddant : gw. §109(i) am dystiolaeth mai treiglo a ddisgwylid yn wreiddiol ac yn rhyfedd iawn ceir enghreifftiau o hynny yn Hom er bod esiampl o dreiglo yn y Beibl : *byddant fyw*, Hom 1.175 ; cyferb. *ni byddant byw hanner eu dyddiau*, Ps. LV.23.

byddai, buasai : gw. §122(iv—v) lle gwelir mai treiglo a ddisgwylir : *ny bydei uyw*, WM 81 ; *ef a vydei varw*, FfBO 56 ; *ac a vuassei varw y dat*, YCM² 104 ; *y weledigaeth y buassei varw Chyarlys*, ib 171 ; *a phan fyddai farw y barnwyr*, Barn. II.19 ; *yr hyd y byddei fyw*, Hom. I.171 ; cyferb. : *ac na byddai marw drwy law dialudd*, Jos. XX.9 ; *ni byddai marw byth*, HDdD (A6²).

byddem : gw. §123(ii) am enghreifftiau o dreiglo'r dibeniad, eithr cyferb. *y byddem byw*, HFf 296.

bo : digon o enghreifftiau yn §118 i ddangos mai'r gysefin oedd yr hen reol, ac y mae hynny'n aros ynglŷn â *byw* a *marw* ; cymh. *a phan vo marw*, BSK 36 ; *a phwy bynnag a fo byw felly*, DFf 123 ; *pan fyddo marw*, YmDd 94 ; *er cynted y bo marw dy ewyllys di*, GMLl 1.142 ; cyferb. enghreifftiau o dreiglo : *y byddo farw*, Deut. XIX.5 ; *y bytho fyw*, Hom 1.135.

bwyf : disgwylir treiglad i'r dibeniad, gw. §119(i—ii) ; cymh. *tra vwyf vyw*, WM 261, 396, 443 (P6.IV.222), SD 621 ; *val na bwyf uarw*, LlA 83 ; *gwedy bwyf varw*, YCM² 121. Cyferb. *pan fyddwyf marw*, Tobit IV.3 ; *tra bwyf byw*, Williams DNupt 18.

bych : disgwylir treiglad, gw. §120(ii) ; cymh. *tra vych uyw*, WM 229 ; *yny uych varw o agheu dybryt*, YCM² 125 ; *wedy y bych uarw*, B II.30 ; cyferb. *gwedy y bych marw*, B IX.122 ; ac yma y dylid lleoli'r ffurf **bost** neu **byddost** : *tra fost byw*, Williams DNupt 15 ; *tra byddost byw yn y byd*, ib 27.

bôm : disgwylir treiglad, gw. §121(i) a chymh. *fel y bôm fyw ac na byddom feirw*, Gen. XLII.2 ; cyferb. *fel y byddom byw ac na byddom feirw*, ib XLIII.8 ; *fel y byddom byw*, Neh. V.2 ; *y bythom byw*, Hom 1.134.

boch : disgwylir treiglad, gw. §121(ii) a chymh. *tra uoch uyw*, SD 1109, RC 4.204 ; *fel na byddoch feirw*, Num.XVIII.32 ; cyferb. *yr hyd y bythoch byw*, Hom 1.78 ; hefyd ib 2.26.

byddont : disgwylir treiglad, gw. §121(iii) a chymh. : *pan uuoent uaru*, LlDW 121 ; *gwedy bont veirw*, LlA 50 ; *neu wynteu a vont veirw*, FfBO 34 ; *y rhai a fyddont fyw*, Hom 1.78.

bai, byddai : rhoddir esiamplau o *byddai* yma am fod y gystrawen yn 'ddibynol' ; disgwylir treiglad i'r dibeniad, gw. §122(iv—v), a chymh.

hyny uei varw, WM 160, BSK 36 ; *y ydrych a vei vyw*, WM 442(P 6.IV. 222) ; *tra uei vyw*, SD 334 ; *ual na bydei vyw yneppell*, YCM² 104 ; cyferb. *fel y byddei byw*, Neh. VI.11 ; *pan fai marw un o'i phlant*, RBS 125.

baut, byddit : cyferb. *tra fayt fyw*, DCr¹ 12b = *tra vait byw*, ib² 13b.

byddynt : disgwylir treiglad, gw. §123(iv) a chymh. *or bydynt vyw yn gyhyt ac y gellynt*. YCM² 69 ; *fel na byddent feirw*, HFf 309.

oedd, oeddynt : gw. §111(ii) a (vi) a chymh. *pan oeddynt fyw*, Hom 2.38 ; *yr hwn oedd fyw yn amser* . . ., ib 2.44.

(v) *Goddrych enwol o flaen y dibeniad*

Cyfeiriwyd fwy nag unwaith at y newid yn nhrefniant y geiriau a barodd i'r dibeniad (h.y. *byw* a *marw*) ddilyn y goddrych a dod i safle'r traethiad cyffredin. Dyma esiamplau o'r ddau drefniant ym Meibl 1620 : **Pan fyddo marw dyn,** Eccl. x.11 ; **Pan fyddo y cyfiawn marw,** D.Sol. IV.16.

Cyfyd yr un cwestiwn ag a gafwyd o'r blaen, pa beth a benderfyna dreiglad y dibeniad yn y safle hon. Ymddengys fod dwy duedd yn gweithio'n groes i'w gilydd, sef tuedd i droi'r dibeniad yn y safle hon yn sefydlog ei dreiglad, yn gwbl annibynnol ar ffurf y cyplad yn y frawddeg ; a thuedd i gadw'r gystrawen a geid yn yr hen drefniant. Yr enghraifft orau o'r ail duedd yw fod *bydd* a *bo* a berfau eraill yn cynnwys y stemiau hyn yn 'cadw'r gysefin,' er bod y goddrych yn gwahanu'r ferf a'r dibeniad. Credaf fod y gystrawen yma yn ei thro yn peri i ffurfiau eraill y cyplad gael peth tebyg yn eu brawddegau. Dylid cofio hefyd, wrth gwrs, fod y gair *byw* yn cadw'r gysefin oblegid yr ymdeimlad o 'barhau i fyw,' ac mai'r ffurf heb dreiglad sy'n cyfleu hynny, (h.y. yn debyg i'r gwahaniaeth rhwng 'yn fyw' ac 'yn byw').

Enghreifftiau o'r gysefin : *os bydd gwr* **marw,** *a fydd efe* **byw** *drachefn*, Job XIV.14 ; *i bydd dyn* **byw** *yn dda*, MCr 118b ; *trwy ffydd y bydd y cyfiawn* **byw,** Hom 1.45 ; *ni bydd yr enaid* **marw,** HDdD(A²) ; esiamplau diweddarach : *pan fo dyn doniol* **marw,** Glanygors, STG 21.2 ; *pan fyddo'r brenin* **marw,** ib 23.6 ; *bu Mr John Jones* **byw** *hyd y boreu*, Owen Thomas, Cofiant Henry Rees 620.

(vi) *Rhagenw Personol o flaen y dibeniad*

Ceir tueddiadau tebyg i rai (v) yma eto. Gellid dadlau ynglŷn â'r tair enghraifft a roir gyntaf fod treiglad y dibeniad wedi ei benderfynu gan y cyplad yn yr hen drefniant : *tra vai ef* **vyw,** B II.210 ; *a thavyl ef yn erbyn y wal oni vo ef* **marw,** ib ib 224 ; *pe bae ef* **fyw** *yn yr amser yma*, DFf 150 ;

ond y mae'r treiglad yn y canlynol yn wahanol i'r peth a ddisgwylid yn yr hen drefniant : *pa bryd y bydd efe* **farw**, Ps XLI.5. Er mor anghyson â'i gilydd yr ymddengys yr enghreifftiau canlynol o Joshua Thomas, credaf fod modd gweld ynddynt y duedd honno i gadw *byw* heb dreiglo pan fo eisiau cyfleu'r syniad o 'barhau i fyw.' Ceir treiglad i *byw* yn y canlynol : *Os bu ef* **fyw** *ar ôl* 1660, HBed 75 ; *bu ef* **fyw** *trwy yr erledigaeth*, ib ib ; *ni bu ef* **fyw** *yn hir*, ib 83 ; gyda'r cysylltair *tra* sy'n cryfhau'r ymdeimlad o 'barhau i fyw,' ceir *byw* heb dreiglo, yn yr un safle : **tra bu ef byw,** ib 83 ; **tra bu hi byw,** ib 84 ; ac yna, dan ddylanwad y math yma, fe gedwir *byw* heb dreiglo, hyd yn oed os yw'r rhagenw heb ei arfer, e.e. **tra fu byw,** ib 76, 83 ; (cymh. hefyd : **tra fu byw fy mam**, LGO 10,—y trefniant gwreiddiol, gyda llaw), er bod hyn yn wahanol i'r treiglad a geid yn wreiddiol ar ôl *tra fu* [gw. §113(ii)] ac, wrth gwrs, yn wahanol i'r treiglad yn *bu farw*. Y cysylltiadau hyn, yn ddiau, a luniodd y gystrawen o gadw cysefin *byw* ar ôl *bu*, fel yn yr enghreifftiau a ddyfynnwyd uchod (iv) : **yno y bu byw**, Ifor Williams, Nod. PKM 285 ; *y chwedlonwr . . .* **a fu byw** *ychydig cyn ein hoes ni*, I. C. Peate, Crefftwr, etc. 63.

Dyma rai enghreifftiau pellach i'w hystyried. Yn gyntaf, esiamplau o gadw'r gysefin am fod y stem *bydd-* yn y cyplad, (a sylwer yn arbennig fod yr enghraifft gyntaf yn cynnwys esiampl o dreiglo hefyd) : *Lle y byddych di* **marw** *y byddaf inneu* **farw,** Ruth I.7 ; *tra fyddwyf i* **byw** *. . . fel na byddwyf i* **marw**, 1 Sam. xx.14 ; *i ba beth y byddwn i* **byw**, Tobit III.15 ; *a phan fyddo hi* **marw**, ib IV.4 ; *cyntaf y bydd ef* **marw** *oddi wrth chwant*, GMLl 2.22 ; cymh. enghraifft ar ôl *bych di* : *Uwch dyben tra fych di* **byw**, TA 13.24. Efallai mai dynwared y teip uchod sy'n cyfrif am yr enghr. ddiweddar : **pryd y bu hi marw**, O. Thomas, Cofiant Henry Rees, 841.

Cymh. ymhellach : *y bu fo* **byw**, GMLl 1.255 ; **tra fô fê bŷw**, Edm. Williams, Hymnau (1742) 5 ; eto 9 ; **Tra fu fe byw'n** *y byd*, Sion Llewelyn (1791) 46.

§127 GEIRIAU DIBENIAD EITHRIADOL

(i) '*Da*' *yn y dibeniad*

Yn §105(vi) dyfynnwyd darnau o ddwy adnod i ddangos dwy safle a dwy gystrawen *da* fel ansoddair dibeniad : *i ba beth y mae calon, ac afu, a bustl y pyscodyn* **yn dda** ? . : . *Ac am y bustl*, **da yw** *i iro ag ef . . .* Tobit VI.7, 8. Amlwg oddi wrth yr atebiad mai ans. dibeniad yw *yn dda* y gofyniad, ond bod siâp y gofyniad yn peri i *da* gael ei leoli ar ôl y cyplad a'r goddrych.* Yn yr enghraifft hon arferir y geiryn traethiadol *yn* o flaen yr ans. ; cymh. hefyd : *i ba beth yr oeddynt* **yn dda**, ML I.278. Gellir arfer

*Ymhell wedi ysgrifennu'r darnau hyn tarewais ar enghraifft ddiddorol o drefniant arall i'r gystrawen hon : *A phan ddaw y siswrn a'r grib at ei gyrne /Mae yntau yn deall* **beth dda yw** *ei ddyrne* ; dyfyniad o *Y Barbwr*, gan Jack Oliver, Llanbedr Pont Steffan, *Western Mail*, 23/viii/47. Deallaf fod y gystrawen ar arfer yn sir Aberteifi.

y gystrawen heb y geiryn *yn* a hynny a wneir fynychaf efallai, a daw'r cyd-destun i gyfleu ystyr o 'ddefnyddioldeb' yn hytrach na 'daioni.' Sylwer ar y mathau hyn o gwestiynau ar lafar gwlad, "Beth yw e **da** ?" neu, gyda thr., "*Beth yw rheina* **dda** ?", Wil Ifan, Dail Iorwg, 10 ; (neu, "I beth mae e **da** ?") ; "Beth ŷm ni **da** ?" ; "Beth oedd e **da** ?" ; yr ystyr yw "What is it for ? What was the point of it ?" etc. ; ac ymddengys i mi mai'r gwahaniaeth rhwng 'daioni' a 'defnyddioldeb' sy'n cyfrif am y gwahaniaeth treiglo yn y canlynol : *pa beth y mae nhw* **da** *os cyfyd y Senedd cyn ei hiwsio,* ML I.49 ; *i beth y mae hwn a hwn* **da**, ib I.334 ; *ag os na bydd y peth* **dda** *yn eich golwg,* ib 2.75. Ni ellir bod yn bendant a dywedyd na ddylid treiglo *da* yn y safle hon os 'defnyddioldeb' a olygir, oblegid y mae ambell dafodiaith yn tueddu i dreiglo weithiau ; (e.e. *ne beth mau gwbodeth* **dda** ? LlHFf 26). Dyma esiamplau pellach o'r gystrawen a *da* heb dreiglad : *Oblegit nid yw Cynghorion doeth a Llyfrau* **dâ** *at glefyd presennol,* RBS, Rhag. 3 ; *i beth y mae'r cap a'r goron* **da** ?, Glanygors, STG 20 ; *Beth mae dy 'nos dawch' di* **da**, Daniel Owen, RL 341.

Er bod y De a'r Gogledd yn debyg (ar y cyfan) wrth gadw *da* heb dreiglo yng nghystrawen y gofyniad o deip "I beth mae e **da** ?", fe dreiglir yn y De yn y gosodiad negyddol o deip y dyfyniad o RBS, e.e. "'Dyw e **dda** i ddim" ; "'Dyw llyfr **dda** i ddim." Ond yn nhafodiaith Gwynedd fe aeth y ffurf heb dreiglad yn sefydlog at gyfleu ystyr o ddefnyddioldeb nes cadw'r gysefin hyd yn oed pan ddeuai achos i arfer y geiryn *yn*, e.e. *I beth yr oedd hi, Jane Gruffydd, yn wraig ifanc o Lŷn,* **yn da** *yn y fan yma* ?, Kate Roberts, TMC 26 ; (cyferb. *I ba beth oedd buwch* **yn dda** *mewn ffair,* Ffair Gaeaf 64).

(ii) *Beth well ? beth wyt ti well ? etc.*

Ansoddair dibeniad yw *well* yn y math hwn o ofyniad : *Gan fod llawer o bethau yn amlhau gwagedd,* **Beth yw dyn well,** Preg. VI.11 ; **Beth wyt ti well** *er dy lyfr gwasanaeth,* GMLl 2.89 ; *Beth wyt ti* **well** *o wneuthur hyn,* Williams, Hymnau (1811) 221 ; a chymh.

> **Beth wyt** *yn Nghaerefrog Newydd*
> **Well** *nag yma gydâ ni,* T.W., Dyfroedd Bethesda 78.

Yr un swydd sydd i *well* yma ag sydd i *da* yn yr adran ddiwethaf. Safle arall i *well* yw "Beth **well** wyt ti ?"—a glywir yn gyffredin ar lafar

Yn hon cedwir trefniant y gosodiad "da yw ei ddyrnau," ac wrth ofyn y cwestiwn "beth ?", nid ymyrrir o gwbl â'r trefniant normal. A sylwer : am fod dwy ffordd o ofyn y cwestiwn, sef "beth ?" ac "i beth ?" y ceir dwy gystrawen, *yw* ac *y mae* : (1) *beth dda yw ef?* neu, *beth yw ef dda* ? (neu *da*) ; (2) *I beth y mae ef dda* ? (neu *da* ; h.y. trefniant perthynol traws ar ôl "I beth ?"). Ni allwyd cadw'r ddwy gystrawen ar wahân a chymysgedd o'r ddwy yw (3) *beth mae ef dda* ? (neu *da*).

Yn ddiweddarach eto, cefais yr enghraifft hon : **Beth da oedd** *wylo iddo ef / Heb neb yn gyfaill dan y nef* ? Elfed, Caniadau 126 ; sylwer fod *da* heb dreiglad ynddi ; cymh. hefyd : *I hela cadnoid* **beth** yw *milgi* **dda** ? ib 109 ; anodd peidio ag awgrymu'r esboniad fod treiglad yn y cysylltiadau hyn er mwyn osgoi'r argraff mai ansoddair disgrifiadol ('attributive') yw *da*.

gwlad. Y mae'n amlwg nad ans. enwol yw yma, oddi wrth y treiglad, er ei fod yn union ar ôl yr enw ; y mae'r drefn a roddwyd gyntaf, "Beth wyt ti well ?" yn dangos hynny. Mewn geiriau eraill, yr atebiad neu'r gosodiad gwreiddiol cyn gofyn y cwestiwn hwn, yw "Gwell yw, etc." neu "Yr wyf well . . .", cystrawennau a ddyd yr ans. yn safle'r dibeniad cyffredin.

Dyma esiamplau pellach o ansoddeiriau cymharol yn treiglo yr un fath â *well* : *a pha beth a wnaed* **waeth** *nâ llygad*, Eccl. xxxi.13 ; *Pa beth* **ddiscleiriach** *na'r haul* ? ib xvii.31 ; *beth* **gyfoethogach** *nâ doethineb* ? D.Sol. viii.5 ; *pa faint* **well** *yw mwynglawdd yr aur nac yntef* ? *Pa faint* **waelach** *yw ef na* . . . RBS 84.

Anodd cyfrif am y gysefin yn y canlynol : *Beth w'i* **gwaeth** *pe llyngcai'r moroedd / Beth w'i* **gwaeth** *pe deu gwaelodion*, Williams, Hymnau (1811) 447.

Nid yw **mwy** yn treiglo yn y gystrawen hon : **beth mwy** *a wnaf eroch chwi*, 2 Esdr. i.21 ; dangosir isod §165 fod *mwy* yn dueddol iawn i gadw'r gysefin lle y disgwylir treiglad.

(iii) Y mae ystyr negyddol yn ddealledig neu'n ymhlyg yn y gofyniad ; golygir 'nid wyt ti ddim gwell,' 'nid oes dim byd disgleiriach,' etc. ; a chan mai ans. cymharol sydd yn y gystrawen, naturiol inni holi a oes perthynas rhwng y treiglad yma a'r treiglad mewn Cym. Can. (ac mewn Cym. Diw. o ran hynny) i'r ans. cymharol ar ôl yr enw (gwr., ben. a lluosog) mewn gosodiad negyddol, oblegid fel y gwelwyd uchod yn §24 y mae'r ans. yn treiglo mewn cwestiwn sy'n gadarnhaol ei ffurf ond yn negyddol ei arwyddocâd.* Ymddengys i mi mai ans. dibeniad yw'r ans. cymharol hwn sy'n treiglo yn y gosodiad negyddol, ac awgrymir yn WS 46, wrth sôn am *ni bu ŵr well*, "the exact meaning being perhaps 'a man (who was) better'."

Ac a barnu oddi wrth argraff a heb ymchwilio i gorff mawr o enghreifftiau, yr ydys yn mentro dywedyd hyn : lle byddo'r ystyr a'r cysylltiadau'n gofyn am ferf ddibynnol, daw ffurf ddibynnol y cyplad rhwng yr enw a'r ans. cymharol, e.e. *kyweira attep* **a uo gwell,** WM 53 ; *bot yn tebygach ganthunt cael kywilid* **a uei uwy** *no chael iawn* **a uei uwy,** ib 44.

Y mae awgrym yn CA 127-8 mewn nodiad ar : *a dyvu o vrython* **wr well** *no chynon*, 199—200, ac enghreifftiau tebyg yn y testun megis : *Ny wisguis . . . no neim ab nuithon gur* **a uei well,** 1204-8, mai'r ffurfiad *a uei* yw achos **y** treiglad, a dywedir hyn, "ac o golli *a uei* deuai *well* yn union ar ôl yr enw gwrywaidd *gŵr*." Yr wyf yn amau'r esboniad hwn ar y treiglad hyd yn oed yn y cyd-destun lle byddai'r Gorffennol Dibynnol

*Dyfynnwyd yn §24, nod. godre enghraifft o'r gystrawen hon mewn gosodiad a oedd yn gadarnhaol ei gyfansoddiad eithr bod 'anaml' yn rhoi ystyr negyddol ; gwna'r gair *ambell* beth tebyg yn y canlynol : *Ambell fydd mab* **well** *(e)i fwrdd*, TA 19.2. Enghraifft dda o'r cwestiwn cadarnhaol sy'n gyfartal â gosodiad negyddol yw'r canlynol—a sylwer ar safle'r ans. cymharol : *Ple* **well** *arglwydd rhwydd rhoddion*, ib 3.25.

(*a fai*) yn briodol, heb sôn am y cyd-destun lle byddai'r Pres. Dib. (*a fo*) yn briodol. Pe bai'n iawn tybied fod y cyplad wedi ei hepgor, ond mai'r cyplad cyn ei golli a barai'r treiglad, fe geid hyn gyda'r Pres. Dib.: *nid oes ŵr a fo gwell* > *nid oes ŵr gwell*; (ac o blaid yr esboniad hwn fod y cyplad wedi ei hepgor fel hyn y mae'r enghraifft ganlynol yn hollol gyson â'r syniad mai'r cyplad coll a benderfynai'r treiglad, *Ysgwier gwych,* **oes ĝŵr ĝwell**, IGE² 28.11). Ymddengys i mi nad oes a wnelo *a fai* a'i golli â threiglo'r ans. cymharol yn y gystrawen hon. Fel y dywedir yn y nodiad ei hun y mae'r gystrwen heb *a uei* yn hen, ac enghraifft o hynny yw'r un a ddyfynnwyd o CA 199-200. Y ffaith mai ans. dibeniad ydyw sy'n cyfrif am y treiglad, a'i fod, yn y cysylltiadau sydd dan sylw, wedi ei leoli ar ôl y goddrych yn lle o'i flaen; gw. §104(ii) uchod. Ac y mae'n fwy tebygol tybio mai tyfu a wnaeth y cyplad yn y cymalau lle digwydd *a fo, a fai,* na thybio mai diflannu a wnaeth y cyplad o'r cymalau lle na ddigwydd *a fo, a fai.*

(iv) *Ansoddair gradd-eithaf yn ddibeniad*

Gw. yn gyntaf WS 57-8, 120; a BBCS IX.135-42. I gyfateb i *da* a *gwell* a'r ansoddeiriau eraill uchod, digwydd *gorau* (a ffurfiau eithaf eraill) yn ans. dibeniad ond heb fod yn safle arferol y dibeniad. Ac fel rheol ceir tr. m.; e.e. *pa un* **oreu** *i chwi ai arglwyddiaethu arnoch o ddeng-wr a thrugain . . . ai arglwyddiaethu o un gŵr arnoch*, Barn. IX.2.

Yn y gosodiad a gyfetyb i'r cwestiwn hwn gwelir mai dibeniad normal yw'r gair a gyfetyb i *orau*, sef, "Gwell gennym ni yw arglwyddiaethu o un gŵr . . ." Bellach y mae dyn yn teimlo fod eisiau *sydd* o flaen *orau*; e.e. rhoem ni heddiw y ferf *sydd* yn y canlynol: *ni wyddant pa'r saint* **ore** *iddynt ymgais ag ef*, DFf 47. Yn WS 120 gelwir yr ans. hwn yn "complement of an implied *sydd, a fydd*, etc.",* a rhoddir yno esiamplau o'r ans. cymharol a'r eithaf: *Pwy* **amlach** *ei ddeiliaid*? *pwy* **fwy** *ei allu a'i awdurdod na myfi*, BC 36; *Beth* **orau**? *Ba dir yn y byd* **orau**?; *pa'r ofid* **waeth**? *pa'r glwy* **waeth**? Cymh. ymhellach: *Mi ae gowineis . . . ba beth* **oreu** *rac eneid*, BB 84; *heb wybot pwy* **oreu** *na phwy dewraf*, RBB 162; *Ond pa un* **waethaf** *a'i godineb y wraig ynteu'r gŵr*? RBS 73; *a pha fodd* **fuddiolaf** *i dreulio dy amser*, ib 193; *pa un* **dlottaf** *ai'r hwn . . . ai'r gwr . . .*, ib 275; *ni wybod pa rai* **waethaf** *o honynt*, ML 1.406.

§128 RHEOLAU ERAILL YNGLŶN Â'R FRAWDDEG 'ENWOL'

(i) *Cysefin y Goddrych*

Yr allwedd i ddeall y pwnc sydd dan sylw yma yw cadw mewn cof beth yw cyfansoddiad y Frawddeg Enwol symlaf ei ffurf, heb gyplad yn y safle

*Nid iawn deall 'implied' yma i olygu 'dealledig' fel petai'r cyplad *i fod* yno ond ei fod wedi ei hepgor. Gwyddom mai tyfu a wnaeth y cyplad mewn brawddegau enwol amhur, ac nid cael ei hepgor nes bod yn 'ddealledig' mewn brawddegau enwol pur.

flaen nac yn y safle ganol. Yn y math cynharaf, ' cas gŵr, etc.', nid oes achos i'r goddrych dreiglo gan mai ansawdd + goddrych yw'r ddwy elfen, ac fe ddangosai iaith fel yr Hen Wyddeleg mai diryw fyddai ffurf yr ansoddair, (ac ansoddair yw'r ' ansawdd ' fynychaf). Wrth roi ffurfiau'r cyplad yn y safle ganol fe all y rheini beri treiglad neu gadw'r gysefin yn ôl natur pob ffurfiad ar ei gyfrifoldeb ei hun, fel y gwelwyd uchod, e.e. *yw* y safle ganol yn cadw cysefin y goddrych, *fu* y safle ganol yn peri treiglad ar y dechrau, gw. §105(iv) a §113(iv). Cafwyd esiamplau wedyn o newid trefn arferol y gosodiad megis **Hi hen,** *eleni ganed,* a'r drefn hon, neu leoliad y rhagenw o flaen y dibeniad yn peri i'r dibeniad dreiglo, **Hi gyfa,** *diua y gwyr,* gw. §104(ii). Ond a sôn yn unig am y mathau amhur a geidw'r drefn gynhenid, dibeniad + goddrych, nid yw gosod y cyplad yn y safle flaen yn mennu dim ar y goddrych, h.y. ni all rhoi *ys* o flaen ' cas gŵr, etc. ' gael effaith ar ' gŵr ' ; ac er y byddai'r ffurfiad *pan fu* yn peri treiglad i ' cas ', erys y goddrych heb ei gyffwrdd gan gyplad y safle flaen, ' pan fu gas **gŵr** y wlad, etc.' Sylwer ar yr aml esiamplau a ddyfynnwyd yng nghwrs y bennod hon o gael y cyplad yn y safle flaen : ceidw'r goddrych y gysefin wrth aros yn ei le gwreiddiol ar ôl y dibeniad, e.e. *Bit goch* **crib** *keilyawc,* RP 1030.1 ; y mae *crib* yma yn y ffurf gysefin yn cynrychioli cystrawen y goddrych beth bynnag fo ffurf y cyplad a'i effaith ar y dibeniad*.

Os brawddeg ' enwol ' yw'r ganlynol y mae ynddi esiampl o dreiglo'r goddrych : *Pan vei lawen* **vrein** *pan vrysei waed,* LlH 321 ; h.y. os dibeniad + goddrych yw *llawen* + *brein* ; y mae'n bosibl fod yma wall copïo, sef yr *-n v-* yn *Pan vei* yn peri rhoi *v* hefyd ar ôl yr *-n* yn *llawen* ; ond y peth tebycaf yw fod y copïwr wedi camdreiglo yn ei or-awydd i gael cymaint o gyseinedd *v* ag oedd bosibl yn y llinell. Eithriad hefyd yw'r treiglad yn y canlynol : *a bu ryfedd* **ddioddefgarwch** *C. S. y diacon,* HFf 136 ; un diddal ei dreigladau yw Charles Edwards ; a sylwer fod perygl inni gamddarllen y frawddeg hon oblegid y treiglad, sef cymryd ' ryfedd ddioddefgarwch ' fel cyfansoddair.

(ii) *Berfenw yn oddrych*

Yn y Frawddeg Enwol ddi-gyplad ceidw'r berfenw'r gysefin yn unol â'r egwyddor a draethwyd uchod, e.e. rhaid **mynd**, da **clywed** . . . ; *Anhawdd* **cael** *gan ddrwg weithredwyr gyfaddef,* HFf 247. (Pan arferir cyplad yn y safle ganol yr arfer ddiweddar yw cadw'r gysefin ar ei ôl beth bynnag yw'r ffurfiad er bod ambell awdur yn dewis dulliau hynafol o dreiglo). Ond

*Yn *Llyfr Emynau y Methodistiaid* fe geir, yn emyn John Thomas, rhif 663, *Bydd melys* **lanio** *draw,* yn lle "Bydd melys glanio draw." Y peth sydd yn y gwreiddiol yn *Caniadau Sion* yw "B. m. landio draw." Os oeddid am arfer y gair Cymraeg *glanio* yn lle'r gair benthyg *landio,* dylid bod wedi rhoi "Bydd melys glanio," oblegid amrywiad yw hyn ar "Melys fydd glanio." Fel y mae yn awr, yr ystyr yw, "There will be a pleasant landing," yn lle "It will be pleasant to land."

fel y dywedwyd eisoes, ni all y cyplad yn y safle flaen fennu dim ar y goddrych, a berfenw yw'r goddrych yn y teip yma ; e.e. rhoi negydd y cyplad ar y dechrau : *nid rhyfedd* **clywed** *pregethwr cydwybodus yn gryddfan*, HFf 293 ; neu ffurfiad fel *bydd* : *ag y bydd hawdd* **magly** *a sommi'r darllenydd*, DFf 9 ; *Bydded digon* **dywedyd** *hyn am eu gwleddau*, 2 Macc. VII.42.

Yn §101(viii) a §102(iii) ceisiwyd dangos sut y tyfodd *y mae* ac *y mae'n* i wasanaethu fel cyplad yn safle flaen y frawddeg ' enwol.' Os rhoir *y mae'n* o flaen y dibeniad nid yw'n mennu dim ar y berfenw sy'n oddrych : *y mae'n erchyll* **clywed** *sôn amdano*, DFf 69 ; *mae'n hawdd* **gweld** *yr awron*, GMLl 1.136 ; *mae'n beryglys* **dywedyd** *y gwir*, ib 1.164 ; *y mae yn rheidiol* **rhoi** *attebion*, HFf 362.

Wedi cael *y mae'n* o flaen y dibeniad, daeth yn bosibl arfer *yr oedd yn* + , *bu'n* + , *bydd yn* + , yn yr un safle, heb beri treiglad i'r goddrych, h.y. ' yr oedd yn hawdd **gweld** . . .', ' bydd yn rheidiol **rhoi** atebion.' Ac os bydd ansoddair neu adferf yn graddoli ' ansawdd ' y dibeniad, nid yw hynny, o ran egwyddor, yn newid dim ar gyfansoddiad y frawddeg ac ni ddylai beri unrhyw newid i'r treigladau, h.y. ' y mae'n hawdd *iawn* **gweld** . . .,' ' mae'n beryglus *anghyffredin* **dywedyd** y gwir.' Fel y dywedwyd uchod §101(xiii) nid oes gwir sangiad yma rhwng *y mae'n* a'r goddrych, gan nad brawddeg normal sydd yma lle disgwylir berf a goddrych yn union ar ei hôl, ond brawddeg ' enwol ' ac yn ôl twf a chystrawen honno y mae pob gair yn ei drefn arferol ; ac o arfer y geiriau o gwbl nid oes dim trefn arall iddynt ; h.y. b'le arall y gellir rhoi *peryglus* a *rheidiol*, etc. ? Ac nid yw ychwanegu ansoddair neu adferf at y dibeniad yn peri sangiad, gan fod yr ans. neu adferf, (*iawn* ac *anghyffredin*) yn ei unig le priodol heb beri sangiad i drefn arferol geiriau'r frawddeg, a heb wahanu dau air y dylai fod cyswllt rhyngddynt. Hyn a fyddai'n sangiad, ' Mae'n beryglus *heddiw* + dywedyd y gwir,' neu ymadrodd fel ' o dan yr amgylchiadau.'

Ond bwrier fod dau neu dri o adferfau wrth ' ansawdd ' y dibeniad nes bod y berfenw ymhell oddi wrth yr ' ansawdd,' rhoir ymdeimlad fod sangiad cyn dyfod at y berfenw a chyfyd tuedd i dreiglo'r berfenw o'r herwydd, sef y gair a ddaw ar ôl y sangiad tybiedig. Hynny, yn ddiau, sy'n cyfrif am y treiglo yn yr enghreifftiau hyn o PA, testun sy'n treiglo mewn cysylltiadau eraill ar ôl ' sangiad tybiedig ' [gw. §17(iii) nod.] : *y mae'n bechod anfeidrol, dialeddus*, **furmur** *yn erbyn ewyllys duw*, 5 ; *mae'n rhinwed(d) Gristnogaid(d) angenrheidiol*, **drigarhau,** 105 ; ac y mae cyfansoddiad anarferol y dibeniad yn y canlynol yn rhoi'r argraff fod sangiad o flaen y berfenw : *Ac nad yw ond oferedd*, **obeithiaw** *a disgwyl am help*, 235. Y mae'r atalnodi'n profi fod yr ysgrifennwr yn barnu fod sangiad o flaen y berfenwau yn y brawddegau hyn. Dengys y ddwy esiampl ganlynol, y naill yn cadw cysefin y berfenw a'r llall yn rhoi treiglad er mai'r un yw'r gystrawen, sut y cyfyd ansicrwydd pan geir dibeniad sy'n fwy nag ansoddair syml : *a welodd fod yn amhossibl* **cael** *heddwch,* 2 Macc. IV.16 ; *ni a welsom fod yn angherrheidiol* **fynegi** *hyn i chwi,* ib I.18. Yn wir y mae'r esiamplau hyn sy'n dangos treiglad yn cynrychioli tuedd i dreiglo, sydd rywfodd yn 'naturiol' ar ôl dibeniad cymhleth, a phan geir berfenw yn tueddu i dreiglo heb 'achos,' fe geisir cyfiawnhau'r treiglad drwy arfer yr ardd. *i* o'i flaen ; a chan fod 'i + person' yn digwydd mor gyffredin yn y cystrawennau hyn, (h.y. 'hawdd i chwi siarad,' 'rhaid i mi fynd') cryfheir y duedd i roi *i* o flaen y berfenw 'ysgaredig.' Pe bai'r dyfyniadau uchod o PA yn dod o enau deheuwr, y mae'n bur sicr mai 'i furmur,' 'i drugarhau,' 'i obeithio' a ddywedai. Efallai fod rheswm arall dros y duedd hon i arfer yr ardd. *i* ; credaf fod yr ardd. *i* i'w glywed yn amlach os enw fydd y dibeniad ac nid ansoddair, e.e. 'mae'n **bechadurus mynd** â phlentyn . . .,' 'mae'n **bechod i fynd** â phlentyn . . .' ; ymddengys i mi fod hynny o wahaniaeth yn esbonio'r ail gystrawen. Os oes rhyw ddiben i ddyfynnu enghreifftiau gwallus, dyma ychydig enghreifftiau o destunau CDC : (1) treiglo'r berfenw yn union ar ôl y dibeniad, *nad yw bossibl* **wahanu** *a dosbarthu delwau,* Hom 2.123 ; *ac nid digon* **feddwl** *weithiau am bethau ysprydol,* HFf 367 ; (2) arfer yr ardd. *i* o flaen y berfenw ar batrwm yr 'infinitive' Saesneg a heb sangiad tybiedig i roi achos, *Rhwydd yw* **i fyfyrio** *ar Dduw,* HFf 319 ; *hawdd* **i gasglu,** DPO[2] 8.

(iii) *Dibeniad + Berfenw yn wrthrychol ar ôl 'Dywed,' etc.*

Gan fod dwy drefn i'r Frawddeg 'enwol' amhur neu fod dwy safle i'r cyplad ynddi, ceir dwy ffordd i'w gosod yn wrthrychol ar ôl berfau fel *dywed,* neu i ddibynnu ar arddodiaid fel *am.* Y mae'r drefn 'cyplad + dibeniad + goddrych' yn gyfartal â brawddeg normal yn yr ystyr fod berf yn gyntaf ynddi ; y mae'r ail drefn, 'dibeniad + cyplad + goddrych' yn frawddeg annormal gan nad berf sydd gyntaf. I gyfleu'r ail drefn yn wrthrychol nid oes eisiau ond arfer *mai* fel cysylltair a chlymu'r frawddeg gysefin wrtho, gan newid amser y ferf a'i pherson os bydd angen, e.e. *Cariad yw Duw* > *dywed mai cariad yw Duw* ; *am mai cariad yw Duw* ; *da yw inni fod yma* > *mai da yw inni fod yma, mai da oedd iddynt fod yno,* etc. ; cymh. *Mi a ddywedais mai da yw cadw cyfrinach brenin,* Tobit XII.11 ; Nid oes dim pwnc treiglo'n codi yma.

Ond y mae arfer *mai* yn cyfleu fod pwyslais ar y gair sy'n ei ddilyn (ac ar flaen y cymal gwrthrychol). Nid oes bwyslais, o angenrheidrwydd, ar y dibeniad yn y safle flaen, er y gallai fod pwyslais wrth gwrs—a'r pryd hynny byddai'n briodol arfer cystrawen *mai.* I osgoi cyfleu pwyslais pryd na fydd angen pwyslais, rhaid dewis ffordd o droi'r cymal yn wrthrychol heb arfer *mai* a llunio cymal gwrthrychol sy'n gweddu i osodiad normal a dibwyslais ; mewn gair, fel pe bai berf ar flaen y gosodiad cysefin.

Gellir clywed peth mor lletchwith ac anaddas yw cystrawen *mai* yn yr enghraifft ganlynol: *ti a glywaist* **mai rhaid** *yw ymdrechu*, LlHyff, At y Darllenudd.

Pan droir brawddeg yn y drefn gyntaf yn wrthrychol, try'r cyplad ar y dechrau yn *bod* neu *fod*, a cheir y gweddill yn dilyn heb unrhyw newid, e.e. *bu raid brysio* > *dywedodd fod* + *rhaid brysio*; cymh. *am fod cynddrwg eu moes*, BC 47. Yn y Pres. Myn. defnyddir *y mae* (*'n*) yn safle *ys*, e.e. *y mae'n rhaid mynd* a lledodd y duedd i arfer y geiryn *yn* gyda chyplad y safle flaen yn y math yma o frawddeg 'enwol,' (h.y. lle ceir berfenw yn oddrych ynddi); felly ar ôl berfau fel *dywedodd* neu eiriau tebyg i *am*, try'r cyplad + *yn* yn *bod* + *yn*; cymh. *am* **fod yn haws** . . . *eu defnyddio drachefn*, J.M.-J., CD 64; *er* **bod yn lled amlwg** *mai benthyg diweddar yw*, ib 20. Fe bair cystrawen gymhleth y dibeniad yn y cysylltiadau hyn ymdeimlad fod sangiad cyn cyrraedd y berfenw a hynny sy'n cyfrif am yr esiamplau a welir o'i dreiglo: *fe dybygwyd fod yn orau* **ddangos** *yn gyntaf dim* . . ., Hom 2.23; *ni a welsom fod yn anghenrheidiol* **fynegi** *hyn i chwi*, 2 Macc I.18 (cyferb. *a welodd fod yn amhosibl* **cael** *heddwch*, ib IV.16); *yn dangos fod yn amhossibl* **dhealht** *lhywenydh*, DCr^1 47^b (*ddeall*, ib^2 33^b).

Yn y gystrawen 'y mae'n rhaid credu' > 'fod yn rhaid credu' y mae'r ferf *y mae* yn ddiberson, yn debyg i *darfod*; ond y mae tuedd i'w deall fel berf a goddrych dealledig ynddi, ac i arfer '**ei** bod yn rhaid' weithiau, i gyfateb i'r *hi* a dybir yn ddealledig. Y gystrawen gyntaf sydd amlaf yn y testunau safonol, e.e. *os tybid* . . . **fod yn ormod** *i frenin dalu morc*, LlHyff 50; *y mae* . . . *yn dyscu* **fod yn rhaid** *i ni addoli yr Arglwydd Dduw yn unig*, YmDd 231.

Ceir esiamplau weithiau o roi'r 'cymal gwrthrychol' yn annibynnol ar y dechrau, ar batrwm y gystrawen Saesneg lenyddol, nes troi'n 'gymal goddrychol': e.e. **Bod yn angenrhaid** *i Gristion ei baratoi ei hun* . . . *ymddengys yn eglur*, ib 284.

PENNOD XV

GEIRYNNAU A CHYSYLLTEIRIAU

§129 A (= AC) ; Â (= AG) ; GYDA, TUA, EFO

(i) Ymddengys oddi wrth y gwahanol ystyron sydd i *a* neu *â*, a'r amrywiad a geir ar *â* mewn rhai cysylltiadau, sef *o*, a'r treiglad gwahanol (h.y. meddal) sydd ar ôl *â* (= o) ar y dechrau, fod tair neu bedair o ffurfiau gwahanol eu tarddiad wedi ymdoddi yn yr un ffurf *a* neu *â* sydd gan y Gymraeg yn awr ; gw. WG 409-10. Fel arddodiad efallai y byddai gywiraf inni ddosbarthu *a* (= *o*) ond fe'i cynhwysir yma er mwyn cyfleustra.

(ii) *a* (= *ac*)

Cysylltair rhwng dau enw neu ddau ansoddair neu ddwy frawddeg, yn peri tr. llaes i *c p t*, ac yn cadw cysefin y cytseiniaid eraill : *ci a chath* ; *main a chymwys fel y fedwen* ; *teithiodd a phregethodd*, etc.

(iii) *â* (= *ag*)

Hawdd gwahaniaethu rhwng dwy o leiaf o swyddi *â*, sef yr ystyr '(together) with' a'r geiryn cymhariaeth ar ôl ffurfiau cyfartal yr ansoddair. Cynhwysir yr *â* gyntaf yma hefyd yn y ffurfiadau *gyda, tua*. Os oes gwahaniaeth rhwng *â* ac *a* [sef (i) uchod] heblaw'r gwahaniaeth orgraff, dylid nodi mai *a* sydd yn *ef a* a droes yn *efo, hefo*, oblegid er mai 'with' yw ystyr *efo*, y mae'n weddol amlwg mai 'he and . . .' yw'r ystyr yn wreiddiol. Yn wir y mae datblygiad *efo* yn awgrymu mai o'r cysylltair *a* ('and') y magwyd ystyron *â* ('with'). Dengys yr enghraifft ganlynol sut y tyfodd *efo* : *llyma gor yn dyuot y mywn* . . . **ef a chorres,** RM 197 ; 'with a female dwarf,' L & P 123 ; gw. §61, Nod. 3, nod. godre.

Ceidw *gyda, tua* y tr. llaes ac ni raid dyfynnu enghreifftiau. Ceir tr. llaes, fel y disgwylir, ar ôl *efo* hefyd : *efo pha rai*, ML I.99 ; *efo Phegi Morris*, ib I.264 ; *efo Chaptain Weller*, ib I.177 ; *efo chyfrifon*, ib I.366 ; *efo phlant*, ib 2.162. Disgwylir i *ef ac* roi *efo-g* o flaen llafariad ; cymh. *efo'g Esgob Elwy*, ib 1.237 ; *efo'g offeiriada'*, ib ib ; *efo gê*, ib 2.226 ; *efo ge*, ib 2.244. Hefyd, disgwylir rh. mewnol genidol, ac nid y rh. blaen, e.e. *efo'm hannwyl frawd*, ib 2.258 ; ond fel y cafwyd *gyda nhad*, etc. ar lafar, [gw. §64(v)] ceir yr un peth ar ôl *efo*, e.e. *efo nhad*, ib 2.226.

Erys y tr. llaes rheolaidd mewn testunau diweddarach, e.e. *hefo phethe crefydd*, Daniel Owen, RL 88 ; *hefo chrefydd*, ib 139 ; *troi hefo phen y llyn*, OME, B—G 75 ; ond gan fod ansawdd y llafariad *a* wedi newid nes colli'r ymdeimlad â'r *ef-a* gwreiddiol, nid yw'r rhyfedd fod (*h*)*efo* wedi colli'r tr. llaes ar lafar ; a cheir enghreifftiau yn DO yn enwedig yn ei ddeialog, e.e.

rydach chi y crefyddwrs yma mor od **hefo pethe** *felly,* RL 137. Gan mai siroedd y Gogledd sy'n arfer *(h)efo,* anodd i rywun o'r De benderfynu a yw'r treiglad llaes i'w glywed o gwbl yn awr ar lafar gwlad. Hyd y deallaf, nis ceir a cheir tystiolaeth ynglŷn â hyn yn y nodiadau iaith ar ddechrau *Laura Jones* Kate Roberts : yno sonnir am enghreifftiau o gywiro'r iaith lafar yn y testun ac un enghraifft o hynny yw adfer y tr. llaes ar ôl *hefo.*

(iv) *â* = *o* ; *o* = *â*

Ymddengys mai *â* arall o ran tarddiad, yw'r un a gyflea ystyr offerynnol i enw, h.y. ' llad â chleddyf.' Yr un treigladau sy'n dilyn yr *â* hon eto, sef llaes *c p t* a chysefin y cytseiniaid eraill.

Ym Morgannwg a Gwent arferir *o* yn gyffredin yn lle *â* ; dyma'r enghraifft a rydd WG 409 : *taro ci* **o** *asgwrn,* Seren Gomer, Mai 7, 1814 ; a rhoir enghraifft gynnar o'r cyfnewid hwn rhwng *â* ac *o* offerynnol : *kymynynt* **o** *δur,* RP 1042.40 = *k.* **a** *dur,* BB 72.9. Dyfynna Geirfa 5a enghreifftiau hefyd ; a chymh. : *ae hanreithaw* **o dan,** RBB 120 ; *rwymedic* **o gadwyneu,** ib 93 ; *taraw* **a chledyf,** ib 94 ; *yn prynwyt* **o waet** *ein Harglwyd ni,* B v.207. Y mae'r cyfnewid hwn rhwng *â* ac *o* offerynnol yn aros o hyd yn nhafodiaith Morgannwg, ond *o* a glywir amlaf efallai.

Gellid casglu oddi wrth y priod-ddull lleol mai'r ardd. cyffredin *o* yw hwn, gan fod troi'r enw offerynnol yn rhagenw yn rhoi *o'no fe* (= *ohono*) ac *o-eni-ddi* (*oheni*), ond nid yn ddieithriad oblegid ceir *ag e* ac *â hi* weithiau : *i sychu fe o glwtyn* (rhagenwol : *ono-fe* neu *ag e*) ; *torri'r pren o gylleth* (rhagenwol : *â hi* neu *o-eni-ddi*).

Cyn trafod y ' cyfnewid ' hwn yn fanylach rhaid rhoi enghreifftiau o gystrawen eithriadol iawn a welir yn rhai o destunau CDC a berthyn i Forgannwg a Gwent, sef arfer *o* offerynnol gyda threigladau *â* yn dilyn, sef llaes *cpt* a chysefin y gweddill. Ceir esiamplau o *â* / *ag* yn y testunau hyn hefyd, a chan mai copi Llywelyn Siôn o'r *Drych Cristianogawl* yw un ohonynt tybiais unwaith mai'r peth a gyfrifai am hyn oedd bwriad awdur y *Drych* i gymysgu priod-ddulliau De a Gogledd yn yr un testun ; ond ceir y ddau beth yn y *Marchog Crwydrad* hefyd. Rhoir yr amryw gystrawennau gyda'i gilydd yn y dyfyniadau isod. Y mae'n werth nodi fod testun yr *Homiliau,* er cymaint o gystrawennau ' deheuol ' sydd ynddo, heb enghraifft, hyd y sylwais i, o'r peth eithriadol hwn.*

Cymh. : *chwipiwch hwnt* **o chordeu,** HG 105 ; *kuro i gorff* **o main,** ib 106 ; *i olchi* **o dwr** *a sebon,* DCr² 60a ; *kant brath* **o dagr** (*kant brath* **a**

*Hyd y sylwais nid oes cymaint ag un enghraifft yn DCr¹, ac er darllen y testun droeon, dyma'r unig esiamplau a godais ohono, ac *a* sydd ynddynt : *ei dorri a chylhelh* 28b, (= *o chyllaill,* ib² 22a) ; *i goroni a drain,* 31a (*o drain,* 23a), eto yn 37b (27b). Fe allwn ddyfynnu amryw esiamplau o'r hynodrwydd hwn o DP hefyd, ond y maent yr un fath â'r rhai uchod. Er hynny y mae'n werth dyfynnu'r darn canlynol : *ag yna i adolygawdd ef ar i verch ynghyfraith gael benthyg hob i vesur rhyw beth . . . ag yna i rhoddes hi yr hob yddo gan rhyveddv yn vawr beth a wnai ef* **o hi,** 262a.

chleddyf) ib 64a ; *o llosged y trevi mawr* **o than,** ib 64b ; *yn gweled* **o llygad** *dyn*, ib 66a ; **o than,** ib 68a ; 69b ; 72a ; *i borthi* **o chorff** *krist*, ib 75a ; *vynghoroni* **o drain,** ib 77b ; *i kurio* **o gyrdd,** ib 86a ; *a gyvrivais . . .* **o ffin** *a du*, ib 97a ; *un ysbonk* **o phen** *bys*, ib 129b ; *gwedy vy ysprydoli* **o dywiol** *ras*, MCr 3b ; *a halogwyd* **o gay** *addoliaeth*, ib 20b ; [*(g)own . . . gwedy froydo* **a** *gwaith nydwydd*, ib 27a ; *gwedy harddy* **og aur** *ag or moddion gost*, ib 27b] ; *dyfra dy wyllys* **o doethineb,** ib 29a ; *a hay i vaes* **o rhinweddey,** ib 40a ; *(g)own o felfed coch gwedy ddyblo* **o chrwyn** *beleod*, ib 45a ; *ystafell . . . gwedy i threfny o amgylch* **o brethyn** *avr . . .* [*gwedy llorio* **a** *marbl du a gwyn*], 46a ; *gan vy mywhau* **o gairie** *llawenychaidd*, ib 48a ; *yny gyddio* **og** *ychydig o vel*, ib 61b ; *ny boeni yn yffern* **o than** *a syched*, ib 66a ; [*a chlog . . . gwedy vroedro* **ag ayr,** ib 69b] ; *ystafelloedd gwychion gwedy gwisgo amgylch yddynt* **o llenay** *sidan*, ib 72b ; *gwedy damgylchyny* **o moat,** ib 74a ; *(l)lyfr ayraid g(wedy)i werchyrio* **o pherls,** ib 78b ; *ath flinhay* **o ffoeney** *enaid a chorff*, ib 79b ; *ag ay sychoedd hwynt* **o gwallt** *i phen*, ib 88a ; eto 91a ; *ay baintio* **o llywie** *costfawr*, ib 88b ; [*megis pridd gwedy liwio* **a chyfoeth** *bydol*, ib 100a] ; *yn cyfoethogi* **o da,** ib 109b ; *ar galon gwedy irhay* **o gwlith** *gras duw*, ib 111a ; *ny ddyly dyn garu duw* **o chariad** *trachwantys*, ib 112b.

Fy nhuedd ar hyn o bryd yw credu mai mympwy llenyddol sy'n cyfrif am hyn, rhyw ddysgeidiaeth ymhlith llenorion Morgannwg a geisiai gysoni'r priod-ddull a ddefnyddiai *o* offerynnol (yn peri tr. m. ar lafar gwlad) â'r arfer lenyddol o gael *â* gyda thr. llaes *c p t* a chysefin y gweddill. Mewn geiriau eraill nid wyf yn meddwl fod y cystrawennau eithriadol hyn ar lafar gwlad ar unrhyw adeg. Sylwer ar y dyfyniad o MCr 72b a rydd **o llenau sidan** ; yn 97b ceir y tr. m. a ddisgwylid ar ôl *o* offerynnol : *ystafelloedd gwedy gwisgo* **o lenay** *ares*. Y mae rhai enghreifftiau o arfer *o* + tr. llaes (neu, cysefin *g b d*, etc.) nad ydynt yn ' offerynnol,' e.e. *i ddyn yr hwnn a wnaethbwyd* **o phridd** *y ddaear*, Llanover B 18.8a, (Ll. Siôn). Yn yr adran nesaf sonnir am *a* yn lle *o* mewn priod-ddulliau tebyg i *ys bychan a beth*, WM 95 lle ceir *a* (= o) a thr. meddal yn dilyn. Nid yr un gystrawen yw hon â phriod-ddull *pur o galon* sy'n gystrawen enidol (' Genitive of Respect,' gw. WS 168). Dyma ddwy enghr. o'r gystrawen enidol yma yn arfer *o*, a'r treigladau ' offerynnol ' yn dilyn, ac y mae'n bur sicr mai yng Ngwent neu ym Morgannwg yr ysgrifennwyd y ddau ddarn :

Dyn wy'n kary ni alla i gelv
rhiw fvn gvlael **gain o ffryd,** CRhC 51 (Cardiff 13).

Kawn Rai yn Caryr Eglwys
heb feddwl am Byradwys
Ond y Bod yn **hawdd O drych**
Ay dillad Gwych yn Gymwys, ib 217
(Almanac Cywrain 1608, Pen 65).

Y mae'n anodd iawn credu fod yr ardd. genidol *o* erioed wedi ei gymysgu ag *â* ac ymddengys i mi mai gramadeg mympwyol a ddysgid rywle i gopiwyr a llenorion Morgannwg sydd yma wedi ei wthio'n rhy bell. Ar y llaw arall fe ddylem gofio mor agos yw'r berthynas rhwng *â* ac *o*. Nodwn yn gyntaf sut y cymysgwyd *na* a *no* (*nac*, *nag* a *nog*), a hawdd wedyn yw deall sut y gallai *a* / *ac*, *â* / *ag* ddylanwadu ar *o* a rhoi *og* o flaen llafariad, ac y mae hynny yn hŷn na'r testunau y dyfynnwyd ohonynt uchod, cymh. *eu saethu a pheledyr*, FfBO 43 ; *y mae tule gwedy y wneuthur* **oc** *eur ac aryant*, ib 55 ; [gw. §68(vi) lle sonnir am *ag* fel ffurf ar y rh. perthynol *a* o flaen llafariad). Hyd yn oed os na ellir credu fod y cyfatebiaethau hyn yn ddigon i fagu'r cystrawennau eithriadol hyn (sef tr. llaes ar ôl *o* a chysefin y gweddill), y maent yn help i esbonio'r opiniynau llenyddol a gynhyrchodd reol y ffordd eithriadol yma o dreiglo.*

(v) *Ys bychan a beth*

Y mae'r priod-ddull hwn yn aros yn yr iaith ddiweddar, e.e. ' hyfryd **o** beth,' ' cythraul **o** beth.' Yn yr hen destunau defnyddir *a* yn bur gyffredin a'r tr. m., a ddisgwylir ar ôl *o*, sy'n dilyn yr *a* yma ; cymh. *ys truc* **a orhoen** *yssit arnaf*, BB 53.12 ; *dewr* **a was,** LlH 70 ; *ys glut* **a beth,** WM 10 (PK 7) ; *ys iawn* **a beth,** ib 11 (PK 8), nod. PKM 115, 216 ; *ys bychan* **a beth,** ib 95 ; *ys dyhed* **a beth** *gadu* . . ., ib 458 ; *mawr* **a gewilyd,** YCM[2] 21 ; *mawr* **a drueni** *oed* . . ., ib 51*.

Sylwer ar y fannod yn y canlynol : *Mawr* **or** *lhywenydh* . . . *wrth weled Mair Wenn*, DCr[1] 58a (= *mawr o l.*, ib[2] 38a).

*Fe nodwyd mai tr. m. sy'n dilyn *o* offerynnol yn nhestunau Cym. Can. ; nid wyf yn deall pam na ddangoswyd y treiglad yn y canlynol : *y distryweist uyg keyryd ynheu, a'm kestyll, a'r holl wlat* **o tan** *a chledyf*, YCM[2] 17 (cymh. *y goreu a dereu* **a chledyf** *gloyw*, ib 48 ; a sylwer sut y ceir *ac* + rh. blaen yn lle *a* + rh. m. : *yd ymladyssant* . . . **ac eu** *traet ac a meini*, ib 27). Y mae'n ddigon tebyg mai esiampl ydyw o fethu dangos y treiglad, cymh. *wedy yr uwrw y'r llawr* **o tri** *chythreul Sarascin*, ib 107. Dylid nodi, gyda llaw, mai'r *o* a ddefnyddir i reoli ' goddrych ' neu weithredydd y berfenw yn yr *o-gystrawen* gyffredin sydd yn yr enghraifft hon, fel sydd yn y canlynol : *a gwrysc kelyn yn amyl ar y llawr* **gwedy ryyssu or gwarthec** *eu bric*, WM 202 ; gw. B IX.214. A gyfrannodd y gystrawen hon at dwf *o* fel ardd. i gyfleu'r ystyr offerynnol ? Ni ddylid pwyso gormod ar hynny o awgrym gan fod *o* offerynnol yn digwydd er yn gynnar mewn cystrawen ferfol, fel sydd yn enghraifft gyntaf y nodiad hwn.

Gellir nodi yma hefyd nad yw treigladau rhyfedd y *Madruddyn* heb gynsail, neu rai ohonynt beth bynnag, e.e. *neu mysciad* **o pheth** *cymmyscedig*, Madruddyn y Difinyddiaeth Diweddaraf, (John Edwards, 1651) t 105. Sylwer wedyn sut y defnyddir *o* yn lle *â* yn y canlynol : **pallu o credu,** 21 (= peidio â ; ceir ' pallu â ' ar lafar gwlad yn y De) ; *pan y* **peidiodd ef o cadw'r** *ammodau*, 27.

*Enghraifft arall yn PKM yw'r hyn a ddywed un o'r gwragedd a fu'n ddiofal wrth eu gwaith yn gwylad Rhiannon y nos y collwyd y mab : **bychan a dial** *oed yn lloski, neu yn dienydyaw am y mab*, WM 28 (PK 20). Fe'i rhoir yn y nodiad hwn er mwyn cymharu esiamplau tebyg o ran ystyr o *Enoc Huws* : *cofia ddangos pob parch i Mr. Huws pan ddaw o yma, a bod yn suful efo fo*, **ne' fydd yn fychan gan dy dad dy roi di ar tân,** 103 ; cymh. hefyd : *Bydawn i ddim ond yn sôn am y peth wrthi,—wel, mi gwela hi* ! **fydde fychan ganddi** *roi slap i mi yn y ngwyneb* !, ib 57.

§130 Geirynnau Negyddu: Ni, Na, Nid, Nad

Negyddu Dibeniad y Frawddeg Enwol

(i) Defnyddir y ddwy ffurf, *ni* a *nid* i negyddu'r frawddeg enwol bur. *Nid* sydd amlaf yn y testunau cynnar ac nid yw'n hawdd dywedyd pam y mae *ni* mor anaml gan fod rhai esiamplau i'w cael a bod cystrawen arfer *ni* wedi aros ar lafar gwlad, h.y. ni ellir dadlau fod *ni* wedi ei ddisodli gan *nid*. Anodd hefyd yw esbonio pa wahaniaeth a fu rhwng *ni* a *nid*; awgrymwyd yn §102(ix) mai o flaen enw y dechreuwyd arfer *nid* ond awgrym yn unig yw hynny.

Y mae'r enghreifftiau cynnar yn rhy brin, a'r darlleniadau'n rhy ansicr, inni allu penderfynu a fyddai *ni* ar y dechrau yn peri tr. llaes i *c p t* heb dr. m. i'r cytseiniaid eraill. Fel y dangosir isod wrth drafod *ni* o flaen berfau, fe ddisgwylid i air a bair dr. llaes i *c p t* gadw cysefin y cytseiniaid eraill, ac y mae rhesymau da dros gredu mai hynny oedd cystrawen *ni* normal o flaen berfau. Y negydd perthynol a barai dr. m., a hynny i bob cytsain, a chymrodedd o'r ddwy gystrawen, y normal a'r berthynol, sy'n cyfrif fod *ni* yn peri dau dreiglad. Y mae'n anodd gweld fod gwahaniaeth rhwng y gystrawen normal a'r gystrawen berthynol yn yr enghreifftiau a gasglwyd oblegid y mae *ni* yn peri tr. m. i *g* mewn enghreifftiau cynnar, ac y mae *na* y negydd perthynol yn peri tr. llaes i *c*. Os bu gwahaniaeth fe'i collwyd yng nghystrawen *ni* / *na* y cyplad yn hollol fel y collwyd y gwahaniaeth rhwng dwy gystrawen *ni* rhagferfol er bod olion gwahaniaeth yn aros yn y testunau cynharaf yng nghystrawen *ni* rhagferfol.

(ii) *Treiglad llaes 'ni' cyplad*

Cymh. **ny thebic** *drud y treghi*, BB 70.11; (y llinell flaenorol: **Ny naud** *y direid imioli a duv*); **ny thebic** *idaw byth caffel madeueint*, LlA 135; (yr ystyr yw 'not probable, unlikely'); *Can rewyd* **ny phell** *uyd rin*, B IV.6 (174) (?).

(iii) *Treiglad meddal 'ni' cyplad*

Cymharer: **Ny naud** . . ., BB 70.10 (gw. paragraff uchod); **Ny nawt** *vyd aradyr. heb heyrn heb hat*, BT 37.24; **Ni nawd** *nid llonyd a llwyfin*, MA 240b (gydag amryw linellau'n dechrau â *Gnawd*; gw. HGCr 161); [*Gnawd itaw treisaw tros pob echwg* / **ny gnawd** *oe ardal na thal na thwng*, LlH 55; darll ʒ? neu enghraifft o'r gysefin fel y disgwylid yn ôl y ddadl yn (i) uchod ?]

Yr ansoddeiriau a ddigwydd amlaf yn y gystrawen hon ac a geidw'r tr. er i'r geiryn ddiflannu yw *da, gwiw, gwaeth*; a'r gair sydd amlaf i gyd yw *rhaid*. Cymh.: **ni wiw** *ichwi gynnyg*, BC 42; **ni waeth** *ganddi*, ib 28; **ni wiw**, HDdD 146; **ni waeth** *ganddynt*, YmDd 185; **ni raid** *i ni ofni*, HFf 252 [cyferb. **nid rhaid** *i ni fwrw*, ib ib]. Y mae Ellis Wynne yn dueddol iawn yn RBS i ddewis *ni* yn lle *nid* : **ni waeth,** Rhag (3) ; 97 ; [**nid ĝwiw** *ymryson,* 56] ; **ni hwyrach,** 111 ; 125 ; 126 ; 131 ; [**nid hwyrach,** 124] ;* **ni fwy** *ganddo . . . na phetteint heb perthyn iddo ronyn erioed,* 112 ; *Ni all ac* **ni raid** *un briodolaeth arall,* 180.

Ni allaf honni imi graffu ar bob enghraifft yn y Beibl ond y cof sydd gennyf yw mai *nid* a ddefnyddir bob amser : **Nid rhaid** *poen i'r hon a gyfodo yn foreu,* D. Sol. VI.14; **nid rhaid** *iti weled,* Eccl. III.42 ; **nid ĝwiw** *ceisio bwyd yn y bedd,* ib XIV.16.

Cymh. ymhellach rai esiamplau diweddarach a dylwn fod wedi nodi mai *na* yw'r geiryn pan dry'r gosodiad yn gymal isradd gwrthrychol neu o dan reolaeth arddodiad : **ni wiw** *immi ddisgwyl,* ML 1.97 ; **ni wiw** *disgwyl,* ib 1.101 ; **Ni dda** *gennyf mo'r . . .,* ib 2.264 ; *rwy'n tybio* **na wiw** *disgwyl,* LGO 41. Cyfeiriwyd uchod yn §105(viii) at y priod-ddull yn ML sy'n bur debyg o fod yn un o fympwyon arddull WM, sef *ni wybod* ; e.e. **ni wybod** *pwy a fydd byw,* ML 1.91 ; tebyg yn 1.204 ; 1.214 ; 1.406 ; cyferb. **nid oes wybod,** ib 1.290. Ceir *ni wybod* hefyd yn ALMA 226 (Edward Hughes) : ai peth a ddysgwyd drwy ohebu â W.M. yw hyn, neu a yw'n bosibl fod y priod-ddull ar lafar gwlad ? Yn y siarad a ddaw o enau cymeriadau Daniel Owen y clywir y priod-ddull sy'n arfer *da* fwyaf: **na dda** *gen' i mo'r eglwys,* RL 412 ; *mi wyddoch* **na dda** . . ., EH 39 ; eto 45 ; 102 ; *ond* **dda** *gen'i mono,* ib 102 ; *er* **na dda** *gen i,* GT 35. Ni wn i'n iawn beth sy'n cyfrif am droi *dda* yn *tha* yn nhafodiaith yr Hen Ffarmwr ; gellir awgrymu mai o gydweddiad â'r gystrawen ferfol *'chaiff,* etc. y trowyd δ yn *th* ; e.e. **tha** *gen i,* Llythyrau (argr. GPC) 9.

Ac nid wyf yn deall sut y cafwyd y ffurf *ni thraid* a welir mewn argraffiadau o waith emynwyr y ddeunawfed ganrif. Y mae'n bosibl mai olion yr *th* yn *byth* sydd yma, ond y peth tebycaf yw mai camddehongli orgraff rhyw destun a greodd y ffurf ryfedd hon. Gallwn ddisgwyl i *nid* + *rhaid* roi calediad, *d-rh* > *tr,* a chynrychiolir hynny yn y canlynol : **nyd traid,** MCr 11a ; 104b ; **nitraid,** DCr² 114b ; colli'r *ni* a cheir *traid,* a hynny a geir yn *Dyfroedd Bethesda* t 21 ; 22†. Pe bai'r *h* yn cael ei hadfer ceid *trhaid* ac ymddengys imi mai'r ffurf yma a roes *thraid,* e.e. **'Th raid** *i mi yno i gario'r groes,* W (1811) 127 ; **'Thraid** *'redig, na medi,* ib 205 ; *Maent yn eu lle,* **thraid** *symmud mwy,* M. Rhys, G. Nebo (argr. Elfed) 86. Yna gan fod yr *th* yn y safle hon yn annealladwy fe'i trowyd yn fath o ragenw

*Ceir *ni hwyrach* hefyd yn ML I.289.

†Ceir y canlynol yn yr un gân yn GMLl I.101-3 : **Ni'th raid** *mwy newyd cyflwr . . . Lle nid rhaid wrth dapster hael . . . Na rhaid na rhwyd na rhedfa . . .* **Traid** *mwyach alw arnat ti* ; ond fe eglura nodiad y gol. ar odre t 100 mai o lyfr hymnau a argraffwyd gan Nicholas Thomas yn 1738 y cafwyd y darn lle y digwydd yr esiamplau hyn. Un esboniad arall sy'n bosibl ar y gystrawen *thraid* yw hyn : sef bod y ffurf *traid* yn cael ei harfer ar lafar, a'i bod yn swnio fel berf negyddol ar ddechrau'r gosodiad a'r *ni* wedi ei hepgor ; byddai berfau *c p t* yn *ch, ph, th* yn y safle hon, e.e. *'chaiff. 'phrynodd, 'thâl hi ddim* ; fe allai *traid* roi *thraid* o gydweddiad.

mewnol ar ôl *ni* : **Ni'th raid** *achwyn i'r llafurwr*, Thos. Dyer, Md Ddd Rees o Lanfynydd, 1818, t 3 ; **Ni'th raid** *achwyn*, Md William Thomas, y 'Pile,' marw Awst 1811 ; gan Daniel Daniel y Constant, t 2. Diau mai o destunau'r emynwyr y cafodd Joseph Harris (Gomer) yr odrwydd hwn : **Ni'th raid wrtho** *lawer o fedrusrwydd*, Gweithiau 41 ; (= nid rhaid wrth) ; *ac am hynny* **na'th raid** *i chwi weithio*, ib 82.

(iv) '*Na*' *mewn atebion*

Fel y try *ni* rhagferfol yn *na* mewn atebion ceir yr un peth yng nghystrawen y frawddeg enwol. Enghreifftiau gyntaf o negyddu ans. neu enw'r dibeniad : **ae guell** *y gwna neb uy neges i wrthyt ti no mi vy hun.* **na well,** WM 84 ; (*ae drwc gennyt* . . . **na drwc,** ib 425 ; darll. *δrwc*). **Na wir,** ib 458 ; *Nyt reit ym vn ovyn.* **Na reit** *myn uyg cret,* SG 215. *Oni byd(d)ai orau rod(d)i y* . . . **Na orau d(d)im,** DByrr 55 ; *ai da'r gynghaned(d) yma ?* **Na d(d)a d(d)im,** ib 267.

Cymh. hefyd :

Meistr Pirs, ai mwy ystôr pen ?
Na fwy, *Isag neu Foesen* ! TA 29.5-6.

I gael darlleniad cywir, dylid dileu'r coma oblegid ystyr y llinell yw 'Nid mwy Isag neu F.', neu 'Nid yw I. neu F. yn fwy.'

Dibeniad yw'r enw ar ôl *na* yn y canlynol : "*Cysgu yd wyt ti Marcol*" ; "**Na chysgu,**" *heb ef,* B III.275 ; cymh. "*Seint ynt, seint* . . ." "**Na sant** *hwnn, yn wir,*" FfBO 36.

Ceir rhagenwau personol yn y canlynol a chan fod y ddau enw sy'n ddealledig yn y frawddeg enwol yn bendant gellir edrych ar y ddau fel goddrychau, yn hytrach nag fel dibeniad a goddrych, [gw. §102(ix)]. Y mae angen galw sylw arbennig at **na ui** ('it is not I') oblegid os hynny yw'r gystrawen negyddol, gellir cael at y gadarnhaol **neu ui** ('it is I'), gw. §104(ii), §132(iii), heblaw'r gystrawen **ys mi**. Cymh. : *a gouyn* . . . **ay hihi . . . na ui** *myn uyg nghyffes,* RM > WM 416 ; (cymh. *ae ti a eirch uy merch.* **Ys mi** *ae heirch,* WM 479) ; **ae myfi** *ath uuwryawd di* . . . **Na thi,** RC 33.193 ; **Ae mivi,** *hep yr yessu, ath vyryws di.* **Na thi,** *arglwyd,* P 14.73 ; *ni a gredwn* . . . *taw ti oed bown.* **Na vi,** *heb ynteu,* CCh 142 (= Bown 1543). Cymh. hefyd yr hen briod-ddull : **mi na vi** *Aneirin,* CA 548, nod. t 205.

(v) *Brenin na frenin*

Barnaf mai hen ffurf berthynol *ni* 'cyplad' yw'r *na* sydd yn yr enghraifft hon a'i thebyg, h.y. *nad yw* ; ac mai'r ystyr yw 'a king who is not a (real) king, a worthless' neu 'unworthy king.' Dyna yw grym yr enghraifft a ddyfynna CA 205 o TA II.538, "Lle bu Deon Du . . . dyn doeth arbennig . . . **Deon na ddeon** *a ddoeth,* h.y. deon nad oedd yn werth ei alw'n ddeon," neu efallai, 'nad oedd yn haeddu bod yn ddeon.' Gw. L & P 250 hefyd lle cynigir 'a king and (yet) not a king.' Ymddengys oddi wrth rai o'r dyfyniadau mai'r ystyr yw 'whether there be . . . or not,' gw. CLlH 91 a CA 205. Beth bynnag nid wyf yn meddwl fod yr aralleiriad a roir yn *Proffwydoliaeth yr Eryr*, B IX.114 yn iawn gyfleu'r ystyr ac ymddengys i mi fod yr aralleiriad hwn wedi dod o drosi'r Lladin a bod y testun Lladin wedi colli pwynt y priod-ddull Cymraeg : *Gwedy hynny y dywedir ym bryttaen.* **brenhin yssyd, brenhin nyt oes,** Nod. 115 = Parry (Brut) 32.6, *brenhin na vrenhin,* 'rex est & rex non est.'

Ni ddangosir y treiglad yn BB 62 : *a mi dysgoganawe gwydi henri* **breenhin na breenhin** *brithwyd dybi* ; cymh. RP 580.33-36 : *A mi disgog(an)af wedy mab henri* **brenhin na vrenhin** *brithuyt a ui . . . pwy wledych wedy* **brenhin na vrenhin** ; esiamplau pellach yn dangos treiglad yn B IV.71, 74, 116 ; a Parry (Brut) 225.

Cymh. ymhellach : *nychaf y marchoc nosweith yn ymdangos idaw ac ef* **kyssĝv na chysĝv,** P 7, col 86 ; *ac ef yn* **cysĝu na chysĝu,** CCh 25 (= 'rhwng cwsg ac effro,' 'cysgu nad yw'n wir gysgu') ; *Barwn na farwn a fo,* Cym. IX.5 ('baron or not,' I.W. yn CLlH 91). Noder yr enghraifft y cyfeiriwyd ati uchod, **Deon na ddeon,** TA II.538.

§131 'Ni,' 'Na' o Flaen Berfau

(i) Y rheol er y cyfnod canol yw fod tr. llaes i *c p t* a thr. m. i'r cytseiniaid eraill, ond parheir i gadw cysefin *b* mewn ambell gysylltiad, ac yn llai aml, cysefin *m.* Y mae peri dau dreiglad yn beth eithriadol iawn ond gwyddom mai'r rheswm am hyn yw fod dau *ni,* sef normal a pherthynol, ac mai cyfuniad o'r ddwy gystrawen sy'n esbonio'r peth eithriadol yma.

Yn y testunau cynharaf ceir cryn nifer o enghreifftiau o dreiglo *c p t* yn feddal pan fo'r geiryn *ni* yn berthynol, h.y. yn cynnwys negydd + rhagenw perth., e.e. dyma esiampl a ddengys yr hen gystrawen berthynol yn diflannu : yn P 4 o'r PK ceir : *ac o enryded gwneuthur y ty . . . peth* **ny chauas** *eiryoet ty y ganhei yndaw,* WM 53 ('peth' wedi newid ystyr yma ac yn cyfleu rhywbeth fel 'since') ; ceir hyn yn P 6 sy'n hŷn copi : *peth* **ny ĝafas,** WM t 280.

Cymh. *corph* **ni ĝlivit,** BB 20 ('body that hearest not') ; *a gvir* **ny ĝilint** *rac gvaev,* ib 72.6 ('and men who would not flee from a spear') ; *neb drut* **ny drefnwy** *gwascawt,* RP 1176.1 ('any fool who may not arrange protection') ; *pawb or pobloed* **ny bara,** ib 1175.2 ('all the people who will not last' ;) gw. WG 423 ; L & P 143.

Gw. hefyd CA 72, nodiad ar *nyt echei,* sy'n cynrychioli *ny dechei,* efallai : *gomynei gwyr* **nyt-echei,** CA 26, 'cut down men who chose not to flee.'*

*Yr unig amheuaeth ynglŷn â'r esiampl hon yw fod y ferf yn unigol, oblegid disgwylid berf luosog mewn cymal perthynol negyddol.

Yno dyfynnir: *ny hu wy* **ny gaffo** *e neges* ib 615; *gwell a wnaeth e aruaeth* **ny gilywyt,** ib 33; *Gwr* **ni dal ni dwng,** MA 192a; *eiriaul* **ny garaur ny gyngein** . . . *Eiriavl* **a garaur** *haud weith,* B IV.8 (176); *Avallen beren bren* **ny grino,** ib IV.123; *Ys drwc a dec ewin* **ny bortho** *yr vn gylvin,* Cy VII.142.

Ychwaneger y canlynol: *ny dyly kadeir* **ny gatwo** *vyg geir,* BT 35.5-6; *kaer yssy gulwyd* **ny gwyd ny grin,** ib 67.7; *duw ner* **ny gymer** *gam esgussawd,* LlH 37.

Anaml iawn y gwelir enghraifft o'r hen gystrawen hon yn y cywyddwyr, eithr cymh.: *Buchedd seiniau* **ni bechynt,** GGl XCII.43.

Dyma ychydig esiamplau a ddengys *ni* normal yn peri tr. llaes i *c p t*: **ny chilyei** *o gamhawn,* CA 25; Ny **chymwyll** *neb twyll tyllu y dor,* LlH 44; **Ny theweis** *ermoed oe moli,* ib 106; **Ny chenir** *buyeid ar ffo,* BB 8.10; **ny phercheiste,** ib 22 (ddwywaith).

Gwelir isod §133 fod yr un gwahaniaeth ar y dechrau rhwng prif ferf ac un berthynol ar ôl *ry*; ac efallai mai'r gwahaniaeth cystrawennol hwn sy'n cyfrif pam y ceir dwy ffurf megis *dichon* a *digon, dychyrchu* a *dygyrchu,* sef ffurf a'r tr. llaes ynddi yn normal, a'r llall yn berthynol.

(ii) Os yw *cpt* yn treiglo'n llaes ar ôl *ni* normal, dylem gasglu mai cysefin y cytseiniaid eraill a'i dilynai ar y dechrau, ac ymddengys i mi yn weddol sicr fod olion yr arfer hon yn aros yn y farddoniaeth gynnar. Sylwn ar y cytseiniaid bob yn un; ceir digon o gadw cysefin *ll,* a rhoir *ny llesseint,* BB 63 (ddwywaith) fel esiampl o hynny gan WG 423. Cymh. **Ny lluit** *reuuet y direid,* ib 8.10; **Ny llettaud** *lle dinag,* ib 25.6; **Ny llafaraf** *eu,* BT 43.7; [**ny lafaraf** *i deith reith ryscatun,* ib 43.22]; **Ny llutyaf** *ym llaw llat nys gwe-yr,* LlH 19; **Ny lluit** *uy llechuod hebdi,* ib 29; **Ny lleueis** *neb treis tros y yscor,* ib 44.

Ni ellir disgwyl cysondeb perffaith gan fod y duedd i gymysgu'r 'treiglad normal' a'r 'treiglad perthynol' ar waith yn gynnar a dyfynnwyd enghraifft eisoes o dreiglo *ll* ar ôl *ni* normal. Y peth arall sy'n ddiddorol, sef fod enghreifftiau o gadw *ll* heb dreiglo; ac er nad yw'n ddoeth gwasgu'r peth, gallwn nodi fod LlH, sy'n cadw cysefin yn bur aml, yn treiglo ar ôl *ni* perthynol, e.e. *pwyllid erof ar* **ny leueis,** 20.

Ni ellir bod yn bendant ynglŷn â threiglo *rh* gan na ddengys orgraff y testunau cynnar wahaniaeth rhwng *rh* ac *r*; ond teg fyddai casglu y gallai *rh* gadw'r gysefin os oedd *ll* yn ei chadw. Pedair cytsain sydd ar ôl, *g, b, d, m.* Gwyddom fod *b* ac *m* yn cadw'r gysefin ar ôl *ni,* yn nhestunau Cym. Can., yn y Cywyddau ac yn ddiweddarach hyd at Gym. Diweddar; dyfynnir enghreifftiau bob ffordd isod. Felly *g* a *d* yn unig sydd ar ôl. Y mae'r rhan fwyaf o'r hen destunau heb ddangos y gwahaniaeth rhwng *d* ac *dd,* a hyd yn oed yn y rheini sy'n arfer *t* am *dd,* ni roddant *t* ond yn anaml ar ddechrau gair. Os berf yw *tiuuc* yn *Ny tiuuc,* BB 8.2, = 'ni ddiwyg(ia),' dyna esiampl o dreiglo *d* yn *dd* ar ôl *ni* normal. (Y mae'n bosibl mai *ni* cyplad + dibeniad sydd yma, = 'nid diwygiad'; dyma'r dyfyniad yn llawn: *Ny tiuuc rac dricweithred imattrec gvydi darffo*, 'it is no cure for an ill-deed to regret after it is done'). Y mae *g* yn rhy ansicr inni fod yn bendant oblegid fe all *g* gynrychioli ʒ yn y testunau cynharaf; ac wrth ddiweddaru copi fe allai'r copïwr 'modernaidd,' nid yn unig ddileu *g* dreigledig, ond fe allai ddileu *g* ar ôl *ni* pryd na ddylai yn ôl yr ymresymiad uchod. Y mae'n anodd dywedyd beth yw arwyddocâd yr *g* sy'n aros ar ôl *ni* normal yn y canlynol; y mae'n bosibl mai olion yr hen gystrawen ydynt: **ny ganet** *yn dyd plwyv neb kystal a duw*, BT 10.9-10; **ny gwybyd** *nebawt*, ib 19.26-7; **ny goreu** *emwyt*, ib 24.19-20; **ny ganet,** ib 27.13; **ny golychaf,** ib 64.2.

Disgwylir treiglad ar ôl *ni* perth., e.e. *y wledic* **ny omed,** ib 64.7; ond ceir esiamplau o dreiglo *g* ar ôl *ni* normal hefyd: ny **wydyem** *pan oed ti a grogem*, ib 12.8-9; **Ny obrynaf,** ib 55 (ddwywaith); a cheir digon o esiamplau yn *Hendregadredd*: **Ny wyr** *kychwil veirt . . . tymp*, LlH 4; **Ny wtant** *vanveirt*, ib 6.

Y mae digon o esiamplau o gadw cysefin *b* ac *m* mewn testunau sy'n ddiweddarach na thestunau'r dyfyniadau uchod. Cymh.: **ni bu** *unnos*, WM 6; **ny bu . . . ny buost,** ib 11; **ny buant,** ib 17; **ny mynneis,** ib 18; **ny mynnwys,** ib 37; **ny byryaf,** SD 296; **ny byd byw . . .,** ib 205; **ny mynnei,** ib 184; **ny managawd,** ib 925-6; **ny mynn,** LlA 148.

Disgwylir treiglad ar ôl *ni* perthynol, cymh. . . . *wyr* **ny uegynt** *vygylaeth*, CLlH XI.63, t 41; *Gwae ef arglwyt nef* **ny uo** *parawd*, LlH 37; a sylwer ar yr aml enghraifft o'r gystrawen berthynol yn LlH 211-12: *ny gar*; *ny geis*, *ny gymwyll*; **ny uarn.** Ond y mae esiamplau o dreiglo hefyd mewn cystrawen heb fod yn berthynol, e.e. **Ny vynnei,** LlH 2; WM 58; *Ac* **ny vu** *odric arnadunt*, YCM² 170. Ond y mae'n amlwg nad oes ystyr mwyach i'r gwahaniaeth rhwng y gystrawen normal a'r berthynol fel y dengys yr enghreifftiau canlynol o gadw'r gysefin ar ôl *ni* perthynol: *yn y pethau* **ny beynt** *yn erbyn duw*, B VIII.135; *nyt oes nep* . . . **ny bo** *diheu gantaw*, WM 36; *nit oed gyueir* . . . **ny bei** *yn llawn oe garyat*, ib 102.

Gan fod dwy gystrawen yn bosibl naturiol disgwyl i'r cywyddwyr arfer y ddwy yn ôl gofynion y gynghanedd:

> **Ni fynnai** *'nyn fi na neb*, DGG XVIII.22.
>
> **Ni myn** *i'r gwyllt, mwy no'r gwâr,*
> *Ddianc* . . . ib LXXXVI.71.
>
> **Ny boddy,** *ni'th rybuddiwyd*, ib XXXI.23.
>
> **ni myneu** *am i einioes*
> *noithi krair na thori kroes*, DE XLII.35.

Yn y cyfnod diweddar yr unig ferf a geidw'r gysefin ar ôl *ni* yw *bod*, e.e. *ni byddi di*, GMLl 1.134; *ni bydde raid*, ib 1.167; *ni bydd*, ib 2.145. Yn ein dyddiau ni ceir esiamplau o dreiglo ac o'r gysefin ond am fod esiamplau o'r gysefin mewn Cym. Can. fe dybir fod rhyw ragoriaeth yn y peth y dydd heddiw.

(iii) Ar wahân i'r un enghraifft a godwyd o P 6 uchod y mae tr. meddal *c p t* ar ôl *ni* perthynol wedi llwyr ddiflannu erbyn cyrraedd testunau rhyddiaith Cym. Can.; ac er bod enghraifft yn GGl o'r hen gystrawen, iawn dywedyd mai peth eithriadol yw yn y Cywyddau; a dylid dywedyd fod y tr. llaes yn awdlau'r Gogynfeirdd: *Gwr* **ny chud** *y uud y vedygon, gwr* **ny chel** *a wnel . . . Gwr* **ny char** . . ., RP 1236, MA 288b; o'r braidd y mae angen dyfyniadau i brofi fod *c p t* yn treiglo'n llaes ar ôl *ni* perth.; cymh. *nyt oes neb . . .* **ny chaffo** *ganthaw yr hyn a archo*, SG 68; *nat oes . . . marchawc . . .* **ny pharwyf i** *gynnic vyn da idaw*, ib 70; *nyt aeth yno dyn . . .* **ny chynghorei** *duw ef*, ib 174.

Ni normal a ddigwyddai amlaf, y geiryn a barai dr. llaes *c p t*; dyna a gadwyd gan yr iaith, a chollwyd tr. m. *c p t*. Pe bai'r iaith yn 'gyson' fe gadwasai gysefin y cytseiniaid eraill; ond gan fod cysylltiadau lle y ceid tr. m. ar ôl *ni*, cadwyd y tr. m. i'r cytseiniaid na allent dreiglo'n llaes, er bod rhai eithriadau i hynny fel y nodwyd uchod.

Awgryma'r nodiad yn CA 72 fod enghreifftiau'n digwydd o roi tr. m. i *cpt* ar ôl *ni* normal, "yn y brif frawddeg," ond y mae'r golygydd heb iawn gyfleu ei feddwl yma, oblegid y mae'r frawddeg a gyfrifir ganddo yn brif frawddeg, am nad oes unrhyw bwyslais ynddi i'w throi'n *wir* berthynol, eto yn berthynol o ran trefniant, ac oblegid hynny o ran cystrawen, e.e. *kerennyd a dovyd ny dwyll*, RP 21.16 (= 1056) *eiriaul ny garaur ny gyngein*, B IV.8. Y mae'r gosodiadau hyn yn golygu "Ni thwyll cerennydd na dofydd," etc.; ac yn y drefn hon ar y geiriau, y mae'r gosodiadau'n brif frawddegau; ond fel y maent, y mae'r brawddegau'n berthynol o ran cystrawen, er mai *rhith*-berthynol ydynt o ran ystyr. Pe bai'r gosodiad yn gadarnhaol wrth roi 'Gelyn a thaeog' yn lle'r pâr sydd yn y wireb, dyma a geid "Gelyn a thaeog **a dwyll**"; ac os yw "a dwyll" yn berthynol (*rhith*-berthynol, mae'n wir), y mae "ny dwyll" hefyd yn berthynol.

(iv) *Ar ôl 'Oni'*

Golygir yma *o* + *ni* = 'if not, unless'; ymdrinir ag *oni* < *yny* yn §139. Y rheol gyffredinol yw tr. llaes *c p t* a thr. m. i'r cytseiniaid eraill, ond bod *b* ac *m* yn tueddu i gadw'r gysefin; enghraifft dda o gadw cysefin *b* yw *oni bai*.

Enghreifftiau o'r tr. llaes: *ony chyuyt*, WM 24; *onny chytsynnyant*, LlA 38; *ony pheit*, ib 135; *ony chaffaf*, RBB 150 (178); *ony thebygy*, SG 328.

Ail haf ni byddaf i'r byd,
Na chwemis **oni chymyd,** DGG XII.31.

nid lles yn ol i moli
ony chlyw *hon i chael hi*, DE 31.

Oes foliant i sefiliwn
oni thyf *fal y gwnaeth hwn,* ib 104.

Enghreifftiau o'r tr. m. : **ony wybydaf,** WM 31 ; **ony wdost,** ib 45 ; **ony elly** *di gynnal,* ib 243, R 640 ; **ony elly** *amgen,* LlA 100 ; **ony eill,** WML 117 ; **ony odiwedir,** ib 20 ; **ony ledy,** SD 393 ; **ony lochir** *llawr ny ffeid,* BB 97.2 ; **Oni wna** *iawn o newydd,* IGE² 256.19.

Enghreifftiau o gadw cysefin *b* : **ony barn** *dy vilwryaeth,* WM 199, R 710 ; **ony byd,** ib 95 ; WML 32, 102 ; LlDW 47 ; RC 33.92 ; **ony bydy,** SD 739 ; **ony bei,** WM 77, 227, 385, 497 ; RC 33.197 ; RC 4.220, 238 ; SG 29, 44, 366 ; LlA 161.2, 8 ; **oni baidd** *f'wyneb iddaw,* ID XLIV.44.

Diweddar : **oni bydd** *bodlon,* Deut. xxv.7 ; **oni bydd,** GMLl 1.134 ; **oni byddwch** *glewach,* BC 108.

Enghraifft gynnar o dreiglo *b* : **onny uuchedockaant,** LlA 39.

(v) '*Na*' *gorchmynnol*

Y mae mwy nag un *na* hyd yn oed fel geiryn negyddu ; y mae'n bosibl fod rheolau treiglo i'r amryw swyddi neu gysylltiadau ar y dechrau, ond gallem ddisgwyl iddynt anwadalu tipyn erbyn Cym. Can. wrth fod y naill yn dylanwadu ar y llall. Ar ôl *na* ceir tr. llaes *c p t* yn y ferf orchmynnol : **Na chlat dy redcir,** BB 52.9 ; **Na chisced** *mab din,* ib 70.5 ; **na chapla,** WM 10.

Tr. m. y cytseiniaid eraill heb eithrio *b* ac *m* : **na omed,** WM 26 ; **na uyd** *drist,* SD 51 ; **Na uit** *hunawc,* BB 54.4 ; **Na vit** *ryued,* WM 213 ; **na vit** *hir gennyt,* SG 315 ; enghreifftiau o **na uid** (+ *un ouyn arnat,* neu + *kyn drymhet*) yn WM 61, 71, 204, 472 ; RC 33.188 ; SG 136, 138.*

Yn nhestunau CDC y mae *b* ffurfiau *bod* yn treiglo fel rheol, ond oherwydd cymysgu â'r cystrawennau negyddol eraill, ceir ambell enghraifft o gadw'r gysefin ; cymh. **na fydded** *cynnen,* Gen. XIII.8 ; **na fydded** *caled,* Deut. xv.18 ; *ac* **na fydded** *farw, ac* **na bydded** *ei ddynion ychydig o rifedi,* ib XXXIII.6 ; **Na fydd** *ry fanwl,* Eccl. III.23 ; **Na fydd** *fyw i fwyta,* YmDd 191 ; **na fydd** *trwblus . . .* **na fydd** *gwancus,* RBS 60 ; **na fid** *blîn gennyt,* ib 86.

Dyfynnwyd un enghraifft o'r gysefin ; cymh. eto : **na byddwch** *mor ddireswm,* HDdD 20 ; *Ac* **na boed** *sôn,* Williams (1811) 385 ; eto 436 ; 440 ; **Na boed** *i'n Ffydd ni mwy wanhau,* D.J., Hymnau (1775) 40.

(vi) '*Na*' *atebion*

Y mae'r un rheol yn dal eto, llaes *c p t,* meddal y rhai eraill heb eithrio *b* ac *m* : **Na uynhaf,** WM 62, 78, 79 ; SD 628 ; *dywet titheu* **na fydd,** WM 21-22, 24 ; *a gellwng ef.* **Na ellynghaf,** ib 78 ; (cyferb. *Nac ellynghaf,*

*Ffurf ar gystrawen gorchymyn, yn yr amser gorffennol, yw'r priod-ddull : *a mynnei ynteu na vynnei,* YCM² III.

ib ib ; *ellwng* yn ffurf wreiddiol) ; *Na pharaf,* SD 250 ; *A drig y fogail . . . Na fyd(d) d(d)im,* DByrr 56-7 ; *A fuost* . . . **Na fûm,** GMLl 1.170.

(vii) ‘ *Na* ’ *cysylltair*

Golygir yma wrth y cysylltair *na* y geiryn negyddol a ddefnyddir o flaen cymal gwrthrychol, e.e. ‘ dywedodd na ddaeth neb ’ ; ‘ gorchymyn na ddelai.’ Yr un cysylltair sydd yn y cystrawennau *fel na, megis na, wrth na,* etc. ; a gellir cyfrif *o na* o flaen dymuniad yn yr un dosbarth.

Rheol Cym. Can. yn gyffredinol yw tr. llaes i *c p t* ; meddal y rhai eraill ond bod *b* ac *m* yn fwy tueddol i gadw'r gysefin nag i dreiglo.

Enghreifftiau o'r tr. llaes : *yd eirch* . . . **na chattwo** *dyn lit,* LlA 143 ; *erchi* . . . **na chrettych** *guhudat,* B II.29 ; *erchi* . . . **na thebykych** . . ., ib ib 30 ; *kyureith* . . . **na thriccyei** *neb,* RC 33.219 ; *Edrech* **na thremycych,** ib ib 239 ; *a adolygaf* . . . **na chrettych,** RC 4.220 ; *coffa* . . . **na throho** *dy uedwl,* LlA 100 ; **hyt na thremycych,** ib 82 ; **hyt na cheffynt,** ib 112 ; **ual na chaffom,** ib 121 ; **hyt na thyfo** *yr yt,* ib 154.

Enghreifftiau o'r tr. meddal : **ual na orthrymo,** LlA 3 ; *a wediaf* . . . **na welwyf,** ib 80 ; *yd eirch duw* **na wneler** *rinyeu,* ib 142 ; . . . *ac* **na lauasso** *na brenhin* . . . *rodi nawd,* ib 115 ; *gorchymyn* . . . **na ladei,** RB 37-8 (47-8) ; *tyngawd* . . . **na ledit,** SD 160.

Enghreifftiau o *b* ac *m* : *y harchaf* **na mynnych** *wreic,* WM 452 ; *ouyn* . . **na byd** *it etiued,* ib 27 ; *a uynhaf* **na bo** *hut* . . **na bo** *ymdiala,* ib 80 ; *ny wydyat* **na bydynt eur,** ib 85 ; **hyt na bo** *na gwas* . ., ib 4 ; **megys na bei** . . ., ib 191-2 ; **val na bwyf** *uarw,* LlA 83 ; *Or mynny* **na bych** (*uedw*), MM 54 (56) ; 56 (59) deirgwaith ; *a orchmynnaf* . . . **na bwyteych** *gic* . . . *ac* **na bydych** . . ., SG 80 ; . . . **na bwyteych,** ib 96 ; *ordeiniwyd* . . . *ac* **na bo** *y dysgybl* . . ., B I.155 ; **rac na bei,** RB 130 ; *a chanyt atweynwch* . . . *ac* **na mynnwch** *y atnabot,* YCM² 18 ; *nyt kredadwy heuyt* **na mynno** *y trugarockaf Duw talu* . . ., ib 177.

Enghreifftiau tebyg o GDC : **fel na byddwyf fi** *marw,* I Sam. xx.14 ; **er na bu** *brenin cyffelyb iddo,* Neh. XIII.26 ; **fel na byddo** *meddyginiaeth,* Dihar. VI.15 ; **fegis na bae** *raid,* DFf 49 ; **Am na bu** *mor fath,* GMLl 2.115 ; **os na bydd,** HDdD 94 ; **am na bum,** YmDd 363.

Enghreifftiau cynnar o dreiglo *b* : *erchi* . . . **na ulyngheych,** B II.34 ; **val na vo** *medic a allo dy uedigynyaethu,* YCM² 95.

(viii) ‘ *Na* ’ *perthynol* (*traws*)

Ymddengys i mi fod enghreifftiau yn Hendregadredd o gadw cysefin *ll* ar ôl *na* perth. traws : **Myn na lleueis** *treis trasglwy myned* / **myn na lleueir** *dyn dwyn eishywed or llann,* LlH 42 ; **Myn na lleuessir** *dir oe daered,* ib 42.

Erbyn Cym. Diw. y mae *na* wedi disodli *ni* fel rhagenw perthynol uniongyrchol i raddau helaeth ond mewn Cym. Can. ffurf draws ydyw fynychaf, a'r ystyr fel rheol yw (*pryd*) *na*, (*lle*) *na*, er bod yr enghraifft o ID 74 isod yn 'uniongyrchol.' Y rheol gyffredinol eto yw llaes *c p t* ; meddal y cytseiniaid eraill ond bod *b* yn eithriad.

Enghreifftiau o'r tr. llaes :

> *Ni ddamweiniai ddim yno*
> **Na chawn** *beth, yn iach y bo*, IGE[2] 82.25-6.
>
> *Odid fydd, rhydd ym mhob rhith,*
> *Undydd* **na chawn** *ei fendith*, ib 83.5-6.

Enghraifft o'r tr. m. : *Nyt aeth y ryuel eiryoet* **na orffei,** RB 387.

Cadw cysefin *b* yn ffurfiau *bod* : *Ni buom nifer* **na baem** *yn yfed*, DN XVII.9 ; *Ni bu gwlad o'r hain* **na bai** *glod Rys*, ib XXIX.44 ; *Ni bu genym un gynen* / **na bai** *yn y dwyn i ben*, ID 68 ;* *ni bu gu jawn* **na bai** *gas*, ib 86.

Enghraifft o dreiglo *b* : *Llywelyn ni fyn efo* / *Fod taithr* **na fwytaeo,** ID 74 (= dieithr).

Am enghreifftiau diweddar o *na* yn rhagenw perthynol negyddol, a'r treigladau a nodwyd eisoes yn dilyn, gw. Richards, Cystr. y Frawddeg, tt 70-1 ; 83-4 ; 90-1 ; 92-3 ; 97.

(ix) '*Na*' *cysylltair negyddol + enw*

Mewn Cym. Canol y mae'r gwahaniaeth rhwng y cysylltair negyddol a'r cysylltair cymharu yn ddigon amlwg oblegid *no* yw ffurf y cysylltair cymharu. Y mae gwahaniaeth o ran treigladau rhwng *na* + enwau a *na* + berfau ; yr unig dreiglad ar ôl y ddau gysylltair enwau [na / nac ; na / nag (= no, noc, nog)] yw'r tr. llaes i *c p t* ; nid oedd bosibl i'r *na* yma gael swyddogaeth berthynol ac felly ni bu tr. m. ar ei ôl ar unrhyw adeg. Prin y mae angen enghreifftiau ac fe ddengys y dyfyniad canlynol ddwy wedd y rheol gyda'i gilydd : *ny welynt neb ryw dim* **na thy** *nac anifeil* **na mwc** *na* **than na chyuanhed,** WM 64.

(x) '*Na*' *cysylltair cymhariaeth* (= '*no*')

Dyma'r gystrawen ddiweddar yn gryno : *yn fwy na phlas* ; *yn llai na thŷ* ; *cryfach nag anifail* ; *is na dŵr y môr* ; cymh. **no chyuedach,** WM 9 ; **no chynt,** ib 21 ; **no gyrru,** ib 2 ; **mwy no chyt bei mud,** SD 73.

(xi) *Ni* / *nid* ; *na* / *nac*

Y rheol yn y llyfrau gramadeg diweddar yw fod angen *nid* o flaen gair sydd yn ei ffurf gysefin yn dechrau â llafariaid, h.y. *nid euthum* ; *nid etyb*, etc. ; ond nad priodol arfer *nid* o flaen y ferf sy'n dechrau â llafariad oherwydd colli *g* drwy dreiglad, h.y. *ni afaelodd*. Hynny, hyd y sylwais,

*Fel y mae'r llinell gyntaf nid yw'r gynghanedd yn gywir, byddai'n gywirach pe darllenid 'ni fu.'

yw rheol gyson Cym. Can. ac nid hawdd taro ar enghraifft sy'n groes i'r rheol. Ond anodd iawn cadw'r gwahaniaeth hwn yn gwbl glir a chyson wrth ysgrifennu'n naturiol, a thrwy fod yn ymwybodol o ramadeg yn unig y gellir dilyn y rheol gyda chywirdeb, ac adolygu pob brawddeg ar ôl ei hysgrifennu. Nid oedd mor anodd gwahaniaethu yn y cyfnod canol gan mai ' newydd ' golli'r *g* dreigledig yr oeddid. Ond y mae arwyddion cynnar fod y gwahaniaeth yn dechrau diflannu, neu fod ysgrifenwyr yn ddibris yn ei gylch. Ceir yr enghraifft a ganlyn yn Iolo Goch, a'r ail yn Sion Cent :

Na ynganer *yng Ngwynedd,* IGE[1] VII.75 (amrywiadau, *nag*) ; = IGE[2] 14.11 ;

> **Na wyled** *neb waelod naint*
> *Wedi'i farw edifeiriaint,* XC.51 (amr. *wilied*) = IGE[2] 256.21 : *na wylied.*

Anodd meddwl fod pencerdd fel Iolo Goch wedi cyfansoddi'r enghraifft gyntaf fel y mae ; y pwynt yw fod enghraifft o'r fath mewn copïau cynnar, a bod copïwyr heb weld fod eisiau eu cywiro ; eithr cymh. enghreifftiau digamsyniol : **Ni oedwyd** *un wedi i dydd* . . . **ni oedai** *Domas,* WLl XXV.84-6 ; (a dyma enghreifftiau diddorol iawn : *Nid ymroes* . . . **ni mrodd,** ib XXVIII.73-5) ; *Chwarren bach* **ni eiriach** *neb,* Ieuan Gethin, dyf. yn TLlM 29 ; a gw. **ni ofnai**, mewn dyfyniad o gywydd Dafydd o'r Nant, op. cit. 104.

Y mae'n anodd dywedyd pa bryd y dechreuwyd colli *ni* o flaen berf yn yr iaith lafar, ond wedi i hynny ddyfod yn arfer gyffredin, anodd peidio ag esgeuluso rheol y gwahaniaeth uchod. Nid oedd *-d* yn glynu o flaen llafariad ond mewn ambell enghraifft brin, ac wrth adfer negydd yn yr iaith ysgrifenedig nid oedd arweiniad diogel i ddangos gwahaniaeth rhwng ' negydd + *ellais i ddim* ' a ' negydd + *yfais i ddim,*' ac os gwnâi *ni* y tro yn y cyntaf, fe wnâi'r un dro yn yr ail.

Ymhell cyn colli *ni* yn yr iaith lafar yr oedd *yny* (' until ') wedi troi'n *oni* ac fe ellid arfer hwn o flaen llafariad heb ei newid ; y mae'n bosibl fod hynny wedi cyfrannu at y ' llacrwydd ' yng nghystrawen *oni* (' if + not ') a'r negydd-eiriau eraill ; cymh. *oni edrychais,* Gen. XVI.13 (1620, = geiryn gofynnol negyddol).

Y mae amryw enghreifftiau o *ni* o flaen llafariad ym Meibl 1620. Gallaf dystiolaethu mai *nid* sydd amlaf oblegid yr ydwyf wedi edrych pob enghraifft a nodir yn *Cyd-Gordiad* Abel Morgan (1730) o ferf yn dechrau â llafariad a *ni*(*d*) o'i blaen, ac wedi ei holrhain yn nhestun B 1620. Er imi daro ar amryw esiamplau o *ni*, cefais mai *nid* sydd yn B 1620 yn aml er mai *ni* a rydd y *Cyd-gordiad*, a rhaid casglu fod Abel Morgan wedi codi ei enghreifftiau o argraffiad diweddarach, a hwnnw'n wahanol i B 1620, neu fod ei enghreifftiau ef o *ni* yn cynrychioli ei ' ddiofalwch ' ef, ac yn dangos mai *ni* oedd yn naturiol iddo ef; e.e. o dan *adwaenei*, dyry'r Cyd-gordiad **ni adw.** yn 1 Sam. III.7 ; ond *nid adwaenei* sydd yn B 1620.

Sut bynnag, dyma rai enghreifftiau sicr o *ni* yn lle *nid, na / nad, oni / onid, na / nac* : *ac ni ofni*, Job v.21 ; *Nac wylwch . . . na ymofidiwch*, Jer. XII.23 ; *i'r neb ni abertha*, Preg. IX.2 ; *oni achub*, 2 Br. VI.27 (= 'if not') ; *ni achubent*, Ezec. XIV.18 ; *ni anfonodd*, Jer. XLIII.2 ; *na yspeilia*, Lev. IX.13 ; *na arglwyddiaethant*, Ps. XIX.13 ; *nac ofna ac na arswyda*, 1 Cron. XXII.13 ; Ezec. II.6 ; [*nac arswyda*, Jer. I.17] ; *ni attal*, Ps. LXXXIV. 11 ; *na attal*, Dih. III.27 ; *na utcana*, Math. VI.2 ; *ni archwaethant*, Luc IX.27 ; *ni escynnodd*, Ioan III.13 ; *na archwaetha*, Col. II.21.

Ceir digonedd o esiamplau yn GMLl, a cheir weithiau enghraifft o *nid* o flaen *g* dreigledig. Wele ychydig enghreifftiau : *na anghofia*, 1.101 ; *Nid all*, ib 105 ; *ni adwaen*, ib 161 ; *nid adwaen i*, ib ib ; *oni ynill*, ib 193 (= 'unless').

Cesglais amrywiaeth mawr o esiamplau o destunau diweddarach megis ML, ALMA, Eben Fardd, Daniel Owen, ond barnaf nad oes angen eu dyfynnu.

Un o 'gywiriadau' yr ysgolheictod diweddar yw dysgu fod yn rhaid arfer *nid* o flaen llafariad, eithr *ni* o flaen llafariad yr *g* dreigledig ; ond gellir amau doethineb yr awydd i ddod â'r rheol hon yn ôl o weld mor bell yn ôl y mae'n rhaid mynd er mwyn ei chyrchu.

(xii) '*Na*' + *treiglad meddal*

Clywais awgrymu fod olion tr. m. *ni* yn aros ar lafar yn y De, yn enwedig ym Morgannwg, ond gellir bod yn bur sicr nad parhad o'r hen gystrawen gynnar yw'r peth a glywir yn y dafodiaith. Nid yw'n anodd esbonio'r tr. m. ar ôl *na* perthynol yn iaith y De : troer 'cafodd y dyn niwed' yn gymal perthynol a cheir '. . . y dyn (a) gafodd niwed' neu'r 'dyn **gas** niwed' ; yma y mae'r ferf berthynol yn magu treiglad sefydlog, ac erys y tr. m. hyd yn oed os troir y cymal perthynol yn negyddol, ar ôl *na*, 'sôn yr wyf i am y llall, yr un **na gas** niwed.' Ac oddi yma y lledodd ar ôl *na*, perthynol traws, e.e. 'pam **na daliff** e'r arian ?'*

§132 'NEU' FEL GEIRYN AC FEL CYSYLLTAIR

(i) Yn §102(x) dywedwyd rhywfaint am dwf cystrawen *neu*, y geiryn rhagferfol a ddigwydd mewn gosodiadau cadarnhaol lle byddai *ni* mewn gosodiad negyddol. O ddilyn camre *ni, nid* bron ym mhob peth, daethpwyd i'w arfer yn y Frawddeg Enwol, o flaen y dibeniad neu'r goddrych pendant ; ac yn y diwedd daeth *neu, neud* yn fath o gyplad ei hun, fel petai'n cyflawni gwaith *ys*.

*Ar ôl ysgrifennu'r darnau hyn y trewais ar yr esiamplau sydd o'r treiglad hwn yn *Cerddi Cymru*, Elfed, Caniadau, 61-2, sydd a'r pedwar pennill yn dechrau fel hyn : *Pam na ganwn ni gerddi Cymru ?* A chystal imi ddywedyd fy mod yn arfer tybio mai yn iaith y De yn unig y digwyddai'r treiglad hwn nes imi weld enghraifft yn *Y Cychwyn*, T. Rowland Hughes, "Pam na bryni di o," t 26.

(ii) *O flaen berf normal*

Pair dr. llaes i *c p t* yr un fath â *ni* : **neu cheint** *a ganho*, BT 19.1 ; ('I have sung ') ; **neu cholleis** *y arglwyt* . . . **neu chyuyd** *ynof cof*, LlH 126 ; **neu cheing** *e ododin*, CA 551 (nodiad 207 = ' ceint ') ; **neu chablwys,** ib 990 (nodiad 305).

Nid hawdd dywedyd pa dreiglad a achosid i'r cytseiniaid eraill ; y mae'r enghreifftiau o *neu* yn brin ac fel rheol *neur* yw'r ffurf yn nhestunau'r cyfnod canol. "In Early Mn.W. *neu* is a rare survival," WG 426, a dyfynnir :

E fu amser **neu dderyw**—
Och fi ! *ban oeddwn iach fyw*, DG 425.

O weld mor dueddol yr oeddid i gadw *b* heb dreiglo ar ôl *ni*, diddorol sylwi ar beth tebyg ar ôl *neu* : *kyn no'e gysgu* **neu bu** *doll*, CLlH I.38, t 6.

Ni ddigwydd *neu* o flaen berf berthynol gan mai geiryn y swydd honno yw *a*.

(iii) *Yn y Frawddeg Enwol*

Gw. yr enghraifft o *na ui* yn §130(iv) uchod, a'r enghreifftiau o *neu vi* yn §104(ii) lle ceir *neu* yn safle *ni*, *na*, yn peri tr. meddal i *m*. Cymh. ymhellach : **neu vi** *a weleis wr* . . . **neu vi** *erthycheis yn eis* . . . **neu vi** *gogwn ryfel*, BT 62.7-9 ; **neu vi** *luossawc yn trydar* . . . **Neu vi** *a elwir gorlassar* . . . **Neu vi** *tywyssawc yn tywyll am rithwy* . . . **Neu vi** *eil kawyl yn ardu* . . . **Neu vi** *a amuc vy achlessur* . . . **Neu vi** *a torreis cant kaer* . . . **Neu vi** *a rodeis cant llen* . . . **neu vi** *a ledeis cant pen*, **Neu vi** *oreu terenhyd*, ib 71.

Fel y sylwyd o'r blaen *neud* yw'r ffurf a arferir amlaf yn y Frawddeg Enwol, y ffurf a gyfetyb i *nid* ; gw. enghreifftiau yn CLlH II, t 9 : *Neut diannerch vy erchwyn* ; *Neut rud rych* ; *neut crych egin*. Nid oes brinder enghreifftiau o *neud*.

(iv) *' Neu,' cysylltair*

Yr ydwyf yn mentro cynnwys *neu* cysylltair yn yr un adran â'r geiryn am fy mod yn tybio mai'r un gair ydynt yn y bôn, Ymddengys i mi'n bur sicr mai'r cysylltair yw'r gair cynhenid a'i fod wedi ei gymhwyso i wasanaethu fel geiryn i gynnwys rhagenwau mewnol, fel y mae'r rhagenw perthynol *a* wedi ei gymhwyso i gynnwys rhagenwau mewnol, heb yr ystyr neu'r swyddogaeth gynhenid. Gan fod *ni* yn cynnwys rh. mewnol yn y cysylltiadau negyddol, magwyd cyfatebiaeth rhwng *ni* a *neu*, a pha beth bynnag a gyflawnai *ni* mewn gosodiad neu gymal negyddol, daeth *neu* i gael gwaith tebyg yn y gosodiad a'r cymal cadarnhaol. Sylwer fod y ffurf gyfatebol i *neu*, sef *no*, yn cyflawni'r ddau waith yn yr Hen Wyddeleg. Nid yw'r treigladau gwahanol yn rhwystr i gredu mai'r un gair yw *neu* cysylltair a *neu* geiryn ; patrwm *ni* a roes i'r geiryn ei gystrawen a'i dreigladau gwahanol.

Treiglad meddal sy'n dilyn *neu* cysylltair, *gwr neu wraig* ; *ci neu gath* ; *da neu ddrwg* ; *un neu ddau* ; *adrodd neu ganu.*

Y peth sy'n gofyn am beth sylw yw pwnc treiglo berf neu beidio ar ôl *neu,* e.e. 'rhedant neu cerddant' ; a ddylid treiglo yma ? Gan fod geirynnau fel *fe, mi* mor gyson o flaen berfau yn yr iaith lafar, nid diogel dibynnu ar sain y glust am arweiniad yma gan mai'r peth sy'n naturiol i glust dyn yw 'fe redant neu fe gerddant.' Gellid dadlau hefyd fod rhyw dipyn o oedi rhwng dwy ferf y cysylltiadau hyn nes bod bwlch rhwng *neu* a'r ail ferf a hynny fel petai'n dadwneuthur y treiglad a ddylai ddilyn *neu.* Anfynych, os o gwbl y clywir treiglo berf ar lafar, a'r duedd ddiweddar yn yr iaith lenyddol yw cadw'r gysefin, ond dengys yr enghreifftiau nad oedd berfau'n wahanol i eiriau eraill ar y dechrau. Cymh. : **neu gymer** *sud y kenhin,* Havod 16.67 ; **neu gymer** *risc yr yscaw,* ib 68 (dair gwaith) ; **Neu ddywed** *wrth y ddaiar,* Job XII.18 ; *mynegwch* . . . **neu draethwch** *i ni y pethau a ddaw,* Es. XLI.22 ; *dygant eu tystion, fel y cyfiawnhaer hwynt,* **neu wrandawant,** *a dywedant,* ib XLIII.9 ; **neu ddôs** *lle y gwelech di yn dda fyned,* Jer. XL.5 ; *Gweddied* . . . **neu ddyweded** *wrth Dduw,* Hom 2.278 ; *Gwrthbrofed hwynt,* **neu Dawed,** GB 91 ; *Coeliwch fi* **neu beidiwch,** ML 2.244 ; eto 2.274 ; cyferb. **neu mynegant** *iddynt,* Es. XLIV.7 ; *Achub Arglwydd,* **neu darfu** *amdanaf,* HDdD 112.

§133 'RY,' GEIRYN RHAGFERFOL

(i) Y ffurf lawn yw *ry,* a chyfetyb i *ro* yr Hen Wyddeleg ; ond fe'i ceir hefyd wedi ei gywasgu ar ôl y geiryn *neu* nes rhoi *neur* ; ac yn y ffurf *yr,* e.e. **yr gyskwys,** WM 31, nod. PKM 170, lle y dyfynnir : *peth or wawd* **yr geint,** MA 198b. Fe'i lleolir o flaen berf yn yr amser presennol, ac weithiau o flaen yr Amherffaith a'r Gorff. Mynegol i fwrw'r weithred yn ôl i'r Amser Perffaith neu Orberffaith. Fe all roi ystyr o bosibilrwydd hefyd ; ac er bod ffurf y ferf gynorthwyol yn cyfleu hynny yn y canlynol, y 'posibilrwydd' sy'n esbonio *ry* : *ef a* **ry eill** *ych necau,* WM 83 ; gw. nod. PKM 256 lle rhoir cyfeiriadau eraill. Rhyw agwedd ar 'bosibilrwydd' sy'n cyfrif am ddefnyddio *ry* mor fynych o flaen berfau dymuniadol. Dylid dywedyd fod cystrawen *ry* erbyn cyrraedd testunau rhyddiaith y cyfnod canol yn bur ansicr, ac amlwg mai addurn yw yn fynych. Erbyn hynny yr oedd cystrawen *wedi* + berfenw wedi ei llunio i gyfleu'r amser perffaith a'r gorberffaith yn ddigamsyniol, a diau mai dyfeisio'r gystrawen newydd a barodd i gystrawen *ry* ddifiannu. Diau hefyd mai dyfeisgarwch celfyddydol yr hen ryddieithwyr sy'n cyfrif am arfer *ry* o flaen y berfenw, mewn cymal berfenwol gwrthrychol, perffaith neu orberffaith o ran amser ; gw. B IX.206-7 ; rhoir esiamplau yno hefyd o arfer *ry* ar ôl *wedi.*

(ii) Yn y testunau cynharaf ceir enghreifftiau o *ry* yn peri tr. llaes i *c p t* mewn berfau heb fod yn berthynol : **Ry cheidw** *y navt* . . . **Ry chedwis** *detyf.* **Ry chynis** *gretyw,* BB 14.5-7 ; **ry phrinom,** ib 88 ; **rythrychynt,** BT 76.18, [' they (have) cut down '] ; **ryphrydaf** *y iawn llin,* ib 19.22 ; **ry chanaf** *y wledic,* ib 64.4 ; **Ry thyrvis** *vym breich,* CLlH III.19, t 14, (nod. 123, a help i ddeall yr ystyr yw Diar. xxv.19, *a throed wedi tyrfu*).

(iii) Os yw *ry* yn dilyn patrwm tebyg i gystrawen *ni*, fe ddylai gymryd cysefin y cytseiniaid eraill mewn berfau heb fod yn berthynol. Enghraifft o blaid credu hynny yw **ry gardes** *vy eis,* CLlH III.19, t 14 ; dadleua'r golygydd mai *garddu* yw'r ffurf wreiddiol, ac fel tystiolaeth mai'r gysefin a ddilynai *ry* ' normal ' cyfeiria at *rybarnawr, rybarn,* BT 64. Un rheswm dros bwyllo ychydig yma yw'r ffaith mai *b* yw cytsain yr enghreifftiau y cyfeirir atynt, canys gwelwyd uchod fod *b* yn fwy tueddol na'r cytseiniaid eraill i gadw'r gysefin ar ôl *ni*. Ceir amlder o enghreifftiau o **Rybu** yn LlH 254.

(iv) Ar batrwm *ni* eto, disgwylir treiglad meddal i *c p t* mewn berf berthynol ei hystyr neu ei safle ; cymh. *a gwyr nwython* **ry gollessyn,** CA 969 (testun A = B, *Gweleys y deu ac eu tre re* **ry gwydyn.** *o eir nwython* **ry godessyn,** 974-5 ; noder y berfau eraill yn yr un cyd-destun : **a** *disgynnyn,* **a** *doyn,* etc.).

(v) Tr. m. a geir ar ôl **neu r(y)** er nad yw'r ferf yn berthynol : **neu'r laesswys** *vyg kylchwy,* CLlH VI.8, t 24 ; **Neur uum** *ydan un duted,* BB 7.7.

(vi) Erbyn cyrraedd testunau rhyddiaith y cyfnod canol, dim ond cystrawen y tr. m. a geir pa un a fydd yn normal ai'n berthynol ; cymh. : *pawb* **rygavas** *y gyvarws,* WM 470 ; *kanys* **rygaffo** *o arall,* ib 453 ; **neur golles** *y mab,* ib 28 ; **neu ry geueist** *gwbyl or a nodeist,* ib 80.

Dyma rai esiamplau i ddangos sut y defnyddiwyd *ry* mewn cystrawennau berfenwol yn y testunau hyn, hyd yn oed ynghyd â'r gystrawen a'i disodlodd, sef *wedi* + berfenw. Gellir bod yn bur sicr mai cystrawennau ' celfyddydol ' yw'r rhain. Cymh. : *yd oed kawat o eira* **gwedy ryodi** . . . *a gwalch wyllt* **gwedy rylad** *hwynt,* WM 140 ; *a thybygu eu bot yn hir ar goll. ac am hynny* **rygolli** *eu kyrn onadunt,* ib 117 ; *adnabot a wnaeth y marchawc* . . . **rygaffael** *dyrnawt agheuawl o honaw,*ib 234 ; *a gwedy clybot* **ryuarw** *brenhin freinc,* ib 192 ; *y dywedut idaw* **ryuot** *y brein yn llad y wyr,* ib 220 ; *y venegi* **rygael** *y vorwyn yn wiryon,* ib 138 ; *y tybyassant* **rylad** *kei,* ib 141 ; *datkanwyt y l.* **ryostwg** *oe elynyon ef gastell iliam,* RB 4 ; *datkanwyt* **rylad** *y dat,* ib 4 ; *a dywedut* **ryvot ohonaw** *yn y llad . . . a gwelet o honaw . . . a* **ryuot o honaw** *ef weitheu yny hymladeu hwy a* **ryglybot** *o honaw ef,* ib 12 ; *gwybyd di vot heint gwyw yn y dyn hwnnw* **gwedy y ryveithrin** *o wres a sychdwr,* Havod 16.91.

§134 ' Ef a,' ' Fe,' ' Fo,' ' Mi,' etc. fel Geirynnau

(i) Beth bynnag yw hanes twf y rhagenwau personol i wasanaethu fel geirynnau rhagferfol, gallwn ddywedyd yn gyntaf eu bod yn peri tr. m. i'r ferf mewn Cym. Diw., e.e. **fe wnaeth, mi wn, chwi gewch**. Pan glywir neu pan welir y gysefin yn dilyn, y mae rhagenw mewnol yn ddealledig, gw. §64(viii).

Ni ofelir heddiw fod y geiryn neu'r rhagenw yn cyfateb o ran person i berson y ferf ac arferir *fe* neu *mi* o flaen pob person ar y ferf yn ddiwahaniaeth ; y mae tuedd bendant yn y De tuag at *fe*, a thuedd yn y Gogledd tuag at *mi*, h.y. i'w cadw fel geiryn rhagferfol heb gyfateb o angenrheidrwydd â pherson y ferf. Heblaw'r ffurf *fe*, ceir *e* a *fo*. Y mae'r diffyg cyfatebiaeth rhwng ' person ' y geiryn a pherson y ferf yn profi nad rhagenw personol yw *fe* neu *mi* yn y cysylltiadau hyn, ond ni raid mynd ymhell iawn yn ôl i weld fod cysondeb ar y dechrau rhwng ' person ' y geiryn a'r ferf, ac mai'r gystrawen yn ei ffurf lawn yw *ef a gaiff, ni a gawn, chwi a gewch*, etc. Y mae'n werth cofnodi fod Cymraeg De-ddwyrain Morgannwg a'r Fro yn parhau i gadw'r gyfatebiaeth o hyd rhwng y geiryn a'r ferf, peth sy'n wir hefyd, ond i raddau llai, am rannau eraill o'r sir. Yn iaith y Fro clywir *nhw welan', ni welson, chi gesoch, ti golli*, etc. yn gwbl reolaidd o hyd.

(ii) Ymddengys yn weddol sicr mai olion *ef a* +, *mi a* + yw'r geirynnau sydd gennym ni heddiw, ac mai'r rhagenw perthynol *a* yw achos y treiglad. Diddorol nodi mai *f'a* yw'r ffurf a arfera Edward Samuel ac y mae'r wedd yma ar gywasgu *ef a* yn peri i mi gredu fod hynny'n cynrychioli cystrawen lafar Edward Samuel ; cymh. **f'a fydd** *gwaeth ein cyflwr*, HDdD [A8(2)] ; **F'a fydd** *llawen gennym gael*, ib 20. Ac yn yr enghreifftiau hyn, sylwer, ni all ' person ' y geiryn berthyn fel rhagenw i'r ferf oblegid cyplad yw *bydd* o flaen y dibeniad, *gwaeth, llawen* ; a'r enw *cyflwr* a'r berfenw *cael* yw'r goddrych ; h.y. hyd yn oed pe byddid yn dadlau mai'r un rhagenw sydd yn *Ef a fydd yma* ag sydd yn *Bydd ef yma*, byddai'n amhosibl dadlau hynny ynglŷn â'r gystrawen, *F'a fydd llawen gennym gael* oblegid yn y gystrawen ' normal ' nid oes berson a all olygu ' ef ' ; mewn gair, nid fersiwn ' annormal ' yw ' Ef a fydd llawen gennym gael ' ar gystrawen ' normal ' ' Bydd (ef) llawen gennym gael.' Y mae hyn yn brawf go sicr fod *ef a* + y cysylltiadau hyn heb ystyr ac nad yw ond geiryn rhagferfol, a gellir dangos mai hynny yw swydd *ef a* + er yn gynnar, e.e. **Ef a uyt reit** *yt dyuod*, WM 437 (= P 6.IV.219).*

Prawf cryfach yw fod *ef a* yn cael ei arfer o flaen y ferf hyd yn oed pan fydd goddrych enwol ar ôl y ferf, e.e. **Ef a** *gyuodes pwyll*, WM 26 ; a cheir aml enghraifft o'r gystrawen hon yn y farddoniaeth gynnar, gw. GEIRFA 2a. Os *pwyll* yw'r goddrych, pa ran o'r frawddeg yw *Ef* ? Y cwbl sydd eisiau ei brofi yma yw hyn, nad yw'n bosibl cael dau oddrych ; a chan mai *pwyll* yw'r gwir oddrych, rhaid cyfrif *Ef* (*a*) fel geiryn rhagferfol diystyr.

*Er na chreffais ar bob enghraifft wrth fynd drwy HDdD credaf fod Edward Samuel, pan fydd y ' geiryn ' yn cyfateb i oddrych y ferf, yn arfer y ffurf *efe*, e.e. **Efe** *a ŵyr bob peth*, ib 25.

Yr ydys o fwriad yn peidio â sôn am darddiad a datblygiad y gystrawen a luniodd *ef a*, etc. fel geiryn a bodlonwn yn awr ar ddyfynnu ychydig enghreifftiau i ddangos yr amryw ffurfiau ar *ef(a)*. Fe gollir *a* yn rhwydd iawn, yn enwedig o flaen berf yn dechrau ag *a*, e.e. **Ef aeth** *heddiw yn ddiwael*, DGG LIV.1; **ef aeth** *M. at ilar sant*, B IV.193; *ac yno* **ef aeth** *ar gyfeiliorn*, ib ib; cymh. hefyd lle ceir berfau'n dechrau â chytsain: **Ef roes** *Duw it ras a dawn*, DGG XXIX.2; **Mi rynnaf,** *mawr yw'r annwyd*, ib VII.25. Dyma'r ffurfiau eraill ar *ef(a)*: **Fe** *ddywaid un yn befrgroyw*, ib XV.23; **E dderyw** *Dduw'r ddaear ddu / O gylchoedd ei gwyngalchu*, ib XLI.15; *I'r dafarn*, **fo'i** *barn y byd*, ib VIII.24; **vo** *wna honn vy nihennydd*, ID t 12; **yr hwn** *ar vy nyfodiad i yno* **fo'm** *cymerth i yn llywodraethwraig arno*, MCr 16b; *E ddywedir* . . ., ML II.391; *fo fydd prinder ffrainc bellach*, ib 398; *hi wna i chwi les*, ib 402.

(iii) Er mai damcaniaethol, efallai, yw ceisio esbonio ar hyn o bryd y cystrawennau hynny a ddyd y rhagenw personol o flaen y ferf heb fod rhagenw perthynol ynddynt, rhaid sôn amdanynt a chyffwrdd â phwnc y treiglad sy'n codi ynddynt, a dewisir sôn amdanynt yn yr adran hon am eu bod yn debyg i gystrawennau'r adran hon ac efallai'n dwyn perthynas â hwy. Dyma'r math o frawddeg a olygir: *wy gwnaethant*, CA 99; **ef diodes** *gormes* **ef dodes** *fin*, ib 419; —cystrawennau sy'n debyg iawn i'r gystrawen a gafwyd eisoes, ' ef a ddiodes . . . ef a ddodes.'

Ond heblaw enghreifftiau o gael y rhagenw personol yn blaenori'r ferf fel hyn ceir esiamplau ddigon yn y farddoniaeth gynnar o roi enw hefyd o'i blaen heb arfer rhagenw perthynol. Dyma rai enghreifftiau i gynrychioli'r cystrawennau hyn: **Gwanecawr gol(ly)chynt** *rawn eu kaffon*, Taliesin, Cy 28.161; *ir nep goleith* **lleith dyppo,** BB 90; **Deil cwydit,** CLlH VI.13, t 24. Yn y rhain ceir goddrych + berf, ac nid oes unrhyw reswm dros dybio fod treiglad i'r ferf yn y safle hon. A dyma enghraifft a esyd y gwrthrych enwol yn gyntaf: **Calon klywaf** *yn llosgi*, LlH 29.

NODIAD. Ceir enghreifftiau pellach o'r cystrawennau hyn, ac ymdriniaethau manwl â hwynt, yng nghyhoeddiadau'r Athro Henry Lewis: gw. B IV.150; HGCr 117, 207, 213, 237, 238, 250, 251-2; y bennod ar gystrawen yn *Datblygiad yr Iaith Gymraeg*, ac yn enwedig *The Sentence in Welsh*. Ni ddyfynnwyd uchod yr esiampl honno o DG a roir fel enghraifft o gystrawen goddrych + berf (e.e. yn *Sentence in Welsh* t 18):

Duw gwyddiad *mai da gweddai*
Dechreuad mwyn dyfiad Mai, DGG XLIX.1.

Yr ydwyf o'r farn mai ' Duw a'i gwyddiad ' yw ffurf lawn yr ymadrodd hwn a bod natur ebychiadol y llw wedi peri colli'r *a'i*. Un o'r llwon a arferir amlaf yw *Duw a ŵyr* a'r dull ebychiadol o lefaru llwon a droes y gystrawen lawn yn *Dioer*. Nid gormod credu gan hynny mai peth hawdd oedd i *a'i* ddiflannu; a chofiwn hefyd fod y gystrawen negyddol a gyfetyb i *Duw a ŵyr*, sef *ni ŵyr D(d)uw* yn ymgywasgu'n ddeusill, gw. uchod §78(v). Gwelir mai llw neu ebychiad yw *Duw gwyddiad*, ac nid gosodiad 'synhwyrol,' drwy gymharu'r enghraifft a ganlyn o'r un gystrawen yn y presennol mynegol :

A'i holl fwriad oedd, **Duw gwyr,**
Ar ddifa'n llwyr ein hynys, Cymd. Llên Cymru, II t 8.
(Cerdd Thomas Jones, Llanfair, Mynwy).

Hynodrwydd cywydd DG yw mai *-ai* yw'r odl drwyddo ac y mae pob peth wedi ei gyfaddasu at amser yr Amherffaith Mynegol. Dyma'r un gystrawen, heb golli'r *a'i*, a'r un geiriau yn cynganeddu :

Da gweddai, **Duw a'i gwyddiad,**
I'r ddraig goch, wrdd aerwy cad,
Ddwyn aur anrheg o wregys, IGE² 175.24-27.

Yr un gystrawen eto ond bod yr amser yn arferiadol neu ddyfodol, a'r enw Mair yn lle Duw :

Nid o hynny, gwedy gwaith,
Mair a'i gwybydd, *mae'r gobaith,* ib 274.13-14.*

Gellir dyfynnu enghr. diweddar o'r llw, heb golli'r rhagenw mewnol: *lle canfum ddigon o drueni,* **Duw a'i gŵyr,** ML 2.338 ; **Duw a dynion ai gwyr,** *nid oes mo'r help,* ib 2.350 ; a sylwer yn awr ar yr amrywiadau hyn lle ceir y drefn normal a defnyddio *fe* fel geiryn i gynnwys y rhagenw mewnol : **fe'i gwyr Duw a dynion** . . ., ib 1.352 ; **fe'i gwyr Duw** *na chefais* . . . ib 2.207 ; a chyflawnir yr un gwaith mewn ffordd arall yn y cwpled a ganlyn :

Ys gŵyr Duw, *os gŵr dwywol,*
A fynn hi, ef â'n ei hôl, GGl XCIII.55-6.

Ceir amryw esiamplau diddorol o'r cystrawennau amrywiadol hyn yn nhestun TA er bod eisiau diwygio'r darlleniadau weithiau. Enghraifft o *Duw gŵyr*, yn sicr, sydd yn y canlynol :

Duw, gŵyr *alaeth deigr Elen,*
Doe na bâi awr dan (e)i ben, 83.87-8.

Enghreifftiau o *Duw a'i gŵyr* :

Dwyn câr y deunaw coron,
Duw a'i gŵyr, *hallt yw deigr hon.* 88.35-6.

Dyn ni ŵyr fod hanner fu,
Duw a'i gŵyr, *am dy garu.* 123.19-20.

Esiamplau o *Mair* yn lle *Duw* :

Mair a ŵyr, *os marw eryr,*
Marwach yw gwawd merch a gwŷr, t 744, Mnd gan Raff ap Robert.

*Diddorol cymharu'r enghraifft hon lle ceir rhagenw dangosol yn lle rhagenw mewnol :

mawr i rhoed **mair a wyr hyn**
i mi wendid am undyn, ID, t 1.

Gwent, llwyr, **Mair a'i ĝŵyr,** *marw gwawr—Morgannwg*, 11.21.

> *Mwy ar (e)i gorff,* **Mair a'i ĝŵyr,**
> *Eisiau einioes no synnwyr*, 83.21-2.

Enghraifft ddiddorol iawn yw'r nesaf:

> *Y dydd nôd i'w ddwyn ydoedd,*
> **Efô ŵyr Duw** *fyrred oedd*, 83.47-8.

Gellir diwygio'n ddibetrus: 'Ef a ŵyr Duw! fyrred oedd!' Y casgliad y mae'n rhaid ei dynnu yw fod defnyddio *ef a ŵyr Duw* (cystrawen y geiryn *ef a* neu *fe*) yn amrywiad ar *Duw a ŵyr*; a bod *ef a'i gŵyr Duw* yn amrywiad ar *Duw a'i gŵyr*, ac efallai fod awgrym yma sut y disodlwyd cystrawen annormal *goddrych + a + berf* gan gystrawen *fe* + berf + goddrych.

Gw. hefyd *Duw ai gŵyr*, WLl XXVIII.21; (*Gŵyr Duw*, ib XXXIX.29; *Gŵyr Iesu*, ib ib 34; *Gŵyr Mair*, ib XCIII.44).

Peth digon anodd yw deall sut y datblygodd y cystrawennau 'ebychiadol' hyn, a'r peth sy'n fwyaf anodd yw gweld pa wahaniaeth sydd rhwng y gystrawen gadarnhaol a'r gystrawen negyddol. Cymh. *ac yna y lladawd . . . tri gweis glewlwyt gauaeluawr* **hyt nas ĝwydyat duw** *was yn y byt ar y helw ynteu eithyr* . . ., RM 138 (cyfieithiad G.J. a T.J., 'so that **God knows** he had **never** a servant left to him in the world except'); *Ac or bu drwc trafferth y deu gynt gwaeth uu drafferth y deu hynny.* **hyt nas ĝwypei duw** *y vn ohonunt ellpedwar allu mynet or lle* . . ., RM 142 (cyf. G.J. a T.J. = 'so that **God knows not** one of the whole four could have stirred from the place'). Sylwer ar un peth, beth bynnag, fod rhagenw mewnol yn y gystrawen, sef *na-s*, er ei fod yn 'petrified,' ac yn ddiystyr. Y mae'n ymddangos nad yw'r gystrawen yn ddim ond ffordd o ddweud "mae'n sicr" neu "mae'n dra thebyg." Gellir mentro awgrymu hyn hefyd: os yw'r gosodiad sy'n dilyn yn negyddol, fe negyddir, nid y gosodiad, ond yr ymadrodd "gŵyr Duw" neu "gwyddiad Duw," fel y negyddir berf megis 'cynghori' yn hytrach na'r cymal sy'n dibynnu arno. Efallai mai ar y llinellau hyn y dylid deall cystrawen 'ni ŵyr Dduw," *nywrdduw*, etc.

Ceir *Duw ai gŵyr* yn sangiadol ac yn cyfleu rhywbeth fel 'yn wir,' yn DCr[1] 5[b], ib[2] 9[b]; ond peth sy'n fwy diddorol yw'r canlynol: **Duw or** *tynghu ar rhegu a wna dynio(n)* . . ., ib 30[a] (ib[2] 22[b]). Ceir enghraifft hefyd o *Duw ai gŵyr* yn LlHyff 79, ac arwydd nad yw'n perthyn i gystrawen y gosodiad lle digwydd, yw fod y geiriau mewn cromfachau: *fe ddaw hynny oddi wrtho yn anewyllysgar* (*Duw ai gŵyr*) *ac yn obrin ddigon.*

Awgrymir weithiau hefyd (e.e. *Sentence in Welsh* 20) fod yr ebychiad *Duw cato pawb* yn enghraifft o gadw cystrawen gyntefig 'goddrych + berf' heb ragenw perthynol ynddi. Ymddengys yn debycach mai ffurf ar *Duw a'n catwo*, neu *a'ch catwo*, neu *a'u catwo* yw hynny. Y peth a glywir amlaf ar lafar gwlad yw *Duw cato ni*, neu *Duw cato'n pawb*, ac y mae'r *ni* yn rhagdybio fod rhagenw mewnol yn ddealledig. Cymh. yr enghreifftiau hyn o ML: *Duw a gadwo pawb*, I.118; (*a gatwo pawb* !), I.275; *Duw gattwo pawb*, II.213; *Duw a'n cattwo rhag* . . . II.345; *Duw gattwo inni Oronwy* . . . *Duw mawr ai catto fo*, I.357.

Gellir rhoi dau beth arall yn y nodiad hwn heb geisio awgrymu eu bod yn esbonio'r cystrawennau eraill sydd yn yr adran hon. Sylwer ar yr enghraifft a ganlyn gyntaf:

Tithau ġwna, *dyrfa derfysg,*
Cyffro, od wyd coffr a dysg, IGE[2] 167.5-6.

Yma y mae'r ferf yn orchmynnol, ac ni all berf orchmynnol, wrth natur, fod yn berthynol; ac yn ôl priod-ddull yr iaith ni all gael rhagenw na geiryn o'i blaen. Gallwn fod yn weddol sicr felly mai troad ymadrodd barddol sydd yma, sef "Gwna dithau . . ." wedi newid trefniant, a hynny yn 'beiriannol' neu'n orfodol, ac nid yn gystrawennol. Enghraifft debyg yw'r ganlynol lle y mae'r ferf yn 'ddymuniadol':

Un Duw dêl i'n didoli, ib 99.10.

Digon ar hyn o bryd yw dywedyd nad yw'r ferf yn dangos treiglad yn yr enghreifftiau hyn.

Y peth arall yw'r arfer honno sydd gan Dafydd Jones o Gaeo o roi'r enw yn gyntaf, weithiau'r goddrych ac weithiau'r gwrthrych, ond cadw'r ferf heb ei throi'n berthynol drwy roi *a* o'i blaen neu *a* ddealledig a threiglad; yn wir ceir y geiryn *fe* o flaen y ferf weithiau; ac os gwrthrych sy'n dod ar ddechrau'r llinell, cyfeirir ato eilwaith mewn rhagenw mewnol. Rhoir un enghraifft hefyd o'r drefn hon lle ceir berf wedi ei negyddu.

Cymh.: *Cyflawni'r Fainc* **caiff** *Brenin rhad,* Hymnau 1775, 41; *O'n cylch ein nefol Drwsiad* **dyd,** ib 41; *Y clwyfus* **cafodd** *ei iachau,* ib 64; *Pob un ei swydd* **cyflawnodd,** 69; *Dysgwch genn'i, Gorphwysdra* **cewch,** 74; cymh. ymhellach: *Yna'i gyfiawnder* **f'eġlurha,** 68; *Y Gorsen ysig byth* **ni thyr** / *Y gwan* **fe'u ġyr** *yn gryfach,* 73.

Y mae'n gwbl amlwg mai troadau iaith yw'r rhain, yn cynrychioli 'Cyflawnodd pob un ei swydd,' etc.

I fynd ymlaen â'r cystrawennau lle ceir 'rhagenw personol + berf': y mae'r testunau yn anwadalu rhywfaint, ond y mae'r dystiolaeth gan mwyaf o blaid peidio â darllen treiglad i'r ferf. Y mae lle i gredu fod y copiwyr weithiau yn addasu'r gystrawen gyntefig ac yn dangos treiglad i'r ferf am fod *fe, fo,* etc. (< *ef a* +) a bair dreiglad, wedi datblygu erbyn cyfnod y copïo. Dywedir yn y nodiad CA 87 ar gystrawen megis *wy gwnaethant,* ib 99, *ef diodes gormes,* etc., ib 419, nad oes dreiglad i'r ferf. Wrth ddyfynnu enghreifftiau o BA a BB fe ysgrifenna WG 427 hwynt fel petaent yn cynnwys treiglad: e.e. **a mi disġoġanave,** BB 48-9, 52 (tair neu bedair o enghreifftiau); dyfynna WG 427 fel hyn: **A mi δysgoġanaf-e**; darllenir y treiglad ar sail *Pei* **mi brytwn,** *pei* **mi ġanwn,** BA 26 = CA 1337-8 (nod. 362 = 'pe prydwn'); ac ar yr un sail darllenir treiglad ar ôl *ti* yn *Pan esgynnei baub,* **ti δisġynnut,** BA 31 = CA 224, er nad yw orgraff y testun yn profi dim. Y mae'n bosibl fod gwahaniaeth rhwng *mi* a *ti* ar y naill law, ac *ef* ar y llaw arall; ond y mae'n bosibl hefyd mai diweddaru sy'n cyfrif am yr enghreifftiau a ddengys y treiglad.

Gallwn sylwi ar beth arall ynglŷn ag arfer *ef* o flaen y ferf. Gellid dadlau fod y rhagenw yn rhai o'r enghreifftiau cynnar yn cynrychioli'r goddrych, a bod cytundeb o ran person rhwng y rhagenw a'r ferf, e.e. **wy lladassan,** CA 361 = ' lladdasant hwy ' ; **ef dodes fin,** ib 419 = ' dododd ef ffin ' ; a gellid dadlau fod ' ystyr ' i'r rhagenw personol. Ond y mae rhai enghreifftiau o roi *ef* o flaen y person cyntaf unigol ; ni all fod yn oddrych ac nid oes berson yn y cyd-destun y gall *ef* ei gynrychioli fel gwrthrych na dim arall, a rhaid casglu fod *ef* yn "ddiystyr ' fel y mae'r geiryn diweddarach, *fe, fo,* yn ddiystyr, e.e. **Ew kuynhiw** *iny wuiw,* BB 100 ; **ef gwneif** *beirdd byt yn llawen,* BT 63.22. Cymh. esiamplau o flaen ffurfiau amhersonol : **Ef canet** *rac y ofyn,* ib 69.24-5 ; **Ef molir** *pawb wrth y weith,* RP 1056, B IV.8 (251).

Digwydd esiamplau hefyd o roi negydd o flaen y rhagenw personol yma, a'r cyd-destun weithiau'n dangos nad oes ' ystyr ' i *ef* : **Nyt ef caraf** *amryssonyat,* BT 8.3 (' I love not strife,' WG 427) ; **Nid ew rotir** *new ir neb nwy ceis,* BB 86. Golyga'r rhain ' ni charaf,' ' ni roddir.' Yr ydys yn mentro cynnig esboniad yma. Os troir yr hen 3ydd unigol *cerid* yn negyddol, ceir *ni châr* ; ond cyfleir ystyr *cerid* hefyd gan y gystrawen *ef a gâr,* a'r ffordd briodol i negyddu hyn yw *nid ef a gâr.* Felly y mae *nid ef* yn gyfartal â *ni* yn syml.*

Y cwbl a wneir isod yw dyfynnu enghreifftiau o'r testunau cynnar, at y rhai a ddyfynnwyd yn barod, gan ychwanegu ambell nodiad mewn cromfachau.

Cymh. : **wy lledi** *a llavnawr heb vawr drydar,* CA 66 (nod. 87, yn awgrymu darllen *wy lledin*) ; **wy guenint,** ib 815 ; **ef gwrthodes** *gwrys gwyar dis grein,* ib 42 ; **ef gwrthodes** *tres,* ib 1006 ; **Ef gunahaud** *ryuel a diuisci,* BB 54.4 ; *Ac* **ew dybit,** ib 61 (' and it will come,' WG 427) ; **ew keiff** *new a chirreiveint,* ib 70.6-7 ; (gyda'r enghraifft a ddyfynnwyd o *Nid ew rotir,* etc. ceir : **Nid ew** *ym crevis deus diffleis,* ib 86).

Esiamplau pellach o Lyfr Taliesin : **nyt ef wnafut wy** *ryfed vchon,* 7.21 ; (noder fod yma dreiglad ac mai *g* yw'r gytsain a dreiglwyd) ; **Ef tynho** *aches rac y varanres. diffurn dyd reges . . .* **Ef tardho** *talawr. terdit nef y lawr,* 10.20-21 ; **ef gyrhawt** *allmyn y alltuded,* 13.23 ; **ef lladei** *a pherued ac eithaf a diwed,* 25.1 ; **ef gwrith . . .** *ef datwrith,* 26.18 ; **Ef differth** *aduwyn llan lleen(n)awc,* 29.24 ; (cymh. hefyd : **Nyt wy dyweit** *geu llyfreu beda,* 36.8-9) ; **kyt ef mynasswn,** 65.17-18 ; **wy gwnant** *aer ar urys,* 73.5.

Cymh. ymhellach : **Nyt ef enir** *pawb yn doeth,* RP 1056 ; **kyn mi traghwyf,** LlH 11 ; **ef keif** *kerennhyt oe fyt fechyn,* ib ib ; **Ef gwnaeth** *yn ungad dwygad digut,* ib 13 ; *Gweleis gynt* **wy kenynt** *kw dawn,* ib 27 (darll. *kwd awn*) ; **ef goreu** *gwyrtheu wrth y gennad,* ib 45 ; **ef warawd** *ball a gwall . . .* **ef a wnaeth** *y uaeth . . .* **ef gymerth** *nef dros dref y dad,* ib 45 ; **ked ef ddigoner** *ny chymer wwlwg,* ib 54 ; **ef dyf** *gorofyn hyd gaer efrawc,* ib 63 [= **ef a dyf,** MA 238a]; **ef latei ef wanei** *wanwyd.* **ef wnaeth** *a gwaedwaew gwaed abwyd y urein,* ib 148 ;

*Diddorol cymharu'r cystrawennau canlynol lle ceir *nyt ef (a) = na* : **''Nyt ef a wnel Duw,''** *heb y Rolon, "tybyaw Gwenwlyd o'e vot yn anffydlawn ymi,"* YCM² 140; **''Nyt ef a wnel Duw,''** *heb y R. "dielwi y Freinc trwydof i,"* ib 141 ; **''Nyt ef a wnel Duw,''** *heb y R. "kymraw ohonaf i luossogrwyd ny allwyt eiryoet eu kymraw,"* ib 142 ; cymh. ymhellach : **''Nyt ef a darffo,''** *heb y Chyarlys,* Bv.219 (= llw).

Sylwer ar yr amrywiadau hyn ar batrwm yr eidduniad, sef "Cedwid Duw" neu "Duw a gatwo" : *"a'th iachao di, y Gwr yssyd iechyt y bawb,"* YCM² 125 ; *"a'th iachao di, Duw Hollgyvoethawc,"* ib 132.

ef kymerth *yr duw dioteifyeint,* ib 197 ; **Ef gorfu** *goruawr y clywch,* **Ef goruc** *am gerryc mor llwch,* ib 258 ; **Ef gwnaeth** *tu penntraeth penn trwch calanet,* ib ib ; **Wynt kenynt** *nas kehynt pa hon, y keblynt or kwbyl annefon,* ib 266 ; **Ef bu** *ryt rwyt gorchorton,* ib ib ; *Llywelyn* **ef llosges** *dy dy uro,* ib 275.

§135 Y, YT (= YD), Yẟ (= YDD)

(i) *Yd* ac *ydd* yw'r hen ffurfiau ar y geiryn *yr* a roir mewn Cym. Diw. o flaen ffurfiau *bod,* 'yr wyf,' 'yr oedd,' etc. Nid rhaid inni benderfynu yma beth yw'r gwahaniaeth hanfodol rhwng *yd* ac *ydd* ; *yd* yw'r unig ffurf o'r ddwy sy'n codi pwnc o dreiglo.

Pair *yd* dreiglad meddal i ffurfiau'r stemiau *bydd* a *bo* pan ddefnyddir y geiryn ar ddechrau cymal perth. traws neu o flaen cystrawen normal (heb fod yn berthynol) : *y pop mynnic* **yt uoy,** LL 120 (Braint Teilo) ; **hyd uydei** *heb gyscu,* WM 471 ; **yt uyd** *yn sych yr hyn a uei yny law,* ib ib.

Defnyddid *yd* o flaen ffurfiau Gorff. Dibynnol *bod,* ar ôl y cysylltair *pei,* e.e. **bei etuwni** *yn dechreu,* WM 71 ; a chywasgiad o *pei yd* a roes *ped* ; a chywasgiad o *pei-yd-fwn, pei-yd-fawn* a roddodd *pettwn, petawn,* etc., gw. WG 349 ; cymh. *a phet vehut doeth di,* FfBO 35 ; *betfasentwy,* MCr 21b ; *ped fawn i,* CRhC 50. [Yn y dafodiaith a roir yng ngenau cymeriadau 'naturiol' Daniel Owen, ceir y ffurfiau hyn heb galedu'r *d, bydawn, bydae,* etc., e.e. *a bydae y streic yma,* RL 101 ; gw. §138(i)].

(ii) Ceir *yd* hefyd o flaen berfau eraill, gyda thr. m. yn dilyn : **Yd wele(i)s-e** *Guendoleu,* BB 53 ; *Tec* **yd gan** *ir adaren,* ib 107-9 ; **yt gryssyassant,** CA 239 ; **yd welas,** CLlH I.13, t 3 (gw. nod. 67-8 am enghreifftiau eraill) ; *o honot ti* **yt gaffo** *ef,* WM 453.

(iii) Y mae'r *y* a alwn ni yn rhagenw perthynol traws yn eiryn rhagferfol mewn Cym. Can., heb dreiglad yn dilyn : **y kymereis** *inheu wyntwy arnaf* . . . **y buant** *ulwydyn gyt a mi,* WM 46 (PKM nod. 182). Olion hen orgraff lle yr arferid *e* am *y* yw **E doeth,** ib 45, ac nid ffurf ar *ef* neu *fe.*

§136. A, AI, GEIRYNNAU GOFYNNOL

(i) Ceir tr. m. ar ôl *a* bob amser, e.e. *a gefaist? a welodd? a fuost?* Ar lafar gwlad fe gollir y geiryn gan amlaf ond dengys y ferf dreigledig ei fod yn eisiau neu'n "ddealledig."

Cyfuniad yw *ai,* neu *ae* mewn Cym. Can., o'r geiryn + ffurf ar y cyplad, i'w arfer o flaen rhywbeth heblaw berf ; a heb dreiglad yn dilyn, e.e. *Ai dyn a welaist? Ai gwir?* cymh. **ae guell** *y gwna neb uy neges i wrthyt ti no mi uu hun.* **Na well** *heb ef,* WM 84.

Gan nad berf yw *rhaid,* iawn cael *ai* o'i flaen yn y gofyniad, cymh. **Ai rhaid** *dosbarthu,* DByrr 32 ; ond trwy ddylanwad cystrawennau megis 'A oes raid ?' etc., daethpwyd i arfer *a* o flaen *rhaid,* e.e. **A raid** *i mineu farw nôl aros yma cy'd,* Dyfr. Bethesda 5.

(ii) Yr un gair sydd yn y gystrawen *ai . . . ai, naill ai . . . ai,* heb dreiglad yn dilyn. Tyfodd *ynteu* i mewn yn y gystrawen hon, a cheir *ynteu* yn lle'r ail *ai* yn fynych ; ond nid yw *ynteu* yn cyfrif fel sangiad o gwbl a'r gysefin a ddylai ddilyn : **ai mawl . . . yntau gogan,** DByrr 2 ; **y naill ai gwthio** *allan, ai* **ynte lladd** *perchen y tŷ,* DFf 91 ; **naill ai tynnu,** HDdD 112 ; *pa un* **ai meini . . . ai ynteu coed pwdr,** HFf 248.

Wrth reswm, os rhoir *neu* yn lle'r ail *ai*, fel sydd yn gyffredin bellach, fe fydd treiglad yn dilyn *neu.* Cymysgu'r ddau air hyn sy'n cyfrif am dreiglad ar ôl *ai* weithiau, fel yn y canlynol : *a ddylit fôd felly* **ai beidio,** RBS 67, *naill ai tri* **ai bedwar,** ML I.336.

§137 Y Cysylltair 'O' ('Od,' 'Or,' 'Os')

(i) *O* yw'r ffurf symlaf ar y cysylltair sy'n *os* fel rheol mewn Cym. Diw., —er bod *o* yn cael ei arfer mewn Cym. Diw. hefyd. *Od* a ddefnyddid gynt o flaen llafariad.* Hefyd ceir **or**, sef cyfuniad o **o** + **ry** o flaen rhai berfau, yn enwedig o flaen rhai o ffurfiau *bod,* e.e. *or bu, or bydd.* Yn y lle cyntaf, cyfuniad yw *os* o'r geiryn a'r cyplad, yn golygu 'if it is,' i'w arfer o flaen geiriau heblaw berfau, h.y. *os da, os felly,* etc. Dyma'r ffurf a ledodd i bob cysylltiad erbyn y cyfnod diweddar, gan ddisodli'r cystrawennau eraill yn gyfan gwbl ar lafar gwlad. Os gwelir enghraifft gynnar o *os* o flaen berf, gellir bod yn bur sicr mai esiampl ydyw o'r *os* sy'n cyfuno'r geiryn a'r rhagenw mewnol gwrthrychol, e.e. . . . *drugared,* **os keissy** *o galon da,* SG 79 ; **os mynny** *di wrda ny chaffant wy dim,* WM 425 (P 4.277, P 6.IV.36). Felly, y mae dwy gystrawen *os* yn wreiddiol, ac nid hawdd dweud yn bendant pa un sydd gennym ni yn awr.

(ii) Ar ôl *o* yn unig o'r amryw ffurfiau hyn y ceir treiglad, sef tr. llaes *c p t* ; ceidw'r cytseiniaid eraill y gysefin. Cymh. : **o faraf** *uinheu,* WM 105 ; **o phery** *dihenydyaw,* SD 248, 311 ; **o chredy,** ib 463 ; **O thuria** *hwch a throi hwn,* IGE² 51.11 ; enghraifft o gadw cysefin *g* : **o gwneuthum** *gam,* WM 3.

Hawdd iawn dyfynnu enghreifftiau o destunau CDC, ac yn enwedig o destunau sydd dipyn yn 'werinol,' o gadw cysefin *c p t,* er bod cystrawen y treiglad yn parhau hefyd ; ond y mae cryn nifer o esiamplau cynnar, e.e. **o tyf** *yr heint,* Havod 16.73 ; **o kwsc,** ib 81 [cyferb. **o chymysgy,** ib 66] ; **o kanhorthwya,** RBB 217 ; **o kwplaa** *y aruaeth,* B v.215.

Ni ddisgwylir hyn yn iaith y beirdd ond copïwyr sy'n gyfrifol am y fersiynau sydd gennym ar gywyddau, nid y beirdd eu hunain ; dyma un enghraifft o'r gysefin :

*Ceir hefyd *ot gwnn* ; gw. nod. PKM 118-9 am enghreifftiau. Y mae'n bosibl mai rhagenw mewnol yw'r *d* yn y gystrawen hon yn wreiddiol.

Ni myn i'r gwyllt, mwy no'r gwâr,
Ddianc, **o cerdd** *y ddaear,* DGG LXXXVI.72 (Ll.Goch—I ofyn milgi).*

Dyma esiamplau pellach o destunau diweddarach : **o troede** *un drosti,* MCr 56a ; **o caf** *i vlas,* ib 69a ; **o tebig** *ef,* ib 76b ; **o cery** *di dduw,* ib 112b ; **o cai** *di,* ib 130b ; **o tebygy,** ib 131a ; **o kynhwysu** *fo,* CRhC 1 (ail bers. un.) ; **o cyll** *un fe chwilia am ddeubeth,* ib 3 ; [**o chai,** ib 3] ; **o kymri,** ib 11 ; **o clyw,** ib 15 ; **o peiriodi . . . o peiriodwch,** ib 19 ; **o kaiff,** ib 224. [*Ag* **o chaiff** *o iechyd* . . . **O ffraw** *fo ddownsio* . . . **o chais** *Owain gilio* . . . **o chân** *fo Saesneg,* ib 169].

Cedwir y tr. llaes yn nhestun y Beibl, e.e. *Ac* **o thyn** *neb ymaith,* Dat. XXII.19 ; ond yr oedd *os* wedi dechrau cael ei arfer yn lle *o* o flaen berf, e.e. **Os rhydd** *neb ddim,* Dat. XXII.18 ; **Os clyw** *neb fy llais i,* ib III.20. Gan hynny cystrawen anaml ar lafar fyddai *o* + berf ; a gellir awgrymu dau reswm i gyfrif am yr enghreifftiau o'r gysefin yn nhestunau CDC, eu bod yn barhad o'r duedd a welwyd uchod i golli'r tr. llaes ; neu fod y gystrawen wedi diflannu ar lafar gwlad fel na wyddid yn iawn pa dreiglad a ddylai ddilyn ; cymh. **o caf fi,** YmDd 93, 99 ; **o ceri,** ib 124 ; [cyferb. **o thebygi,** ib 170] ; **o kosbwn,** DCr² 78b ; **o kyvarth** *y ki,* ib 93a.

Ceir amrywiaeth rhyfedd iawn yn y *Llyfr Ffortun,* e.e. **o glafycha,** B III.100, hefyd 102 ; **o glafychu** (ail unigol) 103, 104 ; **o cyfodi,** 100 ; **o clafycha,** 101 ; **os glafycha,** 103 ; **os geiff,** 104.

(iii) Dyma ychydig enghreifftiau i ddangos mai'r gysefin sy'n dilyn *or* : **or byd** *petrus,* Havod 16.8 ; **or mynn** *wiryoned,* ib 9 ; **or tebygy** *idaw gornwydaw,* ib 27 ; **or kymer,** ib 42 ; **or bydant,** ib 79 ; **or kyffessa,** LlA 135. Dylid deall nad oes unrhyw 'reol' yn penderfynu pa bryd y dylid arfer *or,* e.e. **o byd** *drwc,* B II.26 ; **or byd** *marw,* ib ib 9 ; **or mynny,** SG 99 ; **o mynny,** ib 366.

§138 PEI, PE

(i) Y mae'r cysylltair neu'r geiryn *o* sydd uchod yn eiryn rhagferfol cynhenid, heb fod yn rhywbeth arall a gyfaddaswyd i wasanaethu fel geiryn rhagferfol. Y mae *pe* yn wahanol, gan mai ffurf ferfol ydyw a gyfaddaswyd i fod yn gysylltair. *Pei* yw'r ffurf mewn Cym. Can., ac yn aml iawn *bei* (ceir esiamplau isod ymhlith y dyfyniadau) a dengys hynny'r tarddiad, sef mai 3ydd un. Gorff. Dib. *bod* yw. Heblaw hyn fe geir enghreifftiau o'r ffurf dreigledig *vei* yn gwasanaethu fel geiryn a golyga hynny mai *bei* yw'r ffurf wreiddiol : e.e. *Ac* **vei** *gyuerkinan am y gylchin*

*Enghraifft arall o'r cywyddau yw :

Daioni corff dyn, **o caid,**—
Derbyn deigr dŵr bendigaid. TA 139.49-50.

Y darlleniad mewn dwy lsgr. yw *iechyd korff uchod i caid* ; a'r fersiwn sydd yn Y Flod. Newydd, t 143 yw *Daioni corff dyn y caid.* Dyma enghreifftiau o destun WLl ac anodd eu hesbonio i ffwrdd : **O torrwyd** *kyff trioed kall / Empurio mae imp arall,* XXXV.57-8 ; **O try'r** *korff or tir wr kall,* XXXVII.63 ; **O torres** *braich y tiroedd,* XLIII.11 ; **O cedwaist** *yn wr cadarn,* LXXIV.37.

huan. Ar gnyuer pegor yssit ydan mor . . . Ac **vei vei** *paup tri trychant tauawd. Ny ellynt ve traethaud kywoetheu y trindawd,* BB 18. Dyfynnwyd yn §135 un enghraifft o *a bydae* o Daniel Owen, i gynrychioli mynych esiampl, a golyga gadw *b* ar ôl *a* mai *bydae* yw'r ffurf gysefin ; ond anodd dywedyd ai parhad yw hyn o'r *b* gynhenid ; gw. nodiad wrth odre §122(i), a §175(iv).

(ii) Dangoswyd yn §122(iv) mai cysefin y dibeniad sy'n dilyn *pei* mewn cystrawen megis *pei gwir hynny,* WM 36 ; *a phei tywyll y nos,* RM 182 ; ac y mae'n bosibl mai cysylltiadau fel hyn, lle y cyfetyb cystrawen y Gorff. Dib. i'r Pres. Myn. *os gwir hynny,* a wnaeth *pei* yn eiryn o flaen cymal amodol i gyfleu ystyr *o*(*s*).

Nid rhaid tybio fod dim rhwng *pei* a'r dibeniad, mwy nag sydd rhwng *bid* a'r dibeniad mewn cystrawen fel : *bit dyn bit lwdyn,* Havod 16.23. Os deallaf WG 349 yn iawn dadleuir fod *pei* o flaen berf yn cynrychioli **pei y,* a dywed "before a vowel *pei yt,*" fel petai hynny yn rheol, ac fel petai'r ffurf *yt* yn brawf gweledig o'r *y* a ddiflannodd drwy ei chywasgu. Un peth o blaid tybio fod geiryn perthynol traws, sef *y,* yn ddealledig yn y gystrawen *pei* + berf, yw'r ffaith mai'r negydd arferol ar ôl *pei* yw *na,* sef y negydd perthynol traws. Ond nid iawn credu fod angen *yt* o flaen berf yn dechrau â llafariad, e.e. *bei ymlademm,* WM 66 (R 47) ; *bei elhut,* ib 175 (R 240) ; *pei ymgaffwn,* SG 52 ; *pei amdiffynewch,* ib 63. Awgrymaf fod twf *yt* ar ôl *pei* (nes rhoi *ped*) i'w briodoli i'r ffaith nad oedd *pei* yn eiryn rhagferfol cynhenid, tebyg i *o, ni, pan,* etc. Ni allai gynnwys rhagenw mewnol gwrthrychol heb help *y-* neu *a-*, e.e. *pei ys gwypwn,* WM 42 ; *bei as gorchymynnut,* ib 432 (hynny'n rhoi *pes* yn ddiweddarach). Ac wrth i *pe bei* ddisodli *o bei* clywid angen *yt* i lenwi'r bwlch rhagferfol [cymh. y gystrawen annibynnol *cyd boed* a'r amrywiad cysylltiol, *kyt yt uo,* gw. §118(ii)] a lluniwyd *pei yt fei* ; a sylwer fod *yt* o flaen cytsain.

Beth bynnag yw twf *pe*(*i*) fel cysylltair, nodwn mai cysefin y ferf sy'n dilyn *pe*(*i*) ei hun : *a phe gwypwn,* WM 144 ; *a ffei gwnelut,* ib 445 ; *a phe clywit,* ib 211 ; *a phei bydwn,* ib 131 ; *bei behwn,* ib 406 ; *bei bydut,* LlA 67 ; *Pe beym,* ib 95.

Wrth drin cystrawen. *po gyntaf* isod §151, fe gawn weld mai ffurf y geiryn mewn cysylltiadau gorffennol eu hamser oedd *pei* ar y dechrau ; a cheir tr. m. i'r ansoddair sy'n dilyn (er mai'r gysefin sy'n dilyn *po* ar y dechrau).

§139 Hyny, Yny (Oni, Hyd Oni)*

(i) Am gyfansoddiad *hyny, yny,* sef *hit ni* Hen Gym., gw. WG 446, a'r nodiad yn B III.266 ar *hit ni* yn y *Computus,* t 256, llinellau 8-9. Gan fod

*Y mae un peth ynglŷn â chystrawen *yny, pan, o* yn haeddu nodiad. Y mae eisiau berf ar eu holau ac ni all dim ddyfod rhyngddynt a'r ferf ond rhagenw mewnol gwrthrychol ; ac ymhellach, nid oes eisiau *y* fel rh. perthynol traws ar eu holau.
Os bydd *ail* ferf yn dibynnu ar *pan* neu *yny* neu *o,* rhaid ailadrodd y cysylltair +

hyd yng nghyfansoddiad (*h*)*yny* eisoes, y mae ychwanegu *hyd* eto yn *hyd oni* yn 'tautological,' ac arfer gair WG 446. Yn rhyfedd iawn ceir *hyt na* yn ML, yn debyg iawn i'r *hit ni* gwreiddiol, a rhag i neb gamddeall, nid mewn ystyr negyddol yr arferir *hyt na,* e.e. *mae'n rhaid ei swccro hi* **hyd na chaffo** *ryw le etto,* ML I.209 ; *a gweithio fy ngorau* **hyd na bwy'n** *chwysu,* ib ib 428 ; *mae'n rhaid ymrwbio trwy'r tew a'r teneu,* **hyd nad eir** *o'r byd yma i fyd a fo gwell,* ib ib 475. Cymh. : **hud na byddo** *wedi myned i'w chyflawn berffeiddrwydd,* ALMA 24 (Hugh Hughes) ; *fe chwarddodd* . . . **hyd na thorrodd** *y Postwm,* ib 29 (L.M.) ; *ag ai paffiodd hi ai ffon hyd* **na fy** *hi yn farw,* ib 192 (Morris Prichard).

(ii) Fel y dangosir yn y dyfyniadau isod, tr. m. sy'n dilyn *yny* mewn Cym. Can. ; ac nid yw *b* ac *m* yn eithriadau ; a sylwer hefyd nad yw *yny* yn arfer *-d* o flaen llafariad, e.e. *ac* **yny agoroch** *y drws,* WM 57 ; **yny oed** *kan mwyaf y elynyon yn anauus,* RBB 55. Nid anodd deall sut y troes *yny* yn *oni* o ran ffurf neu sain ; ceir y datblygiad seinyddol hwn yn y newid a droes *ydyw* > *ydy* > *ydi* (neu'n gywirach, *ydiw* > *ydi*) > *odi* ; a *mygu* > *mygi* > *mogi,* ar lafar gwlad y De. Drwy ymdebygu o ran sain â'r cysylltair *oni* 'if not,' cymerodd *oni* 'until' dreigladau a berthynai i'r cyntaf. Effaith arall i'r ymdebygu oedd ychwanegu *d* o flaen llaf., e.e. **hyd onid elo** *iddo ei Hunan,* GML. 2.20 ; **onid oedd** *yr haul ar gyrraedd ei gaereu,* BC 5. Fe'n temtir efallai i feddwl mai'r rheswm dros ychwanegu *hyd* o'r newydd at *oni* (*yny*) yw fod eisiau gwahaniaethu rhwng y ddau gysylltair ac mai dyfais at hynny yw'r *hyd,* ond ceir enghreifftiau o arfer *hyd* o flaen *yny,* cyn i'r newid seinyddol roi achos o'r fath, e.e. **hyt yny** *glywych,* LlA 100.

(iii) Y mae'r enghreifftiau cyntaf yn dangos tr. meddal i *c p t* mewn Cym. Can., ac wrth gwrs i'r cytseiniaid eraill : **yny welas,** WM 5 ; **yny dyrr . . . ac yny uyd,** ib 7 ; **yny gigleu,** ib 34 ; **yny gollo,** SD 469 ; **yny gollych,** ib 472.

Nid yw *b* ac *m* yn eithriadau :* **yny uo** ryd, WM 25 ; **yny uwyf** yn y *neillparth,* ib 107; **yny uwytao,** ib 443; **(h)yny uu,** LlA 107, 111; SG 32.

Ceir enghreifftiau o gadw'r tr. meddal i *c p t* ar ôl y ffurf newydd : **oni glowid** *j drwst,* B II.210 ; **oni gymro** *brenn,* ib VI.302 ; *kynio y maen yn ry dyn* **oni dorro,** B VIII.298, 299 ; *ac ni bu hir* **oni glyvychodd** *hwnnw,* ib IV.194-5 ; [cyferb. **yni glybu** yn yr un paragraff] ; ac erys llawer

berf, neu arfer y berfenw yn lle berf, h.y. 'pan gyrhaeddodd a phan welodd,' ' neu, 'pan gyrhaeddodd a gweld.' Ac ni ddylid meddwl mai dyfais a berthyn yn unig i Gym. Can. yw arfer berfenw yn lle berf ; y mae'r gystrawen ar lafar gwlad o hyd. Dyfais ydyw i osgoi ailadrodd *pan* (ac *o*[*s*], etc.) ; gw. Morgan, B IX.201.

Ar ôl *pryd,* sy'n enw wedi ei gyfaddasu i fod yn gysylltair, y mae eisiau *y* (= 'the occasion *that* . . .') ; ac os bydd ail ferf yn dibynnu ar *pryd,* nid rhaid ailadrodd *pryd* + *y* + berf ; digon yw rhoi *y* + berf yn yr ail gymal. Ar y patrwm hwn ceir esiamplau yn y Beibl o arfer *pan* + berf, ac (i ail ferf) *y* + berf.

*Sylwais ar yr enghraifft ganlynol o gadw *b* heb dreiglo : **Yny bo** *ef yn varw gan vy aruev i,* YCM[2] 139 ; cymh. **Yny vom** *deudec,* ib ib.

enghraifft ym Meibl 1620 o'r hen dr. m. ochr yn ochr a'r tr. llaes diweddar : **hyd oni gynnyddent,** Ruth I.13 ; **hyd oni dyfo,** 2 Sam. X.5 ; **hyd oni benwynnych,** Es. XLVI.4 ; **hyd oni gyfnewidio,** Dan. IV.23 ; [cyferb. **hyd oni thraethwyf,** Gen. XXIV.33 ; **hyd oni chyfodei,** Ezra II.63 ; **hyd oni thyfodd,** Dan. IV.33).

Ond tr. llaes *c p t* sy'n arferol mewn CDC : **oni chyfarfu,** B V.117 ; *ni bu hîr* **oni chafodd,** HFf 255 ; **oni chwynont,** ib 311 ; ac un rheswm dros ddyfynnu'r rhain yw dangos nad oedd yn rhaid arfer *hyd* o flaen *oni*. Erbyn heddiw y mae *nes, hyd nes* wedi disodli *oni, hyd oni* ar lafar gwlad, fel na all neb ddywedyd yn ôl ei glust pa dreigladau a ddylai ddilyn *oni*.

(iv) Ceir geirynnau eraill mewn Cym. Can. sy'n debyg o ran golwg i'r cysylltair a drafodir yma. Ceir nodiad gan yr Athro Henry Lewis yn B I.9 ar arfer *eny, ene* gyda'r modd dibynnol mewn cyfieithiadau o'r Lladin i gyfleu cystrawen yr ' abladol absoliwt ' ; a dengys ei fod yn cyfateb i'r fannod ddiryw *a(n)* yn yr H. Wydd. sy'n gweithredu mewn rhai cysylltiadau yn ystyr *pan*. Ceidw ffurfiau *bod* y gysefin ar ôl y ' cysylltair ' hwn, e.e. **en y bo** *canmoledic,* HGrC 110.7 ; **ene bei,** ib 112.25 ; 114.33.

Ceir nodiad arall yn B I.103 gan yr Athro T. H. Parry-Williams ar arfer *yny* mewn Cym. Can. a rhyw ystyr fel ' wele,' ' ac yna,' yn debyg i'r ffordd y defnyddir *co-n* yn yr Wyddeleg, e.e. *Ac ar hynny* **hyny uyd** *y urenhines ae llawuorynyon yn dyuot,* WM 145. Y ffurfiad *(h)yny uyd* a ddigwydd amlaf yn yr ystyr hon ; ac er bod enghraifft o'r gorffennol megis : **yny want** *y mab yn wysc y benn,* WM 55, ymddengys yn bur sicr mai estyniad yw'r gystrawen hon o arfer y Presennol Dramatig ar ôl *yny* ' until.'

(v) Peth arall i'w nodi yw hyn : os gwelir enghraifft o'r gysefin ar ôl *yny* yn nhestunau Cym. Can., dylid profi ar unwaith a oes rhagenw mewnol wedi ymgolli drwy gywasgiad yn yr *yny*, sef *yny-y*. Dyma enghreifftiau o hynny : *na chaffo enw* **yny caffo** *y genhyf i,* WM 95 ; *na chaffo arueu byth* **yny gwiscof** *i ymdandw,* ib 97 ; *nac adaw di hwnnw y arall* **yny keffych** *yn lle gwir,* B II.20 ; noder yr enghraifft hon o golli'r *y* yn y cywasgiad ond bod ychwanegu *h* at y ferf yn profi fod rhagenw mewnol yn ddealledig : *ni dygaf i un daryan* **yny hanvono** *duw im o damwein,* SG 15.

Wrth gwrs, y mae rhai testunau a ddengys y gysefin ar ôl *yny* lle disgwylid treiglad ; ond mater o orgraff yw hynny, sef yr hen duedd o beidio â dynodi treigladau, e.e. **eny kafoent** *tyr,* LlDW 4 ; **eny greychao,** ib 33 (= ' oni wreicao '). Prin yw'r enghreifftiau o'r gysefin mewn CDC, eithr dyma un : **hyd yni capho** *i throed,* DCr[1] 50[b] (= *yny chaffo,* ib[2] 34[a]) cyferb. *hyd yni dheloch,* ib[1] 66[a].

§140 TRA

(i) Gwyddys mai'r arfer gynnar yw cael tr. m. i bob cytsain ar ôl *tra* ; cymh. **tra barhaud,** WM 26 ; **t. allwyf,** ib 37 ; **t. deweis,** ib 11 ; **t.**

uom, ib 429 ; **t. vwytaho,** WML 29 ; **t. uedydywyf,** LlA 123 ; **t. gerdo,** DB 73 ; **Ac yno tra fynno fedd,** IGE² 313.9 ; **tra gan . . . tra gano,** HSI. 13.

Yr arfer ddiweddar yw cadw'r gysefin er bod cryn dipyn o anwadalu yn nhestunau CDC, a cheir ansicrwydd hyd yn oed heddiw. Er bod rhai darlleniadau'n ansicr, y mae lle i feddwl fod y duedd i gadw'r gysefin wedi dechrau yng nghyfnod y cywyddwyr. Y mae'n bosibl fod rhagenw mewnol yn ddealledig yn y canlynol: **Pwy a'i deil tra pedolwyf,** IGE² 51.5 ; (cymh. *a* **thra pedolo** *amws y brenhin,* WML 6, lle nad yw'n bosibl deall rh. m.). Nid yw'r gynghanedd yn dangos yn bendant yn y canlynol ai'r gysefin a olygai'r bardd ; h.y. fe ellid priodoli'r gysefin i gopïwr mewn cyfnod diweddarach :

> **Dra cerddais,** *'mofynnais mawl,*
> *Drwy Geri, gwlad ragorawl,* IGE² 76.21-2.

Ond dengys cynghanedd y canlynol mai'r gysefin yn unig a allai fod yn iawn :

> *Y cei urddas* **tra cerddych,** GGl XLII.20.

Dyma esiamplau i ddangos sut y ceir anwadalwch yn nhestunau CDC : **tra fyddech,** DFf [XIX] ; **t. fôm,** GMLl 1.194-5 ; **t. gymero,** PA 45 ; **t. gaffoch,** DCr² 108b ; **t. fo,** BC 17 ; cyferb. : **tra gallo,** GMLl 1.138 ; **t. parhatho,** ib 2.66 ; **t. parhaom,** HDdD 12 ; **t. byddom,** ib 68 ; **t. bo dyn,** BC 11.

Ceir y ddwy ffordd gan Oronwy Owen : **tra fu** *byw fy mam,* LGO 10 ; **tra bo** *ddafn o'i gwaed,* ib 28. Y mae rhyw gymaint o amheuaeth yn aros o hyd yn y cysylltiad hwn.

(ii) Yn nhestunau'r ail ganrif ar bymtheg, hyd y sylwais, y dechreua'r duedd i roi tr. llaes *c p t* ar ôl *tra.* Y mae'n bur sicr mai'r tr. llaes sy'n dilyn *tra* adferfol, *tra chryf,* yw achos y camdreiglo yma. Cymh. **a thra phorther** *ei falchder,* HFf 372 ; **t. pharhâo,** RBS 196 ; **t. thywalltei,** ib 224 ; **t. thycciodd,** BC 109 ; **t. pharhae,** ib 120 ; **Tra pharcher,** *ein Nêr o nef,* G Owen, C. Hiraeth am Fôn (argr. W.J.G.), XXIV.46 [cyferb. *tra parhaoch chwi,* llin. 74].

> *Bŷdd mawl fel y gwawl ar goedd*
> *I Risiart* **tra phair** *oesoedd,* Llsgr. Rd. Morris o Gerddi, XXII, C.Mnd. Iolo Morganwg.

Credaf mai cywir dywedyd nad ystyrid y tr. llaes yn wallus iawn yn nechrau'r ganrif hon, a'i fod yn ddigon derbyniol, mewn gwirionedd. Y mae'n arwyddocaol nad oes nodiad gan Morris-Jones ar yr esiamplau sydd yn BC. Yn ei ragymadrodd i DGG, t lxxxviii, sonia Syr Ifor Williams mai'r tr. m. a arferai DG ar ôl *tra,* ac nid *tra cheid,* gan olygu mai'r tr. llaes yw'r arfer ddiweddar. Tystiolaeth pellach yw'r nodiad yn DN 126, ar *tra vych* : "In Mod. W. *tra* sometimes takes the spirant mut., and sometimes the radical form." Yr unig beth y mae eisiau ei ddangos yma yw nad oedd gwrthwynebiad mawr i'r treiglad llaes yr adeg yma, ond fe ddiflannodd bron yn llwyr ymhen cenhedlaeth arall am fod ysgolheigion wedi gweld ei fod yn deillio o gam-dyb.

§141 PAN

(i) Ymdriniwyd yn weddol lawn â threigladau *pan* yn §64(IX) uchod. Dyma hwy yn gryno. Ar y cyntaf ceir tr. m. i bob cytsain eithr bod esiamplau o galedu *l* yn *ll* ; (anodd profi, am fod yr orgraff yn ddiffygiol, a oedd *r* > *rh*, ond ar batrwm y calediad i *l*, gallwn gasglu fod hynny'n bosibl) ; cymh. **pan llanwy,** BT 9 ; **pan llas,** MA 205b ; [cyferb. *pan losco*, BT II.1 ; *pan lefeir*, ib 35.3] ; gw. nodiad hefyd ar **pan llithywyt** yn CA 75.

Dyma ychydig esiamplau o'r tr. m. yn nhestunau rhyddiaith a chywyddau'r cyfnod canol : **Pan glywhont,** WM 22 ; **p. gyuotei,** SG 166 ; **pan vynnei,** FfBO 31 ; **P. vai . . . P. ballai,** DN 30.

Cyfeiriwyd uchod hefyd at yr enghraifft o **pan dwetto,** DN XXIV.37, a'r nodiad t 181 a awgryma ei bod efallai yn enghraifft o'r arfer sy'n gyffredin yn y De o gadw'r gysefin ar ôl *pan*. Fe ellir awgrymu ar ben hynny fod posibilrwydd mai calediad *n* + *dd* > *nd* sydd yma, fel yn *bendith*, gw. §64(ix).

Mewn testun cynnar iawn fel BB diau mai'r orgraff ddiffygiol sy'n gyfrifol am ddangos y gysefin : **Ban gunhelont,** 60.2 ; **b. gluedichuy,** 47.5 ; **ban kyuodaw,** 82.1 ; cyferb. **b. wanha,** 19.2. Ond y mae'r gysefin mor gyffredin yn un o'r testunau cyfraith yn WML nes ein gorfodi i gasglu fod 'arfer y De' wedi dechrau rywbryd yn y cyfnod canol : **pan torher** *y nawd neu* **pan trawher** *trwy lit neu* **pan tynher** *peth* . . . WML 3 (= ? 'pan i trawher') ; **Pan talher** *y sarhaet*, ib 33 ; **Pan teruynha** *llys*, ib 47 ; [cyferb. *pan gaffer*, ib 30]. Nid peth newydd felly yw'r duedd sy'n gyffredin yn nhestunau deheuol CDC fel yr *Homiliau* ; a chymh. **Pan cas** *wybodaeth hysbys*, C. Llên Cymru II, t 8 (T. Jones, Llanfair Mynwy).

Y rheol lenyddol o hyd, wrth gwrs, yw meddalu ar ôl *pan*.

§142 CYD (KYN)

(i) Wrth drin y treigladau a geid ar ôl amryw ffurfiadau *bod* uchod, dangoswyd nad oedd y cysylltair *cyd* yn peri i'r ffurfiad annibynnol droi'n gysylltiol, a chrynodeb o gystrawen gynhenid *cyd* yw mai *kyt boed*, sef y ffurfiad annibynnol, yw'r gystrawen gynharaf ; ac mai adffurfiad o'r gystrawen negyddol *kyn(n)y bo* yw *kyn bo* a *kyd bo*. Nid yw felly yn gysylltair rhagferfol cynhenid yn yr un modd ag y mae *pan, tra, yny, o,* yn gysylltheiriau rhagferfol.

Nid oes unrhyw dreiglad yn dilyn *cyd* : **a chyt kerych,** WM 28 ; **kyd keffych,** ib 480 ; **k. gwelych,** ib 128 ; **k. caffo,** ib 410 ; **k. lludyo,** WML 33 ; **k. llatho,** ib 82 ; **k. bych,** B II.34 ; **c. kyhyrdo,** ib ib.

Ar ôl *kyn ny* ceir y treigladau a ddisgwylir ar ôl *ni*, llaes *c p t*, meddal y lleill, ond bod *b* yn tueddu i gadw'r gysefin ; cymh. **kyn ny thriccych,** WM 459 ; **kyny allom,** ib 169 ; **keny chafo,** LlDW 65 ; **kyn ny bo,** DB 108(c) ; **kynn ny bo,** LlA 87.

Wrth golli'r elfen negyddol o'r ffurf hon cafwyd *kyn* yn gysylltair cadarnhaol ; a'r gysefin sy'n dilyn hwn eto : **a chyn coller,** WML 88-9 ; 137 ; **a chynn bwynt,** LlA 162 ; B II.19 ; **a chyn bo,** WM 62 ; LlA 139-40 ; 162 ; LlDW 37.

§143. Can

(i) Cysylltair tebyg ei gystrawen i *cyd* yw *kan*, a chrynodeb o'i gystrawen yw'r ffurfiad *kanys*, a geidw ffurfiad annibynnol y cyplad *ys*, heb droi i'r cysylltiol *yw*, yn y modd y troir i'r cysylltiol yn y gystrawen *pan yw* ; [gw. §106(i) nod. godre, lle y dyfynnir un enghraifft eithriadol o *kanyu*]. Yn ôl WG 443 yr un gair yw â'r ardd. cyffredin *gan*, ond yn wahanol i arddodiaid eraill fel *er* a *gwedy*, nid arferir *y* rhyngddo a'r ferf.

Cysefin y ferf sy'n dilyn *can* neu *kann* bob amser ; gw. Geirfa 103-4 am liaws o enghreifftiau : **k. kyrchwys,** RP 1176-10 ; **c. gweryt,** ib .22 ; **k. gwarawt,** ib .22-3 ; **k. gwdost,** ib 579.26 ; **c. cafas,** ib 1382.41 ; **kann kolles,** LlA 147 ; **a chan gwelei** A. na allei, YCM² 16 ; **kann mynnei** ynteu rodi, ib 177 ; **can credeis** yt yd wyf iach, B IX.226.

kan(n)y yw'r ffurf negyddol, a disgwylir treigladau *ni* i ddilyn, gw. Geirfa 104a : **cany cheffir,** BT 67.22 ; **a chany wydyat,** RP 1026.7 ; **k. wnn,** ib 1149.24.

Daethpwyd i arfer *canys* yn lle *can*, a'r gysefin sy'n dilyn heb fod eisiau dyfynnu dim ; eithr gw. Geirfa 104a (3).

§144 Arddodiaid = Cysyllteiriau

(i) *Gwedy, Gwedi, Wedi*

Defnyddir rhai arddodiaid i wasanaethu fel cysyllteiriau, e.e. *gwedy, cyn, tan, am* ; ac enghraifft arall, y mae'n debyg, yw *can*. Pan arferir *gwedy* o flaen berf ceir *y* rhyngddynt, neu *yd* o flaen llafariad ; ond fel rheol y mae'r *y* wedi ymgolli yn *gwedy* nes bod y ferf i bob golwg yn dilyn *gwedy* yn uniongyrchol ; gw. WG 449. Afraid dywedyd mai cysefin y ferf sy'n dilyn *gwedy(y)* ; pa un a oes *y* wedi ymgolli ai peidio yn yr enghreifftiau lle nad ysgrifennir *y*, y gysefin sy'n dilyn yn ddieithriad ; cymh. *A* **gwedy y bo** *marw*, WML 136 ; **gwedy bont** *veirw*, LlA 50 ; (ynglŷn ag arfer y geiryn *y*, cymh. ymhellach : *Gwedy ranher y crwyn*, WML 19 ; *Gwedy y ranher y tir*, ib 51 ; *gwedy yd el y gyseu*, ib 23).

Enghreifftiau heb *y* ynddynt, i bob golwg : *A* **gwedy keffych,** WM 130 ; *a* **gwedy byryer** *llawer,* ib 21 ; **gwedy cretto,** LlA 142 ; **Gwedi dêl,** DGG LXI.9 ; **Gwedi caffo** *goed cyffion,* DN XXV.61 ; **Wedi bo** *yno unawr,* IGE² 290-1.

Tueddaf i amau a oes *y* o gwbl yn yr enghreifftiau cynharaf. Y mae'r ffaith fod y ferf yn gallu dilyn *cyn* heb eisiau'r geiryn rhyngddynt, yn cadarnhau'r dyb mai peth a dyfodd yn y cyfnod canol yw'r geiryn yn y gystrawen hon.

(ii) *Cyn*

Fel yr awgrymwyd, arferir *cyn* + berf ar y dechrau heb y geiryn *y* ; ceidw'r ferf y gysefin : **kin bu** *tav y dan mein,* BB 68; **kyn bum,** BT 25 **kynn bum,** CLlH II.1, 2, 3, t 8-9 ; *Porthaf gnif* **kynn mudif** *lle,* ib I.5, t 2 ; **kynn techaf,** ib I.9, t 2 ; gw. GEIRFA 252-3 am amlder o enghreifftiau o'r farddoniaeth gynnar.

Gellir dyfynnu enghreifftiau diweddarach ; dyma ddwy a ddengys nad oedd raid arfer y geiryn *y* : **kyn elych,** SG 269 ; **kynn elei,** FfBO 26. Enghreifftiau a ddengys gadw'r gysefin : **kynn bo** *marw,* Cymm 31.207 ; *ag ay tyrr* **kynn gatto** *jawn,* ID 52. Ymddengys felly fod rhywbeth o'i le ar yr enghraifft ganlynol : **kynn uwy** *marw, mi a vynnaf dy broui,* YCM² 76.*

Gwyddys fod cystrawen y berfenw yn gallu dilyn *cyn* ; a pheth arall, gan fod *cyn* yn ffurf gymharol i'r ans., ceir esiamplau o arfer *no(c)* o flaen cymal berfol : *kyn noc y delynt y wlat delphoes,* RBB 15.

(iii) *Tan*

Yr ydwyf yn casglu mai'r un gair yw'r cysylltair *tan* â'r ardd. ' o fore tan nos ' ; cymh. y cwpled a ddyfynna WG 305 :

Yn iach weithian **dan** *y dydd*
Y gwelom bawb ei gilydd, ST CC.186.

Yr ystyr yma yw ' until ' a dyna'r ystyr sydd iddo fel cysylltair. Fe'i ceir fel cysylltair yn weddol gyffredin mewn Cym. Diw. gan ysgrifenwyr o'r Gogledd, a dosberthir y gwahanol gystrawennau gan Richards, Cystrawen y Frawddeg, tt 166-7. Y gystrawen negyddol *tan na* sydd gyntaf, a pheth diweddar hollol yw arfer *tan* heb *na.* Ceir *tan y* + berf, ac enghreifftiau heb arfer *y.* Pan ddaw'r ferf yn union ar ôl *tan* ceir tr. m. ; gw. enghreifftiau Richards, **tan ddôi, tan wnâi, tan ddeuir.** Cymh. enghraifft o dreiglo'r enw : *na ddaw H.B. yma tan Galanmai,* ALMA 3 (Siôn Rhydderch).

(iv) Pan osodir cymal berfol ar ôl **am** ac **er,** arferir y geiryn *y* rhyngddynt bob amser. Arddodiaid cyfansawdd o ardd. + enw yw **oherwydd**

*Awgrymwyd wrthyf mai tebygrwydd *b* a *v* yn y llsgr. sy'n gyfrifol am hyn.

ac **oblegid** ond fe'u defnyddir fel cysyllteiriau o flaen cymalau ' achos ' neu ' reswm ' ; cystrawen ferfenwol sy'n eu dilyn gan amlaf, ond os bydd cystrawen ferfol, fe ddaw ar ôl y geiryn *y*, yn gymal perthynol traws, gan mai enwau yw ' herwydd ' a ' plegid.'

Ceir y geiryn *y* hefyd ar ôl **pryd, mal, fel, megis.**

Pennod XVI

YR ARDDODIAID

§145 Cyffredinol

(i) I'r rhan fwyaf o'r gwir arddodiaid y mae ffurfiadau personol megis *am, amdanaf*, etc. ; *dros, drosof*, etc. Ond ni ddylid meddwl fod meddu rhediad personol yn anhepgor. Yn y lle cyntaf, geiriau o natur neu swyddogaeth arall yw'r arddodiaid, sydd wedi eu cyfaddasu i fod yn arddodiaid, ac y mae meddu rhediad yn dibynnu, i raddau helaeth, ar gynharwch y cyfaddasu. Enw yw *hyd* ei hunan ac yn y cyfuniad *ar hyd* sy'n ardd. i bob pwrpas ; ac ni cheir ffurfiau personol i *hyd* nac i *ar hyd* ond yn y cyfnod diweddar, ac yn y 3ydd person yn unig, *hyd-ddo, hyd-ddi* ; *ar hyd-ddi*, Gen. XXVIII.2. Nid yw'r ffurfiau hyn yn gyffredinol ym mhob tafodiaith ; a sylwer mai'r sain eglur sydd i'r llafariad *y* yn y geiriau hyn ar ôl ychwanegu terfyniad, peth a ddengys mai diweddar ydynt; gw. WG 415.

Dadl arall yn erbyn y syniad na all gair fod yn ardd. heb fod iddo rediad o ffurfiau personol yw cymharu *py* y Gymraeg â'r ffurf Wyddeleg gyfatebol *co*. Gwelir y gair hwn yn y priod-ddull, *o ben* **bwy** *gilydd* a digwydd rhai esiamplau mewn Cym. Can. o'r ffurf syml *py* ; nid oes ffurfiau personol yn y Gymraeg ond y mae gan *co* ffurfiau personol.

Wrth symud gwrthwynebiad fel hyn ni lwyddwyd i ddiffinio arddodiad yn gadarnhaol. Nid hawdd yw gwneuthur hynny, ond fe allwn ddywedyd fod gair yn ardd. i bob pwrpas drwy broses o gymhariaeth ; e.e. os ardd. yw *am* yn ' cwrdd am chwech,' cyflawnir gwaith tebyg gan *cyn* ac *wedi*. ' cwrdd cyn chwech,' neu ' wedi chwech ' ; ac y maent felly'n arddodiaid 'i bob pwrpas.' Sylwer hefyd ar *ger* a *tan* : y mae'n anodd iawn eu dosbarthu ond fel arddodiaid ; er hynny, nid oes iddynt ffurfiau personol.

(ii) Y mae rhai arddodiaid sy'n gyfansoddeiriau o ddau neu dri ardd. syml, e.e. *o dan, o-ddi-wrth*. Y mae ambell ardd., sy'n sengl yn ei ffurf symlaf, yn cymryd ardd. arall ato i wneuthur stem i'r rhediad, e.e. *am*, *am***dan**-*af* ; ac mewn rhai cysylltiadau, megis ar ôl ' gwisgo,' defnyddir y stem *amdan* yn syml ; ceir esiamplau cynnar o hyn, ac fe'i ceir ar lafar gwlad o hyd, gw. WG 399.*

Eisiau nodi hyn sydd, sef nad oes dim gwahaniaeth rhwng y ffurfiau sengl a'r ffurfiau cyfansawdd yn y treigladau a barant ; rhwng *wrth* ac *y wrth* ac *oddi wrth* ; rhwng *ar, y ar, oddi ar*.

(iii) Rhaid gwahaniaethu'r arddodiaid cyfansawdd hyn oddi wrth yr ' arddodiaid ' sy'n gyfansoddeiriau afryw o ardd. + enw, megis *i mewn, ymhlith, yn erbyn, er mwyn, ar hyd*, etc., neu adferf (neu enw adferfol) +

*Enghraifft gymharol ddiweddar : **am dan bob bai,** Timothy Thomos, Mol. i Dduw (1764) 5.

cysylltair megis *tua, gyda.* Ar ôl y ffurfiau ' afryw ' hyn ceir y treiglad a ddelai ar ôl yr elfen olaf pe bai yn ei swydd ei hun, h.y. ar ôl *tua* ceir y tr. llaes sy'n dilyn *a* ; ar ôl *tuag at* ceir y treiglad meddal sy'n dilyn *at* ; ar ôl *ymhlith,* ceir y gysefin gan mai enw yw *plith,* a genidol yw cyflwr yr enw sy'n dilyn, e.e. ' ymhlith dynion,' genidol yw ' dynion,' a dry'n rhagenw blaen genidol yn ' yn eu plith.'

(iv) Dyma ddosbarthiad cryno o'r arddodiaid sydd â ffurfiau personol, yn ôl y treiglad sy'n eu dilyn ; ymdrinir â'r mathau eraill ac â'r eitbriadau yn y nodiadau amrywiol isod.

Meddal : *am* (*y am, amdan*), *ar* (*y ar, oddi ar*), *at* (*tuag at*), *gan* (*can, y gan, oddi gan*), *heb, i, o, dan* (*o dan, y dan, a dan, oddi dan, tan*),† *trwy* (*drwy*), *tros* (*dros*), *wrth* (*y wrth, oddi wrth*). Gellid cynnwys *hyd* yma hefyd.

Cysefin : *er, rhag, rhwng.*

Trwynol : *yn.*

§146 Calediadau

(i) Ymdrinir yn y Nodiadau isod ag enghraifft sefydlog ac arferedig o galedu, sef *ar lled.* Rhaid fod egwyddor y calediadau yn cael ei dysgu'n llwyr yn ysgolion y beirdd oblegid fe'u harferir yn fynych yn yr hen farddoniaeth ; a chan nad oedd y calediad yn ' orfodol,' fe fyddai'n bosibl i feirdd y gynghanedd ei arfer (yn unol â'r egwyddor seinegol, wrth reswm) neu gadw'r gytsain dreigledig, pa beth bynnag a fyddai orau i ddibenion y gynghanedd. Y mae hyn yn enghraifft dda o'r beirdd yn cael ' rhyddid ' i ddewis yr un a fynnent o ddwy gystrawen ; gw. uchod §71(vii-viii).

(ii) Caledu *l* yn *ll* ar ôl *ar, dan, gan* (a'u hamrywiol ffurfiadau) sydd amlaf, ac y mae mor gyffredin yn y Gogynfeirdd nes ymddangos yn rheol.

ar, gw. Geirfa 33b : *ar llafyn, ar llaïn, ar llary, ar lle, ar lleith, ar lloegyr, ar lloer, ar llogylwyd, ar llu, ar llwybyr,* etc. Dyfynna G rai enghreifftiau o gadw'r ffurf dreigledig : *ar lat,* LlH 14 (MA 145b 15) ; *ar let,* RP 1362.44 ; *ar les,* LlH 192 (MA 234a 33) a llawer eraill ; gw. y nodiad isod ar *ar let* ac *ar les.* Gw. CA 73, CLlH 77, 102 am enghreifftiau pellach o'r calediad hwn. Dyma un esiampl i gynrychioli'r cywyddwyr : *Hawddamawr* **ar llawr** *y llong,* IGE[1] xxviii.10 (*uwch llawr,* yn IGE[2] 74.8). Hyd y sylwais nid arferir y calediad yn y testunau rhyddiaith mewn cystrawen achlysurol, e.e. *ar lawr,* WM 228b, RM 103.

†*O dan* ac *oddi dan* a roir yn OIG ; *o tan* sydd gan Bantycelyn o hyd ac o hyd, e.e. *o tan yr haul,* D Nupt 43 ; *o tan y nef,* ib 55. Yn y De ni ddefnyddir *tan,* hyd y sylwais, ond yng nghystrawen y rhangymeriad "mynd tan ganu" ; ond fe geir *o tan* yn sicr yn sir Aberteifi, am *o dan* ; ceir esiamplau yn *Meini Gwagedd* Kitchener Davies.

[Yr ydwyf yn gweld lle i amau ai'r un gair yw *dan* (*o dan*) a'r gair *tan* (*dan*) sy'n cyfleu elfen o ' hyd ' mewn amser, e.e. "o fore tan nos" = ' hyd nos ' ; "mynd dan ganu" = ' while singing.' Ai benthyg o'r Wyddeleg yw *tan* amser, sef o *an tan,* = bannod + enw, = ' while, at, or in the time,' Reilly—O'Donovan ?]

can, gan : dyma rai o enghreifftiau G 101b-2a : *can lleng* ; *gan lliwedawr* ; *gan lleu a gwydyon* ; *gan llyw*.

O'r Cywyddau : *Llafar y cais* **gan llef** *corn*, IGE² 49.14.

dan (a dan, y dan, etc) : G 295a-b ; *dan llaw, dan llawr* ; *d. llef* ; *d. llenn* ; *a dan lloer, a dan lluman* ; cyferb. enghreifftiau o gadw'r treiglad : *d. letvryded* ; *d. ledv* ; *d. lefain* (o destunau diweddarach). Enghreifftiau o'r cywyddau o'r caledu ac o gadw'r ffurf dreigledig :

> *Ny llan ei charu* **dan llaw,** DGG XXXIV.49.
>
> **Dan lwyn** *mewn dien lannerch*, ib XLVIII.5.
>
> *Dwyn llew Brynbyrddau* **dan llaw,** IGE² 12.27.
>
> **Dan law** *Fair a Deinioel fo*, GGl LXXXV.57.*

(iii) Dyfynna CD 230-1 enghreifftiau o'r calediadau **s** + **dd** > **sd,** a **t** + **dd** > **d** neu **t** ; a digwydd y rhain ar ôl yr arddodiaid *tros* (*dros*) ac *at*. Ychwaneger y canlynol at esiamplau CD :

> Ystorlawn, **dros daearled,** TA I.9 ;

tros dau oror, ib 51.57 ; *dros Deuddwr*, ib 55.34 ; *tros Dafydd*, ib 74.3 ; *tros Deinioel*, ib 120.7 ;

> **Tros Deau** *wlad troes dy lin*, GGl LIV.11.
>
> *Cystal o'm hardal i mi*
> *Fyned dwywaith* **at Dewi,** IGE² 245.20.
>
> *Gyrru mae, fal y gŵyr Môn,*
> *Lu* **at Duw** *o lateion*, GGl XCIII.34.
>
> **At Duw** *celi i'w dai ciliaf*, ib CXIII.56.

Cymharer ymhellach : **At Duw,** TA 11.92 ; 71.24 ; **at dragwn,** ib 37.56.

Ceir y calediad a dry *dd* yn *d* ar ôl *ll* ac *n* hefyd, gw. CD 230-1, ond nid oes gennym ardd. yn diweddu ag *ll*, ac nid oes esiampl wrth law o'r calediad ar ôl *dan* a *gan*. Fe all y calediad *d* + *dd* > *t* ddigwydd ar ôl *hyd*, ac fe roir enghreifftiau yn y nodiad arbennig isod.†

*Y mae'n bosibl fod gwahaniaeth ystyr yn cyfiawnhau'r gwahaniaeth rhwng *dan llaw* a *dan law*. Priod-ddull yn golygu "secretly" yw *dan llaw* yn y ddwy enghraifft uchod o DGG ac IGE ; ond y mae'n beryglus dywedyd fod y calediad yn digwydd bob tro y ceir yr ystyr yma, a'r ffurf feddal pryd nas ceir, oblegid fe fydd rhywun yn sicr o ddod ar draws enghraifft ddilys sy'n wahanol.

†Nid calediad sydd yn y canlynol : *Astudiais, dysgais* **wrth desg,** IGE² 230.15. Gair benthyg yw *desg* a'r amharodrwydd i dreiglo gair benthyg sy'n cyfrif am y gysefin.

§147 NODIADAU AMRYWIOL

(i) *Ar lled*

Dyry WG 438 yr ystyr ' abroad ' a geilw'r ymadrodd yn adferf. Fe geir y ddwy ffurf yn y testunau ac ar lafar gwlad, *ar lled* ac *ar led* ac nid yw'n hawdd penderfynu a oes gwahaniaeth ystyr rhyngddynt. Ymddengys i mi fod hyn o wahaniaeth rhyngddynt yn fy nhafodiaith fy hun : ystyr *ar lled* yw ' outstretched,' a dywedir am ddyn tew iawn ei fod ' ar lled i gyd ' ; ond dywedir fod stori yn dechrau mynd ' ar led,' ac amrywiad ar hynny fod y stori'n ' mynd led y wlad.' Ond pa ddiffiniadau bynnag a wneir, fe geir esiamplau sy'n sicr o wrthbrofi'r diffiniadau.

Gwelsom uchod fod GEIRFA yn dyfynnu esiamplau o'r ddwy ffurf. Dyma esiamplau pellach o destunau diweddarach : *ae dwe law* **ar llet,** B IX.147 ; [*Fe rodd ei ddwylo pur* **ar led,** W (1811) 380 ; *A'i freichiau* **ar led** *rhwng nef a llawr*, ib 216 ; *Mae yno adenydd fy Ion, Yn tannu fel nefoedd* **ar led,** ib 195]. ' Outstretched ' yw'r ystyr yma.

Ef aeth Rhys o'r llys, âi hi **ar lled,** DN VII.5 ; ' scattered ' yw'r ystyr yma ; cymh. eto : *y gwasgarwyd etifeddion noe* **ar lled** *y byd,* MCr 18b ; [cyferb. *a thanu'r gair* **ar lêd,** Marc I.45]. Ystyr sy'n agos iawn at ' scattered abroad ' yw ' throughout (length and) breadth ' ; cymh. : *kynullaw llu Freinc ar hyt ac* **ar let,** YCM² 14 ; *a'r wlat honno a orchudyassant ar hyt ac* **ar let**, ib 16 ; *i gerdded* **ar lled** *i wnaethyr drwg i ddynion,* DP 221a. Gyda'r esiamplau cyntaf a olyga ' outstretched ' y dylid rhoi'r enghreifftiau am ddrws a phorth, oblegid y wir ystyr am ddwylo ac am ddrws yw ' wide-open ' : *ai borth . . . yn agored* **ar lled** *nos a dydd,* MCr 45a ; *y pyrth* **ar lled,** CRhC 310 [cyferb. *mae'r porth* **ar led,** W (1811) 213].

(ii) *Ar lles*

Y mae'n bosibl mai'r ardd. *er* sydd yma'n wreiddiol, fel sydd yn *er mwyn*, ac nid *ar* ; ond *ar lles* a glywir amlaf (o leiaf, yn y De) ac *ar* sydd amlaf yn y testunau, eithr *er lles* sydd yn ML bob tro, hyd y sylwais, e.e. *er lles ir gwerinos*, I.159.*

Ffurf yr ardd. *er* yn y testunau ' canol ' yw *yr*, ac fe allai'r sain aneglur droi'n *a* ac yn *e*, a sylwer ar y nodiad yn B III.259 ar *ir* y *Computus*, "The prepositions *ar*, *yr* (*er*), *gwar* (*ar*) ar confused in Welsh ; cp. *ar lles* in BA 19.7 ; 21.3 ; 23.16 ; 25.17 ; but *yr lles*, 27.19, RM 94.1." Ceir *ar les* yn CA 812 eithr hen orgraff yw'r *l* am *ll*, gw. nodiad t 272. Yn y nodiad sydd ar *ar Lloegyr* yn CLlH 77 dyfynnir *ar lles* (a golyga'r gymhariaeth mai'r ardd. *ar* a feddylir), ac ychwanegir ' nid *ar les* fel heddiw,' a'm hamcan wrth ddyfynnu'r geiriau hynny yw rhoi enghreifftiau o *ar les* mewn Cym. Diw. ; cymh. ymhellach : **ar les** *yr arenneu,* Havod 16.65 ; **ar les**, PA 14 ; **ar les** *yr iechyd,* RBS 62.

* Ai peth tebyg yw fod *er gwaethaf* ac *ar waethaf* yn cael eu harfer fel amrywiadau ?

(iii) '*Ar*' *mewn rhifolion*

Ymddengys mai'r ardd. *ar* yw'r elfen a ddefnyddir at wneuthur rhifolion cyfansoddedig, gw. L & P 191 (neu'n hytrach, un o'r ddau *ar* sydd yn y Gymraeg, *ar* = *ar* Gwydd, ac *ar* < *gwar* = *for* Gwydd., cymh. *gwarthaf*; a'r ail ardd. yw'r elfen dan ystyriaeth). Pair dr. m. i'r 'degol,' h.y. *un ar ddeg, dau ar bymtheg*, etc., a phair ychwanegu *h* o flaen *ugain*. Y mae digonedd o enghreifftiau mewn Cym. Can. heb *h*—amlach os rhyw-beth na chael *h* : *pedeir punt ar ugeint*, WM 78 ; *un cantref ar ugeint*, ib 81 ; *deudec brenin ar* **hugeint,** ib 179 (= *ar ugeint*, P 16) ; *pedeir assen ar ugeint*, ib 222. Peth a fagwyd o dan yr aceniad cryf yw'r *h*, gw. OIG 63.

(iv) *Am byth*

Diau mai natur arbennig y gair *byth* sy'n cyfrif am y gysefin yma, oblegid gwelwyd uchod §99(iv) fod *byth* yn tueddu i wrthsefyll treiglad mewn cysylltiadau eraill. Ceir y gysefin hefyd yn **tros byth**, e.e. LGO 100 ; 103 ; Williams, D Nupt 8 ; 18 ; ac nid yw'r enghreifftiau hynny a welir o *tros fyth* ond ymdrechion i 'reoleiddio,' yn unol â'r dyb y dylai fod treiglad ar ôl *tros* ; ceir esiamplau yn MCr 67[b] ; 82[b] ; Llanover B 18.8[a] (Ll. Siôn) ; Harri Sion, Hymnau (argr. 1798) 21 ; B. Francis, Hymnau (1798) 123.

(v) *Gan mwyaf* (*can mwyaf*)

Fel adferf yn unig y defnyddir *gan mwyaf* yn awr, ond fe'i ceir fel enw yn golygu 'y rhan fwyaf' neu 'fwyafrif' mewn Cym. Can. e.e. *a meirw vyd* **eu can mwyhaf,** WM 176 (Peredur) ; *yny oed* **kan mwyaf** *y elynyon yn anauus*, RBB 55 ; **eu kan mwyaf** *a glywaf yth ogyfadaw di*, ib 133 ; *a dywedut vot* **kan mwyaf** *y tir hynny y(n) gyuanned*, FfBO 46 (nod. 74).

Y mae blas cyfieithu ar yr esiamplau hyn ac y mae'r gystrawen yn y canlynol yn nes at yr iawn ffordd o arfer yr ymadrodd, sef yn adferfol : *eu harglwyd a gollyssynt a llawer oc eu goreugwyr, ac eu meirch, ac eu harueu* **can mwyaf,** WM 89 ; *i lyfrau o philosophyd(d)iaeth* **gan m(w)yaf** *i gyd*, D Byrr 4.

Y mae'r ystyr a'r gystrawen yn anghyffredin yn y canlynol, oblegid y mae arwyddocâd 'with' i'r ardd. *gan* a cheir tr. m. i *mwyaf* ar ei ôl ; a cheir treiglad wedyn i'r enw yn dilyn y radd eithaf : *reeni e mab* **gan uwyhaf dristit** *a oedynt yn keissyaw eu mab*, B ix.145 (= 'with the greatest sorrow') ; *ac en e lle hwnv* **gan uwyaf anryded** *y cladwyt*, ib 148 ; **gan uwyaf anryded,** ib ix.337.

Yr esboniad tebycaf ar gadw'r gysefin yn yr ymadrodd hwn yw fod *mwyaf* yn dueddol i gadw'r gysefin ac i wrthsefyll treiglo, yr un fath â *mwy, mwyach*, a *mor* sy'n amrywiad ar *mawr* ; a'r ffurfiau cymhariaeth eraill megis *cymaint, cystal, cyhyd*, a'r elfen *cyn* ; gw. §§165-166. Fe allwn nodi hefyd nad oes dim treiglad ar ôl *gans* Cern., nac ar ôl *gant*, Llyd., ac y mae'n bosibl mai olion peth tebyg yn y Gymraeg sydd yn y priod-ddull.

Defnyddir *amlaf* neu *gan amlaf* fel amrywiad ar *gan mwyaf* ; a defnyddir hefyd *fynychaf* ; a chymysgu'r ddwy gystrawen, *gan mwyaf* a *fynychaf* sy'n cyfrif am *gan fynychaf* ; ceir enghreifftiau o hyn yn RBS 20 ; 29.

(vi) *Heb pechod, etc.*

Ceir llawer enghraifft o'r fath yn nhestunau CDC a dyfynnir esiamplau yma o'r llyfrau printiedig yn hytrach nag o lawysgrifau rhag i neb briodoli'r calediad 'naturiol' yma i'r hen anallu neu'r hen duedd i beidio â dynodi treigladau. Byddai raid cyfrif *heb bechod* yn *-p-* mewn cynghanedd ; ac esiamplau naturiol o'r un calediad sydd yn y testunau rhyddiaith. Dangosant fod yr ysgrifenwyr yn gallu cymhwyso hen reol y beirdd ynghylch caledu, neu'n hytrach eu bod yn dilyn eu clust yn fwy na'r llygad, ac yn ysgrifennu'r 'sŵn' ac nid yn ôl rheol gramadeg. Cymh. : **heb plentyn,** Gen. XI.30 ; **heb perigl,** PA 125 ; **heb prudd-der . . . heb glefyd,** YmDd 78 ; **heb pallu,** ib 87 ; **heb pechod,** HDdD [A7] ; **eb bechu,** DCr[1] 20[b] = **heb pechv,** ib[2] 18[a].

(vii) *Yn tân, yn tŷ, yn Gymraeg, wrth tân*

Y fannod sy'n eisiau yma rhwng yr ardd. a'r enw, a dyna pam nad oes dr. trwynol ar ôl *yn* na thr. m. ar ôl *wrth*. Wrth roi cynifer o esiamplau yma yr ydys am ddangos fod yr arfer hon yn dderbyniol yn yr iaith lenyddol, ac nad 'llygriadau' tafodieithol mo'r ymadroddion hyn. Cymh. : **yn tân,** Ex. XII.10 ; XXXII.24 ; Es. LCIV.19 ; HFf 119 ; 121 ; **yn tŷ,** Gen. XVII.27 ; *tra fuom* **yn ty** *gartref,* D Byrr 1 ; *os aros a (w)ne(w)ch* **yn ty,** ib 3 ; *mae ef* **yn ty,** ib 48 ;* *gartref ac* **yn ty,** LGO 159 ; **wrth tân,** Jer. XXIX.22.

Priod-ddulliau cyffredin yn sir Forgannwg yw *o dre* am 'oddi cartref,' ac *yn dre* am 'gartref' ; golyga hynny 'yn y dref.' Ceir *yn dref* gan Lewis Morris, ML I.341 = 'gartref,' ond ceir math o 'gywiriad' gan Bantycelyn : *yn nhref,* D Nupt 42 ; 53 ; 54 ; cymh. hefyd : *fy nghadw* **yn nhre,** John Thomas, Rhad Ras (1810), 9 ; (= gartref) ; *mynd* **o dre,** ib ib ; (= oddi cartref).† (Y mae'n ddigon posibl mai *ynhref* yw'r ffurf gynnar, gywir, ac mai tyfiant yw'r *d* rhwng *n* ac *r*, fel sydd yn 'Hendri' a *Kendrick,* efallai, o *Cynrig, Cynwrig* ; ceir *yn nhre* yn Gwili, Caniadau, 54 ; hefyd gan Wil Ifan, Plant y Babell, 86.) Y mae'n weddol sicr mai ymdrech i fod yn gywir sy'n cyfrif am y canlynol : *y blynyddoedd a dreuliwyd ganddo gartref,* **yn nhŷ,** Owen Thomas, Cofiant Henry Rees, I.48.

*Fel esiampl o beidio â threiglo y rhoir yr enghraifft hon yn y testun.

†Y mae'n werth dyfynnu enghraifft hefyd o *i dref* am *adref* (er mai *tua thref* sy'n arferol) : *I ddwyn ein Henaid trist* **i Dref,** D.J. o Gaeo (1775) 219. Dyfynnir isod yn (xvii) y ffurf **oddi tre** sydd gan Williams (H. 1811) 517, ffurf sy'n gyfaddawd rhwng *o dre* ac *oddi cartre*. Ceir **o cartref** ganddo hefyd, D Nupt 37 ; 56 ; cyferb. **o gartref,** ib 58.

Ynglŷn ag *yn Gymraeg*, dyfynnir yma nodiad yr Athro Henry Lewis yn B v.195 ar *ygkymraec* sy'n digwydd yn y testun yno : "h.y. *yng Nghymraeg*, nid *yn Gymraeg* fel y dywedid yn gyffredin yn awr. Ymddengys bod yr olaf yn sefyll am *yn y Gymraeg* mewn cysylltiad fel hwn."

(viii) *Yn Mangor, etc.*

Ynglŷn ag anghywirdeb arfer *yn* yn lle *ym*, gw. OIG 58. Dylid nodi fod y duedd i gadw *yn* o flaen *m* a *b* dreigledig yn hŷn lawer na Pughe er mai ei ramadeg ef a'i gwnaeth yn gyffredin. Ceir hyn yn weddol gyson yng ngwaith Morgan Llwyd, e.e. **yn mustl . . . yn mysg,** GMLl. 1.116 ; (noder fod y testun hwn wedi ei gymryd o argr. Durston, 1750, sydd yn ôl y golygydd, Rhag. XI, "wedi dilyn y gwreiddiol yn ddichlynaidd").

(ix) '*Rhag,*' '*Rhwng*'—*mewn cyfansoddeiriau*

Er nad yw'r arddodiaid hyn yn peri treiglad pan wasanaethant fel arddodiaid, y mae'n werth nodi mai swydd ansoddeiriol sydd iddynt pan fônt yn elfen gyntaf mewn cyfansoddair rhywiog ; a hynny sy'n cyfrif am y tr. m. i'r ail elfen yn y cyfansoddair, e.e. **rac ulaenu,** WM 39 ; **rhag-ddoededig,** DFf 85 ; **rhagweld** ; diweddar : **rhyng-wladol** ; **rhyng-genedlaethol.**

(x) *Er bod*

Gan fod *bod* ar ddechrau cymal gwrthrychol yn magu treiglad sefydlog beth bynnag sydd o'i flaen (h.y. er mai berfenw neu ffurf ferfol amhersonol sydd o'i flaen) y mae tuedd ar lafar gwlad i gadw *fod* hyd yn oed ar ôl geiriau fel *er,* na pharant dreiglad i'r enw cyffredin. Ystyrir hyn bellach yn beth gwallus (er mai gwall digon diniwed yw) ; a chan na fyddid yn treiglo *darfod* ar ôl *er* a *rhag,* sef cymar *bod* yn y cystrawennau berfenwol, cadw cysefin *bod* fyddai 'gywiraf,' gan fod hynny yn cadw'r ddau ferfenw yn unffurf eu rheol. Yn yr un modd, ni fyddid yn treiglo'r berfenw cyffredin, e.e. *er mynd ohono* (er y byddid yn treiglo ar ôl berfenw neu ar ôl berf amhersonol, *clywed fynd ohono, dywedir fynd ohono*). Felly y mae digon o reswm dros gadw gwahaniaeth rhwng y cymalau gwrthrychol (ar ôl berfau'n golygu 'dywedyd, clywed, meddwl') a'r 'cymalau' sy'n dilyn arddodiaid fel *er* a *rhag, wrth* a *trwy* ac *am* ; sef treiglo'n gyson yn y math cyntaf; eithr yn yr ail, treiglo neu gadw cysefin gair cyntaf y 'cymal' yn ôl rheol yr arddodiad ei hun.

(xi) *Ger*

Gw. WG 410 a GEIRFA am yr amrywiol ffurfiau mewn Cym. Can. ; dyma rai: *kir, ker, geir.* (Er nad oes dim rhediad ganddo, awgryma Lloyd-Jones fod *kertaw,* LlH 15.3, = 'kerddaw,' yn 3ydd un. gwr. i. *ker, ger*). Fe'i ceir fwyaf yn y ffurfiadau *gerllaw, gerbron,* ac o flaen lleoedd, *ger Caerdydd*, etc. Rhyw ymgais i gysoni *ger* â'r arddodiaid eraill yw *garfron*, DCr[1] 4a = *gair bronn*, ib[2] 9a ; *geyr-fron*, DFf 203 ; cyferb. *geyr-bron*, ib 204 (ddwywaith).

(xii) *O* = *a*, *a* = *o*

Ymdriniwyd yn llawn uchod §129(iv) â'r pwyntiau a gynrychiolir gan y pennawd, sef bod *a* mewn Cym. Can. lle disgwyliem *o*, mewn cystrawen megis : *ys iawn* **a beth,** WM 11 ; a bod tr. m. ar ôl *a* yma. Codwyd llawer enghraifft hefyd, wrth sôn am *o* offerynnol, o arfer tr. llaes ar ei ôl mewn testunau a berthyn i Went a Morgannwg, megis *Hen Gwndidau*, *Y Marchog Crwydrad* a'r *Drych Cristionogawl* (Copi Ll. Siôn).*

(xiii) *Ach*

Ardd. heb rediad o ffurfiau personol ; gw. WG 410. Ceir *ach* yn bennaf yn *ach law* sy'n rhoi'r ' rhediad ' *ach fy llaw*, etc. Dengys *ach law* dr. mi i'r enw *llaw*, ond ni ellir mentro dywedyd mwy na hynny, gan na wyddys . ba raddau y defnyddid *ach* yn y cyfnod cynnar.

Nid oes dim a wnelo'r gair hwn â'r *acha* sydd yn nhafodiaith y De, e.e. ' mynd acha beic,' ' chwarae acha dydd Sul.' (O flaen enwau amhendant y defnyddir *acha* ; os bydd yr enw yn bendant, ceir *ar*). Llygriad yw hwn o *ar uchaf* ; e.e. *mantell* **ar vchaf** *i arvau*, B IV.192 ; *a esgynodd* **ar ycha palffrai,** MCr 15b ; *ai offrymiad ef ir tad* **ar vchaf** *allor y groes*, DP 193b ; *yn dodi tristyd* **ar vchaf** *tristyd*, ib 236b.

(xiv) *Tra*

Ardd. arall heb rediad ; gw. WG 410. Fe'i ceir yn *drachefn*, *pendramwnwgl*, *pendraphen*, *blith draphlith* ; a chyfansoddeiriau afryw o'r fath yw'r unig ddefnydd a geidw *tra* fel arddodiad. Fe'i defnyddid yn amlach yn y cyfnod cynnar, gyda thr. llaes i *c p t*, a'r cytseiniaid eraill yn cadw'r gysefin ; gwelir hynny yn y cyfansoddeiriau a nodwyd yn barod.

Cymh. : *Ton* **tra thon,** BB 89.3 ; **tra thir** *mynwy*, ib 59.14 ; **dra ĝweilĝi, tra Bannawĝ,** CLlH 22 (nod. 155) ; **tra merin** *Reget*, BT 78 ; **tra thonn tra thywawd,** LlH 168 ; **tra mor tra menei,** ib 95 ; a gw. nodiad CA 216, 218, 338 am enghreifftiau o **tra merin.**

Y mae'r llinell *tra mor tra brython*, BT 76, yn cael ei harfer bellach fel math o arwyddair, ac os dyellais yr arfer yn iawn, golygir i *tra* gyfleu ystyr y cysylltair, sef ' while ' neu ' as long as,' ac i'r llinell feddwl "tra bo môr, tra bo Brython," h.y. tra bo môr, fe bery'r Brython. Gw. §153(v) am *tra* (geiryn rhagddodiadol).

*Y mae'n ddiddorol sylwi, gyda golwg ar hyn, mai enw Gruffydd Robert ar y treiglad meddal yw "cyrchfa o" am fod pob cytsain yn treiglo'n feddal ar ôl *o* ; ac mai "cyrchfa a" yw'r treiglad llaes.

(xv) *Py*

Gw. WG 410 a §145(i) uchod. Yn y priod-ddull *o ben bwy gilydd* ceir cyfuniad o'r ardd. *py* a'r rhagenw blaen 3ydd un. gwr. a ddisgwylir o flaen 'gilydd.' Defnyddir yr ardd. weithiau mewn Cym. Can. heblaw yn y priod-ddull hwn, e.e. *awr py awr*, RBB 107, ond anodd iawn cael enghraifft i ddangos rheol treiglo.

(xvi) *Heibio* ; *Oddeutu*

Fe allai *heb* gyfleu ystyr *heibio*, = 'past,' e.e. *ef a doeth heb porth y llys*, WM 102 (nod. PKM 287) ;* ac fe allai *heblaw* gyfleu'r un ystyr, gw. nod. PKM 122 ar *heb law yr orsed.* Erbyn Cym. Diw. y mae *heb*, *heblaw*, *heibio* yn cyfleu ystyron gwahanol bob un.

Gwelir digon o esiamplau o arfer *heibio* + *enw* (ceir enghraifft yn y nodiadau yn PKM 122, *âi'r ffordd heibio'r bryn*), heb beri treiglad, e.e. 'heibio plas y brenin' ; ond y dyb ddiweddar yw fod hynny yn ddiffygiol fel cystrawen ac y dylid arfer *i* ar ôl *heibio.*

Defnyddir *oddeutu* (ac *o beutu* ar lafar gwlad yn y De) i olygu "approximately," a chan amlaf ceir yr enw yn union ar ei ôl, heb dreiglad, e.e. *oddeutu cant*, "approximately a hundred' ; *oddeutu milltir*, "about a mile." Ond fe glywir treiglad yn ddigon mynych ar lafar gwlad, e.e. *o beutu filltir*, *o beutu goron*, ac awgrymaf mai sail y treiglad yw'r ardd. *i* sydd ar goll, ac mai *oddeutu i filltir* yw'r ymadrodd yn llawn. Y mae'r ardd. *i* yn ddigon cywir yn y gystrawen, oblegid cystrawen enidol arbennig ydyw, sef genidol cyfrannol lle ceir dau enw 'meddianedig' yn perthyn i'r enw genidol, h.y. 'y tu draw i'r mynydd, y tu yma i'r mynydd' ; 'bob pen i'r bwrdd.' Cymh. : **oddeutu i drigain** *o riwiau cregyn*, ML I.387 ; **oddeutu i ddeufis,** ib II.180 ; **oddeutu i fis,** ib II.183 ; cymh. ymhellach enghraifft o dreiglo heb arfer yr ardd. *i* : **o ddautu ddeugain** *o honynt*, GB 126.

(xvii) *Oddi cartref*

Nid hawdd esbonio'r ffurfiad hwn yn foddhaol, ac nid wyf yn meddwl fod unrhyw fudd o gyfeirio at y gytsain gysefin sydd yn *oddi mewn*, gw. isod §149(viii). Efallai mai ar y llinellau hyn y dylid chwilio am esboniad, sef fod y ffurf feddal *gartref* wedi magu ystyr arbennig 'at home' nes bod 'oddi gartref' yn swnio'n lletchwith.

Anodd penderfynu ai cynigion i gysoni'r ffurfiad â rheol yw'r esiamplau a geir o *oddi gartref*, e.e. yn B IV.195. Cymh. ymhellach : *od(d)igartref tros o i gartref*, D Byrr 71 (esiampl o 'gwrthdrychiad') ; *cyn bel(l)ed* **o d(d)i cartref,** ib 7. Disgwylir amrywiadau eithriadol ym Mhantycelyn : *sisial a chleber gwragedd* **o cartref** *am eu gwyr*, D Nupt 37 ; *i wraig* . . .

*Y mae *heb porth* yn enghraifft efallai o'r calediad sydd yn (vi) uchod ; eithr dyma enghraifft a ddengys y treiglad : *A cherdet* **heb gorr,** SG 257 (dyfyniad WG 402, "walked past a dwarf").

gyrwydro **o cartref,** ib 56 ; *ei difa hi* **gartref,** *a'i ddifa yntau* **o gartref,** ib 58 ; **oddi tre,** Hymnau (1811) 517 ; dilyn esiampl Pantycelyn y mae John Thomas : **gartref ac oddi gartref,** Rhad Ras (1810) 9 ; a gw. y nodiad wrth odre (vii) uchod.

§148 Bihit, Behet, Bet, Bed, Fed, Ed, Hed ; Hyd ; Ar Hyd

(i) Y mae'r ffurfiau a roir gyntaf uchod yn dangos yr amrywiadau ar yr hen ardd. *bihit* neu *behet* ; gw. WG 415.* Nid doeth bod yn bendant a dywedyd nad oes berthynas rhwng y ffurfiau hyn a'r gair *hyd,* sy'n enw yn wreiddiol ac a ddefnyddir fel ardd. Ystyr *bihit,* etc. yw ' as far as,' ac er nad yw testunau Hen Gymraeg yn help i ddangos a barai dreiglad, ceir treiglad ar ôl *vet* yn RP 1242.16 : *redet* **vet ueidrawl** *dreigyawl drugar.* Clywir y ffurf *ed* o hyd ym Morgannwg, gw. B viii.319, a Darn o'r Ffestifal, 78. Ceir y cyfuniad *ved yny* o flaen berf, e.e. *ved yn(y) ddelo,* HG i.16 ; ond ceir *ved* ei hun o flaen enw, e.e. **ved gaerllion,** ib 8. Nid anodd fyddai codi esiamplau o'r dafodiaith i ddangos fod tr. m. i'r enw, megis : ' ed bont yr afon.'

Fe roir enghreifftiau o galedu ar ôl *hed* yn (iii) isod.

(ii) Enw yw *hyd* yn wreiddiol ; gw. WG 415, L & P 131. Anodd iawn yw gwahaniaethu rhwng ei gystrawennau a chystrawennau *bihit,* etc., a hyd yn oed os tybir mai geiriau cwbl wahanol ydynt ar y dechrau anodd osgoi'r casgliad eu bod wedi ymgymysgu neu ddylanwadu ar ei gilydd. Y mae fel petai dwy ystyr i *hyd* hefyd ; un ystyr yn y bôn yw ' as far as ' a ' till,' a roir yn L & P (cyd-destun sy'n sôn am amser sy'n rhoi ' till,' a phellter ffordd sy'n rhoi ' as far as '), ond rhydd WG ' as far as ' ac ' along ' ; ac fe welir *hyd* yn aml yng ngweithiau awduron o'r Gogledd yn cyfleu ' along,' mewn cystrawen lle dewisai'r De arfer *ar hyd.* Pa un bynnag o'r ddwy ystyr a gyflea, gwneir i *hyd* beri tr. m. yn awr yn ddiwahaniaeth, ond y mae lle i gredu mai'r gysefin a ddilynai *hyd* ar y dechrau os ' along ' a feddyliai. Cystrawen a gafwyd o'r enw *hyd* yw *ar hyd,* a olyga'n llythrennol ' on the length of,' gan roi ' along ' (sylwer ar yr elfen ' long,' a chymh. *ar led*) ; a'r gysefin sy'n briodol ar ôl *ar hyd* (er bod esiamplau o dreiglo oherwydd camarfer rheol y ffurf *hyd* ei hunan). Ceir tr. m. ar ôl *hyd,* yn enwedig os ' as far as ' ac ' until ' yw'r ystyr, cymh. *o vor ud* **hyt vor** *ywerdon,* P 16, t 94a (a argraffwyd yn WM) ; **hyt vrawt,** B iv.118 (214, 242, Y Cyfoesi, = ' until judgement day ') ; *Had Gruffudd* **hyd Gaer Offa,** IGE² 28.10.

Y mae esiamplau i'w cael o'r gysefin ar ôl *hyd* a gallwn nodi mai ' along ' a gyfleir gan y ddwy enghraifft a ganlyn :

*Anodd peidio â gweled tebygrwydd rhwng cyfansoddiad *bihit,* etc. a geiriau o deip *paham, pyr* (= *py-er*) ; a gellir gofyn ai *bit, bet* yw'r ffurf wreiddiol ond bod y ffurf *bihit, behet* wedi ei llunio ar batrwm *paham* drwy gamgydweddiad.

Ymlusgwr bwriwr barrug
Hyd moelydd *grinwŷdd a grug*, DGG XXXVI.38;

ac i'm dychwelodd **hyd glan** *yr afon*, Esec. XLVII.6.

Sylwer ar yr enghreifftiau cymysg a ganlyn: **hyt lle** *Sichem* . . . **hyd wastadedd** *Moreh*, Gen. XII.6; *o Tamar* **hyd ddyfroedd** *Cades*, Esec. XLVII.19 (= 'as far as'); *plwy merthyr* **hyd llan vadon,** CRhC 399 (darll. *vabon*; enw lle yn peidio â threiglo, efallai?).

Ond, fel y dywedwyd eisoes, ceir treiglad yn awr ar ôl *hyd* pa un ai 'as far as' neu 'along' a feddylir, ac ni ddylid rhyfeddu os ceir enghreifftiau cynnar o dreiglo ar ôl *hyd* = 'along.'

(iii) Gw. CD 231 am enghreifftiau o galedu *dd* ar ôl *hyd* yn yr ymadrodd cyffredin *hyd dydd y farn*. Yn y dyfyniadau canlynol rhoir esiamplau o *hed* ac o *hyd* heb wahaniaethu rhyngddynt. Ysgrifennir *hyd dydd* . . . fynychaf, ond dengys y gynghanedd weithiau mai 'hyt tydd' yw'r darlleniad, ac ysgrifennir *tydd* mewn un enghraifft. Ar y llaw arall, rhoir *hyd ddydd* weithiau, heb ddangos calediad. Cymh.: **Hyd dydd** *brawd, medd dy wawdydd*, IGE[1] XLV.71 (= IGE[2] 124.5); **Hyd dydd** *brawd, medd tafawd tân*, ib XCIII.8 (amr. **ved dydd**); (IGE[2] 262.8); **Hyd ddydd** *brawd om hoywdawd hwyl*; gw. y darlleniadau amrywiol ar ddiwedd ib XCIII.

I'w tuedd *fry* **hyd dydd** *frawd*, GGl XV.76; **hed diwedd** *Erod ddiawlig*, HG 138; *yn parhau* **hed dydd** *y varn*, DCr[2] 59b, 60a, 72b; *er yn vyw* **hyd dydd** *y farn*, MCr 13a; *a* **hyd dydd** *varn i pery*, CRhC 127; **hyd tydd** *brawd*, ib 395; **hyd dydd** *farn*, ib 445.*

Y mae'r ffaith fod y canlynol yn digwydd ddwywaith yn rhyw brofi fod RV yn bwriadu darllen calediad: **hyd dechreu,** YmDd 141, 188. Fe nodir mai **hyd ddyfroedd** sydd yn y dyfyniad uchod o Esec. XLVII.19.

(iv) O'r braidd y mae angen dyfyniadau i ddangos mai'r gysefin sy'n dilyn *ar hyd*; cymh.: *Ac* **ar hyd moel** *gaerau hen*, DGG XL.20; *yn rhedeg* **rhyd llydan,** *faith, wastadfaes*, PA 80. Ond y mae'n rhyfedd mor aml y ceir enghreifftiau o dreiglo. Y mae'n bur sicr mai cymysgu rhwng cystrawen *hyd* ac *ar hyd* sy'n gyfrifol. Cymh.: **rhyd fryniau** *Arfon*, ML I.237; **rhyd greigiau** *Cybi*, ib I.297; **rhyd fryniau** *Mon*, ib I.334; **rhyd lan** *y mor*, ib I.365; **'Rhyd ddyfroedd** *cryf at Grist*, J. T., Caniadau Sion (1788) 37; **'Rhyd lwybrau** *ei orchymynion glan*, ib 109.

§149 'MEWN' A'I FFURFIAU PERTHNASOL

(i) Wrth olrhain ffurfiad *i mewn, ymywn*, dyry WG 416 y tarddiad **ens* i'r elfen *i* neu *y*. A chaniatáu mai ffurfiad cytras yw â'r Wyddeleg *in medon, immedon* (yn llythrennol, = 'yn[y] canol'), nid yr ardd. *i* yw'r

*Cyfeiriadau at *hyd dydd brawd* (neu *dýddbarn*, neu *barn*) yn TA: 28.78; 33.98; 48.102; 57.19; 73.80; t 737 Mnd gan Lewys Morgannwg; argreffir *hyd dydd* ym mhob enghraifft a dengys y gynghanedd mai *hyt-tydd* yw'r sain.

Ynglŷn â cholli'r fannod, *dydd* (*y*) *farn*, gw. §181 (iv).

elfen gyntaf, ond yr ardd. *yn*. Rhoir tarddiad tebyg i *i maes*, *e meaz*, Llyd., *emes*, Cern., **ens magess*—, gw. WG 438.

Noda OIG fod yr uniad *ymywn* (golyga 'uniad' yr arfer o ysgrifennu'r ddwy elfen yn un) yn dangos *y* (= *i*) ddiacen, gan gyferbynnu *o vywn* sy'n arwyddo rhagacen ar yr *o*. Ceir yr un cyferbyniad rhwng *ymaes* (i maes) ac *o vaes*. Collwyd yr elfen ddiacen *y* ar lafar nes rhoi 'mynd mywn,' 'mynd ma's,' a dadleuir fod y ffurf *mewn* a ddefnyddiwn yn yr iaith lenyddol heb *i* (= *yn*, o flaen enw amhendant) yn rhagdybio *i mewn*, gan mai *ac*, nid *a*, a ddefnyddir o'i flaen. (Eithr sylwer mai *ac* hefyd a ddefnyddir o flaen *nid* a *mor*).

(ii) Ceir treiglad yn y ffurfiadau (*i*) *bant, i fyny, i lawr*, a gallwn fod yn weddol sicr mai'r ardd. *i* (= 'to') sydd yn y rhain.* Os defnyddir *maes* fel enw yn ei briod ystyr ei hun, fe dreigla ar ôl *i* ; cyferb. *y deuthum* **y vaes** *mawr*, WM 225 ; *a phan daw* **y maes** *o'r ogof*, ib 158.

Ni ddefnyddir *mywn, mewn*, fel enw annibynnol, ac ni allai hyn ddigwydd. Yr ydwyf am awgrymu fod yr elfen *y* wedi ei cholli gyntaf nes rhoi *mywn, mewn*, ac yna fod rhai rhannau o'r wlad, yn y Gogledd yn bennaf, wedi dewis adfer yr *i* sydd yn *i fyny*, etc. (er nad yr un elfen yw â'r *y*/*i* a gollwyd) gan beri treiglad. Ni ddigwyddodd hyn ar lafar gwlad yn y De, ond yn iaith ddynwaredol ambell un oblegid tybio fod 'i fewn' yn gywirach. Ceir *i fewn* yn weddol gynnar, e.e. *hyd pan dheuei* **i vewn** *ffwrn gaead*, B III.284 ; *pan oedh yno* **i vewn** *yn y wedh honno*, ib III.285 (= oddi mewn, 'inside'). Credaf fod rheswm arbennig dros dwf y ffurfiad newydd *i fewn*, sef yr angen a deimlwyd fod eisiau gwahaniaethu rhwng ystyron 'in, inside,' ac 'into' ; ond cyn trafod y ffyrdd y datblygodd cystrawennau *mewn*, gallwn ystyried posibilrwydd arall ynglŷn â'i darddiad.

(iii) Yn betrus iawn yr awgrymir yma mai benthyciad cynnar o'r Wyddeleg yw *ymywn*, o'r ffurf *immedon* (neu *immeadhon* yn ddiweddarach). Dadl gref yn erbyn y dybiaeth hon yw fod gennym gymar, sef *y maes*, a bod y ffurfiad yn y tair iaith Frythoneg. Er na cheisir dirymu'r ddadl

*Gan mai *i lawr, i fyny*, etc. sydd yng nghyfansoddiad y rhain, ac nid *i'r llawr*, etc., disgwyliem *i lan*, ac nid *i'r lan*, i gyfateb ; ond *i'r lan* a ysgrifennir pan ddaw achos yn yr iaith lenyddol, e.e. "Yn dod **i'r lan** o'r bedd." Yn yr iaith lafar *lan* yn unig a glywir fel rheol, yr un fath â *lawr*, ond fe glywir *i'r lan* hefyd, ac nid wyf yn meddwl mai unrhyw ddylanwad llenyddol sy'n cyfrif am hynny. Ni ddigwyddodd imi rywfodd daro ar enghreifftiau cynnar ar wahân i'r canlynol :

Pob un gyfun a gyfyd
I'r lan, *o bedwar ban byd*, IGE² 71.30.

Wrth gwrs fe ddefnyddid *i'r llawr* am 'down' ; ac mewn enghreifftiau fel *bwrw y gilyd yr llawr*, WM 248, nid rhaid meddwl mai 'to the ground' a olygir, ond 'down.' yn syml. Dengys y canlynol fod ystyr 'ground' wedi ei cholli'n llwyr : *y mae'n rhydd gwaitho nes machlyd haul ai vyned* **ir llawr,** DP 255ª.

Peth arall a ddengys y testun hwn yw fod *glan* yn golygu 'bryn' neu godiad tir heb berthynas ag afon : *Val i bydd ty a vo'n sevyll* **ar lann uchel** *mewn mwy o ddyrnod gwynt a glaw ag ystorm, nar ty bychan a vo'n sefyll mewn* **pant** *isel*, 185ª ; *i krogi* **ar benn glann** *yn agos ir lle i gwnathoedd Sawl y lladdfa arnynt*, 245ª ; *i gwelai ef* **y glennydd** *o amgylch Eliase yn llawn o wyr a mairch*, 276ª.

honno ar hyn o bryd, fe ellir awgrymu dau beth o blaid y dyb mai benthyciad yw *ymywn*, sef yr amryw ddulliau sydd o gynrychioli sain y gair; a'r ffaith mai yn ddiweddar y datblygwyd ei gystrawennau (mewn ystyr gymharol), yr hyn sy'n arwydd mai'n gymharol ddiweddar y cafwyd y gair. Heblaw'r ffurfiau adnabyddus *ymywn*, *i mewn*, a ddigwydd yn y testunau safonol, sylwer ar orgraff y canlynol a gafwyd o destunau heb fod mor safonol: **meawn,** B IV.37 (ddwywaith); 40; Cym. Llên Cymru II.32; **or tu fawn,** B III.119; *rwy* **meawn** *dowt*, CRhC 78; **meawn,** ib 197; **miawn,** ib 339; **oddifeawn,** ib 203; **o fiawn,** ib 233. Y mae'n fy nharo i fod y ffurfiau hyn yn dod yn bur agos at sain yr Wyddeleg.*

(iv) Gallwn ystyried yr amryw gystrawennau yn awr, nid er mwyn profi mai benthyciad yw *mewn*; ond wrth eu holrhain fe gawn weld ar yr un pryd mor ddiweddar y lluniwyd y cystrawennau hyn.

Dyma rai o'r ystyron gwahanol y ceisiodd yr iaith eu cyfleu drwy gyfrwng *mewn*, gyda help elfennau eraill: (*a*) yr agwedd honno sydd yn 'standing (working, etc.) *in* a (neu *the*) field'; (*b*) 'proceeding *into* a field'; (*c*) 'remaining *inside* neu *within*,' gan roi syniad o 'enclosed, surrounded'; (*ch*) '*the* inside.' Fe ellid ychwanegu at y rhain y syniad o 'internal, internally.'

Yn gyffredinol fe wahaniaethir yn awr rhwng cystrawen yr enw pendant (sef *yn* o'i flaen) a chystrawen yr enw amhendant (sef *mewn* yn lle *yn*). Gwyddys nad yw'r drefn hon o wahaniaethu wedi ei setlo'n derfynol mewn Cym. Canol, ac nid yw priod-ddull *yn* + enw amhendant wedi llwyr ddiflannu mewn Cym. Diw.,† e.e. *yngharchar* = 'mewn carchar,' ac enghraifft dda o'r hen gystrawen yw'r canlynol sy'n gymharol ddiweddar: *ag ymrown i* **wella'm mhryd,** CRhC 204, = 'mewn pryd'; *os troant at Dhuw* **ym mhryd,** DCr[1], At Gymry; **ym-ryd,** Llanover B 18.8a; esiamplau tebyg yn DP 207b; 209a; 222b. Y rheswm efallai paham y bu raid cael cystrawen wahaniaethol at yr enw pendant a'r enw amhendant oedd fod *yn*, heblaw bod yn ardd., yn cael ei arfer fel geiryn traethiadol. Gwelsom uchod fod yr *yn* traethiadol, er mai tr. m. sy'n ei ddilyn fel rheol, yn gallu cymryd y tr. trwynol; felly fe allai *yng ngharchar* gyfleu 'jailed' neu 'in a jail'; a ffordd o osgoi'r ansicrwydd fyddai dywedyd 'mewn carchar' at 'in a jail.' Ni chodai unrhyw ansicrwydd pan fyddai'r enw yn bendant (*yn y carchar*), oblegid ni allai cystrawen o'r fath fod yn draethiadol, ac felly ni theimlwyd fod angen *mewn* o flaen yr enw pendant.

Gyda geiriau na ddangosent wahaniaeth yn y ffordd o dreiglo rhwng *yn* ardd. ac *yn* geiryn, fe fyddai'r ansicrwydd yn waeth; e.e. *yn ystafell*, *yn llwyn*—cyfleai hyn 'in a room,' 'in a bush'; ond fe allai'r un geiriau

*Y mae'r Athro J. Lloyd-Jones yntau'n tybio mai benthyg cynnar o'r Wyddeleg yw. Dylwn ddweud imi ofyn yn arbennig i Dr. D. A. Binchy gynanu'r ffurf Wyddeleg, a rhaid dweud fod y ffurfiau *meawn*, etc. yn dod yn agos iawn at y sain Wyddeleg.

†Cymh. enghraifft o arfer *mywn* o flaen enw pendant: *a uydant* **mywn** *dechreu y geirev*, GrPen 13.

fod yn draethiadol ; ac ni ellid dangos y gwahaniaeth ond drwy ddywedyd 'mewn ystafell,' 'mewn llwyn' at y naill ystyr, a chadw 'yn ystafell,' 'yn llwyn' at y llall.

(v) Gan fod *mewn* (wedi colli'r *i*) wedi dod i lenwi swydd *yn* o flaen enw amhendant, bu raid dyfeisio ffordd i wahaniaethu rhwng 'standing in a field' a 'proceeding into a field,' neu 'going inside.' Teimlwyd fod angen yr ardd. *i* (= 'to') rywle yn y gystrawen at y pwrpas o gyfleu 'motion towards,' ac un safle i'r ardd. yw ei roi o flaen *mewn*, h.y. adfer *i* (er nad yr un arddodiad yn hollol ydyw o ran tarddiad) a rhoi rhagacen iddo, a chael ymadrodd tebyg i 'i lawr,' 'i fyny.' Dyma'r *i* sydd yng nghystrawen *naturiol* y Gogledd, "Dowch i fewn." Y mae collfarnu'r gystrawen *i fewn* yn gyfan gwbl fel pe na bai'n ddim ond anghywirdeb ac ymgais i dreiglo pryd na ddylid ar ôl *i*, yn colli'r prif bwynt fod yma gais i gyfleu 'proceeding into,' neu 'inside,' am fod *mewn* (olion **yr hen** *ymywn* neu *i mewn*) wedi dod i olygu 'in' yn unig (mewn ystyr statig). Fe all yr ardd. *i* ei hun gyfleu'r syniad 'into,' e.e. 'Dewch i'r tŷ' ; cymh. *fe aeth alhan or fonachlog* **i fewn coed oydh** *yno*, DCr[1] 61b = **i goed,** ib[2] 40a a chyfuniad o *i* (= 'to') + *mewn* yw'r gystrawen naturiol *i fewn*. Dengys y canlynol sut y ceisiwyd defnyddio *i fewn* hyd yn oed o flaen enw pendant i gyfleu'r syniad o 'proceeding into, inside': *ni ddygwyd ei waed ef* **i fewn y cyssegr,** Lev. x.18 ; *aeth ef* **i fewn ogof,** I Bren. XIX.9 ; *fel yr elont* **i fewn pyrth y pendefigion,** Es. XIII.2 ; cymh. hefyd : **y fewn ty gwr arall,** DFf 91 ; **i fewn teml Dduw,** ib ib ; hefyd YmDd 189.

Y mae'n amlwg fod gwahaniaeth rhwng *i fewn* yr enghreifftiau hyn a'r gystrawen gynhenid *mewn* (< *ymywn*), oblegid fe fyddai arfer *mewn* o flaen enw pendant, 'mewn y cysegr,' yn groes i briod-ddull cyfnod CDC.

Dyfynnwyd dwy enghraifft uchod yn (ii) o arfer *i vewn* am 'into' ac 'inside.' Dyma enghraifft o arfer *y mywn* o flaen enw pendant er mwyn cyfleu'r syniad hwn eto : *eu heneideu a ant* **y mywn** *y kyfryw anifeilyeit,* FfBO 49.

(vi) Y ffordd arall a gafwyd er mwyn cyfleu'r syniad *into* oedd arfer yr ardd. *i* ar ôl (*i*) *mewn* ; a dyma'r gystrawen gyffredin bellach : *yr â goludog* **i mewn i** *deyrnas nefoedd,* Math. XIX.23. Awgrymwyd eisoes sut y lluniwyd y cyfuniad hwn : 'yr â goludog i deyrnas nefoedd' yw'r sail, ac ychwanegiad at hynny yw'r elfen *i mewn*. Y gwrthrwyneb i'r symudiad hwn fyddai 'dyfod o'r ogof,' ac ychwanegiad at hynny fyddai *ymaes,* e.e. *a phan ddaw* **y maes or ogof,** WM 158. Ceir peth tebyg wrth arfer *i fyny, i bant, i lawr, i'r lan* neu (*i*) *lan*.

Arwydd fod yr iaith wedi cael trafferth i lunio cystrawen briodol a gyfunai'r syniad o *i* a'r syniad *mewn,* yw'r esiampl ganlynol a ddyd yr ardd. *i* o flaen yr enw a'r elfen *y mywn* ar ôl yr enw : *yr auon . . . yny doeth* **y'r dinas y mywn,** B v.218 (= 'i mewn i'r ddinas') ; cymh.

hefyd : *y vot yn kerdet yr llog*, WM 180, RM 83 ; ond yn P 16, WM t 90 : *en kerdet ene delei* **yr llong e mewn.**

Er bod modd cyfiawnhau neu esgusodi cystrawen naturiol y Gogledd, sef *i fewn*, trwy brofi mai rhywbeth amgen na chywiriad llenyddol ydyw, ac nad yr hen ' ymywn ' gwreiddiol mchoni a gysonwyd â'r rheol drwy gael treiglad ar ôl *i*, y gystrawen lenyddol gydnabyddedig bellach yw *i mewn* (OIG 13 ; 97). Sail cymeradwyo hynny'n unig yw mai *ymywn* ac *i mewn* yw'r gystrawen gynhenid, a bod cystrawen ddidreiglad wedi parhau mewn rhannau eraill o'r wlad (er mai *mywn*, nid *i mywn*, yw gwir olion yr hen *ymywn*). A gallwn nodi hefyd mai'r elfen sy'n cyfleu ' proceeding *into* ' yw'r ardd. *i*, *i mewn* **i** (os bydd enw yn dilyn, pendant neu amhendant).*

(vii) Ar gyfer ' within ' a ' without ' y peth a geir gyntaf yw *o vywn*† ac *o vaes*; e.e. *troi* **ouywn** *y llys*, WM 101 ; **o uywn** *y gaer*, ib 168; **o vywn** *y llyn*, ib 174 ; *ac ef a greitha pob brath* **o vywn** *ac* **o vaes,** Havod 16.40. Ceir *y mywn, y maes, o vywn, o vaes* yn gryno ynghyd yn LlA 166.22-3.

> *Megaist fel y myn magod*
> *Mefl* **o fewn,** *mau ofal fod,* IGE[1] XXIV.71-2.

Er bod priod-ddulliau eraill wedi eu llunio, ni ddiflannodd *o fewn*, hyd yn oed o Gym. Diw. ; cymh. ymhellach : **o fewn**, Math. XXIII.28 ; *yn brost* **o fe(w)n** *yn un braich*, DByrr 223 ; **o fiewn,** CRhC 232.

Er mai *o vywn* (gyda threiglad ar ôl *o*) yw'r gystrawen gynhenid, effaith y gystrawen berthnasol *ymywn* fyddai esgor ar *o mywn* neu *o mewn*, e.e. **O mewn** *y galon y mae*, DGG XXII.16. Ceir hyn yn bur gyffredin ym Mhantycelyn a'i ddilynwyr, ac y mae sŵn mympwyol yn y peth, yn enwedig gan fod *o maes* gan Bantycelyn hefyd, heb sôn am enghreifftiau o *o fewn*.

Cymh. : *yn bur* **o mewn, o mas,** W (1811) 120 ; *Nes mynd* **o fewn i'r** *nefol fyd*, ib 122 ; *Oll* **o mewn,** ib 317 ; **o fewn i'r** *byd*, ib 333 ; **o maes, o mewn,** ib 485 ; eto 501, 514, 578 ; **o fewn,** 502 ; *yn ddyn glân* **o maes,** D Nupt 8 ; **o mewn ac o maes,** ib 74, 75 ; Hymnau (1811) 909 ; *Ac am ei fod* **o fewn** *y nefoedd fry*, ib 912.

Gan fod Pantycelyn mor dueddol i gywasgu geiriau i bwrpas y mesur, fe ellid esbonio *o mewn* ac *o maes* fel cywasgiadau o'r ffurf drisill *oddi mewn, oddi maes*.

*Mae'n bosibl fod yr esboniad sydd uchod yn cyfleu'r syniad na cheir *i fewn* os defnyddir yr ardd. *i* o flaen yr enw. Nid iawn hynny oblegid ' i fewn i ' yw cystrawen y Gogledd am fod ' i fewn ' yn dreiglad ' petrified ' yno : e.e. **i fewn i'n cnawd,** PA 44.

†Codais y canlynol fel enghraifft o *i fewn* yn y cywyddau :
Nid âi hil dau wehelyth / O'n bodd **i fewn** *i(r) bedd fyth*, TA 95.15-6.
Amheuaf y darlleniad, nid oblegid credu na ddefnyddiai TA y treiglad *i fewn*, ond am mai *o fewn* sy'n taro'r ystyr orau.

Nodwn hefyd fod yr enghreifftiau cynharaf uchod heb arfer yr ardd. *i* o flaen yr enw, h.y. *troi o uywn y llys*, WM 101 ; nid 'o uywn i'r llys' ; ond fe geir yr ardd *i* yn bur gynnar yn y gystrawen, e.e. **o vywn y** *ychydic o amser*, Havod 16.8.

(viii) Gan fod *oddieithr* yn cyfleu'r syniad o 'outside' ar y dechrau, cafwyd patrwm i lunio ffurfiau newydd, *oddi + mewn, oddi + maes* (heb sôn am *oddi + allan, oddi uchod, oddi isod*, a'r duedd gyffredinol honno i arfer *oddi ar* yn lle'r hen *y-ar, oddi wrth* yn lle *y-wrth*). Y ffurf *oddi mewn* (heb dreiglad) yn unig a rydd WG 416 ac OIG 14, ond nid yw'r esiamplau sy'n treiglo yn brin, ac ymddengys imi mai dylanwad yr awydd i gyfrif *i mewn* fel yr unig gystrawen gywir (ac anghymeradwyo *i fewn*) yw'r rheswm pennaf dros ddewis *oddi mewn* fel yr unig ffurf gywir yma eto. Cymh. : **oddyfewn ac oddyfaes,** MCr 113b ; *ymofydio* **oddyfewn** *yddo*, ib 76a ; **od(d)i me(w)n,** D Byrr 93, eithr cyferb. t 177 lle rhoir enghreifftiau o 'ragferfau,' sef **i me(w)n,** . . . **od(d)ife(w)n** ; *ai lwybrau* **oddifewn ac oddifaes,** GMLl 1.234 ; *y creadur* **oddifewn** *ac oddi allan*, ib 2.18 ; cyfeiriadau pellach at **oddi fewn** : Math. XXIII.26 [**oddi mewn** yn yr adnod ddilynol] ; HFf 274 ; Duwiolswyddau Dirgel 6, 9 ; **oddi feawn,** CRhC 203.

Cyfeiriadau at **oddi mewn** : Math. XXIII.27 ; D. Dirgel 11 ; HDdD (A5) ; RBS 191, 229, 288 ; Williams (1811) 908, 909 ; cymh. *anfon iwch y copi* **oddifewn,** ML2.376 ; *wedi cymeryd yr argraff* **oddimewn** *wrth ddyfod o Fodorgan*, ib 377 (W.M. biau'r ddau). Fe nodir fod angen yr ardd. *i* ar ôl y gystrawen os bydd enw neu ragenw yn dilyn, ond fel y cafwyd *i fewn* ac *o fewn* uchod heb arfer **i**, ceir enghreifftiau o'r un peth gyda'r ffurfiad yma, e.e. **oddifewn y llyfr,** PA XVIII.

Barnaf nad buddiol chwilio am darddiad ieithegol i *oddi mewn, oddi fewn*. Ar batrymau cynharach y lluniwyd hwy, a'r ffaith fod dau batrwm sy'n esbonio fod dwy ffurf, y naill yn treiglo a'r llall heb dreiglo. Y mae'r ffurf *oddi fewn* yn cynnwys treiglad am mai *o fewn* yw ei sail ; ond nid annaturiol cael *oddi mewn* yn ogystal am fod (*i*) *mewn* yn batrwm hefyd. Fe ellir esbonio'r ddwy ffurf, *tu mewn* a *tu fewn*, mewn ffordd debyg.

(ix) Rhaid oedd dyfeisio ffordd hefyd i roi enw ar y 'lleoliad' sydd i mewn yn y cae neu'r tŷ, ac enw ar y lleoliad sy'n wrthwyneb i hyn, a'r elfen enwol a gyflawna hyn yw'r gair *tu.**

Tu-fywn a *tu-fa's* sydd ar lafar gwlad yn y De, a cheir esiamplau llenyddol o'r ffurfiau treigledig mor gynnar â FfBO o leiaf. Nid yn ieithegol y dylid ceisio esbonio'r treiglad ond fel peth a luniwyd ar batrwm cynharach *o fywn*. Ond y mae (*i*) *mewn* (heb dreiglad) yn rhoi patrwm i

*Nid wyf yn siŵr sut y dylid deall y canlynol : *datkanu gweith yr ystavell.* **Yn y mywn** *yd oed colovyn eureit*, B v.212. Y peth tebycaf yw mai 'yn + ymywn' sydd yma = 'i mewn ynddi' ; ond fe allai mai 'yn ei mewn' yw, ac mai 'yn ei thufewn' a olygir.

tu mewn, ac y mae hynny hefyd yn gyson â chyfuniadau fel *tu cefn* a *tu blaen* (er mai *tu flaen* sydd ar lafar gwlad yn sir Forgannwg, ar batrwm *ty-fywn, tu-fa's*, ac oherwydd y treiglad yn *o flaen*).* Ac os *tu mewn*, oni ddylid cael *tu maes* hefyd ?

Cyn dyfynnu enghreifftiau o'r amryw ffurfiau hyn y mae'n werth sylwi ar un peth ynglŷn â chystrawen *tu fewn*, etc. Enwau ydynt yn y lle cyntaf, ac arferir y fannod o flaen yr enw 'tu,' h.y. *y tuallan* = '*the* outside' ; ac enghraifft a ddengys mai enwau yw'r ffurfiadau hyn ar y dechrau yw'r ganlynol : *Teimlodd* **ei du mewn** *yn rhoi tro*, Enoc Huws, 16. Ond aethpwyd i arfer y ffurfiau yn adferfol ac yn arddodiadol, yn lle *o fewn, o faes, allan*, etc., e.e. 'aros tu fywn,' 'mynd tu allan i'r tŷ,' etc., a chollwyd y fannod. Y mae'n wir fod rhai yn dewis adfer y fannod yn fwriadol ond enghraifft dda i ddangos fod y fannod wedi ei cholli yw fod *tu* + yn treiglo'n llaes ar ôl *a, a thu allan*, etc., yn lle 'a'r tu allan.' Wrth gwrs fe fyddai'r ffurfiad *tua* yn gynsail i hyn.

Yn hytrach na gwahanu'r esiamplau isod yn ddau ddosbarth, rhoir y ffurfiau treigledig a'r rhai di-dreiglad gyda'i gilydd er mwyn dangos fod rhai testunau'n cynnwys y ddwy ffurf. Cymh. : **or tu fawn** B III.119 ; **or tu mewn**, B IX.122 ; *Bara tec vydei* **o'r tu faes** *idaw, a gwineu* **o'r tu vywn,** FfBO 42 ; *gwedy y hysprydoli* **or ty mewn** *ag* **or tu allan** MCr 87a ; **or tu mewn** *yddynt*, ib 99b ; **or ty fewn,** ib 100a ; *tu mewn* a *tu fewn* yn GMLl 1.118, 138 ; **or tu mewn,** CRhC 80 ; **y tu faes . . . y tu fywn** GB 396 ; *Nid bodlon wyf i fod* **tu fa's,** W (1811) 218 ; **o mewn** *ac* **o tu ma's,** ib 634 ; *Ni fedda'i* **mewn,** *nac* **o tu maes** ib 640 ; **Tu mewn** *ac* **o tu maes,** ib 680 ; **o tu mewn,** ib 688 ; **Tu faes** *i'r ddinas sanctaidd*, ib 907 ; *Nac ymddangosiad têg* **tufaes** Harri Sion, H (1798) 13 ; *Blinderau* **o fewn** *ac* **o'r tu faes,** J.T., Caniadau Sion (1788), 113 ; **o'r tu faes** ib 117 ; *Yn wyneb fy ngelynion* / **Tu fewn** *ac* **o'r tu faes,** John Lewis o Lantrisant, Hymnau (1808) 9 ; **tu fewn** *i'r llen*, Dyfr. Bethesda, 42.

Dengys y dyfyniadau hyn gydberthynas *o fewn* a *tu fewn*, etc., ac mai amrywiol ffurfiadau ydynt sy'n cyfleu'r un ystyr.

Sylwer hefyd ar yr ymgais i wneuthur ansoddair tardd o *tu* + *mewn* yng ngweithiau'r emynwyr ; ceir *tu mewnol* a *tu fewnol* ganddynt. Cymh. : *a blinderau* **tu mewnol,** Wms., D Nupt, 15-16 ; *y gwres* **tu mewnol** ib 20 ; *y tân* **tu mewnol,** ib 23 ; *ac ni* **thufewnol ddenwyd,** Mant. Priodas, 20 ; **a thufewnol** *drigias yr Yspryd Glân*, ib 30 ; *i'th holl Bwerau* / **Tu fewnol** *yno 'nghyd*, DJ o Gaeo (H 1775), 67 ; *am gael* **tu fewnol** *nod*, Timothy Thomas, Moliant i Dduw, 56 ; *Heb fwynhau gras* **tu fewnol,** Harri Sion, Hymnau (1798), 13 ; *i* **du-mewnol** *ystafellau*, Morgan Jones, Trelech, Y Dydd yn Gwawrio (1798), 15.

*Enghraifft gan ddeheuwr o'r ffurfiad heb dreiglad : *o'r tu blaen*, GB 83.

§150 'Uwch,' 'Is,' A'u Ffurfiau Perthnasol

(i) Rhestrir *uwch* ac *is* ymhlith yr arddodiaid gan WG 403 yn rhinwedd bod ffurfiau personol iddynt megis *uchtaw, istaw, uchof*; unig olion y ffurfiau personol hyn yn awr yw'r 'adferfau' *uchod* ac *isod.*

Ceir tr. m. ar ôl *uwch* ac *is* yn y cyfansoddiadau sefydlog *uwchlaw, islaw, uwchben*; cymh. **uch benn** *y weilgi,* WM 59; **uch benn** *llech,* ib 70; **is law** *y drws,* ib 155-6.

> *Hedeg ymhell a elly*
> **Uwch law** *y fron uchel fry,* DGG XXVI.14.
>
> *Llunio cerdd* **uwch ben** *llwyn cyll,* ib XXXII.7.
>
> *Nid brig pren* **uwch ben** *y byd,* ib ib 45.

Cyferb.: *Cwrt hir* **isllaw** *brodir Llŷn,* ib LXXVIII.39 (Gr. Gryg).

(ii) Ffurfiau cymharol yw *uwch* ac *is* ac y mae'n bosibl fod cystrawen gynnar i'r graddau cymharol hyn na ddefnyddiai'r cysylltair *no* (*na*), a bod tr. m. i'r enw a ddilynai. Y mae fel petai enghraifft o ddefnyddio'r ffurf gyfartal *cyfuwch* yn y ffordd hon yn y llinell: *Yn* **gyfuwch fryn** *wybrluwch fry,* DGG XLII.50; ond anodd gennyf gredu mai hynny sy'n cyfrif am y treiglad yn *uwchben, uwchlaw* ac *islaw,* ac y mae'n debycach mai ffurfiau ydynt a luniwyd ar batrwm cyfansoddeiriau rhywiog. Nid fel ffurfiau cymharol y trinir *uwch* ac *is* mewn Cym. Can. pan ddynodant safle neu leoliad yn unig, e.e. *is y ryt,* WM 206; *uch y ryt,* ib 208; nid 'uwch na,' oblegid ni fwriedir cymhariaeth yma, fod safle'r 'peth' yn uwch neu'n is na safle'r rhyd; 'above' a 'below' yn unig a gyfleir. Ar wahân i'r cyfansoddeiriau a nodwyd eisoes, ceidw'r enw'r gysefin ar ôl *uwch* ac *is,* a'r amrywiadau *goruwch, goris*:

> *Llyna ddawn* **uwch llyn** *o ddŵr,* DGG XXVI.12;
>
> *Gorwyn wyd* **uwch geirw** *nant,* ib ib 25.
>
> *Mireingorff* **uwch mariangoed,** ib XXVII.3;
>
> *Blac y lir* **uwch glandir** *glyn,* ib XXVIII.16;
>
> *Buan dy hynt* **uwch pynt** *perth,* ib XXXIII.7;
>
> **uwch tiroedd** ib XXXV.17; **uwch llwyn** *irgoed,* ib XLI.21; **uwch dwfr,** ib XLIV.8.
>
> **Is tŷ** *gwen, ys teg ei gwallt,* ib XXXVII.36.
>
> *Eos glwysgerdd* **is glasgoed,** ib XLIII.15;
>
> *Ceidwad* **goruwch llygad** *llyn,* ib XXVI.23;
>
> **Goris clust** *goreuwas clod,* ib XIII.28.

Cymh. hefyd : *rhag gosod o honof ogoniant dyn* **goruwch gogoniant** *Duw,* Esther, Apoc. XIII.14. Y mae ystyr gymharol yma, sef ' yn uwch na gogoniant Duw.'

(iii) Gallwn nodi'n fyr fod *uwch* ac *is* wedi eu disodli fel ' arddodiaid ' gan *uwchben, uwchlaw, islaw.* I gael ' rhediad' o ffurfiau personol, dylid hollti'r cyfansoddair a chael ' uwch fy mhen,' etc., ' uwch fy llaw,' etc., ' is fy llaw,' etc., cymh. *uwch ei law ef,* 2 Esdr. IV.34 ; *dano fe . . . is i law ef,* DCr[1] 66a. Fe ellir arfer y dull hwn o hyd gydag *uwchben,* ond y duedd yn awr, yn enwedig gydag *uwchlaw, islaw,* yw cadw'r cyfuniad yn gyfan ac arfer yr ardd. *i* i wneuthur rhediad, h.y. *uwchlaw iddo,* etc. Os arferir y ffurfiadau cyfansawdd fel arddodiaid, ni ddisgwylir treiglad gan mai enwau yw *pen* a *llaw,* ac yn ôl rhesymeg, genidol yw'r enw sy'n dilyn, e.e., *uwchben pawb, islaw dirmyg.*

Gallwn gyfeirio yma hefyd at *gerllaw, gerbron.* Y rhediad yn wreiddiol fyddai ' ger fy mron,' etc. (cystrawen a ddefnyddir o hyd), a ' ger fy llaw ' etc., e.e. *yn sefyll gair y llaw hi,* MCr 19b ;* ond *gerllaw i mi,* etc. yw'r gystrawen arferol bellach. Pan ddaw'r enw ar ôl y rhain, cedwir y gysefin, e.e. *gerbron dynion* ; *gerllaw Caerdydd.*

*Cymharer yr enghraifft hon o *ymron* yn lle *gerbron,* a'r ffurf bersonol a olyga ' yn ei bron hi ' = ' alongside her, compared with her ' : *yn tybied y hynan y fod ef yn ddibechod ag yn gyfion* **ynny bron hi,** MCr 91a.

PENNOD XVII

ADFERFAU A GEIRYNNAU ADFERFOL

§151 PO FWYAF (PO MWYAF)

(i) Fe ddyellir, heb angen esbonio, beth a olygir wrth y pennawd. Awgrymwyd yn §118(iii) a §138(iii) beth yw tarddiad y geiryn *po,* a'r amrywiad *pei* a arferid mewn cysylltiadau gorffennol, sef 3ydd un. Pres. Dib. a Gorff. Dib. *bod* : *bo, bei.* Os rhywbeth ceir *bo* yn amlach na *po* yn nhestunau Cym. Can., e.e. *bo kyntaf,* WM 18 ; 108 ; *bo mynychaf,* B II.14 ; *Bo amlaf,* B IV.4 (102) ; *Bo hynaf,* ib ib (103). Ceir *po* hefyd, e.e. *po goreu,* B II.27, a chan fod y geiryn yn treiglo'n llaes ar ôl *a,* profir fod *po* yn ffurf gysefin, e.e. *a pho pellaf,* DB 108. Sylwer hefyd ar yr amrywiadau cynnar hyn ar y gystrawen ; **yd yt vo** *mwyaf,* WM 458 ; **Atvo** *nessaf,* B IV.2 (25) ; **at vo** *mwyaf y dysger wy . . . mwyaf oll,* B VII.377 ; *ac* **atvo** *pellaf,* DB 112 ; **A vo** *mwyhaf yd achwanecco, mwyaf y chwennych,* YCM² 122.

(ii) Dyma a olygir wrth gysylltiadau sy'n orffennol : i gyfateb i : *po goreu y diodeuych goreu uyd it,* B II.27, fe geid hyn pan droid y frawddeg i'r amser gorffennol, '*pei* (g)oreu y *diodeuut* goreu *uydei* (neu oed)' ; e.e. *a* **phei** *vwyhaf* **uei** *y llewenyd a* **welei** *yr iarll mwyaf y* **tristaei** *ynteu am angheu y veibyon,* RC 4.234.

Yn yr amser presennol y defnyddir y gystrawen amlaf,ac felly digwyddai *po* yn amlach na *pei.* Heblaw hyn, defnyddid *pei* at swydd arall yn fynych iawn, sef mewn cymal amodol i gyfleu 'if.' Rhwng y ddau beth hyn daeth *po,* nad oedd iddo swydd arall, yn eiryn priodol i'r gystrawen hon yn y presennol a'r gorffennol, a chan fod tarddiad berfol *po* wedi mynd yn angof, ni theimlid unrhyw anghysondeb pan ddefnyddid *po* mewn cysylltiadau gorffennol, a dechreuwyd yr arfer hon cyn diwedd y cyfnod canol : **po** *mwyhaf a* **dyckit** *yno o dylwyth. mwyhaf* **uydei** *o anturyeu* SG 175. Dynwared hen arddull sy'n cyfrif am ambell enghraifft ddiweddar o *pei,* a sylwer fod y gysefin sydd yn y dyfyniad canlynol yn briodol ar ôl *po,* ond yn amhriodol ar ôl *pei* : *goreu* **pei cyntaf** ML I.369.

(iii) Dangoswyd uchod §118 fod ffurfiadau *bo,* yn annibynnol a chysylltiol, yn cadw cysefin y dibeniad. Yn unol â hyn, ceidw'r ans. eithaf y gysefin ar ôl *bo, po* fel geiryn, sef *po mwyaf* ; ac ar ôl y ffurfiad cysylltiol, *advo, ytvo.* Cymh. : *Goreu . . .* **bo kyntaf,** WM 18 ; 108 ; MM 10(7) ; **po goreu** *. . . goreu,* B II.27 ; **bo mynychaf** *. . . diwyttaf,* B II.14 ; **Bo tynnaf** *. . . kentaf,* B IV.4 (107) ; **a pho pellaf** *. . . cwplaf,* DB 108 ; *Ac* **atvo mwyaf** *or plastyr hwnnw goreu uyd,* Havod 16.98 ; a gw. enghr. eraill yn (i) uchod ; a chymh. §95(ii) am enghreifftiau o *yt vo,* ac am esiamplau o arfer yr ans. cymharol dybledig yn lle'r radd eithaf. Gyda golwg ar *pei,* y gysefin a ddilynai ffurfiad annibynnol *bei* yn wreiddiol [§122(iv)], a cheid y ffurf feddal ar ôl y ffurfiad cysylltiol [§122(v)] ; ac os oes a wnelo hyn o gwbl â *pei* fel geiryn, y mae'n bosibl mai olion cystrawen wreiddiol y ffurfiad annibynnol yw cael y gysefin yn : **a fei mwyf,** WM 13 (darll. *mwyaf*). Ond ceir tr. m., fel rheol, ar ôl *pei.* Y mae'n bosibl fod hyn wedi datblygu'n rheol am mai hynny a geid ar ôl *advei* (er mai peth damcaniaethol yw hyn) : neu fod y ffurfiau a ddiweddai ag *-ai* yn peri treiglad yn weddol gyffredinol. Dyma rai enghreifftiau i ddangos mai'r gytsain feddal a ddilynai *pei* : **a ffei uwyaf** . . . *pellaf,* WM 14 ; rhai tebyg yn RC 4.234 ; SG 272.

(iv) Erbyn heddiw y mae tr. m. ar ôl *po* yn ddieithriad bron. Nid dylanwad cystrawen wreiddiol *pei* yw hyn, oherwydd ni ellir disgwyl i gystrawen a ddiflannodd newid treiglad y gystrawen a oroesodd. Yn wir y gysefin sydd amlaf yn nhestunau CDC (er bod llawer enghraifft o dreiglo hefyd) ymhell wedi colli *pei* fel geiryn ; e.e. **po mwyaf** Hom. 2.124 ; HDdD 73 ; **po cyffelypaf,** ib (A2) ; a cheir esiamplau yn y ddeunawfed ganrif : **po mwyaf** *tueddol,* M. Priodas 10 ; **po mwyaf** *rhagorol,* ib 20. Ond yr oeddid eisoes wedi dechrau arfer *pa* neu *pwy* yn lle *po,* ac er mai'r gysefin a geir weithiau ar ôl y geiryn yn ei ffurf newydd, yn hyn y gwelir y prif gymhelliad i'r geiryn newid ei dreiglad, sef cymysgu â'r rhagenw gofynnol *pa* (*pwy* ar lafar gwlad).*

Enghreifftiau o *pa* neu *pwy* + y gysefin : **pwy mwya** . . . *mwyaf oll,* MCr 117b ; **pa gwannaf** . . . *mwy,* 2 Esdr. XIV.17 ; **pa mwyaf** . . . *mwyaf,* ib XVI. 47-8 ; **Pa mwyaf** . . . *yn fwy,* Eccl. III.18 ; **a pha cryfaf** . . . *mwyaf,* ib XXVIII.10 ; **pa dyfna'r** *clwyf,* W (1811) 571.

Enghreifftiau o dreiglo ar ôl *pa, pwy* : **Pa vwyaf** *y rhewa,* B III.175 ; **pa fwya** . . . *llaia,* MCr 14a ; **pa fwyaf** . . . *fwyfwy,* DFf 207 ; *gorau* **p(w)y gyntaf** D Byrr 95 ; **pwy fwya** PA 88 ; 122 ; 155 ; **pwy dosta** ib 119 [cyferb. **pwy tosta** ib 90, ddwywaith ; **pwy llawna,** ib 64] ; **pa gyfiownaf** . . . *mynychach,* All Par 35 ; **a pha dwymna,** GMLl 1.170 [cyferb. **pa mwyaf** ib 1.117 ; 2.22) **pa deccaf** HFf 291-2. Diddorol fydd sylwi mai'r ffurf a ddefnyddir yn DCr[1] yw'r ganlynol : *a phwyn belhaf* . . . *a phwyn debyccaf,* 14a ; (= *a pha bellaf* . . . *a phwy debykaf,* ib[2] 14a) ; *pwyn bura,* 38a (25b).

Er ein bod wedi adfer ffurf gywir y geiryn *po* yn yr iaith lenyddol cedwir y treiglad a fagwyd drwy gymysgu'r geiryn â'r rhagenwau. *Pwy* neu *pw* yw ffurf y geiryn ar lafar gwlad yn y De. Sylwer hefyd ar y gystrawen dafodieithol a rydd y fannod o flaen yr ans. eithaf : *a gore po'r cyntaf,* LlHFf 10.

*Os cywir yr enghraifft a ganlyn : **Bo leia** *cwyn biliau cas,* TA 33.75, rhaid diwygio tipyn ar yr esboniad hwn.

§152 Mor, Cyn

(i) '*Mor*' + *Ansoddair Cysefin*

Pair *mor* dr. m. i'r ans. (ffurf gysefin) ac eithrio *ll* a *rh*, e.e. *mor dyner, mor ddymunol, mor llawn*; cymh. **mor rhywiog,** DFf 65; **mor rhyfygus,** YmDd 245. Y mae'r rheswm am yr eithriadau hyn yn ddigon amlwg, gw. §10, Nod. Yn WM 12 ceir **mor lwydyannus** (hefyd yn RM; gw. PKM, nod. 119)—enghraifft gynnar, medd golygydd PKM, o wrthod caledu *l* yn *ll* ar ôl *mor*. Gallai hynny fod yn nodwedd o iaith y De, gan mai hynny a glywir amlaf ar lafar gwlad; ond ymddengys y nodwedd honno fel petai'n llygriad diweddar. Ceir esiamplau hefyd yn YCM[2]: **mor lawn,** 87.10; **mor lyfwr,** 120.11 (gw. nod. 198 lle y rhoir enghreifftiau eraill o beidio â chaledu ar ôl *yn* a *cyn*); cymh. **mor lesc,** RBB 121 (gw. isod enghraifft debyg ar ôl *cyn*). Digwydd ambell enghraifft yn nhestunau CDC; y mae'n bosibl mai'r rheswm am rai yw'r cais i 'gysoni' *ll* a *rh* â'r cytseiniaid eraill; a gall eraill fod yn esiamplau o lygriadau: **mor lathraidd,** DFf (xi); **mor lawn,** MCr 25a; **mor lawnwaith,** B Dor (Rh. 12); **mor lesfawr**, All Par 27.

Y mae'n anodd iawn i'r glust benderfynu a ddylai *rh* dreiglo, a gwybodaeth o reolau gramadeg a'n ceidw rhag camdreiglo *rh* yn y cyfnod diweddar. Gan fod astudio gramadeg yr iaith yn bur ddiffygiol yn y ganrif ddiwethaf, nid rhyfedd fod mynych enghraifft yn digwydd o fethu caledu *rh* ar ôl *mor*. Un enghraifft o lawer yw **mor ragorol,** Enoc Huws, 127; cymh. enghraifft gynharach: **mor rodresgar,** ML I.133.

(ii) '*Cyn*' + *Ansoddair cyfartal*

Y rheol yw tr. m. i'r ans. ac eithrio *ll* a *rh*, e.e. *cyn llwyred*; **cyn rhydded**, DFf 54. Digwydd ambell enghraifft o beidio â chaledu yn y testunau cynnar: *yn* **gyn lwyret** *a hynny*, WM 416 (P 6.IV.208); peth tebyg yn RBB 124; **kyn lawenet,** YCM[2] III.18.

Heblaw *cyn*, arferir y ffurf *cy-* mewn Cym. Can., gyda thr. m. i'r ans.: **kygyfyghet,** RM 150; **ky druttet,** ib ib (darll. *ðruttet*); gw. WG 245.

Wrth drafod *yn* traethiadol cawsom nifer o enghreifftiau o'r tr. trwynol, fel amrywiad ar y tr. m. arferol, e.e. *yn bell* neu *ymhell*; gw. §94(v). Ceir peth gebyg ar ôl *cyn*, h.y. *cyn belled,* ac amrywiad *cymhelled*: e.e. *pa cyn belled,* RBS 243; *iddo wreiddio* **cymhelled,** ib ib; hefyd t 4.

Y mae'n anodd dywedyd pa mor gyffredin y ceid y tr. trwynol yn y gystrawen hon. Y mae'n debyg mai peth achlysurol oedd ac mai dylanwad cystrawen *yn* traethiadol sy'n gyfrifol. Gallwn nodi wrth basio fod Ellis Wynne yn dueddol i ddewis cystrawennau eithriadol yn hytrach na'r rhai arferedig.

§153 Rhy, Go, Lled, Pur, Prin, Tra

(i) Dywed WG 439 hyn : "The prefixes *rhy*, *go*, *tra* by being accented separately before adjs. have come to be regarded as adverbs." Gyda golwg ar hyn, sylwn fod *rhy* yn cael ei arfer fel rhagddodiad yng ngeirfa'r cywyddwyr, a'i fod yn mynd yn glwm wrth yr elfen ansoddeiriol, gan gyfleu'r ystyr ' very, excessive,' yn hytrach na ' too ' :

Yn **rhylwfr,** *enw rheolus,* DGG xx.12 ;

A chreulon ddyn wych **rylathr,** ib XL.36 ;
Aeron **rhylon** *y rhewloer,* ib ib 50.

Ar ôl *rhy* ceir tr. m. i bob cytsain heb eithriad o gwbl : *rhy fawr, rhy dyner, rhy lawn, rhy rwydd.* Am ryw reswm y mae tuedd yn awr i gadw cysefin *ll* a *rh* ar ôl *rhy*, yn enwedig yn iaith y pulpud, ac y mae mor gyffredin yno nes bod dyn yn amau arfer llafar-gwlad a braidd yn credu mai caledu sy'n iawn. (Esiamplau o'r camgymeriad llenyddol hwn : *rhy llwfr,* 96 ; *rhy llesg,* 112, yn "Cefn Ydfa," Geraint Dyfnallt Owen). Y rheswm am y slediad ' llenyddol,' efallai, yw'r teimlad fod *rhy* yn gymar i *mor* a *cyn* ac y dylai'r un treigladau ddilyn. Gallwn awgrymu rheswm arall, sef fod *rhy* fynychaf fel petai wedi ei ychwanegu at gystrawen *yn* traethiadol. a bod y slediad a geid ar ôl *yn* yn cael aros er bod *rhy* wedi ei wthio rhwng *yn* a'r ans., h.y. ' yn llawn ' ac felly ' yn rhy llawn.' Ni all fod dim amheuaeth nad treiglo *ll* a *rh* yw rheol yr iaith lenyddol ; gw. yr enghreifftiau uchod o DGG a cymh. ymhellach : **rhy ryfedd,** Job XLII.3 ; Ps. CXXXIX.6 ; **rhy luosog,** Barn. VII.7 ; **yn rhy lawn,** YmDd 341 ; **yn rhy rad,** ML I.259.

(ii) *Go*

Nid oes angen dyfyniadau i brofi mai tr. m. sy'n dilyn *go*, a hynny i bob cytsain : *go brin, go dda, go lwydaidd, go rwydd.* Er hynny, credaf fod rhyw duedd yn rhai i gadw cysefin *ll* ar ôl *go*, os bydd *go* + ans. ar ôl *yn* traethiadol, h.y. ' yn go llawn ' ; ac os yw'r argraff hon o'm heiddof yn iawn, fe gadarnha'r ail reswm a gynigiwyd yn (i) ynglŷn â ' rhy llawn,' etc.

(iii) *Lled*

Byddai'n well ystyried *lled* a *pur* yn nesaf. Dywed WG 439 hyn am *lled*, *pur*, *prin*, "forming loose compounds with adjs. are to the linguistic consciousness adverbs . . ."

Soniwyd am *lled* yn §13(iv) fel elfen gyntaf mewn cyfansoddeiriau. Fel adferf pair dr. m. i bob cytsain, e.e. *lled dda, lled lawn, lled rwydd.* Yma eto gellir dywedyd fod tuedd i gadw cysefin *ll* ar ôl *lled* os digwydd yng nghystrawen y traethiad, h.y. ' yn lled llawn.' Fe ymdrinir *â pur* yn y paragraff nesaf, ac y mae'rylchediad ar ôl *pur* yn unol â'r egwyddor ieithegol $r + l > rll$. Mae'n bosibl mai'r calediad hwn ar ôl *pur* sydd yn cyfrif, drwy ddylanwad camgydweddiad cystrawennol, am y duedd i ' galedu ' ar ôl *rhy, go, lled* ; ond amheuaf hyn, gan mai gair a ddefnyddir mewn rhai rhannau o'r wlad yn unig yw *pur,* a gwell gennyf lynu wrth y rheswm a roed eisoes.

(iv) *Pur**

Er bod sôn yn §13(ii) uchod am *pur* fel elfen gyntaf mewn cyfansoddair rhywiog, swydd adferfol sydd iddo'n bennaf oblegid ' graddoli ' ansoddair yw ei swydd bwysicaf. Pair dr. m. i bob cytsain, ond y duedd ddiweddar yw caledu *l* yn *ll* ar ei ôl, ac y mae'r duedd yn ' ddiweddar ' am mai cystrawen gymharol ddiweddar yw defnyddio *pur* o gwbl yn adferfol. Fe ellid rhoi *gweddol* gyda *lled* a *pur* hefyd, gan fod swydd adferfol iddo a chystrawen debyg.

(v) *Tra*

Ystyr *tra* fel arddodiad neu ragddodiad yw ' over ' yn gyntaf, ac at le ac amser y mae eisiau'r ystyr yn y lle cyntaf ; ond o'r syniad sydd yn ' dros,' cafwyd ystyr ' dros-ben,' ac yna ' eithafol ' neu ' excessive.'

Yr un rheolau treiglo sydd i *tra* fel adferf ag sydd i *tra* fel arddodiad, gw. §147(xiv), sef tr. llaes i *c p t* a chadw cysefin y cytseiniaid eraill: *tra chryf, tra doeth, tra llawn.*

Y mae'n amlwg fod *tra* wedi achosi cryn drafferth i ysgrifenwyr o dro i dro. Diddorol sylwi'n gyntaf (heb oedi i esbonio) ar y treiglad eithriadol yma gan Joshua Thomas : *yn wr* **trach-wyllt,** HB 350.

Ceir esiamplau wedyn o drin *tra* fel elfen gyntaf cyfansoddair rhywiog (o flaen ans. ac o flaen berfenw) gan wneuthur iddo beri tr. m. ar ei ôl : **tra-ddefosionawl,** All Par 15 (cyferb. **dra-daionus,** ib 20) ; **yn dra ofidus,** YmDd 200 (cyferb. **yn dra gostyngedig,** ib 251 ; **yn dra-thrugarog,** ib 201 ; **tra chyfiawn,** ib 203) ; **tra-dderchafu,** HFf 360 (cyferb. **yn dra-rhagorol,** ib 362) ; â **thra-ofidus ymbill** [sic], RBS 91 ; **yn dra ddiolchgar,** ALMA 1 (Lewis Morris). Yn Charles Edwards ac Ellis Wynne ceir enghreifftiau a ddengys fod cystrawen *tra* cysylltair a chystrawen *tra* adferfol wedi eu cymysgu. Dyfynnwyd esiamplau uchod

*Gan fod ystyr y gair *pur* (neu *piwr,* yn y De) yn amrywio cymaint, efallai y bydd o fudd rhoi'r crynodeb hwn o'r dosbarthiad ar y gair *pure* yn Wright, Eng. Dial. Dict. : 1. ansoddair = ' well in health,' (cymh. *yn biwr* ac *yn biwr iawn,* ym Morgannwg) ; 2. = ' whole, entire ' ; 3. = ' Nice, excellent, wonderful ' ; ceir hyn yn Saesneg Cernyw, a rhoir dyfyniadau sy'n debyg iawn i *piwr* y De = ' caredig ' ; 4. = ' considerable, very many ' ; o Saesneg Cernyw y dyfynnir ; a dyna ystyr *pur* yn y Gernyweg ; 5. "Used as an intensive when joined to another adj. by *and* ; 6. adverb. = ' very.'

§140 (ii) o roi tr. llaes ar ôl y cysylltair, ar batrwm yr adferf; a cheir gan Robert Llwyd a C.E. ac E.W. esiamplau hefyd o arfer y gysefin (i *cp*) ar ôl *tra* adferfol, ar batrwm y cysylltair : **yn dra pendefigaidd,** LlHyff 101 ; **tra pechadurus . . . tra peryglus,** HFf 301 ; **tra cywilyddus,** RBS 188.

(vi) *Prin*

Cystal dywedyd fod egluro cystrawen *prin* yn bur anodd. Y cwbl a roir yn WG 439 ynglŷn â threiglo ar ôl *prin* yw'r geiriau a ddyfynnwyd ar ddechrau (iii) uchod, a'r geiriau sy'n dilyn yw : "so *prin* in *prin ddau,* GrO 58, 'scarcely two'."

Nid yw hyn yn foddhaol iawn a'r gwir yw fod esiamplau o dreiglo ar ôl *prin,* ac esiamplau yn ogystal o'r gysefin, a chadw cysefin y berfenw ar ei ôl yw cystrawen y De o hyd, yr un fath ag ar ôl *bron.* Ansoddair yw *prin* yn y lle cyntaf, e.e. *llyfrau prin* = 'rare books,' *mae'r bwyd yn brin,* = 'scarce.' Am fod y llyfrau'n brin, anaml y gwelir hwynt, a datblyga hyn yr ystyr adferfol 'scarcely, rarely' ; ac am fod y bwyd yn brin, ni ellir ei gael heb anhawster mawr ; y mae'n *galed* iawn cael unrhyw fwyd ; dyna sut y ceir yr ystyr adferfol '*hardly*' ; ac am na lwyddir i'w gael heb anhawster mawr, cyfleir y syniad mai i fesur bychan y llwyddwyd, sef digon a dim mwy ; dyna pam y digwydd mewn cystrawen negyddol mor aml, h.y. 'na lwyddwyd ond i fesur bychan,' neu, 'ni chafwyd ond prin digon.'

Ni ellir traethu pendantrwydd ar hyn o bryd a rhaid bodloni ar un neu ddau o awgrymiadau ynglŷn â'r ffordd o dreiglo. Y mae'n bosibl fod *prin,* am mai ansoddair yw yn wreiddiol, yn gweithredu mewn rhai mannau fel ansoddair o hyd pan roir ef o flaen enwau a berfenwau, hynny yw, bod yn elfen gyntaf mewn cyfansoddair rhywiog a pheri tr. m. i'r ail elfen ; ond ei fod mewn mannau eraill yn cael ei gyfrif fel adferf a roir yn sangiadol i mewn i'r gystrawen heb beri treiglad i'r gair a ddaw ar ei ôl. Yn wir fy nheimlad i yw mai camsynied yw tybio fod a wnelo *prin* adferfol ddim â'r gair sy'n dilyn (o ran y treiglo) ; a bod y treiglo wedi ei benderfynu eisoes cyn gwthio *prin* i mewn ; oblegid fe sylwir yn yr enghreifftiau isod bron i gyd fod modd tynnu *prin* i ffwrdd a gadael y gair a'i dilyn heb newid ei dreiglad.

Enghreifftiau gyntaf na ddangosant dreiglad : *heb allel ond* **prin kodi,** CRhC 435, *nid oes er hynny namyn* **prin pedair** *blynedd,* DFf 127 ; *a* **phrin dyfod** *iddo un amser,* Hom 2.8 ; *ac ambell un* **prin gado** *ei ŵn a'i bais,* Wms. D Nupt 52 ; *ond* **prin digon** *i'w gynnal ei hun,* Gomer, Gweithiau, 35 ; *eithr* **prin cant** *sydd heb eu gwerthu,* ib XL.

Enghreifftiau a ddengys dreiglad : *pump o blantos na fedr yr un o naddynt* **prin wisgo** *am dano,* ML I.62 ; *Ni feiddia fo* **prin ddangos** *ei drwyn,* ib I.288 ; *a* **phrin gael** *amser i . . .,* ib I.302.

Cymh. enghraifft o *yn brin* : *ni ddichon ond* **'n brin gerdded,** PA 210.

§154 Bron, Ymron, Agos

(i) Ar un olwg nid yw tarddiad y gystrawen *bron* yn amlwg iawn os yr enw *bron* ydyw, wedi ei addasu i fod yn adferf ; ond os cofiwn am *gerbron,* sy'n golygu ' near,' nid yw mor anodd deall sut y gallodd *bron* ddod i olygu ' nearly.' Y mae'r ffordd yr arferir *agos,* yn gyfystyr â *bron,* yn help pellach ; a gwelsom ddefnyddio *gerllaw* [§150(iii)] mewn cyd-destun lle y disgwyliem *agos* neu *bron* ; cymh. : *Bedyddiwyd* **gerllaw ugain** *y flwyddyn hon* ; Joshua Thomas, HB 338.

Fe deifl y dyfyniadau canlynol beth goleuni ar y modd y magodd *bron* ac *ymron* yr ystyr adferfol : *Ar bore* **ymbronn y dyd** *drannoeth,* WM 501 (< RM 138) ; *fo ddayth dam ffolineb a wyllys drwg gyda hi* **y fron fy ngwely** MCr 12a ; *megys dyn a uei* **ymbronn y angheu,** SG 242 ; *Tir gwlyb teila ef* **ymronn y eredic,** B II.14 (= ' jest cyn ') ; gw. y dyfyniad o MCr o **ynny bron hi,** wrth odre §150 (iii).

(ii) Y mae tarddiad *bron* yn golygu mai genidol fyddai'r enw a'i dilynai mewn cyd-destun fel *bron gwely.* Nid ceisio profi yr ydys yn awr wrth ddywedyd hynny na ddisgwylir treiglad ar ôl *bron,* neu mai'r gysefin sy'n briodol. Dangosir un peth o leiaf ; dangosir nad cystrawen arfer ansoddair o flaen enw yw.

Ceisir egluro isod fod *bron* adferfol yn y cyfnod diweddar yn air ' symudol ' o ran ei safle, heb leoliad penodedig yn y gosodiad ; ac nad oes raid iddo gael rhyw un safle gyson er mwyn cyfleu ei berthynas â'r gosodiad, neu â'r gair a raddolir ganddo. Fe gawn weld ei fod yn ' ddi-gystrawen.' Ond yn rhinwedd ei darddiad, sef y gystrawen enidol a awgrymwyd eisoes, y duedd wreiddiol fyddai gosod *bron* o flaen geiriau fel y berfenw a geiriau yn dynodi maint a gradd ac ansawdd, a hynny heb beri treiglad ; er enghraifft, cam byr iawn yw symud o ' ymron angau ' (fel sydd yn yr enghraifft o SG 242) at ' ymron marw ' neu ' bron marw.'

Esiamplau gyda'r berfenw : *nes eu bod ill dau* **ym mron trengu** LlHyff 114 ; **ym mron mynd** *allan,* YmDd 169 ; **ym mron marw** ib 365 ; **ym mron llewygu,** ib 401 ; *pan oeddwn* **ym mron digoni** *fy hun,* Mant Priodas 6 , *'Rwy* **bron darfod** *teithio'r ddaear,* Dyfr. Beth. 83.

Nid yw'n brawf teg dyfynnu geiriau fel *cystal* a *cymaint* am fod ynddynt duedd bendant i gadw'r gysefin lle dylid cael treiglad (gw. §167), ond gallwn nodi mai *bron cystal* sydd ar lafar gwlad, a chymh. *y mae* **bron cymaint** *i'w ddweud,* Henry Lewis, B v.194. Ond y mae geiriau eraill heb yr hynodrwydd hwn o wrthsefyll treiglad, a dengys y rheini mai'r gysefin sy'n dilyn *bron,* e.e. *bron digon, bron deg o'r gloch,* etc.

Y gysefin a geir hefyd pan ddefnyddir *agos* o flaen y berfenw a geiriau maint ac ansawdd (fe geir y gystrawen *yn agos* hefyd yn adferfol) : **agos cwpla, agos cystal**, cymh. **agos digon,** Williams (1811) 192 , *ac a* *ddaethant â'u gwŷr i fod* **yn agos cystal** *iddynt*, Wms. D Nupt 48 ;* *ys* **agos dau can** *mlynedd*, Joshua Thomas, HB XXXII ; **yn agos dau can** *mlynedd*, ib XXIV ; *yn barnu fod* **yn agos mil** *o'r cyfryw*, ib 15 ; **yn agos dau can** *mlynedd* wedi . . ., ib 18.

Gallwn nodi hefyd fod *agos* fel ans. cyffredin yn gofyn am yr ardd. *i* ar ei ôl wrth sôn am le, h.y. ' agos i'r dref.' Disgwyliem felly i'r *agos* adferfol gael *i* ar ei ôl, ac y mae enghreifftiau lled gynnar o hyn gyda rhifolion. Os hynny yw'r priod-ddull gwreiddiol, fe allwn gasglu mai wrth gymysgu â *bron* y collwyd yr ardd *i*. Rheswm arall dros golli *i* yw fod yr ardd. heb ei arfer mewn cysylltiadau fel *agos digon, agos cystal*, ac ni fyddai'r ardd. *i* yn briodol iawn yn y cysylltiadau hyn oblegid nid oes syniad am ' bellter ' ac ' agosrwydd ' yn aros ynddynt. Cymh. : *Ac velly i bu ef* **agos i ddwy flynedd** *wedy i vedyddio yn dwyn henw marchawc*, B IV.192 ; *Ac ymhenn* **agos yr ddwy awr,** ib ib 195 ; **agos i chwe mil** *o flynyddoedd o flaen hyn*, B VIII.113 ; *ond ymhen* **agos i vgain mlynedd** *gwedi ei phriodi*, ib ib 118 ; **ys agos i ddwy fil** *o flynyddau*, HB 2†.

(iii) Fe ddaw achos weithiau i arfer *bron* i raddoli gweithred y ferf. Gyda'r berfenw ceir *bron cysgu, bron anghofio*, ond beth os ' cysgais ' neu ' anghofiais ' sydd i'w raddoli (a sylwer fy mod yn dewis berf neu amser sy'n gryno ac nid yn gwmpasog, oblegid byddai berfenw yn y gystrawen gwmpasog) ? Ni ellir dywedyd ' bron cysgais '; yn lle hynny rhaid dywedyd drwy gyfrwng cystrawen amhersonol neu ddiberson, *bu bron imi gysgu, bu bron iddo anghofio*, etc.

Y mae rheswm da dros gredu mai *agos* biau'r gystrawen hon yn wreiddiol ; nid yw'r enghreifftiau o arfer *agos* yn y ffordd hon yn brin ac fe'u ceir mewn testun cynnar fel W.M., ond anodd taro ar enghraifft gynnar o arfer *bron*. Ac er yn gynnar iawn fe dyfodd *â* yn y gystrawen, h.y. ' bu agos iddo a chysgu.' Gwell ar hyn o bryd yw peidio â chynnig unrhyw esboniad terfynol ar dyfiant yr *â* ond credaf fod a fynno'r sangiad ag ef, gan fod sangiad yn digwydd mor gyffredin yn y gystrawen ; sylwer cymaint mwy o duedd sydd i arfer *â* ar ôl *methu* pan ddaw *yn lân* adferfol ar ei ôl, h.y. *methu mynd, methu'n lân â mynd*, a hynny'n peri bod *â* yn

*Gallaf ddywedyd am fy nhafodiaith fy hunan fod rheol yn penderfynu pa bryd yr arferir *bron* a pha bryd yr arferir *agos* o flaen geiriau sy'n dynodi *maint, gradd* ac *ansawdd*, sef mai *bron* a ddefnyddir yn y gosodiad cadarnhaol, ac *agos* yn y gosodiad negyddol, e.e. *mae e bron cystal, 'dyw e ddim agos cystal* ; *mae e bron bod yn ddigon, 'dyw e ddim agos digon*, etc. Ni chefais gyfle i ymholi ai hyn oedd y rheol ym mhob man ; ac ni chesglais ddigon o ddyfyniadau i benderfynu a oedd gwahaniaeth o'r fath i'w ganfod yn yr iaith lenyddol. Ni fyddwn yn debyg o gael y gwahaniaeth pendant hwn mewn testunau cynnar oblegid yn gymharol ddiweddar y datblygwyd cystrawennau *agos* a *bron*.

†Cymh. *Mae yn awr yn tyfu ynddi* **agos i bob** *llysieuyn*, ML I.132 ; *agos pob* . . ., neu *pob llysieuyn agos* yw'r cystrawennau arferol ; ac anodd gwybod ai olion hen gystrawen sydd yn y dyfyniad neu rywbeth a luniwyd ar batrwm *agos* + rhifol.

aros hyd yn oed pryd na ddefnyddir *yn lân*, h.y. *methu â mynd*. Dyma awgrym arall mewn cromfachau sy'n esboniad posibl ar yr *â* ar ôl *methu*, ac yn y gystrawen sydd o dan sylw : wrth ddywedyd ' methodd fy ngweld,' —a golygir yn awr fod yr hen briod-ddull *methodd ganddo* wedi diflannu a'r ferf wedi troi'n un bersonol—fe all hyn gyfleu ' my sight failed,' ac er mwyn peidio â chyfleu hyn ceir ' methodd â'm gweld ' ; y mae'r ffordd hon o wahaniaethu rhwng ' genidol goddrychol ' a ' genidol gwrthrychol ' (' subjective and objective genitive ') i'w chael yn barod gyda'r ferf *peidio*, e.e. *peidiodd fy ngweld* : *peidiodd â'm gweld* ; a hwyrach mai hyn yw'r cynsail. Y mae'n bosibl felly fod angen cystrawen *â'm gweld* ar y dechrau er mwyn cyfleu'n ddigamsyniol mai goddefol (neu mewn geiriau eraill, mai genidol gwrthrychol) yw'r berfenw a'i ragenw ; ac yna, cadw *â* hyd yn oed pryd na fydd rhagenw mewnol ; cymh. §182(iii).

Dyma rai dyfyniadau i ddangos y ffordd yr arferir *agos* pan fo ei eisiau i raddoli'r ferf, neu'r weithred a fyddai'n ' ferfol ' pe na fyddid yn ei graddoli. Gan fod *bron* wedi mynd i swydd *agos*, dangosant sut y cafwyd y nodweddion cystrawennol a berthyn i *bron* :

(a) *ac* **ef a uu agos bot** *calaned yn yr ymsang hwnnw*, WM 249 ; **Bu agos fod** *yn dda eich bôd felly*, ML I.89 ;

(b) *ac* **ny bu agos yr un o nadunt a bwrw** *y gilyd yr llawr*, WM 248 ; *ac* **y bu agos ac eu bodi** *o gwbyl*, RBB 53 ; *val* **y bu agos jddaw** *a lladd llawer*, B IV.198 ; **fe fu agos i mi ac anghofio**, GMLl 1.209 ; **bu agos imi a rhynnu,** ML 1.24 ; **Fe fu agos imi a gollwng** *dros gof ddymuno i chwi*, ib 1.73.

(c) Y gystrawen yn un bersonol, ac am fod berfenw yn y gystrawen gwmpasog, (Presennol ar-y-pryd ac Amherffaith), arfer *agos a* o flaen y berfenw : **pan ydoedd agos a marw,** 2 Macc. VII.14 ; **mae'ch geiriau** *chwi weithiau* **agos a'm gorchfygu i,** GMLl 1.175 ; **rwyf agos a blino,** ML I.13 ; **rydwyf agos a gwallcofi** *orfod aros*, ib I.13 ; **mae'r hâf ymma agos a mynd** *heibio*, ib I.57 ; **ir wi fi agos â misio** *cerdded y mays*, ALMA 192 (Morris Prichard) ; **yr wyf agos a gwirioni,** LGO 109 ; **mi royddwn . . . agos a mynd** *o ngho lâs*, LlHFf 38. Cymh. hefyd : . . . **anudonau sy** *ry aml, ac* **agos a gorescyn** *ein gwlad*, PA XXII.

Yn yr esiampl ganlynol ceir cystrawen a wna *agos* yn elfen gyntaf mewn cyfansoddair rhywiog, oblegid yn lle arfer *a* o flaen y berfenw, ceir *agos* a thr. m. : *yr [oedd] o a'i frawd yn siongc, ac* **wedi agos orthrechu** *ei elynion*, LGO 62-3.

(iv) Ceisiwn weld yn awr sut y daeth *agos* a *bron* fel adferfau i fod yn ' symudol.' Y peth y mae'n rhaid ei ganfod yw'r pwynt mai graddoliad neu gywiriad yw'r adferf *agos* neu *bron* a ychwanegir at y gosodiad a hynny'n aml ar ôl datgan y gosodiad. Fe wneir y gosodiad ' y mae'r ystên yn wag,' ac wedi ei wneuthur y ceir y cywiriad—' bron.'

Wrth gael ei hatodi fel hyn a heb fod yn rhan o'r gystrawen a luniwyd gyntaf ar gyfer datgan y gosodiad, daw'r adferf i gael ei hystyried yn air sydd ar wahân i'r gystrawen, ac yn ddi-gystrawen ; ac yna, hyd yn oed pan leolir hi ynghanol y frawddeg, y mae fel sangiad, ac y mae rhywbeth fel saib fer o'i chwmpas, sy'n cyfateb i gromfachau.* Tystiolaeth drawiadol i'r eglurhad hwn yw fod cromfachau o gwmpas un o'r esiamplau a godwyd : *a phob dyn* [**agos**] *yn ymrannu,* GMLl. 1.128.

Dyma esiamplau pellach i ddangos y lleoliad a'r agwedd ddigystrawen yma : **pawb agos** *sydd yn perchi,* ib 1.115 ; *y mae* **pawb agos** *yn i traethu,* ib 1.223 ; *mi welaf* **bawb agos** *wedi blino,* ib 1.230.

Enghreifftiau o destunau eraill : *a gadel y llyfr hwn* **wedi ei orphen agos**, Eccl. Prolog ; **tros ddeugain nhiwrnod agos,** 2 Macc. v.2 ; **Tair blynedd agos** *kyn i vedyddio y bu yn ymddwyn arvau,* B IV.192.

Hyn sy'n cyfrif fod dau leoliad i *bron,* yn cyfateb i'r ddau a olrheiniwyd uchod. Sylwer ar y ddau ddyfyniad hyn o'r un testun :

> **'Rwy bron darfod** *teithio'r ddaear,*
> **Bron a darfod** *hynny'n wir,* Dyfr. Bethesda 83 ;
> *Mae'n hwyr a'm dydd ar* **ddarfod bron,** ib 8.

Y mae hyn yn ddigon cyfarwydd inni'n awr ; cymh. ymhellach : *er fod ynwyf fi y dydd heddyw* **gymmaint o dân bron** *ag a fu ynwyf erioed,* Williams, D Nupt 41 ;

> *Daw amser braf, can's* **gwawrio bron**
> *Mae hafddydd yr efengyl hon,* ib (1811) 38.

Er mor gyffredin yw hyn yn yr iaith lafar, credaf fy mod yn iawn yn dywedyd fod ysgrifenwyr diweddar yn hynod amharod i roi *bron* yn y lleoliad ' atodol,' a'r rheswm, debygaf i, yw fod tyb yn bod mai o flaen y gair a raddolir yn unig y gall ddod, a bod rheol am hynny.

(v) Wrth leoli *bron* neu *agos* yn y safle ôl neu atodol nid oes unrhyw broblem yn codi ynghylch treiglo. Ond os ychwanegir yr adferf atodol ' symudol ' neu ddigystrawen mewn safle heblaw'r safle ôl, fel petai'n sangiad, fe all yr adferf, o ran trefn y geiriau, ddod yn ôl i'r un safle ag a oedd ganddi cyn ei rhyddhau o'i chystrawen gynhenid.

Dyma enghraifft o'r gystrawen gynhenid : *pan oeddwn bellach* **ym mron digoni** *fy hun,* Mant Priod 6. Gwelsom uchod nad oes unrhyw reswm dros dreiglo yma. Dyma'r defnydd sangiadol : **nes iddo, ym mron ddallu** *ei synhwyrau,* ib 13. Sylwer ar yr atalnodi, ac mewn gwirionedd, fe

*Efallai y byddai'n gywirach pe byddid wedi trin yr esiamplau yn (ii) uchod o Joshua Thomas fel ' sangiadau,' lle ceir *agos* neu *yn agos* heb yr ardd. *i* o flaen rhifolion, e.e. *yn barnu* **fod yn agos mil** *o'r cyfryw,* HB 15 ; h.y. mai'r gosodiad cysefin yw ' yn barnu fod mil o'r cyfryw ' + y cywiriad ' yn agos,' a bod y cywiriad wedi ei wthio i ganol y gosodiad.

allai fod coma arall ar ôl *ym mron*, i gynrychioli'r saib fer sydd bob pen i'r adferf. Sangiad sydd yma yn torri ar rediad ' nes iddo ddallu ' ; ac fe allai'r adferf ddod ar y diwedd yn deg.

Fy nheimlad i yw nad y sangiad sy'n cyfrif am y treiglad. Y mae'r treiglad yno eisoes, ' nes iddo ddallu ' ; ac y mae'r adferf wedi ei gwthio i mewn heb ymyrryd â'r treiglad. Ond i hynny y daw yn y diwedd, sef cyfrif yr adferf yn air sangiadol, a threiglo'r gair dilynol yn rhinwedd y sangiad. Ond os cymerwn ni enghraifft fel y canlynol : **gan bron pawb** *a'm gwelodd*, John Thomas, Rhad Ras 9 : gwelwn gystrawen gysefin *bron* yn penderfynu sut y dylid treiglo, ac nid yr ardd. *gan* nac ychwaith y syniad fod *bron* yn peri sangiad rhwng *gan* a *pawb*. Ac yn y math yma o enghraifft, ' gan bron pawb ' neu ' bron gan bawb ' sy'n naturiol (neu, wrth gwrs, ' gan bawb bron '), ond am fod rhyw reol dybiedig ym mhennau ysgrifenwyr ynglŷn ag effaith sangiad, ' y mae bron bawb ' a welir yn bur aml yn awr.*

NODIAD. Gyda golwg ar y dull o arfer *bron* yn y safle ôl neu atodol, y mae rhai ysgrifenwyr diweddar yn dewis ysgrifennu *o'r bron* yn lle *bron*, a chredaf mai Gogleddwyr sydd barotaf i wneuthur hynny, a'r tebyg yw mai camddeall priod-ddull *o'r bron* a welir yn emynau Pantycelyn sy'n cyfrif am hynny, a chymysgu *o'r bron* ac *o'r braidd*. Defnyddir *o'r bron* yn gyffredin yn y De i fynegi'r ystyron ' straight, straightaway,' ac ystyron a fagwyd o hynny. Golyga *mynd o'r bron* ' without turning or tarrying ' ; *galw ymhob tŷ o'r bron* ' seriatim, without exception, the whole lot, completely.' Ymddengys i mi mai datblygiad yw o *rhagbron* ac fe'm temtir i ofyn ai cymysg ydyw o *rhagbron* ac *o'r braidd*.

Ni chyfyd cwestiwn o dreiglo, ond i raddau bach, yng nghystrawen **braidd**. Dengys yr ystyron a rydd Silvan mor agos yw i *prin* a *bron* : "adv. scarcely, hardly, barely, nearly, just, almost, with difficulty." Ceir dwy brif gystrawen, sef *braidd y* + cymal (neu *o fraidd, o'r braidd*) yn y cadarnhaol ; a *braidd na* + cymal yn y negyddol. Dyry Silvan enghreifftiau ohono fel ans. yn digwydd o flaen enw = ' near, almost, extreme,' ac y mae'r tri dyfyniad o Ramadeg Gruffydd Robert, ac efallai mai cystrawen o ddyfais Gruffydd Robert ei hun a welir ynddynt ; dyma un : *Beth am yr henwau a ffurfheir o'r cyfraniad yn dig, tan roddi awl wrth ei* **fraidd ben** ; *mal gweledigawl a dywedigawl* (= D Byrr 108). Cyfeiria hefyd at y term technegol, *braidd gyffwrdd*.

*Nid wyf yn anwybyddu'r ffaith mai ' y mae bron bawb ' neu ' bron bob un ' a ddywedai Gogleddwr, ond rhaid gofalu rhag i hynny ein harwain i gredu mai *bron* fel sangiad yw achos y treiglad. Sylwais fod tuedd gref yn sir Gaernarfon i *bob un* a *bawb* gadw'r ffurf dreigledig hyd yn oed heb achos cystrawennol i'r treiglad, hyd yn oed mewn safle fel ' y mae bob un yn . . .' Felly nid yw gosod *bron* rhwng y ferf a'r goddrych yn mynd i achosi treiglad yma. Yn yr un modd y mae tuedd i gadw *gymaint* yn y ffurf dreigledig, e.e. ' Y mae gymaint . . .,' ac os dywedir ' y mae bron gymaint . . .,' nid *bron* yw achos y treiglad ; cyferb. y peth sy'n dod yn naturiol i ddeheuwr : **y mae bron cymaint** *i'w ddweud* . . ., Henry Lewis, B v.194 ; *na allasai* **bron pob** *perchen* . . ., D.J.W., H. Wynebau 71 ; *a chyffyrddai* **bron pob** *stori*, St. Tir Coch 2 (= ' pob stori ' yw'r goddrych).

Gw. GEIRFA hefyd am enghreifftiau o *breidd-* yn elfen gyntaf mewn cyfansoddair rhywiog, megis *breidfyw*, *breidurys*, *breidgof*. Dengys y dyfyniad canlynol ystyr *breiddfyw* :

Darfu'n diarfu, Duw wirfyw !—Mae'r wyd ?
Yma'r ydym **freiddfyw.** TA 10.42, Awdl Farwnad Syr Tomas Salbri, = ' only just alive, barely able to live.'

Pennod XVIII

TREIGLO MEWN CYFARCHIAD

§155 Arfer y Fannod

(i) Gallwn gyfrif fod o leiaf bedair ffordd o roi enw yn y cyflwr cyfarchiadol : (*a*) rhoi'r enw cyffredin neu'r enw priod ar ôl ebychair megis *O, Ha, Och* ; (*b*) ei roi ar ôl y rhagenwau personol *ti, tydi, tithau, chwi, chwychwi, chwithau* ; (*c*) enwi'r person neu'r peth a gyferchir yn annibynnol ar eiriau eraill, cyn dechrau'r gosodiad neu'n atodol iddo (h.y. ar flaen y gosodiad neu heb fod ar ei flaen, y pwynt yw fod yr enw yn annibynnol o ran cystrawen ar eiriau eraill y gosodiad) ; (*ch*) amrywiad yw'r bedwaredd ffordd ar y drydedd, oblegid golygir fod yr enw cyffredin yn (*c*) heb y fannod, a'i fod yma a bannod o'i flaen.

Y tair ffordd gyntaf sy'n haeddu sylw yma, gan nad yw'r ffordd o dreiglo yn y bedwaredd yn dibynnu ar y cyfarchiad ; serch hynny fe rown beth sylw i'r priod-ddull o arfer y fannod o flaen yr enw cyffredin a gyferchir. Wrth ddelio â'r amryw ffyrdd a nodwyd eisoes, bydd yn anodd cadw pob cystrawen ar wahân i'w gilydd ; ac ni all unrhyw ddiffiniad fod heb eithriadau. Yn y ddwy ffordd gyntaf y mae'r duedd neu'r ymdeimlad yn dechrau fod yr enw a gyferchir yn treiglo nes creu syniad yn ymwybodol erbyn y cyfnod diweddar fod rheol y dylid treiglo beth bynnag fo ' cysylltiadau ' yr enw. Ar y llaw arall, yng nghysylltiadau (*c*) ac (*ch*) y mae ymdeimlad fod saib rhwng yr enw a gyferchir a'r geiriau a leferir wrtho ; hynny sy'n peri bod yr enw yn ' annibynnol ' ; ond fe all yr ymdeimlad hwn fod saib o flaen yr enw a gyferchir effeithio'r cwlwm sydd rhwng y rhagenw a'r enw yn (*b*) nes peri bod yr enw yn ' annibynnol ' ar y rhagenw a heb dreiglo. Sylwer ar y coma yn y canlynol i gynrychioli'r saib : *i'ch erbyn chwi, plant Israel,* Amos III.1. Ni ellir dibynnu ar goma ysgrifenedig i wahaniaethu rhwng dwy gystrawen, bid sicr ; ond efallai mai'r ymdeimlad hwn o saib sy'n esbonio'r gysefin yn y canlynol, mewn cyferbyniad â'r ail enghraifft : **chwi meibion** *Jacob ei etholedigion,* Ps CV.6 ; cyferb. **chwi feibion** *Canaan,* Judeth V.3.

(ii) Dyma rai enghreifftiau o arfer y fannod + enw. Noder fod coma yn rhai ohonynt, yn arwydd fod yr enw yn annibynnol ar y geiriau eraill a bod saib yn ei wahanu oddi wrthynt. Cymh. : **Y brenin uchaf** *yn y drindawt, dyro ymi,* BSK 38 ; **Y guir vravdur,** *edrych ti arnafi,* B IX.329 ; *am hynny* **y dyn** *drychaf ditheu dy galon,* MCr 118b ; **y cyfaill,** *i ba beth y daethost,* Math. XXVI.50.

Esiamplau o'r cywyddau :—

Y fun loewlun, *fal lili*
Yw'r tâl, dan we aur wyt ti, DGG XIX.1 ;

Y ceiliog mwyalch *balchbwyll,*
Dawn i'th dâl, a Duw ni'th dwyll, ib XXVIII.1 ;

Yr wylan deg *ar lanw dioer*
Unlliw ag eiry neu wenlloer,
Dilwch yw dy degwch di, ib XXX.1 ;

Gyd ac ieir cei dy garu,
Y ceiliog dewr *a'r clog du,* ib XXXIV.1-2.

Y mae rhai enghreifftiau diddorol yn CRhC sy'n werth eu codi : *eiste i lawr* **y Cymro glan,** 10 ; **farwel y keiliog bronfraith,** 101 ; **y dryw bach** *or berth fieri, dywaid gyngor ym os medri,* 103 ; *Taw ath siarad* **y dryw bach,** 103 ; *byddwch lawen* **y kyfeillion,** ib 298. Noder yr ail ddyfyniad yn arbennig lle y daw'r enw a gyferchir ar ôl y gair "ffarwel."

Y mae esiamplau o'r arfer hon i'w clywed o hyd yn yr iaith lafar, e.e. "Dwedwch y dyn !" ; "Be sy arnat ti'r ci ?" Nid oes achos i ryfeddu fod y fannod o flaen yr enw cyffredin a gyferchir. Wedi'r cwbl y peth sy'n cyfiawnhau defnyddio'r fannod o flaen enw cyffredin yw fod yr enw hwnnw yn bendant, yn esiampl wahaniaethol o'r enw cyffredin, sy'n hysbys a dealledig i'r meddwl ; ac y mae'r enw a gyferchir yn ' bendant.' Y mae dull o gyfarch heb ddefnyddio'r fannod, yn enwedig os bydd ebychair o flaen yr enw, a'r tebyg yw fod yr arfer ddi-fannod yn mynd yn ôl i gyfnod cyntefig iawn cyn dyfeisio'r fannod.

§156 Ar ôl Ebycheiriau

(i) Gw. WS 172 am esiamplau ar ôl *O, Ha, Och,* lle treiglir yr enw cyffredin a'r enw priod : **Ha wreic,** WM 31 ; **Oya fab Duw,** ib 57 ; **Ha was,** ib 17 ; **A uorwyn,** ib ib ; **Och Dduw** *Tad, na chuddiwyd hwn,* DGG XXV.14 ; **Och wylan,** *o chei weled . . .,* ib XXX.27 [cyferb. yr enghraifft yn §155(ii) **Yr wylan deg** *ar lanw dioer,* ib ib 1] ; **Oio gysgu** *ddu, mae'dd wyd ?* ib XVII.6 ; **O Dduw,** Luc XVIII.11 ; 13 ; **Ha wŷr** *doethion,* Job XXXIV.2 ; **Ha wraig,** Ioan VIII.10 ; **Ha wŷr frodyr,** Act. I.16 ; **O frenin,** Dan. III.17.

Y mae ambell enghraifft yn y Beibl o gadw'r gysefin ar ôl *O.* Fe awgrymwyd eisoes fod enghreifftiau yn y Beibl o gadw'r gysefin mewn ' cysylltiadau cyfarchiadol ' eraill, lle y disgwylid treiglad, ac ni ellir crybwyll esboniad amgen na'r awgrym fod ymdeimlad o saib rhwng yr ebychair a'r enw cyffredin : **O tŷ Ddafydd,** Jer. XXI.12 ; **O meibion Israel,** Amos II.11.

Nid yw'r ebychair *O* yn peri treiglad i'r ferf orchmynnol neu ddymuniadol ar ei ôl, e.e. **O gwrando,** *y beraidd fwyalchen* ; **O dowch** *ar frys, O dowch ar frys* (Dowch i'r Mynydd, Ceiriog) ; **O caned** *holl delynau'r byd* ; **O cenwch** *glych fy mebyd* , ac yn y gân *Y Deryn Pur,* nid cyfarchiad

O Dduw + berf y sydd, oblegid goddrych y ferf ' (a) faddeuo ' yw *Duw* ; felly *O* + *Duw 'faddeuo* yw'r iawn gystrawen.

(ii) Y mae'r cyd-destun lle yr arferir rhai geiriau ebychiadol fel ' Ffarwel ' a ' Gwae ' yn awgrymu mai enw yn y cyflwr cyfarch. yw'r enw sy'n dilyn am y rheswm syml fod y person neu'r peth sy'n dilyn yr ebychair yn cael ei annerch ar y pryd ; a dyfynnwyd enghraifft §155(ii) uchod, **farwel y keiliog bronfraith,** CRhC 101 lle dengys y fannod yn weddol sicr fod yr enw yn y cyflwr cyfarch.

Ar y llaw arall fe all cysylltiadau ' Ffarwel ' gyfleu mai'r hyn a olygir yw ' yr wyf yn ymadael â'r byd,' heb ymdeimlad fod y ' byd ' neu'r ' person ' neu'r ' peth ' yn cael ei gyfarch, a diau y gellid cyfrif fod yr enw yn y cyflwr derbyniol, "Rhof ffarwel i'r byd."* Nid person a gyferchir sy'n dilyn *Gwae* fel rheol, ond enw yn y cyflwr derbyniol, gw. WG 450 ; e.e. **Gwae glaf** *a'e clyw yn vodawc,* CLlH XI.6, t 23—yr ystyr yw hyn, ac arfer priod-ddull diweddar, ' Druan o'r dyn claf . . .' Ond wedyn os rhai a gyferchir ar y pryd sy'n derbyn y gŵyn neu'r bygythiad, y mae'n anodd peidio ag ystyried mai enw ydyw yn y cyflwr cyfarch, e.e. ' Gwae chwi ragrithwyr.'

(iii) Enghreifftiau yn gyntaf o arfer *Ffarwel* + *enw,* a hwnnw'n treiglo ; sylwer mai hynny yw ' Yn iach ' yn y canlynol : **Yn iach frenin** *yr hinon,* DGG XLII.44.

Cymh. : **Ffarwel galon** *dirion deg,* **ffarwel bob** *dameg serchog* . . . **ffarwel garedigrwydd** *calon,* CRhC 7 ; **ffarwel garv** *ffol iw da* / **ffarwel dyrfa** *yn iach lan,* ib 49 ; **Ffarwel, ffarwel gariadau'r** *byd,* **Ffarwel bleserau** *oll ynghyd,* W (1811) 365 ; **Ffarwel weledig,** *Groesaw Anweledig Bethau,* W (teitl un o'i gasgliadau) ; **Ffarwel bleserau** *darfodedig,* MR 68 ; (cymh. hefyd : **Groesaw fywyd** *anllygredig,* ib 21).

Yn y pennill canlynol ceir enghraifft o dreiglo'r enw, enghreifftiau o arfer yr ardd. *i* ac enghraifft o gadw cysefin yr enw :

Ffarwel fynwes *lawn o lygredd,*
Ffarwel i ti *galon ddrwg,*
Ffarwel i chwi *bob eulunod,*
Ffarwel gwên *y byd a'i wg,*
Ffarwel i chwi *gwn yr Aiphtiaid,*
Ffarwel i chwi *lyffaint cas,*
Ffarwel i'r Midianiaid *hefyd,*
'Rwyf yn nofio'n afon gras, John Lewis o Lantrisant, H (1808) 21.

*Enghraifft o hyn yw llinellau J.T. Rhaeadr Gwy, "Ac mi rof ffarwel maes o law i'r ddaear hon." Fe allem ddadlau ynglŷn ag enghraifft fel "Ffarwel bleserau, etc." lle nad oes fodd teimlo yn iawn mai enw a gyferchir yw ' pleserau,' mai enghraifft ydyw o *apostrophe,* ond ni ellid dadlau hynny parthed llinellau J.T.

Ffarwel Babel, Gresaw Ganaan (teitl casgliad o emynau Rhys Dafydd, Aberhonddu 1776) ; **Ffarwel obaith,** Dyfr Beth 6 ; **Ffarwel bydewau** *brwnt y byd,* ib 21.

Fe welir fod yr un gystrawen i *Croeso* ; cymh. hefyd : *Croeso Fedi . . .,* Eifion Wyn ; ond cyflwr derbyniol yw cyflwr yr enw pryd nas cyferchir, e.e. **Croeso i'r** *gwanwyn tawel cynnar,* **Croeso i'r** *gog a'i llawen lafar,* Ed. Morys, Y Fl. G. 2. Yn y canlynol : **Ffarwel meinwen** *dos / n / iach,* CRhC 7 ; efallai mai ' fy meinwen ' a olyga, ond gw. §157(ii) nodiad.

(iv) Y mae treiglad i'r enw hefyd sy'n dilyn *Gwae,* e.e. **Gwae Farged** *weled dialedd . . . A* **Gwae Vallt** *o gau i fedd,* DN IX.25, 28 ; a sylwer mai'r rhagenw *fi, ni, hwynt* a ddaw ar ôl *Gwae,* derbyniol neu beidio, ac nid *imi, inni, iddynt* ; gw. *Gwae ni* a *Gwae hwynt,* yn yr un awdl, 50, 51 ; y mae *gwae fi* yn rhy gyffredin i ddyfynnu enghraifft o destun. Esiamplau pellach o *gwae* + enw yw : **Gwae goron** *balchder,* Es. XXIX.5 ; **gwae ddinas** *y gwaed,* Esec. XXIV.9.

(v) Yn hollol fel y ceir *Ffarwel* a *Croeso* yn cyferbynnu â'i gilydd, y mae cyferbyniad i *Gwae,* sef **Gwyn fyd.** Awgrymwyd uchod, §104(i) fod yr ymadrodd hwn yn draethiad gan amlaf mewn Brawddeg Enwol, ac yn y gystrawen honno ni ddisgwylir treiglad i'r enw sy'n oddrych ; ond pan geir treiglad i'r enw, cystrawen debyg i *Gwae* ydyw, a'r enw yn y cyflwr derbyniol. Y peth sy'n cadarnhau'r dybiaeth hon yw fod *gwae* a *gwyn fyd* yn yr un cyd-destun, e.e. **gwyn eu byt gymry gwae gynt** ; (darll. ȝynt) ; **gwyn eu byt gymry gwae Wydel,** B IV.117 (112 ; 118, Y Cyfoesi). A sylwer ar yr ardd. *i* yn yr enghraifft ddiweddar hon : **Gwyn fyd i'r Meirw,** DJ o Gaeo H. 1775, 13. Dyma esiamplau cynnar eto i ddangos y treiglad i'r enw : **Gwyn eu byt gymry** *gymriw werin,* LlH 74 ; **gwynn y uyt wendyd** *ae harrowy,* B IV.128.241.*

(vi) Ebychair arall yw **ffei**—benthyg o'r S. *fie.* Arferir yr ardd. *o* ar ei ôl, gw. y dyfyniad yn WG 450 :

> **Ffei o** ieuenctid am ffo ;
> Ni ffy henaint ; **ffei 'hono,** ST.

Ceir yr ardd. *o* hefyd yn y dyfyniad nesaf, ond ceir yr enw yn union ar ôl yr ebychair yn ogystal ; a dengys y llinellau hynny dreiglad i'r enw :

> **Ffei o** *ddryw na ddianc unwaith*
> *O safn y ci a'i brathodd ganwaith* ;
> **Ffei bob** *peth sy'n diwyno'r wyneb,*
> **Ffei lawenydd** *mewn ffolineb,* Hen Benillion (T.H.P.-W.) 33.

Ceir *Ffei o* a *Ffei* heb *o* yn y pennill sy'n dilyn, ond *Ffei o* ym mhedair llinell y pennill ar ôl hwnnw.

*Cymh. yr enghraifft ddiddorol hon o ' gysylltiadau ' a esyd yr enw yn y cyflwr cyfarch. : *Gwyn dy vyt* **vargret,** B IX.332.

§157 YR ENW PRIOD A'R ENW CYFFREDIN HEB Y FANNOD

(i) Ynglŷn â threiglo enwau annibynnol, dyma yw'r hen reol a roir yn WS 173-4 : Pan ddelai'r enw priod ar ddechrau'r frawddeg, neu'n hytrach, pan flaenai'r gosodiad, nis treiglid : **Gwalchmei,** *heb ef, hyspys yw gennyf i* . . ., RM 212 ; **kei,** *heb ef* . . ., ib 115 ; **Dafydd,** *pam nad edifar,* GGr (DG 246). Ond mewn safle heb fod ar y dechrau, ceid treiglad fynychaf: *Yrof a Duw,* **Walchmei,** RM 179 ; *Yrof i a Duw,* **Gei,** ib 219 ; *Trafferth blin yw it,* **Ruffudd,** DG 251 ; cymh. hefyd : *Mawr yw fy ngholled,* **Fredudd,** GGl XXII.23.

Cedwir y gwahaniaeth hwn yn y canlynol fel pe bai rheol bendant : "**Margaret,** *kyttsynna a ni* . . .," B IX.332 ; "*Dyret y orffwys,* **Vargret,**" ib ib ; ond er hyn y mae esiamplau ddigon o beidio â threiglo yn y safle ' atodol,' os gellir dibynnu ar y testun, e.e. *Na wir,* **kei** *wynn,* RM 105 ; *Graessaw Duw wrthyt* **Peredur,** WM 123.

Wrth gwrs, y mae'n anodd cael unrhyw reol ddigamsyniol i fynd wrthi yn y cyfnod diweddar am fod tuedd mor bendant, er gwaethaf gramadeg, i gadw'r enw priod heb dreiglo, gw. isod §171.

(ii) Fe ellid trefnu'r esiamplau o'r enw cyffredin yn ôl y rheol y cyfeiriwyd ati uchod.

Y safle flaen yn gyntaf, a heb ddangos treiglad : **karw** *Redynvre, yma y doetham ni,* RM 129 ; *A dywedut deu eir dan chwerthin a wnaeth wrthaw,* "**Mab** *puttein,*" *heb ef,* "*ti a gefeist* . . .," YCM² 70 ; **Morwyn** *duw nac ofynha di,* BSK 32 ; **Morwyn** *duw gwedia drosof i,* ib 36-7 ; **mab** *dyn, cerdda,* Esec. III.4 ; **mab** *Dafydd trigarha wrthyf,* PA 174.

Fe sylwir fod yr enw yn ' bendant ' yn yr esiamplau hyn uchod am fod enw genidol yn dilyn ; ond dyma ychydig enghreifftiau o'r enw cyfarch. wrtho ei hun, ac yn cadw'r gysefin : **Meinwen,** *na ddos o'm anfodd,* DGG XXIII.33 ; *ac a ddywawt wrthi,* "**Merch,**" *heb ef,* "*ytti y gorchymynnaf i y pagan hwnn yman,*" YCM² 55 ; "**Merch,**" *heb ef,* "*tec iawn wyt* . . .," ib 63 ;* **Duw** *ti a'i gwyddost,* DFf 63.

> Fe'n temtir, efallai, i esbonio'r enghreifftiau o "Merch" drwy ddywedyd mai "Fy merch" yw yn llawn, yn enwedig gan fod "Vy mab bedyd" yn ymyl yn y testun (t 64) ; ond os craffwn ar yr hyn sydd yn yr iaith lafar, fe welwn mai "Me'ch" a ddywedir, a "Bachan" a "Ba'n"—ffurf a ddengys na all *fy* fod yn ddealledig o'i blaen, a cheir y ffurfiau didreiglad hyn hyd yn oed yn y safle atodol, ac ar ôl ebychair fel "Hei" ; (ac y mae'n werth sylwi yn y cyswllt yma ar yr esiamplau hyn o *meinir* a *meinwen* yn cadw'r gysefin mewn safle atodol ac ar ôl *Ffarwel* : *Gobeithia i dduw* **meinir** *bach,* CRhC 6 ; *kofia'r achos* **meinir** *dawel,* ib 9 ; *Ffarwel* **meinwen** *dos/n/iach,* ib 7), ond fe geir "Ferch" a "Fachgen" ar lafar hefyd, yn y ddwy safle,

*Fe all *merch* gael y fannod hefyd ; e.e. ceir "Y ferch . . ." ar ddechrau DGG XXI, XXII.

mewn arddull neu ‘ awyrgylch ’ sy’n llai gwerinaidd ac ieuengaidd na chysylltiadau arfer “ Me’ch ” a “ Bachan.”

Haedda’r enghraifft ganlynol beth sylw ar wahân : “**Merch y dec** . . . *y bwy y credy di*,” BSK 33. Ymddengys fel priod-ddull arbennig i’r gystrawen gyfarch, a dry “Y ferch deg” yn “Merch y deg.” Ni olygir fod yn rhaid i enw + ans. gael eu llunio fel hyn mewn cyfarchiad ; dyma esiampl o’r peth normal mewn cyfarchiad : **Y ferch dawel** *walltfelen*, DGG XXIII.1 Ond y mae’n arwyddocaol fod peth tebyg gyda’r enw *mab*, **Vy mab i y cu**, B II.17 = *fili karissime* ; ceir hyn eto ar t 18, a rhoir ‘ amrywiad,’ *Vy mab ku*. Fy awgrym i yw fod hon yn hen gystrawen a arferid wrth annerch aelodau’r teulu, ac mewn nodiad yn B XII.19 cynigiais yr esboniad mai cystrawen gyfarch o’r math yma yw *tad y cu*, *mam y gu*, y ffurfiau gwreiddiol i *tad-cu*, *mam-gu* ; gw. §42(v) uchod, a noder yn arbennig yr enghraifft: *kyuarchaf ym brawt* **y gwynn**, B IV.114.

Dyma esiamplau yn awr o’r enw cyffredin yn treiglo mewn safle atodol : yr enw pendant am fod enw genidol yn ei ddilyn : *Prophwyda*, **fab** *dyn*, Esec. XIII.2 ; heb fod yn ‘ bendant ’ : *Dos*, **vorwyn,** RM 248 ; *Ti a ddylid* (**ddarlleydd** *duwiol*), DFf 82.

Uthr wyd, **ŵr,** *eithr y dewraf*, DGG XX.14.
Lle dy hendad, a’th dad, **ŵr**, GGl XII.56.

Wrth nodi eithriadau fe ddilynwn drefn arall a dyfynnu gyntaf y rhai a geidw’r gysefin mewn safle atodol : y mae digon yn nhestun Beibl 1620 o’r teip lle ceir enw + enw genidol, a sylwer mor aml y ceir saib cyn cyrraedd yr enw cyfarch. : *Ewch allan*, **merched** *Sion*, Can. III.1 ; *Gwrandewch y gair hwn*, **gwartheg** *Basan*, Amos IV.1 ; *gwrandewch attolwg* **pennaethiaid** *Jacob*, Micah III.1 ; *Cyfod* **merch** *Sion*, ib IV.13 ; *gwrandewch arnaf i*, **tywysogion** *y rhai* . . ., Judeth VIII.11.

Dyfynnwyd enghreifftiau eisoes o *meinir* a *meinwen* yn cadw’r gysefin ; cymh. ymhellach : *Ni’th gefais unwaith*, **gwiwfun,** DG 21 ; *Os ych bonedd* **gwen** *lliw’r manod*, CRhC 18 ; (mae’n bosibl mai fel enw priod y dylid dosbarthu hon).

Enghreifftiau o dreiglo lle y mae’r enw cyfarch. yn blaenu : **Oreugwas** *duthiwr eigiawn*, DGG XXIX.11 ; *ac erchi idaw dan chwerthin*, ‘‘**Dywyssawc** *bonhedic*,’’ *heb ef*, “*dwc ym uyg gwayw*,” YCM[2] 97 ; *Ynna y dyvod ef wrth y brenin val hyn* : **Vrenin** *ardderchawc* . . ., B II.219 ; *ac a ddyvod wrth y brenin val hyn*, **Vrenin** *anrydeddus, o rynge vodd* . . . ib II.227.

§158 RHAGENW PERSONOL + ENW

(i) Nid rhaid dyfynnu ond ychydig i ddangos y teip yma lle ceir treiglad fynychaf i’r enw : **Dydi Bi,** *du yw dy ben*, DGG XLVII.57 ; “*Gware* **ditheu, garu nei,**’’ B V.213 ; *dydd da* **i titheu fab** *pur eirie*, CRhC 96 ; *a* **chwithau gerric** *cenllysc*, Esec. XIII.11 ; **Tithau fâb** *dŷn*, ib ib 17 ; **Chwi feibion** *Canaan*, Judeth V.3 ; gw. §60(i) hefyd.

Eithriadau : *Dydd da* **it bronfraith** *serchogfwyn*, CRhC 95 ; **Chwi meib-**

ion *Jacob ei etholedigion*, Ps. CV.6 ; *i'th erbyn* **di merch** *Babilon*, Jer. L.42 ; **chwi meibion** *Israel*, Amos IX.7 ; *i'ch erbyn* **chwi, plant** *Israel*, ib III.1.

§159 YMDRINIAETH

(i) Cyn trafod y problemau cyffredinol sy'n codi o'r dyfyniadau uchod, nodwn un peth arall yma gyntaf, sef, pan ailadrodder yr enw yn y cyfarchiad sy'n dilyn ebychair, fod yr enw yn treiglo yr ail waith, a'r drydedd, etc. : **O ddaiar, ddaiar, ddaiar,** *gwrando*, Jer. XXII.29.

Ceir math arall lle y mae'r ail enw yn wahanol enw ond yn unrhyw o ran person â'r cyntaf : **Ha wyr frodyr,** Act. I.16 ; DFf 314 ; *O Dduw Tragwyddol*, **Dâd** *y Trugareddau*, RBS 261 ; *O Dduw Sanctatdd*, **Dragwyddol** *Frenhin*, ib 292.

Amrywiad arall (ar ôl *chwi*) o ail enw, heb fod yn unrhyw ag enw cyntaf y cyfarchiad : *wrthych* **chwi bobloedd, genhedloedd** *ac ieithoedd*, Dan. III.10.

Amrywiad pellach lle y mae'r enw cyntaf heb dreiglo yn y safle flaen, a'r ail enw cyfystyr, wrth ei gyfosod, yn treiglo : *Duw Hollalluoc*, **rasusol** *Dad dynion*, RBS 132.

Gallwn nodi'r enghreifftiau canlynol fel eithriadau i'r hyn a geir uchod : "*Arglwyd Iesu Grist*, **Mab** *y Tad Goruchaf, ti a wnaethost* . . .", YCM[2] 174 ; *O arglwyd offeiryat* **gwassanaethwr** *y grist, ydwyfi yn dyuot attat ti*, B VII.371.

(ii) I fynd at y broblem gyffredinol o dreiglo'r enw yn y cyflwr cyfarchol, afraid dywedyd nad oes dim yn y cyflwr hwn i fod yn achos i'r enw dreiglo. Golygir yma yr enw sengl, ac nid yr enw a ailadroddir neu'r enw cyfystyr a gyfosodir wrth yr enw cyntaf. Byddai'n bosibl i ieithegwyr brofi ynglŷn â'r ail enw neu'r enw a gyfosodir, fod hwnnw yn treiglo, fel y treigla'r ans. ar ôl enw ben., am fod yr enw yn y cyflwr cyfarchol yn diweddu â llafariad yn y Frythoneg (mewn rhai rhediadau).

Ni ellir disgwyl i'r enw sengl yn y cyflwr cyfarchol (priod neu gyffredin) dreiglo yn y lle cyntaf o achos ei gyflwr yn unig pan ddaw yn y safle flaen gan nad oes dim o'i flaen a allai beri treiglad. Y mae'r enghreifftiau cynnar yn §157 yn unol â hynny. Gan fod treiglad ar ôl ebycheiriau fel *O*, *Ha*, *Och* (§156) rhaid priodoli'r treiglad i effaith yr ebycheiriau. Gallwn gredu hefyd fod treiglad o'r dechrau yn y berthynas honno o gyfosod yr enw (yn ddi-saib) ar ôl y rhagenwau personol *ti*, *tydi*, *tithau*, etc. ; ac i'r cyfosodiad y dylem briodoli'r treiglad eto (§158). I bob pwrpas, yr un treiglad sydd yn ' chwi ddynion ' ag yn ' ni ddynion,' ond bod cyd-destun ' chwi ' yn peri i ' ddynion ' ymddangos yn gyflwr cyfarchol.

Pan leolir yr enw mewn safle atodol, neu rywle heb fod ar y blaen, nid oes dim yn y cyflwr ei hun hyd yn oed yn y cysylltiadau hyn i beri treiglad ; ond fe allai achos ddod oddi wrth y cysylltiadau. Y mae'r ' cysylltiadau' yn amrywio'n ddi-ben-draw, ond mewn enghraifft fel **Dos vorwyn,**

RM 248 ; **Prophwyda, fab dyn,** Esec XIII.2 (a chymryd y rhain fel un teip i gynrychioli'r ' cysylltiadau damcaniaethol '), fe achosid treiglad i'r enw cyfarchol o'r cyswllt rhwng y ferf a'r enw, fel y byddai treiglad i wrthrych rhai ffurfiadau berfol—a chaniatáu nad oes saib rhwng y ferf a'r enw. Gellid amlhau'r cysylltiadau a barai dreiglad fel hyn i'r enw (i unrhyw enw, nid i'r enw cyfarch yn unig) ; ac er nad oes raid i leoliad ar ganol neu ar ddiwedd brawddeg gynhyrchu treiglad *bob* tro, digwyddai treiglad yn ddigon mynych nes mynd yn duedd gyson neu'n ' rheol.' Wedi i'r duedd hon ddechrau—ac i raddau helaeth, peth ymwybodol yw a rheol sy'n hysbys i awduron—fe wneir i'r treiglad hanfod yn y cyflwr ei hun. Effaith hyn yw cadw'r ffurf dreigledig hyd yn oed pan leolir yr enw yn annibynnol yn y safle flaen ; a gwelsom enghreifftiau lled gynnar o hyn ar ddiwedd §157, "**Dywyssawc** *bonhedic,*" YCM[2] 97, etc.

Fel y cawn weld isod, fe ffynna'r *syniad* hwn ar hyd y cyfnod diweddar, fod y treiglad yn hanfod yn y cyflwr cyfarchol, heb gyfrif cysylltiadau na lleoliad. A dylid bod wedi pwysleisio'r cymhelliad arall tuag at fagu tuedd i dreiglo'n gyson, sef y mynych dreiglo a geid ar ôl ebychiadau a phan gyfosodid yr enw wrth y rhagenw personol.

(iii) Ar y cyswllt rhwng yr enw cyfarchol a'r gair sy'n ei flaenori y mae'r pwyslais uchod—ebychair, rhagenw personol, berf bersonol, etc. ; ac os oes perthynas rhwng y geiriau a'i gilydd, er nad yw ond perthynas cyfosodiad, nid iawn dywedyd fod yr enw yn ' annibynnol.' Ond fe all yr enw fod yn annibynnol ar ganol neu ar ddiwedd y gosodiad os bydd saib cyn dyfod at yr enw. Tuedd y saib a'r lleoli annibynnol fyddai cadw'r enw cyfarchol heb dreiglo, h.y. i rwystro pob achos i'w dreiglo. Y mae'n ddigon tebyg mai ' syniad ' yw hyn eto ynghylch effaith y saib, ond gwelwyd eisoes sut yr ymyrrodd ag effeithiau'r cyfosod a ddylai beri treiglad ; gw. yr esiamplau yn §155(i) o gadw'r gysefin ar ôl y rhagenw personol *ti, chwi*, etc. ; y mae'r rhain i'w priodoli i'r ymdeimlad fod saib yn torri'r cyswllt rhwng y rhagenw a'r enw. Cafwyd peth tebyg ar ôl ebychair fel *O* yn §156(i).

(iv) Y mae'r tueddiadau hyn yn estyn cyfle arall i feirdd y cywydd i allu dewis yr un a fynnent o ddwy gystrawen, treiglo neu gadw'r gysefin. Ni ryfeddwn fod ganddynt esiamplau o dreiglo'r enw cyfarch. yn y safle flaen ; e.e. **Oreugwas** *duthiwr eigiawn*, DGG XXIX.11. Manteisio yr ydys yma ar y syniad fod treiglad i'r enw yn rhinwedd y cyflwr, neu drosglwyddo i flaen y llinell y rheol ynghylch treiglo mewn safle atodol.

Heblaw hyn fe allai'r beirdd fanteisio ar y saib a barai'r orffwysfa, a chadw'r gysefin yn union ar ôl yr orffwysfa er bod treiglad i'w ddisgwyl pe na bai gorffwysfa. A chaniatáu y dylai fod treiglad i'r *ail* enw a gyfosodir wrth enw cyfarchol, fel sydd yn (i) uchod, sylwer sut y cedwir y gysefin yn y canlynol, er bod esiampl o dreiglo yn y drydedd linell yn cadw at y rheol :

Tydi'r Haf, **tad** *y rhyfig,*
Tadwys *coed brwysg caead brig,*
Teg *wdwart* **feistr** *tew goedallt,*
Tŵr pawb wyd, tŵr pob allt, DGG XLII.1-4.

Dyma enghraifft arall o gadw'r gysefin ar ddechrau'r ail linell :

Tydy ehediad tewdwrf,
Taer *gyffylog lidiog lwrf,* ib XXXVII.1-2.

Cyfeiria golygydd TA (t lxxxv-vi) at esiamplau yn y testun o beidio â meddalu'r enw cyfarchol, er bod enghreifftiau, wrth reswm, a ddengys dreiglad. Os iawn disgwyl treiglad i'r enw cyfarchol mewn safle heb fod yn annibynnol ar y blaen, byddai saib yr orffwysfa yn ddigon o reswm neu o esgus dros gadw'r gysefin, os hynny a ddewisid er mwyn y gynghanedd ; a hynny sydd yn yr enghreifftiau : *Mawr yw'ch corff,* **marchog** *hirffyrf* ; *Dy staenio,* **dewis** *deunydd.*

(v) Peth anodd, ac nid doeth, efallai, yw sefydlu rheol ar gyfer ein Cymraeg ni heddiw. Pa arfer bynnag a ddewisa dyn, y mae modd ei ' chyfiawnhau,' os yw dyfynnu esiamplau tebyg o hen destunau yn ddigon i gyfiawnhau. Priod-ddull llenyddol ar y cyfan yw defnyddio'r cyflwr cyfarchol yn annibynnol yn y safle flaen ac o'r herwydd ni ellir dibynnu ar sain y glust. Y mae tuedd hefyd i gadw enwau priod heb eu treiglo ym mhob safle a chystrawen.

Ond y *dyb* gyffredin hyd yn ddiweddar oedd y dylid treiglo'r enw hyd yn oed yn y safle flaen, oblegid credu fod y treiglad yn hanfod yn y cyflwr. Y mae'r esiamplau hyn o ' gyfarch ' ar ddechrau llythyrau Goronwy Owen yn gystal enghreifftiau â dim o'r dyb fod eisiau treiglo : **Garedig** *Syr a'm Hanwyl Gydwladwr,* LGO 30 ; **Garedig** *Syr,* ib 42.* Y mae'r cyfarchiad ar ddechrau anerchiad yn enghraifft arall, "Foneddigion" ; a hawdd fyddai dyfynnu nifer helaeth o enghreifftiau o farddoniaeth ddiweddar megis **"Wennol** fwyn, ti ddaethost eto" ar ddechrau cerdd G. Hiraethog.†

Ar ddechrau penillion emynau, wrth reswm, y digwydd yr enw cyfarchol yn anad unman. Os edrychir drwy fynegai'r *Caniedydd* neu'r *Llawlyfr Moliant,* fe welir mai treiglo sydd fwyaf cyffredin er bod esiamplau o'r gysefin yno hefyd, e.e. *Bechadur* ! *gwêl E'n sefyll* ; *Ddiddanydd anfonedig*

*Nid di-bwynt fydd dyfynnu yma rai o'r ' cyfarchion ' eraill : *Y celfyddgar Frittwn a'm hanwyl Gyfaill gynt,* 3 ; *Y Caredig Gydwladwr,* 28, 48, 92, 177 ; *Yr Anwyl Gydwladwr,* 32, 52, 79, 125 ; *Fy anwyl Gydwladwr,* 36 ; *Yr Anwyl Garedig Gydwladwr,*50 ; *Yr Anwyl Wilym,* 114, 115 ; *Y. Diwyd Gelfyddgar Gydwladwr,* 112 ; *Y Caredicaf Gyfaillt,* 153 ; *Y Cregynydd Addfwyn,* 154 ; *Yr Anwyl Dad,* 160, 171 ; *Y Tad,* 176.

†Digwyddodd imi godi'r enghraifft a ganlyn fel esiampl o'r ' syniad ' ac o'r treiglad pan oedd llythyr y Parch. D. Tecwyn Evans, y sonnir amdano isod, heb fynd o'm cof. Fel hyn y dechreua cyfieithiad Elphin (cyhoeddwyd yn *Western Mail,* 23 o Awst, 1938) o gân Herrick :

Felynaur *flodau, wylo wnawn*
O'ch cynnar golli chwi.

nef ; *Dlodion daear ato dewch* ; *Dduw mawr pa beth a welaf draw* ; cyferb. *Duw mawr y rhyfeddodau maith.*

Mewn llythyr a gyhoeddwyd yn *Y Brython* ar y 27 o Ionawr, 1938, i ateb holiad gohebydd a ofynasai pam y rhoed "Preswylydd mawr y berth" yn Llyfr Emynau'r Methodistiaid, dywedodd y Parch. D. Tecwyn Evans mai rheol y pwyllgor, o dan gyfarwyddyd Syr John Morris-Jones, oedd rhoi'r gytsain gysefin ar ddechrau pennill, a threiglo "pe digwyddai ar ddechrau llinell ar ôl y llinell gyntaf." (Fe ddylid bod wedi ychwanegu 'a chaniatáu fod yr ail enghraifft—yr un sy'n treiglo—yn barhad **drwy gyfosodiad** o'r ymadrodd lle digwydd y gyntaf,' oblegid gall ail enghraifft o gyfarch ddigwydd ar ddechrau llinell ar ôl y llinell gyntaf ac eto fod ar ddechrau brawddeg [er nad yw ar ddechrau pennill] ac oblegid hynny dylai gadw'r gysefin yn ôl rheol y pwyllgor. Mewn gwirionedd, y mae "Preswylydd, etc." ar ganol y pennill, ond ar ddechrau llinell, ac y mae cystal â bod ar ddechrau brawddeg). Dyfynnir dwy linell o emyn Miall Edwards sy'n unol â hyn :

> **Creawdwr** *cyrrau'r ddaear,*
> **Dad** *holl genhedloedd byd* ;

a dwy linell o gyfieithiad T. Gwynn Jones :

> **Ti,** *ddŵr rhedegog pur ei ryw,* . . .
> **Di,** *dân meistrolgar sydd ynghyd.*

Diau mai sail y rheol hon ym meddwl Morris-Jones oedd esiamplau tebyg i'r rhai a ddyfynnwyd yn (i) uchod o RBS, megis : **Duw** *Hollalluoc,* **rasusol** *Dad dynion,* 132. A chymryd y cyntaf o'r ddau ddyfyniad, fe welir fod cynsail, a diau fod modd profi drwy ieitheg fod angen treiglo enw a gyfosodir wrth enw arall yn y cyflwr cyfarchol ; ond da efallai mewn barddoniaeth fyddai rhoi ystyriaeth i effaith yr orffwysfa ar ddiwedd llinell. Eithr nid yw'r ail ddyfyniad yn gwir gyfateb i'r cyntaf. Nid cyfosodiad wrth yr enw cyntaf yw'r ail ; y mae dau ' gyfarchiad ' gwahanol yma a gellid dadlau fod y ddau yn y safle flaen, ac os iawn cadw'r gysefin wrth annerch y cyntaf, dylid ei chadw hefyd wrth annerch yr ail. Ymddengys imi fod y pwyllgor wedi camddeall ei reol ei hun. Heblaw hyn, nid wyf yn meddwl fod angen i'r rhagenw *ti* gael ei drin yr un fath ag enw cyffredin. *

*Os edrychir yr emyn yn ofalus fe welir fod cyfarchiad i wahanol bethau ac ni welaf i fod rheswm o gwbl dros roi ffurf ' dreigledig ' i'r rhagenw wrth gyfarch yr ail beth yn yr un pennill. Ac yn y pedwerydd pennill ceir ffurf dreigledig yn y llinell gyntaf : **Fwyn** *ddaear-fam o ddydd i ddydd,* etc. [Rhif 42]. Tarawodd fy llygad ar yr esiamplau hyn hefyd o dreiglo ar ddechrau pennill : *Waredwr hollalluog* [Rhif 180] ; *Rai anghenus, dewch a chroeso,* [304] ; *Loywaf o'r sêr,* [769]. Noder mai : *Dduw mawr, pa beth a welaf draw* ? sydd ar ddechrau 695. Ac yn llinellau Dafydd Jones, *Frodyr, dewch, llawenhewch,* etc. [198], y mae'r enw cyfarchol yn dilyn colon ac i bob pwrpas ar ddechrau brawddeg newydd. Y gwir yw, wrth gwrs, mai'r cyfarchiad naturiol yw ' Dewch, frodyr,' ac wrth newid y drefn y mae'r treiglad yn aros.

PENNOD XIX

SANGIADAU CYSTRAWEN

§160 SANGIADAU NATURIOL AC ANNATURIOL

(i) Cystal dywedyd ar y dechrau nad oes yma fwriad i drin y peth technegol hwnnw yng ngwneuthuriad y cywydd a elwir yn 'sangiad.' Ni ellid iawn drafod y pwnc heb fanylu'n ddi-ben-draw, a chan fod effaith yr orffwysfa, ar ganol y llinell ac ar ddechrau'r ail linell, yn ymyrryd cymaint â rheolau normal cystrawen a threiglo, tywyllu cyngor yn hytrach na'i oleuo fyddai gorfanylu yma ar fater sydd mor dechnegol. A dylid sylweddoli fod ad-reol yr orffwysfa yn ymyrryd nid yn unig â'r sangiad technegol neu gelfyddydol, ond hefyd â'r math o sangiad a elwir yn 'naturiol' yma. Er enghraifft, disgwyliem dreiglad yn ail linell y cwpled yma:

Dir yw i bob aderyn
Dysgu *anrhydeddu dyn*, IGE[2] 147.25-6.

Dengys y 'cymeriad' fod y darlleniad yn iawn. Felly, wrth geisio esbonio peth fel hyn, nid o dan bennawd 'Sangiad' y dylai ddod, ond fel enghraifft o 'effaith ad-reol yr orffwysfa'; cymh. enghraifft ar ôl yr orffwysfa ar ganol y llinell: *Dyn, rhyw iddo* **dwyn** *rhuddaur*, TA 37.9.

(ii) Wrth ymgyfyngu i'r sangiadau *naturiol* a ddigwydd yn ein siarad ac mewn rhyddiaith ac mewn barddoniaeth, (ac anwybyddu'r rhai celfyddydol, annaturiol), dylid deall yn gyntaf beth a olygir wrth y term 'sangiad naturiol.' Y mae brawddeg fel 'y mae gennyf geffyl' yn un ddigon naturiol, gan fod brawddeg o'r fath yn gyffredin ac yn arferedig; ond trefn y frawddeg *normal* fyddai 'y mae ceffyl gennyf'; sef goddrych yn union ar ôl y ferf. Gwell enghraifft yw 'Rhaid imi fynd,' oblegid nid oes ond un lleoliad yn bosibl i *imi*; ac eto y mae'n torri ar rediad 'dibeniad + goddrych,' y drefn normal neu'r cyfuniad normal i'r Frawddeg Enwol. Ond bwrier fod dyn yn ysgrifennu drwy ryw fympwy, 'Y mae—Duw a'i gŵyr—geffyl gennyf,' y mae geiriau'r brif frawddeg yn berffaith normal, ond y mae'r sangiad yn beth annaturiol ac anghyffredin. Y mae'r enghraifft hon yn eithafol ac yn ddiffygiol efallai o safbwynt arddull; ond pe dywedid 'Y mae *heddiw* geffyl gennyf,' ni fyddai'n eithafol, nac, o angenrheidrwydd, yn wael o safbwynt arddull; ac eto sangiad *annaturiol* fyddai, gan nad hynny yw lle naturiol geiriau o deip 'heddiw.'

Dyna'r ddau brif ddosbarth o sangiadau, y rhai naturiol sy'n sengi ar drefn y frawddeg neu'r gystrawen normal; a'r rhai annaturiol sy'n torri rhediad arddull normal. 'Rhaid mynd' yw cystrawen gynhenid y Frawddeg Enwol; y mae dywedyd 'Rhaid imi fynd' yn torri'r gyfochredd neu'r cyd-leoliad cysefin, ond y mae hynny'n anocheladwy ac yn naturiol. Eithr os dywedir ' Rhaid, ar bob cyfrif +,' neu ' er mwyn dal y trên +,' neu ' heno +,' yr ydys wedi dewis lleoli'r sangiad yma heb fod rhaid o gwbl, ac fe allai geiriau'r sangiad fod mewn safle arall yn iawn, a hynny sy'n ' annaturiol.'

Fe ellir cyfiawnhau arfer sangiadau annaturiol mewn barddoniaeth ac mewn rhyddiaith sy'n ymgyrraedd at effaith a saernïaeth farddonol ac fe all eu harfer a'u lleoli'n gywrain fod yn gamp. Ond diffyg deheurwydd gan amlaf yw'r rheswm amdanynt, ac odid na theimla rhai mai swyddogaeth y treiglad ar ôl y sangiad yw unioni'r cam a wneir â rhediad y gystrawen normal. Ac mewn ymdriniaeth fel hon, yr anhawster mawr ynglŷn â sangiadau annaturiol yw na ellid eu dosbarthu ond trwy roi rhestr faith o bob enghraifft a godwyd ; a chan mai chwiw a mympwy ac anneheurwydd sy'n cyfrif amdanynt yn amlach na pheidio, enghreifftiau o hynny fyddent, nid o gystrawen, neu fel pe byddid yn rhoi eithriadau heb allu rhoi'r rheol yn gyntaf.

(iii) Ond fe geisir sôn am y prif gysylltiadau lle y mae arfer sangiad yn gyffredin, a pha fathau o air neu ymadrodd sy'n dueddol o ymwthio i ganol rhediad brawddeg gan dorri'r gyfochredd neu'r cyd-leoliad a ddylai fod rhwng dau air yn eu trefniant cynhenid. A dylid deall fod eisiau cyfochredd yn y drefn gynhenid cyn bod sangiad yn bosibl. Nid oes gwir sangiad mewn cysylltiadau fel ' Y mae'n angenrheidiol galw cyfarfod.' Gwir fod ' yn a.' yn dod rhwng y ferf ' y mae ' a'r gwir oddrych, ' galw,' ond fel yr olrheiniwyd uchod, ffurf sydd yma ar y frawddeg ' enwol,' *dibeniad* + *goddrych*, sef ' angenrheidiol galw,' a phery hynny'n gyfan heb ei sengi ; gw. uchod §101(xiii) a §128(ii).

Fe all y dibeniad fod yn hwy nag arfer nes bod y ferf ar y dechrau a'r goddrych ar y diwedd wedi eu gwahanu ymhell bell a chyfyd tuedd i dreiglo'r goddrych oherwydd yr *argraff* fod sangiad o'i flaen, e.e. *etto mae'n galettach, ag yn f(w)y clod,* **d(d)ychmygu,** D Byrr (ff) ; a gw. uchod §128(ii-iii) am enghreifftiau tebyg.

(iv) Sangiad tybiedig o fath arall sy'n cyfrif am y duedd i roi treiglad i eiriau ar ôl *yna* neu *wedyn* er nad oes unrhyw gyd-leoliad normal wedi ei dorri. Fe wneir hyn am fod geiriau fel *yna* ac *wedyn* yn cael eu harfer yn sangiadol yn fynych iawn nes bod treiglo ar eu hôl yn ymddangos yn gywir. Y mae'r cyd-leoliad wedi ei sengi yn ' Daeth wedyn filwr . . .' ; ond mewn cysylltiadau fel y canlynol : ' Daeth milwr heibio gyntaf ac *wedyn gwraig* ar ei ôl . . .', nid gwir sangiad sydd yma ond berf ddealledig, h.y. nid ' daeth (ac wedyn) + gwraig,' ond ' ac wedyn (daeth) + gwraig ' ; cymh. : *ac felly y daeth peintio,* **ac ar ôl hynny delwau o goed,** Hom 2.52 ; a dyma enghraifft o'r berfenw yn ddealledig : *ddarfod i Grist . . . ddoedyd offerenneu . . .,* **weithie deg,** *weithie ugain, mewn un diwrnod,* DFf 51 (= ' weithie, darfod iddo *ddoedyd deg* . . .') ; gw. hefyd yr esiamplau yn

§87 o'r ferf ddealledig, a'r goddrych yn cadw'r gysefin a'r gwrthrych yn treiglo, e.e. *Wrth ddyfodiad y drygionus y daw diystyrwch,* **a chyd a gogan, gwaradwydd,** Dih. XVIII.3 (= ' y daw gwradwydd ') ; *Rhodd yn y dirgel a dyrr ddigofaint, a gwobr yn y fynwes,* **lid cryf,** ib XXI.14 (= ' a dyr lid '). Cymh. hefyd : *nid yr Iddewon yn unic,* **ond hefyd llawer** *o genhedloedd eraill a gyffroesant,* 2 Macc. IV.35. Nid oes yma wir sangiad gan nad oes cyd-leoliad normal wedi ei dorri, eithr sylwer ar y canlynol : *Mae yn awr yn tyfu ynddi agos i bob llysieuyn . . .* **Ag hefyd goedydd** *a manwydd . . .*, ML I.132 ; nid yr ' ag hefyd ' sydd yn peri sangiad yma ; y gystrawen sy'n gorwedd o dan y geiriau hyn yw ' Mae yn awr yn tyfu ynddi goedydd,' sef trefniant sangiadol ar ' Mae coedydd yn tyfu ' . . .

(v) Nid oes amheuaeth nad yw'r syniad am sangiad fel rheol ymwybodol wedi bod yn ormes yn ystod y blynyddoedd diwethaf ac nid arferir geiriau fel *chwaethach* neu *hyd yn oed* heb roi treiglad i'r gair sy'n dilyn am fod y dyb ynghylch effaith sangiad yn drech na'r ymdeimlad greddfol am yr hyn sy'n iawn ac yn naturiol ; e.e. *ni chlywais iddo erioed lunio englyn,* **chwaethach gywydd** *neu awdl,* Wil Ifan, Western Mail, 6 o Fai, 1939, t 11. Y mae'n amhosibl credu fod cystrawen *chwaethach* wedi newid yn sydyn yn y cyfnod diweddar, ac mewn gwirionedd y gysefin sydd ar ei ôl ar lafar gwlad o hyd mewn cysylltiadau fel ' heb geiniog chwaethach punt.' Nid yw tarddiad *chwaethach* a'r modd y datblygodd ei swyddogaeth yn gwbl glir (gw. nodiad PKM 116 am awgrym ynghylch ei darddiad) ond y pwynt yw nad yw *chwaethach* o angenrheidrwydd yn torri cydleoliad ; ac os ffurf gymharol ar ansoddair ydyw, cysefin yr enw a ddisgwylir ar ei ôl. Y rheswm am roi cymaint o sylw i'r gair yw ei fod yn cynrychioli'r duedd ddiweddar i droi pob cystrawen yn sangiad os teimlir ei bod wedi ei ' hychwanegu ' at y gosodiad normal a digwydd rywle ar ei ganol.

Dyma rai dyfyniadau i ddangos *chwaethach* heb dreiglad yn dilyn : *ni allasom ymhellach geisio cyngor gan gnawd a gwaed,* **chwaethach gwneuthur** *y peth oedd ddyledus,* DFf 182 ; *prin y ceir . . .* **chwaethach crybwyll** *am neb arall,* ML I.138 ; *nid oes yma gymaint ac oen,* **chwaethach dafad,** ib 2.227 ; cymh. hefyd : **anoethach lle** *a uei uwy,* WM 182.

(vi) Ans. cymharol hefyd yw *yn hytrach* a chytsain gysefin yr enw a ddylai ddilyn yn rhinwedd hyn, e.e. *y dichon ef yn ddiogel edrych am rhad trugaredd, a bywyd tragwyddol oddiar ddwylaw Duw, ond* **yn hytrach llid** *a chosp,* Hom 2.41. Ond erbyn heddiw adferf symudol yw *yn hytrach* ; felly os symudir ef o safle fel hyn ' dylid cofio, yn hytrach, fod . . .' a chael ' dylid, yn hytrach, gofio . . .', y mae'n iawn ystyried mai sangiad ydyw, yn torri'r gyfochredd rhwng ' dylid + cofio.'

(vii) Adferf symudol hefyd yw *hyd yn oed* ac os arferir yr ymadrodd mewn brawddeg fel ' Lladdwyd plant,' fe dyr y gyfochredd a cheir

'Lladdwyd hyd yn oed blant'; ac arwydd ei fod yn 'symudol' yw fod modd dywedyd 'Lladdwyd plant hyd yn oed.'

Y mae'r modd y datblygodd yr ymadrodd heb ei olrhain yn foddhaol. Dyry WG 421 yr ystyron (*a*) 'up to but not including, i.e. all except'; (*b*) 'up to and including.' Ceir enghraifft hefyd yn YCM[2] II.54 sy'n golygu 'oddieithr.' Sut bynnag y mae'n bur debyg mai enw yw *oed*, ac os 'up to the point (of)' yw'r ystyr yn wreiddiol, enw yn y cyflwr genidol sy'n dilyn, heb dreiglad; ac y mae enghreifftiau'r testunau safonol yn unol â hyn: *yn chwilio allan bob perffeithrwydd*: **hyd yn oed meini** *tywyllwch,* Job XXVIII.3; *Efe a ŵyr bob peth,* **hyd yn oed meddyliau** *dirgelaf,* HDdD 25; *y mae* **hyd yn oed Llawenydd** *Teyrnas Nefoedd yn tarddu* . . ., ib 119; *wrth groesi* **hyd yn oed diben** *ei greadigaeth,* ib 194; cymh. hefyd: **Hyd yn oed byssedd** *Besi,* CRhC 69; *a chalonau* **hyd y nod brenhinoedd** *yn ei law,* J.T., Rhad Ras, 15; *bod* **hyd y nod croen** *ei wyneb yn dyscleirio,* ib 22; *dichon* **hyd yn oed meddwyn,** Gomer, Gweithiau 38; cymh. enghreifftiau diweddar: *mae hyn mor hardd yng ngolwg* **hyd yn oed paganiaid,** OME, OB i G 127; *Nid wyf yn credu y buasai* **hyd yn oed testun** *fel Gwen o'r Ddôl* . . ., Ifor Williams, Rhag. IGE[1] CXII; *ni fedrai* **hyd yn oed cyffredinedd** *ei enw,* D.J.W., Hen Wynebau 35; (cyferb. *câi* **hyd yn oed greadur** *mor dwp â mochyn gryn ddifyrrwch,* ib 45).

(viii) Rhaid sylweddoli, wrth ddarllen testunau cynnar a chael esiamplau o'r gysefin ar ôl sangiad lle disgwyliem dreiglad, nad un gystrawen bendant yw sangiad, fel rhagenw blaen neu gystrawen enidol; ond mai enw ydyw a roir ar amrywiaeth mawr o bosibiliadau mewn cystrawen; mewn gwirionedd, diffiniad negyddol sydd i sangiad, sef peidio â chael y gyfochredd a ddisgwylir yn y gystrawen normal, ac o'r herwydd y mae'r posibiliadau'n ddi-ben-draw. Ni ellir disgwyl rheoleidd-dra o ran y treiglad mewn cystrawen sydd mor ben-agored, ac nid rhaid rhyfeddu os ceir anwadalwch; e.e. **y mae hefyd craphder** *arall,* B IX.123; **Daeth hefyd gair** *yr A. attaf,* Esec. XVII.1. **Daeth drachefn air** *yr A. attaf,* ib 45; **i ddwyn ar gof brynedigaeth** *y byd,* YmDd 210; *i* **ddwyn ar gof marwolaeth,** ib 213; **wedi yr awron colli** *ei waed oll,* 2 Macc. xiv. 46; gw. enghr. eraill yn §161(ii)D.

Wrth ddarllen testunau Cym. Can. y mae'n anodd iawn gwybod a yw'r llâwysgrif yn iawn gynrychioli'r darlleniad. Y sangiad mwyaf cyffredin yn yr iaith lafar yw 'Y mae'na ddyn . . .', etc.; eithr cymh. **mae ymma Matholwch** *brenhin Iwerddon,* WM 39.

§161 Patrymau o Sangiadau

(i) Yr ydys am geisio rhoi rhestr yma o'r cystrawennau sydd yn ôl eu cyfansoddiad normal neu gynhenid yn gofyn am gael dau air yn gyfochrog ac sydd yn dueddol o gael eu gwahanu gan sangiad:

(*a*) Berf + goddrych : *y mae dyn—y mae yma ddyn* ; *y mae gennyf fab* ; *daeth arnaf flys*, etc. ; cymh. *y doeth* **i ffreingk** *genedlaethav dieithr*, B IV.192 ; *digwyddodd* **hefyd rai** *rhyfeddodau*, HFf 113 ; gw. isod (ii) Ch.

(*b*) Berf weithredol + gwrthrych : *Gwelais ddyn—Gwelais yno ddyn.* Y mae'n bosibl dal fod y gwrthrych yn treiglo am mai gwrthrych berf weithredol yw, ond credaf mai'r peth mwyaf rhesymegol yw dal mai'r sangiad sy'n achosi'r treiglad, oblegid pe bai'r ferf yn amhersonol, heb dreiglad i'r gwrthrych ar ei hôl, fe dreiglai ar ôl y sangiad, h.y. ' Gwelwyd dyn—Gwelwyd yno ddyn.' Felly os y sangiad yw'r achos yn esiampl y ferf amhersonol, y sangiad hefyd yw'r achos yn esiampl y ferf weithredol, er y byddai treiglad pe na bai sangiad. Y gystrawen sy'n esiampl nodedig o hyn yw *dyma, llyma*, etc., gw. isod §163(i).

Dyma ychydig enghreifftiau o sangiad yn y cysylltiadau hyn : *mi a rodaf i'th law* **got** *fechan*, WM 21 ; *dyro i bôb Gwyryfon* **ddiweirdeb . . .** ; *i'r sawl oll a gyssegrwyd i ti ac i grefydd*, **ledneisrwydd . . .** ; *i weddwon . . .* **Gadwraeth**, RBS 292 ; a *ddilynodd yn gyntaf* **orch'mynion** *Duw*, ib 144.

(*c*) Berf amhersonol + gwrthrych : *gwelwyd yno blant* ; cymh. *Ni faddeuir byth* **gabledd,** Math. XII. Cynhwysiad : *fal y gel(l)id* (*w*)*rth ol i droed* **gael** *peth*, DByrr 11.

(*ch*) Dibeniad + goddrych : *rhaid cofio—rhaid inni gofio* ; *da clywed—da gennym glywed* ; cymh. *Rhaid i'r gwŷr* **roi** *i'w gwragedd gariad* . . ., RBS 148 ; *Mae'n haws* (*w*)*rth y glust* **farnu** . . ., D Byrr 74 ; *rhaid i'r seiniau . . . nid yn unig* **allu** *sefyl*(*l*) . . . ib 243 ; [cyferb. *mae'n rhaid,* (*w*)*rth a d*(*d*)*oedassoch,* **cael** *adrybed* . . ., ib 14 ; *Rhaid yn gyntaf* **g(w)ybod** . . ., ib 75 ; *a fuasai raid yn gyntaf* **d(d)oedyd,** ib 16].

Yn y teip lle yr arferir y cyplad yn y safle ganol fe fyddai treiglad y goddrych yn dibynnu ar natur y cyplad ; ni cheid treiglad ar ôl *yw* ; felly rhaid priodoli'r treiglad yn y canlynol i'r sangiad : *ein dled yw, yn gyntaf* **gydnabod** *a chofio*, PA 24. Lle ceir *oedd* fe ellid priodoli'r treiglad i'r cyplad ei hun [gw. enghreifftiau §110(iv)] ond yn rhesymegol, i'r sangiad y byddai'n iawn ei briodoli yn y teip canlynol : *Nid rhydd oedd ychwaith* **gadw'r** *Sabboth*, 2 Macc. XXVI.6.

(*d*) Berfenw + ' gwrthrych genidol ' : *credu dysgeidiaeth—credu â'u holl galon* **ddysgeidiaeth.** Cysylltiadau sy'n rhoi bod i'r math yma o sangiad yn gyffredin iawn yw o-gystrawen y berfenw lle rhoir y gweithredydd o flaen y goddefydd, h.y. yn lle . . . *torri coed ohonynt*— . . . *torri ohonynt* **goed.** Fe geir teip arall sy'n gyffredin, a gynrychiolir gan y canlynol : *gan* **adael heibio orchymyn** *Duw*, Marc VIII.8. Ceir enghreifftiau pellach yn (ii) isod lle yr ymdrinir ar wahân â'r math yma o air neu ymadrodd sangiadol. Cymh. : *Rhaid i'r gwŷr* **roi i'w gwragedd**

gariad, *maentumiad, dyledswydd,* RBS 148; *anrhesymmol yw* **bwrw beiau** *rhai eraill arnom-ni, neu* **fwrw arnynt hwytheu feiau** *eu henafiaid,* DFf 80; *i ddwyd yn* **clywed ynot, obaith,** PA 17; **i wneuthur i bawb ddaioni . . . gwneuthur daioni i bawb,** Hom 1.40; *yn darllen* **dalu** *o honynt hwy ill dau* **deyrnged,** ib 1.50; *gan* **ddyscu** *yn lle dysceidiaeth,* **orchymynion** *dynion,* Marc VII.7; *yn* **gallu** *chwaith* **wneuthyr,** B Dor 12.

(*dd*) Berfenw cyflawn + 'goddrych genidol': e.e. *y mae digon o arian ganddo—am fod digon—am fod ganddo ddigon . . .* Cymh. *rhaid g(w)ybod,* **fod** *ymhob braich . . .* **dair** *darn,* D Byrr 211; **fod** *mewn cyfoeth* **beryglon** *dirfawr,* RBS 121.

Enghreifftiau o'r patrwm hwn yw'r canlynol: *a* **dyuot** *yny uryt ac yny uedwl* **uynet** *y hela,* WM 1; gw. §162 isod lle ceir cystrawennau tebyg neu amrywiadol.

(*e*) Rhoir patrymau amrywiol yma, nid am eu bod yn gyffredin, ond am eu bod yn bosibl. Yn gyntaf, torri'r gyfochredd rhwng yr arddodiad neu'r arddodiad cysylltiol a'r berfenw yn y teip a ganlyn *rhag + mynd, er + mynd, nes + mynd, oblegid + mynd.* Y mae *rhag iddo fynd,* etc. yn sangiad cyffredin iawn, wrth gwrs, ond y mae'n bosibl llunio sangiadau eraill, e.e. *rhag, o ganlyniad, wneuthur . . .; rhag ofn, yn wyneb hynny, beri . . .; er mwyn felly weld . . .,* etc. [Diau y rhoid treiglad yn y canlynol heddiw: *ar hydr fel(l)y* **cael** *di(w)rnod,* D Byrr 85].

Nid yw'n naturiol gwahanu dau enw'r gystrawen enidol normal ac nid hawdd 'dyfeisio' enghraifft o sangiad yn y gystrawen; ond a chaniatáu fod *hyd yn oed* yn adferf symudol sy'n gweithredu fel sangiad, fe fyddai'r enghraifft a ddyfynnwyd o OME uchod yn enghraifft o wahanu dau enw'r gystrawen enidol: *mae hyn mor hardd yng* **ngolwg** *hyd yn oed* **paganiaid,** OB i G 127; ac os cywir cyfrif hyn fel sangiad—a hynny, yn ddiau, fyddai'r duedd gyfoes—dylai *paganiaid* dreiglo. Ond ar y llaw arall, os 'adferf' yw *hyd yn oed* a ychwanegir at y gosodiad gwreiddiol, y trefniant mwyaf priodol fyddai 'mor hardd hyd yn oed yng ngolwg paganiaid.'

(*f*) Ni all y rhestr uchod fod yn derfynol gyflawn byth am fod chwiw a mympwy ac arddull a gofynion barddoniaeth yn amlhau 'posibiliadau' y sangiad yn ddi-ben-draw. Ond y mae'n werth sylwi ar un peth arall a gynrychiolir gan y canlynol: *heb bris na ch(w)aith d(d)im gennyf me(w)n scrifen,* D Byrr (*a*): *ni fedreis i (w)eled na ch(w)aith glo(w)ed,* ib (*b*). Y cwbl sydd eisiau ei ddywedyd yma yw hyn: heb y gair sangiadol, fe geid y gysefin ar ôl *na* yn yr enghraifft gyntaf; a thr. llaes ar ôl *na* yn yr ail.

(ii) Ystyriwn yn awr ansawdd y mathau o sangiad a geir yn fwyaf cyffredin, a'r troadau cystrawennol sy'n achlysur i sangiad.

A. Arddodiad personol neu ardd. + enw, e.e. *Rhaid* **inni** *fynd* ; *y mae* **ar bawb** *ddyled iddo* ; *casglwyd* **ganddynt** *ddeg punt*, etc. Ceir digon o esiamplau ymhlith y dyfyniadau sydd yn (i) uchod.

Pe bai raid penderfynu'r cwestiwn sut y dechreuodd yr arfer o dreiglo o gwbl ar ôl sangiad, odid nad yr ateb mwyaf boddhaol fyddai cynnig hyn, mai'r achos yn y lle cyntaf yw fod yr enw yn treiglo am ei fod wedi ei leoli mor aml ar ôl ffurf bersonol yr ardd., h.y. ' rhaid **iddynt gofio,'** a bod y treiglad yn aros pan geir ' rhaid i'r dynion gofio ' ; hynny wedyn yn creu'r ymdeimlad fod gwahanu geiriau sy'n gyfochrog yn eu cystrawen gynhenid (' rhaid + cofio ') yn ddigon o reswm dros dreiglo.

Nid oes sangiad fel y cyfryw yn y teip a ganlyn ond y maent yn enghreifftiau o dreiglo'r enw ar ôl ffurf bersonol yr ardd., a phatrwm sylfaenol yr esiamplau hyn, yn ddiau, yw ' y mae ganddo lai,' ' y mae ganddynt rith . . .' ; cymh. *a* **chanddo lai** *cyfleusdra*, RBS 150 ; *y rhai sy* **ganddynt** *rith duwioldeb*, HFf 261.

B. Cysylltair arddodiadol neu ymadrodd arddodiadol + enw neu ragenw ; math o amrywiad sydd yma ar y sangiad sydd yn A ; e.e. *eyn bod ni'n dryllio ag yn briwo* **a'n dan(n)edd gorph** *Crist*, DFf 59-60.

Troad cystrawennol sydd yn y canlynol, heb fod yn annhebyg i'r pethau a geir yn CH isod : *cyfarfu* **ag ef o blith y beddau** *ddŷn ac yspryd aflan ynddo*, Marc v.2 ; *chwilio* **ag ef** *ddyfnderoedd rwy*, W (1811) 242.

C. Ar un olwg, amrywiad yw'r sangiad nesaf ar y teip sydd yn A neu B, ond ni bydd pob esiampl yn cynnwys ardd. pur neu ymadrodd arddodiadol. Y mae'r ymadroddion *cymryd arno*, *torri ymaith*, *dwyn i mewn*, *codi i fyny*, etc. yn esiamplau o'r peth sydd mewn golwg. Fe all y ddwy elfen sydd yn yr ymadroddion hyn gael eu lleoli yn ' normal ' heb beri sangiad, e.e. ' cymryd baich ar ei gefn ' neu ' arno ei hun ' ; ' torri cangen ymaith ' ; ond am amrywiol resymau tueddir i gadw'r ferf (neu'r berfenw) a'r elfen arddodiadol ynghyd. Ceir ystyr wahaniaethol wrth gadw *cymryd* + *ar* ynghyd ; ac er bod arlliw Saesneg, efallai, ar rai o'r ymadroddion hyn, y mae'n bosibl fod rhyw deimlad mai'r gair *yn gyfan* yw'r ferf + arddodiad ; dyna a deimlir, er enghraifft, yn *dwyn i mewn dangnefedd* ; cymh. *i daflu cythreuleid al(l)an o bobloedh*, DCr[1] 24[b] = *i daflu allan gythravlaid*, ib[2] 20[a]. Fe all hyn beri gwahanu'r ferf a'i goddrych, neu'r berfenw a'i ' wrthrych genidol ' ; cymh. : *Ynna j* **kodes i vynnu ddav** *vroder*, B II.213 ; **yr aeth i fynu rai** *o blant Israel*, 1 Esdr. VIII.5 ; *Pan* **cilio ffwrdd gysgodau'r** *hwyr*, W (1811) 241 ; berfenw + ' gwrthrych ' : *yn* **bwrw allan dom** *a llaid*, HFf 276 ; *i* **ddwyn ar gof brynedigaeth** *y byd*, YmDd 210 [cyferb. *i ddwyn ar gof marwolaeth*, ib 213] ; *am* **dynnu i lawr wag** *ogoniant*, Hom 1.12 ; *yn* **cau allan gyfiawnder,** ib 1.27 ; *yn* **chwilio allan bob** *perffeithrwydd*, Job XXVIII.3 ; *yn* **dwyn i mewn bethau** *nid oedd weddaidd*, 2 Macc. XXVI.4 ; *gan* **adael heibio orchymmyn** *Duw*, Marc VII.8 ; *rhag ini . . .* **gymeryd arnom ddoedyd** *y peth nis gwyddom*, DFf 47.

CH. Cynrychiolir yma amryw ffyrdd o droi cystrawen gwmpasog y ferf nes peri sangiad. Y troad mwyaf cyffredin yw gosod y berfenw yn gyntaf, o flaen yr elfen ferfol, a gohirio ' gwrthrych ' y berfenw a'i roi ar ôl yr elfen ferfol. Cymerwn y canlynol fel enghraifft : *Y maent yn* **chwilio gwaelod** *briwiau'r enaid* ; un troad sy'n bosibl yw : **chwilio gwaelod** *briwiau'r enaid y maent*, gan gadw cyfochredd y berfenw a'i ' wrthrych ' ; ond os bydd y ' gwrthrych ' yn amleiriog—er nad hynny yw'r rheswm bob amser—y duedd yw i roi'r troad fel hyn : **chwilio y maent waelod** *briwiau'r enaid*, GMLl 2.6.

Cymh. : *kanys* **damunaw yd oed welet** Ch . . ., YCM² 16-7 ; *ac* **arganuot a oruc Varsli** *yn ffo*, ib 155 ; *a* **chynnal ydd ym ni gyfraith** *Voesen*, B III.282 ; **kynnull a oruc y sulianus sisar hwnw lu** *mawr*, B IV.192 ; **Dwyn a wneynt vwydeu** *twym*, FfBO 47 ; **gwrthod y maent brofedigaeth** *Crist a'i Groes*, YmDd 13 ; **Ceisio y maent dorri** *trysordy'r Dwysoges*, BC 18.

Fe ellir gohirio goddrych y gystrawen gwmpasog nes bod y rhan ferfenwol yn dyfod rhwng y ferf a'i goddrych : *ac yn y rheini* **'roedd yn nythu ddylluanod,** *Cigfrain, ac Adar y Corph*, BC 65 ; **Mae'n dy arwain / Gwmwl** *niwl a cholofn dân*, W (1811) 242 ; cymh. hefyd : *Sef* **idd oyth yn tyvu** *or pren allan* **gangen** *addwynde*, B II.211.

Math arall o ohiriad yw rhoi'r gwrthrych ar ôl y ' rhangymeriad ' fel hyn : *wynt a* **welynt yn dyuot wyr** *yr Almaen*, YCM² 66.

D. Er mwyn cael diffiniad digon eang i gynnwys sangiadau na ddelent, efallai, o dan y penawdau sydd uchod, gwell crybwyll yma fod modd i unrhyw ddarn o'r traethiad gael lleoliad a barai wahanu dau air sy'n arfer bod yn gyfochrog yn eu cystrawen normal neu gynhenid. Rhannau o'r traethiad, wrth gwrs, yw rhai o'r sangiadau a gafwyd uchod, megis ardd. + enw ; amcan y paragraff hwn yw enwi darnau eraill o'r traethiad, megis yr ansoddair traethiadol a geiriau abladol yn dynodi amser a modd a lle, etc. Cymh. *Ni faddeuir* **byth** *gabledd*, Math. XII, Cynhwysiad ; *gan ddyscu* **yn lle dysceidiaeth,** *orchymynion dynion*, Marc VII.7 ; *wedi bwrw* **ymaeth yn ollawl** *ofalu am grefydd*, DFf 62 ; *ymhob pennill e fyd* (sic) *dau fraich o 'rhynn l(l)eiaf*, (**w**)**eithiau** *fuy* . . ., D Byrr 211 ; *ein dled yw*, **yn gyntaf** *gydnabod a chofio*, PA 24. [Cyferb. enghreifftiau o gadw'r gysefin : *ddiffrwytho* **unwaith cyfraith** *Dduw*, DFf 134 ; *rhaid i'r seiniau . . . nid yn unig allu sefyl(l)* . . . **eithr hefyd** *cad(w)'r un s(w)n*, D Byrr 243 ; dyfynnwyd enghreifftiau eraill uchod yn §160(viii)].

Dyfynnir y canlynol, nid yn unig am fod yr ansoddair traethiadol yn peri sangiad, ond yn bennaf am fod tuedd yn awr i ddefnyddio *â* yn y cysylltiadau hyn : *yn* **ffaelio'n lan glir daro** *wrth fil* . . ., ML I.132 ; *yn* **ffaelio'n glir lân ddyscu'r** *gelfyddyd*, ib I.294.

§162 Cystrawennau Sangiadol Arbennig

(i) Estyniad sydd yma gyntaf o'r patrwm yn §161(i), sef torri cyfochredd y ferf a'i goddrych. Yn y frawddeg : *daeth i'w feddwl godi plas,* y gwir oddrych yw *codi,* oblegid golyga'r gosodiad 'daeth codi plas i'w feddwl.' Fe geir y math yma o gystrawen ac o sangiad pan fydd y berfenw yn cynnwys 'syniad' neu fwriad neu ddymuniad, e.e. **Mae yn fy mryd fyned** *y ffordd honno,* ML I.68 ; ac enghraifft o hyn, ond bod berfenw yn y brif frawddeg yn lle berf, yw'r canlynol : **a dyuot yny uryt ac yny uedwl uynet** *y hela,* WM 1.

(ii) Ceir y gystrawen sangiadol hon pryd y defnyddir berf 'ddiberson' megis *darfod,* h.y. *darfu iddo fynd,* etc. A noder pam y gelwir y berfau hyn yn 'amhersonol' neu 'ddiberson' : y gwir oddrych yw'r berfenw, *mynd* yn yr enghraifft a ddefnyddir yma, ond y mae wedi ymbellhau oddi wrth y ferf nes llwyr golli'r ymdeimlad mai'r berfenw hwn yw goddrych y ferf ; y mae'r ferf felly fel petai heb oddrych ; a chryfheir y syniad hwn gan y ffaith fod yr un sy'n cyflawni'r weithred ar ôl yr arddodiad *i.*

Os try'r ferf *darfu* yn *darfod,* e.e. . . . *clywed ddarfod iddo fynd,* genidol yw *mynd,* a bod yn rhesymegol.

(iii) Ceir berf ddiberson yng nghystrawen yr idiomau *methu gan* a *synnu ar,* ac achosant gystrawen sangiadol fel sydd uchod yn (i) a (ii). Enghreifftiau eraill yw *digwyddodd iddo, gorfod* (neu *gorfu*) *arno* neu *iddo* ; gw. WG 376 ynghylch y rhain ac eraill.

Cymh. **Pan fethodd ġenni' ddyfeisio,** BC 15 (dengys cyfieithiad llythrennol WG 376 mai'r berfenw yw'r goddrych 'gramadegol,' sef, 'when guessing failed with me') ; **metha ġan y buan ddianc,** Amos II.14 ; **pan fetho ġan Satan orchfyġu,** LlHyff 42. Enghraifft o *synnu ar* : **synnodd ar y paġaniaid weled** *y gwyrthyeu hynny,* B IV.198.

Enghreifftiau eraill o gystrawen y ferf ddiberson yw'r canlynol : *a* **drwc yd aeth ar Owein ġyfarch** *gwell idaw,* WM 214 ; **A drwc yd aeth ar yr amherawdyr welet** *y mab yn uut,* SD 74. Gellir cymharu â'r priod-ddull hwn y peth a geir yn awr, 'Y mae'n ddrwg gennyf weld,' etc., er nad yr un ystyr a gyfleir.

Ceir cystrawennau tebyg i'r uchod yn gyffredin iawn yn Saesneg ; gelwir y berfenw sy'n oddrych yn "deferred subject," a phan ddefnyddir y rhagenw "it," e.e. "It is impossible to believe . . .," fe'i gelwir weithiau yn "anticipatory subject."

(iv) Y mae'n bosibl mai fel estyniadau o'r cystrawennau uchod y dylid dehongli'r canlynol : **nyt da dy ġynġhor uynet** *yr gaer honn yma eiryoet,* WM 69 ; *rydwyf agos a gwallcofi* **orfod aros,** ML I.13.

Y mae'n anodd iawn dywedyd beth yw perthynas *myned* a *gorfod* â geiriau eraill y gosodiad, neu beth yw eu cystrawen. Brawddeg enwol wedi ei negyddu yw ' nyt da dy gynghor ' ; ni all ' myned ' yma fod yn oddrych gohiriedig ; ond y mae'n bosibl fod cystrawen ' ddiberson ' arall, tebyg i: *a dyuot yny uryt ay uedwl* **uynet** *y hela*, WM 1 ; sef, ' a chael yn y gynghor uynet yr gaer,' ac mai cymysgu hon a'r frawddeg enwol, *nyt da dy gynghor*, sy'n cyfrif am y gystrawen yn WM 69. Gellir awgrymu fod cystrawen ddiberson o fath arall yn sylfaen i'r dyfyniad o ML I.13, rhywbeth fel ' y mae'n fy ngwallgofi orfod aros ' (cymh. llafar gwlad, ' y mae'n fy hala i'n ynfyd orfod . . .') ; ac yma, y berfenw *gorfod* yw'r goddrych. Ymddengys imi mai estyniad ac amrywiad ar hyn yw'r gystrawen a ddyfynnwyd.

§163 Dyma, Dyna, Dacw, Llyma, Llyna, Nachaf, Wele

(i) Dosberthir y cystrawennau hyn yn yr adran hon yn rhinwedd tarddiad *dyma*, etc. Gan mai'r ymadrodd llawn oedd ' a wely di yma ' (neu *yna*, neu *acw*), ceir cystrawen ar batrwm §161(i)(*b*), sef, berf + sangiad + gwrthrych. Yn hanesyddol, gwrthrych y ferf *a wely* yw'r enw sy'n dilyn *dyma*, *dacw*, etc., ond gellir dadlau mai'r sangiad o'i flaen yw achos treiglo'r gwrthrych. Sylwer ar y dyfyniad canlynol : **may racco wenhwyuar,** WM 402 ; y mae'r enw yma yn oddrych i'r ferf *y mae*, ac ni threiglai'r goddrych a ddelai'n union ar ôl y ffurfiad berfol hwn ; y mae'n amlwg felly mai'r gair sangiadol *racco* yw achos y treiglad.

Olion y ffurf ferfol *a wely* yw'r *Wel* a arferir o hyd o flaen *dyma*, (ar lafar gwlad, ac mewn emynau), a chan nad *wel* ! ebychiadol yw, nid iawn gosod coma rhwng *wel* a *dyma*, fel y gwneir yn y llyfrau emynau. Dyry WG 440 *syll yna*, fel tarddiad i *llyna* ond tarddiad arall sy'n bosibl yw mai fel hyn y tyfodd, sef (*a we*)*ly yna* yn rhoi *lyna*, a hynny'n rhoi *llyna*.

O'r rhan *a wely* cafwyd *wele*, gw. PKM 157. Os defnyddir *wele* i gyfeirio sylw at wrthrych, heb fod bwlch rhwng *wele* a'r enw, ceir treiglad, e.e. **Wele foroedd** *o fendithion*, Ll. Emynau'r Meth., Rhif 306 ; ond y mae modd defnyddio *wele* fel ebychiad, i alw sylw cyn datgan gosodiad, e.e. e.e. **Wele, llaw** *yr Arglwydd sydd* . . ., Ex. IX.3.

Yr unig eithriadau i'r treiglad ar ôl *dyma*, etc. yw enwau fel *lle* a *pryd* ; nid gwir eithriadau mohonynt gan fod y fannod yn ddealledig, e.e. *dyna lle ceir y rhan fwyaf* = *dyna'r lle y* . . . ; *dyna pryd y gwelwyd* . . . = *dyna'r pryd* . . ., gw. §181(i). Os enw amhendant yw *lle*, ceir treiglad yn rheolaidd, e.e. *dyna le gwych* !

(ii) Defnyddir *nachaf* mewn ffordd debyg i *dyna* mewn Cym. Can. ; gw. WG 451, PKM 164 am y ffurfiau amrywiol, *nycha*, *ynychaf*, *enachaf*, etc. Dangosir treiglad i'r enw ar ei ôl gan amlaf : *nachaf gennadeu*, SD 69 ; *nachaf groes goch*, YCM[2] 24 , [cyferb. *n. brwydyr diarwybot udunt*, ib 137] ;

y nychaf gennat yn dyvot, B II.204 , *nycha dhwy wragedh*, B III.278 ; *nachaf lawer o amryuaelyon anifeilyeit yn dyuot*, FfBO 48.

Y mae'r tarddiad yn bur dywyll : awgryma WG 451 mai ffurf y radd eithaf a luniwyd o *yna* yw, ond un gwrthwynebiad i hynny yw na ddisgwylid treiglad ar ôl y radd eithaf. Cyfeiria PKM 164 at yr Wydd. *inn aci* (= "a weli di ?"), gan awgrymu mai ffurf a gafwyd o'r un ferf yw'r gair *nachaf*. Tueddaf i gredu mai benthyciad o'r Wyddeleg yw, ac nid rhaid poeni am yr *f*, oblegid gallai honno fod yn ychwanegiad orgraffyddol.

PENNOD XX

GWRTHSEFYLL TREIGLO

§164 CYFFREDINOL

Ymdrinir yma â'r geiriau hynny sydd am ryw reswm neu ei gilydd yn peidio â threiglo lle disgwylid treiglad a lle byddai treiglad i eiriau eraill yn yr un swydd ac yn debyg o ran arwyddocâd. Y mae rhai geiriau fel *mor* na fyddant byth yn treiglo. Y mae *rhagor* fel enw yn treiglo, ond ceidw'r gysefin pan fydd yn air traethiadol ; gw. §99(iii). Y mae'r rhagenwau gofynnol *pwy* a *pa* yn treiglo ar ôl arddodiaid, *i bwy, dan ba* . . ., ond ni threiglant yn safle gwrthrych heblaw mewn arddull or-gywir, e.e. *gwyddost pwy*, etc. Ceir geiriau eraill sydd yn treiglo weithiau ac esiamplau yn yr un testun o gadw'r gysefin ; gellir dywedyd am y rheini fod tuedd ynddynt i gadw'r gysefin. Nid iawn fyddai tybio mai ' gwallau ' yw'r enghreifftiau o gadw'r gysefin, a meddwl mai gwallau printio neu anghofrwydd sy'n gyfrifol amdanynt. Y mae gormod o'r cyfryw enghreifftiau inni dybio hynny. Heblaw hynny, y mae'r dosbarth pwysicaf o eiriau'n gwrthsefyll treiglo yn eiriau a berthyn i'r un gystrawen a rhaid casglu mai rhywbeth yn hanes y gystrawen hon sy'n gyfrifol am y duedd ; y gystrawen a olygir yma yw ffurf gyfartal yr ansoddair. Wrth sôn am yr amryw enghreifftiau o wrthsefyll treiglo a dyfynnu llawer o esiamplau, nid ydys am argymell fod angen cadw hen reolau ac eithriadau mewn Cym. Diw. ; nid hynny sydd mewn golwg, ond os bydd yr iaith lafar gyfoes yn parhau i arfer yr hen reolau neu'r hen eithriadau, fe fydd yr enghreifftiau a ddyfynnir o hen destunau yn cadarnhau'r iaith lafar, er bod hynny'n groes i'r hyn a dybir yn rheolaidd yn yr iaith lenyddol.

Y mae'n deg dywedyd un peth arall. Wrth godi dyfyniadau o'r testunau a ddarllenwyd, peth digon naturiol fyddai gofalu fod *pob* enghraifft ' eithriadol ' yn cael ei chodi, yn enwedig cyn sylweddoli fod y peth a ystyrid yn eithriadol yn bur gyffredin, os nad yn rheolaidd. A chan nad oedd angen codi llawer o esiamplau o'r hyn a ystyrid yn rheolaidd, y canlyniad yw fod casgliad go helaeth yma o'r ' eithriadol,' a chyfran fach iawn o'r ' rheolaidd.'

§165 MOR, MWY

(i) Y dosbarth pwysicaf yn y bennod hon yw'r geirynnau a'r elfennau geiriol a ddefnyddir i wneuthur ffurfiau a chystrawennau cymhariaeth yr ansoddair. Nid yw *mor* yn treiglo o dan unrhyw amgylchiad, nac ar ôl berf yn safle gwrthrych (*Gwelais* **mor** *deg oeddynt*) nac ar ôl *pa* (*pa mor deg*), nac mewn gosodiad ebychiadol lle byddai'r ffurf gyfartal ei hunan yn treiglo (*Deced oedd* ! ; *Mor hawddgar yw dy bebyll*, etc.).

(ii) Cyfeiriwyd uchod §99(ii) at *mwy* a *mwyach* yn cadw'r gysefin fel geiriau traethiadol neu adferfol ; a soniwyd yn §147(v) am y priod-ddull *gan mwyaf*. Ymddengys imi mai yn y cyfeiriad hwn y dylid chwilio am y rheswm pam nad yw *mwyaf* yn treiglo ar ôl *gan*, sef yn hanes y dosbarth hwn o eiriau sy'n tueddu i wrthsefyll treiglo. Fe all *mwy* fod yn enw, ac er bod esiamplau isod lle gellid dadlau fod *mwy* yn draethiadol ac nid yn enw, y mae digon fel enw, yn wrthrych berf a heb dreiglo, neu'n oddrych neu'n wrthrych ar ôl sangiad a heb dreiglo.

Cymh. *Os dy borth a'th ganhorthwy*
A gaf, ni ddymunaf **mwy**, GGl XLVII.43-4.

Ac ni hwylessynt **mwy** *no dwy villtir o'r mor*, YCM[2] 132 ; *a oes yth gof di* **mwy** *a dywettych*, B VII.373 ; *jr gwnneuthur iddo* **mwy** *o ddigrivwch*, B II.204 ; *a dywedassant y mi vot yn y wlat honno, Mansi,* **mwy** *no dwy vil o brif dinessyd*, FfBO 46 ; *oes gennych* **m(w)y** *oi d(d)oedyd*, D Byrr 193 ; *dangosaist* **mwy** *o garedigrwydd*, Ruth III.10 ; *a'i le ni chenfydd* **mwy** *o hono*, Job XX.9 ; *a arbed* **mwy** *nag a weddai*, Dih. XI.24 ; *yr hon y mae ynddi* **mwy** *na deuddeng mŷrdd*, Jonah IV.11 ; *i bobl a fyddai iddynt* **mwy** *o râs nâ hwynt hwy*, 2 Esdr. 1, Cynnwys ; *na ofyn i mi* **mwy**, 2 Esdr. VI.10 ; *a haeddasont fil filioedd o weithiau*, **mwy** *dialeddus cospedigaeth*, PA 13 ; *ni a wnawn* **mwy** *cyfrif o hatling nag* . . ., Hom 3.22 ; *mi gaf inneu* **mwy** *o amser i wneuthur marwnad gwych iddo*, ML 2.394.

Cyferb. esiamplau amrywiol o dreiglo : *na wna hynny* **vwy** *no chynt*, B II.1 ; *a ddangosaf it* **fwy**, 2 Esdr. v.32 ; *a chwedleuais* **fwy** *â hi*, ib x.19 ; *a ddifethodd* **fwy** *o'r bobl*, 2 Sam. XVIII.8.

Gw. hefyd yr enghreifftiau uchod §58(iii) o *dau mwy*, ac yn §19(iv) sonnir am y duedd i gadw cysefin *mwy*, *mwyaf*, ar ôl enw ben. unigol pan fônt yn rhan o ffurf gwmpasog y radd gymharol neu eithaf.

§166 'Cyn'—Geiryn yr Ansoddair Cyfartal

(i) Y mae digon o esiamplau o'r geiryn *cyn* yn gwrthsefyll treiglad, a cheir yr un duedd yn y ffurfiau cyfansawdd *cynddrwg*, *cymaint*, *cystal*, *cyhyd*, *cyfuwch*. Dengys testunau Cym. Can. dreiglad i'r ffurfiau hyn ar ôl *pa* ; felly, datblygiad diweddarch yw'r duedd hon i gadw'r gysefin ar ôl *pa*, ond y mae esiamplau digamsyniol yn dangos ei bod wedi dechrau cyn diwedd y cyfnod canol. Nid oes amheuaeth nad y gysefin a glywir ar lafar yn *pa cyd*, *pa cystal*, a dyfynnir isod o awduron y Gogledd a'r De fel nad oes siawns i neb ddywedyd mai peth lleol yw'r duedd hon. Y rheswm pam na cheir esiamplau yn yr iaith lenyddol ddiweddar yw fod ysgrifenwyr yn dewis 'cywiro' y diffyg treiglad wrth gyfansoddi heb wybod fod cynsail llenyddol i'r afreoleidd-dra sy'n naturiol yn yr iaith lafar.

Y peth mwyaf eithriadol yw fod enghreifftiau—rhai digamsyniol a dilys, nid camsyniadau—o gadw'r gysefin ar ôl y geiryn *yn*. Fe'u ceir mor gynnar â YCM, FfBO, MCr a DCr. Meddyliais ar y dechrau mai mympwy'r copïwr a gyfrifai am hyn pan welwn enghreifftiau sengl o'r peth, neu mai effaith rhyw ddysgeidiaeth leol oedd, h.y. fod ffurfiau fel *cyn* a *cystal* etc. yn peidio â threiglo a bod disgyblion yn cadw at y ' rheol ' hon hyd yn oed pan arferent *yn* + *cyn* neu *cystal*. Ond y mae'n berffaith amlwg nad hynny na dim o'r fath sy'n cyfrif am yr enghreifftiau hyn, ond, yn hollol syml, fod y geiriau hyn wedi magu ansawdd i aros yn ddi-dreiglad. Gallwn gymharu â hyn yr arfer sydd yn y priod-ddull "**yn da** i ddim,' gw. §127(i) ; a chan ei bod yn anodd coelio fod y ffurfiau cyfartal yn gwrthod treiglo ar ôl *yn*, help i goelio hyn fydd dyfynnu'r enghraifft hon o Daniel Owen o gadw'r gysefin ar ôl *ar* : **ar can** *lleied o gydnabyddiaeth*, EH 249.

(ii) Dyfynnir yn gyntaf enghreifftiau o *pa* + *cyn*, a dyma brawf i ddechrau fod treiglad yn nhestunau cynharaf Cym. Can. : **py gybelled,** WM 154 (ddwywaith).

Cymh. : *na wyddiad . . .* **pa kyn** *helaethed o gwmpas y mesurid y demyl*, B v.12 ; *a ddatcuddia* **pa cyn** *lleied yw nifer . . .* Ym Dd 31 ; **pa cyn** *gynted*, ib 37 ; 120 ; GB 395 ; LlHyff 87 ; **pa cyn** *belled*, YmDd 113-4 ; 128 ; RBS 243 ; **pa cyn** *ised*, RBS 94 ; *ni holir* **pa hŷd** *ond* **pa cyn** *ddaed y buom fyw*, ib 128.

Yn wyneb hyn y mae'n ddigon tebyg mai fel enghreifftiau o gywiro'r diffyg treiglad y dylid cyfrif y canlynol : *a wyr* **pa gin** *gynted*, ML I.101 ; **pa gan** *belled*, ib I.183. Y mae esiamplau o gadw *cyhyd* heb dreiglo yn ML a noder fod Goronwy yn ysgrifennu heb dreiglad : *ond* **pa cyn** *wiried yw'r llall*, LGO 77. Cymh. ymhellach : *dangos* **pa can** *belled y gallant fyned*, Daniel Owen, RL 218.

(iii) Nodwn yn nesaf esiamplau o *cyn* + heb dreiglo mewn amrywiol gystrawennau lle y disgwylid i eiriau eraill dreiglo, yn enwedig fel dibeniad ac mewn safle draethiadol. Sylwer i ddechrau fod testun WM yn profi fod treiglad rheolaidd yn bosibl yn gynnar : *hyny oed* **gynhamlet** *ar ser*, 229; cymh. hefyd: *ac y bu* **gynn** *iachet y le a chyn y vot yno*, B IX.226.

Enghreifftiau o beidio â threiglo : *ac ny bu* **kyn** *lawenet eiryoet*, YCM² 11 ; *hi a vu* **kyn** *gyvynged arnaw*, B II.203 ; *Pan vyddut* **kyn** *anghywired*, B II.216 ; *a oedynt* **kyn** *duet a'r glo*, FfBO 47 ; *a oed* **kyn** *wynnet a'r eiry*, ib 47 ; *mewn gwlad* **cyn** *oered ag y(w) Cymru*, DByrr 2 ; *am yn bod* **cyn** *bel(l)ed o dicartref*, ib 7 ; *er bod yr iaith o honi i hum* [*sic*] **cyn** *gyfoethoced . . .*, ib 7 ; *yn ych cadw i me(w)n* **cyn** *gaethed*, ib 85 ; *gann i mi drippio* **cyn** *fynyched*, ib 237 ; *nid yw fy athrawiaeth i* **cyn** *newydded*, DFf 119 ; *symmud hwynt* **cyn** *belled o'th wydd di*, YmDd 391 ; **fe gaiff cyn lleied,** GMLl 2.66 ; *dy garu di* **cyn** *bured*, **cyn** *gynnhesed*, HDdD 92 ; **a chanddo cyn** *lleied rheolaeth*, ib 106 ; *a wnawn ni* **cyn** *lleied pris or aruthredd*, LlHyff 65.

Enghraifft ddiweddar: **'wnaeth cyn** *lleied gwaith*, W. J. Gruffydd, Ynys yr Hud 28.

(iv) Dyfynnir enghreifftiau rheolaidd yn gyntaf o dreiglo'r gystrawen gyfartal ar ôl *yn* : *yn disgleiryaw* **yn gyn** *loewet a maen karbonclus*, YCM² 39 ; **yn gyn** *decket*, ib 110 ; **yn gyn** *fydlonet*, B II.29.

Enghreifftiau o gadw'r gysefin : *Pei kaei Otuel hagen, dyuot* **yn kyn nesset** *idaw ac y kaei y daraw*, YCM² 88 ; *A mi a euthum* **yn kyn nesset** *ydaw ac nat oed . . .*, FfBO 56 ; *ag nad oedd hi* **yn cy ewned** *ag edrych yn wyneb yr yesy*, MCr 88a ; **yn ky nesed** *ag i digwyddawdd ef ai verch ir klawdd*, DP 225a.

§167 Cymaint, Cystal, Cyhyd, Cyfuwch, Cynddrwg

(i) Dilynwn yr un drefn wrth ddosbarthu ag sydd uchod a sylwn gyntaf ar y cystrawennau a'r treigladau a geir ar ôl *pa*. Yn y testunau cynharaf, **pa faint, pa hyd** a arferir amlaf, e.e. **a ffa feint** *bynnac*, WM 476 ; **Pa hyt** *bynnac*, WM 60 (R 42), 68 (49) ; 62-3 (45) ; 179 ; **byhyt** *bynnac*, ib 459. Ond y mae ambell enghraifft gynnar hefyd o arfer *cymaint* a *cyhyd*, a cheir treiglad yn rheolaidd : **pa gymeint** *bynnac*, B II.10 ; **a pha gyhyt** *bynnac*, RC 4.206.

Treigla *cymaint* ar ôl *pa* yn y Beibl, yn ddi-eithriad hyd y sylwais : **a pha gymmaint** *o ryfeddodau*, 2 Esdr. II.48 ; **a pha g.** *o ffynhonneu*. ib IV.7 ; **a pha g.** *o anwiredd*, ib ib 30 ; **a pha g.** *a ddwg ef*, ib ib 30 ; 31.

Y mae *pa* wedi ei ddisodli yn y De gan *pwy* a digwyddodd hyn o leiaf mor gynnar â thestun MCr, ac yno ceir dwy enghraifft o **pwy gymeint,** 93b ; 100b.

I gyfateb i *pa faint*, yr hen gystrawen yw *pa nifer* ; ond fel y ceir *pa gymaint*, ceir hefyd **pa gynifer,** e.e. YmDd 194 ; 397 ; GB 189 ; 200 ; 223 ; 340 (sawl enghraifft). Sylwer yn y canlynol nid yn unig ar y treiglad ond hefyd ar ffurfiad y gyfartal : **pa gystadl,** Hom 1.13.

Ni ddigwyddodd imi daro ar esiamplau o'r geiriau hyn yn cadw'r gysefin ar ôl *pa*, ac eithrio enghreifftiau o *pa cyd*, ond gallaf dystio mai *ta pwy cystal* yw'r peth a glywir ym Morgannwg. Cymh. **Pa cyd** *raid bod yn Mesech mwy*, W (1811) 109 ; **Pa cyd** *y caf fi fyw mewn cyfyng fyd*, Harri Sion, Hymnau (1798) 4 ; **Pa cy'd, pa cy'd,** *f'anwylyd cu*, Benj. Francis, Hymnau (1798) 130.

(ii) Yr ydys am ddyfynnu nesaf esiamplau o'r geiriau hyn yn cadw'r gysefin mewn amrywiol gystrawennau lle disgwylid treiglad. Ynglŷn â'r dyfyniadau hynny lle y ceir y ffurfiau cyfartal yn ddibeniad ar ôl y cyplad, fe gofiwn nad yw'r swyddogaeth honno ynddi ei hun yn peri bod y dibeniad yn treiglo ; dangosodd y bennod ar y cyplad fod yr amryw ffurfiadau berfol sydd gan y cyplad yn gwahaniaethu o ran y treiglad a achosent. Ond a chaniatáu fod ambell ffurfiad berfol yn cadw'r gysefin, y mae'n ddigon sicr ynglŷn â'r rhan fwyaf o'r esiamplau isod sy'n dangos cytsain gysefin y ffurfiau cyfartal, y dylai fod treiglad ped arferid geiriau eraill cyfystyr.

Enghreifftiau a ddengys dreiglad i'r ffurfiau cyfartal hyn ar ôl y cyplad : **nid wyt ġystal** *ymdidanwr heno,* WM 44 ; *yny* **oedynt ġystal** *ac y buessynt oreu eiroet,* ib 446 ; *y brenin a* **vu ġysdal** *gantho j olwc arnaw,* B II.219 ; *nid yw un newydd* **ġystal** *ag ef,* Eccl. IX.10 ; *nid oedd pechod Dafydd* **ġymaint . . .** *nid oedd y pechod* **kymaint** *a lladdfa rhai eraill,* DCr[2] 57a ; *fod rhedeg yn amryfus i mewn* **ġynddrwġ** *ac yspio oddi allan,* RBS 99.

Bu raid cynnwys uchod un enghraifft o gadw'r gysefin ; cymh. ymhellach : *nid yw'r bobl* **cynddrwġ** *ag yw'r offeiriaid,* DFf 102 ; *nid oes vn ysgol* **cystal** *y ddyn ddysgy byw,* MCr 131b ; **sydd cyfuwch,** W (1811) 193 ; *mi gredaf fod Sem Llwyd* **cystal** *teip o'r mwnwr . . .,* Daniel Owen, EH 116.

(iii) Prin yw'r enghreifftiau o dreiglo'r ffurfiau cyfartal pan ddefnyddir hwynt yn draethiadol : *ac ni alle yna gerdded ai draed* **ġymaint** *ar cyw pan ddelai or blisgin,* B IX.119 ; *o byw* **ġihyd** *mewn oferedd,* CRhC 326 ; *fy mod* **ġihid** *yn i ddilin,* ib 327.

Y mae'r rhan fwyaf o'r enghreifftiau'n cadw'r gysefin, ac un enghraifft nodedig yw'r priod-ddull *cymaint un,* gw. §99(i). Cymh. ymhellach : *ac a holldes o warthaf y helym* **kymeint** *ag a gauas hyt y gallon,* YCM[2] 85 ; *a fum* **cyd** *heb nag ymgeled(d), na mo(w)rhad,* DByrr (dd) ; *hi a drig ymhom [sic] man* **cystal** *ai gilid(d),* ib 31 ; *am i mi vod* **kyd** *ynghylch y kyntaf,* DCr[2] 91a ; *i vod* **kyd** *ag i mae'n dangos,* ib 100b ; *gwirionedd yr hon a fu* **cyhyd** *yn ddiffrwyth,* 2 Esdr. VI.28 ; *a reolaist ar y ddaear* **cyhyd** *o amser,* ib XI.16 ; *gwedi gorwedd* **cyhyd** *o amser,* YmDd 69 ; *Er na ŵyr y gigfran* **cystal** *ar Eryr,* GMLl 1.167 ; *y ddau* **cystal** *a'u gilydd,* RBS 19 ; *fel y carwyf di* **cymaint** *ac a carodd un creadur di,* ib 133 ; *a rhaid i gardottyn gael cyfiawnder* **cystal** *a Thywysog,* ib 152 ; *y parhae anghenion y Byd* **cyhyd** *ag y parhae'r byd,* ib 249 ; *D'wed p'am wyt* **cyd** *yn sefyll draw,* W (1811) 221 , *Cododd eisoes* **cuwch** *a'r fferrau,* ib 261 ; *esceuluso atteb'ch llythyr diwaetha* **cyhyd,** ML I.134.

(iv) Dengys yr ychydig enghreifftiau hyn fod treiglad i'w ddisgwyl ar ôl *yn* : *yn gyhyt,* WM 95 ; 179 ; **yn ġyuuch** *a'e wyneb,* YCM[2] 39 ; *or bydynt vyw* **yn ġyhyt,** ib 69 ; **yn ġymeint,** ib 95 ; B II.204 ; 219.

Enghreifftiau o'r gysefin : *nyd gan feddwl fy mod* **yn cystal** *a hwynt,* MCr 77a ; *y gwirionedd o hynny sydd yn yr yscrythyr lan* **yn cystal** *yn yr hen destament ar t. n.,* ib 81a ; **yn cystal** *mewn cynghorey a chardodeu,* ib 93a ; *Ag* **yn cyd** *ag i bo y ffydd mewn dyn,* ib 105b : *y may y diawliaid* **yn cystal** *ar cristnogion,* ib 106b ; *a gwnaethyr cyfiawnder a chydwybod* **yn cystal** *y rhai bychain ag . . .,* ib 119b ; *a dyfoedd yn graylon ac yn dost* **yn cymaint** *ag i lladdoedd . . .,* ib 125b ; [Cyferb. **yn ġystal** *mewn dynion* *ar y ddayar ag mewn angelion yn y nef*, ib 133a] ; **yn cymeint** *nen fwy*, DCr[1] 51b (= *yn gymaint*, ib[2] 34b) ; *yn damuno vod i wddwg* **yn kyhyd** *a gwddwg y garan*, DCr[2] 119b ; *i gwnaeth duw y tlawd* **yn kystal** *ar kyvoethog*, DP 183a ; *yn byw* **yn kyhyd,** ib 206a ; *i mae dy ddeall* **yn kymaint,** ib 234a ; *nid oes neb yn dwyn tust or gwir* **yn kystal** *a duw*, ib 237b ; *i vod ef* **yn kynddrwg** *a mwrdder*, ib 260b ; (cyferb. *y ddianrydeddv ef* **yn gymaint** *ag i mae*, ib 242b ; *i llavuriawdd ef* **yn gymaint** *ag i hwsawdd ef ddwfr a gwaed*, ib 248a).

(v) Yn y dyfyniadau cymysg a ganlyn y mae'r ffurfiau cyfartal yn gweithredu fel enwau, yn wrthrych berf neu yn safle'r gwrthrych ; ar ôl sangiad ; yn cael eu rheoli gan arddodiad, etc. ; ac er bod achos treiglo yn y gystrawen, cadwant y gysefin.

Cymh. : *ac nat oed gantunt ar eu taryaneu* **kymeint** *ac a gludei eu dyrneu*, YCM[2] 61 ; *ac ny allwys perchen un daryan ohonunt o'r a oed, yn hynny o amser*, **kystal** *ac edrych vnweith dra'e gefyn*, ib 104 ; *am nad oedd ganthaw* **cymaint** *ac oedd* . . ., PA XXIII ; *efe a rydd* **cymaint** *ol ag a feddo*, Dih. VI.31 ; *y gwneuthum* **cymaint** *o ddaioni erddynt*, 2 Esdr. I.9 ; *gosod i lawr yma* **cymmaint** *ag a ellid*, BDor 12 ; **dros cyhyd** *amser*, Hom 3.143 ; *ddisgwil y* **cant cyfuwch** *eisteddle a S. Paul*, RBS 177. [Cyferb. enghreifftiau o dreiglo : *a gollodd* **gymmaint** *o rifedi*, 2 Esdr. X.11 ; *a rhoddi i mi* **gyhyd** *o amser*, YmDd 141].

Anodd gwybod faint o bwyslais a ddylid ei roi ar y canlynol : *heb ddyfod* **a cyhyd** *a bys o lythyr*, ML I.471 ; cyferb. *Dyma* **gyd** *a'm bŷs o Lythyr*, LGO 104 ; *Gyrrwch* **gyd** *a'ch bys* . . ., ib 153.

§168 'PA,' 'PWY,' A'R GOFYNIAD GWRTHRYCHOL

(i) Y mae un pwynt diddorol yn codi yma, sef yw hynny, nad yw gair cyntaf gofyniad yn treiglo os yw'r gofyniad yn 'wrthrych' i ferf a ddylai beri treiglad.

Y mae'r rhagenwau *pa* a *pwy* yn treiglo ar ôl arddodiad neu gysylltair yn rheolaidd, e.e. *i ba beth, i bwy, gan bwy, ymha, gyda phwy*, etc. Ond ni threiglant yn safle gwrthrych, yn union ar ôl berf neu ar ôl sangiad : *manac ditheu y mi* **pa** *furyf y gallwyf*, WM 3 ; *ni wn i* **pwy** *wyt ti*, ib 3 ; *a gwybydwch* **pwy** *a ddylyo*, ib 8 ; *a ddatcuddia* **pa** *cyn lleied*, YmDd 31 ; *ni wyddost* **pa** *cyn gynted*, ib 37.

Y mae ambell awdur diweddar yn dewis treiglo'r rhagenwau gofynnol hyn mewn cystrawennau fel y rhai uchod, ond awydd i fod yn gwbl 'gywir' sy'n cyfrif am hynny, ac y mae'r treiglad yn gwbl groes i'r priod-ddull naturiol. Y mae esiamplau'n digwydd, fel y gwyddys, o *ba* lle na ddisgwylid treiglad, e.e. *y gymryt kynghor* **ba** *tu yd arhoynt pryderi*, WM 87 : ond nid treiglad cystrawennol sydd yma, ond enghraifft o'r 'meddalu' cyffredinol sy'n digwydd i eirynnau diacen megis *trwy* /

drwy, cyda / gyda, etc., ar wahân i gystrawen yn llwyr, gw. isod §175. Peth cyffredin iawn yn iaith y beirdd yw arfer *Ba* yn lle *Pa*, gw. y dyfyniadau yn CD 106-7, **Ba** *frenin he***b** *farw unwaith*, etc. Gellir ychwanegu hyn at yr esiamplau mynych a gafwyd o'r rhyddid i ddewis un o ddwy ffurf ar air (neu dreiglad) yn ôl gofynion y gynghanedd. Cymh. hefyd : **bwedd,** MCr 11b ; **a phwedd,** ib 12b.

(ii) Os bydd y gofyniad yn enidol, h.y. y rhagenw *pa* neu *pwy* yn dwyn perthynas enidol ag enw arall, ffurf y gofyniad yw ' enw meddianedig + rhagenw gofynnol genidol,' e.e. "Gwaith pwy yw hwn?" Os try'r gofyniad yn ofyniad anuniongyrchol nes bod yr enw yn safle gwrthrych, ar ôl y ferf neu ar ôl sangiad, ni cheir treiglad, e.e. "Gofynnais **gwaith** pwy oedd" ; "Holais droeon **gwaith** pwy oedd."

§169 ' Gau ' a'i Gyfansoddeiriau

(i) Y mae mwy nag a ddisgwyliem o esiamplau i'w cael o wrthod treiglo *gau*. Hyd y sylwais, fe'i treiglir yn rheolaidd mewn Cym. Can. Enw yw yn wreiddiol yn golygu ' falsehood,' a'r ansoddair a darddwyd ohono yw *geuog* ; ac o hwnnw cafwyd *geuogrwydd*. (Sonnir isod §177 am golli'r *g* ddechreuol, eithr cymh. *os gwir . . . os geuawc*, YCM² 32 ; *geuogrwydd*, YmDd 41 ; *gwedi eu heuogfarnu*, ib 94 ; *i'm heuogfarnu*, ib 139 ; lle dengys ychwanegu *h* fod yr *g* wedi diflannu a bod y gair yn dechrau â llafariad, neu ddeusain).

Enghreifftiau o destunau cynnar o dreiglo *gau* : *duw . . . a wyr bot* **yn eu** *hynny arnaf i*, WM 29 ; *ony dywedaf i* **eu** . . . *ony dywedaf i* **ef**, ib 108 ; *Dywedeist* **eu**, Havod 16.101 ; *ymadaw a Mahumet ac a'r holl* **eu** *dwyweu*, YCM² 113 , *gwir neu* **eu,** B VIII.137 ; *Justus cywir cyfiawn heb* **au,** B III.169 ; *o dywedeist di* **eu** *wrthyf*, B v.205 ; *a dwy vil o* **eu** *duweu*, FfBO 47 ; *Eu bod yn cynnal heb* **au,** IGE² 186.7 ; *Nid da'r byd, nid tir heb* **au,** GGl III.54.

(ii) Nid rhaid synnu fod arfer wedi dechrau, a hynny'n bur gynnar, o beidio â threiglo *gau*, oblegid wrth i'r gwaith o gyfansoddi droi'n fwy ' ymwybodol,' fe amheuid ai doeth fyddai dieithrio gormod ar y gair wrth ei dreiglo. O destunau CDC y codwyd y rhan fwyaf o'r dyfyniadau canlynol, ond fe welir fod rhai enghreifftiau o destunau diweddar : *yn* **gay** *addolwyr*, MCr 21b ; *a geisiasant* **gau** *dystiolaeth*, Math. XXIV.59 ; *er dyfod yno* **gau** *dystion lawer*, ib ib 60 ; *y fath* **gau** *athrawiaeth*, Hom 1.71 ; *y sawl ragrithiedig* **gau** *weithredoedd*, ib I.72 ; *trwy* **gau** *athrawiaeth*, ib 1.158 ; *trwy ddau* **gau** *dyst*, ib 2.12 ; *y tywyll* **gau***dduwiaeth . . . o* **gau**-*dduwiaeth*, ib 3.100 (= t 91 gan fod y tudaleniad yn amryfus yma) ; *i* **gau** *dystiolaeth*, ib 3.191 ; *drwy* **gau** *addoliad*, HFf 18 ; *drwy* **gau** *resumau*, ib 222 ; *Camden a'i* **gau** *athrawiaeth*, YmDd xx ; *i* **gau** *obaith*, ib 120 ; *o* **gau** *addoliad*, ib 176.

Diweddar : *fy ngobeithion wedi troi allan* **yn gau**, Daniel Owen, EH 289 ; *Ond* **tyb gau** *oedd* **y dyb,** OME, OB i G 49.

§170 ENGHREIFFTIAU AMRYWIOL

(i) *Go*

Tuedda *go* i gadw'r gysefin ar ôl enw ben., e.e. *rhaff go hir* ; ac erys yr *g* hyd yn oed ar ôl *yn* mewn rhai mannau, *yn go dda*, etc., er bod *yn o lew*, *yn o dda* i'w glywed hefyd. Yn y Gogledd y mae'r duedd hon i beidio â threiglo *go*. Gw. §19(iv) uchod am eiriau fel *lled* + ans. sy'n tueddu i aros heb dreiglo ar ôl enw ben. Yn yr hen destunau treiglir *go* yn rheolaidd : *gwreic* **o** *hen*, WM 146 ; *yn* **o** *dywyll*, Lev XIII.6 ; *yn* **o**-*ddiclon*, HFf 235 ; *yn* **o**-*deneuon*, ib 362 ; cyferb. : *yn* **go** *lew*, Daniel Owen, RL 411.

(ii) *Gnawd**

Fe ellid trin y gair hwn fel enghraifft o ansicrwydd ynghylch ei ffurf gysefin, ond y mae rhai enghreifftiau o beidio â'i dreiglo yn codi, yn ddiau, o'r duedd i beidio â threiglo *g* rhag dieithrio'r gair yn ormodol.

Yn y testunau cynharaf fe'i treiglir yn naturiol : *Ny* **naud,** BB 70.10 ; BT 37.24 ; MA 240b (gw. HGCr nod. 161). Yng nghyfnod CDC ceir y ffurf *cnawd*, e.e. **cnawd** *i'r plentyn hefyd fod yn ddrwg anwydys*, ThM 50 ; a cheir *cna(w)d* yn DByrr 122 er mai *gna(w)d* yw ffurf arferol y testun. Cymh. hefyd : **knawd** *i wraig anwadalu*, CRhC 109. Y mae'n ddigon posibl fod yr ysgrifenwyr diweddar yn tybio mai'r enw *cnawd* oedd y gair a arferent.

Yn RBS 64 ceir *gnawd* yn ffurf gysefin, eithr cymh. **yn gnawd** *ynom*, ib 30 ; **mae'n gnawd** *i ni ei achlesu*, ib 160.†

(iii) *Geiriau Benthyg*

Ymdrinir yn llawnach isod â'r amharodrwydd i dreiglo geiriau benthyg, ar lafar ac mewn llyfrau. Y geiriau pwysicaf yn y dosbarth hwn yw'r rheini sy'n dechrau ag *g* ; cymh. *a'i* **holl gard** *gyd ag ef*, 2 Macc. III.28 ; **gât,** Bodvan, "no mutation" ; **gini,** gw. §1(iv) ; **giâm, gêm,** etc.

Soniwyd yn §19(vi) am gadw cysefin **braf** ar ôl enw ben., ac yn §94(vi) ar ôl *yn* ; cymh. *mvrsen fangaw hoeden* **braf,** CRhC 130. O'r Saesneg y benthycodd y Gogledd y gair ; ond fel petai'n air Cymraeg y cafodd y De y gair gan mai oddi ar y Gogledd y benthycwyd ef. Hynny, a'r ffaith fod y De yn barotach i dreiglo geiriau benthyg sy'n esbonio ei fod yn treiglo'n rheolaidd yn iaith y De : *Mae hon yn iachawdwriaeth* **fraf,** Timothy Thomas, M. i Dduw (1764) 85 ; *i'm gorphwysfa* **fraf,** W (1811) 50 ;

*Wedi imi ysgrifennu'r adran hon y sylwais ar enghraifft bur gynnar a ddengys *cnawd* yn gysefin : **a chnawd,** GrPen 65.

†Sylwais yng nghân Elfed (Caniadau 105—110), *Amser Beca*, neu *Y Garreg Rwystr*, sydd yn nhafodiaith Gorllewin sir Gaerfyrddin, fod yr enw *gwâl* heb dreiglo ar ôl *dy* ac *ei* gwryw., e.e. tt 107, 109. Fe all hyn olygu mai *cwâl* yw'r ffurf gysefin yn y dafodiaith, neu fod amharodrwydd i dreiglo gair yn dechrau ag *g* rhag ofn ei ddieithrio'n ormodol. Un posibilrwydd arall yw fod rhyw awydd i wahaniaethu rywfodd rhwng yr enw a'r ans. *gwael* a seinid yr un fath â *gwâl* yn y dafodiaith.

orphwysfa **fra',** ib 96 ; *a'r ffynnon* **fraf,** ib 53 ; *ardal* **fra',** ib 75 ; *seinio'n* **fra',** ib 59 ; (cyferb. *fe bledia'n* **bra',** ib 82] : *A'r adar fry yn canu'***n fraf,** Harri Sion, Hymnau (1798) 10.

Cof yn aros am eu tras Saesneg sy'n cadw'r gysefin mewn esiamplau tebyg i'r canlynol : **yn babanod** *ofer,* HFf 381 ; *Dyma 'nhad, newydd* **mendio** *o glefyd mawr,* ML I.4 ; (*newydd ddyfod,* ib ib) ; **mi mendiaf,** ib 2.352 ; **newydd mendio,** ib 2.395 ; **un moment,** DSol. XVIII.2 ; **un talent,** Math. XXV.24 ; **y talent,** ib 28 ; gw. uchod §1(iv).

Ynglŷn ag enwau cenhedlig ben. a'r terf. *-es* wrth enw'r llwyth neu'r genedl, y mae'r Beibl yn amrywio (golygir enwau estronol i'r Gymraeg, wrth gwrs) : *Ruth* **y Moabites,** Ruth II.21 ; *Abigail* . . . **y Garmelites,** 1 Sam. XXVII.3 ; 1 Cron. III.1 ; *Sua y* **Ganaanites,** 1 Cron. II.3.

Gyda geiriau fel *cedrwydd, cypreswydden,* y mae'n bosibl fod y cyfieithwyr yn golygu inni roi sain *s* i'r *c*, fel sydd yn Saesneg, a'n bod ni mewn cyfnod diweddarach wedi rhoi ei sain briod ei hun i'r *c*.* Beth bynnag, cysefin y geiriau hyn a ysgrifennir yn y Beibl lle disgwyliem dreiglad : *gorchymyn dorri ohonynt i mi* **cedrwydd,** 1 Bren. v.6 ; **y cypres wydden** *a'r dderwen,* Es. XLIV.14.

NODIAD : Am y ffurfiau *cynt, pellach,* a geidw'r gysefin ar ôl enw ben., gw. §19(vi). Gw. y rhestr a roir yn §99 o eiriau na threiglant yn y traethiad.

§171 ENWAU LLEOEDD AC ENWAU PRIOD

(i) Fe ddaw'r rheswm i'r golwg yn ystod yr ymdriniaeth pam y lleolir y pwnc hwn yn y bennod hon. Nid materion o ramadeg pur y byddir yn eu trafod gan mwyaf ond opiniynau. O safbwynt gramadegol pur nid yw enwau priod ac enwau lleoedd yn wahanol i enwau cyffredin, a chan mai'n ddiweddar y cododd yr opiniynau sy'n peri bod rhyw wahaniaeth, nid rhaid dyfynnu i ddangos fod enwau priod ac enwau lleoedd yn cael eu treiglo'n rheolaidd yn y cyfnod canol.

Gallwn ddechrau trwy ddywedyd beth yw'r arfer ddiweddar ynglŷn ag enwau lleoedd sy'n dderbyniol yn yr iaith lenyddol, sef y dylid treiglo enwau Cymraeg ar leoedd yng Nghymru a'r enwau sy'n Gymraeg neu o ansawdd Gymraeg ar leoedd tu allan i Gymru : *i Gaerdydd, o Lanelli, ym Mangor, yng Nghaernarfon, o Lundain, drwy Rydychen, a Chaergrawnt, Eglwys Rufain, Eglwys Loegr, o Gaersalem.*

(ii) Ond y mae rhyw deimlad yn bod fod ansawdd swyddogol mewn enw

*Sylwer ar y cyfarwyddiadau a rydd Maurice Kyffin yn DFf [XIX] ynghylch "dealld ag arwyddocad y geiriau angenrheidiol, a dwyswyd i'r Gymraec, yn hyn o lyfr," sef, "Y lythyren ymma, ç, wedi rhoi cynffon wrthi, a ddleid ei llafaru fegis, s, fal y mae'n arferedig yn Ffrangaec o flaen o ; . . . oblegid fôd y Cymry yn llafaru, c, bôb amser, fal k : mi a dybiais yn dda fenthyccio, ç, i adrodd geiriau dieithr, o ran(n) tywys yr annyscedig i seinio'r cyfryw eiriau yn nessa'g ellid iw llafar a'u tadogaeth naturiol. Hefyd, mewn h'enweu dieithr, lle y cyfarfydder â c, o flaen, ae, neu, e, neu, i, neu, y, rhaid yw ei llafaru fal, ç."

lle, ac mai rhywbeth gwerinol a gor-Gymreig yw ei dreiglo, a bod cadw'r gysefin yn fwy llednais. Cred rhai fod rheol yn dywedyd na ddylid treiglo enwau lleoedd. Mewn gohebiaeth a fu yn y Wasg rai blynyddoedd yn ôl pan oeddid yn disgwyl i aelod o'r teulu brenhinol ymweled â'r lle, dadleuwyd nad oedd *Croeso i Faesteg* yn unol â'r rheol dybiedig hon. Maentumiai un gohebydd fod y ffurf dreigledig yn debyg o gamarwain y di-Gymraeg na wyddent am dreigladau. Credaf fod a wnelo'r syniad hwn â'r duedd lednais i beidio â threiglo ; y mae treiglo yn or-Gymreig am fod peidio â threiglo yn Seisnigaidd.*

Codwyd un peth arall yn ystod yr ohebiaeth sy'n haeddu sylw er ei fod yn elfennol iawn. Mentrodd un ddadlau dros gadw'r gysefin, gan haeru mai ' mynd i Pentre ' neu ' i Porth ' a ddywedid yn naturiol, nid ' i Bentre,' etc. Y peth sy'n iawn, wrth gwrs, yw ' mynd i'r Pentre ' ; ac y mae'n bwysig fod y fannod yn cael ei chadw o flaen y cyfryw enwau, oblegid fe all anwybyddu'r fannod beri i rai dreiglo pryd na ddylid a rhoi ' o Fala,' ' ym Metws,' yn lle ' o'r Bala,' ' yn y Betws.'

(iii) Y mae llawer iawn o enwau lleoedd yn cadw ffurf feddal yn sefydlog, e.e. *Gorseinon* (er bod tr. llaes ar ôl *a*, *a Chorseinon*), *Waunarlwydd*, etc. Nid bannod ddealledig fel yn (*y*) *Borth*, (*y*) *Gelli*, sy'n cyfrif am hyn, ond bod mynych arfer *i* ac *o* o flaen yr enw lle yn peri bod y ffurf dreigledig yn digwydd yn amlach na'r gysefin, nes bod y ffurf gysefin yn mynd yn angof o ddiffyg arfer. Hawdd iawn fyddai imi ddyfynnu esiamplau o hyn, e.e. *Dreforis* a ddywed pobl y gymdogaeth yn naturiol, nid *Treforis* ; *Glitach* ac nid *Clydach* ; a hawdd iawn oedd i *Glandŵr* fynd yn *Landore* yn Saesneg am mai *Landŵr* a ddywed y Cymry eu hunain. Yr arfer hon i gadw ffurf dreigledig rhai enwau'n sefydlog a'i gwnaeth yn bosibl i'r *lan-*, a gynrychiola *Glan-*, droi'n *Llan-* mewn enwau fel *Llanbradach*, etc. ; gw. EANC 4 ; 6 ; (ceir esiamplau eraill lawer ar hyd y llyfr), a §44(i) uchod.

(iv) Y mae enwau afonydd yn treiglo fel y dengys enwau lleoedd fel *Pontardawe*, *Pontarddulais*. (Enghraifft o'r duedd lednais yw *Pontardulais*). Os oes ardaloedd a rydd y gysefin ar ôl y gair afon, *Afon Conwy* yn lle *Afon Gonwy*, mater o newid cystrawen yw hynny, sef colli'r hen arfer i feddalu'r enw priod genidol ar ôl enw ben., ac nid tuedd i gadw'r enw afon heb dreiglo o gwbl ; gw. §47(ii).

(v) Y mae'r ansicrwydd ynglŷn â threiglo enwau estronol yn ddigon naturiol. Y mae'r Beibl yn anwadalu gydag enwau fel *Capernaum* a *Galilea* a *Canaan* ac eraill ;† ac y mae enwau fel *Glasgow* a *Birmingham* yn

*Byddai grym yn y ddadl dros beidio â threiglo pe byddid wedi dadlau mai ' i'r Maesteg ' oedd yn gwbl gywir.

†Cymh. *o Alilea*, Gwili, Caniadau 134 ; *o Alilea*, ib 136 ; cymh. ymhellach : *dy ŵyl Fagnificat*, ib 134.

peri trafferth i ysgrifenwyr heddiw. Y mae llawer i'w ddywedyd dros gadw'r gysefin a pheidio byth â threiglo enwau estronol anghymreig, oherwydd y perygl o'u dieithrio'n ormodol. I roi enghraifft eithafol: ped ysgrifennid *a Phoona*, ni ellid penderfynu ai hynny yw'r ffurf gysefin neu'r ffurf dreigledig. Nid yw dywedyd hyn yn anghyson â'r farn a ddatganwyd gynnau, sef y dylid treiglo enwau lleoedd Cymraeg ac o ansawdd Gymraeg, gan mai o safbwynt ysgrifennu a darllen Cymraeg yr ydys yn barnu, nid o safbwynt Sais ; ac ystyried yr ydys beth sy'n fanteisiol ac anfanteisiol i'r Gymraeg ac i'r Cymry.

(vi) Wrth drafod enwau priod ni ellir yn hawdd wahaniaethu rhwng enwau Cymraeg ac enwau estronol am fod cynifer o enwau estronol ar Gymry. Y duedd ddiweddar, yn ddiau, yw cadw enwau priod heb dreiglo, yn enwedig wrth sôn am bersonau diweddar, megis ' dyledus i Morris-Jones,' neu ' i Gruffydd.' Gydag enwau fel *Parri* a *Bowen* fe ellid llunio dadl gref dros beidio â'u treiglo ; oblegid os dadleuir mai iawn yw treiglo enwau sydd yn Gymraeg o ran eu hansawdd fel y rhain, y mae modd mynd ymhellach a dywedyd mai'r iawn ffurfiau Cymraeg yw *ab Harri* ac *Ab Owain* a bod treiglo'r enwau oblegid hyn yn amhosibl. Y mae'n briodol, efallai, dreiglo enwau fel *Dafydd ap Gwilym* a *Llywelyn ap Gruffudd* wrth sôn am bersonau cyfnod cynnar, gan fod yr enwau yn Gymraeg ac yn Gymreig o ran ansawdd a diwyg ; ac os dewisir enw barddol ar y patrwm hwn, gellir cyfiawnhau ei dreiglo yn unol â'r arfer a berthyn i'r ffurf draddodiadol o lunio enw. Dadl yn erbyn treiglo *David Williams* neu *Daniel Jones* (ar wahân i'r dystiolaeth na fyddir yn treiglo enwau fel hyn ar lafar gwlad) yw fod ffurfiad yr enw yn anghymreig. Ond yn y canol rhwng *Dafydd ap Gwilym* a *David Williams*, fe geir *Dafydd Williams* neu *Gwilym Davies*, lle ceir enw bedydd o ansawdd Gymraeg, ond ffurfiad anghymreig i'r enw yn gyfan. Y mae rheswm dros dreiglo yn ôl un patrwm, a rheswm dros beidio yn ôl patrwm arall.

Y mae'n werth nodi un peth arall : er na bydd yr enw priod yn treiglo yn yr iaith lafar ar ôl arddodiad fel *i* neu *o*,* neu fel gwrthrych berf, fe geir treiglad ar ôl yr ans. *hen*, ' yr hen Ddafydd, yr hen Dwm Jones, yr hen Feti,' etc. Y mae'n anodd profi a fyddai enw fel *David* yn treiglo ar ôl *hen*, am y rheswm syml nad yw'n naturiol rhoi *hen* o'i flaen.

Dylid ychwanegu'r canlynol. Yn WS 172 dywed J.M.-J. ar ôl dyfynnu esiamplau o dreiglo enwau ar ôl ebycheiriau, ac enwau priod yn eu plith : "In late Welsh personal names are not mutated,"† a chasglaf ei fod yn golygu hyn yn gyffredinol, ac nid yn unig mewn cyfarchiad ar ôl ebychair.

*Fe'm sicrheir gan rai o'm cyfeillion fod treiglad i enwau priod ar ôl *i* ac *o* yn eu tafodiaith naturiol hwy.

†Sylwais fod yr enw Llywelyn heb ei dreiglo drwy gydol pryddest Elfed, *Llewelyn ein Llyw Olaf*, Caniadau 63—84.

Fe fydd y dyfyniad a ganlyn yn ddiddorol, yn enwedig gan fod William Morris mor hoff yn ei ffordd fympwyol o dreiglo pob math o enw priod ; gw. nodiad (ii) ar ddiwedd PENNOD VI. Cyfeirio y mae William yn ei lythyr at Richard ar y 23 o Orffennaf, 1750, at waith Richard fel golygydd yr argraffiad newydd o'r Beibl : "He, (sef Ellis, offeiriad Caergybi) owns his mistake . . . and is not a little pleased at your resolution of not changing the initials of proper names," ML I.155.

PENNOD XXI

TREIGLADAU SEFYDLOG

§172 FAWR

(i) Yr hyn a olygir wrth eiriad y bennod yw'r geiriau hynny sydd rywfodd wedi magu cytsain feddal, ac er bod y ffurf gysefin yn aros, yn cadw'r ffurf feddal lle na cheir rheswm dros dreiglo yn ôl unrhyw reol hysbys neu gydnabyddedig. Nid geiriau fel *geuog* a *gogof* a olygir, sydd wedi newid yn *euog*, *ogof*, etc. ; oblegid yn y cyfryw eiriau y mae'r *g* wedi diflannu'n gyfan gwbl ac ystyrir mai *euog*, *ogof*, etc. yw'r ffurfiau cysefin normal ; gw. §177. Geiriau fel *fawr* a olygir, a geidw'r ffurf feddal mewn rhai cysylltiadau pryd na ddylid treiglo yn ôl rheol, ac er bod *mawr* yn aros yn ffurf gysefin normal.

(ii) Nid anodd olrhain y cysylltiadau lle y dechreuodd y gair fagu'r meddaliad sefydlog, sef ei arfer fel enw mewn cyd-destun negyddol, lle ceid gair fel 'peth' mewn cyd-destun cadarnhaol, e.e. *nid oes fawr . . . nid yw fawr gwell . . . nid oeddynt fawr nes*, etc. ; cymh. *ny bu* **vawr** *reit yr kiwdawtwyr ymlad y dyd hwnnw. kanys y saesson a ymladassant yn gyn wrawlet ar gelynyon*, RBB 133 ; *lle ni chawsant* **fawr** *ddaiar*, Math. XIII.5 (*ni chafodd* **fawr,** Marc IV.5) ; *nad oes* **fawr** *gyssur ynddo*, GMLl 1.148 ; *nid oes* **fawr** *etto . . . yn canfod*, ib 1.166 ; *nid oes* **fawr** *yn meddwl am hyn*, ib 1.203 ; *nad oedd* **fawr** *yn cael hamdden i'w gwrando . . . nid oedd* **fawr** *yn ystyried . . . nid oedd* **fawr** *yn cofio*, BC 40 ; *Nid oedd yno* **fawr** *o'r hen boblach gynt yn fywion*, ML I.135.

(iii) Yn y cyfryw gyd-destun â'r dyfyniadau hyn y magodd *fawr* y treiglad sefydlog, i gyfateb i *llawer* neu *peth* : cymh. enghraifft o'r cyd-destun cadarnhaol : *ei bod yn* **beth** *cywreiniach*, LGO 93. Pan ddigwyddai *fawr* mewn cysylltiad fel *heb fod* +, cadwai'r ffurf dreigledig am fod *fawr* yn cyfleu 'diffyg llawer' yn y cyd-destun negyddol. Fel y dengys y dyfyniadau isod, gall *fawr* fod yn oddrych ; yn 'wrthrych' i'r berfenw neu i ffurf amhersonol ; neu'n enw genidol ar ôl enw cyffredin ; cymh. : *ni ddylai* **fod fawr** *gyfrif am eu colledigaeth*, Hom 2.132 ; *nid yw hyn, (sic) yn* **haeddu fawr** *glod*, ib 3.176 ; *ni chawn ni* **glywed fawr,** GMLl 1.180 ; *nid wyf i yn* **ymofyn fawr** *am hynny*, ib 1.183 ; *er na* **fedr fawr** *i ddarllain*, ib 1.186 ; *heb* **ddeall fawr** *o fywyd angelion*, ib 1.211 ; *heb* **wneuthnr** (sic) **fawr** *niwed*, HFf 193 ; *yn* **llesio fawr** *iddynt*, BC 40 ; *cyn i mi gael* **dal fawr** *sulw*, ib 102 ; *ni thybiant* **fod fawr** *achos iddynt*, HDdD (A) ; *ni* **feddylir fawr** *am y rhan*, ib (A6) ; **nid rhaid fawr** *oleufynag*, ib (A5) ; *ni wiw* **disgwyl fawr** *ddaioni*, ML I.101 ; eto I.190.

Hyd yn oed pan roir *fawr* a'r berfenw ar batrwm cyfansoddair o fath *yn distaw ganu*, ceidw *fawr* y ffurf feddal ar ôl *yn*, e.e. *nad wyf i yr awron* **yn fawr sôn** *am dano*, GMLl 1.251 (= ' yn sôn fawr ' ; cymh. *heb fedru* **fawr aros,** BC 13, = ' aros fawr ' ; *ni chawson i* **fawr edrych,** ib 67, = ' edrych fawr ' ; *ni chês i* **fawn** (sic) **aros,** ib 65).

Noder hefyd *cyn pen fawr o amser* ; a sut y rhoir "Fawr" yn ateb i gwestiwn fel "A gawsoch chi rywfaint ?"

§173 Druan

(i) Nid mor hawdd penderfynu sut y magodd *truan* y meddaliad sefydlog pan arferir ef i gyfleu tosturi a chydymdeimlad. Fe geir cyfnewid seinyddol rhwng *tr* a *dr* yn bur gyffredin, ond *dr* yn rhoi *tr* sydd amlaf fel yn *drum* > *trum* ; *drem* > *trem*, gw. §178 ; a barnaf nad peth fel hyn sy'n cyfrif am *druan*, oblegid ni welir ôl y cyfnewid seinyddol yn *trueni*, etc. Y mae'n bosibl mai fel cystrawen ebychiad y gellid cyfrif am y meddaliad, *Druan ohono* ! neu *Druan ag ef* ! Dyna a geir yn WG 451 ond ni welaf sut y gall label fel ' ebychiad ' fod yn esboniad boddhaol, os na thybir fod elfen ebychiadol o flaen y gair fel sydd yn : **A druein,** WM 29.

(ii) Dyna un cysylltiad cyffredin iawn a dueddai i fagu'r meddaliad, ac a roddai'r ymdeimlad o dosturi, sef "O druan bach !" a'r cyffelyb. Cysylltiad arall a fyddai'n achlysur i dreiglo fyddai'r cyfosodiad ar ôl enw priod, "Dafydd druan," etc. ; a chyd-destun arall fyddai cyfosod wrth ragenw personol, "ac yntau druan" ; cymh. **nhwytheu druain** *yn meirw o syched*, DFf 140 ; (ac i ddangos mai treiglad cystrawennol oblegid y cyfosod sydd yma, ac nad enghraifft o'r meddaliad sefydlog yw, sylwer fod y gysefin reolaidd ar ôl yr enw lluosog yn y testun : *gan wneuthur i* **ddynion truain** *goelio*, ib 45) ; cymh. ymhellach : *wrth ei gefn* **o,** *druan gŵr*, ML I.323 ; *a* **minnau, druan** *fab*, ib 2.135 ; [gw. nod. godre perthynol i Nodiad (i) ar ddiwedd § 51]. Yr ydys am awgrymu mai cysylltiadau fel y rhai a nodwyd a fagodd y meddaliad sefydlog fel ffurf a gyfleai dosturi yn hytrach na disgrifio cyflwr neu ansawdd, ac arwydd fod y gair wedi ei gyfyngu bron i'r ystyr neu'r ymdeimlad hwn yw fod ansoddair newydd wedi ei darddu o'r enw haniaethol *trueni* ar gyfer disgrifio'r cyflwr, sef *truenus*, ffurf sy'n anghyson â rheol affeithiad llafariaid, oblegid yr *i* yn *trueni* sy'n cyfrif am yr *e* drwy affeithiad, ac y mae'r *e* yn aros yn *truenus*, sydd heb *i* derfynol.*

Dyma esiamplau ychwanegol o'r defnydd di-feddaliad, fel yn y dyfyniad o DFf 45, mewn brawddegau a arferai'r ffurf feddal pes ysgrifennid heddiw : **y plentyn truan,** PA 38 ; **yr enaid truan,** GMLl 1.135 ; **y tlodion truain,** Hom 1.133 ; *y meiddiaf* **Adyn truan,** Duwiolswyddau

*Cyferb. : *ar fath olwg druanus*, DCr[1] 33[a] ; ib[2] 24[a].

Dirgel 12 ; *Pwy ydyw'r* **dyn truan,** *fel hyn wrtho'i hunan,* Ed Richard, Y Fl. Gym. 66 ; **i'r Hicsiaid truain,** ML 2.218.

Y mae'n bosibl mai dilyn enw ben. sy'n cyfrif am y ffurf feddal yn y canlynol, neu gystrawen cyfosodiad : **a'r bobl** (**druain gwerin**) *ni wyddant,* DFf 47 ; ond fe all fod yn enghraifft o feddaliad y defnydd ' tosturiol.' Dyma ddwy enghraifft sicr o hynny : *i foddi* **dynion druain,** GMLl 1.204 ; *y gwelwn* **y Marchog druan** *yn cael ei drwytho'n erchyll,* BC 99.

Ar ôl mynych ddigwydd fel hyn fe gedwir y meddaliad pryd bynnag y mynega dosturi, heb angen ' achos ' cystrawennol i beri treiglad, e.e. **Druan** *gwr o'r Barri,* ML 1.260. Cedwir y ffurf feddal hyd yn oed ar ôl *a, a druan ohono* !

§174 Debygaf i, (Debygwn i), Gredaf i, Goeliaf i

(i) Pan roir berf fel *tebygaf* neu *credaf* ar ganol gosodiad i gyfleu barn neu mai argraff ar feddwl yw'r gosodiad, mewn cromfachau fel petai, rhoir ffurf dreigledig i'r ferf honno. Cymh. : *ar iarll* **debygei ef** *or parth arall,* WM 5-6 ; *Ac wrth hynny heb ef* **dybygaf** *i hawd yw eu kymell,* RBB 83 ; *Yn y dinas hwnnw y mae amylder o frwytheu ac ymborth* ; *mwy,* **dybygaf i,** *nac yn lle arall o'r byt,* FfBO 33 ; *beth a ddoedase'r bobl ymma* (**dybygwch'i**) *yn yr amseroedd,* DFf 57 ; *Pa beth a ddaw o'r tair llythyren* **debygwch chwi,** ML 1.133 ; *Ie,* **goeliai i . . .** *Mae Goronwy yn dyfod yma* **goeliai,** *a'i wraig i aros ym Môn . . .* ib 1.341 ; (= goeliaf i) ; *Bu Fic ac ynta* **debygwn i,** *yn deilio mewn llafur,* ib 2.348.

> *A'i gasul,* **dybygesynt,**
> *O esgyll gwyrdd fentyll gwynt,* DGG xxxvi.15-16.
>
> *Gollyngwn i yn ddioed,*
> **Debygwn,** *y cwn i'r coed,* ib xxxviii.9-10.

Enghraifft heb y ffurf dreigledig : *a pha beth a ddigwyddodd iddynt fod,* **tebygach i,** *ond fforch camfa,* ALMA 32 (LM).

Enghraifft ddiweddar o'r ffurf dreigledig : *tua'r pedwar ugain* **debygwn i** *ar y pryd,* D.J.W., H. Wynebau 45.

Ar lafar gwlad ceir *debycswn i, dygaswn i,* etc. Ymddengys fel petai'r gystrawen hon yn cynrychioli ' mi a goeliaf i,' ' ef a debygai ef ' a bod y rhan eirynnol wedi diflannu gan adael y treiglad. Ond amheuaf hyn yn fawr ac nid yw'n debyg y byddai testun cynnar fel WM yn hepgor ' ef a.' Gwelir ymgais yn y canlynol i gyfreithloni'r treiglad : *Pa sawl vn* (**dybygwch**) *a dharfu . . .,* DCr[1] 30[b] = [**a debygwch**], ib[2] 23[a].

Nodiad. Ymdriniwyd eisoes â rhai cystrawennau a allai ddod o dan bennawd yr adran hon, *gynt / cynt* [§§19(vi), 98(vi)], *bob-dydd, beunydd,* [§§19(viii), 98(iv)] ; *bellach* [§§19(vi), 98(iii)] ; *gynnau* [§§19(vii), 98(v)] ;

gartref [§§19(vii), 98(i), 179(i)] ; *ddoe* [§97(iv)] ; *fry* [§98(ix)] ; *fesur ychydig* [§100(ii)] ; *weithiau* [§98(vii)] ; *weithon, weithian* [§100(v)] ; Sonnir isod §180 am esiamplau megis *beth?*, *beth bynnag* ; *fodd bynnag* [§100(vii)].

§175 MEDDALIAD GEIRIAU DIACEN

(i) Rhaid sôn am y meddaliad sy'n dueddol iawn i ddigwydd i gytsain flaen geiriau a geirynnau diacen. Nid iawn cyfrif fod hyn yn dreiglad ; nid peth cystrawennol ydyw, ond peth seinyddol. Nid cwbl ddi-fudd fydd dywedyd nad yw'r ffurf ddi-feddaliad *tros* fymryn yn gywirach na'r ffurf *dros*. Dywedir hynny am fod syniad yn bod fod arfer *dros*, heb reswm cystrawennol i gyfiawnhau treiglad meddal, yn anghywir. Os yw *dros* yn anghywir, yna y mae *gyda, gan, ger,* etc. yn anghywir hefyd.

Esiamplau o'r meddaliad yw'r rhagenwau blaen *fy* a *dy*. Gwyddys mai *my* a *ty* yw'r ffurfiau cynhenid, ac erys yr *m* yn *muhun(an)* a ddigwydd yn weddol gyffredin mewn Cym. Can., gw. WG 275 ac uchod §64(vii). Erys *Ty* fel rhagddodiad anwyldeb a pharchedigaeth mewn enwau seintiau megis *Tysul, Tybïe, Tysilio, Tygâi, Twnnog* (< *Ty-wynnawg*), etc. Y mae'r esiamplau o arfer *my* yn brinnach ond y mae'n bur debyg mai dyna a welir yn *Mwrog* (*Twrog*), *Boduan* < *Bodfuan* < *Muan* ; gw. PKM 265 ; Henry Lewis, ZCP xx.138-143.

Yn yr enwau priod hyn y mae'r *m* a'r *t* yn aros heb feddalu mewn safle acennog neu eiriau sy'n dwyn prif acen ; cymharer sut y try'r rhagenw *do* mewn Gwydd. yn ôl i'r ffurf *t(o)* pan gywesgir ef o flaen enw'n dechrau â llafariad, *t'athir*.

(ii) Y dosbarth pwysicaf yw'r arddodiaid a'r cysyllteiriau cyffredin. Digwydd **can(t)** [*kennyf, kennyt,* etc.], yn ddigon cyffredin yn y farddoniaeth gynnar, gw. GEIRFA 101b. **Can** hefyd yw ffurf gynnar *gan* a arferir fel cysylltair, gw. GEIRFA 103b, a chymh. y ffurfiad *canys*. Arferir *centhi, cenn, gen* yn D Byrr 135.*

Ffurf gynhenid **ger** yw *ker, kyr,* etc., gw. G 131a. Ffurf gyntaf yr elfen **gyd** yw *cyd,* fel y dengys y treiglad *ynghyd*. Byddai'n iawn cyfrif y ffurf **bwy** yn *o ben bwy gilydd* fel meddaliad o *py*, gw. §145(i).

Enghreifftiau eraill yw **trwy** / **drwy** ; **tros** / **dros,** a dosbarther gyda'r rhain y ffurfiau adferfol **drwodd, drosodd** ; **tan** / **dan,** fel arddodiad ac fel cysylltair ; **draw** < **traw**.

Y mae *g* ar ddechrau gair yn tueddu i golli drwy gamrannu ar ôl *a* nes bod *a gogof* yn rhoi *ac ogof*, a diau mai camraniad o'r fath sy'n gyfrifol

*Yn DByrr 45 ceisir esbonio pam y ceir *dan* yn lle *tan* ; *beth* yn lle *peth* ; *gantho* yn lle *centho*, etc., "oher(w)y(d)d bod yr hen Gymru yn arfer i dan, i gan(n), pa beth . . . hefyd yn y geiriau yma *fal* : tros *i fal, fegis* : tros *i fegis, gydag ef* tros *i gydag ef*." Sylwer hefyd : "(W)rth res(w)m e dylid (sic) doedyd, tros, tr(w)o(d)d, tra(w), cann, cidag, ymysg y bobl m(w)y arferedig y(w) dros, dr(w)o(d)d, dra(w), gann, gidag, etc.", 256-7.

am droi *gwedy* yn *wedy, wedi.* Ond meddaliad sy'n gyfrifol am droi **gwrth** (cymh. *gwrthod, gwrthwyneb, gwrthrych*) yn **wrth** ; a throi **gwar** (= *for* Gwydd) yn **ar**, gw. §147(ii) ; a sylwer ar y ffurf radd-eithaf *gwarthaf*, gw. nodiad Parry-Williams, B I.112 ; hefyd nodiad Ifor Williams yn PKM 286 ar *gwrthtir* = 'ucheldir,' lle dywed "cf. *gwarthaf*, 'top,' gradd eithaf *gwrth*" ; onid gradd eithaf *gwar* yw ? gw. L & P 186.

Rhaid nodi un pwynt arbennig iawn, sef bod y cytseiniaid gwreiddiol *c* a *t* yn cael eu hadfer ar ôl *a* ac yn treiglo'n llaes : **a chan, a chyda, a cher, a thros, a thrwy, drosodd a throsodd, a than, yma a thraw.** Fe geid y tr. llaes hefyd ar ôl *na* mewn cysylltiadau fel "aros gyda chwi yn hwy **na chyda** ni." Cyferb. esiamplau o gadw'r meddaliad : *a gennyf innau*, B III.276 ; *a gyd a hynny*, B V.29 ; *a gyda hwy*, Wil Ifan, Unwaith Eto 48 ; *A draw*, ib 39. Noder fod geiriau traethiadol fel *bellach, gynnau gynt* yn cadw'r ffurf dreigledig ar ôl *a*, e.e. *a bellach*, WM 166 ; gw. §98, a chan fod *pob* yn draethiadol mor fynych mewn ymadrodd fel *bob tro, bob amser*, tuedda i gadw'r *b* ar ôl *a* yn yr iaith lafar, e.e. **a bob tro,** Ll. Hen Ffarmwr 24.

(iii) Dyry WG 419 esboniadau ieithegol i gyfrif am **mal / fal** (> **fel**), a **megys / fegis,** h.y. olrheinia *fal* o ffurf 'wan' ar *hafal*, ac olrheinia *mal* yn rheolaidd o ffurf amrywiadol ar y gwreiddair ; a rhagdybia ddwy ffurf amrywiadol yn y Gelteg er mwyn esbonio *megys / fegis.*

Gellir amau'n fawr a oes angen rhagdybio ffurfiau Celteg er mwyn esbonio'r ffurfiau amrywiol hyn ; ac awgrymir yn betrus yn lle hynny mai *fal* yw'r ffurf hanesyddol gywir a darddwyd o'r Gelteg yn rheolaidd, ac mai ôl-ffurfiad yw *mal.* Y ffurf *fal* a welir yn y testunau cynnar, e.e. *ual yd ymglywynt*, WM 39 ; *ual nat adnepit*, ib 96 ; *val y bo*, LlA 48 ; ond *mal* sydd amlaf mewn testunau diweddarach, e.e. *mal y bo*, B II.25 ; 30 ; (*ual y bych*, ib 35) ; ac y mae lle i gredu mai gair llenyddol yw *mal* a arferai'r beirdd am ei fod yn rhoi dewisiad cyfleus iddynt i bwrpas cynghanedd, ac am ei fod gan y beirdd, a heb fod ar lafar gwlad, fe swniai'n fwy llenyddol mewn rhyddiaith.

Gellid cyfrif am *megys / fegys* (neu *fegis*) fel enghraifft o'r meddaliad sydd yn yr adran hon (ac anodd peidio â gweld effaith y pâr amrywiadau hyn ar lunio *fal / mal*) ; cymh. *nad ynt vyw vegys gynt*, LlA 175 ; *ac yn gywraint dwyllwreid vegys bradwr*, YCM² 132 ; *vegis*, B II.211.

Dengys y canlynol sut yr effeithiodd y ddwy gystrawen ar ei gilydd, sef mai ar batrwm *y fel hyn* y cafwyd : *yn y megys hwnn*, YCM² 59 ; *yn y megys*, ib 113.

(iv) Enghraifft arall yw **ba** yn lle *pa*, gw. 168(i) ; a chymh. **b'le** yn lle *p(a) le.* Y mae'n bosibl mai'r meddaliad yma sy'n esbonio'r ddwy ffurf **piau** a **biau.** *Piau* yw'r ffurf gynhenid a dyna a glywir amlaf yn y Gogledd, WG 359, ond *biau* sydd amlaf yn y De ; gw. dyfyniadau yn WG 358-9 a ddengys arfer y ddwy ffurf fel ei gilydd.

Gwyddys mai o'r ffurf ferfol *bei* y cafwyd **pei, pe**. Awgrymaf nad goroesi o'r *b* ond mai meddaliad o'r *pe* sy'n esbonio'r ffurf *bydae* yn Daniel Owen : **A bydae** *Pwllygwynt yn darfod,* EH 95 ; gw. §138.

(v) Gan fod yr acen ar yr ail sillaf yn **myfi** tueddai'r *m* ddiacen i roi *f*, fel yn (i) uchod.

> **Fyfi** *a gwen, fwyfwy a gaid*
> *Yn difwynaw'n dau enaid* ;
> **Y hi'***n* **fy lladd . . .**, IGE[1] LXXIV.15-17 [**Hyhi,** IGE[2] 213.17].

Wrth golli'r *f* wedyn ceid *yfi* a swniai hyn yn debyg iawn i'r fannod o flaen y rhagenw personol *fi* ; ac oddi yma y lledodd y duedd i arfer *y* + rhagenw personol yn lle'r ffurfiau pwyslais, h.y. *y ti, y fe, y hi, y ni, y chi, y nhw* , a'r ffurfiad *y fe,* efallai, yw sail *efe* y Beibl.

PENNOD XXII

Y GYTSAIN GYSEFIN ANWADAL NEU ANSICR

§176 MEWN GEIRIAU BENTHYG

(i) Cyfeiriwyd fwy nag unwaith uchod at yr amharodrwydd i dreiglo geiriau benthyg ; gw. §§1(iv), 170(iii). Un o effeithiau'r amharodrwydd yw fod geiriau fel *braf* yn cadw'r gysefin yn sefydlog ; gw. §§19(vi), 94(vi), 170(iii). Y mae rhai enwau fel *bws, trên, poni* a geidw'r gysefin ar ôl y fannod mewn rhai tafodieithoedd er eu bod yn fenywaidd fel y dengys treiglad yr ansoddair ar eu hôl, (h.y. yn y tafodieithoedd hynny) ; ac fel rheol treiglant ar ôl y rhifol *dwy* ; gw. §1(iv). Gwelwyd peth tebyg ynglŷn â'r enwau *talent* a *moment,* §52(i).

Y mae'n ddiddorol fod peth tebyg i hyn yn yr arfer sydd gan Gruffydd Robert o gadw cysefin geiriau technegol y tro cyntaf y defnyddir hwy yn y testun, e.e. *yn fyrr, yn eglur ag* **yn tymhoraidd,** D Byrr 210. Dichon mai hynny sy'n cyfrif fod testun y MCr yn cadw'r gair *presennol* heb dreiglo yn y ddwy esiampl gyntaf, ac yna'n treiglo wedi i'r darllenydd gynefino â'r gair : **yn presennol,** MCr 114b, 117a ; **yn bresennol,** 117a ; 117b. A dyma esiampl dda o'r peth : **mwy o prophid . . . dau brophid,** DCr[1] 38a (= *mwy o broffid . . . dav broffid,* ib[2] 27a). Credaf fod tuedd o'r fath wrth siarad yn gyhoeddus, sef cadw gair dieithr heb ei dreiglo ar y troeon cyntaf yr arferir ef ; ond wedi teimlo fod y gynulleidfa yn gyfarwydd ag ef, ei dreiglo'n rheolaidd.

(ii) Soniwyd yn §1(iv) am eiriau fel *potel, pasged, planced.* Gwelir ynddynt effaith yr amharodrwydd i dreiglo. Os arferir y ffurfiau ' gwreiddiol,' *botel, basged, blanced* mewn cystrawen lle y dylid treiglo, fe ellir casglu oddi wrth y cysylltiadau mai ffurfiau treigledig ydynt ac ' adferir ' hwy i gael ffurfiau cysefin tybiedig, sef *potel,* etc. Fe all ardal arall sy'n llai amharod i drin gair benthyg fel gair brodorol, dreiglo'r ffurfiau ' gwreiddiol,' h.y. *dwy fotel, dwy fasged,* etc. Canlyniad hyn oll yw fod dwy ffurf gysefin a dwy ffurf feddal. Nid hollol gywir yw'r awgrym sydd yma fod ardaloedd neu dafodieithoedd yn pendant ddewis y naill ffordd neu'r llall, h.y. *pasged / basged* ; neu *basged / fasged* ; y mae hyn ar y cyfan yn wir, ond y mae'r geiriau hyn mor anwadal nes ei bod yn bosibl cael y tair ffurf, *pasged / basged / fasged,* yn yr un dafodiaith. [Enghraifft ddiddorol o droi *b* y gwreiddiol yn *p* yw *Pabilon,* e.e. *yn y dinas a elwir* **pabilon,** MCr 19a ; **ymhabilon,** ib ib. Enghraifft ddiddorol arall yw'r gair *padlo* (<*battle*), sy'n gyffredin ar lafar gwlad yn sir Aberteifi].

Odid nad y gair **das** yw'r esiampl fwyaf nodedig o hyn. Rhoir *tas* a *das* fel ffurfiau cysefin yn Bodvan, a chlywir *tas, das, ddas* yn yr un dafodiaith weithiau er bod rhai ardaloedd yn ddigon sicr pa un a ystyriant yn gysefin. Achos yr ansicrwydd, yn ddiau, yw mai gair benthyg ydyw, o'r Wydd. *dais* (enw ben., ' a heap, pile, rick,' O'Reilly) ; cymh. *yn y* **das** *aryant*, YCM² 169.11 ; *a sathru* **y deissyeu** *kalaned*, ib 142.19 ; **ei ddas,** Eccl. xx.28 ; a gw. amryw enghreifftiau cynnar yn G 301b, *das* ; yno ffurfiau â *d* yn gysefin sydd amlaf, lluosog *dasseu, deis, deissyeu*.

Y mae'r gair Saesneg *damp* yn enghraifft dda i gynrychioli gwahaniaeth rhwng Gogledd a De, oblegid ceir *tamp / damp* yn y Gogledd a *damp / ddamp* yn y De. Esiampl o'r gair yn enw mewn testun o'r De : *yn gyffelyb* **i'r Ddamp** *mywn rhai Pylleu Glô*, GB 243.

(iii) Yn EEW 219-20 ceir casgliad helaeth o fenthyciadau sy'n caledu cytsain ' feddal ' y Saesneg i'w ffurf galed ; geiriau a erys yn dafodieithol yw'r rhan fwyaf ohonynt. Un dosbarth yw'r math a dry *v* y Saesneg yn *m* neu *b*, e.e. *venture* > *fentr, fentro* > *mentr, mentro* ; *vantage* > *mantais* ; *varnish* > *barnais* ; gw. EEW 222.

Rhaid cofio fod modd i rai o'r geiriau hyn aros mewn rhai mannau heb ' galedu.' Erys *varnesh varnisho* ym Morgannwg, am fod y gair Saesneg yn parhau'n hysbys nes rhwystro'r duedd i galedu. Esiampl arall o galedu yw *vicar* yn rhoi *bicar* neu *micar*, e.e. *bicar*, GGl XLIII.65 ; *micariaid*, IGE² 85.20 ; ond wrth i'r Cymry ddod i wybod mwy a mwy o Saesneg, ymwrthodwyd â'r ffurfiau a gafwyd drwy ' adfer ' y gysefin dybiedig, a chadw *ficer* yn sefydlog.*

Er ein bod yn gynefin erbyn hyn â'r ffurfiau ' caled ' a gafwyd yn y Gymraeg drwy adfer y gysefin dybiedig, rhaid bod yn barod i ddisgwyl y gytsain wreiddiol mewn ambell destun cynnar neu gan awdur o ardal sy'n llai tueddol i ' adfer ' ;† cymh. *y dyn* **yn fentro** *i gaisio*, MCr 84a ; *a llawer marsiant* **fentrys,** C Llên Cymru II. t 8 (T.J., Llanfair, Mynwy) ; *nid arbedasant eu bywyd, ie* **a fentro** *eu gwaed er mwyn* . . ., Hom 2.256 ; *Ni fynnai ef mor yspryd* **filain**, Mnd Peter Williams, gan Ioan ap Gwilym (= J.W. S. Tathan, 1796) 5 ; erys **felfed** yn sir Forgannwg, ac enghraifft o hynny yw : *A 'ddewodd i mi* **ddillad felfed**, Dafydd William, Diferion, 14.

Heblaw pethau fel *micar/bicar* yn deillio o'r gytsain *v* yn wreiddiol, ceir esiamplau o *m* yn deillio o *b* wreiddiol, e.e. **margen,** GGl XXXI.38 ; **maner,** ib LXXVIII.37. Ansicrwydd, efallai, sy'n cyfrif am hyn, sef beth yw'r gytsain gysefin pan glywir y ffurfiau treigledig ' fargen ' a ' faner ' ; ond y mae'r ymgyfnewid rhwng *b* ac *m* yn beth go gyffredin ac nid geiriau benthyg yn unig sydd ag ef, e.e. *morddwyd / borddwyd* (ar lafar gwlad) ; *briallu / miarllu* ; *modrwy / bodrwy* ; a'r enghraifft fwyaf nodedig, wrth gwrs, yw *benyw / menyw*.

*Y mae'n anodd dywedyd a yw'r enghraifft *ym Myrdsynia*, ML 2.42 yn cynrychioli'r hyn a arferid yn naturiol gan fod W.M. mor chwannog i gellwair yn gystrawennol.

†Enghraifft ddiddorol o hyn yw'r S. *vex* : y ferf yn y De yw *becso* (e.e. *yn becso*, Wil Ifan, Unwaith Efo, 46), ac ymddengys yn rhyfedd i ddeheuwr ddarllen *yn fecsio* yn Daniel Owen, e.e. RL 371 ; 408 ; EH 99.

Y mae'n bosibl mai adfer y gysefin dybiedig sy'n gyfrifol am ffurfiau fel *gonest* ; os ' merch onest,' casglu mai ' dyn gonest ' sy'n briodol ar ôl enw gwrywaidd. Amheuaf ai hyn yw'r gwir esboniad ac y mae'n debycach mai camrannu ' ac onest ' yw'r rheswm ; gw. §177 isod. Nid ydys ychwaith yn trafod yma y math o newid a gynrychiolir gan *tram* / *dram* / *ddram* gan fod y newid seinegol hwn yn beth cyffredin mewn geiriau heb eu benthyca ; gw. §178.

(iv) Peth arall a allai ddigwydd wrth fenthyca geiriau yw clywed ffurf dreigledig ar y gair a chasglu mai honno yw'r gysefin a threiglo'n feddal eilwaith. Dyry EEW 220 rai esiamplau o hyn, ac enghraifft o beth tebyg yn digwydd i air brodorol yw *pobl* / *bobl* / *llawer o fobol**, gw. §3(i) nodiad ; a chyfeiria nodiadau PKM 129 at *grëu* / *crëu* yn ChO 28.

Esiampl a welir yn bur gyffredin yw'r gair *croft.* Fe'i trinid fel enw ben. nes rhoi *y grofft* ; casglu mai hynny oedd y gysefin a threiglo eto nes rhoi *rofft* ; e.e. **heu groffd** . . . *ar eil* . . . *ar trydyd.* *Ae* **deir grofd** *yn llwydaw* . . . *un* **oe rofdeu** . . . *medi* **y grofd,** WM 73. Gellir awgrymu fod *y grofd* ar ôl y fannod, fel y cedwir cysefin enwau fel *trên* a *poni* ar ôl y fannod er eu bod yn fen., gw. §1(iv) ; a gw. nodiadau PKM 241 lle sonnir am *Y Rofft* yn camrannu nes rhoi *yr Offt.*

Enghraifft arall yw *tobacco.* Cedwir y *t* mewn rhai tafodieithoedd, *tybaco,* ond *dybaco* yw'r gysefin yn rhai, a hynny wedyn yn rhoi *ddybaco,* e.e. **Dybacco** *nid oes yn y mh'oced,* Llsgr Rd Morris 60 ; **o ddybacco,** ML I.233 ; **a gym'ro ddybaco,** Hen Benillion T.H.P.-W., 59. Teitl un o storïau Mr. D. J. Williams yw *Blewyn o Ddybaco.* Cymh. ymhellach : *dan* **flaened** *ddedwydd,* ML I.130, o'r S. *planet* ; **a bytatws,** ib I.191 ; cyferb. **a phytatws,** ib I.461.

Rhaid bod yn ochelgar ynglŷn â'r ffurf gysefin *garretsh* neu *garaits* am *carrots.* Nid oes raid tybio mai ar ôl benthyca i'r Gymraeg y cafwyd y ffurf feddal oblegid fe geir y ffurf *garrit* yn y tafodieithoedd Saesneg sy'n ffinio â Chymru, gw. Wright, Dial. Dict. Y peth diddorol yw'r camraniad sy'n dilyn yn y Gymraeg, e.e. *ffa,* **garaits,** ML 2.180 , **ag araits,** ib 2.242 ; a sylwer ymhellach : *o genin* **ag abaids,** ib 2.49. Da fydd cofio, efallai, mai William Morris biau'r rhain.

Enghraifft arall yw *cwningen* / *(y) gwningen* / *y wningen* / lluos. *gwningod*; gw. nodiad PKM 301-2 ar *tylluan.*

(v) Dylid rhoi sylw arbennig i ddwy enghraifft a allai ddod oddi mewn i'r dosbarthiad sydd yn (ii) uchod, sef y gair *croeso* a'r enw *Gilfaethwy.* Yn y ffurfiau *gresaw, greso, groeso,* etc., a arferir fel ffurfiau cysefin yn

*Defnyddir *bythewnos* fel ffurf gysefin yn sir Benfro weithiau, a cheir y ffurf dreigledig "aros am fythewnos." Cymh. hefyd : *i delyir kadw y sul ymhob rhyw anrydedd* **o vrynhawn i vrynhawn,** DP 249[a] ; nid gwall mo hyn oblegid ceir esiamplau eraill yn 253[b], 255[a]. Gan mai testun o ddwyrain Morgannwg yw hwn, holais ŵr o Ben-tyrch ynglŷn â'r hynodrwydd hwn ; nid oedd ' ar frynhawn ' yn ddieithr iddo ef o gwbl.

fynych yn y cyfnod canol, cedwir *g* y gwreiddiol. Erys y ffurf gysefin hon yn y De, a threiglir yr *g* mewn cysylltiadau fel ' digon o roeso ' ; cymh. **diroeso**, HG 183 ; ond ceid tuedd arall i gadw *groeso* lle y dylid treiglo, a chasglwyd o hynny mai'r gysefin oedd *croeso* ; sylwer ar yr anwadalwch : **a gresso** *dyw wrthyt*, WM 386 ; **a chresso** *duw*, ib 389 ; a gw. nodiad PKM 129.

Y mae'n amlwg mai enw Gwyddeleg yw *Gilfaethwy*, *Gilfathwy* ; sef cyfansoddair afryw yn golygu ' gwas M.' Golygai treiglo hyn gael y ffurf ' Ilfaethwy,' ffurf na ddigwydd byth. Cedwir *Gilfaethwy* lle y dylid treiglo, a'r casgliad oddi wrth hynny fyddai'r gysefin dybiedig *C* ; a'r cam nesaf fyddai treiglo'r *C* yn llaes, e.e. **namyn gilfathwy, ynteu giluaethwy** ; **a giluathwy,** WM 82 ; **a chiluathwy,** ib 87 ; **dodi giluathwy,** ib 87.

(vi) Pwynt arall gwerth ei nodi yw'r ffordd y trinir *l* mewn geiriau benthyg. Yr ydym yn weddol sicr ar y cyfan pa eiriau sydd wedi newid i gael *ll* yn gytsain gysefin, a pha rai a geidw'r *l*. Ond y mae rhai sy'n anwadalu ac yn cadw *l* er bod y ffurf ag *ll* i'w chael, e.e. *ny welei hayach namyn* **loft** . . . *yn dyuot or* **loft** . . . *tuar* **loft** . . . **yny lloft**, WM 393 ; nid yw'r ffurf *lofft* o dan *l* yn Bodvan ; ond fe'i ceir ar lafar gwlad o hyd. Cymh. **lloppaneu,** WM 23 ; **a'r loppaneu,** ib 24—benthyg o'r Wyddeleg, gw. nodiad PKM 134. Ni rydd Bodvan *lwynau* (' loins '), ond hynny sydd ar lafar gwlad am y darn cig ; cymh. hefyd : *eu* **lwyneu** *hwynt*, Job XII.18 ym Meibl 1620, a ddiwygiwyd yn *eu llwynau* mewn argraffiadau diweddar. Dyry Bodvan *llawnt* a *lawnt*. Rhestrir y gair yn EEW 231 fel ' example of initial *l* retained,' a dyfynnir esiamplau o'r ffurf honno yn y beirdd ar t 202 ; cyferb. *Y* **llawnt** *bu'r cylch a'r belen*, IGG, Y Flod. Gym. 117.

Ychydig sydd o esiamplau o droi *r* yn *rh*, e.e. *rhymedi*, *rhes*(*s*)*ing* ; gw. EEW 231 ; gellir ychwanegu **Rhebeliwn,** AllPar 22 ; **y rhog,** HG 105* (S ' rogue ') ; **yn Rhebel,** GB 315. Argreffir : *Na dim* **rhwymedi** *nid oes*, yn IGE[1] c.102 (= IGE[2] 283.8).

Enghreifftiau syml a chyffredin o beidio â newid *r* ddechreuol yw *reit dda*, *Rwsia*.

(vii) *Cyffredinol*

Er bod eithriadau wedi eu nodi fe ellir dywedyd fod geiriau benthyg ar ôl iddynt ymgartrefu yn cael eu treiglo yn rheolaidd. Os arferir gair Saesneg dros-dro, heb olygu ei drin fel gair Cymraeg, dangosir hynny drwy nodau dyfynnu neu lythyren italaidd ; ond os rhoir diwyg Gymraeg i'r gair megis *comedi*, *trasiedi*, *drama* (lluosog, *dramâu*), *beic*, *brêc*, etc., ystyrir ei fod yn Gymraeg i bwrpas cystrawen. Ond cedwir geiriau sy'n dechrau ag *g* heb eu treiglo er gwaethaf hir ymgartrefu yn y Gymraeg a'u mynych arfer, megis *gini*, *gard*, *gêm*, *giâm*, *giât*, etc., ac nid yw hynny

*Sylwais fod y ffurf hon hefyd yn *Gwili, Caniadau* 35.

yn eithriadol iawn ac ystyried mor dueddol yr ydys i gadw gair fel *gau* heb ei dreiglo. Fe dreiglir y gair *gŵn*, lluos. *gynau* (cymh. *gwisgo amdeni* **own,** MCr 27a) yn rheolaidd hyd y sylwais, a'r gair *gwn, gynnau*. Y mae'n amheus gennyf a oes neb yn treiglo *gwsberis* ond wrth gellwair â rheolau iaith ; cymh. : *heb ŵsberries . . . o ŵsberries*, ML 1.235 ; cyferb. *o gwsberins*, ib 2.239 ; ond cefais wybod fod y gair yn treiglo'n rheolaidd ar lafar gwlad yn sir Aberteifi.

§177 Colli neu Fagu G Ddechreuol

(i) Nid geiriau benthyg yn unig sy'n dangos ansicrwydd parthed y gytsain gysefin. Y mae llawer o eiriau brodorol sy'n anwadalu ac un rheswm dros gyffwrdd â'r pwnc yma yw fod perygl inni dynnu casgliad anghywir ynglŷn â rheolau treiglo o fethu deall fod posibilrwydd i air gael ffurf gysefin sy'n wahanol i'r ffurf sy'n gyfarwydd i ni.

Dosbarth pwysig yw'r geiriau hynny sydd wedi colli *g* ddechreuol ; a chan fod dosbarth arall wedi magu *g*, y mae'n weddol sicr mai'r un achos sydd i'r ddwy duedd, sef camrannu *ac* + (neu *nac* +), nes bod **a gogof** yn rhoi **ac ogof**, ac ar y llaw arall, **ac ordd** yn rhoi **a gordd**.

(ii) Enghreifftiau o eiriau'n gyntaf a gollodd *g* ddechreuol : *gogof*, cymh. **y mywn gogof,** WM 60 ; **or gogof kudd,** HG 133 (gwryw) ; *geuog, geuogrwydd* (< *gau*), yn rhoi *euog, euogrwydd, euogfarnu*, gw. dyfyniadau yn §169(i) ; *gloes* > *loes*, gw. dyfyniadau yn §11(iv) ; eithr cyferb. *dan ddycnaf gloes*, Gwili, Caniadau, 69 ; *gelor* > *elor*, WG 188, ac yn arbennig CA 66 ; *gefail* > *efail*, gw. OIG mynegai a rydd *gefail* fel y gysefin safonol,* a'r enghraifft bwysicaf oll efallai yw'r gair *weithiau*, gw. §98(vii).

Y mae'n ddigon tebyg mai esiamplau yw *wrth* < *gwrth, ar* < *gwar*, o'r meddaliad sy'n dueddol iawn i ddigwydd mewn geiriau a geirynnau diacen ; gw. §175(ii). Ond y mae'n bur sicr nad hynny yw hanes *gwedy* > *wedi*, eithr enghraifft yw o'r camrannu *a gwedy* > *ac wedy*.

Dylid sylwi'n arbennig fod dwy ffurf gysefin wahanol (o ran cyfansoddiad a feddylir) yn **ellwng** a **gellwng** neu **gollwng** ; gw. nodiad yn PKM 246 ar y ffurfiau, a chymh. : **gellwng** *e ymdeith ef*. **Na** *ellynghaf . . .* **a gellwng** *y pryf hwnnw . . .* **Nac ellynghaf** . . . **Ellwng** *ef*, WM 77.

Rhaid cofio hefyd mai dwy ferf wahanol ar y dechrau yw **adaw** a **gadu,** gw. WG 381-2 ; SD 93 ; ac enghraifft debyg i hyn o ddwy ferf yn ymgymysgu yw **alaru** (= 'syrffedu') a **galaru.** Ffurf gynhenid y gyntaf yw *alaru* yn yr hen destunau meddyginiaethol, e.e. *alaru*, Havod 16.11, 13 ; *alarus*, ib 13 ; ond fe berthyn yr *g* i'r llall yn gynhenid gan gyfateb i'r

*Yn rhyfedd iawn, er bod y gytsain *g* wedi ei cholli o'r ffurfiau unigol *(g)efail*, 'smithy' a *(g)efel* 'tongs' yn Fynes-Clinton 126, fe'i cedwir yn y ffurfiau lluosog. Y mae'n anodd peidio â gweld tebygrwydd yma i *efell* / *gefeilliaid* sydd ar yr un tudalen ; gw. §6(ii).

Wydd. *galar*. Rhoddir *alaru* yng ngeirfa WLB a chyfeirir at *alarus*, 543.25, t 86, eithr am fod *a galaru* yn 543.43, t 86, dywed y golygydd mai'r un gair yw *alaru* a *galaru* ' to mourn,' heb ystyried mai o gymysgu'r ddwy ferf y cafwyd *galaru* = ' syrffedu.'

Oherwydd y cymysgu a chamrannu *a galaru* (> *ac alaru*) neu *ac alaru* (> *a galaru*) defnyddir y naill am y llall ; cymh. *y bobl yn blysio cig, ac* **yn galaru** *ar y manna*, Num. XI, Cynnwys, wedi ei ddiwygio'n gywir i *yn alaru* mewn argraffiadau diweddar , cymh. ymhellach : *o drymder* **ag alar** *o etifeirwch*, MCr 132[a] ; *mewn alar*, CRhC 213 , *ni wylasent byth . . . ni buasai'r Iuddewon byth* **yn alaru** . . . *ni buasai fyth gynhyrfriw yn eu calonneu*, YmDd 108 ; *Gwell ydyw* **alaru** *dros amser gyd â dynion, na bod yn poeni yn dragywydd gyd â chythreuliaid*, ib 118 ; *'Rych* **yn alaru** *ar ei ol mal Dafydd brophwyd gynt am ei fachgen*, ML 1.16.*

(iii) Enghreifftiau o fagu *g* ; cymh. y gair *odid* a'r ans. *odidog*, a'r enw haniaethol o'r ans. : *pennil(l)* **godidog,** D Byrr 171 ; *amlhygu* **odid-o(w)gr(w)yd(d)**, ib 193 ; *y fath beth* **godidog,** GB 285 ; **a godidawg,** ML 1.132.† Cymeradwyir y ffurf ddiweddar yn OIG.

Y gair *agen* yn golygu ' hollt ' yw'r elfen gyntaf yn y cyfansoddair *agendor*. Y peth hynotaf ynglŷn â'r gair hwn yw, nid yn gymaint fod *g* wedi tyfu o'i flaen, ond bod ysgrifenwyr y ganrif ddiwethaf yn tueddu i gadw'r *g* heb dreiglo, e.e. *teimlwn fod* **rhyw gagendor** *mawr*, Daniel Owen, RL 231 ; EH 310. Y ffurf heb *g* a gymeradwyir yn OIG.

Rhoddir *gordd* (yn lle *ordd*) fel enghraifft yn WG 188 ; a *gallt* yn lle *allt* ; gw. Fynes-Clinton 141. Caniateir *gordd* gan OIG ond ni sonnir am y gair *gallt* ; cymh. *Tŵr pawb wyd, tŵr* **pob allt,** DGG XLII.4 ; *Eryr gwyllt ar war* **y gelltydd,** WLl LXXIX.43. Gellir dyfynnu'r esiamplau canlynol o'r iaith lafar : *garffed, garddwrn, giâr*, cymh. *mor ysgafn a* **giar** *yn sangu ar farwor*, Williams, D Nupt 54 ; *gaddo* (cyffredin yn y Gogledd).‡ Ynglŷn â'r ffurf *gewin* (= *ewin*) gw. isod (iii).

Yr esiampl fwyaf nodedig o air benthyg yw (*g*)*onest* ; cymh. *Nid* **onest pen fforestwr,** GGl LXXXI.25 ; **gonestrwydd,** LlHyff 21 (er mai *onest* sydd amlaf ganddo, e.e. 21) ; *nid gwr* **onest** *oedd Moesen*, ML 1.80 ; *yr hen ŵr* **gonest,** ib 1.72 ; *cewch chwithau gyfrif* **gonest** *ddigon*, ib 2.40 , *i'r hen lety* **gonest,** ib 2.200. Gw. WG 188 a awgryma mai dylanwad y geiryn *go* yw'r esboniad, ond nid wyf yn meddwl fod angen tybio hyn yn wyneb yr holl enghreifftiau sydd o fagu *g*. Y ffurf heb *g* sydd yn y Beibl ;

*Enghraifft ddiddorol o fagu *g* drwy gymysgu dau air tebyg yw **gerfydd** ; gw. nodiad PKM 149 ar *geir y uwng*, ' by its mane ' ; effaith *ger* yn yr ystyr hon ar (*h*)*erwydd* sy'n cyfrif am *gerfydd*.

†Cymh. ymhellach : *gwin odidog*, TA 2.50 ; *Gwedi awdur godidog*, ib 70.74 ; *A gaed' awdur godidawg*, t 731, Mnd TA gan Lewys Daron.

‡Peth a geir mor gynnar â DCr[1] : *yn gadho*, 17[b] (= yn addo, ib[2] 16[a]) ; *y gedhewid*, 43[a] (= *y gaddewid*, ib [2] 30[a]).

cyfeiria EEW at *onest*, Tit. II.2 ; *onestrwydd*, 1 Tim. II.2. Rhoir *gonest* yn Fynes-Clinton ; ceir *onest* a *gonest* yn gyffredin yn y De. *Onest* yw'r ffurf a gymeradwya OIG a dywed mai ' tafodieithol ' yw *gonest*. Y mae esiamplau eraill megis *gordro*, gw. F-C 159, ond ynglŷn â'r gair *gildio* = ' yield,' yr awgrym yn WG 392 ac yn OIG yw mai *g* yr Hen Saesneg *gildan* yw hon ; ond yr awgrym sydd yn EEW 230 yw mai *g* brosthetig ydyw.

(iv) Rheswm arall dros fagu *g* yw fod *ŵy-* yn troi'n *wy-* a chan nad oes *w* gytsain ar ddechrau geiriau Cymraeg ond trwy dreiglo *gw-*, fe adferir *g* dybiedig. Yr esiampl fwyaf nodedig yw *gwyneb* yn lle *wyneb* ; fe geir hyn mor bell yn ôl â'r ddeunawfed ganrif o leiaf : *yn chwilio* **gwyneb** *a chefn y tudded*, ML 2.257. Er mor gyffredin yw *gwyneb*, ac er mai enw gwr. yw, *y wyneb* sydd ar lafar gwlad. Enghraifft arall o hyn yw *gwylofain* , ceir enghraifft yn emynau Benjamin Francis a argraffwyd yn Hymnau Harri Sion (1798) 123 ; cymh. hefyd : *prydnawn* **gwylofus,** Dafydd William, Gorfoledd (1798) 25.

Digwydd hyn hefyd pan gollir llafariad ar ddechrau gair nes bod *w* gytsain yn ddechreuol, megis *(e)wyllys* > *gwyllys*, *gwllys*, etc. ; e.e. **gwllys** *Duw*, HG 36 ; *eu* **gwllys,** C. Llên C. II (T. Jones, Llanfair Mynwy) 10 ; *gwylio'r* **gwllys** *nawr*, Timothy Thomas,M. i Dduw (1764) 103 ; **gwyllysio** *cadw'th gyfraith* . . ., W (1811) 133 ; **yn gwyllysied, yn gwllysio,** G. Hiraethog, A. F. Rhobert 24.

Enghraifft debyg yw *(e)winedd* > *gwinedd* ; cymh. *gwin(d)rew* (< *ewin* + *rhew*). Yn y De yn y ffurf luosog yn unig y ceir yr *g*, oblegid erys y llaf. *e* o dan yr acen yn yr unigol. Yn Fynes-Clinton 146 rhoir *gewin* yn yr unigol a cheir hynny hefyd ym Mhenfro, cymh. *gewin-geni* yn GlDD 140. ac enghraifft fyddai hynny o'r hyn sydd yn (ii) uchod, neu fod *g* y lluosog wedi ei throsglwyddo i'r unigol , cymh. **gewinedd,** ML 1.345.

§178 YMGYFNEWID TR / DR

(i) Y mae'r newid hwn yn gweithio'r ddwy ffordd, sef geiriau sy'n dechrau â *tr-* yn eu ffurf gynhenid yn troi'n *dr-* at y ffurf gysefin ac yn treiglo'n *ddr-* ; a geiriau'n dechrau â *dr* yn gynhenid yn troi'n *tr-* at y ffurf gysefin, gyda'r canlyniad mai *dr-* fyddai'r ffurf feddal, heblaw bod treiglad llaes *thr-*. Mater seinegol yw'r newid ond rhaid sôn am y peth yma oherwydd ei effeithiau ar y treigladau cystrawennol.

(ii) Rhoir esiamplau'n gyntaf o *dr-* yn troi'n *tr-* : **drythyll** > **trythyll** ; **drem** > **trem** ; **drum** > **trum** ; gw. WG 186 ; PKM 127 ; IGE[1] 346 (nodiad ar **Pell ddrem,** XXXVI.75).* Awgrymir yn WG mai camddarllen sy'n cyfrif am *trem, trum,* sef camgymryd *drem, drum* yr hen

*= IGE[2] 240.19, nod. 378.

destunau mewn cysylltiadau lle disgwylid treiglad meddal fel *dr-* heb sylweddoli fod yr orgraff yn arfer *d* am *δ* ; ond y mae gormod o enghreifftiau a'r rheini ar lafar gwlad i feddwl mai camddarlleniad llenyddol sy'n esbonio'r newid.

Gwelir effaith yr anwadalwch ynglŷn â *drythyll* yn y dyfyniadau hyn o'r *Homiliau* : **puttain ddrythyll,** 2.124 ; **p. drythyll,** 2.125 ; **a thrythyll,** 2.210 ; **a drythyllwch,** 2.215 ; cymh. hefyd : **hylldremmu,** 2.89 ; 3.87, yn glosio *llygadrythu.*

Enghreifftiau sy'n fwy lleol yw'r canlynol : **dringo** > **tringo, tringad** mewn rhannau o Forgannwg : cymh. : *fe d(d)ring,* DCr[1] 60b = **ve dring,** ib[2] 39b ; *i dhringo,* ib[2] 62b = **i dringo,** ib[2] 40b ; *ef a* **dringa,** ib[2] 103b ; *yna i* **tringa,** DP 261a ; *(g)allu* **tringad** *yr mynydday,* MCr 42b ; *ysgol* **i dringad** *yr nef,* ib 130a ; **i driugad** (sic), Madruddyn 134 ; **i dringiad** *ar eu hyd hwynt ir nefoedd,* ib 222.

O'r gair **drych** y lluniwyd **drychiolaeth** ; cymh. esiamplau o **trychiolaeth** : *Trachul wyf fal* **trychiolaeth,** IGE[2] 193.29 ; **Trychiolaeth** *tir uchelwyllt,* IGE[1] LXXVIII.50 ; **trychiolaethau,** OME, Yn y Wlad 16. Diddorol cymharu sut y ceir newid i'r cyfeiriad arall yn **trychineb** a luniwyd o'r ans. *trwch* = ' trist,' gan fod esiamplau'n digwydd o **ddrychineb,** e.e. **yr un ddrychineb,** ML 1.397 ; **o'r ddrychineb,** ib 2.57.

O'r S. *draught* y cafwyd *dracht* ; cymh. **yn trachtio** *dwfr,* Williams, D Nupt 11 ; **yn trachtio** *gwlith,* ib 18 ; *ac yfed llawer* **tracht,** W (1811) 729 ; cyferb. *Gael* **drachtio,** Hymnau a Phennillion Hopkin Bevan . . . ac eraill (1837) 3 ; **am ddrachtio,** ib 6.

Yn y nodiad ar **drydwen** yn PKM 188 fe ddywedir fod ffurf hefyd yn *tr.* ac enghreifftiau tafodieithol yw'r gair **trogan** a roir yn GlDD 309-10, sydd, heb amheuaeth, yn cynrychioli **d(a)rogan** ; a'r S. *drawers* yn rhoi *drafers* a droir weithiau ym Morgannwg yn *trafers,* e.e. ' crysau a thrafersi,' er mai'r ffurf â *dr-* sydd fwyaf cyffredin.

Ychwaneger : *danteithion mwyaf* **trudlawn,** Gomer, Gweithiau XLVI.

(iii) Soniwyd eisoes am *trwch* / *trychineb* yn rhoi *drychineb.* Enghraifft arall yw'r gair *trin* ; cymh. **a ddrinio** *gwenyn, llved y vyssed,* B VI.318 ; nodiad Henry Lewis ar y godre : "Mae *drin,* a *d* yn gytsain wreiddiol, i'w gael o hyd yn y De, yn ogystal â *trin* ; yn arbennig wrth sôn am *ddrin* baban neu glwyf. Mae cyfnewid *dr* a *tr* yn ddigon hysbys wrth gwrs." Cymh. hefyd : **dy ddriniaeth di,** John Lewis o Lantrisant, Hymnau (1808) 3.

Enghraifft arall yw'r benthyciad o'r S. *tram,* oblegid *dram* yw'r ffurf gysefin yn y De, a chan mai enw ben. yw gan amlaf yn y pyllau glo, ceir *y ddram, dwy ddram* ; a hyd yn oed yn Saesneg y De, ceir *dram* a *dramroad* (fel petai'n wahanol i *tram, tramcar* y trefi).

§179 Enghreifftiau Amrywiol

(i) *Cartref / gartref / artref**

Gan fod yr enw *cartref* yn cadw treiglad sefydlog yn ei ystyr adferfol ' at home,' fe aeth *gartre* yn ffurf gysefin i'r enw hefyd mewn rhai mannau, yng Nghaerfyrddin a Phenfro yn bennaf, a'r ffurf gysefin *gartre* yn rhoi ffurf feddal, *artre*. Gan fod y ffurfiau hyn mor aml yn emynau Pantycelyn, fe'u derbyniwyd gan emynwyr o ardaloedd eraill lle nas ceir ar lafar gwlad; a dylid dywedyd nad mympwy llenyddol Pantycelyn sy'n gyfrifol am y ffurfiau, oblegid fe'u ceir ar lafar gwlad. Y mae'n bosibl fod y ffurf gyfagos *adre*, *'g adre* (< *tuag adref*) wedi bod o help i gyrraedd y ffurf *artref*.

Pan ddefnyddir *gartrefol* neu *gartref* yn ansoddeiriol fel yn y canlynol: *un Bradwr gartrefol*, DPO[2] 35; *bradwr gartref*, ib ib, y mae llawer i'w ddywedyd dros y ffurf feddal os bwriedir gwahaniaethu rhwng ' homely ' ac ystyron fel ' civil,' a gellid cyfiawnhau ' Rhyfel Gartrefol ' am ' Civil War,' er ystyried *rhyfel* yn wrywaidd. Ni ellir disgwyl i Bantycelyn fod heb y ffurf gynhenid yn awr ac eilwaith, e.e. *ein* **cartre'** *fry*, W (1811) 26, *fy* **nghartre,** ib 31; ond y canlynol sy'n cynrychioli cystrawen arferol Pantycelyn ac eraill o'r un ardal neu ysgol emynyddol: *Fy nhawel* **artre',** ib 25; *nefol* **artre',** ib 96; *hen* **artrefle**, ib 430; *Am* **artre'** fr*y*, ib 40; **i artrefu**, ib 138, *A'm gwlad* **artrefol** *sy uwch y nen*, ib 148, *Yr awyr sy'n dyfod o* **artre'** *fy Ner*, ib 236, *canys yno mae teimlad* **yn gartrefu**, D Nupt 34; tebyg yn 40; *y Nefoedd yn* **artrefol** *Wlad*, Jenkin Jones, Hymnau (1768) 56, **yn gartrefu,** Joshua Thomas, HB 314 (nod. godre); *gwael* **hir-artre' . . . eu gartre,** Timothy Thomas, M i Dduw, (1764) 93; *i'm nefol* **Artre',** D.J. o Gaeo, H (1775) 74; *tu a'n* **gartref,** Mnd Wm Williams, Ebenezer, gan Benj Francis (1799) 5; *fy nhŷ* **gartrefol,** J.T., Rhad Ras (1810) 97; *i'w dŷ* **gartrefol,** ib Caniadau Sion (1788) 261; **i artrefu,** ib 251; *Nid oes imi fan yn* **artre',** T.W., Dyfr. Bethesda 56; **ei artref,** Brutusiana 386(b); *Pwyll a phrudd-der ar bob amser / A* **artrefen'** *ar ei rudd*, Telyn Dewi (2) 38.

(ii) *Tylluan / Dylluan*†

Y ffurf gysefin gynhenid yw *tylluan*, ac onibai am hynny ni ellid cysylltu'r stori am ' twyll-' Blodeuwedd â'r aderyn, gw. W. J. Gruffydd,

*Gw. §19(vii), §98(i).

†Ni sylwais hyd yn ddiweddar ar y gair **delor** a roir yn G., = ' cnocell y coed.' Os yr un gair yw hwn â *telor* (a'r ferf *telori*), y mae esboniad syml ac amlwg ar y newid, sef bod y syniad am ganu'r adar yn tynnu'r gair yn nes at *telyn, telynor*.

Ynglŷn â'r enw *gwdihw*, nid hawdd ei drin yn gystrawennol gan mai gair adleisiol ydyw. Y ffurf gysefin yw *gwdihw*, ac ni threiglir yr *g* byth; eithr sylwer ar: *a chwdihw*, Wil Ifan, O Ddydd i Ddydd 30. Ar t 102 trinir *y gwdihw* fel enw gwrywaidd.

Math 199. Ond fel y dywed nodiad PKM 301-2, ' gan fod y ffurf dreigledig gyda'r fannod mor gyffredin, anghofiwyd mai *t* oedd y gysefin , lluniwyd y lluosog, **dylluanod**, ac unigol newydd, **dylluan**.' Ceir y gysefin newydd yn bur gynnar : *Llawer a'th eilw'n* **ddylluan,** GGl LXXIX.37 ; cymh. hefyd, **y ddylluan,** Hen Beniılion (T.H.P.-W.) 70 ; CRhC401 ;

> *Y* **ddylluan** *fudan fydd*
> *Yn gori'n ei magwyrydd,* Telyn Dewi (2) 22.

Cymh. ymhellach : *y dylluanod,* W.J.G., Ynys yr Hud, 28.

Credaf fod **durtur, y ddurtur** yn digwydd hefyd er mai **turtur (y durtur**) yw'r ffurf gynhenid, < S *turtle,* e.e. **Turtur,** Havod 16.14 (gydag adar eraill) , **dwy durtur,** Lev. v.7 , 11 ; **neu durtur,** ib XII.6 ; **dy durtur,** Ps. LXXIV.19 ; **y durtur,** Can. II.12 ; Jer. VIII.7. Fe'i trinir fel enw gwr. yn y canlynol: *Un natur* **a'r turtur teg,** IGE[1] XVII.69 ; *Taer fur ferw ful* **turtul tart,** ib LXVI.95.*

(iii) Enghraifft arall yw **teirton** ; dyna'r ffurf sydd yn Havod 16.19 ; 28 ; cymh. **or ddeirton** gryd, B IV.338 ; **y dderton,** Hom 1.72 ; *i gryd,* glos **-Dderton,** ib 2.197 ; *yn glaf* **o'r ddeirton,** ib 1.2.

Yn rhinwedd *t-r* nid yw'n annhebyg i eiriau *tr-* fel sydd yn §178 uchod ; ond awgrymaf mai'r rheswm pwysicaf am y newid yw mai enw twymyn yw oblegid y mae tuedd gref i droi enwau doluriau a thwymynon yn fenywaidd (e.e. *y ddiffyg anadl,* ML 2.306) a'u cadw'n sefydlog yn y ffurf fenywaidd (e.e. *frech*) nes bod y ffurf feddal yn cael ei hystyried yn ffurf gysefin.†

Y duedd hon i arfer y ffurf feddal yn ddieithriad bron nes anghofio bod ffurf gysefin sy'n cyfrif am ddefnyddio **dom** lle na ddylid treiglo, e.e. *Soddais* **mewn dom,** W (1811) 306 ; tebyg yn 212 ; cymh. hefyd : *yn bridd* **a dom,** LlHyff 48.

Fe welir y duedd arall, sef troi cytsain ' feddal ' i'w ffurf galed er mwyn cyfleu cenedl wrywaidd, yn y ffurf **kwrcath** yn lle **gwrcath** ; ceir *kwrcath* yn CRhC 148, a hynny neu *cwrcyn* sydd ar lafar gwlad ; gw. uchod §2(i)(*c*), nodiad godre.

(iv) Yn rhinwedd ei darddiad disgwylir i *dyma* (*dyna*) aros heb newid ond y mae'r tr. llaes *a thyma* ar lafar gwlad, e.e. **a thymma'r** *llyfr,* ML 2.121 ; **a thyma** . . . *yr uffern,* Williams, D Nupt 9 ; **a thyma** *y tro cyntaf,* ib 18 ; **a thyma'r** *Gwin melus̀a,* Dafydd William, Gorfoledd 27 ; **Dyma'r** *tlawd* **a thyma'r** *truan,* T.W., Dyfr. Beth. 6.

Yr ydwyf wedi clywed *tyma* ar lafar ond yn eithriadol iawn ; a chan nad peth eithriadol yw *a thyma,* nid wyf yn meddwl mai trwy dreiglo *tyma* yn

*Ceir y gysefin *durturod* yn Hwfa Môn, *Gweithiau* 13.

†Cymh. GDD 121, **Ddrittod,** "The Tertian ague. *Drittod* (with the radical *d*) is never used."

y ffordd arferol y cafwyd *a thyma.* Fy awgrym i yw mai trwy gydweddiad â ffurfiau fel *gyda / a chyda* y lluniwyd *dyma / a thyma,* gw. §175(ii). Y mae'r dyfyniad o Dyfr. Bethesda 6 fel petai'n cynnig yr esboniad a gellir clywed patrwm y cydweddu, 'Gyda'r tlawd a chyda'r truan.'

Awgrymaf hefyd mai cydweddiad o'r fath sy'n esbonio'r ffurf **a chwedi, a chwedyn.** Y mae'n bosibl fod y cyd-destun 'na chynt na chwedyn' wedi helpu gan fod tr. llaes yn 'na chynt,' ond y dylanwad pwysicaf fu'r patrwm *gyda / a chyda* tuag at lunio *gwedi / a chwedi.*

Fe'i ceir yn bur gynnar: **A chwedi 'r** *hael ni chaed rhodd,* GGl xxxv.42.

(v) Rhaid inni ochel, yn enwedig deheuwyr, rhag meddwl mai treiglad anarferol sy'n gyfrifol am y ffurf **henw,** yn lle *enw,* mewn cystrawen lle na ddisgwylir treiglad yr *h.* Y mae *henw* fel amrywiad ar *enw* yn bod er yn gynnar a cheir esboniad seinegol i'r *h*, gw. WG 187, L & P 122, OIG 63; a noder mai'r ffurfiau Cern. a Llyd. yw *hanow* a *hano.* Dywedwyd fod angen i ddeheuwyr fod ar eu gwyliadwriaeth am fod y ffurf amrywiadol hon i'w chael yn y Gogledd. Cymh. enghreifftiau o'r cywyddau: *Hynod yw dy* **henw** *a da,* IGE² 28.9; **Henw** *mawr i'n wyd, Hanmer naf,* ib 116. 4; *Tra fu haf, ni* **henwaf** *hwn,* ib 134.8; *Lliw'r lili a* **henwi** *hud,* DGG XXIII.27.

Gan hynny, pan welir rhywbeth fel: **eich henw chwi,** ML 2.249, nid teg fyddai casglu fod hynny'n enghraifft o gamdreiglo.

§180 Effaith Hepgor 'Pa' Gofynnol

(i) *O flaen 'beth'*

Peth cyffredin iawn yw hepgor *pa* a gadael *beth* ei hun i gyfleu'r gofyniad; cymh. *beth bynnag, fodd bynnag,* gw. §100(vii) ynglŷn â'r adferiad gwallus *modd bynnag* ar ddechrau'r gosodiad. Y mae esiamplau ddigon o hepgor *pa* yn y testunau cynnar: **beth** *amgen,* WM 2; *Ie hep y pwyll* **beth** *a wnaf,* ib 4; *y gouynnei* **beth** *yssyd ymma,* ib 24; **beth** *a dybygy di yw hynny,* ib 51.

Weithiau ysgrifennir *peth* (yn ofynnol) ond y mae'n debyg mai mympwy orgraffyddol yw hynny ac y dylem ddarllen *beth*: **Peth** *bynnac o garueidrwyd a uei,* WM 6; **peth** *a ellir wrth hynny,* ib 31; **Peth** *a uynant,* ib 172. Y mae'n bosibl fod ansawdd galed *p* yn *pa* wedi ei throsglwyddo i *peth*; ond gwell credu mai mater o orgraff yn unig yw ysgrifennu *peth,* oblegid yn y dyfyniad canlynol ysgrifennir *a peth,* a dylem gael naill ai *a beth* neu *a pheth*: *Gofyn . . .* **beth** *oed pob peth* **a peth** *a uynnit ac a ellit ac wynt,* ib 119.

(ii) *Ar ôl 'a,' 'na,' etc.*

Daw achos yn fynych i (*pa*) *beth* ddilyn gair fel *a* neu *na* a bair dr. llaes. Naturiol fyddai disgwyl i *beth* gadw'r ffurf feddal yn sefydlog, e.e. **a beth** *a debygy di o hynny,* WM 99. Ond fe geid tr. llaes yn y gystrawen lawn ' a pha beth ' etc., a rhoir y tr. llaes hefyd i *peth* = *beth,* e.e. **a pheth** *bynhac a dywettei,* ib 171 ; **na pheth yw** *ae byw ae marw,* ib 483. Y mae'n bosibl hefyd fod ysgrifenwyr yn tybio nad iawn peidio â chael tr. llaes ar ôl *a, na,* ac yn mynnu ysgrifennu ' a pheth,' etc. yn ôl y rheol, cymh. ymhellach : **a pheth** *a bechais,* Gen. xx.9 ; **a pheth** *a wnaf,* ib XXVII.37 ; **a pheth** *yw y tir,* Num. XIII.19 ; **a pheth** *bynnac,* 1 Esdr. IV.57 ; *Nid amgen* **no pheth** *a ddyle'r Seintieu* . . . **a pheth** *a ddylent ei roddi,* DFf 47 ; *nis gwn* . . . **na pheth** *yw fy neges,* **na pheth** *wy fy hun,* **na pheth** *aeth a'm rhan,* BC 8.

(iii) *Pa bryd, Bryd, Pryd*

Wrth hepgor *pa* nid arferir *Bryd* yn ofynnnol ond *Pryd.* Fe geir *Bryd* weithiau, ac nid unig enghraifft yw'r ganlynol yn arddull naturiol cymeriadau Daniel Owen : *Ond* **bryd** *y gweles di neb yn cael ei dori allan o'r Eglwys,* RL 67 (cyferb. *Wel,* **pryd** *yr aetho* . . . ? ib 100) ; cymh. hefyd : **Bryd** *daw'r byd yma i'w sens,* LlHFf 52. I esbonio *Pryd,* lle y disgwyliem *Bryd,* gellir awgrymu eto fod *pryd* yn cadw ansawdd y *p* sydd yn y rhagenw dealledig, ond credaf mai'r rheswm pwysicaf yw fod *pryd,* fel gair, yn digwydd amlaf fel rhagenw perthynol (a hwnnw weithiau'n troi'n gysylltair = ' while '), a'i fod yn y swyddi hynny'n cadw'r ffurf gysefin wrth fod y fannod yn ddealledig o'i flaen, e.e. ' adeg *pryd* y gwelid ' = ' y pryd.' Dylanwad y ffurf gysefin yn y cysylltiadau hyn sy'n cyfrif wedyn am ei chadw pan fydd yn ofynnol.*

§181 Hepgor y Fannod

(i) Soniwyd yn §147(vii) am hepgor y fannod yn y canlynol : *yn tŷ, yn tân, yn Gymraeg, wrth tân* ; ac yn §163(i) am y fannod ddealledig yn **dyna pryd** *y gwelwyd* . . . **dyna lle'r** *ydych* . . . ; cymh. hefyd : *yny doethant* **hyt lle** *yd oed Chyarlys,* YCM² 132 ; *yw symud hwynt* **o lle** *y byddynt,* B v.12 ; **Dyna lle** y derfydd . . . am dano, ML 2.360 ; *gwlad Roeg, neu'r Aipht* **neu mann** *y mynnont,* LGO 165. Gw. §171(ii) hefyd ynglŷn â cholli neu anwybyddu'r fannod o flaen enwau lleoedd fel (*y*) *Borth,* (*y*) *Bala,* (*y*) *Gelli,* a'r treiglo gwallus a all godi o fethu arfer y fannod o'u blaen. Enghraifft arall yw *weithon, weithian,* sy'n cynrychioli *y waith hon.*

(ii) Ymdriniwyd yn §100(i) â **pryd hyn** a'r ffurf or-gywir *bryd hyn* mewn swydd adferfol. Gan mai *y pryd hyn* yw'r gystrawen lawn, dylid cadw *pryd hyn* heb dreiglo ar ôl hepgor y fannod ym mha safle bynnag y defnyddir yr ymadrodd yn adferfol ; a hynny sydd ar lafar gwlad. Er hynny, ar ôl *a* ceir **a phryd hynny.**

*Cymh. y modd y defnyddir ' lle ' yn ofynnol yn lle ' ble ', yn enwedig yn y Gogledd, e.e. " Lle gwelaist ti'r dyn ? "

(iii) Enghraifft debyg yw'r enw **tu** mewn ymadroddion fel **tu yma, tu draw.** Y mae'r fannod yn ddealledig gan fod *tu* yn y cysylltiadau hyn yn bendant wrth natur ; ac y mae'n bendant hyd yn oed yn y ffurf *tua,* e.e. *a'e wyneb* **y tu a'r** *deheu,* YCM² 5 ; *drwy y bont* **y tu ar** *dinas,* ib 68 ; cymh. enghreifftiau o hepgor y fannod : *a brathu eu meirch* **tu ac** *att y p.,* ib 70 ; cymh. enghraifft o *y tu draw* : **y tu draw** *y Normandi,* ib 49, enghraifft o golli'r fannod : *yr ieithoed(d) syd(d)* **tu draw** *i hynny,* Dosb. Byrr (6).

Nid oes angen amlhau enghreifftiau o hepgor y fannod oblegid hynny sy'n gystrawen naturiol bellach ; ond er bod y fannod yn ddealledig, ceir tr. llaes ar ôl *a* fel pe na bai'r fannod ddealledig yn cyfrif, h.y. **a thu hwnt** ; **a thu draw**, etc.

Dichon nad oes angen mwy o esboniad na hynny, sef bod y fannod ddealledig yn cael ei hanwybyddu. Ond fe ellir awgrymu un peth ynglŷn â *pryd,* sef mai enw amhendant yw, heb fannod na bannod ddealledig yn *pryd arall* (neu *bryd arall,* yn adferfol, yr un fath â *dro arall,* = ' at some other time,' nid ' on *the* other occasion,' fel pe na bai ond dau dro, sef y tro yma a'r tro arall) ; gan hynny ni fyddai bannod ddealledig i rwystro tr. llaes, *a phryd arall* ; ac os iawn cael tr. llaes yma, pam nas ceir hefyd yn *a phryd hynny* ?

(iv) Fe lithrir dros y fannod hefyd mewn ymadroddion arferedig, e.e. *Pen-bont* yn lle *Pen-y-bont, Cwmfelin* yn lle *Cwm y felin,* a ffurf lawn *Llanrug* yw *Llanfihangel yn* (*y*) *Rug,* gw. B VIII.330. Enw'r tyddyn yn y ddrama *Meini Gwagedd* yw *Glangors,* sef "Glan y gors". Soniwyd yn §44(i) am y fannod goll mewn enwau megis *Llan*(*y*)*trisant, Llan*(*y*)*ddeusant.* Enghreifftiau tebyg o wasgu'r fannod allan yw *dydd farn* yn lle *dydd y farn* neu *y frawd,* e.e. *I'w tuedd fry hyd* **dydd frawd,** GGl xv.76 ; *a hyd* **dydd varn** *i pery,* CRhC 127. Rhaid esbonio'r enghraifft nesaf fel estyniad, oblegid, gan fod enw genidol pendant yn dilyn ni ellid tybio ' dydd (y) farn ' ; rhaid cael ' dydd barn y gwragedd da ' yn rhesymegol : **Dydd farn** *y gwragedd da fu,* GGl LXVIII.16 ; cymh. hefyd : *Siôn, hyd* **dydd farn,** *santaidd fych,* TA 28.78 ; **dydd farn,** ib 125.2 (amr. *dydd y farn*), eithr : *hyd* **dŷdd barn,** ib 33.98 ; 57.19 ; *Hyd* **dýddbarn,** *oed diwéddbell,* ib 73.80 ; *Hyd dydd brawd,* ib 48.102 ; t 737, Mnd gan Lewys Morgannwg.

§182 Pwyntiau Amrywiol

(i) Ynglŷn â cholli'r negydd *ni* ar lafar gwlad nid rhaid manylu llawer. Erys y tr. llaes neu'r tr. meddal, *'chaiff e ddim, 'wn i ddim, 'wys beth* (= ni wyddys), *'wiw, 'waeth, 'waeth befo* ; gw. §130(iii). Cyfeiriwyd yn §41(ii) at y cyfansoddair afryw *bondigrybwyll* (< *na bo ond ei grybwyll*), sy'n enghraifft o gadw *b* ar ôl y negydd, gw. §131(ii).

(ii) Enghraifft ddiddorol o eirgolli yw'r duedd i hepgor *pe* ar lafar gwlad yn y Gogledd, gan adael y gysefin wrth reswm. Ceir amryw enghreifftiau yn Llythyrau Hen Ffarmwr: *ond* **clwech** *chi wel mau pobol yn siarad,* 31 (= pe clywech); *mi naech chi a'ch ffasiwn drefn braf ar y bud yma . . .* **caech** *chi'ch pwrpas,* 15.

(iii) *Peidiwch* (*â*) *mynd* > *peidiwch mynd*

Gwyddys mai'r priod-ddull cywir yw *peidio â* neu *ag*, a hynny a glywir mewn rhai mannau o hyd. Ond collir yr *â* yn bur gyffredin, a cheir hyn yn gynnar; e.e. **Peidio dwedyd** *pwy ydyw*, DGG XI.32, (os yw'r llinell hon yn ddilys). Er ei hepgor, yr *â* ddealledig hon sy'n cyfrif pam na cheir tr. m. ar ôl ffurfiau berfol *peidio*, e.e. **paid meddwl**; *A* **pheidiwch meddwl** *bod / Pob pleser a mwynhad*, etc. (Ceiriog).

Os arferir *â* o flaen *c p t*, ceir tr. llaes, wrth reswm, e.e. *paid â chredu*; ond wrth hepgor *â*, fe gollir y tr. llaes, *paid coelio*, *paid cael ofn*, etc.

Rhag ofn i gystrawen *peidio* beri i neb gasglu mai hynny hefyd yw cystrawen *methu* gan fod esiamplau o arfer *â* ar ei ôl ac eraill heb arfer *â*, dylid egluro mai cystrawen normal *methu* (ar ôl colli'r priod-ddull cynhenid *methodd gennyf*, etc.) yw *methu* + berfenw heb arfer *â*. Rhywbeth a dyfodd yn y gystrawen yw'r â, yn debyg i'r *â* a dyfodd yng nghystrawen *agos* a *bron*, gw. §154(iii); y mae'r duedd i arfer *â* yn gryfaf pan ddaw ans. traethiadol rhwng *methu* a'r berfenw, h.y. *methu'n lân â chofio*; wedyn fe erys yr *â* hyd yn oed pan na cheir sangiad, *methu â chofio*. Ond ni olyga hynny mai 'methwch meddwl, methwch cofio' sydd i'w ddisgwyl (ar batrwm 'peidiwch meddwl') pryd na ddefnyddir *â*.

Fe geir rhywbeth tebyg yng nghystrawen y ferf gyfystyr *ffaelu* neu *ffaelio*, h.y. *ffaelodd fynd*: *ffaelodd yn lân â mynd*: *ffaelodd â mynd*. Cymh. y canlynol: yr enghraifft gyntaf ar batrwm y gystrawen ddiberson *methodd gennyf*; yr ail yn troi'r gystrawen yn bersonol; y drydedd yn bersonol, yn arfer sangiad ond heb gael *â*: *fe ffaeliodd gennyf fynd*, ML I.72; *Mae'r B. yn ffaelio cael gwybod*, ib I.138; *Rwy'n ffaelio'n glir lan daro*, ib I.130. Ar lafar gwlad fe geir tuedd bendant i arfer *â* ar ôl *pallu* a *gwrthod* mewn cysylltiadau tebyg; h.y. 'pallu mynd, gwrthod mynd; pallu'n lân â mynd: pallu â mynd.' Gan William Morris yn unig y gwelais yr *â* ymwthiol yma rhwng *rhaid* a'r berfenw: *Mae'n rhaid a brolio tippyn weithiau*, ML I.309; *Rhaid a rhoddi main clô ar y gwaith*, I.315; *Rhaid ai fodloni*, I.350.*

(iv) Ynglŷn â hepgor y rhagenw perthynol gw. §68(v); hepgor y rh. perth. + rh. mewnol, *Mi lleddais ef*, etc., gw. §64(viii). Sonnir am (*o*) *fesur ychydig*, *fesul tipyn* yn §100(ii); ac (*o*) *led y pen* yn §100(iii). Efallai mai *o waith* hefyd yw cystrawen gynhenid *'waith*, e.e. *y ladd ef*

*Ar ôl imi ysgrifennu'r rhannau hyn y sylwais ar y modd y defnyddir *rhaid* + *o* yn DCr[1]: *rhaid o ad(d)e*, 45[a]; *rhaid o medhwl*, 56[b]; *rhaid o cymeryd*, 62[a]; *rhaid o bregethu*, 64[a]; *rhaid o dheal(l)t*, 64[a]. Sylwer fod rhai esiamplau yn cynnwys treiglad ar ôl *o*, ac eraill yn cadw'r gysefin. Ceir *rhaid yw* ym mhob esiampl yn DCr[2]. Cymh. yr enghraifft hon hefyd: **Mawr or lhywenydh** *wrth weled* . . . 58[b]; brawddeg enwol = 'mawr y llawenydd.'

o waith *pechoda trymion,* HG 37 , *yn troi ni'r plas anghiriol / i bu Addaf ve ai blant* **o waith** *i trachwant bydol,* ib 133.16. Wedyn fe ddaethpwyd i arfer *'waith* (= ' because ') o flaen cymalau berfol, i gyfleu nid yn gymaint ' achos,' ond y rheswm, e.e. *Waith rwy'n dy weld, y feinir fach / Yn lanach, lanach beunydd* ; gw. uchod §98(vii).

Nid rhaid manylu llawer ynghylch colli *f* yn *fy* ; gw. enghreifftiau yn WG 179 ; *Y mam,* RM 194 ; *'y modryb Dylluan,* BC 13. Diflanna'r rhagenw yn gyfan gwbl weithiau heb adael ond ei ôl yn y tr. trwynol, e.e. *Nhad* ; *Mae ngobaith er yn wan,* etc.

§183 Effaith Colli Llafariad neu Sillaf Ddechreuol

(i) Y peth a olygir wrth y pennawd yw'r pwnc o drin gair fel *aderyn* ar ôl iddo golli'r llafariad ddiacen a mynd yn *deryn.* Yr ydym yn awr yn bur sicr fod ffurf fel *deryn* yn treiglo'n rheolaidd, e.e. *dau dderyn, hen dderyn* ; ond byddai ansicrwydd ar y dechrau pryd yr oedd (*a*)*deryn* heb lwyr sefydlu ar lafar gwlad. Y mae *menyn* (*ymenyn*) yn ffurf sefydlog bellach ar lafar gwlad, ac fe'i treiglir yn ddibetrus, h.y. *pwys o fenyn* ; ac y mae'r un peth yn wir am (*y*)*mennydd,* e.e. ' bwrw ei fennydd allan ' a ddywedwn ; ond dyma enghreifftiau sy'n cynrychioli cyflwr rhwng yr hen a'r newydd : **dy mennydd di,** HFf 243 ; *gwerth* 13*s* **o menyn,** ML 1.441* ; enghraifft debyg yw'r ganlynol : *Barbra,* **gwna paned** *o goffi i ni,* Enoc Huws 118.

Troes *edifar* a'i ffurfiau yn *etifar* ym Morgannwg mor gynnar â'r unfed ganrif ar bymtheg (ond amheuaf a fyddai'n iawn ystyried hyn yn enghraifft o'r ' calediad ' sydd mor nodweddiadol o dafodiaith Morgannwg a Gwent) : e.e. *ny vydd* **etifar** *ganto,* MCr 8b ; *er yddo* **etifary,** ib 53 b; **etifeiriol,** Hom 2.232. Tueddai'r llafariad ddiacen i ddiflannu, e.e. **tifary,** HG 48 ; ond erys y gytsain *t* heb dreiglo ar y dechrau : **trwy tivairwch,** HG 51 ; *vynghalon* **sy tivairol,** ib 131 ; **fo tifarha,** MCr 53b ; *y alw . . . y pechadyriaid* **y tifairwch,** ib 83a.

Cymh. hefyd : *ag* **i dolwyn** *iddo,* B v.116 ; cyferb. *adnabod* > (*a*)*dynabod,* a'r *d* yn treiglo : *cyn idhynt* **dhynabod,** DCr[1] 53a ; (ond dylid cofio ynglŷn â'r esiampl hon fod *dn* > *ddn* yn newid seinegol cyffredin ac y gellid disgwyl i *adnabod* roi *addnabod,* ac y mae'n bosibl mai ffurf ar (*a*)*ddnabod* yw *dhynabod* y dyfyniad).

(ii) Fe gollir y llafariad ddechreuol yn gyffredin iawn yn y berfau hynny sy'n cynnwys *ym-* yn elfen gyntaf : (*y*)*madael* ; (*y*)*mhel* ; (*y*)*maflodd* ; (*y*)*mofyn.* Y mae'r un peth yn wir yma eto, sef bod *m* yn aros heb dreiglo ar y dechrau : *nid af i* **i mel** *a thi heno,* CRhC 59 (= i ymhél) ; **fo maylodd,**

*Collir yr *a* o'r gair *amynedd* ond y peth a ddywedwn i fyddai "ddim llawer o mynedd" ; cyferb. " 'Does gen' i fawr **o 'fynedd,''** J. Gwilym Jones, Y Goeden Eirin 23.

ib 157 ; *Mihangel* **a maelodd** *yn yr enaid / ar kythrel* **a maelodd** *yn yr enaid,* ib 297 ; ac yn B IV.38 ; **wrth madel,** HDdD 239 ; **I 'mofyn,** W (1811) 184.

Gydag amser fe ddaw'r duedd i dreiglo'r *'m* yn gryfach nes rhoi *wrth fadel,* ond y mae'r hen arfer o beidio â'i threiglo yn aros hefyd , clywir ' mynd i mofyn dŵr ' neu ' i mo'yn dŵr ' ar lafar gwlad o hyd, heblaw'r gystrawen dreigledig, ' mynd i fo'yn dŵr.' Y mae'r ferf *ymhêl â* wedi rhoi *mela* ym Morgannwg, ac y mae honno yn treiglo, e.e. ' paid â'i fela fe.'

Enghraifft o dreiglo : *hyn* **o fadroddion,** Siôn Llewelyn (1791) 37 ; ond ymddengys i mi mai ymwybod â rheol lenyddol sy'n gyfrifol am y tr. llaes yn y canlynol : *yn wobr* **a 'thifeddiaeth,** John Thomas, Caniadau Sion (1788) 118.

Gallwn gyferbynnu â'r uchod y peth a ddigwydd i'r gair benthyg *mendio* weithiau ; nodwyd o'r blaen §170(iii) y duedd i gadw'r gysefin am ei fod yn air benthyg, a chymh. ymhellach : **mi mendiaf,** ML 2.352 ; **newydd mendio,** ib 2.395 ; **i mendio,** CRhC 320. Yn y cyflwr yma fe ymddengys yn debyg iawn i bethau fel *wrth madael, i mofyn* ; ac nid rhyfedd i'r gair gymryd arno ansawdd yr elfen *ym-*, e.e. **ymendiaw,** ML 1.413 ; **nad ymendiem,** CRhC 320 ; cymh. *Bûm yn dwyn heb ymendâu,* IGE² 255.5.

(iii) Esiamplau o adfer cysefin dybiedig ar ôl sillgolli llafariad ddechreuol yw *blêr, blerwch* < *afler(w)*, a'r ffurf dafodieithol yn y De ar y ferf *afradu,* a'r ans. *afradus,* sef *bradu, bradus.*

LLYFRYDDIAETH

AG
A Gristnogawl : *Athravaeth Gristnogawl*, Morris Clynnog ; rhagymadrodd gan Gruffydd Robert ; adargraffiad, Llundain, 1880.

AL : *Ancient Laws and Institutes of Wales*, Aneurin Owen, London, 1841.

ALMA : *Additional Letters of the Morrises of Anglesey*, transcribed and edited by Hugh Owen, Y Cymmrodor XLIX ; London, 1947.

All Par : *Allwydd neu Agoriad Paradwys i'r Cymru*, John Hughes (1670), adargraffiad, golygydd J. Fisher, Caerdydd, 1929.

Ant Ling Brit : *Antiquae Linguae Britannicae* . . . sef Gramadeg Dr. John Davies, Mallwyd ; cyfeirir at argraffiad Rhydychen 1809.

Ar Pros : *Yr Areithiau Pros*, golygydd D. Gwenallt Jones, Caerdydd, 1934.

B : *Bulletin of Board of Celtic Studies* ; (dyfynnir o amryw destunau a sonnir am y rhain wrth eu henwau mewn rhai achosion).

BA : *Book of Aneurin*, argraffiad J. Gwenogvryn Evans, Pwllheli, 1908.

Bas Dor : *Basilikon Doron*, cyfieithwyd gan Robert Holland, 1604 ; adargraffiad, Caerdydd, 1931.

BB : *Black Book of Carmarthen*, argraffiad J. Gwenogvryn Evans, Pwllheli, 1906.

BC : *Gweledigaetheu y Bardd Cwsc*, Ellis Wynne, 1703 ; adargraffiad, golygydd John Morris-Jones, Bangor, 1898.

Bebb, W. Ambrose ; dyfynnir o *Machlud y Mynachlogydd*, Aberystwyth, 1937.

Beibl ; dyfynnir o argraffiad 1620 ; pan gyfeirir at argraffiadau diweddarach, golygir yn bennaf argraffiad Rhydychen, 1920.

Beirdd Uwchaled ; Thomas Jones (gyda rhagymadrodd gan J. L. Cecil-Williams), Llundain, 1930.

Beirniad : *Y Beirniad*, golygydd John Morris-Jones, 1911—1919.

Bevan, Hopkin, (o Langyfelach) ; *Ychydig Hanes neu Goffadwriaeth . . . hefyd, Rhai Penillion o Farwnadau* (yn cynnwys Marwnad Gruffydd Morgan), Abertawy, 1838.

Bevan, Hopkin ; John Thomas ac eraill ; *Hymnau a Phennillion* . . . Hopkin Bevan, Llangyfelach, y diweddar John Thomas, Ynys Powys, ac ereill ; Abertawy, 1837.

Bodvan : *Spurrell's English-Welsh and Welsh-English Dictionary*, edited by J. Bodvan Anwyl . . . Carmarthen, 1937.

Bown : dyfynnir o destun ' Bown o Hamtwn ' sy'n cael ei olygu gan yr Athro Morgan Watkin ; cyfeiria'r rhifau at rif y golofn yn y llawysgrif.

Brutusiana : Gwaith David Owen, Brutus ; Llanymddyfri, 1855.

BSK : *Vita Sancti Tathei & Buchedd Seint y Katrin*, golygydd H. I. Bell, Bangor, 1909.

BT : *Book of Taliesin*, argraffiad J. Gwenogvryn Evans, Llanbedrog, 1910.

CA : *Canu Aneirin*, golygydd Ifor Williams, Caerdydd, 1938.

Caniedydd ; *Y Caniedydd Cynnulleidfaol Newydd*, Abertawe, 1921.

Camre'r Gymraeg : gw. Rogers, R. S.

Cardiff : Llawysgrifau yn Llyfrgell Rydd Dinas Caerdydd ; dyfynnir yn bennaf o *Cardiff* 5 ; 28 ; 58.

CC : *Cefn Coch MSS.*, (cymerwyd y dyfyniadau o WG).

C Catwn : *Cynghorau Catwn*, sef y testun sydd yn B II, tt 16—35 (1923), golygydd Ifor Williams.

CCh : *Campeu Charlemaen*, yn "Selections from the Hengwrt MSS., II," edited by R. Williams and G. Hartwell Jones, London, 1892.

CD : *Cerdd Dafod*, John Morris-Jones, Rhydychen, 1925.

Ceiriog ; dyfynnir o'r traethawd "Alawon Cymreig," yn *Gweithiau Ceiriog*, Cyfrol I, (argraffiad newydd—heb ddyddiad), Wrecsam.

Cerddi Crwys ; dyfynnir o gyfrol I, Llanelli, 1920.

Clark : *Limbus Patrum Morganiae et Glamorganiae*, George T. Clark, London, 1886.

C Llên Cymru ; dyfynnir o *Cymdeithas Llên Cymru, Cyfrol II, Hen Gerddi Gwleidyddol*, 1588—1660 ; Caerdydd, 1901.

CLlH : *Canu Llywarch Hen*, golygydd Ifor Williams, Caerdydd, 1935.

Computus : *The Computus Fragment*, Ifor Williams, yn B III, tt 245-272.

CRhC : *Canu Rhydd Cynnar*, casglwyd a golygwyd gan T. H. Parry-Williams, Caerdydd, 1932.

Cyd-gordiad Abel Morgan : *Cyd-gordiad Egwyddorawl o'r Scrythurau* . . . Abel Morgan, Philadelphia, 1730.

Cyfansoddiadau Buddugol yr Eisteddfod Genedlaethol ; dyfynnir o gyfrolau Lerpwl, 1929 ; Llanelli, 1930 ; Bae Colwyn, 1947.

Cymm : *Y Cymmrodor* ; cyfeirir at VII (1886), XXVIII (1918, sef, *Taliesin*, John Morris-Jones), XXXI (1921).

Cywyddau'r Ychwanegiad : *Iolo Morganwg a Chywyddau'r Ychwanegiad*, G. J. Williams, Llundain, 1926.

ChO : *Chwedlcu Odo*, golygydd Ifor Williams, Wrecsam, 1926.

D : Geiriadur Dr. John Davies, Mallwyd ; Llundain, 1632.

Dafydd Ionawr : *Gwaith Dafydd Ionawr*, dan olygiad Morris Williams, Dolgellau, 1851.

Dafydd, Evan ; *Galarnadau Seion*, Caerfyrddin, 1808.

Dafydd, Rhys ; *Ffarwel Babel, Gresaw Ganaan*, . . . Aberhonddu, 1776.

Dafydd, Thomas ; *Ychydig Eiriau o Hymnau*, . . . Caerfyrddin (1779).

Daniel, Daniel ; *Marwnad neu Dduwiol Goffadwriaeth am y Parchedig William Thomas, o'r Ty Draw, ' y Pile,'* (marw, Awst 1811), Daniel Daniel, y Constant ; (argraffwyd heb ddyddiad argraffu, gan J. Voss, Abertawe).

Davies, E Tegla ; dyfynnir o *Y Sanhedrin*, Y Clwb Llyfrau Cymraeg, 1945.

DB : *Delw y Byd*, golygyddion Henry Lewis a P. Diverres, Caerdydd, 1928.

D Beth (neu Bethesda) : *Dyfroedd Bethesda*, Thomas Williams, (Bethesda'r Fro), Caerdydd, 1824.

D Byrr : *Gramadeg Cymraeg Gruffydd Robert*, (sef *Dosparth Byrr ar y rhann gyntaf i ramadeg cymraeg* . . . 1567), golygydd G. J. Williams, Caerdydd, 1939.

DCr : *Y Drych Cristianogawl*, Gruffydd Robert (?) ; [Pan roir DCr^1 golygir y rhan a gyhoeddwyd yn llyfr yn Rouen (?) yn 1585 ; pan roir DCr^2, golygir y copi (o dair rhan y testun), yn llaw Llywelyn Siôn, yn Llyfrgell Rydd Dinas Caerdydd, sef Cardiff 3.240].

DE : *Gwaith Dafydd ab Edmwnt*, golygydd Thomas Roberts, Bangor, 1914.

Dewi Havesp : *Oriau'r Awen*, (ail-argraffiad), Y Bala, 1898.

DFf : *Deffynniad Ffydd Eglwys Loegr*, cyfieithiad Morris Kyffin, 1595 ; adargraffiad, golygydd W. P. Williams, gyda nodiadau gan Ifor Williams, (Bangor, 1908).

D Ffest : *Darn o'r Ffestival*, golygydd Henry Lewis, Llundain, 1925.

DG : *Barddoniaeth Dafydd ab Gwilym*, O grynhoad Owen Jones (Owain Myfyr) a W. Owen-Pughe, Llundain, 1789.

DGG : *Cywyddau Dafydd ap Gwilym a'i Gyfoeswyr*, golygyddion Ifor Williams a Thomas Roberts ; Caerdydd, 1935.

Diferion : gw. William, Dafydd, *Diferion o Ffynnon Iechydwriaeth.*

DID : Deio ap Ieuan Du, (cymerwyd y dyfyniadau o WG).

DIG : *Datblygiad yr Iaith Gymraeg*, Henry Lewis, Caerdydd, 1931.

DJ o Gaeo : Dafydd Jones o Gaeo, *Hymnau a Chaniadau Ysprydol* ; Caerfyrddin, 1775.

DLl : Dafydd Llwyd ap Llywelyn ap Gruffudd, (cymerwyd y dyfyniadau o WG).

DN : *The Poetical Works of Dafydd Nanmor*, edited by Thomas Roberts, revised by Ifor Williams ; Cardiff, 1923.

D Nupt : gw. Williams, *Ductor Nuptiarum.*

DP : *Dives a Phawper*, copi yn llaw Llywelyn Siôn a geir yn Llyfrgell Rydd Dinas Caerdydd, sef Cardiff 3.240.

DPO[2] : *Drych y Prif Oesoedd*, Theophilus Evans, Mwythig, 1740.

Dewi Wyn o Essyllt : *Ceinion Essyllt*, Pontypridd, 1874.

Duwiolswyddau Dirgel ; gw. Samuel, Edward.

Dyer, Thomas : *Marwnad neu Dduwiol Goffadwriaeth o Farwolaeth y Parch. David Rees, o Lanfynydd*, Thomas Dyer, Llanegwad, Caerfyrddin, 1818.

EANC : *Enwau Afonydd a Nentydd Cymru*, R. J. Thomas, Caerdydd, 1938.

Eben Fardd : *Gweithiau Barddonol*, Bangor, 1873.

Edwards, Lewis : *Traethodau Llenyddol*, Wrecsam (? 1867).

Edwards, O. M. ; dyfynnir o *O'r Bala i Geneva* ; argraffiad Wrecsam, 1922. *Yn y Wlad*, Wrecsam, 1921.

EEW : *The English Element in Welsh*, T. H. Parry-Williams, London, 1923.

Eifion Wyn ; dyfynnir o TMM, *Telynegion Maes a Môr*, Caerdydd, 1908.

Elfed ; dyfynnir o (1) *Caniadau*, Caerdydd, 1909 ; (2) *Athrylith John Ceiriog Hughes*, Liverpool, 1899.

ELIG : *Yr Elfen Ladin yn yr Iaith Gymraeg*, Henry Lewis, Caerdydd, 1943.

ELlSG : *Enwau Lleoedd Sir Gaernarfon*, J. Lloyd-Jones, Caerdydd, 1928.

EP : *Edmwnd Prys* ; codir y dyfyniadau o WG, WS, CD.

Evans, Silvan ; *A Dictionary of the Welsh Language*, Carmarthen, 1888—1906.

FAB : *Four Ancient Books of Wales*, Edinburgh, 1868, (dyfynnir yn Strachan, IEW).

Flodeugerdd Gymraeg, Y ; golygydd W. J. Gruffydd, Caerdydd, 1931.

FN : *Y Flodeugerdd Newydd*, golygydd W. J. Gruffydd, Caerdydd, 1909.

Fowler, H. W. ; *A Dictionary of Modern English Usage*, Oxford, 1926.

Francis, Benjamin ; *Marwnad William Williams, Ebenezer* ; Caerfyrddin, 1799.

Fynes-Clinton, O.H. ; *The Welsh Vocabulary of the Bangor District*, Oxford, 1913.

FfBO : *Ffordd y Brawd Odrig*, golygydd S. J. Williams, Caerdydd, 1929.

G / Geirfa : *Geirfa Barddoniaeth Gynnar Gymraeg*, J. Lloyd-Jones, Caerdydd, 1931—

GB : *Golwg ar y Byd*, Dafydd Lewis, Caerfyrddin, 1725.

GGl : *Gwaith Guto'r Glyn*, golygyddion J. Llywelyn Williams ac Ifor Williams, Caerdydd, 1939.

G Hiraethog : Gwilym Hiraethog ; dyfynnir o *Aelwyd F'Ewythr Robert*, Dinbych, 1853. gw. hefyd : LlHFf.

GIH : Gwilym ap Ieuan Hen ; (cymerir y dyfyniadau o WG neu WS).

Gloss Dem Dial / GDD : *Glossary of the Demetian Dialect*, W. Meredith Morris, Tonypandy, 1910.

GML : *Glossary of Welsh Mediaeval Law*, Timothy Lewis, Manchester, 1913.

GMLl : *Gweithiau Morgan Llwyd o Wynedd* ; Cyfrol I, golygydd T. E. Ellis, 1899 ; Cyfrol 2, golygydd J. H. Davies, Bangor, 1908.

Gomer ; *Gweithiau Awdurol . . . Joseph Harris* (*Gomer*), golygydd D. R. Stephen ; Llanelli, 1839.

Grawnsypiau Canaan ; dyfynnir o argraffiad Caernarfon, 1829.

GrO : Goronwy Owen ; dyfynnir o (1) *The Poetical Works of* . . . edited, Robert Jones, London, 1876 ; (2) *Cywyddau* . . . edited, W. J. Gruffydd, Newport, 1907.

GrPen : *Gramadegau'r Penceirddiaid,* golygyddion G. J. Williams ac E. J. Jones, Caerdydd, 1934.

Gruffydd, W J ; *Math vab Mathonwy,* Cardiff, 1928 ; dyfynnir o'r canlynol : (1) *Hen Atgofion,* Aberystwyth, 1942 ; (2) *Ynys yr Hud,* Caerdydd, 1924 ; (3) *Y Tro Olaf ac Ysgrifau Eraill,* Y Clwb Llyfrau Cymraeg, 1939.

Gut O : Gutun Owain, (cymerir y dyfyniadau o WG).

Gwili : dyfynnir o (1) *Arweiniad i'r Testament Newydd,* Bangor, 1928 ; (2) *Caniadau,* Wrecsam, 1934.

Gwyneddon 3 : sef, adysgrif o'r llawysgrif ; golygydd Ifor Williams, Caerdydd, 1931.

Havod 16 : llawysgrif yn Llyfrgell Rydd Dinas Caerdydd ; c. 1400.

HB : *Hanes y Bedyddwyr,* gw. Thomas, Joshua.

HD : Hywel Dafi ; (cymerir y dyfyniadau o WG).

HDdD : *Holl Ddyledswydd Dyn,* Edward Samuel, Mwythig, 1718.

Hen Benillion ; golygydd T. H. Parry-Williams, Y Clwb Llyfrau Cymraeg, 1940.

HFf : *Hanes y Ffydd Ddiffuant,* Charles Edwards ; adargraffiad, golygydd G. J. Williams, Caerdydd, 1936.

HG : *Hen Gwndidau,* golygyddion L. J. James (Hopcyn) a T. C. Evans (Cadrawd), Bangor, 1910.

HGCr : *Hen Gerddi Crefyddol,* golygydd Henry Lewis, Caerdydd, 1931.

HGrC : *History of Gruffydd ap Cynan,* golygydd Arthur Jones, Manchester, 1910.

History of the Vale of Neath ; D. R. Phillips, Swansea, 1925.

Hom : *Llyfr yr Homiliau,* Edward James, Llundain, 1606.

HSI : *Gwaith Barddonol Howel Swrdwal a'i fab Ieuan,* golygydd J. C. Morrice, Bangor, 1908.

Hughes, T. Rowland ; dyfynnir o'r canlynol : (1) *O Law i Law,* Llundain, 1943 ; (2) *Yr Ogof,* Aberystwyth, 1945 ; (3) *Y Cychwyn,* Aberystwyth, 1947.

Hwfa Môn : *Gwaith Barddonol,* Llannerchymedd, 1883.

Hwsmonaeth ; testun yn Bɪɪ, tt 8-16, golygydd Ifor Williams.

ID : *Casgliad o waith Ieuan Deulwyn,* golygydd Ifor Williams, Bangor, 1909.

IEW : gw. Strachan, J.

IF : Iorwerth Fynglwyd (cymerir y dyfyniadau o WG).

IGE : *Cywyddau Iolo Goch ac Eraill,* golygyddion Henry Lewis, Thomas Roberts ac Ifor Williams ; (1) Argraffiad Cyntaf, Bangor, 1925 ; (2) Ail argraffiad, Caerdydd, 1937.

IOLO MSS : *Iolo Manuscripts. A selection of Welsh MSS from a collection made by Edward Williams,* (Iolo Morganwg), golygydd Taliesin Williams, Liverpool, 1885.

Jac Glanygors ; dyfynnir o *Seren Tan Gwmwl* a *Toriad y Dydd,* argraffiad Lerpwl, 1923.

JDR : John Dafydd Rhys (cymerir y dyfyniadau o WG).

Jones, Jenkin ; *Hymnau Cymmwys i Addoliad Duw . . .,* Caerfyrddin, 1768.

Jones, J. Gwilym ; *Y Goeden Eirin,* Dinbych, 1946.

Jones, Morgan [Cymmar (sic)] ; *Marwnad Dafydd Jones, Llangan.* heb ddyddiad, Caerfyrddin.

Jones, Morgan [Trelech] ; *Y Dydd yn Gwawrio,* Caerfyrddin, 1798.

Jones, T. Gwynn ; dyfynnir o (1) *Caniadau,* Wrecsam, 1934 ; (2) *Manion,* Wrecsam 1932.

KLlB : *Kynniver Llith a Ban . . .* William Salesbury, 1551 ; adargraffiad, golygydd J. Fisher, Caerdydd, 1931.

Lewis, Elis ; *Ystyriaethau Drexelius ar Dragwyddoldeb,* Rhydychen, 1661.

Lewis, John, o Lantrisant ; *Hymnau Newyddion, sef Caniadau rhai yn teithio trwy ddyffryn Baca,* Merthyr Tydfil, 1808.

LGC : *Gwaith Lewis Glyn Cothi*, Oxford, 1837.

LGO : *Letters of Goronwy Owen*, edited by J. H. Davies, Cardiff, 1924.

LWP : *Lectures on Welsh Philology*, John Rhys ; ail argraffiad, London, 1879.

LlA : *The Elucidarium and other tracts in Welsh, from Llyvyr Agkyr Llandewivrevi* ; edited by J. Morris Jones and John Rhŷs, Oxford, 1894.

Llanover E I : llawysgrif yn llaw Llywelyn Siôn, yng nghasgliad Llanover.

Llanst : llawysgrif yng nghasgliad Llanstephan ; dyfynnir yn bennaf o 143D, casgliad o enwau llysau, yn llaw Moses Williams.

Llanst 116 : *The Laws of Hywel Dda, from Llanstephan MS.* 116 . . . golygydd Timothy Lewis, London, 1912.

Llawlyfr Moliant ; Llyfr Emynau'r Bedyddwyr.

LlDW : *Llyfr Du'r Weun, Facsimile of Chirk Codex*, J. Gwenogvryn Evans, Llanbedrog, 1909.

Llewelyn, Sion ; *Difyrrwch diniwaid, I blant i'w hystyriaid*, ail argraffiad, Caerfyrddin, 1791.

LlH : *Llawysgrif Hendregadredd*, golygyddion J. Morris-Jones a T. H. Parry-Williams, Caerdydd, 1933.

LlHyff : *Llwybr hyffordd yn cyfarwyddo yr anghyfarwydd i'r nefoedd*, Robert Llwyd, Llundain, 1630.

LlHFf : *Llythyrau 'Rhen Ffarmwr*, Gwilym Hiraethog, golygydd E. Morgan Humphreys, Caerdydd, 1939.

Lloyd, D Myrddin ; golygydd *Detholiad o Erthyglau a Llythyrau Emrys ap Iwan* ; Y Clwb Llyfrau Cymraeg, dyfynnir o ragymadrodd Cyfrol II, 1939.

Llsgr R Morris : *Llawysgrif Richard Morris o Gerddi*, golygydd T. H. Parry-Williams, Caerdydd, 1931.

MA : *The Myvyrian Archaiology of Wales* ; Denbigh, 1870.

Mabinogion, The ; cyfeirir at *A new translation from the White Book of Rhydderch and the Red Book of Hergest*, by Gwyn Jones and Thomas Jones, The Golden Cockerel Press, 1948.

Mant. Priodas : *Manteision ac Anfanteision y Cyflwr Priodasol* . . . wedi ei gyfieithu . . . gan Gwilym Rhysiart ; Caerfyrddin, 1773.

Madruddyn : *Madruddyn y Difinyddiaeth Diweddaraf*, John Edwards, Llundain, 1651.

MCr : *Y Marchog Crwydrad*, sef Llanstephan 178, yn llaw Ieuan ap Ieuan ap Madoc, c. 1575.

Miles, John ; *Coffadwriaeth am y Parch. David Jones, Llanganna* ; Caerfyrddin, heb ddyddiad [1810].

ML : *The Morris Letters* ; edited by J. H. Davies, Aberystwyth, 1907.

MM : *Le plus ancien texte des Meddygon Myddvei* ; P. Diverres ; Paris, 1913.

Morris, Thomas ; *Llinell i'r Byd ac Alarwm i'r Eglwys . . . Oddiar ystyriaeth o Farwolaeth y Parch. Mr. Dafydd Evan* ; Caerfyrddin, 1791.

Morris-Jones, John ; *Caniadau*, Rhydychen, 1907.

OIG : *Orgraff yr Iaith Gymraeg*, Caerdydd, 1928.

O'Reilly, Edward & O'Donovan, J ; *An Irish-English Dictionary*, Dublin, 1864.

Owen, Daniel ; dyfynnir o'r canlynol : (1) *Y Dreflan*, yr Argraffiad Coffhaol ; (2) RL, = *Hunangofiant Rhys Lewis*, o argraffiad sydd heb ddyddiad ; (3) EH, = *Profedigaethau Enoc Huws*, o argraffiad sydd heb ddyddiad (a chyfeirir at yr argraffiad a olygwyd gan T. Gwynn Jones, 1939) ; (4) GT = *Gwen Tomos*, o argraffiad sydd heb ddyddiad ; yr argraffiadau oll o Wrecsam.

P : llawysgrif yng nghasgliad Peniarth.

[Noder hyn yn arbennig : P4 yw testun y PKM a argreffir yn WM. Ar ddiwedd WM argreffir darnau o'r PK o P6, part III, ac o *Chwedyl Gereint vab Erbin* ; ceir yno hefyd ddarnau o *Peredur*, o P3 ; 7 ; 14 ; ac yng nghorff WM rhoir darnau, fel amrywiadau neu i lanw bylchau, o P6 part IV, P16 ; ac o RM. Sonnir am hyn gan y byddir yn dyfynnu amrywiadau yn gyfochrog].

PA : *Perl mewn Adfyd*, Huw Lewys, 1595 ; adargraffiad, golygydd W. J. Gruffydd, Caerdydd, 1929.

Parry, Thomas ; *Hanes Llenyddiaeth Gymraeg hyd* 1900 ; Caerdydd, 1944.

Parry-Williams, T. H. ; dyfynnir o *Synfyfyrion*, Aberystwyth, 1937.

Peate, Iorwerth C ; *Y Crefftwr yng Nghymru*, Aberystwyth, 1933.

Pedrog (J. O. Williams) ; *Stori 'Mywyd*, Lerpwl, 1932.

Penityas : y testun yn Bvii t 370- ; viii, tt 134 ; 224 ; golygydd Ifor Williams.

PKM : *Pedeir Keinc y Mabinogi*, golygydd Ifor Williams, Caerdydd, 1930.

Price, Thomas (Llangammarch) ; (1) *Marwnad Daniel Rowlands* . . . Aberhonddu, heb ddyddiad ; (2) *Marwnad ar Farwolaeth Rowland Pugh*, Talgarth, 1810.

Priod-ddulliau'r Gymraeg ; Joseph Harry, Llundain, 1927.

Rhys, Morgan : *Gwaith Morgan Rhys*, o dan olygiaeth H. Elfed Lewis, *Rhan I, Golwg o Ben Nebo* (yn ôl Argraffiad 1775), Caerdydd, 1910.

R : Geiriadur Thomas Richards, Llangrallo ; Bristol, 1753.

[R] Mewn cromfachau ar ôl WM ; golygir y peth sy'n cyfateb yn nhestun Llyfr Coch Hergest o'r Mabinogion (RM) i'r dyfyniad a godwyd o destun Llyfr Gwyn Rhydderch (WM).

RB neu RBB : *Text of the Bruts from the Red Book of Hergest* ; edited by John Rhŷs and J. Gwenogvryn Evans, Oxford, 1890.

RBS : *Rheol Buchedd Sanctaidd*, Ellis Wynne ; adargraffiad, Caerdydd, 1928.

RC : *Revue Celtique* ; cyfeirir yn bennaf at gyfrol IV, tt 202-244, *Kedymdeithyas Amlyn ac Amic*, golygydd H. Gaidoz ; a chyfrol xxxiii, tt 184-248, *Llyma Vabinogi Iessu Grist*, golygydd Mary Williams.

Rees, William ; cyfeirir at y map, *South Wales and the Border in the Fourteenth Century* . . . printed at the Ordnance Survey, Southampton, 1933.

Richards, G. Melville ; *Cystrawen y Frawddeg Gymraeg*, Caerdydd, 1938.

RM : *Text of the Mabinogion . . . from the Red Book of Hergest* ; edited by John Rhŷs and J. Gwenogvryn Evans ; Oxford, 1887.

Roberts, John ; *Methodistiaeth Galfinaidd Cymru*, Llundain, 1931.

Roberts, John (Sion Lleyn) ; *Maen o Goffadwriaeth, sef Marwnad ar Farwolaeth Robert Roberts* . . . Caerfyrddin, 1804.

Roberts, Kate ; dyfynnir o'r canlynol, (1) *Laura Jones* ; Aberystwyth, 1930 ; (2) *Traed Mewn Cyffion*, Aberystwyth, 1936 ; (3) *Ffair Gaeaf a Storïau eraill*, Dinbych, 1937.

Roberts, Robert ; *The Life and Opinions of* . . . ; edited by J. H. Davies, Cardiff, 1923.

Rogers, R. S. : *Camre'r Gymraeg*, Abertawe, 1926.

RP : *The Poetry in the Red Book of Hergest* ; golygydd J. Gwenogvryn Evans, Llanbedrog, 1911.

RWM : *Report on MSS. in the Welsh Language* ; J. Gwenogvryn Evans, London, 1898.

Samuel, Edward ; gw. HDdD ; dyfynnir hefyd o *Duwiolswyddau . . . Dirgel ar Amryw Achosion*, Mwythig, 1718.

SD : *Chwedleu Seith Doethon Rufein*, golygydd Henry Lewis, Wrecsam, 1925.

Sentence in Welsh (*The*), Henry Lewis ; from The Proceedings of the British Academy, 1942, Vol. xxviii,

SG : *Y Seint Greal*, Hengwrt MSS, Vol. I ; edited by Robert Williams, London, 1876.

Strachan, J. ; IEW ; sef, *Introduction to Early Welsh*, Manchester, 1909.

TA : *Gwaith Tudur Aled*, golygydd T. Gwynn Jones, Caerdydd, 1926.

Taliesin ; gw. Cymm. xxviii.

Telyn Dewi; *Gwaith Prydyddawl David Davis,* Castell Hywel; argraffiad Llanbedr, 1876.

TLlM : *Traddodiad Llenyddol Morgannwg,* G. J. Williams, Caerdydd, 1948.

Telyn Tudno; sef Gweithiau Barddonol Thomas Tudno Jones, Wrecsam, 1897.

TrCymm : *Transactions of Honourable Society of Cymmrodorion.*

ThM : *Theater de Mond,* Rhosier Smyth, 1615; adargraffiad, golygydd T. Parry, Caerdydd, 1930.

Thomas, John neu Ioan, (Rhaeadr Gwy); dyfynnir o (1) *Caniadau Sion* . . . Trefecca, 1788; ail argraffiad; (2) *Rhad Ras,* . . . Abertawe, 1810.

Thomas, John (Ynys Powys), gw. Bevan, Hopkin.

Thomas, John L. (Ieuan Ddu); *Y Caniedydd Cymreig, The Cambrian Minstrel*; Merthyr Tydfil, 1845.

Thomas, Joshua; HB, sef, *Hanes y Bedyddwyr ymhlith y Cymry* . . ., Caerfyrddin, 1778.

Thomas, Owen; *Cofiant y Parch. Henry Rees,* Wrecsam, 1890.

Thomas, Timothy; *Moliant i Dduw* . . . Caerfyrddin, 1764.

Thurneysen, R; *Handbuch des Alt-irischen*; Heidelberg, 1909.

W (Wms, Williams); William Williams, Pantycelyn; dyfynnir o'r canlynol: (1) *Bywyd a Marwolaeth Theomemphus,* yr ail argraphiad, Aberhonddu, 1781; (2) *DNupt,=Ductor Nuptiarum, neu Gyfarwyddwr Priodas,* Aberhonddu, 1777; (3) *Hymnau,=Gwaith Prydyddawl* . . . *William Williams* . . . casglwyd gan John Williams, ei fab . . . Caerfyrddin, 1811; (4) *Marwnad* . . . *Daniel Rowlands,* yr Ail Argraphiad, Trefecca, 1791.

Welsh Leech Book, golygydd Timothy Lewis, Liverpool, 1914.

WG : *A Welsh Grammar,* John Morris-Jones, Oxford, 1913.

Wil Ifan; dyfynnir o'r canlynol: (1) *Dail Iorwg*; Caerdydd, heb ddyddiad; (2) *Plant y Babell,* Wrecsam, 1922; (3) *O Ddydd i Ddydd,* Caerdydd, 1927; (4) *Unwaith Eto,* Lerpwl, 1946.

William, Dafydd; dyfynnir o (i) *Gorfoledd ym Mhebyll Seion,* Caerfyrddin, 1798; (2) *Diferion o Ffynnon Iechydwriaeth,* Caerfyrddin, 1777.

Williams, D. J.; dyfynnir o (1) *Hen Wynebau,* Aberystwyth, 1934; (2) *Storïau'r Tir Glas,* Aberystwyth, 1936.

Williams, Edmund; *Rhai Hymnau Duwiol* . . . Bristol (1742).

Williams, Ifor; *Enwau Lleoedd,* Cyfres Pobun, Rhif V, Lerpwl, 1945.

Williams, John (S. Tathan); *Marwnad neu Goffadwriaeth o Farwolaeth* . . . *Peter Williams* . . ., Ioan ap Gwilim, o Saint Athan . . .; Caerfyrddin, 1796.

WLl : *Barddoniaeth Wiliam Llŷn*; golygydd J. C. Morrice, Bangor, 1908.

WM : *The White Book of Mabinogion*; J. Gwenogvryn Evans, Pwllheli, 1907.

WML : *Welsh Mediaeval Law,* A. W. Wade-Evans, Oxford, 1909.

Wright, Joseph; *English Dialect Dictionary,* London, 1898—1905.

WS : *Welsh Syntax,* J. Morris-Jones; edited by Ifor Williams, Cardiff, 1931.

YCM² : *Ystorya de Carolo Magno* . . . golygydd S. J. Williams, Caerdydd, 1930.

YLlH : *Yn y Llyfyr Hwnn,* Syr John Prys, 1547; adargraffiad, golygydd J. H. Davies; Bangor, 1902.

YmDd : *Yr Ymarfer o Dduwioldeb,* Rowland Vaughan, 1630; adargraffiad, golygydd J. Ballinger, Caerdydd, 1930.

ZCP : *Zeitschrift für celtische Philologie.*

MYNEGAI

(*Lle bo llinell fer wrth rif tudalen golygir fod sôn am y pwnc hefyd yn y tudalennau sy'n dilyn.*)